1 MONTH OF
FREE
READING

at

www.ForgottenBooks.com

By purchasing this book you are eligible for one month membership to ForgottenBooks.com, giving you unlimited access to our entire collection of over 1,000,000 titles via our web site and mobile apps.

To claim your free month visit:

www.forgottenbooks.com/free1040471

ISBN 978-0-364-59046-1
PIBN 11040471

Vorträge

über

Agricultur-Chemie

mit

besonderer Rücksicht auf

Thier-Physiologie

von

Dr. H. Grouven,

Agricultur-Chemiker der Versuchsstation des landw. Central-Vereins der Provinz Sachsen
Ehrenmitglied des landw. Vereins Köln, Correspondirendes Mitglied der
Kaiserl. Königl. Landwirthschafts-Gesellschaft zu Wien, ꝛc.

***

Zweite

ganz umgearbeitete Auflage.

***

Köln, 1862.

Druck und Verlag von Wilh. Hassel.

Herrn Dr. Adolph Stöckhardt,

Königl. Sächs. Hofrath und Professor der Agricultur-Chemie an der Königl. Acade-
mie für Forst- und Landwirthschaft zu Tharand, und Mitglied des Landescultur-
Rathes für das Königreich Sachsen, Ritter des Königl. Hannöverischen Guelphen-Ordens, des
Ehren-Kleinkreuzes des Großherzogl. Oldenburgischen Haus- und Verdienst-Ordens, des
Königl. Preußischen Rothen Adler-Ordens IV. Klasse, des Königl. Sächsischen Civilverdienst-Ordens
und des Königl. Norwegischen St. Olaf-Ordens, Ehren-Mitglied der Genootschap voor Landbouw
zu Utrecht, der Overyssel'schen Maatschappy voor Landbouw in Holland, der Kaiserl. Königl. patriot-
ökonomischen Gesellschaft im Königreich Böhmen, des Böhmischen Forstvereins, des landwirthschaftlichen Vereins für Lithauen, des landwirthschaftlichen Central-Vereins für die Provinz Sachsen,
der Königl. Hannöverischen landwirthschaftlichen Gesellschaft, des landwirthschaftlichen
Vereins im Königreich Bayern, des landwirthschaftlichen Vereins für das Herzogthum
Holstein, des landwirthschaftlichen Vereins für das Fürstenthum Lippe, des Vereins
zur Beförderung der Landwirthschaft in Sondershausen ꝛc. ꝛc., Corresp.
Mitglied der Königl. Landbau-Academie für Schweden, des Kaiserl.
Russischen landwirthschaftlichen Instituts zu Gorigorezk, der
Société centrale d'agriculture in Paris, der landwirth-
schaftlichen Gesellschaft des Königreichs Polen in
Warschau, der Kaiserl. Königl. Landwirth-
schafts-Gesellschaften in Wien, Mäh-
ren und Schlesien, Nieder-
österreich, Steiermark,
Kärnten ꝛc. ꝛc.

dem hochverdienten Agricultur-Chemiker

freundschaftlichst gewidmet.

Vorwort.

Dem Wunsche meines Verlegers gemäß, sollte diese zweite Auflage zu Ostern 1861 erscheinen. Daß sie erst heute, ein Jahr später, dies thut, liegt wohl an mir, aber nicht etwa an mangelndem Eifer für dies Buch und seine würdige Ausarbeitung, sondern an den Ansprüchen, welche der Eintritt in eine neue, nunmehr 2¼ Jahr alte Stellung an hiesiger Versuchsstation, an meine Zeit und Thätigkeit unausweichlich machte.

Vielleicht ist diese, wenn auch langsame, doch über volle zwei Jahre sich gleichmäßig erstreckende Ausarbeitung dem Werke von Nutzen gewesen, denn es konnte wenigstens dadurch profitiren von gewissen Versuchsarbeiten, die grade in den letzten paar Jahren erst bekannt geworden und von reformatorischem Einflusse auf die älteren Anschauungen der Fütterungschemie sind. Ich erinnere hier dieserhalb blos

an die Arbeiten von Bischof und Voit über die Gesetze des Stoffumsatzes, über den geringen Werth der bloßen Körpergewichtsdifferenzen und über den Ausdruck eines Futtereffectes durch 3 Körperbestandtheile: Muskelfleisch, Fett und Wasser;

an die Arbeiten von Henneberg und Stohmann über die Verdaulichkeit der Holzfaser und die Bedeutung dieser Thatsache;

an die Arbeiten von Gilbert und Anderer über die Stellung der Kohlehydrate gegenüber der bisher übertriebenen Werthschätzung der Proteïnstoffe in Mastrationen;

an die Arbeiten von Crusius und Anderer über die hohe Bedeutung des Fettes in Futterrationen.

Alles das hat man vor 2—3 Jahren noch nicht, oder doch höchst unvollkommen gewußt! —

Darum möchte ich auch dies Buch theoretischer Seits als wesentlich verschieden von dessen I. Auflage betrachtet wissen.

Die Unterschiede beider beschränken sich nicht auf eine bloße compilatorische Einflechtung neuer Thatsachen, Analysen, Versuche und Lehren, sondern beruhen auf mehr oder weniger durchgreifenden Umarbeitungen aller Abschnitte.

Am meisten Mühe gab ich mir mit den Abschnitten über die Ernährung des Menschen, über die Zubereitungsmethoden der Futtermittel und über die Statik der Fütterung. Die in letzterer figurirenden Nährstoffnormen sind jetzt ganz andere und mehr ausgedehntere.

Auch habe ich meine Methode der ökonomischen Werthsbestimmung der Futtermittel zu vervollkommenen gesucht.

Endlich sind die Vorträge, welche sich der kritischen Beschreibung der Fütterungs-Versuche widmen, so gesichtet und ergänzt worden, daß man damit eine vollständige Collection hat aller bis Ende 1861 publizirten nennenswerthen Versuche.

Gegen die I. Auflage ist die vorliegende um 5 neue Vorträge und um 146 Druckseiten verstärkt.

Daß ich auch hier die Eintheilung des Buches nach „Vorträgen" beibehalten, geschah getreu seinem Ursprunge, welcher zurückzuführen ist auf die Cyclen agricultur-chemischer Vorträge, welche ich während der letzten 10 Jahre in Köln, Bergheim, Düren, Zülpich, Euskirchen, St. Vith, Montjoie und Halle, auf Wunsch der dortigen landwirthschaftlichen Vereine, zu geben die Ehre hatte.

Auf Seite 67 habe ich einige agricultur-chemische Bücher empfohlen. Inzwischen aber ist die II. Auflage von Franz Schulze's: „Chemie für Landwirthe" [2 Bd., Leipzig bei Baumgärtner] erschienen und muß ich selbige obigen Büchern zugezählt wünschen, denn ein gediegeneres Werk dieser Art kenne ich nicht.

Salzmünde bei Halle a. S. 1. Mai 1862.

Der Verfasser.

Ueberſicht des Inhaltes.

Allgemeiner, einleitender Theil.

1. Vortrag.

Geſchichte der Naturwiſſenſchaft.

2. Vortrag.

Geschichte der Agrikultur-Chemie.

3. Vortrag.

Naturwissenschaftliche Grundbegriffe.

4. Vortrag.

Ueber die Stellung der Landwirthschaft zur Agrikultur-Chemie.

5. Vortrag.

Die näheren und entfernteren Bestandtheile des org. Reichs.

Specieller Theil.

Thierchemie.

6. Vortrag.

Die Processe der Bildung und des Aufbaues im Thierkörper.

7. Vortrag.

Die Vorgänge der Rückbildung und des Verfalles im Thierkörper.

8. Vortrag.

Die Gesetze der Ernährung.

9. Vortrag.

Allgemeine Kriterien der Nahrung.

10. Vortrag.

Die Nährmittel thierischen Ursprungs

11. Vortrag.

Die Nährmittel pflanzlichen Ursprungs.

12. Vortrag.

Die geistigen Getränke.

13. Vortrag.

Die alkaloïdischen Genußmittel.

14. Vortrag.

Diätetik.

15. Vortrag.

Die Futtermittel der Hausthiere.

16. Vortrag.

Die Zubereitungs-Methoden des Futters.

17. Vortrag.

Kritische Darstellung der Versuche über die Ernährung
der Kälber.

18. Vortrag.

Kritische Darstellung der Versuche über die Ernährung der Milchkühe.

19. Vortrag.

Kritische Darstellung der Versuche über die Ernährung der Pferde.

20. Vortrag.

Kritische Darstellung der Versuche über die Mastung

von Rindvieh.

von Schafen.

von Schweinen.

21. Vortrag.

Statik der Fütterung.

22. Vortrag.

Ueber die Werthsbestimmung eines Futters.

23. Vortrag.

Die nächsten Aufgaben der Fütterungs-Chemie.

NB. Alle Gewichtszahlen sind ausgedrückt:
in Zollpfund à 500 Gramm!

Allgemeiner

einleitender Theil.

1. Vortrag.

Geschichte der Naturwissenschaft.

Die Geschichte der Naturwissenschaft gehört der Culturgeschichte der Menschheit an. Beide sind unzertrennlich und bedingen sich gegenseitig in ihrem Verständnisse.

Darum werden wir weit ausholen, ja bis zum fernen Alterthum einen Rückblick werfen müssen. Der Umweg, den wir dabei machen, wird nicht nutzlos sein. Denn ist die culturhistorische Entwickelung des gesammten Menschengeschlechtes nicht am ehesten vergleichbar mit der allmähligen Ausbildung des einzelnen Individuums und hat ein Jeder, wo nur mit sinnigem Blicke er über seine eigene Vergangenheit mit all' ihren unreifen Anschauungen hinsah, und an die unstäten Lebenswege seiner Jugend den Maaßstab der gereiften Einsicht legte, nicht daraus Nutzen, nicht manche goldene Maxime für seine Zukunft gezogen? —

Mit dem 4. Jahrhundert vor Christus beginnt ungefähr die Blüthenperiode des Alterthums. Die dieser Zeit vorhergehenden Jahrtausende gewähren dem Culturhistoriker keine bemerkenswerthen Ruhepunkte und wollten wir in denselben nach naturwissenschaftlichen Kenntnissen suchen, so wäre das um so mehr unlohnend, als solche selbst in der Glanzperiode der Griechen und Alexandriner, die eben mit dem 4. Jahrhundert beginnt, nur in unbedeutender Menge vorhanden waren.

Die mit Vorliebe von den Alten befolgte Methode, die Naturerscheinungen vermittels philosophischer Spekulationen aufzuklären, war, wie ich dies ein anderes Mal noch näher zeigen werde, nicht geeignet, denselben ächte Naturkenntnisse zu verschaffen. Gab es auch damals einige besondere Männer, welche, dies einsehend, sich der richtigen empirischen Methode zuwandten, so litten doch selbst deren Forschungen an Werth und Klarheit unter dem Einflusse der herrschenden fehlerhaften Richtung. Trotz dieses in seinen Folgen beklagenswerthen Umstandes sind wir hierüber zu einem milden Urtheile verpflichtet; denn die Alten hatten mit den großen Schwierigkeiten der Ansammlung naturwissenschaftlicher Kenntnisse ganz besonders zu kämpfen. Wie viele und mannigfaltige Betrachtungen mußten sie nicht anstellen, ehe sie überhaupt einmal zur Annahme kamen, daß in dem verworrenen Wechsel der Naturerscheinungen nicht ausschließlich die Willkühr ihrer vielen Götter, sondern etwas Gemeinsames, Unveränderliches herrsche; und ahnten sie in dieser Weise richtig die Existenz des Naturgesetzes, dann fehlten ihnen die Hülfsmittel, um es klar zu erkennen; war endlich auch dieses durch bewundernswerthe Ausdauer überwunden, dann fehlte noch immer das geistige Band, welches die einzelnen Gesetze zur Aufklärung aller Erscheinungen an einander reiht.

Nur derjenige, welcher mit der Geschichte der wichtigeren Entdeckungen unbekannt ist, denen wir heute die Möglichkeit einer größeren physischen Wohlfahrt und eines erhöhten Lebensgenusses verdanken; der nichts von der langen Reihe ernster Irrthümer weiß, die der Erkenntniß der Wahrheit gewöhnlich vorhergegangen sind und es noch thun, nur der könnte mit mitleidigem Uebermuthe auf die Leistungen der der Natur zuerst obliegenden Forscher hinblicken.

Außerdem müssen wir für jene Zeit berücksichtigen, daß die mühsamen Arbeiten, wie solche zum Aufbau der Naturwissenschaften erforderlich sind, keine günstige Pflegestätte beim gebildetsten Volke des Alterthums fanden. Der durch die physische und politische Lage ihres Vaterlandes nicht minder, wie durch ihren schönen Götterkreis vielseitig bewegte Sinn der Griechen war besonders auf Philosophie, Poesie und solche Künste gerichtet, die gleich der Baukunst, Bildhauerei und Malerei, ihren vollendeten Anforderungen an Anmuth und Schönheit entsprachen; er war überhaupt mehr der Kunst, als der Wissenschaft zugewandt.

Letztere fand in Platon († 438 v. Chr.) und Aristoteles († 322. v. Chr.) ihre würdigsten Repräsentanten; nach ihren Schriften wird deßhalb die geistige Höhe jener Zeit gemessen.

Besondere Bedeutung erlangte Aristoteles dadurch, daß er eine scharfsinnige Naturbeobachtung mit einer klaren Philosophie verband. Er war Realphilosoph. Seine Weltanschauung, die das ganze Wissen seiner Zeit umfaßte, gewann allgemein das Ansehen der Vollendung und Unfehlbarkeit; sie hatte, wie seitdem kein Geisteswerk irgend eines Sterblichen, die Ehre, auf zwei Jahrtausende hindurch als der Inbegriff aller Naturweisheit zu gelten. Einen solchen Erfolg hat Aristoteles selbst gewiß nicht geahnt;

sonst würde der große Mann das Bewußtsein der Unvollkommenheit seines Wissens seinen Nachkommen ausdrücklicher vermacht haben!

Die kurz nach ihm und nach dem Sturze des Griechenreiches gegründete alexandrinische Naturforscherschule war der Schlußstein in der geistigen Ausbildung der damaligen Zeit. „Die Einfachheit und Unbefangenheit der Anschauung und die Jugendfrische und Energie des Geistes waren verschwunden, die erforderlich sind, um all' die Schwierigkeiten siegreich zu überwinden, die der Eröffnung neuer Erkenntnißquellen entgegengestellt sind. Die Anstrengungen zur Befriedigung der vielfachen Bedürfnisse eines verfeinerten materiellen Lebens ließen keine Kräfte übrig zur Erforschung der Wahrheit und ließen endlich ganz den Sinn erlöschen, der frisch und lebendig erhalten, für den Menschen zur einzig nicht versiegenden Quelle neuer Offenbarungen und der edelsten Freuden wird, der aber, einmal ertödtet, zu einer alles Edle verschlingenden, nicht zu sättigenden Genußsucht unvermeidlich hinführt." (Jolly.) Und so sehen wir denn die schönen Forschungen der Alexandriner, gleich der Abendröthe vor einer langen finstern Nacht. Erst das 16. Jahrhundert nach Christus sollte die Männer liefern, die würdig waren, einem Hipparch, Archimedes und Ptolomäus die Bruderhand zu reichen! —

Aber nicht allein die betäubenden Schläge, durch welche das überall siegende Römerreich die Völker des Erdballes zu seinen Sclaven erniedrigte, nicht blos die tiefe sittliche Corruption Rom's, die rasch und überall, wo es sich vorfand, das edlere geistige Treiben vergiftete, auch nicht die darauf folgenden politischen Umwälzungen, welche die Völkerwanderung (175 bis 492 n. Chr.) zum großartigsten Phänomen der Weltgeschichte machen, waren die alleinigen Ursachen einer so plötzlichen und langen Unterbrechung aller selbstständigen natürlichen Forschungen. Die neue Weltanschauung, die von dem um jene Zeit gestifteten Christenthume ausging und sich glorreich aller Geister bemächtigte, indem sie deren ganzes Denken und Handeln in sich aufnahm, kommt hier auch in Betracht. Man wird nämlich, selbst Angesichts der erhabenen Einwirkung, welchen die Lehren des Christenthums auf die sittliche und sociale Gestaltung der damaligen und der folgenden Zeiten ausübte, sich nicht verhehlen dürfen, daß überhaupt jede auf Offenbarung sich stützende Religion den Forschersinn um so ungünstiger beeinflußt, je mehr deren Dogmen, durch ihre innere Vollendung alle geistige Bedürfnisse des Menschen, auf einmal und für immer zu befriedigen versprechen. Indem sowohl die heilige Schrift, als auch die 600 Jahre später erfolgenden Offenbarungen Mohammed's, († 632 n. Chr.) die höchsten metaphysischen Wahrheiten behaupteten und als Anfang und Ende alles Wissenswerthen erschienen, haben sie dazu beigetragen, in der Menschheit das Streben nach Naturerkenntniß einzuschläfern. „Denn nur im Bedürfnisse nach der Wahrheit keimt die Macht, die es endlich befriedigt."

„So ging die Weltherrschaft der Römer (476 n. Chr.) und das glänzende Reich der Araber in Spanien (711—1492) vorüber, ohne in geistigen Forschungen weiter zu führen, als zu einer blinden Bewunderung und Ueberlieferung dessen, was die kleine, auf wenig Küstenstriche ausgedehnte griechische Nation geleistet hatte. Es scheint, man hielt die Leistungen der Alten für vollendet und unübertrefflich und betrachtete demnach die Wissenschaften für abgeschlossen. Die Zeit des Forschens war zu Ende und die einer unproductiven Gelehrsamkeit begann. Die Schriften des Aristoteles waren den Männern der Wissenschaft zur Bibel geworden; man hielt es nicht mehr für nöthig, zur Erfahrung zurück zu gehen und noch weniger bezweifelte man die von Aristoteles in den Naturwissenschaften, doch nur nach dem Maaße der Erfahrungen seiner Zeit, aufgestellten Sätze. Was aus ihnen sich nicht ableiten ließ oder gar mit ihnen im Widerspruche stand, wurde verworfen und als Ketzerei geahndet. Alle Thätigkeit war darauf gerichtet, das ererbte Wissen für Schule und Unterricht, nach Paragraphen geordnet, in Compendien zurecht zu legen. Des leichtern Erlernens halber wurden sogar die Lehrsätze der abstracteren Wissenschaften, wie der Mathematik und Astronomie, in Verse gebracht. Von einem Fortschreiten im Erkennen und Wissen kann in solcher Periode scholastischer Weisheit, in der alle Fragen als schon erledigt betrachtet wurden, nicht mehr die Rede sein. Es war in ihr grade das, was wirkliche Bildung austragen soll, nämlich einen freien strebsamen Geist und ein offenes Auge, durch leeren Gedächtnißkram und einseitige, und daher bornirte Schulweisheit unterdrückt." (Jolly.)

Kein Wunder, daß bei dieser unfruchtbaren Geistesrichtung das scholastische Treiben sich endlich erschöpfte und in Streitfragen und Thesen von so mystisch-abergläubischer Natur ausartete, daß es einem heute unbegreiflich vorkommt, wie selbst Männer vom besten Ruf und Genie ihnen damals mit allem Ernste zugewandt sein konnten. Man beschäftigte sich auf dem Gebiete der Naturwissenschaft, der Philosophie und Religion meistens mit Fragen, von denen Liebig in seinem vierten chemischen Briefe einige Proben gegeben hat und von denen er meint, daß sie in unserer Zeit als vollgültige Beweise von Narrheit angesehen werden würden.

Wem vergeht da nicht die Lust an dem vielgepriesenen Mittelalter und an den Sympathieen, die man für dessen Zustände noch heute zu erwecken vielfach bestrebt ist! Einen solchen Grad geistiger Verkommenheit, Sittenlosigkeit und niedrigen Aberglaubens finden wir nirgendwo wieder in der Weltgeschichte, sogar zu keiner Zeit der sogenannten vorchristlichen Barbarei. *) Wie ganz anders zum Beispiel, wie viel freier, thatkräftiger und edler finden wir den Menschengeist, wenn wir um anderthalb Jahrtausende zurückgehen in das Zeitalter der antiken Bildung, wo ein Platon und Sokrates lebte, wo all' die Genieen der Poesie, Kunst und exacten Wissenschaften erstanden, die zu jedwedem menschenwürdigen Fortschritt die Bahn brachen und ebneten. Vom veröbeten Mittelalter aus zu jenen großen Alten zurückblickend, möchte man mit dem Dichter klagen:

> „Schöne Welt, wo bist du? Kehre wieder,
> Holdes Blüthenalter der Natur!
> Ach, nur in dem Feenland der Lieder
> Lebt noch deine fabelhafte Spur!
> Ausgestorben trauert das Gefilde,
> Keine Gottheit zeigt sich meinem Blick;
> Ach, von jenem lebenwarmen Bilde
> Blieb der Schatten nur zurück!"

Ehe wir weiter gehen zu bessern Zeiten hin, müssen wir noch einer Wissenschaft gedenken, die selbst innerhalb jener hoffnungslosen Zustände Gelegenheit fand, sich eine besondere Bedeutung und daher auch einige geistige Pflege zu sichern. Es war die Chemie. Nicht sei damit gesagt, daß die Chemie im Mittelalter ihren Ursprung fand, denn sie ist alt, wie die Menschengeschichte. „Dieser Ausspruch," sagt Schloßberger, „läßt sich indessen nur vertheidigen, wenn man einzelne Beobachtungen und durchaus zusammenhanglose Kenntnisse über die chemischen Eigenschaften einiger Körper überhaupt Chemie nennen will. Ein vernünftiges Wesen mit gesunden Sinnen, in Verhältniß gesetzt zu der todten und belebten Natur, befindet sich alsbald in vielseitigem Wechselverhältnisse mit derselben; es empfängt unwillkührlich Eindrücke, es beobachtet, es wirkt nach Außen, um gewisse Eindrücke herbeizuführen, abzuhalten oder zu verändern. Die eiserne Noth und der blinde Zufall, der Trieb zur Selbsterhaltung und der Hang zum Genuß, das Nachdenken über den Zusammenhang der Erscheinungen, die Erinnerung des Selbsterlebten und die Ueberlieferung von Andern, endlich der Nachahmungstrieb und die Neugierde, sie alle müssen, in freilich für das Einzelne nicht zu bestimmendem Maaße dazu beigetragen haben, allmählig eine Anzahl von chemischen Kenntnissen schon unter den ältesten Culturvölkern zu verbreiten."

So sollen schon die Egyptier Salmiak, Vitriol, Glas, Schmelz, bemalte Töpferwaaren, verschiedene Metall-Legirungen bereitet, auch die Darstellung der Seife, des Bieres, des Essigs, des Terpentins, des Zuckers,

---

des Indigo's und anderer Farbstoffe, der Salben zur Conservirung der Leichname gekannt haben. Die Chinesen sollen um jene Zeit noch mehr chemische Kenntnisse besessen haben und unter Anderen legt man ihnen bei die Bereitung von Salpeter, Schwefel, Schießpulver, Alaun, Porzellan und Papier. Da wir indessen von jener dunkeln Zeit her keine Schriften von speziell chemischem Inhalte besitzen, so bleibt es ungewiß, welchem Volke des Alterthums diese oder jene Entdeckung zu vindiziren ist.

Mit der Eroberung Griechenlands (146 v. Chr.) und vollends mit dem Sturze des Römerreiches trat auch in den chemischen Forschungen ein langer Stillstand ein. Erst gegen das 9. Jahrhundert nach Christus, nachdem die Araber sich im südlichen Spanien festgesetzt hatten, bemerken wir bei diesem geistig noch frischen Volke eine besondere Pflege der Chemie. Geber, ihr berühmtester Chemist, berichtet in seinen Schriften über die Darstellung der Schwefelmetalle, der Soda und Pottasche, des Aetzkali und des Ammoniak, der Salpetersäure, Salzsäure, der Goldauflösung, des Höllensteins, des Alkohol, so wie über verschiedene Quecksilber- und Antimon-Präparate. Durch die Kreuzzüge gelangten diese chemischen Errungenschaften im 12. Jahrhundert nach Deutschland, wo bei der mystischen Richtung des Zeitalters die von den Arabern schon bearbeitete Idee von den Metallverwandlungen einen besonders günstigen Boden fand. Der Glaube an die Möglichkeit der Verwandlung unedler Metalle in Gold, vermittels des Steins der Weisen, gab den chemischen Forschungen während der nächstfolgenden vier Jahrhunderte eine so eigenthümliche Richtung, daß eine nähere Würdigung jenes Einflusses interessant und nicht unwichtig ist.

Die Chemie war damals noch keine Wissenschaft, die um ihrer selbst willen oder zum Zwecke der Naturforschung betrieben wurde, sondern eine durch zauberhafte Schwärmerei getrübte Kunst, deren man sich als unentbehrliches Mittel zur Erreichung eines ganz anderen Zweckes bediente. In sofern dieser Zweck die Auffindung und Anwendung des Steines der Weisen betraf, wurde die Chemie offenbar zur Dienerin einer ganz verfehlten Absicht. Das aber ahnten die Alchemisten nicht. Der Glaube, daß in der Natur ein wunderbarer Juwel (Quinta essentia oder Stein der Weisen) verborgen liege, der auf geheimnißvollem chemischem Wege heraus zu destilliren sei, der unedle Metalle durch seine Berührung in Gold verwandle, auch alle Krankheiten heile und das Alter verjünge, dessen Besitz also gleichbedeutend mit einer unerschöpflichen Fülle von Gold, Gesundheit und Leben sei, war zu jener Zeit so allgemein und vielfach genährt und befestigt worden, daß kein vernünftiger Mensch ihn für falsch hielt. Wir können uns daher nicht wundern, wenn das Studium der so viel versprechenden Alchemie damals eine Unzahl von Geistern beschäftigte, die theils mit gewissenhaftem Eifer die Stoffwelt durchsuchten, theils aber aus Neid und Habsucht um die Wette vorgaben, die Kunst des Goldmachens am gründlichsten zu verstehen. Wenn schon auch die aufrichtigen chemischen Forscher an der Auffindung des Steines der Weisen zuweilen verzweifeln wollten, dann trat zur rechten Zeit irgend ein „räthselhafter Unbekannter" auf und überzeugte die eine oder andere öffentliche Persönlichkeit von der wirklichen Existenz des „großen Magisteriums" so weit, daß auf diesen Spectakel hin die ermattete Sehnsucht wieder allgemein aufzuleben begann.

So gewährte mehrere Jahrhunderte hindurch die Menschheit das Schauspiel eines allgemein eingewurzelten und mit bewundernswerthem Eifer verfolgten Strebens nach etwas in der That Unerreichbarem; ein Schauspiel, dessen Anblick etwas Betrübendes hätte, wenn die Bausteine einer neuen Wissenschaft, die uns mehr verspricht, als der Stein der Weisen, nicht als die Frucht jener sonderbaren Strebsamkeit angesehen werden müßten. Anstatt des Talisman's für Gold und Gesundheit, fand man — die Chemie!

Welch' günstigen Einfluß das allseitige Getriebe der Goldmacher auf die Vermehrung der chemischen Kenntnisse gehabt hat, ergibt sich unter Andern auch aus dem Umstande, daß Anfangs des 16. Jahrhunderts manche vorurtheilsfreie Männer die Chemie einer besonderen Pflege für würdig erachteten, und es waren namentlich die Aerzte, die sich zu jener Zeit dieser durch den alchemistischen Zweck gar verunstalteten Wissenschaft annahmen. „Die Chemie ist nicht da," sagt Paracelsus, der größte Mediziner der damaligen Zeit, „um Gold zu machen, sondern um Arzneien zu bereiten." Dieser Ausspruch erlöf'te die Chemie aus den Händen der Goldköche und gab gleichzeitig der Medizin eine neue Richtung.

Indem nämlich Paracelsus die Chemie im Dienste der Arzneikunde verwandte, erfand er bald eine Anzahl neuer und vortheilhaft wirkender Medikamente, die zu der bisher befolgten Heilmethode des Galenus nicht mehr paßten und Veranlassung zur Begründung einer neuen, der sogenannten chemisch-medizinischen Schule gaben. Zwar ging in dieser Periode die Chemie in der Medizin vollständig auf und verlor dadurch etwas von ihrer Selbstständigkeit, jedoch gereichte ihr das keineswegs zum Schaden, denn nachdem sie bis zum Jahre 1650 unter der pflegenden Hand der Aerzte verblieben, fand sie sich so weit gefördert, daß der erste Versuch, die zahlreichen chemischen Thatsachen in ein wissenschaftliches System zu ordnen, gemacht werden konnte.

Wir werden sehen, daß dieses zu einer Zeit geschah, wo auch die übrigen Naturwissenschaften, namentlich die Astronomie, die Physik und

Mechanik nach so langer thatenloser Ruhe wieder aufzublühen begannen. Es liegt also die Annahme nahe, daß die nämlichen Ursachen, welche dem 17. Jahrhundert, bei dessen sich mächtig entfaltenden realen und geistigen Forschungen, eine so hohe culturhistorische Bedeutung anbahnten, auch auf jene der Chemie bevorstehende Umgestaltung einen nicht zu übersehenden Einfluß ausgeübt haben. Daher verlassen wir einen Augenblick die Geschichte der Chemie und lenken inzwischen unsere Aufmerksamkeit auf einige, die wichtigste Culturepoche der Menschheit vorbereitende Momente.

Als solche haben wir anzuführen:

1. Sturz des griechischen Kaiserreiches durch die Eroberung Constantinopels Seitens der Türken im Jahre 1453.

Mit den flüchtigen Griechen drang das Verständniß der griechischen Sprache über alle Theile Westeuropa's. Die Schätze des griechischen Alterthums, die man bisher nur unvollkommen und durch schlechte arabische Uebersetzungen verunstaltet kannte, wurden hierdurch für die Abendländer aufgeschlossen. Die herrlichen Arbeiten der Alten und noch mehr der gesunde edle Sinn, der allbelebend aus ihren Werken weht, verfehlte nicht seine Wirkung auf die im Banne der scholastischen Philosophie erschlafften Geister. So rührend auch oft die Eroberung Constantinopels beklagt wird, so war sie nichts desto weniger ein für die Civilisation glückliches Ereigniß.

2. Das sich verbreitende neue Leben fand in zahlreichen, im 14. und 15. Jahrhundert gegründeten Universtäten passende Pflegestätten. Gegründet wurden die Universtät zu Oxford 1300, Prag 1347, Wien 1384, Heidelberg 1385, Köln 1388, Erfurt 1392, Krakau 1401, Würzburg 1406, Leipzig 1409, Jena 1555.

3. Die Erfindung der Buchdruckerkunst durch Guttenberg im Jahre 1450. Es bedarf (wohl keiner Auseinandersetzung, weßhalb diese göttliche Kunst zu keiner Zeit hätte gelegener kommen können.

4. Die Entdeckung Amerika's durch Christoph Columbus im Jahre 1492. Den Commentar hierzu entlehne ich von Liebig:

„Als Columbus zu Salamanka, dem großen Sitze der Gelehrsamkeit, vor einem Collegium, welches aus den gelehrtesten Professoren der Astronomie, Geographie, Mathematik, des Reiches und den angesehensten und weisesten Würdenträgern der Kirche bestand, seine Ansichten von der Gestalt der Erde und der Möglichkeit ihrer Umschiffung zu vertheidigen hatte, da erschien er der Mehrzahl als ein Träumer, welcher Spott, oder als ein Abenteurer, der Verachtung verdiente.

Nie aber hat eine gelehrte Disputation einen größeren Einfluß auf die Geistesentwickelung ausgeübt, als die im Collegiatstifte von St. Stephan; sie war der Vorbote des großen Sieges der Wahrheit über den blinden Glauben der Zeit. In diesen merkwürdigen Erörterungen verloren die mathematischen Beweise ihre Gültigkeit, wenn sie mit Stellen der h. Schrift oder deren Erklärungen durch die Kirchenväter zu streiten schienen. „„Wie könnte die Erde rund sein, da doch in den Psalmen gesagt sei, der Himmel wäre ausgespannt gleich einem Felle?"" „„Wie wäre es möglich, die Erde anders, als für flach zu halten, da der heilige Petrus in seinem Briefe an die Hebräer den Himmel mit einem Tabernakel oder Zelte vergleiche, welches über die Erde ausgebreitet sei?"" Hatte sich nicht Lactantius gegen die Existenz der Antipoden ausgesprochen: „„Ist wohl irgend Jemand so verrückt zu glauben, es gäbe Menschen, die mit den Füßen gegen die unsern ständen, die mit in die Höhe gekehrten Beinen und mit herunter hängenden Köpfen zu gehen vermögen; daß eine Gegend der Welt existire, wo alle Dinge oberst zu unterst ständen, wo die Bäume mit ihren Zweigen abwärts wüchsen, und wo es in die Höhe hagele, schneie und regne?"" —

„Sagte nicht der heil. Augustinus, daß die Lehre von den Antipoden mit der historischen Wurzel des christlichen Glaubens durchaus unverträglich sei; „„denn wer versichere, daß es bewohnte Länder an der andern Seite der Erde gebe, der nehme an, daß dort Menschen wohnten, die nicht von Adam abstammten, da es für dessen Abkömmlinge unmöglich gewesen sei, über das dazwischen liegende Weltmeer zu kommen. Eine solche Meinung müsse der Bibel den Glauben entziehen, welche ausdrücklich erklärt, daß alle Menschen von einem Elternpaar abstammen.""

„„Welche Anmaßung sei es für einen gemeinen Mann, zu glauben, es bleibe für ihn eine so große Entdeckung zu machen übrig, nachdem so viele tiefe Philosophen und Erdkundige die Gestalt der Welt zum Gegenstande ihrer Untersuchung gemacht hätten, und so mancher tüchtige Seemann vor abertausend Jahren auf ihr herumgeschifft wäre."" So sprachen die Gegner des großen Mannes.

„Zwei Jahre darauf kam Columbus aus Westindien zurück; die Erde war eng und klein, sie war eine Kugel; es gab bewohnte Länder auf der andern Seite der Halbkugel.

Aber nicht blos die Erde, auch der Himmel widersprach den Lehren der größten Lichter der goldenen Zeit mittelalterlicher Weisheit; denn durch Copernikus († 1543) hatte die Erde aufgehört, der Mittelpunkt des Weltalls zu sein, sie war nicht blos eng und klein und eine Kugel, sie war ein bloßer Punkt im unendlichen Raum, ein kleiner Planet, der sich um die Sonne bewegt.

Wie den, welcher von einem Erdbeben überrascht wird, ein unbeschreibliches Gefühl von Bangigkeit befällt, wenn er, einem wogenden Meere gleich, wanken fühlt, was Gewohnheit und Nachdenken ihn als das Festeste und Unerschütterlichste erkennen ließ, so durchzuckten, in Folge der Entdeckungen der Wissenschaft, Angst und Zweifel die civilisirte Welt. Die Erde war nicht mehr der Mittelpunkt des Weltgebäudes, das Gewölbe des Himmels hatte seine Säulen, der Thron Gottes, wie Manche ihn sich gedacht, seinen Platz verloren; es gab kein Oben mehr und kein Unten. Was der Glaube für fest begründet hielt, war zertrümmert, was für Wahrheit galt, zeigte sich als Irrthum. Zahlreiche Prophezeiungen verknüpften in der ersten Hälfte des 16. Jahrhunderts die Thatsache der Entdeckung der neuen Welt mit dem Untergange der alten; sie sind Zeugen dieser erregten Zeit."

5. Die kirchliche Reformation durch Martin Luther im Jahre 1521.

Sie war eigentlich nichts Anderes, als ein offener allgemeiner Protest gegen den geistigen Druck, der von einer allmächtigen Priesterherrschaft ausgehend, sich bisher auf's strengste geltend gemacht hatte. Aber dadurch wurde sie grade zu einem großen und für alle Theile segensreichen Ereignisse.

Der Untergang des Griechenreiches, die Erfindung der Buchdruckerkunst, die Entdeckung Amerika's, das Copernikanische Weltsystem und endlich die Reformation, das sind die Stufen, die uns zum 17. Jahrhundert hinaufführen, die wir übersteigen mußten, um an die denkwürdige Lichtquelle zu gelangen, in deren Strahlen wir uns jetzt sonnen.

„Ungewöhnliche Kräfte brachte von nun an die Natur hervor, um in dem beginnenden Kampfe des zum Bewußtsein erwachten Geistes der europäischen Nationen, gegen jegliche Tyrannei, gegen einen übermächtigen Aberglauben, welcher unausrottbar schien, der Vernunft den Sieg zu sichern. Eine Anzahl der größten Männer folgten einander in einer ununterbrochenen Reihe, bis der Erfolg des großen Werkes gesichert war." (Liebig.)

Der erste von ihnen war der Engländer Franz Baco († 1626). Nicht blos deßhalb, weil er vor allen Andern zuerst in die Arena herabstieg, sondern auch wegen des fundamentalen Characters und der kaum zu überschätzenden Bedeutsamkeit seiner Philosophie, deren Studium so lebhaft an Kant erinnert.

Baco ist der Begründer der sogenannten Realphilosophie. Er bricht die Bahn, die alle späteren Realphilosophen verfolgten. Er ist der größte realistische Denker, den wir bis heute gehabt haben.

Baco war nicht allein Philosoph, sondern auch ein vollendeter Weltmann. Von einem armen Advokatensohne schwang er sich empor durch all' die Hemmnisse und Schicksale einer langen politischen Laufbahn zum Großsiegelbewahrer und Lordkanzler von England. Auf dem Höhepunkte seiner weltlichen Macht und seines Glückes nannte er sich Baron von Berulam und Vicegraf von St. Albans. Sein geräuschvolles Leben und seine unruhvolle Thätigkeit vermochten jedoch nicht seinem Geiste die Vorliebe zur Wissenschaft zu nehmen. Als Lebensaufgabe betrachtete er die Wissenschaft und widmete ihr seine ganze Mußezeit. Vom Staatsleben zuletzt zurücktretend in die Einsamkeit seines Landsitzes Gorhambury, füllten literarische Arbeiten den Rest seines Lebens aus.

Wie sein sociales und äußeres Leben, so sehr ist auch sein philosophischer Geist dem weltlichen Treiben und den practischen Lebensinteressen zugewandt. Inniges Anschmiegen an die Wirklichkeit, eine fruchtbare Verbindung des menschlichen Wissens mit dem Getriebe der Welt, das ist der characteristische Grundzug seiner Philosophie.

Baco sieht, seine Zeit mit durchbringendem Blicke umfassend, welch' große Veränderungen dieselbe in politischer, physischer, astronomischer, geographischer und kirchlicher Hinsicht binnen einer kurzen Periode erfahren hat, er erkennt wie diese auf allen Gebieten des menschlichen Wissens hervortretende Bewegung seine Zeit zu einer ganz andern gemacht haben. Nach den Ursachen dieser Umgestaltungen fragend, wird er zu der Ueberzeugung geführt, daß es der Geist der Erfindung sei, der bisher im Menschen unterdrückt gewesen, oder blos vom Zufalle abhing. Diesen heilsamen erfinderischen Geist will er daher vom Zufalle befreien, indem er ihn philosophisch erfaßt und befestigt; die Erfindung soll Absicht werden; nur dadurch könne eine Wissenschaft erstehen, die den menschlichen Geist dem vorgerückten Weltzustande gleichbringt und ihn nie mehr hinter demselben zurückbleiben läßt. „Es wäre eine Schande für die Menschheit," sagt Baco, „wenn die Gebiete der materiellen Welt, die Länder, Meere und Gestirne, in unsern Zeiten unermeßlich erweitert und erleuchtet worden, die Grenzen der intellectuellen Welt dagegen in der Enge des Alterthums festgebannt blieben."

Die Wissenschaft also bezweckt den menschlichen Nutzen durch die Herrschaft des Menschen über die Natur oder das Universum der Dinge. Daher sind Baco's philosophische Bestrebungen darauf gerichtet, die Wissenschaft zu bereichern, sie mächtig, angesehen, einflußreich, gemeinnützig zu machen, „sie soll eine Macht unter den Menschen werden, eine wohlthätige und daher von allen anerkannte." Für Baco war die Wissenschaft der Inbegriff der Macht und Größe der Menschheit; „die menschliche Wissenschaft und

Macht," so sagt er, „fallen in einen Punkt zusammen." In der Vor=
rede zum „Neuen Organon," seinem Hauptwerke, kennzeichnet er die von
ihm erstrebte Wissenschaft mit den Worten: „Ich schweige von mir selbst.
Aber von der Sache, um die es sich handelt, verlange ich, daß sie die
Menschen nicht für eine bloße Meinung, sondern für ein Werk ansehen
und überzeugt seien: daß wir nicht für eine Schule oder eine beliebige An=
sicht, sondern für den Nutzen und die Größe der Menschheit
neue Grundlagen suchen. Wir suchen jedoch die Wissenschaft nicht
anmaßend in den engen Zellen des menschlichen Geistes, sondern bescheiden
in dem weiten Reiche der Welt."

Baco's Werk stellt nicht ein abgeschlossenes System dar, wie solche den
idealistischen Philosophieen eigen sind. Er selbst erklärt ausdrücklich, daß
er so was nicht beabsichtige, weil es grade zur Wesenheit einer, unveralternd
die kommenden Zeiten überdauernden Philosophie gehöre, daß sie der Fort=
bildung und Zukunft offen stehe und im menschlichen Fortschritt überhaupt
das Mittel zu einer beständigen Verjüngung habe. Seine Forschungen sind
vielmehr ein consequenter Ideengang, der von den Zielpunkten und Proble=
men, die er überall stellte, rückwärts sich erstreckt auf die Mittel; der letztere
in logischer Folge untersucht und feststellt, bis zu dem Punkte abwärts, von
wo aus die Lösung der Aufgabe practisch erfolgen kann. Er sucht den
fruchtbaren Anfangspunkt seiner Philosophie und findet ihn durch die Ana=
lyse ihres Zieles. Er stellt sich zuerst seine Aufgabe, und untersucht dann
die Mittel, die deren Lösung gebieterisch erheischt; seine Methode ist analytisch.
Er verfährt grade umgekehrt, wie die Idealphilosophen, die von einer Syn=
these, von irgend einem vermeintlich wahren Grundsatze ausgehen und es
dann den logischen Schlußfolgerungen überlassen, zu welchem Ziele sie endlich
hinkommen.

Baco's Philosophie ist eine Aufgabe. Sie besteht in der Auffindung der
Mittel, durch welche die Macht des Menschengeistes befestigt und stetig erhöht
wird. Jene Mittel erkennt Baco in der Erfindung. Das Mittel zur
Erfindung aber ist die Wissenschaft.

Wie stellt nun letztere die Bedingungen der Erfindungen fest? — Antwort:
durch Verkehr mit den Dingen, das ist durch Erfahrung. Hier ist jedoch
wohl zu beachten, daß Erfahrung noch lange nicht Erfindung ist; es haben
die Menschen viele Erfahrungen gemacht, doch keineswegs dem proportional
auch Erfindungen. „Wie muß daher die Erfahrung eingerichtet werden,
damit die Erfindung unwillkührlich und mit Nothwendigkeit daraus hervor=
geht? — So stellt sich Baco seiner Aufgabe näher.

Verständniß der Natur, durch Kenntniß ihrer Gesetze, ist das Mittel, woburch die Erfahrung zur Erfindung führt. Es wird gewährt durch die Naturwissenschaft. Sie ist daher die Grundlage alles Wissens und Könnens. „Sie muß," sagt Baco, „für die Mutter aller Wissenschaften gelten, wenn ihr auch bis jetzt der allergeringste Theil der menschlichen Arbeit gewidmet war." Sie belehrt uns über die Wirkungsgesetze der Naturgewalten; diese machen wir uns ganz unterthänig, indem wir jene genau befolgen. „Denn die Natur," sagt Baco,„ wird nur beherrscht durch Gehorsam."

So wird die Wissenschaft zur nie versiegenden Quelle für des Menschen Macht und Größe.

Wie gelangen wir endlich zu der Wissenschaft, die uns das Verständniß des Universums eröffnet, indem sie uns deren Gesetze offen legt? Dadurch, antwortet Baco, daß wir uns ein treues Abbild der Natur verschaffen, ein Abbild, worin an Stelle der Dinge keinerlei Idole gesetzt sind. Die Natur soll interpretirt, nicht antizipirt werden. Um sie kennen zu lernen, verlangt sie, daß wir von vorn herein allen Vorurtheilen entsagen; alle Idole müssen beim Eintritt in die Wissenschaft feierlich abgelegt werden, damit diese „auf reiner Grundlage nach dem Vorbilde der Welt errichtet werde."

Wie heißen die zu meidenden Idole? — Baco will folgende entschieden beachtet wissen:

1. Ueberzeugung gegen Autoritätsglauben.

Letzterem gegenüber beginnt Baco die Wissenschaft mit dem Zweifel an aller bisher gültigen und gangbaren Erkenntniß. Der Zweifel an Allem soll der Ausgangspunkt der Wissenschaft, es soll der Anfang der wahren Erkenntniß sein. In den so gereinigten und zunächst leeren Geist soll die Arbeit des Aufbaues der Wissenschaft von vorn an unternommen werden: nicht mit fremden Kräften und Urtheilen, nicht unter dem Drucke der öffentlichen Meinung, nicht unter dem Ansehen der grade gangbaren Philosophie, Religion, sondern frei, mit selbsteigenen Kräften, durch persönliche Anschauung. Baco wird damit nicht zu einem Sceptiker, sondern gleich seinem großen Zeitgenossen Cartesius († 1650) will er blos die falschen Grundlagen der Wissenschaft zerstören, um Platz für eine neue zu gewinnen. Beide Philosophen wurden dadurch zu Reformatoren der Wissenschaft. Beide gehen vom Zweifel aus und bereiten dadurch den Menschengeist zu neuer Erkenntniß vor. Aber wie diese Erkenntniß ihm werden soll, das ist die Frage, worin beide Denker sich schroff unterscheiden. Cartesius will, daß der reine Verstand sich ganz selbst überlassen bleibe und nur aus sich allein heraus Urtheil und Erkenntniß schöpfe. Baco will, „daß der

Verstand, selbst vom ersten Anfange an, niemals sich selbst überlassen bleibe, sondern beständig geleitet werde." Er will ihn an der Hand der Natur erziehen gleich einem Kinde, welches auch nur allmählig sich entwickelt und selbstständig wird. Cartesius dagegen gibt dem Verstande sofort die reife Selbstständigkeit; ein jugendliches Alter desselben kennt er nicht.

Daher die stark divergirenden Richtungen, welche die baconische und die cartesianische Philosophie von ihrem gemeinsamen Ursprunge an nehmen, und welche sich scharf getrennt verfolgen lassen durch die Philosophieen der nachfolgenden zwei Jahrhunderte hin, bis zu Kant, ihrem Vereinigungspunkte. Die Nachfolger Baco's nennen sich Realisten, die des Cartesius, Idealisten. Zu ersteren gehören vornehmlich Hobbes, Locke, Hume und die französischen Encyclopädisten, zu letzteren: Spinoza, Leibnitz und Wolff. Mit Kant beginnt die europäische Philosophie eine neue Epoche. Doch davon später.

2. Sachkenntniß gegen Wortweisheit.

Wir sollen nicht Namen und Worte, die nur Zeichen der Dinge sind, für die Dinge selbst annehmen. Das hieße den Realwerth gegen den Nominalwerth opfern.

3. Analogie der Natur gegen menschliche Analogie.

Wir sollten die Dinge möglichst von ihrer physischen Seite betrachten und bei ihrer Beurtheilung möglichst wenig Menschliches einfließen lassen. Denn der menschliche Sinn kann nicht als ein untrügliches Maaß der Dinge gelten. Derselbe faßt zu gern und leicht die Dinge auf, wie sie sich zu uns verhalten, wie sie unserer Analogie nach scheinen; wir bleiben sonach darüber zweifelhaft, ob der sinnliche Eindruck eines Dinges auch das richtige und wahre Abbild desselben sei, ob wir nicht Schein für Wirklichkeit annehmen. Nur durch Analogie des Universums berichtigen wir das verzerrte Abbild der Dinge, welches unsere gewöhnlichen Wahrnehmungen in uns hinterlassen.

4. Experiment gegen Sinnestäuschung.

Bei der trügerischen Verfassung des menschlichen Sinnes wird es nothwendig, denselben künstlich zu unterstützen und zu schärfen, damit derselbe ein zuverlässiger Spiegel der Dinge wird. Es geschieht dies mit Hülfe des Instrumentes. Dieses eben ermöglicht, die Naturerscheinungen rein darzustellen, ohne täuschende Zusätze. Die Darstellung heißt Experiment. Hiernach sollen alle unsere Wahrnehmungen nur experimentirende sein. „Alle wahre Erklärung der Natur," sagt Baco, „besteht in richtigen Experimenten, wobei unsere Sinne über das Experiment urtheilen, dieses aber über das Object selbst urtheilt."

6. Causalität gegen Teleologie.

Baco leitet die Unfruchtbarkeit und das bisherige Elend der Wissenschaft vornehmlich daher, daß man die Naturerscheinungen durch Zwecke, und nicht ausschließlich durch wirkende Ursachen erklärt habe. Er glaubt uns nicht genug warnen zu müssen vor diesen individuellen Zweckmäßigkeitsbegriffen, durch welche die Werke der Natur „zu Mitteln einer Absicht degradirt werden." Wenn wir den Erfahrungen vorauseilend, die Unendlichkeit der Erscheinungen durch selbstgewählte Zielpunkte zu verkürzen und aufzuklären suchen, so jagen wir in der That blindlings einem Phantome nach, welches vom Wege der Wahrheit uns nur abführen kann. Zweckmäßigkeitsbegriffe, die den unerforschten Gang der Dinge der mangelhaften Erkenntniß oder der endlichen Art und Weise unserer Weltanschauung anpassen wollen, vergöttern gradezu das Wesen unseres Erkenntnißvermögens und werden dadurch zu einem verderblichen Tand.

Nach Abzug der bezeichneten 5 Idole bleibt also blos noch die experimentirende Wahrnehmung, die wir mit Baco die reine Erfahrung nennen. Letztere schließt von den Thatsachen auf die Ursachen und damit fördert sie wirkliche und wahre Erkenntniß.

Die Methode der Erfahrung ist eine inductive, das heißt, sie geht von einer Reihe thatsächlicher Fälle (Instanzen) aus, scheidet dieselben durch kritischen Vergleich in wesentliche und unwesentliche oder zufällige und läßt letztere unbeachtet. Das Suchen nach den wesentlichen oder den sogenannten Prärogativ-Instanzen soll nach Baco immer Statt finden, wo man es mit verwickelten Erscheinungen zu thun hat, deren einfach gesetzliche Bedingungen nur schwierig aufzudecken sind. Glaubt man so das Naturgesetz herausgewickelt zu haben, so unterlasse man nicht, den positiven Fällen, worauf es sich stützt, die negativen entgegen zu setzen, so viel man deren zur Hand hat. Erst wenn sich kein Fall findet, welcher der vermeintlichen Regel oder dem Gesetze widerstreitet, dann ist dasselbe widerspruchslos und die Erfahrung, worauf es sich stützt, eine reine und wahre. Die positiven Fälle haben die negativen zum Prüfstein, das heißt, die reine Erfahrung muß kritisch sein. „Gleichwie das Experiment die Wahrnehmung, so berichtigen die negativen Instanzen den Schluß."

Die reine Erfahrung und das daraus resultirende Gesetz wird zur Erfindung, einfach durch Anwendung des Gesetzes.

So unverrückt auch die baconische Philosophie sich die Auffindung der einzelnen Naturgesetze und die Erfindung zum Zielpunkte setzt, so bleibt sie doch nicht bei den Einzelheiten stehen. Baco war nicht der Geist, der sich mit der bloßen Ansammlung von empirischem Materiale hätte befriedigen können, und im Besitze desselben nicht den Versuch empfohlen hätte, vom Einzelnen hinauf zu bringen in's Allgemeine, vom Gesetz zum Axiom, vom Sinnlichen zum Uebersinnlichen. Er erachtet dies Streben, wiewohl er es zu großer Besonnenheit ermahnt, nutzbringender und der Bestimmung der Menschen würdiger, als der umgekehrte Weg, bei dem man aus allgemeinen Begriffen, aus dem Uebersinnlichen die einzelnen Wahrheiten und das reale Leben ableitete, wie man es vordem stets gethan hatte. Wenn hingegen die Combination der Gesetze eine richtige ist, das heißt, wenn sie nicht aus dem Bereiche der natürlichen Analogie geräth, dann kann dem sinnenden Geiste eine Verallgemeinerung der Erscheinungen unter höheren Gesetzen nicht wohl entgehen, denn die Einheit und Harmonie, worauf das Weltall deutet, mag uns die Existenz einer Reihe von aufsteigenden Gesichtspunkten verbürgen, die von unten an, je höher man gelangt, einen immer umfassenderen Gesichtskreis gestatten. Sie aufzufinden sollen wir uns angelegen sein lassen. Es ist der Anfang der wahren Philosophie.

Aecht baconisch ist es daher, wenn drittehalb Jahrhunderte später Alexander von Humboldt uns zuredet: „Es geziemt nicht dem Geiste unserer Zeit, jede Verallgemeinerung der Begriffe, jeden auf Induction und Analogien gegründeten Versuch, tiefer in die Verkettung der Naturerscheinungen einzudringen, als bodenlose Hypothese zu verwerfen und unter den edeln Anlagen, mit denen die Natur den Menschen ausgestattet hat, bald die nach einem Causalzusammenhang grübelnde Vernunft, bald die regsame, zu allem Entdecken und Schaffen nothwendige Einbildungskraft zu verdammen."

So viel über Baco.

Ich wäre zufrieden, wenn diese kurze Darstellung in Ihnen den Wunsch nach näherer Bekanntschaft mit dieser Philosophie erweckte. Ich könnte Ihnen dann ein unlängst erschienenes Werk von Kuno Fischer empfehlen, welches dieselbe mit seltener Klarheit und Sorgfalt darstellt. Diese Schrift kann das Verständniß und die Würdigung Baco's in die weitesten Kreise hinein tragen, was grade in unserer Zeit sehr wünschenswerth ist. Kuno Fischer hat damit großes Verdienst erworben. Es ist interessant, wie dieser ausgezeichnete Geschichtschreiber der Philosophie dem Eindrucke Ausbruck gibt, den Baco auf ihn gemacht: „Nachdem mich die Systeme eines Spinoza und Leibnitz lange bewegt, erfüllt und gleichsam in sich aufgenommen hatten, ist mir die

Beschäftigung mit Baco wie ein neues Leben erschienen, dessen Früchte ich in diesem Buche gesammelt." (Die Real-philosophie und ihr Zeitalter, Leipzig bei Brockhaus. 1856.)

Die Forderungen der baconischen Philosophie finden wir genau wieder in der Realphilosophie unserer Zeit; es sind die nämlichen, die Jeder stellt, der sich seines Zieles als Naturforscher bewußt ist; sie bezeichnen treu und wahr die Richtung der modernen Naturforschung und damit den Weg, der gleichwie er den forschenden Menschengeist bereits zu den wissenschaftlichen Triumphen des 19. Jahrhunderts hinführte, so auch in Zukunft die Mensch-heit dem Gipfelpunkte der Cultur und Gesittung, dem erstrebten Wohlsein und Glücke immer näher führen wird.

Wo Baco's Philosophie hindrang, da wirkte sie ermunternd auf die Forscher und befruchtend auf die Wissenschaften, denen selbige oblagen. So wurden die schönen Gesetze der Planetenbewegungen noch zu Baco's Lebzeit von dem denkwürdigen Kepler aufgefunden. Doch diese mühselige und unsterbliche Arbeit wurde ihm schlecht gelohnt; denn Kepler starb, viel-fach verfolgt und in Hungersnoth im Jahre 1630, weil seine Forschungen für die Wahrheit des geächteten copernikanischen Weltsystems sprachen.

Ein wenig besser erging es Galilei, dem größten unter den Naturforschern seines Jahrhunderts. Ihm verdanken wir die Entdeckung der Fundamental-sätze der Mechanik, nämlich die Trägheit der Materie, die Zusammensetzung der Kräfte nach dem Kräfteparallelogramm und das Gesetz des Falles oder das der gleichförmig beschleunigten Bewegung. Außerdem rühren von ihm her eine Menge anderer glänzender physischer Entdeckungen. Natürlich hatte Galilei in seiner Sphäre ebenso mit den krassen Vorurtheilen der Scho-lastiker zu kämpfen, wie der unglückliche Kepler. Eine Stelle aus einem seiner Briefe an Letzteren macht dies besonders anschaulich. Er schreibt näm-lich an Kepler über die von ihm entdeckten Monde des Jupiter: „Du bist der Einzige, der meinen Angaben vollkommen Glauben beimißt. Als ich den Professoren zu Florenz die vier Jupitertrabanten durch mein Fernrohr zeigen wollte, wollten sie weder diese, noch das ihnen neue Fernrohr sehen, sie verschlossen ihre Augen vor dem Lichte der Wahrheit. Diese Gattung Menschen glaubt, in der Natur sei keine Wahrheit zu suchen, sondern nur in Vergleichung der Bibeltexte."

Als er sich später in einer seiner Schriften vorsichtig und zurückhaltend für das copernikanische Weltsystem erklärte, da begann die Verfolgungs-wuth auch gegen ihn. Der siebenzigjährige kranke Greis mußte im Winter 1633 nach Rom kommen, um daselbst vor dem Inquisitionstribunale die Un-reinheit und Falschheit der Lehre von der Bewegung der Erde zu beschwören.

Nach gethanem Schwur, von den Knieen sich erhebend, soll er mit dem Fuße gestampft und ausgerufen haben: „E pur si muove!" (Und dennoch bewegt sie sich.)

So siegte in ihm die Macht der Ueberzeugung über die Furcht vor der drohenden Gefahr.

Natürlich wurde er darauf wieder in den Kerker geführt, von dem aus er noch Folgendes schrieb: „Es steht nicht in der Gewalt des Mannes der Wissenschaft, seine Ansichten zu verändern, hierhin und dorthin zu wenden: man darf ihm nicht befehlen, man muß ihn überzeugen. Um unsere Lehre aus der Welt zu bringen, genügt es nicht, einem Menschen den Mund zu schließen, wie die sich überreden, die das Urtheil der Andern immer nach ihrem eigenen messen; aber man müßte nicht blos ein Buch und die Schriften der Anhänger verbieten, sondern überhaupt die ganze Wissenschaft untersagen; ja man müßte den Menschen verwehren, gen Himmel zu sehen, damit sie nichts von demjenigen erblicken, was in das alte System nicht paßt und durch das neue erklärt wird. Es ist ein Verbrechen gegen die Wahrheit, wenn man um so mehr sie zu unterdrücken sucht, je klarer sie sich erweist. Aber gar eine einzelne Wahrheit verdammen und das Uebrige bestehen lassen, wäre noch ärger, denn man ließe dadurch den Menschen die Gelegenheit, eine als falsch verdammte Ansicht als wahr bewiesen zu sehen. Das Verbieten der Wissenschaft selbst wäre jedoch gegen die Bibel, die an vielen Stellen lehrt, wie der Ruhm und die Größe Gottes wunderbar in allen seinen Werken ersehen wird und ganz göttlich im offenen Buche des Himmels zu lesen ist. Und glaube Niemand, daß das Lesen dieser erhabensten Gedanken damit fertig sei, daß man blos den Glanz der Sonne und der Sterne bei ihrem Auf- und Untergange angafft, was die Thiere am Ende auch können, sondern da sind so schöne Geheimnisse, so erhabene Begriffe, daß die Nachtarbeiten, die Beobachtungen, die Studien von hundert und aber hundert der schärfsten Geister mit tausendjährigem Forschen noch nicht durchgedrungen sind und die Lust des Forschens und Findens ewig währt." (Nach Carrière.)

Nachdem Galilei, in Folge der erlittenen rohen Behandlung unheilbar erkrankt und fast erblindet war, entließ man ihn der Haft. Er starb 1642, im Geburtsjahre Newton's.

Seine zahlreichen Schüler verbreiteten nicht allein die Lehren ihres großen Meisters, sondern sie suchten auch eifrigst, dieselben durch neue Versuche und Gründe zu befestigen. Namentlich zogen sie die nächsten Consequenzen aus den schon gewonnenen physischen Prinzipien, und indem sie überall deren practische Anwendung zeigten, mußte natürlich die Erkenntniß über die große Tragweite derselben immer mehr in weitere Kreise dringen.

Als Isaac Newton seine Laufbahn begann, war das wissenschaftliche Feld schon ungleich mehr geebneter und vorbereiteter, als im Anfange seines Jahrhunderts. Seine herrlichen, ja ewigen Lehren über die Grundprinzipien der Mechanik und über das Gesetz der Schwere in seiner Anwendung auf die Bewegungen der Weltkörper zogen ihm wenigstens keine persönlichen Verfolgungen zu. Die Macht seiner Beweisgründe war aber auch allbewältigend. Seine Mechanik des Himmels und der Erde, deren Getriebe er erklärte, ist schon seit zwei Jahrhunderten der Gegenstand der Bewunderung der scharfsinnigsten Geister gewesen, und noch heute steht sie unerschütterlich da; ein schönes Denkmal für die Forschergröße ihres Urhebers.

Newton, der bis zum Jahre 1727 lebte, hatte noch die Genugthuung, zu sehen, wie die wissenschaftliche Saat des 17. Jahrhunderts fast überall lustig empor wuchs. Nachdem einmal der glühende, nichtswürdige Religionshaß der civilisirten Völker in dem unnennbaren Jammer und den Blutströmen des 30jährigen Krieges (1618—1648) untergegangen war, fanden sich die Geister wie erleichtert und wie am Ende einer langen unheilvollen Verblendung tief aufathmend; sie waren empfänglich geworden für die offenen Wahrheiten der Natur. Hierfür zeugen am besten die damals rasch nach einander gegründeten und jetzt noch rühmlichst bestehenden naturwissenschaftlichen Akademieen. Ich erwähne der Academia del Cimento (Akademie der Experimente), gestiftet zu Florenz 1657, der Royal Society, gestiftet zu London 1662, seitdem berühmt durch ihre Denkschriften (Philosophical transactions), der Akademie Caesareo-Leopoldina zu Wien 1672, der besonders ausgezeichneten Akademie der Wissenschaften zu Paris 1699, der wissenschaftlichen Akademie zu Berlin 1700, zu Petersburg 1725, zu Upsala 1728 und zu Kopenhagen 1742.

Was diese hohen Akademieen, welche die Blüthe der gelehrten Welt vereinigten, damals der Wissenschaft nutzten, ist hier auszuführen wohl überflüssig; wenn wir hierbei nur recht in's Auge fassen, daß dieselben nicht allein eine moralische Stütze des Naturforschers gegen die Uebergriffe der Inquisition bildeten, sondern auch zur Ermunterung der Forscher alles ihnen Mögliche aufboten, dann wird man gerne eingestehen, daß es außerdem kaum noch des durchgreifenden Einflusses von Spinoza († 1677) und Leibnitz († 1716), so wie der englischen Erfahrungsphilosophen (Hobbes, Locke, Hume) bedurfte, um den Menschen endlich losgetrennt zu sehen von seinem bisherigen scholastischen Gängelbande und seine göttliche Vernunft einzuführen in das Reich der Freiheit, wo nur allein ihre Thätigkeit menschenwürdige Früchte findet.

Wir verließen die chemische Kunst, als sie in der Mitte des 17. Jahrhunderts im Begriffe war, eine chemische Wissenschaft zu werden.

Die große Verworrenheit der chemischen Thatsachen rief damals das Bedürfniß nach einer wissenschaftlichen Theorie hervor, vermittels deren das Ganze geordnet und das Einzelne erklärt werden könne. Becher und Stahl, zwei zu jener Zeit berühmte Aerzte und Chemisten, glaubten in dem die damaligen chemischen Operationen beständig begleitenden und characterisirenden Verbrennungsvorgange, jenen gewünschten einheitlichen Gesichtspunkt finden zu müssen. Indem sie die ihnen bekannten Körper und Substanzen auf ihr Verhalten gegen Feuer oder überhaupt gegen einen sehr hohen Wärmegrad prüften, nahmen sie, von den dabei stattfindenden äußerlichen Veränderungen geleitet, an, daß in allen den Körpern, welche verbrennen (z. B. Kohle, Schwefel, Oel, Holz ꝛc.), so wie in denjenigen, die durch starke Hitze bis zur Unkenntlichkeit verändert werden — Blei, Eisen, Kupfer, Zinn, Zink ꝛc. verlieren durch Glühen ihren Metallglanz und verwandeln sich in erdähnliche Metallkalke (jetzt Metalloxyde) — ein brennbares Prinzip, Phlogiston genannt, enthalten sei, welches durch die Hitze ausgetrieben, sowohl das Brennen, als auch die Verkalkung der Metalle verursache. Fügt man hiernach einem Metallkalke, der ja nichts anderes sein sollte, als ein durch Feuer seines Phlogistons beraubtes Metall, einen phlogistonreichen Körper, z. B. Kohle bei, und glüht beide gemeinschaftlich, so hat der Metallkalk Gelegenheit, sein verlorenes Phlogiston wieder aufzunehmen und dadurch sich wieder in das ursprüngliche glänzende Metall zu verwandeln. Die bisher gültigen Elemente der griechischen Philosophen (Feuer, Luft, Erde und Wasser) verlieren ihre Gültigkeit, indem von nun an die ihres Phlogistons entblößten metallischen Erden die eigentlichen Elemente wurden.

Der Grundgedanke dieser phlogistischen Theorie war also der, daß mit Ausnahme des Wassers, der Kohlensäure, Schwefelsäure und einiger anderer nicht brennbarer, das heißt schon phlogistonfreier Stoffe, alle Körper, sogar die Metalle, zusammengesetzt sind und beim Verbrennen etwas verlieren (Phlogiston), wodurch sie einfacher werden.

Jeder, der mit der heutigen Chemie etwas bekannt ist, weiß, daß die Körper beim Verbrennen eine Verbindung mit dem Sauerstoffe der Luft eingehen und um eben so viel an Gewicht dadurch gewinnen, als sie Sauerstoff aufnehmen. Anstatt, daß die Körper nach dem Sinne der Phlogistontheorie beim Verbrennen einfacher werden, werden sie in Wirklichkeit zusammengesetzter. Das war's aber, was die Begründer der Phlogistontheorie nicht ahnten. Sie konnten es auch nicht wissen; ja um der Sache gerecht zu sein, wäre es sogar überraschend gewesen, wenn sie jene Wahrheit entdeckt hätten. Denn damals, wo das ganze Streben der Chemiker noch auf das Ordnen gerichtet war, kannten sie weder den Sauerstoff, noch die Anwendung der Wage; das Gewicht der Körper wurde als eine unwesentliche Eigenschaft nicht in Betracht gezogen, man hatte genug mit den sonstigen, die chemischen Vorgänge begleitenden Erscheinungen zu thun, kurzum, es fehlten bei der rein qualitativen Richtung der Chemie all' die Mittel, durch welche die Phlogistiker die Erkenntniß hätten erlangen können, daß die Körper durch das Verbrennen schwerer und zusammengesetzter und nicht einfacher werden. Mit der völligen Entschuldigung eines Irrthums fällt der Vorwurf der Inconsequenz und Absurdität, welchen man in moderner Selbstgefälligkeit jenem Systeme zu machen versucht ist. Würde die phlogistische Theorie mehr als ein Jahrhundert lang die herrschende geblieben sein, wenn sie nicht vollständig den Anforderungen ihrer Zeit entsprochen hätte? — Es ist sehr zu bezweifeln, ob Jemand, und wäre er auch ein noch so gescheidter Kopf, dem man blos die chemischen Kenntnisse des 17. Jahrhunderts beibringt und die Aufgabe stellt, dieselben in ein wissenschaftliches System zu bringen, etwas auffinden würde, das an Scharfsinn und Wahrscheinlichkeit der Phlogistontheorie gleich kommt.

Erst nachdem die Phlogistiker, mit der Arbeit des Ordnens fertig, zu weiteren Forschungen schritten, nachdem die Zahl der einfachen Elemente sich durch die in der letzteren Hälfte des 18. Jahrhunderts Statt gehabten Entdeckungen des Sauerstoff, Wasserstoff, Stickstoff, Chlor und Phosphor beträchtlich vermehrte, nachdem die auf immer wichtigen Untersuchungen von Cavendish, Priestley und ganz besonders die von Scheele († 1786) vorlagen, da erst hatten sie sich die Mittel verschafft, mit denen der Umsturz ihres eigenen Gebäudes zu bewirken war.

Lavoisier war der erste, der die Unwahrheit der Phlogistontheorie durch folgenden einfachen Versuch bewies. Er brachte in ein Glaskölbchen etwas Blei, schmolz den Hals desselben vollständig zu und bestimmte darauf genau dessen Gewicht. Nachdem er das Kölbchen bis zur Verkalkung des Bleies geglüht hatte, wog er es wieder, fand aber keine Veränderung im ursprünglichen Gewichte. Erst als er den Hals des Kölbchens abbrach, so daß Luft in dasselbe eintreten konnte, zeigte sich beim nochmaligen Abwägen, daß sein Gewicht zugenommen hatte und zwar um so viel, als der im Kölbchen sich findende Metallkalk (Bleioxyd) schwerer war, als das metallische Blei. Lavoisier schloß nun hieraus richtig, daß ein Metall durch Verbrennung oder Verkalkung schwerer werde und daß solche Gewichtszunahme von einer Verbindung des Metalls mit dem Sauerstoffe der Luft herrühre, den man durch die Entdeckung Priestley's seit 1770 kannte. Umgekehrt zeigte er mit Hülfe der Wage, wie ein verbrannter Körper (z. B. Bleioxyd, Kupferoxyd) beim Glühen mit Kohle, also ungeachtet des hinzutretenden Phlogistons, leichter werde, weil die Kohle auf Kosten des in dem verbrannten Körper enthaltenen Sauerstoffs zur Kohlensäure verbrenne.

Mit diesen und manchen ähnlichen Versuchen bewirkte Lavoisier die Reformation der damaligen Chemie. Leider wurde dieser geniale Mann seiner wissenschaftlichen Thätigkeit zu früh entrissen. Er starb unter der Schreckensherrschaft Robespierre's auf der Guillotine im Jahre 1794.

Sein schönstes Vermächtniß ist die Wage. Nachdem unter deren Herrschaft sich rasch die einseitige qualitative Richtung der Phlogistiker verloren hatte, eröffnete sie die Periode der neueren quantitativen Chemie. In der Wage schenkte Lavoisier den Chemikern aller Zeiten einen Führer bei wissenschaftlichen Arbeiten, der sie nie betrügt, der immer die Wahrheit sagt und auch den Irrthum nicht verhehlt. Die Wage war die so lange unbeachtete Waffe, mit der sich die Chemie die Herrschaft über alle andern Naturwissenschaften eroberte und sich zur Zierde unserer Zeit empor schwang.

Das neue, nach der blutigen Revolution in Frankreich eingeführte Dezimalmaaß- und Gewichtssystem war in so fern der Umgestaltung der Chemie günstig, als es nicht wenig zur Erleichterung der quantitativen chemischen Operationen beitrug. Jetzt bedienen sich alle Chemiker, alle Physiker der Erde nur dieser ungemein zweckmäßigen Maaße und Gewichte. Auch im Interesse des practischen Verkehrs wäre es wohl zu wünschen, daß uns Deutschen dasselbe, ohne Weiteres, aufoctroyirt werde.

Das neue von Lavoisier bezeichnete Feld der Chemie wurde zuerst und ganz besonders von den Chemikern Frankreichs in Angriff genommen. Unter ihnen haben sich Bertholet, Fourcroy, Vauquelin, Gay-Lussac, de Saussure und Thénard als Forscher erster Größe gezeigt. Nicht minder große Verdienste um die Ausbildung der Wissenschaft erwarben sich die beiden Engländer Davy und Dalton. Nur die Leistungen der deutschen Chemiker stehen um jene Zeit weit hinter denjenigen der Franzosen und Engländer. Ob daran die französischen Kriege, welche damals Deutschland erschütterten, eine größere Schuld tragen, als die Philosophie Kant's († 1804), die in den letzten Dezennien des verflossenen und den ersten dieses Jahrhunderts den gebildetsten Theil des deutschen Volkes ernstlich in Anspruch nahm, ist wohl schwer zu entscheiden. Indessen war die durch den großen Königsberger Philosophen verursachte geistige Bewegung viel zu bedeutungsvoll, als daß ich hier es unterlassen dürfte, deren Ursachen anzudeuten.

In Emanuel Kant haben wir einen der größten Denker aller Zeiten vor uns.

Einen solchen Ausspruch kann man ohne Zögern thun, in so fern ja Alle darüber einig sind, daß Kant von keinem der philosophischen Genien von Platon an bis zu unseren Tagen wirklich überragt wird; nur Wenige ließen sich ihm als ebenbürtig zur Seite stellen; an Großartigkeit der metaphysischen Forschungen kommt ihm vielleicht nur Spinoza gleich, an Bedeutung nur Aristoteles. Kant's Auftreten bezeichnet einen Wendepunkt in der europäischen Philosophie; er löf'te die bisherige dogmatische Philosophie auf und setzte an ihre Stelle die kritische. Erstere hatte zur Thesis entweder die Bejahung, oder die Verneinung der rationellen Erkenntniß vom Wesen der Dinge, letztere die Auflösung dieses Widerspruchs, indem sie die Möglichkeit einer rationellen Erkenntniß zwar einräumt, aber diese scharf und enge begränzt. Während die Geistesarbeiten anderer Philosophen gewöhnlich in der Revolution der Ideen, welche sie Anfangs hervorrufen und verbreiten, selbst schließlich unterzugehen pflegen, sehen wir Kant's Ideen mit ihren practischen Folgerungen noch ungeschwächt unser Jahrhundert durchleuchten. Schon das Thatsächliche eines solchen Erfolges läßt uns bei Kant Außerordentliches voraussetzen, sowohl in Bezug auf Methode, als auf Ausführung der denkenden Untersuchung.

Kant wählte zum Fundament seines Baues keinen kosmologischen oder theologischen, keinen in sich und durch sich selbst erwiesenen Grundsatz, wie wir solchen gewöhnlich als Schlüssel einer dogmatischen Philosophie finden; er verwarf es, von irgend einem Begriffe, heiße er „Substanz," „Absolutes," „Sein," „Gott," oder wie er wolle, die Welt des Realen und Uebersinnlichen zu construiren', sondern der Grund, worauf er baute, ist das menschliche Erkennen selbst. Hiermit stellte er das von Glaubensphilosophieen so methodisch herabgewürdigte menschliche Erkenntnißvermögen gleich einer feststehenden Sonne in das Centrum des Alls der Erscheinungen.

Um aber überall einen sicheren Führer in der Vernunft zu haben, mußte dieselbe einer scharfen Analyse unterworfen und darnach mußten auch die Gesetze ihrer Thätigkeit bestimmt werden. Kant hat letztere für alle Zeiten aufgestellt und aus ihnen abgeleitet, wie überhaupt Erkenntnisse zu Stande kommen, wie die Welt erkannt werden muß, und bis zu welcher Gränze sich die gesetzmäßige Thätigkeit der Vernunft gültig erstreckt.

Er zeigte, daß die Vernunft nie im Stande sei, aus sich selbst heraus neue Erkenntnisse zu erzeugen. Es gibt keine Erkenntniß, die nicht vorher schon in den Sinnen war, oder deren Stoff nicht schon durch unmittelbare Anschauungen aus der sinnlichen Welt genommen wäre. „Schwerlich möchte Jemand," sagt Kant, „durch bloße Ideen an Einsicht reicher werden, als ein Kaufmann an Vermögen, wenn er, um seinen Zustand zu verbessern, seinem Kassenbestande einige Nullen anhängen wollte."

Er zeigte, wie die ordnende Thätigkeit unseres Verstandes eigentlich nur für die reale Welt Gültigkeit habe, und daß, sobald sie die Schranken der Sinnlichkeit überschreitet, sie in das Reich der Trugschlüsse und gränzenloser Verirrungen unvermeidlich geräth. Indem er so die Vernunft von ihrem methaphysischen Fluge auf den Boden der Wirklichkeit herabzieht, indem er ihr das ätherische Reich der Träume verschließt und als Feld ihrer Thätigkeit die Erfahrung anweis't, übergibt er uns eine Wahrheit, die zwar schon durch Baco aufgestellt worden, jedoch noch niemals so überwältigend, als nunmehr, wo dieselbe so ächt philosophisch begründet wurde.

Weil nur das empirische Wissen für uns Bestand hat, daher fordert Kant, obschon keineswegs Naturforscher, doch im ächten Geiste desselben, in der Auffindung der die natürlichen Erscheinungen verkettenden Bedingungen niemals zu ermüden, in der Erfahrung immer voran zu gehen, in der Reihe der Ursachen und Wirkungen kein Glied für das letzte zu halten.

Ich brauche hier nicht die Consequenzen anzudeuten, welche unser Philosoph aus seiner „Kritik der reinen Vernunft" für die Religion überhaupt gezogen hat. Nur so viel sei hier bemerkt, daß Kant, indem er aus der Tiefe der practischen Vernunftkritik heraus die Gesetze einer natürlichen Moral schöpfte und ableitete, das sittliche Leben des Menschen von der Herrschaft emanzipirte, die bisher die Theologie über dasselbe ausgeübt hatte. „Wie er in seiner Kritik der „„reinen Vernunft"" den erkennenden, so hat er in seiner Kritik der „„practischen Vernunft"" den wollenden Menschengeist zum Herrn der Welt gemacht." (Weygelt.)

Von seinen Zeitgenossen wurde er „der Alles zermalmende" genannt.

Kuno Fischer sagt über ihn in seiner „Geschichte der neueren Philosophie (3 Bde. Mannheim 1855):

„Philosophie studiren heißt Kant studiren und zwar auf's allergenaueste!"

Es fragt sich nun, ob die Philosophie des 19. Jahrhunderts, als deren Eröffner Kant gilt, auf der von ihrem Meister bezeichneten Grundlage sich bewegt und fortgeschritten ist, oder ob seine Nachfolger, durchdrungen von dem eben so kühnen als eitlen Gedanken, die Wahrheit auf einmal zu erfassen und damit für immer die hohe Aufgabe des menschlichen Geistes zu lösen, das empirische Wissen wegen seiner Unzulänglichkeit preisgaben, um desto ungenirter vermittels metaphysischer Spekulation ihre Sehnsucht zu befriedigen. Wir können aber im Hinblicke auf die neueren idealistischen

Identitäts-Philosophieen nicht anders sagen, als daß sie sich von Kant abgewandt haben. Namentlich gilt dies von Hegel und Schelling. Beim Durchsehen dieser, anstatt auf das menschliche Erkennen, auf die Identität zwischen Denken und Sein gegründeten Systeme, möchte man bald glauben, daß nie ein Kant gelebt, viel weniger noch, daß der unsterbliche Kritiker einstens die Vernunft gezwungen hat, von ihrem metaphysischen Fluge herab zu kehren auf den grünen Boden der Wirklichkeit.*)

---

*) An den Früchten muß man den Baum erkennen! Ich lasse hier ein Paar Citate aus Hegel's und Schelling's Schriften folgen, und ich glaube, sie beweisen genügend, welche abgeschmackten Begriffe über an sich einfache Naturprozesse auf der schwindelnden Höhe eines solchen Idealismus wuchern. Sie gewähren zudem ein gelungenes Pröbchen von der verwickelten und mystischen Schreibart derartiger Philosophen; man sollte beinahe glauben, einen Alchemisten oder einen Sterndeuter des Mittelalters vor sich zu haben.

Schelling sagt: „Die Materie ist nichts Ursprüngliches, sondern entspringt erst aus dem Conflict der Attractivkraft und der Repulsivkraft, und ihre verschiedene Qualität beruht auf dem quantitativen Verhältnisse ihrer Grundkräfte.“

Ueber die physikalischen Elemente sagt Hegel: „Die so zu Momenten der Planeten herabgesetzten freien Qualitäten sind die physikalischen Elemente; der Planet ist daher erst wahrhaft Prozeß, das realisirte, thätige Wesen, weil er eine Totalität von Unterschieden an sich, als dem zu Grunde liegenden Substrate, darstellt. Das Moment der abstracten Identität, aber nicht mehr als passive Allgemeinheit, sondern als negative, verzehrende, auf die Besonderheit bezogene Allgemeinheit, ist die Luft, das verdachtlos schleichende Element. Die Elemente des Gegensatzes als das für sich Seiende, nicht mehr allgemeine, sondern individualisirte Verzehren, das im Verzehren sich selbst verzehrt, ist das Feuer; das gleichgültige Auseinanderfallen, das Wasser, als das Element der Neutralität. Die Erde endlich ist die feste Grundlage, an welcher diese Unterschiede in einander übergehen.“

Das Wasser, von dem jeder Schuljunge jetzt weiß, daß 9 Pfd. desselben aus 8 Pfd. Sauerstoff und 1 Pfd. Wasserstoff bestehen, wird von Schelling in folgender Weise definirt:

„Das Wasser enthält, eben so wie das Eisen, nur in absoluter Indifferenz, wie jenes in relativer, Kohlen- und Stickstoff, und so kommt alle wahre Polarität der Erde auf eine ursprüngliche, Süd und Nord zurück, welche im Magnet fixirt ist. Das Thier ist in der organischen Natur das Eisen, die Pflanze das Wasser. Denn jenes fängt von der relativen Trennung der Geschlechter an; diese endet darin. Das Thier zerlegt das Eisen, die Pflanze das Wasser. Das weibliche und männliche Geschlecht der Pflanze ist der Kohlenstoff und Stickstoff des Wassers.“

Hegel's Definition vom Schall ist folgende:

„Wird ein cohärenter Körper von einem andern geschlagen, gestoßen, gedrückt, so wird seine Materialität als raumeinnehmend und somit seine Oertlichkeit negirt. So ist die Negation des materiellen Auseinander vorhanden,

Haben, wie es scheint, diese Philosophieen keinen Fortschritt über Kant
hinaus bewirkt, so waren sie doch nicht ohne Nutzen für uns. Sie zeigten
eben, wie man nicht in den Besitz der Wahrheit gelangt; wie wir, eingedenk
der Kant'schen Mahnung, mit allen unphysischen Träumereien um kein Haar
breit weiter kommen. Anstatt einer sittlich-kräftigenden, scheinen sie einen
verflachenden und schwer zu paralysirenden Einfluß auf ihre Zeit ausgeübt
zu haben.

Jetzt, wo wieder allgemein die Philosophen sowohl als die Naturforscher
sich wieder zu Kant, dem nüchternen Denker, zurückgewandt haben, kann es
nicht fehlen, daß bei dem erstaunlichen Anschwellen des empirischen Wissens
auch unser Jahrhundert seinen Mann liefern wird, der in Kant's Geiste
die mißbrauchte Philosophie wieder einmal um einen würdigen Schritt
fördert. —

Als culturgeschichtlicher Moment mußte und habe ich hier der neueren
Philosophie Erwähnung gethan. Ich werde in meinem nächsten Vortrage
Gelegenheit finden, noch von andern Gesichtspunkten aus die Ergebnisse
derselben zu behandeln. Einstweilen kehre ich wieder zu unserer Geschichte
der Chemie zurück.

Die Ausbildung und Pflege, welche die Chemie in ihrem wissenschaftlichen Jugendalter in Deutschland nicht fand, erhielt sie in einem nie gehofften
Grade durch den Schweden Berzelius († 1848). Das von den Franzosen
und Engländern so lustig empor getriebene Gebäude der unorganischen
Chemie ließ noch Manches zu wünschen übrig. Seine Fundamente waren noch
nicht vollendet, seine äußere und innere Form nicht ausgeprägt, die Wissenschaft war überhaupt noch zu sehr ein unbehülfliches Conglomerat mannigfachen Wissens, dem es an der nöthigen Bewegung und Lebenskraft fehlte.
Allem dem half Berzelius ab. Seine chemischen Arbeiten erscheinen uns
unermeßlich; man glaubt kaum, daß ein Mensch so viel leisten konnte. In
den jetzigen Handbüchern der Chemie ist sein Name auf jeder Seite als
Gewähr für die eine oder andere Thatsache zu finden.

Die folgenreichste aller seiner Arbeiten war die Bestimmung der Atom-

---

aber ebenso die Negation dieser Negation, das Wiederherstellen der Materialität. Das Regiren des Auseinanderbestehens der materiellen Theile wird
ebenso negirt, als das Wiederherstellen ihres Auseinanderseins und ihrer
Cohäsion. Diese Eine Idealität, als Wechsel der einander auf-
hebenden Bestimmungen, das innere Erzittern des Körpers in ihm
selbst — ist der Klang."

(Vergleiche Hegel, Vorlesungen über Naturphilosophie, Berlin 1842 und
Schelling, Idee zu einer Philosophie der Natur. 2. Aufl. 1803.)

gewichte der einzelnen Elemente (Grundstoffe). Dieselben bezeichnen, ihrem Wortlaut gemäß, nicht etwa die absoluten Gewichte des kleinsten physisch untheilbaren Theilchens (Atom) eines Elementes, sondern sie sind ganz relativer Natur und sagen uns nur, unter welchen Gewichtsverhältnissen die einzelnen Elemente mit einander sich verbinden. Wird das Atomgewicht des Wasserstoff, als des Leichtesten der Elemente, als Einheit angenommen, das heißt gleich Eins gesetzt, so erfährt man durch Versuche, daß dieser eine Gewichtstheil Wasserstoff sich mit 8 Gewichtstheilen Sauerstoff oder mit 16 Gewichtstheilen Schwefel in einfacher Weise verbindet. Das Atomgewicht des Sauerstoff ist also hiernach = 8 und das des Schwefel = 16. So fand Berzelius weiter das Atomgewicht des

Kohlenstoff	=	6.0
Stickstoff	=	14.0
Chlor	=	35.5
Phosphor	=	31.3
Kalium	=	39.1
Natrium	=	23.0
Calcium	=	20.0
Magnesium	=	12.0
Aluminium	=	13.5
Eisen	=	28.0
Silicium	=	14.8

Indem allen diesen Zahlen der Wasserstoff als Einheit zu Grunde liegt, so drücken sie bei ihrer relativen Natur offenbar auch die Gewichtsmengen aus, bei welchen die einzelnen Elemente unter einander sich verbinden. Es verbinden sich z. B. je 8 Gewichtstheile Sauerstoff mit je 39.1 Theilen Kalium zu 47.1 Kaliumoxyd; 35.5 Loth Chlor mit 20.0 Loth Calcium zu 55.5 Loth Chlorcalcium. Vermittels dieser Verhältnißzahlen hat es Berzelius den Chemikern möglich gemacht, aus bekannten Gewichten von bestimmten chemischen Verbindungen die Gewichte der einzelnen Bestandtheile herauszurechnen; damit aber war dem nothwendigsten Erfordernisse zur Durchführung von quantitativen Analysen entsprochen. Wir sehen die analytische Chemie durch Berzelius erst zur Wissenschaft erhoben.

Hier müssen wir ferner seiner berühmten electrochemischen Theorie gedenken, weil sie in befriedigender Weise die nähere Ursache der chemischen Verwandtschaft der Elemente unter sich mit den Gesetzen und Erscheinungen der Berührungselectrizität in Verbindung bringt. Daß die ungleiche Qualität und Quantität der in den diversen Grundstoffen und ihren Verbindungen sich äußernden Electrizität die Ursache sei für die zahlreichen Abstufungen ihrer Verwandtschaft zu einander, diese Theorie gewinnt mit dem Fortschritt der Chemie immer mehr Festigkeit und höhere Bedeutung.

Berzelius brachte die unorganische Chemie, oder mit andern Worten: die Chemie von den einfachen Elementen und ihren einfachen Verbindungen, so weit, daß sie schon in den dreißiger Jahren, zur Zeit, wo die Chemiker sich mit der organischen Chemie zu beschäftigen anfingen, eine keinerseits bezweifelte Selbstständigkeit erreicht hatte. Wenigstens waren damals ihre Grundlagen für alle Zukunft gültig gelegt. Was seitdem bis heute noch zu ihr hinzugekommen ist, sind keine umgestaltenden Theorieen, sondern zahllose einzelne Thatsachen und Erfahrungen, die sich ohne Weiteres durch die älteren fundamentalen Lehrsätze erklären und systematisch ordnen lassen. Wir können daher hier die unorganische Chemie als eine vollendete Wissenschaft verlassen und zur organischen Chemie, dem Felde der neuesten chemischen Thätigkeit, übergehen.

Trotz früheren bemerkenswerthen Arbeiten im Gebiete der organischen Chemie, kann von einer organischen Chemie, als Wissenschaft, doch erst die Rede sein, als Liebig durch Angabe einer einfachen und genauen Methode der organischen Analyse den Chemikern eine allgemeine Betheiligung an organisch-chemischen Untersuchungen sowohl möglich gemacht, wie nahe gelegt hatte. Die gemeinte Methode bezieht sich auf die quantitative Bestimmung des Kohlenstoff, Wasserstoff, Sauerstoff und Stickstoff, der vier Elemente also, aus denen das ganze Reich der organischen Verbindungen aufgebaut ist. Bei der erstaunlichen Mannigfaltigkeit der organischen, das heißt derjenigen Körper, welche vom Pflanzen- und Thierreiche stammen und bei dem eigenthümlichen Reize, den die Erforschung derselben gewährt, kann man sich nicht wundern, daß die schönsten Lorbeeren, welche die Koryphäen der heutigen Chemie auszeichnen, vom Felde der organischen Chemie stammen. Der in der ganzen wissenschaftlichen Welt verbreitete Ruhm von Liebig, Wöhler, Dumas, Chevreul, Mulder, Mitscherlich, Löwig, Gmelin, Bunsen, Pélouze, Hofmann, Frankland, Laurent, Piria, Schloßberger, Redtenbacher, Heintz, Regnault, Péligot und Anderer ist zum Besten der organischen Chemie erworben worden. Die Aufzählung der Leistungen dieser einzelnen Männer würde fast dem Inhalte der heutigen organischen Chemie gleich kommen. Wer jetzt das kaum 25 jährige Bestehen dieser Wissenschaft berücksichtigt und da weiß, daß ihre Compendien an Volum und reellem Inhalte dem der alten unorganischen Chemie zum wenigsten gleich stehen, dem drängt sich gewiß wohl die Frage auf, was der organischen Chemie eine solch' überraschende Productionskraft gibt. — Die Antwort ist bestimmt, sie liegt nur etwas tief.

Das Reich des organischen Lebens lag vor 50 Jahren noch geheimnißvoll verschlossen da. Es gelüstete nicht einmal die Forscher, hinter die lebenden Vorgänge in Pflanzen und Thieren zu schauen, weil sie solche als ganz außerhalb des Einflusses der Naturgesetze stehend betrachteten. Die organische Chemie blieb deßhalb im Dienste der Arzneikunst und der technischen Gewerbe und wurde hauptsächlich im Interesse dieser beiden Gebiete gepflegt. Erst als vermittels der Liebig'schen elementar-analytischen Methode eine ungeahnte Einsicht in die Constitution der vielfachen organischen Körper gewonnen war, erschien die organische Chemie den Naturforschern in einem besseren Lichte. Das viel sorgfältiger und eifriger unternommene Studium der allgemeinen und besonderen Eigenschaften der organischen Verbindungen, die damit immer deutlicher sich heraus stellenden Beziehungen der Pflanzen- und Thierbestandtheile untereinander, die unverkennbare Aehnlichkeit mancher im Laboratorium beobachteten organisch-chemischen Vorgänge mit Momenten aus dem Lebensprozesse der Pflanzen und Thiere, endlich die immer mehr Raum gewinnende Ansicht, daß zu einem erfolgreichen Studium der organischen Form auch die stoffliche Mischung, daß neben der Anatomie auch eine stoffliche Physiologie zur Geltung kommen müsse, — eröffneten der organischen Chemie ein neues, unermeßliches Feld. Von der Ueberzeugung einmal durchdrungen, daß sie berufen sei, die geheimnißvollen Quellen des organischen Lebens aufzudecken, verband sie sich mit der Physiologie, und als physiologische Chemie sehen wir von nun an die früher noch einseitige organische Chemie ihrer wahren und bedeutungsvollen Bestimmung zueilen.

Jetzt erst hatten die rein organisch-chemischen Forschungen ein würdiges Ziel; die physiologische Chemie mit all' ihren unwiderstehlichen Reizen war die Triebfeder, welche die reine organische Chemie so mächtig emporhob. Den practischen Werth seiner einzelnen, oft unsäglich mühseligen Arbeiten sieht von nun an der Chemiker in der damit bedingten Förderung jener Universalwissenschaft, die dem Menschen seine edelsten Bedürfnisse zu befriedigen verspricht.

Denn ist sie es nicht, die uns Aufschluß bringt über den Werth aller unserer Nahrungsmittel, über deren zweckentsprechende Wahl, Zusammensetzung und Zubereitung; die in Zeiten der Noth uns neue Quellen zur Deckung der Lebensbedürfnisse anweist; die es durch ihre Gesetze der thierischen Ernährung den Landwirthen möglich macht, in der Thierproduction irgend ein vorgestecktes Ziel auf dem kürzesten und billigsten Wege zu erreichen? — Enthüllt sie nicht in ihrer Lehre vom Stoffwechsel das innerste Getriebe des thierischen Lebens, auf dessen Erkenntniß eine sich glorreich Bahn brechende Physiologie, Diätetik und Medizin zum wahren Wohle des Gesunden und

Kranken gegründet wurde? — Und der Landwirth, der es mit dem üppigen Gedeihen seiner Culturpflanzen zu thun hat, gibt sie ihm in den Gesetzen des Lebens und der Ernährung der Pflanzen nicht Alles, Alles, was er bedarf? Dient sie der hoffnungsvollen Agriculturchemie nicht überwiegend zur Grundlage? —

Aber auch in die intellectuellen Interessen des Gebildeten greift scharf die organische Chemie ein. Wir mögen über die Folgen denken, was wir wollen, aber wir können uns nicht die Thatsache verhehlen, daß die Resultate der organisch-chemischen Forschungen wesentlich beigetragen haben zur Begründung und Förderung jener empirisch-naturphilosophischen Weltanschauung, die jetzt recht viele, wenn auch nicht so ganz offen erklärte Anhänger zählt. Es ist die nämliche Geistesrichtung, die in unseren Tagen ein so ernstes, durchdringendes Aufsehen erregt, indem sie vielerorts zu leidenschaftlichen Controversen Veranlassung gegeben. Vielleicht, daß allmählig die ganze gesittete Welt in diesen geistigen Kampf hinein gezogen wird, vielleicht, daß von uns Niemand dessen Ende erlebt. — Auf wessen Seite endlich der Sieg hinfällt, — ist eigentlich gleichgültig. Denn nur die Wahrheit kann Siegerin werden und der Sieg der Wahrheit führt immer zum Besten! —

Was uns veranlaßt, dieser reformatorischen Bewegung eine culturgeschichtliche Bedeutung beizulegen, ist nichts anders, als eine Consequenz des Prinzips, welches den Naturforscher bei der Aufstellung und Kritik der Hauptculturepochen leitet. Dieses Prinzip faßt im Gegensatze zu der gemeinüblichen Darstellung der Culturgeschichte, vornehmlich die Geistescultur oder die geistige Höhe irgend einer Zeit in's Auge, weil doch nur mit dieser proportional die materielle Wohlfahrt, der volkswirthschaftliche Fortschritt steigt oder fällt. Ein auf der Stufe beschränkter intellectueller Bildung stehendes Volk, dessen geistige Anlagen also, weder im Anschauen der einzelnen Naturobjecte, noch des in ihnen sich offenbarenden wundervollen Planes, ausgebildet sind; dessen Geist in den starren Banden irgend einer abgeschlossenen dogmatischen Weltanschauung nicht dazu kommt, oder es gar als Sünde betrachtet, über die höchsten geistigen Güter des Menschen nachzusinnen und die hierüber von verschiedenen Standpunkten entwickelten Anschauungen in sich zu assimiliren; das den Gesetzen der Moral und des sittlichen Handelns kein anderes Motiv abgewinnen kann, als das der ihm beständig vorgehaltenen dies- oder jenseitigen Strafe und Belohnung; ein solches Volk wird auch in seinen gesellschaftlichen und national-ökonomischen Zuständen große Schattenseiten bieten, und alles das mehr oder weniger entbehren, was einem geistig freien und frischen Volke eine äußerlich so angenehme und leichte Existenz sichert. Wie nun jenes Prinzip heißt, welches uns als Maaßstab zur Bestimmung der Culturepochen der Menschheit dient, wird hiernach leicht zu errathen sein: Es ist der Fortschritt auf der Bahn zur geistigen und sittlichen Freiheit.

Wer mit diesem Maaßstabe an die Weltgeschichte herantritt, der wird darin genug Beispiele finden, die ihm die Erkenntniß sichern, daß weder politische Umgestaltungen, noch staatliche Reformen, noch die so sehr gefürchteten socialen Revolutionen uns wahrhaft und wirksam voran bringen. Was die von den Fesseln der Zeit zuweilen sich entbindenden Leidenschaften und Wünsche auf einmal durch gewaltsamen Umsturz des ihnen Widerwärtigen zu erreichen wähnen, kann eigentlich nur durch eine successive Reform und Ausbildung der Geister erzielt werden. Will man uns vor den traurigen Folgen socialer und politischer Ueberstürzungen bewahren und uns doch die gehofften Vortheile derselben zuwenden, so deucht mich, bietet sich dazu in der Aenderung des jetzigen Erziehungssystems der unblutigste und sicherste Weg. So lange jedoch noch der jugendliche Mensch zum geistigbefangenen Krüppel systematisch erzogen wird und es nicht dahin kommt, daß über jeder Schulthüre die Devise steht: Wahre Bildung entspringt nur aus freier Erkenntniß, — so lange weg mit all' jenen Revolutionen, womit ihr die Völker wie mit einem Schlage glücklich zu machen wähnt, und tröstet euch anstatt dessen über den Schneckengang, mit welchem die größere Masse des Volkes fortschreitet. — Darum ist das große Erlösungswerk der Geister, welches das 17. Jahrhundert so kühn begonnen, an welchem seitdem ununterbrochen gearbeitet wird, noch lange nicht vollendet! —

So selten man in den der Naturwissenschaft weniger nahe liegenden Theilen der neuesten Literatur gediegene Aeußerungen über das wahre Verhältniß jener Wissenschaft zur Gegenwart antrifft, um so wohlthuender mußte uns folgende schöne Stelle aus einem unlängst erschienenen Handbuche der Volkswirthschaft*) entgegentreten. Die Stelle bezieht sich ebenfalls auf das Gesetz des menschlichen Fortschritts, und da ihr Verfasser einer der besten National-Oekonomen ist, so mag sie uns mit Recht als Autoritätsspruch erscheinen. Ich lasse sie hier folgen, weil die materielle Seite der Fortschrittsfrage besonders glücklich darin berührt wird.

„Mag man in politischer Beziehung noch so oft die Beobachtung machen, daß die Völker einen Kreis zu durchlaufen haben, daß Alles sich wiederholt und in späten Jahrtausenden dieselben Bestrebungen und Ansichten sich geltend

---

*) Grundzüge der National-Oekonomie von Max Wirth. Köln, 1856. M. DuMont-Schauberg.

machen, welche das Alterthum in Bewegung setzte, kurz, mag man glauben, daß es in Beziehung auf die Staatsformen keinen Fortschritt, nichts Neues mehr zu erringen gebe, weil der Mensch, wie die Biene, ein politisches Gesellschaftsthier sei, welches nur in bestimmten, gegebenen Formen gedeihe, — was die innere Entwickelung, das geistige und materielle Wachsthum, die wesentlichen Errungenschaften der Civilisation betrifft, sie sind da in Ehrfurcht gebietender Macht und müssen den Menschen mit Andacht erfüllen vor dem Sinne der Schöpfung."

„Aller Fortschritt ist nur eine vermehrte Einsicht in das Wesen der Dinge; er ist der Weg zur Erkenntniß der Wahrheit; er ist der Pfad aus der Nacht der Unwissenheit zur Einsicht in die Gesetze der Natur, und alle Uebel der Menschen sind nur eben so viele Strafen für die Uebertretung dieser weisen unwandelbaren Gesetze. Je mehr solche Gesetze dem Menschen bekannt werden, desto mehr macht er sich unentgeltliche Kräfte der Natur dienstbar, desto mehr Güter erzielt er mit derselben Quantität von Anstrengungen. Es ergibt sich also aus diesem organischen Entwickelungsgange eine fortwährend steigende Verbesserung der Lage der Menschheit mit mathematischer Gewißheit; und Alles thun, was die Kenntniß in die Gesetze der Natur erweitert, Alles aufbieten, um mehr und mehr Naturkräfte dem Menschen dienstbar zu machen, alle Hindernisse beseitigen, welche die freie Thätigkeit der Menschenarbeit hindern, kurz, alle Mittel in Bewegung setzen, um die Production zu vermehren, das heißt die sociale Frage lösen, so weit dieselbe für die jedesmalige Generation gelöst werden kann; denn ganz löst sie blos die Ewigkeit."

2. Vortrag.

Geschichte der Agriculturchemie.

Was Agriculturchemie ist, und in welcher Beziehung sie zu den einzelnen Naturwissenschaften steht, soll ausführlich im nächsten Vortrage zur Sprache kommen. Einstweilen genüge uns zu wissen, daß die Agriculturchemie keine besondere, exclusive nur in sich begrenzte Wissenschaft vorstellt; gleich der Medizin ist sie eine ungezwungene Verbindung von Chemie, Physik, Mineralogie, Geologie, Botanik, Physiologie, Pathologie, Anatomie, Meteorologie, ꝛc.; ihr Verhältniß zu diesen Wissenschaften ist derart, daß jeder Fortschritt in diesen einzelnen Disciplinen auch ein Fortschritt für sie ist.

Bei dieser nothwendig breiten Grundlage konnte die Agriculturchemie wohl nicht eher ein förmliches Gebäude werden, bis die sie bildenden Wissenschaften bereits eine gewisse Ausbildung erreicht hatten, oder besser gesagt, bis sie die Fähigkeit verriethen, sich wechselseitig zu befruchten. Nun sehen wir aber jetzt noch manche von obigen Natur-Disciplinen sich im Kindes-Alter bewegend und können daher kaum so ungerecht sein, die Agriculturchemie von einem der Zeitpunkte an zu datiren, wo schon vereinzelte, auf die naturgesetzlichen Grundlagen der Landwirthschaft sich beziehenden Untersuchungen mit allen Mängeln der früheren Zeit ausgeführt wurden.

Dergleichen Forschungen lassen sich schon im vorigen Jahrhundert aufsuchen, aber es sind doch nur Beiträge für ein zukünftiges Ganzes, nur einzelne Bausteine und zerstückelte Materialien, mit denen fast nichts zu machen war. Viele Jahrzehnte des emsigsten und allseitigsten Beobachtens und Forschens mußten vergehen, ehe so viel gesammelt worden, daß ein Baumeister zu berufen nöthig war.

Und so sehen wir denn die Agriculturchemie als wissenschaftliches Gebäude erst gegen das Jahr 1840 erscheinen.

Ehe wir jedoch diesen für die Landwirthschaft wichtigen Zeitpunkt in's Auge fassen, wollen wir die zweckdienenden Leistungen vorhergegangener Zeiten zu würdigen suchen, sonst könnten wir ungerechter Weise den letzten Dezennien allein zuschreiben, woran doch die Arbeit des Jahrhunderts einen ehrenvollen Antheil hat.

Die ältesten, den Lebensprozeß der Pflanzen betreffenden Untersuchungen, denen wir heute noch einen wissenschaftlichen Werth zugestehen müssen, rühren von Stephan Hales. Außer manchen Begetations-Versuchen machte Hales interessante Bestimmungen über das von der Pflanzen-Oberfläche täglich verdunstende Wasser und über den enormen Druck, den der Pflanzensaft ausübt. Hales' sämmtliche Forschungen findet man unter dem Titel: „Vegetable Staticks, London 1727."

Es dauerte lange, ehe dieser Engländer einen ihm würdigen Nachfolger fand. Die Ursache hiervon dürfte wohl am ehesten jener unfruchtbaren Richtung zur Last gelegt werden, welche die Botanik nach Linné's († 1778) Vorgang einschlug. Linné, dessen Wirksamkeit nach Hales begann, hatte nämlich die keineswegs überflüssige Aufgabe unternommen, die große Zahl der damals bekannten Pflanzen, Behufs ihrer leichteren Erkennung, in ein classifizirtes System zu bringen. Da er nicht vom physiologischen und anatomischen Gesichtspunkte aus, sondern nur mit Rücksicht auf die Geschlechts-Organe jene Eintheilung entwarf, so gewähren seine Classen und Ordnungen eben so viele bunte Bilder unnatürlich zusammengewürfelter Pflanzen. Die Classifikation ist allbekannt unter dem Namen des Linné'schen künstlichen Sexual-systems.

Daß seine eingeführte Nomenclatur, durch welche jede Pflanze einen lateinähnlichen Namen erhielt, die Ausbildung der morphologischen Botanik wesentlich erleichterte, will ich nicht in Abrede stellen; ich bezweifle blos, daß dadurch überhaupt ein Fortschritt begründet worden ist. Jene lateinischen Barbarismen, mit denen die älteren Botaniker und ihre zahlreichen heutigen Anhänger oft so um sich zu werfen verstehen, daß sich dem in der Nähe befindlichen Laien fast die Haare zu Berge richten, scheinen mir nichts weiter, als der gelehrte Homunculus zu sein, hinter der sich Hohlheit und Unwissenschaftlichkeit sehr gut verbirgt. Wie unfruchtbar und nichtsnutzig es für die Botanik war, daß sie nach Linné's Vorgang in einer Systematisirungssucht aufging, beweis't die Geschichte: wie schwer es hielt, die Botaniker allmählig für ein würdigeres Ziel zu gewinnen, das beweis't am Besten der botanische Unterricht, wie dieser auf unseren Gymnasien und

Realschulen noch heute ertheilt wird. Versetzt man sich nicht im Geiste um ein Jahrhundert zurück in die Glanzperiode Linné's, so ist dieses Treiben nicht zum Ansehen. Ein Bischen Terminologie nebst einiger Anleitung, die obscuren Kinder der grünen Natur nach dem Linné'schen oder im günstigsten Falle nach dem System von Jussieu richtig zu taufen, das ist Alles, was den Schülern eingetrichtert wird. Ist das aber Botanik? — Welch' kleinliche und ungerechte Begriffe über eine der anziehendsten und wichtigsten Wissenschaften müssen nicht dadurch in's Leben verpflanzt werden! —

Als das Systematisiren erschöpft und zur Spielerei mit leeren Worten geworden, fingen Anfangs dieses Jahrhunderts allmählig die Botaniker an, sich andern Zweigen ihrer Wissenschaft zuzuwenden. Vorab wurde der innere Bau der Pflanzen vermittels des Mikroskops zu erforschen gesucht und dadurch die Pflanzen-Anatomie gegründet. Ferner eröffneten Humboldt's berühmte naturwissenschaftliche Reisen durch Amerika und Asien die pflanzengeographischen Forschungen, die freilich Anfangs blos auf das Studium von Humboldt's bezüglichen Werken hinaus liefen. Von letzteren sind hier hervorzuheben: Ideen zu einer Physiognomik der Gewächse, Tübingen 1806; De distributione geographica plantarum secundum coeli temperiem et altitud. montium, Paris 1807; Voyage aux regions équinoxiales du Nouveau Continent, III. Vol. Paris 1825.

Mit diesen neuen Wissenschaften hauptsächlich beschäftigte sich der Kern der Botaniker bis in die dreißiger Jahre hinein, wo sich endlich das Bedürfniß einstellte, neben dem Studium der Form auch das des Stoffes vorzunehmen. Man vermuthete richtig, daß der Stoff in der organischen Welt von eben so großer Bedeutung sei, als die Form, in der er sich findet. Mit dieser Einsicht mußten aber die früher gewöhnlich als unberufene Eindringlinge erschienenen Chemiker ernstlich zu Rathe gezogen werden. Die Botanik mußte sich mit der Chemie verbinden, denn die Chemie ist die Wissenschaft des Stoffes. Es wurden jetzt Seitens der Botaniker die lange mißachteten älteren chemischen Untersuchungen über die pflanzlichen Nährstoffe und deren Quellen, über das Wachsthum und den Stoffwechsel der Pflanzen sorgsam hervorgesucht und in Einklang mit ihrer Pflanzen-Anatomie gebracht. Hierdurch entstand denn die Pflanzenphysiologie; freilich in ihren ersten Anfängen äußerst mangelhaft, wie dies folgende Hauptschriften beweisen:

Décandolle, Physiologie végétale, Paris 1832.

Mayen, neues System der Pflanzenphysiologie, Berlin 1837.

Treviranus, Physiologie der Gewächse, Bonn 1835.

Dutrochet, Mémoires.

Brogniart, Annales des sciences naturelles.

Doch für die Botaniker war jetzt endlich die richtige Bahn gebrochen, und mit dem Erscheinen der Agriculturchemie sehen wir auch die Pflanzenphysiologie als begründete Wissenschaft auftreten. Männer, wie S c h l e i d e n, M o h l, B r a u n, U n g e r, K ü t z i n g, S c h a c h t, gewähren uns, im Bunde mit den Chemikern, der Wissenschaft vom Leben der Pflanzen die besten Aussichten auf eine schöne Zukunft. Ich muß hier die wichtigsten Schriften dieser unserer Zeitgenossen anführen:

S c h l e i d e n, Grundzüge der wissenschaftlichen Botanik, Leipzig 1846.

H u g o v o n M o h l, Anatomie und Physiologie der vegetabilischen Zelle, Braunschweig 1857.

B r a u n, Betrachtung über die Erscheinung der Verjüngung in der Natur, Leipzig 1851.

K ü t z i n g, Grundzüge der philosophischen Botanik, Leipzig 1851.

U n g e r, Grundzüge der Anatomie und Physiologie der Gewächse, Wien 1846.

S c h a c h t, Lehrbuch der Anatomie und Physiologie der Gewächse, Berlin 1856.

Indem also die Botanik erst in allerjüngster Zeit, nachdem sie die bis dahin eingehaltene einseitige Richtung verlassen hatte, sich für die Agriculturchemie nützlich erweisen konnte, müssen wir gerechter Weise alle älteren agriculturchemischen Leistungen, obschon die meisten derselben in's Gebiet der reinen Pflanzenphysiologie hineinfallen, der Chemie zum Verdienste anrechnen. Nur Chemiker und keine Botaniker waren es, welche uns mit den in Folgendem erwähnten Arbeiten beschenkten.

Ich habe kurz vorher eine der Ursachen hervorgehoben, weshalb die experimental-physiologische Forschungs-Methode, der H a l e s seine bemerkenswerthen Resultate verdankte, auf lange Zeit verschwand. In der That wurde sie erst gegen das Ende des 18. Jahrhunderts durch S e n e b i e r, I n g e n h o u ß und de S a u s s u r e wieder aufgenommen. Am ernstlichsten zwar von Letzterem; doch haben auch Senebier und Ingenhouß manche Wahrheit entschleiert.

Senebier war zum Beispiel der erste, der bewies, daß die Kohlensäure der Luft den Pflanzen zur Nahrung gereiche [Sur l'influence de la lumière solaire pour métamorphoser l'air fixe en air pur par la végétation. — Génève, 1783], und Ingenhouß entdeckte vor allen Andern, daß die Pflanzen bei Sonnenlicht Sauerstoff und bei Nacht Kohlensäure aushauchen.

Was hingegen der Genfer Gelehrte de S a u s s u r e für die Wissenschaft

gethan, ist so umfassend und musterhaft, daß wir es mit Recht als Ausgangspunkt aller nachfolgenden agriculturchemischen Arbeiten erachten können.
Es gibt heute noch nicht einen Zweig des agriculturchemischen Wissens, der
nicht von de Saussure erfolgreich betreten, oder doch wenigstens so weit eröffnet wurde, daß spätere Forscher in die Lage kämen, wegen leitender Gesichtspunkte in Verlegenheit zu gerathen. Zur Würdigung seines schönen
Antheils an der heutigen Agriculturchemie werfen wir hier einen Blick auf
seine wichtigsten Arbeiten. Zu ihnen gehören die Versuche:

Ueber den Sauerstoff- und Kohlensäure-Gehalt der Luft; über Ursprung
und Bedeutung des Stickstoffgases im Pflanzen-Körper; über die Sauerstoff-
entwickelung grüner Pflanzentheile unter kohlensaurem Wasser bei Sonnenlicht;
das Stickgas der Luft ist kein pflanzlicher Nährstoff, was vordem Priestley
und Ingenhouß gefunden zu haben glaubten; aus der Umwandlung der an
der Luft liegenden, schwefelsauren Thonerde in Ammoniak-Alaun schloß er
auf das Vorhandensein und die wichtige Bedeutung von geringer Ammoniak-
Menge in der Luft; über die Assimilation des Humus durch die Pflanzen-
wurzeln; über das Verhalten des Humus zur atmosphärischen Luft; über
die verschiedene Fähigkeit gesunder und kranker Wurzeln, Nahrungsstoffe aufzusaugen; über Wärme-Entwickelung vegetirender Pflanzen; zahlreiche Aschen-
Analysen, woraus sich die Nothwendigkeit der Mineralsalze für das Leben
der Pflanze ergab; Einfluß verschiedener Standorte auf die Zusammensetzung der Asche einer Pflanze; junge Triebe enthalten in ihrer Asche viel
lösliche Alkalien, während die älteren Pflanzentheile vorwiegend die erbigen
Salze bewahren.

Eine vollständige Beschreibung dieser schönen Versuche findet man in
de Saussure's Hauptwerk: Recherches chimiques sur la végétation, Paris
1804. „Dieser Arbeit", so sagt de Saussure in der Einleitung, „verdanke
ich mehrere neue Entdeckungen, welche beweisen, daß alle auf die Vegetation
bezügliche Fragen gelös't werden können, ohne derselben übernatürlich schaffende Kräfte und Verwandlungen beizulegen."

Gewiß höchst bemerkenswerthe Worte für jene Zeit!

Es ist auffallend, daß de Saussure's klare und überzeugende Forschungen lange Zeit hindurch nur eine sehr geringe Beachtung fanden. Irrige
Anschauungen, denen de Saussure längst ein Ende gemacht hatte, sehen
wir später wieder als Thema wissenschaftlicher Erörterungen auftauchen. Ob
die Pflanzen unorganische Baustoffe (Aschenbestandtheile) aus Nichts, nur
vermöge ihrer Lebenskraft erzeugen können, dies war eine der Preisfragen,
welche die Berliner Akademie der Wissenschaften Anno 1800 stellte, die
aber den Resultaten de Saussure's entgegen, zuerst von Schrader, zu

Gunsten der schöpferischen Kraft der Pflanze, beantwortet wurde. Schrader war Apotheker in Berlin; doch auch bewährte Naturforscher, wie Braconot, Einhof, Bauquelin, entschieden sich, gestützt auf ihre Versuche, zu Ungunsten der Wahrheit. Erst die genauern Versuche von John (1819) und noch mehr die von Jablonsky (1832) und Lassaigne, in welchem überzeugend die Fehlerquellen aufgedeckt wurden, welche an den früheren Experimenten hafteten, konnten die Resultate de Saussure's bestätigen. In einer umfassenderen Arbeit stellten endlich 1840 Wigmann und Polstorf auf immer fest, daß alle im Pflanzenkörper vorhandenen Elemente auf natürlichem Wege von Außen aufgenommen werden müssen.

Die Wichtigkeit der nunmehr erledigten Streitfrage läßt sich schon nach der langjährigen Debatte bemessen, deren Gegenstand sie war; in der That handelt es sich auch hier um den Grundstein aller Agriculturchemie, der einmal richtig erkannt, die folgenreichste Errungenschaft repräsentirt, welche die Landwirthschaft der Wage verdankt.

Während dieser Episode wurde die Wissenschaft noch durch andere Forscher durch Beiträge bereichert. Braconot und Einhof untersuchten die Nährpflanzen auf ihre wichtigsten, näheren organischen Bestandtheile; Berzelius that deßgleichen und unterwarf außerdem den Harn und die festen Thierexkremente genauen Analysen. Gazzeri, ein italienischer Chemiker, studirte die chemischen und physikalischen Verhältnisse des Düngers, namentlich des Stallmistes und schrieb, hierauf fußend, seine „Neue Theorie des Düngers. Deutsch von Berg, Leipzig 1823." Der berühmte Chemiker Davy hatte bereits 1813 seine Agriculturchemie unter dem Titel: Elements of agricultural chemistry herausgegeben; eine französische Uebersetzung desselben von Bulos erschien in Paris 1829. Um diese Zeit fallen auch die mannigfaltigen agricultur- und technologisch-chemischen Schriften von Hermbstädt († 1833). Während Sprengel den Humus zum ersten Male gründlich untersuchte und im Gegensatze zu der Annahme Thaer's († 1828) und seiner Zeitgenossen, das wichtige Resultat fand, daß der Humus nur eine vermittelnde Rolle bei der Pflanzenernährung spiele, und daß er das Reservoir für das Ammoniak des Bodens sei, untersuchte anderseits Schübler in anerkennenswerther Weise die physikalischen Eigenschaften des Humus und mancher Boden-Arten. Sprengel und Schübler haben sich um die Bodenkunde verdient gemacht.

Ich muß hier bemerken, daß mit Ausnahme der für alle Zeiten denkwürdigen Leistungen de Saussure's, all' diese genannten und ungenannten, vor das Jahr 1840 fallenden Agriculturchemieen und landwirthschaftlich-naturwissenschaftlichen Bestrebungen nur von sehr beschränkter Wichtigkeit waren. Trotz dem, daß T h a e r, der wohl einsah, was der Landwirthschaft seiner Zeit fehlte, in vielen Schriften — ich erinnere nur an sein berühmtes Werk: Grundsätze der rationellen Landwirthschaft, 4 Bde., Berlin 1810 und in 4. Auflage 1847 — Propaganda für einen rationelleren und den Naturgesetzen mehr entsprechenderen Betrieb der Landwirthschaft machte, so konnte er doch mit seinen wohlgemeinten, aber freilich dürftigen agriculturchemischen Kenntnissen es nicht dahin bringen, daß die Wissenschaft aus den Händen der wenigen Eingeweihten heraus, unter die großen Kreise der practischen Landwirthe trat, zu denen eigentlich Thaer sprach. Das damalige agriculturchemische Wissen blieb unter diesen Umständen ein todtes Capital. Zudem war die geringe Theilnahme, noch mehr aber das allverbreitete Mißtrauen der Practiker an jedweder Lehre oder Sache von nur wissenschaftlicher Tendenz nicht geeignet, den wenigen, um die Landwirthschaft interessirten Chemikern Muth und Lust einzuflößen. Die Forschungen wurden gar lässig betrieben. Wo jetzt mehr denn 100 Agriculturchemiker mit voller Kraft thätig sind, waren vor 20, 30 Jahren deren im Ganzen kaum fünf zu finden, die diese Wissenschaft so nebenbei betrieben.

Uns recht jene Zeit vergegenwärtigend, müssen wir es noch als eine befriedigende Erscheinung bezeichnen, daß die mit rein practischem Inhalte angefüllten Schriften von T h a e r, B u r g e r und S c h w e r z damals von den Landwirthen beachtet und überhaupt gelesen wurden. Damit kam doch zum wenigsten etwas Sinn für landwirthschaftliche Literatur in die nur dem traditionellen Schlendrian huldigenden Massen. Und noch jetzt möchte ich wünschen, daß die bescheidenen und gediegenen Schriften von S c h w e r z (Anleitung zum practischen Ackerbau, Stuttgart 1828, 4. Auflage 1857) all' unsern heutigen streng conservativen Practikern in die Hände gespielt würden. Der Bauer, den der gesunde, ächt practische Sinn eines Schwerz nicht regenerirt, der ist ein für den Fortschritt verlorener Mann.

So viel über das Verhältniß der Chemie zur Landwirthschaft vor dem Jahre 1840.

Wir kommen jetzt zu dem für die Agriculturchemie bedeutungsvollsten Manne der Neuzeit.

Es ist J u s t u s, Freiherr v o n L i e b i g!

Es war wohl unnöthig, ihn hier zu nennen. Gibt's doch wohl heutzutage kaum einen Landwirth mehr, der, wenn von Agriculturchemie die Rede ist, nicht unwillkührlich sich jenes populären Namens erinnerte! Liebig einerseits und das geschichtliche Auftreten der Agriculturchemie andererseits, das ist eine unzertrennliche Vorstellung des großen Haufens geworden.

Dieser Name repräsentirt noch immer all' die reformatorischen Forderungen der Wissenschaft, welche die landwirthschaftliche Praxis seit lange so durchgreifend bewegen.

Was war's denn, was den Namen Liebig's aus den Kreisen der wissenschaftlichen Welt hinübertrug bis in die ärmliche Hütte des Landmannes? — Die Geschichte soll es uns sagen.

Mit der Schärfe eines umfassenden Geistes erkennend, was dem todten agriculturchemischen Wissen seiner Zeit fehlte, um lebenskräftig zu werden, brachte Liebig Ordnung in die verworrenen Reihen der Thatsachen und Ansichten; er verknüpfte das zerstückelte Wissen durch eigene geistige Zuthat zu einem abgerundeten Ganzen und kleidete dies in das Gewand einer selbstständigen Wissenschaft. Dieselbe sollte aber nicht in den Händen der Fachgelehrten bleiben, sondern vornehmlich den Landwirthen angehören. Deßhalb verscheuchte er durch eine glänzende Beleuchtung der naturwissenschaftlichen Forschungsmethode das unter den Landwirthen herrschende Mißtrauen gegen jegliche Wissenschaft und hob dann die practischen Beziehungen letzterer zum Ackerbau mit einer Klarheit und Nachdrücklichkeit hervor, wie sie nie vorher exponirt worden waren.

Wenn schon dies seine Lehren ansprechend machte, so mußte der wohlbegründete und allverbreitete Ruhm seines Namens, die allenthalben sich aussprechende Sicherheit seines Auftretens, und ganz besonders die ihm eigene hinreißende Darstellungsweise das Eis der Vorurtheile vollends brechen und der Chemie eine begeisterte Aufnahme bei den gebildeten Landwirthen bereiten. Nur das Schöpferische von Liebig's That erklärt den merkwürdigen Erfolg seiner im Jahre 1840 zuerst erschienenen „Chemie in ihrer Anwendung auf Agricultur und Physiologie". Dieses Werk erlebte in sechs Jahren jährlich eine starke Auflage.

Agriculturchemische Untersuchungen hatte Liebig vor 1840 nicht ausgeführt. Das Material, woraus er sein Gebäude errichtete, stammte von den Arbeiten seiner Vorgänger. Unter diesen benutzte er ganz besonders de Saussure, dessen Forschungen damals sehr vergessen da lagen. Indem Liebig sie an's Licht zog, hat er uns den klassischen Werth derselben kennen und würdigen gelehrt.

Es wird gesagt, Liebig habe die Bemühungen seiner Vorgänger um die Agriculturchemie ungerecht ignorirt und sich den Schein beigelegt, als seien seine Anschauungen neu und von ihm allein stammend. Aber abgesehen davon, daß er in seinem obigen Werke manche ihm alle'n angehörende neue Lehren vorgetragen — ich erinnere nur an die schönen Capitel von der Brache und Wechselwirthschaft — so kann ich auch nach der Weise, wie er die von früheren Forschern zwar angeregten aber immerhin unbestimmt gefaßten Ideen zu seinem Vortheile behandelt hat, jenen Vorwurf nicht ableiten. Wie mangelhaft und wie entblößt von jeder practischen Folgerung waren nicht die gangbaren Begriffe über die Bedeutung der atmosphärischen Nahrungsmittel und über die Rolle des Humus in der Pflanzenernährung, ehe Liebig diese Verhältnisse zum Glanzpunkte seiner Erörterungen gemacht hatte! Was soll's, daß schon de Saussure sich über die mineralischen Nahrungsmittel richtig ausgesprochen hatte, wenn wir zugeben müssen, daß doch Liebig erst deren Nothwendigkeit und Wichtigkeit bei dem pflanzlichen Ernährungsprozesse zum fruchtbaren Gesetze erhob! — Ebenso wenig kann es seinem Verdienste schaden, daß Liebig von seinen theoretischen Anschauungen aus einige practische Consequenzen gezogen hat, die sich später als verfehlt erwiesen. Wollen wir gerecht das Auftreten dieses Mannes zu beurtheilen suchen, so dürfen wir seine historisch gewordene Agriculturchemie nicht mit dem Wissen des heutigen Tages vergleichen, sondern müssen sie in Parallele stellen mit der Naturwissenschaft des Landbaues, wie sie vor 1840 existirte.

Durch das große Aufsehen, welches die Liebig'sche Agriculturchemie allgemein erregte und nicht minder durch die vielen jungen Chemiker, die um den berühmten Gießener Professor zusammenströmten und sich von dessen Lehren begeistern ließen, begann ein neues Leben in den agriculturchemischen Forschungen. Die Schüler suchten das Gebäude ihres Meisters durch zahlreich angestellte Untersuchungen zu befestigen, die Gegner suchten es auf dem nämlichen Wege zu stürzen. Beide Theile überboten sich in mehrjährigem leidenschaftlichen Streite an Gegenbeweisen und neuen Waffen.

Es ist klar, daß unabhängig vom siegenden Theile hierdurch die eigentliche Wissenschaft mächtig gefördert wurde.

Einen gefährlichen Stoß erhielt die Liebig'sche Schule durch den Nicht-Erfolg des von ihr empfohlenen mineralischen- oder des sogenannten Liebigschen Patentdüngers. Der Patentdünger, vermittels dessen die Fruchtbarkeit eines Ackers erhalten und gar gesteigert werden solle, indem er die durch eine Erndte dem Boden entzogenen Mineralbestandtheile in geeigneter Form ersetze, war die unzulässigste practische Folgerung, die Liebig aus einer an sich richtigen Theorie gezogen hat. Hätte der verdienstvolle Gründer der organischen Chemie eine bessere practische Anschauung der Landwirthschaft gehabt, hätte er die althergebrachte Praxis etwas mehr geachtet, so würde die seiner Autorität so mißliche Patentdüngergeschichte nicht aufgekommen sein, und wir hätten hier nicht nothwendig, die unselige Begriffs-Verwirrung zu beklagen, die sie vorzugsweise unter den Laien angerichtet hat. Weil der Patentdünger sich als erfolglos erwies, so zogen sie ohne Weiteres einen ähnlichen Schluß auf die ganze Wissenschaft. Die Agriculturchemie wurde höhnisch als nutzlos verworfen, weil ihr erster Vertreter in einem Punkte sich geirrt. Die Practiker hatten nun das Stichwort gefunden, mit dem sie die übrigen Lehren und ferneren Bestrebungen der Chemiker von oben herab zurückwiesen.

Ist hiernach nicht zu läugnen, daß die Liebig'sche Düngungsmethode und ihr Schicksal das Vertrauen der Landwirthe auf die Wissenschaft erschütterte, so können wir zugleich doch die Gegner Liebig's nur tadeln, die dessen ganzes Auftreten als unheilvoll für die Entwickelung der Agriculturchemie darzustellen sich bemühen. Offenbar dehnen sie damit jenen ungünstigen Einfluß viel zu weit aus. Ich kann unmöglich zugeben, daß die Chemiker durch das Urtheil des unwissenschaftlichen Haufens in ihren Forschungen beirrt oder gar aufgehalten worden sind. Die Geschichte widerspricht dem grad ezu. Zudem ist die Agriculturchemie dem Manne der Wissenschaft Selbstzweck; er verfolgt ihn ebenso unbekümmert um die Gunst des Publikums, wie um die falsche Richtung des Einzelnen. All' die Agricultur-Chemiker, die Liebig, einem Wallenstein gleich, mit dem Fuße stampfend zum Vorschein gebracht, sind seitdem trotz aller Hemmnisse und Irrwege in Erstrebung der Wahrheit nicht ermüdet, und sie haben bis heute geleistet, was in gegebener Zeit überhaupt geleistet werden konnte.

Die Hauptsache bei einer Wissenschaft besteht darin, daß sie einmal in Gang gebracht wird. Darum und trotz der in ihr vertretenen Irrthümer, die leicht vergeßlich sind, behält Liebig's Agriculturchemie für uns einen hohen historischen Werth. Die Bestrebungen dieses Mannes um die Landwirthschaft beginnen und endigen mit dem Schöpfungsacte einer neuen Wissenschaft. Wie die Thierchemie, so hat er auch die Agriculturchemie in's Leben gerufen. Das ist sein größtes, es ist sein unsterbliches Verdienst!

Dadurch, daß im verflossenen Jahrzehent Liebig den Angelpunkt alles agriculturchemischen Treibens bildete, kann es erklärt werden, warum gleichzeitig einem andern Manne nicht die Aufmerksamkeit zu Theil wurde, wie man sie, im Hinblicke auf dessen große Leistungen und dessen ansprechende Bescheidenheit, hätte erwarten sollen. Boussingault glänzte seit langer Zeit schon in der französischen Akademie unter den Auserwählten Frankreichs, ohne daß sein Verhältniß zur Landwirthschaft in Deutschland näher bekannt geworden. Erst nach dem Erscheinen seines ausgezeichneten Werkes: Oeconomie rurale, Paris 1844, verbreitete sich rasch in den weitesten Kreisen die Bedeutung Boussingaults, so daß er jetzt allgemein als der Hauptförderer der Naturwissenschaft des Landbaues gilt. Diese Anerkennung verdankt Boussingault weniger der Aufstellung eines systematisch abgerundeten agriculturchemischen Glaubensbekenntnisses, als vielmehr seinen einzelnen Untersuchungen, die sich über das ganze Gebiet der Landwirthschaft, mit Einschluß der Thierproduction, verbreiten. Durch strenges Festhalten an den Thatsachen, durch respectvolles Beobachten der landwirthschaftlichen Erfahrungen vermied er glücklich die theoretischen Verirrungen, und indem er selbst seine Güter bewirthschaftete, nahm er Gelegenheit, die wissenschaftlichen Grundsätze zu erproben und sich Fragen zur Beantwortung vorzulegen, von deren practischer Bedeutung der nur im Laboratorium experimentirende Chemiker wenig oder gar nichts kennt.

Was wir aber vor Allem an Boussingault's Arbeiten bewundern, das ist die Genauigkeit ihrer Ausführung und der seltene Grad ihrer Vollendung. Da finden wir keinen einflußreichen Umstand übersehen, keines der neuesten Gesetze und Hülfsmittel unangewandt; es sind unvergleichliche Muster von agriculturchemischen Arbeiten. Mit de Saussure läßt sich Boussingault's Richtung und Thätigkeit am treffendsten vergleichen; das von Jenem vor 60 Jahren begonnene Werk hat Dieser am würdigsten fortgesetzt.

Wir werden im Verlaufe dieser Vorträge noch näher sehen, wie viel, wie sehr viel die heutige Agriculturchemie Boussingault zu verdanken hat. Die von ihm seit 1844 angestellten Untersuchungen finden sich zusammengestellt in seinen: Mémoires de chimie agricole et de physiologie, Paris 1854.

Der Vorgang Liebig's und Boussingault's hatte gegen das Jahr 1846 das Erscheinen einer Unzahl von agriculturchemischen Schriften zur Folge. Man kann wohl sagen, daß dieses plötzliche Hervortreten der verschiedenartigsten agriculturchemischen, botanisch-chemischen und physiologisch-chemischen Broschüren und größeren Werke den Verdauungsprozeß jener neuen, gewaltigen Ideen repräsentirte, die Liebig als Zünder unter die trägen Massen geworfen hatte. Und in der That finden wir auch zu keiner anderen Zeit ein solch' wissenschaftliches Chaos, ein so feindseliges Gegenüberstehen der einzelnen Theile; man streitet um Prinzipien, es war der Kampf um Grundlage und Richtung. Gleichwie indessen der Verdauungsprozeß die ungleichste Nahrung, unter Abscheidung der darin enthaltenen unbrauchbaren Stoffe, allmählig in die überall gleiche und alleinlebensfähige Blutflüssigkeit verwandelt, so entwickelte sich aus den ungleichartigsten Anschauungen endlich die reine und, wie es schien, von Keinem mehr bestrittene Wahrheit.

Zwar dauerte diese Metamorphose der naturgesetzlichen Grundlage der Landwirthschaft von den 40er Jahren bis in unser Jahrzehent hinein, bevor allenthalben eine gewisse Stabilität in den Anschauungen eintrat, bevor der Kampf sich legte und jener versöhnlichen Ruhe Platz machte, die nach lange unterhaltenem Streite gewöhnlich in den Herzen sich einfindet und sie endlich alle erfüllt. Es schien in den Jahren 1852 — 1856, als sei die gegenseitige Annäherung eine vollkommene, als existire eine deutlich vorherrschende agriculturchemische Richtung und dazu mit unbestrittenem Rechte, als läge, mit einem Worte, die prinzipien-lockere Zeit auf immer hinter uns. Unter Stöckhardt's und Wolff's Aegide sehen wir die deutschen Agricultur-Chemiker einmüthig am Ausbau ihrer Wissenschaft arbeiten; der Fundamente, worauf sie bauten, wurde nicht mehr ernstlich gedacht, weil diese als bestens gelegt erachtet wurden. Die Engländer, unter der tonangebenden Leitung von Lawes u. Gilbert, Way, Anderson, Johnston ꝛc. machten es ebenso; man widmete sich vorwiegend solchen Untersuchungen, die in naher Beziehung zur Praxis, doch in weiter zu den Prinzipien der Wissenschaft standen. *) Im emsigen Ausbaue der Wissenschaft, in Bereicherung derselben mit vielen vereinzelten agriculturchemischen Verhältnissen, in diesem Ziele, wie gesagt, sehen wir Anfangs der fünfziger Jahre alle Agriculturchemiker brüderlich vereint.

Aber dieses gemüthliche Stillleben und Wirken war zu verfrüht. Man wähnte das Schiff der Wissenschaft bereits im sicheren Hafen, während es in Wirklichkeit, kaum nothdürftig reparirt von den Stürmen des letzten Jahrzehents, noch auf hoher See schwankte, wo bald ein neuer heftiger Sturm es erfassen sollte.

Woher der kam, das wird ein Jeder gewiß errathen, der einen genauen Blick wirft auf die landwirthschaftliche-, und ganz besonders die agriculturchemische Literatur, die sich nach dem Erscheinen des epochemachenden Liebig'schen Werkes (1846) produzirte. Er findet in diesen Erzeugnissen, mögen sie sonst auch noch so heterogener Art sein, etwas Gemeinsames, Etwas, in dessen Hervorhebung alle wetteifern, und das ist die Beurtheilung der Liebig'schen Agricultur-Anschauung. Es ist ergötzlich nachzulesen, nicht blos wie Einer dem Andern in jenem Punkte nachgeschrieben, sondern wie

---

*) „Das Haschen nach sogenannten practischen Resultaten, die sich womöglich gleich als so und so viel Scheffel Korn hinstellen lassen, ist ein großes Hinderniß für den raschen Fortschritt der Agriculturwissenschaft und es ist im Interesse der Practiker selbst zu wünschen, daß die rein wissenschaftlichen Forschungsresultate die vorzugsweise Würdigung finden." Völker.

Männer, ohne sich darum zu kümmern, ob sie auch Beruf und Befähigung dazu hatten, über die Arbeit des großen Chemikers aburtheilten, als ob es sich um eine beliebige andere hausbackene landwirthschaftliche Frage handle. Es ist wirklich ergötzlich zu beobachten, wie die theils wichtig-weise, theils mitleidige Miene, womit sie ihre hergeliehenen Gründe gegen Liebig auskramten, sich in wahres Siegesgefühl verwandelte, welches sie desto unverhohlener zur Schau trugen, je länger Liebig zögerte, diesen Schreibereien zu entgegnen. Sein zehnjähriges absolutes Stillschweigen (1846—55) war für Alle das Eingeständniß seiner Niederlage, es war die Wiege für das Siegesgefühl seiner Gegner und der großen Masse ihrer blinden Anhänger. So kam es, daß zuletzt jeder Halbwisser und jeder Esel glaubte, dem vormeintlich todten Löwen einen Fußtritt geben zu dürfen.

Wem reißt da nicht endlich Geduld und Langmuth? Man denke sich dazu in Liebig's Stelle, erfüllt von dem Bewußtsein, welches eine Stellung, ein Verdienst um die Wissenschaft, wie das seinige, nothwendig einflößt, und es ist erklärt, der Ingrimm nämlich, mit dem Liebig plötzlich auffuhr und mit tödlichen Waffen sich auf diejenigen warf, die ihn bisher am empfindlichsten getroffen hatten.

Das war im Januar des Jahres 1855, als die seitdem berühmt gewordene „Zeitschrift für deutsche Landwirthe" eine sehr lange Abhandlung Liebig's brachte, worin er zunächst seine Agriculturlehre, wie er sie früher aufgestellt und noch jetzt vertrete, in 50 präcisgefaßten Thesen exponirte, und darauf fußend die agriculturchemischen Theorien der Engländer Lawes und Gilbert einer schneidenden Kritik unterzog, wobei er zu zeigen suchte, daß die berühmten und großartigen Versuche dieser Engländer ganz andere Schlußfolgerungen bedingten, als die sind, welche seine Gegner daraus gezogen hatten. Jene Versuche, die man allenthalben als die gefährlichsten Angriffsmittel gegen ihn benutzt hatte, wandte er nun in Vertheidigungsmittel; er entwand dem Gegner seine eigenen Waffen aus der Hand, um ihn damit zu bekämpfen. Dabei, oder richtiger gesagt, nebenbei theilte er den deutschen Agriculturchemikern einige rücksichtslose Hiebe zu, die von seiner Gereiztheit zeugen, aber auch von seiner Entschlossenheit, nunmehr mit allen seinen Gegnern den Kampf aufzunehmen. Er warf den Handschuh hin; rasch rafften ihn Andere auf. So wurde der wissenschaftliche Streit im Entstehen ein allgemeiner, und so darf jene Abhandlung Liebig's als die bedeutsamste gelten, die unser landwirthschaftliches Jahrzehnt erlebt.

Ich kann denjenigen eine anregende und recht belehrende Unterhaltung versprechen, die sich entschließen, die Streitschriften in ihrer historischen Folge genau nachzustudiren, welche Liebig provozirte. Mir ist es an dieser Stelle unmöglich, den Inhalt der Einzelnen selbst nur im Grundrisse darzustellen, weil das mehr als einen Vortrag ausfüllen würde. Ich bezeichne deßhalb hier blos die wichtigsten der bezüglichen Controversen, wie sie der Reihe nach auf einander folgen:

1. Ueber das Verhältniß der Chemie zur Landwirthschaft und über die agriculturchemischen Versuche des Herrn Lawes,

von Justus, Freiherrn v. Liebig.

Zeitschrift für deutsche Landwirthe, 1855, p. 1—39.

2. Entgegnung auf Baron Liebig's Grundsätze der Agriculturchemie mit Rücksicht auf die in England angestellten Untersuchungen,

von Lawes und Dr. Gilbert.

Leipzig 1856.

3. Bemerkungen über das Verhalten der Culturpflanzen gegen die wichtigern Bestandtheile des Düngers,

von Dr. Emil Wolff.

Zeitschrift für deutsche Landwirthe, 1855, p. 105—122.

4. Herr Dr. Emil Wolff und die Agriculturchemie,

von J. v. Liebig.

Zeitschrift für deutsche Landwirthe, 1855, p. 197—213.

5. Beleuchtung der 50 Thesen des Freiherrn v. Liebig,

von Director Walz in Hohenheim.

Hohenheimer Mittheilungen pro 1856.

6. Die Erschöpfung des Bodens durch die Cultur,

von Dr. Emil Wolff.

Leipzig 1856.

7. Theorie und Praxis in der Landwirthschaft,

von J. v. Liebig.

Braunschweig 1856.

8. Erwiderung über die tadelnden Urtheile, welche Herr Dr. v. Liebig über meine agriculturchemische Thätigkeit und Richtung ausgesprochen,

von A. Stöckhardt.

Chemischer Ackersmann 1857, Nr. 1 u. 2.

9. Ueber die agriculturchemischen Versuche der Herren Lawes u. Gilbert,

von Dr. Theodor Wolff in Berlin.

Schneitler's landwirthschaftliche Zeitung 1857, Nr. 1—12.

10. Chemische Briefe XXXIII bis XXXVII,

von J. v. Liebig.

Jahrgang 1857 der „Augsburger allgemeinen Zeitung",

Monat Juni, Juli, August und September.

11. Historisch-kritische Darstellung sämmtlicher auf den Stickstoff in den Pflanzen bezüglichen Forschungen, von Dr. H. Grouven.
Agronomische Zeitung, 1857, Nr. 39—48.

12. Rechtfertigung gegen Herrn v. Liebig, von Dr. Alexander Müller.
Zeitschrift für deutsche Landwirthe 1857, p. 369—372.

13. Materialien zur Lösung der Stickstoff-Frage in der Naturwissenschaft des Ackerbaues von Constantin Philippeus, Heidelberg 1860.

Es wird das Studium aller dieser Schriften erleichtern, wenn ich hier einige Momente hervorhebe, welche die durchgängigen Differenzpunkte der streitenden Parteien bilden.

1. Gleichsam der Angelpunkt, um welchen sich Alles dreht, ist die Stellung des Stickstoffs und die Stellung der nährfähigen Mineralsalze zur Agricultur.

2. Liebig erachtet, daß die natürlichen Quellen (Luft und Boden), woraus die Pflanzen ihren Stickstoff schöpfen, ewig fließen und unerschöpflich sind. Seine Gegner wollen dies nicht anerkennen, indem sie ausführen, daß jene Quellen für die Zwecke der Agricultur durchaus unzureichend seien, und daß daher auf Stickstoffzufuhr von Außen, auf dem Wege der Düngung, vor Allem und hauptsächlich das Augenmerk der Landwirthe gerichtet sein müsse.

3. Nach Liebig steht die Fruchtbarkeit eines Feldes im Verhältniß zur Summe und zur Löslichkeit der darin enthaltenen mineralischen Nahrungsmittel in der Weise, daß die hohe Ertragsfähigkeit eines an löslichen Mineralsalzen reichen Feldes bedingt sei eben durch diese Salze und nicht durch die etwa gleichzeitig vorhandene Stickstoffnahrung. Seinen Gegnern zufolge wird jene Ertragsfähigkeit in erster Linie durch die Stickstoffnahrung bedingt, indem diese es sei, welche die mineralische Nahrung erst effectbringend mache. Die Stickstoffnahrung bedingt die Wirkung der Mineralnahrung; Liebig sagt dagegen: die Mineralnahrung bedingt die Wirkung der Stickstoffnahrung.

4. Den Hauptwerth der Stickstoffnahrung sucht Liebig in der durch sie thatsächlich bewirkten leichteren Auflösbarkeit der Mineral-Nahrung; die Andern suchen ihn nicht hierin, vielmehr in der physiologischen Bedeutung des Stickstoff als Nährmittel, die in soweit eine hervorragende ist, als der Stickstoff der characteristische Baustoff der pflanzlichen Proteïngebilde und damit der Beherrscher aller im Pflanzenkörper vor sich gehenden Lebensprozesse sei.

5. Die Opponenten haben folgendes divergirende Schema für das

5

Wirkungsverhältniß der Mineralnahrung und der Stickstoffnahrung im Boden.

Stickstoff:	Mineralsubstanzen:	Ertrag:	
		(Liebig)	(Die Opposition)
Ueberschuß	keine	kein	kein
„	wenig	wenig	befriedigend
„	ziemlich viel	mehr	Maximum
„	sehr viel	Maximum	nicht mehr
kein	„	mittelmäßig	beinahe Null
wenig	„	voll	ungenügend
ziemlich viel		Maximum	voll
sehr viel		nicht mehr	Maximum

6. Liebig verlangt Ersatz aller Mineralstoffe, die durch eine Erndte dem Boden entzogen werden und bezeichnet die Landwirthschaft, welche dieser Forderung nicht entspricht, als ein Raubsystem. Seine Gegner fürchten nicht die Folgen dieses Raubsystems, einestheils, weil der Boden ein fast unerschöpfliches Magazin der Mineralsalze sei, anderntheils, weil durch den herrschenden gewöhnlichen Gang der Cultur und Düngung die Felder die ihnen entnommenen Mineralstoffe größtentheils zurück erhalten. Sie verwerfen die Forderung Liebig's als unpractisch und unökonomisch, in soweit sie mehr verlangt, als zeitweisen Ersatz einzelner Mineralstoffe, die im Boden gerade im Minimum vorhanden sind.

So steht die Sache. — Wer hat nun Recht? —

Das können wir hier nicht untersuchen. Schon deßhalb nicht, weil wir uns hier einer historischen Darstellung befleißigen, die, wenn sie ihre Unparteilichkeit wahren will, keine Entscheidung fällen darf, wo solche nicht schon unbestritten vorhanden ist, sondern blos die Sache darzustellen hat, wie sie einem objectiven Blicke entgegentritt. Der wissenschaftliche Streit kann, streng genommen, heute noch nicht als erledigt erachtet werden, denn noch ist keiner der streitenden Theile verstummt, und der Meinungsaustausch dauert noch lebhaft fort; so lange dies fortdauert, so lange gibt es auch noch keinen erklärten Sieger.

Wenn demungeachtet die in diesem Buche niedergelegten Vorträge zweifellos verrathen werden, wie negativ meine persönliche Stellung der Liebig'schen Agriculturanschauung gegenüber ist, so glaube man nicht von mir, ich habe in eitlem Uebermuthe die nachstehenden Worte Humboldt's vergessen, deren schönem Sinne ich immer huldigen werde: „Wo durch die Geistesarbeit des Jahrhunderts Alles im Werden begriffen scheint, ist es eben so gefahrvoll, in den intellectuellen Prozeß einzugreifen und das unaufhaltsam Fortschreitende wie am Ziele angelangt zu schildern, als bei dem Bewußtsein eigener Beschränktheit sich über die relative Wichtigkeit ruhmvoller Bestrebungen der Mitlebenden oder Nächsthingeschiedenen auszusprechen."

Es ist klar, daß die älteren agriculturchemischen Schriften, wozu ich Angesichts des stürmischen Fortschrittes alle diejenigen rechnen muß, welche älter als zwölf Jahre sind, sich heute schwer kritisiren und noch schwieriger zum Studium empfehlen lassen. Denn einestheils erfordert eine gerechte Kritik, daß wir vor allen Dingen auf den Zustand des Wissens verweisen, wie er zur Zeit des Erscheinens des Werkes vorlag, und anderntheils möchte durch deren Studium der Kopf des Laien zu leicht verwirrt werden, indem entweder deren Inhalt einseitig Liebig's Mineraltheorie verfolgt, oder ebenso einseitig die sogenannte Stickstofftheorie der Deutschen und Franzosen, oder die Humustheorie Mulder's und Moleschott's zum leitenden Gedanken macht. Auch die Schriften von weniger extremer Tendenz, solche nämlich, die in jener Zeit die goldene Mitte anstreben, entbehren zu sehr der festen Haltung und des Bewußtseins des richtigen Weges, als daß ich sie heute empfehlen könnte.

Man kann uns erlassen, hier all' die Producte des unreifen Alters der Wissenschaft zu citiren; ich glaube der Geschichte zu genügen, wenn ich hiermit nur die wichtigsten unter ihnen anführe:

Sprengel, Bodenkunde, 2. Aufl., 1844.

Petzholdt, Agriculturchemie, 1846.

Liebig, Chemie in ihrer Anwendung auf Agricultur und Physiologie, 6. Aufl., 1846.

F. Schulze, Lehrbuch der unorganischen Chemie für Landwirthe, 1846.

Fresenius, Lehrbuch der Chemie für Landwirthe, Forstmänner und Cameralisten, 1847.

Schubert, Handbuch der Forstchemie, 1848.

Mulder, Versuch einer allgemeinen physiologischen Chemie, 1844. (Heidelberg.)

Göbel, Agriculturchemie für gebildete Landwirthe, 1850.

Moleschott, Kritische Betrachtung von Liebig's Theorie der Pflanzenernährung, 1845.

Geibel, Die physiologische Chemie der Pflanzen mit Rücksicht auf Agricultur.

v. Babo, Ackerbauchemie, 1850.

Johnston, Elements of agricultural-chemistry and geology, 1845.

Es lag im Geiste und in der, der landwirthschaftlichen Praxis zugewandten Natur der lebhaften, vielseitigen Erörterungen, welche Liebig's jüngstes Auftreten hervorgerufen hatte, daß seit 1856 die practischen Düngungs-Versuche mit besonderm Eifer aufgenommen und allenthalben fortgesetzt wurden. Man schien dies für den richtigen Weg zu halten, um eine einfache Entscheidung über die vorhandenen Differenzpunkte des Streites herbeizuführen, und eben, weil ein Jeder die Lösung für so leicht hielt, deßhalb die vielseitige Betheiligung daran.

So mochten ein Paar Jahre vergehen, ehe man allgemein fühlte und es sich hin und wieder in den kritischen Berichten Kund gab, daß trotz der vielen vergleichenden Düngungs-Versuche, deren Resultate vorlagen, doch die Situation nicht wesentlich war aufgeklärt worden und daß den Versuchen etwas fehlte, um sie entscheidend zu machen.

Und in der That —, sind die sogenannten vergleichenden Düngungs-Versuche der richtige Weg, um zu einer die Praxis aufklärenden Agricultur-Wissenschaft zu verhelfen? — Wir können diese Frage jetzt verneinen; schon deßhalb, weil bei dem Wuste jener Versuchs-Erfahrungen, wir andernfalls gewiß schon längst eine entschiedene Aufklärung gewonnen haben würden. Alle jene Düngungs-Versuche leiden an der richtigen Deutung der Erndte-Resultate. Wie wäre das zur Zeit auch anders zu erwarten? — Wir sollen feststellen, wie ein complizirtes Düngergemisch auf diese oder jene Culturpflanze wirkt, und kennen nicht den physiologischen Werth der einzelnen Stoffe, woraus ein Dünger besteht und seine Wirkung sich zusammensetzt; wir wissen zum Beispiel nicht, wie das Kali, das Ammoniak oder die Phosphorsäure rc. im Stoffbildungsprozesse der Pflanzen wirkt, das heißt, auf die Bildung von Zellstoff, Stärke, Zucker, Protein rc., und vermögen daher auch nicht die Vegetation, welche die Bildung dieser organischen Verbindungen zum Ziele hat, mit unseren Düngstoffen zu beherrschen gemäß unseren ökonomischen Zwecken und entsprechend der Natur der Pflanze. Wir sollen erklären, warum ein Dünger auf diesem Boden durchaus anders wirkt, als auf jenem, und wissen bis heute doch nur Erbärmliches über die chemische Constitution der Ackerkrume und ihrer Gemengtheile, über die Art und Weise, wie die Nährstoffe in ihr vertheilt und gebunden sind, wie sie, nach Maßgabe ihres Vorrathes, löslich werden und im Minimum für das Gedeihen jeder Pflanzenart vorhanden sein müssen und endlich, wie der chemisch noch unerforschte Untergrund am Gedeihen der Pflanzen sich betheiligt. Wir sollen endlich das Gedeihen der Pflanzen erklären und fragen vergebens, wie dabei die verschiedene klimatische Lage, die Meereshöhe, die so sehr wechselnden meteorischen Einflüsse,

Regen, Dürre und Kälte in Anrechnung zu bringen seien. Kurz — es fehlt uns zur Extraction wissenschaftlicher und daher allgemein gültiger Ergebnisse, an den elementarsten Vorkenntnissen und so erklärt es sich, warum die Resultate jener Düngungs-Versuche zum Spielball jeder Erklärung wurden.

Eine derartige Erkenntniß konnte nicht Platz greifen, ohne gleichzeitig einen Umschwung der Forschung herbeizuführen. Wir bemerken denselben an den mehrseitigen Hindeutungen und Erklärungen, womit die Agricultur-Chemiker von Fach, auf die Erfolglosigkeit der bisherigen Forschungsart verweisend, ganz einbringlich einer andern Experimentir-Methode das Wort reden, nämlich der rein physiologischen, und im ernsten Betreten dieser Bahn das Heil der Agriculturwissenschaft erblicken.

Eines wird dabei der Landwirth von nun an ergeben üben müssen: nämlich Geduld; denn all' die fehlenden elementaren Kenntnisse werden uns auf keine leichte Weise zu Theil werden, sondern nur durch mühselige und, was nicht zu verhehlen ist, durch, dem gewöhnlichen landwirthschaftlichen Interesse scheinbar abgewandte Forschungen. Die Geschichte der Agriculturwissenschaft kann viele Illusionen zerstören; sie möge auch bei den Landwirthen die Einsicht hervorrufen, daß nur diejenigen Arbeiten einen wahren Nutzen bereiten, die lediglich die Lücken unseres theoretischen Wissens auszufüllen und dadurch ein Fundament für die ächte Agriculturwissenschaft zu gewinnen bestrebt sind. Gehen wir zu dieser Arbeit über! Je bälder, je besser! Wenngleich auch ein Menschenalter darüber vergeht, ehe der Bau so weit fertig, daß er die Anforderungen der Praxis wirklich befriedigt, — ist das nicht besser, als wenn wir noch ein Menschenalter hindurch in Illusionen leben, die doch endlich aufgegeben werden müssen?

Wenn demgemäß nun in den letzten Paar Jahren das exaltirte Feldbüngungs-Experiment von den Landwirthschafts-Forschern ziemlich dran gegeben und an Stelle desselben damit begonnen wird, die Ernährungs- und Düngungsgesetze unserer Culturpflanzen in Gewächshäusern und Glastöpfen zu suchen, wo Boden und Witterung nicht störend eingreifen, wo die Pflanze in neutralen Medien wachsen muß (Sand und Wasser), so daß jeder ihr zugeführte Nährstoff in seiner physiologischen Wirkung beobachtet werden kann, wo überhaupt die ganze Begetation in der Gewalt des Forschers liegt, — so begrüßen wir diese Wendung mit aufrichtiger Freude.

Namentlich sind es die von Knop in Möckern und Sachs in Tharand zuerst wieder in Angriff genommenen Begetationen von Landpflanzen in Wasser, von denen wir uns sehr viel versprechen. Mit Hülfe dieser durchsichtigen Versuchsart, die uns erlaubt, jeden Augenblick die Pflanze

unter andere Ernährungsverhältnisse zu bringen, dürften wir in wenigen
Jahren mehr für die Pflanzenphysiologie gewinnen, als sonst in einem
Menschenalter. Es war nicht unwichtig, daß diese epochemachenden Wasser-
Begetationen schon jetzt den Einwurf aushalten: „Die so gefundenen Er-
nährungsgesetze könnten leicht auf die im Boden vegetirenden Pflanzen ihre
Gültigkeit verlieren." Denn es hat sich gezeigt, daß die vom Keimlinge an
bis zur Reife im Wasser erzogenen Exemplare von Getreidearten, Hülsen-
früchten, Mais, Kartoffeln und Rüben an Stamm, Stengel und Wurzel
normal waren und nichts Abnormes in der reichlichen Blüthen- und
Fruchtbildung brachten.

In der wissenschaftlichen Lehre von der Fütterung der Hausthiere trat
ein gleicher Umschwung ein. Um diesen gehörig zu würdigen, erinnern
wir daran, wie bisher die ganze Weisheit sich um den Begriff und die Benutzung des Heuwerthes drehte, und wie die ganze Ausbeute, welche die physiologische Chemie gewährte, dazu diente, jenen Begriff zu stützen und in ein
wissenschaftliches Gewand zu kleiden. Als Folge dessen betrachtete man ein
Futtermittel zu sehr als etwas Individuelles und die Summe derselben als
ein buntgestaltiges, unter sich nicht verwandtes Naturgebilde, während sie
doch eigentlich Gemenge vorstellen von gewissen einfachen organischen Verbindungen, welche, indem sie in allen Futtermitteln wiederkehren und in
allen das nährende Prinzip ausmachen, die innigste Verwandtschaft aller
Futtermittel begründen. Anstatt nun auf solche einfache Nährstoffe seine Aufmerksamkeit zu richten, griff man die Aufgabe der wissenschaftlichen Fütterungslehre sonderbarer Weise da an, wo sie naturgemäß hätte endigen sollen,
nämlich mit der Betrachtung der Futtermittel und complizirten Gemenge
derselben. Der ganze Wust der Fütterungsversuche, den uns die letzten 15
Jahre überliefert, ist ein Beweis hierfür und hat den Vorwurf, daß darüber die Hauptsache, nämlich der physiologische Werth der diversen einfachen
Nährstoffe, im Unklaren blieb.

Ob daran die Forscher allein Schuld waren? — Ich glaube nicht;
mehr dürfte davon fallen auf die dominirende Sucht nach „practischen
Resultaten" und auf das damals herrschende Vorurtheil, daß solche
Versuche nicht passend seien, die zu ihrer Durchführung weiter, wissenschaftlichen
Umwege bedürfen. Dieses Vorurtheil hat auch verschuldet, daß die Agriculturchemiker keine Zeit fanden, die Futtermittel zunächst ausführlich
qualitativ zu untersuchen und eine physiologisch verwerthbare quantita-

tive Methode der Futtermittel-Analyse an Stelle der bis heute üblichen, gar miserablen zu setzen.

Begründete auch das Studium der zahlreichen practischen Futterversuche die Ueberzeugung ihrer Erfolglosigkeit, so war es doch erst die eminente Arbeit von Bischof und Boit,[*] welche uns so recht in die neue Bahn hineingedrängt. Das Epochemachende dieser Arbeit liegt darin, daß sie eine Methode begründet, mittels derer wir im Stande sind — was bisher unmöglich war — den physiologischen Werth eines jeden Nährstoffs (Eiweis, Zucker, Stärke, Dextrin, Gummi, Pectin, organische Säuren, Fette, Wachs, Gerbstoffe, Bitterstoffe, Alkaloïde ꝛc.) zu erforschen, das heißt festzustellen, wie jeder dieser einfachen Stoffe wirkt, für sich oder in Verbindung mit andern verfüttert, auf die Vermehrung oder Verminderung von Muskelfleisch, Fett und Wasser im Körper, ohne daß nöthig wäre, das Thier dabei zu tödten oder zu seciren.

Freilich erfordert diese originelle Methode eine weitgreifende Analyse nicht blos des eingenommenen Futters oder Nährstoffs, sondern auch des darnach ausgeschiedenen Harns und Kothes; sogar die durch Lunge und Haut ausgeschiedenen gas- und dampfförmigen Educte des Stoffwechsels müssen in entscheidenden Fällen einer directen Bestimmung unterworfen werden. Wir brauchen uns nicht zu schmeicheln, mit dieser Methode rasch zum Ziele zu kommen, wohl aber sicher.

Die ungefähr zu gleicher Zeit publizirte Forschung von Henneberg und Stohmann[**] ist ein Vorbild von Sorgfalt und Fleiß und alles dessen, was durch gründliche elementar-analytische Commentare geleistet werden kann. Schade, daß solch' ausgezeichnete Arbeit unabhängig von jener Bischof'schen unternommen wurde und daher von der erwähnten wichtigen Methode wenig profitiren konnte. Indem indessen deren Resultate einen Hohn auf alle Heuwerthszahlen involviren, hat sie nebenbei nicht unwesentlich dazu beigetragen, den Begriff und Gebrauch des Heuwerthes, gegen den wir uns in der 1. Auflage dieses Buches entschieden genug ausgesprochen, vollends zu diskreditiren. Man hat diesem Mißkredit auf der Versammlung deutscher Landwirthe zu Heidelberg (September 1860) einen ungeschminkten Ausdruck gegeben, indem Niemand sich des verpönten Begriffes zur Rettung annehmen wollte. An Stelle der auf die Heuwerthstabellen sich stützenden Futtersätze und Berechnungen empfahl man beifällig zum practischen Gebrauche diejenigen Fütterungsnormen, welche den täglichen Be-

---

[*] Die Gesetze der Ernährung des Fleischfressers. Leipzig, 1860.
[**] Beiträge zur Begründung einer rationellen Fütterung der Wiederkäuer. Braunschweig, 1860.

darf irgend eines Thieres an den wichtigsten einfachen Nährstoffen angeben, jene also, welche wir in diesem Werke, gemäß den vorliegenden Versuchs-Erfahrungen, so gut als möglich aufzustellen versucht haben.

Die in Vorstehendem angedeutete Wendung, welche sich sowohl in den agricultur-chemischen, als auch in den thier-chemischen Forschungen seit der jüngsten Zeit manifestirt und die rein physiologischen Arbeiten von nun an zur Parole des Tages macht, sei für uns ein Geständniß, daß, trotz all' dem bisher Geleisteten, wir uns jetzt noch am Anfange des wahren, erfolgreichen Forschens finden. Um so mehr möge dies die landwirthschaftlichen Forscher anspornen, muthig die neue Bahn zu bearbeiten, unbekümmert über den ebenso schwierigen, als langwierigen Weg, unbekümmert über den baldigen erst spät sich ergebenden Erfolg, unbekümmert endlich über die Meinung des großen Haufens, welcher, die Tragweite solcher subtilen Forschungen nicht verstehend, wahrscheinlich bald mit dem deprimirenden Einwurfe kommen wird: Daß dies Alles in keinem Zusammenhange mit den Bedürfnissen der landwirthschaftlichen Praxis stände und daher eine, wenn auch wissenschaftlich zwar interessante, doch eigentlich unrentable Thätigkeit sei.

Eben die jugendliche Lage unseres agrikultur-physiologischen Wissens und keineswegs die temporären Fragen und practischen Probleme der Landwirthschaft sind es, welche die Unentbehrlichkeit der landwirthschaftlichen Versuchs-Anstalten begründen. In dem letzten Dezennium sind deren in Deutschland etwa zehn entstanden, das heißt solche, die rein zu Versuchszwecken vom Staat und von Provinzial-Vereinen dotirt sind. Die gleichnamigen, mit den landwirthschaftlichen Hochschulen verbundenen Einrichtungen kann ich nicht mit unter die eigentlichen Stationen rechnen, weil es den Vorstehern, die zugleich die verschiedenen Fächer der Naturwissenschaft doziren und zudem den beschwerlichen Unterricht in der analytischen Chemie ertheilen, beim besten Willen zu sehr an Zeit fehlt. Wo, wie an der Tharander Akademie, außergewöhnliche Kräfte und Hülfsmittel zur Verfügung stehen, da darf man freilich Versuchstations-Leistungen erwarten. Um die Gründung der deutschen Stationen hat A. Stöckhardt sich hoch verdient gemacht; sie alle sind successive auf seine unermüdliche directe Anregung entstanden. In Frankreich wüßte ich keine Station, außer dem weltbekannten Privat-Unternehmen Boussingault's zu Bechelbronn im Elsaß. Nicht minder überragen wir Deutsche die Engländer, wenigstens in der Zahl der öffentlichen Versuchs-Institute. An Arbeitskräften und Geldmitteln aber thun die Engländer es uns bei Weitem zuvor; so hat die berühmte Versuchsstation von Lawes und Gilbert zu Rottamstedt bei London seit dem Jahre

1840 — wie mir D. Gilbert persönlich sagte — durchschnittlich jährlich 14000 Thlr. rein zu agrikultur-chemischen Zwecken verwandt. Kein Wunder, daß uns deren Versuchs-Arbeiten durch ihren colossalen Umfang in Staunen setzen!

Zehn Versuchsstationen für Deutschland, das sollte man meinen, wäre eigentlich nicht viel. Und dennoch hat man mancherseits geäußert, daß wir deren schon übergenug und keine weiteren nöthig hätten. Daß sich diese Ansicht bilden und das Interesse der Landwirthschaft für jene Anstalten mindern konnte, daran ist mancherlei Schuld.

Erstens hat man diese Anstalten von vornherein zu sehr in den Dienst der Praxis gestellt, während sie doch im Dienste der Wissenschaft existiren sollten. Sie waren fast nur dazu da, um jedem Landwirthe, der ein Paar Groschen zum Unterhalte beizusteuern die Großmuth hatte, Boden, Futter, Düngsorten und manches Andere, wozu ihn seine Neugier veranlaßte, zu analysiren und dazu ihm Recepte für alle Möglichkeiten zu geben. Die Chemiker verloren dadurch ihre beste Zeit und die Landwirthe — sie sehen endlich ein, daß sie doch nicht genügend Dienste und Nutzen davon ernbten, wenigstens nicht soviel, wie sie erwartet hatten.

Zweitens ist von den Stationen zu viel auf einmal gehofft worden. Man meinte, jetzt würden nach einigen Jahren alle wichtigen Fragen der Landwirthschaft gelöst't und letztere dadurch rasch zur höchsten Ausbildung und Rationalität gebracht sein. — Uns deucht, daß dies ein rechtloses Verkennen all' der Schwierigkeiten involvire, welche gerade die aufstrebende agrikultur-chemische Forschung vorfand und welche deren Jugendalter zu einem schwankenden Kampf mit System, Methode, Vorurtheil und Richtung gestaltete.

Die Landwirthschaft ist bei all' ihrem geistigen und physischen Capital Jahrtausende hindurch nur langsam vorangekommen und jetzt sollen die Paar armen Versuchsstationen das Alles überholen und einen Fortschritt im Sturmmarsche anbahnen! — —

Ohne Mühe und Arbeit wird Nichts auf Erden erreicht, weder Großes noch Schönes und am allerwenigsten, was unter dem Siegel der Naturgeheimnisse liegt. Das mögen sich Diejenigen merken, welche nicht wissen, daß alle materiellen Errungenschaften proportional der darauf verwendeten Kraft und Zeit sind. Und dies speciell auf die deutschen Versuchsstationen angewandt, was haben sie denn binnen dem letzten Dezennium in Summa sämmtlich gekostet? — Höchstens 40,000 Thlr. haben sie gekostet! Und mit dieser bescheidenen Summe, die kaum hinreicht, eine halbe

Compagnie Soldaten eben so lange zu unterhalten, mit diesem elenden Kraftaufwande wollt ihr die Landwirthschaft glücklich gemacht wissen!? —

Der Erfolg der landwirthschaftlichen Versuchsstationen ist eine Frage der darauf verwendeten Zeit und der Mittel. Jeder andere Standpunkt führt zum ungerechten Urtheile.

Drittens hat man die materiellen Erfordernisse solcher Anstalten zu sehr unterschätzt. Von den Gründern ist dies vielleicht absichtlich geschehen, denn es erleichterte die Erlangung der Existenzmittel. Daher finde es seine Entschuldigung. Jetzt aber, wo die Stationen einmal da sind und es Ehrensache der Gründer geworden, selbige nicht mehr eingehen zu lassen, da darf man Jedem demonstriren, daß eine Station, die 1200—1500 Thlr. Dotation hat und davon Wohnungsmiethe, Chemiker, Assistent und Laboratoriumdiener bezahlen und die gesammten Betriebskosten bestreiten soll, sehr übel dran ist. Vor 10 Jahren, als die agrikultur-chemische Untersuchung einfach sich um simple Aschenanalysen und Stickstoffbestimmungen drehte, da konnte jene Summe zur Noth genügen; heute aber, wo die Forschung einen wesentlich andern Character gewonnen und ungleich mehr Hülfsmittel erheischt, kann damit Nichts geleistet werden. Daher haben die Stationen, deren Mehrzahl auf solche vorzeitliche Summen noch beschränkt sind, gerechten Anspruch auf Jedermann's Nachsicht.

Wer den oben erwähnten Versuch Henneberg's studirt, findet es wünschenswerth, daß alle übrigen Stationen denselben fortsetzen und in derselben physiologischen Richtung weiter experimentiren. Aber welche Station von all' den in Deutschland vorhandenen ist dazu im Stande? — Keine, denn keine hat einen Versuchsstall, wie die Hannöver'sche, oder das Geld, einen solchen einzurichten. Die dies Jahr (1860) hier in Salzmünde geschaffene Station bekam einen solchen Versuchsstall in möglichster Vollkommenheit, aber diese Ausnahmestellung ist ihr nur dadurch möglich geworden, daß sie bedeutende Schulden contrahirte. Das nicht allein, sondern auch zu den wichtigern physiologisch-chemischen Analysen sind die meisten agricultur-chemischen Laboratorien nicht fähig, denn selten findet man darin den Beindorff'schen Dampfapparat, einen Dampftrockenschrank, die physiologische Waage, Gasheizung, elementaranalytische Apparate, Luftpumpe, Normalbarometer, Hygrometer, Mikroskop, Polarimeter, Bunsen'sche Apparate zur Gas-Analyse, Gewächshaus, ꝛc.

Es müßte bewiesen werden, daß die armen Agriculturchemiker ohne Weiteres im Stande seien, das Heil der Landwirthschaft aus den Aermeln zu schütteln, bevor man, Angesichts ihrer durchschnittlich vorhandenen Hülflosigkeit, die schwere Beschuldigung erhöbe, daß die Stationen den Erwartungen nicht ganz entsprochen hätten.

Wir wollen kurz sagen, was eine Station bedarf, die den Anforderungen der jetzigen Forschungsweise entsprechen und Befriedigendes leisten soll. Sie bedarf zur Einrichtung ihres Laboratoriums, Versuchsstalles und Gewächshauses 4000 Thlr., vorausgesetzt, daß die Gebäude gratis gegeben sind. Ihr jährlicher Betrieb, wozu 1 Stations-Director, 2 Assistenten, 1 Laboratoriumdiener und 1 Stallwärter gehören, erfordert nebst Betriebs-Auslagen mindestens 2500 Thlr.

Die Existenz dergestalt eingerichteter Stationen begrüßen wir freudig; ihrer können nicht genug in's Leben treten.

Viertens noch einen Grund, welcher aber von den Chemikern selbst ausgeht. Dieselben sind nämlich bisher gegeneinander sehr abgeschlossen gewesen und haben den persönlichen Verkehr unter sich, anstatt zu fördern, eher gemieden. Ob daran gegenseitige Eifersucht oder der Unterschied in den wissenschaftlichen Anschauungen, oder eine gewisse Einbildung, wonach Jeder allein fertig zu werden glaubt, Schuld ist, weiß ich nicht; jedenfalls ist es eine sonderbare Erscheinung. Die einzige Gelegenheit des Zusammentreffens bot die Versammlung der deutschen Landwirthe dar. Aber hier haben die Agriculturchemiker das Bild gegenseitiger Befehdung und ungeselliger Zersplitterung gewährt, anstatt gemüthlich zusammenzuhalten, über die herrschenden Ansichten ihre Meinungen auszutauschen und den Landwirthen, im richtigen Gefühl der Schwächen der Wissenschaft, durch ein gemesseneres Verhalten nicht so viele Blößen zu zeigen. Durch solche unglückliche Entfremdung, wobei Jeder nur seinem Kopfe nachgeht, hat gewiß die Agriculturchemie nicht gewonnen, und obgleich ich prinzipiell gegen jeden Plan bin, der dahin zielt, die Versuchsstationen sämmtlich nach einem Plane schablonenmäßig arbeiten zu lassen, so fühle ich doch lebhaft, wie es so manche wichtige und so recht an der Zeit sich findende wissenschaftliche Aufgabe gibt, an deren Lösung der Einzelne sich kaum wagt, weil sie ihm zu groß ist, wohl aber durch ein einheitliches Wirken, wobei jede Station ein besonderes Capitel, oder einen gewissen Abschnitt der Arbeit frei cultiviren müßte, nach wenigen Jahren viel zu erlangen wäre. Ich fasse solche gemeinsame Betheiligung an großen Versuchsaufgaben nicht als eine Beschränkung der individuellen Plane und Versuchsentwürfe auf, sondern als Hauptmittel zur wirksamen Ausbildung der Agriculturchemie und zur Hebung ihrer Vertreter in den Augen der Landwirthe.

Der Entwurf solcher Arbeiten setzt eine Conferenz der Betheiligten voraus. Wie anregend und bildend wird nicht die der Einigung vorhergehende Debatte sein! — Was für nützliche Verhaltungsmaaßregeln, gegenüber dem Publikum, den landwirthschaftlichen Behörden und Vereinen und den Versuchsstations-Vorständen, würden nicht nebenbei aus solchem persönlichen Verkehr entspringen! — Der Einzelne kann nicht Alles wissen; was aber der Eine nicht weiß, weiß der Andere. Es müßten demnach die Stations-Chemiker nicht blos periodisch zur gemeinsamen Besprechung sich zusammenfinden, sondern sich auch jährlich unter einander einmal heimsuchen. Ich weiß wirklich nicht, wie ich 2—3 Wochen Zeit zum Wohle der mir anvertrauten Versuchsanstalt zweckmäßiger verwenden könnte, als zum Besuche sämmtlicher Stationen. Bei jeder würde ich etwas Neues sehen, hören oder lernen, eine Menge solider Anregungen empfangen und die eigene Station hätte schließlich den Vortheil davon.

Also mehr Einigung, mehr gemeinsames Wirken in Allem Dem, was das Wohl der Stationen betrifft, das ist einer der Wünsche, an deren Nichterfüllung die Erfolge der Versuchsstationen bisher gelitten haben. Es wäre doch sonderbar, wenn der Wahlspruch: Einigkeit macht stark, im Gebiete der practischen Naturforschung seine sonst überall herrschende Gültigkeit verlöre!

Nicht unwesentlich zur Hebung des Vertrauens zu den Stationen möchte es bei den practischen Landwirthen wirken, wenn die Landwirthschaftschemiker mehr als bisher die landwirthschaftlichen Lokalvereine besuchten und Vorträge über die Programmfragen hielten mit passenden, das Verständniß erleichternden chemischen Experimenten. Solche Vorträge, wobei aber niemals das Experiment fehlen darf, muß man einzeln und cursusweise gehalten haben, um sich von der dankbaren Aufnahme derselben vollkommen befriedigt, ja zuweilen überrascht zu bekennen. Das lebendige Wort, dies erfährt man dann erst lebhaft, gewinnt besser die einflußreichen Männer der Praxis, als alle Versuchsberichte und gelehrte Abhandlungen, gegen die der Landwirth schlecht disponirt geworden zu sein scheint. Man kann ihnen dies eigentlich nicht übel nehmen, denn wem könnte man zumuthen, Geschmack an der landwirthschaftlichen Lecture zu behalten, wenn man von Jahr zu Jahr mehr und mehr mit den Arbeiten oberflächlicher Bücherfabrikanten, moderner Abklatscher und geistloser Compilatoren traktirt wird und unter hundert von Schriften und Abhandlungen wirklich nicht mehr, als ein halb Dutzend herausfindet, die sich überhaupt lesen lassen! — Erst wenn die Redactionen unserer landwirthschaftlichen Journale die literarischen Erscheinungen nicht mehr so unterschiedslos lobhudeln, dieselben vielmehr gewissenhafter kritisiren, das zweifellos Gute und Tüchtige eifrig beloben, alles Mittelmäßige dagegen desto strenger verdammen, dann wird wahrscheinlich der Landwirth zum Lesen geneigter werden und mehr Respect vor dem Buchstudium bekommen, weil er dann durch die Kritik seines Journals die Beruhigung empfängt, daß ihm nicht so leicht nichtswürdiges Zeug in die Hände gespielt werde, er vielmehr nur für lesenswürdige Schriften sein Geld und seine Zeit geopfert!

Der oben gewünschte persönliche Verkehr mit Landwirthen kommt auch noch in einer andern Hinsicht dem Chemiker zu Gute; er gewinnt nämlich dadurch manche practische Anschauung über Fragen, zu deren Lösung seine Station beitragen kann. Wer das als überflüssig erachtet und überhaupt in dem Umgange mit tüchtigen Landwirthen nichts Belehrendes findet, der versteht leider nichts von Landwirthschaft.

Ein sowohl der physiologischen Entwickelung der Agriculturchemie ent-sprechender, als auch für die rasche Einbürgerung dieser Wissenschaft in die weiterer Kreise des kleinen Ackerbauers glücklicher Gedanke war die Ver-pflanzung des naturwissenschaftlichen Unterrichts in die Volksschule.

Je klarer es ist, daß der passive Widerstand und das Mißtrauen des Kleinbauers gegen jedes Wissenschaftliche vorzüglich aus Unwissenheit ent-springt, desto folgenreicher und bedeutsamer dürfte uns ein Schritt erscheinen, durch welchen jenes Hemmniß des Fortschrittes auf's einfachste und natür-lichste beseitigt wird. Mittels der Landschullehrer nämlich soll eine Gene-ration erzogen werden, welche durch die in den Kinderjahren eingeprägten Lehren über die Naturgesetze der Ernährung der Pflanzen und Thiere em-pfänglich wird für die Naturwissenschaft des Landbaues und aller daraus jetzt und in Zukunft resultirenden Folgerungen. Mittel und Wege zu diesem Ziele haben jüngst die Erfahrungen gezeigt. Nach selbigen kommt es zu-nächst blos drauf an, die Schullehrer, für deren naturwissenschaftliche Aus-bildung in den Lehrer-Seminarien, mittelalterlichen pädagogischen Anschau-ungen zufolge, leider gar wenig gethan wird, über das Gebiet der Agriculturchemie in populärer Weise aufzuklären. Durch ein paar Dutzend experimental-agricultur-chemische Vorträge, verbunden mit häufigen Exami-natorien und Repetitionen, ist dies uns bei mehreren Gelegenheiten (in der Rheinprovinz) so weit gelungen, daß die Lehrer zum Verständniß der em-pfohlenen Fachschriften im Stande waren, und mit merkwürdigem Eifer ein eingehenderes Studium der Agriculturchemie begannen. Von da an hat es keine Schwierigkeit gehabt, die klaren Lehren der Naturwissenschaft den

Schulkindern einzuprägen; ja spielend ist es denjenigen Lehrern gelungen, welche nur in etwa Talent dazu hatten. Warum sollten überhaupt die Schullehrer ihren Jungens —, welche sie während 6—7 Jahren unter sich haben, — jene auf die Alltagsthätigkeit des Landwirthes sich beziehenden Aufklärungen und Naturgesetze nicht eben so sicher beibringen können, als die verwickelten Lehren eines biblischen Katechismus? — Und will der Lehrer ein Mehreres leisten, so zieht er die aus der Schule entlassenen Jungen von 12—16 Jahren wöchentlich einmal in einer freien Abendstunde zu sich heran und setzt so das edle Belehrungswerk fort. Mögen die Kinder dabei auch manches Unrichtige lernen, mögen sie sogar das Gelernte später wieder vergessen: Das Alles hat nichts zu sagen; Eins bleibt haften zum Segen des ganzen späteren Lebens, und das ist die Empfänglichkeit für die Lehren und Bestrebungen der Agriculturchemie. Das geben Bauern, welche nicht stumpfsinnig, gleich den heutigen, gegenüber dem Fortschritte der Landwirthschaft, verharren, sondern überall wißbegierig lauschen, weil sie fühlen, daß Wissen Capital ist.

Sehe ich, wie die landwirthschaftlichen Vereine oft in Verlegenheit berathen, wie sie ihre disponibeln Geldmittel anständig verwenden sollen, und es dann gewöhnlich an Prämien, an Thierschauen, Maschienen-Ausstellungen und ähnlichen nichtsnutzigen Schaufesten geradezu vergäuden, dann denke ich immer an unsere armen Schullehrer, welche den besten Willen haben, etwas zu leisten, um ihre untergeordnete Stellung zu heben — und welche durch so ein Paar hundert Thaler wirksam angespornt werden könnten, in der landwirthschaftlichen Unterrichtung der ihnen anvertrauten Jugend das Mögliche zu leisten.

Wie leicht könnten die Vereine nicht dafür sorgen, daß die Schullehrer ihres Bezirkes durch Anhören entsprechender agricultur-chemischer Exercitien die Grundlagen zum ordentlichen Studium der Natur des Landbaues fänden; wie passend könnte, falls die Geldmittel der Vereine nicht reichten, die einzelne Commüne die besten landwirthschaftlichen Bücher und Zeitschriften ankaufen, um dieselben unentgeltlich und regelmäßig unter den Lehrern, behufs ihrer Weiterbildung, circuliren zu lassen; und der Staat endlich, warum sollte er nicht für jeden Kreis eine Prämie von etwa 200 Thlr. auswerfen können, die alljährlich derjenige Lehrer erhält, welcher am erfolgreichsten seine Schüler unterrichtete!

Auf diesem einfachen Wege also, und mit diesem geringen Aufwande von Mitteln kann eine schöne patriotische Sache gefördert werden, eine Aufgabe, deren Lösung zwar Dezennien erheischt, aber desto glücklichere Folgen für den Wohlstand und die Gesittung des armen Bauernstandes verspricht! Drum allenthalben frisch ans Werk! Wir entsprechen damit der Intention eines unserer hervorragendsten Zeitgenossen, der uns vor ein Paar Jahren ernstlich zurief: „Wenn durch die Schullehrer auf dem Lande natur= wissenschaftliche Kenntnisse unter den Bauern ver= breitet werden, so ist für die Zukunft Alles gewon= nen, auch der Staat hat das Beste damit gethan, was er überhaupt für die Landwirthschaft thun kann."

Diesen Zuruf machte Liebig bei jener Gelegenheit, wo er mit vernich= tender Schärfe über den Zustand der landwirthschaftlichen Hoch= schulen herfiel und erklärte, warum sie bei ihrer jetzigen Organisation so lebensunfähig seien. —

Wie verhält es sich damit? —

Vor 20 Jahren herrschte in der Landwirthschaftslehre nur die practische Erfahrung und die Summe ihrer Ueberlieferungen. Die einmal festgestellte Erfahrung war Autorität, die keiner Erklärung bedurfte. Die empirische Seite galt Alles, die theoretische fast Nichts, wohl deßhalb, weil sie noch zu mangelhaft und unklar war. Naturwissenschaftliche Theorien wurden als Nebensache betrieben und so gehandhabt, um sie überall in einen unvor= theilhaften Gegensatz zum rein empirischen Wissen zu bringen. Im Geiste dieser Zeit gegründet, haben die landwirthschaftlichen Akademien oder land= wirthschaftlichen Hochschulen Nichts von den damaligen Bildungs=Ideen ver= loren. Wir sehen sie noch jetzt hauptsächlich bestrebt, das Chaos der Er= fahrungen in systematischer Form zu lehren, während die Naturwissenschaften als Nebensache dabei figuriren, trotzdem diese seitdem so enorm vorgeschritten und die leitenden Motive des Landwirthschaftsbetriebs geworden sind.

Bei den Schulen, wo letztere Erkenntniß eine Aenderung erzwang und eine allmählig sich mehrende Pflege des naturwissenschaftlichen Unterrichts= Theiles Statt fand, da resultirte zuletzt ein Lehrplan, der günstigsten Falls beiden Theilen zu genügen bestrebt war. Die rein practische Doctrin litt darunter, indem man an ihrer Bedeutung so viel nahm, als man der natur= wissenschaftlichen zusetzte. So geriethen unsere Akademien in eine halb der Praxis, halb der Theorie gewidmete Lehre, bei welcher es undeutlich blieb, welcher Theil eigentlich den Vorrang habe. Aber das zeigte sich, daß dabei weder der empirischen, noch der theoretischen Doctrin ihr Recht wurde, denn beide wurden nur halb betrieben. Es repräsentirte sich als ein Gemenge von Praxis und Theorie, das unnatürlich blieb, weil in den meisten Punkten der Zusammenhang fehlte. Die Akademien sind somit glänzende Schulen der Halbwisserei geworden, in denen der unerfahrene junge Landwirth weder das Eine, noch das Andere gründlich erlernt.

Obgleich eine Vereinigung von Theorie und Praxis zum beliebten Schlagworte geworden ist, so fragt es sich doch, ob die landwirthschaftlichen Hochschulen zur Realisirung desselben da sind. Meiner Ansicht nach ist die heutige Naturwissenschaft der Landbauern, bei ihrer Unsicherheit und Lückenhaftigkeit eher im Stande, die practische Lehre zu verwirren, als sie aufzuklären und zu befestigen. Den jungen Landwirth, dem wir vor Allem ein sicheres Fundament des Urtheils wünschen müssen, sehen wir dadurch bei mancher Gelegenheit in Widerspruch zwischen Theorie und Praxis gerathen, der bei seinen oberflächlichen Kenntnissen unlösbar erscheint, oder den er, was wohl die gewöhnliche Folge ist, nicht weiter beachtet, sich dem einen oder anderen Extreme glaubenstreu zuwendend. Hätte er gründliches naturwissenschaftliches Wissen, so würde das ihn befähigen zu entscheiden, wo die Theorie aufhört, und wo der practischen Doctrin ihr Recht gewahrt werden muß; er würde beiden Seiten gerecht bleiben.

Erscheint uns somit eine gründliche naturwissenschaftliche Schule als Hauptbedingung dieser Harmonie, so können folgerecht die Hochschulen blos eine verkehrte Ausbildung erzielen, indem sie die Naturwissenschaften nicht fundamental, sondern nebensächlich und besonders präparirt betreiben. Anstatt gründlicher Darstellung der Lehren der Physik, der verschiedenen Zweige der Chemie, Mineralogie, Geognosie, Botanik, Physiologie, Anatomie, Meteorologie 2c. 2c. verwendet man täglich vielleicht kaum eine Stunde, um einen, eigens zu dem Zwecke der Agricultur, aus jenen Naturdisciplinen gebrauten Extract vom Catheder herab, als die Summe dessen, was man zu lernen nöthig hat, schablonenmäßig vorzutragen. Kein Wunder, wenn das meist eine Geringschätzung des naturwissenschaftlichen Studiums, und in den Köpfen der jungen Leute eine entsetzliche Eingebildetheit und Ueberhebung erzeugt; kein Wunder, daß man im Leben so selten einem akademisch gebildeten Landwirthe begegnet, der ordentliche Begriffe über Naturlehre hätte, mittels deren er sich bei difficilen Fragen der Praxis selbst zu helfen wüßte!

Ob es Erkenntniß ist oder unklares Gefühl, — genug, es muß doch wohl mit der fehlerhaften Organisation dieser Anstalten zusammenhangen, daß von den Söhnen der zur wohlhabenden und gebildeten Klasse gehörigen Landwirthe kaum der Tausendste zum Besuche einer Akademie schreitet, trotz der kostspieligen Einrichtungen, die letztere zur Schau tragen.

Bei der vielerseits gewünschten Reorganisation dieser Anstalten sollten, wie es mir scheint, folgende Grundsätze leitend sein:

1. Alle, die landwirthschaftliche Praxis behandelnden Lehrfächer, wie specieller Ackerbau, Wiesenbau, Betriebslehre, Viehzucht, Garten- und Obstbau, Handels-Gewächsbau, Rechnungsführung, Geräthekunde, Taxationslehre 2c. werden nebensächlich behandelt. Es muß dem jungen Landwirthe auseinandergesetzt werden, daß er die hier einschlagenden Kenntnisse außerhalb der Schule suche, einestheils durch längeren Aufenthalt auf ein Paar renomirten Wirthschaften, so wie durch landwirthschaftliche Reisen, anderntheils durch das Studium der bezüglichen, recht gediegenen Literatur.

Die Musterwirthschaft, die Viehställe, Geräthe-Depots, überhaupt der ganze practische Apparat, welcher die Akademien so kostspielig macht, wird dadurch überflüssig.

2. Je weniger, gemäß dieser Disposition, der junge Landwirth nach irgend einer empirisch rationellen Schablone, deren Werth doch immer zweideutig bleibt, ausgebildet werden kann, je vorurtheilsloser er also in die Praxis tritt, desto sorgfältiger muß seine fundamentale Ausbildung sein, das heißt, er muß durch tüchtige und allseitige naturwissenschaftliche Kenntnisse befähigt werden, die Recepte und Ergebnisse der Praxis zu verstehen, selbstständig zu kritisiren und frei von allem Autoritäts-Prinzip zu handeln.

Als Haupt-Unterrichtsfächer würden demnach gelten:

Physik, Statik und Elementar-Mechanik, Höhere Analysis, Unorganische Chemie, Organische Chemie, Thier-Physiologie, Botanik, Anatomie der Pflanzen, Physiologie der Pflanzen, Mineralogie, Geognosie und Geologie, Meteorologie und Klimatologie, Landwirthschaftl. chemische Technologie, Thierheilkunde, National-Oekonomie.

Diese Disciplinen dürften nicht auszugsweise vorgetragen werden, auch nicht in der beengenden Rücksicht zur landwirthschaftlichen Praxis, sondern in der Breite und Gründlichkeit, wie dies auf Universitäten geschieht. Natürlich wird dadurch auch eine längere und mühvollere Studienperiode nöthig, als die Akademien vorschreiben.

Ein reichlich ausgestattetes analytisches Laboratorium müßte es den Studirenden möglich machen, sich täglich wenigstens ein Paar Stunden in der Mineral-Analyse und organischen Analyse zu üben, damit sie später eine hinreichende Sicherheit in der Ausführung der häufiger vorkommenden landwirthschaftlichen chemischen Untersuchungen haben. Neben diesem chemischen Institute dürften ein physiologisches und anatomisches Laboratorium, Gewächshäuser und vollkommen eingerichtete Versuchsställe zur Completirung einer gründlichen naturwissenschaftlichen Ausbildung wesentlich beitragen.

Spezielle Vorträge über Agriculturchemie wären endlich ein passender Schluß des Studienprogrammes, in so fern durch dieselben die Beziehung jener einzelnen elementaren Disciplinen zur Landwirthschaft in belehrendem Zusammenhang gezeigt werden kann.

Man dürfte mir einwerfen, daß bei dieser Disposition die landwirthschaftlichen Hochschulen eigentlich überflüssig seien, indem ja jede Universität unser Programm mit geringen Einrichtungen ausführen könne.

Ich habe nichts gegen diese Folgerung; ja ich glaube, daß sie sich auch allmählich realisiren wird, in dem Maaße, als unsere jungen reichen Landwirthe nach gründlicher universeller Bildung hinstreben.

In der 1. Auflage dieses Buches haben wir die Agriculturchemiker namhaft gemacht, denen die Naturwissenschaft des Landbaues ihren heutigen Standpunkt verdankt. Wir thun dies auch hier, freudig verweisend auf die Menge der jungen Kräfte, welche inzwischen in der Agriculturchemie ihren Lebensberuf gefunden und sämmtlich im Bereiche unseres deutschen Vaterlandes wirken. Ich nenne:

Von Engländern: Johnston († 1855), Anderson, Way, Völker, Thomson, Nesbit, Ogston, Herapath, Daubeny, Lawes und Gilbert;

von Franzosen: Boussingault, Payen, Graf Gasparin († 1859), Georges Ville, Kuhlmann, Soubeiran († 1859), Barral, Bobierre, Guérin-Ménevile, Mène, Isidore Pierre, Girardin, Paul Thénard, Millon;

von Deutschen: A. Stöckhardt, Emil Wolff, Trommer, Krocker, F. Schulze, Fresenius, Lüdersdorff, Hlubek, Fürst von Salm-Horstmar, Göbel, Ritthausen, Knobloch, Hellriegel, Moser, F. Crustus, Alex. Müller, Knop, Henneberg, Stohmann, Birner, Eichhorn, Bretschneider, Scheven, Schulz-Fleeth, Lehmann, Dietrich, Wunder, Robert Hoffmann, Karmrodt, Peters.

Wenn wir nun zum Schlusse die Freunde der Agriculturchemie hiermit auf die Bücher und Zeitschriften aufmerksam machen, welche zum Studium der landwirthschaftlichen Forschungen als die besten erachtet werden und sich wahrhaft empfehlen lassen, so hoffen wir, es werde dies als ein nicht überflüssiger Anhang geschätzt, Angesichts des verwirrenden Uebermaaßes von Schlechtem und Mittelmäßigem, woran unsere Literatur leider so reich ist.

A. Stöckhardt, Chemische Feldpredigten für deutsche Landwirthe. Leipzig 1858, — 2 Thlr.

NB. Dies Buch ist nebst Stöckhardt's „Schule der Chemie" besonders für Anfänger geeignet.

Boussingault, Die Landwirthschaft in ihrer Beziehung zur Chemie, Physik und Meteorologie. Deutsch von Gräger, 3 Bde. Halle 1854. — 4 Thlr.

Liebig, Chemische Briefe. 4. Aufl., Heidelberg 1859 — 3 Thlr.

Emil Wolff, Die naturgeschichtlichen Grundlagen des Ackerbaues. 3. Aufl. Leipzig 1856 — 5²/₃ Thlr.

NB. Derselbe Verfasser verspricht pro 1861 die Edition einer „Landwirthschaftlichen Thierchemie," die ich im Voraus hiermit empfehle.

Als die lesenswerthesten landwirthschaftlichen Zeitschriften erachte und empfehle ich folgende:

Annalen der Landwirthschaft, Organ des Königl. Preuß. Landes-Dekonomie-Collegii, redigirt vom General-Sekretär von Salviati. 4 Thlr.

Auf die „Annalen" können wir hiermit die Aufmerksamkeit um so mehr lenken, als dieselben mit Beginn des Jahres 1861 in wesentlich vervollkommneter Gestalt erscheinen und durch Mitwirken der preußischen landw. Akademie und Versuchsstationen ein würdiges Centralorgan für die preußische Landwirthschaft geworden sind. Auch für die neben den Annalen erscheinende „Wochenschrift" gilt die gleiche Empfehlung.

Zeitschrift für deutsche Landwirthe, redigirt von E. Stöckhardt. 12 Hefte. 2²/₃ Thlr.

Chemischer Ackersmann, herausgegeben von A. Stöckhardt. 4 Hefte. 1¹/₃ Thlr.

Landwirthschaftliches Centralblatt, redigirt von A. Wilda. 12 Hefte. 5 Thlr.

Agronomische Zeitung, redigirt von W. Hamm. Wochenblatt. 8 Thlr.

Landwirthschaftliche Zeitung für Nord- und Mittel-
Deutschland, redigirt von Schneitler. Wochenblatt.
3 Thlr.

Die landwirthschaftlichen Versuchsstationen, Organ für
die Stationen im Königreich Sachsen, redigirt von Reuning.
4 Hefte. 2 Thlr.

Journal für Landwirthschaft, herausgegeben von Henneberg. 12 Hefte. 3 Thlr.

Allgemeine land- und forstwissenschaftliche Zeitung.
Organ der Kaiserl. Königl. Landwirthschafts-Gesellschaft zu
Wien; redigirt von Arenstein. 12 Hefte. 4 Thlr.

Journal d'agriculture pratique. Redigirt von Barral
in Paris, 24 Hefte. 6 Thlr.

Die eine bequeme aber sachkundige Uebersicht über die agriculturchemischen Forschungen eines Jahres wünschen, denen empfehlen wir noch:

Jahresbericht über die Fortschritte der Agriculturchemie. Herausgegeben von Robert Hoffmann. Circa
24 Bogen. 2 Thlr.

3. Vortrag.

Naturwissenschaftliche Grundbegriffe.

Durch das unbegränzte Gebiet der Naturwissenschaften zieht sich vielfach kreuzend der Weg hin, der uns zur Erkenntniß und Würdigung einer für die Landwirthschaft bedeutungsvollen Wissenschaft führen soll.

Während die Einen an der Hand der wissenschaftlichen Erfahrung, dieser unfehlbaren Führerin, mit jedem Schritte jenen naturwissenschaftlichen Boden sicherer und einladender finden und theilnehmend Denjenigen folgen, die, ihn nach allen Richtungen unermüdlich durchforschend, so werthvolle Schätze an's Tageslicht fördern, gibt es noch genug Andere, welche zu Gunsten einer mystischen Denkweise über die einfachsten, sie umgebenden Naturprozesse und Erscheinungen sich mißtrauisch gegen Alles geberden, was die rastlose Naturforschung liefert. Die Zahl dieser Naturfremdlinge verkleinert sich zwar mit jedem Tage, ist jedoch zur Zeit noch groß genug, um damit einen Hinweis auf das wahre Wesen der Naturforschung als nützlich und nothwendig zu motiviren.

Es bedarf überdies keiner Auseinandersetzung, warum besonders jeder Vertreter der Naturlehre die Pflicht hat, auf die vorhandenen Fundamente seiner Wissenschaft offenherzig da hinzuweisen, wo er im Unterlassungsfalle fürchten kann, ein scheinbar in der Luft schwebendes Gebäude vor den Augen des Unkundigen aufzuführen. Nur durch ein ernsthaftes Studium ihrer Grundlagen wird es Jedem klar, wie sehr die Naturwissenschaften zu Ansprüchen auf unser unbedingtes Vertrauen, und zur Aufstellung von Gesetzen über die allgemeine und spezielle Pflanzen- und Thierproduction berechtigt sind.

Bevor ich also bemüht sein werde, ein Bild von der naturgesetzlichen Grundlage der Agricultur zu entwerfen, lade ich Sie ein, mit mir diejenigen Fundamentalsätze sondiren zu wollen, die als die Grundsteine der Naturforschung unbestritten gelten. Ueberwinden wir glücklich die Schwierigkeiten eines solchen Thema's, dann hege ich auch die Hoffnung, es werde die projectirte Reihe meiner Vorträge nicht nutzlos, vielmehr leicht verständlich und fruchtbar sein.

―――――

Inmitten der unzähligen Wunder des Kosmos, dessen Verständniß ihm verschlossen, fühlt sich der Mensch klein, abhängig und unbefriedigt. Er möchte gern die Kräfte und Mächte erkennen, die geheimnißvoll in allen Naturerscheinungen ihn umweben; er möchte den Zusammenhang der wunderbaren Wirkungen, den göttlichen Gedanken oder die Harmonie erfassen, die von den erhabensten bis zu den kleinsten Theilen das Weltall durchweht; ihn drängt es, frei zu sein und mit eigener Hand das unwürdige Band zu zerreißen, das ihn von jeder Willkühr abhängig hält; er möchte gern werden, wozu er bestimmt ist: Herr der Natur und Beherrscher ihrer Kräfte.

Dieses Streben hat von jeher des Menschen Brust bewegt und erhoben; es ist sein schönstes, unsterbliches Erbtheil. Und die Frucht solch' tausendjährigen Ringens nach Erkenntniß und Aufklärung liegt vor uns — in den gesammten Naturwissenschaften.

Die Naturwissenschaft beschäftigt sich mit der Körperwelt. Unter Körper verstehen wir nicht blos die Gesammtmasse eines Thieres, oder einer Pflanze, sondern Alles, was materiell, was durch unsere Sinne wahrnehmbar ist. Ohne Rücksicht auf Gestalt, Form, Qualität und Quantität der Bestandtheile sind z. B. Luft, Wasserdampf, der Erdball eben sowohl als Körper zu nennen, wie ein Stück Eisen, eine Feder ꝛc., weil jedes dieser Dinge seine Existenz durch eine besondere, sinnlich wahrnehmbare Eigenschaft verräth. Ein Körper aber, den wir nicht sehen, fühlen oder abwägen können, der trotz aller physikalischen und chemischen Hülfsmittel außer Zusammenhang mit unseren Sinnen bleibt, ist für den Naturforscher nicht vorhanden. Die Naturwissenschaften beschäftigen sich mit Allem im weitesten Sinne des Wortes, nur nicht mit wesenlosen, unsinnlichen Objecten.

Indem sie sonach Dinge behandeln, die allein durch sinnliche Wahrnehmung zu unserem Bewußtsein gelangen, so leuchtet es ein, daß die rein spekulativen Operationen des menschlichen Geistes nicht im Stande sind, uns zur Erkenntniß der Natur zu leiten. Der Mathematiker kann, von der Außenwelt ganz abgesondert, seine ganze Wissenschaft aus sich selbst heraus construiren; er bedarf dazu blos eines richtigen Begriffes von Raum und Zeit, nebst Uebung im logischen, scharfen Denken. Nicht so der Naturforscher. Er würde auf diesem Wege nur Vorstellungen erlangen, die durchschnittlich nichtssagend sind und selten mit der Wirklichkeit im Einklange stehen. Dies beweisen deutlich die Naturkenntnisse der civilisirtesten Völker des Alterthums. Bei all' ihren philosophischen Spekulationen über die Welt und das Wesen der Dinge, gelangten sie doch nicht zur Kenntniß eines einzigen gültigen Naturgesetzes. Vielmehr waren ihre Naturanschauungen sehr ungebunden und durch subjective Geistesrichtungen getrübt; sie deuteten gewöhnlich die einfachsten Naturprozesse falsch, nicht selten sogar absurd; und sie haben aus ihrer naiven Naturphilosophie uns wenig Sätze überliefert, die allseitig wahr, ihre Fruchtbarkeit für alle Zeiten bewahrt haben.

Das Gleiche beweisen auch die in unser Jahrhundert fallenden nachkantischen Philosophien, trotzdem sie sich den Titel einer „Naturphilosophie" beilegen. Sie haben in ihren Resultaten uns nur die Ohnmacht des menschlichen Geistes gezeigt, ohne Beachtung der Erfahrung, gleichsam blind gegen die Außenwelt, nur aus der Tiefe des geistigen Selbst heraus, ein die sinnlichen Beziehungen überragendes und doch jedes Einzelne einsichtsvoll einschließendes Naturgemälde hinzustellen.

In einer Zeit, die mit solch' steigendem Interesse, wie die unsrige, dem Entwickelungsgange jeglicher Forschungen folgt, werden irrige Auffassungen mancher Verhältnisse und Momente nicht zu vermeiden sein. Ein großer Theil unserer Zeitgenossen kennt z. B. nicht das richtige Verhältniß der echten Naturforschung zur Naturphilosophie. Vielfach sind beide Disciplinen so mit einander identifizirt worden, daß man zur Zeit an das innigste Hand in Hand Gehen beider glauben sollte. Der Verbreitung einer solchen Voraussetzung müssen wir entgegentreten, in soweit bisher noch keine Annäherung Statt gefunden, vielmehr eher die Kluft zwischen beiden Theilen sich vergrößert hat. Ja, wir sagen, daß jede Naturanschauung, die nicht mit der gewissenhaftesten Consequenz auf dem Boden der heutigen Naturwissenschaft wurzelt, den bedeutungsvollen Titel einer Naturphilosophie mißbraucht und als heillose Schwärmerei abgewiesen zu werden verdient. „Es ist die deutsche Naturphilosophie", sagt Liebig, „die ihren Namen mit so großem Unrechte trägt, welche die Kunst verbreitet hat, ohne gründliche Forschungen und Beobachtungen sich Rechenschaft von den Erscheinungen zu geben, eine Kunst, der es an Jüngern nicht fehlen wird, so lange Arbeiten, ohne Mühe und Anstrengung, Aufmunterung und Anerkennung finden; sie zeugte die blinden und taubstummen Kinder der Unwissenheit und des Mangels aller Beobachtungsgabe, sie ist es, die in den vorhergegangenen Jahren alle Fortschritte in ihrem Keim erstickte." Wer die Grundlagen der heutigen Naturwissenschaft mit denjenigen der modernen Naturphilosophie vergleicht, der sieht wohl ein, daß eine Einigung beider eben so zu den Unmöglichkeiten gehört, als — nach Schleiden's trefflicher Bemerkung — ein Kampf zwischen Spaniern und Mexikanern vor der Entdeckung Amerikas.

Von Mißtrauen gegen die rein philosophischen Weltbilder erfüllt, kommen wir auf das leitende Prinzip der Naturforschung zurück. Ich meine den im 17. Jahrhundert aufgestellten und bis heute durch unzählige Beweise geheiligten Satz, wonach die sinnliche Beobachtung und der Versuch die einzigen Quellen der Naturerkenntniß sind. Seitdem die Thatsache zur einzigen Autorität in der Naturforschung erhoben worden und unter ihre unumschränkte Herrschaft sich alles Entgegenstehende, selbst der menschliche Geist mit seinen trügerischen Anschauungen, beugen mußte, seitdem die Dinge so genommen wurden, wie selbige in Wirklichkeit sind, und nicht wie sie einer beschränkten menschlichen Auffassung nach sein könnten, da war eine Wissenschaft gegründet, die nach langem Kampfe mit dem Aberglauben und dem traditionellen Hochmuthe, siegreich den Völkern des 19. Jahrhunderts als Verkündiger einer neuen, unvergleichlichen Culturperiode erschien. Soll ich Ihnen, meine Herrn, hierfür Beweise aufzählen? — Wünschen Sie, daß ich an die Fruchtbarkeit jenes Satzes, oder an die auf demselben ruhende Naturwissenschaft die erhabensten Merkmale knüpfe? — O, dann fragen Sie sich nur, warum die Culturgeschichte der Menschheit keine Periode kennt, welche hinsichtlich der Fortschritte in allen geistigen und materiellen Richtungen sich mit der heutigen messen könnte; untersuchen Sie nur, warum die goldenen Zeitalter des Perikles, des Augustus und Ludwig XIV. nicht verglichen werden können mit den Triumphen des 19. Jahrhunderts! — Und ist hieran nicht die Dummheit, oder die geringere geistigere Begabtheit der damaligen Menschen im Vergleich zu unsern Zeitgenossen Schuld, dann finden Sie gewiß die merkwürdige Ursache in dem mit unserm Jahrhundert anfangenden Erwachen und ernstlichem Entfalten der Naturforschung.

Es ist zweifellos, daß ohne die erlangte, ausgedehnte Bekanntschaft mit den Gesetzen der Mechanik, der Physik, der Chemie, der Geologie und Physiologie, wir keineswegs dahin gelangt wären, uns aus mittelalterlichen Zuständen heraus zu reißen und stolz zu sein gegenüber der Vergangenheit. Mit der wahren Kenntniß der herrlichen Schöpfung lernten wir deren verborgene Kräfte benutzen. Wir haben uns unter andern die Dampfkraft unterthänig gemacht; gehorsam treibt sie das belastete Schiff durch die Fluthen, sie beflügelt die Lokomotive und bewegt unsere Mühlen und zahlreichen Arbeitsmaschinen. Die Electrizität und der galvanische Strom tragen folgsam unsere Gedanken mit einer Geschwindigkeit von 60,000 Meilen pro Sekunde zu den entferntesten Hemisphären der Erde; dasselbe electrische Fluidum benutzen wir, um meilenweit die Nacht durch ein sonnengleiches Licht zu verdrängen. Die erforschten Gesetze des schnellfüßigen Lichtstrahls dienen uns zur Construction von Telescopen, welche über die Beschaffenheit sehr entfernter Himmelskörper wundervolle Aufschlüsse bringen; sie geben uns ferner das Mikroskop, um die Weisheit der Anordnung selbst in den kleinsten, unscheinlichen Theilen der Schöpfung zu erkennen. Der endlose Raum mit seinen zahllosen Weltensystemen verwirrt uns nicht mehr; denn in der Harmonie dieses großartigen Räderwerkes offenbaret sich das nämliche Gesetz der Schwere, dem alle Ponderabilien unterworfen sind, welches unsere Erde um die Sonne treibt und den Mond vor einem Sturze zur Erde bewahrt.

Was für wohlthätige Einflüsse hat nicht die Naturlehre direkt oder mittelbar auf alle nur denkbaren Beschäftigungen des Menschen ausgeübt! — Wer vermöchte all' die von ihr ausgehenden, goldenen Fäden zu verfolgen, wie sie sich seit Beginn des Jahrhunderts fortspinnen nach jeder nützlichen Richtung hin bis zu dem majestätischen Bilde der Gegenwart? Was würde beim Anblick des Letzteren Deutschlands liebster Dichter sagen, wenn ihn die wissenschaftlichen Errungenschaften des letzten Jahrhunderts schon so edel begeistern konnten!

> „„Wie schön, o Mensch, mit deinem Palmenzweige
> Stehst du an des Jahrhunderts Neige
> In edler stolzer Männlichkeit,
> Mit aufgeschloss'nem Sinn, mit Geistesfülle,
> Voll milden Ernst's, in thatenreicher Stille,
> Der reifste Sohn der Zeit,
> Frei durch Vernunft, stark durch Gesetze,
> Durch Sanftmuth groß und reich durch Schätze,
> Die lange Zeit dein Busen dir verschwieg,
> Herr der Natur, die deine Fesseln liebet,
> Die deine Kraft in tausend Kämpfen übet
> Und prangend unter dir aus der Verwild'rung stieg!""

Jemehr die Wissenschaft, auf ihrer vortrefflichen Grundlage fortschreitend, die Natur in ihrem Zusammenhange und in ihrem Wirken kennen

7

lernte, desto früher gelangte sie zur Ueberzeugung, daß eine jede natürliche Erscheinung auch eine natürliche Ursache habe. Anstatt der übernatürlichen oder supernaturalistischen Kräfte, die man zur Zeit des Glaubens an Wunder voraussetzte, wo die Natur nur geheimnißvoll auftritt, suchen wir jetzt nach dem gesetzmäßigen Zusammenhange, und wir werden überall die ursächliche Gesetze auffinden, weil eine lange Reihe von Beobachtungen und Erfahrungen uns zu dem festen Glauben geleitet hat, daß die Natur vom großen Ganzen bis zum Einzelnen nicht durch Willkühr, sondern nach unwandelbaren Gesetzen beherrscht wird, die von Ewigkeit her den Kosmos zum Ruhme seines Schöpfers verherrlichen.

Wäre dem nicht so, wäre die Natur ein Schauplatz unerforschlicher Launen und Geschicke, so daß auf höheren Machtspruch die heute entdeckten Gesetze und erkannten Wahrheiten morgen vielleicht schon ihre Gültigkeit verlieren, — dann wäre das Weltall kein belehrendes Bild idealer Vollendung für uns, und wir würden demselben gegenüberstehen als Fremdlinge, ohnmächtig auf uns selbst beschränkt, allein gelassen mit all den hochgehenden Bestrebungen, die in unser Innerstes gesenkt sind. — Trauriges Loos, bei dem uns nichts anders übrig bliebe, als immerfort auf's Neue das Trügerische und nie Befriedigung bringende Gebiet des abstracten Denkens zu betreten! —

Von Außen her muß der gewünschte Impuls kommen; nur durch lebhaftes Anschauen und allmähliges Erfassen der die höchste Vollendung und Weisheit repräsentirenden Schöpfung kann des Menschen jugendlicher Geist die Schwächen seiner zeitigen Entwickelung erkennen und zur Bervollkommnung getrieben werden. Jedwede Entdeckung, ein jedes neugefundene Bildchen aus dem Weltganzen erweitert den Kreis seiner Anschauungen, erhebt ihn über den jetzigen Standpunkt; nie geahnte Ideen knüpfen sich an jedes Stückchen errungener Einsicht.

Daher bringt uns jener Glaube an ein ewiges Welten-Gesetz und jene Hoffnung, daß die Menschheit bestimmt sei, den wundervollen Plan immer mehr zu entschleiern, nicht blos das erhebende Bewußtsein, bevorzugter Theil dieser Schöpfung zu sein, sondern auch den Weg zu allem materiellen und geistigen Fortschritte und damit die Möglichkeit eines immer menschenwürdigern Lebens.

Wenn Nichts als unerforschlich bei Seite gesetzt werden darf, dann stehen wir jetzt schon über der Welt der Geheimnisse und haben fortan unsern Blick vertrauensvoll auf die Wissenschaft zu richten, welche bereit und befähigt ist, durch Jahrtausende hindurch ein Sandkorn nach dem andern zum großen Weltbaue zu liefern. Einstweilen können jedoch die ge-

ringen Vorarbeiten von Seiten der im Kindesalter noch stehenden Naturwissenschaft unmöglich zu der kleinlichen, die Hoffnung an unsere hohe
Bestimmung deprimirenden Ansicht führen, als sei jene Wissenschaft einzig
im Dienste der materiellen Interessen der Zeit, als sei sie unfähig oder
unberufen, zukünftigen Generationen den Entscheid über meta-
physische Satzungen zu liefern.

Wir kennen jetzt einige tausend Naturgesetze. Nach der kurzen Zeit zu
schließen, in welcher sie aufgefunden wurden, muß diese Zahl nur ein sehr
kleiner Theil derjenigen sein, welche der Zukunft zu erkennen bewahrt ist.
In allen Gebieten der Naturwissenschaft sehen wir ja täglich neue Gesetze
zu Tage gefördert, die neues Licht über die einzelnen und ein immer
größeres über die gesammten Erscheinungen verbreiten. Ein Naturgesetz gibt
für eine einfache Thatsache (Wirkung) eine einfache Ursache. Man muß aber
keineswegs glauben, daß dem Naturforscher die Auffindung solcher Beziehungen etwas Leichtes, Müheloses sei. Das könnte wohl der Fall sein,
wenn die Naturprozesse von einer Einfachheit wären, daß eine einzige, einfache Ursache zur Verwirklichung eines solchen ausreichte. In den meisten
Fällen aber sind die Naturerscheinungen durch das Zusammenwirken vielfacher, sich entweder wechselseitig unterstützender, oder theilweise sich auf-
hebender Ursachen bedingt, und wenn die Erscheinungen keinen, uns bekannten
Character an sich tragen, so wird es selbst dem scharfsinnigsten Forscher
schwer, den Schlüssel zu finden, vermittels dessen er in das Geheimniß einbringen und die dort verborgene Wechselwirkung der Gesetze erkennen kann.
Wer vermöchte z. B. mit einer einzigen Ursache die unwandelbare Bahn
erklären, in der die Erde sich um die Sonne wälzt, wer könnte mit Hülfe
nur eines Naturgesetzes eine Mondfinsterniß vorher berechnen? Wie viel
vereint wirkende Ursachen mögen nicht Schuld sein, wenn's uns zu viel
oder zu wenig regnet, wenn wir einen strengen Winter oder einen unfruchtbaren Sommer bekommen, wenn ein Feldstück gegen unser Erwarten eine
schlechte Ernte liefert! Der Physiologe kennt manche Naturgesetze, deren Zusammenwirken er bis in's Reich des organischen Lebens verfolgt; welche
Menge anderer muß er aber noch finden und combiniren, ehe er dem Ernährungsprozesse der Pflanzen und Thiere eine befriedigende, wissenschaftliche
Erklärung geben kann! Der Landwirth soll überhaupt nie vergessen, daß
eine einfach scheinende Thatsache oft sehr verwickelte Ursachen haben kann,
und daß es ihm, der besonders schnell mit seinen einseitigen Erklärungen
bei der Hand zu sein pflegt, eben so gut ziemt, jene Ursachen zu sondiren

und vorsichtig zu urtheilen, als dem Naturkundigen. Letzterer unterscheidet sich eben vorzüglich dadurch von den Laien, daß er nicht eher seine Entscheidung über irgend einen ihm vorliegenden Fall abgibt, als bis alle modificirenden Umstände erkannt und in Rechnung gezogen sind. Dann erst hat sein Votum einen unbedingten Werth. Es trägt in sich den Lohn für die gewöhnlich mühsame Untersuchung, die zu ihm führte.

Ich werde von nun an häufiger von Elementen, Grundstoffen, Atomen, von Stoff und Kraft reden. Um Mißverständnisse zu vermeiden, begrenze ich hier vorab die Bedeutung dieser Ausdrücke.

Unter einem Elemente verstehen wir einen Körper, der sich nicht mehr in verschiedene, einfachere Theile spalten läßt. Das Wasser der Alten ist z. B. kein Element, weil wir es in zwei andere einfache Körper, den Wasserstoff und den Sauerstoff, zerlegen können. Ebenso verdient die Luft nicht den Namen eines Elementes; sie ist ja ein Gemenge von Stickstoff und Sauerstoff. Es ist klar, daß es Körper geben muß, welche sich nicht mehr in ungleichartige Theile zerlegen lassen. Solche einfachste Körper nennen wir Elemente oder Grundstoffe. Das Wort Materie ist ein allgemeiner Ausdruck für die Gesammtheit der Grundstoffe und ist in diesem Sinne ganz gleich bedeutend mit dem Worte Stoff.

Die Chemie hat bis jetzt 62 Elemente erkannt und geschieden. Dürften wir annehmen, daß im Laufe der Zeit keine neuen, bis jetzt noch unbekannten Elemente entdeckt würden, so könnten wir ohne Rückhalt sagen, daß der ganze Erdball, mit Allem, was in und auf demselben vorhanden ist, mit Allem, was ein Auge von lebenden und todten Körpern nur sehen kann, aus 62 einfachen Grundstoffen zusammengesetzt ist.

Damit sei nicht gesagt, es bestehe ein jeder der unzähligen, sinnlich wahrnehmbaren Körper aus sämmtlichen Grundstoffen; die bei weitem größte Zahl der Körper, als da sind: Mineralien, Luftarten. Pflanzen und Thiere enthalten nur eine mehr oder weniger kleine Anzahl derselben, und blos der Erdball, im Ganzen genommen, kann als ein aus 62 Elementen bestehender Körper definirt werden. Sonst sind die Körper einfach, oder durch eine gewisse Anzahl sehr verbreiteter Grundstoffe gebildet. Die unter allen andern am massenhaftesten sich vorfindenden sind folgende:

Kohlenstoff, Wasserstoff, Sauerstoff, Stickstoff, Schwefel, Phosphor, Kalium, Natrium, Calcium, Magnesium, Alumium, Kiesel, Eisen, Mangan. Rechnen wir hierzu noch die etwas spärlicher

Auftretenden: Chlor, Jod, Brom, Fluor, so haben wir die 18 Elemente aufgezählt, welche die Hauptmasse des Erdkörpers bilden.

Die 4 Ersten werden auch organische Elemente genannt, weil sie die Bauſtoffe ſind, aus denen die Hauptmaſſe der Pflanzen und Thiere beſteht; ſie ſind die wichtigſten von Allen.

Außer dieſen 18 will ich Ihnen noch die übrigen Grundstoffe herſagen, ohne jedoch an ſelbige ein beſonderes Intereſſe zu knüpfen. Sie heißen, ihrer ungefähren Wichtigkeit nach geordnet:

Silber, Platin, Gold, Queckſilber, Blei, Kupfer, Zinn, Zink, Nickel, Antimon, Wismuth, Kobalt, Arſen, Chrom, Bor, Cadmium, Barium, Strontium, Lithium, Palladium, Molybdän, Selen, Tellur, Glycium, Zirkonium, Yttrium, Thorium, Cerium, Lanthan, Didym, Erbium, Terbium, Vanadin, Titan, Uran, Wolfram, Tantal, Niobium, Pelopium, Ilmenium, Rhodium, Osmium, Iridium und Ruthenium. Letztere 27 ſind wenig verbreitet, kommen auch nur in ſehr geringer Menge vor.

Alle dieſe Elemente oder einfachen Grundstoffe unterscheiden ſich von einander durch ſinnlich warnehmbare Eigenschaften. Das Studium letzterer in ihrem ganzen Umfange ist Gegenstand der Chemie. Einige Eigenschaften ſind allen Körpern mehr oder weniger gemein; ſie heißen deßhalb allgemeine Eigenschaften. Als solche führen wir an die Theilbarkeit eines Körpers in kleinste, nicht mehr ſinnlich unterscheidbare, ſondern nur noch Raum einnehmende und Gewicht beſitzende Theilchen oder Atome. Aus ſolchen untheilbaren Atomen besteht die Maſſe eines Elementes.

In dem Raume, welchen ein Atom einnimmt, kann kein zweites oder aber anderes vorhanden ſein, weßhalb die Undurchdringlichkeit der Materie ebenfalls zu ihren allgemeinen Eigenschaften gehört.

Vermöge der leeren Räume, welche die einzelnen Atome eines Körpers von einander trennen, kann jeder Körper ſeinen Raum vergrößern und verkleinern. Hierauf beruht die allgemeine Eigenschaft der Poroſität, der Ausdehnbarkeit und Zuſammendrückbarkeit.

In ſo fern alle Körper entweder in feſter oder flüſſiger oder gasförmiger Geſtalt erscheinen, können diese drei Zuſtände (Aggregatzuſtände) als allgemein zur Materie gehörend betrachtet werden.

Trägheit und Schwere ſind gleichfalls Hauptmerkmale des Stoffes. Erſtere bezeichnet die Eigenschaft eines Körpers, in dem Zuſtande der Ruhe oder der empfangenen Bewegung ſo lange verharren zu wollen, bis derselbe durch irgend eine Kraft zum Gegentheile gezwungen wird; letztere sucht jeden Körper nach dem Mittelpunkt der Erde zu ziehen; das Maaß für diese Anziehung versinnlicht das Gewicht des Körpers, als gleichbedeutend mit dem Drucke, den er auf eine Unterlage ausübt.

Das specifische Gewicht, oder das Verhältniß des Gewichts zum Volumen ist ebenfalls für jede Substanz eine beständige characteristische Eigenschaft.

Kommen wir von diesen Eigenschaften der Körperwelt im Allgemeinen auf unsere genannten Elemente zurück, so begegnen wir hier zuerst der Verwandtschaft derselben zu einander, als einer gemeinsamen, höchst wichtigen Eigenschaft. Es zeigen nämlich die einzelnen Elemente, unter gewissen Umständen mit einander in Berührung gebracht, die Fähigkeit, sich atomenweise mit einander zu verbinden. Sauerstoff und Wasserstoff, zwei gasförmige Grundstoffe, vereinigen sich z. B. bei hoher Temperatur zu Wasser. Schwefel verbindet sich mit Quecksilber geschüttelt zu Schwefelquecksilber (Zinnober), einer Verbindung, in welcher die Eigenschaften des Schwefels und Quecksilbers aufgegangen sind in dem zusammengesetzten Atome des Zinnobers. Kalium hat eine solche Verwandtschaft zum Sauerstoff, daß es dem Wasser den seinigen unter lebhafter Feuererscheinung entzieht.

Der Grad der Verwandtschaft der einzelnen Elemente zu einander ist, abgesehen von äußeren Einflüssen, sehr verschieden. So verräth der Sauerstoff unter allen Grundstoffen die stärkste Neigung zu chemischen Verbindungen. Er ist allgegenwärtig und rastlos thätig; unzählige Verbindungen entstehen durch ihn. Das Chlor hat eine größere Neigung, sich mit Silber zu vereinigen, wie das ihm verwandte Jod; Jodsilber wird deßhalb durch einen Strom Chlorgas zersetzt, und das Jod unter Bildung von Chlorsilber ausgetrieben. Der Stickstoff hat eine größere Verwandtschaft zum Wasserstoff, als zu allen übrigen Elementen. Auch der Kohlenstoff hebt den Zusammenhang seiner organischen Verbindungen auf, um sich mit dem Sauerstoffe zu Kohlensäure zu vereinigen.

Andere Beispiele beweisen auch, wie einflußreich äußere Umstände — Wärme, Aggregatzustände, Gegenwart dritter Körper, Electrizität, mechanische Einwirkungen — auf die Intensität und Richtung der einfachen Verwandtschaften sind. So ist ohne Wärme eine Verbindung von Schwefel und Sauerstoff, von Kohlenstoff und Schwefel, von Sauerstoff und Kohle nicht möglich. Während größere Stückchen von Eisen sich nur in der Glühhitze mit Sauerstoff-Gas verbinden, bemächtigt sich schon der in der Luft befindliche Sauerstoff des Eisens, das fein vertheilt in selbige ausgeworfen wird, mit solcher Energie, daß die einzelnen Eisentheilchen zum Glühen gelangen. Chlorgas in Wasser geleitet und dem Sonnenlichte ausgesetzt, zersetzt das Wasser in seine Elemente unter Bildung von freiem Sauerstoffgas und Chlorwasserstoff-Gas; wird aber dem Wasser etwas Kali zugefügt, so verbindet sich das Chlor mit dem Sauerstoff des Wassers zu Chlorsäure. Brom und Phosphor können nicht zusammengebracht werden ohne heftige Explosion und Feuererscheinung. In einem passiven Gemenge von Sauerstoff und Wasserstoffgas erweckt ein elektrischer Funke die schlummernde Verwandtschaft, und die Elemente vereinigen sich unter heftiger Explosion zu Wasser. Mit geringer Verwandtschaft hangen die Elemente des Chlorstickstoff aneinander; ein leiser Stoß bewirkt schon die gefährliche, von gewaltigen Erscheinungen begleitete Spaltung derselben.

An derartigen Beispielen ist die chemische Wissenschaft so reich, daß ich Jeden, der sich mit den interessanten Gesetzen der Verwandtschaft der Elemente, sowie mit deren zahlreichen sonstigen Eigenschaften näher bekannt machen will, Befriedigung im Studium des ersten besten Handbuches der Chemie verspreche. Es genüge uns hier zu wissen, daß die einzelnen Elemente und die Verbindungen derselben unter sich bestimmte, charakteristische Eigenschaften zeigen, die als Atribut der Materie, derselben unveränderlich innewohnen, und ohne selbige nicht gedacht werden können. Die Eigenschaften der Grundstoffe haben keinen Grund. Warum das Eisen schwer ist, das Gold gelb, der Sauerstoff luftförmig, warum der Schwefel diese und der Stickstoff jene Grundeigenschaften hat, kann nicht beantwortet werden. Wir stehen hier au einer, von den sogenannten Grenzen unseres Wissens und haben nach unserem heutigen Ideenkreise wenig Hoffnung, diese jemals überschreiten zu können. Wir wissen nur, daß es so ist, daß es seit Erschaffung der Materie nicht anders gewesen ist, und wahrscheinlich bis in Ewigkeit so bleiben wird.

Die Verwandtschaftserscheinungen spielen unter den Eigenschaften der Elemente die Hauptrolle. Sie erwecken das schlummernde Atom aus der Ruhe zur Bewegung, zur Annäherung und endlicher Verbindung mit dem naheliegenden, dargebotenen Stoffe. Wärme, Feuererscheinungen und gewaltige Detonationen deuten den Vorgang an. Das Element wechselt seinen Platz, gezwungen durch die ihm innewohnende Verwandtschaft oder Abneigung zu andern Elementen; Anziehungen und Abstoßungen sind es, die seine Kraft zur Erscheinung bringen. Kraft ist ja das Merkmal der Bewegung; ohne sie ist keine Bewegung von Elementen, von Massen denkbar. So wahr nun das gegenseitige Suchen und Meiden der Elemente eine von ihnen unzertrennliche Eigenschaft ist, so wahr muß auch die natürliche Kraft ein dem Stoffe zugehörendes Merkmal sein; sie kann, wie Moleschott sagt, nicht etwa als ein von der stofflichen Grundlage getrenntes Wesen der Dinge gelten, weil sie nichts anderes ist, als diejenige Eigenschaft der Materie, die eine Bewegung derselben ermöglicht.

Nicht streng wissenschaftlich ist es daher, wenn man, im Gegensatze zu den lebenden Thier- und Pflanzengestalten, von „todter Materie" als solcher spricht, denn was mit so mannigfaltigen, wunderbaren und unzerstörbaren Kräften begabt ist, kann nur todt scheinen, falls die Kräfte, wie zum Beispiel in der Materie eines Steines, sich im Zustande des Gleichgewichts und der Ruhe befinden.

Mannigfaltig ist schon die Verwandtschaft der Elemente unter sich, ungleich mannigfaltiger stellt sie sich in den vielen Verbindungen der Grundstoffe dar, aber wahrhaft zahllos werden jene Abstufungen erst durch die vielen äußern Umstände, welche die Materie in ihrer Wirkung auf einander begleiten. Hier vereinen sie die zur Thätigkeit gelangenden Kräfte, dort veranlassen sie eine Schwächung, ein gegenseitiges Aufheben derselben, in allen Fällen aber bedingen sie die Richtung für die Wirkung der Resultirenden. Wo eine solche Vielfachheit der Kräfte sich findet, wie im Bereiche der Stoffwelt, da staunen wir nicht mehr, indem sich dort aus scheinbar Wenigem so unendlich Vieles und Großes vollführt. Die Mittel entsprechen dem Zwecke.

Indem wir alle physische Kraft direkt an die Wechselwirkung der Grundstoffe knüpfen, haben wir die Quelle bezeichnet, aus der jedwede Bewegungserscheinung im Pflanzen- und Thierreiche entspringt. Jetzt, wo die Physiologie die Wahrheit dieses Grundgedankens erfaßt und für seine Fruchtbarkeit tagtäglich fortfährt, unverwerfliche Beweise anzuhäufen, ist wohl ein Rückblick auf eine Anschauung gestattet, die noch vor dreißig Jahren florirte und deren Anhänger Jeden als Materialisten und Ketzer verschrieen, welcher die das physische Leben auszeichnenden Kraftäußerungen und Bewegungen nicht von einer sogenannten Lebenskraft abhängig machte. Das Leben, so argumentirte man damals, kennt nur seine eigenen, der todten Natur nicht entlehnten Gesetze; thöricht ist es, die Lebenserscheinungen auf natürliche Ursachen zurückführen zu wollen; die unbeherrschbare Lebenskraft spottet solcher Versuche. Es hält nicht schwer, einzusehen, daß dies, aus dem Nachlasse einer überwundenen Bildungsperiode stammende Dogma, die freie Entwickelung der Wissenschaft mächtig zurückhielt und namentlich in der

Heilkunde viel Unheil anrichten mußte. Mit dieser nur in der Einbildung
existirenden, besonderen Lebenskraft erklärte man die verwickelsten Prozesse
des organischen Lebens, und indem man die Lücken des Wissens mit derselben ausfüllte, verschwand die Scheu gegen den sich selbst damit ange-
thanen Betrug. Glücklicherweise hat dieser Deckmantel der Unwissenheit
jetzt seine Gefährlichkeit verloren; kein Naturforscher benutzt ihn mehr, höchstens noch einige Mediziner der alten Schule.

Haben wir denn diese übernatürliche Lebenskraft nothwendig zur Erforschung der Lebensgesetze? Genügt nicht der Stoff mit seinen wundervollen Kräften, um das physische Leben zu tragen? Wohlverstanden, mit
dem geistigen Leben haben wir es bei dieser Frage gar nicht zu thun,
und deßhalb bejahen wir sie auch unbedenklich gemäß den vorgegangenen
Andeutungen. Sind die einzelnen Elemente einmal zu bestimmten Verbindungen zusammengetreten, das heißt, ist die Materie einmal organisirt,
dann sind in der neuen Form die mannigfaltigen Kräfte der einzelnen
Grundstoffe thätig und bereit, nach äußeren Umständen und Verhältnissen
sich in bestimmter Intensität und Richtung zu entfalten. Ein der Erde
anvertrautes Samenkorn, in welchem Kohlenstoff, Wasserstoff, Sauerstoff,
Stickstoff, Schwefel und Phosphor in Form organischer Gruppen, wie
Protein, Stärke, Fett, Zellstoff ꝛc. sich finden, keimt, entwickelt sich und
lebt fort, ohne jegliche besondere Kraft; aber die vielen Prozesse und Erscheinungen, die jede seiner Lebensphasen begleiten, waren an eine beständige
Umgestaltung und Neubildung seiner hoch organisirten und leicht veränder-
lichen organischen Elementengruppen gebunden, sie waren die Folge des
rastlosen Form- und Stoffwechsels im Innern der Pflanze, die Folge der
durch Alles begünstigten fortwährenden Bewegung der den Pflanzenkörper
constituirenden Elemente. Sie sehen, — nach Moleschott's trefflicher Bemerkung, — daß die in Form von Saamen, Knospen, Eiern einmal
organisirten Elemente des Kohlenstoff, Wasserstoff, Sauerstoff und Stickstoff
in sich selbst die Bedingungen zur Neubildung findend, ein Beharrungs-
vermögen haben, vermittels dessen die alten Gestalten in ewigem Wechsel
wiederkehren. Auf dem Boden des Stoffwechsels stehend, darf es nicht
auffallen, wenn wir ferner von einem Leben der Pflanzen ebenso sprechen,
wie vom Leben der Thiere; ein Pflanzenleben begreift sich eben nur vom
Standpunkte des Stoffwechsels aus, sonst wäre es eine völlig leere Bezeichnung.

Vermögten wir all' die Umstände und äußeren Einflüsse zu ergründen,
welche im thierischen und pflanzlichen Organismus modifizirend auf die
Aeußerungen der den Elementen und ihren organischen Verbindungen ange-

hörenden Kräfte einwirken, wären wir schon jetzt im Stande, diese Neben-
factoren künstlich zu ersetzen oder herbeizuführen, so würden wir gewiß auch
in unseren Laboratorien jene lebensfähigen organischen Verbindungen erzeugen, die bis jetzt nur aus der schöpferischen Werkstatt der Pflanze hervorgehen. Wir würden im Stande sein, den Zucker, die Stärke, das
Eiweiß, ja die ganze Reihe der Nahrungsstoffe, an denen unsere und der
Thiere Existenz hängt, aus den uns wohlbekannten Elementen derselben
künstlich darzustellen.

Leider aber sind wir von solch' projectirtem Aufbaue organischer Atome
noch sehr weit entfernt. Zwar können wir die fertigen Verbindungen beliebig zerlegen und zerstören; aus den organischen Atomen des Holzes machen
wir z. B. Zucker, aus Zucker den Alkohol, die Milchsäure, und eine Menge
anderer organischer Stoffe, aber das Alles sind nur Prozesse der Rückbildung,
der Zerstörung höherer Atome in einfachere; die wahre Aufgabe: aus den
Bestandtheilen, nämlich aus Kohlenstoff, Wasserstoff und Sauerstoff jene
Verbindungen selbst von Grund aus aufzubauen, bleibt dabei ungelöst.
Hier dehnt sich vor den Augen des Chemikers ein unermeßliches, noch fast
gar nicht bebautes Feld aus. Es ist ihm der Beruf gestellt, es zu betreten, und Angesichts der classischen Vorbilder, welche die Wissenschaft bereits in der künstlichen Erzeugung des Harnstoff, des Taurin, und der
Essigsäure bietet, nicht den Muth zu verlieren. Gelangt auch hierin die
eine Generation nicht zum Ziele, so werden doch andere, nachfolgende, die
große Arbeit mit unverdrossenem Muthe fortsetzen. Was nach dem Entwickelungsgange der Dinge die Menschheit erst nach Jahrhunderten erfahren
kann, braucht sie auch heute nicht zu wissen! —

.

„In einem Systeme, wo Alles wechselseitig anzieht und
angezogen wird, kann nichts verloren gehen; die Menge des
vorhandenen Stoff's bleibt immer dieselbe."

Dieser Satz, den der große Georg Forster gegen Ende des letzten
Jahrhunderts aussprach, umschließt, nach Moleschott, den Grundgedanken,
„den Lavoisier, der Begründer der quantitativen Chemie, mit der Wage
in der Hand zu beweisen begonnen. Er ist seitdem durch tausend Beweise
gesichert. Chemiker, Physiker, Physiologen wiederholen täglich diesen Beweis, gleichviel, ob bei ihren Wägungen der Satz in ihr Bewußtsein bringt
oder nicht." —

Daß die Materie sich ebenso wenig in Nichts auflösen, oder verschwinden, als aus Nichts entstehen kann, ist ein von der Erfahrung gelieferter

Axiom, das wahrlich jetzt keiner Stütze mehr bedarf. Unklare Begriffe über Materie konnten nur jene, zu Irrthümern führende Verwechselung veranlassen zwischen dem Stoff einerseits und dessen äußerlicher Form andrerseits. Man hatte früher nämlich sich nie gefragt, ob der scheinbar neu entstehende Stoff nicht schon vorher in anderer Form existirt habe, oder ob das angeblich Verschwindende nicht in andere Gestalten übergehe. Wenn die Flammen ein Stück Holz verzehrten, so ahnte man nicht, daß die Elemente des Holzes einen gasförmigen und somit unsichtbaren Zustand annehmen können, sondern sprach mit dem Verschwinden der Gestalt des Holzes auch die Vernichtung des Stoffes aus, aus dem die Masse bestand; wenn man sah, wie die Leiber der Thiere und Pflanzen, nach dem Tode sich selbst überlassen, allmählich verschwinden und Nichts als ein kleines Häufchen Asche übrig lassen, so dachte man nicht anders, diese Körper seien wieder in das Nichts zurückgesunken, woraus sie ehemals entstanden. Ohne einige Bekanntschaft mit den Hülfsmitteln der Chemie und Physik hält es auch wirklich schwer, sich von dem Irrthümlichen in solchen Vorstellungen zu befreien. Der Chemiker aber, der den Dampf gewogen und selbst das Unsichtbare messen und theilen kann, überzeugt Jeden, daß die Elemente des unverbrannten Holzstückes und des noch nicht verfallenen Thierkörpers sich bis auf's letzte Atom in den flüchtigen, flüssigen und festen Producten der Verbrennung und Verwesung wiederfinden. Nichts war dort vernichtet worden, als die Form; von 100 Loth Oel, die aus 86 Loth Kohlenstoff und 14 Loth Wasserstoff bestehen, erhalten wir beim Verbrennen 315 Loth gasförmige Kohlensäure und 126 Loth Wasserdampf. Wie kann hier von etwas Verlorengegangenem die Rede sein, da doch die 315 Loth aufgefangene Kohlensäure jene 86 Loth Kohlenstoff, und die 126 Loth Wasser obige 14 Loth Wasserstoff, also alle Bestandtheile des Oeles genau wieder enthalten? —

Sentenzen, wie „Alles Irdische ist vergänglich, ꝛc." haben hiernach eine gewisse Beschränkung. Noch niemals hat ein sterbliches Auge den Vernichtungsprozeß irgend eines Atomes der großen Stoffwelt beobachtet; ja es wäre auch schwer, sich eine Vorstellung davon zu machen, wie ein Kohlenstoff- oder Stickstoffatom, trotzdem es in der Zeit unzählige Formen durchläuft, trotzdem es bald als Bestandtheil der Erdkruste, bald als der des Wassers, dann im Pflanzenkörper, im Fleisch und Blut der Thiere, und hiernach vielleicht in der Luft auftritt, jemals untergehen könnte. „Ein Eisentheilchen ist und bleibt zuverlässig dasselbe Ding, gleichviel, ob es im Meteorsteine den Weltkreis durchzieht, im Dampfwagenrade auf den Schienen dahinschmettert, oder in der Blutzelle durch die Schläfe eines Dichters rinnt." (Dubois-Raymond.) Hätte Jemand vor vielen Millionen Jahren, zur Zeit, als noch Alles wüste und ordnungslos auf unserm Erdkörper durcheinander rollte, das Gewicht desselben sammt des ihn umgebenden Luftgürtels bestimmt, so könnte das von dem heutigen um kein Quentchen abweichen.

Die Unverwüstlichkeit des Stoffes und seiner Eigenschaften ist ein Dogma von großer Tragweite. Man denke nur drüber nach, ob in der jetzigen physischen Weltordnung, ob bei all' den großartigen sowohl, wie untergeordneten Naturprozessen ein harmonischer Plan oder die allenthalben sich offenbarende strenge Gesetzmäßigkeit möglich wäre, wenn diese Wahrheit Beschränkungen erlitte. Der Naturforscher ist unbesorgt vor dem Ausgange solch' kritischer Betrachtungen, indem er wohl weiß, daß, je sorgfältiger Jemand die uns umgebenden Erscheinungen analysirt, er desto sicherer sich bewußt wird, daß Alles, wie es jetzt ist und seit undenklichen Zeiten gewesen ist, wesentlich anders sein müßte, wenn der Stoff, „um den sich doch all' die außenweltlichen Beziehungen drehen, welche auf unsere entwickelten Sinne einen Eindruck zu machen vermögen," willkürlich der Vernichtung preisgegeben wäre. Was wäre, um aus der Masse der sich uns darbietenden nur ein einziges Beispiel hervorzuheben, jener bekannte Kreislauf der Elemente, durch dessen geringste Störung die Existenz der Pflanzen und Thiere auf's Ernstlichste bedroht ist, wenn die ungeheuren Massen Kohlenstoff, welche die Pflanzenwelt als ihren wesentlichsten Baustoff der Atmosphäre entzieht, im Bildungsprozesse des Pflanzenkörpers verschwänden und in den Luftkreis nicht wieder endlich unversehrt zurückkehrten; wenn der massenhaft im Blute der Thiere gebundene Sauerstoff nicht bald wieder vollständig dem großen Haushalte der Natur in Gestalt von Kohlensäure zuflösse!

Auch vom Ganzen auf's Einzelne zurückkommend, ist keine Zerstörung des Stoff's bemerkbar. Was heute unserm Körper angehört, besitzt er zwar über einen Augenblick nicht mehr; aber das Kohlenstoffatom, welches der nie rastende Sauerstoff uns mit jedem Athemzuge entzieht und in die weite Atmosphäre haucht, lehrt vielleicht nächstes Jahr wieder zurück in einer Pflanze, die es assimilirte und nachher uns zur Nahrung dient; dasselbe Stickstoffatom, welches als Bestandtheil unseres Blutes den Körper ernähren hilft, war vielleicht ein Bestandtheil der Muskelfaser, oder des Gehirns eines unserer Vorfahren. An den Gestaden der stillen Südsee holen wir massenhaft den Guano und düngen damit unsere Felder; wer kann bezweifeln, daß wir in unserm heutigen Brode nicht die Elemente der Leiber jener Seevögel genießen, die vor Jahrtausenden dort lebten und endeten. Ueberall, wo wir auch hinsehen mögen, ist nur eine Zerstörung der Formen, nur ein Wechsel des Platzes von Seiten des Stoffes bemerkbar. Vom stolzen Menschen herab bis zum kleinsten Insekte, von dem nur zwei Tage lebenden Pilze bis zum Affenbrodbaume, der mehr als 5000 Jahre lebt, finden Sie keinen Bestand. Alles Organische muß untergehen; nur die alten Elemente beginnen auf's Neue den Kreislauf; neues Leben reicht überall dem Verfall und dem Tode die Hand.

Als ein Ausfluß irriger Ansichten über das vegetative Leben finden wir bis zu unserer Zeit noch den Glauben verbreitet, die Pflanze und das Thier könnten die zur Entwickelung und Vergrößerung ihrer Körpermasse nöthigen Baustoffe aus sich selbst heraus erzeugen und ferner ein Element, einen Nahrungsstoff in den andern nach Bedürfniß verwandeln. Solche Ansichten sind als lächerlich abzuweisen, schon ihrer Vertreter wegen. Denn es gehören dazu einestheils jene unwissenden Landwirthe, die, fern von einem Verständnisse der sie umgebenden schönen Natur, sich nie die Frage vorlegen, weßhalb denn die Pflanzen allmählig größer werden, und woher sie den Stoff zur fortwährenden Erhöhung ihres Gewichtes nehmen; die pflügen und düngen, weil es so Brauch ist und endlich säen, um das Gedeihen ihrer Saaten auf fatalistische Weise dem Willen des freundlichen Weltschöpfers anheimzustellen. Anderseits gilt dies für die Nachkommen veralteter medizinischer Schulen, die noch zu tief in dem Kleide des Aberglaubens stecken, um den Adlerflug der auf die Physiologie des Stoffwechsels gegründeten neuen Wissenschaft zu bemerken, die operirend mit geheimnißvollen Lebenskräften die verwickeltsten Krankheitserscheinungen erklären, und Alles wissen, nur nicht die untersten Factoren des Lebensprozesses. Sie sind es, welche den Organismus mit der Wunderkraft ausstatten, etwa eine fehlende Portion Kohlenstoff aus Nichts zu erzeugen, Schwefel nach Bedürfniß in Phosphor umwandeln zu können, die noch heute unter kabbalistischen Andeutungen dem Chemiker vorhalten, daß ein dem Ei eben entsprungenes Hühnchen mehr Phosphor und Kalk enthalte, wie im Ei nachweisbar sei.

„Es widerspräche dem Begriffe des Elementes und der Dauer der Materie, wenn der thierische oder pflanzliche Organismus ein Element aus dem andern erzeugen könnte. Und es ist die höchste und umfassendste Wahrheit, welche die physiologischen Forschungen der letzten Jahrzehnten zu Tage förderten, daß uns kein einziger Fall dieser Art entgegentritt." (Moleschott.) Was man als Gegenbeweis anbringen wollte, hat sich stets in Täuschung aufgelös't. Damit gelangen wir nun zu dem, für den Ernährungsprozeß

8

der Pflanzen und Thiere leitenden Grundsätze: daß ohne Unterschied jedes Stofftheilchen in der Pflanze oder im Thiere auf natürlichem Wege von Außen aufgenommen sein muß, und daß jede, selbst die geringste Gewichtszunahme des sich entwickelnden Pflanzen- oder Thierkörpers, nicht denkbar ist ohne Aufnahme einer entsprechenden Menge Stoffes aus den Medien, worin sie leben.

Die bisher über die Naturwissenschaften im Allgemeinen angestellten Betrachtungen lassen sich in einigen Sätzen resumiren. Nachstehende dogmatische Form derselben wird sich am besten für das Gedächtniß eignen. Um des Lesers ganzes Vertrauen für diese wichtigen Wahrheiten zu gewinnen, brauche ich eigentlich nicht zu bemerken, wie nicht mir, sondern der gemeinsamen Arbeit der letzten Jahrhunderte die Ehre ihrer Aufstellung zukommt. Und sind auch diese Sätze die Consequenz meiner persönlichen Naturanschauung, so referire ich in denselben doch nur den einstimmigen Ausdruck der Naturforscher unserer Zeit. Ich wiederhole also:

1. Alle Erscheinungen in der Natur haben ohne Ausnahme eine natürliche Ursache.

2. Nur die sinnliche Beobachtung führt zur Erkenntniß der Naturwahrheiten; die Thatsache oder die Erfahrung ist die einzige und unumschränkte Autorität im Gebiete der Naturforschung.

3. Blos die Formen der organischen Welt vergehen, aber der Stoff aus dem sie bestanden, dauert unveränderlich fort.

4. Es gibt keine die Stoffbildung in Pflanzen und Thieren beherrschende übernatürliche Lebenskraft; das materielle Leben der Pflanzen und Thiere ist das Resultat der Wechselwirkung der an die Grundstoffe gebundenen Kräfte.

5. Die Pflanze und das Thier können kein einziges Theilchen ihres Körpers aus Nichts erzeugen; alle Elemente ihres Leibes müssen auf natürlichem Wege von Außen aufgenommen werden.

Ich habe diese Sätze deßhalb so nachdrücklich repetirt, weil auf ihnen die Physiologie der Pflanzen und Thiere wurzelt und ruht, und weil Derjenige, der sie sich in's Gedächtniß prägt, auf einmal den Standpunkt erreicht, zu welchem sonst nur ein längeres Studium der Natur verhilft.

Weil ich ferner entschieden glaube, daß sie das Verständniß der Naturwissenschaften und namentlich der Agriculturchemie mehr erleichtern, als eine nackte
Kenntniß der theoretischen Chemie und Physik mit ihren vielen und schwierigen Lehrsätzen, so kann ich denjenigen, in deren Bewußtsein jene Wahrheiten nicht dringen können, nicht versprechen, daß sie unseren ferneren agriculturchemischen Betrachtungen mit Nutzen folgen werden; einem Rumpfe,
ohne Kopf und Beine, wird der Naturforscher erfolglos den Werth und
die Anwendung seiner Wissenschaft zu zeigen sich bemühen. Er wird gleichfalls denjenigen wenig versprechen können, die sich nur theilweise zu jenen
Axiomen bekennen, und das Eine oder Andere mißfällig verwerfen. Es
läßt sich eben nicht viel an jenen Fundamenten rütteln. Soll vielleicht der
erste Satz unwahr sein, soll sich in den Erscheinungen irgend eine mysteriöse
Gewalt und keine starre Gesetzmäßigkeit aussprechen, dann frage ich, wozu
denn die Naturforschung, die ja überall nur ewige Weltgesetze sucht? —
Beschränkt ihr uns die Souveränität der sinnlichen Beobachtung und Thatsache, weil sie etwa den Gegensatz zwischen Geist und Materie unversöhnt
läßt, nun dann nehmt Philosophie und Glaube zur Hülfe; das Ende wird
doch sein, daß ihr uns dahin führt, zwischen dem Weltbilde Humboldt's
oder dem eines Hegel zu wählen. — Nehmt ihr uns die Unvergänglichkeit des
Stoffs und seiner Kräfte, dann ist die Physiologie, dieser Stolz unserer
Zeit, eine bodenlose Wissenschaft, die Physik keiner nützlichen Anwendung
mehr fähig und die Chemie, in ihrer ganzen fruchtbaren Tragweite wird
zum schönsten Traume, den je die Menschheit gehegt. — Was wäre ferner
die Medizin und die Agriculturchemie ohne den vierten und fünften Satz,
ohne den wir bei Erforschung der Lebensgesetze keinen sicheren Anhaltspunkt,
sondern einen hoffnungslosen Kampf mit unnahbaren Kräften vor uns hätten! — Man verhehle sich's nicht, daß beim Falle irgend eines obiger
Grundsätze, wir gezwungen sind, auch die übrigen, ja das ganze Gebäude
der Naturwissenschaft preiszugeben!

4. Vortrag.

Ueber die Stellung der Landwirthschaft zur Agriculturchemie.

An die bisher angestellten Betrachtungen über das wahre Wesen der Naturforschung knüpfen wir einige Bemerkungen über die Beziehungen der Landwirthschaft zur Naturlehre. Ich darf um so weniger dies vor einem Auditorium von Landwirthen unterlassen, als grade ein großer Theil Ihrer Gewerbsgenossen in diesem Punkte manche mißliche Vorurtheile noch vertritt.

Was ich zunächst, jedoch am wenigsten bei einem der Wissenschaft unkundigen Landwirthe zu tadeln habe, ist die irrige Identifizirung der Chemie mit der ganzen Naturwissenschaft des Ackerbaues. Das viele Geschrei, das man heutzutage über Agriculturchemie in allen Ecken erhebt, mag wohl nicht wenig dazu beigetragen haben, daß die Chemie gewöhnlich als die alleinige wissenschaftliche Grundlage einer Theorie der Landwirthschaft angesehen wird. Im Interesse anderer Zweige der Naturwissenschaft müssen wir ihr aber ein solch' ausschließliches Verdienst streitig machen. Denn gleichwie die Chemie nur ein Theil, gleichsam ein Zweig der großen Naturwissenschaft ist, ebenso kann sie bei der Bildung einer naturgesetzlichen Grundlage des Ackerbaues nur eine theilweise, aber keine für's Ganze ausreichende Rolle übernehmen. Ohne die Lehrsätze der Physik, der Mineralogie, der Geognosie, der Botanik, der Physiologie und Klimatologie kann von keiner Wissenschaft der Agricultur die Rede sein. Es ist ein characteristisches Merkmal aller einzelnen Naturwissenschaften, daß trotz der großen Verschiedenheit ihrer Arbeiten und Richtungen, jede allein, ohne ein inniges Hand in Hand Gehen mit allen übrigen, sich nicht thatkräftig in ihrer Sphäre zu entwickeln vermag. Bezeichnen wir somit unsere ferneren Betrachtungen als agriculturchemische, so setzen wir stillschweigend voraus, daß außer der Chemie auch noch die genannten andern Wissenschaften hierbei im Spiele sind. Besser wäre es freilich, nach dem Vorgange Boussingault's und Emil Wolff's, von einer „naturgesetzlichen," anstatt von einer „agriculturchemischen" Basis der Landwirthschaft zu reden.

Einen größeren, ja scharfen Tadel verdienen die unter Landwirthen durchgehends gangbaren Begriffe über Theorie und Praxis. Ein Practiker, in des Wortes gewöhnlichster Bedeutung, ist von jeher der Verächter des Theoretikers gewesen. Er glaubt nicht anders, als daß sich die Theorie zur Praxis verhalte ungefähr wie die Dichtung zur Wahrheit. Wäre Theorie wirklich nur das Produkt einer lebhaften Einbildungskraft, nur der hypothetische Theil der Erklärung einer Thatsache oder Naturbegebenheit, so hätte der Landwirth vollkommen Recht, den Theoretikern den Rücken zu kehren. Denn auch wir sind ein erklärter Feind von dergleichen willkührlichen Geistessprüngen und Hirngespinsten, auch für uns sind jene Classe von Halbwissern, die den Kopf voll Dunst und Dünkel, unter dem Scheine der Wissenschaftlichkeit ihre Spiegelbilder dem ehrlichen Practiker als Beweise ihrer höheren Einsicht aufdrängen, nur bedauernswerthe Windbeutel. Wenn wir aber unter Theorie das Entgegengesetzte von Dem zu verstehen haben, was der Landwirth bei diesem Worte sich zu denken pflegt, oder wenn wir die Theorie nach ihrer wahren naturwissenschaftlichen Bedeutung auffassen, dann muß auch der Practiker vor ihr respectvoll an die Mütze greifen und darf keineswegs im Naturforscher einen jener falschen Theoretiker vermuthen.

Niemand hat wohl den Unterschied zwischen der falschen und wahren Bedeutung einer Theorie trefflicher hervorgehoben, keiner hat das wahre Verhältniß der wissenschaftlichen Theorie zur Praxis schöner gezeichnet, als Liebig an verschiedenen Stellen seiner Schriften. Ich glaube Ihnen einige seiner besten Bemerkungen hierüber nicht vorenthalten zu dürfen. „Es gibt", so sagt er, „keine Erscheinung, keinen Vorgang in der Natur, keinen Versuch, die sich durch ein einzelnes Naturgesetz erklären ließen, immer wirken mehrere Naturgesetze zusammen, um sie zum Vorschein zu bringen. Um das Steigen des Luftballons zu erklären, muß man vier Naturgesetze kennen; die Erklärung des Barometers, oder die Erklärung der Abnahme des Siedpunktes von Flüssigkeiten auf hohen Bergen, setzt die Bekanntschaft mit drei Naturgesetzen voraus. Der Ausdruck für den Zusammenhang aller der Naturgesetze, durch deren Zusammenwirken eine Naturerscheinung, ein Vorgang zum Vorscheine gebracht wird, heißt die Theorie der Naturerscheinung. Jede Eigenschaft eines Körpers gibt unter Umständen einen Schlüssel ab, um eine verschlossene Thür zu öffnen, aber die Theorie ist der Hauptschlüssel, womit wir alle Thüren öffnen. In dem naturwissenschaftlichen Sinne ist die Theorie die Summe aller Erfahrungen, sie beruht auf der genauesten Kenntniß der Thatsachen und Naturgesetze, eben weil sie nur aus dieser Kenntniß hervorgegangen ist. Die Theorie kann keiner einzigen Erfahrung widersprechen, weil sie aus allen Beobachtungen zusammengenommen abgeleitet, nichts weiter ist, als ein geistiger Ausdruck derselben, nichts anders, als die Zurückführung einer Reihe von Erscheinungen auf ihre letzten Ursachen. Die Theorie umfaßt die Lehre von den Naturgesetzen und die Regeln und Grundsätze, die sich an ihr Zusammenwirken knüpfen; ächte Praxis heißt die Anwendung der Lehre, die Ausübung der Regeln und Grundsätze." —

Leider entbehrt jedoch die herrschende Praxis des Landwirthes noch vielfach der leitenden wissenschaftlichen Prinzipien. Anstatt der Anwendung letzterer handelt er gewöhnlich nach wandelbaren Recepten und ererbten Methoden, von denen er sich keine Rechenschaft zu geben weiß. Daß er durch solche Unkenntniß der wissenschaftlichen Theorieen seinen eignen Vortheil am meisten beeinträchtigt, ist gewiß. Denn trotz seiner langjährigen Praxis bleibt die Summe der dabei gesammelten Erfahrungen doch immer ungenügend und blos für bestimmte Verhältnisse ausreichend. Welcher Practiker darf sagen, er habe in der Landwirthschaft ausgelernt? Auch erwirbt er, indem er hauptsächlich auf eigene Erfahrungen baut, die zum Betriebe seines Gewerbes nothwendigsten Kenntnisse jedenfalls auf dem weitläufigsten und kostspieligsten Wege. — Warum macht er sich nicht die Erfahrungen Aller zu Nutzen, warum verschmäht er es, den Inbegriff aller practischen Erfahrungen in der gedrängten Form der Theorie auf einmal zu besitzen! Hier möchte ich besonders den, mit den großen Schwierigkeiten der Ansammlung landwirthschaftlicher Erfahrungen kämpfenden Jüngern der Landwirthschaft zurufen, daß ihnen die bald erlangte Kenntniß nur weniger wissenschaftlicher Grundsätze in ihrer allseitigen Anwendung mehr nützt und sie weiter bringt, als fünfjährige Exercitien hinter dem Pfluge! — „Wenn der Landwirth, ohne durch ein richtiges, wissenschaftliches Prinzip geleitet zu sein, sich Versuchen hingibt, um z. B. einen Acker für eine Pflanze fruchtbar zu machen, die er sonst nicht trägt, so ist die Aussicht auf Erfolg nur gering. Tausende von Landwirthen stellen ähnliche Versuche nach mannigfaltigen Richtungen an, deren Resultat zuletzt eine Anzahl von practischen Erfahrungen umfaßt, welche zusammen eine Methode der Cultur bilden, wodurch der gesuchte Zweck für eine gewisse Gegend erreicht wird. Allein die nämliche Methode schlägt häufig für den nächsten Nachbar schon fehl; sie hört auf, für eine zweite oder dritte Gegend vortheilhaft zu sein. Welche Masse von Capital und Kraft geht in diesen Experimenten verloren! Wie ganz anders, wie viel sicherer ist der Weg, den die Wissenschaft befolgt; er setzt uns nicht der Gefahr des Mißlingens aus und gewährt uns alle Bürgschaften des Gewinnes. Nicht der sich dem Zufall überlassende und von der Ungewißheit beherrschte Landwirth, sondern der wissenschaftliche Theoretiker verdient den Namen eines wahren Practikers, denn festen Fußes leitet er für wechselnde Fälle in Uebereinstimmung mit der Theorie, die er kennt, und die seine Sinne schärft, das ihm vortheilhafteste Verfahren ab; er macht die ungünstigsten Verhältnisse in der kürzesten Zeit und mit dem geringsten Aufwand von Mitteln günstiger für seine Zwecke." (Liebig.)

Manche Landwirthe meinen, daß die Kenntniß der Naturwissenschaft ihnen zwar nichts schaden, aber auch verteufelt wenig nutzen könne. Sie haben nichts dagegen, wenn die Agriculturchemie ruhig hintendrein läuft. — Hiergegen müssen wir Einsprache erheben. Die Wissenschaft kann sich nicht zurücksetzen lassen, sondern sie muß die Stelle behaupten, die ihrem innern Werthe entspricht und ihr von Natur zukommt: sie muß dem Landwirth zur Basis aller seiner Operationen werden. Wer hierin übertriebene Prätentionen erblickt, der fasse doch einmal ruhig die Beschäftigung des Landwirthes in's Auge. Mag er sein im Felde, hinter dem Pfluge oder der Mistkarre, mag er's heute mit der Aussaat und morgen mit der Ernte zu thun haben, immer ist die Welt des Stoffes das Gebiet seiner Wirksamkeit; niemals, so lange die Production von Pflanzen und Thieren seine Hauptaufgabe bleibt, kommt er aus den Banden stofflicher Beziehungen. Der Stoff, mit dessen unzähligen Gestalten er beständig in Wechselwirkung steht, hat aber seine Eigenschaften und seine Wirkungsgesetze, von deren richtiger Kenntniß es offenbar abhängt, ob Jemand die fruchtbaren Geheimnisse des stofflichen Lebens zu seinem höchsten Vortheile erschließen kann. Die Wissenschaft, welche all' diese Kenntnisse umfaßt, ist keine andere, wie die Chemie. — Wie nahe ist sie also dem Landwirthe! Ist es denkbar, daß er ihr jemals gleichgültig gegenüber stehen kann? — Warum sollte sie nicht eben so tief in alle Zweige der Landwirthschaft eingreifen, wie in die Unzahl der anderen technischen Gewerbe, die alle ihren segensreichen Einfluß bekunden! Es liegt schon im Begriffe der chemischen Wissenschaft, daß es unmöglich irgend eine Thätigkeit des Menschen geben kann, in welche sie nicht erfolgreich einzugreifen vermag. —

Andere Gründe stellen außerdem unsern Landwirthen die Agricultur-
chemie als unentbehrlich dar. Es bedarf nur eines ernsten Hinblickes auf
die sich rasch vergrößernden Zahlen für die Bevölkerung der verschiedenen
Länder. Nach statistischen Notizen ist die Menschenzahl Oesterreichs seit
1818—1840 um 24%, in Baiern seit 1816—1852 um 30%, in
Baden seit 1819 um 32%, in Sachsen seit 1815 um 47% gestiegen.
Preußen, das 1820 nur 11 Millionen Seelen zählte, besitzt jetzt deren 18;
England 26, während es 1780 nur 9 Millionen Einwohner aufwies.
Da wir allen Grund zur Annahme haben, daß diese Vermehrung weder
rückgängig, noch plötzlich still stehen, sondern vielmehr mit der Zeit noch
viel größer wird, so entsteht die ernste Frage, ob die Production des Landwirthes auch in der Folge gleichen Schritt mit den Bedürfnissen einer sich
rastlos vermehrenden Volkszahl halten kann. Bis jetzt scheint die Landwirthschaft ohne Anwendung absonderlicher Mittel dies gethan zu haben. Die
seit den letzten Jahrzehnten erst in Cultur genommenen großen und kleinen
Flächen haben gewiß ihren Antheil an dem Gesammtertrage von heute, gegen
den vor 30—50 Jahren.*) Aber die culturfähigen Oeden verschwinden
allenthalben zusehends; die Quadratmeile muß eine immer größere Zahl
Menschen und Thiere auf ihrer nicht zu vergrößernden Culturfläche ernähren. Vom Landwirthen fordert man deßhalb mit Recht, daß er auf
der gegebenen Fläche immer mehr, und wenn nöthig, das Doppelte von

---

*) Nach Simmonds betrug in Frankreich

Jährliche Weizenproduction:	Einwohnerzahl:	per Kopf:
1827—1831 57,821,336 Hectoliter	32,569,223	1,77 Hectoliter
1847—1851 86,121,128 „	35,781,821	2,40 „

Jetzt ist also, so darf man sagen, die Ernährung des französischen Volkes
eine weit bessere, als vor 25 Jahren. Dasselbe läßt sich auch nach folgender
statistischer Aufstellung von Engel vom sächsischen Volke sagen.

Anno	Production per □-Meile in Sachsen						Es lebten Menschen per □-Meile	Auf den Kopf der Bevölkerung kommen			
	Weizen	Roggen	Gerste	Hafer	Erbsen	Kartoffeln		Weizen	Roggen	Gerste	Kartoffeln
	Scheffel							Scheffel			
1755	361,3	3006,3	1917,5	3049,7	112,3	246,9	2641	0,13	1,43	0,73	0,09
1799	1276,6	7636,4	3537,3	5887,7	301,4	4857,6	3102	0,41	2,46	1,14	1,57
1853	6527,1	11966,9	5149,6	14290,3	3115,3	42030,1	7310	0,89	1,64	0,70	5,75

heute erziele. Kann er aber dieser nothwendigen Forderung genügen? —
Der Agriculturchemiker behauptet: Ja, selbst auf die Gefahr hin, von dem
an solcher Aufgabe verzweifelnden Practiker als Renommist und Verächter
der jetzt üblichen Betriebsweise der Landwirthschaft bezeichnet zu werden.
Er theilt keineswegs die ziemlich allgemeine Ansicht, daß die Landwirthschaft
heutigen Tags wirklich auf dem Höhepunkte der Ausbildung stehe und daß
unmöglich mehr geleistet werden könne, als jetzt von Seiten einiger tüchtigen Oekonomen geschieht.

„Durch den Glanz neuer Entdeckungen geblendet, mit Hoffnungen ge-
nährt, deren Täuschung oft spät erst eintritt, wähnt jedes Zeitalter dem
Culminationspunkte im Erkennen und Verstehen menschlicher Erwerbszweige
nahe gelangt zu sein. Ich zweifle, daß, bei ernstem Nachdenken, ein solcher
Glaube den Genuß der Gegenwart wahrhaft erhöhe. Belebender, und der
Idee von der großen Bestimmung unseres Geschlechtes angemessener ist die
Ueberzeugung, daß der eroberte Besitz nur ein sehr unbeträchtlicher Theil
von dem ist, was die freie Menschheit in der werdenden Zeit erringen
wird." (Humboldt.)

Freilich gehört sich schon eine innige Freundschaft mit der Agriculturchemie und ähnlicher menschlicher Erkenntnißquellen dazu, um aus dem
Schooß der Zukunft ungeahnte Mittel und nie benutzte Hebel des Fortschrittes für die Landwirthschaft zu erwarten. Halten wir hier nur fest,
daß unser, von der zeitigen Erkenntniß beschränkte Ideenkreis sich mit jeder
Entdeckung im Gebiete der Natur erweitert und thatkräftiger entfaltet, und
es wird im Hinblicke auf die Intensität der heutigen Naturforschung in uns
nicht die Furcht aufkommen können, daß die Landwirthschaft auf der einmal
erreichten Entwickelungsstufe jemals zu verharren verdammt ist. Entspringen
doch schon aus unseren heutigen Anschauungen Ideen, an deren dereinstige
Verwirklichung sich mehr oder weniger große Umgestaltungen knüpfen lassen.
Welche Reform würde das landwirthschaftliche Gewerbe erleiden, wenn
z. B., es einem Chemiker gelänge, auf billige Weise Ammoniak aus seinen
Elementen, aus Stickstoffgas und Wasserstoffgas, darzustellen, wenn die im
Luftgürtel vorhandenen 85,000 Billionen Centner Stickstoffgas, die sonst
nichts zur Ernährung der Pflanzenwelt beitragen, zur Ammoniakbildung,
das heißt zur Gewinnung des theuersten und wichtigsten Düngstoffes benutzt würden. Daß unsere Düngernoth hierdurch dereinst theilweise aufgehoben werde, ist nicht unmöglich; der Chemiker versteht bereits Einiges
von dieser künstlichen Ammoniakbildung; es fehlt ihm nur die billige Methode.*)

---

*) Beim Glühen von Titan oder Bor verbinden sich diese Elemente mit dem
Stickstoffgas der atmosphärischen Luft zu Titanstickstoff und Borstickstoff, zwei

Nicht weniger einflußreich können die Bemühungen der Agriculturchemiker sein, für jede Pflanze einen ihrer Natur entsprechenden Dünger
herzustellen. Alsdann wird jeder Culturpflanze gegeben, was sie mit Rücksicht auf ihren Standort bedarf und es hört die große Verschwendung, so
wie die nicht minder häufige fehlerhafte Anwendung der Düngmaterialien
damit auf.

In ähnlicher Weise hegen wir die begründete Hoffnung, daß in nicht
langer Zeit die Gesetze der Physiologie eine durchgreifende Anwendung auf
die Zucht und Ernährung der Hausthiere finden, und daß gleichzeitig eine
genaue Kenntniß der Werthes der Futtermittel uns in den Stand setzt, jedes
Ziel in der Thierproduction mit den geringsten Mitteln und auf dem kürzesten Wege zu erreichen.

Auch die großen Erwartungen, welche die Naturforscher von der Anwendung der in zahlreichen Wirkungen sich offenbarenden Electrizität hegen,
haben in soweit unser Interesse, als wir durch dieselbe einen neuen, und
scheinbar wichtigen Factor zur künstlichen Darstellung höherer organischer
Verbindungen aus einfachen Elementarstoffen gewinnen und dadurch vielleicht
zur Einsicht des geheimnißvollen Bildungsprozesses im Pflanzenkörper befähigt werden.

„Kräfte, deren stilles Treiben in der elementarischen Natur, wie in den
zarten Zellen organischer Gewebe, jetzt noch unsern Sinnen entgeht, werden
erkannt, benutzt, zur höheren Thätigkeit erweckt, einst in die unabsehbare
Reihe der Mittel treten, welche der Beherrschung einzelner Naturgebiete und
der lebendigeren Erkenntniß des Weltganzen näher führen." (Humboldt.)

Bevor es jedoch dem Menschen vergönnt ist, einen solchen Blick in die
Werkstatt der Natur zu thun, ehe er selbst thätigen Antheil an dem schöpferischen Wirken nimmt, hat er längst aus gewöhnlicher Holzkohle den Dia-
mant gemacht und mit großen diamantenen Linsen die Oberfläche der viel
Millionen Meilen entfernten Weltkörper studirt; viel früher noch zieht der
Dampf anstatt der Muskel des Pferdes den Pflug durch den Acker und,
einem Vogel gleich, durchsegeln Dampfschiffe nach allen Richtungen mit
Windesschnelle den die Erde umspannenden Luftgürtel; Manches wird bis
dahin anders geworden sein, sogar die Landwirthe sind nicht mehr die von

---

Körper, welche, mit Kalihydrat erhitzt, einen hübschen Antheil Ammoniak
liefern.

Dieses von Wöhler und Deville im Jahre 1858 entdeckte Verfahren
scheint noch das Solibeste zu sein, was wir bis heute über den synthetischen
Aufbau des Ammoniak's wissen.

heute. Besser, als ihre Voreltern, werden sie die vorhandenen wissenschaftlichen Forschungen ausbeuten und dadurch die wachsenden materiellen Anforderungen ihrer Zeiten reichlich befriedigen.

Wäre in der That der heutige practische Betrieb der Landwirthschaft
entsprechend den durch die Forschungen der letzten Jahrzehnte aufgespeicherten
Erfahrungen im Gebiete der Bodenkunde, der Düngerlehre und speziellen
Pflanzencultur, so hätten unsere heutigen Landwirthe nicht nothwendig, Behufs Erhöhung ihrer Totalproduction, auf die Verwirklichung solcher weit-
liegenden Hoffnungen zu warten. Daß allein durch gewissenhafte Benutzung
dessen, was die Agriculturchemie schon jetzt dem Landwirthe bietet, sich
sofort die Production um 25—50% steigern kann, diesen Glauben nimmt
mir Niemand. Ich erinnere nur daran, daß die Düngkraft der ungeheuren
Massen des jährlich verbrauchten Hofmistes um mindestens 25% sich erhöht,
Falls derselbe im Hofe, im Stalle und auf dem Felde so behandelt wird,
wie es sich eigentlich gehört. Anderseits stimme ich aber Denen vollkommen
bei, welche die heutige Praxis, in so weit sie der Wissenschaft fremd ist,
als auf der Höhe angelangt erachten. Bei der jetzigen Betriebsweise wird,
das Mögliche geleistet; und selbst das Unmögliche weiß zuweilen der Practiker durch Fleiß und Sparsamkeit herauszuschinden. Immerhin jedoch muß
er seine Unfähigkeit eingestehen, mit der Zeit eine doppelte Anzahl Menschen
und Thiere ernähren zu können. Was bleibt ihm da, auf der Höhe der
rohen Praxis stehend, also anders übrig, als den noch in der Kindheit befindlichen, naturgesetzlichen Betrieb der Landwirthschaft bald zu ergreifen?
Nur in der Naturwissenschaft findet er, was er in nächster Zeit unum-
gänglich bedarf. So lange diese noch nicht am Ende ihrer rastlosen Entwickelung steht, so lange muß und kann sich auch die Landwirthschaft
zum Fortschritte bequemen! —

Viele, es sonst mit der Agriculturchemie wohlmeinende Landwirthe
stellen aus Unkenntniß der Geschichte und des heutigen Standpunktes dieser
Wissenschaft gar übertriebene Anforderungen an sie. Man hält die heutige
Agriculturchemie für fähig, Alles zu erklären und zu begründen, was den
Landwirth interessirt. Wie ein Orakel soll sie die verwickelsten und
schwierigsten landwirthschaftlichen Fragen beantworten. Verräth nun der so
überfallene Agriculturchemiker eine gewisse Unsicherheit in seinen Antworten,
oder hebt er von vorn herein die Unzulänglichkeit seines Wissens hervor,
dann wird dies auf's Schlimmste gedeutet, und es heißt dann nicht selten:
Was sollen wir mit einer Wissenschaft machen, die nicht einmal dies und
das weiß, die Alles versprochen hat, aber beim Draufankommen uns
gewöhnlich im Stiche läßt. — Solche Denkweise verliert wegen ihrer Klein-

lichkeit ihre ganze Gefährlichkeit. Denn der Agriculturchemiker, der sich häufig ein Armuthszeugniß selbst ausstellt, ertheilt dies nicht allein für sich, sondern gleichzeitig für alle Landwirthe, ja für die ganze Menschheit. Nicht weiter, wie das menschliche Wissen reicht, kann überhaupt eine Antwort und Erklärung gehen. Wer mehr verlangt, wer seiner Zeit unreife Fragen vorlegt, handelt thöricht und braucht keinen Agriculturchemiker zu consultiren. Die Antwort, die wir heute schuldig bleiben, bringen wir vielleicht schon morgen oder über zehn Jahre; einmal bringen wir sie gewiß. Aber zum wenigsten einfältig ist es von Seiten der auf 5000jährige Erfahrungen gestützten Praxis, deßhalb eine Wissenschaft als werthlos und unbrauchbar vor den Kopf zu stoßen, weil sie noch zu jung ist, um sich gehörig befestigt zu haben, weil sie bei ihrem kaum zwanzigjährigen Alter nicht vermag, den ausgesuchten Anforderungen zu entsprechen. Sollen wir, dem thörichten Seemanne gleich, deßhalb das Senkblei als unnützes Ding wegwerfen, weil es nicht ausreicht, die Tiefe des Meeres zu ergründen, sondern uns blos vor Klippen und Sandbänken zu warnen im Stande ist? (Liebig.) Wer darf einem Kinde abverlangen, was allen Anschauungen gemäß nur das reifere Mannesalter versprechen kann! — Die Agriculturchemie, als Zweig der Naturwissenschaft unseres Jahrhunderts, kam erst in den letzten zwei Dezennien zur Entfaltung. Sie ist noch einem zarten Pflänzchen gleich, welches die kommenden Geschlechter mit seinen Blumen und Früchten beglücken wird. Darum sollen wir heute die dem vortrefflichsten Boden entkeimende Wissenschaft mit sorgfältiger Pflege umgeben und mit unsern Hoffnungen nähren. Der Lohn hierfür wird reichlich sein! —

Es wurde mir die Aufgabe gestellt, Ihnen in einer Reihe von Vorträgen die bereits vorhandenen Schätze der Agriculturchemie zu zeigen. Dieselben haben auf mich immer einen herzerfreuenden Eindruck gemacht. Vielleicht, daß meine Darstellung so glücklich ist, auch in Ihnen gleiche Empfindungen hervorzurufen, vielleicht, daß dann auch Sie, wie es mir Anfangs immer ergangen ist, darüber die Lücken und Schwächen des heutigen wissenschaftlichen Gebäudes nicht bemerken. Ich muß Sie indessen vor dieser Nachsicht warnen. Wenn auch schon Vieles und recht Erfreuliches bis heute gethan worden ist, so bleibt doch ungleich mehr noch zu thun übrig. Die Erkenntniß der Unvollkommenheit unseres Wissens ist eins der kostbarsten Güter, die wir eben der Wissenschaft verdanken; in ihr liegt die Triebfeder des Fortschrittes. Diese Erkenntniß durch spezielle Hinweise zu fördern, das werde ich nie unterlassen, wo sich Gelegenheit dazu bietet. Es dürfte sich dadurch am ehesten jener erbärmliche, unter den practischen Landwirthen so sehr heimische Wissensdünkel auflösen. So lange ein solcher noch in den Köpfen spukt, so lange der Practiker glaubt, Niemand sei im Stande, ihn etwas zu lehren, so lange verzweifle ich wirklich an einem ernsten landwirthschaftlichen Fortschritte. Ist aber dieser Hemmschuh einmal beseitigt, und der Landwirth frei von jeder Selbstüberschätzung, dann übersieht er mit vorurtheilsfreiem und prüfendem Blicke die zahlreichen, seine Zwecke fördernden Mittel, und mit der Empfänglichkeit für alles Wahre und Gute gewinnt er die Fähigkeit, unter den Sternen, die das Dunkel seines Wirkens zu erhellen bestimmt sind, die Argriculturchemie als seinen schönsten zu erkennen.

5. Vortrag.

Die näheren und entferateren Bestandtheile des organischen Reiches.

Einige einfache anspruchslose Elemente sind es, mit deren Hülfe der Schöpfer das Reich des organischen Lebens gegründet.

Es sind dies vornehmlich Kohlenstoff, Wasserstoff, Sauerstoff und Stickstoff. *)

---

*) Der Abkürzung halber, benutzen die Chemiker zur Bezeichnung jener Elemente einfache Buchstaben. Der

Kohlenstoff wird bezeichnet durch ein C

Wasserstoff   "   "   "   " H

Sauerstoff   "   "   "   " O

Stickstoff   "   "   "   " N

Will der Chemiker z. B. fünf Atome Kohlenstoff ausdrücken, so thut er das durch das Zeichen C_5, drei Atome Stickstoff drückt er aus durch N_3, zweihundert Atome Sauerstoff durch O_{200}, rc.

Was je ein Atom Kohlenstoff, Wasserstoff, Sauerstoff oder Stickstoff wiegt, darüber haben wir uns Seite 29 verständigt. Wiegt nämlich ein Atom

Wasserstoff = 1, dann wiegt bei jeglicher

Gewichtseinheit   ein Atom Kohlenstoff = 6,

"   "   Sauerstoff = 8,

"   "   Stickstoff = 14.

Haben wir also einen organischen Körper, der aus einem Atom Kohlenstoff, einem Atom Wasserstoff, einem Atom Sauerstoff und einem Atom Stickstoff besteht, der demnach gleich ist $C_1 H_1 O_1 N_1$, so wissen wir zugleich, daß derselbe auf 6 Loth (oder Pfund, Gramm oder sonst ein beliebiges

All' die Thier- und Pflanzengestalten, die in ihrer unermeßlichen Mannigfaltigkeit unsern Erdball beleben und verschönern, bestehen aus Verbindungen der genannten vier Elemente. Sie heißen darum auch die organischen Elemente zum Unterschiede von einer gewissen Anzahl unorganischer Baustoffe, die zwar auch in jedem Pflanzen- und Thierkörper auftreten, aber nur in geringer Menge und dazu noch in der einfachen Form von mineralischen Salzen.

Drei jener organischen Grundstoffe sind in reinem Zustande gas- oder luftförmig, blos der Kohlenstoff tritt in fester, nicht flüchtiger Gestalt auf; aber in seiner leicht erfolgenden Verbindung mit Sauerstoff, als Kohlensäure, CO_2, ist er ebenso gasförmig wie erstere. Während die unorganischen Elemente in den beiden allgemeinen Zerstörungsprozessen der organischen Körper, also durch die Fäulniß und Verwesung einerseits und durch die Verbrennung anderseits, sich nicht verflüchtigen können,

---

Gewicht) Kohlenstoff, ein Loth Wasserstoff nebst acht Loth Sauerstoff und vierzehn Loth Stickstoff enthält. Führte jener Körper anstatt des einen Atoms zwei Atome Kohlenstoff, so enthielte er auf je $2 \times 6 = 12$ Loth Kohlenstoff das vorbezeichnete Gewicht an Wasserstoff, Sauerstoff und Stickstoff.

Ein organischer Körper, $C_6 H_4 O_7 N_2$, der z. B. aus sechs Atomen Kohlenstoff, vier Atomen Wasserstoff, sieben Atomen Sauerstoff und zwei Atomen Stickstoff constituirt ist, führt dem Gewichte nach je auf $6 \times 6 = 36$ Loth Kohlenstoff, $4 \times 1 = 4$ Loth Wasserstoff, $7 \times 8 = 56$ Loth Sauerstoff, und $2 \times 14 = 28$ Loth Stickstoff. Alles das führt er natürlich auf je $(36 + 4 + 56 + 28) = 124$ Loth seines Gewichtes. Wiegt er indessen blos 100 Loth, dann enthält er auch, in dem Verhältniß wie 124 zu 100, eine geringere Lothzahl Kohlenstoff, Wasserstoff, Sauerstoff und Stickstoff. Dann reduziren sich, gemäß einer einfachen Regel de Tri-Rechnung,

die 36 Loth Kohlenstoff auf $29._0$ Loth
„ 4 „ Wasserstoff „ $3._2$ „
„ 56 „ Sauerstoff „ $45._2$ „
„ 28 „ Stickstoff „ $22._6$ „

————
124   100

Die so gefundenen neuen Zahlen sind aber gerade diejenigen, die überhaupt so wesentlich in Betracht kommen, nämlich die Zahlen für die prozentische Zusammensetzung jenes organischen Körpers. Es enthält dieser 29% Kohlenstoff, $3._2$% Wasserstoff, $45._2$% Sauerstoff, $22._6$% Stickstoff; wir berechneten diese Prozentzahlen nach seiner atomistischen Zusammensetzung, die war $C_6 H_4 O_7 N_2$. Die Gewichts-prozentische Zusammensetzung eines organischen Körpers ist also etwas ganz Anderes, als seine Atomzusammensetzung. Obschon eine aus der anderen sich berechnen läßt, so ist doch auf diese Begriffsverschiedenheit zu achten, denn wir werden es oft damit zu thun haben.

gewinnen die vier organischen Elemente ihre ursprüngliche Freiheit der Bewegung wieder; Kohlensäure CO_2, Wasser HO und Ammoniak NH_3 sind die mobilen Endproducte des Verfalles aller Organismen.

Damit haben wir eine den Hauptbaustoffen der organischen Schöpfung zukommende Eigenschaft berührt, welche, Angesichts der wichtigen Rolle, die sie in der Natur zu übernehmen bestimmt sind, von der allergrößten Bedeutung ist. Denn wären sie in freiem Zustande gleich den unorganischen Elementen an die Stelle gebannt und nicht fähig, sich auszudehnen und mit Leichtigkeit überall hin zu bewegen, wären sie nicht im Stande, in Form von Kohlensäuregas, Wasserdampf und Ammoniakgas in den Luftkreis zu treten, und da zu erscheinen, wo nur immer und jemals organische Bildungen vor sich gehen, so würde gewiß der schon besprochene Kreislauf der Elemente, an dessen ungestörte Existenz sich alles Leben auf unserm Planeten kettet, eine Unmöglichkeit sein. So aber und nicht minder wegen ihrer massenhaften Verbreitung und den sonstigen, sie auszeichnenden Eigenschaften haben wir in der Wahl des Kohlenstoff, Wasserstoff, Sauerstoff und des Stickstoff die Antwort auf die Frage, warum unter den 62 uns bekannten Elementen grade jene vier, und keine anderen zu Baustoffen des organischen Reiches ausgewählt sind; wir haben hier einen der schönsten unter den vielen Beweisen für die Weisheit, die in der lebenden Schöpfung gepaart ist mit der unendlichen Sorgfalt um ihre Erhaltung.

Die Zahl der elementaren Bestandtheile, woraus alle lebenden Körper der Erde bestehen, ist hiernach so klein, daß wir nicht ohne Staunen übersehen, wie die Natur mit scheinbar so geringen Mitteln so Mannigfaltiges und so Großes leistet. Eine Erklärung hierfür ließe sich niemals in der Annahme suchen, daß das organische Material, woraus die mannigfaltigen Organismen gebildet sind, einfach und überall nichts weiter sei, als eine unveränderliche Mischung und Verbindung jener vier Elemente; daß es also, mit einem Worte, nur einen einzigen Bildungsstoff gäbe. Denn einer durchaus gleichen stofflichen Mischung entspricht in der organischen Welt stets auch die nämliche Eigenschaft und Function. — Setzen wir Erstere voraus, so bringen wir damit an Stelle eines unendlichfältig sich äußernden organischen Lebens die monotonste Einfachheit. Im Gegentheil können die Ursachen, warum z. B. der aus Kohlenstoff, Wasserstoff und Sauerstoff bestehende Zucker ganz andere Eigenschaften besitzt, als der aus den nämlichen Elementen zusammengesetzte Alkohol, nur darin beruhen, daß entweder die einzelnen Elemente im Zuckeratome in andern Quantitäten enthalten sind, wie im Alkoholatome, oder, Falls dies Alles gleich sein sollte, daß die Elemente in den organischen Atomen des Zuckers und Alkohols in ganz verschiedener Weise gelagert oder gruppirt sind. Dieser letztere Fall kommt im Vergleich zu ersterem selten vor. Wir übersehen ihn deßhalb hier und wenden uns zu denjenigen organischen Verbindungen, deren Verschiedenheit schon durch eine ungleiche quantitative Zusammensetzung begründet ist. Die Zahl derselben ist ungeheuer groß, wie dies ein Blick in jedes Handbuch der organischen Chemie beweis't. Indessen citire ich hier nur einige mit ihrer atomistischen Zusammensetzung:

Der Zucker z. B. besteht aus zwölf Atomen Kohlenstoff, zwölf Atomen Wasserstoff und zwölf Atomen Sauerstoff; Kohlenstoff, Wasserstoff und Sauerstoff sind nach folgender Formel: $C_{12} H_{12} O_{12}$ zu einer organischen Verbindung, Zucker genannt, zusammengetreten.

Aus vier Atomen Kohlenstoff, sechs Atomen Wasserstoff und zwei Atomen Sauerstoff besteht das organische Atom des Alkohols; seine Formel ist demnach $C_4 H_6 O_2$.

Die atomistische Zusammensetzung, oder die chemische Formel der wasserfreien Essigsäure ist $C_4 H_6 O_3$.

Die Weinsäure ist eine organische Verbindung von vier Atomen Kohlenstoff, zwei Atomen Wasserstoff und fünf Atomen Sauerstoff; ihre Formel lautet demnach $C_4 H_2 O_5$.

Folgende sind die chemischen Formeln anderer organischer Verbindungen:

Oel	$C_{36} H_{33} O_3$,
Antiarin	$C_{14} H_{10} O_6$,
Citronensäure	$C_4 H_2 O_4$.

Bei ihnen sehen wir recht, welch' große Verschiedenheit der Eigenschaften aus der ungleichen Verbindung der nämlichen drei Grundstoffe entspringen; das Oel ist eine fettige, brennbare und neutrale Flüssigkeit, das Antiarin ist ein weißes, in Wasser lösliches Pulver von furchtbarer Giftigkeit; die Citronensäure ist eine angenehme Würze der Obstarten und gern gesehen bei einer guten Bowle.

Eine nicht minder große Classe von organischen Verbindungen enthalten als viertes Element noch Stickstoff. Ich nenne hier blos

Caffeïn	$C_{16} H_{10} N_4 O_4$,
Indigo	$C_{16} H_5 N_1 O_2$,
Chinin	$C_{19} H_{11} N_1 O_2$,
Strychnin	$C_{44} H_{24} N_2 O_4$,
Harnstoff	$C_2 H_4 N_2 O_2$.

Daß diese Körper unter sich sehr verschiedene Eigenschaften besitzen, darüber brauchen wir uns Angesichts ihrer ungleichen organischen Constitution nicht zu wundern. Aber warum grade das Caffeïn, das wir täglich im

Caffe genießen, eine merkwürdige, unsere Nerventhätigkeit erhöhende Wirkung
ausübt, während der prächtige Farbestoff des Indigo und der im Stoffwechsel der Gewebe entstehende Harnstoff dieses nicht thun, das vermögen
wir nicht aus deren organischer Zusammensetzung zu erklären. Das Chinin
ist ein geschätztes Arzneimittel bei Fieberkrankheiten; das Strychnin bringt
in den kleinsten Gaben Starrkrampf und Tod, ohne daß wir wissen, wie
diese verschiedenen Wirkungen mit dem Gehalte beider Stoffe an C H N und
O zusammenhängen. Gleichwie wir nicht fragen können, warum das Eisen
sich in Salzsäure löf't, das Gold dagegen nicht; warum das Kupferoxyd
schwarz und das Zinnoxyd weiß ist; warum das flüssige Quecksilber bei
50° C. gefriert und fest wird, so haben wir es auch bei jenen organischen
Verbindungen mit Eigenschaften zu thun, die der complexen organischen
Gruppe für sich allein zukommend, nach unserer heutigen Anschauung keinen
Grund haben. Oder kann man es eine Erklärung nennen, wenn die tödtliche Wirkung des Allargens (Arsenik + $C_4 H_6 O_3$) auf die zwei Atome
Sauerstoff gehängen wird, die es mehr enthält, als das ihm innigst ver-
wandte, aber ganz unschädliche Alkarsin (Arsenik + $C_4 H_6 O_1$)? —

Alle organischen Verbindungen enthalten ihrer Hauptmasse nach Kohlenstoff. Der Kohlenstoffgehalt ist das Kriterium derselben. Man kann ihn
sichtlich nachweisen in allen organischen Körpern, indem man sie einer hohen
Temperatur (der Brennhitze) aussetzt. Ihr Stickstoffgehalt wird dann ausgetrieben, ihr Wasserstoff verbrennt mit dem zugleich vorhandenen Sauerstoff
zu Wasser, und übrig bleibt der schwerer verbrennliche Kohlenstoff in Form
der sogenannten Kohle (Holzkohle, Thierkohle, Knochenkohle). Steigert
man jene Hitze unter Luft- (Sauerstoff-) Zutritt, so verbrennt auch endlich
diese Kohle zu Kohlensäure (CO_2), und vom ganzen organischen Körper
ist Nichts übrig geblieben, als ein klein wenig Asche, die unverbrennlich
und nicht flüchtig ist. **Die Asche umschließt die unorganischen
Baustoffe der Schöpfung.**

Characteristisch für die organischen Verbindungen ist ferner ein gewisses
Gesetz von allgemeiner Gültigkeit. Es lautet:

> **Je höher eine organische Verbindung organisirt
> ist, das heißt, je mehr Kohlenstoff-, Wasserstoff-
> Sauerstoff- und Stickstoff-Atome sie enthält,**
> **a. desto weniger Stabilität besitzt sie, desto leichter zerfällt sie in ihre
> Elemente.**

Man vergleiche nur ein Eiweißatom mit einem Alkoholatom; wie leicht
geht ersteres in Fäulniß über, während letzteres hartnäckig der Selbstzersetzung

widersteht. Das Eiweißatom führt aber auch C_{400} H_{310} N_{50} O_{120}, das Alkoholatom blos C_4 H_6 O_2. Ist es nicht bedeutsam, daß grade in den edelsten Theilen des Pflanzen- und Thierkörpers, da, wo der Stoffwechsel und Lebensprozeß am regsten vor sich geht, die höchst organisirtesten organischen Verbindungen in Masse anzutreffen sind? —

b. Desto weniger ist sie regelmäßig begränzt.

Die niedrigen Atome der Oxalsäure, Weinsäure, des Zuckers und des Harnstoff's erscheinen in starren, regelmäßigen Krystallformen; steigen wir aber auf zu den Verbindungen von höherem Character, zu der Stärke, dem Fett, Leim, Eiweiß, da treten uns ungebundene, nur durch krumme Linien begränzte Gestalten entgegen.

c. Desto weniger haben sie einen deutlich ausgeprägten sauren oder basischen Character.

Die Citronensäure C_4 H_2 O_4 ist stark sauer, das Nicotin C_{10} H_7 N stark alkalisch; aber das komplizirtere Zuckeratom ist weder das Eine, noch das Andere, es ist neutral. Auch die Fleischfaser und das Blutalbumin, diese edlen organischen Verbindungen, verrathen nur Neutralität, dagegen sind die zahlreichen Producte des Verfalls dieser Stoffe entweder alkalisch (Kreatin, Harnstoff), oder sauer (Inosinsäure, Cholsäure, Harnsäure), beides um so deutlicher, je tiefer die Stufe der Organisation ist, auf die sie gesunken sind.

Die organischen Verbindungen, über die wir uns nunmehr einen Begriff gebildet haben, constituiren mit einander die Masse der Pflanzen- und Thierkörper. Jeder organische Körper, sei er ein Blatt, ein Stück Holz, ein Saamenkorn, ein Ei, ein Haar, sei er Fleisch oder Blut, oder irgend ein anderer Theil unseres Leibes, besteht aus mehreren, trennbaren organischen Verbindungen, die nach ihrer Erkennung und Abscheidung als die n ä h e r e n B e s t a n d t h e i l e desselben angeführt werden. Muskelfleisch z. B. besteht aus ungleich großen Quantitäten von Fibrin, Albumin, Kreatin, Inosinsäure und Fett. Es sind dies seine näheren Bestandtheile. Die näheren Bestandtheile der Caffebohne sind: Cellulose, Oel, Dextrin, Legumin, Caffein, Chlorogensäure, Viridinsäure und Bitterstoff. Indem alle diese Theile nichts weiter sind, als Verbindungen von Kohlenstoff mit Wasserstoff, Sauerstoff und Stickstoff, so können diese vier Elementarstoffe als die entfernten oder die elementaren Bestandtheile organischer Körper gelten.

Wir betrachten in Folgendem die Eigenschaften der verbreitetsten und wichtigsten unter den näheren Bestandtheilen der Pflanzen- und Thierkörper. Ein mehr als oberflächliches Studium derselben ist zum Verständniß der Thier- und Pflanzenchemie erforderlich.

Ich beginne mit den Proteïnstoffen, als den bedeutungsvollsten unter allen organischen Verbindungen, oder näheren Bestandtheilen des Thier- und Pflanzenreichs.

Die Proteïnstoffe bilden eine Gruppe organischer Verbindungen von höchst complizirter Zusammensetzung. Sie werden auch Eiweißstoffe genannt. Wie viel deren zu jener Gruppe gehören, ist noch nicht genügend festgestellt, weil die Unterschiede der einzelnen vorkommenden Proteïnstoffe unter sich viel zu fein und ungewiß sind. Indessen lassen sich nach ihren Eigenschaften drei Hauptclassen von Proteïnstoffen aufstellen, in welchen alle, in der Natur vorkommende sich einreihen lassen. Diese drei Classen heißen: Albumin, Fibrin und Caseïn. —

Ich werde zuerst

I. die albuminartigen Proteïnstoffe

nach ihrem Vorkommen und nach ihren Eigenschaften beschreiben.

Von denselben läßt sich allgemein sagen, daß sie für das thierische und pflanzliche Leben ganz unentbehrlich sind. Wegen ihrer Löslichkeit in Wasser und ihrer ausnahmslosen Verbreitung sind sie es, die überall die meisten Umwandlungen erleiden, die entweder direct zur Erzeugung organischer Masse beitragen, oder durch ihre leichte Zersetzbarkeit zu Umsetzungen von Stoffen im lebenden Thier- und Pflanzenkörper Veranlassung geben, wodurch vielleicht manche Lebensvorgänge ihren Anstoß erhalten. Die Albuminstoffe kommen nie organisirt vor; stets sind sie in die Formen anderer organisationsfähiger Proteïnstoffe eingeschlossen, oder es bilden sich aus ihnen erst solche. Die meisten schweren Metalloxyde geben mit Albuminstoffen unlösliche Niederschläge. Hierauf beruht die giftige Wirkung der Blei-, Silber-, Quecksilber-, Kupfer-, Eisen-, Zinn-, ꝛc. Salze, wenn sie in's Blut gelangen, welches sie gerinnen machen durch Fällung seines Albumin's. Man verhindert ihren tödtlichen Eintritt in's Blut, indem man nach ihrem Genusse schleunigst eine Masse Eiweiß in den Magen bringt. Die meisten Lösungen des Albumin gerinnen durch bloßes Erhitzen bis zu 70°. Einige indeffen scheinen ein Alkali bei sich zu führen, was schon ihre meist alkalische Reaction sagt, und gerinnen dann erst nach Zusatz einiger Tropfen Säure. Der Niederschlag ist unlöslich in Essigsäure; nur bei längerem Kochen löst er sich. Durch starken Alkohol wird das Albumin aus seinen concentrirten Lösungen gefällt.

1. **Pflanzenalbumin.** Es kommt in allen Pflanzen und in allen ihren Theilen vor, namentlich in den jüngeren, noch lebensfähigen Organen. Ueberall, wo das energische Wachsthum und die höchste Entwickelung der Pflanze Statt findet, also in den Knospen, jungen Trieben, Früchten, Wurzelspitzen findet sich das meiste Albumin. So enthalten an Albumin die Gurken 0.13% (John), der Blumenkohl 0.3 (Trommsdorf), die Aprikosen 0.33 (Bérard), die Kartoffeln 0.33 (Grouven), der Weizen 1.71 (Peligot), die Erbsen 1.72 (Braconnot), Kirschen 0.37 (Bérard), Reis 0.30 (Vogel). Das Albumin tritt blos in löslicher Form auf. Erhitzt man seine wässerige Lösung bis + 70° C., so gerinnt es in weißen, käseähnlichen Flocken. Aus Kartoffeln und grünen Gemüsen stellt man es dar, indem man diese Pflanzen mit schwach angesäuertem Wasser auszieht, bis zur Klärung stehen läßt, und das Klare nach Neutralisation mit Ammoniak zum Sieden erhitzt. Das so niederfallende Albumin ist gewöhnlich schmutzig gelb oder grünlich gefärbt; es sieht ungefähr so aus, wie der käseartige Schaum, der beim Kochen der Gemüse auf dem Kochwasser schwimmt und unreines Eiweiß ist. Schwefelgehalt 0.9%. (Rüling.)

2. **Thieralbumin** findet sich als wesentlicher Theil aller thierischen Ernährungsflüssigkeiten, der Flüssigkeiten des Fleisches, der Muskeln, des Zellgewebes, des Gehirns, der Nerven 2c. Es scheint seine Lösung, gleich dem Pflanzenalbumin, der Mithülfe eines Alkali's zu verdanken. Es gerinnt ebenfalls bei + 70° C. Seine Zusammensetzung vom Pflanzenalbumin weicht nur im Schwefelgehalte ab, der beinahe doppelt so groß ist, nämlich 1.4%.

3. Das **Blutalbumin** (Blutserum) ist dem Thieralbumin in seiner Eigenschaft gleich. Die geringen Unterschiede in der chemischen Zusammensetzung beider können der Unvollkommenheit der Analyse zugeschrieben werden. Schwefel, nach Rüling 1.3%. Gegen Reagentien haben sie ein gleiches Verhalten. Die große Wichtigkeit des Blutalbumins ermißt sich aus der Angabe, daß es 7% des Blutgewichts

ausmacht. Es ist im Blute die erste und bedeutendste Er-
nährungsquelle des Thieres.

4. Eier-Albumin (Eiweiß) ist in den Vogeleiern reichlich enthalten.
Hühnereier enthalten z. B. in ihrer weißen Substanz 12% Albumin
in 100 Theilen der gelben Substanz 17%. Das Albumin des
Eigelbes, auch Vitellin genannt, ist nach Lehmann mit Casein ver-
mengt. Bekanntlich zeigen die Albuminstoffe der Eier ebenfalls die
Eigenschaft, in ihrer wässerigen Lösung beim Kochen zu gerinnen.
Sie führen 1.7% Schwefel (Rüling).

II. Die fibrinartigen Stoffe.

Hierunter verstehen wir die geronnenen, im Wasser unlöslichen Protein-
stoffe, welche im Thierreiche ein faserstoffähnliches Aussehen haben. Das
Pflanzenfibrin characterisiren wir durch seine Unlöslichkeit in Wasser und
durch seine organisirte Form. Letztere kommt dem Thierfibrin nur in
geronnenem Zustande zu. Das Fibrin des Blutes, des Chylus und der
Lymphe ist zwar unorganisirt, es nimmt aber sofort eine faserstoffähnliche
Gestaltung an, sobald diese Flüssigkeiten dem Lebenseinflusse entzogen sind.
Ob das lösliche Thierfibrin durch seine Gerinnung chemisch verändert wird,
ist unbekannt, jedoch nicht wahrscheinlich. Ganz unbekannt ist indessen die
Ursache der freiwilligen Gerinnung jener Ernährungsflüssigkeiten. Im Gegensatze zum Albumin sehen wir das Fibrin im Pflanzen- und Thierreiche auf der Stufe der Formbildung. Es ist der Stoff der
thierischen Zellen und Muskeln. Wir unterscheiden:

1. Blutfibrin ist die Ursache der Bildung des Blutkuchens bei frisch
aus der Ader gelassenem Blute. Das Fibrin schließt hierbei die Blutkörperchen ein, wodurch der Fibrinkuchen roth erscheint. Das Fibrin,
das man aber durch Schlagen des Blutes mit einem Glasstabe erhält, stellt eine gelblich weiße, elastisch-zähe Masse dar, von faseriger
Structur. Daher auch der Name Blutfaserstoff. Getrocknet besitzt
dieses Fibrin, das im Blute bis zu $^3/_{10}$% enthalten ist, alle den
getrockneten Proteïnkörpern überhaupt zukommenden Eigenschaften, und
ist dann von diesen nur durch histologische Prüfung vermittels des
Microscops, oder durch eine Stickstoff-Bestimmung — sein N-Gehalt
ist höher, als beim Fleisch- und Pflanzenfibrin — unterscheidbar.

2. **Fleisch- oder Muskelfibrin** macht den Hauptbestandtheil des fettfreien Fleisches aus. Das Fleisch besteht aus mikroscopisch kleinen Fäserchen, die mit Zellgeweben umgeben, mit Nervenfasern vermischt zu Bündeln vereinigt sind, die Muskeln heißen. Durch das Blut erscheinen diese Muskeln röthlich, indessen ist die reine Muskelfaser oder das Fleischfibrin farblos. Man stellt es dar, indem man mageres Ochsenfleisch durch Kochen mit Wasser und Aether von allem Löslichen befreit. Hundert Theile des trocknen, mageren Fleisches liefern dann ungefähr 70% Fleischfibrin. Dasselbe ist in sehr verdünnter Salzsäure löslich und unterscheidet sich dadurch vom Blutfibrin, welches in solch' angesäuertem Wasser nur aufquillt, ohne sich zu lösen. In seiner Elementarzusammensetzung ist es dem Blutfibrin am ähnlichsten; es kann als eine höhere Oxydationsstufe des letzeren bezeichnet werden; denn wie das Blutfibrin mehr Sauerstoff enthält als das Albumin, so enthält das Fleischfibrin mehr Sauerstoff, als das Blutfibrin. Man kann nach Liebig's Versuchen Blutfibrin durch einen Fäulnißprozeß, in welchem ihm hauptsächlich Sauerstoff entzogen wird, in lösliches Albumin verwandeln. Dies wäre der umgekehrte Vorgang, wie im lebenden Thierkörper, wo aus Albumin durch die Respiration Fibrin entsteht.

3. **Pflanzenfibrin** ist der Proteïnstoff, der neben wenig Albumin hauptsächlich in unsern Getreidearten und jungen Gräsern vorkommt. Man erhält ihn mit Zellstoff verunreinigt, wenn man aus Getreidemehl das Albumin und die Stärke durch Kneten unter Wasser auswäscht. Die rückständige klebrige Masse heißt gewöhnlich **Kleber**; sie ist aber ein Gemenge von Pflanzenfibrin und einem in Alkohol löslichen Proteïnstoff, **Gliadin** genannt. Das Gliadin heißt wegen seiner klebrigen Beschaffenheit auch **Pflanzenleim**. Pflanzenfibrin und Pflanzenleim sind beide in Wasser unlöslich, dagegen lösen sie sich in verdünnten Säuren und Alkalien. Hinsichtlich der Grundstoffe, woraus sie bestehen, stimmen sie mit dem Pflanzenalbumin am Besten überein. Weizen- und Roggenkörner enthalten bis zu 14% Fibrin.

III. Die Proteïnstoffe des Caseïn.

1. Das **Pflanzencaseïn** findet sich vornehmlich in den Erbsen, Bohnen, Linsen ꝛc., also überhaupt in den Leguminosen, weßhalb es

auch Legumin genannt wird. Es ist gleich dem Albumin durch Wasser aus jenen Saamen ausziehbar, gerinnt jedoch nicht wie dieses beim Kochen, sondern bildet dabei eine dichte Haut, gleich der kochenden Milch. Aus Erbsen wird es dargestellt, indem man diese, mit viel Wasser zu einem Breie gekocht, einige Zeit durch Ruhe abklärt, wobei ein kleiner Zusatz von Ammoniak behülflich ist, und die klare Lösung mit Essig versetzt. Der weiße gelatinöse Niederschlag, der dann niederfällt und im Ueberschuß der Essigsäure unlöslich sich zeigt, ist Pflanzencaseïn. Eine auffallende Aehnlichkeit hat dasselbe mit dem Käsestoffe der Thiermilch. Vom Pflanzenalbumin unterscheidet es sich dadurch, daß es durch Essigsäure aus seinen Lösungen ·schon in der Kälte gefällt wird, beim Kochen nicht gerinnt und in siedendem 85% Alkohol sich auflös't. In den Erbsen sind 17, in den Bohnen 19% Caseïn.

2. Das Caseïn der Milch ist die Quelle, woraus der Säugling die Proteïngebilde seines Körpers bildet. In der Thiermilch finden sich 3—6% Caseïn gelös't. Diese Lösung scheint das Caseïn einem Alkali zu verdanken; man stützt diese Vermuthung auf die alkalische Reaction von reinen Caseïnlösungen. Das Caseïn bildet beim Kochen der Milch die bekannte Milchhaut. Es wird sowohl durch verdünnte Säuren, wie auch durch Lab aus der Milch gefällt. Bei Anwendung der Säure werden dem niederfallenden Caseïn seine alkalischen und phosphorsauren Salze entzogen; sie finden sich in den sauren Molken. Bei Anwendung des Lab indessen enthält der Käsestoff die phosphorsauren Salze der Milch in chemischer Verbindung. Die Asche des durch Lab gefällten Käses reagirt alkalisch. Vom thierischen Albumin, das zuweilen wegen seines Natrongehaltes beim Kochen nicht gerinnen will und dadurch seine characteristische Eigenschaft ver. hüllt, unterscheidet sich das beim Kochen ebenfalls nicht gerinnende Milchcaseïn durch dessen Fällbarkeit durch Labflüssigkeit bei einer Wärme von 36—40° C. Das Caseïn zeigt in seinen chemischen Grundstoffen keine bemerkenswerthen Verschiedenheiten von anderen Proteïnstoffen.

3. Das Thiercaseïn findet sich nur spurenweise im Blute und in den Wänden der Schlagadern. Wegen seines geringen Vorkommens können wir ihm keine besondere Bedeutung beilegen.

4. Blutglobulin. Dieser Proteïnstoff macht den Hauptinhalt der Blutkörperchen aus und beträgt bis zu 13% der Blutmasse. Weil

10

dieſer wichtige Stoff, gleich dem Caseïn, in Waſſer löslich iſt und durch Kochen ſehr unvollkommen gerinnt, hat man ihn früher als Blut-.caseïn bezeichnet. In ſeiner Zuſammenſetzung kommt indeſſen das Globulin dem Blutalbumin am nächſten. Von dieſem unterſcheidet es ſich dadurch, daß es erſt nach dem Zuſatze von neutralen Alkali-ſalzen beim Kochen ſeiner wäſſerigen Löſung vollſtändig gerinnt.

Das wäre alſo die Characteriſtik der wichtigſten Proteïnſtoffe. Wenn auch aus derſelben noch nicht deutlich die große Aehnlichkeit dieſer Körper-gruppe unter ſich hervortritt, ſo wird ſich dieſe nach Hervorhebung der allen dieſen Körpern gemeinſamen Eigenſchaften doch beſſer ergeben.

Die Proteïnſtoffe ſind neutrale Körper; keiner von ihnen hat einen ſauren noch baſiſchen Character; ſie ſind weder flüchtig, noch kryſtalliſirbar; ſie löſen ſich alle in kochender Eſſigſäure und verdünnten Alkalien; concentrirte Säuren löſen ſie unter theilweiſer Zerſetzung, Metalloxyde gehen mit ihnen ſämmtlich ſchwer lösliche Verbindungen ein; beim Erhitzen blähen ſie ſich und ſtoßen den Geruch nach verbranntem Horn oder Wolle von ſich. Der Chemiker dürfte ſchon aus der Gleichheit ihrer Zerſetzungsproducte, die unter dem Einfluſſe von oxydirenden Agentien, oder der Selbſtentmiſchung (Fäul-niß) entſtehen, auf deren wechſelſeitige intime Verwandtſchaft ſchließen, jedoch gibt hierfür die Elementaranalyſe noch eine weit gültigere Beſtätigung.

Auf der höchſten Stufe des organiſchen Bildungsprozeſſes ſtehend, ent-halten ſie fünf Elemente, nämlich Kohlenſtoff, Waſſerſtoff, Sauerſtoff, Stick-ſtoff und Schwefel. Nach Mulder ſoll auch unoxydirter Phosphor in ihrer organiſchen Verbindung ſich vorfinden; Liebig indeſſen beſtreitet dies und erklärt, es ſei dies Phosphorſäure. Beide ſich gegenüberſtehende An-ſichten ſind derart, daß bis heute weder für das Eine noch das Andere eine Entſcheidung möglich iſt. In nachſtehenden Elementaranalyſen der Proteïn-ſtoffe laſſe ich deßhalb den angeblichen Phosphorgehalt weg:

100 Theile	C Kohlenſtoff,	H Waſſerſtoff,	O Sauerſtoff,	N Stickſtoff,	S Schwefel.
Pflanzenalbumin	54.8	7.3	21.1	15.9	0.9
Pflanzenfibrin	54.0	7.2	22.3	15.7	0.7
Pflanzencaseïn	54.6	7.4	21.7	15.8	0.5
Thieralbumin	54.4	7.2	21.5	15.4	1.4
Thierfibrin	52.7	6.9	23.6	15.5	1.2
Caseïn der Milch	53.8	7.1	22.6	15.7	0.8
Globulin	54.5	6.9	21.0	16.5	1.1

In besseres Licht wird das Bild gestellt, welches diese Analysen von den Proteïnstoffen entworfen, wenn man die großen Schwierigkeiten erwägt, welche die reine Darstellung jener Körper und auch die eigentliche Elementaranalyse begleiten. Die Controlle der analytischen Resultate wird durch die stetige Anwesenheit innigst gebundener, phosphorsaurer Kalkerde und Alkalien unsicher. Man darf Angesichts dieser besonderen Mißlichkeiten die Uebereinstimmung aller Proteïnstoffe in dem C-, H-, O- und N-Gehalte in soweit für genügend betrachten, als man daraus nur die Berechtigung der Annahme ziehen will, daß allen jenen Körpern ein gemeinschaftlicher Grundtypus oder eine möglichst ähnliche chemische Constitution zu Grunde liege.

Digerirt man in der That irgend einen derselben bei 50° C. mit einer verdünnten Lösung von Kalilauge und sättigt die so erhaltene Lösung mit Essigsäure, so fällt alles Organische in Gestalt einer gelatinösen, weißen Masse nieder, die bei allen Proteïnstoffen von identischer Zusammensetzung ist, und von Mulder, ihrem Entdecker, den Namen Proteïn (C_{40} H_{30} N_5 O_{12}) erhalten hat. (Von $\pi\rho\omega\tau\varepsilon\acute{u}\omega$, ich nehme die erste Stelle ein.)

Zwar werden jetzt allgemein jene Grundmaterien der Thiere und Pflanzen als Proteïnstoffe benannt, ohne daß grade die Proteïntheorie im Sinne ihres berühmten Entdeckers eine gleiche Theilnahme fände. Seitdem Mulder im Jahre 1838 die Proteïnfrage angeregt, konnten die Koryphäen der organischen Chemie nicht umhin, das dadurch eröffnete bedeutungsvolle Gebiet mit Eifer und Ausdauer zu betreten. Aber aus den Resultaten der vielen und mühseligen Versuche, und dem oft leidenschaftlichen Austausche der scharfsinnigsten Ansichten ging keine Einigung, keine feste Theorie, jedoch allenthalben in der wissenschaftlichen Welt die Ueberzeugung hervor, daß das Proteïn eine Frage unserer Zeit umschließe, die wichtiger ist, als man oberflächlich vermuthen kann, die jetzt und nach Jahrhunderten nicht verstummt, wenn nicht richtig geantwortet wird.

Als Mulder aufstellte, sein Proteïn sei das gemeinsame Radical der eiweißartigen Körper in der Weise, daß dieselben aus Proteïn plus einer verschiedenen, aber bestimmbaren Menge von Schwefel und Phosphor beständen, ging er von der Ansicht aus, daß das Proteïn wirklich frei von Schwefel und Phosphor darstellbar sei, daß die lösende Kalilauge, aus der es gefällt wird, keine wesentliche Veränderung in der organischen Constitution des Albumin, Fibrin ꝛc. hervorbringe oder mit andern Worten, daß das dargestellte Proteïn wirklich als solches ursprünglich vorhanden gewesen und nicht erst aus anderen, ungekannten Verbindungen durch die Einwirkung des Kalihydrats entstanden sei; er hoffte endlich durch die Bestimmung des

Atomgewichts von Proteïn, d. h. wie viel deſſen Atom ſchwerer denn Waſſerſtoff iſt, die wahre Conſtitution der Proteïnſtoffe in einer chemiſchen Formel
auszudrücken.

Aber alles das rief in den Chemikern große Bedenklichkeiten hervor.
Liebig und Laskowsky erklärten im Jahre 1846, es ſei ihnen nicht
gelungen, das Proteïn nach Mulder's Vorſchrift ſchwefelfrei zu erhalten.
Das Proteïn habe nach ihrer Anſicht keine ſcharf zu begrenzende Conſtitution,
und könne nicht im Sinne Mulder's als das natürliche und gemeinſame
Radical aller Eiweißkörper gelten. Dies rief zwiſchen beiden Theilen jenen,
durch ſeine Leidenſchaftlichkeit in den Annalen der Wiſſenſchaft berüchtigten
Streit hervor, der damit endete, daß Mulder, der Gewalt der Thatſachen
weichend, ſeine alte Proteïntheorie aufgab und eine neue aufſtellte, die den
Schwefelgehalt ſeines Proteïnradicals rechtfertigen ſollte. Er gab nämlich,
geſtützt auf weitere mühſelige Arbeiten, an, die Eiweißſtoffe beſäßen ſämmtlich Proteïn und unterſchieden ſich von einander, daß dieſes Radical mit
verſchiedenen Mengen von Sulphamid und Phosphamid in organiſcher Verbindung auftrete.*) Der Schwefel des Proteïns erkläre ſich nach dieſer
Theorie ganz einfach durch die Zerſetzung des Sulphamid, wodurch Unter-
ſchwefelige Säure dem Proteïnradicale mechaniſch beigemengt werde. In
der That ſcheint der Schwefel in Mulder's Proteïn nicht in organiſcher
Verbindung, ſondern in ſolcher vorhanden zu ſein, in welcher er Bleieſſig
nicht ſchwärzte. Indeſſen konnte dies die Chemiker nicht beruhigen; die
neue Proteïntheorie war, weil Mulder weder das neue Radical, noch das
Sulphamid und Phosphamid, alſo keine einzige der Verbindungen, woraus
er ſeine Eiweißſtoffe conſtruirte, darzuſtellen vermochte, zu ſehr des thatſäch-
lichen Bodens entzogen; und bis heute iſt ſie, ohne Mulder's hohen Ver-
dienſten um die Erforſchung der geheimnißvollſten und wichtigſten Körper-
gruppe im Geringſten zu ſchaden, eine geiſtreiche Hypotheſe geblieben. Nur
die Forſchungen, die uns die Zukunft bringen wird, können über den Sturz
derſelben ausſprechen; einſtweilen aber geziemt es uns nicht, denjenigen
Beifall zu zollen, die fortfahren, den ruhmvollen Entdecker des Proteïns
zu mißhandeln.

---

*) 100 Theile

	Proteïn	+	Sulphamid	+	Phosphamid
	$C_{36} H_{25} O_{10} N_4$		$S N H_2$		$P N H_3$
Pflanzencaseïn	94.8		1.8		3.4
Thierfibrin	97.2		2.4		0.4
Hornſubſtanz	92.3		6.8		0.9
Haare	90.0		10.0		—

Wir haben alfo keine Proteïntheorie; wir wissen nur, daß die Proteïnstoffe eine überaus ähnliche, fast gleiche elementare Zusammensetzung haben.
Hypothese ist sowohl Mulder's Theorie, als auch die Theorie seiner Gegner,
welche die Proteïnstoffe, ähnlich den Fetten, zur Classe der gepaarten Körper
rechnen, in der Art, daß sie Verbindungen von Kohlehydraten mit stickstoffhaltigen Körpern seien, von denen der eine Schwefel als organisches Element enthält; und damit wollen wir uns nicht länger verhehlen, wie arg
weit wir noch von einer Einsicht in die höchsten Gebilde der Schöpfung
entfernt sind.

Die Proteïnstoffe sind die Träger alles pflanzlichen und thierischen
Stoffwechsels. In ihrer Constitution liegt der Schlüssel, der uns das Ge-
triebe des organischen Lebens eröffnet. Wer den Eiweißkörpern ihre chemische
Formel gibt, der hat die größte Entdeckung gemacht, welche die Chemie im
Interesse der Physiologie machen kann; eine Entdeckung, die in ihrem vor-
aussichtlichen Reichthum an Folgerungen unter den Errungenschaften unseres
Jahrhunderts glänzen wird.

Außer den Proteïnstoffen gibt es in den Pflanzen- und Thierkörpern
noch eine Gruppe von organischen Verbindungen, die wir deßhalb schon sehr
beachtenswerth halten müssen, weil sie durch ihre Masse den Haupttheil des
Gewichtes der Thiere und Pflanzen ausmachen. Sie werden nach dem
Verhältnisse, in dem ihre einzigen Bestandtheile, nämlich Kohlenstoff, Wasserstoff und Sauerstoff mit einander verbunden sind, in zwei Gruppen geschieden, die zwar von ungleichem chemischem Character sind, aber in physiologischer Hinsicht von sehr verwandter Bedeutung. Die eine dieser Gruppen
umfaßt die Familie der Fette, die andere die der stärkemehlartigen Körper
— auch Kohlehydrate genannt. Der elementaren Zusammensetzung gemäß scheinen letztere aus Kohlenstoff plus den Elementen des Wassers zusammengesetzt zu sein; also nach der Formel $C_x H_n O_{\overline{n}}$; die Fette
hingegen sind arm an Sauerstoff im Verhältnisse zu den in ihnen enthaltenen Mengen von Kohlenstoff und Wasserstoff; sie sind, wie sie natürlich
vorkommen, meistens keine einfachen Körper, sondern Verbindungen einer
fetten Säure $(C H)_{22} + {}_1 + O_4$ mit einer nicht für sich darstellbaren
Basis, dem Lipyloxyd $C_6 H_2 O$.

Die für uns in Betracht zu ziehenden fetten Säuren sind die Margarinsäure, Stearinsäure, Elaïnsäure und Oelsäure. In Verbindung mit
dem Lipyloxyd bilden sie die eigentlichen neutralen Fette, die uns unter

dem Namen Margarin, Stearin, Elaïn und Oleïn bekannt sind. Die atomistische Zusammensetzung ist für

$$\text{Margarin} \quad C_{35} \ H_{35} \ O_4,$$
$$\text{Stearin} \quad C_{37} \ H_{37} \ O_4,$$
$$\text{Elaïn} \quad C_{39} \ H_{39} \ O_4,$$
$$\text{Oleïn} \quad C_{39} \ H_{35} \ O_4.$$

Was wir gewöhnlich unter Fett verstehen, sind Gemische von zwei oder drei dieser Hauptfette. So ist das Zellgewebefett des Menschen ein Gemisch von Margarin und Oleïn; das Fett der Grasfresser, der sogenannte Talg, enthält hauptsächlich Stearin. Im Leinöl, Mohnöl, Hanföl, überhaupt in den trockenen Pflanzenölen ist das Oleïn das Hauptfett, während im Mandelöl, Rüböl, Gänsefett und den Thranarten das Elaïn vorwaltet. Im Baumöle findet sich bis 28 % Margarin. Ueberhaupt beweisen die Analysen der natürlichen Fette, daß die festen Fette, wie Talg, Schmalz und Butter, das Margarin und Stearin, dagegen die flüssigen Fette und Pflanzenöle das Elaïn und Oleïn vorwaltend führen.

Außer den genannten Hauptfetten gibt es noch eine große Anzahl anderer, deren Auftreten minder allgemein und exclusiv an gewisse Stoffe gebunden ist. So enthält die Butter außer Margarin und Elaïn ein flüssiges Fett, welches aus Verbindungen von Lipyloxyd mit vier flüchtigen Fettsäuren besteht; diese heißen: Buttersäure, Capronsäure, Caprinsäure und Capransäure. Das sogenannte Palmöl enthält hauptsächlich das Palmitinfett; das Wachs enthält das Cerin, der Wallrath das Cetin, im Cocostalg das Cocin, in der Muskatbutter das Myristicin ꝛc. Indessen stimmen alle diese besonderen Fette in ihren allgemeinen Eigenschaften mit den Hauptfetten überein. *)

Auch hat man in jüngster Zeit unter den Pflanzenfetten mehrere gefunden, die merkwürdiger Weise auch Phosphor als unoxidirtes Element enthalten. So z. B. fand Knop in dem Fette einer Erbse 1,25 %; in dem Oele einer anderen Erbsensorte fand der Verfasser 1,66 % Phosphor.

Die Familie der Fette brauchen zur vollständigen Oxydation ihres Kohlenstoff und Wasserstoff viel Sauerstoff; daher ist große Brennbarkeit ihr characteristisches Merkmal. In reinem Zustande sind alle Fette farblos, geruch- und geschmacklos, blos löslich in Aether oder kochendem Weingeiste;

---

*) Alles was ich in Obigem über die Fette gesagt, stützt sich größtentheils auf die Untersuchungen von Chevreul, die freilich in manchen Punkten mit den bezüglichen neueren Arbeiten von Heintz nicht übereinstimmen.

sie machen Papier und Leinen durchscheinend (Fettflecke) und zersetzen sich, mit Alkalien gekocht, zu fettsaurem Kali — Verseifungsprozeß — unter Abscheidung des durch Wasseraufnahme veränderten Lipployydes. Oel mit salpeteriger Säure behandelt, gibt sogenannte Oelbutter (Elaïdin). Der Siedepunkt der Fette liegt ungefähr bei 300°. Sie können, mit Ausnahme der flüchtigen Fette, nicht durch die Wärme ohne Zersetzung verflüchtigt werden. Der die Augen und Nase so scharf reizende Dampf, das Acroleïn, ist ein Zersetzungsproduct der Fettbasis in Folge starker Erhitzung. Mit schweren Metalloxyden behandelt, entstehen die sogenannten Pflaster.

Die Erkennung und quantitative Trennung der verschiedenen Fette von einander ist noch recht schwierig und unsicher.*)

Das Vorkommen der Fette in der Natur ist so vielfach, daß man sagen kann, keine Pflanzen und kein Thier sei ohne dasselbe. In den Pflanzen kommt das Fett hauptsächlich in den Zellen der Saamen und als ätherisches Oel in den Blüthen vor. In den Cruciferen, den Saamen der sogenannten Oelpflanzen, findet sich bis zu 60°/° Fett. Es scheint hier das Fett die Rolle zu übernehmen, die in den Getreidepflanzen die Stärke hat. Ueberhaupt scheint das Pflanzenfett aus Stärke hervorzugehen, denn je jünger die Oelpflanzen sind, je reicher sind sie an Stärke; zur Zeit der Reife ist letztere verschwunden. Ebenso verbreitet als das Fett ist im Pflanzenreiche das Wachs. Es bildet den Reif der Früchte, sowie einen Haupttheil des Blattgrüns. Die Pflanzenfette werden durch Pressen der Oelsaamen bei gelinder Wärme im Großen gewonnen. Abgezogenes Oel nennt man dasjenige, welches durch 1—2°/° conzentrirte Schwefelsäure von Proteïn und Schleim gereinigt worden.

Mit Ausnahme des Harn ist das Fett in allen Organen und Flüssigkeiten des Thierkörpers enthalten. Außer einigen Gehirnfetten, die besonders hoch organisirt sind, besitzen indessen die Fette im Thierkörper keine selbstständige Form; gewöhnlich sind sie in den von den Proteïnstoffen gebildeten Zellen mechanisch angehäuft. Wir werden in der Lehre von der Verdauung noch sehen, daß die Thiere die wohl zu beachtende Fähigkeit haben, aus Kohlehydraten und vielleicht auch aus Proteïnstoffen, die ihnen in der Nahrung zugeführt werden, Fett zu bilden. Darum besitzen die Thiere im Allgemeinen viel mehr Fett in ihrem Organismus, als die Pflanzen. Letztere aber enthalten dafür in größter Masse eine Gruppe von organischen Ver-

---

*) Das Beste in dieser Hinsicht hat Heintz geleistet. (Journal für practische Chemie. Bd. 66.)

bindungen, denen in physiologischer Hinsicht der nämliche Grad von Bedeutung zukommt, wie dem Thierfette. Es sind dies die sogenannten und schon vorher berührten

Kohlehydrate.

Die bedeutsamsten derselben sind Zellstoff, Stärke, Dextrin, Traubenzucker und Rohrzucker.

Diese Verbindungen, die ausschließlich aus der schöpferischen Werkstatt der Pflanzen hervorgehen, sind sämmtlich ohne sauren noch basischen Character; es sind indifferente, nicht flüchtige Verbindungen. Zellstoff, Stärke und Dextrin sind nicht krystallisirbar. Nur der Zucker nimmt regelmäßige Gestalt an. Die beiden ersteren treten stets in organisirter Form auf. Alle sind leicht zersetzbar und geben wegen ihrer fast gleichen elementaren Zusammensetzung auch gleiche Zersetzungsproducte. So bei der trockenen Destillation, unter Zurücklassung von viel Kohle, saure Producte (Holzessig) und nach der Einwirkung von oxydirenden Agentien geben sie zuletzt alle Oxalsäure ($C_2 O_3$). Die Bildung und Beziehung der Kohlehydrate zum Pflanzenleben wird in der Pflanzenchemie zur Sprache kommen. Es bleibt uns hier die Aufgabe, die Eigenschaften derselben näher in's Auge zu fassen.

1. Zellstoff oder Cellulose heißt die Substanz, welche den Inhalt der Pflanzenzelle umschließt. Es ist das Grund- und Hauptmaterial, woraus die Zellwände bestehen. Seine Zusammensetzung ist $C_{12} H_{10} O_{10}$. Unlöslich in Aether, Alkohol, Wasser, verdünnten Säuren und Alkalien; hiernach der unlöslichste unter allen bekannten organischen Stoffen. Er löst sich dagegen, was für ihn nicht minder characteristisch ist, in einer Kupferoxydkali-Lösung. Indem der Zellstoff das Material der Zellenmembran ist, bildet er das Gerippe der Pflanzen; überall vermittelt er die Form. Die jugendliche Zellwand ist durchdringbar für alle Flüssigkeiten; ältere Zellen verlieren diese Eigenschaft, indem sie sich inkrustiren und verhärten. Diese Inkrustation wird durch Ablagerung des flüssigen Zellinhaltes an die Innenwände der Zellen bewirkt. Die chemische Natur dieser inkrustirenden Substanz, die wir schlechtweg als Holzfaser oder Holzstoff bezeichnen, ist noch nicht genau bekannt; sie scheint jedoch mit der reinen Cellulose fast identisch zu sein. Die eigenthümlichste Eigenschaft des reinen Zellstoff ist seine Fähigkeit, durch Einwirkung mäßig concentrirter Schwefelsäure in Stärke überzugehen. Dadurch gewinnen wir ein

vortreffliches Mittel, um unter dem Mikroscope den Zellstoff von anderen organisirten Stoffen von gleicher Farbe zu unterscheiden. Wird nämlich der Zellstoff mit einer alkoholischen Jodlösung betupft und nach dem Verdunsten des Alkohols mit etwas Schwefelsäure befeuchtet, so entsteht Stärke, die durch das Jod eine blaue Färbung erhält. Kocht man indessen den Zellstoff längere Zeit mit verdünnter Schwefelsäure, so geht er zuletzt in Traubenzucker über. Obschon von ziemlich gleicher Zusammensetzung, so besitzen doch der Holzstoff und der Korkstoff, welche meistens in den Zellenmembran die reine Cellulose infiltrirt haben, von der letzteren gar verschiedene Eigenschaften, worüber Näheres später in der Pflanzenanatomie. Das quantitative Auftreten des Zellstoff ist sehr verschieden, je nach der Natur der Pflanze. Während es in den Wurzelgewächsen (1%) und in den Getreidekörnern (3%) am niedrigsten ist, steigt es in Hafer, Gerste, Erbsen auf 10%, im Heu auf 30%, im Stroh auf 50% und erreicht sein Maximum in den Holzarten.

2. Die Stärke (Amylum) hat die nämliche Zusammensetzung, wie der Zellstoff $C_{12} H_{10} O_{10}$. Trotzdem sind beide so außerordentlich verschieden! Die Stärke ist eins der häufigsten Bestandtheile des Zellinhaltes. Sie ist abgelagert in Gestalt von mikroscopischen Kügelchen von ringförmigem Gefüge. Die Formen dieser Körner sind so mannigfaltig, wie die Pflanzen selbst. Hierdurch kann der Mikroscopiker die Abstammung irgend einer Stärkeart leicht finden. Massenhaft kommt die Stärke vor in den Cerealien (54%), Hülsenfrüchten (60%), Kartoffeln (18%), sowie in vielen Wurzeln (arrow root und Revalenta arabica) und in dem Marke verschiedener Pflanzen (Sago). Ueberhaupt tritt sie in solchen Pflanzentheilen am reichlichsten auf, die dem Lichte wenig ausgesetzt sind. So enthält der Stamm weniger Stärke als die Wurzeln und das Mark; sie findet sich selten in den Oberhautzellen, Sprossen und Stengeln. Das Stärkemehl löst sich nicht im kalten Wasser; im kochendem jedoch zerplatzen die Stärkekörner und bilden mit dem Wasser den sogenannten Stärkekleister. Jod verbindet sich mit der Stärke zu blauer Jodstärke. Die Stärke hat gleich der Cellulose die merkwürdige und wichtige Eigenschaft, durch Kochen mit verdünnter Säure sich in eine kleisterähnliche, in Wasser lösliche, der Stärke isomere Substanz, das Dextrin, zu verwandeln. Aber auch schon durch die Einwirkung von Fermenten (Diastase) erleidet sie eine solche Lösung.

3. Als Mittelstufe zwischen der Cellulose und der Stärke einerseits, und dem Zucker anderseits, haben wir das Dextrin zu betrachten. Dieser Stoff kann als in Wasser lösliche Stärke betrachtet werden. Es findet sich in allen Pflanzensäften, besonders in den Wurzeln, jüngeren Trieben, Fruchtorganen, überhaupt da, wo die größte Lebensthätigkeit herrscht. Es ist ein treuer Begleiter des Pflanzenalbumins und spielt eine diesem ähnliche Rolle in der Stoffbildung der Pflanzen. Da wir aus Zellstoff und Stärke das Dextrin künstlich darstellen können, so hat bei der Gleichheit der elementaren Zusammensetzung die Vorstellung etwas Einleuchtendes, daß aus dem Dextrin die Pflanze erst den höher organisirten Zellstoff und die Stärke erzeugt. Wird aus Stärke Zucker erzeugt, wie dies beim Reifen einiger Pflanzen, namentlich der Früchte beobachtet wird, so scheint das Dextrin ebenfalls die Uebergangsstufe zu bilden. Wenigstens geht es durch Einwirkung von Fermenten und Säuren sehr schnell über in Traubenzucker unter Aufnahme von einem Atom Wasser.

Dem Dextrin steht das im Pflanzenreiche häufig und massenhaft vorkommende Gummi in seiner atomistischen Zusammensetzung gleich. In physiologischer Hinsicht aber wohl nicht, da der Nährwerth des Gummi recht zweifelhaft ist. Aus seiner wässrigen Auflösung läßt sich das Gummi gleich dem Dextrin durch Alkohol fällen, wodurch beide sich vom Traubenzucker, der in Alkohol auflösbar ist, unterscheiden. Die Unterscheidung des Gummi vom Dextrin kann geschehen durch Bleiessig, der ersteres fällt, letzteres aber nicht. Auch wird das Gummi durch Kochen mit verdünnter Schwefelsäure nicht in Traubenzucker gleich dem Dextrin verwandelt.

4. Der Traubenzucker findet sich in geringer Menge fast in allen älteren Pflanzenzellen, besonders in den Weintrauben, Möhren, Beeren, im Obst und in manchen Wurzeln, in den Materien der Blüthen ꝛc. Normal im Thierkörper findet er sich in geringer Menge in Chylus, in der Leber und im Weißen des Eies; pathologisch im Blute und zuweilen in großer Menge im Harne. Der Traubenzucker ist die einzig gährungsfähige Zuckerart. Sein Atom C_{12} H_{12} O_{12} + zwei Atom Wasser, zerfällt bei der Gährung in vier Theile Kohlensäure (CO_2) und zwei Theile Alkohol (C_4 H_6 O_2). Alle Substanzen, die zur Alkoholbereitung dienen sollen, müssen demnach erst in Traubenzucker verwandelt werden. Zwar wird aus Holzfaser, Papier, Leinwand, Stärke, Kartoffeln, Rüben, Getreidearten

und Malz — Alkohol im Großen bereitet, aber all' die hierzu erforderlichen Operationen laufen zunächst auf die Verwandlung dieser Stoffe in Traubenzucker hinaus. Ist dieser gebildet, so bedarf es nur noch des Gährungsprozesses, oder der Spaltung des Traubenzuckers in Kohlensäure und Alkohol. — Ich werde später auf die Bereitung des Alkohol, sowie auf dessen physiologische Bedeutung zurückkommen.

Die Möglichkeit der Verwandlung sämmtlicher Kohlehydrate in Traubenzucker, der allein von den Thieren assimilirt werden kann, deutet uns an, unter welchen Bedingungen die unlösliche Holzfaser und die Stärke dem Organismus dienen können. Es begreift sich leicht, daß der Nährwerth der Cellulose von seinem mehr oder weniger verhärteten Zustande abhängt; demzufolge der saftige Zellstoff der jungen Pflanzen sich eher in Traubenzucker umsetzen kann, als die verhärtete Holzsubstanz, zu deren Lösung die Säuren des Magens nicht genügen. Die Stärke hat weniger Gefahr, im Magen ungelöst, das heißt unverdaut zu bleiben, denn zerrieben quillt sie im Wasser bedeutend auf und ist, wie wir dies bei Darstellung des Verdauungsprozesses näher erörtern werden, in dieser Form schon durch Beimischung des Speichels in Dextrin und Zucker überzuführen.

5. Der **Rohrzucker** kommt seltener, als der Traubenzucker vor und nur im Zuckerrohr (18%) und in den Runkelrüben (13%) in großer Menge. Der Rohrzucker ist viel süßer und krystallisirbarer, als der Traubenzucker. Seine Zusammensetzung ist C_{12} H_{10} O_{10} + zwei Atom Wasser. Obschon der Rohrzucker sich mit der größten Leichtigkeit in Traubenzucker verwandeln läßt, so ist es den Chemikern doch noch nicht gelungen, letzterem seine zwei Atome Wasser zu entziehen und so umgekehrt Rohrzucker darzustellen. Es wäre wahrlich ein schöner Triumph der Chemie, aus Holz, Sägemehl oder alten leinenen Lumpen den schönen weißen Candiszucker zu bereiten! Der Rohrzucker reduzirt in der Kälte keine alkalische Kupferoxydlösung, wohl aber thut dies Traubenzucker. Rohrzucker muß, wenn er zur Alkoholbereitung dienen soll, vorab in Traubenzucker sich umsetzen.

In Europa werden jährlich etwa 160 Millionen Centner Rohrzucker verbraucht.

An diese Gruppe von Kohlehydraten reihen sich nun die in den Rüben, Möhren, Kartoffeln, Obstarten, Beeren in bemerkenswerther Menge auftretenden

Pectinstoffe.

Gemäß ihrer Zusammensetzung $C_{64} H_{48} O_{64}$ sind sie sauerstoffhaltiger, als die Kohlehydrate und neigen sich schon zu den Pflanzensäuren hin, weßhalb sie als Nahrungsstoffe jedenfalls einen den Kohlehydraten nachstehenden Werth haben. Ob sie durch die Verdauung in Traubenzucker verwandelt werden, oder unverändert in's Blut gehen, ist unbekannt; jedoch dürfen wir das erstere bezweifeln, da die bis jetzt mit Pectinstoffen angestellten Ernährungsversuche der Annahme, daß selbige überhaupt nährend seien, ungünstig gewesen sind. Sie besitzen die Eigenthümlichkeit, beim Kochen gallertartig zu werden, was auf einer Verwandlung des Pectins in Pectinsäure beruht, die ein Hauptbestandtheil der Fruchtgelées ist. Die Pectinstoffe sind in Wasser löslich, in Alkohol unlöslich. Das Pectin kommt nur in völlig reifen Pflanzentheilen und Früchten vor; in den unreifen findet sich anstatt seiner die Pectose, ein unlöslicher, wenig bekannter Stoff. Indem beim Reifen der Früchte diese Pectose sich in Pectin und Pectinsäure verwandelt, werden die Früchte durch das gallertartige Pectin weich, und die in ihnen vorhandenen Säuren eingehüllt. (Frémy.)

Mehr Sauerstoff, als das Pectin, enthalten die

Pflanzensäuren.

Es sind die sauerstoffreichsten organischen Körper. Gleich den unorganischen Säuren besitzen sie eine saure Reaction und die Eigenschaft, sich mit basischen Stoffen zu Salzen zu verbinden. In freiem Zustande können sie aber nicht ohne Hydratwasser bestehen. In den Pflanzenzellen kommen sie sowohl mit unorganischen Basen, als auch häufig mit Alkaloiden verbunden, vor. Die verbreitetsten unter den organischen Säuren, sind:

$$
\begin{array}{ll}
\text{Oxalsäure} & C_2 O_3 + HO, \\
\text{Weinsäure} & C_4 H_2 O_5 + HO, \\
\text{Aepfelsäure} & C_4 H_2 O_4 + HO, \\
\text{Citronensäure} & C_4 H_2 O_4 + HO.
\end{array}
$$

Sie kommen gemeinschaftlich fast in allen Pflanzensäften vor, so daß entweder die eine oder die andere der vier Säuren in einer beliebigen Pflanze vorwaltet. Hieraus läßt sich schon folgern, daß sie nicht ganz ohne Einfluß auf den Werth der Nahrungsmittel sind, in welchen sie vorzukommen pflegen.

In Form von organisch sauren Alkalien in die Blutbahn gebracht, verbrennen sie zu kohlensaurem Alkali. Im freien und concentrirten Zustande wirken sie indessen giftig.

Außer den genannten gibt es noch eine Unzahl anderer Pflanzensäuren, die zu nennen ich hier unterlasse, weil dieselben eigenthümliche Bestandtheile seltener Pflanzen zu sein pflegen. Blos erwähnt sei hier die technisch-wichtige Gerbsäure C_{40} H_{18} O_{26} (Tinte, Leder). —

Die im Thierkörper vorkommenden Säuren sind, mit Ausnahme der Milchsäure (C_6 H_5 O_5 + HO) und Buttersäure (C_8 H_7 O_3 + HO), viel komplizirter, als die Pflanzensäuren. Manche von ihnen sind stickstoffhaltig. Ich erinnere nur an die Harnsäure, Inosinsäure, Cerebrinsäure und Cholsäure, die ich später noch einzeln beschreiben werde.

Den Gegensatz zu den organischen Säuren machen die organischen Basen oder die Alkaloide. Ihre Anzahl ist groß. Spurenweise findet sich in jeder Pflanze ein Alkaloid, gebunden an organische Säuren, jedoch sind einige Pflanzen ausgezeichnet durch den Gehalt an solch' einer organischen Base. So findet sich in beträchtlicher Menge

Morphin	C_{34}	H_{19}	N	O_6 im Mohn,
Chinin	C_{19}	H_{11}	N	O_2 in der Chinarinde,
Theobromin	C_{14}	H_8	N_4	O_4 in der Kakaobohne (Schokolade),
Caffein	C_{16}	H_{10}	N_4	O_4 im Kaffee und Thee.

Außer diesen gehören hierzu eine Reihe der furchtbarsten Gifte: so

Strychnin	C_{44}	H_{24}	N	O_4 in den Krähenaugen (Brechnuß),
Hyoscyamin	?			im Bilsenkraut,
Veratrin	C_{30}	H_{24}	N	O_6 in der Nießwurzel,
Atropin	C_{34}	H_{23}	N	O_6 in der Tollkirsche,
Coniin	C_{17}	H_{17}	N	im Schierling,
Solanin	?			im Nachtschatten und in den Kartoffelkeimen,
Colchicin	?			in der Zeitlose,
Nicotin	C_{10}	H_7	N	in den Tabakspflanzen.

Alle diese Verbindungen enthalten Stickstoff. — Sie reagiren in ihren Lösungen alkalisch. Alkohol löst sie alle auf. Sie schmecken sehr bitter und wirken mehr oder wenig heftig auf das Nervensystem. Gerbsäure ist das beste Gegengift. — Die Pflanzenalkaloide scheinen gleich den Alkaloiden, die im Thierkörper auftreten, aus Proteïnstoffen gebildet zu sein, und überhaupt, wegen ihrer Krystallisationsfähigkeit und ihres scharf ausgeprägten basischen Characters, auf einer keineswegs hohen Stufe der Stoffbildung zu stehen. Die organischen Basen des Thierkörpers:

$$\text{Kreatin} \quad C_8 \; H_9 \; N_3 \; O_4$$
$$\text{Kreatinin} \quad C_8 \; H_7 \; N_3 \; O_2$$
$$\text{Glykokoll} \quad C_4 \; H_4 \; N \; O_3$$
$$\text{Harnstoff} \quad C_2 \; H_4 \; N_2 \; O_2$$

bilden beinahe die Endglieder des Verfalls der Proteïnstoffe. Später finden wir Gelegenheit, auf ihre Eigenschaften zurückzukommen.

Die bisher genannten organischen Verbindungen sind die verbreitetsten Bestandtheile des organischen Reiches. Aus ihnen nämlich, aus den Proteïnstoffen, Fetten, Kohlehydraten und einigen Säuren und Alkaloïden ist die Hauptmasse aller Thier- und Pflanzenkörper gebildet. Das allein gibt diesen Gruppen schon eine hohe Bedeutung in der organischen Welt. Ein anderer Umstand jedoch erhöht sie noch mehr! — Grade jene organischen Verbindungen, die wir als die verbreitetsten und am massenhaftesten vorkommend kennen gelernt haben, sind auch die Haupt- und einzigen Nährstoffe des Thierreichs. Die Weisheit der Schöpfung bestimmte nur diejenigen Stoffe zur Erhaltung des thierischen Lebens, die überall, in allen Pflanzen sich bilden und in allen Thieren sich vorfinden. Indem wir jene verbreitetsten organischen Verbindungen studirt haben, haben wir die Eigenschaften der Stoffe studirt, aus denen unsere pflanzliche und thierische Nahrung zusammengesetzt ist. Wie das Proteïn, in Bezug auf seine Organisation und seine Eigenschaften, die erste unter allen vorhandenen Verbindungen ist, so ist es auch der erste und wichtigste aller Nährstoffe; wie nach den Proteïnstoffen die Fette und Kohlehydrate die hervorragendste Stellung in der Natur einnehmen, so erfüllen sie auch die zweitwichtigste Rolle unter den Nährstoffen. Die weit weniger massenhaft verbreiteten organischen Säuren sind in vielen Fällen dem Thiere schon entbehrlich, und die Alkaloïde endlich, die nur in bestimmten Pflanzen erzeugt werden, sind eigentlich blos Nährstoffe im negativen Sinne. Der ganze Ernährungsprozeß des Thieres dreht sich also um die so eben kurz beschriebenen, allverbreiteten organischen Verbindungen.

Dies Verhältniß hat eine Menge unrichtiger Begriffe zur besseren Anschauung umgewandelt. Könnte man vordem beantworten, warum unter den vielen Pflanzen so wenige, und diese grade mit so sonderbarer Consequenz allenthalben zur Cultur herangezogen werden, warum wir mit Recht zwischen Unkraut-, Arznei- und Giftpflanzen unterscheiden? Waren ehemals die Physiologen und Heilkundigen etwa besser unterrichtet, als es der größte Theil unserer Zeitgenossen noch ist, die regelmäßig essen, ohne zu wissen, was Nahrungsstoffe sind, die mühsam arbeiten, ohne den Einfluß der Nahrung auf die Functionen ihres Körpers und Geistes zu kennen; für die sogar das Blut nichts weiter ist, als eben eine rothe Flüssigkeit? —

„Jene vier Gruppen von Stoffen sind es, an welchen alle Lebenserscheinungen ihren Ablauf nehmen; durch das Zusammenwirken und gegenseitige Einwirken, durch die Actionen und Reactionen derselben und ihre Verwandlungen entsteht eben das, was wir sinnlich als Leben auffassen. Keine physische, chemische und selbst geistige Bewegung geht im lebenden Körper vor sich, ohne daß sie von der Wirkung jener Materieen auf einander bedingt, begleitet oder gleichsam getragen würde. Keine, auch noch so geringe Kraftanstrengung, kein noch so einfacher Prozeß, keine noch so unbedeutende Regung erfolgt ohne eine Zersetzung im Organismus, ohne eine mehr oder minder starke Beschleunigung des Stoffwechsels. Die Natur hat grade an diese Stoffe das Leben gebunden, da sie vor allen den zahllosen Materien, die uns die Chemie kennen gelehrt, dazu geeignet sind, nach den mannigfaltigsten Richtungen sich gegenseitig anzuziehen oder zu zersetzen, in den mannigfaltigsten Formen und Gestalten aufzutreten, und in den mannigfaltigsten Phasen ihre Umwandlungen, Nebelbildern vergleichbar, zu durcheilen." (Lehmann).

Wer das bunte Reich des Organischen nach seinen äußeren Erscheinungen beurtheilt und sich mit der Bewunderung der unzähligen Formen begnügt, der wird die Hauptmomente des Lebens in der Natur nicht finden. Gleichwie das in die Wirklichkeit thatkräftig hinausgreifende nur der Wiederschein des im Verborgenen pulsirenden Lebens ist, so sind die Aeußerlichkeiten die physicalischen Merkmale der Organismen blos ungenügende Zeugen für die innere Harmonie, welche wahrhaft und wundervoll die Schöpfung durchdringt; wer ahnte, bevor die Chemie die Grundverbindungen des organischen Reiches erkannt und deren Bedeutung festgesetzt, jenes Band, welches das bunte Thier- und Pflanzenreich als blutsverwandt umschlingt!

Wir haben an der Spitze der Pflanzensubstanzen die nämlichen Proteinstoffe gefunden, wie im Fleische, im Blute und in allen Organen der Thiere. Der Mensch, durch die Fülle seiner geistigen Kräfte zum Herrn der Schöpfung geboren, hat in Bezug auf den Stoff, woraus seine edelsten Organe gebildet sind und lebensfähig erhalten werden, nichts voraus vor irgend einem Thier oder einer Pflanze der Erde. Von unsern nützlichen Hausthieren herab bis zur Muschel, die an dem einsamen Korallenfelsen des Oceans haftet, von den prächtigen Cedern des Libanons bis zu dem Grashälmchen, welches bescheiden am Wege steht, führen alle Protein; keiner von allen lebenden Organismen kann ohne diesen Stoff bestehen. Wir haben ferner die Fettstoffe als einen gemeinsamen Bestandtheil beider Naturreiche erkannt. Für das Uebergewicht des Fettes im Thiere führt die Pflanze die Gruppe der Kohlehydrate, auch Fettbildner genannt, weil sie einer Umwandlung in Fett mit Leichtigkeit fähig sind. Wir wissen endlich, aus früheren Betrachtungen her, daß alle Pflanzen beim Verbrennen eine Asche hinterlassen, die überall nur aus den nämlichen 12 oxydirten unorganischen Elementen besteht. Wenn wir nun den Thierkörper derselben Verbrennungs-Operation unterwerfen, und in der sich vorfindenden Asche nicht mehr und nicht weniger, als die Elemente der bekannten Pflanzenaschen nachweisen können, wenn sogar die quantitative Zusammensetzung der Asche von Früchten und Pflanzensaamen, sowie die von den edelsten Organismen der Thiere, sich durch eine merkwürdige Gleichheit auszeichnet, wenn wir beständig nur sehen, wie die phosphorsauren Alkalien der Fruchtaschen, an deren Gegenwart die Bildung der pflanzlichen Proteïnstoffe geknüpft scheint, dieselben sind, welche sich innigst an den Functionen des Blutes betheiligen; wie die phosphorsauren Erden nicht allein am Aufbau des Pflanzengerüstes mitwirken, sondern auch, als Haupttheil der Knochen, deren Härte und Stärke bedingen; wie ferner der Instinkt den geringen Gehalt der Pflanzen an Natronsalzen durch Zusatz von Kochsalz ausgleicht, um die Bedürfnisse des Blutes und der Galle an Natronsalzen zu decken; wenn der Beweis vorhanden, daß die in den Muskelgebilden des Thieres herrschenden Kalisalze nicht minder kostbare pflanzliche Nährstoffe sind, und daß endlich das Eisen ein nie fehlender Bestandtheil der nährendsten Vegetabilien, sowie des thierischen Blutes ist, — dann ist auch damit in einigen unorganischen Salzen die Verwandschaft beider Naturreiche ausgesprochen.

Unbefangen zugesehen, wären also die innigen verwandtschaftlichen Beziehungen zwischen Pflanzen und Thieren kein unnatürlicher Zwang, kein trügerischer Schein; vielmehr hält ein gemeinsames Band beide Theile fest umschlungen, und mit dem Zerreißen desselben ist der Untergang beider verknüpft.

Die Thiere sind von den Pflanzen abhängig und umgekehrt!

Aus Kohlensäure, Wasser, Ammoniak und unorganischen Salzen erzeugt die Pflanze die organischen Verbindungen und überliefert sie dem Thiere. Das Thier nimmt dieselben in Form von Nahrung zu sich und lebt, indem es sie zerstört, indem es sie in die nämlichen unorganischen Verbindungen auflöst, woraus die Pflanze sie gebildet. Die Pflanze lebt von den Endproducten des Verfalles, das Thier von denen des Aufbaues. Die Pflanzen sind die Werkstätten des thierischen Lebens; sie bauen immerfort auf, was die Thiere immerfort zerstören. Das ist der Zusammenhang und der durchgreifendste Unterschied zwischen der materiellen Seite des Thier- und Pflanzenlebens.

Spezieller Theil.

~~~

Thier-Chemie.

6. Vortrag.

Die Prozesse der Bildung und des Aufbaues im Thierkörper.

Was ist Leben?

Diese bedeutungsvolle Frage unterliegt in unseren Tagen noch ganz entgegengesetzten Beantwortungen.

Die Supernaturalisten halten mit der größeren Masse des Volkes das Leben für ein dem Geiste oder der Seele angehöriges Attribut.

Im Menschen ist es eine immaterielle und unsterbliche Seele, die der Inbegriff seines ganzen geistigen Wesens und zugleich das Vorrecht sein soll, das ihn hoch über die Thierwelt erhebt. Sein Körper, mit den, diesem eigenthümlichen physischen Vorgängen soll nur das Organ sein, durch welches jenes höchste Lebensprinzip seine geheimnißvolle Herrscherrolle andeutet. Im Tode feiert die Seele ihre Befreiung von der irdischen Hülle.

Im Thiere, dem kein unsterblicher Geist innewohnend vindizirt wird, soll dagegen eine gewisse Lebenskraft die körperlichen Prozesse und Erscheinungen verursachen und beherrschen. Ueber diese Lebenskraft könne man nichts Spezielles wissen, weil sie übernatürlich sei.

Die Pflanzen endlich seien nicht zu dem lebenden Reiche zu zählen, weil in ihnen keine Spur der geistigen Potenz auftritt, welche noch in Fun?en im Thierreiche vertheilt ist. —

Diesen Anschauungen gegenüber behaupten die Materialisten, gestützt auf die in unserm Jahrhundert Statt gefundenen fruchtbaren Eingriffe der Naturlehre in's Reich des Organischen, das Leben sei nur eine Bewegung des Stoffs. Sie werfen sowohl die Seele, wie jede übersinnliche Lebenskraft über Bord, läugnen deren Existenz und stellen das Leben, mit allen seinen Prozessen dar, als das Resultat der Wechselwirkung der an die organisirte Materie gebundenen Kräfte. Die geistigen Vorzüge des Menschen vor dem Thiere wären in der höheren stofflichen Organisation des ersteren begründet. Dem Gedanken und allen Geistes-Operationen liege nichts weiter, als der Stoffwechsel des Gehirns zu Grunde. Die Pflanze repräsentire die einfachste Form des stofflichen Lebens in der Natur.

Zwischen diesen beiden antipodischen Dogmen zu wählen, wäre für uns äußerst mißlich, wenn es keine Vermittlung beider gäbe.

Lassen wir die Existenz und die Unsterblichkeit unseres Geistes als Postulat der practischen Vernunft, als heilige Frucht des christlichen Glaubens unangetastet, und sehen wir, in welchem Verhältnisse der Geist zu den Vorgängen des physischen Lebens stehen kann.

Besteht dies Verhältniß etwa in dem oben angedeuteten Sinne der Supernaturalisten? Soll etwa der Körper das Werkzeug sein, mit dem die Seele nach Belieben operirt, mit dessen Organen sie verfährt, wie der Uhrmacher mit dem kunstvollen Getriebe einer Uhr? Fällt es ihm ein, den Pendel zu verkürzen, so geht die Uhr zu rasch, hebt er ein Rädchen aus seiner Achse, so steht das ganze Werk still.

Aehnliche Auffassungen bedürfen der Zurechtweisung. Sie leiden vornehmlich an der falschen Voraussetzung, daß die leiblichen Vorgänge von etwas anderem, als den chemischen und physikalischen Kräften abhängig seien, die wir überall und ausschließlich in der unorganischen Natur waltend erkannt haben. Keine Kraft der Seele, keine Lebenskraft vermag für ihre Zwecke die einmal von der Allmacht festgestellten Naturgesetze zu ändern. Die nämlichen Gesetze, die am Firmament die Sterne lenken, denen jedes Stäubchen gehorcht, welches im Sonnenstrahl sich wiegt, sie liegen auch unverändert den Prozessen unseres und jedes andern Thierlebens zu Grunde.

Die Starrheit der physischen Gesetze setzt dem Einflusse des aus überirdischem Stoffe gewobenen Geistes eine bestimmte Grenze. Es müssen sich hiernach die Vorgänge des menschlichen Lebens in zwei verschiedene, nebeneinanderlaufende Reihen eintheilen, von denen die eine die leiblichen und die andere die Summe der geistigen Prozesse umschließt. Da beiderlei Reihen, wegen ihrer ganz verschiedenen Natur unter sich nicht vergleichbar sind, so scheinen auch die Gesetze, nach denen sie verbunden den Menschen als ein geistiges und gleichzeitig physisches Wesen darstellen, für uns unerforschlich. Zwar haben wir allen Grund, in den Hirnfasern oder den Nerven das vermittelnde Organ zwischen der geistigen und körperlichen Function zu erachten, aber Niemand weiß, wie die Erregung z. B. der Sehnerven durch den Anblick eines Gegenstandes, oder der Gehörnerven durch den Schall in uns zur bestimmten Vorstellung wird. Wir sind gewohnt, einer materiellen Ursache stets nur eine materielle Wirkung beizulegen und stehen, indem uns dies Gesetz beim geheimnißvollen Zusammenhange des Geistes und Körpers verläßt, an der Grenze unseres Wissens.

Die Seele mag in ihrem geistigen Reiche leben und wirken; sie stört uns nicht in Erforschung der materiellen Seite des thierischen Lebens. Und das ist die Hauptsache, worauf ich vor Beginn der Thierphysiologie aufmerksam zu machen hatte. Diese Wissenschaft ist nur unter der unumschränkten Macht der Naturkräfte möglich. —

Die Physiologie hat es also blos mit natürlichen organischen Prozessen zu thun; ihre Aufgabe besteht in der Erforschung der Gesetze des vegetativen Lebens. Sie ist die Wissenschaft von jenem Leben, das der organisirte Stoff vermöge der natürlichen, ihm unzertrennlich innewohnenden Kräfte zu führen im Stande ist.

Wenn überhaupt der Stoff der Träger der Kraft ist, die Kraft aber nur durch Bewegung sich verräth und sich nicht an ruhenden, sondern allein an irgendwie bewegten Stoffen äußert, dann wird sich das vegetative Leben, indem es ein Schauplatz der mannigfaltigsten Kräfte ist, nothwendig durch Ruhelosigkeit, durch Wanderung und Wechsel der den Thierkörper aufbauenden Materie characterisiren müssen. Und so ist es auch zufolge Allem, was wir davon wissen.

Rastlose Auflösung neben eben so rastlosem Neubau, das sind die Hauptmerkmale alles organischen Lebens. In der nicht organischen Natur, in dem Mineralreiche oder in einem Krystalle, da finden wir zwar mit wenigen Ausnahmen eine allmählige Auflösung und Zerstörung von Massen bekundet, aber was dort durch Fäulniß, Verwitterung und Verbrennung verloren ging, wird nicht mehr ersetzt; in allen Fällen fehlt neben der Auflösung die Reproductionskraft, und deßhalb herrscht dort der Tod, während das Leben lustig emporsprudelt, wo, wie im Thiere, der Körperstoff nur seinen Platz gegen andern gleichen Stoff austauscht.

Damit wir diese merkwürdigen Verhältnisse deutlicher erkennen, will ich in aller Kürze ein Bild von dem thierischen Stoffwechsel entwerfen.

Die von der Pflanze bereiteten organischen Verbindungen, die unser letzter Vortrag als Nahrungsstoffe beschrieben hat, gelangen unter sich vielfach gemischt in Form von Nahrung in den Thierkörper. Im Magen des

Thieres unterliegt sie der Einwirkung verschiedener Verdauungssäfte. Eine Scheidung in zwei Theile ist das Resultat hiervon. Der eine Theil umfaßt das Unlösliche oder Unverdauliche; es wird in Form von festen Extrementen durch den Darmkanal aus dem Körper entfernt. Der zweite Theil oder die durch die Verdauung aufgelöste Nahrung wird von dem Blute und den Chylusgefäßen des Körpers aufgesaugt und gelangt nach einigen Veränderungen, die auf eine allmählige Umwandlung in Blut hinzielen, in den allgemeinen Strom des Blutes. Mit dem bereits vorhandenen Blute gemischt, durchströmt nun das Neugebildete den ganzen Körper, und zwar genügen blos zwei Minuten Zeit, um die 15 Pfund Blut, die ungefähr ein erwachsener Mensch führt, einen Umlauf durch die Adern machen zu lassen. Später werden wir sehen, daß bei jedem Umlaufe die ganze Blutmasse durch die Lungen strömen muß, wo sie mit dem belebenden Sauerstoffe der Luft in Berührung kommend, befähigt wird zur Function der Ernährung des Körpers.

Die Ernährung geschieht also unmittelbar durch das Blut, und nicht durch die eingenommene Nahrung. Nur das ist Nahrung, was fähig ist, sich in Blut zu verwandeln oder nach geringen Veränderungen bei der Verdauung, ein Bestandtheil der Blutflüssigkeit zu werden. Verdauung ist nichts weiter als Blutbildung.

Während seines rastlosen Umlaufs schwitzt nun das Blut durch die Wandungen seiner zahllosen Adern und Aederchen und tritt so in den Bereich, in innige Wechselwirkung mit den ernährungsbedürftigen Organen und Geweben des Körpers. Jetzt beginnt die eigentliche Ernährung oder die Umwandlung des Blutes in organisirte Masse. Ehe wir andeuten, wie dies geschieht, müssen wir erst fragen, was denn eigentlich vom Blute ernährt wird.

Soll es etwa der ganze Körper sein? — Freilich; aber solche Frage ist in ihrer ganzen Unbestimmtheit ein würdiges Seitenstück zu der eben so gebräuchlichen als einfältigen Vorstellung, nach der die Ernährung lediglich auf eine sichtbare Gewichts- und Volumenzunahme des Körpers hinausläuft. — Oder sind es dessen einzelne Theile und Glieder, die als unverschleißlicher Grundstock auf Kosten des Blutes ein unterschiedsloses Wachsthum führen? — Auch diese Ansicht ist unrichtig, weil die Zunahme an Masse bei den verschiedenen Körpertheilen eine ungleichmäßige und überhaupt sekundäre Erscheinung der Ernährung ist.

Das Blut ernährt die vielfachen Organe des Körpers in dem Maße, als jedes einzelne der Ernährung bedürftig ist.

Der Körper ist aus Organen zusammengesetzt, die Lungen, die Nieren,

Leber, Milz, das Herz u. s. w. sind solche; diese Organe hangen aber nicht zur Zierrath im Körper herum, sondern jedes hat gleich den Muskeln und Nerven gewisse Functionen zu erfüllen, die in der Totalität ihres Zusammenwirkens den lebenden Organismus ausmachen, jedes ist ein vermittelndes Glied jenes Stoffwechsels, dessen erhabener Ausdruck eben das physische Leben ist. Das Herz, täglich viele tausende Pfund Blut durch den Körper treibend, hat gewiß eine schwerere Arbeit wie die Lungen, bei der beständigen Verjüngung der Blutmasse; die Leber in ihrer Bereitung der Galle und die den Urin abscheidenden Nieren mögen wohl eine größere Thätigkeit zeigen, als andere Drüsen, zum Beispiel die, welche die Verdauungsflüssigkeiten absondern. Kurz — nach der ungleichen Kraftentwickelung, nach der Arbeit der einzelnen Theile richtet sich ihr Ernährungsbedürfniß; Muskeln und Nerven, die das Leben mit der Außenwelt vermitteln, indem erstere die Werkzeuge jeder willkührlichen Bewegung und physischen Kraftäußerung, letztere die mittelbaren Träger unserer geistigen Kräfte sind, zehren am Meisten vom Blute.

Wie der verschiedene Bedarf der Organe an Blut mit der ungleichen Thätigkeit derselben zusammenhängt, kann kein Räthsel sein, sobald wir in der Auflösung der Proteïn-Verbindungen die Quelle derjenigen Kraft erkennen, welche die Ursache nicht blos der Arbeit obiger Organe, sondern aller thierischen Bewegungserscheinungen ist, und die ungefähr das nämliche bewirkt, was außerhalb des Organismus durch mechanische Kräfte, etwa durch Druck oder Stoß hervorgebracht wird. Das von keiner äußeren mechanischen Gewalt regierte organische Atom empfängt erst dann eine Bewegungs-Größe, sobald dessen Elemente den Zustand der Ruhe verlassen, sobald sie ihre ursprüngliche Lage gegeneinander verändern, um sich zu andern, gewöhnlich einfacheren Verbindungen zu gruppiren. Jeder kennt wohl die bewegende Kraft des Pulvers, wenn der zündende Funke die Verwandtschaft seiner Elemente weckt zur Bildung neuer Verbindungen. Der Chemiker zeigt, mit welch' unvergleichlicher Gewalt sich die schlummernden Elemente von ein Paar Tropfen Chlorstickstoff spalten. Sollten nun die höchst zusammengesetzten Atome des Thierkörpers, durch ihr allmähliges Zerfallen in einfachere Verbindungen, nicht die Quellen der Kraft bieten, welche im Körper in tausend Erscheinungen sich äußert, aber vergebens irgendwo anders gesucht wird? Mußten nicht die Elemente eines ruhenden Proteïn-Atoms ihre Lage ändern und die hierdurch erlangte Bewegung nach allen Richtungen fortpflanzen, ehe daraus successive Chobrin, Leim, Kreatin, Harnstoff, Ammoniak, Kohlensäure und Wasser entstehen konnte, lauter Producte, die wir als Abkömmlinge der Proteïnstoffe allenthalben im Thierkörper finden? Wenn somit

unter dem sehr geheimnißvollen Einflusse der Nerven die angedeutete Umsetzung eingeleitet und durch den allgegenwärtigen Sauerstoff energisch weiter
geführt wird, wie natürlich und nahe liegt dann der Schluß, daß die selbstständige Bewegung der Herzmuskeln nur auf Kosten ihrer Bestandtheile erfolgt, daß die leiseste Bewegung der Hand oder irgend eines Körperorganes
die Folge einer theilweisen Zerstörung seiner Fibrinmassen ist!

Auch die thierische Eigenwärme, die als unveränderlicher und charac-
teristischer Begleiter eines jeden Thierlebens auftritt, ist an die Rückbildung
oder an die allmählige Oxydation aller Körperstoffe geknüpft.

Wo ein rastloser Verbrauch an einem gewissen Vorrath von Materie
zehrt, da bleibt zuletzt nichts übrig; es ist klar, daß ohne Ersatz des nach
obiger Weise beständig Verlorengehenden durch entsprechenden Neubau auf die Dauer kein organisches Leben denkbar ist. Damit findet die
Existenz des Stoffwechsels im Lebensprozesse selbst, seine Berechtigung. Auflösung und Aufbau, das ist Stoffwechsel und Leben zugleich.

Jenen nöthigen Neubau besorgt das Blut. Die Erhaltung der Organe
(Gewebe), trotz ihrer beständigen Abnutzung in ihrer vollen Integrität, das
ist der Zweck und der wahre Sinn der Ernährung.

Indem das Blut durch zwei, nur durch die feinsten Haarröhrchen mit
einander in Verbindung stehenden Gefäßsysteme (Venen, Arterien) den Körper
durchkreis't und alle Organe durchspült, ist es in der Lage, jene Ernährung
bewirken zu können. Die Venen saugen nämlich die unnützen Trümmer
von all' den organischen Verbindungen auf, welche im Dienste des Lebens
ihren Untergang fanden, und führen sie den Lungen und Nieren zu.

Die Lungen, wesentlich unterstützt von der porösen Oberhaut des Körpers, scheiden aus dem Blute hauptsächlich Kohlensäure und Wasserdampf
(Ausathmung) und nehmen dafür ein Quantum atmosphärischer Luft auf
(Einathmung), deren Sauerstoff in's Blut übertretend, mit diesem durch den
ganzen Körper geführt wird. Dieser Sauerstoffstrom, indem er sowohl im
Blute, wie in den Geweben seine große Verwandtschaft zu organischen Verbindungen geltend macht, gibt dadurch den Anstoß zu den bedeutsamsten
Umsetzungen. So beruht die Gewebebildung aus Blut theilweise, die Erzeugung der thierischen Wärme aber ausschließlich auf Verbrennungsvorgän-
gen, die ja nur durch den Sauerstoff möglich sind. Der Sauerstoff der
Luft ist der Pendel, der die Lebensuhr im Gange erhält.

Die Nieren befreien den Körper vom Harnstoff und den Salzen, indem
sie diese, nicht ferner brauchbaren Stoffe aus dem Blute in die Harnblase
absondern. Der Harnstoff $C_2 H_4 N_2 O_2$ enthält beinahe allen Stickstoff
der aufgelösten Körpergebilde; es ist die stickstoffreichste aller organischen

Verbindungen. Als Endproduct des Verfalls der Proteïnstoffe, gibt er ein Maaß für die Intensität des thierischen Stoffwechsels.

Zum Ersatz des allerwärts zerstörten und weggeführten, gibt nun das aus den Lungen kommende arterielle Blut die aus der Nahrung gezogenen frischen Proteïn-Elemente; es restaurirt mit seinen albuminhaltigen Fetten die Substanz der Nerven, sein Fibrin befähigt die geschwächten Muskeln und Glieder zur neuen Anstrengung, es gibt endlich den innern Organen des Körpers Alles, was ihnen ihre tantalische Arbeit raubt.

Die Bedingungen, unter denen sämmtliche Lebenserscheinungen ungestört vor sich gehen, laufen nach dieser Darstellung auf vier Hauptmomente hinaus. Es wären dies: Neubildung des Blutes, Umwandlung des Blutes in die organisirte Körpermasse, Auflösung der Körperbestandtheile und endlich Absonderung und Ausscheidung der Producte der Rückbildung. Somit dürfte die Wahl und Reihenfolge der Gesichtspuncte, von denen aus nun versucht werden soll, eine dem Stande unseres heutigen Wissens entsprechende Einsicht in den ganzen Lebens- und Ernährungsprozeß der Thiere zu gewinnen, nicht ohne gültige Motive bei dem folgenden Ergebnisse erscheinen:

1. Aufnahme von Nahrung.
2. Verdauung.
3. Blutbildung.
4. Kreislauf des Blutes.
5. Umwandlung des Blutes in organisirte Masse.
6. Der Athmungsprozeß.
7. Der eingeathmete Sauerstoff als nächste Ursache der Rückbildung.
8. Thierische Wärme und Kraft, Folgen der Rückbildung.
9. Absonderungen und Ausscheidungen.
10. Statik des thierischen Stoffwechsels.

Ich theile die vorliegende Aufgabe in zwei Theile und behandle für's Erste die von 1 bis einschließlich 5 verzeichneten Abschnitte, überhaupt also die Prozesse der Bildung und des Aufbaues. Die andere Hälfte, umfassend die Vorgänge der Rückbildung und des Verfalles, soll das Thema des nächstfolgenden Vortrages sein.

Verdauung.

Das Blut entsteht aus der Nahrung. — Bekanntlich sind die meisten Nahrungsmittel blos hinsichtlich ihrer näheren organischen Bestandtheile dem

Blute ähnlich. Soll die Nahrung ihrem Zwecke, das heißt der Blutbildung dienen, so müssen die einzelnen Nahrungsstoffe eine den Bestandtheilen des Blutes entsprechende Umsetzung erleiden und eben so nothwendig, zweitens, in denjenigen Zustand von Auflösung übergeführt sein, in welchem sie die Wände der Aufsaugungsgefäße durchdringen können. Abgesehen von der Zubereitungskunst der Nahrungsmittel, die uns einstweilen nicht fesseln soll, wird beides im Verdauungsprozesse erreicht.

Die Verdauung ist das Ergebniß der Einwirkung der Verdauungsflüssigkeiten, zu welchen Speichel, Magensaft, Galle, Bauchspeichel und Darmsaft gehören, auf die Speisen. Die Verdauungsflüssigkeiten stammen aus dem Blute. Ihre Menge ist keine geringe. Nach den Beobachtungen von Bidder & Schmidt secernirt nämlich ein 130 Pfd. schwerer Mann während 24 Stunden

0.7 Pfd.	Speichel	mit 0.004	Pfd.	festen	Materien
3.2 „	Galle	„ 0.16	„	„	„
34.0 „	Magensaft	„ 0.18	„	„	„
9.2 „	Bauchspeichel	„ 0.23	„	„	„
0.4 „	Darmsaft	„ 0.006	„	„	„
Sa. 47.5 Pfd.		0.58 Pfd.			

Indem der Körper eines Mannes von obigem Gewichte aus ungefähr 90 Pfd. Wasser und 40 Pfd. trockner organischer Materie besteht, so ist ersichtlich, daß die Verdauungsflüssigkeiten die Hälfte des ganzen im Körper vorhandenen Wassers in Anspruch nehmen und in Umlauf setzen.

Unsere gewöhnlichen Nahrungsmittel sind, nach unserer neulichen Auseinandersetzung, hauptsächlich blos Mischungen von Proteïnstoffen, Fetten, Kohlehydraten und Salzen mit mineralischer Basis. Eine Einsicht in den Verdauungsprozeß läßt sich daher am Besten dadurch gewinnen, daß wir die Reihe der Veränderungen jener allgemeinen Nahrungsbestandtheile unter dem Einflusse sämmtlicher Verdauungsflüssigkeiten in's Auge fassen. Vorab wollen wir jedoch nachsehen, in wie weit der anatomische Bau des Verdauungsapparates den chemischen Prozeß der Auflösung und Metamorphose der Nahrung unterstützen kann.

Die Nahrung wird zuerst durch die Zähne zerkleinert. Je schwer verdaulicher sie durchgehends ist, je vollkommener findet sich dieser Mahlapparat. Das Gebiß eines Fleischfressers ist deßhalb anders, als das eines Pflanzenfressers. Bei den Vögeln ersetzen die starken Muskeln des Kropfes die Zähne. Die zerkaute Nahrung gleitet, indem sie im Munde mit dem schlüpfrigen Speichel sich vermischt hat, durch den Schlund und die Speiseröhre in den Magen. Dieser besteht beim Menschen und überhaupt bei fleischfressenden Thieren aus einem zusammengefalteten länglichen Schlauche, der, wegen seiner abwechselnd weiten und engen Form, als eine Reihe unterbundener Säcke erscheint. Der Magen der Wiederkäuer ist in vier verschiedene große Säcke getheilt, deren größter der Pansen heißt. Nur solche Futtermittel gelangen in den Pansen, die wegen ihrer schwierigen Auflösung vom Thiere noch einmal gekaut werden. Die eigentliche Verdauung findet in dem Pfalter- und Labmagen der Wiederkäuer statt.

Durch die wurmförmigen Bewegungen des Magens, wodurch ein stetiger Ortswechsel seines Inhalts verursacht wird, gelangt der Speisebrei durch den Magenmund in die Gedärme. Hier geht das Hauptgeschäft der Verdauung vor sich; was nicht schon von den Saugadern, die den Magen umstricken, aufgesaugt worden, wird hier von dem überhaupt Unlöslichen getrennt. Die Verdauung, welche im Magen begonnen, vollendet sich also im Dünndarme. Das Unverdauliche wird in Form fester Extremente schließlich aus dem Körper geschieden. Je größer die Masse der festen Extremente ist, je unverdaulichern Stoff enthielt die Nahrung. Ein guter Stuhlgang ist nicht immer identisch mit einer guten Verdauung. Die Speisen können schlecht verdaut, das heißt, nur theilweise ihrer löslichen Nährstoffe im Darme beraubt worden sein, ohne daß der Stuhlgang hierdurch gestört ist. Nur solche Personen besitzen eine schlechte Verdauung, die einen großen Theil ihrer eingenommenen Nahrungsstoffe unbenutzt von sich abgeben, in deren Extrementen also noch beträchtliche Mengen von Proteïnstoffen, Fett u. s. w. sich vorfinden. Die auf schwerverdauliche Nahrung angewiesenen Thiere, wie die Wiederkäuer insgesammt, haben einen längeren Darm, den die Nahrung vor ihrem Austritt aus dem Körper passiren muß. Der Darm der Fleischfresser ist hingegen sehr kurz. Er besitzt beim Löwen die dreimalige Länge des Körpers, während die Eingeweide eines Rehes 28 mal so lang, als dieses Thier sind. Der Mensch, der sowohl Fleisch wie Vegetabilien genießt, verdaut diese Mischung mit Hülfe eines, seine Körperlänge 7fach übertreffenden Darmes.

Die mit der Nahrung eingeführten unorganischen Salze sind, je nach den Nahrungsmitteln, verschiedene Gemenge von schwefelsauren, salzsauren, phosphorsauren und organischsauren Alkalien (Kali, Natron, Kalk, Bittererde). Außer dem phosphorsauren Kalke und der phosphorsauren Bittererde und einigen an organische Säuren gebundenen Erden sind alle in Wasser löslich, das heißt, jedes jener Salze zertheilt sich ohne Trübung in reinem Waſſer. Die wäſſerigen Verdauungsflüſſigkeiten haben dieſelben also blos aus der Nahrung auszuziehen und ſie nach den Geſetzen der Endosmoſe*) den Auffaugungsgefäßen zu überliefern. Die im Waſſer nicht löslichen Salze, worunter der phosphorſaure Kalk oder das Knochenſalz am wichtigſten iſt, werden völlig oder wenigſtens zum Theil von den

---

*) Der einfachſte Begriff von Endosmoſe bezieht ſich auf die Fähigkeit einer thieriſchen Membram (Blaſe, Darm, Haut), welche keine ſichtbaren Poren, vielmehr eine Dichtigkeit beſitzt, vermöge der ſie die Luft ſogar vor einem leeren Raum abſperrt, die Miſchung verſchiedener Flüſſigkeiten zu bewerkſtelligen, deren Scheidewand ſie bildete. Von Zuckerwaſſer und Kochſalzlöſung, die blos durch eine Membran von einander getrennt ſind, läßt ſich ſagen, daß die Membran die Endosmoſe dieſer Flüſſigkeiten vermittle, weil nach kurzer Zeit ein Theil des Zuckerwaſſers zur Kochſalzlöſung, und umgekehrt, ein Theil dieſer zu jenem übergeſtrömt ſich findet. Welchen Antheil die chemiſche Verwandtſchaft der verſchiedenen Flüſſigkeiten unter ſich an der eigenthümlichen Anziehungskraft der Membran hat, iſt eine noch unbeantwortete Frage. Nur ſo viel ſteht feſt, zufolge vielfacher Experimente von Jolly und Ludwig, daß die Erſcheinungen der Endosmoſe weſentlich abhangen 1) von der Art der Membran; einer dünneren und ausgedehnteren entſpricht die leichtere Miſchung, 2) von der chemiſchen Verſchiedenheit der Flüſſigkeiten; Schwefelſäure diffundirt ſchneller mit Waſſer, als mit Kochſalz; noch langſamer miſcht ſie ſich mit Zuckerlöſung; 3) von der ungleichen Dichtigkeit der Löſungen; eine ſalzreichere Flüſſigkeit (Blut) reſorbirt leichter von der ſalzärmeren (Speiſeſaft), wie umgekehrt; 4) von dem ungleichen Drucke. Darauf möchte es wohl hauptſächlich ankommen bei den endosmotiſchen Erſcheinungen des Thierkörpers, in welche ohne Berückſichtigung des Druckes kein Licht zu bringen iſt. Sogar der Ausdrck Endosmoſe, darunter einen gegenſeitigen Austauſch von Flüſſigkeiten begreifend, iſt nicht mehr paſſend für die meiſten ähnlichen Vorgänge im Thierkörper. Wo, wie dort, der Druck einen gewöhnlich einſeitigen Uebertritt verurſacht, haben wir es mit einer Reſorption (Auffaugung) zu thun, einer Erſcheinung, welche die Endosmoſe allein kaum bewirken dürfte. Vornehmlich durch den Druck, worunter das arterielle Syſtem des Körpers ſteht, empfängt das Blut die Fähigkeit, die Wandungen der Adern zu durchſchwitzen und ſomit den Körper zu ernähren; durch die ſtarke Verdunſtung des Waſſers von der Körperoberfläche wird es den Venen möglich, allerwärts zu reſorbiren.

Die Schnelligkeit der Reſorption von, im Verdauungskanale gelöſten Stoffen Seitens des Blutes hängt nicht von der Concentration jener ab, wie man gewöhnlich annimmt, ſondern von ihrem Gehalte an leicht diffuſiblen Subſtanzen. Waſſer oder größere Verdünnung iſt daher nicht immer ein Förderer der Reſorption.

dem Magensafte eigenthümlichen Säuren gelöſt. *) Ebenso sicher lösen
diese Säuren das Eisenoxyd, ja sogar metallisches Eisen und Mangan erleiden dies Schickſal, indem ſie im Magen zunächſt in Oxydul-Salze verwandelt werden. Man würde jedoch das Lösungsvermögen des Kochſalzes,
des Chlorkaliums und des Albumins für phosphorſaure Erden verkennen,
man müßte ignoriren, daß aus dem Chlormagneſium der Nahrung ſich freie
Salzſäure im Magen erzeugen kann, falls allein der Milchſäure des
Magenſaftes die Umſetzung der unlöslichen Salze zugetraut wird.

Eine viel komplizirtere Veränderung erleiden indeſſen die Kohlehydrate.
Das wichtigſte unter dieſen, die Stärke, geht ſchon durch die Beimiſchung
des Mundſpeichels**)zuerſt in Dextrinlöſung und dann leicht in Trauben-

---

*) Erſt im Jahre 1847 haben Lehmann's Forſchungen viele Zweifel und un-
richtige Anſichten über die Säuren des Magenſaftes beſeitigt. Was man
früher für Salzſäure hielt, war zum größten Theile Milchſäure; was den
Magenſäuren in Bezug auf die Verdauung von geronnenem Albumin, Fleiſch,
Käſeſtoff ꝛc. einſeitig beigelegt wurde, iſt jetzt nur aus einer vereinten Wirkung derſelben mit einem org. Fermentkörper zu erklären. In ſofern man
letzteren mit Namen Pepſin belegt, iſt darunter nicht ein einfacher Körper zu
verſtehen, ſondern derſelbe gepaart mit Salzſäure zu Chlorpepſinwaſſerſtoff-
ſäure. Dieſe von Schmidt entdeckte, und aus der Schleimhaut des Magens
durch Vermittelung der Milchſäure entſtehende Säure bildet mit den Eiweißkörpern lösliche Salze und ſcheint das eigentliche Prinzip des Magenſaftes
zu ſein. Ein Uebermaaß von Säuren vernichtet ihre Wirkung eben ſo gut,
als Alkalien, Siedhitze und Alkohol. Das Pepſin kann aus dem Magenſafte
und aus der künſtlichen Labflüſſigkeit durch Bleioxyd gefällt und ziemlich rein
dargeſtellt werden. Man hat in ihm außer C, H und O noch Stickſtoff
und Schwefel nachgewieſen, konnte aber, wegen ſeiner leichten Zerſetzbarkeit,
keine erfolgreiche Analyſe durchführen.

Schmidt fand in dem Magenſafte eines

	feſte Stoffe:	freie Salzſäure:
Hundes	2.60%	0.33%
Schaafes	1.38%	0.12%
Menſchen	0.58%	0.02%

Lehmann gibt an, daß der Magenſaft eines Hundes

0.86 — 0.99% organiſche Subſtanz,
0.38 — 0.56% mineraliſche „
0.56 — 0.90% Milchſäure

enthält. In dem eines Pferdes fand Gmelin 1·6% Fixa mit 1.05 organiſchen Theilen.

**) Die während des Kauens oder bei irgend einem Reize aus den ſechs Speichel-
drüſen in die Mundhöhlen fließende Flüſſigkeit iſt alkaliſch, ſehr wäſſerig,
durch Schaum und Epithelien getrübt. Man pflegt die Wirkſamkeit des

zucker über. Sehr förderlich für diese Lösung ist jedoch die Befreiung der Stärkekörnchen von ihrer Hülle, wie dies gewöhnlich durch das Kochen der stärkehaltigen Nahrung geschieht. Der saure Magensaft scheint in so fern der Zuckerbildung günstig zu sein, als er Salzsäure enthält, die außer Rohrzucker und Dextrin, auch junge Cellulose in Traubenzucker umbilden kann. Diese Wirkung der Salzsäure muß besonders für die Wiederkäuer von Bedeutung sein, weil diese zur Bereitung des Zuckers in ihrer Nahrung auf mehr oder weniger inkrustirte Cellulose (Stroh, Heu) angewiesen sind. Bei andern Thieren geht indessen der größte Theil der Cellulose unangegriffen in die Extremente über. Die Pectinstoffe und das Gummi, die so sehr verbreitet vorkommen, werden zwar theilweise von den Verdauungssäften gelöf't, aber keineswegs resorbirt, oder in Zucker übergeführt. In der vegetabilischen Nahrung des Menschen spielt die Cellulose, neben den vorwaltenden Mengen von Stärke, Zucker und Dextrin, eine ganz unwichtige Rolle. Denn diese Kohlehydrate sind so leicht verdaulich, daß schon der Mundspeichel und viel energischer noch der Bauchspeichel*) des Dünndarms genügt, um deren gänzliche Umbildung in Traubenzucker zu bewirken.

Bildung von löslichem Traubenzucker aus den Kohlehydraten ist nicht das letzte Stadium ihrer Verdauung. Es geht zwar bei fleischfressenden Thieren aller Zucker alsbald in die aufsaugenden Blutgefäße über, ohne

Speichels auf das ihm eigenthümliche Ptyalin, ein dem Natronalbumin sehr ähnlicher Stoff, zu beziehen. Das Ptyalin ist in Essigsäure unlöslich und es wird durch Alkohol und Metallsalze gefällt, durch letztere jedoch nur, wenn vorher das lösende Alkali mit einer Säure gebunden wird. Chlorkalium bildet im Speichel die Hälfte der unorganischen Bestandtheile. Es mag dieses Berücksichtigung verdienen, da die tägliche Speichelmenge des Menschen ungefähr ³/₄ Pfd. beträgt. 1000 Theile Speichel enthalten: (Analyse von Frerichs) Ptyalin 1.41, Schleim 2.13, Fett 0.07, Schwefelcyankalium 0.10, Salze 2.19, Wasser 994.10. Ein Wiederkäuer scheidet beim Kauen trocknen Futters stündlich 10—12 Pfund Speichel ab; bei Wurzelgewächsen ein Viertel weniger. (Colin).

*) Der Saft der Bauchspeicheldrüse (pancreatischer Saft) ist, gleich dem Mundspeichel, alkalisch und ausgezeichnet durch den Reichthum an einer löslichen Protein-Verbindung, welche dessen klebrige Beschaffenheit und die Eigenschaft beim Erhitzen vollständig zu gerinnen, bedingt. Bis jetzt hat man nur den Bauchspeichel verschiedener Thiere quantitativ untersucht. Ein Bild seiner Zusammensetzung mag Tiedemann's Analyse vom Pancreas eines Hundes geben; 100 Theile enthielten: Protein 3.55, Fett, Salze und Extractstoffe 5.39, Wasser 91.72.

daß er vorher in den Gedärmen einer Umwandlung in Fett unterliegt. Bei Pflanzenfressern aber scheint ein großer Theil des Zuckers als Material zur Fettbildung zu dienen. Von diesem wichtigen Prozesse kennen wir nur das Resultat und einige Beobachtungen, welche, durch gültige Analogien unterstützt, zu demselben führen konnten. Nachdem nämlich vor wenigen Jahren gefunden worden, daß sich aus einer mit frischer Galle versetzten Zuckerlösung eine deutliche Menge Milchsäure erzeuge, fing man an, das mehrfach beobachtete Auftreten der Milchsäure im Verdauungsapparate von den Functionen der Galle*) abhängig zu machen. Ein ferner Versuch, wonach Thiere mit unterbundenem Gallengange, selbst bei der reichlichsten

---

*) „Die Function der Galle im Körper ist noch wenig aufgehellt." (Budge). Und das Wenige, das bekannt ist von dieser Flüssigkeit, deren Bedeutsamkeit aus der Angabe spricht, daß sich täglich mehrere Pfund Galle in den Verdauungskanal ergießen, — gehört hauptsächlich der organischen Chemie an. Hätten sich nicht, nachdem Berzelius den Anfang gemacht, die berühmten Chemiker Gmelin, Mulder, Liebig successive der Galle angenommen, ob wir dann wohl heute mehr von ihr wüßten, als vor vierzig Jahren, wo man darüber Bände geschrieben, eben so dick wie inhaltslos?! — Es ist hier nicht angebracht, die aus den verschiedenen Untersuchungen allmählig sich entwickelnden Resultate zu betrachten; Mulder's Gallenanalysen, nebst denen, welche Liebig's genialer Leitung ihre Existenz verdanken, sind bewundernswerthe Muster von organischen Untersuchungen, und bleiben es auch, gegenüber der eminenten Arbeit Strecker's, dem es, gestützt auf die großen Vorarbeiten, erst gelang, die chemische Constitution der Galle festzustellen.

Gesunde Galle reagirt niemals sauer, sie schmeckt bitter und hat keine unveränderliche Farbe, noch bestimmtes spezifisches Gewicht. Ihre wesentlichsten Bestandtheile sind die durch Aether fällbaren Natronsalze zweier stickstoffhaltigen Säuren, wovon die schwefelfreie Cholsäure und die schwefelhaltige Choleïnsäure benannt wird. Die mannigfachen Zersetzungsproducte, welche diese Gallensäuren durch chemische Agentien liefern, sind sehr genau studirt. Am meisten jedoch interessiren diejenigen, die auch wirklich im Körper oder vielmehr im Darmkanale, wo eine vollständige Metamorphose der Galle erfolgt, vorkommen, und die zugleich in einem sehr schönen Zusammenhange mit den ursprünglichen Gallensäuren stehen. Besonders gehören dahin Cholalsäure, Leimzucker und Taurin. Abstammung und Ursache des Entstehens dieser Stoffe im Organismus sind nicht mehr zweifelhaft, seitdem es durch die Chemie so bestimmt nachgewiesen ist, daß durch Behandlung mit Alkalien folgendes Zerfallen der Gallensäuren Statt findet:

$$\underset{\text{Cholsäure}}{NC_{52}\ H_{43}\ O_{12}} = \underset{\text{Cholalsäure}}{C_{48}\ H_{40}\ O_{10}} + \underset{\text{Leimzucker}}{NC_4\ H_5\ O_5} - \underset{\text{Wasser}}{2\ HO.}$$

$$\underset{\text{Choleïnsäure}}{NC_{52}\ H_{45}\ O_{14}\ S_2} = \underset{\text{Cholalsäure}}{C_{48}\ H_{40}\ O_{10}} + \underset{\text{Taurin}}{NC_4\ H_7\ O_6\ S_2} - \underset{\text{Wasser}}{2\ HO.}$$

Die verschiedenen Bestandtheile der Galle finden sich nicht als Producte

Nahrung, keine Zunahme, vielmehr eine Abnahme von Fett zeigten, konnte erst die Physiologie zu dem Schluſſe berechtigen, daß die Milchſäure ein nothwendiges Zwiſchenglied in der Fettbildung aus Zucker ſei. In der That zerfällt in einem bei Anweſenheit von Alkalien ſehr allgemein auftretenden Gährungsprozeſſe der Zucker grade auf in zwei Atome Milchſäure.

Zucker $\qquad$ $C_{12} H_{12} O_{12}$

Milchſäure 2 $(C_6 H_6 O_6 + HO)$

Aus Milchſäure und auch aus Zucker lehrt die Chemie durch Einwirkung thieriſcher Hefe und Alkalien die Darſtellung der Butterſäure. Kann es nun zweifelhaft ſein, daß die an Alkalien reichen Flüſſigkeiten der Galle und des Darmſaftes, im Verein mit den in ſelbigen und namentlich im Bauchſpeichel reichlich enthaltenen Fermentkörpern, jene Butterſäure aus Milchſäure zu Stande bringen, indem ſich, wie folgendes Schema zeigt, nebenbei Kohlenſäure und Waſſerſtoffgas entbindet?

Milchſäure. $\qquad$ Butterſäure. $\qquad$ Kohlenſäure. $\qquad$ Waſſerſtoffgas.

$$2 (C_6 H_5 O_5 + HO) = (C_8 H_7 O_3 + HO) + 4 CO_2 \qquad + 4 H.$$

des Stoffwechſels im Blute, ſondern ſie werden erſt in der Leber gebildet und von dieſer zur Gallenblaſe geführt. Die Fette ſcheinen bei der Gallenbildung von großer Bedeutung zu ſein, denn es vermindert ſich bei hungernden Thieren die Gallenabſonderung, genau in dem Maaße, als das Fett aus dem Körper ſchwindet. Nicht alle Galle, welche in den Zwölffingerdarm kommt und daſelbſt mit der chemiſchen Umwandlung der Speiſen eine gänzliche Auflöſung erleidet, wird zum Beſtandtheile des Kothes, ſondern ein beträchtlicher Theil derſelben, ungefähr $^7/_8$ der ganzen Gallenmenge, kehrt in Verbindung mit den gelöſten Nahrungsſtoffen wieder zurück ins Blut, dem hierdurch eine bedeutſame Quelle des Kohlenſtoff wird.

100 Theile normaler menſchlicher Galle enthalten: (Analyſe von Frerichs)

cholſaures und choleïnſaures Natron	8.18
Elaïn und Margarin	0.62
Choleſtrin	0.21
Schleim	2.82
Farbſtoff	—
Salze	0.71
Waſſer	85.96.

Für je 100 Pfd. Lebensgewicht ſcheidet in 24 Stunden aus

ein Schaaf	2.54	Pfd. Galle
ein Hund	1.29	„ „
eine Katze	1.45	„ „
eine Gans	1.17	„ „

(Bidder & Schmidt.)

Ueberdies hat der bestimmte Nachweis von Buttersäure im Darmkanale diese Deutung gesichert. Auch konnte Lehmann, welcher Pferde mehrere Tage hindurch mit purem Zucker fütterte, letztern weder im Chylus noch im Pfortader-Blute auffinden, was doch unerklärlich wäre, wenn der Zucker nicht schon im Darme einer Umwandlung in Milchsäure und Buttersäure verfällt.

Die Buttersäure gehört schon zur Gruppe der fetten Säuren; mit ihr ist die Fettbildung aus Zucker, respective Kohlehydraten, eingeleitet aber noch nicht vollendet. Zwar vermißt von hier an der ängstliche Beobachter den leitenden Faden, vielleicht mit Mißtrauen auf den Chemiker sehend, der keine Wirkung ohne eine bedingende Ursache kennen will, und die Entstehung der Buttersäure als Analogie benutzt, um aus einem ganz ähnlich fortschreitenden Desoxydationsprozesse dieser Säure ein Resultat herzuleiten, welches keine gewaltsamen Hypothesen in sich birgt, selbst wenn es in folgender unerprobten Form gegeben wird:

$$\text{Buttersäure} \qquad \qquad \text{Margarinsäure}$$
$$4 \, (C_8 \, H_7 \, O_3 \, + \, HO) - 12 \, O = C_{32} \, H_{31} \, O_3 \, + \, HO.$$

Es genügt, die Fettbildung aus Kohlehydraten bis zur Margarinsäure, der Hauptfettsäure des Thierkörpers, verfolgt zu haben. Was weiter mit diesem Fette geschieht, fällt zusammen mit der Verdauung der in der Nahrung fertig vorhandenen neutralen Fette.

Diese, ein Gemenge von Margarin, Stearin und Oleïn, 2c. müssen, bevor sie einer Lösung im Wasser fähig sind, durch Alkalien zersetzt, oder, was das Nämliche ist, verseift werden. Speichel und Magensaft sind in dieser Hinsicht ohne Einfluß.

Ebenso ist die Galle nicht im Stande, die neutralen Fette zu verseifen. Nur wenn durch den Bauchspeichel die Fette in Fettsäure und Lipthloryd zerlegt sind, vermag die Galle die freie Fettsäure zu verseifen und so die Verdauung der Fette zu unterstützen. Die zersetzende Wirkung des Bauchspeichels auf Neutralfette ist ihrem großen, sich beständig zersetzenden Proteïngehalte zuzuschreiben. Denn in Umsetzung begriffene Proteïnstoffe vermögen Fette zu zersetzen. Die Annahme Lehmann's und Brücke's, das Fett unterliege vor seiner Assimilation keiner Verseifung, sondern es bilde mit dem klebrigen Safte der Bauchspeicheldrüse eine milchartige Flüssigkeit (Emulsion), in der das Fett mechanisch so fein vertheilt sei, daß es die Wände der Aufsaugungs-Gefäße oder vielmehr die Darmzoten durchdringen könne, wird von manchen Physiologen nicht getheilt. —

Wir können indessen als feststehend betrachten, daß die Fett-Verdauung nur im Zwölffinger-Darm (Duodenum) vor sich geht, dessen Resorption daher auch blos durch die Chylusgefäße und nicht durch die Magenvenen erfolgen kann.

Die Verdauung der Proteïnstoffe dreht sich um die Auflösung ihrer coagulirten oder organisirten Form. Bei fetthaltigem Fleische fließt das Fett aus dem Magen bald in den Darm, worauf die Muskelfasern des Fleisches zerfallen und allmählig sich auflösen. Lösliches Albumin gerinnt im Magen, ebenso wie die Caseïnlösungen. Nach dem Uebergang in diese unlösliche Form beginnt die Verdauung derselben. Sie wird bewirkt durch den Magensaft, dessen ein erwachsener Mensch täglich fast 10 Quart absondert. Wenn auch die Säure desselben für sich zu schwach ist, um fibrinartiges Proteïn zu lösen, so gewinnt sie doch im Bunde mit dem Magenfermente (Pepsin) eine außerordentlich lösende Kraft. Die verschiedenen Proteïngebilde erfordern bis zu ihrer vollständigen Verflüssigung im Magen 3—5 Stunden Zeit. Diese Lösung wird dann durch die Magenvenen aufgesaugt; sie tritt also durch die Pfortader und die Leber in den allgemeinen Blutstrom. Der Chylus soll nach Bernard vergleichsweise nur eine geringe Menge Proteïn resorbiren. Ich bemerkte bereits, (S. Anmerk. Seite 139). daß ein Uebermaaß von Säuren, Alkalien und Alkohol die verdauende Wirkung des Magensaftes vernichte. Saurer alkoholreicher Wein, in Menge genossen, muß also der Verdauung der Blutbildner ungünstig sein. Die Verdauungsstörungen nach Trinkgelagen und Gastmählern mögen meistens ihren Grund in dem zu starken Genusse alkoholischer und namentlich saurer Getränke finden.

Es scheint gewiß, daß im Verdauungsprozesse der vielfachen Proteïnstoffe der eine in den andern umgewandelt wird. Nur dadurch läßt sich erklären, wie der Säugling das Albumin und Fibrin seines Blutes bildet, da er doch in der Milch nur Caseïn genossen; warum ein Mensch oder Thier, bei vorwiegender Fleischnahrung, dennoch keine Vermehrung seines Blutfibrin erfährt. Aehnlich wie bei der Fäulniß des Fleischfibrins, das man als oxydirtes Albumin betrachten kann, zuletzt lösliches Albumin entsteht, so mag unter dem Einflusse der sauren und alkalischen Verdauungsflüssigkeiten mit ihren mannigfaltigen Fermenten, auch aus Caseïn und Fleischfibrin sich Albumin bilden. Diese Metamorphose ist zum wenigsten ungleich leichter, als die Verwandlung von Leim in Blut-Albumin. Leim steht bereits auf einer viel tieferen Stufe der Rückbildung, als jeder Proteïnstoff. Aber Hunde vermögen monatelang von rohen Knochen zu leben, in denen sie, außer Fett und Knochensalzen, nur Leim vorfinden. Ein fernerer Beweis für die durchgreifenden Veränderungen, welche die Proteïnstoffe beim Passiren des Magens und Darmes erleiden, liegt darin, daß sie nach der Verdauung einige ihrer, sie sonst auszeichnenden Eigenschaften, verloren haben. Ihre Lösungen lassen sich nämlich nicht mehr durch Siedhitze, Säuren und Metallsalze fällen. Da indessen diese Veränderung sich nicht auf die quantitative Zusammensetzung des Proteïn erstreckt, so kann sie als eine Uebergangsstufe zu den Eiweiß-Verbindungen des Blutes angesehen werden.

Sollten auch die unlöslichen Proteïnstoffe theilweise der Einwirkung des Magens entgehen, so sind sie doch damit nicht nutzlos für den Organismus verloren. Denn der Saft des Dünndarms nimmt eine zu sorgfältige Revision aller Speisereste vor. —

Man glaube nicht, daß mit dieser oberflächlichen Betrachtung der einzelnen Verdauungs-Operationen der ganze Verdauungsprozeß erklärt sei. „Dem Physiologen kann es nimmermehr genügen, wenn er blos weiß, wie der Speichel auf Stärkemehl, der Magensaft auf Proteïn, die Galle auf Zucker, der Bauchspeichel auf Fett wirkt. Es gilt ihm, den Einfluß sämmtlicher, nach einander und vereint wirkenden Verdauungssäfte auf zusammengesetzte Nahrungsmittel zu erkennen. Dieses Ziel aber erfordert noch große und umfassende Arbeiten." (Moleschott). Heutigentags, wo sich noch so viele widersprechende Ansichten über die einfachsten Momente der Verdauung kund geben, kann keine Rede von einer rationellen Praxis sein, die alle Bedingungen bei der Auflösung der vielfachen Nahrungsmittel in dem Grade beherrscht, wie es im Interesse des Patienten und der Gesundheit liegt. Erst wenn die organische Chemie die Verdauung nicht mehr zu den verwickeltsten und unklarsten Prozessen ihres Gebietes rechnet, wann ferner ein Maaß für die Nervenwirkung gefunden, die in nicht seltenen Fällen über dem Chemismus der Verdauung zu stehen scheint, dann sind die übertriebenen Anforderungen gerechtfertigt, die jetzt der Heilkunde noch gemacht werden.

Die Zeit der Verdauung der vielen complizirten Nahrungsmittel ist fast gar nicht bekannt, was schon daraus erhellt, daß wir sogar über die Verdauungszeit der einzelnen, einfachen Nahrungsstoffe sehr wenig wissen. Den physiologischen Experimenten, die den Grad der Verdaulichkeit der Nahrungsmittel zu erforschen sich zum Ziele setzten, stehen gar zu große Schwierigkeiten entgegen, als daß die so gewonnenen Angaben von einer befriedigenden Brauchbarkeit sein könnten. Es bleibt uns zur Beurtheilung dieses Verhältnisses nichts Anderes, als die beiden bereits erwähnten, aus der Natur der Sache sich ergebenden Grundsätze. Nach denselben ist ein Nahrungsstoff um so verdaulicher, je mehr er seiner Zusammensetzung gemäß mit den entsprechenden Blutbestandtheilen übereinstimmt, und zweitens, je leichter er in den Verdauungssäften sich löst. Umgekehrt ist er ein schwerer verdaulicher, je fremdartiger er in dem Blute ist und je schwieriger

deſſen Löſung erfolgt. So iſt der Traubenzucker leichter verdaulich als
Rohrzucker, dieſer leichter als Dextrin, dieſes leichter als Stärke und dieſe
endlich leichter, als Zellſtoff. Letzterer, obgleich kräftiger Eingriffe bedür-
fend, um allmählig in Zuckerlöſung überzugehen, erſcheint dennoch leichter
verdaulich, als das in Waſſer ſo leicht lösliche Gummi, denn dieſes iſt ein dem
Blute fremdartiger Beſtandtheil. Ein Gleiches gilt von den Pectinſtoffen.
Die compacten Kügelchen der Stärke befinden ſich ſtets in Zellen einge-
ſchloſſen, die beim Kochen platzen und dann den Verdauungsſäften einen
leichteren Angriff geſtatten. Daher ſind ſtärkemehlhaltige Samen und Kartoffeln nach dem Kochen leichter verdaulich, als rohe. Die Samen der
Getreidearten, Hülſenfrüchte, Oelfrüchte, ꝛc. ſind mit einer Epidermis über-
zogen, die völlig undurchdringlich für alle Verdauungsflüſſigkeiten iſt; deßhalb werden, nach Verſuchen, die der Verfaſſer anſtellte, all' die Samen-
körner, welche unverſehrt den Kau-Apparat paſſiren, unverdaut von Menſchen und allen Thieren ausgeſchieden. Es wird dadurch klar, daß mit der
Feinheit des Mehls und des Futterſchrot's ſeine Verdaulichkeit wächſt.

Die Fette, namentlich die leichtflüſſigen Oele und ſolche, welche bei
der Körperwärme ſchmelzen (Butter, Schmalz) ſind leicht verdaulich. Talg-
arten dagegen werden ſchwierig im Darme gelöſ't. Wachs und Harzſtoffe
erſcheinen ſogar als ganz unverdaulich.

Die Leim gebenden Gewebe des Thierreichs löſen ſich zwar leicht in
Waſſer, können aber in blos mäßiger Menge genoſſen als leicht verdaulich
gelten, weil die zu ihrer Umwandlung in Blutproteïn erforderlichen Pro-
zeſſe einen zu großen Kraftaufwand Seitens des Organismus erheiſchen. So
große Leimmengen, als zur Deckung des Proteïnbedarf eines Thieres nöthig
ſind, werden daher völlig unverdaulich und zuletzt vom Thiere verſchmäht.
Knorpelgewebe, die reich an elaſtiſchen Faſern ſind, widerſtehen der Verdauung ſehr lange; im ungekochten Zuſtande 10—15 Stunden.

Gekochtes Albumin iſt ſchwerer verdaulich, als das in löslicher Form
eingenommene. Daher ſind hart gekochte Eier unverdaulicher, als rohe.
Das Albumin iſt ferner leichter verdaulich, als das Caseïn; deßhalb weilt
ein Stück alter Käſe, deſſen Caseïn in albuminartigem Zuſtande ſich befindet, kaum halb ſo lange im Magen, als friſcher Käſe. Das Blutfibrin
iſt ein Product der retrograden Stoffmetamorphoſe und entſteht aus dem
Muskelfibrin. Es ſind damit die Beobachtungen, wonach jenes ſchwerer
verdaulich iſt, als dieſes, genügend erklärt. Kalbfleiſch, welches in Salzſäure ſich bei weitem nicht ſo vollkommen löſ't, als Ochſenfleiſch, bleibt
länger im Magen, als letzteres. Auch Schweinefleiſch iſt im Vergleich zu
Rindfleiſch ſchwer verdaulich.

Ein Hund verdaute, nach Frerichs, Fleisch schneller, als Brod und dieses schneller, als Kartoffeln. Ueberhaupt verweilen die Vegetabilien länger im Magen, als die Animalien.

Wird einem Thiere irgend ein Nährstoff, und wäre es der verdaulichste, im Uebermaaß gereicht, so versagt die Verdauung ihren Dienst; es entsteht gewöhnlich Durchfall, und die einseitige Nahrung verläßt unbenutzt den Körper.

Es liegen uns eine Menge Beobachtungen vor über die Verdaulichkeit der verschiedensten Nahrungsmittel, die man an mit Magenfisteln behafteten Thieren angestellt, oder an solchen, die eine gewisse Zeit nach der Nahrungsaufnahme getödtet wurden, so daß der Inhalt des Verdauungskanals untersucht werden konnte; wir unterlassen hier indessen die Mittheilung derselben, weil die Resultate gewöhnlich zu individuell und widersprechend sind, und nach der Meinung der besten Physiologen unnutzbar sind zu allgemein gültigen Schlüssen.

Auch hat die Art der Mischung der verschiedenen Nahrungsstoffe den größten Einfluß auf die Verdauung der einzelnen Theile. Als Gesetz steht hier obenan: daß eine den Bedürfnissen des Blutes entsprechende Mischung von Proteïnstoffen, Fetten, Kohlehydraten und Salzen schneller assimilirt wird, als die Summe der Zeit beträgt, die jeder dieser Nährstoffe für sich allein zu seiner Verdauung bedarf. Besonders günstig wirkt in dieser Hinsicht die Beimischung von etwas Fett. Dieses soll nach Lehmann darauf beruhen, daß die Gegenwart von Fett in der Nahrung die Bildung von Milchsäure aus Kohlehydraten auffallend beförbere. Diese Thatsache ist im Stande, Manches in der Zubereitung und Mischung unserer Speisen zu erklären, dessen Zweckmäßigkeit bisher nur eine uralte und sich täglich erneuernde Erfahrung verbürgt hat. Indem wir oben in der Milchsäure das wichtigste Zwischenglied in der Fettbildung aus Kohlehydraten erkannt haben, müssen alle, das Entstehen der Milchsäure erleichternden Bedingungen zugleich auch einer Verdauung der Fettbildner günstig sein. Daß nun die Gegenwart von etwas Fett in der Nahrung eine dieser Bedingungen sei, braucht nicht erst umständlich durch das physiologisch-chemische Experiment, sondern kann practischer durch den Genuß einiger gewöhnlichen Speisen nachgewiesen werden. Solche tagtägliche Versuche zeigen bald den Unterschied, z. B. zwischen einem Butterbrode und einem Stücke trocknen Brodes. Wie hier die Butterfette die Fettbildung aus Brod einleiten, ebenso machen erst die fetten Saucen die abgekochten Kartoffeln und die Gemüse zu einer leicht verdaulichen Nahrung. Man begreift hiernach, warum die fettreichen Eier und etwas Butter die treuen Begleiter der Mehlspeisen sind, warum

Oel zu Salat und Zucker zu Obst nicht zu verschmähen, weßhalb das mit Getreide zu mästende Geflügel erst dann recht fett wird, wenn die Körner selbst mit etwas Fett angemacht sind. Die arbeitende Classe auf dem Lande und das Gesinde auf den Bauernhöfen erhalten zur Nahrung hauptsächlich Gemüse und Brod. Anstatt conzentrirter Fleischnahrung empfangen sie nur ein Stück Schweinespeck. Dasselbe kann unmöglich die Proteïnstoffe des Blutes ersetzen, aber, indem es die großen Massen des von den Arbeitern zu sich genommenen Gemüses und Brodes verdaulicher macht, befähigt es dieselben, jene Pflanzennahrung als Ersatz für die stickstoffhaltige Fleischnahrung hinzunehmen. Der Arbeiter muß eine große Masse von proteïnarmen Speisen bewältigen, ehe sein Blut mit soviel stickstoffhaltigen Bestandtheilen versorgt ist, als seine schwere Arbeit es erfordert. Der Speck, die Butter, das Schmalz, das er genießt, erleichtern seinem Organismus die Extraction der Blutbestandtheile aus der Nahrung. Die zweckmäßige Gegenwart von etwas Fett bei der Verdauung der zur Stärkegruppe gehörenden Verbindungen soll nicht beweisen, daß aus bloßem Zucker kein Fett produzirt werden könne. Die höheren Thiere sind in dieser Beziehung jedenfalls unabhängiger gestellt, als z. B. die Bienen, welche nicht aus reinem Zucker, sondern nur aus wachshaltigem (Honig) das Wachs zu bilden vermögen.

Der Functionen, welche die Milchsäure bei der Verdauung der unlöslichen Proteïnverbindungen versieht, sowie des Umstandes gedenkend, daß die Proteïnkörper allenthalben von großer Menge von Kohlehydraten begleitet sind, kann man nicht umhin, wiederum den Fetten einen indirecten Antheil an der Lösung jener Eiweißstoffe beizumessen. Wo das Fett die Ursache einer raschen Milchsäurebildung war, da ist auch eine entsprechend schnellere Verdauung der Proteïnstoffe die Folge. Abgesehen von den Bedürfnissen des Blutes an Fett, wird deßhalb die Verdauung fettlosen Fleisches (Wildpret, mageres Rindfleisch) durch Zugabe fetter Saucen erleichtert. Auch manche Gewürze fördern die Verdauung, indem sie die, die Verdauungssäfte abscheidenden Drüsen zu reichlicherer Absonderung reizen.

Was endlich die Angaben über die Verdaulichkeit dieses oder jenes Nahrungsmittels betrifft, so ist, Angesichts der hier zu Tage tretenden großen Widersprüche, eine für Alle gültige Lehre nur mit Vorsicht zu ziehen. Hier ist das Alter, der Gesundheitszustand, die geistige Stimmung, die Art der Beschäftigung und Lebensweise, die so verschieden bei den einzelnen Individuen sind, von durchgreifendem Einflusse. Wer, wie manche Aerzte, eine für Alle gleich gültige Verdauungsscale aufstellt, belastet sich jedenfalls mit dem Vorwurfe der Einseitigkeit. Jedes Individuum muß selbst am Besten wiſſen, welche Speiſen und Getränke ſeiner Verdauungsgabe am wenigſten und am meiſten zu ſchaffen machen. Eine ſchlechte Verdauung ſuche nur Niemand durch Medizin, ſondern durch eine, aus vernünftiger Selbſtbeobachtung hervorgegangene und ſorgfältig befolgte Diät zu heilen. Dabei mögen ihm die bisher entwickelten Prinzipien über die Verdauung als Anhaltepunkte dienen. Ferner berückſichtige Jeder, daß die phyſikaliſche Beſchaffenheit der Speiſen, ihre Dichtigkeit und Poroſität, der mehr oder weniger wäſſerige Zuſtand, ihre Temperatur, daß namentlich die chemiſche Zuſammenſetzung oder eine richtig getroffene Miſchung und nicht minder die unzähligen Veränderungen, welche ſie unter der Herrſchaft des ſpitzfindigen Kochkünſtlers ertragen können, bei der eigentlichen Verdauung ebenfalls gehörig in Rechnung zu ziehen ſind. In einem ſpäteren Vortrage werde ich Gelegenheit finden, auf dieſe angedeuteten Verhältniſſ näher zurück zu kommen.

Blutbildung.

Der größte Theil des im Verdauungskanale aus den Nahrungsmitteln bereiteten Speiſeſaftes, in welchem wir unorganiſche Salze, verſeiftes Fett, Zucker und Proteïnlöſungen vorausſetzen können, iſt nicht fähig, in die feinen Blutgefäße überzutreten, theils weil er noch lange nicht die Form des Blutes beſitzt, theils weil er nach kurzer Zeit eine gleiche Conzentration wie die Blutflüſſigkeit beſitzt. So lange der Speiſeſaft noch verdünnter, als das Blut iſt, ſo lange vermag letzteres mit dem Ueberſchuß an Waſſer auch die in demſelben gelöſ'ten Nährſtoffe zu reſorbiren. Dies dauert aber bei dem raſchen Umſchwunge des Blutes und ſeiner Fähigkeit, das aus dem Speiſeſafte aufgenommene Waſſer durch die Nieren raſch abzuſondern, nicht lange. Den Chylusgefäßen, die ähnlich den Adern die Verdauungsorgane umſtricken, bleibt dann die Aufgabe, den Speiſeſaft oder das werdende Blut aufzuſaugen. Wahrſcheinlich reſorbiren die Adern mehr die an ſich löslichen und fremdartigen Verbindungen der Nahrung; wenigſtens könnte man ſich die ſo ſehr ſchnelle Einwirkung der Getränke aller Art, proteïnhaltiger Extracte, ätheriſcher Oele, Alkaloïden, Gifte, organiſchſauren Alkalien, Mineralſalze, ꝛc. auf den Organismus nicht erklären, wenn ihre Aufnahme durch die Chylusgefäße erfolgen ſollte, welche dazu Stunden bedürfen, wozu den Saugadern des Magens Minuten genügen. Dafür aber, daß die Venenadern, raſch und wenig metamorphoſirt, gewiſſe Nahrungsſtoffe aufſaugen, müſſen dieſe erſt den Läuterungsapparat der Leber paſſiren,

ehe sie in den Blutstrom gelangen. Es ist möglich, daß dabei manches für
die Blutbahn Untaugliche zerstört und ebenso manches Andere zur Gallen-
bereitung verwandt wird. Die Leber ist für die direct aufgesogene Nahrung
ungefähr das, was für den Speisesaft der lange Verbleib in den Chylusgefäßen ist. In beiden Fällen wird die Nahrung für's Blut vorbereitet.
Immerhin empfangen jedoch die Chylusgefäße die größere Hälfte der Nahrung (Fett und Kohlhybrate) zur weiteren Metamorphose.

Die Zusammensetzung des Chylus ist natürlicher Weise von der Nahrung abhängig, aus der er entsteht. War diese reich oder arm an Fett
und Proteïn, so läßt sich dieser Unterschied auch im Chylus auffinden. Von
den Wandungen des Darmes an bis zum Ausflusse des Milchbrustganges
in die Bahn des venösen Blutes wird er dem Blute immer ähnlicher.
Wohl mögen die Ursachen dieser Umwandlung noch sehr geheimnißvoll erscheinen, indem es bis jetzt erst unvollkommen gelang, eine stufenweise Metamorphose zu beobachten. Im Resumé der bezüglichen Forschungen vermehrt sich das
Albumin aus dem Fibrin des Chylus und nimmt mit dem Reste des Fibrin
zugleich die Eigenschaften von Blutalbumin und Blutfibrin an; es gewinnt
der Chylus die Eigenschaft, gleich dem Blute zu gerinnen, sobald er dem
Lebenseinflusse entzogen ist, er zeigt ferner die eigenthümliche Fähigkeit, aus
Proteïnverbindungen, Fetten und Salzen eine Menge milchartiger Kügelchen
zu bilden, die in ihren fortschreitenden Veränderungen vielleicht die Quelle
der Blutkörperchen verrathen.*) Da im Blute sich hauptsächlich fettsaure
Alkalien vorfinden, so müssen auch die im Chylus vorhandenen Neutralfette
eine Verseifung erleiden.

Bevor der Chylus sich durch den ductus thoracicus in's venöse
Blut ergießt, ist er nicht mehr der ursprüngliche Speisesaft, sondern eine
mit Lymphe vermischte, dem Blute sehr ähnliche Flüssigkeit. Die Lymphe
wird im Stoffwechsel der Gewebe gebildet; es ist die vom Blute ausge-
schwitzte, aber noch nicht vollständig verbrauchte Ernährungsflüssigkeit. Sie
unterscheidet sich vom Chylus hauptsächlich durch ihren geringen Fettgehalt.

Der Chylus und die Lymphe vereinigen sich also in der Bahn des
venösen Blutes mit dem Inhalt der Saugadern, welcher vorher die Leber
passiren mußte. Die rechte Herzkammer nimmt diese Mischung auf und

---

*) Nach einigen Forschern soll die Milz die Bildungsstätte der Blutkörperchen
sein, nach anderen die Leber und hingegen die Milz ihr Auflösungsorgan.
Diese Widersprüche erlauben die Folgerung, daß Beziehungen zwischen den
Functionen der Blutkörperchen und den Functionen der Milz und Leber
existiren, die einstweilen unbekannt sind.

sendet sie den Lungen zu. Durch den belebenden Sauerstoff wird sie dort befähigt zur Function der Ernährung. Die Bildung des Blutes ist hiermit vollendet.

Der Kreislauf des Blutes.

Das blaurothe Venenblut, das die rechte Herzkammer zu den Lungen sandte, tritt in den feinen Lungenzellen in innige Wechselwirkung mit dem eingeathmeten Sauerstoffe der Luft. Indem es seine überflüssige Kohlensäure gegen Sauerstoffgas austauscht, verläßt es die Lungen als hellrothes Arterienblut und strömt zur linken Herzkammer. Das Herz ist das Centrum des Blutkreislaufes. Von starken Muskeln gewoben, von einer wundervollen Mechanik des Baues, arbeitet es unter rastlosen Zusammenziehungen und Ausdehnungen. Gleich einer Sauge- und Druckpumpe vereinigt es das Blut in seinen Kammern, um es dann, dem Zwecke des Ganzen gemäß, in die Körpertheile zu treiben. Diese rastlose und wahrlich nicht leichte Arbeit läßt auf einen energischen Stoffwechsel in den Herzmuskeln oder Wänden schließen. Und wirklich hat man in seinen Geweben, wie in keinem andern Organe des Körpers, sowohl die Trümmer organischen Stoffs, wie auch jugendliche, noch in der Entwickelung begriffene Muskelfasern angehäuft gefunden.

Das Herz sendet gleichmäßig eine Blutwelle nach der andern durch die große Aorta, dieser durch den ganzen Körper sich verzweigenden Ader. In den feinsten Blutgängen, welche auch Capillarien heißen, tritt das Blut in Wechselwirkung mit den verschiedenen Geweben des Körpers. Es saugt dort die unbrauchbaren Producte des Stoffwechsels auf und nährt dafür die bedürftigen Gewebe und Organe mit seinen eigenen Bestandtheilen. Dabei büßt es seine hellrothe Farbe ein; es wird, je weiter es sich vom Herzen entfernt, und je mehr es durch die Ernährung in Anspruch genommen, dem blaurothen venösen Blute gleich. Die Venencapillarien, welche überall beginnen, wo die Arteriencapillarien endigen, saugen es auf und, indem sie sich allmählig in größeren Stämmen vereinigen, gelangt zuletzt das Venenblut in die Nähe des Herzens. Hier findet seine Vereinigung mit dem aus der Nahrung neugebildeten Blute Statt, und dann tritt es zurück in das Herz, aber in die rechte Hälfte desselben. Auf's Neue beginnt nun derselbe Kreislauf. Man hat die Aehnlichkeit der Blutbahn mit einem Baume in der Weise hervorgehoben, als das Arterienblut in den Capillarien der Lunge wurzelt, als Stamm unverändert durch das Herz tritt und seine Krone in den Capillarien des Körpers ausbreitet, während das venöse Blut in der Peripherie des Körpers fußt und durch das Herz hindurch seine Aeste in den Lungen zertheilt.

Wie erledigt sich nun das Venenblut der während seines Umlaufs durch den Körper gesammelten Endprodukte des Stoffwechsels? Welche Organe reinigen es von Kohlensäure, Ammoniak, Harnstoff und Salzen? Dies geschieht während des Kreislaufs selbst, indem das Blut Lungen und Nieren passiren muß. Vom rechten Herzen tritt es ja wieder in die Lungen und gibt dort bei der Athmung Kohlensäure und andere den Lebenszwecken nicht entsprechende Gase ab. Als arterielles Blut strömt es aus den Lungen in die linke Herzhälfte, ergießt sich dann, als verjüngter Lebensstrom, durch den ganzen Körper und zunächst durch die Nieren.

Die Nieren sind gleichsam Reinigungsmaschinen, durch welche das Blut hindurchfiltriren muß. Beim Austritt aus den Nieren ist es befreit vom überschüssigen Wasser sammt all' den unbrauchbaren Körperstoffen. Harnstoff, Harnsäure, Extractivstoffe und Salze finden sich in wässeriger Lösung in der Harnblase vereint.

Hieraus ersieht man, welch' langen Weg die eingenommenen Getränke zu machen haben, ehe sie in der Harnblase erscheinen. Aufgesaugt von den Adern des Verdauungskanales, die sich in der Pfortader vereinigen, passiren sie die Leber, das rechte Herz, die Lungen, das linke Herz, den ganzen Körper und zuletzt die Nieren. Sie machen also einen vollständigen Kreislauf durch den Körper. Wenn man bedenkt, daß hierzu ungefähr 2 Minuten Zeit genügt, so läßt sich ermessen, wie oft ein Glas Bier oder Wein seinen Umkreis durch den ganzen Körper gemacht hat, ehe dasselbe vollständig in der Harnblase erscheint. Die Schnelligkeit der Absorption, sowie die Geschwindigkeit des Laufes durch den Körper erklärt uns allein die fast momentan nach dem Genusse fühlbare Wirkung vieler Getränke.

Wird die Blutmasse eines Mannes zu 15 Pfd. oder zu $1/10$ seines Körpergewichts angenommen, so berechnet sich, mit Zugrundelegung der Zeitdauer einer Blutrevolution, daß in 24 Stunden 10,000 Pfd. Blut durch das Herz oder die Lungen strömen. Diese erstaunliche Thatsache läßt uns die Wichtigkeit des Kreislaufes ahnen; durch sie lernen wir erst die Energie des Stoffumsatzes im Körper und damit das Blut als den Vermittler des Thierlebens begreifen.

Um diese bedeutungsvolle Rolle des Blutes in ihrer ganzen Ausdehnung zu beschreiben, scheint es nothwendig, vorher einen Blick auf dessen Zusammensetzung zu werfen. Im Mittel einiger Analysen enthalten 1000 Gewichtstheile Blut vom Menschen:

Blutkuchen*)	Fibrin		3	
	Blutkörperchen	Farbstoff.	7	
		Globulin	125	
Blutserum	Albumin		72	Summe der festen Stoffe
	Extractivstoffe		2	= 21.9%
	Fett		3	
	Salze		7	
	Waſſer		781	

$$\overline{\hspace{3cm}}$$
1000

Ueber die Hauptbeſtandtheile des Blutes, als welche das Globulin, das Albumin und Fibrin anzuſehen ſind, habe ich ſchon früher einiges Nähere geſagt, und kann daher meine Bemerkungen auf Folgendes beſchränken:

Der merkwürdigſte Stoff des Blutes ſind die Blutkörperchen. Sie allein ſchweben in organiſirter Form im Blute. Unter dem Mikroscop erſcheinen ſie als kreisrunde, elaſtiſche Scheibchen, bei denen ſich eine farbloſe Hülle und ein roth gefärbter Inhalt zeigt. Ihr Volumen iſt zwar je nach der Abſtammung des Blutes von dieſem oder jenem Thiere etwas verſchieden, im Uebrigen aber überaus klein.**) Virchow beſtimmte, nach einer zuverläſſigen Methode, die Zahl der in einer Cubiklinie (circa ein Tropfen) Blut ſchwimmenden Körperchen auf ungefähr 60 Millionen, und er berechnet hiernach, daß die ganze Blutmaſſe eines Mannes wenigſtens 60 Billionen Körperchen führe.***) Außer dem Globulin, dieſem, dem Albumin ſehr ähnlichen Proteïnſtoff, enthalten die Blutkörperchen in geringer Menge einen Körper, der als Farbſtoff des Blutes bezeichnet wird. Er wird auch Hä-

---

*) Aus der Ader gelaſſen, in weniger denn einer Minute, ſchließt das im Blute gelöſte Fibrin bei ſeiner Gerinnung die ſuspendirten Blutkörperchen ein und bildet damit den nach einiger Zeit im klaren Blutwaſſer (Serum) ſchwimmenden Blutkuchen. Luft und Sauerſtoff fördern die Gerinnung des Blutes. Warum, wiſſen wir nicht.

**) Nach Schmidt beträgt der Durchmeſſer der Blutkörperchen
    beim Menſchen = 0.0077 Millimeter
    „ Ochſen = 0.0058 „
    „ Katze = 0.0056 „
    „ Froſch = 0.0154 „

***) Nach neueren Zählungen von Welker enthält ein Cubik-Millimeter Blut des Menſchen 4½ Million Blutzellen.

matin genannt. Diese Verbindung ist dadurch ausgezeichnet, daß sie das einzige Beispiel ist, wo unoxydirtes Eisen in organischer Verbindung auftritt. Der Eisengehalt des Hämatins, dem nach Mulder folgende Zusammensetzung zukommt: $N_3 C_{44} H_{22} O_6 Fe$, beträgt ungefähr 10%. Auf je 200—250 Theile Blutkörperchen rechnet man 1 Theil metallisches Eisen, oder auf je 100 Theile Blut 0,4% Eisenoxyd. (Schmidt). Dem Hämatin vindizirt man die rothe Farbe der Blutkörperchen und somit des Blutes. Welchen Antheil indessen das Eisen an dieser rothen Farbe hat, ist noch unbestimmt. Zwar soll die Bleichsucht, die sich durch einen Mangel an Blutfarbstoff characterisirt, durch eine zweckmäßige Einführung von Eisensalzen in's Blut am sichersten geheilt werden. Außer dem Globulin, dem Hämatin und etwas Fett enthalten die Blutkörperchen in eingetrocknetem Zustande noch circa 1% Mineralstoffe. Unter diesen herrschen namentlich die Kalisalze vor, was um so bemerkenswerther ist, als im Blutserum, anstatt letzterer, die Natronsalze am reichlichsten vertreten sind.

Die Eigenschaften der Blutkörperchen sind noch wenig bekannt. Man weiß nur, daß sie eine große Verwandtschaft zu Gasen haben, daß sie durch die Einwirkung des Sauerstoffgases ihre braune Farbe gegen die hellrothe verlieren, und daß Kohlensäuregas die braunrothe Farbe derselben wieder herstellt. Da das Blut ein ähnliches Verhalten gegen diese Gase zeigt, so nimmt man allgemein an, daß es die Blutkörperchen sind, welche den vom Blute in die Lungen aufgenommenen Sauerstoff der Luft in irgend einer Weise binden und durch den ganzen Körper tragen.

Nach obiger Analyse führt ein Erwachsener in seinen 15 Pfd. Blut folgende Stoffmengen mit sich:

990.0 Gramm Blutkörperchen,
540.0 „ Albumin,
52.5 „ Salze,
22.5 „ Fibrin,
22.5 „ Fett,
15.0 „ Extractivstoffe.

(1 Pfd. = 500 Gramm.)

Die Blutmenge beträgt bei magern Thieren $^1/_8$ — $^1/_{10}$ des Körpergewichtes, bei recht fetten sinkt sie indessen bis zu $^1/_{20}$.

Ein Thier kann durch Aderlaß oder durch eine nicht lebensgefährliche Verwundung ungefähr $^1/_{22}$ seines Körpergewichtes an Blut verlieren, ehe das Leben gefährdet ist. Ein erwachsener Mensch also höchstens 5—6 Pfd. auf einmal. —

Die Zusammensetzung des Blutes verschiedener Personen ist nicht übereinstimmend, sondern entspricht dem Geschlecht, Alter, überhaupt der ganzen
Individualität eines Jeglichen. Das Blut gesunder Personen weicht indessen
weit weniger von einer normalen Zusammensetzung ab, als das der kranken.
Obschon zur sichern Erkennung der verschiedensten pathologischen Zustände
die heutige Physiologie den hohen Werth und die Bedeutung der Blutanalysen anerkennt, so konnte doch bis jetzt die Chemie, der großen Mühen
und Schwierigkeiten halber, nur entfernt den Anforderungen der Heilkunde
entsprechen. Aus dem vorhandenen, freilich geringen Material treten übrigens folgende bemerkenswerthe Beziehungen hervor:

1. Verminderung der Blutkörperchen bei magerer Kost, Aderlässen, Bleichsucht, Lungenentzündung, Ruhr, bei langwierigen Wechselfiebern, im
   letzten Stadium des Typhus und überhaupt nach langer Krankheit.

2. Verminderung des Fibrins bei anhaltenden Fiebern und bei pflanzlicher Kost. Vermehrung desselben tritt ein bei Fleischnahrung, akuten
   Gelenk-Rheumatismus, bei Schwangerschaft und Lungenentzündungen;
   bei Aderlässen nimmt das Fibrin relativ zu, ebenso beim Hungern.

3. Verminderung des Albumins bei Typhus, Scorbut und der Brights-
   krankheit.

4. Bei Cholera vermindert sich bedeutend der Wassergehalt des Blutserum's.

5. Die Alkalisalze des Blutes sind bei heftigen Entzündungen sehr vermindert, sehr vermehrt dagegen bei Typhus und Cholera.

Umwandlung des Blutes in organisirte Masse.

Die Umwandlung des Blutes in organisirte Masse kann als die Ernährung im eigentlichen Sinne bezeichnet werden. Es fragt sich nun, wie
diese Ernährung vor sich geht.

Die beiden Gefäßsysteme (Venen, Arterien) in welchen das Blut den
Körper durchkreist, sind überall geschlossen. Es muß deßhalb, bevor es in
organisirte Masse umgewandelt, oder ehe es zu Theilen der geformten Gewebe (Organe) wird, die Wände der Adern nach den Gesetzen der Endosmose und Resorption durchdringen. Jenseits der Adern haben wir dann die
eigentliche Flüssigkeit, um die es sich bei der Ernährung handelt.

Unsere Kenntnisse von dieser Ernährungsflüssigkeit sind fast Null.
Ihre mangelhafte Erkennung mag wohl zu Schulden der an's Unmögliche

gränzenden Schwierigkeiten gereichen, welche deren Abscheidung und Reindarstellung bisher begleiteten. Man wird jedoch wenig von den Resultaten
eines directen Beweises abweichen, wenn der Ernährungsflüssigkeit eine dem
Blute ganz analoge Zusammensetzung beigelegt wird. Natürlich machen die
Blutkörperchen, als der Endosmose durch die Gefäßwände unfähig, hierin
eine Ausnahme. Wenn von der bekannten Zusammensetzung der in einigen
serösen Höhlen des Körpers befindlichen und vom Blute ausgeschwitzten
Flüssigkeiten (Transsudate), auf die der Ernährungsflüssigkeit geschlossen
werden darf, so besitzt jene Annahme allerdings eine solide Stütze. Nach
neueren, von Lehmann, Frerichs und Schmidt ausgeführten Analysen
verschiedener Transsudate, mußte das Wasser am schnellsten und in größter
Menge aus dem Blute austreten,*) nach ihm folgt das Albumin, dann
die Salze und zuletzt die Fette; dies entspricht aber grade dem Verhältnisse
der Blutmischung.

Die Gewebebildung aus Blut wird wesentlich bedingt durch den
Sauerstoff der Luft und durch die Verdunstung des Wassers von der Oberfläche des Körpers. Die Gewebe sind gewöhnlich reicher an festen Stoffen,
als das wässerige Blut. Deßhalb scheint es ein unerläßliches Moment der
Formbildung, daß der aus der Blutbahn ausgetretene Ueberschuß des Wassers
in irgend einer Weise entfernt werde. Die Verdunstung desselben von der
ganzen Oberfläche der Haut ist eine bekannte Thatsache. Beim Unterdrücken
der Hauptfunctionen sinkt die ganze Lebensthätigkeit. Hiernach dürfte der
Schluß nicht unbegründet sein, daß der Wasserverlust durch Verdunstung im
engen Zusammenhange mit der Ernährung stehe, daß die Formbildung
gleichsam auf den conzentrirten Rückstand der Ernährungsflüssigkeit angewiesen sei. Von noch bestimmterem Einflusse scheint der Sauerstoff zu sein
in seinem Verhalten zum Blute. Wir bemerken nämlich zwischen Nahrung,
Blut und Geweben einen Unterschied, der vom Sauerstoffe abhängt. Das
Blut ist reicher an Sauerstoffverbindungen, als die Nahrung, die Gewebe-
bestandtheile sind höher oxydirt, als das Blut. Das Albumin der Nahrung
verbrennt im Blute zu Blutzellen. Diese gehen durch weitere Sauerstoffaufnahme in Muskelfaser über. Die zur Classe der Horngebilde gehörigen
Körper, die elastischen Fasern, die Substanz der Bindegewebe und Häute,
kurz, die Hauptmasse der Verbindungen, welche die Organe des Körpers

---

*) Dieses ist auch die lange vermißte Ursache der größeren Conzentration des
Blutes, je weiter es sich vom Herzen entfernt. — Aus demselben Grunde
wird das Blut des Hungernden reicher an fixen Stoffen.

conſtituiren, unterſcheiden ſich von dem Proteïnſtoff des Blutes, woraus ſie entſprungen, nur durch ihren höheren Sauerſtoffgehalt. Selbſt in der Subſtanz des Gehirns und der Nerven finden ſich einige hoch organiſirte Fettſäuren.

Wenn wir mit Recht die Verbrennung oder die allmählige Oxydation eines organiſchen Körpers mit ſeiner Rückbildung indentifiziren, ſo iſt der Verfall, die fortſchreitende Auflöſung der Hauptcharacter der Gewebebildung aus Blut. Indem das Blut in organiſirte Formen tritt, ſind ſeine Be-ſtandtheile ſchon auf dem Wege der Auflöſung begriffen. „Das Blut ver-brennt zu Geweben. Im Blute erreicht die Entwickelung der Nahrung ihren Gipfelpunct, aber ſchon im Blute und mehr noch in den Geweben ſchlägt die Entwickelung in Rückbildung um." (Moleſchott.) Ohne Sauerſtoff iſt keine Rückbildung im Thierkörper und ſomit keine Entwickelung des Blutes zu Formbeſtandtheilen möglich.

Verarmung der Materie an Sauerſtoff, das iſt das Endziel des pflanz-lichen Lebens. Es erreicht ſeinen Culminationspunct in der Frucht, dem höchſten Producte der Pflanze. Das Thier baut ſeinen Körper, es bildet ſeine edelſten Organe, indem es die von der Pflanze aufgebaute und vom Sauerſtoff entbundene Materie in ſich aufnimmt und wieder der Herrſchaft des Sauerſtoff preisgibt.

Bei den vorhandenen geringen Vorarbeiten iſt übrigens die Dunkel-heit, welche den nur prinzipiell erkannten Bildungsprozeß in ſeinen Einzel-heiten verhüllt, durch keinerlei Hypotheſen zu ſichten. Wir würden eine über-flüſſige Neugierde verrathen, wenn wir weiter zu beſtimmen verſuchten, auf welche Weiſe der conzentrirte Rückſtand der Ernährungsflüſſigkeit unter den mächtigen Eingriffen des Sauerſtoff zu beſtimmten organiſchen Formen oder zu Theilen der Gewebe werden könnte. Bisher hat die phyſiologiſche Chemie nur die Stoffbildung verfolgt, und es iſt gewiß, daß das Studium der Formbildung den reiferen Jahren und nicht dem Kindesalter der Wiſſenſchaft zuzumuthen iſt. Von dieſer Seite iſt alſo einſtweilen ein Halt geboten.

Es bleibt uns nichts Anderes übrig, als von der bekannten Blutflüſ-ſigkeit auszugehen, und aus einer Parallele derſelben mit den Beſtandtheilen der Organe die Ernährung in ihren Reſultaten zu erkennen; vielleicht ſind die hieraus ſich ergebenden Beziehungen von nicht minder großem Intereſſe.

Als des Stoffwechſels-Träger rechtfertigen die Proteïnverbindungen ihre vornehme Stellung unter den Blutbeſtandtheilen. Dieſe ihnen im All-gemeinen zukommende Rolle vermögen wir leider nicht mit Beſtimmtheit auf die verſchiedenen Blutproteïnſtoffe zu vertheilen. Welche Organe oder Ge-webetheile ausſchließlich durch das Blutalbumin ernährt werden, was für

14

ein Nährwerth dem Fibrin in allen Fällen zukommmt, worin die Functionen der Blutkörperchen bestehen, — dies würden zwar immerhin wichtige, aber nicht so schwierig zu beantwortende Fragen bleiben, wenn außer den Bedingungen, unter denen die Blutproteïnstoffe sich gegenseitig bei der Ernährung ersetzen können, auch noch diejenigen Veränderungen besser bekannt werden, welche sie im innigen Contacte mit den mannigfaltigen und sich beständig zersetzenden Geweben außerhalb der Blutbahn erleiden müssen, demzufolge am Ende das Blutalbumin recht gut in die Eigenschaften des Muskelfibrins aufgehen kann. Muß nicht Letzteres sogar gewiß sein? — Im andern Falle, wenn das Albumin nicht zu Fibrin verbrennte, müßten ja die großen Muskelmassen des Körpers blos von $\frac{1}{4}$ % Blutfibrin leben. Die Rolle des Albumins tritt mit etwas größerer Bestimmtheit aus seinen Beziehungen zur Hirn- und Nervensubstanz hervor. Das Eiweiß des Hirns ist nach Mulder's Untersuchungen geronnenes Albumin und als solches identisch mit dem Albumin der Nerven und des Knochenmarkes. Außerdem ist das Blutalbumin entweder in löslicher oder geronnener Form ein wesentlicher Theil aller Körperorgane; es findet sich in größter Menge in der Leber, den Nieren, der Milz und im Fleischsafte.

Ueber die ernährenden Eigenschaften der Blutkörperchen will sich noch keine Ansicht geltend machen. Mag es das Bewußtsein der Unkenntniß ihrer Functionen, oder eine übertriebene Vorsicht vor Irrthum sein, daß man möglichst schnell sucht an jener Frage vorbeizukommen, so verdient doch wohl, bevor das Blutalbumin als die einzige Grundlage der thierischen Gewebe hinzustellen ist, das Blutglobulin etwas mehr Berücksichtigung. Als ob es nicht der Mühe werth wäre, bei der Ernährung an einen Proteïnstoff zu denken, der an Gewichtsmenge das Blutalbumin fast um's Doppelte übertrifft! Das von der Hülle der Blutkörperchen befreite Globulin ist im Wasser löslich und schwer unterscheidbar vom Albumin. Warum sollte es nicht gleich jenem zur Ernährung dienen, sobald die Blutkörperchen in den feinen Capillargefäßen, von wo aus hauptsächlich die Ernährung der Gewebe vor sich geht, aufgelös't werden? Wer an keine Auflösung der Blutkörperchen glaubt, dem wird es auch sehr unerklärlich sein, wie sie sich des Sauerstoffs entledigen, den sie durch das Blut tragen; er wird nicht beantworten können, warum immerfort neue Blutkörperchen sich bilden. Es wäre sehr sonderbar, wenn grade die Repräsentanten einer vollendeten organischen Schöpfung eine Ausnahme machten und sich dem Alles unterworfenen Stoffwechsel entzögen, wenn sie todt im Blute weilten, auf dieser Heerstraße, welche das Leben in umzähligen Gestalten durchzieht! — Lehmann fand in seinen Blutanalysen den größten Theil des Chlorkalium und phosphorsauren Kali in inniger Verbindung mit den Blutkörperchen. Liebig fand, daß unter den Salzen des Muskels vornehmlich dieselben Kalisalze vorherrschen. Könnte man, hierauf gestützt, nicht die Ansicht wagen, daß vorzüglich die Muskeln es sind, die in den Blutkörperchen eine Nahrungsquelle zu suchen haben?

Eine ältere Angabe von Gmelin über die Existenz des Caseïn im Blute bestätigt sich in M. Schulze's Untersuchungen durch Auffindung des Caseïn in einigen Gefäßwandungen, so wie auch durch Lehmann, der es in dem Fleischsafte fand. Hierin jedoch etwas Bedeutungsvolles suchen zu wollen, ist wegen der geringen Menge des Caseïn unzulässig.

Außer jenen direct aus den Proteïnstoffen des Blutes hervorgegangenen Körpergebilden gibt es noch solche, deren Eigenschaften deutlich den nämlichen Ursprung verrathen. Es sind die zur Classe der Horngebilde gehörigen Körper (Horn, Nägel, Klauen, Oberhaut, Haare, Wolle, Seide, Federn, Fischbein ꝛc.). Werden diese Gebilde nämlich mit wässrigem Kali behandelt, so ist nicht allein die dadurch erfolgende Auflösung für sie charakteristisch, sondern weit mehr der Proteïn-Niederschlag, welchen die kalische Lösung, nach Zusatz von Essigsäure gibt (Seite 111). Weit entfernter von Proteïn stehen schon die nicht in Kali löslichen elastischen Fasern der Blutgefäße und des Lungengewebes. Ihre Zusammensetzung verheimlicht die Formel $C_{520} H_{400} N_{70} O_{140} S$; sie geben durch Kochen mit Wasser keinen Leim und unterscheiden sich dadurch von den sogenannten Leim gebenden Geweben. Man kennt zweierlei Leim-Arten. Der vorzüglich aus den Bindegeweben, Sehnen, serösen Häuten und Knochen entstehende wird gewöhnlich „Leim" genannt und entspricht der Zusammensetzung $C_{720} H_{540} N_{110} O_{280} S$. Er geht mit Gerbsäure die für die Technik so sehr wichtige zähe Verbindung ein, welche unter dem Namen „Leder" wohl bekannt ist. Die andere Leimart, Chondrin genannt, ist ein Zersetzungsproduct der permanenten Knorpel durch heißes Wasser. Die ihr zukommende Formel ist $C_{720} H_{540} N_{90} O_{310} S_2$. —

Alle diese noch hoch organisirten Gebilde müssen ihrer Zusammensetzung gemäß durch allmählige Oxydation des Blutproteïns entstanden sein. Wie viel Sauerstoff sie bei ihrer Umwandlung in organisirte Formen aufgenommen haben, sagt ein Vergleich ihrer atomistischen Zusammensetzung mit der alten Mulder'schen Proteïnformel: $C_{400} H_{600} O_{120} N_{50} S$.

Leim und Chondrin finden sich nicht im Blute, sie treten nur jenseits der Blutbahn in organisirter Form auf. Dies beweis't, daß sie auf der Stufe des Verfalls noch nicht so weit angelangt sind, als Kreatin, Kreatinin, Inosinsäure, Xanthoxyd, Harnsäure, Harnstoff, die

sich im Blute sowohl, wie in allen Geweben finden, aber nirgendwo in organisirter Form, sondern als die Endglieder des Stoffwechsels der Proteïngebilde. Als
solche sind sie krystallisirbar, löslich in Wasser, sie können aus den Geweben
durch das Blut ausgezogen und aus dem Organismus entfernt werden.
Jene Verbindungen sind für uns deßhalb so interessant, weil sie die Zwischen-
stufen bilden, welche den organisirten Thierstoff vom Harnstoff, dem Endproducte ihres Verfalles, trennen. Es scheint, daß alle Proteïngebilde und
die im Thierkörper vorhandenen Derivate derselben successive ihrem Untergange auf nachstehender Stufenleiter zugleiten:

$$\text{Kreatin} \quad N_2 \ C_8 \ H_9 \ O_4 \quad + HO,$$
$$\text{Kreatinin} \quad N_2 \ C_8 \ H_7 \ O_2,$$
$$\text{Inosinsäure} \quad N_2 \ C_{10} \ H_6 \ O_{10},$$
$$\text{Xanthoxyd} \quad N_2 \ C_5 \ H_2 \ O_2,$$
$$\text{Harnsäure} \quad N_2 \ C_5 \ H_2 \ O_3,$$
$$\text{Harnstoff} \ . \quad N_2 \ C_2 \ H_4 \ O_2,$$

Diese Verbindungen finden sich am reichlichsten beim intensiven Umsatz der Materie, dem Herzen, den Muskeln der Arme und Beine, den
Flügeln der Vögel, kurz in allen stark arbeitenden Organen.

Damit ist das Auftreten dieser und ähnlicher zukünftig noch entdeckt
werdenden Stoffe im Blute und in allen Körpergeweben begründet und
erklärt.

Die Fette und Fettseifen des Blutes spielen in der eigentlichen Ernährung bei weitem keine so wichtige Rolle, wie die Proteïnstoffe. Einestheils behaupten sie, mit Ausnahme einiger complizirten Gehirnfette, im
Körper keine selbstständige Form, und es sind die aus den schwer verbrennlichen Proteïnstoffen gebildeten Zellen, in welche sie als neutrale Fette abgelagert
werden. Während sich im Stoffwechsel des Proteïns so wunderbare Kräfte
entfalten, bleibt das Fett der Form und Kraftbezeugung gegenüber ein todtes
Gebilde; sein Zerfallen ist nicht die Quelle neuer, dem Sauerstoffe trotzenden
Verbindungen, denn auch die Buttersäure, Milchsäure, Ameisensäure, Essigsäure und Oxalsäure, deren Vorkommen in den Körpergeweben von der
Oxydation der Fette vornehmlich herzuleiten sein möchte,*) verbrennen rasch

---

*) Hinsichtlich der Milchsäure müssen wir anführen, daß sie ebenso wohl als
Product des Stoffwechsels der stickstoffhaltigen Gewebe gelten kann. Denn
während der Saft ruhender Muskeln ganz neutral reagirt, bekommt er einen
bedeutenden Gehalt an freier Milchsäure, wenn die Muskeln irgend einer
Kraftentwickelung oder regem Stoffwechsel obliegen.

und ohne Aufenthalt im Blute weiter zu Kohlensäure und Wasser. Andererseits gelangt die Hauptmenge des in der Nahrung in's Blut gelangenden Fettes nicht einmal in die Körpergewebe. Schon in der Blutbahn erliegt es der großen Verwandtschaft, die der Sauerstoff zu ihm hat. Es verbrennt in derselben, wenn es nicht in Ueberschusse zugeführt wurde, vollständig zu Kohlensäure und Wasser.*) Die dadurch frei werdende Wärme ist für das Thierleben ein nothwendiges Bedürfniß. Zum Ersatz derselben wären die Proteïnstoffe des Blutes, die nur langsam zu Gewebe, und weiter bis zu Kohlensäure und Harnstoff verbrennen, sehr unzweckmäßig.

Ehe wir zu den nicht organischen Salzen des Blutes übergehen, sind es einige fettähnliche neutrale Bestandtheile des Blutes, die durch ihre unverkennbare Beziehung zu der Substanz des Gehirnes und der Nerven einige Aufmerksamkeit verdienen. Eins derselben, das Colestrin $C_{27} H_{22} O$ kehrt unverändert im Gehirne wieder. Das stickstoffhaltige Serolin und die phosphorreichen Fette des Blutes sind indessen noch viel zu wenig bekannt, um ihren Zusammenhang mit den phosphorhaltigen Fetten des Hirns herstellen zu können. Nach den Untersuchungen von Frémy und Goblet ist das Menschenhirn eine innige Mischung von cerebrinsaurem, margarinsaurem und ölsaurem Natron mit Albumin, Lecithin und Cholesterin. Das Lecithin, welches Phosphor, aber keinen Stickstoff enthält, sowie die Cerebrinsäure mit der empirischen Formel $NC_{44} H_{64} O_{13} + P$ sind so hoch organisirt, daß es begreiflich ist, warum sie in inniger Verbindung mit Albumin eine Ausnahme von den gewöhnlichen Fetten machen und in lebensfähigen Formen auftreten. Die Vermuthung, daß die im Gehirn gefundene Phosphorglycerinsäure $C_6 H_7 O_5 PO_5 + HO$ ein Product des Stoffwechsels im Gehirne sei, gewann den Character einer schönen Beobachtung, nachdem aus dem neutralen Lecithin die Darstellung jener Säuren im Laboratorium glückte.**)

---

*) Der Fettgehalt des Blutes scheint rasch in der Blutbahn zerstört oder als Fettgewebe abgelagert zu werden. Denn Sandras und Boucharbat fanden im Blute des Hundes, trotz der größten Verschiedenheit der gereichten Nahrung, constant circa 3 pro mille fette Materien. Boussingault bestätigt dies durch seine Versuche mit Tauben und Enten. Obgleich er diese Thiere mit reiner Stärke, oder reinem Eiweiß, oder reinem Fett einige Zeit fütterte, so blieb der Fettgehalt des Blutes der nämliche, wie beim Fasten der Thiere. Er betrug constant 4—5 pro mille Fett.

**) Bemerkenswerth ist das Vorkommen der Gehirnfette in den Vogeleiern. Der Dotter eines Hühnereies enthält beinahe 9 pCt. Lecithin und Cerebrin. Der mittlere Theil des Rückenmarks eines Ochsen enthält nach Schloß-

Je weniger bisher bei der Ernährung und Gewebebildung von den Salzen des Blutes die Rede war, desto lauter muß nun die Erfahrung sprechen, daß Proteïn und Fett das Leben in voller Energie nur dann erhalten, wenn gewisse unorganische Verbindungen mit ihnen im Bunde die Dritten sind. Thiere mit reinem Käsestoff, Muskelfibrin, Eigelb, Zucker und Fett andauernd gefüttert, starben nach einiger Zeit lieber vor Hunger, ehe sie ferner eine Nahrung berührten, über deren Unfähigkeit zur Blutbildung sich ihr Organismus nur Anfangs betrügen konnte. Der Mangel gewisser Salze in jenen Nahrungsstoffen verursachte nicht allein deren Unverdaulichkeit, sondern benahm auch dem etwa daraus entstandenen Blute die Fähigkeit, den Körper zu ernähren.

Um in den allgemeinsten Vorgängen der Ernährung die vermittelnde Rolle der Blutsalze zu würdigen, bedenke man nur, wie viele Eigenthümlichkeiten des normalen Blutes durch dessen Salze bedingt sind.

Fehlte ihm das phosphorsaure und kohlensaure Alkali und dadurch seine alkalische Reaction, so würde schwerlich das Albumin und Fibrin den Grad von Löslichkeit besitzen, welche der Leichtigkeit entspricht, mit der sie in Wirklichkeit durch die Adern fließen; es würden der Zucker und die vielen organischen Säuern und Farbstoffe der Nahrung, nebst den in der Blutbahn größtentheils zur Verbrennung gelangenden Fetten, nicht sobald dem Sauerstoffe erliegen. Die Gegenwart eines Alkali fördert mächtig all' die chemischen Vorgänge, die auf eine Oxydation hinauslaufen. Und so gewinnt der Körper in dem Sauerstoffe, der in dem alkalischen Blute reichlich aufgelös't ist, einen wirksamen Schutz gegen viele in's Blut mit der Nahrung übergehende fremdartige organische Stoffe, deren Schädlichkeit mit ihrer raschen Zerstörung aufhört. Die Alkalescenz des Blutes ist genugsam gedeutet, wenn Liebig sagt, daß der Prozeß der Wärmeerzeugung und Sekretion unter der Herrschaft eines Alkali's stehe.

Das Gesammt-Gewicht der mineralischen Blutbestandtheile ist sehr wenig abhängig von der Art der Nahrung. Durchschnittlich enthält das Menschenblut in 1000 Gewichttheilen 6,9 Theile Salze, worunter 2,4 Theile mit alkalischer (Kali, Natron) und 0,5 Theile mit erdiger Basis sich finden; der Rest von 4 Theilen ist Kochsalz (Chlornatrium) nebst etwas Chlorkalium.

---

berger 63.6% Wasser, 9.25% feste Gewebe und 27.14% fettige Materie. Letztere besteht aus:

Cerebrinsäure	22.4 %
Cholesterin	61.5 „
Gemenge von fetten Säuren	16.1 „

Die merkwürdige Unabhängigkeit der Chlorkalien von der Nahrung drängt sich besonders dadurch auf, daß die Blutasche aller höheren Thiere constant zwischen 50—60 % Kochsalz enthält.

Ist hingegen von einer Abhängigkeit der Blutasche von der Nahrung die Rede, so bezieht diese sich beinahe ausschließlich auf die Zusammensetzung der 2,4 pro Mille der Blutasche. Jene 2,4 Theile enthalten nämlich die kohlensauren und phosphorsauren Alkalien genau in dem Verhältnisse, wie sie in der Asche der Nahrung vorhanden waren. Ich kann hier nicht den Versuch unterlassen, das Interesse zu begründen, welches diese Thatsache verdient.

Bekanntlich sind in den Aschen der mannigfaltigen Nährpflanzen die Grundstoffe der Blutsalze in einem überaus ungleichen Verhältnisse gemischt. Anstatt einer quantitativen Gleichheit findet man in allen Pflanzenaschen*) entweder einen Ueberschuß von phosphorsauren Salzen neben wenig kohlensauren, oder eine große Menge kohlensaurer Salze neben wenigen phosphorsauren. Die erstere Eigenthümlichkeit ist den Aschen der Pflanzensaamen, z. B. den Getreidearten, Hülsenfrüchten und in höherem Grade den thierischen Stoffen, (Fleisch, Milch, Eier c.) gemeinsam, die letztere ist hingegen in den Aschen der krautartigen Gewächse (Kartoffeln, Rüben, Klee, Kohl c.) ausgeprägt. Es ist hiernach einleuchtend, daß der Einfluß der Salze der Nahrung auf die Salze des Blutes sich besonders durch die beiden Hauptunterschiede geltend macht, welche die Pflanzenaschen so vortrefflich eintheilt. Das Blut eines mit Rüben oder Heu gefütterten Thieres wird deßhalb mehr kohlensaure Alkalien enthalten, als das des Körnerfressers; es wird jedoch viel ärmer an phosphorsauren Alkalien sein, wie das Blut des Thieres, das nur Körner oder Fleisch zur Nahrung erhielt. Der Gehalt eines Blutes an phosphorsaurem und kohlensaurem Alkali erlaubt nicht blos sichere Rückschlüsse auf die Natur der Nahrung, aus der es entstanden, sondern es ist zugleich ein zuverlässiges Merkmal, dessen man sich bedienen könnte, um das Blut eines Menschen z. B. von dem eines Ochsen oder einer Katze zu unterscheiden.

Bei solchen Unterschieden zwischen den Blutsalzen verschiedener Thiere gelangt man leicht zur Vermuthung, ob der Ernährungsprozeß nach jenen Verschiedenheiten nicht auch entsprechend modifizirt werde. Merkwürdiger

---

*) Dies gilt auch für die Aschen der Stroharten, wenn die Kieselsäure, woraus selbige hauptsächlich bestehen, als der Assimilation beinahe unfähig, hinweggedacht wird.

Weise ist dieses jedoch nicht der Fall. Wenigstens geben die Fleischmassen der höheren Thiere nach dem Verbrennen eine Asche, die, so verschieden auch die Asche des Blutes gewesen sein mag, aus welchem eben das Fleisch gebildet wurde, in allen Fällen eine beinahe gleiche Zusammensetzung hat. Die Asche des Fleisches von einem Schaafe ist nicht verschieden von der Fleischasche eines Hundes, eines Esels oder eines Huhn's. Aber wie ist diese überraschende Gleichheit bei den ungleichen Blutsalzen des Pflanzen- und Fleischfressers möglich? So fragte sich Liebig, ehe er die treffliche Antwort fand, daß die Mengen der phosphorsauren Alkalien im Blute des Pflanzenfressers das Maaß sei, über das hinaus selbst die Ernährung der Muskelmassen und Gewebe der Fleischfresser nicht angewiesen sei, und daß ferner im Blutbildungsprozesse sich die kohlensauren und phosphorsauren Alkalien gegenseitig vertreten können.

Die Gleichheit der Salze in den gleichnamigen Geweben verschiedener Thiere soll uns aber keineswegs zur Folgerung verleiten, als ob alle Organe und Theile eines Thierkörpers ohne Ausnahme eine ganz gleiche mineralische Grundlage besäßen. Wenn auch die Verschiedenheit des Thierblutes ohne Einfluß auf die Qualität der Asche in den daraus entstandenen Organen und Gewebearten ist, so führen doch letztere unter sich eine an Qualität und Quantität verschiedene Asche. Es gehört mit andern Worten zu den Eigenthümlichkeiten eines Gewebes, eine besondere, keinem zweiten Gewebe eigenthümliche Asche zu haben. Die mineralischen Salze in einem Körperorgane bilden deßhalb überall ein hervorstechendes Merkmal desselben. So enthalten die Blutkörperchen vorwaltend Kalisalze, während das Blutserum am reichlichsten mit Natronsalzen versehen ist; während die Muskeln von dem phosphorsauren Kali und Chlorkalium der Blutkörperchen zehren, sind die Nerven, Leber, Lungen und Nieren vorzüglich auf das phosphorsaure Natron des Blutserums angewiesen. Die Knochen entziehen dem Blute seinen phosphorsauren Kalk und lassen die Natronsalze desselben unberührt; die Knorpel dagegen machen es ganz umgekehrt. Die Asche der Zähne und Haare enthalten auffallend beträchtliche Mengen von Bittererde; aber erstere enthalten diese Erde in Verbindung mit Phosphorsäure, letztere mit Salzsäure. Die Horngebilde characterisiren sich durch ihren Gehalt an phosphorsaurem Kalk, die Krystalllinse durch schwefelsaures Natron, die Galle durch cholsaures und choleïnsaures Natron, der Speichel durch Chlorkalium, der Magensaft durch Chlornatrium, Knochen und Zähne durch Flüorkalium, Federn durch Kieselsäure, Blut durch seinen Eisengehalt. Verschiedene Körpergebilde und gewisse Salze des Blutes zeigen also eine Verwandtschaft zu einander, die weder zufällig noch unbestimmt, vielmehr eine tiefbegründete

Forderung der jedem Organe eigenthümlichen Functionen ist. Sofern es undenkbar, daß ein Gewebe ohne die es auszeichnenden Salze bestehen und seinen Verrichtungen entsprechen kann, genügt schon eine einfache Consequenz, um die unorganischen Salze des Blutes als Nahrungsstoffe im engeren Sinne zu definiren.

Auf dieses Prädikat hat vor Allem der phosphorsaure Kalk des Blutes Anspruch. Denn ist er es nicht, der die 13—14 Pfund schwere Knochenmasse (Skelet) eines Erwachsenen so zu ernähren hat, daß deren Festigkeit nicht abnimmt?*) Das letztere würde gewiß erfolgen, wenn die Nahrung dem Blute nicht immerdar so viel Knochenerde zuführte, als im Stoffwechsel der Knochen beständig verloren geht. Vielleicht wundert sich der geehrte Leser, daß wir hier von einem ununterbrochenen Umsatze der Knochen-Materie sprechen. Und doch ist ein solcher vorhanden! Selbst was wir als das Härteste und Stabilste am Thierkörper zu erachten gewohnt sind, seine starren Knochenmassen, sie sind ebenso, wenn auch nicht so intensiv, dem Stoffwechsel unterzogen, als der Knochenleim, als die Proteïn- und Fettatome des Herzens und des Hirns. Die Knochen sind kein so für sich abgeschlossenes Gebilde, als daß ihre Substanz unzugänglich erachtet werden könnte für jedwede Ernährungsflüssigkeit. Um ihre Oberfläche zieht sich eine dichte, an Blutgefäßen und Nerven reiche Haut, in ihrem Innern sind große röhrenförmige Höhlungen, die mit fettreichen Zellgeweben, Blutgefäßen und Nerven angefüllt sind, (Knochenmark) und mitten durch die compacte Knochensubstanz ziehen sich zahllose mikroskopische Kanälchen, von 0,01 bis 0,05 Linien Durchmesser, die mit einander anastomisiren. Die Innenwand dieser dem unbewaffneten Auge nicht sichtbaren Kanälchen ist mit Leim, der organischen Substanz der Knochen, bekleidet. Wie offen steht also der festeste Knochen da all' den organischen Einflüssen, die eine Auflösung seines Bestandes, einen Wechsel seiner mineralischen Grundstoffe veranlassen können!

---

*) Die Knochen der Thiere haben je nach Art, Ursprung und Alter eine gar verschiedene Zusammensetzung. Nachstehende Aufstellung zeigt die Differenzen, die sich zwischen den zahlreich vorhandenen Knochenanalysen ergeben:

Wasser	3— 7 %
Leim	30—40 „
Fett	1—10 „
Phosphorsaurer Kalk	45—60 „
Phosphorsaure Magnesia	1— 2 „
Kohlensaurer Kalk	5— 9 „
Fluorcalcium	½— 1 „

Das 2900 Gramm schwere Knochengerüst eines 60,5 Kilo wiegenden Schweines nahm zwischen dem Alter von 8—11 Monaten durchschnittlich täglich um 6 Gramm an Gewicht zu oder um 2,6 Gramm phosphorsauern Kalk. (Boussingault.) In dem frühesten Lebensalter ist also jene Zunahme weit stärker, als später. Die Nahrung des jugendlichen Thieres muß daher relativ reicher an Phosphorsäure und Kalk sein, wie jene des alten. Fehlt es daran, so werden die Knochen entweder biegsam, oder der jugendliche Körper wird in seinem Wachsthum zur normalen Größe und Ausdehnung gehemmt. Nirgendwo trifft man mehr Krüppel und Kleinwüchsige Leute an, als in armen Gegenden und Stadtvierteln, wo die Ernährung von Jung und Alt im Verhältniß zu ihrer Arbeit nur unvollkommen ist, nirgendwo aber mehr große, knochige Kerle als in England, und anderswo, wo viele Thierproducte verzehrt werden, zum Beispiel bei den vielen wilden, hauptsächlich von Jagd und Fischfang lebenden Völkern. Die an Knochenerde armen Knorpeln machen noch das Skelet des Säuglings aus, dessen Festigkeit recht zusehends gegen Ende seines ersten Lebensjahres erfolgt. Ist es zu wundern, daß dann oft Kinder ein auffallendes Gelüste nach Kalksalzen aller Art kundgeben, indem sie solche instinctartig verschlingen? Je größer die Anstrengungen und Widerstände sind, denen ein Knochen zu trotzen hat, je mehr findet sich phosphorsaurer Kalk in ihm. Darum sind am reichsten daran die Armknochen des Menschen, die Beinknochen der Zugthiere, das Schienbein bei Waldvögeln, der Oberschenkel bei Scharrvögel und die Flügelknochen des Raubvogels. Ueber ein gewisses Maaß hinaus wird die Festigkeit der Knochen zur Sprödigkeit; alte Leute, deren ganzer Stoffwechsel erlahmt ist, speichern zu viel Phosphorkalk in ihren Knochen auf und haben daher so spröde, zerbrechliche Knochen.

Auch ist der Kochsalz-(Chlornatrium)-Gehalt des Blutes für den Lebensprozeß bedeutsam genug, um ihm hier einige Bemerkungen zu widmen.

Das Kochsalz ist, mit Ausnahme der Knorpelgebilde, kein wesentlicher Bestandtheil der thierischen Formen. Es hat deshalb als Gewebebildner oder bei der eigentlichen Ernährung eine untergeordnete Stellung. Diese ist aber nicht zu verwechseln mit der Rolle, welche die getrennten Bestandtheile des Kochsalzes übernehmen, indem sie die Hauptquellen der Natronsalze des Blutes, so wie der Salzsäure des Magensaftes sind. Außer daß seine Theile hiernach die Blutbildung vermitteln, muß auch dasselbe, als Ganzes betrachtet, mit den allgemeinsten Functionen des Blutes in Verbindung stehen. Die hierher gehörigen Beziehungen sind zwar unbekannt, allein für deren bedeutungsvolle Existenz spricht genügend das massenhafte Auftreten des Kochsalzes im Blute. Diente das Chlornatrium nicht wesentlich im Lebensprozesse, könnte das Blut ohne dasselbe bestehen, dann befremdet nichts mehr, als das constante Verhältniß, in dem beide zu einander stehen, ein Verhältniß, das weder die größte Verschiedenheit in der Nahrung, noch die Natur des Thieres zu ändern vermag! Nur ein gewisser Ueberschuß von Kochsalz in der Nahrung kann solchen Thatsachen zufolge dem Bedarfe des Blutes genügen, und jeder Mangel rächt sich am ganzen Organismus durch einen weniger intensiven Verdauungs-, Resorptions- und Sekretionsprozeß.

Eine kurze Erfahrung belehrt den Menschen über die Nothwendigkeit, seine Speisen mit Kochsalz zu würzen. Kein Bewohner der Erde wird diesen Zusatz entbehren mögen. — Jetzt, nachdem die Chemie nachgewiesen, wie gering die Kochsalzmengen in den zur Nahrung dienenden Landpflanzen sind, und wie das Fleisch dessen gar keins enthält, braucht man nicht nach dem Zusammenhange zu fragen, den jene eingewurzelte Gewohnheit mit den Functionen des Blutes und den normalen Lebenserscheinungen hat. Es wäre nur zu wünschen, daß wir das Kochsalz nicht als ein uns ausschließlich zukommendes Privilegium betrachteten, sondern auch den Thieren, insbesondere den nützlichen Hausthieren, etwas zukommen ließen, die dessen wohlthätigen Einfluß nicht minder empfinden. — Ist dies etwa eine unbillige Zumuthung? — So oft diese Frage aufgeworfen wurde, ist sie stets zu Gunsten der auf das Salz wartenden Thiere entschieden worden; selbst der Practiker hat es nie gewagt, sich gegen eine Theorie auszusprechen, die wahrhaftig nicht nothwendig hat, sich auf eine Reihe ihr zu Gebote stehender, glänzender Erfahrungen zu stützen.*) Trotz dem bleibt man doch lieber beim Alten; man predigt Stallfütterung, raubt ängstlich dem Thiere jede freie Bewegung, füttert in einer Weise, welche die plumpe Habsucht nach Fleisch oder Milch, aber wenig Vernunft verräth, und dann beklagt man sich schließlich über die unfreundlichen Schickungen des Himmels, die

---

*) Wer die vorhandenen Versuche und Erfahrungen über Zusätze von Kochsalz zum Futter kennen lernen will, den verweise ich auf die einzelnen Mittheilungen in:

Wilda's Centralblatt pro 1857, L, p. 452.
Stöckhardt's chem. Ackersmann pro 1855, p. 154.
II. Bericht der Versuchsstation zu Möckern, p. 64.
Boussingault' Mémoires, 1854. p. 251—272 und 277.
Boussingault, Oeconomie rurale, 1851, II. Bd., p. 486. 547.
May's Wochenschrift für Thierheilkunde, 1857, p. 345—348.
Agronomische Zeitung, 1859, p. 220.

sich in allerlei Krankheiten offenbaren. — Bei der jetzigen sogenannten höheren Agricultur, die solche Behandlung und Ernährungsweise fast nothwendig mit sich führt, — muß da nicht der Zusatz von Kochsalz zum Viehfutter doppelt nothwendig werden? — Ist ein Thier wahrhaft nutzbringend, bei dem sich alle Umstände vereinigen, um das Blut, seine Säfte und Organe mit Stoffen anzufüllen, die den Körper nicht verlassen, weil ihm das Salz, dieses vorzügliche Transportmittel, fehlt, die aber bei jeder Gelegenheit ihre Schädlichkeit dadurch bewähren, daß sie den Organismus Seuchen aller Art widerstandslos anheim liefern? — Wird nicht die mit Consequenz durchgeführte Kochsalzfütterung das wahre practische Mittel sein, um gesundes Blut in den Thieren zu erhalten und wenigstens von dieser wichtigen Seite die Gesundheit sicher stellen zu können? Die Rechnung, welche der Landwirth jährlich dem Herrn Thierarzte bezahlt, die Summen, die er in die Viehassekuranzen vergräbt, verwende er einmal zur Beschaffung von Viehsalz, und frage nach einem Jahre sein Conto, ob es nicht für diese Maßregel ist! Ohne Zweifel werden auch Manche den einen Thaler bereuen, den sie in Form von Salz jedem Stück Großvieh jährlichst opferten; — sie suchten eben vergebens die Wirkung des Salzes, das doch kein Nahrungsstoff ist, in der sichtbaren Gewichtszunahme des Thieres! — „Man sieht," ruft Liebig den ähnlich Denkenden zu, „daß in dem Instinct eines Schafes oder Ochsen mehr Weisheit sich kund gibt, als in den Anordnungen des Geschöpfes, welches seltsamer Weise häufig genug sich als das Ebenbild aller Güte und Vernunft betrachtet!"

7. Vortrag.

Die Vorgänge der Rückbildung und des Verfalles im Thierkörper.

Alle Thiere athmen. Mit dem Athem entweicht das Leben.

Das Einziehen und Aushauchen von Gasarten durch die Luftröhre geschieht physisch vermittels der Lungen und wird durch das unwillkührliche Spiel der Muskeln, welche den Brustkorb oder das Zwergfell ausdehnen und zusammenziehen, vermittelt. Durch die Ausdehnung des Brustkorbes entsteht nämlich zwischen den Lungen und dem Brustfelle ein luftleerer Raum, den die Lungen dadurch auszufüllen suchen, daß sie Luft von Außen aufnehmen und sich ausdehnen; zieht sich die Brust zusammen, wie dies beim Ausathmen sich ereignet, so verkleinert sich auch das Volumen der Lungen und ein Theil der darin enthaltenen Luft wird wieder ausgeathmet. Die Lungen selbst bestehen aus einer höchst innigen Verwebung der feinsten Blutgefäße mit zahllosen Bläschen und Blindzellchen, welche, stets mit Luft gefüllt, durch die Luftröhre mit der Atmosphäre kommuniziren. Die Wandungen, welche die Luftsäckchen von den Blutgefäßen trennen, sind so dicht gedrängt, daß dagegen eine eigentliche Lungensubstanz verschwindet, sie sind so zart, daß der Austausch der flüssigen und gasförmigen Bestandtheile des Blutes und der Luft im höchsten Grade erleichtert ist.

Wie leicht vorauszusehen, müssen die vielen tausenden Pfunde Blutes, welche täglich die Lungen eines größeren Thieres durchströmen und daselbst sowohl mit dem zerstörenden Sauerstoffe der Luft in innige Berührung kommen, als auch fortwährend in den Körpercapillarien den Umsetzungsprozeß der Weichgebilde und Muskeln begleiten, gewiß eine große Veränderung erleiden, eine Veränderung, aus deren Ursachen und Folgen die Bedingungen der Fortdauer des thierischen Lebens herzuleiten sind.

15

Vorab bemerken wir die Farbenveränderung des Blutes, als characteristisches Merkmal der Wechselwirkung desselben mit der eingeathmeten Luft. Als blaurothes, venöses Blut, tritt, wie schon früher bemerkt, das Blut in die Lungen und strömt von dort als hellrothes Arterienblut zur linken Herzkammer. Dieser Farbenwechsel hängt zusammen mit den verschiedenen Mengen der in beiden Blutarten theils chemisch theils mechanisch gebundenen Gase. Auf ein Volum Sauerstoffgas enthält das Venenblut ungefähr fünf Volum Kohlensäure, das arterielle Blut blos drei Volum.*) Soll hiernach arterielles Blut aus dem venösen entstehen, so haben die Lungen ein gewisses Volum Kohlensäure aus letzterem auszuscheiden. Durch Aufnahme von atmosphärischem Sauerstoffe geschieht auch dieses. Wir können sagen, daß der Sauerstoff die Kohlensäure aus dem venösen Blute verdrängt. Schüttelt man frisches venöses Blut mit Sauerstoff, dann gibt es Kohlensäure ab und wird zugleich hellroth. Dieser Farbenwechsel hängt mit einer durch den Sauerstoff veranlaßten Veränderung des Blutfarbstoffs zusammen, jedoch ist uns der spezielle Vorgang dieser Veränderung unbekannt. Für uns bleibt es Hauptsache, zu wissen, daß das Blut sich mit jedem Athemzuge mit Sauerstoff sättigt. In dem Sauerstoff des arteriellen Blutes haben wir die Ursache der Kohlensäurebildung, überall stattfindend, wo das Blut oxydirbare Stoffe darbietet oder sie auf seinem Wege durch die Körpergewebe vorfindet. Die Blutkörperchen sind die Träger des eingeathmeten Sauerstoff, das kohlensaure Natron des Blutplasma's bindet die Kohlensäure bis zur Auswechselung gegen das Sauerstoffgas der Lungen.

Außer dem Austausche von Kohlensäuregas bemerken wir bei der Respiration auch eine Entwässerung des Blutes. Die einzuathmende Luft ist unter gewöhnlichen Verhältnissen nicht so vollständig mit Wasserdampf gesättigt, wie sie es in den Lungen bei einer Temperatur von 37° C. und in Berührung mit dem Blute wird, welches bis 80% Wasser enthält. Wenn daher die eingeathmete Luft wieder die Lungen verläßt, so entführt sie stets einen ansehnlichen Antheil Wasser dem Körper und zwar um so mehr, je wasserärmer die eingeathmete Luft war. Der Wassergehalt der

---

*) Diese Angabe stützt sich auf die Analysen von Magnus, wonach 100 Volumtheile der Blutgase bestehen aus:

	Stickstoffgas.	Sauerstoffgas.	Kohlensäure.
Arterielles Blut	14.5	23.2	62.3
Venen-Blut	13.1	15.3	71.6

letztern sinkt aber mit ihrer Temperatur. Es kann daher nicht auffallen, daß die bezüglichen Versuche von Bierordt folgendes Ergebniß geliefert:

Temperatur der Luft.	Ausgeathmet Wasser per Minute von einem 180 Pfd. schweren Mann.	Das Volum der per Minute eingeathmeten Luft (circa 6000 CC) enthielt Wasser bei mittlerer Sättigung.	Differenz = Wasserverlust durch die Athmung per Minute.
	Gramm.	Gramm.	Gramm.
4° C	0.27988	0.02435	0.25553
9	0.26723	0.02471	0.24252
14	0.25457	0.02772	0.22685
19	0.24191	0.03725	0.20466
24	0.22926	0.04156	0.18770

Ersichtlich ist hieraus, daß bei 4° Luftwärme die Lungen beinahe ⅓ mehr Wasser ausscheiden, als bei 24°. Auf 24 Stunden berechnet, stellt sich der Wasserverlust im Winter auf ¾ Pfd., im Sommer auf ½ Pfd.

Wenn ein Atom Kohlenstoff verbrennt, so besitzt die dadurch entstandene Kohlensäure kein größeres Volum, sondern ein gleiches, wie die zwei Atome Sauerstoffgas, welche die Verbrennung des Kohlenstoffatoms bewirkten. Vielfachen Untersuchungen zufolge werden aber auf je 1 Volum verzehrten Sauerstoff im Durchschnitt 0.85 Volum Kohlensäure ausgeathmet. Dies rührt daher, daß ein Theil des Sauerstoff zur Wasserbildung, ein anderer kleinerer Theil zur Oxydation des Schwefel dient. Die fettartigen Gebilde des Thierkörpers enthalten neben wenig Sauerstoff, sehr viel Wasserstoff und deßhalb sind sie es vorzüglich, welche einen Theil Sauerstoff der Kohlensäurebildung entziehen, um damit Wasser zu bilden, das auf verschiedenen Wegen den Körper verlassen kann. Die fetten Winterschläfer geben noch zuweilen Urin von sich, obschon sie Monate lang ohne Wasser und jegliche Nahrung sind. Woher anders kann dieses Wasser stammen, als hauptsächlich aus dem Verbrennungsprozesse der fettartigen Körpertheile? Zu diesen Sauerstoffverlusten kommt noch ein dritter. Ein Theil des eingeathmeten Sauerstoff wird durch den Harn in Gestalt von Harnstoff, Harnsäure, Kreatin, Milchsäure ꝛc. aus dem Körper geschieden. Es sind dies Endproducte des Verfalls der Gewebe, der, nach unserer früheren Angabe, einer fortschreitenden Verbrennung der Eiweißstoffe gleichkommt. Die Fleischfresser bedürfen deßhalb mehr Sauerstoff, als die Pflanzenfresser. Die pflanzliche Nahrung, deren Hauptrepräsentant die Stärke ist, enthält schon eine beträchtliche Menge Sauerstoff; sie bedarf also zur Verbrennung in Kohlensäure und Wasser weniger Sauerstoff, als die sauerstoffarmen Fette und Proteïnstoffe in der Nahrung der Fleischfresser. Weil eben beträchtliche Mengen des von den Fleischfressern eingeathmeten Sauerstoff zur Verbrennung von Eiweißstoffen, oder zur Bildung von Harnbestandtheilen dienen, so haben dergleichen Thiere für ein gleiches Volum ausgehauchter Kohlensäure viel mehr Sauerstoff aufgenommen, als die von Kohlehydraten und mäßigen Mengen von Proteïnstoffen lebenden Pflanzenfresser. Versuche von Regnault und Reiset bestätigen dieses.

Ein hungerndes Thier wird zum Fleischfresser, indem es von seinen Körpergeweben zehrt. Gleich dem Fleischfresser bedarf deßhalb ein hungernder Mensch oder ein Pferd mehr Sauerstoff, als gewöhnlich.

Außer Kohlensäure und Wasserdampf hauchen die Lungen noch ein wenig Stickgas und kohlensaures Ammoniak aus. Die Menge dieser Producte des Stoffwechsels beträgt ungefähr ein Prozent des Volums der ausgehauchten Kohlensäure. Diese Angabe indessen bezieht sich nicht allein auf die durch die Lungen ausgeschiedene Menge von Stickstoff und Ammongas, sondern auch auf den Antheil, welcher mit der Hautausdünstung entweicht. Boussingault folgert aus seinen Experimenten, daß durch Haut und Lunge einer Kuh täglich 27 Gramm Stickstoff entweichen; bei einem Pferde fand er einen Verlust von 24 Gramm; bei einer Turteltaube von 0.16 Gramm.

Weil die genauesten Untersuchungen nicht die Assimilation des eingeathmeten Stickstoff der Luft nachweisen konnten, so darf dieses Gas als indifferent im Athmungsprozesse erachtet werden. Nicht so verhält es sich mit einem Uebermaaß von Kohlensäuregas in der Luft. Unfähig den Stoffwechsel zu unterhalten, treibt dasselbe sogar den im Blute gebundenen Sauerstoff aus; wo sich aber alle Bedingungen vereinigen, um möglichst rasch alles arterielle Blut in venöses überzuführen, wo sonach auf einmal allen Organen die Ernährungsflüssigkeit entzogen wird, da kann auch der Tod nicht warten. Traurige Erfahrungen über die furchtbar giftige Wirkung der Kohlensäure haben wir genug. Warum vergißt man auch so leicht, daß frische Luft, als erstes und billigstes Mittel zur Erhaltung der Gesundheit, in geschlossenen, mit Menschen und Thieren angefüllten Räumen nicht zu finden ist? daß verwesende Materien, gährende Flüssigkeiten, Kohlenfeuer, brennendes Holz, viele Lichter in einem begränzten Raum, daß ferner Pflanzen bei Nacht viel Kohlensäure entwickeln und eine Atmosphäre herstellen, die ebenso verderblich ist, als die stagnirende feuchte Luft der Brunnen und Keller!

Unsere atmosphärische Luft besteht im gewöhnlichen Zustande aus 21 Volum Sauerstoffgas, 79 Volum Stickstoffgas und circa 0.04 Volumprozente Kohlensäure. Das Mittel des Kohlensäuregehaltes der vom Menschen ausgeathmeten Luft beträgt nach Bierordt 4.2 Volumprozente; er ist also 105 mal größer geworden, während das Sauerstoffvolum der ausgeathmeten Luft auf 16% gesunken ist. Diente nun diese nämliche Luftmischung zur ferneren Respiration, so würde die Kohlensäure nach ein paar Athmungen sich über 10% gesteigert haben, ein Gehalt, der absolut tödtlich wirkt.*) Ein Erwachsener bedarf in 24 Stunden circa 200 Cubikfuß Sauerstoffgas, oder tausend Cubikfuß atmosphärische Luft. Demnach kann als Minimum des Luftraumes, den Jemand zur Disposition haben muß, wenn er nach 24 Stunden überhaupt noch athmen will, ein hohler Würfel

---

*) Wie rasch sich die Kohlensäure, zum Schaden der Gesundheit, in solchen Räumlichkeiten ansammelt, die ohne gehörige Lufterneuerung sind, hat Leblanc dargethan, indem er fand in der

Luft im Stalle der Militairschule . .	0.1 %	Kohlensäure,
„ in einem Schulsaale	0.3 „	„
„ „ Krankensaale	0.8 „	„
„ im Hörsaale der Sorbonne zu Paris	1.0 „	„
„ in der Deputirtenkammer zu Paris	2.8 „	„
„ im Theaterparterre	4.8 „	„

Bei Untersuchungen über Ventilation fand Pettenhofer in der Luft

Volum-Prozente

Kohlensäure.

eines stark bewohnten Zimmers am Boden . .	0.22
„ „ „ an der Decke	0.26
eines minder stark bewohnten Zimmers . . .	0.05—0.09
eines sehr gefüllten Auditoriums	0.32
einer Münchener Bierstube	0.49
eines gefüllten Schulzimmers	0.72

Aehnliche Resultate erhielt Roscoe:

Luft von Kasernenzimmern	0.12—0.14
„ „ angefüllten Schulzimmern	0.24—0.31
„ eines angefüllten Schauspielhauses:	
in der Nähe der Decke	0.32
im Parterre . . .	0.26

von zehn Fuß Seitenlinie angesehen werden. Wo keine Ventilation möglich ist, da läßt sich durch Kalkhydrat die sich entwickelnde Kohlensäure fixiren und unschädlich machen. Zwei Pfund·gebrannter Kalk binden, angefeuchtet, ungefähr sieben Cubikfuß Kohlensäuregas.

Boussingault berechnet den Sauerstoffverbrauch verschiedener Thiere nach dem während 24 Stunden von ihnen verbrannten Kohlenstoff und Wasserstoff. Die Luftmenge, die diesem Sauerstoffvolum entspricht, muß nach ihm.wenigstens um's Dreißigfache vermehrt vorhanden sein, wenn sie keiner Ventilation fähig und doch bestimmt ist, ein Thier 24 Stunden lang ohne Nachtheil für seine Gesundheit zu erhalten.

	Verbrauchter Sauerstoff	Luftvolum, welches diesen Sauerstoff enthält.	Nothwendiger Luftraum, wenn erst alle 24 Stunden die Luft einmal erneut wird.
		Litre	
Ein erwachsener Mensch . .	558	2657	79710
Ein Pferd	4724	22495	674850
Eine Kuh	4224	20114	603420
Ein Schwein von 9 Monat	1240	5905	177150
Ein Hammel	408	1943	49290

Die Zahlen in der letzten Columne setzen aber einen so großen Luftbedarf und demnach so gewaltig große Räumlichkeiten voraus, daß letztere in der Praxis kaum zu erzielen sind. Entweder muß man sich jedoch zu solchen Räumlichkeiten bequemen, oder man muß dafür sorgen, daß da, wo Menschen und Thiere sich längere Zeit aufhalten sollen, eine gehörige Erneuerung der Luft fortwährend Statt findet. Durch eine geringe Ventilation wird das sonst bedürftige Luftvolum sehr herabgedrückt; in den Schlafzimmern der französischen Soldaten, in denen blos eine gelegentliche Ventilation durch Thüren und Fenster Statt findet, hat es nach den Bestimmungen der Sanitätscommission nur noch 16,000 Litre per Kopf zu betragen.*)

---

*) Wie ansehnlich der durch Fenster- und Thür-Ritzen vermittelte Luftwechsel für sonst geschlossene Räume sein kann, zeigen folgende Notizen von Pettenhofer und Roscoe:

    1. Luft eines geschlossenen Zimmers empfing 1.41 % Kohlensäure,
        Sie enthielt nach 1 Stunde nur noch 0.51 „ „
         „ „ „ 3 „ „ „ 0.12 „ „
    2. Luft eines geschlossenen Zimmers empfing 0.72 „ „
        Sie enthielt nach 1 Stunde nur noch 0.31 „ „

Das mag eine Norm sein für Lazarethe, Arreststuben, Schulen, Hörsäle, überhaupt für all' die Zimmer und Säle, die keine besondern Ventilationsvorrichtungen haben. Man wird aber zweckmäßig solche bei allen Neubauten anbringen, weil dadurch an nothwendigem Raume gespart wird.

Mit den 4000 Litre Kohlensäure, die eine Kuh binnen 24 Stunden erzeugt, würde sie der Luft in einem abgeschlossenen Raume von 200,000 Litre einen Kohlensäuregehalt von 1% geben, was schon viel zu viel wäre, um sie auf die Dauer gesund zu erhalten. Aber jene 200,000 Litre setzen schon bei einem Kuhstalle ganz unmögliche Räumlichkeiten voraus; hier ist also, gleichwie bei Pferdeställen, um so mehr auf gute Ventilation zu sehen, als die Ställe unserer Hausthiere gewöhnlich von ganz bescheidenen Dimensionen sind. „In einem Stalle der Kaserne des Quai d'Orsay," bemerkt Boussingault, „bewirkte eins der 17 Luftlöcher, das mit einem 20 Fuß hohen Schlote in Verbindung gesetzt war, nach den angestellten Beobachtungen bei einem Temperatur-Unterschiede von 4°, einen Luftabzug von 334000 Litre per Stunde. Die 17 Luftlöcher dieses für 87 Pferde eingerichteten Stalles haben an dem Tage des Versuches 5 Millionen Litre Luft herbeiführen müssen. Dies macht auf die Stunde und das Pferd 57000 Litre, was mehr als hinreichend ist, um die Luft gesund zu erhalten. Die Analyse zeigte auch, daß in diesem Stalle die Luft sich auf einem Grade der Reinheit erhielt, die wenig von der der Atmosphäre verschieden war. *)

---

*) Eine instructive Anwendung obiger Gesetze gibt folgender Fall:

In dem Versuchsstalle unserer hiesigen Station (Salzmünde) haben wir seit Kurzem einen Apparat aufgestellt, mittels dessen sämmtliche Respirations-Producte eines Ochsen von 900 Pfd. Schwere direct bestimmt werden sollen. Dies Thier kommt nämlich in einen hermetisch geschlossenen Zinkkasten von 8' Länge, 5' Breite und 5½' Höhe, dessen Luft durch eine große Luftpumpe sich beständig erneuern läßt. Da es zur Erlangung normaler Resultate nothwendig war, daß der Ochse 24 Stunden lang ohne die geringsten Athem-Beschwerden in dem Kasten verweilt, so durfte der Kohlensäuregehalt der Luft niemals ½% übersteigen und es fragte sich, wie viel preuß. Cubikfuß frische Luft zu dem Ende dem Apparate mittels der Luftpumpe per Minute zugeführt werden mußte. — Wir berechneten dies in folgender Weise:

Nach Versuchen von Boussingault & Henneberg produzirt ein Thier von obiger Schwere binnen 24 Stunden 9 Pfd. Kohlensäure. Es muß also seinem Athembedürfnisse, da der Kohlensäure-Gehalt ½% nicht übersteigen soll, 1800 Pfd. Luft täglich zugeführt werden. Ein Pfd. Luft hat

Ich wies schon rüher einmal darauf hin, daß die Natur der Nahrung den Sauerstoff-Consum wesentlich beeinflusse. Doch ist es das nicht allein, wovon die Quantität des eingeathmeten Sauerstoff und der abgeschiedenen Kohlensäure abhängt. Gewisse andere Verhältnisse kommen noch in Betracht. So ist im Allgemeinen die Entkohlung des Blutes um so stärker, je intensiver der Lebensprozeß, das heißt, je erhöhter der Stoffwechsel ist. Bei gesteigerter physischer Anstrengung vermehrt sich die Kohlensäure-Ausscheidung; ebenso bei geistiger Anstrengung. Während in der Ruhe die Athemzüge tiefer und reicher, als gewöhnlich, an Kohlensäure sind, wird doch in der nämlichen Zeit lange nicht so viele Kohlensäure produzirt, als bei rascher Athmung, wie solche bei außergewöhnlicher Körperbewegung und bei jeder Arbeit erfolgt.*) Aus ähnlichen Gründen erzeugt der Mann durchschnittlich ⅓ mehr Kohlensäure, als die Frau; das mittlere, kräftige Alter liefert in Summa mehr, wie das Kind und der Greis. Ueberhaupt hängt mehr von den Athembewegungen oder von der Circulation des Blutes der Sauerstoffverbrauch ab, als von der Dichtigkeit der Luft durch Temperatur Verdunstung und Druck.**) Nur in reinem Sauerstoffgas lebend, würden

---

ein Volum von 12½ Cubikfuß. Daher ist nöthig per 24 Stunden 22500 Cubikfuß Luft; per Minute also 16 Cubikfuß.

Unser Apparat liefert aber das Gewünschte, denn er saugt bequem alle 2 Minuten 1 Cubikmeter (= 32 Cubikfuß) durch den Respirationskasten.

*) Folgende Tabelle von Bierordt gibt hierzu den Beleg:

Anzahl der Ausathmungen in einer Minute.	Cubikcentimeter der in einer Minute ausgeathmeten CO_2.	Durch eine Ausathmung gelieferte Kohlensäure in Cubikcentimetern.
6	171	28
12	246	20
24	396	. 16
48	696	14
96	1296	13

**) Ein Steigen des Barometers um 6 Linien hat eine bemerkbare, obgleich sehr geringe Vermehrung der Pulsschläge und Athemzüge, so wie eine Verminderung der absoluten Kohlensäure-Ausscheidung zur Folge. (Bierordt.)

Thiere ein unnormales Maaß deffelben verzehren. Der Einwirkung der reinen Lebensluft folgt nothwendig ein erhöhter Stoffwechsel und eine größere Kohlensäureausscheidung, aber nach kurzer Zeit würde es dem Thiere ergangen sein, wie dem Lämpchen, deffen Oel von einer großen Flamme gar zu schnell aufgezehrt wurde. Im Sommer wird weniger Sauerstoff verzehrt, weil die Hitze erschlaffend auf die Athembewegungen wirkt; im Winter wird ⅕ mehr verbraucht, nicht ob der dichteren und sauerstoffreicheren Luft, sondern weil die Kälte, wie wir dies noch darthun werden, den Organismus zu einem gesteigerten Respirationsprozeffe zwingt.

Ein erwachsener Mensch haucht durch die Lungen täglich ungefähr ½ Pfund Kohlenstoff in Gestalt von Kohlensäure aus. Rechnen wir hierzu noch ⅛ Pfund Kohlenstoff, die das Blut verliert, theils durch die Hautausdünstung, theils dadurch, daß ein Theil der kohlenstoffreichen Galle in die festen Extremente übergeht, theils durch den Urin, so erhalten wir stark ⅔ Pfund Kohlenstoff, welche die Nahrung dem Blute täglich zu liefern hat. Tritt bei dieser Zufuhr weniger Sauerstoff in Folge einer geschwächten Athmung in den Körper, oder wird vom Blute täglich mehr als ⅔ Pfund Kohlenstoff affimilirt, ohne daß gleichzeitig durch außergewöhnliche Bewegung und Arbeit ein größeres Maaß Sauerstoff eingeathmet wird, so ergibt sich in beiden Fällen ein Ueberschuß von Kohlenstoff-Verbindungen, die sich in die Fettzellen und Bindegeweben des Körpers ablagern und somit dienen, die Maffe oder die Fettleibigkeit des Individuums zu vermehren. Der Consum der dem Blute zugeführten Nahrung ist proportional der Menge und Stärke der Athemzüge. Es erklärt sich hieraus, wie die Ruhe höchst fördernd für die Fettbildung sein kann, wie Pferde im Winter im Stalle fett werden können und im Sommer auf der Weide dagegen mager, daß ein festgebundenes Schwein sich beffer mäftet, als bei der Bewegung, und daß umgekehrt ein unruhiger Mensch, gleich dem gehetzten Postpferde, nicht leicht fett wird. Ich habe zuweilen beobachtet, daß das von der Lungenseuche genesene Rindvieh sich schnell erholt und fetter wird, als vorher unter gleichen Verhältniffen. In so fern hierbei die theilweise zerstörten Lungen nicht mehr so viel Sauerstoff aufnehmen, also nicht so sehr den Stoffwechsel fördern können, läßt sich diese Beobachtung wohl erklären. Bei Beurtheilung der Maftfähigkeit eines Thieres wollen erfahrene Landwirthe an der Ausdehnung der Brusthöhle ein sicheres Merkmal haben. Je größer die Brust, um so größer die Lungen, somit um so weniger tauglich zur Maftung.

Ein größeres Maaß von Bewegung, ein schnellerer Blutlauf bedingt eine größere Sauerstoff-Aufnahme und eine größere Menge Nahrung. Ein

Kind kann weniger leicht den Hunger ertragen, als ein Erwachsener, denn es erzeugt im Verhältniß zu dem Körpergewichte eines Erwachsenen doppelt so viel Kohlensäure in 24 Stunden, als dieser. *) Eine Maus braucht verhältnißmäßig 18mal so viel Sauerstoff, als ein Mensch; sie verlangt dazu auch 8 mal so viel Nahrung (Valentin); kleinere Vögel, in deren Fluge wir eine große Kraftäußerung erkennen, können kaum 3 Tage ohne Nahrung leben, während eine Schlange, ein Frosch, ein Siebenschläfer, die 3 Monate nahrungslos sein können, in einigen Stunden eine kaum bemerkbare Menge Kohlensäure bilden. Es ist interessant, die Kohlenstoffquantitäten zu vergleichen, die in 24 Stunden von verschiedenen Thieren exhalirt werden. Auf 100 Gramm Körpergewicht liefert

eine Schleie . .	0.024 Gramm Kohlenstoff =		1	(Humboldt)
eine erstarrte Eidechse	0.033 „	„ „	1.4	(Reiset)
ein Frosch . . .	0.087 „	„ „	3.6	(Marchand)
eine erwachte Eidechse	0.261 „	„ „	11	(Reiset)
ein Mensch . . .	0.292 „	„ „	12	(Scharling)
eine Taube . . .	2.742 „	„ „	114	(Bouffingault)
ein Zeisig . . .	11.420 „	„ „	476	(Letellier).

Der Hungerzustand ändert wenig an dem Sauerstoffconsum. Letzterer bleibt proportionel der Bewegung des Thieres und der Wärme der umgebenden Luft. Das Fett wird zunächst eine Beute des Sauerstoff. Je mehr dessen ein Thier in seinen Geweben aufgespeichert, desto länger kann es hungern. Kein Mährchen ist es, als berichtet wurde, daß ein durch einen Bergsturz verschüttetes fettes Schwein nach 160 Tagen noch lebte, während dem es 120 Pfund an Gewicht verloren hatte. Ebenso glaubwürdig ist die Mittheilung von Pösche, wonach eine kräftige Katze, die aus Versehen in einen Schrank eingesperrt worden, darin 29 Tage lang ohne

---

*) Dies beweist folgende Versuchsreihe von Scharling:

Alter.	Körpergewicht.	Quantität des in 24 Stunden ausgehauchten Kohlenstoff.	Für je hundert Pfund Körpergewicht wurden produzirt an Kohlenstoff.
Jahre.	Pfund.	Pfund.	Pfund.
28	164	0.50	0.30
16	115	0.47	0.40
10	46	0.26	0.57

jede Nahrung verblieb. Man fand dies Thier zwar äußerst abgezehrt, jedoch noch lebend und fähig Nahrung aufzunehmen, so daß es sich bald
wieder völlig erholte.

Ist das Fett verschwunden, dann zehrt das hungernde Thier von seinen
stickstoffreichen Muskelgebilden. Alsdann haucht es, troß der größeren Masse
eingeathmeten Sauerstoff, doch weniger Kohlensäure aus, weil es, wie die
Fleischfresser, desto mehr Harnstoff und Harnsäure bildet. Sind endlich
auch die der Lösung fähigen Muskelgebilde verschwunden, so ist der Tod
die Folge des nun beginnenden Verwesungsprozesses der edlen Nervensub-
stanzen, die bis zuletzt in ihrer Integrität erhalten bleiben. Wahnsinn und
Irrreden gehen deßhalb dem Tode vorher. Die Zeitdauer eines eintretenden
Hungertodes hängt übrigens sehr von dem ungeschmälerten Wassergenusse
des Hungernden ab. Das Wasser ist das vermittelnde Glied in allen Bewegungserscheinungen des organischen Reiches. Drei Viertel unseres Körpergewichtes ist Wasser, und ohne einen Ersatz dieses vielfach verbrauchten
Stoffs wird der Hungernde bald zur Ruhe geführt. Man will wissen,
daß bei genügender Wasseraufnahme ein Mensch 3 Wochen ohne Nahrung
leben kann.

Die thierische Eigenwärme.

Bis jetzt haben wir die Athmung als eine Bedingung des Lebens betrachtet: wir wollen nun sehen, wie die thierische Wärme als wesentliches
Resultat des Lebensprozesses von der Athmung vollständig abhängig ist.

Jedes lebende Thier besitzt eine constante, der Eigenthümlichkeit seines
Gesammtlebens entsprechende Eigenwärme. Im verschiedenen Körperbaue
und in den ungleichen Zwecken, welche die Vorsehung für jegliches Leben
bestimmte, liegt es tief, jedoch deutlich begründet, daß der Körper eines
Insectes eine weit niedrigere Temperatur hat, als der des kleinen Vogels;
das kleinere Säugethiere und junge Wesen wärmer sind, als größere Thiere,
daß die Kälte des Leichnams, welche dem Fische eigen, nicht weniger eine
Schlange oder die Amphibien characterisirt und daß endlich, ohne Gefährdung des Lebens und aller vitalen Erscheinungen, die jedem Thiergeschlechte
eigene Wärme sich weder erhöhen noch erniedrigen kann. Kein geheimniß-
volles Spiel haftet befremdend an diesem Zeichen des individuellen Lebens:
die nämliche Quelle, aus der unser Körper seine Wärme schöpft, ist allen
Thieren zugänglich; gemeinschaftlich sind die Gesetze, nach denen sich die

Wärme erzeugt, verbreitet und wieder verliert, nur ungleich ist das Maaß der Einflüsse, welche die verschiedenen Thierkörper beherrschen und deren Wärmequantum fixiren.

Jeder weiß, daß Wärme erzeugt wird, wenn das Feuer einen brennbaren Stoff verzehrt. Der Verbrennungsact ist aber nichts weiter, als die Verbindung des Sauerstoff mit gewissen Elementen, vornehmlich jedoch mit Kohlenstoff und Wasserstoff. Gleichgültig, ob eine Verbrennung langsam und bei niederer Temperatur d. h. ohne Feuererscheinung vor sich geht, oder ob eine hohe Temperatur die Flamme zu einer schnelleren Verbrennung benutzt: in allen Fällen, in denen der Sauerstoff sich mit jenen organischen Elementen zu Kohlensäure, Wasser, Schwefelsäure, u. s. w. verbunden hat, ist die nämliche Wärme frei geworden.

Bei der Oxydation von 1 Pfund Kohlenstoff (reiner Kohle) zu Kohlensäure werden nach den neueren Bestimmungen von Favre & Silbermann 8086 Wärme-Einheiten frei *), das heißt, durch Verbrennung von 1 Pfund Kohlenstoff vermag man 80.86 Pfund Wasser um 1° C zu erwärmen oder 80.85 Pfund Wasser bis zum Sieden zu bringen. Durch Verbrennung von 1 Pfund Wasserstoffgas zu Wasser läßt sich 344.62 Pfund Wasser bis zum Sieden erhitzen. Dasselbe entwickelt also 34462 Wärme-Einheiten, und heizt somit $4\frac{1}{4}$ mal besser, als der Kohlenstoff.

Wenn wir nun bemerken, daß ein Thier in der Nahrung eine große Menge verbrennlicher Elemente assimilirt, wenn wir wissen, daß diese Elemente im Körper sich mit Sauerstoff verbinden und als Kohlensäure, Wasser ꝛc. austreten, kann es dann wohl gewagt sein, den Ursprung der thierischen Wärme wissen zu wollen? Muß im Körper durch die Verbindung des Sauerstoff mit dem Kohlenstoff und Wasserstoffe nicht die nämliche Wärme frei werden, als wenn diese Stoffe an der Luft verbrennen? In Form von Kohlensäure verlieren wir täglich durch Lunge und Haut mindestens $\frac{1}{2}$ Pfund Kohlenstoff; werden wir hierfür nicht entschädigt durch $\frac{8086}{2} = 4043$ Wärme-Einheiten, hinreichend, um außerhalb des Körpers 108 Pfund Wasser von 0° bis $37\frac{1}{2}$°, also bis zu unserer Blutwärme zu erhitzen?

Man hat lange Zeit hindurch hiergegen eingewendet, daß es zweifelhaft und unbewiesen sei, die Wärmeerzeugung einem Verbrennungsprozesse zuzuschreiben, wie wir vielmehr in den Muskelbewegungen und in den Veränderungen im Zustande der Nerven eine deutlichere Wärmequelle zu suchen

---

*) Unter einer Wärme-Einheit haben wir hier zu verstehen die Wärmegröße, welche nothwendig ist, um 1 Pfund Wasser von 0° bis auf 1° C zu erwärmen.

hätten. Warum sollen wir jedoch in den unbekannten Muskel- und Nerven-
gebilden die Wärmequelle suchen, da deren wärmeerzeugender Einfluß unzweifelhaft ein indirecter ist? warum sollten wir bei der Erklärung einer
Erscheinung die größten Schwierigkeiten herbei holen, wenn die einfachste
Erklärung so natürlich ist! Freilich erledigt jene einfache Verbrennungstheorie
nicht alle auf die thierische Wärme bezüglichen Fragen, und vorzüglich mangeln
uns noch die statischen Versuche, welche die aus den verbrennlichen Nahrungselementen erzeugte Wärme in eine verläßige Gleichung mit den Wärme-
verlusten bringen. Dies mag daher kommen, daß man zu sehr übersehen
hat, wie außer der Oxydation des Kohlenstoff und Wasserstoff im Thierkörper, auch andere den Stoffwechsel begleitende Prozesse wahre Wärmequellen sind. So wird Wärme frei bei Verbindung einer Säure mit einer
Basis, wenn eine stärkere Säure die Kohlensäure aus ihren Verbindungen
austreibt; ferner bei den endosmotischen Erscheinungen, bei der Verwandlung des Schwefels und Phosphors in entsprechende Säuren, bei der Verwandlung der Proteïnstoffe des Blutes in Gewebe, und endlich beim Zerfallen der stickstoffreichen Gewebe in Kreatin, Inosinsäure, Harnsäure, Harnstoff, Milchsäure, Ammoniak und Wasser. Freilich liegt trotz all' dem die
Hauptwärmequelle in der allmähligen Verbrennung der stickstofffreien und stickstoffhaltigen Blut- und Gewebebestandtheile, womit wir jedoch
keineswegs einer nahe liegenden Consequenz folgen und zugeben, daß das
Hauptverbrennungsproduct, die ausgehauchte Kohlensäure, ein richtiges Maaß
für die im Thiere wirklich erzeugte Wärme sei. Denn auch der zu Wasser
verbrannte Wasserstoff der organischen Gebilde kommt als Wärmeproducent
in Betracht; er entzieht sich aber der Bestimmung, indem das Wasser auf
verschiedenen Wegen den Körper verlassen kann. Uebrigens kann im Körper
Kohlensäure und Wasser entstehen, ohne einen wirklichen Verbrennungsvor-
gang, weil die Nahrung überhaupt neben Kohlenstoff und Wasserstoff
stets mehr oder weniger Sauerstoff enthält, der eine entsprechende Menge
Kohlensäure und Wasser bildet, somit die Verbrennungsproducte vermehrt,
ohne Wärme zu erzeugen. Von dem abgesehen, wissen wir auch nicht, wie
viel Wärme da frei wird, wo die Proteïngebilde des Blutes und der Gewebe zu Harnbestandtheilen oxybirt werden und zwar, weil wir die Sauerstoffmenge nicht zu ermessen vermögen, die zu solchen Verbrennungen nöthig
ist. In Summa sind also die Schwierigkeiten der Bestimmung der im
Thierkörper netto erzeugten Wärme recht groß; einstweilen ist man in dieser
Sache noch nicht weiter vorgedrungen, als bis zur Bestimmung des Kohlenstoff und Wasserstoff, der wirklich im Körper verbrennt, von dem man also
sicher weiß, daß er zur Wärmebereitung gedient hat.

16

Die bezüglichen Versuche sind von Boussingault bei Pferden, Kühen und Tauben angestellt worden. Er reichte diesen Thieren einige Zeit lang Nahrung von genau bekannter elementarer Zusammensetzung. Ferner bestimmte er, wie viel von diesen Elementen in Form von festen Faeces, Urin, Milch wieder gewonnen werden. Der Verlust an Kohlenstoff, Wasserstoff und Sauerstoff mußte durch Lunge und Haut entwichen sein in Form von Kohlensäure und Wasserdampf, zu deren Bildung sowohl der von der Nahrung herrührende, als auch der eingeathmete Sauerstoff beigetragen hatte. Nun hatte eine Kuh in 24 Stunden von gegebener Nahrung expirirt: 2211.8 Gr. Kohlenstoff, 263.5 Gr. Wasserstoff, 1951.9 Gr. Sauerstoff. Indem die 1951 Gr. Sauerstoff nicht einmal hinreichen zur Oxydation der 263 Gr. Wasserstoff, so waren offenbar große Sauerstoffmengen herbeizuführen, um Alles in Kohlensäure und Wasser zu verwandeln. Verbinden wir die 1951.0 Gr. Sauerstoff, die keine Wärme erzeugt haben können, mit so viel Wasserstoff, als zur Wasserbildung erforderlich sind, so gehen dazu 243.7 Wasserstoff, und es bleiben dessen noch 263.5—243.7 = 19.8 übrig. Wir können also sagen, daß die Kuh binnen 24 Stunden von den Nahrungselementen 2211.8 Gr. Kohlenstoff und 19.8 Gr. Wasserstoff wirklich mit Hülfe des eingeathmeten Sauerstoff verbrannt hat. Ein Pferd, in ganz gleicher Weise dem Versuche unterworfen, verbrannte binnen 24 Stunden von der gereichten Nahrung 2465.1 Gr. C und 23 Gr. H zu Kohlensäure und Wasser. Eine Turteltaube in der nämlichen Zeit 5.10 Gr. Kohlenstoff 0.13 H. Das Pferd und die Kuh verbrannten also 100 Theile Kohlenstoff auf 1 Theil Wasserstoff. Ein erwachsener Mensch, der ungefähr $\frac{1}{2}$ Pfund oder 250 Gr. Kohlenstoff täglich expirirt, würde bei diesem Vergleiche 2—3 Gr. Wasserstoff täglich verbrennen.

Eine jede Ansicht über die Quelle der thierischen Wärme erlaubt nicht die Vorstellung, als sei im Körper ein bestimmtes Wärme-Organ vorhanden, welches gleich einem Ofen die Nahrungsstoffe verbrenne und von einem Puncte aus in's Ganze verbreite.[*] Dort ist vielmehr der Wärmeheerd zu suchen, wo der Sauerstoff hinkommt, und wo er den Stoffwechsel einleitet. Die Eigenwärme repräsentirt nur die Summe der kleinsten Wärmemengen, welche beständig im ganzen Kapillarsystem des Körpers erzeugt werden.

Wozu braucht nun der Organismus die große Menge der täglich sich erneuenden Wärme?

---

[*] Nach den neuesten Versuchen von Bernard erleidet das Blut bei seinem Durchtritt durch die Lunge eine deutliche Temperatur-Erniedrigung.

Welchen Einflüssen ist dabei die thierische Oeconomie unterworfen?

Wärme verliert den Organismus erstens durch die Athmung. Selten, und dies geschieht nur in heißen Sommern, athmen wir eine Luft ein, welche die Lungentemperatur besitzt. Die ausgeathmete Luft hat aber stets die Wärme des Blutes. Eine kalte Winterluft entzieht daher dem Blute eine größere Menge Wärme, als die Luft der gewöhnlichen Temperatur. Aehnlich ist es mit dem Genusse solcher Nahrungsmittel, welche nicht die Temperatur des Körpers haben; je kälter sie eingenommen werden, je mehr Wärme entziehen sie. Dies gilt vorzüglich von den Getränken, — wir wissen, daß sie Anfangs kühlend wirken. Während der Genuß einer großen Menge kalten Wassers, welches vor seinem Austritte durch den Harnweg bis 37° erwärmt ist, den Körper ermattet, trinken wir mit Wohlbehagen ein größeres und eben so kühles Quantum spirituöser Flüssigkeiten. Besäßen diese jedoch nicht die Mittel in sich, den verursachten Wärmeverlust in erhöhtem Grade zu ersetzen, so könnten sie uns eben so wenig stärken, wie ein unmäßiger Wassergenuß.

Zweitens durch die Verdunstung des Wassers in den Lungen. Dies beruht auf Folgendem: Das Wasser verdampft beständig bei jeder Temperatur. Die Zeitdauer, in welcher eine gewisse Wassermenge sich verflüchtigt, ist abhängig von der auf das Wasser einwirkenden Temperatur und dem darauf lastenden Drucke. Ein Gefäß mit Wasser wird um so schneller verdampft sein, je mehr Wärme ein darunter angebrachtes Feuer abzibt. Die Wärme hat sich dann mit dem Wasser zu Wasserdampf verbunden. Nach einem Gesetze der Physik bindet der Wasserdampf $5\frac{1}{2}$ mal so viel Wärme, als kochendes Wasser. Hierbei wird der Wasserdampf dem Thermometer gegenüber doch nicht heißer, als 100° C, denn die übrige Wärme ist in ihm versteckt gebunden oder latent. Ihre Anwesenheit ergibt sich jedoch aus der Fähigkeit des dampfförmigen Wassers, eine $5\frac{1}{2}$ mal so große Quantität Wasser von 0° bis zu 100° erwärmen zu können. Bei der Wasserdampfbildung in den Lungen haben diese Verhältnisse ihre volle Geltung. Das ausgehauchte Wasser ist zwar nicht heißer, als das Blut, aber letzteres mußte durch $5\frac{1}{2}$ fache Wärmeabgabe den Wasserdampf ermöglichen. Wenn also durch die Lungen ungefähr $\frac{3}{4}$ Pfund Wasser entweichen, so ist die damit entführte Wärme grade so groß, als hätte der Körper $\frac{3}{4} \cdot 5\frac{1}{2} = 4\frac{1}{8}$ Pfund Wasser von 0° bis auf $37\frac{1}{2}$ ° C zu erwärmen. Dazu sind indessen nöthig $4\frac{1}{8} \cdot 37\frac{1}{2} = 154$ Wärme-Einheiten.*)

*) Der Wassergehalt der Luft richtet sich nach ihrer Temperatur. Je wärmer die Luft, je mehr ist sie fähig, Wasserdampf in sich aufzunehmen, je kälter

Drittens wäre noch der Wärmeverlust zu beachten, der durch die Haut-Ausdünstung entsteht. Krause gibt nämlich an, daß ein Erwachsener binnen 24 Stunden 791,5 Gramm Wasser, 7.9. Gr. flüchtige organische Stoffe (hauptsächlich butteressigsaures und milchsaures Ammoniak) und 2,6 Gramm Mineralsalze ausscheidet resp. verdunstet. Da dies die doppelte Menge der durch die Lungen expirirten Feuchtigkeit ist, so erfordert sie auch 2 mal so viel Wärme, oder circa 300 Wärme-Einheiten. Der Wärmeverlust

---

sie ist, desto weniger vermag sie es. Im Allgemeinen enthält daher die Luft im Sommer viel mehr Wasser, als im Winter. Gesättigt ist eine Luft mit Wasserdampf, wenn sie dessen genau so viel enthält, als ihrem Temperaturgrade entspricht.

Nach Regnault enthält 1 Cubikmeter mit Wasser gesättigter Luft von

— 5° Celsius	=	3.36 Gramm Wasser	
0	„	4.89	„ „
+ 5	„	6.81	„ „
+ 10	„	9.38	„ „
+ 15	„	12.81	„ „
+ 20	„	17.23	„ „
+ 25	„	22.95	„ „

Eine mit Wasser gesättigte Luft von 5° Wärme, muß, falls ihre Wärme um 1 Grad sinkt, einen Theil ihres Dampfes in Gestalt von Wasser, absetzen, sie wird dagegen, falls ihre Wärme um 10 Grad steigt, noch ein mal so viel Wasserdampf in sich aufnehmen können, d. h. sie wird das Wasser in ihrer Umgebung zwingen, so lange und so viel zu verdunsten, bis sie mit Dampf gesättigt ist. Nun denke man sich zur Winterzeit bei einer Luftwärme von 5° in ein Zimmer eng eingeschlossen: man wird darin eine mit Wasser gesättigte Luft einathmen, weil überhaupt die Winterluft bei ihrer geringen Dampfcapacität nur selten nicht vollkommen mit Wasser gesättigt ist. Wenn man nun vermittels eines Ofens das verschlossene Zimmer bis auf 15° Luftwärme heizt, dann athmet man nicht mehr eine mit Wasser erfüllte milde Luft ein, sondern eine wasserarme, trockene, und zwar so lange, bis die Zimmerluft Gelegenheit gefunden, die ihrer erhöhten Wärme entsprechende Wasserdampfmenge in sich aufzunehmen. Ist im Zimmer kein Wasser, das der Luft den nöthigen Dampf liefern kann, so befriedigt sich ihre Begierde darnach nur auf Kosten des Wassers, welches die Lungen des im Zimmer Verweilenden ausathmen. Die Wasserausscheidung der Lungen wird daher eine sehr verstärkte sein, und die Thätigkeit der Lungen damit unnatürlich erhöht werden. Das kann keineswegs gut sein für Personen mit schwächlichen Lungen, deren möglichste Schonung ihr ganzer Zustand erheischt. Wie umgeht man diesen Uebelstand? Was hat man zu thun, um selbst in frisch geheizten Zimmern keine trockene, sondern eine milde Luft einathmen zu müssen? Man setze einfach auf den Ofen ein flaches Gefäß mit Wasser. Dann bringt die Ofenhitze dies Wasser rasch zur Verdampfung,

durch die Lungen- und Haut-Transspiration verhält sich also zu den im menschlichen Körper in Summa produzirten Wärme-Einheiten wie 450 : 4000, das ist ungefähr wie 1 : 9.

Im Allgemeinen ist die Verdunstung des Wassers durch Haut und Lungen proportional dem Quantum Kohlenstoff, den ein Thier in 24 Stunden verbrennt. Kleine Thiere, die nach früherer Angabe, mit Rücksicht auf ihr Körpergewicht, ungleich mehr Kohlensäure aushauchen, als größere Thiere, verdunsten in ähnlichen Verhältnissen auch mehr Wasser. Letellier fand, daß ein 25 Gramm schwerer Grünfink bei 20° C in der

> 1. Stunde 0.315 Gr. Wasser
> 2. Stunde 0.218 „ „
> 3. Stunde 0.179 „ „
> 4. Stunde 0.115 „ „
> 5. Stunde 0.119 „ „
> 6. Stunde 0.108 „ „

durch Haut und Lungen verdunstete; bei 40° C verdunstete dies Vögelchen in der ersten Stunde 1 Gr. Wasser und durchschnittlich ½ Gr. während 4 Stunden.

Man ersieht hieraus, wie unentbehrlich das Wasser kleinen Thieren ist. Bei 20° C braucht so ein Fink binnen 24 Stunden ⅛ seines Körpergewichtes an Wasser. Natürlich bringt dies einen verhältnißmäßig enormen Wärmeverlust mit sich.

Die Wassermenge, welche größere Thiere durch Haut und Lungen verdunsten, betrug in speciellen Versuchsfällen:

---

der Dampf verbreitet sich in der Zimmerluft und hat diese bald milde gemacht, indem er sie mit Wasser sättigt, mag ihre Wärme 10, 15 oder 20° betragen. Zu viel Wasserdampf kann die Luft dadurch nicht bekommen, denn jeder Ueberschuß verdichtet sich an den kalten Fensterscheiben wieder zu Wasser; sie beschlagen, wie man zu sagen pflegt. In Schlafzimmern, wenn solche im Winter erst spät Abends eingeheizt werden, sollte man nie die Wasserschüssel auf dem Ofen vergessen.

In feuchtwarmer Luft respiriren die Thiere viel frequenter, als in trockner Luft, und nach allen Beobachtungen scheiden sie dabei absolut mehr Kohlensäure aus. Die hierdurch bekundete größere Energie des Stoffwechsels dürfte namentlich solchen Personen sehr zu Statten kommen, die den größten Theil des Tages in der Stube zubringen und wenig Bewegung haben.

	Menge des durch Futter u. Tränke eingenommenen Wassers per 24 Stunden.	Waffer verdunstet durch Lunge und Haut per 24 Stunden.	Analytiker.
Ochse im Winter	77.0 Pfd.	13.4 Pfd.	Henneberg
„ im Sommer	61.0 „	19.5 „	„
Reitpferd	34.7 „	15.8 „	Bouffingault
Schwein	10.6 „	4.0 „	„
Hammel	2.8 „	1.1 „	Jörgensen

Der Schweiß ist die flüssige und fühlbare Form der Hautabson-derungen. Das Schwitzen hängt beim Menschen zunächst von seiner In-dividualität ab, denn es gibt Leute, die beim geringsten Anlasse schwitzen, während Andere noch weit davon entfernt sind. Im Allgemeinen wird die Schweißbildung von der Temperatur und Trockenheit der Luft, von der Menge der genossenen Getränke und von der Bewegung abhängig sein.

Große Hitze ist in soweit von Einfluß, als dabei der Körper wenig Wärme durch Ausstrahlung verliert und selbige zur Verdunstung größerer, vom Blute gelieferten Wassermengen verwendet. Ist dazu der Organismus einer etwas angestrengten Bewegung unterworfen, die für sich schon einen energischen Stoffwechsel verursacht, oder ist die Luft drückend schwül, das heißt mit Wasserdampf fast gesättigt, so wird in beiden Fällen eine tüchtige Schweißabsonderung die Folge sein. Bei trockener, windiger Luft wird, selbst bei tüchtiger Wärme und Bewegung, weniger sichtbarer Schweiß gebildet, weil in jenem Falle das Wasser mehr in Dampfform aus der Haut sich zu entwickeln vermag. Im Winter verdunstet ein Thier am wenigsten Wasser. Daran mag unter Anderm auch Schuld sein, daß die Kälte die Haargefäße der Haut zu sehr zusammenzieht. Getränke und gute Bewe-gung vereint, vermehren die Schweißbildung sehr, weil erstere das Wasser und letztere die erforderliche Wärme und Ausdehnung der Haut liefern. Alle Bedingungen einer üppigen Schweißproduction finden sich wohl am Besten auf den Tanzböden vereinigt, denn dort ist heiße mit Wasser ge-sättigte Luft, dort sind Getränke und Bewegung in schönster Fülle.

Gleichwie im Winter die kalte Luft den Körper entwärmt, so ist im Sommer die Verdunstung des Schweißes das überhaupt abkühlende Mo-ment. Die Bergneger von Guinea pflegen in ihren Hütten sich vor der unerträglichen Sonnenhitze zu schützen, indem sie den Eingang ihrer Wohmung mit Töpfen besetzen, in welchen blattreiche Pflanzen vegetiren. Durch die starke Wasserverdunstung Seitens solcher Pflanzen wird ihrer Umgebung viel Wärme entzogen. Aus demselben Grunde ist es unter schattigem Laubdache eines Waldes stets kühl, gleichviel ob draußen eine Hitze zum Ersticken herrscht. Wünscht man in heißen Sommertagen eine Flasche eiskalten Wassers, so umwickele man sie nur mit einem benäßten Leintuche und lege sie dann einige Zeit in recht warme Zugluft. Da gibt das Wasser in der Flasche einen Theil seiner Wärme her zur Verdunstung des Wassers in dem Tuche. Ein Mensch kann in einer Lufttemperatur von 110° C einige Zeit ohne Beschwerden verweilen, was ganz unmöglich wäre, wenn eine erhöhte Production und Verdunstung des Schweißes und die dadurch bewirkte Abkühlung nicht stattfände.*)

Treten wir im Schweiße gebadet in Zugluft, oder nehmen wir in jenem Zustande eine Menge kalter Getränke ein, so vereinigen sich einige Umstände, die dem Körper plötzlich viel Wärme entziehen und die wichtigen Hautfunctionen stören. Der Schweiß nimmt vorab die Temperatur der kalten Luft an und theilt dieselbe der Oberfläche des Körpers mit. In der Zugluft macht sich die Verdunstungskälte des Schweißes sehr rasch bemerkbar. Dies hätte weniger zu sagen, wenn dadurch in beiden Fällen nicht eine krampfhafte Zusammenziehung der vorher ausgedehnten Haut erfolgte, so daß weder Flüssiges noch Gasförmiges durch sie weiter hindurch bringen kann.

Die Haut, welche sonst als das beste Blutreinigungsmittel wirkt, indem sie Kohlensäure ausscheidet (¹⁄₃₀) und so die Functionen der Lunge unterstützt, indem sie Wasser, manche organische und unorganische Producte des Stoffwechsels (Schweißbestandtheile und Gase) aus dem Körper entleitet, sie versagt auf einmal ihren Dienst. Was wird die Folge sein? Das Blut überladet sich mit Zersetzungsproducten, die sich vergiftend und reizend auf die Lungen und Brustorgane niederschlagen; es entstehen im günstigen Falle die gewöhnlichen Kartarrhe, aber auch leider zu häufig verderbliche Lungen- und Brustentzündungen. Von dem Augenblicke an, wo ein so wichtiges Ausscheidungsorgan, wie die Haut, ihre Thätigkeit einstellt, sinkt die Energie des ganzen Stoffwechsels und damit auch die Hauptwärmequelle

---

*) Letellier fand, daß kleinere Thiere, namentlich Vögel, unfehlbar sterben, sobald die Luftwärme ihre Blutwärme übersteigt. Bei dem geringen Umfange dieser Thiere bringt die unnormale Wärme zu leicht und zu rasch in das Centrum ihres Körpers und Lebens. Große Thiere sind solcher Gefahr besser enthoben.

des Körpers. Daher die Erkältung, der unbehagliche froſtähnliche Zuſtand, welcher der Unterdrückung der Hautausdünſtung auf dem Fuße folgt.

Kaninchen, deren Haut man mit Leinöl oder luftdichtem Firniß überſtrichen, ſtarben raſch, nachdem ihre Körperwärme um 17° geſunken war. Bei Pferden gab ſich der nicht ſo ſchnell herannahende Tod durch Störung des Athems, Zittern und große Schwäche kund. Ausgedehnte Verletzungen der Haut durch Verbrennen bringen deßhalb den Tod.*)

Aus Allem dem muß gefolgert werden, wie wichtig zur Erhaltung der Geſundheit häufiges Waſchen und Baden, überhaupt die Reinlichkeit der Haut iſt, wie beſonders wohlthätig es grade für behaarte Thiere (Pferde, Kühe) iſt, wenn ihr Fell fleißig geſtriegelt und gebürſtet wird.

Schließlich kommen wir zu der durch Ausſtrahlung verloren gehenden Wärme. Ihre Menge iſt, nach folgendem, von Barral gegebenen Verhältniß, die bedeutendſte. Für je 100° entwickelte Wärme verliert der Körper des Menſchen: durch

Erwärmung der eingeathmeten Luft . . . . . . 7.3 Grad
verſchluckte Nahrung . . . . 1.8 „
Ausleerungen . . . . 2.2 „
Verdunſten des Waſſers vermittels Lunge und Haut 24.1 „
Ausſtrahlung . . . . 64.6 „

$$\overline{}$$
100.

Der Thierkörper verhält ſich, wie jeder andere erwärmte oder kalte Körper, welcher die Temperatur-Unterſchiede zwiſchen ſich und dem ihn umgebenden Medium durch Abgabe oder Aufnahme von Wärme auszugleichen ſucht. Um die Temperatur eines Zimmers auf einen gewiſſen Wärmegrad zu erheben und zu erhalten, wird ein Ofen zur Winterszeit mehr Wärme abgeben müſſen, als im Sommer, wo die denſelben umgebende Luft bereits mehr erwärmter iſt. Es kann daher nicht befremden, daß wir im Winter leichter frieren, wie im Sommer, daß die friſche Morgenluft und die Kühle der Nacht uns den Unterſchied vor der mittleren Tageszeit zuweilen recht fühlbar macht.

Iſt es aber nicht auffallend, wenn trotz der vielen, den Verluſt an Wärme erhöhenden oder erniedrigenden Einflüſſe unſer Körper dennoch eine

---

*) Kohlenſaures Zinkoxyd (Galmei) mit Leinöl angerieben ſoll in manchen Fällen die damit überſtrichenen Brandwunden unſchädlich gemacht haben.

fixe Temperatur behält? Daß unser Blut im Sommer nicht heißer wird, als im Winter? Sollten wir nicht geneigt sein, in die Faseleien von dem heißeren Blute des Südländers, gegenüber dem kalten Temperamente des Nordländers einzustimmen; sollte denn wirklich das Blut des deutschen Michel eben so heiß sein, als dasjenige des Italieners oder des Arabers der Wüste? Wenn wirklich die Blutwärme unter allen Zonen und Menschenracen, wenn sie gleich hoch beim menschenfressenden Südseeinsulaner und dem sanftmüthigen Otaheitier ist, was ist denn die Ursache dieser merkwürdigen Erscheinung?

Die Athmung erhält, vermittels der Nahrung, die fixe Temperatur unseres Körpers.

Wir sagten bereits, daß die Athmung die Quelle der Wärme sei, und daß das Maaß der zu erzeugenden Wärme von der Intensität der Respiration abhänge. Eine gesteigerte oder verlangsamte Athmung ist unzertrennlich mit einer entsprechenden Menge verbrennlicher Substanzen; liegt nun der Schluß nicht nahe, daß der Körper seinen verbrannten Kohlenstoff und Wasserstoff wieder zurückerhalten, daß die Nahrung einen größeren oder geringeren Ersatz bieten muß, wenn die Eigentemperatur unabhängig sein soll von dem größeren oder geringeren Verbrauch? Muß nicht der Bewohner der Polarländer mehr Wärme erzeugen, wenn er inmitten der erkaltenden Atmosphäre seine Körperwärme erhalten, wenn er diesem Naturgesetze, das sich unerbittlich an die Existenz hängt, genügen will? Er wird durch eine starke Bewegung und Thätigkeit eine lebhaftere Respiration herbeizuführen suchen;[*] die Quelle der Wärme fließt ihm dann reichlich; aber wird sie nicht bald versiegen, wenn der Stoff seines Körpers zu schnell wechselt? wenn die Nahrung den verbrannten Kohlenstoff und Wasserstoff nicht genügend ersetzt?

Nahrung ist der wirksamste Schutz gegen Kälte. Das Bedürfniß nach kohlenstoffreicher Nahrung giebt sich im Winter durch einen stärkeren Appetit kund; wir essen dann um $1/6$ Kohlenstoff mehr, als zur Sommerzeit.[**] Bewunderten wir einmal in der Nähe die Naturschönheiten Grön-

---

[*] Bierordt fand, daß mit der Abnahme der Temperatur der umgebenden Luft sich die Zahl der Athemzüge und Herzschläge unwillkührlich mehrt. Entkleidet man sich völlig in der Kälte, so kann man dies leicht an sich selbst beobachten.

[**] Bei einer Temperatur von 19° C. entleerte Bierordt stündlich 15420 Cubikcentimeter Kohlensäure; bei 8° dagegen 17940 CC.

Ein ferner schöner Beleg über den Einfluß der Luftwärme auf die Intensität des thierischen Verbrennungsprozesses und auf das Bedürfniß nach

lands, durchstreiften wir im Schlitten des Kamtschabalen die endlosen Eis-
felder seiner Heimath, so müßte sich jenes Verhältniß noch sonderbarer stellen; wir würden in der Schneehöhle des Esquimaux eine uns gereichte Portion Thran ebenso zu würdigen wissen, wie die Gastfreundschaft des Samojeden, der uns ein Dutzend Talglichter als Leckerbissen anbietet; wir würden
dort behaglich ein Quantum Branntwein verschlucken, das uns hier zu Lande
unfehlbar zum Säufer qualificirte. Grade diese und ähnliche, an Kohlen-
wasserstoffverbindungen reichen Nahrungsmittel ermöglichen es, den großen
Wärmeverlust zu decken und unsern Körper vor der verzehrenden Kälte zu
schützen. Der Nordländer muß den größeren Ozongehalt,[*] den ein Volum
seiner kalten Luft gegenüber der erwärmteren besitzt, als eine weise Einrichtung schätzen, ohne die er die große Menge des zur Verbrennung seiner
Nahrung erforderlichen Sauerstoff durch einen unverhältnißmäßig erhöhten
Respirationsprozeß herbei führen müßte. Einer Kälte von 50° Celsius, bei
der das Quecksilber gefriert und hämmerbar wird, kann der menschliche
Organismus nicht widerstehen. So viel Kohlenstoff, als dann nöthig ist, um
die Wärmeausstrahlung zu ersetzen, kann nicht assimilirt, noch im Körper
oxydirt werden; die Temperatur des Blutes wird sinken, bis daß es in den
Adern gefriert.

In den gemäßigten Zonen berühren uns nicht die durch die Verhält-
nisse gebotenen Extreme des Nordens, wir theilen aber auch nicht die
Lebensweise des Südländers. Besonders die viel gerühmte Mäßigkeit der dem
Aequator nahen Völker kann in unserm Deutschland keinen Anklang finden.
Wir müssen thätiger sein, um uns Nahrung zu verschaffen, welche überhaupt
dem Südländer weit weniger physisches Bedürfniß ist, und ihm obendrein

---

Nahrung gibt Letellier in folgender, durch genaue Versuche gefundenen
Zusammenstellung:

Versuchsthiere:	Erzeugte Menge von CO_2 in einer Stunde:		
	Temperatur 15—20° C.	Temperatur 30—40° C.	Temperatur 0° C.
ein Zeisig	0.250 Gr.	0.129 Gr.	0.325 Gr.
eine Turteltaube . .	0.684 "	0.366 "	0.974 "
zwei Mäuse	0.498 "	0.268 "	0.531 "
ein Meerschweinchen .	2.080 "	1.453 "	3.006 "

Im Durchschnitt verbrannten also diese Thiere bei 0° doppelt so viel
Kohlenstoff, als bei + 35° Wärme. Ein Zeisig verbrennt bei 0° fast so
viel Kohlenstoff, wie eine Turteltaube bei 35°.

[*] Ozon ist electrisch erregter Sauerstoff und ausgezeichnet durch seine Fähigkeit,
kräftiger und rascher zu oxydiren, als gewöhnlicher Sauerstoff.

von einer üppigen subtropischen Pflanzenwelt fast unentgeltlich bereitet wird.

Wir bedürfen Nahrungsmittel, die gleich Fleisch und Fett dem Sauerstoffe gehörig widerstehen, die so viel Sauerstoff zu ihrer völligen Verbrennung bedürfen, daß sie kaum verathmet werden können von den Bewohnern heißer Himmelsgegenden, deren Athembewegungen durch die Hitze erschlafft sind. Was sollte auch ein Italiener oder ein Senegambier versessen in die Frühstücke des Nordens sein, wenn die sauerstoffreichen Kohlehydrate oder die beliebten Maccaronis ihm schon zu viel Wärme spenden, und er lieber zu den saftigen, an Pflanzensäure reichen Südfrüchten greift, die, obschon sie 4mal weniger Kohlenstoff, als der Speck, enthalten, schon hinreichen, um seinen geringen Wärmeverlust zu ersetzen! Wo die Athembewegungen oder die Sauerstoffaufnahme auf's Minimum beschränkt sind, da ist auch der Stoffwechsel in seiner Totalität kein energischer. Kein Wunder, daß der Türke, in andächtige Träumereien versunken, das Essen vergißt, daß der Lazzaroni, unter Neapels heiterem Himmel, das dolce far niente erprobt! In den Norden versetzt, würden sich Beide eines andern besinnen; es würde ihnen grade umgekehrt ergehen, wie dem Engländer, der auf südlichen Reisen mit Bedauern seinen soliden Pudding- und Roastbeaf-Appetit verschwinden sah. Unsere Lungenkranken und schwächliche Individuen erholen sich sichtbar in wärmeren Klimaten, weil dort der Magen nicht so viel zu verdauen braucht und auch die Thätigkeit der Lungen entsprechend gemildert ist. —

Die Nahrung, so wird man mir einwerfen, kann es doch nicht allein sein, welche Schutz gegen Kälte gewährt; die Kleidungen, sie erwärmen ja auch! Oder sollte es nur grundlose Gewohnheit und Mode sein, daß die leichten Sommerkleider den dichten Pelzröcken des Winters periodisch Platz machen?

Gewiß ist Letzteres nicht der Fall, aber gewiß entsprangen diese Fragen aus einem Mißverständnisse? — Die Kleider, freilich, erwärmen nicht, sie bewahren nur die Wärme. Im nackten Zustande würde die Körperwärme massenhafter in die kältere Luft ausstrahlen; die Kleider haben nur gedient, dies zu verhindern, weil sie viel schlechter die Wärme leiten und ableiten, als eine Lufthülle. Sehr erwünscht ist es ohne Zweifel, wenn wir uns im Winter wärmer kleiden, das heißt mit schlechteren Wärmeleitern bedecken, als im Sommer, — sehr natürlich, wenn selbst unsere Sommerkleidung nicht so leichtsinnig einfach ist, wie die der Neger und Indianer unter der Hitze eines tropischen Himmels. Weil die Kleider die Körperwärme so hübsch bewahren, wird das Bedürfniß der Wärmeerzeugung durch die Athmung weniger dringlich. Mit der Athmung mäßigt sich aber der ganze Stoffwechsel; mit diesem der Appetit nach Nahrung. Kann es noch zweideutig sein, daß die Kleider uns zu einem geringeren Nahrungsmaaße bestimmen, daß sie selbst einen Theil der Nahrung ersetzen?

Wo keine Wärme ist, da schaffen die Kleider auch keine. Bekleiden wir z. B. einen Ofen mit einem fußdicken Pelze; er wird nicht warm werden, falls kein Feuer darin brennt. Betrachten wir den warm bekleideten Hungernden, wie er selbst zur Sommerszeit jämmerlich friert. Wie wäre dies möglich, wenn nicht des Stoffwechsels Feuer in seinem Innern gemäßigt und wegen Mangel an Nahrung am Erlöschen wäre?*)

Die Natur bestimmt das Murmelthier und den Igel zum Hungerleiden während des ganzen Winters. Die einzige Begünstigung, welche sie dafür jenen Thieren gewährt, besteht in einer Herabstimmung der Körpertemperatur, unverbunden mit einer gleichzeitigen Gefährdung des Lebens. Dergestalt bemaaßregelt, weiß sich so ein Igel nicht anders zu helfen, als sich ruhig den Winter hindurch auf's Ohr zu legen. — Etwas Besseres würde ihm schwerlich zu rathen sein; wenigstens würde der Physiologe des vorigen Jahrhunderts ein durch Hunger und Kälte bedrohtes Leben nicht so trefflich zu schützen gewußt haben, wie in vorliegendem Falle der Instinct des Thieres. Wenn, in der That, dasselbe sich nicht in einen warmen Versteck zurückzöge, um des Schlafes zu pflegen, und anstatt sich höchst ruhig zu verhalten, viel in der Kälte herumspazierte, wenn es nicht zu bange wäre zum Athmen, sondern frisch drauf los heizte: so könnte zwar seine Körperwärme nicht sinken, aber wohl wäre dann sein Fettvorrath ungleich schneller aufgezehrt, als beim unmerklichen Leben, wobei der Igel von 28° bis zu 4 erkaltet, also fast gar keine Wärme an die Winterluft abzugeben und zu produciren braucht.

Der Stoffwechsel im Thierkörper ist die Quelle und das Maaß seiner Wärme. Eine Abnahme der Eigenwärme ist der sicherste Vorbote des herannahenden Todes. „Als ärgster Feind des Stoffwechsels, gibt der Tod den Körper der Temperatur des umgebenden Mediums preis. (Moleschott).

---

*) Eine gut ernährte Turteltaube, welche binnen 24 Stunden 14.56 Gramm Sauerstoff aus der Luft fixirte und damit 5.10 Gramm Kohlenstoff und 0.12 Gramm Wasserstoff zu Kohlensäure und Wasser verbrannte, fixirte nach zweitägigem Hungern nur noch 8.40 Gramm Sauerstoff, womit 2.41 Gramm Kohlenstoff und 0.30 Gramm Wasserstoff, von ihrer Körpersubstanz stammend, oxydirt wurden. (Boussingault.)

Abſonderungen und Ausſcheidungen.

Die Materie des lebenden Thierkörpers iſt einer raſtloſen Rückbildung und Auflöſung unterworfen. Mit jedem Augenblicke erzeugt der Stoffwechſel Verbindungen, die nicht länger im Körper verweilen können, weil ſie auf einer zu tiefen Stufe organiſchen Verfalls angelangt ſind. Sie müſſen aus dem Organismus entfernt werden; Abſonderung und Ausſcheidungen werden ſo zu einem Poſtulate des Lebens, gleich der Stoffeinnahme.

Wir unterſcheiden zwiſchen den vom Blute abgeſonderten und den von ihm ausgeſchiedenen Stoffen.

Erſtere, auch Secrete genannt, gehören nicht zu den unbrauchbaren Endproducten des Stoffwechſels, weil ſie noch in irgend einer Weiſe dem Organismus dienen. Wahre Secrete ſind erſtens die zur Verdauung der Nahrungsmittel von gewiſſen inneren Drüſen abgeſonderten und mit der Nahrung theilweiſe wieder in das Blut zurückkehrenden Verdauungsflüſſigkeiten (Speichel, Magenſaft, Galle, Bauchſpeichel und Darmſaft); zweitens die zur Erhaltung der Gattung beſtimmten Abſonderungen: ſolche ſind das Ei, der Saamen und die Milch. Da wir ſchon früher die Verdauungsſäfte beſchrieben haben und über Milch und Eier in der Nahrungsmittellehre zu ſprechen kommen, ſo können wir füglich jetzt übergehen zu den Ausſcheidungen oder Excreten des Blutes.

Excrete heißen die durch die Lungen, Haut, Nieren und Darmkanal aus dem Körper geführten, und fernerhin für das Leben untauglichen Stoffe. Lunge und Haut entfernen hauptſächlich gasförmige Producte; die Nieren, mittels des Harnleiters, Waſſer und die ſtickſtoffreichen Gewebetrümmer. Der Darmkanal endlich entfernt in Geſtalt von Koth die unverdaulichen Speiſereſte nebſt einigen Gallenbeſtandtheilen.

Indem wir bereits die Lungen- und Hautausſcheidung erklärt haben, wenden wir uns nun zum Excretionsprozeß der Nieren, das heißt zur Harnausſcheidung.

Dieſer Vorgang gehört zu den wichtigſten im Thierleben.

Während der Kohlenſtoff der Körpergebilde hauptſächlich durch Lunge und Haut austritt, werden dem Harn faſt aller Stickſtoff der Proteïngebilde und alle Salze des Blutes und der Gewebe zur Ausſcheidung zugeführt. Dieſer Stickſtoff tritt nicht in Form von Ammoniak aus dem Körper, wie man dies vermuthen ſollte, indem man im Ammoniak das gewöhnliche Endproduct des Verfalls ſtickſtoffhaltiger organiſchen Verbindungen vor ſich hat; ſondern die Natur hat andere organiſche Verbindungen gewählt, die

17

wegen ihrer schwach basischen oder sauren Reaction in keinerlei Weise so reizend auf die Harnwege wirkten, wie die Ammoniaksalze. Diese Verbindungen sind Harnstoff, Harnsäure und Hippursäure. Wie nachstehende Elementaranalyse dieser Körper zeigt, sind sie sehr reich an Stickstoff:

	Harnstoff:	Harnsäure:	Hippursäure:
Kohlenstoff	20.00	35.71	60.33
Wasserstoff	6.66	1.19	4.47
Sauerstoff	26.67	19.04	22.34
Stickstoff	46.67	33.34	7.82
Wasser	—	10.72	5.03
	100	100	100
Formel:	$C^2H^4N^2O^2$	$C^5HN^2O^2 + HO$	$C^{18}H^9N^1O^5 + HO.$

Auffallend ist, daß der Kohlenstoffgehalt des Harnstoff nur ⅖ des der Proteïnstoffe beträgt, woraus er entstanden. Zur Erklärung dessen sind wir genöthigt, die Proteïnstoffe dem nämlichen Verbrennungsprozesse unterworfen zu erklären, dem im Körper Fette und Fettbildner verfallen; ein Theil des Kohlenstoff und Wasserstoff des Proteïns mußte sich oxydiren und als Kohlensäure und Wasser abgeschieden werden, ehe Harnstoff und Harnsäure entstanden.

Gleich allen niedrigen organischen Verbindungen, sind auch jene Harnbestandtheile krystallisirbar. Der Harnstoff gehört zur Classe der organischen Basen; Harnsäure und Hippursäure sind Säuren, indessen recht schwache. Weil sie in Wasser unlöslich sind und nur dem Alkali des Harns ihre Lösung verdanken, so fallen sie in krystallinischer Form nieder, sobald ihre Alkali ihnen im Harne durch Zusatz einer fremden Säure entzogen werden. Der Harnstoff ist löslich in starkem Alkohol, die Harnsäure nicht. Wird deßhalb Harn eingedampft und der Rückstand mit Alkohol digerirt, so hat man den Harnstoff in alkoholischer Lösung, aus welcher er beim Verdunsten des Alkohols in langen, seidenglänzenden 4seitigen Säulen herauskrystallisirt. *)

---

*) Behufs Reindarstellung und quantitativer Bestimmung desselben im Harne, ist folgende einfache Methode (nach Liebig) zu empfehlen: der Harn wird mit einer kalt gesättigten Lösung von 2 Volum Barytwasser und 1 Volum salpetersaurem Baryt geschüttelt und der Niederschlag abfiltrirt. In der Lösung ist der Harnstoff nebst anderen Extractivmaterien. Sie wird eingedampft und mit Alkohol ausgezogen. Dies wieder eingedampft und zum zweiten Male mit absolutem Alkohol ausgezogen, gibt reinen Harnstoff.

Er zerfällt unter dem Einfluſſe von ſtarken Säuren und Aetzalkalien in kohlenſaures Ammoniak. Daſſelbe iſt auch der Fall, wenn der in Waſſer gelöſ'te Harnſtoff mit faulenden organiſchen Körpern in Berührung kommt; unter Aufnahme von 2 Atomen Waſſer geht er dann über in 2 Atome kohlenſaures Ammoniak.

Folgendes Schema erläutert dieſen Prozeß:

Harnſtoff: Waſſer: Kohlenſaures Ammon:

$$C_2 \, H_4 \, N_2 \, O_2 \; + \; 2 \, HO \; = \; 2 \, (CO_2 \, NH_3).$$

Dieſe Spaltung kommt einem Gährungsprozeſſe gleich; ihm verfällt jeder Harn, der ein paar Tage ſich ſelbſt überlaſſen bleibt. Der Anſtoß dazu geht von den Extractivſtoffen des Harns aus, welche die Rolle des Fermentes übernehmen. Damit iſt erklärt, warum fauler Harn ſo ammoniakreich wird, ſo ſtechend alkaliſch riecht. Er brauſ't mit Säuren und gibt Niederſchläge von phosphorſaurer Ammoniakmagneſia.

Erwähnenswerth iſt die künſtliche Darſtellung des Harnſtoffs aus ſeinen Elementen. Fügt man die für ſich darſtellbare Chanſäure $C_2 \, NO$ zu Ammoniak, ſo bildet ſich bald durch bloße Umlagerung der Elemente der Chanſäure und des Ammoniaks der Harnſtoff: $C_2 \, NO + NH_4 \, O = C_2 \, H_4 \, N_2 \, O_2$. Auf dieſe ſchöne Entdeckung von Wöhler könnten wir uns mehr zu Gute thun, wenn der Harnſtoff nicht zu den niedrigſt organiſirten Verbindungen der organiſchen Welt gehörte. Die Harnſäure iſt, wie ein Blick auf ihre Formel zeigt, ſchon atomenreicher, wie der Harnſtoff. Es iſt auch nicht gelungen, die Harnſäure aus ihren Grundelementen oder aus Harnſtoff durch chemiſchen Prozeß zu bilden. Wohl aber verwandeln wir durch kräftige Oxydationsmittel (Bleiſuperoxyd) Harnſäure in Harnſtoff. Im Organismus des Thieres mag die Harnſäure der Vorläufer des Harnſtoffs ſein und dieſer durch eine Oxydation jener Säure gebildet werden.

Außer den genannten ſtickſtoffreichen organiſchen Verbindungen, enthält der Harn im Allgemeinen auch noch Kreatin, Kreatinin, Milchſäure, Ammoniak, verſchiedene Farbſtoffe und endlich eine beträchtliche Menge noch unbekannter oder ſogenannter Extractivmaterien. Ueberhaupt entfernt er aus dem Blute die zu den Lebenszwecken nicht mehr brauchbaren Verbindungen. Daß er endlich auch die im Stoffwechsel der Gewebe frei werdenden Salze des Blutes enthält, liegt auf der Hand, weil dieſelben durch die Lungen gar nicht und nur zu einem ſehr kleinen Theil durch die Haut entweichen.

Die Hauptharnbeſtandtheile können im Urin in außerordentlich verſchiedenen Quantitäten auftreten. Man kann ſagen, daß kein Harn mit dem andern eine gleiche Zuſammenſetzung theilt. Harnanalyſen haben daher nur für beſtimmte Fälle einen Werth. Um indeſſen ein Bild ſeiner Zusammensetzung zu geben und zugleich zu zeigen, in welchen Grenzen, je nach den verschiedenen Verhältnissen, die Resultate der Harnanalysen schwanken, lasse ich hier eine Durchschnittsanalyse von Lehmann und eine von Bequerell folgen:

100 Menschen-Harn enthielten:

	[Lehmann]	[Bequerell]
Harnstoff	3.14	1.21
Harnsäure	0.10	0.03
Extractivstoffe	1.41	0.87
Salze	1.58	0.68
Wasser	93.67	97.21
	100	100

Noch mehr von einander differirt die Menge des von verschiedenen Menschen täglich gelassenen Urins. Es kann auch nicht anders sein, wenn wir erwägen, wie verschieden groß die Menge des von verschiedenen Individuen täglich getrunkenen Wassers, Weins, Biers, von Caffe, Branntwein, Milch, Suppe c. ist. Es steht als klar fest, daß, je mehr Getränke täglich aufgenommen werden, und je weniger Wasser von der Haut verdunstet, desto mehr und ein desto wässriger Urin producirt wird. Während bei normaler Lebensweise der Urin eines Mannes durchschnittlich 4—5% feste Stoffe enthält, sinkt nach starkem Biergenusse dieser Gehalt auf 2%. Ohne Rücksicht auf Getränke, Nahrung, Alter, Arbeit, kann man annehmen, daß ein erwachsener Mann täglich 2—3 Pfund (1000—1500 Gr.) Harn producirt. Hierin sind durchschnittlich 30 Gramm oder 2 Loth Harnstoff nebst Harnsäure enthalten. Nahezu die Hälfte dieser 2 Loth ist Stickstoff.

An unorganischen oder mineralischen Salzen verliert der Körper eines Menschen durch den Harn, nach einer Untersuchung von Rose, durchschnittlich 15 Gramm per 24 Stunden. Diese 15 Gr. haben folgende elementare Zusammensetzung:

Kochsalz . .	8.92
Chlorkalium .	0.75
Kali . . .	2.48
Kalk . . .	0.22
Bittererde .	0.24
Eisenoxyd . .	0.01
Schwefelsäure	0.39
Kieselsäure .	0.07
Phosphorsäure	1.76
	14.84

Nicht im Harn aller Thiere überwiegt die Menge des Harnstoffs die der Harnsäure. Der Urin der Fleischfresser, so wie die Extremente der Vögel, die bekanntlich ihren Urin bereits im Darmkanale abscheiden, sind überwiegend reich an Harnsäure. Als Erzeugniß der fischfressenden Vögel enthält zum Beispiel der ächte Peru-Guano noch circa 10% harnsaures Ammoniak, trotzdem er Jahrtausende gelegen hat; die Exkremente des Adlers haben in getrocknetem Zustande 80% Harnsäure; der Urin einer Schlange führt davon 46,3%.

Der Harn pflanzenfressender Thiere enthält keine Harnsäure, aber neben Harnstoff oft beträchtliche Mengen von Hippursäure. Boussingault verdanken wir zwei genaue Analysen vom Harn des Pferdes und der Kuh.

	Kuh bei Kartoffel- und Grummet-Nahrung:	Pferd bei Hafer und grünem Klee:
Harnstoff	1.85	3.10
Hippursaures Kali	1.65	0.47
Milchsaures Kali	1.71	1.13
„ Natron	—	0.88
Zweifach kohlensaures Kali	1.61	1.55
Kohlensaurer Kalk	0.05	1.08
Kohlensaure Magnesia	0.47	0.41
Schwefelsaures Kali	0.36	0.12
Kochsalz	0.15	0.07
Kieselsäure	—	0.10
Wasser + Extractivstoff	92.15	91.07
	100	100

Außerdem daß Harnsäure den Harn der Fleischfresser, und Hippursäure den der Pflanzenfresser characterisirt, unterscheiden sich beide durch ihre Reaction. Der Harn der Fleischfresser reagirt sauer, der des Pflanzenfressers hingegen alkalisch. Der in der Mitte zwischen beiden stehende Harn des Menschen reagirt, wenn er nicht von zu viel Pflanzennahrung stammt, in den meisten Fällen sauer. Eine alkalische Reaction des Menschenharns ist unnormal. Die Ursache dieser Verschiedenheit beruht in den dem Harn beigemischten unorganischen Salzen. Der Harn der Fleischfresser ist nämlich sauer wegen vorwaltender sauren phosphorsauren Salzen, derjenige der Kuh oder des Pferdes ist alkalisch durch ihr kohlensaures Alkali. Die physiologische Begründung dieser merkwürdigen Differenzen führt uns zum Ursprunge des Harns, nämlich zum Blute.

In den früheren Betrachtungen erkannten wir, daß das Blut die kohlensauren und die phosphorsauren Alkalien genau in dem Verhältnisse führe, wie es in der Nahrung bestehe. Deßhalb enthalte das Blut der Pflanzenfresser viel kohlensaures Alkali und wenig phosphorsaure Salze; bei Fleischnahrung herrscht das umgekehrte Verhältniß. Angesichts des Umstandes nun, daß im Urin nur in Waſſer lösliche Salze erſcheinen können, iſt es natürlich, daß im Harn der Fleiſchfreſſer phosphorſaures Alkali und im Harn des Pflanzenfreſſers kohlenſaures Alkali auftritt. Beides ſind nämlich lösliche Salze. Aber warum im Harn des Pflanzenfreſſers außerdem kohlenſaure Erden und im Harn der Fleiſchfreſſer phosphorſaure Erden ſich conſtant vorfinden, dieſe Frage läßt vorausſetzen, daß dieſe Erden in Form von ſauren Salzen im Harne vorkommen, da ſie nur als doppeltkohlenſaurer Kalk und doppeltphosphorſaurer Kalk in Waſſer löslich ſind. Jene löslichen ſauren Salze entſtehen unter der Mitwirkung der Harnſäure und der Hippurſäure. Indem nämlich die Harnſäure des Fleiſchfreſſers ſchon im Blute ſich mit dem Alkali der phosphorſauren Salze verbindet, wird Phosphorſäure frei; dieſelbe dient zur Ueberführung der unlöslichen, einfach phosphorſauren Erden in löslich doppeltphosphorſaure Erden, wie ſie im Harne ſind. Die Hippurſäure macht dagegen Kohlenſäure frei und vermittelt dadurch die Löſung der kohlenſauren Erden, die im Harne der Pflanzenfreſſer ſich finden. Letzterer verdankt deßhalb ſeine Alkalescenz der Gegenwart von kohlenſaurem Alkali und doppeltkohlenſauren Erden. Außer dieſen Salzen enthält er noch hippurſaures, ſchwefelſaures und ſalzſaures Alkali, aber keine phosphorſauren Salze. Folgendes Schema macht die Unterſchiede in den Salzen beider Claſſen von Harn klar:

	Pflanzenfreſſer:	Fleiſchfreſſer:	
	Harnstoff	Harnstoff	
	Hippurſaures Alkali	Harnſaures Alkali	
	Extractivstoffe	Extractivstoffe	
Urſache der Alkalescenz.	{ Kohlenſaures Alkali	Doppeltphosphorſ. Alkali	} Urſache der ſauren Reaction.
	{ Doppeltkohlenſ. Erden	Doppeltphosphorſ. Erden	
	Schwefelſaures Kali	Schwefelſaures Kali	
	Chlornatrium	Chlornatrium.	

Wo bleibt nun die Phosphorſäure, die ſowohl aus der Nahrung des Pflanzenfreſſers, als auch im Stoffwechſel ſeiner Gewebe frei wird? Offenbar tritt ſie in Form von phosphorſauren Erden in die Faeces über; die Excremente der Pflanzenfreſſer ſind reich an phosphorſaurem Kalk und phosphorſaurer Bittererde. Das an kohlenſauren Erden ſo reiche Blut der Pflanzenfreſſer vermag, bei der geringen Zufuhr von Phosphorſäure durch die vegetabiliſche Nahrung, keinen Harn abzuſcheiden, der lösliches phosphorſaures Kali oder ſauren phosphorſauren Kalk enthielte; die Phosphorſäure des Blutes und der zugeführten Nahrung findet ſich als unlöslicher phosphorſaurer Kalk in dem Darmkanale. Wie dieſer Prozeß vor ſich geht, iſt unbekannt. Indeß muß hier der Thatſache ihr Recht geſchehen. Und dieſe lautet, daß der Harn der Pflanzenfreſſer keine Phosphorſäure enthält.

Nur wenn die Pflanzenfresser mit nahrhaften Körnern gefüttert werden, oder wenn sie hungern und dadurch von ihrem eigenen Fleische zehren, geben sie einen Harn, gleich dem der Fleischfresser, reich an Harnsäure und Phosphorsäure. Umgekehrt geben Fleischfresser, z. B. Hunde und Katzen, wenn sie nur mit Kartoffeln oder Gemüse gefüttert werden, einen ganz alkalisch reagirenden Urin; grade so, wie eine mit Rüben gefütterte Kuh. Es folgt hieraus, daß gleichwie die Salze des Blutes, eben so auch die Salze des Harns von der Qualität, respective den Salzen der Nahrung durchaus abhängen.

Je alkalischer das Blut ist, je besser oxydirt es die in seine Bahn gelangenden organischen Stoffe. Je mehr es seine Alkalescenz durch die Phosphorsäure der Nahrung verliert, je weniger ist es fähig, normale Secretionsproducte zu bilden. Deßhalb wird bei Fiebern, Entzündungen, wodurch ein rascher Stoffwechsel der Gebilde erfolgt, und mehr Phosphorsäure als gewöhnlich frei wird, das Blut und der Harn viel Harnsäure führen. Der Urin ist braun und stark sauer. Wäre dort das Blut alkalischer, so würde die Harnsäure schnell zu Harnstoff verbrannt sein, grade wie wir dies beobachten beim Trinken alkalischer Mineralwasser, nach dem Genusse pflanzensaurer Alkalien (Obst), Molken ꝛc., und ferner bei der Abstinenz von an Phosphorsäure reichen Speisen (Fleisch, Eier). Aehnlich erklärt sich, warum bei Mangel an gehöriger Bewegung eine vermehrte Harnsäureabsonderung eintritt. Langsame Bewegung bedingt einen schlaffen Athmungsprozeß und damit eine verminderte Sauerstoffaufnahme. Bei starker Arbeit, wo viel Sauerstoff aufgenommen wird, verbrennt Harnsäure besser zu Harnstoff. Simon und Lehmann haben auch in dem Harne, der nach körperlicher Anstrengung gelassen wird, sehr wenig Harnsäure neben viel Harnstoff gefunden. Der Harn der in Gefangenschaft weilenden fleischfressenden Thiere ist viel reicher an Harnsäure, als der Harn der in Freiheit herumjagenden. Ferner vermehrt sich die Harnsäure durch reichlichen Genuß alkoholischer Getränke. Es ist dies in so fern wohl erklärlich, als der Alkohol des Weins, Branntweins, Biers ꝛc., den zur Ueberführung der Harnsäure in Kohlensäure und Harnstoff nöthigen Sauerstoff für sich in Beschlag nimmt.

Ueber den Einfluß der Nahrung auf die organischen Bestandtheile des Harns liegen uns mehrere schöne Versuche vor. Unter andern hat Lehmann die Menge des Harnstoff, der Harnsäure, Milchsäure und der Extractivstoffe bestimmt, die eine Person während 24 Stunden ausschied, wenn derselben entweder gemischte Nahrung, oder Fleisch, oder Vegetabilien oder völlig stickstofflose Substanzen gereicht wurden. Die Resultate sind in folgender Tabelle verglichen und beziehen sich auf 1000 Theile Harn:

	Fixe Stoffe des Urin.	Harnstoff.	Harnsäure.	Milchsaure Salze.	Extractivstoffe.
Gemischte Kost	67.82 Gr.	32.49 Gr.	1.18 Gr.	2.25 Gr.	10.49 Gr.
Fleischkost	87.44 "	53.20 "	1.49 "	2.17 "	5.14 "
Pflanzliche Nahrung	59.24 "	22.48 "	1.02 "	2.67 "	16.50 "
Stickstofflose Nahrung	41.68 "	15.41 "	0.73 "	5.27 "	11.85 "

Aus diesen Zahlen folgt, daß der Harnstoff und die Harnsäure sich bei Fleischnahrung beträchtlich mehren, daß sie am geringsten auftreten im Urin des Pflanzenfressers und der mit stickstofffreien Stoffen (Zucker, Stärke) gefütterten Thiere. Die milchsauren Salze und Extractivstoffe vergrößern sich bei stickstoffarmer Nahrung. Sie sind am geringsten bei ausschließlicher Fleischkost.

Nach Bischof gab ein Hund, mit 4000 Gr. fettfreiem Fleische gefüttert, in 24 Stunden 190 Gr. Harnstoff, mit 500 Gr. Kartoffeln und 150 Gr. Fett aber nur 8 Gr. Harnstoff.

Ueber den Einfluß des gewöhnlichen Trinkwassergenusses auf die Harnausscheidung sind mannigfache Versuche angestellt worden von Bischof, Lehmann, Liebig, Böcker, Genth, Scherer, Rummel, Becher und Mosler, die in ihren Hauptresultaten schön übereinstimmen und von denen ich daher hier nur einige von Mosler anführen will, weil diese grade besonders präcise Folgerungen gestatten.

Die Versuche erstreckten sich auf Bestimmung der Quantität und Qualität des Urins von Personen verschiedenen Alters und Geschlechtes:

    a. bei normaler Diät,

    b. bei einem täglichen Wassergenusse von 2000 C. (2 Quart),

    c. bei Entziehung sämmtlicher Getränke.

Uebrigens blieb die Nahrung in den drei Versuchsperioden sich ziemlich gleich. — Die Zahlen nachstehender Tabelle sind das Mittel wiederholter Bestimmungen:

	Alter.	Körpergewicht in Kilogr.	Harnmenge in 24 Stunden			Harnstoff in 24 Stunden			Kochsalz in 24 Stunden			Phosphorsäure in 24 Stunden			Bei der Wasserdiät getrunken in 24 Stunden
	Jahre.		bei normaler Diät	Wasserdiät	ohne Wasser	bei normaler Diät	Wasserdiät	ohne Wasser	bei normaler Diät	Wasserdiät	ohne Wasser	bei normaler Diät	Wasserdiät	ohne Wasser	Gramm Wasser
			Gramm.			Gramm.			Gramm.			Gramm.			
Knabe	11	24	1830	2731	807	21.3	34.5	14.0	10.6	18.5	3.2	3.48	4.00	1.68	2000
Mädchen	19	42	2130	3851	658	26.6	33.3	16.4	19.8	24.6	9.9	4.12	6.86	1.74	2000
"	26	46	1950	3709	907	29.0	34.8	17.9	15.3	18.9	7.8	4.08	6.00	1.89	2000
Mann	21	43	2029	3436	760	31.1	37.7	27.3	10.0	13.7	7.6	4.91	5.22	2.62	2000
"	20	45	2026	2954	835	32.2	36.9	27.5	15.9	19.6	6.7	4.05	4.98	2.60	1261
"	31	46	1597	2598	770	30.6	38.4	28.1	14.2	20.1	9.2	3.40	4.96	2.31	1437
"	22	49	2105	4136	?	39.4	49.0	?	19.4	26.1	?	5.65	7.60	?	2000

Es lassen sich hieraus folgende bestimmte Schlüsse ziehen:

1. Die Menge des Urins richtet sich nach der Menge des mit der Nahrung eingenommenen Wassers.

2. Bei einer trockenen Diät werden mit der geringeren Urinmenge weit weniger Harnstoff und Salze aus dem Blute ausgeschieden, als bei normaler Diät.

3. Bei starkem und anhaltendem Wassergenusse entfernen die Nieren aus dem Blute unnormal große Mengen von Harnstoff und Salzen. Man kann dies, nach Liebig, so weit treiben, daß zuletzt der Harn des Menschen keine Phosphorsäure mehr enthält.

4. In dem Maaße, als Harnstoff und Salze sich im Harn nach starkem Wassergenusse ansammeln, verschwindet daraus die Harnsäure, ein Beweis, daß unter dem Einflusse des Wassers die Oxydationsprozesse im Blute und in den Geweben vollkommener sind.*)

5. Physiologisch gedeutet, sagen diese Thatsachen, daß starker Wassergenuß einestheils den Stoffwechsel im Körper mächtig fördert, anderntheils das Blut von all' den Stoffen reinigt, die als Endproducte des Stoffwechsels in demselben verweilen.

6. Starker Wassergenuß ist von viel eingreifenderer Wirkung auf den Stoffwechsel der Kinder, als auf den der Erwachsenen. Er erzeugt bei schwachen Naturen Durchfall und starke Ermattung, bei kräftigen dagegen eine vermehrte Hautausdünstung und stärkeren Appetit.

7. Das Körpergewicht vermindert sich in Folge einer mehrtägigen starken Wasserdiät, erhöht sich aber nach derselben wieder um so rascher über die ursprüngliche Größe, je vollkommener das Wasser den Organismus gereinigt und verjüngt hat.

8. Jeder Tropfen Brunnenwasser, den wir trinken, bringt in's Blut und mit demselben durch den ganzen Körper. Er hat das Blut gleichsam durchspült, bevor er wieder erscheint im Harne, beladen mit den mannigfaltigen Producten der Rückbildung im Thierkörper, mit all' den Extractivstoffen, die dem Blute fremdartig sind. Das Wasser ist das beste Reinigungsmittel des Blutes. Kein Mittelchen der Apotheke übertrifft es in dieser Hinsicht. Mögen diejenigen Personen, welche wenig Bewegung haben, nur regelmäßig und tüchtig

---

*) Wenn es wahr ist, daß gichtische Leiden mit abnormen Anhäufungen von Harnsäure in den Geweben begleitet sind, so dürfte das Mittel, welches jene Säure zerstört, vielleicht heilsam für die Gicht sein. Das Mittel aber ist der diätische Genuß von lauwarmen Wasser, welches noch energischer, als kaltes, die Stoffausscheidung erleichtert.

Brunnenwasser trinken. Sie erhalten dadurch den Stoffumsatz ihres Körpers in wohlthätiger Energie und zerstören in sich die Quelle von mancherlei Beschwerden und Leiden.

Genuß von Caffe und Thee vermindert die Menge des auszuscheidenden Harnstoffs; beide hemmen also den Stoffwechsel.

Eine gesteigerte geistige Thätigkeit hat, nach Vogel's Beobachtung, stets eine größere Harnstoff-Ausscheidung zur Folge.

Lebensalter, Geschlecht, Arbeit und krankhafte Zustände sind ebenfalls von Einfluß.

Was das Lebensalter und Geschlecht betrifft, so gilt hier das Nämliche, was bei der Kohlensäureproduction gesagt wurde. Für gleiches Körpergewicht liefert ein Kind mehr Harnstoff, als der Mann, dieser mehr, als der Greis; der Urin des Knaben ist reicher daran, als der des Mädchens; der des stark arbeitenden Mannes weit reicher, als der des Müßiggängers. Je intensiver überhaupt der Stoffwechsel, je mehr Harnstoff erzielt sich. Deßhalb kann die Menge des täglich producirten Harnstoffs eben so gut, wie die Menge der täglich ausgehauchten Kohlensäure, als Maaß des Stoffwechsels oder als Maaß der Intensität des Lebensprozesses gelten. *)

Da der Harn in so enger Beziehung zu den Lebensvorgängen steht, so ist für gewisse pathologische Fälle die Kenntniß seiner Zusammensetzung wichtig. Der Mediziner kann, auf sie gestützt, manchen werthvollen Schluß ziehen. Indessen sind unsere Kenntnisse über die Beziehungen unnormaler Harnbestandtheile zu den Krankheiten selbst noch lange nicht so ausgedehnt, als es das Interesse der Heilkunde erfordert.

Zu den unnormalen Harnbestandtheilen gehören:

Albumin, bei der Bright'schen Nierenkrankheit. Dieser Zustand ist tödtlich, weil die kranken Nieren dem Blute seine wichtigsten Bestandtheile entziehen. Durch consequent fortgesetzte Gaben von Salpeter-

---

*) Folgendes sind die Mittelzahlen von vielen Harnstoffbestimmungen, die Bischof und Scherer an verschiedenen Personen machten:

	Urinmenge während 24 Stunden:	Harnstoff darin:
Knabe von 3 Jahren	232 Gr.	4.27 Gr.
Mädchen „ 3½ „	755 „	12.98 „
Knabe „ 7 „	1077 „	18.29 „
Jüngling „ 16 „	741 „	19.86 „
Mädchen „ 18 „	723 „	20.91 „
Frau „ 43 „	951 „	25.32 „
Mann „ 38 „	1761 „	29.82 „
Mann „ 45 „	1662 „	37.70 „

säure soll der Albuminverluft vermindert werden. Vielleicht, daß die Salpeterfäure die Löslichkeit des Albumins vermindert, indem fie das Albuminnatron zersetzt. Der Urin trübt fich beim Erhitzen, grade wie eine Eiweißlöfung.

Zucker, bei Diabetus mellitus. Ift ebenfalls nach der Anficht der heutigen Mediziner unheilbar. Es find bei der Nahrung der Kranken befonders die zuckerbildenden Kohlenhydrate zu vermeiden.

Gallenfarbftoff tritt im Urin der Leberkranken auf. Auch bei Icterus.

Eine Trübung des Harns kann verfchiedene Urfachen haben. So durch phosphorfaure Erden bei reichlich pflanzlicher Koft, indem der Harn alkalifch wird; durch Harnfäurefalze bei mangelnder Bewegung, bei fchlechter Refpiration (der Niederfchlag ift gewöhnlich hochgelb); ferner durch Niederfchläge von oxalfaurem Kalk, wenn der Urin eine fchöne Bernfteinfarbe hat. In dem Harn eines Pferdes, welches fonft gefund, nur mit vieler Mühe auffteben konnte, wenn es ausgeruht, fand ich einen reichlichen Niederfchlag von amorphem kohlenfaurem Kalk. Auch durch organifirte Körper, wie Schleim, Eiter, Blut, Pilze, Chftin kann der Harn getrübt fein. Die zur unnormalen Harnfekretion gehörenden Harnfteine find Gemenge von den oben genannten, den Harn trübenden Stoffen, alfo von harnfaurem Natron und Kalk, von phosphorfauren und oxalfauren Erden. Die Urfache ihrer Bildung ift eben fo wenig aufgehellt, wie die Mittel zu ihrer Auflöfung in der Harnblafe. Ihre Entftehung mag zu Schulden einer andauernden, weitgreifenden Störung des ganzen Refpirations- und Sekretionsprozeffes gereichen. Mit der Verbefferung deffelben fchwinden die Urfachen der Harnfteinbildung en.

Ammoniakfalz, welches nach einigen Phyfiologen als unnormaler Beftandtheil angefehen wird, foll nach Bouffingault conftant überall im Harne vorkommen. Seine Unterfuchungen ergaben:

	In 1000 Theilen Urin:		Auf 100 Stickstoff
	N	NH₃	enthielt der Harn Ammoniak:
Kind von 8 Monaten	3.20	0.34	10.6
Kind von 8 Jahren	6.94	0.28	4.0
Mann von 20 Jahren	16.04	1.14	7.1
„ „ 46 „	18.40	1.40	7.6
Urin einer Kuh	13.30	0.06	0.5
„ „ anderen Kuh	15.14	0.09	0.6
„ eines Pferdes	12.04	0.04	0.3
„ „ Kameels	28.84	0.04	0.1
„ „ Rinozeros	5.11	0.80	15.7
„ einer Schlange	162.44	8.57	5.3
„ eines Kaninchens	7.94	0.03	0.4

Dieses Ammoniak ist in einer Form, in welcher es beim Austrocknen des Urins nicht entweicht. Aehnliche Resultate erhielt Neubauer.

Außer Lungen, Haut und Nieren, ist der Dickdarmkanal der vierte Weg, auf dem Körpertheile austreten können. Früher erwähnte ich schon, daß ein Theil der in den Zwölffingerdarm sich ergießenden Galle nicht mehr in's Blut zurückkehrt, sondern mit den unverdaulichen Speiseresten den Körper verläßt. Aber auch andere Stoffe werden vom Blute in den Darmkanal ausgeschieden: Schleim, Ephitelium, Proteïnstoffe, Fett, phosphorsaure Erde und unbekannte Extractivmaterien. Wer hiernach also die Exkremente als ausschließlich aus Ueberbleibseln der Nahrung gebildet definirt, vergißt, daß ein großer Theil ihres Gewichtes ein Exkret des Blutes ist. Nachstehende Analyse von Berzelius hebt dies trefflich hervor. 100 Theile Exkremente eines Menschen enthielten:

Galle	0.9
Zersetzungsproducte der Galle, Schleim, Fett und andere thierische Stoffe	14.0
Albumin	0.9
Extractivstoffe	5.7
Unlösliche Ueberbleibsel der Speisen	7.0
Salze	1.2
Wasser	75.3
	100

Die Zusammensetzung der Exkremente muß übrigens sehr verschieden sein. Je unverdaulicher die Nahrung, je größer muß ihre Masse sein. Begetabilische Nahrung gibt die meisten Rückstände. Dies ersieht man an den beträchtlichen Kothausscheidungen der von voluminöser, aber wenig concentrirter Nahrung lebenden Bauern und Arbeiter. Fleisch und Milchnahrung gibt die mindeste Masse Koth. Zu den unverdaulichen Speiseresten gehören vornehmlich der Zellstoff, Hülsen, Wachs, Chlorophil, thierische Faser und Horngebilde, Sehnen, Hauttheile, Knochenstückchen, Kieselerde, kohlensaure, phosphorsaure und schwefelsaure Erden, Eisen, Mangan, Sand 2c. Die Quantität des Kothes ist hiernach proportional der Menge der genossenen Nahrung und der in selbiger enthaltenen, unverdaulichen Theile. Da diese Verhältnisse so sehr verschieden ausfallen können, so läßt sich auch die Masse des täglich entleerten Kothes nur für den speciell gegebenen Fall ermessen. Durchschnittlich mag die Menge bei erwachsenen Individuen zwischen ¼—½ Pfund täglich schwanken.

Die Darmexkrete des Menschen enthalten im frischen Zustande (bei 75 % Wasser) höchstens 1 % Stickstoff. Es werden also durchschnittlich täglich 2 Gramm Stickstoff auf diesem Wege entleert. Da hingegen durch den Harn täglich 16 Gramm Stickstoff aus dem Körper treten, so sieht man, daß der Koth nicht mehr als ⅛ des Stickstoffs der eingenommenen Nahrung entführt. Diese Thatsache dient zur vergleichenden Werthbestimmung des Menschen-Harns und Kothes zu Düngerzwecken.

Als Mittel zahlreicher Untersuchungen geben Lawes und Gilbert an:

Tägliches

Quantum:	Trockensubstanz:	Mineralstoffe:	Stickstoff:	Phosphate:	Kali:
Urin 1156.6 Gr.	54.16 Gr.	13.57 Gr.	10.95 Gr.	5.00 Gr.	3.00 Gr.
Faeces 133.0 „	30.83 „	4.46 „	2.13 „	3.24 „	0.80 „

Nach Boussingault's Analysen stellt sich bei Pferden und Kühen das Quantum des Stickstoffs im Urin zu dem in den festen Extrementen ausgeschiedenen für 24 Stunden ziemlich gleich. Ohne Zweifel nur deßhalb, weil ein großer Theil der stickstoffhaltigen Materien des Futters unverdaut in die Extremente übergeht.

Statik des Stoffwechsels.

Wir beschließen die Physiologie des thierischen Stoffwechsels mit der Aufstellung einiger Gleichungen, die uns Rechenschaft über das Schicksal des binnen 24 Stunden von Menschen oder von Thieren aufgenommenen Nahrungsstoffes gewähren. Wenn wir gewahren, daß das Gewicht eines Thieres, trotz der täglichen Stoffaufnahme, während einiger Tage nur unbedeutenden Schwankungen unterworfen ist, so folgern wir ganz richtig, daß jener Stoff dazu gedient hat, die im Dienste des Lebens zerstörten und ausgeschiedenen Körperstoffe zu ersetzen. Wir wissen, daß ein Theil der Producte des Stoffwechsels durch die Lungen und Haut in Form von Kohlensäure, Wasser und Ammoniak, ein anderer Theil durch den Harn als Harnstoff, Wasser und mineralische Salze, und endlich ein dritter Theil durch den Darmkanal mit dem Kothe oder den unverdaulichen Speiseresten abgeschieden wird. Auch haben wir für den speciellen Fall die Quantitäten des auf den verschiedenen Wegen den Körper verlassenden Stoffs angegeben, aber bei diesen zerstreuten Angaben mußte uns eine klare Uebersicht, ein exactes Bild der Stoffaufnahme und Ausscheidung mehr oder weniger verloren gehen. Es wird deßhalb nicht wenig zum Verständniß des ganzen thierischen Stoffwechsels beitragen, wenn ich hier die, auf umfassende Ver-

fuche und zahlreiche Angaben gestützten statiſtiſchen Verhältniſſe über die
Oekonomie des Thierlebens folgen laſſe. Ich zweifle nicht, daß dadurch
noch manches vorhandene Vorurtheil beſeitigt und das Intereſſe vergrößert
wird, welches eine, in allgemeinen Zahlen ausgedrückte Darſtellung des täglich ſich wiederholenden Stoffumſatzes bei jedem Gebildeten beanſpruchen
darf. Dabei brauche ich kaum zu bemerken, daß die Tragweite der Statik
des Thierkörpers in practiſcher Hinſicht eine beſchränkte ſein muß; denn
allgemein ſtatiſche Sätze haben auch nur einen relativen, und keinen auf's
Beſondere ſich erſtreckenden Werth.

Zunächſt folgen hier die Zahlen für die tägliche Nahrungsmenge eines
Menſchen. Man kann dieſelbe auf folgende Weiſe berechnen:

$\frac{1}{4}$ Loth*) Stickſtoff wird entleert durch Darm-, Lungen- und Haut-Excrete
1 „ „ „ „ „ den Harn.

In Summa alſo $1\frac{1}{4}$ Loth, die gedeckt werden durch $7\frac{1}{2}$ Loth waſſerfreie
Proteïnſtoffe (mit 16 % Stickſtoff.)

Die Proteïnſtoffe enthalten 52 % Kohlenſtoff, die $7\frac{1}{2}$ Loth alſo 3.8
Kohlenſtoff, und wir haben gehört, daß ein Theil dieſes Kohlenſtoffs zu
Kohlenſäure verbrennt und ausgeathmet wird. Wie viel, das berechnet ſich
aus dem Kohlenſtoffgehalt des täglichen Urins. Dieſer beträgt ziemlich
genau $\frac{3}{10}$ Loth.**) Die Proteïnſtoffe decken alſo circa 3 Loth Kohlenſtoff
von den 20 Loth, die gemäß früheren Betrachtungen durch die Nahrung
dem Blute geliefert werden müſſen. Die noch fehlenden 17 Loth Kohlenſtoff
müſſen durch ſtickſtofffreie Nährſtoffe (Zucker, Stärke, Fett) erſetzt werden.
Nun enthalten der kryſtalliſirte Traubenzucker 36 %, die waſſerfreie Stärke
43 %, das Fett 75 % Kohlenſtoff. Zur Deckung jener 17 Loth müſſen
demnach durch die Nahrung täglich zugeführt werden, entweder 22 Loth
Fett oder 47 Loth Traubenzucker oder 39 Loth Stärke. Beſteht die
Nahrung aus Proteïnſtoffen und Stärke, ſo iſt das durch den Stoffverbrauch
bedingte Verhältniß beider zu einander wie $7\frac{1}{2}:39$ oder wie $1:5$. Bei
Proteïn und Fett iſt dies Verhältniß wie $1:3$. Bei Proteïn und Zucker
wie $1:6$. Bei einer Miſchung von Fett, Zucker und Stärke, wie ſie gewöhnlich in unſerer Nahrung repräſentirt iſt, werden im Durchſchnitt auf
1 Theil Proteïn 4—5 Theile ſtickſtofffreie Nahrung kommen. Mit dieſen
theoretiſch berechneten Reſultaten ſteht die Erfahrung genügend im Einklange.

---

*) Das Loth gilt hier = 16 Gramm.
**) Liebig fand, daß der Urin des Menſchen auf 1 Atom Stickſtoff 1.8 Atome
  Kohlenſtoff enthält; alſo auf 14 Loth Stickſtoff 10.8 Loth Kohlenſtoff, oder
  auf 1 Loth Stickſtoff 0.77 Loth Kohlenſtoff.

Um endlich die ganze Menge der täglichen Nahrung zu finden, haben wir zu den 7½ Loth Proteïnstoffe noch zu addiren:

1. Die assimilirbaren stickstofffreien Nährstoffe, betragend bei vorwaltender Stärke und etwas Fett ungefähr 30 Loth.
2. Die durch den Darmkanal entfernten unlöslichen Speisereste, betragend nach Abzug der Blutexkrete circa 2 Loth.
3. Durch Harn und Koth entleerte Mineralsalze = 1 Loth.
4. Die Menge des täglich durch Lunge, Haut, Harn und Koth ausgeschiedenen Wassers = 4 Pfund.

Dies macht in Summa täglich 40 Loth wasserfreie Nahrung nebst 4 Pfund Wasser.

Außer der Nahrung nimmt jedes Thier auch noch Sauerstoff durch die Athmung auf; ein Mensch täglich fast 2 Pfund, also circa ⅛ des Gewichts seiner ganzen Nahrung. Der Sauerstoff bewirkt die Oxydation der Blut- und Gewebetheile; er wird zum Bestandtheile des Körpers; er ist das nothwendige Erforderniß der thierischen Ernährung. Mit den Producten des Stoffwechsels, also hauptsächlich in Form von Kohlensäure, Wasser, Harnstoff, Harnsäure, Schwefelsäure ꝛc. treten jene 2 Pfund Sauerstoff wieder aus dem Körper. Sie vermehren also das Gewicht der Excrete und sind ein nicht zu übersehender Factor in der Statik des Stoffwechsels. Barral verdanken wir folgende auf den Menschen sich beziehende Gleichung:

Eingetreten:	**Ausgeschieden:**
Feste Nahrung und Getränke 74.4 %	Wasser durch Lungen und Haut 34.8 %
Sauerstoff . . . . . . 25.6 „	Kohlensäure „ „ „ „ 30.2 „
100	Harn und Koth „ „ „ 34.5 „
	Andere Verluste . . . . . 0.5 „
	100

Nach ihr wird die vorhin berechnete tägliche Nahrungsmenge in folgender Proportion aus dem Körper entfernt.

Eingenommen binnen 24 Stunden:	**Entleert binnen 24 Stunden:**
Wasserfreie Nahrung 40 Loth	Wasser durch Lungen und Haut 78 Loth
Wasser . . . . . 128 „	Kohlensäure durch die Lungen 67 „
Sauerstoff der Luft 55 „	Harn . . . . 65 „
223	Koth . . . . 12 „
	Sonstige Verluste . . . . . 1 „
	223

Die Summe aller täglichen Ausgaben repräsentirt also bei einem energischen Lebensprozesse ein Stoffgewicht von 7 Pfund oder 3500 Gramm. Das macht $1/20$ des Körpergewichts für einen 140 Pfund schweren Menschen aus.

Würde einem gesunden Menschen die Nahrung entzogen, so daß seine Körpersubstanz die Ausgaben decken müßte, so würde unter der Voraussetzung, daß sein Leben mit derselben Energie vor sich ginge, er täglich circa 5 Pfund an Gewicht verlieren. Dies beträgt $1/28$ seines Körpergewichtes. Nach 28 Tagen wäre nichts mehr von ihm übrig. Erfahrungsgemäß tritt aber der Tod schon ein, wenn der Körper $2/5$ seines Gewichts eingebüßt hat. Jener 140 Pfund schwere Mann könnte also höchstens $2/5 \times 140 = 56$ Pfund an Gewicht verlieren. Verliert er bei ungeschwächtem Stoffwechsel täglich 5 Pfund, so verfällt er erst nach 11 Tagen dem Hungertode.

Eine 186.8 Gramm schwere Turteltaube verlor gemäß Boussingault's Experimenten binnen 7 Tagen des Hungers durchschnittlich täglich 7.7 Gramm ihres Gewichtes. Das wäre $1/24$ desselben.

Mosler beobachtete bei einem Mädchen von 17 Jahren folgendes Verhältniß zwischen Einnahme und Ausgabe:

Einnahme binnen 24 Stunden:		Ausgabe binnen 24 Stunden:	
Milchcaffee	500 Gramm	Durch Lunge und Haut	758 Gramm[*]
Fleischsuppe	1190 „	„ die Nieren	1550 „
Fleisch	90 „	„ den Darm	200 „
Schwarzbrod	220 „		2508 Gramm
Weißbrod	159 „		
Gemüse	460 „		
Nahrung	2618 Gramm		

Die 1550 Gramm Urin enthielten:

Harnstoff	24.5 Gramm
Harnfarbstoff	4.7 „
Kochsalz	9.6
Phosphorsäure	4.6 „
Schwefelsäure	3.1 „

Das Mädchen hatte während dreier Versuchstage ein wenig an Gewicht zugenommen.

---

[*] In den Zahlen für Lungen- und Haut-Exkrete sind nicht die Sauerstoffmengen der Luft eingerechnet, die beim Athmungsprozesse an die Blut- und Gewebebestandtheile treten und das Gewicht der ausgeathmeten Stoffe ungefähr um 1000 Gramm vermehren. Rechnen wir oben indessen diesen Sauerstoff hinzu, dann stellen sich die insensiblen Ausgaben nahezu gleich den sensiblen, was das Richtige ist.

Bei einem Manne von 21 Jahren stellte sich jenes Verhältniß wie folgt:

Einnahme binnen 24 Stunden:			Ausgabe binnen 24 Stunden:		
Milchcaffee	1098	Gramm	Durch Lunge und Haut	925	Gramm*)
Fleischsuppe	1169	„	„ die Nieren	2105	„
Fleisch	129	„	„ den Darm	482	„
Weißbrod	129	„			
Schwarzbrod	230	„		3512	Gramm
Gemüse	605	„			
Kartoffeln	202	„			
Nahrung	3558	Gramm			

Die 2105 Gramm Urin enthielten:

Harnstoff	39.4	Gramm
Harnfarbstoff	9.7	„
Kochsalz	19.4	
Phosphorsäure	5.6	„
Schwefelsäure	3.0	„

Während der viertägigen Versuchsdauer hatte der Mann 130 Gr. an Gewicht gewonnen.

Von dem Kohlenstoff, den eine Katze in ihrer Nahrung zu sich nimmt, scheidet sie nach Schmidt 1.2% durch die Faeces, 9.5% durch den Darm und 89.4% durch Lunge und Haut aus. Dagegen scheidet sie von dem eingenommenen Stickstoff aus 0.2% durch die Faeces, 99.1% durch den Harn und 0.7% durch Lunge und Haut.

Werthvolle Beiträge zur Statik des Stoffwechsels der landwirthschaftlichen Hausthiere haben Boussingault, Jörgensen, Henneberg und Stohmann geliefert.

Einige derselben geben wir resultatweise in nachfolgenden Tabellen, die wegen ihrer großen Deutlichkeit keines weiteren Commentars bedürfen.

---

*) Siehe Anmerkung auf voriger Seite.

Nahrung einer Kuh in 24 Stunden
(Nach Boussingault)

	Natürl. Gewicht	Trocken Gewicht	Kohlen-stoff	Wasser-stoff	Sauer-stoff	Stickstoff	Salze
				G r a m m			
Kartoffeln .	15000	4170	1889.0	241.9	1830.6	50.6	208.5
Grummet .	7500	6315	2974.3	353.6	2904.0	151.5	631.6
Wasser . .	60000	—	—	—	—	—	60.0
Summa . .	82500	10485	4813.4	595.5	4084.6	201.5	889.0

Ausgabe der Kuh in 24 Stunden
(Nach Boussingault)

	Natürl. Gewicht	Trocken Gewicht	Kohlen-stoff	Wasser-stoff	Sauer-stoff	Stickstoff	Salze
				G r a m m			
Excremente .	28413	4000	1732.0	208.0	1508.0	98.0	480.6
Urin .	8900	960.8	361.6	25.0	253.7	36.5	384.2
Milch .	8530	3659	699.2	99.0	331.0	56.5	55.4
Summa der Total der Einnahme .	4512	6111.4	2601.6	332.0	2092.7	174.5	920.6
Summa . .	82500	10485	4813.4	595.5	4084.6	201.5	889.0
Differenz*) .	37348	4374	2211.8	263.5	1991.9	27.0	?

Nahrung eines Pferdes in 24 Stunden
(Nach Boussingault)

	Natürl. Gewicht	Trocken Gewicht	Kohlen-stoff	Wasser-stoff	Sauer-stoff	Stickstoff	Salze
				G r a m m			
Heu . . .	7500	6465	2961.0	328.2	2500.2	97.0	681.9
Hafer . .	3370	1987	977.0	125.3	707.2	42.4	77.1
Wasser . .	16000	—	—	—	—	—	13.3
Summa . .	26770	8892	3938	446.5	3209	139.4	672.3

Ausgabe des Pferdes in 24 Stunden
(Nach Boussingault)

	Natürl. Gewicht	Trocken Gewicht	Kohlen-stoff	Wasser-stoff	Sauer-stoff	Stickstoff	Salze
				G r a m m			
Excremente .	1350	303	106.7	11.5	34.1	27.8	109.9
Urin . . .	14850	3525	1364.2	179.8	1388.9	77.6	574.6
Summa . .	16680	3827	1472.9	191.3	1363.0	116.4	684.5
Summa Total der Einnahme .	26770	8892	3938	446.5	3209	139.4	672.3
Differenz . .	10190	4565	2465.1	255.2	1846.2	24.0	?

*) Bezüglich dieser „Differenz," welche in dieser und den folgenden Tabellen die durch Lunge und Haut ausgehauchten Stoff-Elemente vorstellt, machen wir auf unsere Schlußbemerkung hier aufmerksam.

Nahrung eines 120 Pfd. schweren Schweines
(Nach Bouffingault)

	Ratirt. Gewicht	Trocken-Gewicht	Sauer-stoff	Wasser-stoff	Gauer-stoff	Stickstoff	Salze
				Gramm			
Kartoffeln	7000	1687	742.3	97.8	754.1	25.3	67.5
Salz	—	25	—	—	—	—	25.0
Summa	7000	1712	742.3	97.8	754.1	25.3	92.5

Ausgabe dieses Schweines in 24 Stunden
(Nach Bouffingault)

	Ratirt. Gewicht	Trocken-Gewicht	Sauer-stoff	Wasser-stoff	Gauer-stoff	Stickstoff	Salze
				Gramm			
Urin	3050	63	7.6	1.0	16.3	6.9	31.3
Exkremente	1300	208	57.4	8.1	48.9	9.3	84.4
Summa	4350	271	65.0	9.1	65.2	16.1	115.6
Total der Einnahme	7000	1712	742.3	97.8	754.1	25.3	67.5
Differenz	2650	1441	677.3	88.7	688.9	9.2	?

Nahrung eines Hammels in 24 Stunden
(Nach Regnault)

	Ratirt. Gewicht	Trocken-Gewicht	Sauer-stoff	Wasser-stoff	Gauer-stoff	Stickstoff	Salze
				Gramm			
Heu	897.2	767.3	355.3	39.1	308.9	14.5	54.5
Wasser	1276.0	—	—	—	—	—	1.6
Summa	2163.2	767.3	355.3	39.1	363.9	14.5	56.1

Ausgabe des Hammels in 24 Stunden
(Nach Regnault)

	Ratirt. Gewicht	Trocken-Gewicht	Sauer-stoff	Wasser-stoff	Gauer-stoff	Stickstoff	Salze
				Gramm			
Urin	476.7	64.2	20.4	2.5	13.1	6.2	22.0
Exkremente	971.7	412.0	181.3	21.8	146.7	7.0	55.2
Summa	1448.4	476.2	201.7	24.3	159.8	13.2	77.2
Total der Einnahme	2163.2	767.3	355.3	39.1	303.9	14.5	56.1
Differenz	714.8	291.1	153.6	14.8	144.1	1.3	?

Versuch von Henneberg.

Futter und Excremente für 1000 Pfd. Lebendgewicht in einem Tage.

Ochse Nr. I. — In Pfunden à 500 Gramm.

Monat. Stallwärme. Lebendgewicht.	Tägliche Ration.		Im natürl. Zustande.	Trocken- substanz.	Wasser.	Aschen- subst.	Wasser- subst.	Stickstoff.	Gesammt- subst.	Mineral- stoffe excl. Kohlen- säure.	Kohlensäure.
Februar. 6° R. 1186,25 Pfd.	9,24 Kleien; 11,09 Haferstroh; 13,5 Rüben; 0,97 Rapskuchen; 0,44 Bohnenschrot; 0,09 Salz; 57,7 Wasser.	Futter	98,04	21,02	77,01	9,43	1,277	0,306	8,55	1,463	6,85
		Darmexcremente	59,78	8,95	50,82	4,21	0,515	0,144	3,50	0,899	3,31
		Harn	20,83	1,38	19,45	0,80	0,085	0,158	0,38	0,562	—
		Gesammtexcremente	80,61	10,33	70,27	4,51	0,550	0,302	3,52	1,454	3,31
		Differenz zw. Ausg. u. Einn.	17,43	10,69	6,74	4,92	0,727	0,004	5,03	0,009	3,53
März. 8°,3 R. 1150,5 Pfd.	12,72 Haferstroh; 47,80 Rüben; 0,09 Salz; 26,2 Wasser.	Futter	86,86	16,17	70,69	7,06	0,976	0,139	6,75	1,245	4,78
		Darmexcremente	42,11	6,34	35,78	2,95	0,388	0,077	2,26	0,653	nicht
		Harn	24,63	1,20	23,43	0,90	0,025	0,049	0,97	0,650	be-
		Gesammtexcremente	66,74	7,54	59,21	3,15	0,416	0,126	2,53	1,302	stimmt
		Differenz zw. Ausg. u. Einn.	20,12	8,63	11,48	3,91	0,560	0,013	4,22	0,057 †	—
Mai. 13,7 R. 1175,5 Pfd.	12,57 Haferstroh; 35,56 Rüben; 1,00 Rapskuchen; 0,085 Salz; 41,16 Wasser.	Futter	80,38	14,71	65,68	6,54	0,899	0,146	6,03	1,079	4,83
		Darmexcremente	43,47	6,92	36,25	3,93	0,400	0,059	3,30	0,640	2,23
		Harn	23,94	1,10	22,14	0,23	0,080	0,051	0,12	0,867	—
		Gesammtexcremente	65,71	7,58	58,39	3,16	0,430	0,110	2,82	1,307	2,23
		Differenz zw. Ausg. u. Einn.	14,67	7,39	7,29	3,88	0,469	0,038	3,71	0,228 †	2,60
Juli. 16,7 R. 1141,5 Pfd.	14,17 Haferstroh; 2,62 Kleien; 0,58 Rapskuchen; 0,09 Salz; 59,16 Wasser.	Futter	76,57	15,24	61,83	6,89	0,982	0,146	6,28	1,042	5,93
		Darmexcremente	39,54	6,23	33,31	2,96	0,364	0,074	2,24	0,571	2,31
		Harn	14,68	0,91	13,67	0,24	0,092	0,060	0,15	0,433	—
		Gesammtexcremente	54,12	7,41	46,98	3,22	0,392	0,131	2,39	1,004	2,31
		Differenz zw. Ausg. u. Einn.	22,45	8,10	14,35	3,67	0,540	0,012	3,84	0,038	3,62

Versuche von Henneberg.

Futter und Excremente für 1000 Pfd. Lebendgewicht in einem Tage.

Ochse Nr. II. — In Pfunden à 500 Gramm.

Monat. Stallwärme. Lebendgewicht.	Tägliche Ration.		Im natürlichen Zustande.	Trockensubstanz.	Wasser.	Kohlenstoff.	Wasserstoff.	Stickstoff.	Sauerstoff.	Mineralische excl. Kohlensäure.	Holzfaser.
Februar. 4° R. 1002,75 Pfd.	8.86 Kleeheu; 10.63 Haferstroh; 18.16 Rüben; 0.86 Rapskuchen; 0.48 Bohnenschrot; 0.096 Salz; 57.3 Wasser.	Futter . . .	96.40	20.23	76.19	9.07	1.226	0.294	8.23	1.414	6.66
		Darmexcremente . .	56.87	9.00	47.88	4.16	0.525	0.157	3.09	1.072	nicht
		Harn . . .	20.34	1.49	18.83	0.31	0.039	0.171	0.40	0.569	be-
		Gesammtexcremente	77.21	10.49	66.73	4.47	0.564	0.328	3.49	1.641	stimmt
		Differenz zw. Ausg. u. Einn.	19.19	9.73	9.46	4.60	0.662	0.034 +	4.74	0.227 +	—
März. 8,°3 R. 1003 Pfd.	19.54 Kleeheu; 0.1 Salz; 52.5 Wasser.	Futter . . .	71.81	16.10	55.71	7.25	0.957	0.312	6.44	1.143	5.30
		Darmexcremente . .	39.47	7.12	32.36	3.18	0.398	0.165	2.32	1.063	2.52
		Harn . . .	15.78	1.15	14.63	0.30	0.039	0.165	0.24	0.404	—
		Gesammtexcremente	55.25	8.27	46.99	3.48	0.437	0.330	2.56	1.467	2.52
		Differenz zw. Ausg. u. Einn.	16.56	7.83	8.72	3.77	0.520	0.018 +	3.88	0.324 +	2.78
Mai. 13,°2 R. 1070.5 Pfd.	13.00 Haferstroh; 3.73 Kleeheu; 0.56 Rapskuchen; 0.096 Salz; 52.22 Wasser.	Futter . . .	69.59	15.16	54.43	6.87	0.928	0.158	6.18	1.027	5.82
		Darmexcremente . .	38.02	6.68	31.34	3.21	0.412	0.064	2.31	0.654	2.47
		Harn . . .	17.88	1.02	16.86	0.25	0.032	0.061	0.18	0.499	—
		Gesammtexcremente	55.90	7.70	48.20	3.46	0.444	0.125	2.52	1.153	2.47
		Differenz zw. Ausg. u. Einn.	13.69	7.46	6.23	3.41	0.484	0.033 +	3.66	0.126 +	3.35
Juli. 16,°3 R. 1052 Pfd.	15.29 Roggenstroh; 3.8 Kleeheu; 0.57 Rapskuchen; 0.096 Salz; 52.03 Wasser.	Futter . . .	69.78	15.61	54.17	7.22	0.950	0.158	6.43	0.857	6.85
		Darmexcremente . .	39.86	6.99	32.94	3.28	0.395	0.074	2.57	0.603	2.71
		Harn . . .	8.57	0.61	7.96	0.19	0.023	0.066	0.10	0.228	—
		Gesammtexcremente	48.43	7.53	40.90	3.47	0.418	0.140	2.67	0.831	2.71
		Differenz zw. Ausg. u. Einn.	21.35	8.08	13.27	3.75	0.532	0.018 +	3.75	0.096 +	4.14

Verlag von Stahmann.

Futter und Excremente für 1000 Pfd. Lebendgewicht in einem Tage.

Ochse Nr. I. — In Pfunden à 500 Gramm.

Monat. Einfluss... Lebendgewicht.	Tägliche Ration.		Im natürlichen Zustande.	Trocken (substanz).	Wasser.	Kohlen stoff.	Wasser stoff.	Stickstoff	Gesammt Rohst.	Mineral theile excl. Kohlensäure.	Holz faser.
September. 14,°3 R. 1177 Pfd.	13,0 Pfd. Weizenstroh; 2,8 " Wicken; 1,87 " Syrup; 0,1 " Salz; 58,6 " Wasser;	Futter · · · · · ·	76,858	15,184	61,168	6,687	0,958	0,161	6,067	1,306	6,478
		Darmexcremente · ·	35,613	5,801	29,811	2,619	0,399	0,081	1,996	0,769	2,985
		Harn · · · · · · ·	19,901	0,391	19,510	0,084	0,010	0,026	?	0,372	—
		Gesammtexcremente ·	55,514	6,192	49,321	2,703	0,399	0,107	1,902	1,141	2,285
		Differenz zwischen Ausgabe und Einnahme.	20,888	8,992	11,847	3,984	0,619	0,054	4,165	0,165	4,192
November. 6° R. 1143 Pfd.	16,98 Pfd. Weizenstroh; 0,44 " Rapsölkuchen; 3,85 " Syrup; 0,1 " Salz; 61,4 " Wasser;	Futter · · · · · ·	89,007	17,641	64,366	7,708	1,108	0,165	7,225	1,498	7,260
		Darmexcremente · ·	44,359	7,802	36,557	3,571	0,528	0,099	2,865	0,759	3,402
		Harn · · · · · · ·	14,214	0,905	13,309	0,101	0,090	0,032	0,290	0,463	—
		Gesammtexcremente ·	58,573	8,707	49,866	3,672	0,548	0,131	3,155	1,202	3,402
		Differenz zwischen Ausgabe und Einnahme.	23,434	8,934	14,500	4,036	0,560	0,084	4,068	0,296	3,858

Versuch von Stohmann.

Futter und Exkremente für 1000 Pfd. Lebendgewicht in einem Tage.

Ochse Nr. II. — In Pfunden à 500 Gramm.

Monat. Stallwärme. Lebendgewicht.	Tägliche Ration.		Im natürlichen Zustande.	Trockensubstanz.	Wasser.	Rohasche wasserfrei.	Wasser wasserfrei.	Stickstoff	Sauerstoff wasserfrei.	Mineraltheile excl. Kohlensäure.	Holzfaser.
September. 14 °R. 1023 Pfd.	13,56 Pfd. Weizenstroh; 2,90 " Wiesenheu; 1,86 " Syrup; 0,1 " Salz; 65,9 " Wasser.	Futter	84,960	15,903	68,557	6,954	0,996	0,167	6,312	1,369	6,734
		Darmexkremente	38,116	6,655	31,461	2,973	0,369	0,097	2,406	0,809	3,499
		Harn	28,300	0,462	27,838	0,105	0,013	0,035	?	0,396	—
		Gesammtexkremente	66,416	7,117	59,299	3,078	0,382	0,132	2,830	1,205	2,499
		Differenz zwischen Ausgabe und Einnahme	17,944	8,686	9,258	3,876	0,614	0,085	3,992	0,164	4,235
November. 6 °R. 1004 Pfd.	16,98 Pfd. Weizenstroh; 0,50 " Rapskuchen; 3,98 " Syrup; 0,1 " Salz; 68,9 " Wasser.	Futter	90,471	18,385	72,086	8,034	1,153	0,175	7,516	1,500	7,559
		Darmexkremente	48,069	8,354	39,715	3,981	0,585	0,099	3,014	0,836	3,588
		Harn	16,434	0,968	15,466	0,186	0,023	0,039	0,218	0,500	—
		Gesammtexkremente	64,503	9,322	55,181	4,007	0,546	0,138	3,295	1,336	3,588
		Differenz zwischen Ausgabe und Einnahme	25,968	9,083	16,905	4,027	0,607	0,037	4,221	0,164	3,971

In einer ähnlichen Arbeit bestimmte Fr. Crusius die Quantität und chemische Zusammensetzung von all' dem Futter, das sechs Kühe während dreißig Versuchstagen fraßen. Ebenso bestimmte er genau die Menge und Beschaffenheit der von den Kühen verausgabten Stoffe (Darmfaeces, Milch, Harn, Kalb). Der Vergleich Beider, berechnet als Mittelzahl per Kuh und per Tag, ist in nachstehender Tabelle deutlich niedergelegt.

Einnahme.	Wasser	Trockensubstanz	Asche	Stickstoff	Ausgabe.	Wasser	Trockensubstanz	Asche	Stickstoff
	Pfund					Pfund			
In der Tränke .	168	—	0.08	—	Fester Dünger incl. Streustroh . .	59.50	18.2	3.8	0.31
Im Futter . . .	18.6	28.1	2.13	0.504	Im abfließenden Urin	22.20	0.89	0.89	0.057
					In der Milch . . .	11.10	1.5	0.02	0.063
					Im Kalb	0.90	0.23	0.14	0.034
Summa	186.6	28.1	2.21	0.504					
Ausgabe	92.0	12.6	4.19	0.458	Summa	93.7	20.82	4.85	0.491
					Davon ab 10.4 Pfd. Streustroh	1.66	8.16	0.66	0.036
Differenz . . . . (Lungen- u. Haut-Sekretion)	94.6	15.5	?	0.046					
					Produzirt	92.04	12.66	4.19	0.458

Warum in all' diesen Versuchen mehr Mineralstoffe in Ausgabe, als in Einnahme gefunden wurden, dies rührt daher, daß das Futter von erdigen Verunreinigungen nicht absolut zu befreien gewesen ist.

Die „Differenz," welche in vorstehenden Tabellen die Summe der durch Lunge und Haut ausgeschiedenen Stoffelemente, also sämmtliche Respirations- und Transspirationsproducte vorstellen soll, kann, wie ich glaube, blos als annähernd richtig betrachtet werden, weil

1. den Versuchen zu viel offen liegende Unvollkommenheiten anhängen, hinsichtlich der genauen Ansammlung des Harns und Darmkothes;
2. die Analyse des Harns und der Darmexkrete sowohl vom chemischen als physiologischen Gesichtspuncte aus mancherlei zu wünschen übrig ließ;
3. die Körpergewichts-Differenz vor und nach dem 24stündigen Versuche nicht genügend beachtet wurde; (Boussingault, Jörgensen);
4. wo das Letztere geschah, dennoch nicht constatirt worden ist, ob eine etwaige Zu- oder Abnahme an Körpergewicht in Gewinn an Muskel-

Alle diese schwer zu beseitigenden Fehlerquellen machen offenbar die Stoffwechsels-Gleichungen in einigen Punkten unsicher; namentlich in der Perspirationsgröße, weil diese, berechnet aus der Differenz, alle einzelnen Fehler des Versuchs in sich summirt. Ich glaube deßhalb, daß die durch Lunge, Haut und Darm ausgeschiedenen Gase und Dämpfe mit Sicherheit und durch directe Bestimmung zu ermitteln sind. Mit solchen sind wir so eben auf hiesiger Versuchsstation beschäftigt und werden sie über Rind, Pferd, Schaf und Schwein ausdehnen, da unsere bezüglichen Apparate und Einrichtungen das Experimentiren mit allen Hausthier-Species gestatten. Es wird sich dadurch auch entscheiden, ob die in den bis jetzigen statischen Gleichungen figurirenden Stickstoffverluste wirklich in Form von freiem Stickstoff — woran ich übrigens a priori nicht glauben mag — transpirirten, oder ob sie in irgend einer ammoniakalischen Form durch Haut oder Lunge austreten; vielleicht auch, daß sie durch die Gasexhalation des Afters eine einfache Erklärung finden.

8. Vortrag.

Die Gesetze der Ernährung.

Ein schönes Bild combinirter und rastloser Thätigkeit gewährt der Thierkörper angesichts der Arbeit seiner mannigfaltigen Organe.

Der Organismus des Menschen, dessen physiologische Verhältnisse am weitesten unter allen Geschöpfen aufgeklärt sind, ist hierfür ein passendes Beispiel.

Sein Herz saugt täglich 150 Ctr. Blut auf und treibt es wieder durch die Adern; seine Lungen schöpfen in derselben Zeit 3000 Cub.-Fuß Luft und hauchen diese Masse wieder aus; seine Kaumuskeln zerkleinern die ganze Menge der eingenommenen festen Nahrung; zu deren Auflösung bereiten und liefern die Verdauungs-Organe täglich 20 Pfd. Magensaft, 2 Pfd. Galle und 9 Pfd. Darmsaft; seine Nieren haben all die im Blute vorhandenen Gewebetrümmer, Salze nebst dem überschüssig eingenommenen Wasser aufzusaugen und der Harnblase zuzuführen; die Muskeln seiner Zunge ermöglichen deren emsige Bewegungen, und sind namentlich beim Sprechen sehr thätig; die Muskeln seiner Beine haben die ganze Last des Oberkörpers zu tragen und fortzubewegen; die seiner Arme befähigen die Hand zu den mannigfaltigsten Arbeitsleistungen; die Gehirn- und Nervenmasse endlich sehen wir functionirend als unmittelbarer Träger seiner gesammten sensuellen und geistigen Leistungen.

Außerdem erzeugt er in seinem Körper täglich 10,000 Wärme-Einheiten, also ungefähr so viel, als hinreichend wäre, um 100 Pfd. Wasser zum Sieden zu bringen.

All diese inneren . und äußeren Productionen und Bewegungen setzen einen gewissen Kraftaufwand voraus, da sie ohne solchen nicht denkbar sind. Woher nimmt nun der Thierkörper jene große Summe von Kraft? Wodurch deckt er seinen großen Wärmeverlust? —

Daß überhaupt die Krafterzeugung an die Eigenschaften der Materie gebunden ist und ohne letztere nirgendwo in der Natur hervortritt; daß die Kraft als souveraines Attribut der Materie eben so wenig entstehen und vergehen kann, wie diese; diese Wahrheit setzen wir aus Früherem (Vergl. Seite 80, 123 u. 133) als bekannt voraus. Wir haben hier nur zu wiederholen, daß all jene complizirten Kraftäußerungen, deren Schauplatz der Thierkörper ist, an die Materie desselben gebunden sind, und zwar an den Umsatz gewisser organischer Elementengruppen, die stickstoffreich sind und ausgezeichnet durch eine hohe molekulare Verfassung. Wir meinen hier die bekannten Proteïnstoffe, welche allverbreitet im Thierkörper sind, weil sie den Hauptbestand seiner werkthätigen Organe ausmachen.

Das Charakteristikum der Kraftproduction seitens eines organischen Atomes liegt in dem Begriffe der Umlagerung seiner Moleküle. Man hat sich diese Umlagerung nicht als eine plötzliche Auflösung oder ähnlich einer Verbrennung zu denken, sondern als Uebergang einer selbstständigen organisirten Form, wie sie die Muskelfaser vorstellt, in eine oder mehrere Verbindungen von amorphem Charakter. Wenn auch letztere in chemischer Hinsicht uns noch wenig bekannt sind, so leuchtet doch ein, daß bei solcher Umlagerung ein Ortswechsel der Moleküle eintritt, und die Kraft, welcher sie ihre frühere Anordnung verdanken, sich umsetzt in Bewegung. Diese Bewegungsgröße wird porportional sein dem Umfange eines solchen Umsatzes oder der Masse der in die Umlagerung hineingezogenen organisirten Materie.

Warum blos die Proteïngebilde einer solchen Umlagerung ihrer Moleküle fähig sind, das scheint zum Theil an ihrem hohen Stickstoffgehalte zu liegen, der sie selbstständig macht gegenüber den sonst alles zerstörenden Einflüssen des Sauerstoffs. Diese Unabhängigkeit ist namentlich bei der organisirten Form des Proteïn-Atom's so groß, daß der Sauerstoff erst dann seine oxydirende Macht über das Proteïn-Atom gewinnt, nachdem dessen Umlagerung erfolgt und es den krafterzeugenden Apparaten gedient. Die Umlagerung aber geht nicht vom Sauerstoffe aus, sondern wohl zunächst von den Wirkungen der Nerven, welche überall die Proteïngewebe durchsetzen. Eine völlige Erklärung des Vorganges kann vielleicht nur in der vereinten Wirkung von Nerv, Sauerstoff und dem Andrange des ernährenden Blutproteïns gesucht werden.

Die Gruppe der Fette und Kohlehydrate, überhaupt die stickstofflosen

organischen Verbindungen, behaupten nirgendwo im Thierkörper eine organisirte Form; ihre Molekularverfassung macht sie zu einer leichten Beute des
Sauerstoffes; sie werden im Blute direct durch letzteren oxydirt und zerstört.
Ihre retrograde Metamorphose bietet sonach nichts, welches mit dem Momente der Umlagerung der Proteïngewebe verglichen werde könnte und daher
auch keine Kraft-, noch Bewegungserscheinungen. Das einzige, was aus
ihnen resultirt, ist Wärme, proportional ihrem durch den Sauerstoff verbrannten Kohlenstoffe und Wasserstoffgehalte.

Wir haben hinsichtlich der Proteïnstoffe nicht blos festzuhalten, daß
sie allein einer krafterzeugenden Umlagerung fähig sind, sondern auch, daß
sie ihre retrograde Metamorphose nicht anders beginnen können als eben
durch Umlagerung. Sie müssen also den krafterzeugenden Apparaten irgendwo gedient haben, bevor sie in Form von Harnstoff ꝛc. den Körper verlassen. Nur ein Fall wäre denkbar, bei dem sie diese Mission nicht er-
füllten, nämlich, wenn sie ähnlich den stickstofflosen Verbindungen im Blute
direct oxydirt würden zu Harnstoff, Harnsäure und ähnlichen Oxyden, und
sonach nicht in den Stoffwechsel der Gewebe mit eingehen könnten.

Ist dieser Fall aber möglich?

Man hat ihn lange Zeit hindurch für annehmbar gehalten, weil man
angesichts der oft unnormal großen Stickstoffmengen, die ein ruhendes Thier
bei reichlicher Proteïnnahrung im Harne ausscheidet, einen dem entsprechenden
Gewebeumsatz merkwürdig und ungerechtfertigt erachtete. Was soll das ruhende
Thier mit solcher Kraftsumme anfangen? So fragte man, und von diesem
Zweckmäßigkeits-Standpunkte aus gerieth man zur Annahme, daß solche über
das normale Maaß hinausgehende Harnstoffausscheidung nur durch directe
Oxydation des Blutproteïns verursacht sei. In solchem Falle sollte also
das Proteïn-Atom einfach blos der Wärmeerzeugung dienen und der aus
ihm resultirende Harnstoff nichts gemein haben mit dem Umsatze der Muskelgewebe.

Glücklicher Weise theilen wir solche Befürchtungen nicht mehr jetzt,
nachdem uns Bischof und Voit durch ihre jüngsten Ernährungsversuche so
klar gezeigt haben, wie durchaus unnöthig die Annahme einer directen Oxydation des Blutproteïns sei zur Erklärung unnormal großer Stickstoffmengen
im Harne, wie vielmehr durch andere, den Stoffumsatz im Körper beherrschende und bisher unbeachtet gebliebene Factoren, Alles wunderbar sich aufklärt. Namentlich daß jetzt nachgewiesen ist, wie das plus an Kraft, welches proportional dem Harnstoff sich berechnet, seine Verwendung findet, zur
Bewegung der vermehrten Last, die hier in der größeren Masse des Blutproteïns sich vorstellt. Auch ist hierbei unmöglich zu übersehen, wie das

Blutproteïn eines schlecht ernährten oder gar hungernden Thieres sich dennoch auf gleichem Niveau unversehrt erhalten könne, falls wirklich der Sauerstoff direct oxydirende Macht darauf hätte; wie es ferner — das schwer Verbrennliche — oxydirt werden sollte, selbst in den Fälle.1, wo in's Blut zugleich ein Uebermaaß von Fett und Zucker gelangt, zu welchen der Sauerstoff eine so große Anziehung hat. In diesen Fällen beobachten wir eine ebenso große Stickstoffausscheidung, als beim Mangel von Fett und Zucker in der Nahrung. Ein Beweis, daß die excessive Harnstoffausscheidung irgend wo anders ihren Ursprung hat, als im Blute.

Hinsichtlich der producirbaren Wärmemenge ist es egal, ob ein Proteïn-Atom direct im Blute verbrennt, oder ob es erst in den Stoffwechsel mit eingeht und die Producte seiner Umlagerung dem Sauerstoffe preisgibt; denn in beiden Fällen sind die Endproducte der Zerstörung gleich, sowohl qualitativ, als hinsichtlich der Menge des gebundenen Sauerstoffs. Aber im ersteren Falle erzeugt es blos Wärme, im zweiten aber die nämliche Wärme nebst einer gewissen Summe lebendiger Kraft.

Wäre es nicht eine rechte Luxusconfumtion, wenn nun das dem Blute zugeführte Proteïn sich seiner Hauptbestimmung entzöge und blos Wärme-erzeugend wirkte?

Erscheint diese der Natur sonst fremde Luxusconfumtion nicht noch befremdender, wenn wir beachten, daß an Stelle der edlen Proteïnstoffe die Masse der in der Ernährung figurirenden Fette und Kohlehydrate dem Zwecke der Wärmeproduction ungleich besser entsprechen?

Indem wir an keine Zerstörung des Proteïns im Blute glauben, nehmen wir an, daß es in den Stoffwechsel mit eingeht, oder, mit anderen Worten, daß es zu Theilen der geformten Gewebe wird und Ersatz für diejenigen Atome bringt, die in der werkthätigen Zelle der Körperorgane fortwährend ihre Umlagerung und ihren Untergang finden. Wir verfolgen die Producte seiner Umlagerung und sehen, wie sie vom Sauerstoffe allmählig immer höher oxydirt werden zu stickstoffreichen Verbindungen ähnlich dem Leim, Kreatin, Kreatinin, Inostnsäure, Xanthoxyd 2c. (vergleiche Seite 159 bis 161), bis zuletzt in der Bildung von Harnstoff, Harnsäure oder Hippursäure (vergleiche Seite 194 u. ff.) die Oxydation ihre Grenze erreicht. Abgesehen von geringen Mengen Stickstoffverbindungen, welche möglicher Weise durch Haut und Lunge verdunsten, enthalten diese drei Verbindungen allen Stickstoff der aufgelösten Körpergewebe; ihr Stickstoffgehalt ist daher ein scharfes Maaß für den Stoffumsatz der Proteïnorgane. Letztere führen ungefähr 16 % Stickstoff. Für jedes Pfund Stickstoff, welches wir im

Harne finden, werden wir daher eine Auflösung von $6^1/_4$ Pfd. wasserfreies Proteïngewebe annehmen.

Dieser schöne und präcise Maaßstab für den Proteïnumsatz und für die Kraftproduction eines Thieres ginge uns völlig verloren, wenn jene ältere Anschauung über die Möglichkeit einer directen Oxydation des Blutproteïns zu Harnbestandtheilen sich behaupten könnte. Wir sähen uns dann völlig mittellos zu bestimmen, welcher Stickstofftheil des Harnes vom Gewebeumsatze, und welcher von der directen Oxydation des Blutproteïns herrührt.

Es ist klar, daß bei solchem Sachverhalte wir zweifeln müßten, ob wir jemals eine Einsicht in die Gesetze erringen würden, nach denen der Stoffansatz und Umsatz, kurz, die Ernährung des Thieres wirklich vor sich geht.

Man begreift nach dieser Auseinandersetzung den hohen Werth des Satzes:

Die Stickstoffmenge des Harnes ist ein richtiges Maaß für den Umsatz der Proteïngewebe.

Ob dieser Stickstoff, wie bei gewissen Thieren, nur in Form von Harnstoff, bei andern in Form von Harnsäure, bei Pflanzenfressern in Form von Harnstoff und Hippursäure ausgeschieden wird, ist mehr Sache des Analytikers, der darnach die Methode seiner Stickstoffermittelung richtet, als von Einfluß auf die Theorie. Da es bei letztern nur auf die genaue Constatirung des Stickstoffgehaltes ankommt, so halte ich dafür, daß einer elementaren Bestimmung des Stickstoffs im eingedampften Harne der Vorzug entschieden zu geben sei, weil dabei auch sonstige im Minimum und vorübergehend im Harn erscheinenden stickstoffhaltigen Verbindungen nicht außer Berechnung gerathen.

Welches die Wärmequellen sind, aus welchen das Thier seine großen Wärmeverluste ersetzt, haben wir schon angedeutet. Die eine Quelle ist in den Proteïnderivaten gegeben, die andere in den Fetten, Kohlehydraten und sonstigen stickstofflosen Nährstoffen. Die erste fließt, so zu sagen, immer, weil in dem Umsatze der organisirten Proteïngebilde niemals Stillstand eintritt und die Derivate dieser Umlagerung zunächst dem Sauerstoff unterliegen nach Maaßgabe ihres oxydablen Kohlenstoff- und Wasserstoffgehaltes. Daß sie zunächst und sogar stets vor der Gruppe der stickstofflosen Nährstoffe den Sauerstoff in Beschlag nehmen, ist gewiß merkwürdig! Vielleicht ist es ein Postulat des Lebens, daß die Trümmer der es tragenden edlen Stoffgruppen mit Hülfe des Sauerstoffs so rasch als möglich aus dem Körper entfernt werden, nachdem sie ihrer Rolle als lebendige Krafterzeuger gedient.

Was auch den Sauerstoff zu dieser Gruppe so sehr hinziehen mag oder umgekehrt, genug, wir haben hier der Thatsache ihr Recht zu geben. Nach ihr wird an die Gruppe der stickstofflosen Nährstoffe erst derjenige Theil des Sauerstoffs treten, den die Proteïnderivate übrig gelassen. Je mehr Proteïn umgesetzt wird, desto mehr Wärme resultirt aus ihren Derivaten und desto weniger Sauerstoff bleibt für die eigentlich Wärmeerzeugenden Stoffe disponibel. So kann, wie es auch die Versuchserfahrung schon bestätigt hat, durch eine überstarke Proteïnnahrung leicht der Fall eintreten, daß aller in's Blut gelangende Sauerstoff von den Proteïnderivaten in Beschlag genommen und keine Wärme auf Kosten der gleichzeitig im Blute anwesenden Fett- und Zuckermengen gebildet wird.

Ein Proteïnatom producirt nothwendig successive Kraft und Wärme; ein Atom Zucker, Fett oder Alkohol blos Wärme.

Läßt sich letzteres so streng behaupten, da wir doch wissen, daß Wärme, wie z. B. bei den Dampfmaschinen, in Bewegungskraft umgesetzt werden kann?

Sollte, was außerhalb des Organismus wir täglich in mannigfaltigen Formen verwirklicht sehen, nicht auch innerhalb desselben möglich sein?

Hierauf läßt sich erwiedern, daß zunächst im Körper keine Vorrichtungen sind, die einen Umsatz von Wärme in Bewegungskraft wahrscheinlich machen; dann auch, daß eine solche Uebertragung selbst in dem plausibelsten Falle, nämlich wo neben einem geringen Proteïnumsatze eine große Menge stickstoffloser Stoffe zur Verbrennung im Blute gelangt, überflüssig ist, indem eine geringe anzeigt, daß der Organismus in seinem dermaligen Zustande eben keiner vermehrteren bedarf und anderntheils jeder Wärmeüberschuß sich durch verstärktere Verdünstung der Körperoberfläche bindet und leicht entfernt.

„Ein Molekül Materie kann niemals Wärme und Bewegung zugleich erzeugen!"

Nachdem wir hiermit Kraft und Wärme auf ihren wahren Ursprung verwiesen und eingesehen haben, daß beide unvermeidlich auf eine Zerstörung des Körperstoffs hinauslaufen, erscheint uns die Nothwendigkeit eines Wiederersatzes des so Verlorengegangenen gewiß als eine natürliche Consequenz. Auch werden wir zwischen diesem Ersatze und jener Auflösung irgend ein gesetzmäßiges Verhältniß vermuthen, da gerade in diesem Punkte eine gegenseitige Unabhängigkeit und Willkür unvereinbarlich wäre mit jedem Begriffe über den ungestörten Fortgang eines physischen Lebens.

Welches sind denn diese Gesetze und wie influiren sie nach Umständen auf Umsatz und Ersatz?

Stellen wir erst die Gesetze des Umsatzes fest! — Die des Ersatzes und die der thierischen Ernährung überhaupt, ergeben sich dann von selbst.

Abhängig ist der Umsatz:

1. von der Masse des Organes.

Wir beweisen dies zunächst durch die Untersuchungen Dubois-Reymonds, die darthun, daß die lebendige Kraft einer jeden Muskel durchaus parallel geht mit seiner Masse. Ein muskulöses Thier finden wir unter allen Umständen kräftiger als ein abgemagertes. Da aber Kraftproduction und Umsatz der Proteïngewebe für uns identische Begriffe sind, so müssen wir folgerichtig der größern Muskelmasse, indem sie erfahrungsgemäß einer vermehrten Kraft fähig ist, einen größeren Umsatz ihres Stoffbestandes zu Grunde legen. Wir folgern daraus mit andern Worten: Je massenhafter ein Proteïngewebe (Organ), je größer ist sein Umsatz und je größer die producirte Kraft. Umsatz und Kraft stehen mit der Masse des Organes in directer Proportion.

Was für den einzelnen Muskel und das einzelne Organ gilt, gilt auch für die Summe aller werkthätigen Proteïngewebe in einem Thierkörper. Ein gut genährtes und daher fleischreiches Thier verbraucht deshalb unter allen Umständen und sogar in blosem Ruhezustande weit mehr Organsubstanzen als ein anderes ruhendes Thier in magerer Körperverfassung. Mit der Fortdauer des Hungers wird allmälig weniger Fleisch verbraucht, weil die Masse der Organe immer mehr abnimmt.

Abhängig ist der Umsatz:

2. von der Menge des in's Blut durch die Nahrung gelangenden Proteïns.

Zur Aufklärung dieses Zusammenhanges haben wir uns das im Blute befindliche Proteïn als eine dem Sauerstoff trotzende und daher als eine nicht sobald — wie Fett und Zucker — aus der Blutbahn zu schaffende Masse zu denken, die mit dem Blute beständig durch den ganzen Körper fortbewegt werden muß, und daher einen gewissen Kraftaufwand erfordert. Wenn letzterer auch von den betheiligten Organen des Blutkreislaufs zunächst gefordert wird, so wirkt das Blutproteïn doch auch umsetzend auf die übrigen Organe, indem es diese ernährt und ihren umgesetzten Stoff wieder erzeugt. Je massenhafter es gegen die ernährungsbedürftigen Organe andrängt, je rascher geht deren Ernährung von Statten und je flotter kann darnach wieder ihr Umsatz sein. Nehmen wir hier, was wohl nahe liegt, zwischen Organ und Blut eine gegenseitige Anziehung an, so ist auch das eine Kraftäußerung, die zuletzt nur aus Stoffumsatz entspringt.

Wie man sich auch den Vorgang denken mag, unzweifelhaft wird fein, daß jede Vermehrung des Blutproteïns durch die Nahrung für sich allein einen größern Stoffumsatz oder eine größere Stickstoffsekretion des Harnes im Gefolge hat. Die dadurch freiwerdende Kraft dient blos zur nothwendigen Bewegung der größeren Plasma-Masse. Um ihrer selbst willen ist sie von letzterer erzeugt.

Die physiologischen Consequenzen dieser Anschauung sind sehr wichtig, wie wir bald zeigen werden.

Abhängig ist der Umsatz:

3. von der Menge des in Action im Blute tretenden Sauerstoffs.

In wie weit dies der Fall ist, das ergibt sich aus der großen Anziehung, die der Sauerstoff hat zu den umgesetzten Proteïngeweben. Da er auf letztere keine Macht hat, bevor sie sich nicht umgesetzt und den Krafterzeugenden Apparaten gedient haben, so kann man sich vorstellen, wie sehr er, wenigstens durch seinen Zug zu den Gewebetrümmern hin, begünstigend auf die Bildung der letzteren, das heißt auf den Umsatz überhaupt wirkt. Wir wollen damit keineswegs sagen, daß diese fast indirect zu nennende Wirkung allein schon den Umsatz der Proteïngewebe herbeiführt, denn dazu gehört außer dem in Action tretenden Sauerstoffe zugleich auch der Andrang des Blutproteïns bei seiner ernährenden Rolle. Beide Factoren vereint bewirken die Umlagerung, welche jede für sich allein nicht zu verursachen im Stande ist. (Vergl. S. 156 u. ff.)

Jene Verwandtschaft zwischen Gewebetrümmern und Sauerstoff müssen wir als recht groß bezeichnen, weil wir beobachten, daß in der Blutbahn und in den Geweben, wo der Sauerstoff hindringt, letzterer die stickstoffhaltigen Derivate vor allen andern Körpern oxydirt. Ja, was merkwürdig ist, selbst bei Anwesenheit von dem sonst so leicht verbrennbaren Fett und Zucker geschieht dies. Immer tritt der Sauerstoff zunächst an die Gewebederivate und verbrennt selbige unter Wärmeentwickelung allmälig zu organischen Oxyden, wie wir sie schließlich im Harne finden; war die antecedirende Kraftproduction der Gewebe eine größere, ihre Umsetzungsproducte also massenhafter, dann consumirten letztere auch mehr Sauerstoff wie sonst; umgekehrt geht weniger Sauerstoff drauf, wo der Umsatz ein geringer war.

Unter allen Umständen tritt an die stickstofflosen Materien, die mit der Nahrung in's Blut gelangen, blos derjenige Theil des Sauerstoffs, den die stickstoffhaltigen Gewebetrümmer nach Maaßgabe ihrer Menge übrig lassen.

Man kann sich so den Fall denken, wie bei einem Uebermaaß von Proteïnnahrung, welche als solche einen größeren Umsatz und eine größere

Maſſe von Gewebetrümmer verurſacht, leicht aller Sauerſtoff von letztern in Beſchlag genommen wird, ſo daß nichts für etwa gleichzeitig vorhandene Zucker- und Fettmengen übrig bleibt und alle Wärme auf Koſten der Proteïnſtoffe gebildet wird. Ebenſo kann man ſich denken, wie zum Beiſpiel ein hungerndes Thier, deſſen Stoffumſatz in Folge ſeiner verminderten Organmaſſe und in Folge des ſchwachen Andranges des Blutproteïns auf's Minimum geſunken iſt, ſo viel Sauerſtoff disponibel behält, daß bei einer Fütterung von Fett und Zucker ſeine Wärme durch directe Oxydation dieſer Körper **hauptſächlich** gedeckt wird. Ich ſage hauptſächlich, denn **ganz** wird die Wärme **niemals** ſeitens der ſtickſtoffloſen Körper geliefert, weil der Fall undenkbar iſt, wo nicht zugleich eine gewiſſe Menge Gewebetrümmer gebildet und der Oxydation in erſter Reihe anheimfallen. Solch ein Fall tritt ſelbſt beim hungernden Thiere nicht ein, weil daſſelbe die unentbehrliche Kraft zum Betriebe ſeiner Lebensmaſchine nur ſchöpfen kann auf Koſten ſeiner Gewebe. Dem Sauerſtoff liefert es daher Gewebetrümmer bis zu ſeinem letzten Athemzuge.

Indem der Umſatz der Proteïngewebe unter ſonſt gleichen Umſtänden, das heißt unter Gleichbleibung der beiden andern Factoren des Umſatzes (Organmaſſe und Menge des Blutproteïns), **mit der Zunahme des überhaupt in Action tretenden Sauerſtoffs ſteigt und mit deſſen Verminderung fällt,** ſo dürfte ein großes Intereſſe an der Frage ſein, **wie viel Sauerſtoff** denn bei einem Individuum in Action tritt, das heißt in's Blut überhaupt; gleichgültig, ob er von da theilweiſe in die Gewebe tritt, oder an die Proteïnderivate, oder an die Fette und Kohlehydrate.

Iſt etwa der ganze in der eingeathmeten Luftmenge befindliche Sauerſtoff hier in Anrechnung zu bringen?

Die Antwort lautet „Nein," weil ja mit jeder Ausathmung der größte Theil dieſes Sauerſtoffs wieder in den Luftkreis tritt.

Die richtige Berechnung wird nur für einen concreten Fall möglich ſein und ſelbſt für ſolchen in ſo weit ſchwierig und etwas unſicher, als wir uns vorher eine auf den elementaren Beſtand zwiſchen Einnahme und Ausgabe des Thieres ſich beziehende Gleichung mittelſt genauer Verſuche verſchaffen müſſen.*)

Aus derſelben berechnet ſich dann, daß ein erwachſener Menſch binnen 24 Stunden 1,9 Pfd. Sauerſtoffgas fixirte. Ein 65 Pfd. ſchwerer Hund

---

*) Beiſpiele über ſolche Gleichungen werden im Laufe dieſes Vortrages zur Erörterung kommen.

confumirte deffen 1,3 Pfd. Bei einem 1000 Pfd. fchweren Ochfen trat 14,5 Pfd. Sauerftoff in Action.

Diefe Werthe mögen uns als Anhaltspunkte gelten, aber nicht als Norm, weil fie fich eben mit jedem andern Falle ändern.

Es influiren darauf felbftverftändlich nicht blos die Art und Natur des Thieres, fein Alter, fein Temperament, fondern auch die Gefundheit feines Körpers, namentlich die feiner Refpirationsorgane (Lunge und Bruft).

Am conftanteften werden fie bleiben, wenn das Thier im Zuftande der Ruhe verharrt. *) Am ungleichften dagegen, fobald es phyfifcher oder geiftiger Arbeit obliegt, für welche es unendlich viele Abftufungen der Intenfität gibt. Je nach der Größe der Arbeit wird das Thier immer mehr Sauerftoff aufnehmen; ja man kann fich denken, daß dasfelbe bei fehr fchwerer Muskelarbeit oder fonft anftrengenden Bewegungen leicht das Doppelte von der Sauerftoffmenge in fich fixirt, die ihm im ruhenden Zuftande genügte.

Verfuche, welche den Zufammenhang des Sauerftoffconfums mit einer phyfikalifch genau beftimmten Kraftproduction in Zahlen ausdrücken, fehlen uns bis heute leider gänzlich; die einfchlägigen phyfiologifchen Arbeiten beziehen fich fämmtlich auf ruhende Thiere. Aber die großen, dem Experimente mit arbeitenden Thieren entgegenftehenden Schwierigkeiten können nicht den lebhaften Wunfch unterdrücken, daß folche dennoch baldigft durchgeführt werden möchten!

Bifchof und Boit gehen von der Anficht aus, daß die Nerven den Stoffwechfel der Muskeln beherrfchen bei allen Kraftproductionen zu willkürlichen äußeren Bewegungen, und find daher geneigt, die Nervenwirkung als vierter Factor des Umfatzes zu behandeln. Ich glaube, daß dies eine unfruchtbare Confequenz ift, weil wir eben für jene Nervenwirkung fchwerlich ein folches Maaß auffinden, wie wir es von einem Factor des Umfetzers beanfpruchen müffen, foll er phyfiologifchen Berechnungen dienen. Auch halte ich diefe Confequenz für überflüffig, weil die Nerven doch blos den Stoffwechfel der Muskeln anregen, den eigentlichen Umfatz derfelben aber immerhin der Wirkung des andrängenden Blutproteïns und namentlich dem Sauerftoffe überlaffen. Daß für folch extraordinären Umfatz der Muskelgewebe ftets genug Sauerftoff difponibel fei, das glaube ich aus den ver-

---

*) Daher empfiehlt es fich fehr, mit völlig ruhenden Thieren zu experimentiren, in all den Fällen, wo man den phyfiologifchen Werth irgend eines Nährftoffes, das heißt feinen Einfluß auf Stoffumfatz und Anfatz, einfach und ficher feftftellen will.

stärkten Athembewegungen, wie sie jede Kraftleistung mit sich bringt, schließen zu dürfen. Und endlich, daß an Stelle der geheimnißvollen Nervenwirkung der in Action tretende Sauerstoff ein richtigeres Maaß für jenen, der freien Arbeit gewidmeten Umsatz sei, dafür spricht auch die Thatsache, wonach alle willkürliche Kraftproduction, jedwede Arbeit also, eine entsprechend stärkere Kohlensäure- und Harnstoffausscheidung zur Folge hat.

Hinsichtlich der rein geistigen Leistungen, welche ja mit in den Begriff der Arbeit hineinfallen, wird es wohl hauptsächlich auf den Stoffumsatz der Nervensubstanz ankommen. Da wir auch bei diesen Productionen ausnahmslos eine vermehrte Ausscheidung von Harnstoffe und Kohlensäure beobachten, so darf man dieselben von der Action des Sauerstoffs eben so wenig trennen, wie die willkürlichen physischen Leistungen. Beide gehen so vor sich, daß der über das Normalmaaß hinaus consumirte Sauerstoff ein Maaß für ihre Intensität ist.

In allen Fällen, wo wir die consumirte Sauerstoffmenge experimentell erfahren, werden wir daher den Factor haben für den Einfluß der physischen und geistigen Arbeit auf den Stoffumsatz. Mit dieser Erkenntniß wird jeder vierter Factor überflüssig.

Als Haupt-Resultat der bisherigen Erörterungen haben wir den Satz: Die Umsetzung der Proteïngewebe ist abhängig von drei zugleich wirkenden Factoren (Organ, Blut und Sauerstoff); sie ist das Product der Einwirkung dieser drei Factoren auf einander und stets nur aus der Berücksichtigung aller drei verständlich. Bischof u. Voit.

Die Anwendung dieses Satzes wollen wir jetzt an einigen Beispielen zeigen. Seine Wichtigkeit wird dadurch in unseren Augen desto fester sich begründen.

Wir beginnen mit dem einfachsten Ernährungszustande eines Thieres. Ohne Zweifel ist dies der Hunger, indem dabei das Thier von seinem eigenen Fleisch und Fette zehrt und diesen Verzehr gewiß so ökonomisch als möglich einrichten wird. Wir nehmen an, daß während desselben das Thier der Ruhe obliegt, so daß es sein Minimalmaaß an Sauerstoff consumirt.

Das hungernde Thier, dem es nur um Erhaltung des Lebens zu thun ist, hat zunächst dafür zu sorgen, daß die mannigfaltige Organthätigkeit im Innern seines Körpers ungestört sich unterhält. Dazu aber ist Kraft nöthig. Es gewinnt dieselbe durch einen entsprechenden Umsatz seiner

20

werkthätigen Gewebemaffe. Es kann denfelben auf das unentbehrliche Minimum der Kraftproduction befchränken, weil auf feinen Umfaß zwei Factoren nicht vermehrend wirken. Das Blutproteïn in fo weit nicht, als man es während der Nahrungs-Abftinenz auf's Minimum reducirt denken muß; die Organmaffe in fo weit nicht, als diefelbe beftändig abnimmt und proportional ihrer fich mindernden Maffe für fich ftetig weniger auf den Umfaß einwirkt. Der Sauerftoff jedoch, der hier der Hauptfactor ift, wird feine Action nicht mindern.

Obgleich ein Theil deffelben zunächft gebunden wird von den Producten der umgefeßten Gewebe, fcheint doch der größere Theil disponibel zu bleiben für fonftige Oxydationen. Welcher Stoff wird ihnen dabei zur Beute?

Jedenfalls die Fettvorräthe, welche das Thier in feinem Gewebe noch befißt. Und wenn nun diefe zuleßt verbrannt find, was nun? — Wie deckt dann das Thier feinen beftändigen Wärmeverluft, deffen Erfaß ein Poftulat feines Lebens ift? — Jedenfalls nicht anders, als durch die umfeßende Wirkung des freien Sauerftoffs auf die noch reftirenden Organmaffen. Es entftehen dadurch eine größere Menge von Umfeßungsproducten, die der Sauerftoff unter Wärmeentwickelung verbrennt. Auch muß fich dadurch die Summe der frei werdenden Kraft in ftarkem Grade mehren; ja im völligen Mißverhältniß mit dem geringen Bedarfe.

Sehen Sie nicht, wie ein Thier, nachdem es lange gehungert und zuleßt faft todt fcheint, auf einmal wieder auflebt und fehr unruhig fich geberdet? — Es ift dies eben der Zeitpunkt, wo der Sauerftoff jenen Angriff auf die edlen Organe macht, und fie unter abnormer Kraftentwickelung rafch verzehrt. Diefe Erfcheinung ift daher der ficherfte Vorbote des herannahenden Hungertodes.

Zweiter Fall.

Ein fchlecht genährter Hund foll fo viel fettlofes Fleifch bekommen, als nöthig ift für eine richtige Erhaltungs-Ration, alfo für Herftellung eines völligen Gleichgewichts zwifchen Umfaß und Erfaß.

Angenommen, ich gebe dem Hunde zuvörderft eine Fleifchmenge, die man unter andern Umftänden für genügend erachten würde. Was wird die Folge fein? — Eine ftarke Vermehrung des Blutproteïns und als unmittelbare Confequenz deffen ein erhöhter Umfaß der Gewebe zur Erzeugung der Kraft, welche nöthig ift zur Bildung und Bewegung des Blutes. Anftatt fchwerer wird das Thier, gerade in Folge der ftarken Nahrung, leichter an Gewicht. Der Umfaß überfteigt den Anfaß; jedenfalls anfangs in den erſten Tagen der kräftigen Fütterung. Nach einiger Zeit aber ſinkt der übermäßige Umſatz. Warum?

Erſtens weil die Organmaſſe ſich gemindert hat, zweitens weil die unverhältnißmäßig großen Umſetzungsproducte den größern Theil des Sauerſtoffes, den das ruhende Thier einnimmt, in Beſchlag nehmen. Dadurch ſinkt der Einfluß des letzteren auf die Umſetzung ſo ſehr, daß zuletzt der Stoffverbrauch in enge Schranken geräth, trotz des ſich gleichbleibend andrängenden Blutproteïns. Jetzt braucht das Thier nichts mehr von ſeinem eigenen Fleiſche zuzuſchießen, weil das mit der Nahrung zugeführte Proteïn genügt zur Deckung des Umſatzes. Iſt nun jene anfängliche Fleiſchration nicht zu hoch gegriffen geweſen, was wir hier vorausſetzen, ſo iſt der Moment da, der das Thier auf ſeinem erreichten Körpergewichte unverändert erhält.

Dritter Fall.

Der vorerwähnte Hund ſoll aus dem Erhaltungszuſtande heraustreten und eine entſchiedene Zunahme zeigen.

Wir geben ihm alsdann natürlich etwas mehr Fleiſch. Die nächſte Folge wird ſein, wie früher: größere Blutproteïnmaſſe und entſprechend ſtärkeren Umſatz; das ganze Mehr an Fleiſch geht drauf im Erſatze.

Aber dann würde man ja, ſo wird man hier einwerfen, durch Vermehrung der Nahrung, und wenn ſie auch noch ſo lange conſequent fortgeſetzt wird, niemals zum Anſatze kommen, wenn das gereichte Mehr ſtets wieder verbraucht werden ſollte, um ſeiner Selbſt willen, das heißt zur Deckung der Kraft, die zur Bewegung der vermehrten Laſt nöthig iſt. So was kann doch nicht richtig ſein! —

Es würde dieſe Reflexion dennoch richtig ſein, wenn nicht mit jeder Vermehrung der Proteïnnahrung der Sauerſtoff immer mehr von ſeinem Einfluß auf die Umſetzung verlöre, und wenn nicht in Folge deſſen zuletzt nothwendig ein Zeitpunkt einträte, wo der Umſatz ſo deprimirt iſt, daß die Zufuhr ihn nicht blos deckt, ſondern überſteigt.

Daher bewirkt jenes Mehr an Fleiſch, welches wir dem Hunde geben, zuletzt dennoch dasjenige, was es bewirken ſollte, nämlich Anſatz oder Vermehrung der Organmaſſen.

Laſſen wir aber in dieſer Weiſe das Organ ſich mehren, ſo wird ſich bald der umſetzende Einfluß deſſelben geltend machen, den wir als proportional ſeiner Maſſe erkannt haben. In der That ſehen wir, wie der Umſatz des Hundes anfängt, größer zu werden, je mehr der Erfolg der Fütterung hervortritt. Sein Anſatz oder Körpergewinn nimmt in demſelben Grade ab.

Wo ein ſtetiger Anſatz ſtattfinden ſoll, da muß auch ſtets die Zufuhr den Umsatz überragen. Unser Hund wird mehr Fleisch, wie früher, bekommen müssen, weil er einen größeren Umsatz zu decken hat. Ueberhaupt werden wir hier zu dem wichtigen Schlusse kommen, daß **ein Thier nur dann stetig an Organmasse, resp. an Körpergewicht zunehmen kann, wenn dieser proportional, seine Proteïnnahrung sich stetig mehrt.**

Eine Mast bei gleichbleibender Ration führt zur Abnahme an Körpergewicht und geräth zuletzt in Stillstand.

Eine zu große Vermehrung der Proteïnnahrung wird im Stadium des Ansatzes nichts helfen, vielmehr ganz verschwenderisch sein. Bedenken wir nur, daß die ohnehin massenhaften Umsetzungsproducte dadurch nur noch vermehrt werden, so daß aller Sauerstoff von ihnen in Beschlag genommen wird. Wo soll nun die Kraft herkommen zur Bildung und Bewegung des Blutes, wenn der Sauerstoff auf die Kraftquelle, das heißt auf die Umsetzung der Gewebe seinen ganzen so energischen Einfluß verloren? Wo keine Vermehrung der Kraft mehr möglich, wo letztere sogar abnimmt, da ist auch keine Vermehrung der Last mehr möglich. Das Thier kann nicht mehr fressen. Es verschmäht die überreiche Proteïnnahrung, oder es entfernt sie durch Mund und Darmkanal unverdaut aus dem Magen.

Durch diese instinctmäßige Inanition wird natürlich sehr bald die Masse des Blutproteïns geringer; sein umsetzender Einfluß, und damit zusammenhängend, der Umsatz selbst und die Umsetzungsproducte mindern sich ebenso rasch. Es wird so wieder Sauerstoff disponibel und damit zusammenhängend ein reichlicherer Fluß der Kraftquelle. Das Thier verwendet sie zur Bewegung der in der Nahrung dargebotenen Last. Es kann jetzt wieder fressen.

Wenn wir hiermit das bisher Entwickelte nicht als theoretische Spekulationen, sondern ausdrücklich als strengen Ausdruck von beobachteten Thatsachen hinstellen, so wollen wir ihm damit jenen Respekt sichern, den sie als sichere Führer im Gebiete der thierischen Ernährung beanspruchen. Bei allen Stadien der Ernährung, bei allen Futtermischungen finden wir uns mit Hülfe jener Lehrsätze zurecht. Wo sie angelegt werden, und wo wir genau die Nahrung, die Organmasse und die Menge des in Action tretenden Sauerstoffs in Rechnung zu ziehen wissen, überall zeigt sich das Ernährungsresultat als Product dieser drei aufeinander wirkenden Factoren.

Wir müssen jetzt indessen darauf aufmerksam machen, daß der Begriff der Nahrung ein ausgedehnterer ist, als wir ihn bisher — lediglich zur Vereinfachung der Doctrin — benutzt haben. Neben dem Blutproteïn figuriren ja in der Nahrung sowohl als auch im Blute eine Menge stickstoffloser Körper, als deren Repräsentant das Fett und der Zucker hingestellt werden kann. Obgleich wir wissen, daß diese Verbindungen in den Stoffwechsel der Gewebe nicht mit eingehen, daher in ihrem Verfalle keine Kraft-, sondern eine einfache Wärmequelle darbieten, so bleibt es doch noch festzustellen, ob diese Körper, sobald sie in's Blut gelangt sind, bei ihrer großen Verwandtschaft zum Sauerstoffe die bekannte Wirkung des letzteren auf den Umsatz der Proteïngewebe in irgend einer Weise alteriren.

Vom landwirthschaftlichen Standpunkte aus ist diese Frage gewiß von großer Bedeutung, da in der Praxis neben 1 Theil Proteïnstoff durchschnittlich 6 Theile stickstofflose Verbindungen gefüttert werden und es bei der Billigkeit letzterer nicht unerwünscht wäre, wenn sie in noch stärkerem Verhältnisse gereicht, eine Ersparniß an den theuern Proteïnstoffen zulässig machten.

Vor Allem ist festzuhalten, daß der Sauerstoff überall zunächst an die Gewebetrümmer tritt, welche nach Maaßgabe der beeinflussenden Umstände grade umgesetzt werden, und daß also hinsichtlich des Fettes und Zuckers stets nur die Rede sein kann von derjenigen Sauerstoffmenge, welche jene Gewebederivate zur freien Action disponibel gelassen.

Wird in Folge zu reichlicher Nahrung der Umsatz so sehr gesteigert, daß seine Producte allen Sauerstoff binden, oder läßt das fette und zugleich ruhende Thier, welches viel umsetzt wegen seiner schweren Gewebemasse und wenig Sauerstoff einnimmt, wegen seiner Ruhe keinen Sauerstoff mehr übrig, — in beiden Fällen bleibt das zugleich gereichte Fett unversehrt; der zugleich im Blute befindliche Zucker wird nicht oxydirt, sondern in Fett verwandelt, um sämmtlich in dem Gewebe abgelagert zu werden.

In solchen Fällen wirken also die stickstofflosen Stoffe nicht vermindernd auf den Umsatz; im physiologischen Sinne nutzlos werden sie in den Geweben aufgespeichert. Wer freilich solche Fettanhäufung wünscht, wie der Viehmäster, der wird jene Fälle als recht nützlich betrachten und herbeizuführen suchen.

In der Mehrzahl der Ernährungsfälle lassen aber die Gewebetrümmer noch Sauerstoff disponibel. Wird dieser nun in freier Action vermehrend auf den Umsatz wirken, um so sich an den erhöhten Umsetzungen zu sättigen, oder wird er an das zugleich etwa im Blute befindliche Fett und Zucker treten?

Wir bejahen diese Frage zu Gunsten der Schonung des edlen Gewebeproteïns, dessen unnöthige Auflösung einer Luxusconsumtion gleichkäme, welche wir nicht annehmen können, wo dem Sauerstoffe zugleich Fett und

Zucker geboten sind, zu denen er eine größere Verwandtschaft hat, und die er direct in der Blutbahn verbrennen kann. Und wäre dem nicht so, wo bliebe denn das Thier mit all seinem genossenen Fett und Zucker? — Lagert es auch unbeschadet seiner Gesundheit eine Zeit lang alles Fett in seine Gewebe; man wird doch zugeben, daß eine Fortsetzung dieses Prozesses zu Unnatürlichkeiten und dem Tode hinführt.

Fett, Zucker, Alkohol und ähnliche in's Blut gelangende leicht oxydable Stoffe nehmen den für das plastische Leben überflüssigen Sauerstoff in Beschlag; sie decken dadurch einen großen Theil der Körperwärme und schützen das edle Gewebe vor derjenigen Auflösung, dem es ohne diese Stoffe weit reichlicher anheimfällt. Ganz kann Fett und Zucker, selbst bei reichlichster Zufuhr, die Auflösung des Gewebeproteïns niemals verhindern, weil jeder Augenblick die Lebensmaschine zur Ermöglichung ihrer Bewegungen an die Proteïnstoffe recurrirt. Durch passende Zusätze von Fett, Zucker ꝛc. zum Proteïn läßt sich der Bedarf an letzterem um $1/2$ bis $3/4$ verringern, weil der eine Factor des Umsatzes dadurch unschädlich gemacht wird. Dies ist nicht blos ein Ersparniß im physiologischen Sinn, sondern auch im ökonomischen, weil die Proteïnnahrung die kostspieligste Beute des Sauerstoffs ist.

Wie viel Sauerstoff so gewöhnlich an Fett und Zucker tritt, ist nur im speziellen Falle ermeßbar, da dessen Menge abhängt sowohl von den beiden andern Factoren des Umsatzes (Menge des Blutproteïns und Masse der Gewebe), als auch von der Menge des in Action tretenden Sauerstoffs, die nur im Zustande der Ruhe constant, bei physischer und geistiger Arbeit aber, wie wir früher gezeigt haben, sehr auf- und abschwankt. Am meisten wird für die stickstofflosen Stoffe übrig bleiben bei schlechter Nahrung und zugleich geringer Organmasse. Weniger, wo ein Mehr an Proteïnzufuhr oder an Organmasse vorhanden. Am wenigsten, wo es bei starker Körperfülle in Ruhe seine reichliche Nahrung verzehrt.

Unter diesen drei Fällen wäre also der erste für die reichliche Fettnahrung am passendsten, in so weit dadurch das edle Gewebeproteïn gespart wird; der dritte in so weit, als das Fett in dem Gewebe aufgespeichert, das Thier also rasch fett gemacht werden soll.

Im Allgemeinen wird man durch die Gegenwart der stickstofflosen Stoffe in der Nahrung entweder an Proteïnstoffen sparen oder desto eher den Moment herbeiführen, wo der Umsatz in Ansatz übergeht.

Ob bei schwerer Arbeit die damit verbundene Mehr-Einnahme an Sauerstoff ebenfalls durch stickstofflose Nährstoffe absorbirt werden kann, das glauben wir nicht, weil die freie Arbeit eine entsprechende Kraftproduction fordert, welche nur aus der Action des Sauerstoffs auf die Muskelgewebe refultirt. Wir folgern deßhalb, daß in folchen Fällen eine reichlichere Proteïnnahrung stattgreifen muß, und Fett und Kohlehydrate ein unpaffender Erfatz dafür wäre.

Für die Praxis ergibt fich hieraus, daß in allen Stadien der Maftung auf 1 Theil Proteïn weit mehr Fett und zuckerartiger Stoff gefüttert werden follten, als bei dem arbeitenden Thiere, deffen Bedarf daran trotz größerer Sauerstoffaufnahme mit steigender Thätigkeit finken muß.

Lawes und Gilbert folgerten aus ihren weitläufigen Maftungsverfuchen: daß der Effect des Maftfutters fich mehr regulire nach feinen stickstofflosen Bestandtheilen als nach feinem Proteïngehalte. Diefe Folgerung hat mich lange Zeit fehr befremdet, und war der üblichen Anschauung völlig entgegen; jetzt erkennen wir in ihr eine schöne Bestätigung obiger Theorie.

Zur Gruppe der stickstofflofen Nährstoffe rechnen wir die verfchiedenen Thier- und Pflanzenfette, die Zuckerarten, Stärke, Dextrin und Alkohol. Es ist hier nicht thunlich, diefelben als einen Collectivbegriff aufzufaffen und zu behandeln, wie es bisher in der Fütterungschemie gefchehen, denn fie nehmen zu ihrer Oxydation fehr ungleiche Mengen von Sauerstoff in Anspruch und können daher unmöglich phyfiologisch gleichwerthig fein. In welchem Werthsverhältniffe fie zu einander stehen, zeigt folgende Berechnung.

100 Gewichtstheile (wafferfrei) enthalten:

Fett (Margarin)	Zellstoff, Stärke, Dextrin	Milchzucker, Traubenzucker	Alkohol
$(C_{37}\,H_{36}\,O_4)$	$(C_{12}\,H_{10}\,O_{10})$	$(C_{12}\,H_{12}\,O_{12} + 2\,aq.)$	$(C_4\,H_6\,O_2)$
C 75	43.2	36.4	52.2
H 13	6.3	7.1	13.0
O 12	50.5	56.5	34.8
100	100	100	100
12 O erfordern	50.5 O erfordern	56.5 O erfordern	34.8 O erfordern
1.5 H	6.3 H	7.1 H	4.3 H
C 75 } erfordern	43.2 C erfordern	36.4 C erfordern	C 52.2 } erfordern
H 12.5 } 292 O	115.2 O	97.1 O	H 8.7 } 209 O

Um nun 292 Sauerstoff zu binden, find nothwendig: 100 Fett, oder 250 Stärke, oder 300 Traubenzucker, oder 280 Alkohol (von 50 %). 1 Gewichtstheil Fett ist alfo äquivalent 2.5 Stärke = 3 Traubenzucker = 2.8 Alkohol (von 50 %).

Um eine Nutzanwendung dieser Relationen zu geben, nehmen wir an, daß ein Mann täglich 60 Loth (a 16 Gramm) Sauerstoff in sein Blut aufnimmt, und daß ¹/₆ davon zur Oxydation der Proteïnstoffe verwendet wird. Zur Sättigung der restirenden 50 Loth müssen täglich dem Blute zugeführt werden, entweder:

$$^{50}/_{292} \times 100 = 17 \text{ Loth Fett,}$$
$$\text{oder } 2.5 \times 17 = 42 \text{ Loth Stärke,}$$
$$\text{oder } 3 \times 17 = 51 \text{ Loth Traubenzucker,}$$
$$\text{oder } 2.8 \times 17 = 47 \text{ Loth Alkohol von } 50\%.$$

Vergleicht man diesen Bedarf, der ohne Zweifel etwas hoch ist, da die Proteïnstoffe wohl mehr Sauerstoff in Beschlag nehmen, mit dem früher (Seite 206) auf einem ganz andern Wege gefundenen, so wird, von den leicht erklärlichen Differenzen abgesehen, eine befriedigende Uebereinstimmung nicht zu verkennen sein.

Obgleich stickstofflose Verbindungen, wie Wachs, Gummi, Pectin, organische Säuren ꝛc., in allen Pflanzen vorkommen, so dürfen wir selbige jedoch nicht zu obiger Nährstoff-Gruppe rechnen, weil sie von zu zweifelhaftem nutritiven Werthe sind.

Die umstehende Aufstellung soll uns eine nützliche Uebersicht gewähren über die bisher entwickelten Lehrsätze der Ernährung und ihrer Folgerungen.

Die 8 Haupt-Fälle.	Factoren der Umsetzung.			Verhältniß zwischen Umsatz und Ersatz.
	Organ.	Blutprotein.	Sauerstoff.	
	Die Masse der werkthätigen Organe schätzt man nach dem Ernährungs-Zustande des Thieres. Beträgt sie bei faulest genährtem Thiere = 1, so kann sie durch reichliches Mastfutter auf 1½ steigen.	Auch hier giebt 2 Hauptfälle: Erhaltungsration, bei der das Thier nur so viel Protein und Fett*) erhält, als nöthig ist zur graden Deckung seines Umsatzes im Zustande der Ruhe. Mastration, bei welcher das Thier das 2—3 fach an Protein u. Fett einnimmt.	Die Menge des in Action tretenden Sauerstoffs mag sich zwischen dem Zustande der Ruhe und der starken Arbeit verhalten wie 1:2.	
1. Fall.	Mager.	Erhaltungs-Ration.	Ruhe.	Der Umsatz, welcher hier hie zu den innern Bewegungen nöthige Kraft und ebenfalls blos das nothwendige Maaß der Körperwärme zu liefern hat, soll vollständig durch die Zufuhr von Protein und Fett gedeckt werden. Daher völliges Gleichgewicht zwischen Umsatz und Ersatz und ein Verharren des Thieres auf dem anfänglichen Gewichtszustande.
2. Fall.	dito	dito	Arbeit.	Die Arbeit als alleinige Function des Proteins muß das Thier auf Kosten seiner Muskel-Masse ermöglichen, indem es letztere proportional der doppelten Menge des in Action getretenen Sauerstoffs umsetzt. Hierdurch entsteht ein solches Mißverhältniß zwischen dem Umsatze der Gewebe und der Proteinzufuhr, daß das Thier solchem Zustande bald erliegt.

*) Das Fett gilt hier als Repräsentant der stickstofflosen Nährstoffe.

Die 8 Haupt-Fälle.	Factoren der Umsetzung.			Verhältniß zwischen Umsatz und Ersatz.
	Organ.	Blutprotein.	Sauerstoff.	
	Die Masse der werktätigen Organe schätzt man nach dem Ernährungs-Zustande des Thieres. Beträgt sie bei schlecht genährten Thieren — 1, so kann sie durch reichliches Mastfutter auf 1½ steigen.	Auch hier giebts 2 Hauptfälle: Erhaltungsration, bei der das Thier nur so viel Protein und Fett erhält als nöthig ist zur Ergänzung seines Umsatzes im Zustande der Ruhe. Mastration, bei welcher das Thier das 2—3 fache an Protein u. Fett einnimmt.	Die Menge des in Action tretenden Sauerstoffs mag sich zwischen dem Zustande der Ruhe und der starken Arbeit verhalten ungefähr wie 1:2.	
3. Fall.	Mager.	Mastration.	Ruhe.	Es erfolgt hier Ansatz im Verhältniß zur Protein-Menge, welche in der Mast-Ration mehr, als in der Erhaltungs-Ration gegeben wird. Derselbe ist aber kein stetiger, sondern allmählig mit wachsender Körperschwere abnehmend, weil mit der Masse der Organe die Umsetzung selbstständig wächst. Aus diesem Grunde wird immer weniger Sauerstoff zur Verbrennung des Fettes disponibel; dasselbe lagert sich mit fortschreitender Mast in steigender Menge in die Gewebe ab.
4. Fall.	dito	dito	Arbeit.	Es entsteht Gleichgewicht zwischen Umsatz und Ersatz, falls das Mehr an Protein, welches in der Mast-Ration gegeben wird, den durch die starke Arbeit wenigstens verdoppelten Muskel-Umsatz deckt. Ein hoher Fett-Gehalt der Mast-Ration kann hier nichts nützen, wo es sich blos um Kraftproduction und nicht um vermehrte Wärme-Erzeugung handelt, und wo das Mehr des in's Blut tretenden Sauerstoffs nur proportional der äußeren Protein-Entwickelung herbeigezogen, und von den Producten des Protein-Umsatzes ganz in Anspruch genommen wird. — Macht die Arbeit den Umsatz momentan so stark, daß die Gewebetrümmer allen Sauerstoff in Beschlag nehmen, dann stockt nothwendig der Umsatz und die Kraft-Quelle; das Thier kann nicht mehr arbeiten; es muß eine Weile ruhen um Athem zu schöpfen.
5. Fall.	Gemästet.	Erhaltungsration.	Ruhe.	Mit der Ration, bei welcher das magere Thier vollkommenes Gleichgewicht zwischen Umsatz und Ersatz erzielt, kann das nämliche Thier, sobald es wohlgenährter und fleischreicher geworden,

nicht mehr aufkommen. Denn ist seine Organ-Masse von 1 auf 1½ gestiegen, dann ist auch sein Umsatz um ⅓ gewachsen. Das Deficit zwischen Einnahme und Ausgabe deckt das Thier auf Kosten jener Organe; es sinkt wieder in seinen frühern, magern Zustand zurück, aber um so langsamer, je fettreicher es geworden war.

Viel rascher, als im vorhergehenden Falle wird das Thier an Körpergewicht abnehmen; ein Gleichgewicht zwischen Umsatz und Ersatz kann es nie erreichen und muß daher bald arbeitsunfähig werden.

Indem dieser Fall die Fortsetzung der Mast im Auge hat, erinnert er uns daran, daß ein sich gleich bleibender Ansatz von Fleisch und Fett nur dann möglich ist, wenn mit steigendem Körper-Gewichte stetig mehr Protein gefüttert wird. Gegen Ende der Mast ist eine Fettzulage recht nützlich in so weit sie ganz zur Ablagerung gelangt; indessen vermehrt der Fett-Ansatz sich auch ohne solch besondere Zulage und zwar proportional dem mit der Mast wachsenden Gewebe-Umsatze. Die Erklärung liegt theils in der bekannten Action des Sauerstoffs, theils in dem Umstande, daß ruhende Thiere ein fixes Minimal-Maaß von Sauerstoff in sich aufnehmen und dies nie überschreiten.

Noch weniger wie die fettreiche Mast-Ration zur Arbeit taugt eignet sich dazu der gemästete Zustand des Thieres. Was soll es auch mit all' dem Fett in seinen Geweben und in seinem Futter machen, da die Arbeit bloß Kraft von ihm verlangt, welche das Fett weder direct noch indirect — etwa durch Ersparniß an Protein — liefern kann! Und der Wärme, deren Erzeugung es dienen könnte, ist das Thier nicht bedürftig; wenigstens würde dazu ⅓ — ¼ des in der Mast-Ration gegebenen Futters genügen, zumal sich hier nicht übersehen läßt, daß der starke Gewebe-Umsatz eine unvermeidliche Wärmequelle bringt. Setzt das Thier endlich den Ueberschuß an Fett an, so erschwert dieser unnütze Ballast seine Körperbewegungen, hemmt die Wärme-Ausstrahlung u. macht, daß es bei jeder Gelegenheit unmäßig schwitzt. Arbeiterrationen und Mastrationen sind principiell sehr verschieden!

Ein Thier, welches z. B. in 1 Pfd. Protein und 3 Pfd. Fett eine vollkommene Erhaltungsration hat, sollte empfangen

bei starker Arbeit ungefähr 3 Pfd. Protein und 3 Pfd. Fett,
      „   „   „   2 Pfd. Protein und 6 Pfd. Fett,
bei intensiver Mast

6. Fall.	dito	dito	Arbeit.
7. Fall.	dito	Mastration.	Ruhe.
8. Fall.	dito	dito	Arbeit.

Ich warte schon lange auf einen Einwurf des geschätzten Lesers. Wundere mich durchaus nicht, wenn mir nach diesem Resumé gesagt wird: „Das ist alles schön und gut, auch scheint es logisch richtig zu sein, und entschieden besser als unsere früheren Ernährungstheorien; wer aber bürgt uns dafür, daß jene Sätze nicht lediglich Frucht theoretischer Spekulationen sind, wie so viele Andere, die ohne Bestand geblieben? Wo bleibt der bestätigende Beweis?"

Geduld, lieber Leser, der thatsächliche Beweis ist glücklicher Weise da; es geschah nur absichtlich, daß wir ihn bis hierher reservirten.

Wir gehen jetzt auf ihn ein, und zwar mit um so innigerm Vergnügen, als er uns zurückführt auf eine Versuchsarbeit, welche Bischof und Voit vor ein paar Jahren in München durchgeführt haben und der wir bereits früher Seite 55 Erwähnung gethan.

Eben dieser Arbeit verdanken wir Alles; nicht nur die naturwissenschaftliche Stütze obiger Ernährungstheorie, sondern auch eine physiologische Forschungsmethode, mit Hülfe der wir im Stande sind, den Effect jedes Nährstoffes scharf und wahr festzustellen. Die neue Bahn, welche sie damit der Forschung anweist, und der ungeahnte Erfolg, den Bischof und Voit gleich Anfangs auf diesem Wege erlangt, machen diese Arbeit zur Epoche machendsten der Physiologie.

Der Extract, den wir jetzt von ihr geben, wird daher keiner weitern Rechtfertigung bedürfen.

Zu dem Versuche, der fast 2 Jahre hindurch dauerte, benutzte man einen gesunden Hofhund von 50 — 60 Pfd. Schwere. Als Nahrung wurden ihm genau zugewogen Mengen von Fleisch oder Fett, oder Leim, Zucker, Stärke ꝛc. gereicht. Das Thier war so gewöhnt, daß es seinen Urin zu einer bestimmten Stunde in ein untergestelltes Glas entleerte, so daß die Ansammlung eine ebenso vollkommene als reinliche war. In ähnlicher Weise wurden seine Exkremente gesammelt.

Das Zimmer, worin das Thier sich beständig aufhielt, behielt im Winter eine ziemlich gleiche Temperatur von 11° R.

Die gereichte Nahrung haben die Versuchs-Ansteller elementar-analytisch beschrieben, theils durch ihre direct vorgenommenen Analysen, theils durch anderweitig ausgeführte Durchschnitts-Analysen. Der ausgeschiedene Koth ist stets der Elementar-Analyse unterzogen worden. Nicht so der Harn, denn man setzte bei ihm allen Stickstoff in Form von Harnstoff voraus; ermittelte letztern nach Liebig's Titrir-Methode und berechnete den Wassergehalt und den Kohlenstoff des Harnes aus dem so gefundenen Stickstoffe durch Annahme eines bestimmten Verhältnisses beider Elemente im Harne. Hiergegen, wie überhaupt gegen den analytischen Theil der Arbeit läßt sich verschiedenes einwenden; es ist jedenfalls ihre schwächste Seite.

Die Körperwägung nahm man stets Morgens vor der ersten Fütterung des Hundes vor.

Wir gehen jetzt gleich über zu einigen Beispielen, weil dadurch am besten die Methode der Untersuchung klar gestellt wird.

Erstes Beispiel.

Der Hund wog bei Beginn des Experiments 33.31 Kilo und bekam außer Wasser 6 Tage hindurch nichts zu fressen. Für diese Zeit betrug nun

Verlust an Körpergewicht. Gramm.	Gesoffene Wassermenge. Gramm.	Harnmenge. CC.	Harnstoffmenge. Gramm.	Koth
2980	63	1130	121.56	0

Der wirkliche Verlust an Körpersubstanz desselben kann bestehen aus Fleisch, Fett oder Wasser. Wie findet man das Wahre?

Die 121.56 Harnstoff enthalten 56.73 Gr. Stickstoff. Je 3.4 Gramm Stickstoff repräsentiren aber 100 Gr. natürliches Muskelfleisch; die 56.73 Stickstoff deshalb 1668 Gr. Fleisch. Der übrige Verlust 2980 — 1668 = 1312 Gramm muß Fett oder Wasser oder beider gewesen sein.

Daß der Hund 1312 Gramm Wasser von seinem Körper abgegeben haben soll, ist deshalb schon unglaublich, weil ihm ja Wasser ad libitum zu Gebote stand. Daß jener Verlust nur aus Fettgeweben bestehen kann, dazu führt die Erwägung, daß sie absolut nothwendig war zur Unterhaltung der Athmung und Deckung des Wärmebedürfnisses. Der Umsatz der 1668 Gr. Fleisch kann letzteres kaum zu $^1/_4$ befriedigen.

Wir haben daher folgende Gleichung zwischen Einnahme und Ausgabe:

Einnahme.

Nahrung.	Wasser.	N.	C.	H.	O.
1668 Gr. Fleisch *)	1266.0	56.73	208.8	28.86	85.9
1312 Gr. Fettgewebe	183.7	—	891.3	124.10	112.8
Wasser	63.0	—	—	—	—
Summa .	1512.7	56.73	1100.1	152.96	198.7

*) Dem Calcül sind überall folgende Analysen des natürlichen Muskelgewebes und Fettgewebes zu Grunde gelegt.

	Muskelfleisch.	Fettgewebe.
Wasser	75.90	14.00
Stickstoff	3.40	—
Kohlenstoff	12.52	67.94
Wasserstoff	1.73	9.46
Sauerstoff	5.15	8.60
Salze	1.30	—

Ausgabe.

1130 CC Harn .	1048.0	56.73	24.4	8.20	32.6
Bleiben für Lunge und Haut . .	464.7	0	1075.7	144.76*)	166.1

$$\text{Summa der Perspiration} = 1851.2 \text{ Gramm.**)}$$

Ein Prüfstein für die Richtigkeit vorstehender Stoffwechsels-Gleichung gibt folgende einfache Controll-Rechnung:

Der Hund verbrauchte von seinem Körper ·. 2980 Gramm.

Er soff Wasser . . . . · 63 „

Summa 3043 „

Er entleerte in 1130 CC Harn . . . .1186 „

Es bleiben also für Haut und Lungen . .1857 „

Oben wurde hierfür gefunden . . . . .1851 „

„Dies ist eine Uebereinstimmung," sagen die Versuchs-Ansteller, „wie sie bei einer so sehr verschiedenen Berechnungsweise und den immerhin nicht absolut richtigen und schwankenden Factoren der ersten Berechnung nicht größer erwartet und kaum gewünscht werden kann."

Die von dem Hunde producirte Wärmemenge ist offenbar abhängig von der Menge der C und H, welche das Thier zu CO_2 und HO verbrannte. Es verbrannte aber, gemäß den Perspirationszahlen, erstens einmal 1075.7 Gr. Kohlenstoff, zweitens 144.7 — 20.7***) = 124 Gr. Wasserstoff. Nun geben

die 1075.7 Gr. Kohlenstoff = 17386 Wärmeeinheiten ****)

die 124 Gr. Wasserstoff = 8546 „

Summa = 25932 „

oder per 24 Stunden = 4322 „

---

*) Da die 144.76 Wasserstoff durch Lunge und Haut nur in Form von Wasser ausgeschieden sein können, so hat der Hund außer dem 464.7 Gr. Wasser ferner noch $9 \times 144.76 = 1302.8$ Gr., in Summa also 1767.5 Gr. Wasser verdunstet. Dazu natürlich die Kohlensäure von 1075.7 Gr. Kohlenstoff.

**) Diese Größe ist unabhängig von O der Luft, welche in Blut und Geweben gebunden wurde weil wir diese auch bei der Einnahme nicht in Rechnung gezogen.

***) Diese 20.7 Gr. Wasserstoff konnten nichts zur Wärmebildung beitragen, weil sie nicht direct oxybirt, sondern in Verbindung mit den 166.1 Gr. O in Form von Wasser den Körper verlassen haben.

****) Der Begriff der „Wärme-Einheit" ist auf Seite 180 entwickelt.

Hiernach hätte die vom Hunde täglich erzeugte Wärme hingereicht um 4322 Pfd. Wasser um 1° C. zu verbrennen oder um 43.22 Pfd. bis zum Sieden zu erhitzen.

Indem beim Hunger der Hund von seinem eigenen Fleisch und Fett zehrt, darf man wohl annehmen, daß er bei diesem Verzehr so ökonomisch als möglich zu Werke geht, das heißt, daß die im Hungerzustande produzirten Wärmeeinheiten das Minimum der Wärmemenge repräsentiren, welche der Hund absolut zur Fristung seines Lebens bedurfte. Die Versuchs-Ansteller fixiren dieses Minimum im Mittel mehrerer Versuche auf

4400 Wärmeeinheiten per 24 Stunden.

Wir werden nun in dem folgenden Beispiele sehen, in welch' sinniger Weise man sich dieses Factors bedient, und wie mit Hülfe desselben in jedem Falle die sonst diffizile Frage beantwortet werden kann, ob bei einer gewissen Diät der Hund Fett oder Wasser verloren oder angesetzt hat.

Zweites Beispiel.

Der Hund wog 33.66 Kilo, als er 2 Tage hindurch täglich blos 176 Gr. frisches fettfreies Fleisch bekam. Wasser soff er nicht; er schied auch keinen Koth aus.

Verlust an Körpergewicht.	Harnmenge.	Harnstoff.
Gramm.	CC.	Gramm.
810	532	53.61

Die 352 Gr. gefressenen Fleisches lieferten nur 11.97 Gr. Stickstoff. Dagegen entleerte er in der Harnstoffmenge 25.02 Stickstoff, also 13.05 Gramm mehr, als er in der Nahrung erhielt. Dafür mußte er 384 Gr. Fleisch von seinem Körper liefern. Da er aber 810 Gr. leichter geworden, so gab er auch noch 810 — 384 = 426 Gr. Fett ab, worauf sich nun folgende Rechnung gründet.

Einnahme.

Nahrung.	Wasser.	N.	C.	H.	O.
352 + 384 = 736 Gr. Fleisch	558.62	25.02	92.15	12.73	37.90
426 Gr. Fettgewebe . . .	59.64	—	287.42	40.30	36.63
Summa .	618.26	23.02	379.67	53.03	74.53

Ausgabe.

	Wasser.	N.	C.	H.	O.
532 CC. Harn . . . , .	497.00	25.02	10.72	3.57	14.30
Bleiben für Lunge und Haut .	121.26	0	368.95	49.46	60.23

Summe der Perspiration = 599 Gr.

Die Controll-Rechnung ergibt Folgendes:

Der Hund verzehrte an Fleisch . 352 Gr.
Er verlor an Gewicht . . . 810 „

Summa . 1162 „
Er entleerte in 532 C Harn . 599 „
Bleiben für Lunge und Haut 603 „

Letztere Größe stimmt also ebenfalls schön mit der auf anderem Wege ermittelten überein, was beweist, daß die in der Stoffwechsels-Gleichung vorausgesetzten Consume an Fleisch und Fett richtig sind. Eine fernere Bestätigung gibt noch die dabei erzeugte Wärmemenge, indem sie per 24 Stunden 4390 Einheiten beträgt, was unbedeutend von dem Minimalmaaße abweicht.

Drittes Beispiel.

Der Hund bekam während 3 Tagen 6000 Gr. frisches fettfreies Fleisch und soff dazu 480 Gr. Wasser.

Körpergewicht		Harnmenge.	Harnstoff.	Koth.
bei Beginn des Versuchs.	nach 3 Tagen.			
Gramm.	Gramm.	CC.	Gramm.	Gramm.
32990	32780	4292	380.86	214.8

Von den 214 Gr. Koth gehörten 196.8 Gr. nach ihrer äußeren Beschaffenheit der frühern Fütterung an und mußten also vom Anfangsgewicht des Hundes abgezogen werden.

Auf die 6000 Gr. gefressenen Fleisches berechnen sich 94 Gr. Koth, von denen er am Ende des dritten Tages noch 76 Gr. im Leibe hatte und die daher vom Endgewichte abgehen.

$$32990 - 196.8 = 32793.2 \text{ Gramm,}$$
$$32780 - 76.0 = 32704.0 \quad „$$

Wahrer Körperverlust = 89.2 Gramm.

Worin bestand letzterer?

Die 6000 Gr. verzehrten Fleisches enthalten 204 Gr. Stickstoff. Der Hund entleerte im Harnstoff 177.75 Gr. Stickstoff; in den 94 Gr. Koth 1.86 Gr. Stickstoff, in Summa also 179.61. Dies ist 24.39 Gr.

weniger, als er im Fleische einnahm. Er hat diesen Stickstoff im Körper angesetzt und zwar in Form von 717 Gr. Fleisch, welche genau 24.39 Gr. Stickstoff repräsentiren. Da aber der Hund trotz dem 89 Gr. Gewicht verlor, so mußte er 717 + 89 = 806 Gr. Wasser oder Fett aus dem Körpergewebe eliminirt haben.

Wir rechnen hier auf Wasser, weil es scheint, die verzehrte Fleischmenge sei schon allein im Stande, den Wärmebedarf zu decken.

Einnahme.

Nahrung.	Wasser.	N.	C.	H.	O.
6000 — 717 = 5283 Fleisch	4009.80	179.62	661.43	91.40	272.07
480 + 806 Wasser . . .	1286.00				
	5295.80				

Ausgabe.

	Wasser	N.	C.	H.	O.
4292 CC Harn . . .	4045.00	177.75	76.17	25.36	101.57
94 Gr. Koth	65.44	1.86	12.40	1.85	3.65
Summa	4110.44	179.61	88.57	27.21	105.22
Es bleiben für Lunge u. Haut	1185.36	0	572.86	64.19	166.85

|Summa der Perspiration = 1998 Gr.

Die Controll-Rechnung ergibt Folgendes:

Der Hund verzehrte an Fleisch .	6000 Gr.
Er soff Wasser	480 „
Er nahm ab	210 „
Summa .	6690 „
Er entleerte Harn	4448 „
„ „ Koth	215 „
Summa .	4699 „
Es bleiben also für Haut und Lungen	1991 „

In Beziehung auf die Wärmebildung nehmen 166.85 O zunächst 20.86 H in Beschlag. Es bleiben also noch 572.86 C und 43.33 H zur Oxydation. Es entwickeln sich hierbei 4080 Wärmeeinheiten per 24 Stunden. Diese Menge ist um 320 Einheiten unter dem Minimalsatze, woraus wir folgern dürfen, daß außer den 5283 Gr. Fleisch, die der Hund umsetzte, auch zugleich noch ein Theil seines Körperfettes zerstört worden. Die zum Ersatze der 320 Wärmeeinheiten dienliche Fettmenge beträgt 16 Gramm.

Berichtigen wir hiernach die obige Statistik der Einnahme, so stellt sich selbige in folgenden Zahlen als möglichst der Wirklichkeit entsprechend dar.

$$5283 \text{ Gr. Fleisch.}$$
$$3 \times 16 = 48 \text{ Gr. Fett.}$$
$$480 + (806 - 48) = 1238 \text{ Gr. Wasser.}$$

Berücksichtigten wir hier, wie das ja bisher bei allen Versuchen üblich war, blos das Körpergewicht des Hundes vor und nach dem Versuche, so hätte er bei einer Ration von 2000 Gr. Fleisch täglich $\frac{210}{3} = 70$ Gr. an Gewicht verloren.

In Wirklichkeit aber stellt sich die Sache ganz anders, denn der Hund

gewann täglich an Fleisch $\frac{717}{3} = 239$ Gramm.

Er verlor täglich $\frac{48}{3} \qquad = \quad 16$ Gramm Fett.

Ferner verlor er noch $\frac{806 - 48}{3} = 253$ Gramm Wasser aus seinem Körpergewebe.

Viertes Beispiel.

Während 31 Tagen fraß der Hund täglich 500 Gr. Fleisch und 250 Gr. wasserfreies Fett.

Gewicht am Anfange.	Gewicht nach 31 Tagen.	Verzehrt			Harnmenge.	Harnmenge.	Koth.
		Fleisch.	Fett.	Wasser.			
Gramm.	Gramm.	Gramm.	Gramm.	Gramm.	CC.		
28890	33420	16000	8000	4598	11246	984.32	1099.8

Von dem Anfangsgewichte des Hundes gehen ab 64.8 Gr. Koth, die von einer frühern Fütterung noch im Leibe des Hundes waren. Vom Endgewichte gehen 52 Gr. Koth ab, welche erst außerhalb der Fütterungsperiode zur Ausscheidung kamen.

$$\left.\begin{array}{l} 28890 - 64.8 = 28825.2 \\ 33420 - 52.0 = 33368.0 \end{array}\right\} \text{Zuwachs an Körper} = 4542.8 \text{ Gr.}$$

Wie stellt sich nun der Stoffwechsel des Hundes?

In den 16000 Gr. gefressenen Fleisches waren 544 Gr. N. Da in dem ausgeschiedenen Harnstoff 459.48 N und in dem Kothe 23.49 N sind, zusammen also 482.97 N, so fehlten in den Ausscheidungen 61 Gr.

N, wofür der Hund 1794 Gr. Fleisch angesetzt haben muß. Da er aber um 4543 Gr. schwerer geworden, so setzte er außerdem noch 2749 Gr. Fettgewebe oder Wasser an. Wir nehmen das erstere an, weil das Thier eine so reichliche Fettmenge gefressen, daß sein Wärmebedürfniß über Gebühr sich befriedigt fand. Die 1794 Gr. Fleisch und die 2749 Gr. Fett kommen daher von der genossenen Fleisch- und Fettmasse in Abzug, wobei zu beachten, daß die 2749 Gr. Fettgewebe aus 384.8 Wasser + 2364.1 purem Fett bestehen.

Einnahme.

	Wasser.	N.	C.	H.	O.
16000—1794=14206 Fleisch	10782.30	483.00	1778.6	245.76	731.61
8000 — 2364 = 5636 Fett .	—	—	4452.4	620.00	563.66
4598 — 384.8 Wasser . . .	4213.2	—	—	—	—
Summa	14995.3	483.00	6231.0	865.76	1295.21

Ausgabe.

	Wasser.	N.	C.	H.	O.
11247 CC Harn . . .	10606.10	459.48	196.9	65.63	262.57
1086.9 Koth	563.90	23.49	284.7	42.13	62.35
Summa	11170.00	482.97	481.6	107.76	324.92
Es bleiben für Lunge u. Haut	3825.3	0	5749.4	758.00	970.29

Summa der Perspiration = 11303 Gramm.

Die Controll-Rechnung ergibt Folgendes:

Der Hund verzehrte an Fleisch .	16000	Gramm.
" " " " Fett .	8000	"
" " " " Wasser .	4598	"
Summa	28598	"
Er entleerte Harn	11742	"
" " Koth	1100	"
Er nahm zu an Gewicht . .	4530	"
Summa	17372	"
Restiren also für Lunge u. Haut =	11226	"

Die Differenz von 77 Gramm beider Respirationsgrößen macht per Tag nicht mehr als 2½ Gramm!

Hinsichtlich der Wärmeproduction rechnen wir für die 970.29 O zunächst 121.29 Pfd. ab. Die zu verbrennenden 5749.4 Gr. C und

636.71 Pfd. geben 136816 Wärmeeinheiten oder per Tag 4413; also eine ganz genügende Menge.

Fünftes Beispiel.

Der Hund erhielt während 41 Tagen so viel Brod, als er fressen mochte.

			Verzehrt			
Anfangsgewicht.	Endgewicht.	Brod.	Wasser.	Harnmenge.	Harnstoff.	Koth.
35000	34410	3168.2	30507	27466	1008.31	9181.0
93.5	33.8					
34906.5	34376.2					

Wegen zurückbehaltenem Kothe gehen vom Anfangsgewicht 93.5 Gramm und vom Endgewicht 33.8 Gramm ab. Die wirkliche Gewichtsabnahme ist daher 530.3 Gr.

Das verzehrte Brod enthielt 405.29 Gr. N; der entleerte Harn gab 470.58; der Koth 61.09 Gr. N; in Summa also 531.67 Gramm N. Er schied also 126.38 N über seine Einnahme aus, was einem Fleischverlust von 3717 Gr. entspricht. Da er aber nur um 530 Gr. leichter wurde, so nahm er an Stelle des verlorenen Fleisches 3717 — 530 = 3187 Gr. Wasser in sein Gewebe auf. An einen Fettansatz war bei dieser Fütterung nicht zu denken.

Einnahme.

	Wasser.	N.	C.	H.	O.
31608.2 Brod . . .	14650.4	405.29	7700.54	1093.78	7059.53
3717 Fleisch . . .	2821.2	126.38	465.37	64.30	191.42
30507 — 3187 Wasser	27321.0	—	—	—	—
Summa	44792.60	531.67	8165.91	1158.08	7250.95

Ausgabe.

	Wasser.	N.	C.	H.	O.
27466 CC Harn . .	27711.5	470.58	201.66	67.15	268.92
9121 Koth	7029.0	61.09	991.53	137.88	754.89
Summa	34740.5	531.67	1193.19	205.03	1023.81
Es bleiben für Lunge und Haut	10052.08	0	6972.72	955.05	6227.14

Summa der Perspiration = 24207 Gramm.

Die Controll-Rechnung ist folgende:

Der Hund verzehrte an Brod	. 31608	Gramm.
" " " " Waſſer	. 30507	"
Er verlor an Gewicht	. . . 590	"
	Summa 62705	"
Er entleerte Harn	 29256	"
" " Koth	 9181	"
	Summa 38440	"
Es bleiben für Lunge u. Haut	24265	"

Zur Berechnung der Wärmemenge wäre für die 6227 Gramm O 778.39 H in Abzug zu bringen, ſo daß verbrannt wurden 6972.7 C und 176.6 H. Dieſe liefern 124939 Wärmeeinheiten oder per Tag 3048. Dieſe Menge iſt offenbar zu gering, weil ſie um 1400 Einheiten unter dem Minimalmaße bleibt. Der Hund mußte alſo noch eine beträchtliche Menge ſeines Körperfettes mit verathmen und beträgt dieſelbe pro 41 mal 1400 Wärmeeinheiten 2845 Gr. Fett. Letzteres hat er durch Waſſer in ſeinen Geweben erſetzt. Dadurch ſtellt ſich der Conſum pro 41 Tage:

31608.2 Brod,
3717 Gramm Körperfleiſch,
2845 Gramm Körperfett.

Von den geſoffenen 30507 Gramm Waſſer nahm er 3187 + 2845 = 6032 Gr. Waſſer in ſein Gewebe auf, ſo daß trotz jener großen Ver- luſte er doch ſchließlich blos 590 Gr. leichter ſich verhielt!

In dieſem Beiſpiele zeigt ſich trefflich, einestheils wie wichtig die Berechnung der produzirten Wärmemenge für die richtige Erkennung des Stoffumſatzes iſt, der durch eine beliebige Fütterung bewirkt wird, anderntheils wie werthlos die bloße Körpergewichtsdifferenz als Maaßſtab zur Beurtheilung des wahren Effektes einer Fütterung!

Dieſe 5 Beiſpiele dürften zur Erläuterung der von Biſchof und Voit befolgten Forſchungsmethode genügen.

Wir werden indeſſen die Wichtigkeit letzterer in noch beſſeres Licht ſtellen, indem wir jetzt unter den 65 nach ihr ausgeführten Fütterungs- Experimenten die intereſſanteſten reſultatweiſe und überſichtlich in folgender Tabelle zuſammenſtellen.

Gewicht des Hundes am Anfange des Versuchs.	Dauer des Versuchs.	Verzehrt per 24 Stunden.	Gewinn oder Verlust an Körpergewicht per 24 Stunden.	Wirkliche Zu- oder Abnahme per 24 Stunden an		
				Muskel-Fleisch.	Fett-Gewebe	Waffer.
Kilo.	Tge.	Gramm.	Gramm.	Gramm.	Gramm.	Gramm.
33,3	6	Nichts.	— 496	— 278	— 218	0
32,8	3	Nichts.	— 459	— 227	— 232	0
31,8	3	2500 Fleisch	+ 260	+ 106	0	+ 145
34,4	7	1800 „	+ 63	+ 111	— 27	— 49
34,9	2	900 „	— 110	— 45	— 113	+ 31
38,0	4	500 „	— 212	— 22	— 182	+ 25
33,6	2	176 „	— 405	— 192	— 216	+ 3
39,0	2	150 Fett + 400 Fleisch	— 25	— 81	— 24	+ 70
40,4	5	„ „ + 700 „	— 74	— 78	+ 16	— 35
38,7	3	„ „ + 1000 „	— 27	— 23	+ 41	— 7
38,2	2	„ „ + 1500 „	— 50	— 8	+ 106	— 83
35,8	4	250 „ + 1500 „	+ 282	+ 119	+ 194	— 20
37,1	3	350 „ + 1500 „	+ 293	+ 53	+ 279	— 11
39,9	2	350 Fett	— 30	— 205	+ 164	— 9
30,3	3	220 Stärke *)	— 3	— 176	— 79	+ 225
30,3	11	220 „ + 176 Fleisch	— 30	— 44	— 86	+ 127
40,9	11	260 „ + 370 „	— 34	— 119	— 37	+ 126
34,5	6	856 Roggenbrod	— 107	— 154	— 54	+ 159
41,0	2	435 Traubenzucker	— 320	— 247	0	+ 63
36,3	3	300 Zucker + 500 Fleisch	+ 40	+ 34	— 34	+ 92
41,0	6	240 „ + 370 „	0	— 129	— 62	+ 162
37,0	3	200 Leim	— 190	— 83	— 170	+ 63
36,7	3	200 „ + 500 Fleisch	+ 97	+ 45	— 108	+ 169
33,0	3	200 „ + 200 „	— 430	— 245	— 110	— 114
36,4	3	50 „ + 200 Fett	— 307	— 197	+ 11	0
35,5	3	100 „ + 200 „	— 308	— 103	0	— 179

*) Damit der Hund die Stärke fraß, wurde sie mit ungefähr 13% Fett und etwas Kochsalz zu einem Kuchen gebacken.

Bei dem interessanten Charakter dieses Versuchs darf ich wohl voraussetzen, daß der geehrte Leser sich's nicht nehmen läßt, vorstehende Zahlen-Resultate eigends zu prüfen und zu vergleichen. Da dies jedenfalls recht eingehend geschehen wird, so sind wir unserseits langer Betrachtungen enthoben und brauchen blos auf einige der originellsten Folgerungen hinzuweisen, die sich aus den Zahlen ableiten.

1. Zunächst dürfte man sich frappirt fühlen durch die gewonnene Einsicht, daß das Lebendgewicht des Thieres, wonach wir bis jetzt hauptsächlich die Fütterungs-Effecte beurtheilt haben, zu diesem Zwecke nicht den geringsten Werth hat, und zwar deßhalb, weil es uns gänzlich im Ungewissen darüber läßt, ob eine beobachtete Gewichtszunahme aus Muskelfleisch oder Fett, oder Wasser oder aus mehreren dieser Factoren besteht. Besteht sie, was leicht der Fall sein kann, lediglich aus Wasser, so hat sie natürlich keinen ökonomischen Werth; besteht sie aus Fett, so ist ihr Werth in den Augen des Viehmasters größer, als in denen des Arbeit verlangenden Besitzers.

Ebenso kann ein Thier in Folge einer mehrwöchentlichen Diät ansehnlich an Gewicht verlieren, und doch ist es nur Schein; denn genau zugesehen, findet sich, daß es vielmehr an Muskelfleisch und Fett gewonnen, dagegen — was Alles aufklärt — bedeutend Wasser aus seinen Geweben verloren hat.

Beispielsweise erwähne ich hier eines Ochsen, der auf hiesiger Station (Salzmünde) vom 28. März an bis zum 6. April nichts weiter als täglich 9 Pfund Roggenstroh zu fressen bekam. Trotz dieser Hunger-ration stieg in den 9 Tagen sein Körpergewicht stetig von 859.2 Pfd. bis 913.2 Pfd. Diese enorme Gewichtszunahme von 6 Pfd. pro Tag hätte ich früher nur zu Gunsten des Roggenstrohs zu deuten gewußt, und Gott weiß, zu welch' Begriffen über dessen Nährwerth es mich geführt hätte. Jetzt aber erkennen wir, welch' schwerer Fehlschluß dies gewesen.

Der Wassergehalt eines Thierkörpers im Ganzen genommen schwankt nach seinem Ernährungszustande zwischen 75 bis 50 % des Lebendge-wichtes. Jede Fütterung, jede Aenderung der Ration, jede äußere Arbeit ändert an diesem Wassergehalte; bis jetzt wissen wir zwar noch kein Gesetz, nach welchem diese Zu- oder Abnahme erfolgt, sie scheint nach den obigen Versuchen außer directem Zusammenhang mit der Fütterung zu stehen, und vielleicht mehr abhängig von der antecedirenden Fütterung und Körperconstitution zu sein; das aber sehen wir, daß diese Schwankungen sehr bedeutend in der Regel sind und daher die Erkenntniß des wahren Futter-Effectes — der vom ökonomischen Standpunkte aus sich blos um Gewinn und Verlust an Fleisch oder Fett drehen kann — sehr erschweren.

Es ist mir rein unbegreiflich, wie man diese klaren Verhältnisse so lange hat übersehen können! Wie man in der Praxis sowohl als in der Wissenschaft bis zum Jahre 1860 hin überall fleißig über Er-nährungsversuche und Ernährungsgesetze disputiren konnte, ohne zu ahnen, daß bei All dem einer der wichtigsten Factoren des Verständ-nisses außer Acht blieb!

Nie haben dergleichen Vorwürfe mich lebhafter erfaßt, als damals, wo mir Bischof's Buch in die Hände fiel, nachdem ich mich mehrere Jahre hindurch mit Vorliebe dem Studium der Fütterungs-Chemie und der damit zusammenhängenden Versuche gewidmet hatte. Wie Schuppen ist mir's von den Augen gefallen. Auf einmal verlor der ganze Wust unserer Fütterungsversuche seinen hohen, in meinen Augen bisher behaupteten Werth. Es galt wieder, — das war der Haupteindruck der Lectüre jenes Ver-suchsberichtes, — von vorn anzufangen, auf ganz neuer Bahn. Und je öfter ich das Buch seitdem durchstudirte, je fester ist diese Anschauung in mir geworden, und ich sehe ein, daß der Verfolg der von Bischof und Voit eröffneten Bahn nicht blos der reinen Wissenschaft direct, sondern zugleich auch der einzige Weg ist, der uns zur sichern Lösung all der praktischen Fütterungsprobleme hinführt, deren Lösung die Agrikulturchemie seit 20 Jahren vergebens beschäftigte.

2. Zur Bestätigung des Satzes:

„daß mit der Masse der Proteïnzufuhr der Umsatz stetig steigt,"
extrahire ich nur folgendes Beispiel:

Tägliche Zufuhr.	Umsatz des Hundes
Gramm.	an Fleisch und Fett.
0	227 + 232
176 Fleisch.	368 + 216
500 "	522 + 182
900 "	945 + 113
1800 "	1689 + 27
2500 "	2394 + 0

Außerdem beweist diese Aufstellung: daß, je mehr Proteïnstoff um-gesetzt wird, desto mehr Sauerstoff nehmen die Umsetzungsproducte in Beschlag, so daß zuletzt gar kein Fett mehr verbrannt wird.

3. Daß auch mit der Organmasse der Umsatz steigt, entnehme man folgenden Daten, die das Mittel mehrtägiger Fütterungsperioden sind.

Körpergewicht des Hundes.	Tägliche Fütterung.	Umsatz an Fleisch und Fett.	
Kilo.	Gramm.	Gramm.	Gramm.
34.3	1800 Fleisch.	1689	27
38.7	dito.	1773	16
31.0	500 Fleisch + 250 Fett.	444	182
39.0	dito.	527	172

4. Im Hunger setzt das Thier die geringste Menge von Proteïngeweben um. Kein Zusatz von Fett, Zucker oder Stärke vermag diesen Minimal-Umsatz zu vermindern; ein Beweis, daß das Thier unter allen Umständen des daraus resultirenden Kraftmaaßes zu seinen inneren Bewegungen bedarf, und daß die stickstofflosen Nährstoffe keinen Antheil an dieser Kraftentwickelung haben.

Körpergewicht.	Tägliche	Umsatz an	
Kilo.	Zufuhr.	Fleisch und Fett.	
33.3	Hunger.	227	232
39.9	350 Fett	205	186
30.3	220 Stärke	176	79
41.0	435 Zucker	247	0

Die unbedeutenden Differenzen zwischen den 227 Gramm Fleisch, die der Hund beim Hunger täglich umsetzt und den bei Fütterung mit Zucker, Stärke und Fett umgesetzten Mengen erklären sich einfach durch die Verschiedenheit des Körpergewichtes.

5. Im Allgemeinen wirken die stickstofflosen Nährstoffe vermindernd auf den Proteïnumsatz; vermehrend können sie nie wirken, weil sie nie in den Stoffwechsel mit eingehen, sondern direct im Blute verbrennen, daher keine Bewegungskraft für sich in Anspruch nehmen.

Gelangen größere Massen von Fett auf einmal in's Blut, so scheint dessen Beseitigung oder Ablagerung dem Organismus doch eine gewisse Arbeit zu verursachen, denn Bischof und Voit haben eine geringere Steigung des Umsatzes in solchen Fällen bemerkt; jedoch niemals bei Zucker und Stärke, selbst wo sie in großen Dosen gefüttert wurden.

Wahrscheinlich ist daher, daß diese Kohlehydrate leichter im Blute verbrennen, als das Fett.

22

6. Dem Leim, der bisher als ein Respirationsmittel galt, indem er im Blute zu Harnsäure verbrennen sollte, räumen die vorstehenden Versuche wieder eine Stelle unter den plastischen Nährstoffen ein. Er gehet gleich diesen in den Stoffwechsel mit ein und vermag daher ein Theil des sonstigen Proteïnbedarfs zu decken. Was in dieser Hinsicht seiner Bedeutung als Nährstoff wesentlich Abbruch thut, das ist sein geringer Effect, der sich zu dem des Proteïns ungefähr wie 1 : 4 herausgestellt hat.

Ein Thier, welches seinen ganzen Proteïnbedarf durch Leim ersetzen soll, müßte deßhalb solchen in abnorm großen Mengen genießen. Solche verschmäht es aber, weil es sie nicht zu bewältigen vermag.

9. Vortrag.

Allgemeine Kriterien der Nahrung.

Bevor wir zu den einzelnen Nahrungsmitteln übergehen und dieselben einer physiologisch-chemischen Kritik unterziehen, scheint es rathsam, vorher einige auf die Nahrungsmittel im Allgemeinen sich beziehende Grundsätze aus der letzthin beendigten Lehre vom thierischen Stoffwechsel zu entwerfen.

Indem diese Grundsätze sich ausdehnen sollen:

über den Unterschied zwischen Nährstoffen und Nahrungsmitteln;

über die Unzulänglichkeit des einzelnen Nährstoffs zum Unterhalte des Lebens;

über die Nothwendigkeit einer richtigen Combination der Nährstoffe;

und schließlich über die Punkte, wonach sich der Werth der diversen Nahrungs- und Futtermittel beurtheilt; —

damit möchte wohl die Bedeutung dieses Vortrages hinlänglich hervorgehoben sein. Man fühlt vielleicht, daß derselbe uns inmitten der zu beurtheilenden mannigfaltigen pflanzlichen und thierischen Nahrungsmittel ein unentbehrlicher Führer sein soll.

Schon früher ist der Unterschied zwischen Nährstoffen und Nahrungsmitteln angedeutet worden. Weil jedoch die Kenntniß desselben zum leichten und richtigen Verständnisse dieser Vorträge beiträgt, so wiederhole ich ihn hier. Nährstoffe heißen die allgemein verbreiteten, näheren Bestandtheile des organischen Reiches. Es sind die bekannten organischen Verbindungen: Proteïn, Derivate des Proteïns (Leim, Chondrin, Kreatin), einige Alkaloïde (Caffeïn), dann die Fette, ferner die Kohlehydrate (Zellstoff, Stärke, Dextrin, Zucker), und endlich einige Pflanzensäuren (Aepfelsäure, Citronensäure, Weinsäure). Die mineralischen Salze des Blutes, welche übrigens in genügender Menge die organischen Nahrungsstoffe zu begleiten pflegen, sind ebenfalls als Nahrungsstoffe im engeren Sinne zu definiren.

Nahrungsmittel sind nur Gemische der eben genannten Nahrungsstoffe. Die Ungleichheit der Nahrungsmittel beruht lediglich auf der Ungleichheit der quantitativen Mischung der ihre Masse constituirenden einfachen Nährstoffe.

Hiernach genießen wir gewöhnlich in unsern Nahrungsmitteln eine gewisse Anzahl von Nährstoffen, aber niemals oder selten pflegen wir uns von einem einzigen einfachen Nahrungsstoffe zu nähren; denn wir leben nicht ausschließlich von Zucker, auch nicht allein von Fett oder Proteïnstoffen. Immer, wo wir auch einen solchen Nährstoff in reinem Zustande zu uns nehmen, z. B. Zucker, Butter, Käse, Caffeïn, haben wir entweder gleichzeitig, oder doch vor und nach solchem Genusse, andere Nahrung verzehrt, die von complizirter Zusammensetzung war, und eine Menge einfacher Nährstoffe vereint enthielt. Die allgemeinste Erfahrung lehrt also schon, daß ein Mensch oder Thier nicht ausschließlich von einem oder ein Paar Nährstoffen lebt; die Physiologie hat nun den wissenschaftlichen Beweis zu liefern, daß ein Thier in der That nicht blos von Proteïnstoffen, oder ausschließlich von Fett, oder allein von Stärke, Zucker oder gar von Caffeïn oder Weinsäure leben kann.

Zunächst ließe sich dieser Beweis schon in so fern auf die Zusammensetzung des Blutes stützen, als dieses in seiner vollen Integrität erhalten werden muß. Zur Ernährung der Organe gibt das Blut seine Proteïngebilde her, sein Fett verbrennt beständig durch den Sauerstoff, der unaufhörlich sich in die Blutbahn einschleicht, seine Salze werden massenhaft mit dem Harne entfernt. Endlich verliert es täglich noch mehrere Pfund Wasser durch Lunge, Haut und Nieren. Wie könnte nun das Blut eine constante Mischung behalten, wenn ihm anstatt des Ersatzes all' seiner verloren gegangenen Bestandtheile nur eins derselben, zum Beispiel nur das Fett oder nur das Wasser durch die Nahrung wieder ersetzt wird? Wird das Blut nicht dadurch seine Fähigkeit zuletzt ganz verlieren, den Körper zu ernähren? Würde nicht, trotz des massenhaften Genusses eines einzigen Nahrungsstoffes, der Körper wegen Mangel an Stoff bald förmlich verhungern müssen? Wenn Fett oder Weinsäure die ausschließliche Nahrung bilden soll, so verarmen bald das Blut und die Gewebe an dem wichtigen Proteïn; niemals darf sich hiergegen die verrostete Denkweise erheben, es vermöge der Thierkörper durch seine Lebensthätigkeit aus Fett etwa das mangelnde Proteïn, aus purem Wasser im Nothfalle die Knochenmasse zu bilden!

Auch der physiologische Versuch oder die Erfahrung bestätigt das Resultat dieses theoretischen Raisonnements. Magendie fütterte Hunde mit bloßem Zucker. Obschon der Zucker massenhaft gefressen wurde, so magerten doch die Thiere zusehends mehr und mehr. Aus zu großer Ermattung verloren sie zuletzt die Freßlust und starben am 30. Tage. Die Muskeln ihres Körpers hatten ⁶/₉ ihres Gewichtes verloren und das Fett in ihrem Körper war gänzlich verschwunden. Man sollte glauben, Letzteres wäre zum wenigsten geschont worden, weil doch der Zucker ein guter, wärmeerzeugender Respirationsnahrungsstoff ist. Indessen hat Letellier an Turteltauben, die ebenfalls blos Zucker erhielten, bewiesen, daß der Zucker nur Anfangs des Versuches in's Blut trete, daß er in keinem Falle sich in Fett verwandle und auch auf die Dauer nicht verhindere, daß das in den Geweben der Thiere aufgespeicherte Fett gänzlich verloren gehe. Dasselbe Resultat erhielt Letellier, als er Tauben blos mit Butter fütterte. Das Fett ging, wie auch Magendie bei einem Hunde beobachtet hat, zuletzt unverdaut durch den Darmkanal.

Warum in diesen Fällen das Fett nicht zur Ablagerung in den Geweben gelangte, folgt aus der Nothwendigkeit der Fettzellen, die nur aus Proteïnstoffen gebildet werden können, zum Theil dürfte auch der Mangel derjenigen Kraftsumme daran Schuld sein, die das Thier behufs Verarbeitung und Ablagerung des Fettes bedarf, aber bei langer Abstinenz der Proteïnnahrung nirgendwo zu erübrigen weiß. Butter, Zucker, Oel, als proteïnfreie Stoffe, können also allein nicht im Geringsten die Fettmassen des Körpers vergrößern, sie vermögen sogar nicht das ursprünglich im Körper aufgespeicherte Fett vor der oxydirenden Wirkung des eingeathmeten Sauerstoffs zu schützen.

Tiedemann und Gmelin fütterten eine 5²/₃ Pfund schwere Gans mit Dextrin. Das Thier starb jedoch am 16. Tage, wo es nur noch 4²/₃ Pfund wog. Eine andere Gans, die 8½ Pfund wog, erhielt nur Stärkemehl und starb bei dieser Nahrung am 27. Tage, nachdem sie 2¼ Pfund an Gewicht verloren hatte.

Eben so unzulänglich, wie die stickstofflosen Stoffe, zur Erhaltung des Lebens ist eine blos aus Proteïnstoffen bestehende Nahrung. Eine Gans, der Tiedemann so viel gekochtes Eiweiß gab, als sie fressen mochte, starb dennoch am 46. Tage, nachdem sie fast die Hälfte ihres Körpergewichts verloren hatte. Magendie berichtet, daß Hunde zuletzt lieber vor Hunger crepirten als reines Eiweiß fraßen, über dessen Unfähigkeit zur Blutbildung sich ihr Organismus nur Anfangs betrügen konnte. Reines Fibrin, das heißt von allem Fett und löslichen Salzen befreites Muskelfleisch, wurde nicht so sehr verschmäht; aber trotzdem einige Hunde ihren quälenden Hunger dadurch zu stillen suchten, daß sie täglich die enorme Quantität von 1—2 Pfund Faserstoff fraßen, starben sie doch nach 50—75 Tagen sämmtlich. Mit Knochenleim vermochten Hunde, die diesen nicht von vorn herein verschmähten, höchstens 20 Tage ihr Leben zu erhalten. Dabei ist zu bemerken, daß bei all' diesen Versuchen das Wasser den Thieren reichlichst geboten war. Wie bei den mit stickstoffloser Nahrung gefütterten Thieren, so fand sich auch hier der Körper, nach dem Tode, des Fettes und des Muskelfleisches fast gänzlich beraubt.

Daß die Thiere bei Proteïnnahrung es länger aushalten können, ist nicht wundersam, wenn wir die Thatsache hervorheben, daß ein gesunder Organismus aus Proteïnstoffen etwas Zucker, wahrscheinlich in der Leber, bildet. Dieser Zucker ersetzt somit einigermaßen die mangelnden stickstofffreien Nährstoffe. Auch ist es nach gewissen Ernährungsversuchen von Hoppe und nach der Ansicht des ersten Physiologen unserer Zeit, des Professors Lehmann in Jena, als ausgemacht zu erachten, daß der thierische Organismus aus Proteïnstoffen, unter sonst günstigen Umständen, Fett bilden kann. Es mag dies geschehen analog dem Factum, worauf Liebig zuerst hingewiesen und wonach aus den eiweißartigen Körpern sowohl durch Fäulniß, als durch allmählige Oxydation eine Reihe von Fettsäuren sich erzeugt (Leichenwachs). Außerdem dienen ja auch die Proteïnstoffe zur Wärmeerzeugung, nicht etwa in Folge directer Oxydation im Blute, sondern nach Maaßgabe des Umsatzes, dem die Proteïngewebe beständig unterliegen; die Producte dieses Umsatzes werden vom Sauerstoffe zunächst in Beschlag genommen und unter Wärmeentwickelung verbrannt und aus dem Körper geschafft.

Aber abgesehen davon, daß alleinige Proteïnnahrung auf die Dauer eben so wenig, als pures Fett oder Zucker verdaut wird, so könnte doch selbst der reichlichste Eintritt von Proteïn in die Blutbahn den Wärmeverlust des Körpers nicht decken. Denn ein Mensch, der wirklich $\frac{1}{2}$ Pfund Proteïn assimilirte, also die doppelte Menge, die er bei normaler gemischter Nahrung täglich aufnimmt, der würde selbst unter der günstigen, aber keineswegs richtigen Voraussetzung, seinem Blute damit höchstens $\frac{1}{4}$ Pfund zur

Wärmeerzeugung dienender Kohlenstoff zuführen. Wir wissen aber, daß ein Erwachsener täglich ⅔ Pfund Kohlenstoff aus der Nahrung in sein Blut aufnimmt. Dem Sauerstoffe der Luft wird hiernach nicht genug Stoff von außen zur Bindung zugeführt; der Ueberschuß des Sauerstoffs wird so lange sich der löslichen Fett- und Muskelgebilde des Körpers bemächtigen, bis diese verschwunden sind und die Erhaltung der Eigenwärme unmöglich geworden ist.

Daß eine reichliche Proteïnnahrung bei sonst ungeschwächter Verdauungskraft eine vermehrte Wärmebildung wirklich gewährt, ersehen wir aus einem Experimente Bouſſingault's, der hungrige Enten mit diversen Nährstoffen fütterte, und die ausgeschiedene Harnsäure bestimmte.

Nahrungsstoff:	Von demselben waren binnen 12 Stunten in's Blut getreten:	Dabei enthielten die Extremente an Harnsäure:
Stärke	63.12 Gramm	0.14 Gramm
Reiner Käsestoff	16.32 „	5.27 „
Knochenleim	48.24 „	5.10 „
Reines Fleischfibrin	21.36 „	4.52 „

Die Harnsäure gilt hier nicht blos als Maaß des Stoffumsatzes, sondern auch als Maaß der Eigenwärme, welche die mit Proteïnstoffe gefütterten Enten, auf Kosten des Proteïns, entwickelten. Diese Wärme mußte nahezu 40mal größer sein, als die war, welche die mit bloßer Stärke gefütterten Enten aus dem Umsatze und der Oxydation ihrer Proteïngewebe schöpften. Wir sind nicht genöthigt, wie Bouſſingault es thut, jene vom Proteïn gelieferte Wärme als Beweis für die directe Oxydation desselben im Blute zu deuten, denn wir wissen jetzt — Dank den Forschungen Bischof und Voits —, daß eben jene starke Proteïnzufuhr in den Enten einen starken Gewebeumsatz hervorrufen und unnormal viele stickstoffhaltige Umsetzungsproducte dem Sauerstoffe überliefern mußte.

Da vorstehender Versuch höchstens einen Tag dauerte, so fraßen die hungrigen Enten so massenhaft ihre einseitige Nahrung und verdauten sie auch fast gänzlich. Wäre diese Diät von längerer Dauer gewesen, so würden sie, wie andere, vorher erwähnte Versuche lehren, widerwillig geworden und trotz aller Proteïnzufuhr des Hungers gestorben sein.

Aus all' den vorstehenden Versuchen und Betrachtungen folgt, daß bei ungeeigneter Nahrung, die nicht im Stande ist, das Blut nach allen seinen Bestandtheilen zu bilden und zu ersetzen, einer von den wichtigsten vitalen

Prozeſſen zuletzt völlig in's Stocken geräth. Ich meine den Ernährungsprozeß. Mag man Zucker oder Fett oder ausſchließlich Proteïnſtoffe einem
Thiere reichen, in keinem Falle erfüllt das Blut die Function der Ernährung, das heißt, es erſetzt nicht mehr die im Stoffwechſel beſtändig verloren gehenden Körpertheile. Weder Fett noch Muskelfaſer bilden ſich in
den Geweben. Nur der Wärmeerzeugungsprozeß geht noch von Statten,
jedoch blos ſo lange, als die Umſetzungsproducte der Gewebe und das in
letztern aufgeſpeicherte Fett noch den Bedarf decken. „Un animal," ſagt
Bouſſingault, „privé de nourriture respire et n'assimile pas."

Wenn Proteïn, Fett und Mineralſalze alle drei gleich unentbehrlich
ſind für die Exiſtenz eines Thierlebens und dieſem ſtets vereint zur Dis-
poſition geſtellt werden müſſen, in welchem Mengenverhältniß ſoll man denn
dieſe Nährſtoffe zuſammen geben oder iſt dies gleichgültig? —

„So wie der Hüttenmann, nachdem er das zu verarbeitende Erz
durchprobt hat, ſeine Schmelzmittel in einer der Zuſammenſetzung des
Erzes entſprechenden und zu deſſen Verhüttung geeigneten Proportion zu
miſchen verſteht: ſo muß auch der Phyſiolog noch dahin gelangen, für
einen gegebenen Organismus unter gewiſſen gegebenen Bedingungen die
Proportion zu berechnen, in welcher die eigentlichen Nährſtoffe gemiſcht
ſein müſſen, damit jenen ein erfreuliches Fortbeſtehen geſichert werde.
Auch in dieſer Beziehung hat übrigens die Phyſiologie die beſte Ausſicht,
zu beſtimmten Zahlenwerthen zu gelangen; aus dieſen müſſen ſich dann
generelle Formeln conſtruiren laſſen, mittelſt deren es gelingen wird, den
Erfolg einer gewiſſen Einwirkung auf den thieriſchen Organismus bis zu
einem hohen Grade mit mathematiſcher Sicherheit vorherzuſagen. Freilich
ſind es der Funktionen ſehr viele, die man in eine ſolche Formel wird
aufnehmen müſſen, und der Forſchungen ſind noch unzählige erforderlich,
ehe dieſes Ziel erreicht werden kann. Iſt dieſes aber auch ein weites
Feld, welches einer gedeihlichen Bearbeitung noch große Schwierigkeiten
entgegenſetzt, ſo verſpricht es doch die reichlichſten Früchte zu tragen, die
nicht bloß der Theorie entſprießen, ſondern auch tief in's praktiſche Leben
eingreifen. Die Diätetik würde auf einer ſichern Baſis begründet, und
der Gedanke wäre nicht mehr illuſoriſch, daß auch die Heilkunde exakter
Forſchung zugänglich ſei." (Lehmann.)

Die hiermit angeregte wichtige Frage iſt in ihrem theorethiſchen Theile bereits in unſerem vorhergehenden Vortrage behandelt worden. Wenigſtens haben

wir dort gezeigt, wie verschieden der physiologische Effect ist, je nach dem
dem Blute viel oder wenig Proteïn nebst wechselnden Mengen von Zucker
— als Repräsentant der stickstofflosen Nährstoffe — zugeführt worden.
(Vergl. Seite 237 ff.) Wie wir dort von dem Nahrungsmaaße (Erhaltungs-
Ration) des ruhenden Thieres, bei dem es auf keinerlei Production, sondern
lediglich auf Erhaltung des Gleichgewichts zwischen Einnahme und Ausgabe
ankam, ausgegangen sind, so wollen wir es auch hier thun, wo wir diese
Vorgänge mehr vom ökonomischen Gesichtspunkte aus zu betrachten haben.

Denken wir uns nun ein Thier, dessen physiologisch richtige Erhaltungsration besteht aus 1 Pfund Proteïn und 6 Pfund Zucker nebst den
nöthigen Mineralsalzen, so ist selbstverständlich, daß man keinen der Bestandtheile dieser Ration vermehren noch vermindern kann, ohne ein anderes Resultat in der Fütterung herbeizuführen. Verminderten wir z. B. das Proteïn auf ½ Pfund, so daß ein Nährstoffverhältniß*) wie 1 : 12
entstände, so müßte das Thier an Gewicht rasch verarmen; das Gleiche erfolgte, falls wir den Zucker um 2 Pfund verminderten, also ein Nährstoffverhältniß von 1 : 4 reichten.

Schon hieraus merkt man sogleich, daß das Nährstoffverhältniß
eigentlich gar kein Ausdruck für den Futtereffect ist, falls wir nicht
zugleich die absolute Menge der in der Ration befindlichen proteïn-
und zuckerartigen Stoffe mit in Betracht ziehen. Da letzteres aber häufig
Seitens der praktischen Landwirthe nicht geschieht, wodurch nicht selten arge
Begriffsverwirrung entstanden, so müssen wir hier desto ausdrücklicher erklären: Daß die wichtige Lehre von der richtigen Combination der Nährstoffe sich in allen Fällen nur auf die in
einer Ration gerade vorhandenen Gewichtsmengen von
Proteïn, Fett und Kohlehydraten beziehen kann und dabei
sich keineswegs um den abstracten Begriff des Nährstoffverhältnisses dreht.

Dem entsprechend werden wir hier unsere Betrachtung über die ökonomisch wesentlichsten Fälle der Nährstoff-Combination auf die absoluten
Rationzahlen basiren. Sind letztere für einen gewissen Ernährungsfall phy-

---

*) Der Ausdruck „Nährstoffverhältniß,“ den wir in der ersten Auflage
dieses Buches eingeführt und den wir auch in der Folge häufig gebrauchen
werden, bedeutet allemal: das in einer Futterration existirende Verhältniß zwischen Proteïn (= 1) und der Summe der assimilirbaren stickstofflosen Nährstoffe.

fiologifch richtig getroffen, dann wird auch von felbft ihr relatives Verhältniß
zu einander ein richtiges fein.

Der erfte Hauptfall ift der, daß unfer Thier eine Zulage an Zucker
erhält, meinetwegen 10 Pfund Zucker auf 1 Pfund Proteïn. Wie ift diefe
Combination? —

Sie ift in fo weit unökonomifch, als fie

1. den Proteïnumfatz des ruhenden Thieres nicht bedeutend deprimiren
   kann, daher auch wenig Proteïn disponibel macht zur Bildung der
   ftickftoffhaltigen Zellen, in welche fich der Ueberfchuß des Zuckers
   in Form von Fett ablagern könnte;

2. Veranlaffung zu einer vermehrten Wärmeerzeugung gibt, deren aber
   der Thierkörper nicht bedürftig ift, es fei denn, daß er plötzlich
   in eine kalte Atmosphäre geräth, welche feine Wärmeausftrahlung
   mehrt;

3. vielleicht die zuckerartigen Stoffe in folchem Uebermaaße befitzt, daß
   das Thier fie entweder verfchmäht oder unverdaut im Kothe oder
   endlich umoxybirt durch den Harn nutzlos ausfcheidet.

Geben wir dem Thiere außer den 10 Pfund Zucker zugleich 2 Pfund
Proteïn, fo tritt der zweite Hauptfall ein, und diefer ift ungleich günftiger.

Das Thier empfängt durch das Mehr an Proteïn die Kraft zur
Verdauung und zur Metamorphofe der ftickftofflofen Nährftoffe in Fett.
Es vermehrt fein ftickftoffhaltiges Gewebe und kann darin das gebildete Fett
ablagern. Seine Zunahme an Fleifch und Fett wird fo zu einer normalen;
kurz es befindet fich unter den richtigen Bedingungen der Maft.

Nun möge fich, als dritter Hauptfall, der ruhende Zuftand des Thieres
ändern; es foll fich bewegen, phyfifche Kraft entwickeln, oder Milch, Wolle
2c. produciren, oder, falls dies Beifpiel auf einen Menfchen Anwendung
findet, es foll eine angeftrengte geiftige Thätigkeit eintreten; dann haben wir
was fich unter dem gemeinfchaftlichen Namen „der Arbeit" zufammenfaffen
läßt. Kann aber das Individuum Arbeit verrichten bei der Proteïnquantität
von 1 Pfund, die im Zuftande der Ruhe eben hinreiche, um die Kraft zu
feinen inneren Bewegungen zu decken?

Wir werden fagen: „Nein." Wir werden ihm mehr Proteïn geben
und zwar proportional der zu leiftenden Arbeit. Ob ihm außerdem eine
Zulage an Fett und Kohlehydraten wünfchenswerth ift, daran ift nicht zu
glauben, falls es nur arbeiten und nicht zugleich fett werden foll; den
Sauerftoff, den es bei der Arbeit in faft doppelter Menge einnimmt, verwendet es zur Oxydation feiner umgefetzten Proteïngewebe; dadurch entfteht
fo viel Wärme in ihm mehr, daß die erhöhten Wärmeverlufte bei der Ar-

beit sich compensiren und eine directe Oxydation von Fett und Zucker im Blute überflüssig wird. Unsere Kraftration dürfte hiernach am richtigsten sein, wenn sie mit jenen 6 Pfund Zucker 3 Pfund Proteïn combinirte.

Daß im Kraftfutter die Vermehrung der Kohlehydrate nicht proportional zu sein braucht der Vermehrung des Proteïns, das läßt sich schon aus der Harnstoffausscheidung schließen, welche bei jeder Kraftproduction unverhältnißmäßig verstärkter ist, als die der Kohlensäure. Ein Mensch secernirt zum Beispiel bei ruhender Diät täglich 8 Gramm Stickstoff und 250 Gramm Kohlenstoff; bei der stärksten Arbeit und besten Diät secernirt er 24 Gramm Stickstoff, aber keineswegs auch 3 mal mehr Kohlenstoff, sondern höchstens ½ mal so viel, nämlich 375 Gramm. Daher muß jede Kraftnahrung absolut und relativ reicher an Proteïnstoffen sein, als die Erhaltungsnahrung.

Bei diesen Erörterungen haben wir der Einfachheit halber das Fett mit Zucker, Stärke und sonstigen Kohlehydraten in eine Kategorie gestellt. Daß dies indessen unter Voraussetzung der Ungleichwerthigkeit dieser Stoffe geschehen, versteht sich von selbst. Wir werden daher in der Praxis bei allen Futter-Combinationen das Fett mit einem 3fach höheren Respirationswerthe berechnen als den Zucker, und außerdem, worauf ich hier bringend aufmerksam machen muß, nicht übersehen, daß das Fett außer jenem höheren atomistischen Werthe auch noch im Vorzuge ist wegen seines sehr günstigen Einflusses auf die Verdauung überhaupt und die Umwandlung der Kohlehydrate in Fett.

Daher kann es nicht durch Zucker, Stärke oder sonstige Kohlehydrate vollkommen ersetzt werden, sondern spielt in allen Futter-Combinationen — namentlich in den Mastrationen — eine wichtige Rolle.

Wir haben dieser Thatsache ihr Recht angedeihen lassen in den Fütterungs-Normen, die wir im 20. Vortrage zum practischen Gebrauche sorgsam aufgestellt haben. In ihnen wird man neben dem Proteïn und den Kohlehydraten überall auch den Fettbedarf der Ration in absoluten Zahlen figuriren sehen und, das hoffe ich ebenfalls, auch all' die Ernährungsprinzipien wiederfinden, die wir bisher theoretisch und naturgetreu zu entwickeln bemüht waren.

Die Gesetze, welche unseren Nutzthieren eine richtige Combination der Nährstoffe vorschreiben, sind von gleicher Gültigkeit auch für den Menschen. Sie erklären Vieles in der Wahl und Mischung unserer Speisen, was bisher nur in Folge althergebrachter Gewohnheit als zweckmäßig galt. Die Bauern im Elsaß genießen, neben dem stickstoffarmen Kartoffel, die stickstoffreiche Sauermilch. Das Volk in Quito ißt meistens ein Gemisch von Kartoffeln und Käse. Auf Pondicherie verzehren die Indianer den proteïnarmen Reis mit Kari, einem Gemisch von Fleisch und Fisch. Auch wir essen Reis, aber mit Milch und Hammelfleisch. Speck und Erbsen sind das Lieblingsgericht der westphälischen Bauern, und es würde auch schwer sein, zu den proteïnreichen Erbsen eine bessere Zuspeise zu finden, als den stickstoffarmen Speck. Am Rhein hält man Sauerkraut und Leberwurst für ein unzertrennliches Gericht; die Gründe hierfür liegen nahe. Die Kartoffelessenden Proletarier Deutschlands suchen aus wohl begründetem Instincte die Unnahrhaftigkeit der Kartoffeln durch reichliche Zuthat von stickstoffreichem Caffe und frischem Klatschkäse auszugleichen. Den Säugling, dem die Kuhmilch zu proteïnreich ist — sie ist N-haltiger als die Frauenmilch — zieht man vielfach auf, indem man die Kuhmilch mit Zuckerlösung und feinem Weizenbrod versetzt.

In der meistens einseitigen und dem Leben nicht vollständig genügenden Natur eines Nahrungsmittels ist es begründet, daß unsere Mahlzeiten aus einem Gemische von mancherlei Nährmitteln bestehen. Es ist keineswegs Luxus, wenn wir nicht blos Brod und Kartoffeln, sondern auch Braten und Wein genießen wollen, wenn wir zu unserm Caffe auch reichlich Zucker einnehmen; was eine uralte Gewohnheit als gut verbürgt hat, nämlich Mannigfaltigkeit, Abwechselung in vegetabilischer und thierischer Nahrung, das erklärt die Physiologie, gegenüber der Unzulänglichkeit und Unnahrhaftigkeit der meisten für sich allein genossenen Nährmittel als ein Gesetz, welches das Thier nicht ungestraft auf die Dauer verletzen kann. Schon der Widerwille, der sich bis zum Ekel durch den stetigen Genuß eines und desselben Gerichtes steigern kann, und welcher auch nicht aus einer gewissen Verwöhnung des Gaumens erklärt werden kann, ist ein Beweis, wie gar bald der Organismus selbst eine seinen Bedürfnissen nicht mehr zusagende Nahrung fühlt und sie als schädlich verschmäht.

Der Mensch steht, bezüglich des Baues seiner Verdauungsorgane, zwischen den Pflanzenfressern einerseits und den Fleischfressern andererseits. So deutet die Natur schon an, daß nicht Fleisch allein seine Nahrung sein könne, daß er aber auch nicht ausschließlich von Pflanzennahrung leben solle. Wir müssen für den Menschen eine Mischung von Fleisch und Pflanzennahrung vertheidigen und die häufig aufgestellten, aber der Natur der Sache keineswegs nachkommenden Ansichten zurückweisen, wonach der Mensch ausschließlich auf Pflanzennahrung angewiesen sei, und das Fleisch, als seine

Gesundheit untergrabend oder seinen Character verthierend, verworfen wird, oder wonach im Gegensatze hierzu alleinige Fleischkost als das beste Kräftigungsmittel des Hirns und der Muskeln gelten solle. Beiderseits sind diese Rathgeber schlecht unterrichtet. Die einen wissen nicht, daß der Mensch nicht gleich der Kuh einige 4 Magensäcke zur Disposition hat, die andern haben nicht daran gedacht, wie es mit unsern sittlichen und socialen Zuständen vereinbarlich ist, wenn wir herumjagen müßten, wie die wilden Thiere oder wie die fleischfressenden Jägerstämme in ihren bergigen Einöden und Wäldern, um die genossene Fleischkost zu verathmen. Inmitten der Extreme liegt die Wahrheit. —

Im täglichen Leben werden häufig Urtheile und Ansichten über die Nahrhaftigkeit dieses oder jenes Nahrungsmittels geäußert, welche mindestens unwissenschaftlich, meistens aber gradezu falsch sind. Namentlich hört man in den Kreisen der Landwirthe so häufig ganz entgegengesetzte Ansichten über den Werth eines und des nämlichen Futtermittels, daß wohl der Begriff der Nahrhaftigkeit, so wie die Beantwortung der Frage: auf welche Punkte es bei der Werths-Taxation eines Nährmittels ankomme, — hier nicht unentwickelt bleiben darf.

Zunächst aber gilt's hier die bezüglichen Begriffe etwas zu klären, welche durch unpassende Ausdrücke, wie: Nährwerth, Futterwerth, absoluter Werth, Ausnutzungswerth, Heuwerth, Stickstoffäquivalentwerth, Handelswerth, physiologischer Werth, Geldwerth u. s. w. sehr verwirrt sich zeigen. Wir müssen entschieden den unpassenden, überflüssigen und nirgendwo genügend präzisirten Ausdrücken ein Ende machen, weil sonst keine ordentliche Verständigung möglich ist und die Confusion fortwuchert zum Hemmniß des Fortschrittes.

Ich habe über den „Werth" eines beliebigen Nährstoffs oder Nahrungsmittels oder Futtermittels mir nur zwei im Wesen verschiedene Begriffe bilden können, und finde, daß dieselben sich ebenso passend als präcis wiedergeben lassen durch die Worte:

„ökonomischer Werth"

„physiologischer Werth."

Entweder spreche ich vom „ökonomischen Werth" eines Futters oder vom „physiologischen Werthe" desselben, niemals aber

23

gebrauche ich einen andern dritten Ausdruck, weil es keinen Begriff gibt, der nicht schon in die beiden benannten einfach hineinfiele.

Unter dem „ökonomischen Werthe" eines Futters verstehen wir einfach seinen Handelspreis oder Marktpreis. Derselbe ist nichts Festes, weil er sich nach den in äußeren Verhältnissen beruhenden Schwankungen des Producten-Marktpreises richtet. Auch drückt er sich nicht in Heu- oder Roggenwerth aus, sondern in Geldwerth. Er sagt stets ganz einfach: Der Centner dieses oder jenes Futters ist bei dem heutigen Stande des Producten-Marktpreises so und so viel Thaler oder Silbergroschen werth und der Landwirth, der es zu diesem Preise kaufen oder verkaufen kann, macht in keinem Falle einen ökonomischen Fehlgriff.

Nach diesen Feststellungen abstrahirt der „ökonomische Werth" eines Futters von all den Möglichkeiten, durch welche ihn ein Landwirth durch Verfütterung höher oder niedriger verwerthen kann. Zum Beispiel durch richtige Wahl der Thiergattung, die es verzehren soll, ferner durch rationelle Beimischungen anderer Futterstoffe, durch sorgfältige Zerkleinerung, durch Dämpfen vor der Verfütterung u. s. w. Er ignorirt das Alles, weil er seiner Natur nach nur ein Durchschnittsausdruck der practischen Nutzung im Allgemeinen ist und auch nicht mehr sein kann. Denn die Hineinziehung aller jener die Nutzung beeinflussenden Möglichkeiten ist nicht Sache des öffentlichen Marktes, sondern desjenigen, der das Futter zu Zwecken der Ernährung verwendet.

Ungeachtet der „ökonomische Werth" niemals einen speciellen Nutzeffect im Auge hat, so ist dessen Kenntniß für den Landwirth und für den Vorsteher einer Speise-Anstalt doch sehr nützlich, weil er durch Vergleich jener Werthe gleich ersieht, welches Nährmittel er grade vortheilhaft kaufen und verkaufen könnte. Selbst wo es sich um ganz unbekannte neue Nährstoffe oder Futtergemenge handelt, weiß er gleich, was er zu thun hat.

Was dem „ökonomischen Werthe" diese Solidität gewährt, ist hauptsächlich die Methode seiner Berechnung. Er fußt nicht auf schwankenden Nutzeffecten, sondern auf derjenigen Menge von Wasser, Protein, Fett und Zucker, welche die Analyse in dem in Rede stehenden Nahrungsmittel nachgewiesen. Da es nun bei jedwedem Nährmittel blos auf diese elementare Stoffe ankommt, so stellt sich seine Berechnung lediglich als eine Summirung der Marktpreise, welche zur Zeit Protein, Fett und Zucker ꝛc. angenommen. —

In unserem Schluß-Vortrage haben wir diese Theorie weiter ausgesponnen und practisch nutzbar gemacht. Ich verlasse daher dies Thema,

nochmals hervorhebend, daß irgend ein fester Zahlenausdruck · für den Futterwerth sich nur in dem Sinne unseres „ökonomischen Werthes" erreichen läßt.

Unter dem „physiologischen Werthe" eines Futters verstehen wir
dessen wirklichen Nähreffect.

Fragt uns aber Jemand nach diesem Nähreffecte, so können wir ihm
darauf nicht mit einer einfachen fixen Zahl antworten, wie bei der Frage
nach dem ökonomischen Werthe.

Warum? —

Weil die Frage einer gewiß hundertfach verschiedenen Antwort fähig
ist! —

Zunächst sind zwei Hauptfälle hier in's Auge zu fassen, welche der
Antwort eine entscheidend verschiedene Richtung geben müssen.

Erster Fall ist der, wo man den physiologischen Werth eines Nährmittels im Sinne hat, welches einem Thiere zur ausschließlichen Nahrung
dienen, wobei also von jeder Zulage oder Mischung mit anderen Nährmitteln
abstrahirt werden soll.

Der zweite Fall fragt nach dem physiologischen Werthe, den ein Nährmittel in einer bestimmten Mischung mit anderen Nährmitteln äußert.

Als Beispiel, wie verschieden die Antwort je nach beiden Fällen ausfällt, diene hier der Zucker. Wir werden sagen, daß sein physiologischer
Werth, falls er pur gefüttert wird, gleich Null ist, weil jedes Thier bald
darnach des Hungertodes stirbt. Wird er aber in passender Mischung mit
Proteïnstoffen, Fetten und Salzen gefüttert, so stellt sich sein Antheil, den
er an der Ernährung nimmt, so günstig und deutlich dar, daß sein physiologischer Werth als ein recht hoher bezeichnet werden muß.

Wie mit dem Zucker, so verhält es sich auch mit den übrigen einfachen Nährstoffen, ja überhaupt mit allen einfachen Futtermitteln. Alle
werden, falls sie einseitig verfüttert werden, gar keinen oder blos einen geringen, und nicht im Verhältniß zu ihrem ökonomischen Werthe stehenden
physiologischen Werth an den Tag legen.

Soll nichts desto weniger von diesem abstracten Gesichtspunkte aus
ein Vergleich zwischen dem „physiologischen Werthe" mehrerer einfachen Futtermittel gezogen werden, so kann der Natur der Sache nach dieser sich nur
beschränken auf die Feststellung der Differenzen, hinsichtlich der folgenden
untergeordneten Werthmomente.

Man wird sagen: Der physiologische Werth des Nährmittels steigt:
1. mit dessen Gehalt an Trockensubstanz. Die 75 % Wasser ent-
haltenden Kartoffeln sind nahrhafter als die 85 % Wasser haltenden

Runkelrüben; letztere sind nahrhafter als Möhren, die 90 % Wasser führen. Das Münchener Bier mit 18 % fixen Stoffen ist nahrhafter als das Kölner Weißbier mit 10 %. Biertreber und Rübenpreßlinge von 60 % Wassergehalt sind nahrhafter als solche mit 70 % Wasser.

2. Er steigt ferner, je mehr das betreffende Nährmittel der Natur desjenigen Thieres zusagt, welches dasselbe verzehren soll. Das Futter z. B., welches für eine Kuh nahrhaft ist, ist vielleicht unnahrhaft für ein Pferd oder einen Hund. Das Heu, woran sich ein Schaf oder eine Ziege fett fressen kann, ist recht unnahrhaft für einen Menschen oder ein Huhn. Unser nahrhaftes Brod hat für eine Katze einen niedrigen physiologischen Werth, weil sie bei der reichlichsten Brodnahrung doch schließlich verhungert. *)

3. Steigt er, je passender das Nahrungsmittel für das Alter des Thieres ist. Die Milch ist das nahrhafteste, was der Säugling genießen kann; sie ist es aber nicht für den Mann. Der wird den Wein nahrhafter und wohlthuender finden als das Kind und gegenüber dem Greise manche Speisen vorziehen, welche diesem grade unnahrhaft erscheinen, weil er Beschwerden und Unwohlsein darnach fühlt.

4. Steigt er mit der leichteren Verdaulichkeit der Nahrung.

---

*) Bischof fütterte 2 halbausgewachsene Katzen von gleichem Wurf, die eine ausschließlich mit Brod, die andere mit Fleisch.

	Katze bei Fleischfutter.	Katze bei Brod.
Gewicht bei Beginn der Fütterung	1168 Gr.	983 Gr.
Gewicht nach 46 Tagen	1258 "	681 "

Die mit Fleisch ernährte Katze befand sich stets sehr wohl. Die andere fraß das Brod anfangs sehr gern, nach etwa 3 Wochen fing sie an immer weniger zu fressen. Nach 42 Tagen fraß sie keins mehr und soff nur wenig Wasser, bis sie am 46. Tage starb. Sie war zuletzt sehr schwach und fiel beim Gehen häufig auf die Seite. Der Leib war eingezogen und ganz fettlos geworden. Im Netz, Pancreas und um die Nieren war alles Fett verschwunden, so daß die Organe in der Bauchhöhle ganz frei dalagen. Die Muskeln zeigten sich blutleer und blaß.

Die andere Katze bekam vom 46. Tage an ebenfalls blos Brod. Sie wurde bald mager und elend, verzehrte immer weniger Brod und Wasser, bis sie nach 3 Wochen, bei einem Gewichte von 928 Gramm, starb. Auch dieses Thier hatte all sein Körperfett aufgezehrt und dafür Wasser in sein Gewebe aufgenommen.

Fett ist in mäßiger Menge leichter verdaulich als Stärke; 1 Pfund Fett ist daher nahrhafter als 2½ Pfund Stärke, obgleich sich diese Quanta aequivalent sind hinsichtlich des Maaßes ihrer physiologischen Function. Pflanzliche Proteïnstoffe sind im Allgemeinen nicht so nahrhaft, wie gleiche Gewichte von thierischen Proteïnstoffen. Denn diese sind dem Blutproteïn ähnlicher und daher leichter verdaulich, als jene.

Daher darf man auch sagen, daß überhaupt die aus dem Thierreich stammende Nahrung nahrhafter sei, als aequivalente Mengen pflanzlicher Nahrung.

Von zwei Nahrungsmitteln, deren nähere Bestandtheile quantitativ gleich sind, ist das leicht verdaulichste das nahrhafteste.

Frische ungeschälte Eicheln enthalten, gleich dem Weizenstroh, in runden Zahlen 2% Proteïn und 35% lösliche stickstofflose Bestandtheile; Jeder wird aber für seine Schweine die Eicheln nahrhafter halten, wie pures Häckſel. „Frisches Buchenholz enthält fast genau die nämliche Menge von Proteïnstoffen, als Reis: und es wird dennoch keinem vernünftigen Menschen einfallen, Reisbrei durch geraspeltes Buchenholz zu ersetzen." (Vogt.) Ebenso wird Niemand gleichgültig zusehen, wenn man ihm ein Pfund zartes Pöckelfleisch durch ein Pfund Stockfisch ersetzen wollte, mit dem Bemerken, daß ja in beiden Nährmitteln gleiche Gewichte Proteïnstoff geboten seien.

Kalbfleisch, das so reich an Proteïnstoffen ist wie Ochsenfleisch, ist wegen seiner Schwerverdaulichkeit nicht so nahrhaft wie letzteres. Ein Stück Ochsenfleisch ist nach seiner Aufbewahrung in Essig (Sauerbraten) leicht verdaulich geworden und daher für schwache Mägen weit nahrhafter, als ein gleiches, stark geräuchertes Fleischstück, welches wegen seiner antiseptischen Rauchbestandtheile (Kreosot) der Auflösung merklich widersteht. Eingemachter Kohl (Sauerkraut) ist nahrhafter als frischer, weil er leichter verdaulich ist. Ebenso verhält es sich mit 2 gleichen Futterquanta, wovon das eine gedämpft oder vergohren, während das andere unpräparirt gefüttert wird. Die Verdaulichkeit der Nahrung spielt besonders bei der Viehfütterung eine große Rolle; denn nicht all' die Proteïnstoffe und Kohlehydrate, welche die Analyse in den an Holzfasern reichen Futtermitteln auffindet, dienen zur Ernährung. Ein großer Theil geht unbenutzt in die Exkremente über. Man schließt dies daraus, daß fast die Hälfte des in der Nahrung eingenommenen Stickstoffs bei den Pferden und Kühen durch die Faeces entleert wird, während bei der an sich leichter verdaulichen Nahrung des Menschen ⅞ des ganzen Stickstoffs in's Blut geht und zur Ernährung beiträgt. Es scheint, daß das Proteln in Stroh, Heu, Oelkuchen, Kaff, Hafer ꝛc. theilweise sehr unlöslich ist in Folge stärkerer Inkrustation oder einer größeren chemischen Gebundenheit. Wie viel von den durch die Analyse aufgefundenen Nährstoffen von unseren Hausthieren wirklich verdaut wird, darüber liegen uns leider sehr mangelhafte Erfahrungen vor. Feststehend im Allgemeinen ist, daß der physiologische Werth eines Futtermittels sinkt mit der Menge seiner unverdaulichen Theile und daß ein Futter von geringerem aber leicht verdaulichen Gehalte an Nährstoffen nahrhafter sein kann, als ein an Proteïn und Kohlehydraten reicheres, das der Verdauung Schwierigkeiten bereitet.

5. Es steigt der physiologische Werth eines Nährmittels je günstiger in ihm das Verhältniß zwischen Proteïn und stickstofflosen Nährstoffen sich findet, das heißt, je vollkommener dies Nährstoffverhältniß sich demjenigen nähert, welches für jedes Thier und seine verschiedenen Lebenszwecke von Natur aus gefordert wird.

Ein Futter, welches ein Nährstoffverhältniß von 1 : 3 darbietet, ist nahrhafter für ein arbeitendes Thier, als für das in der Mast befindliche.

Umgekehrt ist ein Futter, welches ein Nährstoffverhältniß von 1 : 7 darbietet und dazu noch fettreich ist, nahrhafter für das Mastvieh als das Arbeitsvieh.

Den höchsten physiologischen Werth erreicht das Nahrungsmittel in dem Falle, wo sein Nährstoffverhältniß dem zeitweiligen Bedürfnisse des Individuum netto entspricht.

In solchen, übrigens seltenen Fällen, kann man ihn proportional seinem Proteïn- respective Stickstoffgehalte berechnen. Fordert zum Beispiel die Existenz eines Menschen ein Nährstoffverhältniß von 1 : 4, dann haben wir in der Kuhmilch, im geschälten Hafer und in einigen Küchengewächsen des Gartens eine Categorie von Genußmitteln, welche dieser Forderung annähernd genügen.

100 Pfund Milch halten	0.67 Pfund Stickstoff.
„ „ Hafermehl „	2.32 „ „
„ „ Kopfkohl „	0.25 „ „

Wir können daher hier sagen, daß für jenen Menschen der physiologische Werth von gleichen Gewichten Milch, Hafermehl und Kopfkohl sich verhalte wie 67 : 232 : 25.

In den wenigen Fällen, wo sich der physiologische Werth in solche Zahlenrelation bringen läßt, da drückt letztere zugleich auch den ökonomischen Werth aus. Man wird dies leicht begreifen.

Entsprechen zwei Nahrungsmittel in ihrem Nährstoffverhältnisse nicht dem Bedürfnisse eines Thieres, so sind sie beide entweder zu stickstoffarm oder zu stickstoffreich. In ersterem Falle wird dasjenige das physiologisch werthvollste sein, welches die größere Proteïnmenge führt; im zweiten Falle aber dasjenige, welches den größten Gehalt an verdaulichen stickstofflosen Nährstoffen hat. —

Bei allen Nährmitteln, die keinen Proteïnstoff führen, wie Butter, Fett, Zucker, Bier, Branntwein u. s. w., da ist — natürlich exclusiver Genuß vorausgesetzt — der physiologische Werth = Null, also nicht einmal proportional ihrem Kohlenstoff- und Wasserstoffgehalte. Erst durch passende Zugabe von Blutbildnern empfangen sie ein Nährvermögen, und bei keiner Nährstoffclasse gestalten sich deßhalb die physiologischen Werthe so mannigfaltig verschieden, wie grade bei dieser.

Wenn schon in Rücksicht der vorstehenden fünf, von äußeren Verhältnissen abhängigen Werthmomenten der eigentliche Nähreffect oder physiologische Werth eines Nahrungsmittels einer großen Verschiedenheit fähig ist, um wie viel mehr müssen sich dann nicht diese Werthdifferenzen ausdehnen und sich zwischen wahren Extremen bewegen, wenn wir das Futtermittel, dasselbe Nährmittel, erst im beliebigen Gemenge mit anderen verzehren lassen, wie das doch sowohl in der Praxis der Viehfütterung als auch bei jeder Mahlzeit des Menschen gewöhnlich ist! Rechnen wir die mehr oder minder verschiedene Rationalität, die jeder Landwirth bei solcher Futtermischung walten läßt, dann die große Zahl der ihm zu Gebote stehenden und physiologisch so sehr verschiedenen Futtermittel, ferner die Verschiedenheit in der Zubereitung durch Zerschneiden, Dämpfen, Gähren 2c., und endlich noch den Einfluß der Racen und Individualitäten, alsdann begreift man leicht, wie in 100 Fällen des practischen Lebens ein und das nämliche Nahrungs- oder Futtermittel auch 100 verschiedene physiologische Werthe äußern kann.

Daß bei dieser Sachlage alle bisher unternommenen und noch immerdar nicht aufgegebenen Versuche, den eigentlichen Nährwerth eines jeden Futtermittels in eine fixe Zahl zu bannen, als ein ebenso werthloses als

unsinniges Streben von mir bezeichnet worden sind, darin wird der un-
parteiische Leser mir Recht geben.

Blos der ökonomische Werth eines Futtermittels läßt sich in einer
Zahl ausdrücken! — Aber bei seiner Berechnung haben wir den Begriff des
Nährwerths aufgegeben. —

Nächstens betreten wir ein Gebiet, wo die heute aufgestellten Sätze
ihre volle Anwendung finden werden.

Ich beabsichtige nämlich die verschiedenen Nahrungsmittel des Menschen
der Reihe nach einer Kritik zu unterziehen und zwar einer recht eingehenden, weil ich glaube, man könne über die naturgesetzliche Ernährung des
eigenen Leibes und des der Mitmenschen nicht genug reden in einer Zeit,
die, bei ihren Ansprüchen an's Leben, unsere Gesundheit und Kraft an Körper
und Geist mit jedem Tage werthvoller macht. Sind die Schwierigkeiten
dieses Thema's glücklich überwunden, dann kommen auch die Futtermittel
der Hausthiere weitläufig zur Sprache.

10. Vortrag.

Die Nährmittel thierischen Ursprunges.

Das Nahrungsmittel-Thema zerfällt überhaupt in zwei Theile. Der physiologische Theil, welcher auf der physikalischen Characteristik und der chemischen Zusammensetzung fußt, behandelt hauptsächlich den Nährwerth und die daraus abgeleitete Bedeutung des Nahrungsmittels; der technische Theil beschreibt die Zubereitung, Conservirung und Verfälschung desselben.

Der physiologischen Tendenz dieses Buches gemäß, möge der erstere Theil des Themas unsere Aufmerksamkeit vorzugsweise beschäftigen; dessen technische Seite aber nur in so weit, als sie in innigem Zusammenhange mit der Landwirthschaft oder mit allgemein wichtigen ökonomischen Fragen des Lebens steht.

Angesichts der hier zu erledigenden Aufgabe lassen sich die Nahrungsmittel des Menschen zweckmäßig eintheilen

> I. in die thierischen Ursprungs:
>
> 1. Milch, 5. Fleischextract,
> 2. Butter, 6. Blut,
> 3. Käse, 7. Eier;
> 4. Fleisch,

II. in die pflanzlichen Ursprungs:

1. Getreide-Arten,   4. Kartoffeln,
2. Brod,   5. Gemüse,
3. Hülsenfrüchte,   6. Obstarten;

III. in die spirituosen Getränke:

1. Alkohol,
2. Wein,
3. Bier;

IV. in die alkaloïdischen Genußmittel: '

1. Caffe,   3. Chokolade,
2. Thee,   4. Tabak.

Jede dieser 4 Abtheilungen erheischt einen besondern Vortrag.

Unsere heutige Betrachtung wird sich daher auf die Nährmittel thierischen Ursprunges beschränken. Darunter obenan steht

Die Milch.

Die Milch wird von der weiblichen Brustdrüse der Säugethiere abgesondert. Sie ist theilweise ein Sekret des Blutes. Chylus und Blut liefern der Brustdrüse das Material zur Milchbildung. Alle Elemente der Milch stammen in letzter Instanz von der Nahrung.

Die Milch ist eine süßlich schmeckende Flüssigkeit, in welcher verschiedene organische Verbindungen theils aufgelös't, theils suspendirt sind. Käsestoff, Milchzucker und mineralische Salze sind die in ihr aufgelös'ten Bestandtheile; das Fett ist in ihr in microscopisch kleinen Kügelchen vertheilt, die so das Licht brechen, daß die Milch weiß erscheint.

Im Durchschnitt ist die Milch etwas schwerer, als Wasser (1.03 spec. Gew.); bei Pflanzenfressern reagirt sie neutral oder schwach alkalisch; bei Fleischfressern stets sauer.

Die wichtigsten Bestandtheile der Milch sind Caseïn (Käsestoff) und Fett (Butter). Weil das Caseïn für sich kaum in Wasser auflöslich ist, aber leicht in kohlensaurem Alkali, so nimmt man allgemein an, daß das Caseïn der Milch seine Lösung der Mithülfe eines Alkali verdanke, daß es als Caseïnnatron darin auftrete. Boussingault glaubt, das Caseïn sei durch das alkalisch reagirende, basisch phosphorsaure Natron der Milch gelös't.

Das Fett oder die Butter der Milch ist ein Gemenge von 3 verschiedenen neutralen Fetten. Margarin (68%) ist das feste und das hauptsächlichste Fett der Butter.*) Dann kommt das Elaïn (30%) als flüssiges Fett und drittens das Butyrin (2%). Letzteres kommt zwar in geringster Menge in der Butter vor, ist aber nichts destoweniger der, den eigenthümlichen, angenehmen Geschmack der Butter bedingende Bestandtheil. Früher (S. 114) erwähnte ich bereits, daß das Butyrin selbst nicht einfach, sondern ein Gemenge von verschiedenen flüchtigen Fettsäuren sei.

Der Milchzucker der Milch bedingt deren Süßigkeit; er hat die nämliche Zusammensetzung, wie der Traubenzucker (C_{12} H_{12} O_{12}) und mit diesem auch die Eigenschaft gemein, bei Gegenwart von Ferment und Alkalien sich ohne Substanzverlust in 2 Atome Milchsäure (C_6 H_5 O_5 + HO) zu spalten. Diese Spaltung geht auch in der Milch vor sich, denn das Caseïn derselben wird unter dem Einflusse des Sauerstoffs der Luft zum Fermente gegenüber dem Milchzucker. Jene Milchsäurebildung characterisirt sich durch das Sauerwerden der einige Zeit sich selbst überlassenen süßen Milch. —

Die Aschenbestandtheile der Milch haben, indem sie vom Blute stammen, auch die größte Aehnlichkeit mit den Blutsalzen der betreffenden Thiere. Gleich der Blutasche, die einen Ueberschuß an Alkali führt, hat auch die Milch vorzugsweise alkalisch reagirende Phosphate und viel Chloralkalien. Die Menge der Milchasche beträgt ⅓ bis höchstens 1% der Milch.

Die Quantitäten, nach welchen Wasser, Caseïn, Fett, Milchzucker, und Salze mit einander in Form von Milch gemischt sind, sind sehr variabel. Hier sind Thierart, Race, Alter, Nahrung, Pflege, Klima, Jahreszeit, Gesundheit des Thieres, Zeit nach der Geburt, häufigere oder seltnere Entfernung der Milch aus der Brustdrüse, von nicht zu übersehendem Einflusse. Hiernach dürfte es gewagt sein, eine allgemein gültige, mittlere Zusammensetzung aus den vorhandenen Analysen der Milch eines Thieres zu ziehen. Wir müssen uns begnügen, die unter bestimmten Verhältnissen sich ergeben habenden Zusammensetzungen anzuführen, und mit einander zu vergleichen:

---

*) Nach den neueren Arbeiten von Heintz hat man unter Margarinfett ein Gemenge von Palmitin und Stearin zu verstehen.

Prozentische Zusammensetzung von	Casein*)	Butter	Milchzucker	Salze	Wasser	Analytiker.
Frauenmilch . . .	3.9	2.6	4.3	0.1	88.9	Schloßberger
"	3.4	2.5	4.8	0.2	88.3	Simon
"	1.0	3.5	5.8	0.4	88.1	L'Héritier
"	3.9	2.6	3.8	0.1	89.5	Bequerell u. Bernois
Kuhmilch	3.0	4.5	4.7	0.1	87.7	Bouffingault
"	4.5	3.1	4.8	0.6	87.0	Johnston
"	6.8	3.8	2.9	0.6	86.1	Simon
	3.3	3.2	5.0	0.6	87.9	E. Wolff
	4.2	3.7	4.3	0.6	87.1	Thomson
	2.4	3.3	4 3	0.7	89.3	Boedeker
"	2.9	2.6	4.7	0.7	89.1	Struckmann
"	4.1	2.6	4.2	0.8	88.3	Ernfius
Kolostrum einer Kuh	15.0	2.6	3.6	3.0	75.8	Bouffingault
Milch der Eselin . .	1.9	1.0	6.4	0.4	90.3	Péligot
"	1.7	1.4	5.0	0.5	91.4	Quévenne u. Gubler
Milch der Stute .	3.3	2.4	3.3	0.5	90.5	Bequerell
" " Ziege . .	6.0	4.2	4.4	0.5	84.9	Clemm
" des Schafes .	4.5	4.2	5.0	0.7	85.6	Chevallier
" der Hündin .	10.2	10.7	3.4	2.0	73.7	Bensch
" " "	15.8	5.1	4.1	1.0	73.9	Dumas

Den in mancher Hinsicht interessanten Vergleich dieser Zahlen überlasse ich dem Leser; nur die Folgerung hebe ich hier hervor, daß die Milch der Frau, der der Eselin in jeder Hinsicht am nächsten kommt.

Man glaubt durchgehends, daß Kuhmilch, der man etwas Zuckerwasser und Mehlbrei zusetzt, ein genügender Ersatz für die Frauenmilch sei und findet daher so häufig, daß Frauen ihre Säuglinge von der Geburt an durch jenes Surrogat groß zu erziehen trachten. Wie ernstlich indessen die Gesundheit und das Gedeihen des Säuglings an dieser unter allen Ständen sich leider immer mehr ausbreitenden Gewohnheit betheiligt ist, das weist ein chemischer Vergleich zwischen Kuhmilch und Frauenmilch überzeugend nach. Wir können uns nicht versagen, solchen Vergleich hier auszuführen, wie ihn Scharlau jüngst gegeben:

---

*) Außer dem Casein enthält jedwede Milch etwas Albumin, ungefähr $\frac{1}{4}$-$\frac{1}{2}$%. In obigen Analysen ist diese Albumin-Menge in der des Casein mit eingerechnet.

„Wenn man die Mägen der Jungen der Wiederkäuer untersucht, so findet man einen, der vorzugsweise die Eigenschaft hat, mit frischer Milch in Berührung gebracht, beim gelinden Erwärmen dieselbe gerinnen zu machen. Diesen Magen nennt man den Labmagen und gebraucht ihn, um den Käse aus der süßen Milch auszuscheiden. Besitzt schon im todten Zustande dieser Magen die Fähigkeit, die Milch zu zersetzen, so hat er sie beim lebenden Thiere gewiß in einem noch höheren Grade und die Gerinnung der Milch im Magen des Kalbes ist der erste Akt der Verdauung. Der Käsestoff der Kuhmilch ist im geronnenen Zustande sehr fest und findet erst bei seinem Durchgange durch die andern Mägen des thierischen Säuglings seine völlige Verdauung. Allein nicht nur der Magen des Kalbes, sondern der Magen aller Thiere bringt ein Gerinnen jeder Milch hervor. Stellt man die Milch von Wiederkäuern und Menschen in Vergleich mit ihrem Verhalten gegen Lab, so findet man, daß, während der Labmagen des Kalbes aus der Kuhmilch den Käsestoff als festes Gerinsel niederschlägt, derselbe in der Muttermilch zum größten Theile aufgelös't bleibt und die sich ausscheidende geringe Menge des Käsestoffs sich nur in leichten, leicht löslichen Flocken ausscheidet.

Wenn man den Käsestoff der Kuhmilch trocknet, so bildet er eine feste hornartige, fast unauflösliche Masse, während der Käsestoff der Frauenmilch, selbst in ganz trocknem Zustande, sich mit Leichtigkeit in Wasser wieder auflös't.

Wenn man Salzsäure, welche sich bei der Verdauung im Magen aller Thiere bildet, zur Kuhmilch setzt, so gerinnt sie augenblicklich, während dies mit der Menschenmilch binnen zwölf Stunden nicht geschieht und während diese nach dem Erhitzen damit eine durchsichtige Flüssigkeit bildet.

Es wird wohl genügen, diese wichtigeren Unterschiede hier angeführt zu haben, damit ich zu denen übergehen kann, welche sich bei der Ernährung der Kinder während der Verdauung und nach derselben zeigen.

Der Säugling lebt hauptsächlich von der Butter, den Milchsalzen, dem Milchzucker, von einem Theile des Käsestoffs der Milch und vorzugsweise von derjenigen Art desselben, welche durch Lab nicht ausgeschieden wird. Dieser bleibt in der Molke aufgelös't. Von diesem enthält die Milch des Menschen beträchtlich mehr, als die der Wiederkäuer. Untersucht man die Ausleerungen der Säuglinge, so bestehen diese aus einem breiartigen, säuerlich riechenden, durch Galle gelb gefärbtem Käsestoffe, der keinen Zucker, wohl aber etwas Butter enthält. Werden Kinder mit Kuhmilch ernährt, so sind die Exkremente meistens grau, mit grünlichen Flocken von verändertem Gallenfarbestoff durchzogen, unangenehm, dumpfig riechend. Ausnahmen kommen bei sehr kräftigen Kindern bei sorgfältiger Ernährung mit sehr guter Milch vor, können aber nicht die Regel umstoßen. Die Zahl der Ausnahmen beträgt kaum 10 pCt. Werden Kinder mit Semmel - oder Mehlbrei gefüttert, so erscheinen diese Stoffe unverändert in den Ausleerungen des Kindes wieder.

Gehen wir nun, nachdem wir die Ausgangspunkte der Ernährung geprüft haben, rückwärts, so finden wir, daß, wenn die Säuglinge die genossene Milch erbrechen, so ist diese, wenn es Muttermilch war, schwach geronnen, bläulich grau und der Käsestoff ist in blaßgrauen oder weißlichen kleinen Flocken vorhanden. Werden die Kinder mit Kuhmilch ernährt, so ist die erbrochene Milch in großen, weißen, ganz festen Stücken zu finden, welche oft so zähe wie elastisches Harz und selbst mehre Zoll lang und fingerdick sind. Haben wir schon bei der Untersuchung der Milch gefunden, daß der ausgeschiedene Käse der Kuhmilch kaum wieder löslich und der der Menschenmilch sehr leicht löslich ist, so wird dies Verhalten durch den Zustand, in welchem die von dem Säuglinge erbrochene Milch sich befindet, auf's Vollkommenste bestätigt und der Einwurf, den man machen könnte, daß sich die Kuhmilch gegen den Magen des menschlichen Säuglings anders verhalten könne als gegen den des Kalbes, wird völlig widerlegt. Die Kuhmilch wird leicht sauer, die Menschenmilch sehr viel später, der Käsestoff der Menschenmilch geht theilweise verdaut leicht durch den Darm des Kindes, während der der Kuhmilch fast unverändert erscheint. Die Ausleerungen der Kälber sind gelb wie die der Kinder und die Kälber gedeihen mit der Kuhmilch ganz vortrefflich, nur Säuglinge nicht. Daraus folgt: die Kuhmilch ist für die Kälber und die Frauenmilch für die Kinder das beste Nährmittel."

Die Qualität der Milch steht ganz unter dem Einflusse der Nahrung. Im Allgemeinen gibt proteïn- und fettreiches Futter die beste und gehaltreichste Milch. Die Milch des Weideviehs ist reicher an Käsestoff, dagegen ärmer an Butter, als jene der im Stalle gefütterten Thiere. Schlechtes Futter gibt auch schlechte Milch. Auch weiß jeder Landwirth, wie sehr sich das Quantum der produzirten Milch nach dem Futter richtet; er wird es als keine Kunst erachten, eine Kuh, die z. B. das Maximum von Milch gibt (täglich 40 Pfd.), so zu füttern, daß sie nach 8 Tagen kaum noch 10 Pfd. gibt. Ueber die so wichtige Theorie der Milchproduction ein andermal! —

Merkwürdig ist, daß die ersten aus der Milchdrüse kommenden Milchportionen stets wässeriger und butterärmer sind, als die letzten:

100 Milch der Kuh gaben nach Reiset:

	1. Versuch		2. Versuch		3. Versuch	
	Anfangs:	Zuletzt:	Anfangs:	Zuletzt:	Anfangs:	Zuletzt:
Fixe Bestandtheile	14.37	18.93	9.90	15.85	11.01	17.63
Butter	5.9	10.5	1.8	6.6	2.2	8.8

Aehnliche Resultate erhielt Péligot bei Untersuchung der Eselsmilch.

In 100 Theilen dieser Milch fand er

	zu Anfang:	in der Mitte:	am Ende des Melkens:
Butter	0.96	1.02	1.52
Zucker	6.50	6.48	6.45
Käsestoff	1.76	1.95	2.95
	9.2	9.5	11.0

Die beste und nahrhafteste Milch ist also die zuletzt ausgemolkene; sie ist per Quart wohl ½ mal mehr werth, als die Anfangs gewonnene. Die Wichtigkeit des guten Ausmelkens folgt insofern hieraus, als im entgegengesetzten Falle die Milchergiebigkeit durch Verstopfung der Milchdrüse, vielleicht durch Rahmbildung im Euter, bedeutend nachläßt. Die Milchwirthe wissen dies wohl.

Nach Thomson's Untersuchungen wird Morgens von den Kühen eine größere Quantität Milch geliefert, als Nachmittags; aber nach Emil Wolff und Bödeker ist die Nachmittagsmilch butterreicher, als die Morgenmilch. *)

Nach Lau's Beobachtung geben die Kühe nach starker Kochsalzfütterung sofort eine auffallend wässrige Milch. Bei einem solchen Versuche, wo die Kuh wöchentlich 1 Pfund Salz bekam, sank der Trockensubstanzgehalt ihrer Milch von 13 % auf 8 %.

Reichlich milchende Kühe, wie z. B. die Holländer, produziren gewöhnlich eine dünnere Milch, als spärlich milchende.

Die Milch kranker Thiere ist nicht zum Genusse zu empfehlen, weil überhaupt die Krankheiten sehr empfindlich influiren auf die Qualität der Milch. Ein Beispiel hierfür giebt die Untersuchung Girardin's über die Milch zweier Kühe, die übrigens gleiches Futter erhielten:

	Milch der kranken —	der gesunden Kuh:
Caseïn	0.24	4.62
Albumin	10.68	0.34
Butter	0.03	5.50
Salze + Milchzucker	0.50	3.24
Wasser	88.53	86.30
	100	100

Ich hatte dies Jahr Gelegenheit, die Milch von Schafen zu analysiren, deren Lämmer an der bekannten „Lähmekrankheit" litten und dabei nachstehende Unterschiede im Vergleich zur Milch gesunder Schafe zu constatiren. Vorher sei bemerkt, daß die analysirten Milchproben von je 5 Schafen mit kranken, und je 5 Schafen mit gesunden Lämmern stammten, und daß beide Abtheilungen einer ganz gleichen Fütterung theilhaftig geworden waren:

	Milch der gesunden Schafe:	kranken Schafe:
Wasser	87.02	82.24
Trockensubstanz	12.98	17.76
Milchzucker	5.41	5.05
Käsestoff	4.83	5.88
Fett	2.36	6.34
Salze	0.89	0.91
	100.42	100.42
Spec. Gewicht	1.0416	1.0390

_____

*) Bödeker fand in der Milch einer und derselben Kuh Morgens 2.17, Mittags 2.64 und Abends 5.42 % Butter.

Die Untersuchung der Aschen dieser Milch und die weiteren Details der Untersuchung bitte ich nachzulesen in unserem I. Berichte über die Arbeiten der hiesigen Versuchsstation (Halle 1861 bei Schrödel und Simon). Wir gelangten daselbst zu dem Schlusse, daß die „Lämmerlähme" auf einer zu großen Nahrhaftigkeit der Muttermilch, bedingt durch ihren unnormal großen Gehalt an Fett und Käsestoff, zurückzuführen sei.

Indem die Natur das jugendliche Thier auf die Milch als seine ausschließliche Nahrung hingewiesen hat, schon deßhalb müssen wir annehmen, daß sie alle Anforderungen in sich vereint, die ein Thier an eine vollkommene Nahrung stellt. Sie ist leicht verdaulich, enthält die Proteïnstoffe zu den stickstofffreien Elementen in einem Verhältniß, wie es nur eine kräftige Nahrung führt. Es ist nicht zweifelhaft, daß selbst ein erwachsenes Thier von bloßer Milch recht gut leben kann. Wie viel deren zum Beispiel ein Mann zu seinem Lebensunterhalte bedarf, berechnet sich leicht mit Zugrundelegung der früheren Angabe, wonach derselbe täglich ¼ Pfund wasserfreie Proteïnstoffe verlangt. In 100 Pfund guter Kuhmilch befinden sich durchschnittlich 4 Pfund Proteïn. Deßhalb sind circa 6 Pfund Milch (= 2½ preuß. Quart) zum Unterhalte eines erwachsenen Menschen ausreichend.

100 Pfund Weizenmehl enthalten 11 Pfund Proteïnstoffe, das heißt soviel, wie 275 Pfund Milch. Annähernd werden daher letztere denselben Werth haben, wie 100 Pfund Weizenmehl. Kosten 2 Pfund Weizenmehl 36 Pfennige, so dürfen 2 Pfund Milch (= 1 Quart) mindestens 14 Pfennige kosten.

Vergleicht man nachstehende Elementar-Analysen von Milch, Blut und Fleisch, so ergibt sich daraus, daß von der Milch viel Kohlenstoff und Wasserstoff verbrennen muß, ehe der Stickstoffgehalt dem des Blutes und Fleisches gleich wird. Der Wärmeverlust des Körpers kann somit durch Milchnahrung gedeckt werden:

100 wasserfreie Substanz:

	Ochsenblut	Ochsenfleisch	Milch
C	51.89	51.83	54.6
H	7.59	7.57	8.6
N	15.05	15.01	4.0
O	21.24	21.36	27.9
Asche	4.23	4.23	4.9
	100	100	100
	(nach Playfair)	(nach Playfair)	(nach Boussingault).

Technisches über Milch, Butter und Käse.

Die Wichtigkeit des Molkereiwesens kennt Jeder und brauche ich sie daher hier nicht zu begründen.

Wir wollen daher sogleich auf die praktische Seite desselben eingehen und zwar etwas ernstlich, indem grade die neueren bezüglichen wissenschaftlichen Versuche doch manche neue Anschauung und nützliche Verbesserung in dasselbe hineingetragen haben.

Wird die Milch bei gewöhnlicher Temperatur sich selbst überlassen, so bildet sich auf der Oberfläche derselben die sogenannte Rahmschicht.*) Dies rührt von dem Aufsteigen der Fettkügelchen her, welche spezifisch leichter als das Milchwasser sind. Die nächst der Oberfläche der Milch sich befindlichen Fettkügelchen steigen zuerst in die Höhe; die der untern Schichten später, weil auf ihnen ein größerer Druck von Seiten des Milchwassers lastet, als auf den in obern Schichten schwimmenden. Um das Aufsteigen der Milchkügelchen zu fördern oder um das Rahmen der Milch zu vervollständigen, scheint es daher rathsam, die Milch in flachen Gefäßen und nicht in hohen Töpfen hinzustellen. Daß dieser Rath erprobt ist, beweist folgende Untersuchung von Nyberg, angestellt mit Kuhmilch von 12,5 % Trockensubstanz und 3,3 % Fett.

	Aeußere Temperatur			
	= 22° C		= 10° C	
	Höhe der Milchschicht		Höhe der Milchschicht	
	10 Zoll.	2 Zoll.	10 Zoll.	2 Zoll.
	mm	mm	mm	mm
Höhe der Rahmschicht nach 24 Stunden .	27	5	44	6
Fettgehalt der abgerahmten Milch . . .	0.59%	0.30%	0.31%	0.22%
Vom Fett der Milch fand sich im Rahm	85%	92%	92%	94%

*) Einen Begriff über die ungefähre Zusammensetzung des Rahms, gibt eine Analyse desselben von Hamberg:

Fett	. . . .	29.46
Casein	. . .	4.22
Zucker	. . .	2.08
Org. Säuren	.	1.56
Phosphate	. .	0.22
Chloralkalien	.	0.18
Wasser	. . .	63.28
		100.00

Der Höhe der Milchschicht von 2 Zoll, die sich hier so günstig herausgestellt, dürften die 2—3 Quadratfuß großen Guffander'schen Milchgefäße, von verzinntem Eisenblech, recht gut entsprechen. *)

Es ist auch nicht gleichgültig, von welchem Stoffe die Milchnäpfe gefertigt sind. Gefäße von Metall sind verwerflich, trotzdem sie das Gerinnen oder Sauerwerden der Milch beträchtlich verzögern. Die von Holz und Steingut sind die besten und am meisten im Gebrauch. Gläserne würden, falls sie nicht so zerbrechlich wären, vor allen den Vorzug verdienen, denn in ihnen gerinnt nach Bouchardat die Milch viel später, als in denen von Porzellan, Steingut und Holz. Welche Gefäße man auch benutzen mag, auf die Reinhaltung derselben ist, wie auf eine Hauptsache, zu sehen. Die Unreinlichkeit in allen bei dem Milchwesen benutzten Gefäßen ist die Klippe, woran der Erfolg eines Molkereibetriebes am häufigsten scheitert. Man darf nur dann gewiß sein, das in dieser Beziehung Nöthige gethan zu haben, wenn man dem zum Ausbeizen und Auskochen der Milchgefäße dienenden Wasser eine Hand voll gebrannten Kalk oder Pottasche zusetzt. Die Pottasche entzieht all' die organischen Säuren, die durch bloßes Wasser nicht von den Gefäßen zu entfernen sind. Welchen Nachtheil ihr etwaiges Verbleiben in den Milchnäpfen auf die Rahm-Abscheidung hat, wollen wir jetzt nachweisen.

Ich bemerkte schon, daß unter dem Einflusse des Caseïns der Milch der in selbiger enthaltene Milchzucker sich in Milchsäure spaltet. Frische Milch wird unter günstigen Umständen schon in 10 Stunden sauer. In Folge dessen verbindet sich die Milchsäure mit dem Alkali, welches an den Käsestoff gebunden ist und diesen in Lösung erhielt. Indem dies geschieht, bevor alles Fett der Milch sich als Rahm abgeschieden hat, wird ein großer Theil des noch im Milchwasser vorhandenen Fettes von dem coagulirten Käsestoffe eingeschlossen und somit verhindert, an die bereits gebildete Rahmschicht zu treten. Tritt die Säuerung der Milch später ein, erst dann also, wenn bereits fast alle Butter auf der Oberfläche der Milch schwimmt, so wird der durch das Gerinnen des Käsestoffes bewirkte Verlust jedenfalls geringer sein. Er wird zu einem Minimum, wenn die Säurung, respective die damit verbundene Gerinnung des Käsestoffes möglichst verhindert oder verzögert wird. Wodurch geschieht dies am besten? Am einfachsten durch niedrige Temperatur des Milchlokales. Je

---

*) Aus der Fabrik von Schubart & Hesse in Dresden sah ich solche Gefäße in sauberer Qualität.

weniger Grade die Milch und das Lokal, worin sie steht, über dem Gefrierpunkte hat, je besser ist die Milch vor der Säurebildung geschützt.
Die Consequenz dieses Prinzips wird jedoch durch einen andern Umstand
beschränkt: Je kälter nämlich die Milch, desto dichter wird sie. Die Kälte
zieht alle Flüssigkeiten zusammen. Es ist klar und durch viele Versuche
bewiesen, daß in der kalten, dichteren Milch das Fett sich schlecht im
Rahme absondert. Was wir also auf der einen Seite durch eine zu
niedrige Temperatur gewinnen, verlieren wir auf der andern Seite durch
eine zu große Dichte der Milch. Wir müssen daher die Milch bei solcher
Wärme aufbewahren, daß sie einestheils hinreichend leicht und ausgedehnt
bleibt, um die Rahmbildung zu erleichtern und anderntheils nicht so warm
wird, daß die Säurebildung in ihr zu rasch eintritt. Die Erfahrung
muß hier die zweckmäßige Grenze bezeichnen. Diese beträgt für das
Milchlokal im Sommer 10° R. und im Winter 12° R. Diese Grenzen
müssen ängstlich beobachtet werden.

Trommer hat empfohlen, um die Säurebildung aufzuhalten und
dadurch einen größeren Rahmgewinn zu erzielen, der frischen Milch ungefähr ⅙ % krystallisirte Soda, gelöst in wenig Wasser, zuzusetzen. Die
entstehende Milchsäure sättigt sich dann mit diesem Natron und läßt das
Caseïn-Natron unberührt. Die Erfahrung hat bewiesen, daß dieser Vorschlag alle Beachtung verdient.

Auch das Milchlokal an sich, so wie die Aufstellung der Milch in
demselben ist von Einfluß auf die Zeitdauer der Gerinnung. Das Lokal
muß es wenigstens möglich machen, daß eine constante Temperatur von
11° R. in demselben erhalten werden kann. Man wird daher zweckmäßig
dasselbe etwas vertieft anlegen; aber nicht in den Keller, wo kein Luftwechsel
stattfindet. Wenn der Boden des Milchlokales 2—3 Fuß tiefer liegt, als
das äußere Terrain, und es vor der Mittagssonne gut geschützt liegt, wenn
ferner durch Fenster und Thüren von feiner Gaze-Leinwand ein sanfter aber
beständiger Zugwind herbeigeführt wird, wenn dessen Mauern recht dick sind
und der Fußboden mit Steinen gepflastert ist, dann wird es ein Leichtes
sein, obige niedrige Temperatur zu erhalten. Der größte Fehler der meisten
Milchkeller besteht in dem Mangel des Luftwechsels, wodurch sie feucht und
recht verderblich für die Milch werden. Nur in einer trocknen Luft kann
das Wasser der Milch rasch verdunsten, und dadurch eine bedeutende Milch-
Abkühlung herbeigeführt werden. Eben das ist nicht allein im Sommer
wichtig, sondern auch zu jeder andern Zeit, weil wir immer darauf bedacht
sein müssen, die frisch gemolkene Milch, die noch warm in die Näpfe ein-
gegossen und in's Milchlokal gestellt wird, so schnell als möglich abzukühlen.

Das ist aber unerreichbar in feucht-dumpfigen Lokalen, wo kein Wasser mehr verdunstet. Dort muß die Milch längere Zeit warm bleiben, das heißt unter den Bedingungen verharren, welche ihren Säurungsprozeß baldigst einleiten. Handelt es sich darum, selbst im heißesten Sommer die Milch auf 11° zu erhalten, so ist das bei einem Milchlokale nach obiger Vorschrift keine schwierige Aufgabe; man wird nur nothwendig haben, die Milchnäpfe auf den kalten Steinboden des Lokales hinzustellen. An den Wänden sich hinziehende Bretter-gerüste zur Aufnahme der Milchnäpfe sind überhaupt nur zur Winterszeit zu billigen. Aus dieser Vorschrift folgt, daß der Boden des Milchkellers so geräumig sein muß, daß auf ihn die während 36 Stunden in der Wirth-schaft producirte Milch bequem gestellt werden kann. Der Milchkeller muß sich im Winter durch ein durchziehendes Ofenrohr bis zu 12° R. erwärmen lassen; verwerflich ist es, anstatt dessen einen Ofen darin aufzustellen. Daß überhaupt im Milchlokale die größte Reinlichkeit herrschen muß, ist Ange-sichts der großen Empfindlichkeit der Milch selbstredend. Namentlich sind die durch Verschütten der Milch entstandenen Verunreinigungen sofort zu be-seitigen, weil sie Veranlassung zu flüchtigen Fäulnißproducten geben, die für die Milch ein wahres Gift sind.

Wie lange soll man die Milch bei 11° R. rahmen lassen? Soll man sie so lange stehen lassen, bis sie völlig sauer geworden und der Käse-stoff darin vollständig geronnen ist, oder mit andern Worten, bis sie dick geworden ist? Die meisten Milchwirthe werden nicht anders wissen, als daß die Milch dick und sauer geworden sein muß, ehe man hoffen darf, die größte Buttermenge aus ihr zu erhalten. Und doch ist das lange Stehen-lassen unrathsam. Die Milch gewährt am meisten und auch eine viel bessere Butter, wenn sie eben bei Beginn der Säurung abgerahmt wird. Sannert, dem wir eine vortreffliche Abhandlung über das Molkereiwesen verdanken, fand, daß

320 Qu. Milch — 60 Stunden lang im Milchkeller = 27 Pfd. Butter gaben,
320 Qu. derf. Milch 30 „ „ „ „ = 30 „ „ „

Bei einem zweiten Versuche fand er, daß

320 Qu. Milch nach 60 Stunden = 29 Pfd. Butter und
320 Quart derselben Milch nach 30 Stunden = 31 Pfd. Butter lieferten.

In beiden Fällen, wo das Rahmen nur 30 Stunden gedauert, war die Milch noch süß, die Rahmmenge aber nicht so groß, als die nach 60 Stunden erhaltene. Die dicke, käsereiche Rahmschicht, die auf saurer Milch steht, thut es also nicht; aus der dünnen Rahmschicht, die nach 30 Stunten sich gebildet hatte, wurde mehr Butter, als aus der dicken genommen. Zudem war jene wohlschmeckender und haltbarer, als diese es sein konnte, da sie von dem mit viel Käsestoff und Milchsäure vermischten Rahm gewonnen worden war.

In einem guten Milchlokale, das constant 11° R. zeigt, darf die Milch im Sommer nicht länger wie 30 Stunden, im Winter nicht länger als 40 Stunden zur Rahmbildung hingestellt bleiben.

Ein Milchlokal und die Behandlung der Milch sind nur dann als tadellos zu betrachten, wenn die Milch erst nach 30 Stunden anfängt, sauer und dick zu werden. Mit diesem Maaßstabe kann jeder die mehr oder weniger schlechte Einrichtung seines Milchlokales beurtheilen.

Mag die Milch im süßen oder im sauren Zustande abgerahmt werden; der Rahm muß vor dem Buttern stets sauer sein, sonst scheidet sich dessen Fett zu schlecht ab und bleibt in der Buttermilch. Man kann süßen Rahm durch vierundzwanzigstündiges Stehen im Milchlokale sauer bekommen. Nach erfolgter Säurung kommt er in's Butterfaß.

Dies soll mechanisch die Fetttheilchen des Rahms vereinigen. Die Theorie des Butterfasses erstreckt sich nicht auf die Mitwirkung der Luft oder des atmosphärischen Sauerstoffs, sondern sie liegt einfach in der Hand des Molkereiwirthen. Sorgt der nun dafür, daß der Rahm vor dem Buttern solche Wärme besitzt, wobei das Butterfett weder zu fest noch zu flüssig ist, so geht die Butterausscheidung rasch und vollkommen von Statten. Bei allen extremen Temperaturen ist es jedoch nicht möglich, dies zu erreichen. *) Man muß hier den goldenen Mittelweg einhalten, den die Erfahrung gezeigt hat, und der als die zweckmäßigste Wärme des zu butternden Rahmes 13° R. im Sommer und 14° R. im Winter angibt. Diese Temperatur kann leicht und genau erhalten werden durch kochendes Wasser oder Eiszusatz. In jeder guten Milchwirthschaft ist das Eis unentbehrlich; es ist besonders

---

*) Ein interessanter Beleg hierzu lieferte ein Experiment von P. S. Schulze.

	Es wurde zum Buttern Zeit erfordert	Von dem reinen Fett gehalt des Rahms gewann man	Die gewonnene Butter enthielt	
			Wasser	Caseïn und Zucker
Rahm gebuttert bei 18,7° C.	12 Minuten	79.7 %	12.0 %	6.65
„ „ „ 12,5° „	30 „	97.7 %	5.6 %	3.82

im heißen Sommer, wo Milch und Rahm kaum kühl zu erhalten sind, von
wesentlichen Diensten. Die Erhaltung eines dem Bedürfnisse entsprechenden
Eislerges ist ein Leichtes. Man schichte nur bei strengem Froste die Eis-
stücke so auf einander, daß die Grundfläche circa 1 □Ruthe und die Höhe
circa 9 Fuß beträgt. Auf den Boden wird eine Lage Stroh gebracht, und
der Haufen ebenfalls mit Stroh bedeckt. Beim Aufbauen des Haufens,
welches absichtlich 3 — 4 Tage währen soll, muß man die Eis-
schollen in faustdicke Stücke zerschlagen, und mehrmals während des
Tages das Aufgethürmte mit Wasser reichlich durchtränken. Das Wasser
friert mit den Eisstücken zusammen und macht zuletzt den ganzen Eishaufen
zu einem einzigen Klumpen, der selbst im längsten Sommer nicht schmilzt
und die Bedürfnisse einer Milchwirthschaft von circa 30—40 Kühen befriedigt. Wenn das Eis selbst nichts kostet, so beschränken sich die Anlage-
kosten eines Eisberges natürlich auf den Arbeits- und Fuhrlohn, der gewiß
nicht höher als 5 Thaler zu veranschlagen ist. Wie viel Milch, die beim
Versenden im Sommer so leicht sauer wird, kann gerettet, wie viel Butter
kann nicht im Sommer mehr aus dem Rahm erzielt werden, eben durch
jene 5 Thaler!

Ist die Butter im Butterfasse zu größeren Klumpen vereinigt, was
bei guter Einrichtung nach halbstündigem Buttern der Fall sein muß, so
wird sie von der Buttermilch getrennt. Die Buttermilch enthält all' die
Bestandtheile der Milch, welche in den Rahm übergegangen waren. Neben
etwas Butterfett enthält sie Käsestoff, etwas milchsaure Salze und Wasser.
Sehr nahrhaft ist sie nicht, jedoch hat sie einen erfrischenden, sauren Geschmack und ist recht gesund. Wir besitzen 2 Analysen, die sich auf 100
Theile Buttermilch beziehen:

	Nach Boussingault:	Nach Quévenne:
Butter	1.58	0.24
Käsestoff	3.41	3.82
Milchzucker und		
milchsaure Salze	5.34	5.14
Wasser	89.67	90.80
	100	100

Es ist gebräuchlich, die Butter von der ihr anhängenden Buttermilch
durch anhaltendes Kneten mit Wasser zu befreien. Diese Methode wird von
sachkundiger Seite als verwerflich bezeichnet. Man soll die Buttermilch nicht
auswaschen, sondern auskneten. Das Wasser entzieht nämlich der Butter

zu viel ihrer aromatischen und wohlschmeckenden Bestandtheile, deren Entfernung die Butter zudem weniger haltbar macht. Will man wohlschmeckende und haltbare Butter gewinnen, so knetet man die aus dem Fasse kommende Butter zuerst tüchtig aus und spült sie eben ein wenig mit Wasser ab; dann durchknetet man sie mit fein gestoßenem, reinem Kochsalz und stellt sie in einen Klumpen geballt circa 8 Stunden in das Milchlokal.

Das Kochsalz zieht inzwischen die überschüssig vorhandene Buttermilch an; und knetet man nach jener Zeit nochmals den Klumpen aus, so entfernt man dadurch aus der Butter die ihr schädliche Buttermilch und das Wasser. Läßt sich ihr keine Flüssigkeit mehr abpressen, dann wird sie mit wenig fein gestoßenem Kochsalz, dem man zur Erhöhung des Wohlgeschmacks und ihrer Haltbarkeit ein wenig Candiszucker beifügen kann, nochmals durchknetet, und dann ist sie zum Consum oder Verkaufe fertig.

Gut präparirte und tadellose Butter soll im Mittel mehrerer Analysen enthalten:

	Tafelbutter:	Faßbutter:
Wasser	4 %	9 %
Käsestoff	—$1/4$ "	—$1/2$ "
Milchzucker	} —$1/2$ "	—$1/4$ "
Extractivstoffe		
Kochsalz	$1^1/4$ "	3 "
Butterfett	94 "	87 "
	100	100

Die Schlechtigkeit der Butter wächst mit ihrem Wassergehalte. Es kommt Butter genug auf den Markt mit 15—36% Wasser, aber schon Butter mit 15% Wasser kann nicht mehr als marktfähig betrachtet werden; sie verdient polizeiliche Confiscation.

Weil die Butter immer noch etwas Casëïn und Milchzucker enthält, so zersetzt sie sich mit der Zeit; sie wird ranzig. Die Zersetzung geht vom Käsestoff aus, und geht vom Milchzucker über auf die Butterfette. Wer Butter möglichst lange frisch erhalten will, muß sie daher gut auskneten und einsalzen und luftdicht einmachen. Vollkommen erreicht man dasselbe durch Schmelzen oder Auslassen der Butter. Der Käsestoff scheidet sich dann als Butterschaum aus und nach seiner Entfernung hält sich die wieder erkaltete Buttermasse sehr gut.

Ranzig gewordene Butter ist schwer zu kuriren. Wenn sie auch durch fleißiges Auswaschen mit Wasser, dem man etwas Chlorkalklösung zugefügt, wieder genießbar gemacht werden kann, so ist doch ihr Wohlgeschmack dahin. Man empfiehlt ferner, dieselbe wieder auf's Neue mit frischem Rahme zu buttern, in der Ansicht, daß dadurch die alte Butter erfrischt und ihre stinkenden Fettsäuren der Buttermilch überliefert werden.

Ueber die Ausbeute an Butter, Rahm, Buttermilch, Käse, Molken aus einem gewissen Quantum Milch, darüber geben uns folgende, der Praxis entnommenen Verhältnisse Aufschluß:

Quevenne erhielt von 100 Pfd. Rahm 27½ Pfd. Butter
    und 72½ Pfd. Buttermilch

Boussingault erhielt von 100 Pfd. Rahm 26¹/₁₀ Pfd.
    Butter und 73⁹/₁₀ Pfd. Buttermilch

4 Pfd. Rahm circa 1 Pfd. Butter.

Boussingault erhielt von 100 Pfd. Milch:

Rahm	. . . .	15.6	Butter	. .	3.3
			Buttermilch	.	12.3
abgerahmte dicke Milch		84.4	gepreßter Käse		8.9
			Molken	. .	75.5
		100			100

In einem andern Falle erhielt Boussingault von 100 Milch:

Rahm	. .	11.2	Butter	. .	2.61
			Buttermilch	.	8.59
dicke Milch	.	88.8	Käse	. . .	11.2
			Molken	. .	77.7
		100			100

Von der im Rahm enthaltenen Butter gingen nach Boussingault 5.3 % in die Buttermilch über, nach Quevenne, der weniger Butter in der Buttermilch fand, nur ⁷/₁₀ %, nach Schultze beträgt der Verlust je nach der Temperatur des Butterfasses 3—20 %. Diese Angaben mögen die Grenzen bilden, zwischen welchen der Verlust an Butter beim Drehen des Rahmes sich bewegt. Da man rundweg annehmen kann, daß noch ¹/₁₀ des ganzen Buttergehaltes der Milch in der dicken Milch verbleibt und im Höchsten ein anderes ¹/₂₀ in der Buttermilch, deßhalb mag es richtig sein, daß jede sogar tabellose Buttergewinnung mit einem Verluste von 15 % Butter verknüpft ist. 12 preuß. Quart liefern bei regelrechter Rahmbildung ein Pfund gute Butter. Da aber im Allgemeinen die Butterbereitung in einigen Punkten fehlerhaft ist, so wird man im großen Durchschnitt erst aus 13 Quart Milch ein Pfund marktfähige Butter erhalten. Weiß man durch spezielle Analyse den Fettgehalt einer Milch, so berechnet sich daraus die wahrscheinliche Ausbeute an Butter durch Abzug von 17 % Fettverlust (beim Rahmen und Buttern) und Zusatz von 7 % Wasser und Käsestoff, die jeder Butter eigenthümlich sind. Das wäre also ein Abzug von 10 %! Gibt z. B. die Analyse 3,3 % reines Butterfett an, so dürfte man aus 100 Pfd. solcher Milch 3,3 — 0,33 = 3 Pfd. gute Butter gewinnen.

Wir gehen jetzt über zur Bereitung des Käses. Ueberall, wo die Milch nicht füglich verkauft werden kann, ermöglicht die Käsefabrikation eine angemessene Verwerthung derselben. Der Käse ist gleich der Butter leicht transportabel, haltbar und zudem ein couranter Handelsartikel. Die Bereitung des Käses ist besonders in Holland und in der Schweiz der Ausgang des Molkereibetriebes; im mittlern Deutschland und besonders am Rheine begnügen sich die Oekonomen mit der Buttergewinnung; sie verwenden den Käse in Form von dicker Milch und Buttermilch zur Mast der Schweine und zur Ernährung der Kälber. Von den möglichen Fällen, nach welchen sich die Milch verwerthen läßt, scheint Letzteres in ökonomischer Hinsicht das Ungünstigste zu sein; denn es ist nicht zu bestreiten, daß der Käse der Milch sich höher verwerthet als menschliche Nahrung, denn als Futter für Thiere. Am höchsten und bequemsten verwerthet sich die Milch in der Nähe großer Städte, wo sie stets gesucht und auch gut bezahlt wird. Geht dies nicht an, und will man dennoch aus der Milch fast ebenso viel lösen, als bei dem direkten Verkaufe derselben, dann wird man zur Käsefabrikation greifen müssen. Selbige erfordert, im Ganzen genommen, weniger Arbeit und Aufmerksamkeit, als eine regelrechte Butterbereitung.

Die Utensilien zur Bereitung des Käses sind unbedeutend. Die Hauptsache ist ein guter, luftiger Käsekeller, der genau so, nur nicht so groß, wie das oben beschriebene Milchlokal angelegt sein muß, und selbst im Sommer nicht wärmer als 12° R. wird. Dann endlich muß man etwas von der Käsebereitung verstehen, was wenig heißen will, da das Ganze keine Hexerei ist.

Die Unkenntniß der Fabrikation mag wohl der Hauptgrund sein, warum die rheinischen und sächsischen Landwirthe nicht, gleich den Holländern, Käse bereiten. Wenigstens folgt aus der Qualität der Milch, welche durch hiesiges Futter producirt wird, keineswegs die Bedenklichkeit, daß hier kein guter Käse gemacht werden könne. Wenn auch am Ende die Milch des Weideviehs etwas

25

beffer und namentlich käsereicher ist, als jene des im Stalle gefütterten Viehes, so lehrt doch die Erfahrung, daß ein dahier nach holländischer Methode fabrizirter Käse dem ächten holländischen nicht erheblich nachsteht. Die Unterschiede in der Feinheit und dem Geschmacke der verschiedenen Käsesorten liegen einestheils zwar in der Verschiedenheit der Milch, hauptsächlich aber in der Verschiedenheit der Methoden der Käsebereitung. Weil ich glaube, daß ein Käsereibetrieb überall, wo die Milch nicht direct verkäuflich ist, mit Nutzen Raum gewinnen kann, werde ich etwas ausführlicher eine den hiesigen Verhältnissen zusagende Fabricationsmethode beschreiben.

Man schüttet frische, unabgerahmte Kuhmilch in eine hölzerne Bütte von ungefähr 2 Fuß Höhe und $3\frac{1}{2}$ Fuß Durchmesser. Diese Dimension entspricht einer täglichen Milchproduction von 100 Quart. Ungefähr 15 Quart dieser Milch werden vorher in einem Kessel über dem Feuer erhitzt. Durch Vermischen derselben mit der übrigen Milch in der Bütte bringt man diese auf die Blutwärme. Sie muß, ehe sie mit Labflüssigkeit behandelt wird, 28—30° R. zeigen, was die Anschaffung eines Thermometers nothwendig macht. Mit der Milch wird nun eine bestimmte Portion Labflüssigkeit vermischt *) und dann der Kübel mit einem Tuche zugedeckt und circa 40 Minuten lang ruhig stehen gelassen. Dann zeigt sich die Milch geronnen. Um nun den Käse vollständig und leicht von den Molken zu trennen, wird der Käsekuchen mit den Händen gehörig durch einander gerührt und so viel kochendes Wasser in den Kübel gegossen, daß dessen Inhalt 35—36° R. warm ist. Dann wird er mit dem Tuche

---

*) Unter Labflüssigkeit verstehen wir den wässerigen Extract des getrockneten Kälbermagens. Dieser hat die merkwürdige, und noch nicht zu erklärende Eigenschaft, den Käsestoff der Milch gerinnen zu machen, ohne daß, wie bei der Rahmbildung, damit eine Säuerung der Milch verbunden ist. Die Molken des mit Lab gefüllten Käses sind süß und reich an Milchzucker, die Molken des Sauermilchkäses sind dagegen sauer durch die entstandene Milchsäure. Molken zum diätetischen Gebrauche müssen deßhalb durch Lab bereitet sein. Selbst die mit Cremor tartari (weinsaures Kali) dargestellten Molken sind nicht so schmackhaft, als die mit Lab bereiteten. Man bereitet sich die zur Käserei erforderliche Labflüssigkeit, indem man ein paar Dutzend Mägen von 2—6 Wochen alten Kälbern von allem Fett befreit, sie mit etwas Stroh ausstopft und dann schwach räuchert. Dann lassen sich die Mägen an einem trockenen, luftigen Orte jahrelang aufbewahren. 6 Quadratzoll dieses Labmagens genügen, um 100 Quart Milch zu fällen. Zu dem Ende hat man 12 Stunden vorher jenes Stück in einen Schoppen Wasser zu legen und an einen warmen Ort hinzustellen, damit das Wasser eben blutwarm bleibt. Nach dem Durchseihen ist diese Flüssigkeit zum Gebrauche fertig. Eine andere

brühen, inclusive Leim und Fett, nur 3 Theile von den festen Fleischbestandtheilen. Dies bezieht sich jedoch nur auf Rindfleisch. Kalbfleisch gibt, nach
Liebig, beim Kochen an Leim allein schon 4.7% an die Fleischbrühe ab,
während von 100 Theilen Ochsenfleisch blos 0.6 Theile Leim übergehen.
Deshalb gelatinirt der concentrirte Kalbfleisch-Bouillon beim Erkalten gleich
einer dünnen Leimlösung, oder gleich der Fleischbrühe, die man erhält durch
starkes Auskochen von knochigem, an Bindegeweben und Sehnen reichem Rind-
fleische. Obschon dem Leim ein gewisser Nährwerth nicht abzusprechen ist,
derselbe auch in geringer Menge als ein passender Bestandtheil einer guten
Fleischbrühe gilt, so sind doch die sogenannten Gallertsuppen in physiologischer
Hinsicht verwerflich. Es ist wahrlich eine Uebertreibung der Bedeutung des
Leims, wenn man sucht, durch Gallertsuppen die Fleischbrühen zu ersetzen.
In Frankreich hat man noch im letzten Dezennium diesem Extrem so ge-
huldigt, daß man aus Knochen die Gallerte fabrikmäßig darstellte. Die
Knochen enthalten circa 30% leimgebender Stoffe, welche durch gespannte,
über 120° heiße Dämpfe aus selbigen ausgezogen werden. Durch Zusatz
einiger Gewürze bereitete man aus dieser Gallerte die sogenannten Knochen-
suppen, deren großen Verbrauch wir ermessen können aus der Thatsache, daß
binnen 1829—1838 im Hospital zu St. Louis in Paris allein 2,747,964
Portionen Knochensuppe den Patienten gereicht wurden. Jetzt ist man natürlich davon abgekommen; nur die Privat-Industrie scheint noch auf die Unwissenheit oder Leichtgläubigkeit des Publikums zu rechnen, indem sie Knochen-
gallerte, die mit etwas Gewürz und ächter Fleischbrühe vermischt ist, unter
dem Namen von Bouillontafeln in den Handel bringt. Man hüte sich deßhalb vor solchen Erzeugnissen. [Aechter Fleischextract wird nicht leicht dahier
fabrizirt werden, weil zu einem Pfunde desselben circa 20 Pfund gutes fein-
gehacktes Fleisch erforderlich sind. Unter 4 Thaler kann ein solches nicht
dargestellt werden. Von ächtem Fleischextracte lösen sich 50% in Weingeist;
das Unlösliche ist hauptsächlich Albumin und Phosphat; von den sogenannten
Bouillontafeln lösen sich indessen nur circa 10% in Weingeist.

Die Bedeutung des Fleischextracts in all' den Fällen, wo es sich
darum handelt, ein kräftiges Nahrungsmittel in haltbarer und wenig Raum
einnehmender Form besitzen zu müssen, wie auf Seereisen, in Spitälern und
bei Reisen in öden Landstrichen, bei Armeen u. s. w. hat gewiß die Versuche gerechtfertigt, mit Hülfe des Fleisches den Fleischzwieback im Großen
darzustellen. Der Fleischzwieback besteht aus Fleischextract und Weizenmehl;
es ist also ein vollkommenes und wohlschmeckendes Nahrungsmittel, mit dessen
Hülfe man sich gut und kräftig ernähren kann. Auch hält er sich gut gegen
Fäulniß, wie dies einige von Playfair untersuchten Proben Fleischzwieback

bewiesen, die von Texas her zur Londoner Industrie-Ausstellung gesandt wurden. Sie waren trotz ihres hohen Proteïngehaltes (31.8 %) nicht im Geringsten zersetzt. Weder Schimmel noch Insekten berühren sie; wenn sie nur trocken aufbewahrt bleiben, so erhalten sie sich Jahre lang gleich gut. Sie werden dargestellt, indem man möglichst mageres Fleisch zerhackt, mit lauwarmem, angesäuertem Wasser völlig auslaugt und den Extract bis zur Syrupsdicke eindampft. Derselbe wird dann mit ¼ so viel feinem Weizenmehl versetzt, als man Fleisch angewandt hat. Dadurch entsteht ein Teig, der zu Kuchen gerollt und im Backofen bei mäßiger Hitze ausgebacken wird. Ein Pfund dieses gelbbraunen Zwiebacks, zu dem ungefähr 4 Pfund Fleisch erforderlich sind, kann hier nicht unter 20 Sgr. dargestellt werden. Es bleibt, da von demselben ½ Pfund zu einer, eine Mahlzeit vertretenden Portion Suppe erforderlich ist, immerhin für unsere Verhältnisse ein zu theures Nahrungsmittel. Dort allein kann solcher Suppenzwieback rentabel bereitet werden, wo, wie in Texas und in den Pampas von Südamerika, das Ochsenfleisch einen sehr geringen Werth hat und des Ueberflusses halber meistens verschwendet wird.

In unsern Haushaltungen wird das Fleisch entweder durch Kochen oder Braten zum Genusse vorbereitet. Hierbei gibt es Manches zu bemerken.

Will man, um das Fleisch verdaulich zu machen, die Fleischfasern nur erweichen und, um dem Fleisch ein appetitliches Ansehen zu geben, das in ihm enthaltene Blut zum Gerinnen bringen; wird nicht beabsichtigt, gleichzeitig eine Fleischbrühe zu erhalten, dann verdient das Braten des Fleisches unbedingt den Vorzug vor dem Kochen. Beim Braten behält das Fleisch seine Säfte; beim Kochen werden diese durch das Wasser mehr oder weniger ausgezogen. Das Wasser durchdringt beim Kochen um so vollständiger das Fleischstück, je kleiner es ist. Ein großes Stück gekochtes Fleisch ist schmackhafter, weil es weniger von den nahrhaften, löslichen Theilen an das Kochwasser abgibt. Auch wird ein Fleischstück um so schlechter, je länger es gekocht wird und je fettärmer es dabei ist. Fettes Fleisch wehrt das Eindringen des Wassers in sein Innerstes; es bleibt saftiger, als mageres Fleisch unter gleichen Verhältnissen. Sobald Letzteres seines löslichen Albumins beraubt ist, macht längeres Kochen es eher zäher und härter, als weicher. Will man den Uebelständen, die mit dem Kochen des Fleisches verbunden sind, einigermaßen vorbeugen, so muß, wie schon gesagt, das Fleisch gebraten oder nach Liebig's Vorschrift gekocht werden. Nach Letzterer soll man das Fleisch nicht mit dem kalten Wasser beisetzen, sondern es in bereits kochendes legen. Denn durch die Hitze des kochenden Wassers wird das in der äußern Fleischschicht befindliche Fleischalbumin, sowie das Blutroth zum balbigen Gerinnen gebracht; diese Stoffe verstopfen dann den Ausfluß der löslichen Fleischstoffe und verwehren dem auslaugenden Kochwasser den Eintritt in's Innere des Fleischstücks. In diesem Zustande wird das Fleisch gar und durch die Hitze des Wassers selbst im Innern vollständig weich, ohne daß es seine Kraft verliert. So gekocht ist es schmackhaft und saftig, wie das gebratene. Es kann die Stelle eines guten Roastbeefs vertreten.

Würde, wie es gewöhnlich in den Haushaltungen geschieht, das Fleisch kalt beigesetzt, dann hat das Wasser Zeit, das meist Lösliche aus demselben auszuziehen, bevor es so warm ist, daß das Albumin gerinnt. Kommt endlich das Wasser in's Kochen, so ist gewöhnlich schon alles Eiweiß ausgelaufen, und das Auslaugen und das damit verbundene Erhärten des Fleisches dauert so lange fort, als das Kochen desselben. Man sieht, daß durch diese Methode ein schlechtes Fleisch, aber eine desto bessere Fleischbrühe erzielt wird. Ist in der That die Darstellung letzterer die Hauptsache, so durchschneide man das Fleischstück, falls es sehr groß ist, in einige Stücke und lege es in kaltes Wasser, welches man möglichst langsam bis zum Sieden erhitzt. Dann wird die Brühe gut auf Kosten des Fleisches. Aber mag man dies eine oder das andere Verfahren befolgen; schwer wird es halten, gleichzeitig eine gute Fleischbrühe und ein schmackhaftes Fleischstück zu bekommen. Nur wenn das Fleischstück über 5 Pfund schwer, dabei ziemlich fett ist, und das Kochen desselben nicht gar zu lange währt, dürfte beides in befriedender Weise zu erreichen sein.

Aus dieser Betrachtung folgt, daß meistens unser gekochtes Rindfleisch nur dann verdaulich und nahrhaft ist, wenn wir die ihm zugehörende Suppe gleichzeitig zu essen nicht unterlassen. Suppe und Rindfleisch waren ursprünglich im Fleische vereint und müssen auch deßhalb bei der Mahlzeit vereint bleiben.

Beim Braten wird das Fleisch nicht durch die Hitze des kochenden Wassers, sondern direct durch den erhitzten Bratentopf gar gemacht. Indem die Hitze des Topfes beim Hineinlegen des Fleischstücks am stärksten sein muß, damit sich rasch um das Fleisch eine, das Ausfließen des Fleischsaftes verhindernde Kruste bildet, wird es nothwendig, in den Bratentopf etwas Fett oder Butter beizugeben, damit das Fleischstück nicht anbrennt und auch das Fett in die äußere Bratenschicht eindringen kann, wo es dazu beiträgt, die Säfte des Fleisches zurückzuhalten. Um das Fleischstück gleichmäßig gar zu machen, ist es nothwendig, den Braten häufig umzudrehen und den Topf gut bedeckt zu halten, damit die Wärme auch von oben wirken kann. Hat sich die Kruste einmal um das Fleisch gebildet, so kann man die Hitze bedeutend mäßigen, weil die Fleischfaser schon bei 80° gar wird. Beim Braten

sollen sich aus den Fleischbestandtheilen mehrere Producte der trockenen Destillation bilden, worunter die Essigsäure in so fern am wichtigsten ist, als
durch sie die Fleischfaser löslicher wird. In wie fern sie zu dem eigenthümlichen Bratengeschmacke beitragen, ist nicht bekannt. Es ist fehlerhaft,
dem zu bratenden Fleischstücke etwas Wasser beizugeben, ganz besonders aber
beim Beginne des Bratens. Unsere Kochkünstlerinnen dürfen nicht vergessen,
daß durch Zusatz von Wasser zwar die gewünschte größere Quantität von
Sauce zu erzielen ist, aber dies nur auf Kosten der Güte des Bratens. Zu
einem Braten gehört Fett oder Rahm, und zwar um so mehr, je magerer
derselbe von Natur und je kleiner derselbe gewählt ist. So können Beefsteaks nur durch ein paarmaliges kurzes Eintauchen in kochendes Fett saftig
und vorschriftsmäßig gebraten werden.

Conservirung der Lebensmittel im Allgemeinen, insbesondere des Fleisches.

Alle organische Körper haben unter gewissen Bedingungen das Streben, in ihre Elementen zu zerfallen; dies ist um so stärker, je complizirter
ihre Zusammensetzung ist. Ein Proteïn-Atom löst sich leichter in seine elementaren Bestandtheile auf, wie ein Fett- oder Zucker-Atom. Die allgemeinste Ursache der Zersetzungen organischer Körper liegt wohl in der großen
Verwandtschaft des Kohlenstoff zum Sauerstoff, und des Stickstoff zum
Wasserstoff, also in der vereinten Neigung, sich der Elemente des Wassers
zu bemächtigen. Wasser, oder ein hinreichender Grad von Feuchtigkeit, ist
also eine nothwendige Bedingung des Verfalls.

Der Sauerstoff der Luft leitet in allen Fällen die Zersetzung ein;
seine Mitwirkung ist daher nothwendig. Indem er sich mit Kohlenstoff oder
Wasserstoff zu verbinden sucht, hebt er den Zustand der Ruhe auf, in welchem sich die Elemente eines organischen Atoms befinden. Das organische
Atom spaltet und zersetzt sich dann von selbst so lange weiter in einfachere
organische Verbindungen, bis es in seine einfachsten Verbindungen aufgelöst
ist, oder, bis äußere Umstände der Zersetzung Einhalt thun. Die einmal
eingeleitete Umsetzung geht auch ohne fernere Mitwirkung des Sauerstoffs
weiter, obschon dessen unbeschränkte Gegenwart sie in allen Fällen beschleunigt.
Wir sehen dies bei Weinmost, Bierwürze, Milch, Blut, Fleisch, Harn, die,
wenn sie einmal durch den Sauerstoff in den Zerstörungsprozeß hineinge-

rathen sind, darin verharren, selbst bei Luftabschluß. Milch, die man dem Einflusse des Sauerstoffs entzieht, indem man sie alltäglich auskocht, hält sich monatelang frisch.

Die Zersetzung organischer Körper setzt, außer Sauerstoff und Wasser, als dritte Bedingung einen Wärmegrad voraus, der zwischen 10—50° R. liegt. Je näher die Temperatur dem Gefrierpunkte, je weniger sind die organischen Atome im Stande sich zu bewegen, und je mehr verliert der Sauerstoff an seiner eigenthümlichen Verwandtschaft. Beträgt die Temperatur des organischen Körpers circa 50°, so hat zwar der Sauerstoff mehr Macht, aber die löslichen stickstoffhaltigen organischen Körper, wie das Eiweiß, gehen in unlösliche Form über; sie gerinnen und entziehen sich dadurch den zerstörenden Einflüssen. Auch wird bei solcher hohen Wärme der organische Körper zu schnell seines Wassers beraubt und ausgetrocknet. Er conservirt sich, weil sein complizirtes und sonst so leicht zerfallendes Eiweiß, theils durch Gerinnung, theils durch Wasserverlust dem verderblichen Einflusse des Sauerstoffs entzogen ist und er daher die nebenliegenden, einfacheren und stickstofflosen Verbindungen nicht in den Strudel der Umsetzung hineinzuziehen vermag. Als nothwendige Bedingung der Umsetzung organischer Körper haben wir also zu erachten:

1. Hinreichende Feuchtigkeit. 2. Sauerstoff der Luft. 3. Ein löslicher Proteïnkörper, der leicht zum Fermente wird, oder, ein bereits in Umsetzung begriffener Fermentkörper. 4. Eine Wärme von 10—50° C.

Die Theorie der Conservirung der Lebensmittel muß also darauf hinauslaufen, eine oder mehrere jener vier zur Verderbniß derselben nothwendigen Bedingungen hinwegzunehmen oder unmöglich zu machen. Ein organischer Körper wird am besten in dem Falle conservirt sein, in welchem keine jener Bedingungen möglich ist; am unvollkommensten, wenn nur eine von den vier Ursachen beseitigt ist. Es ist klar, daß die Mittel, durch welche sich jene Ursachen practisch beseitigen lassen, auch die für die Conservirung der Lebensmittel allein gültigen sein müssen. Wir wollen sie kurz andeuten.

Das Austrocknen wasserreicher Nahrungsmittel an der Luft oder in einem erhitzten Luftstrom ist ein einfaches und wirksames Conservirmittel. Hierbei wird das überschüssige Wasser entfernt, und wenn es bei Wärme geschah, auch das Albumin unlöslich gemacht. Trocknen des Obstes, der Gemüse, der Futterkräuter, des Malzes, des Fleisches.

Das Einsalzen mit Kochsalz. Hierdurch werden sowohl ein Theil des Wassers ausgezogen, als auch das darin gelöste Albumin und sonstige stickstoffhaltige Fermentstoffe. Indem Kochsalz z. B. auf Fleisch gestreut wird, bildet sich aus dem Fleischsafte eine Salzlacke, auch Pöckelflüssigkeit genannt.

Das Räuchern, welches ausschließlich zur Conservirung des Fleisches geschieht, bezweckt erstens das Austrocknen desselben und zweitens die chemische Wirkung des Holzrauches. Letztere beruht auf einer Verbindung des im Holzrauche enthaltenen Kreosots mit dem Albumin, wodurch dieses unlöslich und unverweslich wird. Die Menge des Kreosots im Holzrauche ist so gering, daß die energische Wirkung desselben eine sehr auffallende Erscheinung bleibt.

Der Alkohol conservirt in so fern die Lebensmittel, die in denselben hinein gelegt werden, als er ihnen das Wasser entzieht und ihre löslichen Fermentstoffe fällt. Grade so, wie der Alkohol wirkt der Essig.

Dem Conserviren vermittels Zucker liegt der Umstand zu Grunde, daß er mit dem Saft der Früchte eine sehr concentrirte Lösung eingeht, welche deren Zersetzung unmöglich macht. Bekanntlich gähren nur verdünnte, nicht aber sehr concentrirte Zuckerlösungen.

Das Einmachen in Fett oder das Begießen eines Nahrungsmittels mit einer Oelschicht wirkt deshalb schützend, weil dadurch der Zutritt des Sauerstoffs der Luft verwehrt wird.

Das Aufbewahren in Eis, in kalten Kellern und in Erdgruben entzieht die Nahrungstoffe der zur Zersetzung nöthigen Wärme und bewahrt sie ferner vor dem Wechsel der Temperatur.

Das Einmachen und Zusammenpressen von saftigen, vegetabilischen Nahrungsmitteln und Futterstoffen in Fässern, Töpfen und Gruben schützt sie vor der Einwirkung des atmosphärischen Sauerstoffs.

Das Behandeln mit Gerbstofflösungen geht auf die Bildung einer zähen und durchaus unlöslichen Verbindung von Gerbsäure mit Proteïnstoffen hinaus. Durch Gerberlohe werden thierische Häute conservirt, indem sich gerbsaurer Leim (Leder) bildet.

Ebenso setzt die Anwendung von schweren Metalloxydsalzen die Beseitigung, resp. die Unlöslichmachung der Fermente oder löslichen Proteïnstoffe voraus. Kupfervitriol, Zinkvitriol, Eisenvitriol, Quecksilberchlorid, womit man Hölzer oder Thiersubstanzen durchtränkt, verbinden sich mit dem löslichen Proteïn derselben und beseitigen so die Hauptursache der Zersetzung.

Ausgestopfte Thierbälge conservirt man durch arsenige Säure, die gleichfalls mit dem Protein unlösliche Verbindungen eingeht.

Die Dämpfe von schwefliger Säure, welche beim Verbrennen des Schwefels entstehen, entziehen dem zu conservirenden Stoffe begierig den Sauerstoff unter Bildung von Schwefelsäure. Hierauf beruht das Vortheilhafte des Schwefelns der Weinfässer.

Oelanstriche und Firnisse schützen das Holz vor Verderben, indem sie das Eindringen von Feuchtigkeit und Sauerstoff verhindern.

Holz- und Steinkohlen-Theer wirkt durch ihr Kreosot und durch brenzlichen Oele.

Aussetzung der Siedhitze. Im kochenden Wasser verlieren wasserreiche Nahrungsmittel einen Theil ihres Wassers und Eiweißes. Der Rest des löslichen Eiweißes gerinnt. Dies verursacht die längere Haltbarkeit.

Aufbewahrung nach der Appert'schen Methode. Hierbei werden die Nahrungsmittel in Blechkästchen oder Flaschen verpackt, die nach ein paar Stunden langem Verweilen in kochendem Wasser, rasch verstöpfelt oder zugelöthet werden. Dadurch sind die Stoffe dem Einflusse des Sauerstoffs gänzlich entzogen. Das Kochen bezweckt hier, den in den Gefäßen enthaltenen Sauerstoff in Kohlensäure umzuwandeln und die fermentfähigen Eiweißstoffe unlöslich zu machen. Nach dieser Methode halten sich die Nahrungsmittel auf unbegrenzte Zeit hin ganz frisch. Sie ist deßhalb besonders wichtig und empfehlenswerth.

Welchem von den der Reihe nach hier angedeuteten Conservir-Verfahren man den Vorzug gibt, hängt von der Natur des zu Conservirenden ab. So wird man keine Nahrungsmittel durch arsenige Säure oder eine Lösung von schweren Metalloxyden, Holz nicht durch Zuckerlösung, Gemüse nicht durch Kreosot oder Holzrauch conserviren wollen. Bei der Wahl entscheidet der Zweck und die Natur des zu Conservirenden. Bei den einzelnen Nahrungsmitteln werde ich auf Grund der jetzt entwickelten theoretischen Betrachtungen die beste Conservirmethode hervorheben.

Einstweilen gehen wir zur Conservirung des Fleisches über.

Die gebräuchlichsten Methoden sind Austrocknen, Salzen, Räuchern und Einkochen bei Luftabschluß.

Das Austrocknen des durchschnittlich 70 % Wasser haltenden Fleisches wäre das sicherste Mittel, um es vor Verderben zu schützen. Auch in öconomischer Hinsicht verdient diese Methode vor Allem den Vorzug, weil dabei das Fleisch gar nichts an seiner nährenden Kraft verliert, was beim Salzen und Räuchern des Fleisches entschieden der Fall ist. Für uns wird jedoch diese Methode weniger brauchbar sein, weil das Fleisch vor dem Trocknen in dünne Schnitte oder Riemen gebracht werden muß, die sich für manche Zwecke unserer Küche und Tafel nicht eignen möchten, und weil ferner dazu die Herstellung eines erhitzten, künstlichen Luftstromes nothwendig ist. Hier in Deutschland und Frankreich ist im Sommer die Luftwärme nicht groß genug, um vermittelst derselben das Fleisch so rasch zu trocknen, daß die Befürchtung schwindet, es möchte während des langen Trocknens in Verderbniß übergehen.

Trotzdem möchte ich an Stelle des dem Fleische so schädlichen Einsalzens das Austrocknen in einem bis 70° R. erhitzten Luftstrome, worin das Fleisch in nicht zu großen Stücken einige Tage aufgehangen bleibt, empfehlen. Ein so bis auf 50% Wassergehalt reduzirtes und darauf gut geräuchertes Fleisch wird im Vergleich zu gesalzenem ohne Zweifel die Kosten einer solchen Trockenkammer genügend ersetzen. Noch besser möchte der Vorschlag von Verdeil sein, der empfiehlt, das Fleisch zuerst in 3 Zoll dicke Lappen zu schneiden, diese in einer eisernen Kammer aufzuhängen, und sie darin ¼ Stunde lang der Einwirkung eines Wasserdampfes von 4 Atmosphären-Spannung auszusetzen. Durch den Dampf werden die Fermentstoffe des Fleisches so unschädlich gemacht, daß selbiges hernach in Trockenstuben, in denen ein Luftstrom von 30° R. circulirt, so lange sorglos getrocknet werden kann, bis sein Wassergehalt bis auf 20% gesunken ist. Dann conservirt es sich vortrefflich.

Das Austrocknen des Fleisches wird natürlich am einfachsten unter der Hitze des tropischen Himmels bewirkt. Dort scheint es auch die allgemein befolgte Conservirmethode zu sein. Boussingault's Reisen durch die amerikanischen Tropenländer verdanken wir folgende anziehende Skizze:

„Die Viertel der Ochsen werden in dünne Streifen zerschnitten; die Geschicklichkeit besteht darin, mittels eines scharfen Messers mehrere Meter lange Streifen Fleisch zu erhalten, die mit Maismehl bestreut werden, um die Säfte aus dem Fleische aufsaugen zu lassen. Die so bestreuten Bänder werden auf horizontal liegenden Bambusstäben an der Sonne getrocknet und mit dem Namen „Tassajo" bezeichnet. Des Abends, wenn man Regen fürchtet, wird der Tassajo in Sicherheit gebracht und am folgenden Tage von Neuem der freien Luft ausgesetzt, bis das Trocknen beendigt ist. Er besitzt dann eine dunkelbraune Farbe; sein eigenthümlicher Geschmack hat nichts Unangenehmes; die Streifen sind biegsam genug, um, wie die Carotten beim Tabak, zusammengerollt werden zu können. Gegen Feuchtigkeit geschützt, hält sich der Tassajo sehr lange. 100 Theile Ochsenfleisch liefern beinahe 26 Theile Tassajo. Da das Austrocknen an der Sonne geschieht, so kennt man die Temperatur nicht, bei welcher es stattfindet; ich glaube jedoch, daß diese ziemlich hoch ist, und nach der dunkeln Farbe zu urtheilen, würde ich mich nicht wundern, wenn man fände, daß die Fleischstreifen einer Sonnenhitze von 60 — 70° ausgesetzt waren. Denn eines Tages, als ich die Planes des Magdalenenthales, die sich zwischen den Städten Mariquita und Neyba hinziehen, durchwanderte, fand ich Nachmittags um 3 Uhr die Hitze so unerträglich, daß ich mich entschloß, auf einer isolirt liegenden Hacienda, die ich in einiger Entfernung von meinem Wege bemerkt hatte, einzukehren. Auf dieser Niederlassung war man eben damit beschäftigt, einen Ochsen zu zerlegen, und bereits waren von früher her schon große Mengen von Fleischstreifen rings um das Haus herum zum Trocknen aufgelegt. Im Schatten eines Baumes empfand ich eine äußerst angenehme, allein so entschiedene Frische, daß ich es nicht für gerathen hielt, mich irgendwie zu entblößen. Als ich darunter eine Barometerbeobachtung machte, fand ich, daß diese mir wohlthuende Kühle immerhin noch einer Wärme von 40° R. gleich kam."

„Der Gebrauch des Tassajo ist in den Goldländern, wo die Grubenarbeiter keinen Ackerbau treiben, sehr verbreitet. Ich habe Choco-Neger gesprochen, die nie einen Ochsen gesehen hatten; sie kannten nur das getrocknete Muskelfleisch desselben. Während meines beinahe dreijährigen Aufenthaltes in den Minen von Bega, bei meinen Ausflügen zu den Gold- und Platinwäschereien, habe ich nur selten frisches Ochsenfleisch zu essen bekommen; man lebt hier allgemein von Tassajo."

„Man läßt den Tassajo kochen, als hätte man es mit einem Stücke frischen Ochsenfleisches zu thun; er schwillt im Wasser auf und gibt eine sehr wohlschmeckende Fleischbrühe, die, wenn sie mit Sorgfalt bereitet ist, Nichts zu wünschen übrig läßt. Wenn auf der Reise die Zeit nicht gestattet, den Topf auf's Feuer zu setzen, läßt man den zuvor auf einem Steine weichgeklopften Tassajo in Fett backen. Das so behandelte Fleisch bildet stark aufgetriebene Fasern; allein das Aroma ist ganz das eines Bratens. Im Felde wie auf Schiffen ist der Tassajo von großem Werthe; ein Soldat, dessen Sack 2 Pfund davon enthält, trägt in Wirklichkeit so viel, wie 8 Pfund frisches Fleisch bei sich."

Wenn unter hiesigen Verhältnissen das Einsalzen des Fleisches durch ein anderes, ebenso bequemes als billiges Conservirverfahren umgangen werden könnte, dann würde unter allen Conservirverfahren das Einpöckeln des Fleisches das Verwerflichste sein. In der Ermangelung eines Besseren aber machen wir aus der Noth eine Tugend und suchen dabei das nothwendige Uebel zu lindern. Das Uebel liegt eben in der Natur der Sache. Indem nämlich das frische Fleisch mit Kochsalz eingerieben wird, macht das Salz seine Verwandtschaft zu Wasser gegenüber dem Fleische geltend. *) Das Wasser wird vom Salze stärker angezogen, als vom Fleische zurückgehalten, und weil ferner das Fleisch in seinen Poren nur halb so viel gesättigtes Salzwasser, als reines Wasser aufnehmen kann, so läßt es die Hälfte seines Wassers ausfließen. Es bildet sich dadurch das Salzwasser oder die Pöckelflüssigkeit.**)

Hiernach erreichte man durch Salz das Nämliche, wie durch Austrocknen an der Luft. In beiden Fällen wird nämlich das Fleisch wasserärmer und haltbarer; aber der große und wohlzubeachtende Unterschied beider Verfahren liegt darin, daß während beim Austrocknen nur Wasser schwindet, beim Einpöckeln außerdem auch die im Fleischsafte gelös'ten organischen Fleischbestandtheile verloren gehen. Das Einsalzen wirkt grade so, wie das Auskochen des Fleisches. Sowohl das ausgekochte, wie das aus dem Pöckel genommene Fleisch ist der Hälfte seines Wassers, des ganzen löslichen Fleischextractes und der löslichen Mineralsalze beraubt. Die Pöckelflüssigkeit und die oben beschriebene Fleischbrühe sind in dieser Hinsicht ganz identisch. Erstere enthält nur dazu noch eine solche Menge von Kochsalz, daß sie zum Genuß unbrauchbar wird. Indem sie verloren geht, gießt man die wohlschmeckendsten und verdaulichsten Nährstoffe weg. Diesem großen Verluste muß vor-

---

*) Um der Fleischfaser eine rothe Farbe zu verschaffen, setzt man dem Kochsalze etwas Kalisalpeter zu. Zu viel Salpeter macht indessen das Fleisch zu hart und zähe. Ein Zusatz von Zucker, zu der Mischung des Kochsalzes und Salpeters, soll, gemäß vielen Erfahrungen, das Pöckelfleisch zarter machen. Als eine gute und für 100 Pfd. Rindfleisch ausreichende Mischung wird in England benutzt: 10 Pfd. Kochsalz, 5 Loth Salpeter und 1½ Pfd. Zucker.

**) Es ist, sobald die Pöckelflüssigkeit sich gebildet, darauf zu sehen, daß sie die in der Tonne zu oberst liegenden Fleischstücke wohlbedeckt. Geschieht dies nicht, so muß entweder die Pöckelflüssigkeit häufig unten abgelassen und wieder oben auf die Fleischstücke gegossen werden, oder es muß der Tonne so viel Wasser zugegossen werden, daß alles Fleisch von der Salzflüssigkeit bedeckt ist. Um allem dem von vorn herein zu entgehen, hat man, auf günstige Versuche gestützt, vorgeschlagen, das Quantum Kochsalz, Salpeter und Zucker in dem sechsfachen Gewichte von Wasser zu lösen und dann auf das in der Tonne befindliche Fleisch zu gießen. Es ist nicht zu bezweifeln, daß durch dies Verfahren weniger Fleischsaft aus dem Fleische gezogen und doch das Fleisch hinreichend von Salz durchdrungen wird. Indessen wird auch anderseits der Hauptzweck des Einpöckelns, nämlich Entziehung des überschüssigen Fleischwassers, dadurch nur unvollkommen erreicht, weßhalb ein um so sorgfältigeres Trocknen des aus dem Pöckel kommenden Fleisches vor dessen Räucherung geboten wird.

gebeugt werden. Man dampft zu dem Ende die Pöckelflüssigkeit so weit ein, daß das Kochsalz sich auszuscheiden beginnt. Gießt man sie dann in ein flaches Gefäß, so kristalifirt in einem Tage das Kochsalz heraus und die den Fleischextract enthaltende Mutterlauge läßt sich so größtentheils von ihm abgießen, Die Mutterlauge kann ohne Bedenken als concentrirter Fleischextract verwandt werden. Eine Analyse der Pöckelflüssigkeit besitzen wir von Girardin. Er untersuchte die vom americanischen Ochsenfleische. 100 Pfd. der Flüssigkeit, stammend von ungefähr 250 Pfund Fleisch, enthielten:

Albumin	1.23	
Extractivstoffe	3.40	8.76 Pfd. Fleischextract
Phosphorsäure	0.48	
Kalisalze	3.65	
Kochsalz	29.00	
Wasser	62.22	
	100	

Da 250 Pfund Fleisch beim Auskochen kaum mehr als 10 Pfund Fleischextract geben, so sieht man, daß das Einpöckeln das Fleisch außerordentlich erschöpft, hart, unschmackhaft und unverdaulich macht. Wahrlich wird dadurch die Haltbarkeit des Fleisches mit einem großen Opfer erkauft! Das gesalzene Fleisch kann auf die Dauer eben so wenig den Körper ernähren, wie das völlig ausgekochte. Es widerstrebt den Anforderungen des Organismus. Es enthält Kochsalz zu viel (immer noch 6—12 % seines Gewichtes) aber die Fleisch- und Blutsalze im Minimum. Bei Seereisen und auf Schiffen, wo der Genuß von Pöckelfleisch an der Tagesordnung ist, werden dadurch allerlei Krankheiten (Scorbut), die auf mangelhafter Beschaffenheit der Körpersäfte beruhen, erzeugt. Trotzdem das Pöckelfleisch gehaltreicher ist, als ein gleiches Gewicht frisches Fleisch, trotzdem 1 Pfund desselben (aus Amerika bezogen) weit billiger ist, als hiesiges frisches Fleisch, so konnte doch Girardin, welcher genaue und vergleichende Untersuchungen über gesalzenes und frisches amerikanisches Ochsenfleisch ausgeführt, nicht umhin von dem Bezuge des amerikanischen Pöckelfleisches abzurathen. Was man beim Ankaufe desselben an Quantität im Vergleich zu den hiesigen Fleischpreisen gewinnt, verliert man an dessen Qualität und weit geringerer Nahrhaftigkeit.

Da wir beim Einsalzen des Fleisches doch nur dessen Haltbarkeit bezwecken, so müssen wir im landwirthschaftlichen Haushalte darnach trachten, das Fleisch auf anderm, minder schädlichem Wege zu conserviren. Ich glaube, Falls wir ohnehin das Pöckelfleisch nachher räuchern, daß wir das

Einsalzen dadurch überflüssig machen, wenn wir nur, wie ich schon erwähnte, das frische Fleisch auf künstlichem Wege etwas austrocknen, und es dann desto besser räuchern. Da aber die Fleischräucherung gewöhnlich in sehr tadelnswerther Weise geschieht, so darf ich wohl auf diesen Punkt etwas näher eingehen.

Das Räuchern geschieht um 1) das Fleisch so sehr als möglich auszutrocknen; 2) um es der conservirenden Einwirkung der im Holzrauche enthaltenen brenzlichen Oele und des Kreosots so lange auszusetzen, bis diese gasförmigen Stoffe das Fleisch durchdrungen und unverweslich gemacht haben; 3) um den beißenden Salzgeschmack des direct aus dem Pöckel kommenden Fleisches etwas zu mildern.

Um das Fleisch durch das Räuchern möglichst von seinem Wasser zu befreien, müssen nothwendig der Rauch, so wie das Räucherungslocal trocken sein. Ein feuchtes Lokal und ein nasser Rauch, wie er durch feuchtes oder noch grünes Holz erzeugt wird, ist daher dem Fleische eher verderblich, als nützlich. Eben deßhalb ist auch die Einrichtung verwerflich, wonach die vom Kochheerde beständig aufsteigenden Wasserdämpfe mit in den Rauchfang und in die Rauchkammer treten. Ferner darf, jener Aufforderung zufolge, das Rauchzimmer nicht zu weit von dem Feuerheerde entfernt sein, sonst kühlt sich der Rauch, bevor er an's Fleisch tritt, zu sehr ab, was zwei Uebelstände mit sich bringt. Erstens verdichtet sich dadurch das im Rauche stets enthaltene Wasser zu früh und, mit Rußtheilchen geschwängert, schlagen sich die kleinen Wassertheilchen um die Oberfläche der an der Decke der Räucherkammer aufgehangenen Fleischstücke; sie verrußen dadurch, was den Wohlgeschmack beeinträchtigt. Zweitens vermag der zu sehr erkaltete Rauch das Rauchzimmer nicht genügend zu erwärmen, wodurch natürlich das Austrocknen des Fleisches unterdrückt wird. Da der Rauch eine Temperatur von 25—30° R. im Rauchlokale herzustellen und zu erhalten hat, so wird es erfahrungsgemäß am gerathensten sein, den Rauch keine längere Strecke als 5 Fuß passiren zu lassen, ehe er in's Rauchzimmer tritt.

Die Räucherungen werden meistens vorgenommen zu einer Zeit, wo es allenthalben recht kalt zu sein pflegt. Befindet sich das Rauchzimmer unter dem Dache, oder auf dem Söller des Hauses, so vermag die Winterkälte einen störenden Einfluß auf die grade stattfindende Räucherung auszuüben, was weniger möglich ist in niederen, geschützten Localitäten. Auch leidet das Fleisch in den Dachrauchkammern oft so empfindlich durch die Sonnenhitze, daß man es wegzuhängen genöthigt ist. Manche Rauchzimmer sind so niedrig, daß man, ohne sich zu beschmutzen, kaum unter dem aufgehangenen Fleische herumtappen kann. Dieser Uebelstand macht eine gehörige Vertheilung des Rauches unmöglich. Dieser soll aus einer dicht über dem Boden des Rauchlocales angebrachten Oeffnung des Kamines eintreten und durch eine zweite Kaminöffnung in der Höhe der Decke wieder abgeleitet werden. Nur wenn das Local hoch und überall sorgfältig verschlossen ist, kann diese Rauchcirculation gleichmäßig und ungestört vor sich gehen. Um endlich selbige zu reguliren, ist zwischen den beiden Kaminöffnungen ein Schieber anzubringen, der, ähnlich wie bei einem Ofenrohre, den Rauch nöthigt, entweder ganz oder theilweise in's Rauchcabinet zu treten.

Bevor man das Fleisch aus dem Pöckel in die Rauchkammer hängt, muß es vorab in einem Zimmer oder auf dem Söller so aufgehangen werden, daß ein lebhafter Zugwind es durchstreicht. Dieser Rath wird gewöhnlich nicht befolgt; indessen sollte man bedenken, wie viel Wasser dadurch das nasse Pöckelfleisch in 1—2 Tagen verliert, und wie haltbar es dadurch wird. Man sollte nicht vergessen, das Fleisch, im nassen Zustande der Einwirkung des Rauchs preisgegeben, niemals schmackhaft werden kann. Nur völlig abgetrocknetes Fleisch leidet nicht durch die Räucherung. Das Raucherzeugungsmaterial sind die trockenen Holzspähne. Steinkohlen und Torf sind durchaus verwerflich und dem Wohlgeschmack des Fleisches gefährdend. Da in vielen Haushaltungen nur Steinkohlen oder Torf das Brennmaterial bilden, so wird es geboten sein, entweder außerhalb der Räucherkammer einen besondern zur Holzfeuerung eingerichteten Feuerheerd einzurichten, oder während der 5—10 Tage des Räucherns auf dem Hauptheerde des Hauses nur mit Holz zu feuern. Es ist gut, wenn das zur Räucherung bestimmte Holz wegen beschränktem Luftzutritt nicht rasch und lebhaft verbrennt; indessen darf der Rauch keinen dicken, schwarzen Qualm bilden, wie er von Manchen durch nasses und grünes Holz zu erreichen gradezu bestrebt wird. Daß dies nur zweckwidrig ist, wird aus oben Gesagtem einleuchten. Die Räucherung muß bis zur Beendigung derselben ohne Unterbrechung und gleichmäßig vor sich gehen; falls das Rauchlokal zu kalt ist, muß sogar während der Nacht für die Fortdauer der Räucherung gesorgt werden.

Ist das Rauchlokal tadellos angelegt, so möge das Fleisch auch während des Sommers in selbigem verbleiben. Man sorge dann nur dafür, es zuweilen zu lüften. Schinken und sonstige werthvollere Fleischstücke füllt man während des Sommers in Fässer, so daß die einzelnen Stücke mit Holzasche oder Kleien durchschichtet sind. Dann conserviren sie sich vorzüglich.*)

---

*) Aus dem Pöckel kommendes Rindfleisch, Schinken, auch frische Würste, lassen sich in Ermangelung eines Räucherlocales auf folgende, von Jäger

Aufbewahren des geräucherten Fleisches in Dachkammern sowohl, wie in feuchten Kellern ist nicht rathsam.

Ueber eine vierte Methode der Conservirung des Fleisches, die früher kurz erwähnte Appert'sche nämlich, gedenke ich hier hinweg zu gehen. Nicht deßhalb, weil ich dieselbe mißbilligte, oder deren practische Bedeutung verkennte, sondern weil sie in unserm landwirthschaftlichen Haushalte meiner Ansicht nach schwerlich in ihrem Werthe entsprechende Ausbeutung finden dürfte und mehr für den Unternehmungsgeist des Industriellen bestimmt ist. Damit will ich einstweilen nur deren Anwendbarkeit auf die Conservirung des Fleisches im landwirthschaftlichen Haushalte in die Ferne schieben, gedenke jedoch deren Prinzipien etwas mehr da in Anwendung zu bringen, wo es sich um die Praxis der so schwierigen Aufbewahrung der frischen, saftigen und vegetabilischen Nahrungsmittel handelt.

Das Blut.

„Die mongolischen Steppenvölker trinken das Blut von wiederkauenden Thieren und von Pferden. Nach den Berichten von Parry wird bei den Eskimos das Blut von Rennthieren, Seehunden, Wallrossen und Wallfischen getrunken. Den Lappen und Samojeden ist warmes Rennthierblut ein Lieblingsgetränk. Die Neuseeländer endlich trinken sogar das warme Blut ihrer erschlagenen Feinde." (Moleschott.)

Wo das Thierblut als Getränk benutzt wird, da genießt man es frisch und warm, wie es aus den Adern rinnt. Denn bei seinem Erkalten coagulirt die Blutmasse, und es scheiden sich seine Hauptbestandtheile (Fibrin

---

empfohlene, Weise haltbar und wohlschmeckend conserviren: Man nehme zu 50 Pfd. Fleisch 1½ Pfd. Glanzruß von reiner Holzfeuerung, koche denselben mit 8 Quart Wasser zwei Stunden lang und seihe durch ein Tuch das Unlösliche ab. In der klaren Flüssigkeit löse man darauf ⅓ Pfd. Kochsalz und die Räucheressenz ist fertig. In diese lege man Würste je nach der Größe ¼—1 Stunde, Rindfleisch und Schinken je nach der Größe 6—16 Stunden lang. Nach dieser Zeit wird das Fleisch herausgenommen und an einem luftigen Orte möglichst schnell abgetrocknet, und dann wie gewöhnlich aufbewahrt. Offenbar sind die im Holzruß enthaltenen holzessigsauren Salze und Kreosottheile das conservirende Prinzip jener Räucheressenz, deren Wirkung durch Zusatz von etwas künstlichem Holzessig sich bequem verstärken läßt.

und Blutkörperchen) von dem Albumin und Serum. Es kann dann nur noch als Zusatz zu Speisemischungen benutzt werden.

Ob das Blut nahrhaft sei, richtet sich nach dessen Verdaulichkeit eines-theils und anderntheils nach dessen Zusammensetzung. Das Blut enthält im Durchschnitt 20% fixe Stoffe, worunter 17—18% Proteïnstoffe und 2—3% Fett, Extractivstoffe und Salze zu finden sind. Es ist hiernach bezüglich der fixen Bestandtheile und des Proteïngehaltes am vergleichbarsten mit fettfreiem Muskelfleisch. Gleich wie dieses zu viel Proteïn im Verhält-niß zu stickstofflosen Verbindungen enthält, um als ein vollkommenes Nah-rungsmittel zu gelten, in noch höherem Grade einseitig müssen wir das Blut erachten. Es ist zu proteïnreich. Es kann nur beim gleichzeitigen Genusse von fett- und kohlehydratreichen Nahrungsmitteln als ein kräftigendes und auch leicht verdauliches Getränke bezeichnet werden. Jene nordischen Step-penvölker leben auch nicht ausschließlich von Blut und wenn der Tiger und ähnliche Raubthiere nach Blut dürsten und vorerst das warme Blut ihrer unglücklichen Opfer saufen, ehe sie deren Fleisch verzehren, so deutet dies darauf hin, daß das Blut seiner Natur nach auch rasch in das Blut des Thieres übergehe, von dem es eingenommen wird, daß es also durch seine Verdaulichkeit, seinen Proteïnreichthum und seine Salze im Stande ist, schneller als Fleisch die Bedürfnisse des hungrigen Thieres zu be-friedigen.

Der diätische Genuß warmen Thierblutes soll eine günstige Wirkung auf, durch Krankheiten der Verdauungsorgane entkräftete, bleichsüchtige Per-sonen äußern. Mit dem genossenen Blute empfängt der Bleichsüchtige in größter Menge den ihm mangelnden Blutfarbstoff. In dem Maaße, als sein Blut dadurch normaler und gehaltreicher wird, heben sich die gesunkenen Functionen aller Sekretionsorgane und damit allmählig die Entkräftung des Körpers. Das Kalbsblut wird meistens zu solchen naturwüchsigen Curen benutzt.

Wo auch das Blut vorurtheilshalber nicht getrunken wird, da ist es durchaus nicht gerechtfertigt, dasselbe unbenutzt weg zu gießen, wie dies in Schlächtereien und auf dem Lande beim Abschlachten eines Stücks Vieh zu geschehen pflegt. **Ein Pfund Blut ist, richtig benutzt, mindestens so viel werth, als ½ Pfund Fleisch; und ¹⁄₁₀ des Körper-gewichts des Thieres ist Blut.** Man sollte es sorgsam auffangen, dann noch warm mit einem weichen Handbesen so lange schlagen, bis das Fibrin sich an demselben abscheidet, wodurch es nicht mehr coagulirt und dann es möglichst frisch als Zusätze zu stickstoffarmen Gemüsen, Suppen und zu Brod*) benutzen, oder es mit geriebenem Weizenbrode unter Zusatz von etwas wenig Speck und Gewürzen so stark versetzen, daß aus der Masse Blutwürste geformt werden können. Diese Blutwürste sind nahrhaft, müssen aber frisch und bald verzehrt werden. Es ist verwerflich, sie durch Räuchern länger erhalten zu wollen. Man hat bei nachlässiger Bereitung und Räucherung zu riskiren, daß sich solche Würste zersetzen und Veranlassung zur Bildung eines nicht näher erforschten Alkaloïdes geben, dessen furchtbare Giftigkeit vielen Blutwurst Essenden den Tod gebracht hat.**)

Die Eier.

Das Ei ist ein Sekretionsproduct des Blutes. Es dient zur Fortpflanzung der Art. Das Ei des Vogels und des weiblichen Säugethieres sind physiologisch von gleicher Bedeutung. Die Vögel scheiden das Ei ab und brüten daraus ihr Junges; das weibliche Säugethier thut dies nicht, sondern es bildet aus dem befruchteten Eie das Junge, das es so lange durch sein Blut ernährt, bis es zur Geburt reif ist.

Nur das Hühnerei, das vornehmlich zur Nahrung benutzt wird, kennen wir einigermaßen genau; es ist indessen anzunehmen, daß die Eier aller anderen Vögel mit dem Hühnerei gleiche qualitative Zusammensetzung theilen.

---

*) Nach einer Mittheilung des Oberforstraths von Berg, bereitet man in den landwirthschaftlichen Haushaltungen Schwedens aus Roggenmehl, 2 Theilen kochsalzhaltigen Wassers und 1 Theil Blut, einen Teig, der durch etwas Hefe in Gährung gesetzt und dann zu Brodkuchen verbacken wird, die etwa 9 Zoll im Durchmesser haben und ½ Zoll dick sind. Dieses Blutbrod (Palt-Bröd) enthält nach Stöckhardt's Analysen Proteïn zu N-freien Stoffen, wie 1 : 7,6, während gewöhnliches schwedisches Roggenbrod diese Nährstoffe im Verhältnisse von 1 : 13,5 führt. Das Blutbrod wird mit Wasser gekocht, und mit einer Milchsauce übergossen, dem Gesinde einige Mal in der Woche als Abendessen gegeben und es liebt das Gesinde diese Speise als sehr wohlschmeckend und nahrhaft.

**) Kaiser Sigismund hielt den Genuß der Speisen aus Thierblut für Barbarismus, und bestrafte ihn, kraft einer Verordnung, mit dem Schandpfahle.　　　　　　　　　　　　　　　　　　　　(Reule.)

Nach Prout besteht ein frisches Hühnerei aus

$$
\begin{array}{llll}
\text{Schale und Haut} & 10.7\% & = & 6 \text{ Gramm} \\
\text{Eiweiß} \ldots & 60.4 \,\text{„} & = & 36 \quad\text{„} \\
\text{Eigelb} \ldots & 28.9 \,\text{„} & = & 18 \quad\text{„} \\
\hline
& 100 & & 60
\end{array}
$$

Das Eiweiß oder das Weiße des Eies ist eine concentrirte Auflösung von Albumin in Wasser im Verhältnisse von 1:6. Das Albumin ist im Eiweiß in proteïnartigen Zellen eingeschlossen. Beim Kochen gerinnt dasselbe, wie das Pflanzen- und Thieralbumin. Hierauf beruht das Hartkochen der Eier. Dieselben sind in diesem Zustande nicht so leicht verdaulich, wie rohe oder weich gekochte Eier.

Der Dotter ist von complizirter und merkwürdiger Zusammensetzung. Nach Gobley, dem wir eine vortreffliche Untersuchung desselben verdanken, enthält der Dotter kein eigentliches Albumin, sondern einen demselben sehr nahe verwandten Proteïnstoff, Vitellin genannt. Nach Lehmann soll das Vitellin ein Gemenge von Albumin und Caseïn sein. Außer dem Vitellin ist der Dotter sehr reich an fettigen Substanzen. Namentlich finden sich darunter die Gehirnfette, deren Zusammensetzung ich früher angegeben. Ist es nicht merkwürdig, daß die das edelste Organ des Thieres, nämlich das Gehirn, auszeichnenden, hoch organisirten Fette grade im Eie wiederkehren, welches wir als die geheimnißvolle Quelle alles organischen Lebens anzusehen haben? Beim Vergleiche des Eies mit dem Hirne können wir uns deßhalb nicht die Bedeutung ihrer stofflichen Zusammensetzung gegenüber ihrer Bestimmung verhehlen.

Nach einer Analyse von Gobley besitzt der Dotter des Hühnereies folgende procentische Zusammensetzung:

$$
\begin{array}{lr}
\text{Vitellin} & 15.8 \\
\text{Margarin und Elaïn} & 21.3 \\
\text{Chlolesterin} & 0.5 \\
\text{Lecithin} & 8.4 \\
\text{Cerebrin} & 0.3 \\
\text{Extractivstoffe} & 0.4 \\
\text{Salze} & 1.8 \\
\text{Wasser} & 51.5 \\
\hline
& 100
\end{array}
$$

Payen fand im frischen Ei:

$$
\begin{array}{lr}
\text{Wasser} & 74.67 \\
\text{Fett} & 10.43 \\
\text{Proteïn} & 13.62 \\
\text{Mineralstoffe} & 1.34 \\
\hline
& 100.06
\end{array}
$$

In einem mittelgroßen Hühnerei ist $^1/_{90}$ Pfd. Eidotter und $^1/_{90}$ Pfd. Eiweiß enthalten. (Lehmann und Polek). Hiernach liefert ein Ei 12 —13 Gramm wasserfreie Nahrungsstoffe. Ein Ei wiegt 55—60 Gramm oder stark $^1/_{10}$ Pfd.

Ueber die Mineralsalze des Eies geben uns folgende Analysen von Polek Auskunft:

In 100 Gewichtstheilen Eiweiß fand er 0.65 und in 100 Gewichtstheilen Dotter 1.52 Theile Asche. Die Asche hatte folgende procentische Zusammensetzung:

	Eiweiß:	Eidotter:
Kali	2.36	8.93
Natron . . .	23.04	5.12
Chlorkalium .	41.29	—
Chlornatrium .	9.16	—
Kalk u. Bittererde	3.34	14.28
Eisenoxid . . .	0.44	1.45
Phosphorsäure .	4.83	63.81
Phosphorsäurehydrat —		5.72
Schwefelsäure .	2.63	—
Kieselsäure . .	0.49	0.55
Kohlensäure . .	11.60	—

Aehnliche Resultate erhielt auch Weber bei seinen betreffenden Analysen.

Wir sehen hieraus, daß das Eiweiß reich an Chloriden und kohlensauren und schwefelsauren Alkalien, während umgekehrt der Eidotter arm daran ist, dagegen außerordentlich reich an phosphorsauren Alkalien und phosphorsauren Erden. Die Phosphorsäure ist im Eidotter in solchem Ueberschusse vorhanden, daß sie mit den basischen Stoffen der Asche nicht nur saure Salze (PO_5, MO) bildet, sondern noch frei vorhanden ist.

Diese Thatsachen zwingen uns die Folgerung ab, daß der ausschließliche Genuß von Eidotter der alkalischen Beschaffenheit des Blutes widerstrebt, weil die Dotter demselben zu viel Phosphorsäure zufügen und gar kein Kochsalz. Dies gibt einen Wink, entweder die Dotter mit Kochsalz und mit an kohlensauren Alkalien reichen Nahrungsmitteln (Spinat, Salat, Kartoffeln) zu verspeisen, oder sie nicht vom Eiweiß zu trennen. Der hohe Nährwerth des Eidotters sowohl, wie des Eiweißes kann nur dann vollständig ausgenutzt werden, wenn das Ei als Ganzes für sich genossen wird. Dies ist außerdem deßhalb rathsam, weil das Eiweiß allein zu arm an fettigen Stoffen und deßhalb nicht im Stande ist, den Körper auf die Dauer zu ernähren.

Nach dem bis jetzt Gesagten ist die Behauptung einleuchtend, daß der Eidotter bei weitem mehr werth ist, als das Weiße der Eier.

Bei der Bebrütung tritt Sauerstoff durch die feinen Poren der Eischale an die Substanz des Eies und, ähnlich wie beim Athmungsprozesse, haucht das Ei dafür Kohlensäure aus; es wird fettärmer und stets leichter. Gleichzeitig metamorphosiren sich unter dem Einflusse des Sauerstoffs die Proteïnkörper; sie sind das Material, aus welchem der Embryo seine Masse entwickelt. Der Phosphor und Schwefel des Eies scheint zu Phosphorsäure und Schwefelsäure zu verbrennen. Auch wird phosphorsaurer Kalk aus der Eischale ausgezogen und zur Bildung des Knochengerüstes verwandt. Dadurch erklärt sich, warum beim Bebrüten die Eischalen immer schwächlicher und leichter werden. Die Schale von frischen Eiern besteht aus 90% kohlensaurem Kalk und 5—6% phosphorsaurem Kalk.

Der enorme und allverbreitete Eierconsum *) macht die Frage nach der zweckmäßigsten Aufbewahrung des leicht in Fäulniß verfallenden Eies von einer gewissen Wichtigkeit. Die besseren von den vorgeschlagenen Verfahren zielen sämmtlich darauf hin, die Eischale luftdicht zu machen, wodurch der Sauerstoff, als die Ursache der Fäulniß, nicht mehr in's Innere gelangen kann. Practisch wird das erreicht, 1) indem man die Eier einige Augenblicke in heißes Gummiwasser taucht und sie darauf mit Gyps überstreut und trocknet, oder 2) indem man sie in eine Lösung von 1 Theil Kochsalz und 10 Theilen Wasser legt und so aufbewahrt, oder 3) indem man sie mit erwärmtem Schweineschmalz umreibt, 4) indem man sie eine Zeitlang in Kalkwasser (nicht Kalkbrei) legt und darauf an der Luft trocknet, wodurch sich um die Schale eine Schicht von kohlensaurem Kalk bildet.

All' diese Verfahren setzen eine kühle Aufbewahrung der Eier stillschweigend voraus.

---

*) Nach einer offiziellen Statistik verzehrt jeder Pariser jährlich 116 Eier. Ganz Frankreich consumirt deren 7231 Millionen Stück und sendet außerdem noch für circa 4 Millionen Francs Eier nach dem Londoner Markte.

11. Vortrag.

Die Nährmittel pflanzlichen Ursprunges.

Unter den vegetabilischen Nahrungsmitteln gebührt den Getreidearten (Cerealien) die erste Stelle. — Ihre Bedeutung für das thierische
Leben ist eher größer als geringer, wie die des Fleisches. Ihre Production
aber ist entschieden massenhafter und öconomisch einfacher, als die Fleischproduction. Während diese am Ende stets auf dem thierischen Verzehr einer
bereits fertig ausgebildeten vegetabilischen Nahrung beruht, wird das Getreide
direct aus einigen im Culturboden und in dem Luftkreise reichlich sich findenden, einfachen und zum Unterhalte des Thierlebens untauglichen Element-
verbindungen erzeugt. Es ist die Aufgabe des Ackerbaues, aus Kohlensäure,
Wasser, Amoniak und einigen Mineralsalzen gewisse Classen von Vegetabilien
zu schaffen, die gleich den Getreidearten im Stande sind, Fleisch und Blut
zu bilden, das heißt, das animalische Leben zu ermöglichen. So wird der
Landmann, der sein Samenkorn alljährlich dem Schooße der Erde anvertraut
und durch eine sorgsame Pflege dessen Ausbildung sicher stellt, zum
thätigsten Mitarbeiter an dem Bestande und der Erhaltung der menschlichen
Gesellschaft. Dem bescheidenen Ackerbaue ist damit eine, alle sonstige menschliche Thätigkeit an Wichtigkeit überragende Bedeutung gesichert.

Einerlei, wessen Volkes Vergangenheit wir mit aufmerksamem Blicke
rückwärts verfolgen, überall und immer fallen die Anfänge seiner socialen und

geistigen Cultur mit der Ausbreitung und Pflege des Getreidebaues zusammen. Nur durch den Ackerbau ward es dem Menschen möglich, von einem bestimmten Terrain seine Nahrung bleibend zu beschaffen; nur durch ihn konnte er sich dem ziellosen, wilden Nomaden- und Jägerleben entziehen. Einmal an die ernährende Scholle gebunden, sehen wir den Menschen als Theil einer auf gegenseitigen Dienstleistungen beruhenden großen Gemeinschaft. Staat, Gesetz und Gesittung sind Postulate und Folgen des Ackerbaues.

Diese Wahrheit wurde recht empfunden von jenem nordamerikanischen Indianer-Häuptling, welcher seinem Stamme einstens den Ackerbau in folgenden Worten empfahl: „Seht ihr nicht, daß die Weißen von Körnern, wir aber von Fleisch leben? Daß das Fleisch mehr als 30 Monden braucht, um heranzuwachsen, und oft selten ist? Daß jedes jener wunderbaren Körner, die sie in die Erde streuen, ihnen mehr als hundertfältig zurückgibt? Daß das Fleisch, wovon wir leben, vier Beine hat zum Fortlaufen, wir aber deren nur zwei besitzen, um es zu erhaschen? Daß die Körner da, wo die weißen Männer sie hinsäen, bleiben und wachsen? Daß der Winter, der für uns die Zeit unserer mühsamen Jagden, ihnen die Zeit der Ruhe ist? Darum haben sie so viele Kinder und leben länger als wir. Ich sage also Jedem, der mich hören will, bevor die Cedern unseres Lagers vor Alter werden abgestorben sein und die Ahornbäume jenes Thales aufhören, uns Zucker zu geben, wird das Geschlecht der kleinen Korn-Säer das Geschlecht der Fleischesser vertilgt haben, wofern diese Jäger sich nicht entschließen, zu säen!" — (Nach Knapp).

Zu den Getreidearten im weitesten Sinne gehören die Samen von Weizen, Roggen, Gerste, Hafer, Buchweizen, Mais und Reis. Sie alle sind ausgezeichnet durch ihren Reichthum an Stärke und ihre Armuth an Wasser. Da zur Nahrung des Menschen überwiegend der Weizen und Roggen, und in minderem Grade noch Buchweizen, Gerste und Reis benutzt werden, so kann unsere Betrachtung hauptsächlich auf Weizen und Roggen, und weniger auf die übrigen Körnerfrüchte gerichtet sein. Uebrigens kommen letztere noch ausführlich bei den Futtermitteln der Hausthiere (Vortrag 15) zur Sprache.

Die nähern Bestandtheile der Getreidearten sind: 1) Proteïnstoffe, 2) Stärke, 3) Gummi und Zucker, 4) Fett, 5) Hülsen und Zellstoff, 6) Mineralsalze, 7) Wasser.

Hinsichtlich der Characteristik der pflanzlichen Proteïnstoffe erinnere ich an das auf Seite 105 u. ff. darüber gesagte. Dort wurde, als der Hauptproteïnstoff des Getreides, der „Kleber" bezeichnet, eine Verbindung von 70 % Pflanzenfibrin mit 14—16 % Pflanzenleim (in kaltem Alkohol löslich) und 5—7 % Caseïn (in heißem Alkohol löslich). Außer diesem Kleber tritt in den Getreidesamen noch etwas lösliches Pflanzenalbumin auf. Stärke, Gummi, Traubenzucker, Fett und Zellstoff glaube ich Seite 116 ebenfalls zweckentsprechend beschrieben zu haben, weßhalb ich hier drüber weggehe, blos bemerkend, daß die neueren Untersuchungen die Existenz des Dextrins in den Getreidesamen verneinen und dafür Gummi und Traubenzucker als permanente Bestandtheile angeben.

Nach welchen Quantitäten jene organischen Verbindungen die Getreidesamen constituiren, ersehe man zunächst aus folgender, nach einer zuverläßigen Methode ausgeführten Analyse.

Weizenkörner aus Belgien.
(nach Oudemans)

Stärkemehl	57.00
Gummi	4.50
Pflanzenleim	0.42
Albumin	0.26
Caseïn	1.55
Fibrin	9.27
Fett	1.80
Zellstoff	6.10
Asche	1.70
Wasser	16.00
Extractivstoffe . . .	1.40
	100

$\left.\begin{array}{l} \\ \\ \\ \\ \end{array}\right\}$ = 11.50 Proteïnstoff.

Die sonst in der Literatur vorhandenen Getreide-Analysen habe ich nach folgender Tabelle übersichtlich zusammengestellt.

Prozentische Zusammensetzung von.	Proteïnstoffe	Stärke	Gummi und Zucker	Fett	Klüfer und Holzfaser	Salze	Wasser	Analytiker.
Weizen								
aus dem Elsaß . . .	14·6	59·7	7·2	1·2	1·7	1·6	14·0	Bouffingault
" Nordamerika . (Mittel von 20 Sorten)	11·8	67·6	7·4	—	0·7	—	12·6	Beck
" Schottland . . .	9·0	—	—	2·0	2·0	1·6	16·9	Anderson
" Frankreich (Mittel von 20 Sorten)	11·2	—	—	—	—	1·7	14·4	Reiset
" Sachsen . . .	11·8	64·4	1·4	2·6	2·5	1·6	15·6	Wunder
" Amerika . . .	10·9	68·4	3·6	1·2	8·8	1·6	10·8	Polson
" Flandern . . .	10·7	61·0	9·2	1·0	1·8	1·7	14·6	Péligot
" Odessa . . .	14·8	59·6	6·8	1·5	1·7	1·4	15·2	"
" Tanganrock . . .	18·6	57·9	7·9	1·9	2·8	1·6	14·8	"
" Polen . . .	21·5	53·4	6·8	1·5	1·7	1·9	13·2	"
" Ungarn . . .	18·4	62·2	5·4	1·1	1·7	1·7	14·5	"
" Egypten . . .	20·6	55·4	6·0	1·1	1·8	1·6	14·8	"
von baltischer Küste .	14·4	—	—	1·9	4·2	1·7	14·5	Poggiale
Roggen								
aus Hessen . . .	18·6	50·5	8·9	0·9	10·1	1·8	15·0	Fresenius
" dem Elsaß . . .	12·5	—	—	2·0	3·3	2·0	14·0	Bouffingault
" Frankreich . . .	11·6	56·5	10·2	1·9	3·5	2·2	14·1	Payen
" Sachsen . . .	9·1	64·9	0·4	2·3	3·5	1·4	18·3	A. Müller
" "	9·6	56·7	6·4	2·1	3·5	3·3	16·5	Wolff
" Würtemberg . . .	18·6	—	—	—	2·8	2·0	14·0	Fehling
" Sachsen . . .	8·9	—	—	—	2·0	1·4	16·9	Wunder
" Frankreich . . .	8·9	—	—	2·0	6·4	1·8	15·5	Péligot
von baltischer Küste .	8·8	—	—	2·0	6·4	1·8	15·5	Poggiale
Gerste								
Mittel von 6 Sorten .	11·4	—	—	—	3·6	2·6	14·6	Fehling
Chevaler-Gerste (Mittel von 9 Sorten)	8·2	—	—	—	7·2	2·8	14·7	Anderson
Gemeine Sommergerste (Mittel von 6 Sorten)	8·9	—	—	—	7·7	2·8	13·3	"
Gemeine Wintergerste (Mittel von 4 Sorten)	10·1	—	—	—	9·0	2·0	14·2	"
Eine bestimmte Sorte .	12·9	35·8	—	—	—	2·8	16·8	Horsford
" " "	8·7	—	—	—	—	2·3	16·8	Lawes u. Gilbert
" " "	10·4	—	—	—	—	2·7	18·1	Thomson
" " "	8·5	—	—	—	8·4	2·3	16·1	Ritthausen
" " "	11·1	—	—	—	6·4	2·8	14·3	"
" " "	10·7	—	—	2·4	8·8	2·6	15·2	Péligot
" " "	10·5	50·8	5·5	2·0	13·6	3·8	15·7	Wolff
" " "	13·2	52·7	4·2	2·6	11·5	2·8	12·0	Polson
" " "	10·7	—	—	2·4	8·8	2·6	15·2	Poggiale
Mittel von 8 Sorten .	8·8	—	—	—	—	2·5	13·0	A. Müller
Sommergerste aus Salzmünde .	9·3	60·4	1·2	2·0	9·7	2·4	15·0	Grouven
Hafer								
Mittel von 8 Sorten .	11·0	—	—	—	9·0	2·7	13·0	Fehling u. Faißt
Eine bestimmte Sorte .	10·2	—	—	6·1	10·0	2·7	12·6	Anderson
" " "	11·9	—	—	5·5	4·1	3·0	14·0	Bouffingault
" " "	8·8	55·4	2·5	6·4	9·6	2·7	14·6	A. Müller
" " "	12·0	—	—	—	10·3	2·6	14·3	Wolff
" " "	15·7	32·2	—	—	—	4·1	12·9	Krocker
Sandwich-Hafer*) .	10·0	—	—	—	11·8	2·9	14·0	A. Stöckhardt
Potatoe-Hafer*) .	10·4	—	—	—	11·2	2·5	14·0	"
Jütländischer Hafer*) .	10·2	—	—	—	10·7	2·7	14·0	"
*) in Sachsen gebaut								
Buchweizen								
Geschälter	18·1	—	—	3·9	8·5	2·5	13·0	Bouffingault
Ungeschälter . . .	8·5	37·8	—	—	—	2·0	14·8	Horsford u. Krocker
	9·1	45·0	7·1	0·4	22·0	2·4	14·0	Zenneck
Geschälter (aus Wien) .	2·6	76·9	3·8	0·9	1·0	—	12·7	v. Bibra
dito	3·6	76·7	4·8	1·8	1·3	—	13·7	"

Prozentische Zusammensetzung von	Proteinstoffe	Stärke	Gummi und Zucker	Fett	Pflanzen- und Holzfaser	Salze	Wasser	Analytiker.
Mais								
aus Hagenau (geschält) .	12.5	59.0	1.5	7.0	1.5	1.1	17.1	Boussingault
" Sachsen	8.8	58.0	5.8	9.2	4.9	3.2	10.5	Hellriegel
" Amerika	8.8	54.4	2.7	4.6	15.8	1.7	12.0	Polson
" Galacz	9.1	49.5	2.9	4.5	20.4	1.8	11.8	"
" Corsica (geschält) .	9.9	—	—	6.7	3.9	1.4	13.5	Poggiale
" der Schweiz . . .	—	51.2	6.7	3.8	12.5	—	10.6	v. Bibra
" Nassau (geschält) .	10.0	65.9	2.3	5.1	1.6	1.6	13.4	Fresenius
Reis								
aus Piemont	7.5	—	—	0.5	0.9	0.5	14.6	Boussingault
" Paina	7.2	79.9	1.6	0.1	0.5	0.9	9.8	Polson
" Piemont	7.8	—	—	0.2	3.4	0.3	13.7	Béligot
" Ostindien	8.9	73.9	2.2	0.9	2.0	—	14.0	v. Bibra
Hirse								
aus Hagenau (geschält) .	20.6	—	—	3.0	2.4	2.2	14.0	Boussingault
" Egypten (ungeschält) .	10.1	50.1	1.5	3.1	25.4	1.8	8.0	Polson
" Nürnberg (geschält) .	10.2	57.0	11.0	8.0	2.0	—	12.2	v. Bibra

In dieser Tabelle lassen sich die erheblichen Unterschiede nicht übersehen, welche die verschiedenen Analysen für die Zusammensetzung eines jeden
Samens constatiren. Fragt man daher, weßhalb die gleichnamigen Samen
chemisch so wenig identisch sind, so werden wir zunächst erinnern müssen an
die verschiedene Abstammung und Heimath des Samens, dann an die
wechselnden Einflüsse der Jahreswitterung, ferner an den großen Einfluß
der Düngung und an den noch größeren, welchen die physikalisch-chemischen
Constitution des Bodens thatsächlich ausübt; endlich noch treten, die von
den verschiedenen Chemikern benutzten analytischen Methoden erklärend herbei,
insoweit die e i n e Methode oft wesentlich andere Resultate bringt, als eine
zweite oder dritte beim selben Samenmateriale. Namentlich muß ich auf
die Unsicherheit der Zahlen für den Holzfasergehalt aufmerksam machen,
welche meistens nach der ältern Methode*) erlangt wurden, und daher durchgehends um 100 % geringer sind, als die nach der neueren Methode**)
erhaltenen Resultate.

---

*) Vollständiges Kochen des Pflanzentheiles mit 5prozentiger Schwefelsäure und
darnach mit 5 prozentiger Natronlauge. Der unlösliche Rückstand wird als
Holzfaser betrachtet.

**) Dieselbe ist zuerst von Poggiale u. Oudemanns in Anwendung gebracht und
durch v. Bibra „die Getreidearten", p. 196—221 vervollkommnet worden.
Sie benutzt keine Schwefelsäure, da alle Säuren die Holzfaser zu stark an-
greifen und in Zucker umwandeln, sondern sie läßt das Vegetabil successive
digeriren mit Malzextract und Kalilösung. Schließlich wird die Holzfaser
noch mit kalter Essigsäure und mit Alkohol gewaschen. Da sie indessen stets
noch geringe Menge von Asche und Protein-Verbindungen enthält, so müssen
diese Verunreinigungen bestimmt und in Abzug gebracht werden.

Bibra, der sehr viele Weizen-Sorten auf ihre Proteïn-Menge analysirte, berechnet als Durchschnitts-Gehalt für

russischer Weizen . 14.7 %
norddeutscher „ . . 14.1 „
süddeutscher „ . . 13.6 „
aegyptischer „ . . 9.3 „

Das nordische Getreide wäre also hiernach proteïnreicher, als das der südlichen Zonen.

In welch' deutlichem Zusammenhange die chemischen Constitutionen des Saamens mit seiner Größe, Schwere und Vollkommenheit steht, bekunden folgende Untersuchungen.

	Durchschnittliches Gewicht eines jeden Kornes.	Wasser	Holzfaser	Äsche	Proteïn	Fett	Zucker	Stärke	Analytiker.
Winterweizen, schwer	0.0320	15.64	2.54	1.57	11.84	2.61	1.41	64.38	Mittenzwey
„ leicht	0.0132	15.56	6.04	1.80	12.97	2.39	2.40	58.84	„
Winterroggen, schwer	0.0258	18.34	3.52	1.40	9.08	2.33	0.36	64.97	Alex. Müller
„ leicht	0.0129	16.46	4.64	1.80	10.06	2.81	0.62	63.61	„
Hafer, schwer	0.0305	14.70	8.46	2.74	9.00	6.56	2.40	56.14	„
„ leicht	0.0279	14.64	10.47	2.68	8.52	6.18	2.53	54.71	„

Somit zeigt sich, wenigstens bei Weizen und Roggen, daß je unvollkommener und leichter dessen Körner sind, desto reicher sind sie an Holzfaser, Proteïn und Asche. Gleiche Gewichte solcher verschiedenen Körner haben daher keinen gleichen Nährwerth; noch weniger ist letzteres der Fall bei gleichen Volumina. Ein Scheffel Weizen mit schweren Körnern kann ¹/₄—¹/₃ mehr werth sein, als wenn er mit leichten Körnern gefüllt ist.

Reiset, dem wir eine umfassende Untersuchung der Getreidearten verdanken, fand den Proteïngehalt verschiedener Weizensorten zwischen 10.68—17.93 %, den Wassergehalt zwischen 12—19 % und den Gehalt an Asche zwischen 1.77—2.25 % der lufttrocknen Körner. Mit der Aschenmenge vermehrt sich der Gehalt an Proteïn und auch die specifische Schwere der Körner. In einer und derselben Getreideart enthalten die großen und vollkommen entwickelten Körner mehr Wasser und weniger Proteïnstoffe, als die magern Körner. Eine Frucht von schönem Aeußern ist demnach weicher und gibt ein feineres weißes Backmehl, als die kleinen harten Körner, deren Mehl gelblich iſt und wegen ſeines Proteïnreichthums vorzüglich zu Nudeln, Pudding, Suppen und ähnlichen Mehlſpeiſen ſich eignet. Dieſe Differenzen findet Reiſet in ſolchem Belange, daß ein Arbeiter, der täglich 2½ Pfd. Brob ißt, je nach der Güte oder ſchlechten Beſchaffenheit des Getreides, oder je nach dem Proteïngehalt deſſelben bis zu ⅖ Pfund Rindfleiſch zuſetzen kann, um erſt ein gleiches normales Aequivalent zu erhalten.

Es iſt bekannt, daß nicht alle Weizenſorten, die ein ſchönes, weißes Mehl liefern, ein gleich vortreffliches Brob ergeben. Millon erklärt dieſes aus dem ſehr wechſelnden Klebergehalte des Weizens. Iſt dieſer zu gering, ſo gibt das Mehl einen ſchwer zu bearbeitenden Teig. Von dem etwa bekannten Stickſtoffgehalt eines Weizens kann man nicht auf deſſen Klebergehalt ſchließen, wie die folgende Unterſuchung Millon's darthut. Mehr Anhalt ſcheint die phyſikaliſche Conſtitution des Kornes zu gewähren, denn gewöhnlich ſind diejenigen Körner am kleberreichſten, die inwendig nicht weiß und mehlig, ſondern hornartig gelb und hart ſich zeigen. Solchen muſcheligen Bruch findet man am häufigſten bei ſüdlichen Weizenarten; ſie ſind kleberreich und eignen ſich deshalb wohl ſo gut zur Bereitung der Maccaroni's.*)

	Waſſer	Aſche	Holz-faſer	Fett	Stärke und Gummi	Stickſtoff auf Albumin berechnet	Trockner Kleber
Spaniſcher Weizen, seit 8 Jahren in der Umgegend von Lille gebaut . .	16.5	1.51	1.80	1.56	66.6	12.06	9.9
Engliſcher rother Weizen, seit 8 Jahren zu Fives (Nordfrankreich) gebaut	17.1	1.44	1.74	1.59	67.8	10.35	6.0
Weizen von Lille, feſte Körner mit hornartigem Bruche	17.7	1.37	2.00	1.47	64.5	13.02	12.3
Algieriſcher Weizen, weich, ohne hornartigen Bruch	13.7	1.80	1.70	1.88	69.8	11.15	9.9
Algieriſcher Weizen, horniger Bruch, aus Mitidja	12.6	2.09	2.35	2.07	68.6	12.32	11.6
Harter Weizen v. Conſtantine	12.1	1.77	1.58	2.10	69.4	13.05	13.9
Harter horniger Weizen von Mitidja (Afrika) . . .	12.6	2.10	2.10	2.03	67.4	13.81	16.7

*) Zu Maccaroni nimmt man dahier 30 Pfd. feines Weizenmehl, 10 Pfd. friſchen

Der Weizen ist die wichtigste Getreideart. Sein Samen dient in England, Frankreich, Süddeutschland, Belgien, Holland und Italien fast ausschließlich zur Brodfrucht. Roggenbrod wird daselbst nur wenig consumirt, und es verhält sich der Consum des Weizens zum Roggen in genannten Ländern grade umgekehrt, wie im nördlichen Deutschland, Schweden und Rußland. Weizenbrod ist in letztgenannten Ländern mehr ein Luxusartikel, dessen sich nur die wohlhabende Classe der Bevölkerung bedient. Roggenbrod bildet dagegen die Hauptnahrung des deutschen und nordischen Arbeiters. Ob aus diesem Grunde der Roggen massenhafter cultivirt wird, als der Weizen, wie es ja im Norden der Fall ist, muß jedenfalls anzunehmen sein; jedoch ist auch hier zu berücksichtigen, daß der Roggen in kälteren Klimaten besser gedeiht und fortkommt, als der Weizen.

Wo das Brod die Hauptnahrung der Bevölkerung bildet und der Genuß von Fleisch wegen Kostspieligkeitsrücksichten eingeschränkt ist, da überall scheint der Roggen und nicht der Weizen zum Material des Brodes benutzt zu werden. Das Roggenbrod ist angenehm sauer, es schmeckt kräftig und gewürzhaft und hält sich auch länger frisch, wie das Weizenbrod. Da Letzteres seinen Wohlgeschmack bald verliert und außerdem nicht so herzlich schmeckt, wie das Roggenbrod, so widerstrebt es dem Gaumen früher, als jenes. Es ist zweifelhaft, ob unsere, hauptsächlich von Brod lebenden Arbeiter und ärmeren Volksclassen sich durch Weizenbrod eben so gut ernähren ließen, als durch Roggenbrod. Damit will ich nicht meinen, daß der Weizen nicht so nahrhaft sei, als ein gleiches Gewicht Roggen; vielmehr müssen wir Angesichts der chemischen Untersuchung beider Früchte das Gegentheil behaupten. Der Roggen ist durchschnittlich ein wenig proteïnärmer und holzfaserreicher, als der Weizen, was nothwendig seinen Nährwerth herabdrücken muß. Die Marktpreise von Weizen und Roggen verhalten sich für gleiche Gewichte ziemlich constant wie 7 : 5. In einem ähnlichen Verhältnisse mag auch der physiologische Nähreffect beider stehen, wenn das Weizenmehl grade so, wie das Roggenmehl, ohne von den Hülsen und Kleien getrennt zu sein, zu Brod verbacken wird. Dadurch aber, daß die Kleien gewöhnlich vom Weizenmehle gesondert werden, verliert der Weizen an seinem Nährwerth, und es dürfte für diesen Fall mit 100 Pfund Roggenmehl wohl derselbe

---

Kleber und 7 Pfd. Wasser. Dies gibt 30 Pfd. trockene Maccaroni. Den frischen Kleber bereitet man, indem man Mehl mit Wasser zu einem Teige anrührt und diesen Teig, in ein leinenes Tuch gebunden, unter Wasser so lange auswäscht, bis das Waschwasser nicht mehr milchicht abfließt.

Nähreffect zu erreichen sein, wie mit dem aus 100 Pfund Weizen erhaltenem gebeutelten Mehle. In öconomischer Hinsicht wäre es also verwerflich, zu Weizenbrod nur gebeuteltes Mehl zu benutzen, wenn nicht anderseits das feine, weiße Weizenmehl zu mancherlei Backwerken und Küchenspeisen unentbehrlich wäre. In dieser Rücksicht kann jedoch das Beuteln des Roggenmehls nicht vertheidigt werden, weil selbst nach der Abscheidung der Kleien dasselbe nicht weiß wird, sondern grauweiß bleibt. Außerdem spricht noch ein anderer Umstand dafür, das Roggenmehl mit den Kleien zu Brod zu verbacken. Millon fand nämlich in den Roggenkleien eine eigenthümliche, in Wasser lösliche stickstoffhaltige Verbindung, die genossen, ähnlich dem Magenfermente (Pepsin) wirkt. Seine Gegenwart fördert sehr die Verdaulichkeit des aus Roggen bereiteten Brodes und befähigt den Verdauungsapparat, die in den Roggenkleien enthaltenen kleberreichen Nährstoffe auszuziehen oder zu verbauen. Der Weizen soll in seinen Kleien in viel minderem Maße jenes die Verdauung unterstützende Prinzip besitzen. Dadurch erklärt sich die bekannte Thatsache, daß ein Kleienabsud ein magenkräftigendes Elixir bildet, und daß der diätetische Genuß von Roggenbrod in manchen Fällen die Mägen der Weißbrod essenden Patrizier curirt. Ebenso wenig wie der von Brod lebende Arbeiter auf die Dauer von Weizenbrod, ebenso wenig dürfte er auf die Dauer von gebeuteltem Roggenmehle bereiteten Brode seine Rüstigkeit bewahren können.

Die Roggenkörner enthalten nach Mayer's zahlreichen Bestimmungen durchschnittlich genau 1 % Phosphorsäure; die Roggenkleien deren 2.5 %. Wenn daher vom Roggenmehle 20 % Kleien geschieden werden, so wird ihm damit die Hälfte seiner Phosphorsäure entzogen. Die Phosphorsäure spielt aber in der Kraftproduction eine so wichtige Rolle, daß schon in dieser Hinsicht der Unterschied zwischen Kleienbrod und gebeuteltem Brode hervortreten wird, besonders da, wo das Brod die Hauptnahrung ausmacht. Dort wird der Arbeiter genöthigt sein, am Kleienbrode festzuhalten.

Die nähern organischen Bestandtheile des Weizens und Roggens sind nicht gleichmäßig im Getreidekorn vertheilt. Payen fand, daß unter der äußern, freien Hülle oder Schale eine stark inkrustirte Zellenreihe auftritt, die nur Proteïn und Fett in sich trägt. Dann folgt eine andere Zellenschicht, angefüllt mit viel Proteïn und wenig Stärke; die vierte Schicht endlich bildet das innere Korn des Weizens und ist aus großen Zellen gebildet, welche die Stärke in einem sehr aufgelockerten Zustande enthalten. Beim Mahlen des Getreides wird die äußere Hülle mit den beiden darunter liegenden proteïnreichen und holzfaserreichen Zellschichten von dem Kerne des Kornes abgerissen. Die abfallende Kleie oder das Kleienmehl enthält deßhalb relativ viel Proteïn, wodurch der innere Mehlkern desto proteïnärmer zurückbleibt. Vermögte man durch das Mahlen blos die äußere Getreidehülle wegzubringen, so würde dieser Uebelstand nicht eintreten; da aber mit der Hülle noch mehr oder weniger große kleberreiche Mehlschichten sich abreißen, so ist es erklärlich, warum der nur 2—3 % Holzfaser haltende Weizen selbst auf guten Mühlen 10 % und auf schlechten bis zu 30 % Kleien abwirft. Die Theorie einer Mühle muß also darin bestehen, das Getreide so zu mahlen, daß wenig Kleie erzeugt wird, damit die in der Peripherie des Kornes sitzenden nahrhaftesten Mehltheile möglichst dem innern Korntheile zu Gute kommen, und zweitens darauf, daß die holzfaserreiche Peripherie des Kornes nicht zu scharf abgeschält wird, damit das innere weiße Mehl desselben nicht grau werde, sondern möglichst weiß bleibe. Die nach americanischem Muster eingerichteten Mühlen vermögen diesen beiden Anforderungen am meisten und in befriedigender Weise zu genügen, ein Beweis, daß auch das im Zustande der Kindheit so lange stecken gebliebene Mühlwesen hinter der industriellen Bervollkommnung und den Anforderungen der Neuzeit nicht ganz zurückgeblieben ist.*)

Eine interessante Parallele zwischen Mehl und der von ihm zugleich gewonnenen Kleie gewähren uns folgende, nach maßgeblicher Methode angestellten Analysen Bibra's.

---

*) Man vergleiche nur folgende Resultate (nach Knapp):

Eine Mühle nach altem, gewöhnlichen Muster liefert:

Von 100 Pfund Roggen:

40 % feines Mehl,
20 " Griesmehl,
10 " Mittelmehl,
5 " schwarzes Kleienmehl,
25 " Kleie und Berlust.
___
100

Von 100 Pfund Weizen:

55 % feines Mehl,
18 " Mittelmehl,
9 " schwarzes Kleienmehl,
18 " Kleie.
___
100

Dagegen liefert die americanische Mühle zu St. Maur bei Paris:

72 % feinstes Vorschußmehl,
6 " Mittelmehl,
3 " Griesmehl,
10 " feine Kleie,
7 " grobe Kleie,
2 " Berlust.
___
100 % Pfd. Weizen.

	Von Weizen.			Von Roggen.	
	Feinstes Mehl.	Grob Mehl	Kleie	Mehl	Kleie
Wasser .	14.54	14.25	12.70	14.40	15.32
Albumin .	1.34	1.46	3.52	2.80	2.15
Pflanzenleim	0.76	0.47	5.80	1.73	6.11
Casein ..	0.37	0.28	0.22	0.81	0.75
Fibrin ..	8.69	11.64	8.39	7.37	9.03
Zucker ..	2.33	2.35	4.32	2.50	1.86
Gummi ..	6.25	6.50	8.85	7.25	10.40
Fett ...	1.07	1.26	3.79	2.38	4.72
Holzfaser .	0.20	0.40	30.65	1.00	28.53
Stärke ..	63.00	61.39	15.33	59.84	21.08
Asche ..	0.45	?	6.43	?	?
	100	100	100	100	100

(Braces: Feinstes Mehl = 11.16; Grob Mehl = 13.85; Kleie Weizen = 17.93; Mehl Roggen = 12.71; Kleie Roggen = 18.09)

Die übrigen in der Literatur vorhandenen Kleien-Analysen wird man in der folgenden Tabelle vereint finden. Die mit einem Sternchen (*) bezeichnet sind nach der Methode Bibra's ausgeführt, daher hinsichtlich ihrer Holzfaser-Prozente am meisten maaßgebend.

		Proteinstoffe	Stärke	Gummi u. Zucker	Fett	Holzfaser	Asche	Wasser	Analytiker.
Weizenkleie		11.9	61.5		5.5	4.1	3.0	14.0	Bouffingault
		14.9	50.0	3.1	3.6	9.7	5.7	18.0	Millon
		13.2	—	—	—	13.3	4.3	15.1	E. Wolff
	*	12.9	21.7	9.6	2.9	34.6	5.5	12.6	Poggiale
	*	13.4	26.1	5.5	2.5	30.8	6.5	14.1	Oudemans
	*	12.7	29.7	5.2	2.9	27.2	6.3	14.2	„
Roggenkleie		10.1	—	—		12.4	5.7	15.1	Ritthausen
		13.1	—	—		9.1	4.8	16.9	„
		13.8	—	—		5.8	4.3	10.1	Wunder
		11.4	—	—		10.6	4.1	11.2	Crusius
		11.5	56.5		2.9	10.2	5.0	13.8	Scheven
		10.4	45.2	18.3	2.2	11.5	3.8	13.6	Grouven
	*	14.5	38.2	7.8	1.9	21.3	3.3	14.6	Oudemans

Die Weizenkleie wird gewöhnlich stärker ausgemahlen und gebeutelt, als die Roggenkleie. Schon deßhalb läßt sich annehmen, daß letztere, etwas reicher an Proteïn und Stärke, dagegen ärmer an Holzfaser ist, als die Weizenkleie. Damit kommt ihr natürlich auch ein höherer Nährwerth zu.

Beim Nährwerths-Vergleich der Kleie mit dem Mehle darf man nicht übersehen, daß ein beträchtlicher Theil der Kleienbestandtheile ungenutzt den Organismus passiren thut, weil sie von der Verdauungssäften nicht gelöst werden. Weder der Magen des Menschen, noch der des Rindes, noch der eines Hundes vermag jene Epidermis und Getreideschaale zu lösen, welche ein Haupttheil der Kleien ausmacht und mancherlei Proteïntheilchen in seinen Zellen einschließt. Nach meiner Erfahrung ist die Holzfaser des Roggen-stroh's viel leichter verdaulich, als die der Kleien. Zudem scheinen manche von den Stoffen, welche die Analyse in den Kleien als löslich angibt, gar keinen Nährwerth zu haben. Man tritt der Nährkraft der Kleien gewiß nicht zu nahe, wenn man ihr blos den halben Werth von Getreidekör-nern beilegt.

In Erwägung dieser Verhältnisse sehe ich keinen Grund, gegen die Abscheidung der Kleien aus dem Brodmehle zu sprechen und glaube, daß es entschieden gerathener sei, die Kleien anstatt durch unseren Magen, durch den Magen unserer Rinder und Schweine zu verwerthen.

Wo man aber durchaus dem Brode die aromatischen und wohl-schmeckenden Prinzipien der Kleie zuwenden will, da digerire man sie mit lauwarmen Wasser, welches circa 15 % feste Stoffe daraus aufnimmt und benutzt diesen Absud zum Einteigen des Brodes. Nach Schloßberger's Ver-such bewirkte der Absud von 5 Pfd. Kleien eine Vermehrung des Brodes um 1 ²/₃ Pfund.

Mit der vollständigen Abscheidung der Kleie sinkt der Proteïn-Gehalt des Mehles. Daher kann das feinste Vorschuß-Mehl, da wo es auf Kraft-Erzeugung ankommt, nicht immer als das nahrhafteste gelten.

Das Mehl enthält, wenn es nicht fälschlicher Weise befeuchtet wor-den, zwischen 13—16 % Wasser. Durch Transporte oder Lagerung in feuchter Luft kann es ein paar Prozent Feuchtigkeit anziehen, ebenso viel aber verlieren in trockner warmer Luft. Es ist in dieser Hinsicht noch empfind-licher als das Getreide, dessen merkwürdige Gewichtschwankungen in den wechselnden Feuchtigkeits-Verhältnissen der Atmosphäre ihre Erklärung finden.

Wird das Getreide vor dem Mahlen etwas mit Wasser benetzt, dann lassen sich die Kleien leichter und zugleich vollständiger abschälen. Das wissen die Müller sehr wohl, namentlich diejenigen, die einen schlechten Mahlappart haben. Gute Mühlen haben dieses Hülfsmittel nicht nothwendig; wo es indessen benutzt wird, da hat es nichts zu bedeuten, weil das Wasser zunächst in der Hülle des Korns verbleibt und erst dann in's Mehl hinüberzieht und dies in's Verderben führt, wenn die feuchte Kleie längere Zeit beim Mehle verbleibt. Wer auf alten Mühlen seine Frucht vermahlen läßt, dem ist eine sofortige Scheidung der Kleie von seinem Mehle anzurathen.

Ein lange aufzubewahrendes Mehl muß vor Allem vor Feuchtigkeit geschützt werden. Die Amerikaner, die viel Fässer Mehl zur See nach europäischen Häfen führen, trocknen dasselbe vor der Verladung bei gelinder Wärme aus. Nur dann soll es den Wassertransport aushalten.

Ueber die Bereitung des Brodes

verbreite ich mich, weil die hier zu Grunde liegenden wissenschaftlichen Prinzipien von den Landwirthen überhaupt noch viel zu wenig befolgt werden.

Die Kunst des Brodbackens geht darauf hin, aus dem an sich schlecht verdaulichen rohen Mehle ein leicht verdauliches und appetitliches Nahrungsmittel zu machen. Zu diesem Ende wird es nothwendig sein, daß die Stärkekörner des Mehls von ihrer Hülle befreit werden, was, wie bekannt, durch Kochen geschieht. Das Backen des Brodes ist in so fern dem Kochen zu vergleichen, als dabei durch die Hitze und die reichliche Anwesenheit von Wasser im Brodteige ebenfalls ein Platzen oder Gahrwerden der Stärkekörner erreicht wird. Ferner erfordert die leichte Verdaulichkeit des Brodes, daß es den Verdauungssäften möglichst viele Angriffspunkte bietet; daß also seine einzelnen Theilchen sehr locker vertheilt sind und überhaupt eine poröse, weiche Masse bilden. Wenn man Mehl mit Wasser oder Milch zu einem Teige anmacht und diesen sofort backt, so wird zwar das Mehl gahr, aber das Brod bleibt ein fester, harter Klumpen, der weder zerkaubar noch vertaulich ist. Läßt man hingegen im Brode eine Gährung eintreten, der zufolge ein wenig des Mehles in Traubenzucker übergeht und letzterer dann in Alkohol und Kohlensäure zerfällt, so haben wir in der so sich bildenden gasförmigen Kohlensäure das wirksamste und beste Mittel, den Teig zu lockern und das Brod beim Backen schwammförmig zu erhalten. Die in allen Theilen des gährenden Teiges sich erzeugende Kohlensäure kann nämlich wegen der elastisch klebrigen Beschaffenheit desselben nicht entweichen; sie bleibt und bildet durch den ganzen Teig mehr oder weniger große Bläschen, die sich beim Erhitzen des Teiges, also im Backofen, noch mehr ausdehnen. Die ganze Kunst der Brodbereitung dreht sich hiernach erstens um die Gährung des Mehlteiges Behufs der Auflockerung, und zweitens um das Backen desselben, Behufs der Auflösung der Stärkekörner. Da zur Vergährung des Teiges ein beträchtlicher Wasserzusatz und ein die Gährung einleitendes Ferment (Hefe, Sauerteig) nothwendig ist, so erscheint das Backen auch noch in der Hinsicht willkommen, als durch die Ofenhitze das überschüssige Wasser des Teiges verdampft und die Wirkung des Fermentes vernichtet wird, welches sonst, über seine eigentliche Bestimmung hinaus, fortfahren würde, umsetzend auf die nährenden Brodbestandtheile einzuwirken. Die Brodbereitung, so einfach auch deren Zielpunkte sind, bietet hiernach doch ein Beispiel mehrerer ineinander greifenden chemischen Prozesse.

Ob man feines oder grobes Weizenbrod oder ob man Roggenbrod (Schwarzbrod) zu bereiten hat, in allen Fällen bleiben obige Prinzipien dieselben. Daß das Weizenbrod mit Hefe und das Schwarzbrod mit Sauerteig präparirt wird, thut nichts zur Sache. Hefe und Sauerteig sind beide Fermente und wirken in dem nämlichen Sinne. Die Bierhefe ist der in Umsetzung begriffene Kleber der Biermaische; der Sauerteig besitzt in dem Kleber des Roggenmehls das, die Gährung des Teiges einleitende Prinzip. Die Bierhefe ist fast reiner Kleber und sie wirkt deßhalb energischer als der Sauerteig, der ja neben seinem Fermente, dem Kleber, noch die sonstigen stickstofflosen Bestandtheile des Roggenmehlteiges im Zustande weinsaurer Gährung enthält. Es ist nicht abzusehen, warum man Weizenbrod nicht vermittels Sauerteig und Roggenbrod nicht durch Hefe bereiten könnte. Im ersteren Falle würde das Weizenbrod jene schwach saure Beschaffenheit erlangen, die dem Roggenbrode eigenthümlich ist und dessen Wohlgeschmack so vortrefflich erhöht und die von der, aus dem Zucker und Dextrin des Sauerteiges reichlich gebildeten Milch= und Essigsäure herrührt. Diese Säuren gelangen mit dem Sauerteig in den frischen Teig und geben der Gährung desselben eine, auf die Bildung von Milchsäure hinauslaufende Richtung.

Weil in den landwirthschaftlichen Haushaltungen wenig Weizenbrod, dagegen viel Roggenbrod gebacken und consumirt wird, will ich hier etwas näher auf die Praxis der Schwarzbrodbäckerei eingehen. Damit verrathe ich von vorne herein, wie wenig ich zu denjenigen gehöre, die mit Eifer das Landbrod als vorzüglich rühmen. In der That hege ich wenig Respect vor der ländlichen Backkunst; denn trotz dem Renommé des Bauernbrodes finde ich gewöhnlich nirgendwo ein so schlechtes Brod, wie auf dem Lande.

Das erste, wofür man beim Schwarzbrodbacken zu sorgen hat, ist ein guter Sauerteig. Einen solchen erhält man, indem man ein Stück von dem gegohrenen Teige des letzten Gebäckes reservirt, dieses tüchtig mit frischem Mehle durchknetet, damit es recht trocken werde, es hierauf in Form eines Brodlaibes in einen großen, flachen, irdenen Topf bringt, den man schließlich mit Mehl völlig anfüllt, so daß der Sauerteig ganz davon bedeckt ist. Den Topf stellt man an eine recht kühle Stelle des Kellers, wo er ruhig stehen bleibt bis zum nächsten Gebäcke. Erst nach 14tägigem Alter nimmt der Sauerteig an seiner Güte ab, indem dann die Essigsäurebildung in ihm auf Kosten der Milchsäure überhand nimmt und gleichzeitig das in ihm thätige Ferment sehr rasch an Kraft verliert, bis es völlig zerstört und unwirksam auf frische Teigmassen geworden. Es ist klar, daß solcher, ein Uebermaaß von Essigsäure und ein Minimum von Ferment enthaltende Sauerteig zwar recht saures, aber auch recht unvergohrenes, schliefiges Brod gibt. Man soll deßhalb den Sauerteig nicht zu alt werden lassen, ihn recht trocken anlegen, damit durch möglichstes Fehlen innerer Feuchtigkeit der zu raschen milchsauren Gährung desselben vorgebeugt werde, und endlich ihn vor den wässerigen Dünsten der Kellerluft durch Bedecken mit Mehl zu schützen suchen. Ist trotzdem der Sauerteig zu sauer geworden, was im Sommer der Fall sein kann, falls der Keller nicht kühl genug ist, so umgehe man das Unausbleibliche eines durchaus schlechten Gebäckes dadurch, daß der alte Sauerteig nur zur Hälfte benutzt und zum Ersatz der andern Hälfte ein gewisses Quantum Bierhefe mit eingemaischt wird. Das Einmaischen oder Lebendigmachen des Sauerteiges vor dem Backen geschieht in der Art, daß man denselben in blutwarmem Wasser auflös't oder fein zerrührt und diesem wässerigen Breie einige Pfund Mehl zumischt. Das Tönnchen, in welchem diese Operation vorgenommen wurde, wird nun so lange hinter einen warmen Ofen gestellt, bis sein Inhalt anfängt heraufzugähren, was gewöhnlich nach 4—6 Stunden geschieht. Alsdann darf man zum Einteigen schreiten.

Das Einteigen erfordert aber, außer dem so präparirten Fermente, noch Mehl und Wasser. Keineswegs ist die Temperatur des Backmehls und des Backwassers eine gleichgültige Sache. Das Mehl muß vor dem Einteigen mindestens 15°R. besitzen. Ist es etwas wärmer, so schadet dies nicht, ist es aber kälter, wie dies im Winter gewöhnlich der Fall ist, so muß man, um gutes Brod zu erhalten, das Mehl 3 Tage in ein geheiztes Zimmer stellen. In kürzerer Zeit wird Jemand schwerlich das eiskalte Mehl bis auf 15°R. zu erwärmen im Stande sein, es sei denn, daß es aus den Säcken genommen und im warmen Zimmer dünn ausgebreitet werde. In den Säcken aber bringt die Zimmerwärme nur sehr langsam durch das ganze Mehl, weil dasselbe bekanntlich ein sehr schlechter Wärmeleiter ist. Wer das

Erwärmen für überflüssig erachtet und glaubt, durch ein heißeres Backwasser die fehlende Mehlwärme einfacher ersetzen zu können, der irrt sehr. Kaltes Mehl und heißes Wasser gibt stets schlechtes, saures und zudem ungegohrenes Brod. Durch zu heißes Wasser nämlich wird die Wirkung des Fermentes im Sauerteige zerstört oder mindestens sehr geschwächt; es wird der Kleber des Mehls zu stark verflüssigt und kleisterartig, und drittens wird die Umwandlung von Dextrin und Zucker in Essigsäure zu sehr begünstigt. Alle diese Uebelstände faßt der practische Bäcker zusammen, wenn er sagt, der Teig ist verbrüht. Von einem verbrühten Teige wurde niemals ein ordentliches Brod gemacht. Und doch ist dies die Klippe, woran im Winter die Darstellung eines guten Landbrodes scheitert. Das Mehl muß 15° R. warm sein, und das zum ersten Einteigen benutzte Wasser darf nicht mehr als 35° R. haben. Der daraus entstandene Teig soll nach dem Einsäuren ziemlich genau 27° R. in seinem Innern zeigen. Das ist die Probe für das Gelingen des Gebäckes.

Das Einteigen und Einsäuren geschieht gewöhnlich Abends, damit es am folgenden Morgen fortgesetzt und mit dem Backen beendigt werden kann. Von je 100 Pfund zu verbackenden Mehles nehme man zuerst ²/₅ oder 40 Pfund und knete in dasselbe, unter allmähligem Zugießen, 45 Pfund Wasser von 35°, in welchem ¼ Pfund Kochsalz gelöst worden, und zugleich den gährenden Sauerteig. Es ist jedoch die Quantität des Wassers, in welchem der Sauerteig gelöst wurde, von jenen 45 Pfund abzuziehen. Wurden z. B. früher zum Sauerteig 30 Pfd. Wasser genommen, so fehlten beim Teige noch 45—30=15 Pfund Wasser. Nachdem die Masse gut durchknetet, wird sie mit einem Tuche bedeckt und 4—5 Stunden sich selbst überlassen. Während dem geräth die Masse in allseitige Gährung und Selbsterhitzung, welche sich dadurch in der nothwendigen Schranke erhält, daß man den Teig auffrischt, das heißt, ihn mit einer frischen Portion Mehl und Wasser durchknetet. Hierdurch wird die Gährung viel gleichmäßiger und gemessener, als wenn das Ferment auf einmal auf die ganze, frische Teigmasse wirkte; der ganze, am Abend eingesäuerte Teig ist am Morgen zu einem milden Fermente, gegenüber dem noch zuzusetzenden Mehlquantum geworden. Man knetet also erst am Morgen die noch fehlenden ³/₅ oder 60 Pfund Mehl zu und nimmt dazu nicht mehr als 20 Pfd. Wasser von 20° R. Wärme.*) Ist somit Alles eingeteigt und tüchtig durch-

---

*) Man ersieht hieraus, daß das dem Teige insgesammt zuzusetzende Wasser höchstens ²/₃ des Gewichtes des Mehls betragen darf. Wird mehr Wasser zuge-

einander geknetet oder getreten, so wird die Masse, ehe sie zu Broden verwirkt wird, noch 2 Stunden bedeckt und der Gährung überlassen.

Das „Wirken" der zu Brodlaiben abgestochenen Teigstücke hat die Herstellung einer compacten und zähen Form des Brodes zum Zwecke. Die geformten Laibe bleiben noch eine Stunde im warmen Backhause liegen, werden dann mit Milch gesalbt, damit sie eine feste glänzende Kruste erhalten, und hierauf in den Backofen geschoben.

Die Hitze des Backofens darf bei Schwarzbroden 250° C. und bei Weißbroden 200° C. nicht übersteigen. Wodurch man sich vor dem Einschieben des Brodes von der Höhe der Hitze im Backofen überzeugt, lehrt am Besten die Erfahrung. Ein gewisser gleichmäßiger und weißer Schein des Ofengewölbes, der sich schwer beschreiben läßt, ist dem Kundigen der beste Thermometer. Man soll auf dem Lande aus diesem Grunde nur einer Person das Ofenheizen anvertrauen, und nicht die Arbeiter der Reihe nach dazu heranziehen. Das Heizen des Ofens geschieht vermittels trocknen Holzes. In Bäckereien, wo der Backofen niemals völlig erkaltet, erfordern 100 Pfund Brod für 4—5 Sgr. Brennholz. Mindestens das Doppelte an Holz wird jedoch auf dem Lande nothwendig, wo erst alle 14 Tage einmal gebacken wird. Es ist klar, daß der hierdurch sich ergebende Brennstoffverlust, wenn auch nicht grade für den einzelnen Oeconomen, doch wohl für ein ganzes Dorf jährlich ein beachtenswerther ist. Es wäre diesem Verluste durch die Gemeinde-Backöfen, wie sie in Würtemberg allenthalben sich finden, abzuhelfen. In größeren Gemeinden berechnet man dort die, durch diese Einrichtung erzielte Holzersparung jährlich zu 800—1200 Gulden. Am wenigsten Heizmaterial erfordern die Backöfen mit getrennter Feurung, wie solche in den großen Militairbäckereien von Paris, London, Hannover ꝛc. sich finden. Sie sind so eingerichtet, daß mit Steinkohlen geheizt wird, deren Wärme sowohl um die Sohlfläche, als auch um das

---

setzt, so bäckt das Brod schwer aus und bekommt eine dicke, schwarze Kruste. Bei feinem Weizenmehl nimmt man anstatt des Wassers ein gleiches Quantum verdünnter Milch.

In Hinsicht darauf, daß das Roggenbrod bei seinem oft reichlichen Säuregehalte manchen Individuen nicht zusagt, und daß das Roggenmehl an sich einen sehr niedrigen und für die Ernährung ungünstigen Kalkgehalt hat, empfiehlt Liebig zum Anmachen des Teiges Kalkwasser zu nehmen, wodurch jenen beiden Uebelständen abgeholfen und erfahrungsgemäß ein schmackhafteres und nährhafteres Brod gewonnen wird. Die zu 100 Pfund Mehl nöthigen 60 Pfd. Wasser vermögen in maximo $1/10$ Pfd. gebrannten Kalk aufzulösen.

dünne Gewölbe des Backofens streicht. Ihr Aufbau ist zwar etwas kostspieliger, indessen backen sie auch 100 Pfund Brod durch die, für 5 Pfge. Kohlen erzeugte Hitze. Es ist nicht zu bezweifeln, daß für alle größere Bäckereien sich solche Anlagen vorzüglich rentiren.

Im Ofen erleidet nun der Brodteig eine bedeutende Gewichtsabnahme durch die Verdampfung des in ihm enthaltenen Wassers.[*]) Diese Wasserverdampfung aber ist es, die verhindert, daß die Hitze im Brode jemals über 100° steigen kann, die also auf das Innere des Brodes im Ofen grade so einwirkt, als wenn es gekocht würde. Wie von einem gekochten Kartoffel, so sagt man auch vom Brode, wenn es aus dem Ofen kommt: „es ist gahr." Die Brodkruste ist aus unbekannten Röstproducten des Teiges gebildet; ihr angenehm bitterer Geschmack soll, nach Reichenbach, von der Bildung des Assamar abhangen, einer organischen Verbindung, die auf den Stoffwechsel ebenso verlangsamend einwirken dürfte, wie alle empyreumatischen Oele. Weil jene Röstungsproducte stark wasseranziehend sind, werden die harten krachenden Krummen von frischem Weißbrod bald weich und elastisch.

Je nach der Größe der Brode bleiben dieselben 2—3 Stunden im Backofen.

Der Substanz=Verlust, welcher das Gähren des Brodteiges und der ganze Backprozeß mit sich bringt, beträgt nach einer genauen Untersuchung Gräger's kaum mehr als 2% des Mehlgewichts, woraus gefolgert werden kann, daß nicht einmal sämmtlicher im Mehl praeexistirender Zucker der weingeistigen Zersetzung anheimfällt. Ein Verlust an stickstoffhaltigen Materien findet nach Bibra gar nicht statt.

Roggen- und Weizenbrod frisch aus dem Ofen genommen, ist von aromatischem Geruche und in seinem Innern noch ziemlich weich. Jene Weichheit und teigähnliche Consistenz verliert das Weizenbrod schon nach wenigen Stunden, aber das Roggenbrod erst nach ein paar Tagen. Je älter dieses

---

[*]) Um ein achtpfündiges ausgebackenes Brod zu erhalten, bedarf man 9¼ Pfd. Teig. Die 1¼ Pfd. Verlust sind Wasser nebst etwas Alkohol. Nach Payen geben 115—118 Pfd. Teig 100 Pfd. Brod. In der Militairbäckerei zu Hannover nimmt man zu einem siebenpfündigen Brode 8¼ Pfd. Teig. Aus 400 Pfd. zu verbackendem Brodteige sind zu gewinnen 0.6 Quart 60% Alkohol. Dies macht für Deutschland jährlich einen Spiritusverlust von 250,000 Ohm (Knapp). Die Versuche jenen Spiritus aufzufangen und zu verwerthen, sind bisher an der Kostspieligkeit der bezüglichen Anlage gescheitert. In England haben die Kosten der Auffangung den Werth des Alkohols überstiegen.

wird, je härter und von trocknerem Ansehen wird sein Inneres. Man wird deßhalb zur Vermuthung geführt, ob diese Veränderungen nicht auf einem fortschreitenden Austrocknen des Brodes beruhen.

Hierüber entscheiden folgende Notizen von Bibra

	Gewicht des ganz frischen Brodes.	Wasserverlust in Prozenten des Brodgewichtes				
	Gramm	nach 1 Tag	nach 3 Tagen	nach 7 Tagen	nach 15 Tagen	nach 80 Tagen
Roggenbrob	43.44	0.02	0.30	2.10	5.59	9.78
Weizenbrob	79.00	77.1	8.86	14.05	17.84	18.48

Nach 80tägigem Lagern, war der Wasserverlust beider Brode gleich und betrug 21% ihrer Gewichte. Boussingault, der ähnlich experimentirte, konnte bei einem schweren Brode (3.7 Kilo) eine so bedeutende Gewichts-abnahme nicht constatiren und glaubt daher, daß das Hartwerden oder Alt-backenwerden des Brodes überhaupt mehr beruhe auf einer allmähligen Aen-derung im Molekularzustand der Brodmasse und sieht eine Stütze hierfür, in der bekannten Eigenthümlichkeit des Altbackenen Brodes, wieder ziemlich frisch zu werden, sobald es einer Durchwärmung von 60° R. ausgesetzt worden. Bibra findet diese Erklärung berechtigt, fand aber, daß das Wiederfrisch-werden des Brodes durch Erwärmung nur in den Fällen eintritt, wo das Brod noch nicht zu sehr ausgetrocknet war, überhaupt einen Wassergehalt von nicht unter 30% besaß. Wo es stärker ausgetrocknet war, da half ein vorheriges Eintauchen in Wasser.

Die aus einem bestimmten Mehlquantum im Großen gewonnene Quantität von Brod ist nicht überall gleich. Hier ist natürlich die Qua-lität des Mehles und das Backverfahren von Einfluß.

Aus 100 Pfd. Weizenmehl backen:
    Militairbäckereien Frankreichs   139 Pfd. Brod*)
    Thomson's Bäckerei zu Glasgow 130 „   „
    Pariser Bäcker . . . . . . 130 „   „
Aus 100 Pfd. gebeutelten Roggenmehl:
    Braunschweiger Bäcker . . . 140 „ Roggenbrob
Aus 100 Pfd. Roggenmehl:
    Kölner Bäcker . . . . . . 131.5 „ Schwarzbrob

---

*) Das angewandte Mehl ist dabei zu 10% gebeuteltes Weizenmehl. Man nennt ein Mehl zu 10 oder 15% gebeutelt; wenn dem gemahlenen Korn durch

Es folgen nun hier die in der Literatur vorhandenen Brod-Analysen.

	Proteïnstoffe	Stärke	Gummi und Dextrin	Zucker	Fett	Zellstoff	Salze	Wasser	Analytiker.
Weißbrod	7.0	—	—	—	0.2	—	1.0	36.5	Bouffingault
Halbweißbrod	6.5	—	—	—	0.2	—	1.0	36.0	„
Schwedisches Schwarzbrod	6.0	—	—	—	—	3.4	1.9	7.4	Dietrich
Rheinisches Schwarzbrod .	8.6	—	—	—	1.7	3.0	1.4	36.5	Grouven
Weizenbrod aus Rouen . .	9.7	—	—	—	—	—	0.5	32.7	Girardin
Commisbrod aus Paris .	7.8	—	—	—	—	—	0.8	41.1	Payen
Roggenhaferbrod	5.1	—	—	—	—	3.3	1.7	87.2	Stöckhardt
Weißes Weizenbrod . . .	5.7	—	—	—	—	—	0.9	47.9	Oppel
Reines Roggenbrod . . .	5.4	—	—	—	—	—	1.8	48.6	„
Weizenbrod aus Nürnberg .	6.7	40.3	8.9	2.5	1.0	—	—	40.6	Bibra
„ dessen Rinde .	9.5	59.2	14.0	3.6	0.6	—	—	13.0	„
Roggenbrod aus Nürnberg .	9.2	34.2	8.2	1.4	0.6	—	—	46.4	„
„ dessen Rinde .	12.7	53.5	16.0	4.2	0.5	—	—	12.5	„
Bröbchen a. Nürnberg, 81 Gr.	5.5	38.9	7.4	2.4	0.8	—	—	45.1	„
Reines Roggenbrod v. Lande	4.5	41.0	9.4	1.2	0.8	—	—	43.0	„
dito a. Unterfranken	3.6	32.8	10.1	5.7	0.7	—	—	47.0	„
Weizenbrod aus Madrid .	6.8	71.8	4.0	1.3	1.0	—	—	15.0	„
dito aus Petersburg	10.4	60.9	11.3	2.5	0.9	—	—	14.0	„
dito aus Zürich . .	5.8	69.6	7.3	2.5	0.5	—	—	14.2	„
Pumpernickel aus Westphalen	6.7	62.5	13.2	4.5	3.9	—	—	9.1	„
Roggenzwieback a. Hamburg	13.1	56.9	13.6	1.8	1.2	—	—	13.3	„
Gemeines Roggenbrod aus Schweden	10.7	65.6	6.9	8.1	1.6	—	—	12.0	„

Ueber die verschiedenen Zusätze zu Brod, die in Zeiten der Noth vorgeschlagen worden, gedenke ich im 14. Vortrage ausführlich zu sprechen. Ist indessen die Theurung der Lebensmittel noch erträglich, dann ist jeder

Beuteln oder Absieben 10 oder 15% Kleien entzogen werden. Zur Bereitung des für die Truppen bestimmten Brodes wendet man in den verschiedenen Ländern Mehl von verschiedenen Graden der Feinheit an, wie dies folgende Notiz von Bouffingault veranschaulicht:

		Tägl. Brobration für 1 Mann.
Frankreich, Weizenmehl zu 10% gebeutelt .	750	Gramm
Algier, hornartiger Weizen, 4%	750	„
Spanien, reiner Weizen zu 10%	670	„
Belgien, „ „ „ 0%	775	„
Sardinien, Weizen zu 6%	735	„
Baiern, ⅓ Weizen, ⅔ Roggen, ⅓ Gerst: à 10%	900	„
Preußen, Roggen, 5%	1000	„

Seitens der, das Brod verkaufenden Bäcker gemachte Zusatz, mag er passend oder unpassend sein, ganz verwerflich, weil er meistens nur zum pecuniären Vortheile des Produzenten gereicht; wenigstens ist nicht anzunehmen, daß dies blos zum Wohle der Consumenten geschieht. Die Billigung solcher Zusätze würde der Habgier vieler Mehlfabrikanten und Brodfabrikanten Thor und Thür öffnen und es könnte nicht fehlen, daß sogar das Gestatten einiger, die Qualität des Brodmehls nicht verschlechternden Zusätzen doch zu dem ärgsten Mißbrauche hinführte.

Ein solcher, wohl zu respectirender Zusatz zum Brodmehle, wäre der aus den Weizenstärke-Fabriken abfallende Kleber. Wird derselbe in frischem Zustande 50 Stunden lang unter Wasser von 8° Wärme aufbewahrt, so gewinnt er diejenige Weichheit, die ihn zum Durchkneten mit Mehl ganz geschickt macht. Knobloch, dem wir diese Beobachtung verdanken, erhielt so aus 1 Theil Kleber, geknetet mit 1 Theil Sauerteig und 4 Theile Roggenmehl, ein lockeres und ganz schmackhaftes Brod. Daß dadurch dessen Nährwerth zugleich ein höherer geworden, leuchtet ein, je mehr man die zu große Proteïn-Armuth mancher Brodsorten bei der Ernährung des Arbeiters beklagenswerth findet. „Allein immer steht", sagt Bibra, „unter den Verhältnissen, wie sie gegenwärtig sind, der zweckmäßigen Verwendung des Klebers noch mancherlei entgegen, und es ist vor Allem der Umstand, daß derselbe sogleich nach der Abscheidung verwendet werden muß, sehr störend; denn ich glaube nicht, daß unter 100 Bäckern Einer sein wird, welcher sich entschließt, der ständige Abnehmer des frischen Klebers aus irgend einer Stärkefabrik zu werden. Und vielleicht haben sie nicht Unrecht, diese Bäcker, wenigstens in Bezug auf die Größe ihres Absatzes; denn ich glaube nicht, daß die Menschheit, in Hinsicht auf irgend ein Nahrungsmittel nämlich, größeren Eigensinn entwickelt, als eben mit dem lieben Brode; das heißt Jeder findet dasjenige Brod am allervortrefflichsten, bei welchem er aufgezogen worden ist. Das feine Gefühl, welches bekanntermaßen das weibliche Geschlecht vor dem männlichen besitzt, tritt auch hier mit Energie auf, und kaum wird ein Mann mit den Seinen von einer Scholle auf eine drei Stunden weit entfernte andere gezogen sein, ohne daß die Damen des Hauses das Brod des neuen Wohnortes eine Zeit lang vollständig ungenießbar gefunden hätten. Vielleicht liegt eine physiologische Wahrheit zu Grunde, denn ganze Völkerschaften thun genau dasselbe. Die Weißbrode, welche im ganzen Süden so häufig genossen werden, finden unsere Leute trocken und unangenehm; während jene Südländer unser Roggenbrod abscheulich nennen! Welch' ein Unterschied, wenn man das englische Weizenbrod betrachtet und das schwedische kuchenförmige Roggenbrod! Wie endlich schwärmt man an vielen Orten im Norden Deutschlands für den sogenannten Pumpernickel, während die Süddeutschen behaupten, daß jenes Gebäck nur durch eine große Dosis Vaterlandsliebe und eine noch größere Portion Speck genießbar werde."

"Würde also ein Bäcker plötzlich anfangen Kleberbrod zu machen, so dürfte, abgesehen von sonstigen Unbequemlichkeiten, wahrscheinlich das die Folge sein, daß das Publikum das neue Brod unschmackhaft finden, und vielleicht von Fälschung oder einem „chemischen Brode" sprechen würde. In Brodfabriken hingegen und großartigen Bäckereien fiele ohne Zweifel der Versuch günstiger aus, da man die Consumenten nach und nach an die Neuerung gewöhnen könnte."

In ländlichen Haushaltungen jedoch, wo kein Brod verkauft und nur selbstgebackenes consumirt wird, da herrschen auch nicht die sonst zwischen Bäckern und Consumenten bestehenden gegenseitigen Verbindlichkeiten, und es kann jeder Landwirth seinem Brodmehle 10—15% Erbsen- oder Linsenmehl zusetzen, ohne darüber Gewissensscrupel gegenüber seinem Gesinde zu hegen. Das an Proteïnstoffen so reiche Erbsen- und Linsenmehl stellt im Roggenmehle eine für die Ernährung vortheilhaftere Mischung her. Namentlich befähigt ein solches Brod den Arbeiter zu einer erhöhten Kraftproduction; es hält mehr wider. Daß ein solches Brod etwas schwer verdaulich ist, wird den rüstigen Landarbeiter nicht geniren. Nur möge man jene Zusätze nicht über das angedeutete Maaß ausdehnen, auch zu diesem Zwecke das Bohnenmehl weglassen. Brod, mit 5% Bohnenmehl verbacken, ist schwer und von schlechtem Geschmacke.

Mehl von stark ausgewachsenem Roggen gibt bekanntlich ein schlechtes Brod. Durch Zusatz von ½ Prozent Kochsalz zum Brodmehle soll aber nach Lehmann dieser Uebelstand aufgehoben und ein tabelloses Brod erzielt werden.

Auf welche Weise Zusätze verschiedener Samen im Roggen- und Weizenmehle zu entdecken sind, ist Sache des Chemikers. Wenn auch solche Untersuchung früher noch unmöglich war, und auch jetzt dem Chemiker Schwierigkeiten bereitet, so sind wir jedoch nunmehr, Dank der Vervollkommnung der microscopisch-chemischen Untersuchungsmethoden, im Stande, betrügerische Zusätze jedweder Art mit Sicherheit aufzusuchen; und nicht nur im Mehle, sondern auch im Brode, obschon wir gestehen, daß im Brode fremde Mehlsorten und Surrogate schwieriger zu erkennen sind, als im Mehle. In Payen's „Gewerbe-Chemie" Seite 445—448 (Stuttgart 1852) findet sich eine ziemlich vollständige Anleitung zu dergleichen inquisitorischen Untersuchungen.

Die Hülsenfrüchte.

Die Hülsenfrüchte besitzen um ihren Mehlkern eine dichte, starke Hülse. Daher ihr Name. Sie werden auch Schotenfrüchte genannt, weil die Samen in Schoten abgelagert sind. Endlich zählt man sie auch zur Classe der Leguminosen, weil sie viel Legumin enthalten, einen Proteïnstoff, den ich auf Seite 108 als Pflanzencaseïn beschrieben habe. Außer dem Caseïn bestehen die Hülsenfrüchte noch aus etwas Pflanzenalbumin und einer beträchtlichen Menge von Stärke. Von andern stickstofflosen Verbindungen findet man in ihnen noch etwas Gummi, Pectin und Gerbsäure. Die Asche derselben enthält circa 36 % Phosphorsäure, ebenso viel Prozente Kali und 12% Erden.

Die Samen von Erbsen, Bohnen und Linsen, ferner auch die Wicken sind die wichtigsten unter den Hülsenfrüchten. Die bis jetzt ausgeführten bessern Analysen dieser Samen wollen wir zunächst in's Auge fassen.

	Caseïn Albumin	Stärke, Gummi 2c.	Fett	Zellstoff Hülsen	Asche	Wasser	Analytiker.
Felderbsen aus Sachsen . .	90.1	—	—	6.5	2.7	15.2	Knop
„ „ der Mark.	90.9	56.2	2.1	4.2	2.0	14.6	Hellriegel
„ „ Sachsen	21.8	54.4	2.1	6.1	2.4	13.2	Grouven
Gelbe Erbsen aus Elsaß .	23.9	59.6	2.0	8.6	2 0	8.9	Boussingault
Tischerbsen aus Wien . .	24.2	—	—	6.7	2.7	13.4	Horsford
Felderbsen aus Schottland	24.2	—	3.3	—	2.5	11.9	Anderson
Kichererbsen aus Frankreich	21.8	50.8	5.3	4.2	2.7	15.2	Péligot
Strauchbohnen aus Elsaß .	26.9	48.8	3.0	2.8	3.5	15.0	Boussingault
Feldbohnen „ „	31.9	47.7	2.0	2.9	3.0	12.5	„
Stangenbohnen	24.4	51.5	1.5	3.0	3.6	16.0	„
Schottische Feldbohnen. .	27.0	—	1.6	—	3.1	12.6	Anderson
Tischbohnen aus Wien .	24.7	—	—	3 5	3.8	13.4	Horsford
Weiße Schminkbohnen . .	22.8	45.4	2.7	6.2	3.6	19.3	Péligot
Linsen aus dem Elsaß . .	25.0	55.7	2.5	2.1	2.2	12.5	Boussingault
„ „ Schottland. .	24.2	—	1.8	—	2.7	12.5	Anderson
„ „ Wien . .	26.3	—	—	2.0	2.3	13.0	Horsford
„ „ Frankreich. .	29.0	44.0	1.5	7.7	2.4	15.4	Péligot
Wicken aus dem Elsaß . .	27.3	48.9	2.7	3.5	3.0	14.6	Boussingault
Schottische Wicken . . .	28.6	—	1.3	—	2.5	9.0	Anderson
Sommerwicken	26.5	—	1.2	—	2.3	12.1	„
Winterwicken	26.73	—	1.6	—	1.6	15.8	„
Lupinen aus Möckern . .	34.2	—	—	17.5	4.0	14.7	Ritthausen
Gelbe Lupinen a. Möglin .	36.3	26.5	6.3	12.7	3.8	14.3	Eichhorn
Weiße „ „	33.6	32.4	8.8	8.9	2.9	13.2	„
„ „ „ Frankreich	38 3	26.2	7.9	14.6	2.8	10 2	Péligot
Dicke Saubohnen . . .	26.0	—	—	11.3	3.7	13.5	E. Wolff
„ „ . . .	25.4	—	—	11.4	3.4	14.4	Ritthausen
Pferdebohnen	90.0	—	1.2	—	2.7	13.0	Anderson
„	24.2	44.2	1.4	12.6	3 6	14.0	Péligot

Diese Analysen bezeugen, daß die Hülsenfrüchte außergewöhnlich proteïnreich sind. Es enthalten der Weizen durchschnittlich 12%, die Hülsenfrüchte aber 24% Proteïnstoffe in ihrem lufttrocknen Zustande. Während durchschnittlich im Weizen das Verhältniß von Proteïn zu den verdaulichen, stickstofffreien Nährstoffen sich wie 1 : 5.5 stellt, ist es für die Hülsenfrüchte wie 1 : 2 ist. Letzteres Verhältniß ist in physiologischer Hinsicht gewiß zu stickstoffreich, weil es selbst das der Kuhmilch (1 : 3) übertrifft. Die Hülsenfrüchte werden daher, um ein vollkommenes Nährmittel zu werden, mit proteïnarmen Nährstoffen verzehrt werden müssen. Gleiche Quantitäten von Hülsenfrüchten und Brod, nebst etwas Fett, wären zum Beispiel eine dieser Forderung entsprechende Nahrung. Bei ausschließlicher Erbsen- oder Bohnennahrung würde ein Mensch ähnlich daran sein, wie bei purer Fleischkost, das heißt, er müßte durch eine unverhältnißmäßig große Quantität dieser Nährmittel den Bedarf des Organismus an stickstofffreien Nährstoffen zu decken suchen. Dieser Möglichkeit steht aber die Schwerverdaulichkeit der Hülsenfrüchte entgegen. Im Uebermaaß genossen, erzeugen sie empfindliche Verdauungsbeschwerden und gefährliche Verstopfungen des Darmkanals. Wo es sich um die Ermöglichung reichlicher Kraftproduction Seitens des Menschen oder eines Thieres, wo es sich um den Ersatz von geeigneter Fleischnahrung handelt, da sind die Hülsenfrüchte an ihrer Stelle, und sie werden dann wegen ihrer verhältnißmäßigen Billigkeit zu einem unschätzbaren Nahrungsmittel. Namentlich sollte der arme Arbeiter und der Proletarier, in dessen Nahrung ohnehin die billig zu erlangenden stickstofffreien Nährstoffe zu sehr vorherrschen, die Hülsenfrüchte als die empfehlenswerthesten Zusätze zu seinen Mahlzeiten benutzen. Nicht Gemüse und Speck, oder Butter, Bier und Brod oder Brantwein mit in Fett gebratenen Kartoffeln, sondern Erbsen oder Linsen mit Speck und Brod, Gemüse mit Bohnen und Fett, sind allein eine gesunde und kräftigende Nahrung. Man nehme sich in dieser Beziehung nur die großen Militairküchen zum Muster. Nicht umsonst erhält der Soldat bei jeder Mahlzeit entweder Erbsenbrei oder Linsensuppe oder endlich Gemüse und Kartoffeln mit Bohnen.

Die Spanier scheinen den Nahrungswerth der Hülsenfrüchte besser zu schätzen, als der Kartoffel und Knödel essende Deutsche. Darüber berichtet uns Roßmäßler mit folgenden Worten: „Es ist mir eine auffallende Erscheinung gewesen, wie der Instinkt über den Wohlgeschmack bei dem gemeinen Spanier siegt. Es gibt nichts Unschmackhafteres, als blos gequellte Kichererbsen, aber unter der Pflanzenkost gewiß wenig Nahrungsreicheres. Ebenso essen sie Pferde- und Stangenbohnen. Gequellte, ungesalzene Erbsen würden wir um keinen Preis essen mögen; wir naschen wohl einmal ein Paar süße, grüne Erbsenkerne, aber wenn sie anfangen, den grünen Geschmack zu verlieren und fade zu werden, dann mögen wir sie nicht mehr. Grade dann fängt der Spanier an, sie zu essen, und er hat Recht, denn dann sind sie reicher an nährendem Stoff, als vorher. Die grünen Kerne der Pferdebohnen wurden an meines Wirthes Tische mir bald eine Lieblingskost. Man nimmt sie aus den, zur Vor-, Zwischen-, oder Nachkost immer auf dem Tische liegenden Hülsen heraus und ißt sie mit ein wenig Salz. Sie schmecken so ganz vortrefflich. Es unterliegt keinem Zweifel, daß die Nahrung des niederen spanischen Volkes viel mehr blutbildenden Gehalt hat, als die des Deutschen."

Schon in diesem anspruchslosen Berichte wird angedeutet, daß die noch grünen Kerne von Erbsen und Bohnen nicht so nahrhaft sind, wie die der reifen. Und doch pflegt man grüne Erbsen und grüne dicke Bohnen als ein Lieblingsgericht zu betrachten, während die Sympathie dafür bei ihrem Reifen mehr und mehr abnimmt. Wie dies sich verhält? Ich glaube, daß die grünen Kerne von Erbsen und Bohnen zuckerreicher und deßhalb wohlschmeckender, und holzfaserärmer und deßhalb leichter verdaulich sind, als die älteren Samen. In diesen findet sich Stärke und Pflanzencaseïn; in den grünen dagegen von beiden sehr wenig, sondern das leichter verdauliche Albumin und der Traubenzucker. Beim Reifen verschwinden allmählig letztere Stoffe, indem sie sich in Stärke und Caseïn verwandeln.

Behufs der Zubereitung zum Genusse pflegt man die grünen Erbsenkerne, sowie die noch jungen dicken Bohnen, Strauchbohnen und Stangenbohnen zuerst mit Wasser abzukochen, dies Kochwasser wegzugießen und darauf diese Früchte mit Fett, Butter oder Rahm zu „stufen." Die Frage liegt nahe, ob Angesichts der löslichen Form der in jenen grünen Pflanzentheilen enthaltenen Stoffe, das Kochwasser nicht viele werthvolle Nährstoffe entzieht, die mit dessen Weggießen verloren gehen.

Eine Reihe von Versuchen, die ich zu dem Ende anstellte, hat nun bewiesen, daß allerdings das Auskochen mit großen Nährstoffverlusten verknüpft ist. Das Kochwasser entzog jenen Früchten, durchschnittlich $1/3$ ihrer Gesammtnährstoffmenge und, was das Schlimmste ist, $2/5$ ihres Proteïngehaltes.

Das führte mich dazu, durch Versuche zu prüfen, ob diese Verluste durch eine rationelle Kochmethode nicht zu vermindern seien. Ich hatte dabei mein Augenmerk auf die wichtigen Proteïnstoffe gerichtet und dachte mir, daß das in Wasser lösliche Albumin um so massenhafter in's Kochwaſſer übertrete, je länger es in ſeinem löslichen Zuſtande gegenüber dem Kochwaſſer verbleibt, das heißt, je länger es währt, bis daß es durch die Kochhitze gerinnt und unlöslich wird. Aehnlich wie beim Fleiſche, deſſen zu großen Saftverluſt man hindert, indem man es nur mit kochendem Waſſer aufſetzt, durfte auch bei grünen Erbſen und Bohnen zu erwarten ſein, daß ſie, in kochendes Waſſer gebracht, weniger albuminreichen Saft verlieren, als in kaltem Waſſer, wo bereits ein großer Theil des Albumin in's Kochwaſſer ausgetreten ſein kann, ehe das Waſſer ſeinen Siedepunkt erreicht hat, ehe alſo das Albumin gerinnen und ſeine ſchützende Rolle äußern kann. Die nachfolgenden Verſuche haben dieſe Vermuthung gerechtfertigt.

Als Material benutzte ich grüne dicke Erbſen und grüne Stangenbohnen, wie ſie zum Einmachen geeignet ſind. Ihre Zuſammenſetzung war:

	Erbſen:		Bohnen:	
Waſſer	79.74		91.34	
Proteïnſtoffe	6.06	$\left.\right\}$ = 20.26%	2.04	$\left.\right\}$ = 8.66%
Stickſtoffloſe Verbindungen	13.08	Trockenſubſtanz	5.99	Trockenſubſtanz
Aſche	1.12		0.63	
	100		100	

200 Gramm dieſer Erbſen wurden mit 300 Gramm deſtillirtem kaltem Waſſer in einem Porzellannapfe langſam zum Sieden erhitzt und darin 20 Minuten lang erhalten. Das Gleiche geſchah mit 200 Gramm Bohnen, die indeſſen vorher in drei Linien lange Stücke zerſchnitten worden waren. Die folgenden Analyſen veranſchaulichen den dabei Statt gefundenen Verluſt an Nahrungsſubſtanz:

	Erbſen:		Bohnen:	
Waſſer	79.74		91.34	
Proteïnſtoffe	3.75	$\left.\right\}$ = 13.71% Trocken-	1.25	$\left.\right\}$ = 5.32% Trocken-
Stickſtoffloſe Verbindungen	9.31	ſubſtanz in den Erbſen	3.82	ſubſtanz
Aſche	0.65	nach dem Kochen	0.25	
Proteïnſtoffe	2.31	$\left.\right\}$ = 6.55% Trocken-	0.79	$\left.\right\}$ = 3.34% Trocken-
Stickſtoffloſe Verbindungen	3.77	ſubſtanz durch das	2.17	ſubſtanz, entführt
Aſche	0.47	Kochwaſſer entzogen	0.38	durch das Kochwaſſer.
	100.00		100.00	

Die nämlichen Erbſen und Bohnen wurden auch gleichzeitig in bereits kochendes Waſſer gelegt und darin 20 Minuten lang gekocht.

Der Verlust gestaltete sich dadurch anders, wie aus nachstehenden Analysen ersichtlich:

	Erbsen:		Bohnen:	
Wasser	79.74		91.34	
Proteïnstoffe	3.97	⎫	1.50	⎫
Stickstofflose Verbindungen	8.58	⎬ = 13.05%	3.76	⎬ = 5.64%
Asche	0.50	⎭	0.38	⎭
Proteïnstoffe	2.09	⎫ = 7.21% durch das	0.54	⎫
Stickstofflose Verbindungen	4.50	⎬ Kochwasser entzogen	2.23	⎬ = 3.02% Verlust.
Asche	0.62	⎭	0.25	⎭

Hiernach wird der Albuminverlust entschieden kleiner, wenn man die Hülsenfrüchte mit bereits kochendem Wasser aufsetzt. Der dadurch in Rücksicht auf Behandlung mit kaltem Wasser erzielte Gewinn betrug bis 12% der ganzen Eiweißmenge.

Der Verlust an nährender Substanz überhaupt ist um so größer, je jugendlicher die betreffenden Früchte sind, je mehr Wasser man zum Gahrkochen derselben in Anwendung bringt, und je länger sie der auslangenden Wirkung des Kochwassers ausgesetzt sind. Letztere kann durch Zusatz von Kochsalz etwas herabgesetzt werden.

Indem die grünen Hülsenfrüchte, sowie alle saftigen, eiweißreichen Gemüsepflanzen durch Wasserdämpfe eben so gut gar gemacht werden können, als durch längeres Verweilen in kochendem Wasser, so liegt doch die Frage nahe, ob das Dämpfen der zarten vegetabilischen Nahrungsmittel, bei welcher Operation ein Auslaugen oder ein Verlust an löslichen Nährstoffen nicht Statt finden kann, nicht entschieden den Vorzug vor der Methode des Auskochens verdiene. Wir würden uns gewiß für die Dämpfmethode entscheiden, wenn nicht dabei das Bedenken obwaltete, daß es in jenen jungen und unreifen Vegetabilien eine Menge von Extractivstoffen und unvollendeten Nährstoffen gibt, deren Werth für die Ernährung ein negativer oder doch sehr zweideutiger ist, und deren Entfernung, wie eine solche gerade durch das Kochwasser bewirkt wird, der üblichen Kochmethode zum Vorzuge gereichen möchte. Immerhin aber wird bei der Zubereitung von jungen, eiweißreichen Vegetabilien die Anwendung von siedendem Wasser rathsam sein.

Es ist häufig der Fall, daß reife Erbsen sich nicht weich kochen. Was dies verursacht, ist nicht bestimmt bekannt. Die Sorte allein kann's nicht verschulden, denn man kann dieselben Erbsen auf zwei verschiedene Felder säen und auf dem einen sich gut zu Brei kochende, auf dem andern hart bleibende Erbsen ernten. So wird das erstere gewöhnlich eintreffen, wenn der Erbsenacker stark gekältt ist, das Andere aber bei starker Mist= düngung. Auch das Kochwasser kann Schuld daran sein, wenn es zu hart ist, das heißt, reich an schwefelsaurem Kalk und doppeltkohlensaurem Kalk. Bei der Eigenschaft dieser Kalksalze, das im Wasser aufgelöste Casein zu fällen, könnte es sein, daß das Erbsencasein durch hartes Wasser in der Peripherie der Erbse schwer oder ganz unlöslich würde. Einem solchen harten Wasser hätte man zweckmäßig etwas Pottasche zuzusetzen. Die här= testen Erbsen sollen sich dadurch selbst im härtesten Wasser weich oder zu Brei kochen lassen. Dem Uebelstande entgeht man indessen am gründlichsten, wenn man die Erbsen 2—3 Tage vor dem Kochen in wenig Wasser legt. Nimmt man sie dann heraus, so sind sie dick aufgequollen und ein Theil ihrer Stärke hat sich in Zucker verwandelt. Hierdurch werden sie viel wohl= schmeckender und, da durch das Aufquellen die Zellwände im Innern zer= sprengt sind, zugleich auch verdaulicher. Wer dieses befolgt, dem wird es einerlei sein, ob er hart= oder weich= sich kochende Erbsen besitzt; denn nach dem Einquellen kochen sich beide gleich gut zu Brei. Dies dürfte da von besonderem Vortheile sein, wo vorurtheilshalber die bei der gewöhnlichen Kochmethode hartbleibenden Erbsen zu einem geringen Preise zu kaufen sind. Die Vortheile des Einquellens finden auch auf die reifen Bohnen und Lin= sen eine ganz gleiche Anwendung.

Indem das Casein in Wasser löslich ist, geht der beste Bestandtheil der Erbsen in ihr Kochwasser über. Der Bodensatz einer Erbsensuppe besteht daher größtentheils aus Stärke, das überstehende Klare aber aus Pflanzen= casein. Deßhalb muß beides zusammen genossen werden. Die Erbsenhülsen sind für den Menschen ganz unverdaulich, können deßhalb ohne Nachtheil aus dem Erbsenbrei entfernt werden. Jedoch sollten, der Oeconomie halber, die Bälge vorher gut ausgewaschen werden; wo Schweine und Kühe bereit stehen, die Abfälle der Küche zu verzehren, wäre dies nicht nothwendig.

In physiologischer und chemischer Beziehung das Gegentheil von den Hülsenfrüchten sind

Die Kartoffeln.

Wie beim Getreide und den Hülsenfrüchten, so ist auch in den Kar= toffeln die Stärke der vorwaltendste Bestandtheil. Die Kartoffelstärke ist chemisch völlig gleich der Stärke aller anderen Pflanzen. Nur ist dieselbe gröber, das heißt, die einzelnen Stärkekörnchen besitzen eine größere Masse, als die Stärke des Getreides und der Hülsenfrüchte. Dadurch ist es uns vermittels des Mikroskopes möglich, die Kartoffelstärke unter jedem Mehlgemische zu erkennen. Nach Stöckhardt's zahlreichen Untersuchungen enthalten die Kartoffeln in den äußern, der Schale zunächst liegenden Zellen die meiste Stärke. Neben ihr enthalten sie auch Proteïnstoffe. Unter diesen ist das Pflanzenalbumin fast ausschließlich vorherrschend. Seine Menge beträgt 2—3% der Knollen. Die älteren Analysen geben nur halb so viel Proteïnstoffe an; indessen verdient die Methode ihrer Ausführung auch wenig Vertrauen. Dagegen ist die Quantität der Holzfaser nach älteren Analysen um's Vielfache zu hoch. Durchschnittlich enthalten Kartoffeln nicht mehr wie 1% einer weichen nicht inkrustirten Holzfaser, oder Zellensubstanz. Kochender 80% Alkohol zieht aus den getrockneten Kartoffeln, neben etwas Fett und Zucker, auch noch 1—2% eines noch ganz unbekannten Extractivstoffes aus. Diesen Extractivstoff fand ich stets stickstoffhaltig, was auf die Gegenwart eines Alkaloïdes in demselben schließen läßt. Vielleicht ist es das von anderen Analytikern in den Kartoffeln aufgefundene Asparagin $C_4 N_2 H_{16} O_6$, dieselbe Verbindung, die in den Spargelwurzeln ein charakteristischer Bestandtheil ist. Neben dem Albumin, Zucker und den Extractivstoffen sind in dem Zellsafte der Kartoffeln auch noch Dextrin, etwas Pectin und Aepfelsäure gelös't. Es ist möglich, daß die letztere Säure den meisten Antheil an der sauren Reaction des Zell- und Kartoffelsaftes hat. Das Wasser endlich erfüllt die ganze Kartoffelknolle; ³/₄ ihres Gewichtes ist Wasser. Von 100 Theilen frischen Kartoffeln erhielt ich, je nach der Sorte und den Culturverhältnissen, 21—29 trockne, wasserfreie Substanz.

Aus den, in den „Annalen der Landwirthschaft 1856, II. p. 60—95 mitgetheilten und von mir ausgeführten Kartoffelanalysen berechne ich folgende Durchschnitts-Zusammensetzung:

	Mineralische Düngung: [Mittel von 7 Analysen]	Stickstoffreiche Düngung: [Mittel von 7 Analysen]	Mittel von 19 Analysen
Wasser	76.40	75.20	76.00
Stärke	14.91	15.58	15.24
Proteïnstoffe . .	2.17	3.60	2.80
Schleim, Dextrin .	2.34	1.29	1.81
Zucker	0.15	0.11	0.13
Fett	0.29	0.31	0.80
Extractivstoffe . .	1.70	1.99	1.88
Holzfaser	0.99	1.03	1.01
Asche	1.00	0.90	0.95*)
	100.00	100.00	100.00
Nährstoffverhältniß . .	1 : 9	1 : 5.3	1 : 7

*) Die Asche führt im Mittel von 15 Bestimmungen 0.160 Phosphorsäure und 0.044 Schwefelsäure.

Emil Wolff findet im Mittel von 10 Analysen dieses Verhältniß wie 1 : 8. Bretschneider (in Schlesien) berechnet aus 8 Analysen über Kartoffeln, die er 1859 auf den Parzellen eines Versuchsfeldes erntete, ein mittleres Nährstoffverhältniß von 1 : 5.1.*) Meine Kartoffeln neigen also mehr zu den stickstoffreicheren hin. Wie sehr die Düngung den Proteïngehalt bedingt, dürfte aus der einfachen Notiz folgen, daß eine und dieselbe Kartoffelsorte, auf gleichem Felde, mir in einem Falle 2.27% und im andern Falle 4.44% Proteïnstoffe lieferte. Die Düngung aber bestand einerseits aus Kalikalk und andererseits aus kohlensaurem Ammoniak.

Sehen wir von solchen Einflüssen und Verschiedenheiten ab, und nehmen als maaßgebend für unsere ferneren Betrachtungen an, daß die unter mäßiger Düngung erzielten Kartoffeln ein Nährstoffverhältniß von 1 : 8 haben, so müssen uns jedenfalls die Kartoffeln als ein zu stickstoffarmes Nahrungsmittel erscheinen. Sie führen im Verhältniß zum Proteïn viel zu viel Kohlehydrate und sonstige, nicht blutbildende Nährstoffe. Bei ausschließlichem Kartoffelgenuß läßt sich dieser einseitige Ueberschuß nicht verwerthen, und es wird derselbe vielmehr zu einem unnützen Ballast der Nahrung. Um das zum Leben eines Menschen nothwendige 1¼ Pfd. Proteïn durch Kartoffeln zu decken, müßte man von der oben erwähnten proteïnreichen Kartoffelsorte dennoch 8 Pfd. täglich genießen; von minder guten Sorten indessen 12 Pfd. Offenbar ist der menschliche Magen zur Aufnahme solcher Quantitäten nicht eingerichtet, und wäre dies auch der Fall, so möchte hierbei doch der Kraftverlust des Organismus wohl zu berücksichtigen sein, der bei der Verdauung solcher Masse nothwendig entsteht. Das Blut, welches auf die Dauer sich gegen die Assimilation einer sehr einseitigen Nahrungsmischung sträubt, wird bei ausschließlicher Kartoffelnahrung unfähig, den Körper zu ernähren und in dem Maaße, als dieser dann dem Siechthum verfällt, werden auch die Verdauungsorgane immer unfähiger, die unnatürliche Kartoffelmasse überhaupt zu verdauen. Moleschott hat Recht, wenn er sagt, daß ein blos von Kartoffeln lebender Arbeiter nach 14 Tagen nicht mehr im Stande sein würde, sich diese Kartoffeln zu verdienen.

Für die Hausthiere sind die Kartoffeln ein ebenso unzureichendes Nährmittel. Milchende Kühe, die besonders stickstoffreiche Nahrung verlan-

---

*) Dies Ergebniß mag wohl als Ausnahme gelten. Bretschneider selbst schreibt es der Eigenthümlichkeit seines Versuchsbodens zu.

gen, gehen bei puren Kartoffeln und Stroh unfehlbar zu Grunde. Man halte mir hier nicht die sogenannten Erfahrungen vor, nach denen die Kartoffeln ein vorzügliches Milch- und Mastfutter sein sollen; solche Erfahrungen sind gewiß irrthümlich, es sind die unmündigen Kinder falscher Beobachtungen, weil sie eben den klaren und einfachsten Sätzen der Wissenschaft widersprechen.

Der Ueberschuß der stickstofffreien Verbindungen in den Kartoffeln kann nur durch Zusatz proteïnreicher Nahrungsmittel ausgenutzt werden. Wer dies übersieht, wird hier zu einem Verschwender. Fleisch und Hülsenfrüchte haben wir als die passenden Zusätze erkannt. Beim Viehfutter sind es Oelkuchen, Heu, Malztreber, Kleien. Noch ein passendes Futter kann aus den Kartoffeln hergestellt werden, indem man den größten Theil ihrer Stärke zur Spiritusbereitung benutzt. Die Schlempe enthält dann alles Proteïn der Kartoffeln und zwar auf 1 Proteïn etwa 4 Theile leicht verdauliche Kohlehydrate.

In gehöriger Mischung mit anderer Nahrung sind die Kartoffeln leicht verdaulich. Dieses sowohl, wie ihr guter Geschmack, ferner die verschiedenartigsten, dem Gaumen doch stets angenehmen Zubereitungsmethoden, die sie gestatten, haben sie zu einem fast unentbehrlichen Theile einer jeden Mahlzeit des Reichen, wie des Armen gemacht. Man hört oft genug die Leute ausrufen, was sie wohl anfangen würden, wenn es einmal keine Kartoffeln mehr gäbe. Diesen natürlichen guten Eigenschaften verdankt der Kartoffel die ihm allerseits zu Theil werdende und wohl eingebürgerte Nachsicht gegen seine scharfen, oben erwähnten Mängel; ihnen verdankt er, daß seit 1770 sein Anbau allgemein wurde, und wäre seit 15 Jahren die Krankheit in ihn nicht hineingefahren, wer weiß, bis zu welchem Grade seine Cultur bis heute überhand genommen hätte. Es gibt achtenswerthe Männer, die erschrocken von den tiefgreifenden Uebelständen, welche im Gefolge einer vorwiegenden Kartoffelnahrung nothwendig auftreten, die verheerende Kartoffelkrankheit als das beste Mittel begrüßt haben, die Masse der Bevölkerung zu einer, den Körper- und Geistesfunctionen mehr angemessenen Nahrung zurückzuführen. Es ist wohl anzunehmen, daß bei den fortwährenden Mißernten und bei ihrem sehr hohen Preise der Kartoffelconsum abgenommen, aber ich kann mich nicht zu der Annahme überreden, daß er schon einer besseren und leichteren Ernährung Platz gemacht hat. Vielmehr haben die Ausfälle der letzten 15 Kartoffelernten die Nothstände vermehrt und den Unterhalt der ärmeren Volksklassen schwieriger gemacht. Daß jetzt an Stelle der Kartoffeln mehr Weizen und Roggen oder sonstige Consumtibilien erzeugt werden, ist wohl richtig, jedoch ist damit kein völliger Ersatz geboten, denn es wird dabei keine so große Nahrungsmasse erzeugt, als es unter gleichen Verhältnissen in den Glanzperioden des Kartoffelbaues der Fall war. Auf einem preußischen Morgen Landes wachsen bei guter Ernte 1200 Pfund Weizen und vor 1845 auch 16000 Pfund Kartoffeln. In Beiden sind enthalten:

	Weizen:	Kartoffeln:
Wasserfreie Nährstoffe	1032 Pfd.	4000 Pfd.
Proteïnstoffe . . .	160 "	480 "
Stärke	800 "	3000 "

Also 3 mal mehr Proteïn und 4 mal mehr Stärke wurde von einem Felde Kartoffeln, als von einer ebenso großen Fläche Weizen geerntet. Da in Folge der Krankheit jetzt blos 8000 Pfund Kartoffeln auf dem Morgen wachsen, so begreift man wohl den großen Ausfall an Nährstoffen. Wo früher eine Arbeiterfamilie sich von einem Morgen Kartoffeln ernähren konnte, wird sie jetzt kaum halb so weit reichen. Durch die Krankheit hat der Kartoffel den Vortheil verloren, um dessentwillen er einen ausgedehnten Anbau verdiente, nämlich, mehr Nahrungsmasse zu liefern, wie unter gleichen Verhältnissen jede andere Culturpflanze. Und diesen Umstand haben wir als eine Fatalität zu bezeichnen, trotz den Nachtheilen des Kartoffels für den Consumenten.

Der Preis der Kartoffeln ist gegen früher mindestens um's Doppelte gestiegen, und es fragt sich, wie viel denn 100 Pfund Kartoffeln bei einem gewissen Brodpreise werth seien.

	Proteïnstoffe	Stärke und Zucker	Phosphorsäure
100 Pfd. Roggen führen	11½ Pfd.	65 Pfd.	0.86 Pfd.
400 " Kartoffeln "	11 "	75 "	0.64 "

Vom ökonomischen Gesichtspunkte aus lassen sich also 400 Pfd. Kartoffeln so ziemlich gleichwerthig erachten mit 100 Pfd. Roggen. Kosten letztere 3 Thaler, so darf man für 100 Pfd. Kartoffeln = ³/₄ Thaler zahlen.

Die Zubereitungsmethode der Kartoffeln zum Genusse ist nicht ohne Einfluß auf deren Güte und Wohlgeschmack. Jeder weiß, daß gekochte Kartoffeln anders schmecken, als gedämpfte und diese anders, als gebratene. Das Dämpfen mit der Schale scheint den Vorzug zu verdienen, weil dabei der Kartoffel am wenigsten ausgelaugt wird; am verwerflichsten ist jedenfalls das Ansetzen des geschälten und stark zerschnittenen Kartoffels mit kaltem Wasser und langsames Kochen desselben.

Die fetten Saucen, womit allenthalben die Kartoffeln genossen werden, sind nur geeignet, das Mißverhältniß in der Mischung seiner Nahrungsbestandtheile zu erhöhen. Es wären solche Saucen verwerflich, wenn sie nicht anderseits die Zucker= und Fettbildung aus dem Stärkemehl einleiteten, das heißt, die Kartoffeln verdaulicher machten.

Unter dem Einflusse von Eiweiß und Wasser gehen Stärke und ähnliche Kohlehydrate leicht in Zersetzung über. Daher sind die Kartoffeln, worin Wasser, Eiweiß und Stärke reichlich vereint sind, schwierig vor Fäulniß zu schützen. Durch nachlässige Aufbewahrung gehen noch alljährlich unschätzbar große Massen von Kartoffeln zu Grunde, was wir nicht zu beklagen hätten, wenn nur überall die Kartoffeln recht trocken und kühl aufbewahrt würden.

Wie weit man sich von dieser Forderung durch das gemeinübliche hohe Aufschichten der Knollen in den Kellern entfernt, ist nicht schwer zu ermessen. Man frage sich nur, wo in solchen Haufen das Wasser bleiben soll, welches von der Oberfläche eines jeden Kartoffels beständig verdunstet, besonders massenhaft gleich nach erfolgter Ernte, wo man zu sagen pflegt: Die Kartoffeln sind am Schwitzen. Wird die Verdunstung dieses Wassers nicht zu sehr gehemmt sein und daher jede Knolle in eine zu nasse Lage gerathen? — Muß nicht die nasse Umhüllung in die proteïnreichen Zellen der innersten Rindenschichten bringen und daselbst einen Fäulnißprozeß einleiten, der um so rascher um sich greift, je mehr der Haufen sich dabei erhitzt? Wie wäre es sonst erklärlich, daß naß eingeerntete Kartoffeln so rasch faulen? Ohne Zweifel thun diejenigen wohl, die vor allen Dingen die Kartoffeln erst gehörig an der Luft abtrocknen lassen und sie nicht in Kellern aufthürmen, welche keinen Luftwechsel gestatten, oder, was eben so schlimm ist, die an sich sogar naß sind. Ungleich besser als in Kellern conserviren sie sich auf ebenem Acker in Haufen liegend von 4' Höhe, 6' Breite und 30—50' Länge. Indem diese Haufen vor Winter unmittelbar, das heißt, ohne Strohumhüllung, mit einer 2½' dicken Erdschicht beworfen werden müssen, entsteht um sie herum eine grabenartige Vertiefung, welche das Wasser aufnehmend, den Kartoffeln stets ein trocknes Lager sichert. Die starke Erddecke endlich ist der sicherste Schutz gegen Kälte und Wärme; sie erhält in dem Haufen eine constante Kühle, wodurch der Kartoffel weder zur Fäulniß noch zu einer verfrühten Keimung disponirt wird. In der Provinz Sachsen, wo manche Güter 1000 Morgen Kartoffeln bauen, da kennt man keine andere Aufbewahrungs-Art, als diese. Ich habe sie dort aus eigener Anschauung kennen gelernt und muß sie als die denkbar einfachste und sicherste empfehlen.

Der Frost zersprengt die Zellen, worin der Kartoffelsaft eingeschlossen ist; er verursacht, daß der Inhalt der verschiedensten Zellen sich mit einander nach dem Aufthauen vermischt. Aber aus einer formlosen Lösung von Albumin, Dextrin, Stärke 2c. muß nothwendig Fäulniß resultiren, sobald die dazu erforderliche Wärme eintritt. Daher halten sich auch aufgethaute Kartoffeln gar nicht, während sie noch völlig unversehrt und genießbar sind, so lange der Frost in ihnen steckt. Erfrorne Kartoffeln soll man daher nicht aufgeben, obschon sie beim Genusse einen süßlichen Geschmack haben, der von einer geringen Zuckerbildung aus Stärke herrührt. Man benutze sie zu Viehfutter, aber ohne Zögern, denn ihre Haltbarkeit hat aufgehört. Das Nämliche gilt in gleichem Falle auch für andere Wurzelgewächse (Rüben und Möhren).

Im Frühjahre haben die Kartoffeln viel von ihrem herbstlichen Gewichte verloren, zehn Prozent sogar bei guter Aufbewahrung. Daß dieser Verlust hauptsächlich Wasser ist, sagt schon das welke, weiche Aeußere der Kartoffeln nach überstandenem Winter, und daß deßhalb alte Kartoffeln nahrungsreicher sind, als ihr gleiches Gewicht frische, ist einleuchtend. Die theilweise Umwandlung ihrer Stärke in Dextrin benachtheiligt zwar etwas den Wohlgeschmack, aber nicht den Nährwerth, der für Stärke und Dextrin identisch ist.

Was man an alten Kartoffeln am Meisten haßt, das ist ihre Entkräftigung, der sie durch unzeitiges Keimen in Folge einer zu warmen Lagerung verfallen. Wie alle jugendlichen und edlen Pflanzentheile, so ist auch der Keim überreich an Proteïnstoffen, Dextrin und Salzen, und Alles, was er enthält, stammt von der Kartoffelknolle. Ihr Verlust kann als nutzlos betrachtet werden, da die Keimlinge ungenießbar sind wegen ihres Gehaltes an Solanin, einem sehr giftigen Alkaloïde, wahrscheinlich entstanden aus dem Kartoffelalbumin, indem in den Knollen nur Spuren desselben anzutreffen sind.

Ein anderer wichtiger Grund, warum man zu verhindern bestrebt sein muß, daß der zu frühzeitige Keim der Kartoffel ihre besten Kräfte entzieht, ist noch der, daß solche stark gekeimte und ihres Keimes deßhalb beraubte Knollen ein gar miserables Saatgut sind, welches nur schwächliche und kränkliche Pflanzen erzeugen kann.

Ein starkes, kühles Erdlager schützt am Besten vor der Keimung. Wer ein solches nicht haben kann, der muß drauf verzichten, seine Eßkartoffeln bis zum Sommer hinein frisch und schmackhaft zu erhalten.

Bei dem argen Einflusse, den die Kartoffelkrankheit auf die Kartoffel-
production ausgeübt hat und bei der sehr geringen Hoffnung, diese Pflanze
werde dereinst wieder völlig gesund und ihre frühere Erziebigkeit wieder
erlangen, ist es wohl als ein höchst löbliches Streben zu bezeichnen, daß
die Naturforscher und Botaniker durch andere stärkemehlreiche Wurzelgewächse
die entartete Kartoffelpflanze zu ersetzen, oder deren schlechten Ernte-Ausfall
zu decken getrachtet haben. Zu diesem Ende studirte man die einschlägigen
botanisch bekannten Pflanzen durch Culturversuche, Analysen und Koch-
und Speiseversuche. Es scheint indessen, daß alle diese Bemühungen nicht
ihren Zweck erreicht haben. Meistens, wenn auch die chemischen Untersuchungen diese oder jene Pflanzenwurzel zur Hoffnung berechtigten, haben
doch alle diese Bemühungen nicht den gewünschten Erfolg gehabt. In den
meisten Fällen, wenn man auch glaubte, daß diese oder jene Pflanzenwurzel ein passendes Surrogat der Kartoffelpflanze sei, gaben doch die
Culturversuche in so weit gewöhnlich negative Resultate, als die neue
Pflanze das neue Klima nicht ertragen konnte und einen Ertrag gewährte,
der in keinem Verhältniß zu den darauf verwandten Culturkosten oder zu
dem Ertrage des Kartoffels stand. Auch fand es sich nicht selten, daß
die neue Wurzel von zu unangenehmem Geschmacke und einer einfachen,
bequemen Zubereitung nicht fähig war. Dergleichen Mißlichkeiten sollten
aber eigentlich den Forscher nicht entmuthigen, eine fortgesetzte Aufmerksamkeit all' den Pflanzen zuzuwenden, die zufolge ihrer Analogie mit den
Kartoffeln des Anbaues im Großen würdig sein könnten und vielleicht die
Zahl unserer Nahrung spendenden Culturpflanzen um eine neue zu bereichern vermöchten.

Die Gemüsepflanzen.

Die Zahl der Gemüsepflanzen ist groß; die Zahl ihrer Analysen
aber sehr klein. Dies ist für eine physiologische Diätetik um so beklagens-
werther, als überhaupt das Gemüse einen wesentlichen Theil der menschlichen Nahrung auszumachen pflegt. Wenigstens gilt dies besonders für
die Deutschen. Dem deutschen Arbeiter und noch mehr dem Bauern ist
Gemüse der Haupttheil seiner täglichen Nahrung. Auf den rheinischen
Landgütern werden häufig die Scheunendrescher in halbe Kost genommen.
Bei derselben erhalten sie nur 2 Pfund Brob und satt Gemüse; weder

Fleisch noch Butter und Käse kommt über ihre Zunge. Mit dieser Nahrung müssen jene Armen ihre Arbeit viele Monate lang bewältigen; sie ermöglichen dies durch die fabelhaften Quantitäten von Gemüsen, die man sie unverdrossen verschlingen sieht. Trotz der Einfachheit solcher Kost bleiben sie gesund und tauglich zur Arbeit. Der Nährwerth der Gemüse wird gewöhnlich deshalb unterschätzt, weil man entweder die zu große Wässrigkeit derselben — sie enthalten durchschnittlich nur 10% Trockensubstanz — einseitig in's Auge faßt, oder weil man ihn an den kleinen Löffel voll Gemüse knüpft, der auf des Wohlhabenden Tafel pro Person zur Abwechselung verzehrt wird. Man muß den Arbeiter und nicht den constanten Bewohner einer table-d'hôte fragen, welchen Werth für ihn das Gemüse besitzt.

Die bei den eigentlichsten Gemüsen — zu welchen ich nicht die reifen Hülsenfrüchte rechne — in Betracht kommenden Bestandtheile sind das lösliche Eiweiß, der Zucker, das Dextrin und die Aschensalze. Letztere sind im Gegensatze zu den Getreidearten und Hülsenfrüchten arm an Phosphorsäure und reich an kohlensauren Alkalien, somit gleich der Kartoffelasche. Die reichlich vorkommenden Extractivstoffe des Gemüses sind zu wenig ihrer Natur nach bekannt, als daß wir einstweilen denselben weder eine wichtige, noch eine gleichgültige Bedeutung zusprechen dürfen. In einigen Pflanzen hat man aus der Rumpelkammer der Extractivstoffe grade die, den Geschmack und die diätetische Wirkung characterisirenden Bestandtheile herausgefunden, so das Sinapin im Rettige, das Asparagin in den Spargeln, ein scharfes ätherisches Oel im Sellerie, das Senföl in dem Senfsamen; bei den meisten andern Gemüsepflanzen hat man allen Grund, in den Extractivmaterien die Ursache der Geschmacks- und Geruchsverschiedenheiten zu suchen. Auch der Zellstoff der Gemüse kann Antheil an dem Nährwerthe nehmen, denn er ist weich und leicht verdaulich. Ueber die Verdaulichkeit dieses oder jenes Gemüses besitzen wir keine sichern Angaben; im Allgemeinen dürften die Gemüsesorten nicht so leicht verdaulich sein, wie das Brod. Die irgendwie brauchbaren Analysen, die bis jetzt die Literatur besitzt, finden sich in folgendem Schema zusammengestellt. Die Zahlen beziehen sich auf 100 Theile der frischen Substanz.

	Waſſer	Albumin	Fett	Trauben= zuder und Dextrin	Holzfaſer	Extractiv= ſtoffe	Salze	Analytiker.
Weißkohl	86.20	4.75		7.10			1.87	Völker
„	87.71	1.40		7.56	2.07	—	1.26	Kayſer
„	89.9	1.5		7.5			1.1	Payen
Blumenkohl	90.1	2.3	0.9	5.3	0.6	—	0.8	Bouſſingault
„ Blumen . .	88.60	3.84		6.70			0.86	Völker
„ Blätter . .	89.01	3.61		6.53			0.85	„
Saft des Grünkohls .	93.8	0.3		3.5	—	2.4	—	Schraber
Gelbe Mohrrüben . .	85.0	1.9	0.2	11.5	0.5	—	0.9	Bouſſingault
„ . .	86.81	1.43	—	8.07	3.96		—	Schmidt
Weiße Stoppelrüben .	92.11	1.27		4.71	1.13	—	0.78	Anderſon
Geſchälte Gurken . ,	97.14	0.13		1.66	0.53	0.04	0.50	John
Schwarzer Rettig . .	95.97	0.29	0.04	0.29	1.70	0.23	1.03	Herapath
Champignons . . .	90.0	5.2	0.05		3.8		0.5	Payen
Morchen	90.0	4.4	0.06		3.6		1.3	„
Amerikaniſcher Kürbiß	82.5	0.91		13.01	2.17	0.44	0.97	Herth
Genfer Kürbiß . . .	77.8	0.26		12.12	5.88	1.80	1.06	„
Nußkerne	8.5	16.3	55.8	16.1	1.7		1.6	Bouſſingault
Friſche geſchälte Kaſtanien	49.2	3.0		45.2	0.8	—	1.8	„
Grüne Gartenerbſen .	79.74	6.06		13.08			1.12	Grouven
„ Schneibbohnen .	91.34	2.04		5.99			0.63	„
Kohlrabi=Blätter . .	85.00	2.48		8.92	1.44		1.80	R. Hoffmann

Die gewöhnlichſte Zubereitungsmethode des Gemüſes, wonach es erſt ausgekocht und dann mit Fett geſchmort wird, iſt mit einem Verluſte an nährender Subſtanz verknüpft, indem das Kochwaſſer, außer den ſauern und bittern Extractivmaterien, auch noch Zucker und Dextrin aus den Zellen entfernt. Von Eiweiß geht verhältnißmäßig nicht ſo viel verloren, weil dies beim Auskochen zeitig genug gerinnt, um größtentheils im Gemüſe verbleiben zu können, deſſen Proteïngehalt ſich dadurch relativ erhöht.*) Ob man deßhalb das Gemüſe ſchließlich mit fetten Brühen ſchmort, damit das Fett den verloren gegangenen ſtickſtoffloſen Nährſtoff erſetze, iſt eben ſo möglich wie die Annahme, daß das Fett nur die Verbaulichkeit der Kohle= hydrate des Gemüſes befördern ſolle. Jedenfalls walte über der Zubrei= tung der Gemüſe die Hauptregel: entweder ſie ſofort in kochendes Salz= waſſer zu bringen oder ſie gar nicht auszukochen, ſondern zu dämpfen.

---

*) Ich bitte, hier wohl zu beachten, daß das Extractions=Vermögen des Koch= waſſers ſich durch Kochſalzzuſatz bedeutend ſchwächt und daß man daher kein Gemüſe in Waſſer abkochen ſoll, in welchem vorher nicht etwas Kochſalz aufgelöſ't worden. Nur dadurch bewahrt man deſſen Schmackhaftigkeit, welche durch ein ſpäteres Hinzufügen von Salz vergeblich wieder zu erlangen geſucht wird.

Das langsame Erhitzen großer, mit Wasser und Gemüse gefüllter Töpfe, ist Schuld, daß die kohlartigen Gemüse alles Saftes und aller Kraft auf der Tafel beraubt erscheinen. Entschieden rathsam ist das Auskochen blos bei den grün zu genießenden Hülsenfrüchten. Die Schoten und unreifen Kerne derselben, die massenhaft zur Verspeisung gelangen, enthalten ein in Wasser lösliches Kohlehydrat, welches für sich genossen, starke Diarrhoen verursacht. Bohl nennt diesen Stoff Phaseomanit und erklärt damit die ruhrähnlichen Durchfälle, die sich nach dem starken Genusse von grünen Bohnen und Erbsen einstellen. Beim Auskochen entfernt sich der Manit mit dem Kochwasser; die Schneidbohnen werden dadurch genießbar. Mit der Reife der Bohnen verschwindet der Manit allmählig aus Schoten und Kernen. An seine Stelle ist Stärkemehl getreten.

Die Gemüsepflanzen lassen sich wegen ihres großen Wassergehaltes schlecht aufbewahren. Gelingt es, letzteren durch Austrocknen der Gemüse auf luftigen Böden oder in Trockenhäusern in wenigen Tagen zu beseitigen, dann hat man ihnen die Fähigkeit gegeben, eine längere Aufbewahrung ohne Schaden zu überdauern. Einfacher und daher gemeinüblicher ist indessen das Verfahren, welches man bei Kohl- und Kappesköpfen anwendet, indem man sie entweder den Winter hindurch in lockerer Erde, ½ Fuß tief, vergräbt, oder sie auf Schaben und Schneidemaschinen fein zerschneidet, mit etwas Salz gemischt, in Fässer und Tonnen bringt, wo sie schichtenweise eingestampft werden, bis der Saft gehörig hervorquillt, die eingeschlossene Luft austreibt, und, indem er alles umgibt, den verderblichen Luftzutritt bei dem Eingemachten hindert. Die Hauptsache beim Gemüseeinmachen ist das feste Einstampfen, damit alle Zwischenräume, anstatt mit Luft, sich mit Saft ausfüllen. Letzterer geräth bald in milchsaure Gährung, derzufolge das Eingemachte mürbe und weich wird und jenen säuerlichen Geschmack bekommt, um dessentwillen wir es als eine angenehme, leicht verdauliche Speise lieben. Ich habe manchmal bemerkt, daß man das Eingemachte Behufs seiner Zubereitung zuerst mit Wasser förmlich auswäscht und auslaugt. Dies ist aber ein höchst zweckwidriger Gebrauch, den ich Allen abrathe, denen es darum zu thun ist, dem Eingemachten seine nährendsten Theile zu erhalten. Höchstens ist ein leichtes Auspressen ohne Wasserzusatz statthaft.

In neuerer Zeit hat man durch Pressen das große Volumen der Gemüse zu beseitigen gesucht. Man hat sie zu dem Ende vorerst künstlich getrocknet und dann durch hydraulische Pressen stark comprimirt, wobei wohlbemerkt kein Saftverlust stattfinden darf. Dadurch kam viel Nährstoff in ein kleines Volum; das Gemüse wurde transportabel und sehr haltbar.

Daß diese Comprimirmethode in weitesten Kreisen befriedigt hat, mag wohl aus der Thatsache hervorgehen, daß während des Feldzuges in der Krim die französische Armee monatlich 2½ Mill. Rationen getrockneter und gepreßter Gemüse brauchte; die englische brauchte 1,400,000, die sardinische 1,150,000 Rationen. In Wasser vorher eingeweicht und dann gekocht quillt das gepreßte Gemüse beinahe bis zu seinem ehemaligen Volum auf.

Die renommirteste Fabrik comprimirter Gemüse ist zur Zeit die von **Offenburg bei Frankfurt**. Sie steht unter der intelligenten Leitung von Dr. **Böckmann**, einem Schüler **Liebig's**.

In allen Fällen, wo es gilt große Massen von Küchengewächsen zu conserviren und wegen ihrer weiten Versendung auf ein kleines Volum zu bringen, da verdient diese Comprimirmethode vor Allen den Vorzug. Wo es aber nur auf kleinere Mengen von Pflanzennahrung ankommt, da dürfte man zweckmäßig die **Appert'sche** Methode benutzen. So auf dem Lande, wo es sich höchstens um frische, grüne Erbsen, Bohnen ꝛc. für den winterlichen Tisch handelt; da wird man eine Weinflasche nehmen, diese mit den unbeschädigten Erbsen und Bohnen gut anfüllen, so viel schwaches Salzwasser übergießen, als die Flasche aufnimmt, und sie dann je nach ihrer Größe ½—2 Stunden lang bis an ihren Hals in ein Gefäß mit kochendem Wasser stellen. Die Siedhitze durchdringt den Inhalt der Flasche, macht das Eiweiß gerinnen, treibt den Sauerstoff aus und kommt endlich darnach ein rasches und sicheres Verkorken der Flasche, so ist ihr Inhalt als unverserlich zu erachten. Der Kork ist vorher in geschmolzenes Wachs zu tauchen und nach dem Erkalten das überschüssige Wachs abzukratzen, sowie vor dem Aufsetzen des Korkes noch eine gelinde Erwärmung desselben vorzunehmen. Nach dieser Methode lassen sich auch Spargeln, Kohl, Spinat, Obst vortrefflich conserviren.

Beim Obste wird jedoch kein Salzwasser angewandt, sondern eine die Säure des Obstes verhüllende reine Zuckerlösung. Damit letztere nicht so sehr concentrirt zu sein braucht und man an Zucker sparen kann, empfiehlt **Vogel** während des Einkochens in die Früchte verdünntes Ammoniak zu tröpfeln, welches deren freie Säure leicht bindet. Ich habe diesen Rath sowohl bei mancherlei Obsten, als auch beim Einmachen grüner Erbsen und Bohnen in Anwendung gebracht. Das Ammoniak wurde dabei mit dem gleichen Volum Wasser vorher verdünnt und davon ungefähr ein Theelöffel voll zu einem Quart Eingemachten gegeben. Der Erfolg entsprach unserer Voraussetzung; das so eingekochte Obst hielt sich trotz der schwachen Zuckerbeigabe; die grünen Erbsen verloren kaum von ihrer natürlichen Frische und Weichheit.

Einen Maßstab für die Größe des Gemüse- und Obstconfums im Allgemeinen gewähren folgende Zahlen, welche durch die Zeitschrift für deutsche Landwirthe aus statistischen Angaben sorgfältig berechnet wurden und den Consum der Städte London (2½ Mill. Einwohner) und Paris (1½ Mill. Einwohner) vergleichsweise darstellen.

Jährlicher Verbrauch.

	Gesammt-Verbrauch (Ctr. Zollgew.)		Auf den Kopf (Pfd. Zollgew.)	
	London:	Paris:	London:	Paris:
1. Kartoffeln . . .	3,008,000	573,300	111.20	35.32
2. Kohl	1,744,000	439,620	64.46	27.11
3. Möhren	175,500	441,560	6.50	27.17
4. Rüben	950,500	83,060	35.16	5.12
5. Zwiebeln	817,500	65,880	30.24	4.00
6. Erbsen	85,000	88,460	3.15	5.34
7. Spargel	5,670	77,240	0.21	4.75
8. Salat	45,700	129,460	9.72	8.46
9. Sellerie	17,440	30,890	0.65	1.91
10. Rettig und Radies	16,350	18,661	0.60	1.15
11. Gurken	48,000	6,475	1.74	0.40
12. Kürbiß u. Melonen	6,540	51,565	0.24	3.49
13. Aepfel	374,000	2,409,336	13.74	148.50
14. Birnen	203,300	3,223,065	7.50	171.73
15. Pflaumen	213,640	2,527,620	7.87	155.81
16. Kirschen	18,355	306,400	0.73	18.79
17. Erdbeeren . . .	15,260	200,820	0.56	12.37
18. Johannisbeeren . .	85,000	181,270	3.15	11.42
19. Stachelbeeren . .	0,350	28,950	0.02	1.80
20. Haselnüsse . . .	9,941	1,068	0.37	0.07
			297.87	644.71

Es ergibt sich hieraus, daß die Gemüse, und zwar die gröberen Sorten in London, das Obst aber in Paris den größten Theil der Marktvegetabilien ausmachen, denn es beträgt der jährliche Bedarf pro Kopf:

	London: (Pfd.)	Paris: (Pfd.)
Gemüse Nr. 1—12	263.39	124.22
Obst Nr. 12—20	34.18	520.49
Grobe Gemüse, Kartoffeln, Kohlrüben	210.88	67.55
Feine Gemüse Nr. 3, 5—10 . . .	52.51	56.67

Bei den Rüben, von welchen 7 mal soviel in London, als in Paris gebraucht werden, sind die, welche zum Viehfutter dienen, für London we-

nigſtens ausgeſchloſſen. Der verhältnißmäßig kleine Bedarf an Zwiebeln in
Paris wird durch Lauch (beſonders Knoblauch) erſetzt, von welchem dort
etwa 4 mal ſoviel, als Zwiebeln verzehrt wird.

Das Obſt.

Ohne uns an die gebräuchliche Eintheilung des Obſtes in Beeren,
Kern- und Steinobſt zu ſtören, citire ich hier die vorhandenen Obſtanalyſen,
an die ich nachher einige Bemerkungen über Nährwerth, Geſchmack und
Conſervirung knüpfen werde.

Eine ſchöne ältere Unterſuchung verdanken wir Bérard. Dieſer
Forſcher hat dadurch die chemiſchen Veränderungen conſtatirt, denen das
Obſt beim Reifen unterliegt. Ich laſſe hier blos die auf die reifen Früchte
ſich beziehenden Analyſen folgen:

	Stachelbeeren:	Pfirſiche:	Apritoſen:	Reine-Clauden:	Kirſchen:	Birnen:
Albumin	0.86	0.17	0.93	0.28	0.57	0.21
Dextrin	0.78	5.12	4.85	2.06	3.23	2.07
Zucker	6.24	16.48	11.61	24.81	18.12	11.52
Zellſtoff	8.01	1.86	1.21	1.11	1.12	2.19
Aepfelſäure }Citronenſäure } . .	2.72	1.80	1.10	0.56	2.01	0.08
Harz und Wachs .	0.03	0.10	—	0.08	—	0.01
Kalk	0.29	Spur	0.06	Spur	0.10	0.04
Waſſer	81.10	74.87	80.24	71.10	74.85	83.88
	100	100	100	100	100	100

Nach E. Wolff enthält das würtembergiſche Obſt:

	Aepfel:(Mittel von 8 Sorten)	Birnen:(Mittel von 9 Sorten)
Waſſer	84.74	80.02
Unlösliche Stoffe . .	2.76	6.53
Im Safte gelöſte Stoffe	12.25	13.43
(Letztere beſtehen aus:)		
Zucker	7.46	9.26
Pectin, Eiweiß, Salze	4.23	3.01
Aepfelſäure	0.82	0.58

Die neueſte und in jeder Hinſicht ausführlichſte Unterſuchung rührt
her von Freſenius. Die umſtehende Tabelle ſagt das Nähere:

Prozentische Zusammensetzung	Große rothe Stachelbeeren	Kleine rothe Stachelbeeren	Gelbe Stachelbeeren	Rothe Johannisbeeren	Weiße Johannisbeeren	Wald-Erdbeeren	Rothe Wald-Himbeeren	Wald-Brombeeren	Weiße Trauben, I. Qualität	Johannisberger Traubenmost, I. Qualität	Johannisberger Traubenmost, II. Qualität	Süße Kettische Pflaumen	Gelbe gewöhnliche Wirthschen	Gelbgrüne Reineclauden	Schwarzblaue runde Pflaumen	Große Apricosen ?	Holländische Wirlsche	Große Reineten	Winteräpfel	Süße Rothbirnen	Winter-Goldparmän	Gravensteiner Aepfel (Galville)	Borsdorfer Aepfel	Rheinische Bohnäpfel	Weiße Wetäpfel	Deutsche Glasäpfel
Traubenzucker	8·083	6·030	5·383	4·75	6·61	3·347	3·597	4·444	13·780	20·30	17·60	13·110	3·884	2·960	1·995	1·140	1·580	5·960	7·580	7·000	10·36	10·89	7·61	10·03	8·98	7·14
Freie Säure*)	1·358	1·573	1·075	3·51	3·25	1·650	1·980	1·188	1·020	0·76	0·74	0·351	0·552	0·960	1·970	0·898	0·612	0·990	1·040	0·074	0·48	0·44	0·61	0·54	1·01	0·57
Gel. Pectin, Gummi; Farbstoff, Wachs	0·909	0·513	2·113	0·38	0·180	0·145	1·107	1·444	0·495			2·286	5·772	10·475	5·813	5·929	5·813	7·600	2·720	3·381						
Proteïnpflanzen	0·441	0·445	0·578	0·45	0·770	0·619	0·546	0·510	0·832			0·903	0·197	0·477	0·475	0·852	0·463	0·530	0·530	0·200	5·11	1·85	6·65	3·35	3·35	3·55
Aschenbestandtheile	0·317	0·452	0·200	0·54	0·54	0·737	0·270	0·414	0·860			0·900	0·570	0·318	0·496	0·890	0·432	0·523	0·440	0·205						
I. Summe der Saftbestandtheile	11·148	8·955	10·351	3·38	10·35	6·40	7·500	8·000	16·490	24·06	20·54	17·550	10·725	15·190	9·550	9·619	9·390	14·701	12·090	10·900	14·95	13·05	15·07	13·93	13·34	11·64
Perm.; Schwefels. u. Zellstoff; Pectose	2·481; 0·513; 0·294	2·442; 0·515	3·880; 0·443; 0·308	4·45; 0·66	4·94; 0·53	6·03; 0·30	3·460; 0·180; 0·384	3·810; 0·364	2·592; 0·941	—	—	6·400; 0·450; 1·450	6·780; 0·179; 1·080	3·250; 0·680; 0·010	4·190; 0·509; 0·509	4·800; 0·967; 0·148	4·639; 0·991	0·070; 1·710; 1·490	0·884; 1·435; 1·151	0·890; 3·420; 1·340	2·18	2·17	2·44	2·94	4·53	2·04
II. Summe der unlösl. Enthalten	3·287	2·957	4·130	5·80	5·47	6·33	3·640	5·594	3·533	—	—	7·880	7·039	3·940	4·699	5·415	5·630	3·270	2·970	5·150	2·18	2·17	2·44	2·94	4·53	2·04
III. Wassergehalt	85·56	85·09	86·53	85·84	84·17	87·27	83·86	86·40	79·97	75·92	79·46	75·37	82·23	80·54	85·76	84·96	85·00	82·03	85·03	83·95	81·87	85·15	82·49	83·34	82·13	86·33

*) Ausgedrückt als Aepfelsäurehydrat.

Aus diesen Analysen lassen sich folgende Schlüsse ziehen:

1. Freie Säure findet sich durchschnittlich in größter Menge im Beerenobst, in geringerer im Stein- und Kernobst.

2. Das Obst ist das proteïnärmste Nahrungsmittel. Sein Nährstoff-Verhältniß stellt sich in ihm durchgängig, wie 1 : 20. Um 1 Loth Proteïn durch Obst zu ersetzen, müßte man davon ungleich mehr verzehren, als wenn man 1 Loth Traubenzucker durch dasselbe ersetzen wollte. Es ist nämlich das Aequivalent

für 1 Loth Proteïn	für 1 Loth Traubenzucker
gegeben in	
117 Loth Kirschen,	6.3 Loth Kirschen,
120 „ Trauben,	6.6 „ Trauben,
120 „ Aprikosen,	7.0 „ Reineclauden,
161 „ Erdbeeren,	7.0 „ Reinetten,
183 „ Himbeeren	9.0 „ Winteräpfel,
192 „ Reinetten,	10.0 „ Rothbirnen,
196 „ Brombeeren,	10.0 „ Mirabellen,
209 „ Reineclauden,	10.0 „ Stachelbeeren,
210 „ Pflaumen,	11.7 „ Pfirsiche,
216 „ Pfirsiche,	12.5 „ Aprikosen,
222 „ rothe Johannisbeeren,	14.0 „ Johannisbeeren,
227 „ rothe Stachelbeeren,	14.0 „ Himbeeren,
385 „ Rothbirnen,	14.0 „ Brombeeren,
454 „ Winteräpfel,	18.0 „ Pflaumen,
507 „ Mirabellen,	20.0 „ Walderdbeeren,
(5 „ Ochsenfleisch)	(5.0 „ Kartoffeln)

Um die in einem Eie enthaltene Proteïnmenge durch Obst zu ersetzen, müßte man hiernach 1¼ Pfund Trauben oder fast 4 Pfund Birnen verzehren. Anderseits haben die reichlich im Obste vorhandenen Kohlehydrate das Mißliche, daß sie verhältnißmäßig viel zu theuer sind. So kosten die 18 Pfund Traubenzucker, welche durch 100 Pfund Kartoffeln repräsentirt und geliefert werden, ungefähr 20 Silbergroschen. Was kosten dagegen aber die 113 Pfund Kirschen, oder die 225 Pfund Aprikosen, oder die 360 Pfund Walderdbeeren, die auch blos 18 Pfund Traubenzucker aequivalent sind? —

„Es ist hiernach klar," sagt Fresenius, „daß die Obstarten Naturerzeugnisse sind, welche dem Menschen mehr zur Erquickung und Labe und auch in vielen Fällen sowohl zur Erhaltung der Gesundheit, als zur eigentlichen Ernährung dienen. Wir fragen bei dem Obste vor Allem nach dem Wohlgeschmacke und schätzen und bezahlen es mehr nach diesem, als nach seinem Nahrungswerthe.

Die Ableitung des Wohlgeschmackes aus der Zusammensetzung wird nun, bei dem so wechselnden Geschmacke der Menschen, immer eine mißliche Aufgabe für den Chemiker sein; trotzdem unternehme ich es, unter Vorausschickung nachstehender, aus obiger Tabelle sich ergebenden Zusammenstellung den letztern Punkt näher in's Auge zu fassen."

Jedes Obst characterisirt sich dadurch, daß es, auf je einen Gewichtstheil Säure, ein bestimmtes Gewicht sowohl an Zucker, wie an Gummi und Pectin enthält, und zwar ist dies Verhältniß wie folgt:

	Säure		Zucker		Gummi u. Pectin:
Aprikosen	1	:	1.27	:	6.60
Pflaumen	1		1.60		1.80
Himbeeren	1		1.80		0.55
Erdbeeren . . .	1		1.97		0.88
Rothe Johannisbeeren	1		2.07		0.12
Pfirsiche	1		2.60		10.30
Weiße Johannisbeeren	1		2.90		0.08
Reineclaude	1		3.10		10.80
Brombeeren . . .	1		3.74		1.21
Kleine Stachelbeeren .	1		3.84		0.33
Gelbe „ .	1		5.90		2.00
Große rothe „ .	1		6.00		0.71
Mirabellen	1		6.20		9.92
Winteräpfel . . .	1		7.3		2.61
Weiße Matäpfel . .	1		9.0		3.35
Deutsche Glasäpfel .	1		10.6		5.70
Weiße Trauben . .	1		13.5		0.49
Große Reinetten . .	1		15.3		19.50
Grafensteiner Aepfel .	1		24.7		3.00
Süßkirschen . . .	1		37.3		6.51
Rothbirnen	1	:	94.6	:	44.40

„Die Stachelbeeren," so sagt nun Fresenius weiter, „haben für unsern Geschmack ein ziemlich richtiges Verhältniß zwischen Säure und Zucker (1 : 6); wir genießen sie daher gerne und meist ohne Zucker. Ihr verhältnißmäßiger Reichthum an letzterem (6—8 Proc.) läßt sie zur Bereitung von Wein geeignet erscheinen. Setzt man zu 3 Pfd. Saft 1 Pfd. Wasser und 1⅕ Pfd. Zucker, ein Verhältniß, welches hier zu Lande öfters angewandt wird und einen recht guten Wein liefert, so entspricht dasselbe etwa folgenden Verhältnissen im Ganzen:

100 Wasser + 1 Säure + 38 Zucker,

aus welchen sich leicht erklärt, daß der so erhaltene Wein nicht allein sehr alkoholreich wird, sondern auch noch süß bleibt.

Die Johannisbeeren sind den meisten Menschen zu sauer, ihr Saft greift die Zähne an; wir genießen sie am liebsten mit Zucker. Ein Blick auf die Analyse zeigt, daß daran nicht allein der bedeutende Gehalt an freier Säure (2.₃ Procent), sondern auch das Verhältniß zwischen dieser und dem Zucker, welches bei den weißen wie 1 : 2.₀ und bei den rothen wie 1 : 2 gefunden wurde, Schuld ist, zumal die freie Säure (Citronen- und Aepfelsäure) durch Gummi oder Pectin nur wenig verhüllt wird.

Versüßt mit Zucker, erfreuen uns die Johannisbeeren durch ihre reine und angenehme Säure.

Bei der Bereitung von Johannisbeerwein liefert eine Mischung von 1 Pfd. Saft, 2 Pfd. Wasser und 1 Pfd. Zucker ein sehr gutes Resultat. Es entspricht dieselbe folgenden Verhältnissen:

$$100 \text{ Wasser} + 36 \text{ Zucker} + 0.8 \text{ Säure}.$$

Bei den Walderdbeeren erfreut uns zumeist ihr Aroma; die ziemlich bedeutende Menge freier Säure, das ungünstige Verhältniß zwischen dieser und dem Zucker (1 : 1.₀) und die geringe Menge an säureeinhüllenden Substanzen veranlassen, daß wir die Walderdbeeren am liebsten mit Zucker genießen.

Bei den Himbeeren ist es auch vorzugsweise das Aroma, welchem sie ihre Annehmlichkeit verdanken; die bedeutende Menge freier Säure und das Verhältniß zwischen Säure und Zucker (1 : 1.₃) würden sie, wenn das Aroma fehlte, schwerlich zu einem beliebten Obste machen, wie wir bei den ziemlich ähnlich zusammengesetzten Brombeeren ersehen können.

Die Trauben überflügeln alle andern Obstarten durch ihren bedeutenden Zuckergehalt, der selten unter 12 Proc. sinkt, oft aber bis 26 Proc. steigt, und durch ihr günstiges Verhältniß zwischen Säure und Zucker, welches in guten Jahren und bei guten Sorten etwa 1 : 26 beträgt, in mittleren Jahren und bei leichteren Traubensorten dagegen sich etwa wie 1 : 16 stellt. Gestaltet sich das Verhältniß zwischen Säure und Zucker ungünstiger, wird es z. B. 1 : 10, so schmecken die Trauben sauer, indem in denselben die säureverhüllenden Stoffe (Gummi, Pectin) nur in sehr kleiner Menge vorkommen. Das Aroma der Trauben, obgleich nicht stark hervortretend, trägt doch wesentlich zu ihrem Wohlgeschmack bei.

Der bedeutende Zuckergehalt der Trauben und der Umstand, daß ihre Säure großentheils herrührt von saurem weinsteinsaurem Kali, welches sich aus dem Weine fast ganz niederschlägt, machen die Trauben zu einem zur Weinbereitung unübertrefflichen Obste, zumal die bei ihrer Gährung entstehenden Aetherarten alle anderen an Feinheit übertreffen.

Die Kirschen sind hauptsächlich wegen ihrer Süße beliebt. Mangel an Aroma und an Säure läßt die Süßkirschen weniger als ein fein schmeckendes Obst erscheinen. Wegen ihres bedeutenden Zuckergehaltes eignen sich die Kirschen, frisch wie getrocknet, zum Kochen und namentlich auch zum Einmachen, sowie zur Darstellung des Kirschbranntweins.

Bei den Mirabellen und Reineclauden treten die einhüllenden Stoffe, vornehmlich Gummi, welches ja öfters aus den Früchten ausschwitzt, in bedeutendem Grade hervor. Indem das Gummi die Säure einhüllt, läßt es das ungünstige Verhältniß zwischen Säure und Zucker, welches bei den Reineclauden nur 1 : 3 beträgt, beim Genusse der frischen Früchte vergessen, zumal uns ihr Aroma sehr zusagt. — In Folge ihres größeren Zucker- und geringeren Säuregehaltes eignen sich die Mirabellen weit besser zum Kochen und zum Trocknen, als die Reineclauden, welche eines viel bedeutenderen Zuckerzusatzes bedürfen, um gekocht angenehm zu schmecken.

Die Pflaumen zeigen bei bedeutendem Säuregehalt einen nur kleinen Gehalt an Zucker, und da das ungünstige Verhältniß zwischen beiden (1 : 1.₆) durch die relativ geringe Menge von Gummi, Pectin ꝛc. nur unvollkommen verhüllt wird, so sind die Pflaumen, wenigstens die Sorten, bei welchen das Aroma gering ist, kein feines und auch kein sehr gesundes Obst.

Die Aprikosen und Pfirsiche bestehen fast nur aus Saft; die Menge der unlöslichen Bestandtheile beträgt, wenn man von den Steinen absieht, in der That nur 1 Procent. — Sie erfreuen uns wie durch diese ihre saftige Beschaffenheit, so durch ihr kräftiges, feines Aroma und ihr zartes Fleisch. Das Verhältniß zwischen Säure und Zucker ist zwar an und für sich ungünstig, auch die Menge des letzteren gering, aber es wird dies durch die bedeutenden Mengen einhüllender Substanzen (6 Proc.) so trefflich verdeckt, daß die freie Säure, deren absolute Menge ohnehin nicht groß ist, den Wohlgeschmack nur erhöht.

Bei dem Kernobst tritt zunächst eine vermehrte Menge der Cellulose und der Pectinkörper, und zwar sowohl der unlöslichen, als der löslichen hervor. Eine Folge davon ist sowohl die härtere Beschaffenheit des Fleisches, als auch die gallertartige der gekochten Früchte. Die so bedeutenden Unterschiede zwischen den verschiedenen Sorten der Aepfel und Birnen erklären sich sowohl aus den sehr wechselnden Verhältnissen zwischen Säure, Zucker und Pectin, als auch aus dem bald mehr, bald weniger hervortretenden Aroma von größerer und geringerer Feinheit und aus der bald härteren, bald weicheren Beschaffenheit des Fleisches."

„Vergleichen wir schließlich noch einige Aepfelmoste mit dem Safte der Trauben von verschiedenen Sorten und Jahrgängen, so kann dazu folgende Tabelle dienen, worin die freie Säure des Traubenmostes, obgleich diese vorwaltend Weinsäure ist, als Aepfelsäurehydrat berechnet wurde.

	Wasser:	Säure:	Zucker:	Verhältniß zwischen Säure und Zucker:
Oesterreicher vom Geisbach zu Wiesbaden 1847 (schlecht)	100	1.34	15.5	1 : 11.6
Dieselben 1848 (gut)	100	0.80	18.3	1 : 23
Oesterreicher aus dem Rheingau 1854 (zieml. gut.)	100	1.16	17.5	1 : 15
Rießling vom Johannisberg 1850 (gut)	100	0.89	26.5	1 : 29.7
Aßmannshäuser blaue Trauben 1856 (gut)	100	0.95	23.0	1 : 24.2
Carmeliter-Reinette	100	0.37	10.9	1 : 29.7
Große englische Reinette	100	0.61	10.8	1 : 17.5
Großer rheinischer Bohnapfel	100	0.65	12.2	1 : 18.6
Leichter Matapfel	100	0.78	10.7	1 : 13.7
Weißer Matapfel	100	1.23	10.9	1 : 8.8

Aus dieser Zusammenstellung ersieht man:

a. Daß der Aepfelmost im Durchschnitt weniger freie Säure enthält, als der Weinmost. — Da aber die Säure des ersteren Aepfelsäure ist, welche im Weine bleibt, während die des letzteren, wenigstens in reifen Trauben, großentheils herrührt von saurem, weinsteinsaurem Kali (Weinstein), welches sich bei der Gährung und

Nachgährung in bedeutender Menge abscheidet, so ergibt sich, weshalb der Aepfel wein in der Regel doch saurer ist, als der Trauben wein.

b. Daß die absolute Menge des Zuckers auch in den besten Aepfeln weit geringer ist, als in selbst schlechten Trauben. Im Durchschnitt beträgt sie etwa die Hälfte. Daher erklärt es sich, daß Aepfelweine, welche ohne Zuckerzusatz bereitet sind, nie sehr geistig werden können, sowie daß in denselben aller oder fast aller Zucker bald ganz vergohren ist, und somit keiner übrig bleibt, um die freie Säure im Geschmack zu mildern.

c. Daß das Verhältniß zwischen freier Säure und Zucker in dem Moste der Aepfel, welche man gewöhnlich keltert, dem etwa gleichkommt, welches der Most leichterer Traubensorten in geringeren und mittleren Jahren zeigt, während sich dasselbe im Safte feiner Aepfel bis zu der Höhe hebt, welches die Rießlingtrauben bester Lage in guten Jahrgängen darbieten."

12. Vortrag.

Die geistigen Getränke.

Die geistigen Getränke haben einen gemeinsamen Hauptbestandtheil, nämlich den Alkohol. Er wird auch Spiritus oder Weingeist genannt.

Der Alkohol ist eine stickstofffreie organische Verbindung, $C_4 H_6 O_2$,
ausgezeichnet durch leichte Verbrennlichkeit, große Flüchtigkeit und scharfen
Geschmack; er ist das erwärmende und berauschende Prinzip des Weines,
des Bieres und des Branntweins.

Die Quantität, in welcher derselbe in den verschiedenen geistigen Getränken auftritt, ist so ungleich, wie die Wein-, Bier- und Branntweinsorten mannigfaltig sind. Wir besitzen Getränke von 2—60 % Alkohol-
gehalt. Purer Alkohol wird wegen seiner energischen giftähnlichen Wirkung
nicht getrunken. Unsere stärksten Branntweinsorten führen immer noch 50
bis 40 % Wasser.

Von einer sehr geringen Menge, den Geschmack bestimmenden aetherischen Oelen (Fuselöle) und Farbstoffen abgesehen, ist also der Branntwein nichts weiter, als ein mit Wasser verdünnter Alkohol.

Wein und Bier sind dies zwar auch, sie enthalten aber weit
weniger Alkohol und mehr Wasser, als der Branntwein.

Im Weine finden sich auch außerdem noch beträchtliche Antheile von
Traubenzucker, von organischen Säuren, (Weinsäure, Aepfelsäure, Gerbsäure),
Salzen, Farbstoffen und aetherischen Oelen (Oenanthsäuraether, Essigaether,
Buttersäureaether und Baldriansäureaether).

Im Bier tritt außer Alkohol noch auf: Dextrin, Traubenzucker,
Gummi, Milchsäure, Essigsäure, Kohlensäure, Salze und Spuren von
Ammoniak. Außerdem noch die Bestandtheile des Hopfenextractes, worunter

ein aetherisches Oel und ein Bitterstoff, beide von stark narkotischer Wirkung, figuriren. *)

Wein und Bier enthalten auch geringe Mengen von stickstoffhaltigen albuminartigen Stoffen, wodurch sie, streng genommen, den Character einer durchaus stickstofflosen Nahrung verlieren.

In welchen Mengenverhältnissen jene näheren Bestandtheile in unseren Spirituosen auftreten und in wie fern dadurch schon eine Unterscheidung zwischen selbigen begründet ist, wird nachstehende Uebersicht anzeigen, worin die vorhandenen Analysen über bekannte Branntwein-, Bier- und Wein- sorten aufgezeichnet sind:

I. Branntweine.

	Volumprocente Alkohol **)		Volumprocente Alkohol
Schottischer Wisky	50.3	Gewöhnlicher deutscher Schnaps	45.0
Irländischer	49.9	Französischer Cognac	55.0
Englischer	49.4	Amerikanischer Wisky . . .	60.0
Rum	49.7	Russischer dobry Wutky . .	62.0
Genever	47.8		

II. Weine.

Procentische Zusammensetzung von	Alkohol	fester Extract im Ganzen	Zucker	Säure	Extractivstoffe	Wasser	Analytiker
1846 Hochheimer, am Rhein	10.71	4.21	3.58	0.56	0.07	85.08	Fresenius
„ Markobrunner „	11.14	5.18	4.52	0.53	0.13	83.68	„
„ Steinberger „	10.06	5.56	4.49	0.50	0.57	84.38	„
„ Steinberger I. Qualität	10.17	10.55	8.63	0.42	1.50	79.28	„
1822 Rüdesheimer „	12.65	5.39	—	—	—	81.96	Geiger
1822 Geisenheimer „	11.60	3.05	—	—	—	85.35	„
1822 Liebfrauenmilch „	10.62	2.27	—	—	—	87.11	„
Garonnewein, Fronton rouge, 1844	9.57	2.50	—	—	—	87.93	Filhol
dito , Ville franche „	6.04	1.90	—	—	—	92.06	„
dito , Villandries „	8.82	2.49	—	—	—	88.69	„
Gironde Wein, weißer . . .	9.14	0.45	—	—	0.13	90.51	Fauré
„ rother . . .	7.39	0.46	—	—	0.13	92.25	„
Lumpertslacher aus Elsaß 1846	8.73	4.00	3.62	—	—	87.27	Boussingault

Die außerdem noch von Brande, Fontenelle, Christison, Henderson, Prout, Blanderen, Payen, Lüdersdorff, Diez,

---

*) Die 3% Gerbsäure des Hopfen-Extractes gelangt nicht in's Bier, sondern schlägt sich schon in der Bierwürze mit einem entsprechenden Antheil Albumin — aus der Gerste — nieder.

**) 50 Volumprozente = 42½ Gewichtsprocente.

Fischern, Mitis, Hitschock, Geromont, Güning und Gall zahlreich ausgeführten Weinanalysen erstrecken sich leider blos auf die Alkohol-
und Säurebestimmung. Aus ihnen ersehen wir, daß im Mittel enthalten:

	Alkohol: (Procente)	Freie Säure: (Procente)
Rheinweine . . .	8—10	0.40
Moselweine . . .	6— 0	0.60
Bordeauxweine . .	9—15	0.23
Burgunderweine .	12—14	0.19
Champagner . .	11—12	0.22
Ungarweine . .	10—13	0.18
Südweine (Secte):*)		
Portwein .	18—22	0.18
Madeira .	19—20	0.24
Teneriffa .	18—19	0.23
Malaga .	18—19	0.19
Xeres . .	17—19	0.19

III. Biere.

Procentische Zusammensetzung von	Alkohol	Malz- extract**)	Kohlensäure	Wasser	Analytiker
Münchener Schenkbier	3.20	5.90	0.15	90.75	Fuchs
" "	3.52	3.59	0.16	92.72	"
" Doppelbier	5.00	13.00	0.08	81.92	Leo
" Lagerbier	4.48	3.89	0.23	91.39	Kayser u. Otto
" Bockbier	4.89	7.59	0.19	87.30	"
" Salvator	5.06	8.05	0.18	86.65	"
Bamberger Bier	4.18	5.93	0.14	89.74	"
Nürnberger Bier	3.90	4.21	0.17	91.68	"
Braunschweiger Mumme . . .	2.42	39.04	0.10	58.43	"
Brüsseler Lagerbier	5.54	8.41	0.20	90.84	"
Erlanger Bier	3.02	6.36	—	90.79	Wackenrober
Jenaer Bier	2.08	7.37	—	90.73	"
Londoner Ale	7.86	6.02	0.18	85.96	Kayser
Burton Ale	6.62	14.96	0.04	78.37	Will
Pale Ale	5.57	4.62	0.07	89.74	"
Porter Bier aus London . . .	4.7	5.9	0.37	89.0	Zintel
Londoner Ale	7.6	6.3	0.17	85.9	"
Braunbier aus Berlin	2.3	3.1	0.30	94.2	"
Weißbier aus Berlin	1.9	5.7	0.60	91.8	"

*) Das Wort „Sect" stammt her von Vina siccata (Vins secs). Diese
Weine sind sowohl durch ihren großen Alkoholgehalt, als Zuckerreichthum
ausgezeichnet. Man vermehrt den Zucker in diesen Weinen, indem man die
Trauben vor dem Keltern austrocknen läßt, oder den gekelterten Saft vor
dem Gähren über Feuer concentrirt. Der Most wird alsdann so zuckerreich,
daß nur theilweise sein Zucker vergähren kann. Daher die Süßigkeit dieser
Weine.

**) Der Malzextract umfaßt all' die fixen Materien, die nach Verdampfen des
Biers übrig bleiben. Wir haben sie bereits oben aufgezählt.

Folgende mehr ausführliche Analysen wurden in Mulber's Laboratorium ausgeführt:

	Bier von Middelburg	Braunbier aus Holland
Alkohol	4.95	3.80
Kohlensäure	0.01	0.07
Proteïnstoffe	0.83	0.41
Malzertract	3.67	3.36
Essigsäure	0.02	0.08
Milchsäure	0.26	0.32
Mineralsalze	0.42	0.34
Wasser	89.84	91.67
	100	100

Wir sehen aus Vorstehendem den beträchtlichen Gehalt, welchen das Bier an Proteïnstoffen hat. Denselben hat man früher ganz übersehen und deßhalb ungerechterweise stets das Bier als ein stickstoffloses Nahrungsmittel definirt. Jetzt dürfen wir höchstens sagen, daß es ein stickstoffarmes Nahrungsmittel sei, werden aber stets seinen Proteïngehalt in Betracht ziehen, wo es sich um den physiologischen Effect eines starken Bierconsums handelt.

Eine Bestätigung dieses interessanten Sachverhaltes lieferte Vogel in folgenden Analysen.

Eine bayrische Maaß (= 1,16 preuß. Quart) gab:

	Extract Gramm	Stickstoff Gramm	Proteïn per 100 Extract
Bockbier	87.6	1.341	9.8
Schenkbier	73.0	0.816	7.4
Doppelbier	77.0	0.928	7.6
Schenkbier	64.0	1.428	14.0

Also ungefähr $^{1}/_{10}$ der fixen Bierbestandtheile sind Proteïnstoffe! — Da unser Roggen- und Weizenbrod 6 — 8 Procent Proteïnstoffe besitzt, so sind, wie leicht zu berechnen, $^{1}/_{6}$—$^{1}/_{5}$ Pfd. Brod nöthig, um die albuminartigen Materien zu ersetzen, die wir in einem Quart Bier trinken! —

Eine eben so große Verschiedenheit, wie der Wein in seiner Qualität darbietet, hat auch das Bier, denn jedes Land und beinahe jede Stadt hat ihr besonderes Gebräu. Aber unter allen Qualitäten steht das bayrische Bier oben an; durch seine Güte und seinen Wohlgeschmack hat es in den letzten Dezennien sich überall in Consum gebracht und allmählig die schlechteren Lokalbiere verdrängt. Ja, weit in's Ausland hinein erstreckt sich sein Ruf, denn in Paris, London, Belgien und Amerika wird bayrisch Bier gebraut und getrunken. Auffallend ist, daß der Geschmack des norddeutschen Publikums sich den schweren braunen Sorten desselben immer mehr zuwendet, während doch die leichtere hellere Sorte durch ihren geringeren Gehalt an Alkohol und Hopfenextract, jedenfalls ein gesunderes Getränke vorstellt, und in Bayern und Süddeutschland, dem Vaterlande des Biers, allgemein getrunken wird. Wer noch niemals in einer süddeutschen Schenke gewesen, der hat deßhalb schwerlich einen richtigen Begriff von ächtem bayrischem Bier.

Im Erlanger Bier fand Martius 2.97—4.38% organischen Extract nebst 0.282—0.303% Salzen. Letztere bestanden per 100 Theile aus:

Kali	37.22
Natron . . .	8.04
Kalk	1.93
Magnesia . . .	5.51
Eisenoxyd . .	Spur
Kieselerde . .	10.82
Schwefelsäure .	1.44
Phosphorsäure .	32.09
Chlor	2.91
	100.00

Hiernach genießt Jemand in 1000 Gramm Bier (circa 1 Quart)

Kali	= 1.15	Gramm
Phosphorsäure	= 1.00	"

Dieses ist, Angesichts der diätetischen Bedeutung dieser Mineralstoffe, gewiß eine sehr beachtenswerthe Zugabe.

Die Quantität und Qualität der Asche des Bieres ist jedoch sehr verschieden. Dickson wies nach, daß zum Beispiel im englischen Ale 3.5 — 12% und im Porter 5.7 — 14.5% Asche per

100 Theile Bierextract anzutreffen seien. Der Gehalt der Asche variirte
an:

$$
\begin{array}{lll}
\text{Kali} & \text{von} & 3.1 - 32 \ \% \\
\text{Natron} & '' & 20.8 - 58.8 \ '' \\
\text{Chlor} & '' & 3.0 - 18.2 \ '' \\
\text{Phosphorsäure} & '' & 5.9 - 25.6 \ '' \\
\text{Kieselsäure} & '' & 4.8 - 19.7 \ ''
\end{array}
$$

Um den Wein und das Bier physiologisch zu beurtheilen, müssen wir
auf den Branntwein zurückkommen.

„Der Branntwein," so erzählt Moleschott, „gehört einer weit
späteren Zeit an, als die Erfindung des Weines und auch des Biers. Den
Griechen und Römern war das Verfahren unbekannt, den Alkohol von
geistigen Getränken abzuscheiden oder zu destilliren. Diese Kunst wurde im
Orient erfunden und von den Arabern den Europäern mitgetheilt. Im
zwölften Jahrhundert erfand Albucasis eine Destillirgeräthschaft, mittels
welcher er den Weingeist vom Wein abschied. Der auf diese Weise gewonnene Weingeist hieß vinum ustum. Arnold Villanova in Cata-
lonien und Raymund Lullus in Palma sollen die Bereitungsweise von
den Arabern gelernt haben. Im 14. Jahrhundert wurde Branntwein als
Arzneimittel gegen die Pest und ansteckende Krankheiten von den Italienern
nach dem südlichen Deutschland verkauft. Erst um 1483 wird des Branntweins in gedruckten Büchern erwähnt. Aber schon zu Anfang des 15.
Jahrhunderts wurde der Branntwein, den die Aerzte übermäßig empfahlen,
sehr allgemein getrunken, und dies war Veranlassung, daß die Italiener
durch Zusatz von Zucker und Gewürzen den Geschmack desselben noch zu
verbessern suchten; so entstanden die Liquori (Liqueurs), die zur Zeit Hein-
rich II. auch in Paris von Italienern verfertigt und sehr bald allgemein
verbreitet wurden. Verordnungen, wie sie Landgraf Wilhelm II. und
Philipp der Großmüthige von Hessen, einige sächsische Fürsten, Gustav I.
von Schweden und Andere erließen, um den Gebrauch des Branntweins zu
beschränken, halfen Nichts. Im Gegentheil, die Verbreitung griff immer schneller
um sich, und die Kunst der Destillation blieb auch den ungebildetsten
Völkern des nördlichen Asiens und Amerikas, ja selbst den Hottentotten nicht
unbekannt, während die Mohamedaner sich nach einer milden Auslegung
des Korans, der ihnen den Wein untersagt, vielfach durch den Genuß des
Branntweins zu entschädigen suchen. Heutzutage herrscht der Gebrauch des
Branntweins in auffallender Weise bei den nördlichen Völkern der Erde

vor. Russen, Schweden, Lappen, Finnländer, Dänen, Engländer, auch die Bewohner des nördlichen Deutschlands und Frankreichs, sowie alle nördlichen Völker Asiens und Amerikas haben die größte Vorliebe für denselben."

Der Branntwein-Consum scheint auch noch jetzt, den letztjährigen statistischen Nachweisen zufolge, in fortwährender Zunahme begriffen zu sein. Wie groß derselbe jetzt ist, geht aus der authentischen Angabe hervor, daß während des Jahres 1856 in Preußen per Kopf der Bevölkerung 5.95 Quart Branntwein getrunken worden sind. Im Zollvereinsgebiete wurden während desselben Jahres per Kopf 5.32 Quart consumirt.

Der Wein ist ebenfalls von uraltem Gebrauch. Wir besitzen geschichtliche Notizen, wonach er 500 Jahre vor Christi Geburt von den damaligen Culturvölkern (Griechen und Aegyptern) bereitet und als Göttertrank gepriesen wurde. Von Griechenland und Aegypten kam er nach Italien. Aber erst langsam vervollkommnete sich dort der Weinbau. Zur Zeit der römischen Republik war es den Weibern streng verboten, Wein zu trinken, und die Männer durften ihn erst nach dem 25. Jahre genießen. Einige Jahrhunderte später, zur Kaiserzeit, bedeckten die Reben den größten Theil Italiens, so daß die Brodfrucht von Außen her beschafft werden mußte. Besonders beliebt und berühmt waren Cäkuber-, Falerner- und Chier-Wein. Der Weingenuß war so allgemein geworden und die römischen Frauen sowohl als die Männer fröhnten ihm so sehr, daß beispielsweise bei den Gastmählern des Cäsar und Lukullus, wobei das Volk öffentlich gespeist wurde, manchmal nicht weniger als 40,000 Fäßer Falerner- und Chier-Wein getrunken wurden.

In Gallien, Ungarn und England ist der Weinbau erst durch römische Colonisten eingeführt worden.

Ueber die moderne Wein-Consumtion geben uns folgende Notizen Auskunft.

Durchschnittlich wird jährlich Wein produzirt:

in Frankreich	auf 2	Mill.	Hectaren Weinberg	=	3800	Mill.	Litre*)
in den österreich. Staaten	„ 1½	„	„	„	„	3200	„ „
in den übr. deutsch. Staaten	„ ⅕	„	„	„	„	220	„ „

Nach der genauesten Angabe hat Frankreich 8,187,785 Morgen Weinberg; Preußen dagegen blos 61,885 Morgen, darunter die Rhein-

---

*) 1 Hectare = 3.92 preuß. Morgen. 1 Litre = 0.87 preuß. Quart.

provinz mit 48,517 Morgen. Der Weinbau Frankreichs ist also um das 120fache ausgedehnter, wie der rheinpreußische.

Im Jahre 1858 produzirte

die preußische Rheinprovinz 576200 Eimer Wein
die Provinz Sachsen . . . 17700 „ „
„ Brandenburg . 14500 „ „
„ Schlesien . . 33500 „ „
„ Posen . . . 5000 „ „

Die jährliche Weinproduction von Frankreich allein repräsentirt einen Werth von mindestens 900 Mill. Francs. Nach Payen wird in Paris jährlich für 80 Mill. Francs Wein getrunken.

Das Bier ist vielleicht noch ältern Ursprunges, als der Wein. Schon die Aegypter sollen es, nach Herodot, bereitet haben. „Bei den Scythen, den Galliern, und namentlich bei den Germanen, war Bier ein Lieblingsgetränk, soweit die Geschichte reicht. Die Römer lernten es erst auf ihren Feldzügen in Deutschland kennen und sahen darin eine schlechte Nachahmung des Weines." Moleschott.

Es wird jetzt jährlich Bier getrunken:

in Großbritannien . 2400 Mill. Litre,
„ Frankreich . . 40 „ „
„ Zollverein . . 1500 „ „
„ Bayern . . . 400 „ „
„ London allein . 250 „ „
„ Paris „ . 15 „ „

Nach einer andern Notiz werden jährlichst verzehrt:

in Oestreich . . 21 Quart per Kopf
„ Preußen . . 20 „
„ Zollverein . . 35 „
„ Hessen u. Würtemberg 55 „

In England und Bayern ist der Bierverzehr am stärksten. Daselbst kommen auf jeden Kopf der Bevölkerung jährlichst 100 Quart Bier. Dagegen ist dort auch der Weinverbrauch am geringsten. England verzehrt blos 27 Millionen Litre Wein, größtentheils importirt aus Spanien und Portugal.

Concentrirter purer Alkohol hat eine große Verwandtschaft zum Wasser. Er entzieht dasselbe all' den Stoffen, mit denen er in Berührung kommt. Feuchte thierische Gewebe würden in Berührung mit ihm ihr Wasser hergeben müssen; purer Alkohol würde die Wände der Speiseröhre und des Magens einschrumpfen und so deren normale Thätigkeit gefährden. Dies nicht allein, er würde auch die Verdauung aufheben, indem er das Pepsin des Magensaftes fällt und unwirksam macht; er würde endlich bei seinem sehr raschen Uebertreten in's Blut noch das Leben ernstlich gefährden, indem er die löslichen Proteïnverbindungen des Blutes gerinnen macht. Daher ist ein starker Genuß von 80—100 procentigem Alkohol unstatthaft, wie ein Gift.

Alle jene gefährlichen Wirkungen treten indessen nicht ein, wenn der Alkohol mit Wasser genügend verdünnt und in mäßiger Menge genossen wird. Dann stört es nicht den Verdauungsprozeß, sondern vermag leicht und direct in's Blut überzutreten. Im Blute erliegt er schnell der oxydirenden Wirkung des eingeathmeten Sauerstoffs; er verbrennt dort zu Kohlensäure und Wasser. In seiner leichten Verdaulichkeit und leichter Verbrennlichkeit, welche durch die alkalische Blutbeschaffenheit noch ausnehmend begünstigt wird, liegt der Schwerpunct seiner physiologischen Wirkung.

Ob er im Blute zunächst zu Aldehyd und Essigsäure verbrennt, ist nicht bekannt. Dies thut auch in so fern nichts zur Sache, als er niemals in Form von Essigsäure, sondern als Kohlensäure und Wasser den Körper verläßt.

Der Alkohol besitzt eine größere Verwandtschaft zum Sauerstoff, als das Fett und das Blutproteïn. Im Blute wird daher der Sauerstoff sich zuerst des darin vorhandenen Alkohols bemächtigen, und nach dessen vollständiger Verbrennung kommt erst das Fett und die stickstoffhaltigen Producte des Gewebeumsatzes an die Reihe. So opfert sich gleichsam der Alkohol für die Blutbestandtheile auf; er wird für sie und für alle, der Oxydation unterworfenen organisirten Gewebe zu einem wahren Schutzmittel.

Von diesem Gesichtspunkte aus erklärt sich die nach starkem Alkohol und Weingenusse vielfach constatirte unnormale Anhäufung von Harnsäure im Harne einfach aus dem, durch den Alkohol bewirkten Sauerstoffmangel. Fände sich nicht so viel Alkohol im Blute, so wäre der darin eingetretene Sauerstoff ausreichend gewesen, alle Harnsäure in Harnstoff zu oxydiren.

Wäre nicht so viel Alkohol im Blute, so würde auch das darin enthaltene Fett rascher zerstört sein und sich nicht zu solch' unnormal großem Gehalte anhäufen können, wie er im Blute Betrunkener stets beobachtet worden ist. Daß habituelle Branntweintrinker meistens fett werden und überhaupt ein fettsüchtiges, aufgedunsenes Aeußere besitzen, beruht nicht auf einer Verwandlung des genossenen Alkohols in Fett, sondern auf der Conservirung des in der Nahrung genossenen Fettes durch den dazu getrunkenen Alkohol.

Noch eine dritte merkwürdige Erscheinung läßt sich jetzt erklären. Vergleicht man nämlich die atomistischen Formeln für Alkohol, $C_4 H_6 O_2$, Fett, $C_{57} H_{55} O_4$, und Zucker, $C_{12} H_{12} O_{12}$, mit einander, so ist klar, daß beim Alkohol $C_4 H_4$, beim Fett $C_{57} H_{51}$, beim Zucker C_{12} im Blute zur Verbrennung kommen. Auf je 4 Atome Wasserstoff verbrennen im Alkohol 4 Atome Kohlenstoff, im Fett aber 5 Atome; im Zucker endlich wird überhaupt blos Kohlenstoff durch den eingeathmeten Sauerstoff verbrannt. Bei einer stets gleichen Quantität von in's Blut getretenem Sauerstoff wird also beim Alkohol am wenigsten Kohlenstoff, dagegen am meisten Wasserstoff oxybirt, respective zu Kohlensäure und Wasser verbrannt. Beim Fett wird schon verhältnißmäßig mehr Kohlenstoff, verbrannt, das heißt, mehr Kohlensäure gebildet. Der Zucker endlich muß allen Sauerstoff mit seinem Kohlenstoff binden. Bei Zuckernahrung muß deßhalb ungleich mehr Kohlensäure ausgehaucht werden, als bei Fettnahrung; bei Alkohol am Wenigsten. Wo der verbrannte Wasserstoff des Alkohols und Fettes bleibt, wissen wir nicht, weil das Wasser auf verschiedenen Wegen den Körper verlassen kann.

Daß der Alkoholgenuß, entsprechend dieser Betrachtung, wirklich eine verminderte Kohlensäure Ausscheidung zur Folge hat, das haben die Experimente von Bierordt und Scharling bestätigt. Nicht etwa, weil weniger Sauerstoff auf den Körper einwirkt, nicht weil der Oxydationsprozeß des Blutes und der Gewebe weniger intensiv wird, sondern deßhalb wird nach dem Alkoholgenusse weniger Kohlensäure ausgehaucht, weil eben kein Nahrungsstoff, weder Protein noch Fett und Zucker, auf eine gleiche Menge oxydirbaren Wasserstoff, so wenig oxydirbaren Kohlenstoff führt, wie der Alkohol.

Die Thatsache einer geringeren Kohlensäure-Ausscheidung nach dem Alkoholgenusse hat die meisten Physiologen zu der falschen Folgerung geführt, daß der Alkohol den Verbrennungsprozeß oder den Stoffwechsel im Allgemeinen mäßige, daß er das Mittel sei, womit man den Organismus zu einer verminderten Stoffaufnahme bewegen könne. Und doch ist offenbar der Alkohol in diesem Sinne kein Sparmittel, sondern nur in so weit, als er seine Elemente dem Sauerstoffe darbietet, und dadurch die Kohlenstoff- und Wasserstoff-Elemente des Fett's und Protein's dem Sauerstoff eine Zeit lang entzieht. Auf Kosten der Elemente des Alkohols behalten das Blut und die Gewebe ihr Fett und Protein; auf Kosten des Alkohols wird die Zufuhr dieser Nährstoffe zum Blute weniger bringlich. Es steht diese Anschauung in keinem Widerspruche mit dem Ausspruche Moleschott's: daß derjenige, der wenig ißt und mäßig Alkohol trinkt, so viel im Blute und in den Geweben behält, wie ein Anderer, der im entsprechenden Verhältniß mehr ißt, ohne Branntwein, Bier oder Wein zu trinken.

Die conservirende Rolle des Alkohols auf die Blut- und Gewebe-Bestandtheile ist gleichsam der Schlüssel, den uns manche räthselhafte Erscheinung des täglichen Lebens erschließt; wir müssen ihn zum Beispiel benutzen, wenn Liebig erzählt:

„Seit dem Bestehen der Mäßigkeitsvereine wurde es in vielen Haushaltungen Englands für billig erachtet, das Bier, welches die Dienstboten täglich erhielten, in Geld zu vergüten, weil sie den Mäßigkeitsvereinen beitraten und kein Bier mehr tranken. Aber es wurde von aufmerksamen Hausfrauen sehr bald wahrgenommen, daß der monatliche Brodverbrauch im auffallenden Verhältnisse zunahm, so daß also das Bier zweimal bezahlt wurde, einmal in Geld, ein zweites Mal in einem Aequivalent von Brod."

„Bei Gelegenheit des Friedenscongresses in Frankfurt a. M. theilte mir der Besitzer des berühmten Hôtel de Russie mit Ausdrücken der Verwunderung mit, daß damals an seiner Tafel an gewissen Speisen, namentlich Mehlspeisen, Pudding ꝛc. ein wahrer Mangel eingetreten sei, ein unerhörter Fall in einem Hause, in welchem die Menge und das Verhältniß der Speisen für eine gegebene Anzahl von Personen seit Jahren festgesetzt und wohlbekannt ist. Sein Haus war nämlich gefüllt mit Friedensfreunden, die alle den Mäßigkeitsvereinen angehörten und keinen Wein tranken. Der Besitzer des Gasthofs bemerkte, daß Personen, welche keinen Wein trinken, stets im Verhältniß mehr essen. In den Weinländern ist daher der Preis des Weines in dem Preise des Essens eingeschlossen, und es wird deßhalb dort nicht für unbillig gehalten, an den Wirthstafeln den Wein zu bezahlen, auch wenn man ihn nicht trinkt." —

Mäßige Alkoholmengen befördern die Absonderung der Magendrüsen. Das Fuselöl im Branntwein soll diese Wirkung bestens unterstützen. Gleich dem Branntwein haben auch Wein und Bier einen vortheilhaften Einfluß auf die Verdauung der gleichzeitig genossenen Nahrung. Im Biere und ganz besonders im Weine sind eine Anzahl ätherischer Oele vorhanden, die

33

gleich den kräftigsten Gewürzen bei dem Verdauungsprozesse thätig sind. Nur die freie Säure wird bei recht sauren Weinen zur Quelle mancher Verdauungsbeschwerden. Guten Wein trifft dieser Vorwurf nicht, denn er ist ausgezeichnet sowohl durch geringen Säuregehalt, wie durch den Reichthum an ätherischen Oelen und Extractivstoffen. Dagegen wundern sich Franzosen und Engländer mit Recht darüber, wie wir Deutsche häufig saure und dazu noch gehaltlose Weine mit einer angeborenen Nachsicht zu trinken vermögen. Die Franzosen wissen wohl, warum sie über ihren Bordeauxweinen alle übrigen Weinsorten ignoriren dürfen. Die Bordeauxweine sind alkoholreich und feurig, sie besitzen wenig freie Säure, dagegen viel Extractivmaterien; den angenehmen abstringirenden Geschmack verdanken sie der Gegenwart von etwas Gerbsäure. Sie sind die gesundesten und angenehmsten Weine der Welt. Auch die moussirenden Weine der Champagne sind der Gesundheit günstig. Ihre berauschende Wirkung, die so schnell und ohne Magenstörung verfliegt, rührt theilweise von der reichlich in ihnen aufgelösten Kohlensäure her. Ein Champagnerrausch ist bekanntlich etwas ganz anderes, als die zähe, durch Rheinwein verursachte Benebelung.

Handelt es sich beim täglichen, mäßigen Genusse um den Vorzug zwischen Branntwein, Wein oder Bier, dann sollte man nicht bezweifeln, daß Jemand sich beim Branntwein auf die Dauer am schlechtesten stehe. Bier oder Wein verdienen entschieden den Vorzug. Vermöge ihrer eigenthümlichen Bestandtheile sind diese Getränke im Stande, die sonst bei purem Branntweingenusse verbundenen heftigen Erregungen des Nervensystems und Gehirns zu mildern und auszugleichen, so daß ihr anhaltender Genuß weniger Nachtheile im Gefolge hat.

In welch' näherem Werthverhältnisse der Wein zum Biere steht, läßt sich nicht genau ausrechnen. Stände der Weinwerth gleich dem Werthe des Biers, im Verhältniß zum Alkohol und zum Gehalt an fixen Bestandtheilen, so wäre damit die Grundlage einer Berechnung gewonnen. Aber der Wein und zumal die besseren Sorten werden nicht nach ihrem Alkohol-Gehalt, sondern mehr nach ihren Extractivmaterien und den das Bouquet des Weines bedingenden aetherischen Oelen bezahlt. Für letztern gibt's keinen andern Maßstab, als den individuellen Geschmack. Müssen wir Mangels physiologischer Kenntniß der feinen Weinbestandtheile demnach auf eine genaue Nährwerthsbestimmung dieser oder jener Weinsorten verzichten, so können wir höchstens den Wein im Allgemeinen mit dem Biere, ihren Hauptbestandtheilen nach, vergleichen.

Die deutschen Weine enthalten durchschn. 7.5% Alkohol u. 3% feste Stoffe,
„ „ Biere „ „ 2.5 „ „ „ 3 „ „ „

Hiernach würde der Nährwerth des Weines dreimal den des Biers übersteigen. Wer einen Schoppen Wein trinkt, hat darin so viel Alkohol eingenommen, als in drei Schoppen Bier. In Wirklichkeit vermag man ein
dreimal größeres Volum Bier, als Wein zu trinken.

Ein gutes, ausgegohrenes Bier ist besonders empfehlenswerth für schwache
Mägen. Einestheils bewirkt es durch seine Kohlensäure einen heilsamen
Reiz auf die Verdauungsorgane, anderntheils führt es dem Blute mit Leichtigkeit eine dünne Lösung von Zucker, Dextrin und ähnlichen nahrhaften,
leicht verbrennlichen Nährstoffen zu. Durch die große Wassermenge, die
man in einigen Gläsern Bier unvermerkt zu sich nehmen kann und welche
bis zum letzten Tropfen ihren Weg durch die Bluthahn nehmen muß, bevor das Wasser wieder erscheint im Harne, wird offenbar das Blut recht
verdünnt und das Bier mit seinen reichlichen alkalischen Salzen zu einem
bequemen Blutreinigungsmittel gemacht.

Durch seine Hopfenbestandtheile bekommt das Bier eine schwach narkotische Wirkung. Daher stechen die Bierstuben sehr ab von der Regsam-
keit und dem Lärm in den Weinhäusern. Daß es aber dumm mache und
den Menschen kaum geistig zu beleben im Stande sei, ist ein unbegründeter
Vorwurf, den man nur am Morgen eines Bierkatzenjammers machen kann.
Die deutschen Studenten wissen gegen die verdummende Wirkung des Biers
zu protestiren, trotzdem der edle Gerstentrank ihnen manchen trübseligen
Morgen bereitet. Wie jedes andere, im Uebermaß genossene geistige Getränk
die Geistesthätigkeit lähmt, so thut es auch das Bier, wenn dazu keine
proteïnreiche Nahrung, die im Stande ist, Nerven und Hirn zu ernähren,
verzehrt wird. Im Bunde mit Fleisch, Käse und Brod wird das Bier
sehr nahrhaft und zu einem unschätzbaren Mittel, die Gesundheit und Rüstigkeit unserer ersten Lebenshälfte zu bewahren.

Der Wein empfiehlt sich dagegen mehr für das reifere Alter. „Der
Stoffwechsel ist beim Greise ausgezeichnet durch ein Mißverhältniß zwischen
Ausgaben und Einnahmen. Während Athmung, Rückbildung und Ausscheidung, wenngleich geschwächt, fortdauern, leiden Verdauung, Blutbildung
und Ernährung ungleich mehr. Für den Greis ist es eine Lebensfrage,
Stoff und Kraft zu sparen, weil die Erneuerung des Körpers nicht mehr
im Gleichgewicht ist mit den Vorgängen des Zerfallens. Aber ein guter
Wein mäßigt die Ausgaben, vermindert den expirablen Kohlenstoff der
Gewebe, die Harnsäure, die zu Harnstoff verbrannt wird. Ein guter
alter Wein, in mäßiger Menge genossen, vermehrt außerdem den Magensaft,
diejenige Flüssigkeit, welche vor allen die Verdauung des Proteïnstoffes bewirkt. Hufeland rühmt ein Glas guten Malagaweins als ein vortreffliches

Mittel, um den Schlaf bei alten Leuten zu befördern. Nennt man denn nicht mit Recht den Wein die Milch der Greise, wenn er ihre Verdauung und ihren Schlaf, also die Bildung von Blut und Geweben befördert, wenn er zugleich unmittelbar, indem er das Athmen mäßigt, die Stoffe des Körpers spart? Für Armenhäuser, in welchen Hochbejahrte verpflegt werden, ist ein guter, alter Wein ein durchaus ebenso unerläßliches Bedürfniß, wie in den Findelhäusern gute Milch." (Moleschott). „Als Mittel der Erquickung, wo die Kräfte des Lebens erschöpft sind, der Besserung und Steigerung, wo traurige Tage zu verbringen sind, der Correction und Ausgleichung, wo Mißverhältnisse der Ernährung und Störungen im Organismus eingetreten sind, und als Schutz gegen vorübergehende Störungen durch die unorganische Natur, wird ein guter Wein von keinem Erzeugniß der Natur und Kunst übertroffen." (Liebig).

Der im allgemeinen wohlthätige Einfluß der geistigen Getränke geht über in einen nachtheiligen bei übermäßigem Genuß. Deßhalb aber dürfen nicht die Folgen der Trunkenheit mit den Folgen eines vernünftigen Alkoholgenusses verwechselt werden. Mäßige Mengen von Alkohol beleben den ermatteten Körper, sie machen ihn wunderbar fähig zu neuen Kraftanstrengungen. Sie sind ein sicheres Schutzmittel gegen feindliche Einflüsse; Näße, Kälte, Temperaturwechsel lassen sich besser ertragen. Der Geist fühlt sich freier und gehobener über die Verhältnisse, die ihn vorher drückten; seine Lust an productivem Denken ist gestiegen mit der Kraft, es zu können; die Urtheilskraft ist geweckt, ohne von Aufgeregtheit zu zeugen. Kurz, mit einer behaglichen Körpersituation ist eine lebensfrische Geistesstimmung verbunden.

Was geschieht aber, wenn der Alkohol im Uebermaß getrunken wird? Grade das Gegentheil der eben erwähnten Wohlthaten. Es erfolgen Sinnestäuschungen mannigfaltiger Art. Das mit Alkohol angefüllte Gehirn versagt seine Functionen. Das Gesichtsvermögen nimmt rasch ab, der Betrunkene sieht alles unklar oder doppelt; sein Gehör ist nicht mehr so scharf; seine Stimme wird unsicher und mißtönend. Die Einbildungskraft ergeht sich in bunten unbestimmten Gedanken, und sein Urtheil wird verworren, weil er während des Sprechens vergißt, was er sagen wollte. Der sonst Verschwiegene enthüllt im Rausche seine intimsten Geheimnisse, und ist dabei doch mißtrauisch und zanksüchtig gegen seine besten Freunde. Alle diese Zustände steigern sich, je mehr der Alkohol die Besonnenheit und das Bewußtsein schwinden macht. Zuletzt versagen die Beine ihren Dienst, der Gang wird taumelnd und gebückt, alle Kraft ist geschwunden, der Betrunkene verfällt in tiefen Schlaf. Beim Erwachen ist sein Kopf eingenommen und düster, nicht selten von heftigen Kopfschmerzen durchwühlt. Der Widerwille gegen jede geistige Thätigkeit, die Beschwerlichkeit aller willkührlichen Bewegungen, die blassen und verstörten Gesichtszüge vollenden das Bild dieser wahrhaften Misére. *)

Fragen wir, wie der Alkohol diese eigenthümlichen Körper- und Geisteszerrüttungen herbeiführen kann, so muß ich daran erinnern, wie sehr derselbe den eingeathmeten Sauerstoff im Blute in Beschlag nimmt. Da aber vom ungestörten Eingriffe des Sauerstoffs die Intensität des Lebens- und Ernährungsprozesses abhängt, so muß irgend ein Mangel an diesen Stoffen eine, die ganze Lebensthätigkeit verändernde Rückwirkung äußern. Anstatt Sauerstoff führt das mit Alkohol geschwängerte Blut dem Gehirne Kohlensäure und Alkohol zu; es wird dadurch unnormal ernährt, was gleichbedeutend ist mit Geisteszerrüttung und den Symptomen der Trunkenheit. Die Muskeln versagen ihren Dienst, die Körperkraft ist geschwunden, weil das allein ernährungsfähige, hellrothe arterielle Blut durch das erzeugte Kohlensäure-Uebermaaß blauroth geworden ist, gleich dem venösen Blute, welches weder Muskeln noch Hirn zu ernähren vermag. Auch ein Anderes kommt hier noch in Betracht. Durch den Alkohol gerinnt das Blutalbumin in den feinen Blutgefäßen und es verliert die Eigenschaft, mit Leichtigkeit durch die Adern zu rinnen; so verlangsamt sich der Blutkreislauf und immer stockender wird dessen Circulation.

Bei durch starke Alkoholmengen getödteten Thieren fand man das Blut in den Adern geronnen. Bei Menschen, die in betrunkenem Zustande gestorben, fanden sich die Blutgefäße des Hirns und der Centraltheile des Nervensystems strotzend von geronnenem Blute, und anstatt der Ernährungsflüssigkeit war eine große Menge Alkohol aus dem Blute in die Gehirnmasse ausgeschwitzt. Kein Wunder also, daß in der Trunkenheit die Hirnfunctionen und damit die Geistesthätigkeit erheblich gelähmt werden, daß die Muskeln ihre Kraft verlieren, und daß die Nachwirkungen so sehr unangenehm sind. Ein in der Trunkenheit sich einstellender Tod ist gleich einem Tode durch Erstickung. Der Betrunkene kann nicht so viel Sauerstoff einathmen, als zur Erhaltung seines Stoffwechsels nothwendig ist, weil der Alkohol ihn zu seiner eigenen Verbrennung in Beschlag nimmt. Es ist klar, daß ein Betrunkener am rationellsten dadurch wieder nüchtern zu machen ist, daß er einige Stunden in frischer Luft bewegt wird. Die Bewegung disponirt ihn zu einer erhöhten Sauerstoffaufnahme und damit zu einem lebhaften, den aufgenommenen Alkohol zerstörenden Stoffwechsel.

---

*) Vergleiche Moleschott, Physiologie der Nahrungsmittel, 1850, p. 534.

Die Schädlichkeit eines übermäßigen Alkoholgenusses beruht zum Theil auch auf seiner Einseitigkeit. Ich meine nämlich, daß Jemand mehr geistige Getränke vertragen kann, der nebenbei seinem Blute auch proteïnreiche Nahrung zuführt. Denn beide ergänzen sich erst zu einer vollkommenen Nahrung. Jeder weiß ja, daß er auf ein solides Essen, und wäre es auch blos ein Butterbrod mit Käse, Fleisch, oder Eier, ungleich mehr trinken kann, als im sogenannten nüchternen Zustande. Nur darf, auf solche Unterlage hin, das Trinken von Spirituosen nicht so massenhaft erfolgen, daß die Verdauung jener Proteïnnahrung unmöglich wird. Denn in letzterem Falle würde der Magen „verdorben“ und die Intensität des morgigen Katzenjammers in's Quadrat erhoben werden.

Gibt's denn kein Mittel gegen die Nachwirkungen eines Rausches? Eine Medizin gibt's nicht; ich denke aber, daß tüchtiges Wassertrinken neben scharfer Bewegung in freier Luft und hernach ein Magenerwärmendes Getränke (ein Glas Porterbier oder eine gute Fleischsuppe) schon Manchem auf's Beste geholfen hat.

„Man hat die Verarmung und das Elend in vielen Gegenden dem überhand nehmenden Genusse von Branntwein zugeschrieben; dies ist ein Irrthum. Der Branntwein ist nicht die Ursache, sondern die Folge der Noth. Es ist eine Ausnahme von der Regel, wenn ein gut genährter Mann zum Branntweintrinker wird. Wenn hingegen der Arbeiter durch seine Arbeit weniger verdient, als er zur Erwerbung der ihm nothwendigen Menge von Speise bedarf, durch welche seine Arbeitskraft völlig wieder hergestellt wird, so zwingt ihn eine starre unerbittliche Naturnothwendigkeit, seine Zuflucht zum Branntwein zu nehmen.“ (Liebig.) Derselbe braucht nicht erst mit einem Aufwande von organischer Kraft verdaut zu werden, denn er geht sofort in's Blut und betheiligt sich gleich an dem Ernährungsprozesse. Im Alkohol besitzt der Ermüdete das Mittel, durch welches er sich zu sofortiger Arbeit wieder befähigen kann; kein anderer Nahrungsstoff kann die Hebung der gesunkenen Kräfte so rasch und wirksam bewerkstelligen. Ein zweiter Vortheil liegt in dem bereits erwähnten Verhalten desselben zum eingeathmeten Sauerstoffe. Indem der Alkohol diesen theilweise in Beschlag nimmt, verbrennt er selbst zu Kohlensäure und Wasser und wird dadurch zu einer Wärmequelle, die, den Müden durchdringend, wohlthätig auf all' dessen vitale Prozesse zurückwirkt. Indem er ferner das Eiweiß des Blutes der aufreibenden Wirkung des Sauerstoffs entzieht, spart er es für die Ernährung der Muskeln auf. Ueber die Wichtigkeit dieses Umstandes wird man sich nicht täuschen, wenn man einerseits die proteïnarme Nahrung berücksichtigt, auf die der Arbeiter gewöhnlich angewiesen ist und anderseits den aufreibenden Einfluß erwägt, den die Arbeit mittelbar durch eine sehr vermehrte Sauerstoffeinathmung auf die Blut- und Körperbestandtheile ausüben muß. Das Mißverhältniß zwischen ungewöhnlicher Sauerstoffaufnahme und ungenügender Proteïn- und Fettnahrung hat der Alkohol auszugleichen. Dazu kommt noch sein Einfluß auf das Nervensystem. Was eine muntere, muthige Stimmung bei der Arbeit werth ist, das fühlt der von äußeren Lebensverhältnissen gedrückte Proletarier wohl, und Niemand möge es ihm verargen, wenn er Muth und Kraft zur Arbeit, die er in seinen äußerlichen Verhältnissen nicht findet, in einem Glase Branntwein sucht. Es ist eine kaum zu entschuldigende Unwissenheit, wenn Jemand den Schnaps als ein Gift, die Neigung des Arbeiters zu ihm als eine bedauernswerthe Angewohnheit definirt und sie als die Ursache seines Elendes und seiner Verkommenheit beklagt.

Denn dieses Proletarier-Elend ist, wie Liebig wahr bemerkt, nicht die Folge des Branntweins. Gebt nur euern Arbeitern eine kräftige Nahrung, eine solche, die sie befähigt, allen Anforderungen ihrer Arbeit nachzukommen, eine Nahrung, bei der sie, trotz aller Thätigkeit, rüstig und munter bleiben, bei der ihr Leib dem Siechthum entrinnt, dem er bei unzulänglicher Kost unfehlbar anheimfällt und seht dann zu, ob dieselben nicht allmählig dem früher so geliebten Branntwein entsagen. Und wollt ihr dies nicht glauben, so macht nur einmal das umgekehrte Experiment an euch selbst. Verlaßt die tägliche table d'hôte, vergeßt Bordeaux und Rheinwein, verkauft Equipage und Pferde und theilt dann mit dem um's tägliche Brod besorgten Tagelöhner oder Fabrikarbeiter das ärmliche Mahl und die noch ungenügenderen Ruhelager, resignirt euch, mit der zerfetzten Blouse dem Regen, wie dem Wind und der Kälte zu trotzen und dazu noch die schwere Muskelarbeit! — O ihr lieblosen Eiferer gegen den Branntwein, ihr seid, ich wette mit euch, binnen Jahresfrist zu Branntweinsäufern herabgesunken! — Wäre der Branntwein nicht, so argumentirt ihr, dann wäre die Quelle mancher Verarmung und Entsittlichung verstopft, und die materielle Lage der Arbeiter überhaupt eine bessere, wie jetzt. D'rum „Mäßigkeits-Vereine!" — — Wir aber glauben, die Mäßigkeits-Vereine sind das Lächerlichste, was die von pietistischer Arroganz und Heuchelei umgarnte Neuzeit erfinden konnte.

13. Vortrag.

Die alkaloidischen Genußmittel.

Während die Spirituosen zu ihrem characteristischen Bestandtheile den Alkohol haben, sehen wir hingegen ein Alkaloïd als
wesentlichen Theil einer Gruppe von, das Nervensystem mächtig beeinflussenden Genußmitteln. Wir zählen hierzu in erster Linie den Caffe,
Thee, Cacao und Taback, weil ihr Consum von so großartiger Ausdehnung ist.

Die Caffebohne des Handels ist der getrocknete Samen der
Coffea arabica (Caffestaude) eines Strauches aus der Familie der
Rubiaceen, der wild wachsend eine Höhe von 30 Fuß erreicht, aber in
Cultur genommen, Behufs Begünstigung der Fruchtbildung, so zugeschnitten
wird, daß er nur eine Höhe von 6—7 Fuß erreicht. Die Frucht der
Caffestaude hat die meiste Aehnlichkeit mit der eines Kirschbaumes; in einer
dicken und saftigen Hülle, dem Fleische, stecken zwei halbrunde, mit ihrer
platten Seite an einander liegende Kerne. Diese Kerne oder Samen, die
durch Trocknen und darauffolgendes Schälen von der umgebenden fleischigen
Hülle befreit werden, sind die Caffebohnen des Handels. Die Heimath der
Caffestaude ist nicht, wie vielfach berichtet wird, Arabien. Erst um's 15.
Jahrhundert gelangte er dorthin. Vielmehr stammt er vom nordöstlichen
Theile des africanischen Hochlandes, aus den Landschaften Caffa, Narea;
dort soll er wild wachsen und dichte Waldungen bilden. Auch in dem,

jenen Landschaften angrenzenden Aethiopien und Abyssinien ist er wild wachsend vor dem 15. Jahrhundert von Reisenden bemerkt worden. Von Abyssinien aus verpflanzte er sich zuerst nach Arabien, wo er zum Gegenstand einer sorgsamen Cultur wurde. Die arabische Stadt Mocca ward zum Stapelplatz der so gewonnenen Caffebohne. Gegen 1700 wurde der Caffebaum von den Holländern nach Java versetzt, von wo aus er sich rasch über ganz Ostindien verbreitete. Auch kann es, wegen des damals mit wunderbarer Geschwindigkeit um sich greifenden Caffegenusses, nicht auffallen, daß die Nachfrage nach Bohnen immer größer wurde, und der Caffestrauch sich auch in Westindien und Brasilien eine neue Heimath suchte. Jetzt beziehen wir Caffebohnen aus allen tropischen Welttheilen. Der Ertrag der Caffestaude wechselt von 2 — 10 Pfd. Bohnen pro Baum. Ein Morgen Caffeplantage liefert deßhalb durchschnittlich 1000 Pfd. trockne Bohnen.

Die frische, ungeröstete Caffebohne hat mannigfaltige, zum Theil noch unbekannte Bestandtheile. Nach den Untersuchungen Payen's und Rochleber's ist folgendes Eigenthümliche darin:

1. Die **Caffegerbsäure** (Chlorogensäure) $C_{14} H_8 O_7$. Diese Säure tritt als Doppelsalz mit **Kali** und **Caffeïn** auf.[*]) Ist in Wasser löslich. Schmeckt säuerlich herb, ähnlich der **Eichengerbsäure**. Sie wird in wässriger Lösung an der Luft grün, und geht unter Aufnahme von Sauerstoff über in

2. **Caffesäure** (Viridinsäure) $C_{14} H_7 O_8$. Findet sich mit **Kalk** verbunden in den Caffebohnen, und ist die Ursache ihrer grünlichen Farbe.

3. Das **Caffeïn**, $C_{16} H_{10} N_4 O_4$, gehört zur Classe der **Alkaloïde**. Es ist von schwach basischer Beschaffenheit und gibt mit Säuren neutrale Salze. In Alkohol ist es löslich, auch in heißem Wasser. Erhitzt bis zu 384° C. sublimirt es sich unzersetzt. Ihm ist unter den Caffebohnen-Bestandtheilen die physiologisch größte Bedeutung beizulegen. Sein Stickstoffgehalt beträgt 29 %.

4. **Fette Stoffe.** Unter diesen ist das **Elaïn** vorwaltend. Außerdem noch etwas **Palmitin** und noch wenig studirte aromatische Oele.

5. **Proteïnstoffe.** Größtentheils **Caseïn** gebunden an **Kalk**. Außerdem noch etwas **Albumin.**

6. Inkrustirende **Holzfasern** und **Zellgewebe.**

7. Etwas **Zucker, Dextrin** und **Citronensäure.**

Leider besitzen wir nur eine Analyse, die auf alle diese Stoffe Rücksicht nimmt; sie rührt von **Payen** her. Dieser Forscher fand in 100 Theilen ungerösteten Martinique-Caffe's:

---

[*]) Das Doppelsalz enthält 68.5 % Säure und 29 % Caffeïn.

34.0	Zellgewebe und inkrustirende Substanz,
10—13	Fett,
15.5	Traubenzucker, Dextrin, Citronenfäure,
13.0	Proteïnstoffe,
0.80	Freies Caffeïn,
3.5—5.0	Caffegerbsaures (chlorogensaures) Caffeïnkali,
10.009	Flüchtige, aromatische Oele,
2.0	Waffer,
6.7	Asche,
100	

Der wäffrige Auszug von ungerösteten Bohnen hat einen herben, abstringirenden Geschmack, auch seine Wirkung auf die Nerven ist zu stark. Dies sowohl, wie der Umstand, daß sich die rohen Bohnen, Behufs ihrer vollständigen Extraction, sehr schwer zerpulvern lassen, hat dazu geführt, die Bohnen zu rösten. Durch die Röstung, die mit einer gewissen Zersetzung verbunden ist, erhalten die Bohnen eine dunkelbraune Farbe, eine größere Sprödigkeit und Löslichkeit in Waffer. Der wäffrige Extract hat einen lieblichen, aromatischen Geschmack gewonnen. Worauf dieses beruht, wissen wir nicht genau. Das Rösten, welches bei einer Temperatur von 200-250°C. vor sich gehen muß, bewirkt zunächst eine auffallende Aufblähung des caffegerbsauren Doppelsalzes, in Folge deffen die stark inkrustirten, mit hornartigem Eiweiß angefüllten äußern Zellschichten zerspringen, und die fetten Materien aus dem Innern des Kernes durchschwitzen können. Die Fette erleiden alsbann durch die Hitze eine nicht weiter zu berechnende Zersetzung. Der Zucker geht über in Caramel. Nur das freie Caffeïn der Bohnen bleibt unverfehrt; dagegen fängt das caffegerbsaure Doppelsalz bei 230° an, sich in Caffeïn und Caffegerbsäure zu spalten, wonach letztere einer allmähligen Zersetzung anheimfällt. Wie alle Bestandtheile, so nehmen auch die Proteïnstoffe und die Holzfasern der Caffebohne Antheil an den mit dem Rösten verbundenen Veränderungen.

Payen glaubt, daß das eigenthümliche Aroma im gerösteten Caffe nicht blos von einem seiner ursprünglichen Bestandtheile herrühre, vielmehr den gleichzeitig beim Rösten vor sich gehenden Veränderungen des Fettes, des caffegerbsauren Doppelsalzes, des Zuckers, der Holzfaser und des Proteïns gemeinschaftlich, in einem für's Einzelne nicht zu bestimmenden Verhältnisse angehöre. Man kann die aromatischen Prinzipien etwas näher isoliren, wenn man den mit kochendem Waffer bereiteten Auszug der gerösteten Bohnen 2 Stunden lang destillirt und das Destillat abkühlt. Während der Rückstand völlig geruchlos ist, besitzt das Destillat den angenehmen Geruch des Caffes in hohem Grade, so, daß einige Tropfen dieses Waffers genügen, um einer Taffe Milch oder Waffer den eigenthümlichen Caffe-

geschmack zu geben. Destillirt man endlich das erste Destillat mit Chlorcalcium, so erhält man von circa 10,000 Theilen Caffe 2 Theile eines
Oeles, das von so starkem Geruche ist, daß ein Tropfen desselben ein
großes Zimmer mit dem Caffegeruche erfüllt. Indem das Caffearom das
Resultat des Röstungsprozesses der Bohnen ist, und weil, je nach der Höhe
der Temperatur, verschiedene Zersetzungsproducte entstehen müssen, deßhalb
ist auch der Geruch und Geschmack des Caffe's so verschieden. Das an-
genehmste Aroma entwickelt ein bei 200° bis zur lichtbraunen Farbe gebrannter Caffe. Wird die Hitze zu sehr gesteigert, oder dauert die Röstung
zu lang, etwa bis zum Erscheinen einer schwärzlichen Farbe, so hat das
Aroma einem unangenehmen Geruche Platz gemacht, der von dem Proteïn
ausgehend, an verbranntes Horn erinnert. Zugleich ist dabei das fette Oel
und das wichtige Caffeïn ausgetrieben. Auch die Caffegerbsäure, die sich
bei 200° nur theilweise in brenzliches Arom zersetzt, ist bei höherer Temperatur aus den Bohnen verschwunden.

Da also die Güte des Caffe's, abgesehen von der Qualität der
Bohnen, wesentlich von dem Rösten abhängt, so fragt es sich, durch welches
Verfahren das Rösten am besten gelingt. Die Franzosen, die es uns im
Caffebereiten sehr zuvor thun — man trinkt bekanntlich guten Caffe in
Paris, — bedienen sich liegender, walzenförmiger Trommeln, die über
freiem Feuer umgedreht werden. Indem selbige während des Röstens geschlossen bleiben und die Temperatur nicht weit über 200° sich erstreckt,
kann das Aroma nicht leicht verdunsten. Er bleibt in der Feuchtigkeit aufgelös't, die sich beim Erkalten des Gefäßes an den innern Wänden verdichtet. Das Brennen geht möglichst rasch und gleichmäßig vor sich. Die
gebrannten Bohnen müssen in einem wohl verschlossenen Gefäße aufbewahrt
werden. Da die Caffebohnen des Handels meistens äußerlich sehr verunreinigt sind, auch wohl betrügerischer Weise mit gewissen Stoffen gefärbt
werden, so ist zur Erlangung eines guten Caffe's durchaus nöthig, die
Bohnen vor dem Brennen in kaltem Wasser zu waschen. Man wird staunen
über den Schmutz, den das Waschwasser aufnimmt. Durch das Rösten
verliert die Caffebohne, was natürlich ist, an Gewicht. Wasser und flüchtige, organische Zersetzungsproducte sind eben durch die Hitze ausgeschieden
worden. Dabei hat die Bohne eine beträchtlich größere Ausdehnung erlangt,
die proportional der Intensität der Röstung war. Dies bestätigen Payen's
Versuche bei Martinique-Caffe:

	Gewichtsverlust	Zunahme gegen das ursprüngliche Volum = 100	Menge des Extractes durch einmaligen Aufguß:
Schwachroth geröstet	15%	130	25% des Gewichtes.
Kastanienbraun	20 „	153	19 „ „ „
Dunkelbraun	„ 25 „	?	16 „ „ „

Nach Payen enthalten 100 Theile bei 100° getrocknetem Caffe 2.4% Stickstoff. Geröstet bis zu 25% Gewichtsverlust, enthielten die restirenden 75 Theile Caffe nur noch 1.8 N, ein Beweis, daß sich beim Rösten auch stickstoffhaltige Materien, wahrscheinlich Proteïnverbindungen, zersetzt und verflüchtigt haben. Ferner lehren diese Versuche, daß schwach gerösteter Caffe durch einmaligen Aufguß von siedendem Wasser am meisten Extract gewährt, der stark gebrannte indessen am wenigsten.

Aus 100 Theilen kastanienbraun gebrannten Caffe's erhielt Payen einen Extract, der 0.72 Theile Stickstoff enthielt. Da der Caffe aber fast 2½% Stickstoff enthält, so folgt, daß blos ²/₇ des gesammten Stickstoff-gehaltes dem Getränke zu Gute kommen. Diese Stickstoffmenge muß vom Caffeïn stammen, indem das Proteïn der Caffebohnen fast ganz unlöslich ist. 0.7 Stickstoff entsprechen aber 2½% Caffeïn. Das ist so ziemlich gleich der Caffeïnmenge, die Payen's Bohnenanalyse angibt. Es läßt sich deßhalb annehmen, daß 100 Loth gebrannter Bohnen in den daraus berei-teten Caffe 2½ Loth Caffeïn abzutreten vermögen.

Lehmann erhielt aus 100 Theilen gerösteten Javacaffe's 21.52 Theile festen Extract, worin 3.41 Theile Mineralstoffe vorhanden waren. Es folgt hieraus, daß der größte Theil der Mineralsalze der Bohnen in den Caffeabsud übergeht.

Ein Gleiches fand Vogel bei Bohnen, die 6.5% Wasser hielten. Sie lieferten:

	Asche	Davon in Wasser löslich:	Gesammt-Extract:
Ungebrannt . . .	3.50%	2.60	25%
Gebrannt	4.14 "	3.10	39 "
Extrahirter Caffesatz	1.20 "	0.13	— "

Die Farbe entscheidet nicht über die Güte des Caffe's, sondern das Aroma desselben. Letzteres findet sich aber nur bei schwächerem Rösten im Maximum, also da, wo der Caffeabsud nicht sehr dunkel gefärbt erscheint. Zwischen recht schwarzem und recht starkem Caffe ist ein großer Unterschied.

Dem Verluste an nährender Substanz, welcher mit der Unlöslichkeit des Proteïns der Bohnen nothwendig verbunden ist, läßt sich durch Zusatz von etwas kohlensaurem Natron (Soda) zum Caffewasser vorbeugen. Das Natron zersetzt nämlich den Caseïnkalk und befreit so das an sich im Wasser lösliche Caseïn. Nimmt man auf 1 Loth Caffe 2 Gran (das ist ¹/₁₂₀) crystallisirtes, kohlensaures Natron, so wird der Wohlgeschmack des Caffe's

34

löslich, in kaltem unlöslich. Daher die Trübung des Theeaufgusses beim Erkalten. An das Theïn ist wohl die physiologische Wirkung des Thees hauptsächlich gebunden, jedoch sind auch

2. die aromatischen Oele der Theeblätter von einem nicht zu übersehenden Einflusse auf das Nervensystem. Das Thee-Oel erhält man durch Destillation eines Thee-Absudes als citrongelbes, sich leicht verflüchtigendes Oel. Es besitzt den Geruch und den Geschmack des Thee's im höchsten Grade. Seine Menge beträgt bei grünen Theesorten 1%, bei schwarzen $\frac{1}{2}$%. Den abstringirenden Geschmack verdankt der Thee

3. der Gerbsäure, die von der gewöhnlichen Eichengerbsäure $C_9 H_2 O_3$ + HO nicht verschieden ist. Ihre Quantität ist sehr groß. Im grünen Thee circa 18%, in den schwarzen Sorten 13—15%. Neben dieser Gerbsäure hat Rochleder noch eine ähnliche Säure nachgewiesen und sie als Boheasäure $C_{14} H_9 O_3$ + HO bezeichnet.

4. Als weniger wesentliche Bestandtheile finden sich nach Mulber im schwarzen Thee 1—2% Chlorophyl, im grünen 2—3%. Zudem in beiden Sorten 8—12% Dextrin, 2—3% Harz, 18—22% Extractivstoffe und beträchtliche Mengen von Zellstoff. Letzterer beträgt im grünen Thee 18%, im schwarzen Thee 28%. Endlich enthält auch der Thee noch 3% eines mit Gerbsäure verbundenen und dadurch unlöslichen Eiweißes. Die Theeasche beträgt 5 — 6%; sie ist ausgezeichnet durch ihren großen Eisengehalt. Da dieses Eisen in den Theeaufguß übergeht und doch nicht durch die vorhandene Gerbsäure schwarz gefärbt wird, so muß das Eisen im Thee in einer Verbindung und Form vorhanden sein, die auf Gerbsäure nicht reagirt. Setzt man indessen zum Theeaufguß ein lösliches Eisensalz, so wird er schwarz wie Tinte. Nach Peligot führen die verschiedenen Theesorten constant 8—10% Wasser.

Stellen wir diese verschiedenen Notizen über die Quantitäten der einzelnen Theebestandtheile in Form einer Analyse zusammen, so entsteht nachstehende übersichtliche Tabelle:

	Schwarzer Thee: [Prozente]	Grüner Thee: [Prozente]
Theïn	6.0	6.0
Aromatische Oele .	1.0	0.5
Gerbsäure . . .	18.0	14.0
Extractivstoffe . .	22.0	19.0
Chlorophyl . .	2—3.0	1—2.0
Dextrin	9.0	9.0
Harz	2.0	3.0
Proteïnstoffe . . .	3.0	2.0
Zellstoff	18.0	28.0
Wasser	10.0	8.0
Asche	5.0	6.0
Stickstoffgehalt .	5—6%	4—5%

Von der Asche des Thee's citiren wir folgende Analysen:

	Souchong-Thee. [Spooner]	Oolong-Thee. [Levis]	Ninyoung-Thee. [Homer]	Young-Thee. [Hague]
Kochsalz . .	2.40	2.25	3.25	4.66
Natron . .	25.46	40.00	12.88	9.26
Kali . . .	3.70	12.38	28.38	33.95
Kalk . . .	11.63	7.68	8.39	8.17
Magnesia . .	9.59	6.17	?	6.79
Eisenoxyb . .	8.42	7.18	19.31	4.75
Phosphorsäure	12.62	8.26	17.44	16.64
Schwefelsäure	10.14	8.27	4.76	4.89
Kieselerbe . .	16.04	7.81	5.59	10.89
	100	100	100	100
Aschenprozente	5.18	5.14	4.73	5.94

Die Theeblätter werden Behufs Bereitung des Theetrankes mit heißem Wasser ausgezogen. Sie dürfen eben so wenig gekocht werden, wie die Caffebohnen. Beim Kochen würde ihr Aroma rasch verdunsten. Daß beim Thee-Aufguß ein kleiner Zusatz von kohlensaurem Natron nützlich sei, ist wegen der Schwerlöslichkeit einiger Theebestandtheile ganz erklärlich. Indem die Soda die unlöslichen gerbsauren Salze zersetzt, macht sie den Aufguß stärker. Auch muß das zum Ausziehen des Thee's bestimmte Wasser kochend heiß sein; je weniger es dies ist, je weniger vermag es das gerbsaure Theÿn zu lösen. Um den Thee recht gut zu erhalten, muß die Theekanne, die am besten aus Porzellan besteht, vorher durch Eingießen von kochendem Wasser erwärmt werden, und in gleicher Absicht werden auch die Theetassen in heißem Wasser erwärmt. Auf den Boden der Theekanne werden nun zu einer Portion Thee ½—1 Quentchen*) Theeblätter und 3 Gran kohlensaures Natron geschüttet. Darauf kommt so viel siedendes Wasser, bis die Theeblätter damit bedeckt sind. Man setzt nun den gut schließenden Deckel auf die Kanne und läßt das Ganze 5 Minuten lang ziehen. Alsdann wird die Kanne mit siedendem Wasser gefüllt und nach einigen Minuten der Thee recht warm getrunken. Ein Milchzusatz, wie dies gebräuchlich ist, dürfte indessen verwerflich sein, weil das dabei sich bildende gerbsaure Caseÿn den Thee schwerer verdaulich und eben durch die Bindung der Gerbsäure von schlaffem Geschmack macht. An Stelle der Milch ist jedenfalls Rahm und Zucker empfehlenswerther.**)

---

*) 1 Quentchen = 60 Gran = ¹⁄₁₂₈ Pfd. = 3.₉ Gramm.

**) Grade so verhält es sich mit dem Caffe; Milchcaffe ist nicht selten der Grund von Verdauungsbeschwerden, während schwarzer Caffe noch wohlthätig wirkt.

Aus 100 Gewichtstheilen Souchong erhielt Lehmann nach gewöhnlichem, einmaligen Ausziehen 15.53 trocknen Extract. In diesem Extracte waren 3.06 Theile Mineralsalze.

Fleitmann fand in einem Theeaufguße von 100 Gramm Pecco 0.15 Gramm Eisenoxyd und 0.27 Gramm Manganoxydul.

Mulder und Péligot erhielten durch völlige Erschöpfung des schwarzen Thee's mit Wasser 38 % und des grünen Thee's 43 % festen Extract. 100 Theile des festen Extractes enthielten 4½ N, was auf einen Theïngehalt von 15 % zurückführt. In 38 oder 43 Theilen Extract waren also circa 6 Theile Theïn vorhanden. Mit andern Worten: es geben 100 Gewichtstheile Theeblätter bei völliger Erschöpfung 6 Theile Theïn. Die übliche Bereitungsweise des Thee's gestattet indessen keine so vollständige Erschöpfung der Blätter, daß jenes Verhältniß ein allgemein gültiges sein könnte. Selbst in den erschöpften Blättern finden sich noch stets ¼ ihres Gewichtes N-haltige Materien (hauptsächlich Caseïn und Albumin, gebunden an Gerbsäure) die, wenn sie in den Thee-Aufguß übergingen, dessen Nährwerth jedenfalls erhöhen würden. Die Orientalen verzehren die Theeblätter als ein nahrhaftes Gemüse.

Das unter dem Namen von

Chocolade

genossene Getränk ist der Hauptsache nach die Samensubstanz von Theobroma Cacao, einem 20—30 Fuß hohen Baume des tropischen Amerika's.

Die Cacaokerne, um die es sich handelt, finden sich in den 10 Zoll langen und 4 Zoll dicken, gurkenförmigen Früchten. In dem eßbaren Marke dieser Frucht stecken bis zu 25 Kerne oder Cacaobohnen; jede mit einer besondern Hülle umgeben, mit welcher sie in den Handel kommen. Nach der Ernte werden die Cacaokerne entweder enthülset und 5 Tage lang in der Erde vergraben, damit sie durch eine beginnende Zersetzung ihren schleimigen Ueberzug und ihre Keimfähigkeit verlieren, oder sie werden, was jedoch nicht so gut sein soll, enthülset, und mit dem frischen Marke gemischt, auf Haufen gelegt, und der Selbstgährung überlassen. Durch die erste Methode, die man das Rotten der Bohnen nennt, bekommen sie eine dunkle Farbe und verlieren bedeutend an ihrem ursprünglichen, herben Geschmack. Aus der Erde genommen, werden sie durch die Sonnenhitze auf Hürden getrocknet. Die gerotteten Bohnen erkennt man im Handel an ihrem erdigen Ueberzuge. Die besten stammen von Caracas und Quajaquil. Die westindischen Cacaobohnen sind dagegen weit schlechter und zeichnen sich durch einen bittern, scharfen Geschmack aus. Sie kommen besonders nach Deutschland; der Zollverein consumirt deren jährlichst bei 14 Mill. Pfund.

Die Cacaobohnen bestehen aus einer dicken, holzfaserigen Hülle und dem darin sitzenden Kerne. Die Hülle ist werthlos und fällt beim Vermahlen der Bohnen ab. Der Kern besteht bis zur Hälfte seines Gewichtes aus der sogenannten Cacaobutter, einem Gemenge verschiedener Pflanzenfette. Daneben führt er circa 2% Theobromin, $C_{14} H_8 N_4 O_4$ ein dem Caffeïn sehr ähnliches Alkaloïd. Das Theobromin und das Caffeïn liefern unter dem Einflusse oxydirender Agentien ganz analoge Zersetzungsproducte, was auf ihre physiologische Gleichwerthigkeit hindeutet. Reines Theobromin ist in Wasser schwer löslich. Seine Lösung in der sogenannten Chocolade verdankt es der Gegenwart und Mithülfe der Gerbsäure.

Außer Fett und Theobromin enthalten die Bohnen, wie nachstehende Analysen anzeigen, noch Stärke, Dextrin, Albumin und unbekannte Farb- und Bitterstoffe.

	Unenthülste Bohnen		Enthülste Bohnen:
	aus Neu-Granada:	aus Westindien:	
	(Bouffingault)	(Bouffingault)	(Payen)
Cacaobutter . . .	44.0	48.4	52.0
Albumin und Caseïn .	20.0	20.6	20.0
Theobromin . . .	2.0	} 18.4	2.2
Dextrin und Stärke .	6.0		10.0
Hülsen und Zellstoff .	13.0	9.6	2.0
Asche	4.0	—	4.0
Wasser	11.0	8.0	10.0
Bitterstoff			
Aromatischer Stoff .	} Spur	Spur	Spur
Farbstoff			
	100.0	100.0	100.0

Tuchen fand in 6 verschiedenen Sorten ziemlich übereinstimmend im Mittel 36% Fett, 1/2% Theobromin und 3% Asche.

Der mittlere Preis von 100 Kilo Cacao ist in Frankreich, nach Abzug der Steuer, 120 Frcs. Im Jahre 1847 betrug daselbst die Einfuhr 3,162,000 Kilo. Jetzt werden in Frankreich jährlichst 6 Millionen Kilo Chocolade consumirt. (Payen.)

Auch die Cacaobohnen werden gleich dem Caffe geröstet, wodurch sie erst ihren bittern Geschmack verlieren, und einen eigenen aromatischen bekommen. Je stärker ihre Röstung ist, je mehr setzen sich die in ihr enthaltenen Fette in empyreumatische Stoffe um, und je größer wird die

Menge des Dextrins auf Kosten der Stärke. Nachdem die so gerösteten Bohnen enthülset und vermahlen sind, wird das braune Mehl unter Erwärmung in eine breiige Masse zerstoßen, mit Zucker und allerlei Gewürzen innigst gemischt, und in sogenannte Chocoladetafeln geformt. Da es eine Seltenheit ist, daß zu diesen Tafeln nicht betrügerische Zusätze kommen, so suchen viele Consumenten dadurch ihr Interesse zu wahren, daß sie aus gerösteten Bohnen, deren Aechtheit leicht zu erkennen ist, sich selbst Chocolade bereiten, ohne irgend welchen Gewürzzusatz, der doch nichts zur Wertherhöhung des Getränkes beiträgt. Mit kochender Milch versetzt, stellt das Cacaobohnenmehl ein breiiges Getränke dar, das wegen seiner großen Nahrhaftigkeit und seiner angenehm erregenden Wirkung unter dem Namen Chocolade mit Recht allgemein beliebt ist.

„Wann der Caffe als Getränk zuerst in Anwendung gekommen, läßt sich nicht mit Bestimmtheit ermitteln. Der Scheik Omar, der in den Gebirgen von Ousab als Verbannter lebte, soll diese Anwendung der Caffebohnen im Jahre 1258 erfunden haben. Nach Ab-Altader hat Djemil-Eddin Mohamed den Gebrauch des Caffe's in Jemen erst im 15. Jahrhundert eingeführt, nachdem er ihn auf einer Reise nach Persien kennen gelernt hatte. Derselbe Schriftsteller erzählt, daß die Abyssinier, die sich in Mokka aufhielten, schon lange vorher als Nascherei zum Dessert Caffebohnen mit Zucker gegessen hätten. Den eigentlichen Caffe tranken Anfangs die Derwische, um den Schlaf zu vertreiben, wenn sie zur Ehre der Erzeugung und der Geburt des Propheten allwöchentlich gewisse Nächte hindurch beten mußten. Allein es wurde unter den Arabern viel und heftig darüber gestritten, ob der Caffe ein erlaubtes Getränk sei. Während ihn einige für ein erheiterndes Getränk erklärten, das zur Gottesverehrung stimme, verwarfen ihn andere als unrein und Körper und Geist benachtheiligend und daher rührten wiederholte Verbote des Caffe's. Dessen ungeachtet verbreitete sich dessen Gebrauch von Mekka allmählig nach Medina und Kairo."

„In der ersten Hälfte des sechszehnten Jahrhunderts war der Caffe außerhalb Arabiens noch wenig in Gebrauch. Postel, der um 1540 den Orient bereis'te und die orientalische Art, Fremde zu bewirthen, umständlich beschrieb, erwähnt seiner nicht. Der Augsburger Arzt Rauwolf fand ihn aber im Jahre 1583 in Aleppo (Syrien) in Gebrauch. Von dort und um diese Zeit gelangte er dann auch nach Constantinopel. Unter Soliman, dem Großen, wurden Caffeschenken errichtet. Diese Caffeschenken waren Sammelplätze für Staatsmänner, Gelehrte und Dichter und sie hießen demgemäß

Schulen der Gelehrten, Schulen der Erkenntniß. So darf man sich nicht darüber wundern, daß erst die Geistlichkeit, sich auf die Gesetze Mohamed's berufend, und den Caffetrinkern eine Auferstehung mit schwarzem Gesichte weissagend, es bewirkte, daß unter Murad II. die Caffehäuser geschlossen wurden. Das Verbot konnte sich aber nicht lange aufrecht erhalten. Während der Minderjährigkeit Mohamed's IV. war es die andere Triebfeder, aus welcher man die Unterdrückung geistiger Entwickelung herbeizuführen suchte, die eine Schließung der Caffehäuser veranlaßte. Weil sich in den Caffehäusern lebendige, politische Gespräche entwickelten, in denen die Regierung scharf getadelt wurde, deßhalb wurde er verboten."

„Gegen 1650 kam dieses Getränk auch nach Italien und England, wo man es vorher blos von Hörensagen kannte. Ein Grieche soll in London zuerst Caffe bereitet haben, und das Getränk gefiel so gut, daß sich unter Karl II. schon mehrere Caffeschenken in jener Hauptstadt aufthaten. Dieses neue Getränk übte im Verein mit den zu jener Zeit entstehenden Zeitungen einen so mächtigen Einfluß ·auf die Geselligkeit, daß auch hier das Caffehaus der Sammelplatz von Politikern wurde, gegen deren Klagen man sich zu schützen hoffte, indem man die Caffehäuser schloß. Nach Paris brachte der türkische Gesandte Soliman Aga im Jahre 1669 dem Könige Caffe zum Geschenk, was sehr viel zur Verbreitung dieses Getränkes in Frankreich beitrug. 1672 errichtete ein Armenier in St. Germain das erste Caffehaus. In Preußen kam der Caffe spät in Gebrauch; 1721 bewilligte Friedrich Wilhelm I. einem Ausländer in Berlin eine freie Wohnung, damit darin ein Caffehaus errichtet werde, und noch auf lange Zeit hin wurde vom deutschen Mittelstande Caffe nur bei hohen Festen getrunken."

„Nach einer Legende der Chinesen, die Kämpfer mitgetheilt hat, ist der Theestrauch aus den Augenwimpern entsprossen, die sich der fromme Büßer Darma († 495 n. Chr.) zur Selbstpeinigung abgeschnitten, um bei seinen Meditationen nicht in Schlaf zu versinken. Dieser Heilige, nachdem er zum ersten Male von diesem Kraute gekostet, empfahl den Theetrank, entzückt von dessen Wunderkraft, den Anhängern seiner Secte als ascetisches Stärkungsmittel. Gegen die Mitte des siebenzehnten Jahrhunderts verbreitete sich der Thee-Consum zuerst über Holland und England und von da über ganz Europa." (Moleschott.)

In den Jahren 1717—1720 verbrauchte man in England jährlich 700,000 Pfd. Thee, von 1732—1742 im Durchschnitt jährlich 1,200,000 Pfund. 1775 wurden 4,000,000 und 1789 sogar 71,000,000 Pfund nach England importirt. Jetzt werden allein aus China jährlich 2240 Mill. Pfund in den Handel gebracht.

Davon wurden im Jahre 1856 confumirt in Großbritannien 50 Mill. Pfund, in Frankreich ½ Mill. Pfund und im deutschen Zollverein 1½ Mill. Pfund.

Je nach den Ländern verschieden ist auch der Caffe-Consum:

Im Jahre 1821 in Frankreich 10 Mill. Pfd. Caffe, à 290 Frcs. p. 100 Kilo,
  "   " 1849 "   "   35 "   "   "   " 84 "   "
  "   " 1854 "   "   44 "   "   "   " 90 "   "
  "   " 1851 in Belgien   37 "   "   "
  "   " 1851 in England   33 "   "   "
  "   " 1851 im Zollverein 60 "   "   "

Hiernach hat man berechnet, daß jetzt auf den Kopf der Bevölkerung in Holland 30 Pfund, in Belgien 9 Pfund, in den vereinigten Staaten 4.9 Pfund, im Zollverein 3.2 Pfund, in England 1.2 Pfund, in Frankreich 1.2 Pfund Caffebohnen jährlich verzehrt werden.*)

„Angesichts solch' massenhaften Consums," sagt Knapp, „und der Thatsachen, daß in England und America der Theeverbrauch in der täglichen Lebensweise des geringsten Arbeiters so gut, wie des reichsten Grundadels einen integrirenden Bestandtheil ausmacht; daß in Deutschland das Volk um so hartnäckiger an dem Caffegenusse hängt, je mehr die Armuth die Fülle und Auswahl der Lebensmittel beschränkt, und daß der schmälste Tagelohn immer und immer noch in einen Bruchtheil für Caffe und einen andern für Brod und Kartoffeln gespalten wird; im Angesichte solcher Thatsachen läßt sich schwerlich die Behauptung rechtfertigen, es sei der Genuß von Caffe und Thee etwas nicht eigentlich Wesentliches, nur etwas Aeußerliches, eine Sache der bloßen Angewöhnung. Es ist im Gegentheil aus äußeren und innern Gründen sehr wahrscheinlich, daß der Volksinstinct in dem Gefühl gewisser Lücken oder Bedürfnisse des gesteigerten Lebens in unserer Zeit, die nicht gut durch reichlichere Quantität von gewöhnlichen Lebensmitteln gehoben werden können, eben in diesen Erzeugnissen die richtige Ergänzung, das wahre Mittel aufgefunden, festgehalten und sich völlig zu eigen gemacht hat, um seiner täglichen Nahrung die erforderliche und vermißte Beschaffenheit wieder zu geben."

---

*) Boussingault meint, Angesichts des geringen Thee- und Caffeconsums in Frankreich, daß in denjenigen Ländern, welche viel Wein produziren und trinken, der Caffe- und Theeverbrauch ein verhältnißmäßig geringer bleiben werde.

Wie der Caffe und der Thee auf den Organismus wirken, das ist nicht zu verwechseln mit der Frage, ob diese Getränke nahrhaft seien, denn das Letztere müssen wir bestreiten. Es gibt in diesen Getränken, wenn wir die gebräuchlichen Zusätze, Zucker, Milch, Rahm, Gebäck 2c. mit Recht hier ignoriren, sehr wenig, um nicht zu sagen gar keine, von den eigentlichen Nahrungsstoffen, von welchen der Nährwerth der anderen, gewöhnlichen Nahrungsmittel abhängig gemacht wird. Auch wäre, falls dieselben ziemlich reich an Proteïnstoff, Fett, Stärke, Zucker 2c. wären, ein solcher Gehalt in so fern von ganz untergeordneter Bedeutung, als die eigentliche Stoffmenge, die wir in einer Portion Caffe oder Thee zu uns nehmen, gar zu klein ist, um daraus einen erheblichen Nähreffect abzuleiten. Es geben zum Beispiel die zu einer Portion Caffe nöthigen 20 Gramm Bohnen einen Absud, der nur 5 Gramm Trockensubstanz (mit $\frac{1}{4}$ Gramm Caffeïn) gelöst enthält. Thee gibt, weil von solchem höchstens 4 Gramm zu einer Portion verwandt wird, einen Extract mit $1\frac{1}{2}$ Gramm Trockensubstanz, worin $\frac{1}{4}$ Gramm Theïn mit einbegriffen ist. Caffeïn und Theïn sind aber die einzigen Stickstoffverbindungen im Caffe- und Theegetränk; Proteïn findet sich darin nur in ganz unbeachtenswerthen Mengen. Man muß deßhalb wohl zugeben, daß die specifische und scharf hervortretende Wirkung jener Getränke durchaus in keinem Verhältnisse steht zu der darauf aufgenommenen Masse von Nahrungssubstanz, in so fern diese im Stande sein soll, einen directen, unmittelbaren Ersatz für die im Stoffwechsel verloren gegangenen stickstoffhaltigen und stickstofffreien Körpertheile zu gewähren.

Der physiologische Werth des Caffe's und Thee's muß in dessen eigenthümlichen Bestandtheilen begründet liegen. Um ihn zu bestimmen, haben wir uns zu erinnern, daß

im Caffe	im Thee
Caffeïn,	Theïn,
viel brenzliches Oel,	wenig aetherisches Oel,
wenig Gerbsäure,	viel Gerbsäure,
wenig Metalloxyde,	viel Eisen und Mangan

enthalten sind, und daß beide sich nach diesem Schema unterscheiden lassen.

Prüfen wir nun den Einfluß, den jene characteristische Bestandtheile, einzeln genossen, auf den Organismus ausüben, so lehrt uns die physiologische Chemie:

1. Caffeïn und Theïn sind in ihrer Wirkung identisch. Diese Wirkung ist vornehmlich gerichtet auf die Centralorgane des Nervensystems und

hat eine vermehrte Erregbarkeit des letzteren zur Folge. Ihr Genuß bringt ferner, im Gegensatze zu den übrigen Alkaloïden, eine lebhaftere Herzthätigkeit, wodurch sie nicht ohne Einfluß auf den Blutkreislauf bleiben, und, nach Frerich's Ansicht, bei einer großen Classe von Menschen, den Mangel an freier Bewegung, die fehlende Muskel-Anstrengung und freie Luft, in etwa ersetzen. Auch ist es bekannt, wie wirksam jene Alkaloïde die peristaltischen Bewegungen des Darms vermehren und letzteren disponiren, sich schneller von seinem Ingestis zu befreien.

Hauptsache bleibt indessen die bewirkte leichtere Erregbarkeit des Nervensystems; die gleiche erregende Ursache kann dabei stärkere Erfolge nach sich ziehen oder was dasselbe ist, es bedarf zur Erreichung eines gewissen Effectes einer kleineren Anregung der Nerven. Der Genießende wird dadurch schöpferischer und zugleich empfänglicher gegenüber den sinnlichen Eindrücken des Lebens. Er wird tauglicher zu fortgesetzter Arbeit, weil ihm die Müdigkeit weniger fühlbar geworden.

Bisher hatten den Untersuchungen Lehmann's und Böker's zufolge die Physiologen angenommen, daß Caffeïn und Theïn den Gewebeumsatz im Körper bedeutend herabsetzen und in diesem Sinne Caffe und Thee zu einem wohlthätigen Sparmittel machen. Die Differenz in der Harnstoffausscheidung, worauf sich diese Theorie stützt, ist aber voriges Jahr von Boit in München mit Recht als völlig beweisunfähig kritisirt worden und zugleich wurde von ihm durch gründliche Experimente nachgewiesen, daß der Caffegenuß den Stoffwechsel nicht hemme, sondern unverändert lasse. Diese interessanten Experimente, wegen deren Details ich auf den Originalbericht verweisen muß (Untersuchungen über den Einfluß des Kochsalzes, des Caffe's und der Muskelbewegungen auf den Stoffwechsel, München 1860) wurden freilich blos mit einem Hunde ausgeführt, so daß es immerhin noch fraglich bleibt, ob das für diesen Fleischfresser Gefundene auch Gültigkeit habe für den mehr sensuellen Organismus des Menschen. —

2. Die brenzlichen Oele des Caffe's und die aetherischen des' Thee's scheinen verschiedener Wirkung zu sein. Letztere üben, gleich den aetherischen Oelen des Weines, eine angenehme Erregung des Nervensystems; erstere thun dies in viel geringerem Grade. Dagegen scheinen die brenzlichen Oele des Caffe's die Prozesse der Rückbildung im Thierkörper zu mäßigen und dadurch das sonst bedürftige Nahrungs-

maaß etwas herabzusetzen. Wir folgern dies aus dem Verhalten jener brenzlichen Producte überhaupt und außerhalb des Organismus wo wir sie hemmend eingreifen sehen, in alle Processe der Auflösung und Zersetzung und als Fäulniß- und gährungswidrige Mittel in Anwendung finden.

Wo, wie in England und Holland, selbst die Classe der Arbeiter täglich tüchtig Fleisch genießt, da wird mehr auf die erregende Wirkung gesehen und daher überwiegend Thee; in dem Kartoffel-essenden Deutschland aber umgekehrt mehr Caffe getrunken nebst jenem Cichorien-Extract, der kein erregendes Alkaloïd, wohl aber viele brenzliche Oele und lösliche Röstungsproducte führt.

3. Der Thee ist reich an Eisen und Mangan, der Caffe arm daran. In wie weit dies wesentlich für die Wirkung des Thee's ist, wissen wir nicht. Unwesentlich aber kann es wegen der Rolle, die das Eisen bei der Bildung des Blutfarbstoffs spielt, auch nicht sein.

Wenn der Caffe wirklich nicht im Stande sein sollte, den Gewebe-Umsatz etwas zu mäßigen, dann werden uns die vielen, täglich zu beobachtenden Fälle unerklärlich sein, wo sein Genuß das Bedürfniß nach Nahrung sichtlich herabstimmt. Nach Gasparin ersetzte $1^2/_3$ Quart Milchcaffe — bereitet aus $^1/_8$ Pfd. Caffebohnen und $^1/_8$ Pfd. Cichorie — in der Nahrung der belgischen Minen-Arbeiter, die eine sehr schwere Arbeit zu thun haben, fast den dritten Theil der Nahrung, die man für solche Verhältnisse nothwendig erachtet. Die Basaltbrecher am Tomberge (Kreis Rheinbach) kommen jeden Morgen zwei Stunden Wegs weit zu ihrer Arbeit und gehen dann spät Abends wieder nach Hause. Als ich einst die dortigen Steinbrüche besuchte und daselbst keine vor Unwetter schützende Hütten noch Kochheerde bemerkte, frug ich einige der Arbeiter, wie sie es denn mit ihrem Essen machten. „Ganz einfach," antworteten sie, „wir trinken den Tag über 4 mal einen guten Caffe mit Butterbrod, und mitunter auch einen Schnaps." Meine Frage, ob sie denn kein Stück Fleisch von Hause mitbrächten und während des Tages verzehrten, wurde von diesen armen Leuten verneint. Ich mußte Angesichts ihrer schweren Arbeit und ihres kräftigen und gesunden Aussehens über diese Mittheilung staunen. Allbekannt ist die Mäßigkeit der orientalischen Völker im Essen. Selbst bei den härtesten Strapazen sollen die Araber dieselben bewahren. Aber sie consumiren sehr viel Caffe. Auch in der französischen Armee in Africa hat sich die Austheilung von Caffe unter die Soldaten als das beste Mittel bewährt, sie zur Ertragung strapazirender Märsche und Bivouaks zu befähigen.

35

Ueber den Caffe- und Theegenuß spricht sich Voit am Schlusse seiner bezüglichen Forschungen, folgendermaaßen aus:

„Man muß sich erinnern, wie sehr es auf den Zustand, in dem die Menschen sich eben befinden, ankommt, wie wir ein uns entgegengesetztes Hinderniß oder ein uns treffendes Ereigniß auffassen. Die gleiche Arbeit geht uns manchmal schwer, manchmal wieder leicht, wie wir grade aufgelegt sind; dies sogenannte Aufgelegtsein hängt vom Zustande unseres Nervensystem's ab. Es kann Stimmungen geben, in denen uns das Geringste verdrießt, worüber wir sonst lachen würden, oder was wir in anderer Lage ruhig an uns vorüber gehen ließen; wir fühlen uns gewiß glücklicher in letzteren Fällen, als in ersteren. Das Gefühl des Hungers kommt von irgend einer Veränderung in unsern Nerven her; es wird der übrige Körper durch das Hungern wohl schwach, der Schmerz dabei wird aber durch die Nerven vermittelt, und während der Körper an und für sich vermöge des Bestandes seiner Materie noch länger fortvegetiren könnte, ist das Hungergefühl schon zum qualvollsten und unerträglichsten geworden. Ein Irrer oder Kranker kann 2 — 3 Wochen leben, ohne Nahrung zu sich zu nehmen und ohne Hunger zu fühlen; ein Gesunder würde wahnsinnig vor Hunger geworden sein. Wir sind also in unsern Freuden und Leiden außerordentlich von der Stimmung unserer Nerven abhängig und auf diese sind Genußmittel, wie Caffe, Thee, Tabak, Alkohol, Opium ꝛc. von Einfluß; wegen dieses Einflusses werden diese Genußmittel gebraucht."

„Der Caffe bewirkt, daß wir unangenehme Zustände weniger empfinden oder uns darüber leichter hinwegsetzen und daß wir befähigter werden, Schwierigkeiten zu überwinden; er wird somit für den prassenden Reichen zum Mittel, die Arbeit des Darmes nach der Mahlzeit weniger fühlbar zu machen und die tödtliche Langeweile zu vertreiben, für den Gelehrten, ihn bei anhaltenden Studien wach und frisch zu erhalten, für den Arbeiter, die Mühen des Tages mit leichterm Sinne zu ertragen."

Moleschott sagt darüber:

„Der Thee äußert seinen anregenden Einfluß auf das Nervensystem, zumal auf das Gehirn, in einer in Deutschland sehr bekannten Weise, indem er wach erhält. Nach Tiedemann erhöht er die sensorielle Thätigkeit; nach meiner Erfahrung wird die Kraft, erhaltene Eindrücke zu verarbeiten, durch den Genuß von Thee gesteigert; man wird zu sinnigem Nachdenken gestimmt und, trotz einer größeren Lebhaftigkeit der Denkbewegungen, läßt sich die Aufmerksamkeit leichter von einem bestimmten Gegenstande fesseln. Es findet sich ein Gefühl von Wohlbehagen und Munterkeit ein, und alle productive Thätigkeit des Gehirns gewinnt einen Schwung, der bei der größeren

Sammlung und der bestimmter begrenzten Aufmerksamkeit nicht leicht in Gedankenjagd entartet. Wenn sich gebildete Menschen beim Thee versammeln, so führen sie gewöhnlich geregelte, geordnete Gespräche, die einen Gegenstand tiefer zu ergründen suchen und welchen die heitere Stimmung, die der Thee herbeiführt, leichter als sonst zu einem gedeihlichen Ziele verhilft."

„Während der Thee vorzugsweise die Urtheilskraft erweckt und dieser Thätigkeit ein Gefühl von Heiterkeit zugesellt, wirkt der Caffe zwar auch auf das Denkvermögen erregend, jedoch nicht, ohne auch der Einbildungskraft eine viel größere Lebhaftigkeit zu ertheilen. Die Empfänglichkeit für Sinnes-eindrücke wird durch den Caffe erhöht, daher einerseits die Beobachtung ge-steigert, auf der andern Seite aber auch die Urtheilskraft geschärft und die belebte Phantasie läßt sinnliche Wahrnehmungen durch Schlußfolgerungen rascher bestimmte Gestalten annehmen. Es entsteht ein gewisser Drang zur Productivität, ein Treiben der Gedanken und Vorstellungen, eine Beweglichkeit und eine Gluth in den Wünschen und Idealen, welche mehr der Gestaltung bereits durchdachter Ideen, als der ruhigen Prüfung neu entstandener Ge-danken günstig ist. Auch durch den Caffe wird der Schlaf verscheucht. Der übermäßige Genuß hat deßhalb Schlaflosigkeit und einen rauschartigen Zu-stand von Aufregung zur Folge, in welchem Bilder, Gedanken, Wünsche entweder hastig durcheinander jagen oder zum Hintergrunde einer tiefen, un-bestimmten Sehnsucht werden. Während der caffetrinkende Araber in schwärmerische Träumereien versunken, lange Nächte durchwacht, ist für nordische Theeabende ein Abspinnen scharfer Gedanken characteristisch ge-worden."

„Welche stoffliche Veränderung Caffe und Thee im Gehirn hervor-rufen, ist bisher nicht bekannt. Nur das ist offenbar, daß das wahlver-wandtschaftliche Bedürfniß der Menschheit nach Caffe und Thee um so un-abweisbarer und allgemeiner geworden ist, je größer die geistigen Anforder-ungen wurden, welche die Entwickelung der Zeit an das ganze Geschlecht zu stellen hat. Will man diese Wahlverwandtschaft als Instinct bezeichnen, so wird damit ganz richtig ausgedrückt, daß sich der Einzelne ihrer Gründe nicht bewußt ist. Allein ich glaube nicht, daß man die Macht des Bedürf-nisses verkleinert hat, als man zu beweisen versuchte, daß der Instinct, der zum Genuß von reizenden Getränken treibt, nicht angeboren, sondern er-worben sei. Auch der Instinct des Menschen ist eine ewig im Werden be-griffene Größe, die aber in jedem einzelnen Augenblick der Geschichte die ganze Geltung hat, welche sie der Tragweite ihrer Ursachen verdankt. Der Instinct verewigt sich, wenn es dem denkenden Forscher gelingt, ihn auf vernünftige Gründe zurück zu führen; er wird allmählig überwunden, wenn man beweisen kann, daß er aus einer unvernünftigen Gewohnheit abgeleitet werden muß. Ob er angeboren ist oder erworben, ist für die Lebensfragen, deren Beantwortung uns hier beschäftigt, von gar keiner Bedeutung, indem der erworbene Instinct beweis't, daß auch der angeborne abgelegt werden kann, während die Macht der Bildung dem erworbenen Instincte das Siegel der Herrschaft verleihen kann."

"Die sittliche und geistige Thätigkeit des Menschengeschlechtes sind im steten Wachsen begriffen. Zur Ernährung bedurfte es des Thee's und Caffe's nicht. Und doch ist in Deutschland dem Armen Caffe Bedürfniß, wie dem Reichen, und vor dem 17. Jahrhundert kannte ihn der Reiche als regelmäßiges Bedürfniß so wenig, wie der Arme. Nun ist leicht zu sagen: Kaufe dir Fleisch statt Caffe. — Wir reiben uns an einander sittlich und geistig. Es wird durch Vermittlung des Caffe's und Thee's so gut, wie durch Dampfschiffe und elektrische Telegraphen, eine Reihe von Gedanken in Umlauf gesetzt, es entsteht eine Strömung von Ideen, Einfällen und Unternehmungen, die Alle mit sich fortreißt. Wer ist als Individuum stark genug, vielleicht dürfte ich fragen, wer ist als Individuum berechtigt, sich den Reizmitteln zu entziehen, die jene Fluth zum Treiben brachten, sich zu stemmen gegen ein Zeitbedürfniß, wenn alle andere darin die Quelle einer höheren Thätigkeit finden? Wer soll nüchtern und unversehrt dastehen in der Zeit, die das Einzelwesen aufreibt, um die Masse zu entwickeln? Laßt uns nicht klagen über nervöses Zeitalter, über die zu große Reizbarkeit der Menschen. Suchen wir sie zu begreifen und ihrer Herr zu werden, wie wir können."

Ehe wir uns von den alkaloïdischen Getränken abwenden, werfen wir noch einen Blick auf die Surrogate und Verfälschungen derselben.

Caffesurrogate, welche die Caffebohnen im wahren Sinne des Wortes ersetzen könnten, besitzen wir nicht. Was gewöhnlich als Surrogat des Caffe's bezeichnet wird, entbehrt die dem Caffe eigenthümlichen Gerbstoffe und des Alkaloïdes. Es sind geröstete, höchst mannigfaltige Pflanzenbestandtheile, die nur durch ihren Gehalt an bitteren, brenzlichen Stoffen an den ächten Caffe erinnern. Das gewöhnliche Caffesurrogat sind die gerösteten und gemahlenen Cichorienwurzeln. Im natürlichen Zustande bestehen sie aus

$$
\begin{array}{rl}
77.0 & \text{Wasser,} \\
7.5 & \text{Gummi,} \\
1.1 & \text{Traubenzucker,} \\
4.0 & \text{bitterer Ectractivstoff,} \\
0.6 & \text{Fett,} \\
9.0 & \text{Zellstoff,} \\
\underline{0.8} & \text{Asche.} \\
100 &
\end{array}
$$

Ein Cichorien-Caffe, bereitet aus 66 Gramm Cichorienpulver und 1000 Gramm Wasser, enthielt nach Payen 23.3 Gramm feste Stoffe, worin 0.382 Gramm Stickstoff, entsprechend 2.4 Gramm Proteïn.

In Frankreich werden jährlich 14 Mill. Pfd. verbraucht. In Berlin fabrizirt man jährlich 1 Mill., in Halberstadt und Braunschweig über 2 Mill. Pfd. Cichorienpulver.

Der Cichoriencaffe schmeckt bitter und ist von schwarzer Farbe. Das Cichorienpulver läßt sich am einfachsten dadurch erkennen, daß es kaltem Wasser sofort eine tief braune Farbe ertheilt. Caffebohnenmehl thut das erst nach längerer Zeit und auch lange nicht so intensiv. In den sogenannten Caffepräparaten des Handels spielt die Cichorie eine bedeutende Rolle. Im günstigsten Falle enthalten dieselben 50% Cichorienpulver; sie sind deßhalb, trotz ihres geringen Preises, und abgesehen von der Unschmackhaftigkeit des daraus bereiteten Caffe's, immer theurer, als reine Caffebohnen. Dem Consumenten läßt sich nur rathen, entweder ungeröstete Caffebohnen oder pure Cichorie zu kaufen; dann weiß er doch zum wenigsten, was er für sein Geld hat. Aber niemals wird man beim Ankaufe der in feine Packete verpackten und marktschreierisch angepriesenen Caffepulver ohne Schaden wegkommen. Von 34 Sorten der im Handel vorkommenden, und als vorzüglich etiquettirten Caffebohnenpulver fand die Londoner Sanitätscommission nur 3 aus reinen Caffebohnen bestehend, die übrigen 31 waren mit allerlei nichtswürdigem Zeug verfälscht. Wenn nun der, in mancher Hinsicht etwas leichtgläubige Deutsche diese Thatsache recht beherzigte, so würden uns bald die Engländer und Franzosen mit ihren künstlichen Caffesurrogaten verschonen. Aus Mangel an Absatz würde solchem Unfuge bald gesteuert sein, und wir brauchten unsere brillanten, öffentlichen Caffehäuser heutigentags nicht mehr mit dem Bewußtsein zu betreten, wieder einmal eine Tasse verfälschten Caffe's zu trinken.

Auch der reine Cichoriencaffe wird immer seltener. Wenn arme Leute beim Spezereihändler, der seine Waare aus dritter Hand zu beziehen pflegt, Cichorien kaufen, so erhalten sie gewöhnlich den 4. Theil dessen, was sie bezahlen. 50—90% der käuflichen Cichorien bestehen nämlich aus einem Gemisch von gerösteten Rüben, Getreidearten, Hülsenfrüchten, Brodrinden, Kartoffeln, Erdmandeln, Reis, Eicheln, Kastanien, Wallnüssen, Baumrinden, Gerberlohe, Röthel, Pferde- und Ochsenleber, verdorbenem Fleisch und Fett, Sägemehl, Ziegelmehl, Melasse, Malztreber, Nudelnabfällen ꝛc. Unter 57 Cichoriensorten vermochte die Londoner Sanitätscommission keine einzige unverfälschte zu entdecken.

Von annehmbaren Surrogaten des chinesischen Thee's kennen wir

1. den Paraguaythee. Es sind dies die Blätter von Ilex paraguajensis, einer in Südamerika heimischen, strauchartigen Pflanze. Die Blätter enthalten Gerbstoffe und ein dem Theïn gleichkommendes Alkaloid. Der Paraguaythee wird anstatt des chinesischen Thee's in Südamerika getrunken. Er kommt auch von da in den europäischen Handel.

2. Die Caffebaumblätter. Die Benutzung derselben zu Thee wurde zuerst in Brasilien versucht und hat dort rasche Verbreitung gefunden. Diese Blätter enthalten die wichtigsten Bestandtheile des ächten Thee's und werden auch gleich jenem präparirt. Der Geschmack und die Wirkung dieses Caffethee's soll einer Mischung von ächtem Caffe und ächtem Thee gleich kommen.

3. Der Fahamthee, stammend von einer zu den Orchideen gehörigen Pflanze. Dieser Thee kommt besonders auf der Insel St. Mauritius vor. Er schmeckt und riecht sehr angenehm. Den vanilleähnlichen Geruch verdanken die Blätter dem Cumarin, dem nämlichen Alkaloid, das im Waldmeister (Maitrank) und in den Tonkabohnen vorkommt.

Die aus China importirten Theesorten sind, mit wenigen Ausnahmen, stets ächt und unverfälscht. Die Heimath des verfälschten Thee's ist England. Die Londoner Sanitätscommission fand die englischen Fabricate sämmtlich verfälscht. Sie bestanden aus mit Catechugerbstoff getränkten und mit Gummi geglätteten ächten Theeblättern, die aber vorher zu Thee benutzt worden waren. Außerdem fanden sich in ihnen die schwach gerösteten Blätter von Schlehdorn, Hagedorn, Erdbeeren, Preißelbeeren, Birken, Weiden ꝛc.

Das bisher über Caffe- und Theeverfälschungen Erwähnte ist nichts gegen die Verfälschungen, denen die Chocolade unterliegt. Ich sagte bereits, und wiederhole es hier, daß Niemand sich einbilden möge, einmal ächte Chocolade getrunken zu haben, wenn er solche aus Chocoladetafeln bereitet, die er sich nicht selber aus Cacaobohnen präparirt hat. Zwar ist England der Sitz dieser Chocoladeverfälschungs-Industrie, jedoch haben die Engländer auch in den deutschen Chocoladefabricanten würdige Schüler gefunden. Man vermahlt nicht blos die rein geschälte Cacaobohne mit den werthlosen Hülsen, sondern setzt zu dieser Urmasse auch noch alle Sorten von Getreidemehl, Kartoffelstärke, schlechtem Zucker, Kokußöl, Fett ꝛc. zu. Unter der Etiquette „feinste Chocolate" oder „doppelte Chocolate" lernte man sogar Mischungen von Schöpfenfett, ordinärem Zucker und Cacaohülsen kennen. Es gibt in England nicht wenig Fabricanten, die keck genug sind, aus grob gepulvertem Schiffszwieback, Kleienmehl und Ziegelsteinstaub Chocoladenpulver zu bereiten und dies gleich ächtem zu verkaufen. Andere mischen in ihre Chocolade: Ocker, Mennige, Gyps, Kreide, Zinnober, geröstetes Sägemehl, Mandelöl,

Olivenöl, alte ranzige Thierfette und täuschen den Geruch durch Zusatz von billigem Peru- und Tolabalsam. Deutschland ist der Markt für solche famose Chocoladetafeln. Wem möchte da nicht die Lust an der Chocolade vergehen? —

Es ist hier am Orte, ein Naturerzeugniß zu besprechen, das noch weniger, wie Caffe und Thee, unseren Begriffen von wahrer Nahrung entspricht, und dennoch als Genußmittel eine Bedeutung erlangt hat, die staunenswerth ist. Ich meine den

Taback.

Gleich einem siegreichen Eroberer hat die durch so scharfen Geruch und Geschmack ausgezeichnete Tabackspflanze, deren Blätter in frischem, natürlichen Zustande auf Menschen und Thiere eine tödtliche Wirkung äußern, im Laufe von höchstens zwei Jahrhunderten Alles überwunden, was Vorurtheil, Etiquette, Sitte, Erziehung und Polizei ihrer Verbreitung und Benutzung über den ganzen bewohnten Erdkreis entgegenstellten. Es ist Aufgabe des Physiologen, das Ursächliche einer solchen Erscheinung in dem Taback selbst aufzusuchen. — Neben den gewöhnlichen, bekannten Pflanzenbestandtheilen enthält der Rauchtaback:

1. Ein Schwindel und Erbrechen erregendes flüchtiges Oel in einer Menge von 0.03 Prozent.
2. Ein noch wenig bekanntes brenzliches Oel, das in seiner Wirkung der Blausäure nahe kommen soll.
3. Das Nicotin, $C_{10} H_7 N$, eine zur Classe der Alkaloide gehörige Verbindung. Es ist in reinem Zustande ein schweres, farbloses Oel von stark alkalischer Reaction und von scharfem Tabacksgeschmack. Es ist in Wasser und Alkohol löslich, siedet bei 250°, verdunstet aber schon bedeutend bei gewöhnlicher Temperatur. Sein Geruch ist so fürchterlich reizend, daß man in einem Zimmer, worin der Dampf eines einzigen Tropfens Nicotin verbreitet ist, kaum zu athmen vermag. Es ist eines der tödtlichsten, narkotischen Gifte. 5 Tropfen auf die Zunge eines Hundes gebracht, bewirken, nach Orfila's Beobachtung alsbald Schwindel, heftiges Zittern der Glieder, keuchendes Athmen und unter convulsivischen Bewegungen nach 6 Minuten den Tod. 12 Tropfen tödteten einen andern Hund schon nach 2 Minuten. Berüchtigt ist dieses Gift durch den von dem belgischen Grafen Bocarmé an seinem Schwager Fougnis verübten Mord.

Der Gehalt der frischen Tabacksblätter an diesem Alkaloïde schwankt, nach den Bestimmungen von Schlösing, zwischen 2—8% der getrockneten Blätter. Es findet sich in den Blättern nicht frei, sondern gebunden an Aepfelsäure und Citronensäure.

Es möchte scheinen, als ob der Werth und die Güte des Tabacks mit seinem Reichthum an Nicotin steige. Dies ist jedoch nicht der Fall. Der berühmte Havannatabak enthält unter allen Sorten die geringste Nicotinmenge. Dagegen scheint die Qualität des Tabacks, ähnlich wie die des Weines, des Caffe's und Thee's, proportional gewissen ätherischen Oelen zu sein, die sich während der Präparation des Tabacks bilden und bei dessen Verbrennung entweder umgesetzt oder gespalten in aromatische, brenzliche Producte, in den Mund des Rauchers gelangen. Ein anderer Beweis, daß der Nicotinreichthum zwar die Schärfe, aber nicht die Feinheit des Tabacks bedinge, ist in der bekannten Thatsache zu finden, daß Tabacksblätter und Cigarren, je länger aufbewahrt, um so werthvoller werden. Aber grade beim Ablagern verdampft das Nicotin allmählig immer mehr aus dem Taback und an seine Stelle treten jene metamorphosirten Bestandtheile, die beim Verbrennen das Aroma und den Wohlgeschmack erhöhen. Endlich läuft auch das ganze Wesen der Tabacksbereitung auf die Verminderung des ursprünglichen Nicotingehaltes und die Entwickelung und Vermehrung des Aroma's hinaus. Nach Schlösing gehen bei den Bereitungsprozessen des Rauchtabacks aus frischen Blättern $1/3 — 1/2$ des ursprünglichen Nicotingehaltes verloren; bei der Schnupftabacksbereitung noch mehr.

Unter den werthgebenden Rauchbestandtheilen fand Zeise, neben Nicotin, ein eigenthümliches brenzliches Oel, ein brenzliches Harz, Ammoniak, Paraffin, Kohlenwasserstoffgase, etwas Essigsäure und ziemlich viel Buttersäure.

Vogel fand außerdem noch darin constant etwas Schwefelwasserstoffgas und Blausäuregas. Aus dem Dampfe von 4 Cigarren, die zusammen 18,8 Gramm wogen, gewann er 28 Milligramm Berlinerblau, ein Beweis, daß der Tabacksrauch sehr deutliche Mengen der giftigen Blausäure enthält. Ferner bekam er aus dem Dampfe einer Cigarre (à 5 Gramm) je nach deren Güte 0,036 bis 0,143 Gramm Ammoniak. In einem andern Versuche, wo er 10 Tabackssorten untersuchte, ergab sich im Rauche ein Gehalt an Ammoniak von 0,066 bis 1,075 per 100 Taback. Je mehr Asche in einem Taback war, desto mehr Ammoniak erhielt er daraus und desto geringer war durchschnittlich seine Qualität und sein Handelswerth.

Diese Relation wird indessen durch nachstehende Analyse Stark's nicht völlig bestätigt.

Sorte.	Preis per mille. Florin.	Wasser. %	Asche. %	Ammoniak. N H$_4$ O %	Schwefel als $_3$H im Tabackrauche. %
Havanna-Cigarre . . .	70	9.25	19.88	0.890	0.0558
dito . . .	60	10.73	20.56	1.154	0.0742
Bremer Cigarre . . .	50	9.70	23.01	0.700	0.0759
Brasilische Cigarre . . .	24	9.57	19.00	1.112	0.0573
Java-Cigarre	18	9.50	18.53	0.693	0.0783
Pfälzer Cigarre . . .	9	10.29	24.49	0.575	0.0564

Eine Eigenschaft des Tabacks, welche seinen Werth hauptsächlich mit bedingt, ist die Verbrennlichkeit desselben. Schlösing hat hierüber jüngst

Unterſuchungen angeſtellt, welche zunächſt die frühere Meinung aufheben, daß die Verbrennlichkeit mit dem Salpetergehalte des Tabacks ſteige und falle. Sie iſt vielmehr proportional dem Gehalte des Tabacks an organiſchen Kali-ſalzen (Verbindungen des Kali's mit Aepfelſäure, Citronenſäure, Oxalſäure, Pectinſäure ꝛc.), weil letztere beim Verbrennen eine voluminöſe Kohle bilden, welche das einmal empfangene Feuer beſſer und länger unterhalten, als dichtere Kohlen. Letztere werden aber geliefert durch Tabacke, die anſtatt des Kali's deſto mehr Kalk- und Magneſiaſalze beſitzen oder, was ebenſo ſchlimm iſt, deren Kali an Salzſäure oder Schwefelſäure gebunden iſt. Man kann aus einer Tabackaſche, die reich an Sulfaten und Chloriden war, zurück-ſchließen, daß ſie von einem ſchlechten und ſchwer verbrennlichen Taback her-rührt; war ſie aber reich an kohlenſaurem Kali, deſto vorzüglicher mußte der Taback geweſen ſein. Durch Düngungen, reich an Pottaſche und wobei zugleich ſchwefelſaure Alkalien und Chloralkalien möglichſt ausgeſchloſſen blei-ben, läßt ſich, bei der Empfindlichkeit der Tabackspflanze gegenüber ihren Ernährungsverhältniſſen, deren Qualität erheblich beſſern.

Ein verbrennender Taback gibt überhaupt um ſo feinere, wohlriechen-bere Producte, je vollkommener deſſen Verbrennung iſt; er gibt um ſo ſchwerere brenzliche Producte, je gehinderter der Sauerſtoff zutritt. Nun iſt bei einer Pfeife der Zutritt der Luft in etwas beſchränkt, wenigſtens kann der Taback darin nicht ſo gut verbrennen als in Form einer Cigarre, deren Rauch weit angenehmer buftet. Bei der ſtetig wachſenden Neigung zu immer feineren Genüſſen kann es uns ſonach nicht wundern, daß in den wohlhabenden Claſſen der Geſellſchaft die Cigarre allmählig die unreinliche Pfeife verdrängt hat.

Auch die Feuchtigkeit des Tabacks iſt von Einfluß auf deſſen Wohl-geſchmack. Wir haben hierbei nur die allen organiſchen Verbindungen und beſonders dem Nicotin zukommenden Eigenſchaften zu würdigen, wonach deren Zerſetzung durch Vermiſchung mit andern flüchtigen Körpern bedeutend ver-hindert wird. Entwickelt ein feuchter Taback viel Waſſer, ſo verhindert der Waſſerdampf die Zerſtörung des Nicotins durch das Feuer; das Nicotin tritt daher maſſenhafter aus dem Taback in den Mund des Rauchers. Die in trocknem Taback ſich bildenden Waſſerdämpfe ſind allein nicht hinreichend, das Nicotin ſo raſch von dem Heerde der Verbrennung wegzuführen, daß es dadurch vor der Zerſtörung geſchützt werden könnte. Deßhalb ſoll der zu rauchende Taback möglichſt trocken ſein und trocken aufbewahrt werden.*)

---

*) Abgelagerte Cigarren zeigten einen Waſſergehalt von 3,6—6%. Durch Lagern in feuchter Luft zogen ſie über 1/10 ihres Gewichtes an Waſſer an, welches dadurch bis auf 17% ſtieg. (Vogel.)

Nur durch übermäßigen Tabacksgebrauch abgestumpfte Raucher können behaupten, daß ihnen der Taback oder die Cigarre erst dann recht schmecke, wenn solche ziemlich feucht sind. Kräftiger schmecken die feuchten Tabacke aus erwähnten Gründen ohne Zweifel, und es ist uns deßhalb wohl erklärlich, warum vornehmlich die arme arbeitende Volksklasse, die von ihrer Pfeife mehr eine energische Wirkung, als einen feinen und angenehm erregenden Duft erwartet, besonders gern feuchte und dazu nicotinreiche, frische Tabacke aus kurzen Pfeifenstummeln raucht. Das wirkt und schmeckt ähnlich, wie das Endstück einer Cigarre, in der ebenfalls viel Wasser und Nicotin verdichtet sich findet. Die kurzen und langen Thonpfeifen, welcher die Holländer und Engländer sich bedienen, möchte man bei diesen, dem angenehmen Geschmacke überhaupt mit Sachkenntniß huldigenden Völkern am wenigsten vermuthen, wenn hier nicht eine gewisse Seemannsnatur ihre angeborenen Rechte verlangte. Zudem saugen diese Thonpfeifen, wenn sie noch nicht sehr gebraucht sind — und ein hohes Alter dürften sie selten erreichen — einen Theil des nicotinhaltigen Wassers auf, und in den Mund gelangen dann vorwiegend die feinen brenzlichen Rauchbestandtheile. Die Orientalen und Indier scheinen Meister im Rauchen zu sein, indem sie die genannten Uebelstände dadurch gründlich beseitigen, daß bei ihren Pfeifen der Rauch des langsam glimmenden Tabacks erst durch Wasser geht, wodurch derselbe von den scharfen Bestandtheilen gereinigt wird.

Den Ursprung des Tabacks kann man nur in Amerika suchen. Denn vor Entdeckung dieses Welttheiles wußte man vom Tabackrauchen nichts, und was von Uralters her die Völkerschaften Indiens und Chinas aus Pfeifen rauchten, war kein Taback, sondern andere Pflanzen, wie z. B. der Hanf, welcher noch heute dort geraucht wird.

Die Gefährten des Columbus, 1492 auf der amerikanischen Insel Guanahani landend, waren die ersten Europäer, die überhaupt das Tabackrauchen sahen und sich wunderten, wie die Eingeborenen das Tabackkraut, in einem Maisblatte eingewickelt, allgemein rauchten. Es fand sich später, daß, mit Ausnahme kleiner Districte, wo die Coca heimisch war, das ganze amerikanische Festland von der Hudsonsbay bis Patagonien, von den westindischen Antillen bis zu den Gestaden, die der stille Ocean begrenzt, dem Tabackgenusse ergeben war und ihn auch stellenweise kultivirte. Auf den Jagden und Raubzügen der Indianerstämme figurirte der Taback als das Einzige, was zur Aushaltung der Strapatzen und zur Betäubung des Hungers von vorn herein mitgenommen wurde. Nach Europa kam der erſte Tabacksſaamen im Jahre 1560 durch den franzöſiſchen Geſandten Jean Nicot.

In Summa werden jetzt auf Erden jährlichſt wohl 45 Millionen Centner Taback produzirt in einem Werthe von 300 Millionen Thaler. Europa allein verzehrt den kleinſten Theil davon, nämlich 3 Millionen Centner. Der deutſche Zollverein braucht 90 Millionen Pfund.

Angeſichts dieſes maſſenhaften Conſums und der bekannten Thatſache, daß mancher Tabackraucher lieber der Nahrung als dem geliebten Taback entſagt, daß bei manchem Arbeiter die Sorge um's tägliche Brod nicht größer iſt, als um ſeinen täglichen Taback, — hat die Frage nach der phyſiologiſchen Bedeutung dieſes Genußmittels gewiß ein hohes Intereſſe. Die Wiſſenſchaft kann uns heutzutage blos mit Vermuthungen antworten; ſie ſagt, der Tabackrauch übe einen beruhigenden Einfluß auf das Nervenſyſtem aus und paralyſire dadurch die wachſenden Einflüſſe des modernen productiven Lebens, welche den menſchlichen Geiſt in eine aufreibende Aufgeregtheit verſetzen. Er läßt uns Kummer und Sorge leichter überdauern, weil er das Gefühl des Wohlbehagens hervorbringt. Vielleicht aber auch, daß er das Bedürfniß nach Nahrung in nicht unweſentlichem Grade herabſtimmt und dadurch zu einem Sparmittel der Gewebe ſich erhebt. Bekannt iſt, wie ſehr eine vor Tiſch gerauchte Cigarre den quälenden Appetitt nach Speiſe dämpft.

„Unter den Wirkungen des Tabacks," — ſagt Artmann in einer vortrefflichen Abhandlung über die Alkaloyde, — „wäre ich auch geneigt eine periodiſche Deprimirung der Verſtandesthätigkeit zu rechnen. Daß dies bei den Türken der Fall iſt, dürfte bekannt ſein, aber auch bei uns Europäern wird er oft aus ähnlichen Gründen angewendet, indem er dazu dient, die Langeweile zu verſcheuchen, welche in der unbefriedigten oder gehinderten Geiſtesthätigkeit ihren Grund hat. Zwar hängt man während des Rauchens Gedanken nach, aber weniger mit Selbſtbewußtſein, ſo wie im Traume, woher es denn geſchieht, daß man zuweilen nicht anzugeben vermag, woran man gedacht hat. Hierbei geht das Maaß für die Zeitintervalle verloren, d. h. man langweilt ſich wohl, aber nur für jeden Moment beſonders, ohne das drückende Gefühl, daß man ſich ſchon gelangweilt habe." —

Bei dem wachſamen Auge, das die Phyſiologie in den letzten Dezennien auf das Völkerleben geheftet hält, um aus der vergleichenden Anſchauung der äußerlich oft ſo bunt ſich darſtellenden Lebensverhältniſſe das Material zu richtigen konkreten Folgerungen zu gewinnen, hat ſie eine Anzahl von Beobachtungen machen können, durch welche eigenthümliche und bei jedem Volke der Erde in anderer Form sich wiederholende Neigungen zu bestimmten Genüssen durch eine gemeinsame Ursache verkettet erscheinen. Und die Ursache, nach welcher das eine Volk den Hopfen, ein anderes das Opium, ein drittes den Hanf, wieder andere die Coca, den Stechapfel, den Fliegenschwamm, die Betelnuß, oder andere minder bekannte narkotische Stoffe in irgend einer Form genießen und lieb gewonnen haben, scheint der Hauptsache nach die nämliche zu sein, welche den Caffe, Thee und Tabak über den ganzen Erdkreis verbreitet hat.

Der indische Hanf, auch Haschisch genannt, ist ein Extract der Blüthen und Blätter von canabis india, der eingedampft und in Form von Latwergen und Pastillen unter Zusatz gewürzhafter Substanzen, die je nach den Ländern wechseln, genossen wird. Er wird in der ganzen asiatischen Türkei, Arabien, Persien, Indien, im Hottentottenlande und von den brasilianischen Eingeborenen, in Summa von mehr als 300 Millionen Menschen benutzt.

Er erzeugt tolle Heiterkeit und wollüstige Triebe. In stärkeren Gaben versetzt er den Genießenden in einen merkwürdigen Grad von Wildheit und Streitlust, der indeß häufig mit totaler Katalepsie endigt. Letztere unterbricht derart allen Stoffumsatz im Körper, daß es den Haschisch essenden Fakiren gelingt, mehrere Wochen lang, ohne alle Nahrung, einen tobtähnlichen Zustand zu zeigen, bei dem sie dem abergläubischen Volke gegenüber vorgeben, in Verkehr mit der Gottheit zu leben. Sie machen es also ähnlich, wie vor 2 Jahrtausenden die Priester des delphischen Orakels, die im Geheimen den narkotischen Saft des Stechapfels tranken, um sich in jenen Zustand der Verzückung zu setzen, der als etwas Uebernatürliches ihnen Glauben und Autorität verschaffte.

Das Opium ist der eingetrocknete Extract der Saamenkapsel des Mohn's. Der Extract wird entweder vermischt mit Getränken genossen — bei den mohammedanischen Völkern — oder eingetrocknet und in Pillenform geraucht, was in China das Uebliche ist. Die Opiumpillen des Rauchers sind Erbsen groß. Eine solche legt der Chinese in seine kleine metallene Pfeife, zündet sie an, athmet ein paar Züge auf einmal ein und läßt dann den Rauch durch die Nasenlöcher und Ohren wieder ausströmen. Er wiederholt dies ein paar Mal, bis er berauscht auf sein Lager hinsinkt und über die süßen Bilder, die seinen Geist umschweben, keine Empfindung mehr hat für die nächsten Sorgen des Lebens und die Nahrungsbedürfnisse seines Leibes. Dieser glückliche Sinnestaumel steigert sich langsam immer mehr, bis zur vollständigen Narkose. Es soll unbeschreiblich sein, mit welcher Gier die Opiumraucher an ihrem Genusse hängen und wie die darnach sich einstellende und fortschreitende Geistes- und Körperzerrüttung den Gewohnheitsraucher nur zu vermehrten Opiummengen treibt, weil die anfangs gebrauchte Dosis nicht mehr hinreicht, um das dumpfe Gefühl seines Elendes und seiner Verlorenheit gegen wollüstigen Taumel einzutauschen.

Die größere Masse des produzirten Opium dürfte wohl direct als Zusatz zu Getränken verzehrt werden. In dieser Form, mäßig gebraucht, soll es, wie Artmann erzählt, „den Menschen in Stand setzen, Mühen und Anstrengungen zu ertragen, unter denen er sonst erliegen würde. So verrichten die indischen Halcarras, welche Sänfte- und Botengänge thun, mit nichts anderm, als einem kleinen Stück Opium und einem Beutel Reis versehen, fast unglaubliche Reisen. Die tartarischen Couriere durchziehen mit wenigen Datteln, einem Laib Brod und Opium versehen die pfadlose Wüste und aus demselben Grunde führen die Reisenden in Klein-Asien regelmäßig Opium mit sich in Gestalt kleiner Kuchen mit der Aufschrift: „Mash Allah" (Gottes Gabe). Selbst die Pferde werden im Orient durch den Einfluß des Opiums bei Kräften erhalten. Der Cutchee-Reiter theilt seinen Opium-Vorrath mit dem ermüdeten Roß, welches, obwohl der Erschöpfung nahe, dadurch eine unglaubliche Anregung erhält." —

In der Production und dem Handel mit Opium steckt ein ungeheures Capital. Man bedenke nur, daß an seinem directen Verzehr sich etwa 350 Millionen Menschen betheiligen.

Die Betelnüsse. Die Blätter der Betelpflanze (Piper Betle L.) werden auf ihrer innern Seite mit Kalkmilch bestrichen und damit der Kern der Areca-Nuß (Areca Catechu L.) umwickelt, so daß fingerdicke Röllchen entstehen. Das Kauen dieser Betelröllchen ist eine alte ostindische Sitte und fast allen südasiatischen Völkerstämmen eigen. Jedes Haus hat für den ganzen Tag seine Betelnüsse präparirt und Alt und Jung, Weiber und Männer zehren davon. Bei der Arbeit und auf Reisen trägt der Eingeborene einen Beutel voll dieser Nüsse beständig bei sich. Außer einer schwachen und andauernden Aufheiterung soll das Betelkauen deprimirend auf die Hautausdünstung wirken, was nicht ohne Bedeutung sein kann unter der Hitze eines tropischen Himmels. Auch soll es die üblen Nachwirkungen einer Opiumschwelgerei beseitigen, ähnlich wie der Caffe jene der alkoholischen Getränke. Dem Betelkauen sind mindestens 100 Millionen Menschen ergeben.

Die Coca ist nur in Südamerika heimisch. Es sind die getrockneten und kugelförmig gedrehten Blätter des peruanischen Cocastrauches. Diese Cocakörner werden gleich dem Betel gekaut. Ihr Gebrauch muß uralt sein, denn als die Spanier Peru eroberten, bemerkten sie ihn allenthalben. Die

Eingeborenen priesen die Coca als ein Geschenk des Sonnengottes, welches den Hungrigen stillt, den Erschöpften stärkt und den Unglücklichen seinen Kummer vergessen läßt.

Der mit Coca hinlänglich versorgte Eingeborene fragt nicht viel nach Nahrung und Schlaf und entbehrt diese Bedürfnisse wirklich oft Tage lang; trotzdem soll es, den Erzählungen von Reisenden gemäß, erstaunlich sein, was diese Menschen für schwere Strapatzen und Arbeiten auszuhalten vermögen. Der Hang zum Cocagenusse beruht wohl auch auf dem angenehmen Rausche, den er erzeugt; man sieht wenigstens, wie der Indianer sich Tage lang in die Einsamkeit des Urwaldes zurückzieht, um ihn ungestört zu genießen. Und dabei findet man nirgendwo so viele alte Leute, wie unter diesen Indianern, ein Beweis, daß ihnen die Coca, bei mäßigem Genusse, nicht übel bekommt. Ein Uebermaaß von Genuß mag bei diesem scharfen Narkotikum jedoch bald zur thierischen Versunkenheit und zur töbtlichen Auszehrung führen. Die Zahl der Coca kauenden Amerikaner mag 10 Millionen betragen.

Der Fliegenschwamm Nordasiens bildet in den Getränken der dortigen Völker das ascetische Berauschungsmittel. Außer Wohlbeleibtheit und Liebesglück soll er nach dem Genusse eine Munterkeit erzeugen, die an Verrücktheit grenzt. Merkwürdig ist, daß die narkotischen Bestandtheile des Fliegenpilzes unverändert die Blutbahn passiren und in den Harn des Genießenden übergehen. Dies und die Seltenheit des Fliegenpilzes veranlaßt die Diener den Harn ihrer Herrn zu saufen. Dadurch kann eine Gesellschaft kamtschabalischer Zecher mit einem einzigen Fliegenpilze mehrere Tage lang ihren Taumel unterhalten.

Humboldt erzählt von seinen Reisen in die Aequinoctial-Gegenden Amerika's: „Die Otomaken (Erdesser) sind ein unruhiges, von wilden Leidenschaften beherrschtes Volk. Sie fröhnen nicht allein dem übermäßigen Genusse des Palmweines und der aus Mais und Manniok gegohrenen Getränke, sondern sie versetzen sich auch durch den Gebrauch des Niopopulvers in einen eigenthümlichen Zustand von Trunkenheit, man könnte sagen von Wahnsinn. Das Niopopulver wird bereitet aus den langen Hülsen der Acacia-Niopo, einer Pflanze aus den Mimosen-Familien. Es wird auf einen kleinen Teller ausgestreut und von den Otomaken mit der Nase durch einen gabelförmigen Vogelknochen eingezogen, dessen zwei Endstücke den Nasenlöchern zugekehrt sind. Das Knochenstück, welches dem Otomaken für diese Art Tabackschnupfens unentbehrlich dünkt, hat 7 Zoll Länge; es schien der Fußknochen eines großen Strandläufers zu sein.“

„Eine ähnliche Sitte herrscht bei den Eingeborenen am Ober-Maranon. Die Omaguas gebrauchen die gleichen Teller und die nämlichen Vogelknochen, um ihr Corupa-Pulver durch die Nasenlöcher einzuziehen.“

„Der ächte Taback wird seit undenklicher Zeit unter allen eingeborenen Völkern am Orinoko gebaut; auch wurde die Sitte des Rauchens in beiden Amerika's überall angetroffen. Die Tamanaken und die Maypuren von Guiana wickeln die Cigarren in Mais, wie dies schon die Mexikaner zur Zeit, als Cortez bei ihnen eintraf, gethan haben. Aus Nachahmung bedienten sich die Spanier statt der Maisblätter des Papiers. Die armen Indianer der Wälder vom Orinoko wissen so gut, wie die vornehmen Herren am Hofe Montazuma's, daß der Tabacksrauch ein treffliches Narkotikum ist; sie gebrauchen ihn nicht nur zum Schlaf der Siesta, sondern auch, um sich in einen Zustand von Gefühlstödtung zu versetzen, den sie mit „offenen Augen träumen" nennen."

Indem der West-Europäer Caffe, Thee, Taback und massenhaft den narkotischen Hopfenextract (im Biere) genießt, hat er wenig Grund, selbstgefällig zu lächeln über die eben beschriebenen Gewohnheiten, denen andere Völker Millionenweise ergeben sind. Denn sein Vorrang besteht nur darin, daß er milder wirkende Genußmittel sich zu eigen gemacht. Es scheint, daß die bessere und geregeltere Ernährung und namentlich sein starker Fleischgenuß ihn vornehmlich von jenen starken, das Nervenleben schließlich zerrüttenden Narkotika's bewahrt hat, welche dem pflanzenessenden Hindu und armen Indianer zum Bedürfnisse geworden.

14. Vortrag.

Diätetik.

„Sage mir, was Du issest, und ich will Dir sagen, wer Du bist!" — Ob Du gesund bist oder krank, kraftvoll oder schwächlich, muthig oder feige, sanftmüthig oder heftig und wild, ob Du fähig bist, große Probleme zu lösen, ein weit liegendes Ziel trotz ernster Hindernisse zu erreichen, oder zu denjenigen gehörst, die Selbstverzagen überfällt bei jeder Widerwärtigkeit, ob Du zu geistiger Arbeit tauglich bist oder blos zu körperlicher, ob Du bist Gelehrter, Handwerker oder Bauer, ein Mann der Cultur und Gesittung oder noch roh und uncivilisirt, wie ein Urmensch — Das Alles und noch Mehr kann ich Dir sagen, sobald ich haarklein Deine Diät kenne.

Wenn es uns auch heute, Angesichts des jugendlichen Standes der physiologischen Diätetik, mit dieser prahlerischen Anrede nicht ganz Ernst sein kann, so ist doch schon zu erkennen manches Wahre dahinter.

Da vergleiche man, um sofort ein schlagendes Beispiel für die große Bedeutung der Ernährungsweise zu haben, den Zustand des englischen Fabrikarbeiters mit dem eines irländischen Tagelöhners. Ersterer ist kräftig, musculös und gesund, ausdauernd in seiner schweren Arbeit, ausgestattet

Ueber den Caffe- und Theegenuß spricht sich Voit am Schlusse seiner bezüglichen Forschungen, folgendermaaßen aus:

„Man muß sich erinnern, wie sehr es auf den Zustand, in dem die Menschen sich eben befinden, ankommt, wie wir ein uns entgegengesetztes Hinderniß oder ein uns treffendes Ereigniß auffassen. Die gleiche Arbeit geht uns manchmal schwer, manchmal wieder leicht, wie wir grade aufgelegt sind; dies sogenannte Aufgelegtsein hängt vom Zustande unseres Nervensystem's ab. Es kann Stimmungen geben, in denen uns das Geringste verdrießt, worüber wir sonst lachen würden, oder was wir in anderer Lage ruhig an uns vorüber gehen ließen; wir fühlen uns gewiß glücklicher in letzteren Fällen, als in ersteren. Das Gefühl des Hungers kommt von irgend einer Veränderung in unsern Nerven her; es wird der übrige Körper durch das Hungern wohl schwach, der Schmerz dabei wird aber durch die Nerven vermittelt, und während der Körper an und für sich vermöge des Bestandes seiner Materie noch länger fortvegetiren könnte, ist das Hungergefühl schon zum qualvollsten und unerträglichsten geworden. Ein Irrer oder Kranker kann 2—3 Wochen leben, ohne Nahrung zu sich zu nehmen und ohne Hunger zu fühlen; ein Gesunder würde wahnsinnig vor Hunger geworden sein. Wir sind also in unsern Freuden und Leiden außerordentlich von der Stimmung unserer Nerven abhängig und auf diese sind Genußmittel, wie Caffe, Thee, Tabak, Alkohol, Opium ꝛc. von Einfluß; wegen dieses Einflusses werden diese Genußmittel gebraucht."

„Der Caffe bewirkt, daß wir unangenehme Zustände weniger empfinden oder uns darüber leichter hinwegsetzen und daß wir befähigter werden, Schwierigkeiten zu überwinden; er wird somit für den prassenden Reichen zum Mittel, die Arbeit des Darmes nach der Mahlzeit weniger fühlbar zu machen und die tödtliche Langeweile zu vertreiben, für den Gelehrten, ihn bei anhaltenden Studien wach und frisch zu erhalten, für den Arbeiter, die Mühen des Tages mit leichterm Sinne zu ertragen."

Moleschott sagt darüber:

„Der Thee äußert seinen anregenden Einfluß auf das Nervensystem, zumal auf das Gehirn, in einer in Deutschland sehr bekannten Weise, indem er wach erhält. Nach Tiedemann erhöht er die sensorielle Thätigkeit; nach meiner Erfahrung wird die Kraft, erhaltene Eindrücke zu verarbeiten, durch den Genuß von Thee gesteigert; man wird zu sinnigem Nachdenken gestimmt und, trotz einer größeren Lebhaftigkeit der Denkbewegungen, läßt sich die Aufmerksamkeit leichter von einem bestimmten Gegenstande fesseln. Es findet sich ein Gefühl von Wohlbehagen und Munterkeit ein, und alle productive Thätigkeit des Gehirns gewinnt einen Schwung, der bei der größeren

Sammlung und der bestimmter begrenzten Aufmerksamkeit nicht leicht in Gedankenjagd entartet. Wenn sich gebildete Menschen beim Thee versammeln, so führen sie gewöhnlich geregelte, geordnete Gespräche, die einen Gegenstand tiefer zu ergründen suchen und welchen die heitere Stimmung, die der Thee herbeiführt, leichter als sonst zu einem gedeihlichen Ziele verhilft."

„Während der Thee vorzugsweise die Urtheilskraft erweckt und dieser Thätigkeit ein Gefühl von Heiterkeit zugesellt, wirkt der Caffe zwar auch auf das Denkvermögen erregend, jedoch nicht, ohne auch der Einbildungskraft eine viel größere Lebhaftigkeit zu ertheilen. Die Empfänglichkeit für Sinnes- eindrücke wird durch den Caffe erhöht, daher einerseits die Beobachtung ge- steigert, auf der andern Seite aber auch die Urtheilskraft geschärft und die belebte Phantasie läßt sinnliche Wahrnehmungen durch Schlußfolgerungen rascher bestimmte Gestalten annehmen. Es entsteht ein gewisser Drang zur Productivität, ein Treiben der Gedanken und Vorstellungen, eine Beweglichkeit und eine Gluth in den Wünschen und Idealen, welche mehr der Gestaltung bereits durchdachter Ideen, als der ruhigen Prüfung neu entstandener Ge- danken günstig ist. Auch durch den Caffe wird der Schlaf verscheucht. Der übermäßige Genuß hat deßhalb Schlaflosigkeit und einen rauschartigen Zu- stand von Aufregung zur Folge, in welchem Bilder, Gedanken, Wünsche entweder hastig durcheinander jagen oder zum Hintergrunde einer tiefen, un- bestimmten Sehnsucht werden. Während der caffetrinkende Araber in schwärmerische Träumereien versunken, lange Nächte durchwacht, ist für nordische Theeabende ein Abspinnen scharfer Gedanken characteristisch ge- worden."

„Welche stoffliche Veränderung Caffe und Thee im Gehirn hervor- rufen, ist bisher nicht bekannt. Nur das ist offenbar, daß das wahlver- wandtschaftliche Bedürfniß der Menschheit nach Caffe und Thee um so un- abweisbarer und allgemeiner geworden ist, je größer die geistigen Anforder- ungen wurden, welche die Entwickelung der Zeit an das ganze Geschlecht zu stellen hat. Will man diese Wahlverwandtschaft als Instinct bezeichnen, so wird damit ganz richtig ausgedrückt, daß sich der Einzelne ihrer Gründe nicht bewußt ist. Allein ich glaube nicht, daß man die Macht des Bedürf- nisses verkleinert hat, als man zu beweisen versuchte, daß der Instinct, der zum Genuß von reizenden Getränken treibt, nicht angeboren, sondern er- worben sei. Auch der Instinct des Menschen ist eine ewig im Werden be- griffene Größe, die aber in jedem einzelnen Augenblick der Geschichte die ganze Geltung hat, welche sie der Tragweite ihrer Ursachen verdankt. Der Instinct verewigt sich, wenn es dem denkenden Forscher gelingt, ihn auf vernünftige Gründe zurück zu führen; er wird allmählig überwunden, wenn

„So lange die Javanesen hauptsächlich von Reis, die Neger auf Surinam von Bananenmehl leben, werden sie den Holländern unterworfen sein. Es ist nicht zu leugnen, die Ueberlegenheit von Engländern und Holländern, gegenüber den Eingeborenen ihrer Colonien, ist zunächst eine Ueberlegenheit des Hirns, aber diese ruht auf der Ueberlegenheit des Blutes, wie das Blut von der Nahrung abhängt. Man vergleiche nur den sanftmüthigen Otaheitier, der von Früchten lebt, mit der Wildheit der Neuseeländer, die das Blut ihrer Feinde saufen." (Moleschott.)

Die Nahrung entwickelt oder verkümmert: sie begrenzt die körperlichen Fähigkeiten. Auch die geistigen stehen unter ihrer Herrschaft. Wenn wir alltäglich zu beobachten Gelegenheit haben, wie der Wein des Menschen Herz erfreut und erhebt, wie ein Glas Branntwein den armen Arbeiter das Drückende seiner Lage vergessen macht, wie eine gute Tasse Caffe die Einbildungskraft erregt, mit dem Thee dagegen die ruhige Beschaulichkeit in uns einkehrt, wie bei hungrigen Magen die Denkkraft merklich erlahmt und Gemüthlichkeit und Wohlwollen erst mit dem Gefühl der Sättigung wiederkehren, wie gewisse Gewürze und Speisen (Eier, Vanille) den leidenschaftlichsten aller sinnlichen Triebe aufreizen: — da müssen wir eingestehen, daß wirklich der Stoff eine große Herrschaft über den Menschen ausübt, eine Herrschaft nolens volens, die vielleicht mächtiger ist, als die Normen der gesellschaftlichen Convenienz und des sittlichen Bewußtseins. —

Payen berechnet in seinen „Substances alimentaires" die Menge der thierischen Producte, die in Frankreich jährlich zum Verzehren kommen, und findet, daß auf den Kopf der Bevölkerung täglich das Aequivalent von 76.7 Gramm Fleisch fällt. Mit Recht erachtet er diese Quantität für viel zu gering, um die Ernährung des französischen Volkes als eine vollkommene bezeichnen zu können. Das Mittel zur Abhülfe sieht er in einer starken Vermehrung der Thierproduction, welche er für Frankreich eindringlich empfiehlt. In Deutschland werden ungefähr 100 Gramm, in England dagegen 250 Gramm Thierproducte von jedem Individuum der Bevölkerung täglich verzehrt. Die Ernährung der Engländer ist daher weit besser, als die des französischen und deutschen Volkes. In keinem Lande ist aber auch die Thierproduction so in Flor, wie in England.*) Mit den immer höher stei-

---

*) Das Journal of the Royal Agricultural Society of England theilt im VIII. Bande mit, daß, außer den einheimischen Oelsamen-Abfällen, in jedem der letzten 4 Jahre durchschnittlich noch für 12 Millionen Thaler fremde Lein- und Rapskuchen zur Viehmast in England verwendet worden sind.

genden Anforderungen, welche jedweder Fortschritt, mag er industrieller, socialer oder politischer Art sein, an das Productivvermögen des Individuums und des Gesammtlebens stellt, wird auch in unserm Deutschland immer mehr Fleisch begehrt und verzehrt werden, und für den deutschen Landwirth ist die Zeit in raschem Nahen begriffen, wo er doppelt so viel thierische Producte erzeugen und dem Markte liefern muß. Die Viehzucht hat in Deutschland noch eine Zukunft, die so sicher ist, wie überhaupt des deutschen Volkes Fortschritt. Die Thierproduction wird an Bedeutsamkeit der Kornproduction gleich kommen; letztere wird bedeutend abnehmen, dagegen werden Futterbau und Viehzucht gewinnen. Ich zweifle nicht, daß in Zukunft diejenigen Landwirthschaften, welche ihr Hauptziel in der Fleischproduction sehen, besser rentiren, als die, welche an dem heutigen excessiven Kornbau festhalten.

Man kann grade nicht sagen, daß j e d e r Magen in Frankreich täglich 76.7 Gramm Fleisch bekommt, indem die Städtebewohner 2—3 mal so viel, die französischen Landbauern dagegen dessen um so weniger verzehren. Vielleicht blos 30—40 Gramm wird man vermuthen, wenn man bedenkt, daß an dem ganzen Fleischconsum Frankreichs die Pariser Bevölkerung sich mit 258 Gramm per Person und Tag betheiligt. Von 500.000 Ochsen die jährlich in Frankreich geschlachtet werden, fallen allein auf Paris 140,000 Stück, oder 28%, während die Pariser Bevölkerung nur 3% derjenigen des ganzen Landes beträgt. Und dazu nun noch die großen Provinzialstädte, die, wenn auch einen etwas geringeren, doch immerhin einen Fleischconsum bis zu 260 Gramm per Person haben werden: wie wenig bleibt dann zur Ernährung der Bauern übrig! — So wenig gewiß, daß er die zehnfache Menge genießen könnte! — Anstatt dessen nun verzehrt er größtentheils vegetabilische Nahrung und sucht in der großen Masse derselben diejenigen Nährstoffe, welche das Fleisch dem Städtebewohner in kleinerem Volum darbietet. Wenn er nur bei der Wahl seiner vegetabilischen Nahrung die an plastischen Nährstoffen so reichen Hülsenfrüchte gehörig berücksichtigte, so ging es allenfalls mit seiner Diät. Aber das thut er leider nicht, er ißt gewöhnlich weniger gehaltreiche Vegetabilien, und darin einen abnormen Ueberschuß von Kohlenhydraten und Fett. Das Volum seiner Nahrung wäre nicht durch den Magen zu bewältigen, wenn ihm seine Beschäftigung nicht mit tüchtiger Bewegung und frischer Luft zu Hülfe käme.

Diese offenbaren Mängel der Ernährung des französischen Bauers finden sich genau wieder bei seinem deutschen Collegen. Auch seine Ernährung ist eine schlechte, wenn er auch selbst meint, er lebe gut und wünsche es nicht besser. Das muß anders werden, wenn ihm daran gelegen ist, das beneidete Uebergewicht der Städte über das Land zu brechen, und Gleichgewicht zu schaffen da, wo jetzt der Stadtbewohner ihn an Sitte, Intelligenz, Thatkraft, an socialem und politischem Einflusse und an Genüssen aller Art übertrifft. So indessen, wo er fortfährt seine Ochsen, anstatt selbst zum Theil zu verzehren, den Stadtbewohnern zu übermachen, da bleibt die Stadt nicht blos figürlich, sondern auch wirklich der Kopf und die Seele des Staates; er dagegen bleibt „der dumme Bauer."

„„Das mag Alles richtig und gut sein,"" hören wir den Bauer entgegnen, „„wie können wir aber das theure Fleisch essen? wovon sollten wir bezahlen, wenn wir nicht all' unsere marktfähigen Ochsen und Rinder verkauften?"" — Darauf antwortet der Physiologe: Wenn Du 1 Pfd. gutes Fleisch issest, so erlangst Du die Fähigkeit, wenigstens 3 Pfd. desselben zu verdienen; issest Du aber 5 Pfd. Kartoffeln, so wirst Du kaum im Stande sein, die verzehrte Kartoffelmenge wieder zu verdienen. Dein Vortheil liegt also auf Seiten des Fleischgenusses, indem dieser Dir sowohl einen Ueberschuß an Kraft zur Arbeit gewährt, als auch Dich zu einem gesunden in jeder Hinsicht brauchbaren Menschen macht, wie es Kartoffeln, Gemüse und Speck nie zu Wege bringen können. Freilich muß ich hier zugeben, daß der Stickstoff im Rindfleisch recht kostspielig ist, obwohl keineswegs so kostspielig, wie der im Schweinefleisch; indessen stehen Dir nicht bei der Unerreichbarkeit des ersteren die Hülsenfrüchte zur Disposition, die unter allen bekannten Nährmitteln den billigsten Stickstoff führen.*) Benutze also für's Erste diesen billigen Stickstoff auf's rationellste, und nach wenigen Jahren wirst Du gewiß in der Lage sein, auch den theurern des Fleisches bezahlen zu können! —

Die vornehmste Quelle von dem vielerlei Elend, welches nach Krank-

---

*) Beträgt der mittlere Marktpreis von 100 Pfund: / dann kostet je 1 Pfund Stickstoff:

Hülsenfrüchte	70 Sgr.	18 Sgr.
Geschälter Hafer	75 „	33 „
Schwarzbrod	65 „	47 „
Rüben	7½ „	47 „
Geschälte Gerste	90 „	56 „
Kuhmilch	44 „	65 „
Kartoffeln	25 „	66 „
Reis	80 „	74 „
Weißbrod	85 „	80 „
Käse	450 „	90 „
Rindfleisch	400 „	130 „
Speck	550 „	490 „

heiten und darauf folgender Hinfälligkeit auftritt, ist die qualitive Unzulänglichkeit der Nahrung. Ein schlecht ernährter Mensch unterliegt manchen
ungünstigen Einflüssen, denen der vollkommen ernährte trotzt. „Während
die Arbeiter in den Schmieden des Departements Tarn," so erzählt Moleschott, „mit Pflanzenkost ernährt wurden, verloren sie durchschnittlich 15
Tage des Jahres durch Hunger und Krankheit. Als im Jahre 1833 durch
Talabot Fleisch als ein wesentlicher Theil der Nahrung eingeführt wurde,
verbesserte sich der Gesundheitszustand in dem Grade, daß jeder Arbeiter,
statt fünfzehn, im Durchschnitt nur noch 3 Tage im Jahre für die Arbeit
verlor. Jeder Arbeiter gewann demnach 12 Tage im Jahre, was für
Millionen Arbeiter einen unermeßlichen Gewinn herausstellt." In dem un-
civilisirten Rußland stirbt jährlich e i n e r unter 25 Menschen, in England
e i n e r unter 46. Die Sterblichkeit der irischen Bevölkerung ist ebenfalls
um die Hälfte größer, als die von Alt-England. Von Kindern in den ersten
Lebensjahren sterben in den wohlhabenden Quartieren von Paris 32 %, in
den armen Stadtvierteln 59 %.

„Es gehört," sagt der berühmte Chemiker K n a p p, unter die größten
Uebel der Civilisation, die den Menschen so häufig einem naturgemäßen Leben
entrückt, daß sie ihn durch falsche Anschauung, durch Mangel und Armuth
theils verführt, theils zwingt, die Stimme des Instinktes zu überhören und
einer Lebens- (Ernährungs-) Weise zu folgen, bei welcher die volle Ausübung seiner körperlichen und mithin auch geistigen Verrichtungen, d. h.
Gesundheit, nicht mehr möglich ist. Unglücklicher Weise erscheinen die, aus
einer unrichtigen Ernährungsart entspringenden üblen Folgen für die Gesundheit in der Regel langsam, allmählig, schleichend, und werden darum
so häufig verkannt."

„Jedenfalls muß man gestehen, daß die Lebensweise der Aermeren
durch die Armseligkeit ihres ganzen Zustandes mit Gewalt auf einen unnatürlichen Standpunkt geschoben ist; das kann seine Nachtheile in drei Richtungen offenbaren: sie kann zu mangelhafter Körperkraft und Gesundheit
führen, dies ist nicht das Vorstehendste; oder zu vermehrter Sterblichkeit und
kürzerer Lebensdauer, worüber die Statistik zur Auskunft verpflichtet ist; oder
endlich zu Mangel an geistiger Energie, zu einer Art stupider Schlaffheit
und Theilnahmlosigkeit für Alles, was die nächsten thierischen Interessen
übersteigt, wohl die gewöhnlichste Folge."

„Die Ansprüche mehrerer erleuchteter Männer, welche sich neuerdings
öffentlich dafür ausgesprochen haben, daß es endlich an der Zeit sei, dem
Arzte denjenigen größeren Einfluß auf die Volksbildung und Staats-Ver-
waltung einzuräumen, der ihm von Natur und bei den schweren Folgen zu-

kommt, welche die Art der Besteurung, Octroi, Bauplan der Städte ꝛc. und der Sanitätspolizei auf die Lebensweise und Ernährung des Volks, also auf die öffentliche Gesundheit ausübt — welche darauf hinarbeiten, dem Arzt zu seinem wahren und schöneren Berufe zu verhelfen, dem Berufe, die Veranlassung von Krankheiten aufzusuchen, zur Kenntniß zu bringen und nach Kräften zu verhindern, und dadurch ein öffentliches Organ zu werden, welches bestrebt ist, die Gesundheit zu erhalten, statt die Störungen und Krankheiten, die er müßig hereinbrechen läßt, erst hintennach mit zweideutigen Kräften zu bekämpfen — solche Männer finden in jenen Punkten eine massive Stütze. Sie verdienen um so mehr Beachtung, als die Physiologie bewiesen hat, daß Störungen in der Gesundheit, durch unrichtige Ernährung herbeigeführt, selbst durch die beste Diät nicht mehr gehoben werden können, wenn sie bis zu einem gewissen, ziemlich frühen Stadium gediehen sind."

Es fragt sich nun, wie denn eigentlich ein Mensch ernährt werden soll? Wie viel Nährstoffe muß er täglich einnehmen, um nach physiologischen Begriffen als vollkommen und normal ernährt zu gelten? —

Wenn ich einen prüfenden Blick auf die Ernährungsverhältnisse werfe, wie sie im Leben durchschnittlich anzutreffen sind, und aus zahlreichen Beispielen den chemischen Bestand der ganzen täglichen Nahrung berechne, so glaube ich nur diejenige Ration als normal bezeichnen zu dürfen, welche in ihrem Gehalte an den wesentlichsten Nährstoffen den Zahlen der folgenden Aufstellung entspricht:

Täglicher Bedarf eines Mannes	Protein-stoffe.	Der	Stickstoff.	Stärke, Zucker und Dextrin.	Fett.	Die sämmtlichen stickstofflosen Nährstoffe sind aequivalent Kohlenstoff.
	Pfd.		Pfd.	Pfd.	Pfd.	Pfd.
bei mäßiger Arbeit . .	¼		0.040	1	1/10	0.51
bei schwerer Arbeit . .	⅓		0.053	1¹/₁₀	⅙	0.63
Oder						
	Gramm.		Gramm.	Gramm.	Gramm.	Gramm.
bei mäßiger Arbeit . .	125		20	500	50	258
bei schwerer Arbeit . .	167		26.5	550	83.5	316

Weßhalb wir hierbei die sämmtlichen stickstofflosen Nährstoffe in Kohlenstoff umgerechnet, geschah blos, um für ihren respiratorischen Werth eine einzige Zahl zu bekommen, mit welcher sich in der Praxis einfacher rechnen läßt. Diese eine Zahl soll uns aber durchaus nicht gleichgültig dagegen machen, ob der Kohlenstoff in Form von Stärke, oder Zucker, oder Fett, oder Alkohol in einer Ration gegeben wird. Ich erinnere dieserhalb nochmals an die früher bereits besprochenen, besonderen physiologischen Eigenschaften, welche jeder dieser organischen Körper für sich behauptet, und finde es selbstverständlich, daß Jemand, der jenes Kohlenstoffaequivalent zu einer strengen und tabellosen Ration berechnen und benutzen will, seine physiologische Einsicht drüber walten lassen muß.

Bei der Berechnung des Kohlenstoffaequivalents haben wir die auf Seite 235 gefundene Gleichung zu Grunde gelegt:

$$1 \text{ Fett} = 2.5 \text{ Stärke} = 3 \text{ Traubenzucker} = 2.8 \text{ Alkohol (von 50\%)} = 1.1 \text{ Kohlenstoff.*)}$$

Wollen wir nun obige Rations-Normen auf die Praxis übertragen, so fehlt uns noch eine Nahrungsscale, welche angibt, wie viel Proteïn, Zucker, Fett rc. die wichtigsten Nahrungsmittel des Menschen enthalten.

Deßhalb haben wir in Folgendem eine solche zusammengestellt und zweckentsprechend berechnet.

---

*) Zur Verbrennung von 1 Theile Fett sind 2.92 Theile Sauerstoff nöthig. Letztere entsprechen aber 4.01 Kohlensäure oder 1.1 Kohlenstoff.

Nahrungs-Scala für die Ernährung des Menschen.

Procentische Zusammensetzung.	Proteïnstoffe oder Eiweißstoff.	Stärke, Zucker und Pectin.	Fett.	Die sämmtlichen stickstofflosen Nährstoffe sind aequivalent Kohlenstoff.
Kuhmilch	4.0	0.64	4.6	3.0	4.99
Sauermilch	4.0	0.64	4.7	0.7	2.49
Weizenmehl, gebeutelt	11.0	1.77	70.9	1.6	32.56
Roggenmehl, gebeutelt	11.0	1.77	66.0	2.2	31.46
Geschälte Gerste	9.0	1.45	72.0	1.8	33.47
" Hafer	14.0	2.25	59.0	6.0	32.60
" Buchweizen	6.8	1.09	69.0	2.0	32.56
" Reis	7.2	1.15	75.0	0.9	33.99
" Hirse	10.0	1.61	60.0	8.0	35.20
Feines Weißbrod (frisch)	5.5	0.90	41.0	0.8	18.92
Brod von gebeuteltem Roggenmehle	5.5	0.90	39.0	0.9	18.15
Roggenschwarzbrod	7.8	1.26	45.0	1.4	21.34
Erbsen	23.0	3.71	49.0	3.0	24.46
Linsen	25.0	4.03	47.0	2.0	22.88
Weiße Bohnen	26.0	4.19	46.0	2.0	22.44
Grüne Gartenerbsen	6.0	0.97	10.0	0.4	4.11
Grüne Schneidebohnen	2.0	0.32	5.0	0.2	2.05
Kartoffeln	2.4	0.39	20.0	0.3	9.13
Mohrrüben	1.3	0.21	10.0	0.2	3.86
Weiße Rüben, ½ Pfd. schwer	1.0	0.16	7.0	0.1	2.68
Weißkohl	1.5	0.24	6.0	0.1	2.31
Sauerkraut	3.0	0.48	12.0	0.2	4.62
Blumenkohl	2.8	0.45	5.5	0.6	2.60
Spinat und Salat	2.4	0.39	6.0	0.3	2.58
Zwiebel	3.5	0.56	7.0	0.5	3.12
Pflaumen, getrocknet	3.3	0.53	45.0	0.9	17.49
Aepfel, frisch	0.3	0.05	11.0	—	4.08
Trauben, frisch	0.8	0.13	13.6	—	4.76
Bier	0.7	0.11	11.0	—	4.08
Wein	0.1	0.01	19.0	—	7.00
Branntwein von 50%	—	—	84.6	—	39.20
Butter	1.0	0.16	1.4	81.0	89.60
Schmalz	3.0	0.48	—	80.0	88.00
Speise-Oel	0.2	0.03	—	95.0	104.50
Raffinirter Zucker	—	—	99.0	—	42.0
Rahm	4.0	0.64	2.0	30.0	33.75
Holländischer Käse	30.0	4.80	—	20.0	22.00
Schweizer Käse	32.0	5.12	—	25.0	27.50
Eidotter	16.0	2.80	—	30.0	33.00
Blut	20.0	3.23	—	0.4	0.44
Knochenfreies Rindfleisch, mager	20.0	3.23	—	3.0	3.30
" " fett	16.0	2.58	—	14.0	15.40
Gepöckeltes Rindfleisch	27.0	4.35	—	7.0	7.70
Kalbfleisch	18.0	2.90	—	3.0	3.30
Hammelfleisch	13.0	2.10	—	18.0	19.80
Schinken, roh und geräuchert	18.0	2.90	—	16.0	17.60
Speck, gesalzen und geräuchert	9.0	1.45	—	70.0	77.00
Frischer Speck	4.0	0.64	—	33.0	36.30
Wildpret	21.0	3.39	—	1.0	1.10
Geflügel	20.0	3.23	—	2.5	2.75
Gänsefleisch	16.0	2.58	—	8.0	8.80
Rindsleber	35.0	5.64	—	3.0	3.30
Aal	12.0	1.93	—	23.0	25.30
Karpfen	21.0	4.39	—	1.0	1.10
Forelle	16.0	2.58	—	1.6	1.76
Hecht	20.0	3.23	—	0.6	0.66
Lachs	14.0	2.26	—	5.0	5.50
Stockfisch, gedörrt	31.0	5.00	—	1.0	1.10
Häringe	19.0	3.06	—	12.0	13.20
Sardellen	37.0	6.00	—	9.0	9.90
Austern	10.0	1.61	—	2.0	2.20
	Gramm	Gramm	Gramm	Gramm	Gramm
Zwei Hühnereier enthalten	13.8	2.22	—	12.4	13.64
Portion Caffe aus 16 Gramm Bohnen u. 80 Gr. Milch enthält	4.0	0.64	5.0	4.6	6.89

In welcher Weise nun diese Scala Anwendung im Leben findet, das wollen wir jetzt in einer Reihe von Beispielen zeigen.

Jemand hat zur täglichen Disposition:

> 600 Gramm Schwarzbrod, 900 Gr. Kartoffeln, 3 Portionen Milchcaffe, 30 Gr. Schmalz, 100 Gr. Branntwein;
>
> (500 Gramm = 1 Zollpfund.)

Kann er bei dieser Nahrung eine mäßige Arbeit verrichten? —

	Stickstoff	Kohlenstoff
	Gramm	
600 Gramm Brod	7.56*)	128.04**)
900 „ Kartoffeln	3.51†)	82.17††)
3 Portionen Caffe	1.92	20.67
30 Gramm Schmalz	0.15	26.40
100 „ Branntwein	—	39.20
Summa	13.14	296.48
Erfordert wird	20.0	250.0
Deficit	—6.9	+46.4

Die Antwort lautet Nein, indem diese Ration zwar hinreichend Kohlenstoff, aber fast 7 Gramm Stickstoff zu wenig führt. Wollte man das durch ein sehr stickstoffreiches Nährmittel decken, z. B. durch mageres Rindfleisch, so wären von selbigem erforderlich 216 Gramm (3.23 : 6.9 = 100 : x). Mit letzterem würde jedoch der Nahrungsmischung außerdem noch 7.1 Gramm (100 : 216 = 3.3 : x) Kohlenstoff zugeführt, was den Kohlenstoffgehalt der Ration, der ohnehin schon zu groß ist, auf 303.5 Gr. bringen würde. Wollte man diesen Ueberschuß meiden, so hätte von vorn herein die Nährmischung aus stickstoffreicheren Producten gebildet sein müssen: ein Theil der Kartoffeln, z. B., hätte durch Bohnen oder Hafergrütze oder Sauerkraut ersetzt sein sollen.

Ein Anderer hat täglich zur Disposition:

> 375 Gr. Weißbrod, 3 Portionen Milchcaffe, 600 Gr. Wein, 50 Gr. Butter, 550 Gr. Kartoffeln, 370 Gr. Kopfkohl, 90 Gr. Schinken, Pflaumenbrei von 120 Gr. Pflaumen und 150 Gr. Weizenmehl.

Kann er dabei mäßige Arbeit verrichten?

---

*) Berechnet nach dem Ansatze 100 : 600 = 1.26 : x.
**) „ „ „ „ 100 : 600 = 21.34 : x.
†) „ „ „ „ 100 : 900 = 0.39 : x.
††) „ „ „ „ 100 : 900 = 9.13 : x. u. s. w.

	Stickstoff	Kohlenstoff
	Gramm	
375 Gramm Weißbrod	8.37	70.87
3 Portionen Caffe	1.92	20.67
50 Gramm Butter	0.08	44.80
600 " Wein	0.06	42.00
550 " Kartoffeln	2.14	50.21
370 " Kopfkohl	0.88	8.54
90 " Schinken	2.61	15.84
120 " Pflaumen	2.63	20.98
150 " Weizenmehl	2.65	48.84
Summa	14.34	322.75
Erfordert wird	20	250
	—5.7	+72.7

Diese Nahrung, welche vielleicht Manchem auf den ersten Blick besser erscheint, als die vorhergehende, ist doch schlechter als dieselbe. Und zwar in so weit sie außer dem Stickstoffdefizit einen kaum zu verwerthenden Ueberschuß an Kohlenstoff bietet, welcher noch größer würde, wollte man den Stickstoffmangel durch Zusatz von Fleisch, Käse, Erbsen rc. ausgleichen. Solche Nahrung, anhaltend eingenommen, macht das Individuum arbeits-untüchtig; dazu ist sie kostspieliger als eine richtig zusammengesetzte, denn für die überschüssigen 73 Gramm Kohlenstoff hätte man bequem 5.7 Gr. Stickstoff kaufen können; sie ist ganz unökonomisch, weil sie trotz ihrer Kostspieligkeit, keinen rechten Nutzeffect abwirft.

Ein Dritter hat täglich zu verzehren:

300 Gramm Weißbrod, 3 Portionen Caffe, 30 Gr. Butter, 300 Gr. Kartoffeln, 150 Gr. Salat mit 15 Gr. Oel und 2 Eier; und möchte gern wissen, wie viel Kalbfleisch und Bier er dazu genießen müßte um productiv zu leben. Er wird zu dem Ende folgende Rechnung anstellen:

	Stickstoff	Kohlenstoff
	Gramm	
300 Gramm Weißbrod	2.70	56.76
3 Portionen Milchcaffe	1.92	20.67
30 Gramm Butter	0.05	26.88
300 " Kartoffeln	1.17	27.39
150 " Salat	0.58	3.79
15 " Baumöl	—	15.67
2 Eier	2.22	13.64
Summa	8.64	164.80
Erfordert wird	20	250
	—11.4	—85.2

Die fehlenden 11.4 Gramm Stickstoff sind geliefert in 393 Gramm Kalbfleisch. Mit letzterem gewinnt die Ration außerdem 12.97 Gramm Kohlenstoff, so daß noch 72 Gramm Kohlenstoff durch Bier zu decken wären. Hierzu sind nöthig 1800 Gramm Bier (circa 3 Seidel). Genießt er diese, dann ist seine Ernährung eine vollkommene.

Ein Bauersmann war sehr ermüdet, als er endlich das Wirthshaus erreichte, in welchem er seine letzten sechs Silbergroschen verzehren wollte. Es ist Nachmittags 3 Uhr; höchstens eine Stunde darf er sich zur Rast gönnen, weil er noch vor Abend pünktlich in der Stadt einzutreffen hat, die noch 5 Stunden weit entfernt liegt. Im Wirthshaus ist das Mittagsmahl längst vorbei. Er läßt sich daher vom Wirthe aufzählen, was er noch zu Essen gibt. „Ich kann Ihnen eine gute Portion Caffe machen," sagt der Wirth, „die kostet ohne Essen 1½ Sgr., mit Essen, das heißt, mit 2 Milchbrödchen, 8 Schnitten Schwarzbrod, ⅛ Pfund Butter und ein paar Klumpen Zucker kostet sie 6 Sgr. Auch habe ich guten holländischen Käse, das Pfund zu 5 Sgr., auch können Sie Eier, 6 Pfg. per Stück, haben so viel, wie Sie wollen." Der Bauer hat kaum von dem guten Caffe mit dem Weck und dem Zucker, der für ihn eine Seltenheit ist, gehört, als er sich für diesen entscheidet. Der Wirth beeilt sich, alles hübsch vor ihm aufzutischen; nichts von dem Versprochenen wird von ihm vergessen, auch der große Caffetopf nicht, der 1 Quart Wasser mit 1 Loth Bohnen (vielleicht Cichorie) enthält. Während nun der Bauer sich anschickt, seinen Magen genüglich zu befriedigen, tritt in die Wirthsstube ein anderer Fußreisender, dessen Aeußeres den Cultur-Menschen verräth. Er bestellt sofort dem Wirthe zu seiner Restauration: 1 Portion Milchcaffe, 2 Milchbrödchen, 4 weichgekochte Eier und ¼ Pfund holländischen Käse. Er erhält und verzehrt das Bestellte, gleich dem Bauer.

Da er den nämlichen Weg zu machen hat, so brachen zuletzt Beide gemeinschaftlich auf, nachdem ein Jeder dem Wirth für die gereichte Labung 6 Silbergroschen gezahlt hatte. Als sie nun etwa 4 Stunden lang streng marschirt waren, fängt plötzlich der Bauer an, über große Ermüdung zu klagen, und nicht lange mehr dauert es, so liegt er im Chausseegraben und kann nicht weiter. Sein langer, hagerer Begleiter, der sich noch munter auf den Beinen fühlt, fragt den Bauer verwundert, wie er so ab sein könne. „Vielleicht haben Sie sich in dem Wirthshause nicht gehörig gestärkt." — „„Nein,"" antwortet der Bauer, „„Das ist es nicht; ich habe ja dort einen Caffe getrunken, wie ich keinen besseren mein Lebtag wünschen mag."" — „Ach so!" sagt der Andere, „Sie haben Caffe getrunken und dazu wahrscheinlich blos Brod und Butter genossen; jetzt weiß ich, warum Sie marode find. — Warum haben Sie auch an Stelle der Butterschnitten nichts Kräftigeres genommen? Hätten Sie, wie ich, Eier und Käse genossen, so lägen Sie jetzt nicht im Graben!" — Darob aber sieht ihn der Bauer noch ungläubiger an.

Und doch hatte der Eine Recht; berechnen wir einmal, in wie weit.

Caffe des Bauers:		Stickstoff	Kohlenstoff
		Gramm	
1 Portion Milchcaffe		0.64	6.89
100 Gr. Weißbrob		0.90	18.92
250 „ Schwarzbrob		3.15	53.35
60 „ Butter		0.09	53.76
30 „ Zucker		—	12.60
	Summa	4.73	145.52

Caffe des Touristen:		Stickstoff	Kohlenstoff
		Gramm	
1 Portion Milchcaffe		0.64	6.89
100 Gr. Weißbrob		0.90	18.92
4 Eier		4.44	27.28
125 Gr. Käse		6.00	27.50
	Summa	11.98	80.60

Hiernach also hatte der Bauer wenig mehr als ¹/₃ so viel Blut- und Kraft-bildende Nährstoffe empfangen, als der Tourist. Das Plus an Kohlehydraten, welches er dafür mehr bekommen, kann nicht als ein passender Ersatz gelten. In einer kräftigen Mahlzeit soll das Verhältniß des Stickstoffs zum Kohlenstoff sein wie 1 : 12; in dem Caffe des Bauers war es wie 1 : 30; die Hälfte seiner verzehrten Kohlenstoffmenge war beinahe überflüssig. Somit leuchtet ein, daß der kluge Tourist für dasselbe Geld doppelt so viel Nährstoff bekommen hatte, als der arme Bauer.

Daß der Caffe ein vortreffliches Kräftigungsmittel sei, ist richtig. Der Irrthum des Bauers bestand nur darin, daß er die Stärkung in den Butterschnitten suchte, wo sie nicht zu finden war. Hätte er diese Butterschnitten nur zur Hälfte verzehrt, und dafür gesorgt, daß in den Caffetopf 4 Loth Bohnen hineingekommen wären, so würde er die wunderkräftige Wirkung der alkaloïdischen, brenzlichen und aromatischen Bestandtheile der Caffebohnen erfahren haben.

Wenden wir uns zu Beispielen anderer Art.

Ein Arbeiter, der die schwerste Arbeit verrichten soll, hat nichts Anderes zu genießen, als Schwarzbrob, Speck und Erbsen. In welchen Quantitäten muß er diese Nährmittel mischen und genießen? —

In folgenden:

		Stickstoff	Kohlenstoff
		Gramm	
400 Gramm Brob		5.04	85.36
500 „ Erbsen		18.55	122.30
140 „ Speck		2.03	107.80
		25.6	315.4

Ein Zweiter hat Stockfisch, Kartoffeln, Butter und Brod:

		Stickstoff	Kohlenstoff
		Gramm	
900 Gr.	Kartoffeln	3.51	82.17
350 "	Stockfisch	17.50	3.85
400 "	Schwarzbrod	5.04	85.36
125 "	Butter	0.20	112.00
		26.25	283.38

Dazu noch 70 Gramm Branntwein . . . 27.44

310.8

Ein Dritter hat Reis und Rindsleber:

		Stickstoff	Kohlenstoff
		Gramm	
600 Gr.	Reis	6.90	204
400 "	Milch	2.56	20
300 "	Leber	16.92	9.9
		26.4	233.9
Dazu 80 Gramm Schmalz		0.4	70.4
		26.8	304.3

Ein Vierter hat Sauerkraut, Bohnen und frischen Speck:

		Stickstoff	Kohlenstoff
		Gramm	
1500 Gr.	Sauerkohl	7.20	69.30
400 "	Bohnen	16.76	89.76
404 "	fr. Speck	2.56	145.20
		26.52	304.26

Andere Beispiele für rationelle kräftige Diäten sind folgende drei:

		Stickstoff	Kohlenstoff
		Gramm	
500 Gr.	fettes Rindfleisch	12.90	77.0
1000 "	Roggenbrod	12.60	213.4
		25.5	290.4

		Stickstoff	Kohlenstoff
500 Gr.	Rostbeef, mager	16.15	16.50
800 "	Weißbrod	7.20	151.36
80 "	Butter	0.12	71.68
700 "	Kartoffeln	2.73	63.91
		26.20	303.45

2500 weiße Rüben		4.0	67.0
600 Gr.	Hammelfleisch	12.6	118.8
600 "	Roggenbrod, gebeutelt	5.4	108.9
100 "	Holländer Käse	4.8	22.0
		26.8	316.7

Alle diese Rationen sind in hohem Grade nährkräftig. Arbeiter, welche diese zu sich nehmen, können sich kühn an die anstrengendste Arbeit wagen. Sie bleiben darüber gesund an Körper und Geist.

Die Häuslinge in der Arbeitsanstalt zu Brauweiler bei Köln, die für derartige Einrichtungen als ein Muster gilt, bekommen von dem 17. Jahre an wöchentlich folgende Nahrungsmittel in 28 Mahlzeiten passend vertheilt. Die Zahlen habe ich aus dem mir zur Einsicht gekommenen, sehr präcisen Menagezettel ausgezogen. Bemerkenswerth ist, daß bei dieser völlig fleischlosen Diät die Häuslinge ein recht gesundes Ansehen behalten, und den ganzen Tag einer mäßigen Arbeit obliegen. Das wäre gewiß nicht der Fall, wenn deren Nahrung keine rationell zusammengesetzte wäre. Daß sie aber eine solche ist und deßhalb alles Lob verdient, in soweit überhaupt ein totaler Fleischabschluß zu billigen ist, das bestätigt die hier folgende Berechnung.

			Stickstoff	Kohlenstoff
			Gramm	
2000	Gr.	Kartoffeln	7.80	182.60
5400	"	Schwarzbrod	68.04	1152.36
800	"	Weizenmehl	14.16	260.48
500	"	Erbsen	18.55	122.30
250	"	Linsen	10.07	57.20
250	"	Bohnen	10.47	56.10
500	"	Sauerkraut	2.40	28.10
540	"	Milch	3.45	27.00
110	"	Rindsfett	0.53	96.80
125	"	Reis	1.43	44.20
90	"	Gerste, geschält	1.30	30.15
100	"	Suppenkraut	0.39	2.53
275	"	Kochsalz	—	—
Als eigener Zuschuß der Häuslinge 2	Portionen	Milchcaffe	1.28	13.78
500	Gr.	Weißbrod	4.50	94.60
		Summa	144.37	2163.20
		per Tag	20.6	309.0

Gehen wir jetzt über zur

Ernährung des Soldaten im Kriege.

Ich gedenke etwas ausführlicher bei diesem Thema zu verweilen, weil mir scheint, daß es bisher nicht genugsam, das heißt nicht entsprechend seiner Wichtigkeit, Gegenstand öffentlicher Aufmerksamkeit gewesen ist.

Als Anknüpfungspunkt diene nur folgende Ration, die der preußische Soldat im Kriege vorschriftsmäßig empfängt.

2 Pfd. Commisbrod
½ Pfd. Rindfleisch oder ¼ Pfd. Speck

⅓ Pfd. Hafergrütze oder $\left.\begin{array}{l} \end{array}\right\{$ ¼ Pfd. Reis
⅔ Pfd. Erbsen
3½ Pfd. Kartoffeln

⅛ Pfd. Branntwein
¹⁄₁₆ Pfd. Kochsalz.

Nach derselben stellt sich die **viertägige Kriegsration** in folgendem Bestande dar:

		Stickstoff	Kohlenstoff
		Gramm	
4000 Gr.	Brod	50.40	853.60
750 "	Rindfleisch, fett	19.35	115.50
125 "	Speck, frisch	0.80	45.37
125 "	Reis	1.43	42.50
170 "	Hafergrütze	3.82	55.42
830 "	Erbsen	12.24	80.71
1750 "	Kartoffeln	6.82	159.77
250 "	Branntwein	—	98.00
	Summa	94.86	1450.87
	per Tag	23.7	362.7

An dieser Durchschnitts-Ration hätte ich Verschiedenes auszusetzen.

Erstens scheint mir dieselbe nicht kräftig genug zu sein. Es herrschen nämlich darin zu sehr die stärkereichen Producte vor, während an den widerstandsfähigen Blut bildenden Stoffen, wie solche im Fleische sich darbieten, Mangel ist. Für eine gewöhnliche Lebensbeschäftigung wäre jene Ration eine gute und jedenfalls genügende zu nennen, aber **nicht für den Krieg**. Denn die Strapazen des Krieges, wie sie sich darstellen, in den beschwerlichen und forcirten Märschen, in dem Tragen eines großen Gepäckgewichtes, in der unregelmäßigen Verpflegung, in den kalten Bivouaks, in dem Trotze gegen die Unbill der Witterung und deren launischem Wechsel, und wie Alles das sich vereint mit einem gewissen Zustande von Aufgeregtheit, welche der dem Feinde entgegenmarschirende Soldat in allen Fällen mehr oder weniger hat — das macht die Mühen des Krieges von weit zerstörenderem Einflusse auf den Menschen, als es die schwerste Arbeit sonst vermag. Wer es nicht schon aus Gründen der Menschlichkeit und des Mitgefühles für Diejenigen thut, die mit den Waffen hinausziehen, um Blut und Leben für den vaterländischen Herd einzusetzen, den kann eine ruhige Vorstellung jener Strapazen bestimmen, für den Krieger das kraftvollste Nahrungsmaaß zu fordern.

Zweitens ist jene Ration nicht practisch, weil sie aus zu vielerlei Objecten componirt ist. Diese verschiedenen Nahrungsmittel müssen alle herbeigeschafft werden, sie werden der Armee nachgeführt, sie müssen unter die Soldaten regelmäßig und genau vertheilt und von diesen mit allerlei Modifikationen zum Genusse vorbereitet werden. Das möchte doch die Menageverwaltung des Heeres ebenso sehr erschweren, wie es den Soldaten genirt und ihn der Gefahr aussetzt, den einen oder anderen Theil seiner vorgeschriebenen Ration nicht regelmäßig zu bekommen, weil dessen pünktliche Beschaffung in vielen Lagen des Krieges unmöglich wird. Beide Theile würden sich besser stehen, wenn sie nur auf halb so viel verschiedene Sachen angewiesen wären. Die Verpflegung der Truppen würde mit dieser Einfachheit ungleich sicherer, was doch die Hauptsache ist. Man streiche also aus der Ration Speck, Reis, Kartoffeln u. s. w., und ersetze diese phlegmatisch wirkenden Dinge durch concentrirtere Nahrung, durch Stoffe, die zudem mehr erregen die Muskeln und Nerven, und mehr Kraft, Courage und Ausdauer geben. Dazu gehören in erster Linie Fleisch und Branntwein. Gibt man hiervon dem Soldaten genug, auch obendrein seine unentbehrlichen 2 Pfd. Brod, so hat er nichts anderes nöthig. Es läßt sich aus diesen 3 Materialien die kräftigste Ration construiren, falls, was ich voraussetzen darf, das gereichte Fleisch von gemästetem Rindvieh rührt.

Verlangt man indessen außer dem Fleische durchaus irgend einen stärkereichen Suppenbestandtheil, nun, dann würde ich unter Allen den geschälten Hafer auswählen, weil er durch seinen hohen Fettgehalt und durch sein glückliches Nährstoffverhältniß eins der kräftigsten vegetabilischen Nährmittel vorstellt. Außerdem hat dieser Saamen den Vorzug der Haltbarkeit und des geringen Volumens.

Unbegreiflich ist es mir ferner, warum man im Kriege, wo doch die Kräftigkeit der Nahrung, ihre Haltbarkeit und leichte Transportirung als Hauptsachen gelten, nicht Gebrauch macht von dem Käse (namentlich Holländer Käse), der allen jenen Anforderungen auf's beste entspricht. Der Käse ist eigentlich nichts anderes, als trockne Milch; er besteht aus Fett und Proteïnstoffen in leicht verdaulicher Form und würde dem Soldaten nicht nur die fehlende Milch und Butter, sondern auch einen Theil seiner Fleischration sehr passend ersetzen können. Leichter, als Brod, Fleisch und Branntwein, wird man große Vorräthe von gutem Käse einer Armee nachschleppen können.

Drittens vermissen wir in jener preußischen Ration zu sehr den Branntwein, da die ⅛ Pfd. per Tag eigentlich gar nichts sind. Ich glaube auch, daß diese Norm noch von jener Zeit herrührt, wo man nicht die günstigen physiologischen Wirkungen des Alkohols im Verdauungsprozesse, bei der Wärmebildung des Körpers und auf die Ernährung der Nerven kannte, sondern seinen Genuß mehr als eine nichtsnutzige Gewohnheit betrachtete. Angesichts der Strapatzen des Soldaten bin ich entschieden der Ansicht, daß demselben, mit großem Vortheile für seine Gesundheit und Ausdauer, täglich mindestens ½ Pfd. Branntwein von 50 % Tralles zu geben ist. Des leichteren Transports halber dürfte sich zur Vertheilung vielleicht besser ein gut rectifizirter Sprit von 92 % empfehlen, von welchem der Soldat nur halb so viel gebrauchen würde und dessen Verdünnung auf 40—50 % er selbst leicht besorgen kann.

Auch von jenen narkotischen Genußmitteln, deren wunderkräftige nervenstärkende Wirkung wir im vorhergehenden Abschnitte näher dargelegt, liefert jene Ration nichts. Und doch muß man glauben, daß grade zur Kriegszeit solche Narkotika so recht an ihrem Platze wären und für den im Felde ausharrenden Soldaten einen weit höheren Werth haben, als für den im Frieden lebenden Arbeiter und Bürger. Deßhalb wünschen wir, daß der preußische Soldat seine Genußmittel des Friedens auch im Kriege nicht entbehre und daher täglich sein ordentliches Quantum Caffe und Tabak geliefert erhalte. ¹⁄₁₀ Pfd. Caffebohnen und ¹⁄₁₀ Pfd. Tabak pro Tag scheint mir zu diesem Zwecke nicht zu viel.

Ich will jetzt versuchen, einmal eine Ration aufzustellen, die all den oben gemachten Andeutungen entspricht, das heißt eine, welche nicht nur practisch möglich ist, sondern auch vom physiologischen Gesichtspunkte aus die entschieden geforderte, kräftige Ernährung des Kriegers gewährt.

Muster-Ration für den Krieg	Gehalt an		
	Stickstoff	Stärke	Fett
	Gramm		
1½ Pfd. Commisbrod	9.45	337.5	10.5
1 " Fleisch von gemästeten Ochsen. . .	12.90	—	70.0
¼ " geschälter Hafer	2.81	78.7	7.5
½ " Branntwein von 50 % Tralles . .	—	224.0	—
¹⁄₁₀ " Caffebohnen	0.30	—	—
¹⁄₁₀ " Tabak	—	—	—
¹⁄₁₅ " Kochsalz	—	—	—
Summa .	25.46	635.2	88.0

Im Falle, wo Mangel an Fleisch eintritt, läßt sich dasselbe zweckmäßig und gut ersetzen durch ein gleiches Gewicht holländischen Käse! — Soll für außergewöhnlich eine Zulage gegeben werden, so möge diese ebenfalls in Käse bestehen.

„Aber Ihre vorgeschlagene Ration," so ruft uns hier irgend ein löblicher Herr Major entgegen, „kostet ja doppelt so viel Geld; das geht nicht; es ist ja ganz reglementswidrig!" — —

Das letztere weiß ich wohl; doch was soll das hier? —

Wer kein Geld hat, seine Soldaten ordentlich zu ernähren, der fängt überhaupt keinen Krieg an. Das ist eine eben so alte als weise Geschichte. Ist er aber einmal entbrannt, so daß die Existenz und die höchsten Interessen eines großen Volkes auf dem Spiele stehen, dann handelt es sich nicht mehr um's Geld, sondern nur um den Sieg. Alles, was diesen erringen hilft, kann nicht zu theuer bezahlt werden, weil der Sieger frei ja herausgeht aus dem mörderischen Spiele. Wer will widersprechen, daß eine volle und kräftige Ernährung dem Soldaten Kraft, Muth und Ausdauer, also Alles dasjenige bringt, welches ihn vornehmlich zum Siege befähigt? — Wer darf sagen, daß man diese Eigenschaften zu theuer erkaufen könne! —

Zur Beschaffung jener veralteten unpassenden Ration sind 5 Sgr. ausgeworfen. Die von uns empfohlene mag wohl 8 Sgr. kosten. Das macht per Soldat und Jahr einen Mehrbedarf von 36 Thlrn. und für 100,000 Soldaten einen Zuschuß von 3⁶/₁₀ Millionen. Was ist das denn? — Ja, was wäre es, wenn die bessere Ration sogar 10 Sgr. kostete, so daß die 100,000 Krieger während des ganzen Jahres 6 Mill. Thaler mehr verzehrten! — Nichts ist es; ich sage nicht der Rede werth ist diese Summe im Vergleich zu den hundert Millionen Thaler, die jeder noch so kurze Krieg verschlingt; nichts im Vergleich zu all' dem Capital und Wohlstande, welches er indirect verwüstet; nichts endlich gegen die vielen tausend theure Menschenopfer und all' das Elend, Blut und Thränen, die er unbarmherzig fordert.

Ja, wenn es constatirt ist, was ich glaube, daß die Mehrzahl der Soldaten durch Nahrungsentbehrnisse, durch Hunger und Typhus im Kriege zu Grunde gehen, dann wahrlich kommt es doch einer Unmenschlichkeit gleich, jener paar Millionen halber, diesen schrecklichen Uebelständen nicht ein Ende machen zu wollen.

Wenn es constatirt ist, was ich ebenfalls glaube, daß manche Schlachten lediglich deßhalb verloren gingen, weil die von früh Morgens an auf dem Schlachtfelde herumgehetzten Soldaten den ganzen Tag über weder Speisung noch Trank empfingen, bis sie zu Tode ermüdet dem letzten entscheidenden Stoße des Feindes physisch nicht zu widerstehen vermochten, dann wahrlich möchten doch ökonomische Rücksichten nirgendwo unrechter an ihrem Platze sein, als bei der Ernährung des Soldaten im Kriege! —

Ein alter Wahrspruch lautet: „Die Courage hat ihren Sitz im Magen." — Möchte doch jeder General, dem ein Kriegsheer anvertraut ist, sich zu der Wahrheit dieses Satzes bekennen und den für das Geschick so mancher wohl einexercirten und bewaffneten Armee verderblich gewesenen Glauben aufgeben, daß militairische Tapferkeit und Begeistrung Attribute des Soldaten seien, die keinen Zusammenhang haben mit dessen Ernährung! —

Wer den tiefen Einfluß der Nahrung auf Körper und Geist gebührend würdigt, der kann nicht lächeln über den Vorschlag, daß jedem Truppentheile ein Quantum eines kräftigen Weines nachgeführt werden möge, welches dem Soldaten für entscheidende Momente zur Disposition steht. So gut eine Armee einen ungeheuren Troß von allerlei Inhalt mit sich führt, so gut jedes Bataillon seine Munitions- und Equipagewagen bei sich hat, eben so leicht oder schwer kann dasselbe auch einige Hundert Flaschen mit sich führen, die den besten Rebensaft des Rheingaues oder die feurigsten Getränke von Burgund und Ungarn enthalten. Bestimmt kann dieser Vorrath nur für den Moment sein, wo das Schicksal des Schlachttages an einem Faden hängt, wo es gilt, die ermatteten Soldaten zum letzten entscheidenden Angriffe zu führen oder sie zu befähigen, die letzte Attaque des Feindes siegreich zurückzuwerfen. Eine Flasche von jenem edlen Weinvorrath, der rasch unter die Soldaten vertheilt und von ihnen getrunken sein wird, macht sie zu ganz anderen Kerlen; Verwegenheit und Selbstvertrauen treten an Stelle der tiefen Ermattung und der damit verbundenen Zaghaftigkeit, und wo sonst der Ausgang der Schlacht und damit das Schicksal des ganzen Feldzugs ein mehr als zweifelhafter war, da ist plötzlich der Sieg zur Gewißheit geworden. Auch hier ist es natürlich ganz gleichgültig, wie viel Thaler die Flasche Wein kostet, bis der Soldat sie in solch' wichtigen Momenten an den Mund setzt. —

Anders ist es mit der Ernährung des Soldaten im Frieden. Zur Friedenszeit mögen all die öconomischen Grundsätze gepflegt und befolgt werden, welche im Kriege so sehr unvernünftig sind. Man muß nur wünschen, daß diese Oeconomie nicht ausarte, ähnlich wie es bei manchen Bataillons unseres Heeres der Fall ist, wo der Soldat keine fest normirte

Ration empfängt und seine Ernährung dem Ermessen der lokalen Menageverwaltung überlassen ist. Wenn auch letztere billig Rücksicht nimmt auf
die Wünsche ihrer Soldaten, so richtet sie sich doch vornehmlich nach ihren
disponiblen Geldmitteln und nach den Preisen, welche die verschiedenen Lebensmittel am Garnisonorte haben. Das kann zu einer unrationellen Ernährung,
zu einer Schwächung der Soldaten führen, deren Folgen schwer zu paraly-
siren sind bei plötzlich ausbrechendem Kriege. Es empfiehlt sich, daß auch die
Friedensgarnisonen mehr nach wissenschaftlichen Prinzipien fest normirte Rationen bekommen.

Man werfe schließlich noch einen Blick in die Küche des
Landarbeiters, des Tagelöhners, des Handwerkers und Fabrikarbeiters, und betroffen wird man da stehen und merken, wie
viel, wie sehr viel daran fehlt, um die Ernährung unserer Ar-
beiterbevölkerung eine Vollkommene nennen zu können. Wer
den täglichen Verzehr unserer Arbeiter aufmerksam nach obiger Tabelle prüft,
der wird gewiß mit mir finden, daß im großen Durchschnitt der Einzelne
täglich nicht mehr als 15 Gramm Stickstoff, dagegen aber 500—600 Gramm
Kohlenstoff zu sich nimmt. Dieses ist ein Mißverhältniß, welches vielfache Folgen
der unglücklichsten Art naturgemäß nach sich zieht, welches beseitigt werden
muß als eins der schwersten Hindernisse, die der besseren Gestaltung der arbeitenden Volksclasse im Wege liegen.

Wo es sich um die Ernährung größerer Mengen zusammenlebender
Menschen handelt, wie in ländlichen Wirthschaften, Arbeitsanstalten, Arrest-
häusern, Armenküchen, da nehme man sich die Militairküchen zum Muster,
indem nicht zu leugnen ist, daß diese in Folge ihres starken Erbsen-, Linsen-
und Bohnenverbrauchs meistens eine rationell zusammengesetzte Ration liefern,
die nur in besondern Fällen, wo anstrengende Leistungen erfordert werden,
einer quantitativen Vergrößerung bedürfte. Ueber die von uns verlangten
26 Gramm Stickstoff und 310 Gramm Kohlenstoff per Ration braucht man
indessen nicht hinauszugehen, er sei denn ausnahmsweise, wo nämlich die
Natur der Arbeit es verlangt, daß der stark Angestrengte nebenbei noch jeder
Ungunst der Witterung, der Nässe und Kälte trotzen muß. Da gebe man
einen Zuschuß von Kohlenstoff in Form von Branntwein. Er ist in solchen
Fällen die erdenklich beste Zulage.

Man sehe sich einmal nachstehende Tabelle an, die wir den Nachfor-
schungen Payen's und Playfair's verdanken.

Es verzehren täglich, exclusive Trinkwasser:

	Gewicht der ganzen consistenten Nahrung	Stickstoff	Kohlenstoff (excl. Fett)	Fett
			Gramm.	
1. Französischer Marinesolbat	1978	25.2	442.7	37.5
2. Landarbeiter des Departements Vaucluse	1972	22.1	502.2	80.3
3.　　　　　" 　　des Cantons Vaud . . .	3410	27.8	496.3	77.4
4. Ouvrier des Departements du Nord .	3740	31.3	710.5	108.6
5. Bauer des Departements de la Corèze	2680	24.3	710.6	86.0
6. Arbeiter der Lombardei	3550	27.6	694.6	141.0
7. Irländischer Arbeiter	6848	18.5	669.8	24.8
8. Englischer Arbeiter	2400	31.9	484.1	22.2
			incl. Fett	
9. Indischer Arbeiter	1090	10.8	307.5	—
10. Englischer Marinesolbat	1450	28.5	437.0	—
11.　　" 　　Infanterist	1890	25.3	358.4	—
12. Französischer Infanterist	1735	23.2	426.1	—
13. Holländischer Soldat	990	24.6	370.4	—
14. Englischer Invalide	1660	20.9	390.0	—
15.　　" 　　Gefangener	1357	14.7	349.4	—
16. Preußischer Soldat im Frieden . . .	1900	22.5	400.0	—
17.　　" 　　Soldat im Kriege . . .	2010	23.7	362.7	—
18. Ration der Arbeitsanstalt zu Brauweiler	1712	22.0	365.8	—
19. Accordbrescher am Niederrhein . .	4700	28.4	676.0*)	—

Es ergibt sich auf den ersten Blick, daß alle diese Rationen, mit Ausnahme einiger militairischen und der des englischen Arbeiters, an verschiedenen Mängeln leiden. Entweder sind sie zu voluminös und massenhaft (Nr. 3, 4, 6, 7 u. 19) ober zu stickstoffarm (Nr. 2, 5, 7, 9, 12, 15 u. 16) oder zu kohlenstoffreich. Das Letztere trifft namentlich die Rationen des irländischen, lombardischen, französischen und rheinischen Bauers, die auf 1 Theil Stickstoff circa 40 Theile Kohlenstoff führen; das ist mehr als das Doppelte zu viel, da der englische Arbeiter mit je 1 Theil Stickstoff blos 15 Theile Kohlenstoff genießt und mit dieser Nahrmischung das größte Maaß von Arbeit verrichtet. Er wird ohne Zweifel ausdauernder und leichter arbeiten, als ein Ouvrier des Departements du Nord, der täglich circa 400 Gramm Kohlenstoff mehr genießt, als er.

Welche Summe von Kraft und Stoff geht da nicht nutzlos verloren! — Welch' ungeheures Capital wird nicht jährlich verwüstet in jedem Lande, wenn dessen Millionen starke Population sich nach obigen unrationellen Vorbildern ernährt! — Ja, wahr ist's, und dringen muß es als Wahrheit

---

*) Die Angaben über Ration 9—15 rühren her von Playfair, die von 16—19 resultirten aus den Berechnungen des Verfassers.

gleich dem Evangelium in's Volk, daß es sich nur dann billig er-
nähre, wenn es sich rationell ernährt. Die Erkenntniß dieses Satzes
bringt dem Nationalvermögen großen Gewinn.

„Die Cultur ist die Oeconomie der Kraft: die Wissenschaft lehrt uns
die einfachsten Mittel erkennen, um mit geringstem Aufwand von organischer
Kraft die größten Wirkungen zu erzielen und mit gegebenen Mitteln ein
Maximum von Widerständen zu überwinden. Eine jede Kraftverschwendung
in der Agricultur, in der Industrie, sowie in der Wissenschaft und namentlich im Staate charakterisirt die Rohheit und den Mangel an wahrer
Cultur." (Liebig.)

Was für einen gesunden Organismus gut ist, paßt nicht immer für
einen kranken. Zum Schlusse seien daher noch einige Worte erlaubt
über die

Kranken-Diät.

Wie schon früher bemerkt, so wiederhole ich hier, daß die Kenntnisse
des gesunden menschlichen Körpers, so weit die heutige Physiologie uns
darüber Auskunft gibt, in Summa noch als eine recht geringe bezeichnet
werden muß; die Wissenschaft, welche uns Auskunft und Erklärung geben
soll über den normalen Lebens- und Ernährungsproceß der thierischen
Organismen, ist eben noch in dem Kindesalter von zwei Dezennien. Man
muß dies Geständniß würdigen und festhalten, wenn man sich nach einer
wissenschaftlichen Diätetik des kranken Körpers umsehen will; denn es sagt
uns im Voraus, daß wir von dieser noch viel weniger zu erwarten haben.

Trotzdem hat das heutige physiologische Wissen die Einsicht gebracht
von der hohen Bedeutung einer wahrhaften pathologischen Diätetik, die sich
auf die Physiologie der einzelnen Krankheiten gründet. Früher vermochten
wir blos ihre große Wichtigkeit zu ahnen, jetzt wird sie lebhaft anerkannt
von allen Physiologen und den Medizinern, welche der neuen physiologischen
Schule angehören; derjenigen nämlich, die berufen ist, die Heilkunde der
Zukunft zu tragen.

Und in der That, wenn wir das intime Verhältniß gebührend erfassen,
in welchen die der Außenwelt entlehnten Nährstoffe zu den Functionen der
gesunden Körperorgane stehen, dann ist auch die Einsicht gewonnen, daß
unsere gebräuchlichen Nährmittel auf die krankhafte Verfassung eines
oder mehrerer Lebensorgane eher einen tiefer greifenden, als schwächeren

Einfluß gewinnen. Die Diät des Kranken wird so zu einem wichtigen Theile seiner Medizin: je nach ihrer Angemessenheit paralysirt sie oder unterstützt die Recepte des Arztes.

In wie weit die Mediziner jetzt anfangen, hierauf Gewicht zu legen, bekunden folgende Geständnisse eines renommirten Arztes, des in Jena lebenden Dr. Klente, Mitglied der Kaiserl. Leopold. Akademie.

„Der Begriff der Krankenküche wird in der Zukunft einen weit umfassenderen Kreis und eine weit höhere Bedeutung erreichen, als es noch gegenwärtig der Fall ist; es wird die Krankenküche immer mehr aus der selbstständigen Leitung der Hausfrauen in die Hand der Aerzte übergehen; denn die neuere Wissenschaft der Medizin kommt von Jahr zu Jahr entschiedener auf den richtigen, bisher ganz vernachlässigten Weg einer sogenannten Kurdiätetik; nämlich zu der Ueberzeugung, daß man durch eine richtige, mit Bewußtsein der Gründe geordnete und gewählte Diät mehr Krankheiten kuriren könne, als mit Mixturen, Pulvern, Pillen und Tropfen der Apotheke."

„Es hat sich immer mehr herausgestellt, daß die größte Zahl gebräuchlicher Arzneimittel nur durch den Darmkanal getrieben wird, ohne verdaut zu werden, oder daß sie, ihrer giftigen Eigenschaften wegen, die Verdauung schwächt und die Säfte vollends untermischt; — es ist die traurige Erfahrung gemacht worden, daß in Folge der noch vor 20 Jahren überall herrschenden Gewohnheit der Aerzte, viele und starke Arzneien zu verordnen, beinahe die Hälfte unserer absteigenden Generation am Medizin-Siechthume leidet. Wissenschaftliche Aerzte haben deßhalb, als die naturwissenschaftliche Erkenntniß der Lebensprozesse in den letzten Jahren viele Irrthümer aufklärte, und man die chemischen Gesetze des Lebens und der Gesundheit begreifen lernte, das handwerksmäßige Medizingeben bis auf das Nöthigste beschränkt und dafür gesucht, den Kranken nach den Regeln der wissenschaftlichen Diätetik zu heilen, die freilich zur Zeit (anno 1860 post Christum natum!) noch im Entstehen ist, aber gewiß die Medizin der Zukunft werden wird."

Die in etwa wissenschaftlich oder empirisch begründeten Diätvorschriften habe ich für die am meisten verbreiteten Krankheiten des Menschen hier zusammengestellt.

Alle Entzündungskrankheiten characterisiren sich durch einen sehr erhöhten Fibrin-Gehalt des Blutes. Animalische Nährmittel sind daher wegen ihres Fibrin-Reichthums zu meiden, so wie auch solche, die, gleich den geistigen Getränken, Gewürzen, dem Caffe und Thee, die Blutcirculation erregen und beschleunigen. Gewöhnlich sind die Entzündungskrankheiten mit Fiebern verbunden, bei welchen sich kein Magensaft absondert. Indem daburch die Verdauung von festen Stoffen unmöglich wird, hat man sich auf schwache vegetabilische Suppen, Limonaden und Zuckerwasser zu beschränken. Das starke Durstgefühl, welches jene Zustände begleitet, kann man durch reichliches Wassertrinken zu befriedigen suchen. So ist bei Lungenentzündungen von vorn herein das Trinken von viel Wasser, dem etwas Kochsalz und Citronensaft zugegeben ist, von der heilsamsten Wirkung. Es reinigt und verdünnt das entzündete Blut und fördert mächtig die Hauttranspiration.

Auch bei Wechselfiebern, Nervenfiebern und gastrischen Fiebern ist eine spärliche und kraftlose Nahrung vorzuschreiben, obgleich dabei das Blut eher durch einen verminderten, als durch einen erhöhten Fibringehalt ausgezeichnet ist.

Bei nachlassendem Fieber schreite man erst ganz allmählig zu einer kräftigeren Diät. Dünne Fleischbrühen, nach Liebig's Methode bereitet, oder frische Milch mit etwas Kochsalz versetzt, kühle Mehlsuppen, Aepfelmuß ꝛc. mögen dazu den Anfang machen.

Chronische Kopf-, Leber-, Herz- und Milz-Congestionen werden durch stark nährende und reichlich blutbildende Mittel genährt und, wenn dazu noch aufregende Getränke kommen, zur gefährlichen Entfaltung gebracht. Mit jenen Zuständen behaftete Personen haben daher kräftige Fleischspeisen, Eier, Hülsenfrüchte und Caffe, sowie auch den Genuß von Bier und Wein möglichst zu meiden.

Die Lungenschwindsucht und Auszehrung, welche unter Personen jedweden Alters und Geschlechtes so viele Opfer fordert, diese gefürchtete Krankheit wird, mag die Disposition oder Anlage dazu ererbt oder durch schwächliche Körperconstitution bedingt sein, durch ungeeignete Diät am raschesten und sichersten zu jenem Grade der Ausbildung gebracht, der jede Hoffnung auf Heilung ausschließt. Unter dieser ungeeigneten Diät verstehe ich hier eine solche, die in ihrem absoluten und relativen Gehalt an Proteïnstoffen nicht entsprechend war den Bedürfnissen des Körpers in Folge starken Wachsthums oder angestrengter physischer oder geistiger Arbeit; und indem diese Nahrung, sei's durch Gewohnheit, Familienbrauch, Vorurtheil oder Armuth, sich ganze Lebensalter hindurch den Menschen anwies, konnten die Folgen ihrer Unzulänglichkeit stetig auf den Organismus einwirken, und allmählig zu einer verheerenden Macht anschwellen, der selbst der kräftigste Körper mehr oder weniger nicht widersteht. So erscheint die Schwindsucht nicht als unmittelbare Folge einer Zerstörung oder Entartung der Lunge, sondern vielmehr als das Endresultat eines Mißverhältnisses zwischen Einnahme und Ausgabe, welches unter unglücklichen Umständen den Einzelnen trifft, meistens aber sich einstellt beim jugendlichen Alter, in der Periode zwischen der Kindheit und dem beginnenden Mannesalter.

Wenn einmal die wissenschaftliche Lehre von der Ernährung in das Bewußtsein des Volkes eingedrungen ist und sich unter allen Ständen verbreitet hat, dann wird auch die Ernährung desselben eine bessere und zugleich billigere sein; jeder Einzelne wird auf sich achten, daß in Rücksicht auf sein Alter, seine Constitution, seine körperliche und geistige Arbeit, sein Stoffwechsel ein normaler sei und bleibe. Dann ist auch die Zeit da, wo die Menschheit anfängt, dem Todesengel einen immer geringeren Tribut an Schwindsüchtigen zu überliefern.

Das Mittel, welches die Schwindsucht in ihrem Keime unterdrückt, ist das nämliche, welches sie in ihrem verderblichen Laufe aufhalten oder im glücklichsten Falle beseitigen soll, sobald sie augenscheinlich geworden, nämlich eine kräftig nährende, proteïnreiche Diät. Fettbildner, Fett und all' die stickstofflosen Nährmittel, welche leicht verbrennlich sind und allein durch den Athmungsproceß aus der Blutbahn geschafft werden können, die also die Thätigkeit der Lungen sehr vermehren, ohne dem edlen Gewebe derselben Ersatz für den, mit jener Arbeit erhöhten Verlust an plastischen Stoffen zu gewähren, sind möglichst zu vermeiden. Aus dem nämlichen Grunde und überdies noch wegen ihrer, den Blutkreislauf durch die Lungen beschleunigenden Wirkung, verbanne man aus der Diät jeden in etwa unmäßigen Genuß von Branntwein, Punsch, starkem Wein und Caffe. Ein mäßiger Bierconsum kann nicht schaden. Starke körperliche Arbeit, Laufen, Tanzen, starkes Reiten, sowie das Gegentheil von allem Dem, eine sitzende Lebensweise bei geringer Anstrengung, ist gleich schädlich. Wohlthätig ist dagegen jedwede nicht anstrengende Bewegung im Freien, sowie der Aufenthalt in warmer, milder Luft. Um das Blut rein zu erhalten und gleichzeitig den Stoffumsatz im Körper in einer, die schwachen Lungen nicht angreifenden Weise zu beschleunigen, trinke man fleißig Brunnenwasser. Daneben bleibt jedoch eine kraftvolle Nahrung die Hauptsache. Man genieße von den kräftigsten Speisen, was der Magen vertragen und der Geldbeutel bezahlen kann. Warum wir hier vor Allem auf gutes Ochsenfleisch, Wildpret, Fleischbrühe, Eier, Fische, Austern, Hülsenfrüchte, alten Käse ꝛc. aufmerksam machen, das geht zur Genüge aus unserer früheren Characteristik dieser einzelnen Nährmittel hervor.

Die Heilung von Wunden verlangt ein dünnes, wenig entzündliches Blut, wie es sich nach dem Genuß von unkräftigen, magern Speisen einfindet. Nur bei lang andauernden Eiterungen möge man den Stoffverlust durch blutbildende Mittel zu decken suchen.

Scropheln und Knochenerweichungen finden sich nach vorwiegender Kartoffelnahrung ein. Man heilt sie durch Speisen, die reich an Faserstoff und phosphorsaurem Kalt sind, und die im Verdauungskanale wenig Milchsäure erzeugen. Eine vorwiegende Fleischnahrung entspricht diesen Bedingungen. Ochsenfleisch ist dabei besser, als Kalbfleisch, dieses besser, als Schweinefleisch; Speck ist sogar schädlich. An Stelle der Kartoffeln müssen Erbsen treten.

Bleichsucht ist mit einer ansehnlichen Verminderung der farbigen, eisenhaltigen Blutkörperchen begleitet. Mit Erfolg genießt man Liebig's Fleischbrühe (kalt bereitet aus rohem, gehacktem Rindsfleisch), Speisen von frischem Thierblut, Wildpret, rohe Eier und Roggenbrod. Kalbfleisch, Fischfleisch und Kochsalz taugen hingegen nichts.

Bei Gicht ist die thierische Nahrung gegen pflanzliche zu vertauschen. Alle erregende Getränke und Gewürze sind schädlich; sehr heilsam ist, fleißig Wasser zu trinken.

Hämorrhoidalleiben werden befördert durch Gewürze, fettige Speisen, durch Wein und Caffe, auch durch alle Speisen, die viele unverdauliche Stoffe mit sich führen. Man vermeide daher jene.

Die Zuckerausscheidung bei der Harnruhr vermehrt sich durch den Genuß aller stärkehaltigen Speisen. Eine rein animalische Diät wird daher Platz greifen müssen. Indeß sind gewürzte Speisen aus dem Pflanzenreiche, wie Rüben, Sellerie, Obst, Knoblauch, Zwiebeln, Rettige, Gurken x. zuträglich. Das Trinken überhaupt ist zu beschränken.

Entzündlichen Affectionen des Verdauungskanals gegenüber sind alle saure Speisen und Getränke schädlich, dagegen wohlthätig alle schleimige, die Wandungen des Darmes gegen äußere Reize einhüllende Nährstoffe.

Anhang.

Ueber Surrogate von Nahrungsmitteln in Zeiten der Noth.

Eine Hungersnoth, im wahren Sinne des Wortes, welche die Bevölkerung ganzer Länder wegen Mangel an der nothwendigsten Nahrung furchtbar dezimirt, ist heutzutage eine Seltenheit. Das war sie nicht in früheren Zeiten, z. B. im Mittelalter. Wurde damals irgend eine Gegend oder ein Landstrich von einer Mißernte betroffen, so geriethen sie in mehr oder weniger verheerende Hungersnoth, wenn auch ihre Nachbarländer eine gute Ernte gemacht und Nahrungsmittel im Ueberfluß hatten. Die Geschichte ist reich an derartigen Beispielen.

Die fortschreitende Civilisation hat allmählig diese traurigen Erscheinungen verdrängt und jetzt, wo vielleicht doppelt so viel Menschen und Thiere leben, als vor 1000 Jahren, zur Unmöglichkeit gemacht. Jetzt, bei den leichten Verkehr- und Transportmitteln, bei der Ausdehnung und der Unternehmungslust des Handels, ist es ein Leichtes, eine Gegend, selbst einen halben Welttheil, dessen Bevölkerung wegen großer Mißernte vor Hunger halb umgekommen wäre, mit Brodfrucht zu versorgen, wenn solche überhaupt in irgend einem Theile der Erde überschüssig gerathen ist. Der Bezug eines Sacks Getreide von Odessa kostet nicht viel; selbst von Chicago, der Getreidestadt am Michigan-See inmitten Amerika's, läßt er sich jetzt billiger und leichter beziehen, als zur Zeit des dreißigjährigen Krieges von einer blos 50 Meilen entfernten Gegend. Der Welthandel gleicht überall Mangel und Ueberschuß aus; er ist der Schützer vor Hungersnoth.

Nur da schützt er nicht, wo er nicht hinkommen kann, z. B. in Kriegszeiten in eine schlecht verproviantirte Festung, welche einem sie einschließenden feindlichen Heere lang widerstehen soll. Ueber die außerordentlichen Maßregeln bei der Hungersnoth, die dann leicht entstehen kann, werde ich nachher Einiges sagen.

Einstweilen haben wir es mit dem ungleich häufigeren und deßhalb weit wichtigeren Falle zu thun, wo mehrjährige, mittelmäßige Ernten zuletzt eine solche Theurung aller Lebensmittel hervorrufen, daß die ärmeren Volksclassen in größten Nothstand gerathen und einen empfindlichen Nahrungsmangel leiden, wenn sie auch noch nicht grade Hungers sterben. Ihnen billigeres Brod zu verschaffen, ist dann der Wunsch aller Menschenfreunde. Die darauf gerichteten Bestrebungen gehen gewöhnlich von einem der drei folgenden Punkte aus:

1. Daß die wohlhabenden Classen, die Commune oder der Staat entsprechende Geldopfer bringen, um überall, wo die Noth am größten ist, öffentliche Speisehäuser (Suppenanstalten) zu gründen, die jedem legitimirten Armen gegen ein geringes Entgeld eine nahrhafte Portion Essen verabreichen.

Ich erachte diese Einrichtung für die am Meisten zweckentsprechende. Ihr guter Erfolg ist in den letzten Jahren durch mehrfache Beispiele außer Zweifel gesetzt worden. Wo sie nicht befriedigte, da mag wohl immer die Schuld an der Mangelhaftigkeit der gereichten Rationen oder an gewinnsüchtigen Absichten gelegen haben. Eine Privatspeculation kann dies Unternehmen nie sein; denn ohne bedeutende Geldopfer kann es nicht bestehen. Wo indessen letztere prinzipiell gerne gebracht werden, da wäre blos noch darauf zu achten, daß die Rationen recht rationell zusammengesetzt werden, damit sie recht nahrhaft sind. Mehl- und Kartoffelsuppen, voluminöses Gemüse, Rüben, wenngleich selbigem ziemlich viel Fett beigemischt wird, taugen hier nichts.

Man beschränke sich vornehmlich auf Hülsenfrüchte, gebe z. B. jeden Mittag eine Portion, bestehend aus ³/₄ ℔ Erbsen oder weißen Bohnen mit ¹/₈ ℔ Rindsfett, jeden Abend eine solche aus ²/₈ ℔ Hafergrütze mit ¹/₈ ℔ Milch. Wer diese beiden Portionen täglich genießt, bleibt arbeitstüchtig und bedarf eines Brodzusatzes nicht. Kinder und Halberwachsene reichen zu Zweien mit dieser Diät aus, die um reißenden Absatz zu erlangen nicht mehr als 2 Sgr. kosten dürfte.

2. **Daß die Arbeitgeber ihren Arbeitern eine höhere Löhnung gewähren.**

Dieses Mittel scheint mir nicht so gut zu sein, als das erste.

3. **Daß man gewisse billige Zusätze zum Brodmehle vorschlägt, die den Preis des Brodes erniedrigen.**

Hier fragt es sich sehr, ob die Zusätze auch der Art sind, daß mit dem Preis des Brodes nicht dessen Nährwerth entsprechend verkleinert wird. Ist das der Fall, so hat natürlich der Zusatz gar keinen Werth. Prüfen wir einmal die verschiedenen Orts vorgeschlagenen Brodzusätze, so erkennen wir, wie meistens mit ihnen kein wahrer Vortheil verbunden ist, sondern blos Nachtheil für den Consumenten.

Man hat bei hohen Kornpreisen das billige Mais- und Reismehl vorgeschlagen. Ein in Rouen bereitetes Brod, welches aus 90% Weizenmehl und 10% Reismehl gebacken, und um 4 Centimes per Kilogramm billiger, als reines Weizenbrod verkauft wurde, ist von Girardin untersucht worden.

	Brod von 90 Prozent Weizen u. 10 Proz. Reis:	Reines Weizenbrod:
Wasser	37.90	32.70
Proteïnstoffe . . .	8.62	9.75
Stickstofflose Materie	51.69	57.05
Mineralsalze . . .	1.79	0.50
	100	100

Der Nährwerth beider Brode verhält sich wie 100:115, das heißt, 115 Kilo Reisbrod sind ein Aequivalent für 100 Kilo reines Weizenbrod.

100 Kilo Weizenbrod kosten à 46 Centimes per Kilo = 46 Frcs.
115 „ Reisbrod „ à 42 „ „ „ = 48.3 „

Daher ist offenbar der Consument des letzteren im Verlust.

Aehnlich dem hat man mehrmals die freie Reiseinfuhr als ein wesentliches Abhülfsmittel der Noth erachtet und verlangt. Damit ist aber wenig gewonnen. Wir können, wenn's darauf ankommt, den stickstoffarmen Reis eben so gut entbehren, als den Mais, dessen Ergiebigkeit man einseitig im Auge hatte, als dessen Anbau in unseren Klimaten an Stelle der, einem hartnäckigen Siechthume anheimgefallenen Kartoffelpflanze empfohlen wurde. Diese Ansichten entspringen aus dem gemeinschaftlichen Irrthum, daß man glaubte, mit Mais, Reis oder Kartoffeln vermöge man unser Volk zu sättigen. Es sind diese 3 Stoffe auf jeden Fall gar schlechte Brodzusätze. Noch verwerflicher würden Rüben oder Möhren sein.

Gerechtfertigter, vom öconomischen Gesichtspunct aus, erscheinen einige Brodzusätze, die in Schweden und Norwegen bei großer Noth gebräuchlich sind. Nach der Mittheilung des Oberforstraths v. Berg bereitet man dort Brod aus weicher Kiefernrinde, die, nach 14tägigem Liegen in fließendem Wasser, getrocknet, pulverisirt und mit ⅓ Roggenmehl verbacken wird. In ähnlicher Weise wird aus Gerste- und Haferähren Brod bereitet. Auch kennt man dort Sauerampferbrod, welches getrockneten und gepulverten Sauerampfer, verschiedene Waldkräuter, etwas pulverisirte Lindenrinde und Hafermehl zu Hauptbestandtheilen hat. Zu wundern ist, wie gehaltreich noch diese harten, nur in aufgeweichtem Zustande genießbaren und aus sonst werthlosen Materialien gebildeten Brodsorten sind. Stöckhardt's Analysen geben darüber Auskunft:

	Wasser	Proteïn	Stickstofflose Materien	Holzfaser	Asche
Schwedisches Rindenbrod . . .	6.8	5.77	62.96	17.3	7.17
„ Strohbrod . . .	10.1	4.98	52.69	23.4	8.83
„ Sauerampferbrod .	7.8	5.25	58.09	22.2	6.66

Freilich führt solches Brod zehn mal mehr unverdauliche Theile, als reines Roggenbrod. Indessen, wäre es auch blos halb verdaulich, so ist es für einen kräftigen Magen doch immer besser, als gar keins.

So wäre es dann auch des Versuches werth, einmal Brod zu bereiten aus gutem Kleehen, welches bekanntlich reich an Nährstoff ist, wenn es vor der Blüthe des Klee's gewonnen wird; das aromatische Kleeheu würde man zu dem Ende zweckmäßig etwas vergähren lassen in Tonnen, in welchen es angefeuchtet und festgestampft etwa acht Tage lang verbliebe. Die Gährung macht die Nährstoffe löslicher, und sie erleichtert sehr die nachherige Pulverisirung des getrockneten Heues. Mit wie viel Roggenmehl das Heumehl zu verbacken wäre, müßte der Versuch zeigen.

Auch wäre es von Interesse, einmal die Suppe zu untersuchen, die durch Digestion und nachherige Mazeration von gutem Kleeheu mit Malzinfusion entsteht. Allem Anscheine nach bekommt diese Suppe die besten Nährstoffe des Klee's in Lösung, und Falls sie von erträglichem Geschmack ist, brauchte sie nur durch Eindampfen auf ein schickliches Maß concentrirt zu werden, um als ein eben so billiges, als nahrhaftes Gericht zu erscheinen. Noch zweckmäßiger vielleicht ließe sich die Lösung zum Brodbacken verwenden. Experientia docet!

Diese und ähnliche Vorschläge, welche darauf hinzielen, eines der Futtermittel unserer Hausthiere zum Genusse des Menschen vorzubereiten, lassen sich blos durch den öconomischen Gesichtspunkt rechtfertigen; von diesem aber auch vollkommen, denn die Proteïnstoffe und die Kohlehydrate im Viehfutter sind viel mal billiger; als die nämlichen in den gebräuchlichen Nährmitteln des Menschen. Die 18 Pfd. Proteïnstoffe zum Beispiel, die in 100 Pfd. jungem Kleeheu enthalten sind, kosten höchstens 1 Thlr., während sie in den Erbsen 2 Thlr., im Brode sogar über 4 Thlr. kosten. Wenn es in Zeiten der Noth die Hauptaufgabe ist, billige Nährstoffe zu beschaffen, dann muß man, so denke ich, die billigsten Quellen derselben ernstlich beachten und nicht deßhalb übersehen, weil sie bis jetzt unbenutzt da lagen.

Als wirklich vortheilhafte Brodzusätze, die dessen Nährwerth erhöhen und zugleich dessen Preis erniedrigen, können einstweilen nur folgende vier gelten:

a. Man vermahle miteinander 50 Pfd. Hafer mit je 50 Pfd. Roggen und backe daraus Brod. Der Nachtheil des größeren Holzfasergehaltes desselben wird ausgeglichen durch den Vortheil eines höheren Proteïngehaltes. Denn der Hafer ist stickstoffreicher, als der Roggen. Zudem ist er nur ³/₄ so theuer, als dieser.

b. Man verbacke je 75 Pfd. Roggenmehl mit 25 Pfd. Erbsenmehl. Zwar wird der Brodpreis dadurch derselbe bleiben, aber nicht dessen Nährwerth, der sich erhöht. Wichtig ist dies da, wo Brod die Hauptnahrung ausmacht und daher ganz besonders darauf zu achten ist, daß mit dem Genusse keine Nährstoffverschwendung erfolgt. Dem kann aber nur ein stickstoffreicher Zusatz, gleich dem der Erbsen, vorbeugen.

c. Man scheide die **Kleien** nicht vom Mehle, damit diesem nicht ein proteïn- und ölreicher Bestandtheil, zum Nachtheile seiner Composition, entzogen werde, sondern verbacke beides zusammen. In Gegenden und Ländern, wo man den Genuß des Weizen- und Roggenkleien-Brodes nicht kennt und sich daran auch nicht gewöhnen mag, da extrahire man wenigstens die abgebeutelten Kleien, nach dem Verfahren von Mourriès, mit lauwarmem Wasser und benutze die Lösung zum Anmachen des Teiges. Das Brod wird dadurch nicht blos schmackhafter und leichter verdaulich, sondern auch etwas reicher an Stickstoff. Die extrahirten Kleien können wegen ihres noch beträchtlichen Nährstoffgehaltes, der übrigens blos zur Hälfte verdaulich ist, noch eben so gut, wie früher, zur Viehfütterung benutzt werden.

d. Der **Oberteig der Brauereien**, so genannt, weil er sich als teigartige Masse beim Würzemachen über den Gerstetrebern ablagert. Er besteht aus circa 70 % Wasser, 4—8 % Gerstenstärke, welche der Zuckerbildung entgangen sind, und aus 21—26 % Pflanzenfibrin. Wegen seines hohen Nährwerthes wird er als ein vortreffliches Viehfutter geschätzt und benutzt, indessen liefert er, nach den Versuchen von Schloßberger, mit gleichem Gewichte Mehl verbacken, ein tadelloses Brod. Während 100 Pfd. pures Mehl 130 Pfd. Brod geben, erhält man aus 100 Pfd. Mehl nebst 100 Pfd. Oberteig ungefähr 180 Pfd. Brod, die an Nährwerth 180 Pfd. pures Brod entschieden übertreffen. Die Bedeutsamkeit eines solchen Brodzusatzes erscheint groß, wenn man erwägt, daß allein die Brauereien Würtembergs jährlich 30,000 Centner Malzteig liefern.

e. Die massenhaften **Kleberrückstände** der Weizenstärkefabriken benutze man als Brodzusatz nach der Methode von Knobloch (vide Seite 347).

Ich bezeichnete eine **Hungersnoth** heutigentags als ein außergewöhnliches Ereigniß. Wo sie noch vorkommen kann, wie in belagerten Festungen, da sind auch außergewöhnliche Maaßnahmen statthaft. Die Geschmacksrücksichten, die sonst so sehr die Wahl der Nahrungsmittel beeinflussen, treten hier ganz in den Hintergrund; über die Diät waltet allein das unerbittliche Bedürfniß der dem Hunger exponirten Individuen nach so und so viel Loth Proteïn und Fettbildnern, womit ihr Leben erhalten wird, gleichgültig, ob diese Nährstoffmengen aus gewöhnlichen oder ungewöhnlichen, aus sauberen oder unsauberen Quellen stammen. Wenn sie nur überhaupt da sind, einerlei in welcher Gestalt, wenn sie überhaupt nur beschafft werden können in solcher Qualität, daß sie noch verdaulich sind, und solcher Menge, daß der Stoffwechsel der Lebenden im Gange bleibt, dann ist das Problem des Schutzes gegen die Hungersnoth gelöst.

Es kommt also in solchen Fällen gar' Vieles an auf eine genaue Kenntniß und Uebersicht aller disponiblen Nährsubstanzen und Quellen derselben, auf ihre rationelle Ausbeutung, sowie auf die Maaßregeln, die eine ökonomische Vertheilung der Vorräthe sicher stellen und zugleich jeder Nährstoff-Verschwendung vorbeugen sollen.

Wir nehmen hier den Fall, wo eine Festung mit 8000 Einwohnern und 5000 Mann Besatzungstruppen durch ein starkes, feindliches Heer belagert wird. Die 8000 Einwohner, zum Theil Kinder, Frauen, Greise, Kranke, kann man in ihrem Nahrungsbedürfniß höchstens 4000 Mann Soldaten gleich stellen, so daß täglich in der Stadt 9000 Rationen verzehrt werden mit einem Minimalgehalte von $\frac{1}{4}$ Pfd. Proteïn und $\frac{1}{2}$ Pfd. Kohlenstoff. Nach einem speciellen Ueberschlag der Commandantur reicht der Vorrath von Fleisch, Brod, Mehl, Gemüse und sonstigen ordentlichen Lebensmitteln bei diesem Verzehr auf 10 Wochen aus. Die Festung muß sich aber 16 Wochen mindestens halten, so verlangt es die Pflicht und Ehre der Besatzung. Sie könnte dies ganz gut vermöge ihrer ausgezeichneten Vertheidigungsmittel, wenn nur die Lebensmittel nicht so knapp wären. Entweder muß sie sich nach 10 Wochen ergeben, oder ihre Besatzung muß suchen, den Lebensmittel-Vorrath auf längere Zeit ausreichend zu machen und daher von vorn herein Sachen in ihre Diät aufnehmen, die sonst unbeachtet bleiben als menschliche Genußmittel. Was thut zu dem Ende ein weiser Commandant? —

Er trifft eine Reihe von Verordnungen, die sich speziell auf nachstehende Punkte beziehen:

1. Exclusion des ganz überflüssigen Theils der Einwohnerschaft aus der Festung, wenn dies die Umstände überhaupt gestatten.

2. Ablieferung sämmtlicher Lebensmittel und überhaupt consumirbaren Stoffe in die Militär-Magazine.

3. Ernährung der ganzen Population von einigen großen Küchen aus, die unter militärischer und wissenschaftlicher Controle stehen.

4. Alles Rindvieh, Pferde, Schafe und sonstiges Gethier ist abzuschlachten, in soweit nicht noch Futterstoffe für sie vorhanden sind, die, wie Stroh, Caff, Heu ꝛc. ohnehin nicht durch den menschlichen Magen ausgenutzt werden können. Auf die Vorräthe von Rüben, Runkeln, Kartoffeln, Pferdebohnen, Hafer, Oelkuchen, Biertrebern,

Malzkeimen 2c. darf kein Vieh gehalten werden, indem diese Futterstoffe zu Consumtibilien des Menschen werden, und zur zweckmäßigen
Vorbereitung zum Genusse an die Proviantämter abzuliefern sind.

5. Das Fleisch wird eingesalzen, nach kurzer Räucherung luftig aufbewahrt und in die Rationen angemessen vertheilt. Das Fleisch kranker
Thiere wegzuwerfen, wäre ein Vorurtheil; denn wird das Fleisch
kranker Thiere und solcher, die an einer beliebigen Krankheit (excl.
Milzbrand) gestorben sind, im frischen Zustande vor dem Genusse
etwas ausgekocht, so ist es für die Gesundheit des Menschen ebenso
wenig nachtheilig, wie anderes ausgekochtes Fleisch, obschon es etwas
unappetitlicher aussieht. Nur die Fleischbrühe von jenen kranken
Thieren gieße man weg.

6. Das Blut jener auf einmal abgeschlachteten Thiere wird sorgfältig
aufgefangen und frisch mit einer entsprechenden Quantität Roggenmehl zu Brod verbacken. So entsteht ein kräftiges und gut aufzubewahrendes Nahrungsmittel.

7. Branntweinbrennereien, Stärkefabriken und sonstige Etablissements, die
irgend ein consumirbares Material in erheblicher Menge verarbeiten,
sind gleich zu sistiren. Einige Brauereien könnten zur Gewinnung
des nothwendigen Bieres fortbestehen.

8. Es dürfen nur einige große, öffentlich eingerichtete Bäckereien geben.
Diese bereiten Brod für Alle unter Benutzung folgender Zusätze:
   a. Die auf Seite 456 u. ff. zu Zeiten der Theuerung empfohlenen.
   b. Die vorhandenen Knochenvorräthe werden bei 3 Atmosphärenbruck
      5 Stunden lang gedämpft, in heißem Zustande gut abgewaschen
      und zum feinsten Pulver gestampft, was nicht schwierig zu er-
      reichen ist. Das Brodmehl empfängt 5—10% dieses Knochen-
      mehls, welches dessen Nährwerth kaum erniebrigt.
   c. Dem Brodmehle werden außerdem 10% Oelkuchenmehl zugesetzt,
      wenn Vorräthe davon vorhanden sind.
   d. Bei all' diesen Zusätzen wird eine kräftige Gährung des Brod-
      teiges, sowie ein Salzzusatz wünschenswerth.

9. Aus frischen Sehnen, Knorpeln, Knochen und den Häuten der Thiere
   ist auf geeignete Weise Leim zu gewinnen, der dann, nebst etwas
   Fleisch, als ein unentbehrlicher Zusatz zu den stickstoffarmen Gemüsepflanzen, sowie zu Mais, Reis, Kartoffeln, Rüben, Runkeln 2c. angesehen werden muß.

10. Pferdebohnen, Malzkeime, Biertreber, Rübenpreßlinge werden geröstet
    und als Caffesurrogate benutzt. Da der Caffe und die brenzlichen

Oele feiner Surrogate in einer, auf ein geringes Nahrungsmaß angewiesenen Diät eine so wichtige conservirende Rolle spielen, so dürfte
es sogar gerathen sein, einen Theil der Brodfrucht zu rösten, um
Caffeabsud daraus zu bereiten. Dann müßte aber der proteïnreiche
Rückstand nicht weggeworfen, sondern dem Brodmehle zugefügt werden.

11. Bei allem dem bleibt es eine Hauptsache, daß die Rationen rationell
zusammengesetzt sind, das heißt, daß sie auf $1/4$ Pfd. Proteïn $1/2$ Pfd.
Kohlenstoff führen. Eher, als eine qualitativ schlechtere, gebe man
eine quantitativ geringere Ration. Bei der Möglichkeit einer unter
so manchen Formen erfolgenden Nährstoffverschwendung in den Küchen
von Privaten, erscheint es durchaus nothwendig, daß die Ernährung einer
von Hunger bedrohten Bevölkerung von wenigen, einsichtsvoll dirigirten
Bäckereien und Küchen resultirt. *)

12. Der nothdürftig Ernährte kleide sich warm und befleißige sich möglichst der Ruhe. Das mindert den Stoffverbrauch und damit auch
das Nahrungsbedürfniß. Daher sind alle anstrengenden Arbeiten, außer
den zur Vertheidigung der Stadt gehörenden, zu sistiren. Diejenigen
aber, welche dem so anstrengenden Vertheidigungswerke obliegen, haben
gerechten Anspruch auf eine kräftigere Diät. Für sie allein mögen
die Caffe- und Branntweinvorräthe bestimmt sein.

---

*) Bei Beginn der Belagerung hat der Bürger A. einen Kartoffel-Vorrath von
100 Pfund, der Bürger B. einen Pöckelfleisch-Vorrath von 25 Pfd. Weiter
haben beide Nichts. Genießt der A. seine Kartoffeln, der B. sein Pöckelfleisch,
so werden beide höchstens 14 Tage ihr Leben fristen, dann aber des Hungers
sterben müssen. Vereinen sich aber beide Bürger zu einer gemeinschaftlichen
Küche, so können sie sich von ihren Vorräthen 25 Tage lang ernähren.

15. Vortrag.

Die Futtermittel der Hausthiere.

Gleich den Nahrungsmitteln des Menschen, so wollen wir auch hier der Reihe nach die verschiedenen Futtermittel der landwirthschaftlichen Nutzthiere besprechen, und mit den wichtigsten derselben, nämlich mit den Kleearten, den Anfang machen.

Der Klee.

Die Hauptarten des Klee's und deren organische Zusammensetzung im grünen, sowie auch im heutrocknen Zustande finden sich nach Maßgabe der darüber vorhandenen Analysen vollständig in folgender Tabelle aufgezeichnet.

Prozentische Zusammensetzung von	Wasser	Proteinstoffe	Stickstofflose Verbindungen *)	Holzfaser	Asche	Verhältniß zwischen Protein u. stickstofflosen Verbindungen **)	Analytiker
Frischer Rothklee (Trifolium pratense)							
aus Hohenheim, vor der Blüthe	87.4	3.3	4.2	3.7	1.4		Emil Wolff
" " während	83.1	2.8	6.0	6.7	1.4		" "
" " nach	80.9	2.2	6.0	9.6	1.3		" "
" Möckern, Beginn	85.1	3.2	8.1	4.2	1.4		" "
" " volle Blüthe	76.4	2.9	10.1	8.9	1.6		" "
" " sehr jung	83.9	4.0	6.7	3.8	1.4		Ritthausen
" " volle Blüthe	79.5	3.3	8.9	6.7	1.6		" "
" Cirencester, Beginn der Blüthe	81.0	4.3	9.1	3.8	1.4		Way
" " volle Blüthe	80.6	3.6	—	—	1.9		Völker
" Möglin, Beginn der Blüthe	81.5	3.0	—	—	1.3		Eichhorn
" Elsaß,	82.4	2.7	9.1	4.2	1.6		Bouffingault
" **volle Blüthe**	77.0	3.1	12.2	6.3	1.4		
" Collnitz,	71.3	3.3	15.9	7.2	2.3		Hellriegel
" Boitzenburg,	79.9	2.4	10.0	5.9	1.8		
" Proskau, erster Schnitt	76.4	6.2	10.3	5.3	1.6		Sulwa
" " zweiter	80.0	5.9	7.8	4.6	1.7		
Mittel	79.3	3.7	9.6	5.8	1.6	1 : 2.6	
Durchschnitts-Analyse von 14 Kleearten	79.7	3.9	9.1	5.3	1.9	1 : 2.4	Way

*) Unter dieser Rubrik sind gemeint: Stärke, Zucker, Dextrin, Pectin, Gummi, Fett, Wachs und Extractivmaterien.

**) Das eigentliche „Nährstoffverhältniß" ist hiermit nicht ausgedrückt, weil letzteres nur berechnet werden kann unter Berücksichtigung des Fettes.

Prozentische Zusammensetzung von	Waſſer	Proteïnſtoffe	Stickſtoffloſe Verbindungen	Holzfaſer	Aſche	Verhältniß zwiſchen Proteïn u. ſtickſtoffloſen Verbindungen	Analytiker
Rothkleeheu							
aus Hohenheim, zweiter Schnitt	16.7	9.5	26.5	41.7	5.6		Wolff
" Bickendorf, Ende der Blüthe	14.5	13.6	32.4	32.2	7.2		Grouven
" Rüdigsdorf, volle Blüthe	19.3	14.0	22.3	35.7	8.6		F. Cruſius
" Dahlen (gedüngt), abgeblüht	12.9	15.4	15.2	48.1	8.3		Ritthauſen
" (ungedüngt), abgeblüht . .	13.0	10.6	23.7	46.2	6.3		
" Bechelbronn, volle Blüthe	20.0	10.6	42.4	22.0	5.6		Bouſſingault
" Frankenfelde, 4 Zoll lang	14.7	18.3	37.0	18.8	11.2		Stöckhardt
" " Beginn der Blüthe .	13.0	14.8	39.5	24.0	8.7		
" " Ende "	14.2	10.7	37.5	30.9	6.7		
" Weende, 1857	17.1	10.2	38.2	27.5	7.0		Henneberg
Mittel	15.4	13.1	30.6	33.3	7.6	1 : 2.4	
Durchſchnitts-Analyſe von 14 Heuarten	16.6	15.8	37.6	22.5	7.6	1 : 2.4	Way *)
Weißer Klee (Trifolium repens)							
bei London, während der Blüthe	83.6	4.5	—	—	1.6		Völker
" Cirenceſter, Beginn "	79.7	3.8	9.0	5.4	2.1	1 : 2.3	Way
Incarnatklee (Trifolium incarnatum)							
aus Cirenceſter, Beginn der Blüthe	82.1	2.9	7.4	5.8	1.7	1 : 2.6	Way
" Bickendorf (heutrocken), Ende der Blüthe .	17.2	11.5	33.9	31.9	5.4	1 : 3.0	Grouven
Schwediſcher Klee (Trifolium hybridum)							
aus Mödern, vor der Blüthe	86.9	2.6	5.5	4.0	1.1	1 : 2.1	Wolff
" " Ende "	82.6	2.4	8.4	5.1	1.4	1 : 3.6	"
" " vor "	80.3	5.7	8.4	3.8	1.7	1 : 1.5	Ritthauſen
" " Ende "	80.2	3.0	6.7	8.6	1.5	1 : 2.8	"
" " völlig reif	15.7	10.2	21.2	48.8	3.9	1 : 1.9	"
" Dahme, heutrocken	16.7	9.1	44.5	24.9	4.7	1 : 4.9	Hellriegel
Gelber Hopfenklee (Medicago lupulina)							
aus Hohenheim, Ende der Blüthe	76.7	3.2	10.8	7.6	1.7	1 : 3.4	Wolff
" Cirenceſter, Anfang	76.8	5.7	8.7	6.3	2.5	1 : 1.5	Way
Luzerne (Medicago sativa)							
aus dem Elſaß, Beginn der Blüthe	80.4	2.8	10.4	5.1	1.3	1 : 3.7	Bouſſingault
" Cirenceſter, volle "	69.9	3.8	14.4	8.7	3.1	1 : 3.9	Way
bei London,	73.4	4.4	—	—	3.1	—	Völker
aus Möglin, Beginn der	81.9	3.1	—	—	1.4	—	Eichhorn
" Mödern, vor "	81.9	6.2	6.0	4.0	1.9	1 : 1.0	Ritthauſen
" " Beginn "	72.5	4.9	6.9	13.4	2.4	1 : 1.4	"
Esparſette (Onobrychis sativa)							
aus Cirenceſter, Beginn der Blüthe	76.6	4.3	11.4	5.8	1.8	1 : 2.6	Way
bei London, volle Blüthe	77.3	3.5	—	—	1.7	—	Völker

Den Gehalt an Fettmaterien gibt Way an im Mittel von 14, auf verſchiedene Sorten ſich beziehenden Analyſen, für friſchen Klee 0.75 %, für Kleeheu 3.18 %. Damit beinahe ganz übereinſtimmend ſind die Beſtimmungen von Eichhorn, Stöckhardt und Bouſſingault. Letzterer z. B. fand im grünen Klee durchſchnittlich 0.9 %, im Kleeheu 3.2 % Fett. Dieſer Fettgehalt iſt bei Fütterungsverſuchen wohl zu beachten.

Die weſentlichſten Betrachtungen, welche ſich an vorſtehende Analyſen knüpfen, ſind folgende:

1. Der hohe Nährwerth des Klee's im Allgemeinen; begründet durch ſeine Verdaulichkeit und ſeinen Proteïnreichthum. Letzterer macht ihn

---

*) Man erſieht daraus, daß das engliſche Heu nahrhafter iſt, als das anderwärts gewonnene.

zu einem proteïnreicheren Futter, als die Getreidekörner, welche auf
1 Theil stickstofflose Nährstoffe nur halb so viel Proteïn besitzen.
Das Getreide ist indessen ein concentrirteres Futter als der Klee, weil
er bei gleichem Gewichte mehr assimilirbare Nährstoffe enthält, das
heißt, sehr wenig von solchen Stoffen führt, die keinen Nährwerth
haben und blos als Ballast der Nahrung gelten. Da der analytisch
gefundene Nährstoffgehalt des Klee's in seinen beobachteten Nähreffecten
hinter den theoretischen Erwartungen zurückbleibt, so glaubte man früher
die Holzfaser im Klee sei hieran Schuld, in so weit sie bei ihrer
inkrustirenden Rolle die in den Zellen der Pflanze begrabenen Nährstoffe vor der leichten Verdauung schützt, sie also zum Theil unwirksam mache. Diese von Wolff zuerst aufgestellte und durch den Satz:
daß die Nährstoffe in einem Futter um so weniger ausnutzbar werden,
je mehr Holzfaser dasselbe enthält — auf die Spitze getriebene Anschauung, hat mir schon früher nicht gefallen, und ich glaube der erste
gewesen zu sein, der ihre Richtigkeit anzweifelte (Siehe I. Aufl. p.
412!) und auf eine andere Deutung hinwies. Letztere hat sich jetzt
bestätigt; nicht die inkrustirende Rolle der Holzfaser ist Schuld an
dem niedrigeren Effecte des Klee's, denn die Holzfaser hat sich bis
zur Hälfte verdaulich gezeigt; Schuld daran sind vielmehr jene in den
Analysen figurirenden löslichen Materien, welche keinen Nährwerth haben, indem es organische Verbindungen sind, die nichts gemein haben
mit dem Nährwerths-Character des reinen Proteïnstoffes noch dem
von Zucker und Stärke. Solche unbekannte extractive Materien sind
in wechselnder Menge in den Futtermitteln enthalten, und nach meinen
bezüglichen Untersuchungen stehen sie in keinerlei Proportion mit dem
sie begleitenden Holzfasergehalte. Indem ich im Schluß-Vortrage ausführlicher hierauf zurück zu kommen gedenke, möge zum
Commentar des eben Gesagten hier blos die eine Analyse dienen, welche
sich auf eine Probe Luzerne-Esparsette Heu bezieht, und in welcher
ich, nach ebenfalls später zu kritisirender Methode, den
wirklichen nährfähigen Theil von den zugleich gelösten gleichgültigen
stickstofflosen Materien, zu trennen versucht habe.

per 100 Heu	
Wasser	16.2
Proteïnstoffe	11.7
Fett	2.8
Zuckerartige Stoffe, auf Stärke berechnet	18.5
Unbekannte stickstofflose Verbindungen	11.6
Holzfaser	31.1
Asche	8.1
	100

Von der Holzfaserzahl ist bereits abgezogen 0.100 Asche und 0.184 Protein, welche sich nach der von mir befolgten Methode noch in dem Zellstoff vorfanden. Anzunehmen, daß die in allen analytisch ermittelten Holzfasern sich findenden und sehr schwankenden Reste von Protein nicht zur Ernährung gelangen, eben weil die Holzfaser sie so innig umschließt, dazu sind wir nicht berechtigt, so lange wir nicht genau wissen, ob nicht die vielen Verdauungssäfte des Thieres stärker auflösend wirken auf das Protein, als die 5 prozentigen Säuren und Laugen des Chemikers.

2. Vergleicht man die citirten Analysen für junge und alte Kleeschnitte mit einander, das heißt für Klee, je nachdem er vor der Blüthe, mit Beginn der Blüthe oder gegen Ende derselben gemäht worden, so zeigt sich ohne Ausnahme, von der Jugendperiode an bis zu dessen Reife, **eine beständige Zunahme seiner Trockensubstanz, ferner eine regelmäßige Abnahme im prozentischen Proteingehalte, und gleichzeitig eine fortwährende Vermehrung der Holzfaser.** Durch diese Thatsachen können verschiedene, in der Praxis längst und überall beobachtete Verhältnisse erklärt werden. Nämlich:

a. Die größere Nahrhaftigkeit des jungen Klee's gegen den älteren. Denn ersterer ist relativ proteinreicher, und mag er auch wässriger sein, so gereicht doch ein größerer Trockensubstanzgehalt dem alten Klee gerade nicht zum Vortheile, indem solches Plus vornehmlich aus schwer verdaulicher Holzfaser und ähnlichen zweideutigen Materien besteht, welche die Pflanze hartstengelich und weniger schmackhaft machen. Daher sind 100 Pfd. jungen Klee's, vor der Blüthe geschnitten, trotz seiner Wässrigkeit, ebenso nahrhaft, als 100 Pfd. alten Klee's am Ende der Blüthe. Werden indessen beide zu Heu gemacht, so daß ihr Feuchtigkeitsgehalt ein gleicher wird (16 %), dann sind 100 Pfd. Heu des ersteren vielleicht so nährkräftig und so viel werth, wie 120—150 Pfd. des Heues von altem Klee.

b. Daß ein Thier von jungem Klee mehr fressen kann, als von altem. In 100 Pfd. des ersteren sind 20 Pfd. Trockensubstanz, in altem dagegen 30 Pfd. Wenn nun eine Kuh in einer, in jeder Hinsicht vollkommenen Ration nicht mehr, als 25 Pfd. Trockensubstanz täglich zu sich nehmen kann, so wird sie keine 100 Pfd. des alten Klee's verzehren können, sondern blos 84 Pfd. (30 : 25 = 100 : x). Von jungem Klee frißt sie aber, bevor ihr Magen angefüllt ist, 125 Pfd. (20 : 25 = 100 : x). Die 25 Pfd. Trockensubstanz in den 125 Pfd. jungen Klee's sind aber wohl um die Hälfte nährkräftiger, als die 25 Pfd. Trockensubstanz in den 84 Pfd. alten Klee's. Die Kuh steht sich somit bei ersterem weit besser und kann mehr Milch und Fleisch produciren. Selbst wenn sie blos 84 Pfd. des jungen Klee's bekommt, so wird sie gegen eine andere Kuh, die 84 Pfd. alten hat, den Vortheil haben, daß sie nach anderm Futter noch Appetit behält, während die andere keine Lust hat, noch obendrein Stroh zu fressen.

c. Den herrschenden Gebrauch, den Klee bei Beginn der Blüthe zu Heu zu machen. Wollte man ihn hiergegen vor der Blüthe hauen, so fiele allerdings das Heu besser aus, aber der Verlust an Masse, den ein so unentwickelter Zustand des Klee's mit sich bringt, wäre doch zu empfindlich; wollte man ihn am Ende der Blüthe verarbeiten, so würde das an Quantität gewonnene Heu völlig aufgewogen werden gegen dessen schlechtere Qualität; auch würde dabei der zweite Schnitt sich zu nachtheilig verspäten. Ohne Zweifel ist es besser, den Klee eher etwas zu früh, als zu spät zu hauen.

d. Die Aufblähungen, die das Vieh im Frühjahre befallen, wenn es auf der Weide oder im Stalle von ganz jungem Klee sich satt fressen kann. Schuld daran ist einestheils der außerordentlich große Proteïnreichthum eines solchen Futters und anderntheils der leicht zersetzbare Zustand, in welchem das Proteïn in jungen Pflanzen sich findet, und bei welchem es im Magen zu starken Gas-Entwickelungen Veranlassung gibt.

3. Die vergleichenden Analysen zwischen gedüngtem und ungedüngtem Klee beweisen, daß auch die Klee-Ernte, wie bei allen übrigen Culturpflanzen, in ihrer Qualität sehr abhängig ist von Cultur und Düngung. Ein mit stickstoffreichen Düngern (Salpeter, Guano, Knochenmehl, Compost ec.) gedüngter Klee erzeugt nicht allein mehr, sondern auch auffallend nahrhaftere Pflanzen, als die nebenliegenden, ungedüngten Parzellen. Ueberhaupt sind üppig emporgewachsene Pflanzen reicher an Proteïnstoffen, als dürftig gewachsene. *) Sie verwerthen sich höher in der Fütterung, so wie in dem Dünger, den sie hinterlassen. Von einem dunklen und kräftig dastehenden Futterfelde sagen die rheinischen Bauern sehr bezeichnend: „es hat einen mastichen Wuchs."

Es ist keine Kunst, allein vermittelst Düngung, auf ein und demselben Feldstücke Kleeheu zu ziehen, sowohl von 20 Sgr., als auch von 30 Sgr. Futterwerth per Ctr.

Ein mit mineralischen Düngern (Holzasche, Kalk, Gips, Torfasche) tractirter Klee, zeigt zuweilen zwar auch einen üppigeren Wuchs, aber man soll sich dann nicht durch das größere Ernte-Gewicht täuschen

---

*) Als Beleg hierfür könnte ich eine Menge analytischer Beispiele citiren. Nur eins derselben hebe ich hier hervor. Es rührt von Stöckhardt her:

Prozentaler Stickstoffgehalt in Haferpflanzen:			Tägl. Zunahme an Pflanzenmasse binnen 96 Tagen per Morgen:
	Wachsthumsperioden		
I	II	III	
Ungedüngt 0.82	0.77	0.59	15 Pfd.
Guano und Salpeter . 1.89	0.90	0.87	43 „

laſſen, indem daſſelbe, genauen Ermittelungen zufolge, meiſtens aus Waſſer beſteht. Ich citire dieſerhalb folgende Verſuchs-Reſultate von Ritthauſen:

	Ertrag an Rothklee per Quadrat-Elle	Lufttrockene Maſſe
Ungedüngt . . .	450 Gramm	197.8 Gramm
Mit Aſche gedüngt	542 „	188.6 „
„ Gyps „	809 „	174.5 „

Aehnliche, wenn auch nicht ſo eklatante Reſultate fanden Hellriegel in Dahme und Hullwa in Proskau.

Wie ſehr der Boden die Nahrhaftigkeit des Futters beeinflußt, das höre man von Landwirthen, die von einem ſchweren, kalten Boden auf einen leichten oder humoſen, die von einem im Düngzuſtande befindlichen Gute nach einem mit mageren Feldfluren übergeſiedelt ſind. Dieſe haben bald gemerkt, daß auf dem einen Gute das Futter nicht ſo gut dem Vieh gedeiht, wie auf dem andern Gute und in der andern Gegend.

4. Da im großen Durchſchnitt 100 Pfd. friſcher Klee oder Luzerne 25 Pfd. Heu geben, ſo müßte denn 1 Pfd. des Letzteren den Nährwerth von 4 Pfd. friſchen Klee's haben. Dieſer Folgerung ſchließen ſich viele Praktiker nicht an, indem ſie ſagen, daß friſcher Klee verhältnißmäßig nahrhafter ſei, wie getrockneter, ſo zwar, daß nicht mehr als 3 Pfd. des erſteren zum Erſatz von 1 Pfd. Heu nothwendig ſeien. Durch das Heumachen ſollte alſo ein großer Theil des Nährwerthes des Klee's verloren gehen! Iſt dies möglich? — Beruht dies nicht auf Irrthum? — Ich glaube ganz beſtimmt, daß durch das Austrocknen an ſich kein Nährſtoff-Verluſt erzeugt werden kann, weil dabei ja nur Waſſer verloren geht, welches keinen Nährwerth hat und von deſſen Gegenwart auch weder die Weichheit der Pflanzenſtengel, noch deren Härte und Schwerverdaulichkeit abhängen. Letztere ſind vielmehr Eigenſchaften, die vom Alter und andern Wachsthums-Verhältniſſen des Klee's abhängen.

Wenn indeſſen die Erfahrungen der Praktiker wahr ſind, ſo möchten ſie nicht anders zu deuten ſein, als dadurch, daß zum Kleeheu gewöhnlich ein älterer, unnahrhafter Klee genommen wird, während die Grünfütterung ſich den jüngſten und ſaftigſten ausſucht, und ferner dadurch, daß beim Heumachen die trocknen Pflanzen, ſei's durch Blätter-Verluſt oder durch auffallende und ſtark auslaugende Regengüſſe, einen mehr oder weniger geringen Nährſtoffgehalt bekommen. Daß auch vom phyfiologischen Gesichtspunkte aus jene empirische Satzung mehr als zweifelhaft ist, das hat Boussingault durch seinen folgenden Versuch dargethan:

Ein 10 Monat altes Rind erhielt während 10 Tagen eine der Freßlust des Thieres entsprechende, genau gewogene Menge grünen Klee's. Bekam es dessen täglich zum Beispiel 45 Pfd., so wurden genau eben so viel Pfunde des nämlichen Klee's an demselben Tage vorsichtig, ohne Blätterverlust, ausgetrocknet und als Heu aufbewahrt. Nach 10 Tagen stellte Boussingault die Grünfütterung ein und ließ das Thier die folgenden 10 Tagen von dem Heu fressen, das, ganz entsprechend der Qualität und Quantität des Grünklee's, gewonnen worden war. Durch Wiegen des Thieres am Ende eines jeden Versuches sollte die Nährkraft zwischen grünem und getrocknetem Futter sich herausstellen. Die folgende Tabelle enthält die Resultate des Versuchs, den Boussingault dreimal wiederholte.

	Gewicht des Thieres am 1. Tage	Während 10 Tagen verzehrt an grünem Klee	Gewicht des Thieres am Ende der 10 Tage	Während 10 Tagen verzehrt an Kleeheu	Gewicht des Thieres am Ende des 20. Tages.
1. Versuch	270 Kilo	236.0 Kilo	267 Kilo	72.4 Kilo	272 Kilo
2. „	306 „	275.5 „	301 „	74.6 „	308 „
3. „ (mit Wiesenheu)	329 „	414.0 „	333 „	87.7 „	343 „

Hiernach hätte das Heu eher einen größeren, als geringeren Nähreffekt hervorgebracht, wie das entsprechende Grünfutter. Indessen sind die Differenzen im lebenden Gewicht bei den 3 Versuchen so gering, daß diese Folgerung nicht ohne eine gewisse Leichtfertigkeit gezogen werden kann, vor der wir uns durchaus hüten möchten.

5. Was die Nahrhaftigkeit der verschiedenen Kleearten unter sich betrifft, so gibt darüber obige analytische Tabelle genügende Auskunft. Sie läßt zum Beispiel ersehen, daß weißer Klee etwas nahrhafter ist, als Rothklee, daß Inkarnatklee nicht so gehaltreich ist, wie der schwedische Klee, ꝛc.

6. Ist es vortheilhafter den Klee abzuweiden durch Kühe und Schafe, oder ihn abzumähen? Auf diese Frage gibt ein von Ockel in Frankenfelde angestellter Versuch, den Stöckhardt analytisch commentirt hat, eine ziemlich bestimmte Antwort.

Es wurde nämlich ein gleichmäßig bestandenes Kleefeld in 3 gleiche Parzellen getheilt. Parzelle I. wurde vom 29. Mai bis 24. August 6 mal abgemäht und jedesmal mit ein wenig Guano überbüngt, wodurch der Weidegang nachgeahmt und die bem Klee dabei zu Gute kommenden Exkremente des

Weideviehes erſetzt werden ſollten. Parzelle II. wurde zweimal gemäht, am 15. Juni bei angehender Blüthe und ebenſo am 24. Auguſt. Von Parzelle III. nahm man den erſten Schnitt erſt am 7. Juli, gegen Ende der Blüthe, den zweiten jedoch am 24. Auguſt. Die Erträge und Schnitte von genannten 2 Parzellen wurden genau geſammelt, gewogen, getrocknet und analyſirt, wobei folgende Reſultate ſich ergaben:

Ertrag per preuß. Morgen (in Pfunden)	Kleehen	Proteinſtoffe	Stickſtofffloſe Stoffe	Holzfaſer
Parzelle I. (abgeweidet	3420	615	1291	637
„ II. (Anf. d. Blüthe)	6300	841	2389	1662
„ III. (Ende „ „)	6750	762	2623	1954

Sonach wäre das Abweiden des Klee's bei weitem nicht ſo vortheilhaft, als das Abmähen. Wenn ein Schaf täglich 2 Pfd. Heu verzehrt, ſo hätten ſich auf Parzelle I. vom 29. Mai bis 24. Auguſt blos 20 Schafe ernähren können, während von dem Ertrage der Parzelle II. oder III. 38 Schafe eben ſo reichlich im Stalle zu unterhalten geweſen wären. Bei dieſer Reflexion iſt jedoch der verſchiedene Nährwerth des Heues außer Acht geblieben, der auf Parzelle III. geringer iſt, als auf II. und bedeutend geringer, wie auf I.

Die Wieſengräſer.

Das Gras der Wieſen iſt ein Gemiſch verſchiedenartiger Pflanzen, die in Geruch, Geſchmack und Stoffgehalt von einander differiren. Sein Nährwerth ſteigt oder fällt, je nachdem die eine oder andere Wieſenpflanze in ihm vorwaltet.

Hinſichtlich ihrer Güte laſſen ſich die Gräſer in folgende abſteigende Reihe bringen:

Gräſer beſter Qualität.

Italieniſches Raygras,	Lolium italicum,
Timotheegras,	Phleum pratense,
Kleines Rispengras,	Poa annua,
Gemeines Kammgras,	Cynosurus cristatus,
Weiche Trespe,	Bromus mollis,
Gemeines Knaulgras,	Dactylis glomerata,
Wieſengerſte,	Hordeum pratense,
Wieſenfuchsſchwanz,	Alopecurus pratensis,
Franzöſiſches Raygras,	Arrhenatherum avenaceum,
Engliſches „	Lolium perenne.

Gräser mittlerer Qualität.

Schafschwingel,	Festuca duriuscula,
Hafergras,	Avena pubescens,
Ruchgras,	Anthoxanthum odoratum,
Wiesenrispe,	Poa pratensis,
Honiggras,	Holcus lanatus,
Gemeine Rispe,	Poa trivialis,
Goldhafer,	Avena flavescens,
Zittergras,	Briza media,

Den Commentar zu dieser Aufstellung verdanken wir Way, indem dieser berühmte Forscher im Jahre 1849 und 1850 all' die vorbenannten Gräser einer genauen, chemischen Analyse unterzog. Er sammelte selbige auf den Wiesen von Cirencester zur Zeit ihrer vollen Blüthe zwischen dem 8. Mai und 19. Juli.

	Wasser	Protein	Fett	Stickstoff-freie Nährstoffe	Holzfaser	Asche
Anthoxanthum odoratum . .	80.35	2.05	0.67	8.54	7.15	1.24
Alopecurus pratensis	80.20	2.44	0.52	8.59	6.70	1.55
Arrhenatherum avenaceum . .	72.65	3.54	0.87	11.21	9.37	2.36
Avena flavescens	60.40	2.96	1.04	18.66	14.22	2.72
Avena pubescens	61.50	3.07	0.92	19.16	13.34	2.01
Briza media	51.85	2.93	1.45	22.60	17.00	4.17
Bromus mollis	76.62	4.05	0.47	9.04	8.46	1.36
Cynosorus cristatus	62.78	4.13	1.32	19.64	9.80	2.38
Dactylis glomerata	70.00	4.06	0.94	18.30	10.11	1.59
Festuca duriuscula	69.33	3.70	1.02	12.46	11.83	1.66
Holcus lanatus	69.70	3.49	1.02	11.92	11.94	1.93
Hordeum pratense	58.85	4.59	0.94	20.05	13.03	2.54
Lolium perrenne	71.43	3.37	0.91	12.06	10.06	2.15
Annual rye gras	69.00	2.96	0.69	12.89	12.47	1.99
Lolium italicum	75.61	2.45	0.80	14.11	4.82	2.21
Phleum pratense	57.21	4.86	1.50	22.85	11.32	2.26
Poa annua	79.14	2.47	0.71	10.79	6.30	0.59
Poa pratensis	67.14	3.41	0.86	14.15	12.49	1.95
Poa trivialis	73.60	2.58	0.97	10.54	10.11	2.20
Junges Gras von einer Wässerwiese	87.58	3.22	0.81	8.88	3.13	1.28
Dasselbe, zweiter Schnitt . . .	74.53	2.78	0.52	11.17	8.76	2.24
Mittel aus allen Analysen	68.76	3.65	0.91	13.65	10.59	2.05

Eine ähnliche, nicht minder umfassende Untersuchung verdanken wir Scheven und Ritthausen. Auch hierbei wurden alle Gräser zu ihrer Blüthezeit (1855) gesammelt und frisch analysirt.

40

Botanischer Name der Graspflanze.	Wasser	Protein	Fett	Stickstoff-freie Nährstoffe	Holzfaser	Asche
Agrostis canina	71.4	3.2	0.6	11.6	11.0	2.2
Aira caespitosa	70.3	3.1	1.0	12.8	10.6	2.2
Alopecurus geniculatus . . .	76.9	3.0	1.0	10.1	7.0	2.0
„ pratensis . . .	66.8	2.7	0.8	12.1	15.5	2.1
Anthoxanthum odoratum . .	72.0	2.1	0.8	11.2	12.3	1.6
Avena pubescens	73.1	2.6	0.8	10.9	10.4	2.2
Cynosorus crystatus	72.6	2.1	0.7	10.6	11.7	2.3
Dactylis glomerata	65.1	3.0	0.8	12.6	16.1	2.4
Festuca pratensis	74.8	2.4	0.8	10.2	10.1	1.7
Festuca rubra	73.5	2.4	0.5	9.9	12.1	1.6
Glyceria fluitans	77.7	2.0	0.3	9.5	8.5	2.0
Holcus lanatus	75.1	2.3	0.5	9.5	10.2	2.4
Phalaris arundinacea	68.9	1.9	0.4	12.6	13.5	2.6
Poa pratensis	62.0	4.0	1.1	15.4	15.6	1.8
„ trivialis	78.0	2.3	0.8	8.4	8.8	1.6
Triticum caninum	70.0	2.8	0.7	11.6	12.7	2.1
Arrhenatherum avenaceum . .	67.0	3.2	0.4	11.8	15.4	2.1
Avena flavescens	59.5	3.3	0.8	17.2	16.3	2.9
Bromus mollis	66.8	2.8	0.5	12.7	14.5	2.7
Lolium italicum.	71.7	2.6	1.0	12.9	9.4	2.3
„ perenne.	75.2	2.3	0.6	9.5	10.7	1.6
Phleum pratense	68.2	2.0	0.4	13.6	13.9	2.0
Trifolium repens	79.7	4.3	—	9.2	5.1	1.7
„ filiforme.	75.4	4.2	—	11.2	7.8	1.4
„ pratense.	76.2	3.4	—	9.7	8.9	1.8
Vicia sepium.	77.7	5.2	—	8.3	7.7	1.0
„ eraca	75.0	6.0	—	9.0	8.5	1.5
Lathirus pratensis	76.1	5.1	—	10.3	7.2	1.3
Lotus corniculatus	79.2	3.2	—	10.7	5.3	1.6
„ major	76.1	5.2	—	10.6	6.4	1.7
Mittel	72.35	3.01	0.70	11.20	10.80	1.94

Das Gras der englischen Wiesen zeigt sich sonach etwas nahrhafter, als das der Deutschen.

Die Analysen, welche andere Chemiker über einzelne Wiesengräser anstellten, sind in folgender Tabelle vereint:

	Wasser	Proteinstoffe	Kohlehydrate	Holzfaser	Asche	Analytiker.
Italienisches Raygras	80.8	2.8	3.5	10.9	1.9	Völker
Honiggras aus Hohenheim, Ende der Blüthe	69.3	2.1	13.9	12.1	2.6	Wolff
Ruchgras „ „	69.5	1.7	13.9	13.1	1.8	„
Knaulgras „ „	66.7	1.8	15.2	14.3	2.0	„
Rispengras „ „	69.3	1.6	12.4	14.8	1.9	„
Weiche Trespe „ „	65.5	1.8	17.2	13.6	1.7	„
Wiesenfuchsschwanz, Beginn der Blüthe .	76.1	3.1	—	—	1.7	Ritthausen

Die Durchschnittsanalyse der Tabellen von Way und Ritthausen repräsentirt ganz zutreffend die Zusammensetzung des Grünfutters einer Wiese. Für den getrockneten Zustand der letzteren, das heißt für das Wiesenheu, haben wir indessen Analysen anderer Autoren, die ich hier zusammengestellt habe.

	Wasser	Proteïnstoffe	Stickstofflose Berbindungen	Holzfaser	Asche	Analytiker.
Heu von Cirencester	14.8	9.4	41.1	29.1	5.8	Way
„ „ Möckern	14.2	7.4	36.2	34.7	7.5	Ritthausen
dito	14.9	9.1	38.8	31.8	5.4	Knop
dito volle Blüthe	16.9	10.7	40.1	27.2	5.0	Wolff
dito Beginn der Blüthe	14.3	11.7	43.0	24.0	7.0	„
Grummet von Möckern, 1853 . .	13.1	10.7	49.7	19.0	7.4	Kayser
Heu von Möckern, 1853	13.4	9.1	42.7	27.1	7.6	„
Grummet von Möckern, 1854 . .	16.1	10.9	35.7	28.9	6.3	Ritthausen
Heu von Möckern, 1854 . .	14.8	12.5	33.1	34.7	4.9	„
Grummet von Rübigsdorf	14.5	8.4	38.1	30.7	8.3	Crusius
Heu aus dem Elsaß	13.0	7.2	48.2	24.4	7.6	Boussingault
Grummet aus dem Elsaß	14.1	12.4	44.0	21.5	8.0	„
Schweizer Berg-Heu	14.3	9.7	41.2	27.4	7.3	Stöckhardt
„ „ Grummet . . .	14.3	11.9	40.7	23.3	9.7	„
„ Thal-Heu	14.3	12.1	40.6	25.9	7.1	„
„ „ Grummet . .	14.3	13.9	39.3	22.9	9.4	„
Heu von Salzmünde, 1860 . . .	15.4	9.2	28.9	39.9	7.0	Grouven
Heu von Weende, 1858	17.0	14.1	33.9	25.5	9.4	Stohmann
Mittel:	14.4	10.4	41.0	27.0	7.2	

Nährstoffverhältniß = 1 : 4
Der Fettgehalt beträgt zwischen 2.5 — 3.5 Prozent.

Vergleichen wir vorstehende Durchschnittsanalyse des Wiesenheues mit der von Kleeheu, so erkennt man bald die größere Nahrhaftigkeit des letzteren, begründet durch dessen größern Proteïngehalt. Wäre in beiden gleichviel unverdauliche Holzfaser, so verhielte sich ihr Futterwerth, wie 13.1 : 10.4, so aber, und in Rücksicht der etwas größeren, natürlichen Feuchtigkeit des Kleeheues, darf man dessen Werth höchstens um $\frac{1}{6}$ höher schätzen, als den von Wiesenheu. Das heißt, man kann in Praxi 85—90 Pfd. gutes Kleeheu 100 Pfd. gutem Wiesenheu gleichstellen.

Meine Bemerkungen, die ich beim Kleeheu (vergl. 1—6) in Betreff der Alteration seines Nährstoffgehaltes je nach dem Alter, der Mähzeit, Düngung u. s. w., gemacht habe, sind auch für das Wiesenheu von der nämlichen Gültigkeit.

Ein ihm eigenthümlicher Umstand ist jedoch der, daß es durch wiederholtes Abweiden, nicht gleich der Kleesaat einen schlechteren, sondern in

Summa einen höheren und, gemäß einer bezüglichen Analyse von **Wolff**, auch einen qualitativ besseren Ertrag liefert.

Ob das Heu vom ersten Schnitt nahrhafter ist, als das vom zweiten, welches Grummet genannt wird, darüber sind die Ansichten der Landwirthe keineswegs einig. Während durchgehends in Norddeutschland dem Grummet ein niedrigerer Werth, als dem Heu beigelegt wird, erachten die Schweizer es entschieden für nahrhafter und bezahlen auch für den Ctr. ¼ Thlr. mehr, als für Heu. Die chemischen Analysen, die bisher über Grummet angestellt wurden, und namentlich die folgenden von **Karmrodt** (St. Nicolas 1858)

	Waſſer	Protein	Kohlehydrate	Holzfaſer	Aſche
Engl. Raygras 1. Schnitt	13.5	7.0	40.8	31.5	7.2
„ „ 2. „	11.9	14.0	35.0	25.3	13.8
„ „ 3. „	11.9	10.2	36.9	26.6	14.4
Französisches Raygras 1. Schnitt . . .	11.4	9.3	41.9	29.5	7.9
„ „ 2. „ . . .	11.5	13.1	36.7	28.6	10.0
„ „ 3. „ . . .	11.4	12.2	36.5	28.0	11.9
Italienisches Raygras 1. Schnitt . . .	10.2	7.9	55.4	19.0	7.5
„ „ 2. „	10.1	14.0	49.0	17.2	9.7
„ „ 3. „	10.4	10.9	47.9	18.3	12.5

können dem Urtheile der Schweizer nur beistimmen, indem sie im Grummet weniger Holzfaser, dagegen bedeutend mehr Proteïnstoffe und Mineralsalze nachgewiesen haben. Es entspricht das auch der jugendlichen weichstengeligen Beschaffenheit, in welcher die Wiesenpflanzen zur Zeit der, in den Herbst hineinfallenden Grummet=Maht sich noch befinden.

Wenn indessen die Erfahrungen der Landwirthe, die das Grummet geringer schätzen, nicht auf irriger Beobachtung beruhen, so lassen sie sich nur durch die große Empfindlichkeit erklären, welche das Grummet gegen Regengüsse zeigt, die bei seiner Maht so häufig und gern einzufallen pflegen. Während der härtere Heuschnitt von einer Regenschauer bei seinem Trocknen nicht viel Schaden leidet, kann der Grummetschnitt dadurch verdorben werden, indem er theils ausgelaugt wird, theils wegen seiner weichen Beschaffenheit in eine nachtheilige Zersetzung geräth. Daher liefern auch trockne Wiesen ein gutes, nasse dagegen gewöhnlich ein schlechtes Grummet.

Wie wichtig ein trocknes, warmes Wetter bei der Heu= und Grummet= werbung ist, das zeigen treffend die vergleichenden Analysen zwischen mehrmals beregnetem und trocken eingebrachtem Heu. Solche wurden angestellt zuerst von Isidor Pierre, indem er gutes Wiesenheu wiederholt mit kaltem und warmem Wasser begoß und auspreßte.

Im Normalheu (in 100 Theilen)	Im Wasserextract (warm)	Im Wasserextract (kalt)
Trockensubstanz 80.10	19.90	16.57
Proteïnstoff 8.75	1.76	2.20
Asche 6.90	3.98	4.04
Phosphorsäure 0.444	0.270	0.270
Natron 1.595	1.200	1.480
Kalk 1.253	1.160	1.120

Die Menge der werthvollen Bestandtheile, die das Wasser entziehen kann, ist hiernach so groß, daß mit diesem Verluste das Heu ⅓ seines ursprünglichen Werthes einbüßt, und gewiß noch mehr, wenn man bedenkt, daß es nach der Auslaugung der Alkalisalze und Phosphate entbehrt, die sonst bei dessen Assimilation so wichtige Rollen spielen. Mit einem dergestalt ausgelaugten Heu wird man nicht im Stande sein, ein Thier ausschließlich zu ernähren. Es wird Siechthum und Krankheit erzeugen.

Auch von Stöckhardt besitzen wir eine Untersuchung eines bei Tharand im Jahre 1854 geernteten Heues, welches 13 Tage lang bei abwechselnd trocknem und nassem Wetter auf der Wiese hatte liegen müssen. Eine andere Probe von derselben Wiese war indessen innerhalb dreier Tage auf's trockenste eingebracht worden. Der Vergleich beider gibt folgende Analyse:

Prozentische Zusammensetzung der wasserfreien Heusubstanz	Gutes Heu	Beregnetes Heu	Berechneter Verlust per 100 Pfd. Heu
Proteïnstoffe	7.8	6.5	2.1 Pfd.
Zucker	0.71	0.12	0.6 "
Stickstofflose Verbindungen	53.3	49.7	9.8 "
Holzfaser	32.1	36.5	0.0 "
Asche	6.1	7.2	?
	100.0	100.02	12.5 Pfd.

Endlich hat auch Ritthausen eine Probe vielfach beregneten Kleeheues analysirt, das durch Trocknen auf Kleereitern vor gänzlichem Verderben geschützt worden war.

	Gutes Kleeheu	Beregnetes Heu	Verlust, berechnet per 100 Pfd. Heu
Wasser . . .	16.00	16.03	— Pfd.
Asche . . .	8.04	7.50	3.0 "
Holzfaser . .	25.25	37.24	0.0 "
Proteïnsubstanz .	14.59	15.85	3.8 "
Kohlehydrate .	36.12	23.38	20.6 "
	100.00	100.00	27.4 Pfd.

Bei der günstigsten Annahme haben erst 146 Pfd. dieses beregneten Heues den Werth von 100 Pfd. des gut eingebrachten.

Sonstige Grünfutterpflanzen.

Deren gibt es noch viele, die unserer ganzen Beachtung werth sind. Ich erinnere blos an das Futterkorn, Wickfutter, Grünhafer, Mais, Lupinen, Kohlpflanzen ꝛc., die als Aushülfsmittel da eine Rolle spielen, wo Klee und Gras nicht ausreichen oder nicht zur rechten Zeit zu erlangen sind. Wie sind sie zusammengesetzt, welchen Futterwerth haben sie? — Diese uns naheliegenden Fragen finden in umstehender Tabelle ihre Beantwortung.

Prozentische Zusammensetzung von	Wasser	Proteïnstoffe	Stickstofflose Verbindungen	Holzfaser	Asche	Analytiker
Ackerspörgel, Spergula arvensis	89.8	0.9	4.3	3.8	1.2	Wolff
„ abgeblüht	78.8	2.9	9.7	5.3	2.4	Lehmann
„ „	77.9	1.5	—	—	1.4	Eichhorn
„ 5. „ Juli	78.8	2.8	7.0	8.6	3.1	Ritthausen
Knöterich, Polygonum Siboldii, 2 Fuß hoch	78.0	5.4	13.7	5.8	2.0	Grouven
Wegerich, Plantago lanceolata, 28. Mai	84.7	2.2	6.6	5.1	1.4	Way
Pimpernell, Poterium sanguisorba, 28. Mai	85.5	2.4	7.4	3.4	1.2	„
Ackerhanf, Sinapis arvensis, 28. Mai	85.3	1.9	7.3	4.4	1.0	„
Sauerampfer, Rumex acetosa	75.4	1.9	8.1	13.0	1.5	„
Ackerdistel, 1 Fuß hoch	88.9	2.7	—	—	—	Pierre
Brennesseln, „	84.0	5.3	—	—	—	„
Mohrhirse, Holcus sacharatus . .	78.4	3.1	10.9	6.2	1.3	Moser
Sorghum vulgare	77.3	2.9	11.9	6.7	1.1	„
„	84.1	1.9	12.3	—	1.7	R. Hoffmann
Sorghum sacharatum, reif . . .	70.0	1.7	19.2	8.5	0.6	Grouven
Topinambur-Laub	80.0	3.3	10.6	3.4	2.7	Boussingault
Kohlraps, Brassica napus . . .	87.1	3.1	4.6	3.6	1.6	Völker
„ 22. Mai	88.7	3.1	7.5	3.8	2.0	Ritthausen
Kohlrabiblätter	85.0	2.8	8.9	1.5	1.8	R. Hoffmann
Futterkohl, 6 Pfd. schwer . . .	89.5	1.8	4.7	2.7	1.3	Ritthausen
„ 1½ Pfd. schwer . .	87.7	1.4	7.6	2.1	1.3	Kayser
„ ungeschlossen . . .	91.8	2.1	—	—	1.6	Anderson
„ geschlossen	94.5	0.9	—	—	0.6	„
„ äußere Blätter . . .	85.5	2.8	9.9	0.5	1.3	R. Hoffmann
„ „	88.8	1.6	6.0	2.1	1.6	Ritthausen
Serabella, 20. September	85.8	2.6	5.1	5.0	1.4	Hellriegel
Sommerwicken, Vicia sativa, 11. Juli .	84.0	3.8	4.8	5.1	2.3	Wolff u. Jani
„ „ „ 13. Juni .	82.9	4.0	7.3	4.7	1.1	Way
„ „ „ „ .	82.2	3.6	—	—	1.5	Völker
„ „ „ „ .	84.1	2.7	—	—	1.4	Eichhorn
Schwarze Wicke, 23. Mai „ .	83.7	4.7	6.8	3.9	1.9	Ritthausen
„ „ 12. Juli .	80.6	3.1	6.1	8.8	1.4	„
Zaunwicken, Vicia sepium, 9. Juni . .	79.9	4.6	7.2	6.2	1.9	Way
Linsen, Ende der Blüthe	77.9	5.0	7.6	8.1	1.3	Ritthausen
Saubohnen, 26. Juni	87.3	2.8	5.4	3.5	1.0	„
Felderbsen, gelbe, 9. Juli . . .	86.3	3.3	6.0	3.0	1.1	„
„ 6. August . . .	76.1	3.9	10.5	7.7	1.8	„
Erbsen, Ende der Blüthe	85.7	3.2	5.6	4.4	1.1	„
Grünhafer am 11. Juli	84.0	2.3	5.1	7.0	1.6	Wolff u. Jani
„ in Schlossen	83.5	3.1	7.6	4.6	1.2	Stöckhardt
„ am 16. Juni	86.5	1.8	—	—	1.6	Ritthausen
„ in Aehren	80.9	1.8	—	—	1.4	Eichhorn
Futterroggen am 2. Juni	66.5	8.6	—	—	1.5	Ritthausen
„ im Mai	79.2	3.1	7.8	8.6	1.8	Völker
Mais in Blüthe, 3½ Fuß hoch . . .	85.2	1.0	7.4	5.5	0.8	Wolff u. Jani
Amerik. Mais vor der Blüthe, 7½ Fuß hoch	84.3	0.9	8.7	4.9	1.1	Wolff
Oestreichisch. Mais, abgeblüht, 8½ Fuß hoch	82.1	1.1	10.9	4.7	1.1	„
Badischer Mais in der Blüthe . . .	85.7	1.1	—	—	1.1	Eichhorn
Oestreichischer Mais nach der Blüthe . .	76.8	1.9	14.4	5.9	1.0	Moser
Ungarischer Mais, 15. Juli . . .	78.0	1.4	15.3	3.0	2.2	R. Hoffmann
Entkörnte Maiskolben	9.2	1.6	46.5	39.9	2.8	Nyberg
„ „	8.8	3.0	54.5	30.8	2.9	Moser

Man erkennt bei Durchsicht dieser Tabelle, wie beachtenswerth groß der Nährwerth mancher Grünfutterpflanzen ist. So müssen, gemäß den Analysen, die grün vor der Aehrenbildung geschnittenen Getreidearten und Hülsenfrüchte (Futterkorn, Grünhafer, Wickhafer, Lupinen) so wie ferner die Kohlgewächse (Raps, Strunkkraut) einen mindestens eben so hohen Futterwerth haben, als der Klee bei beginnender Blüthe. Diese Schlußfolgerung wird jeder Landwirth bereit sein, mit seiner Erfahrung zu bestätigen.

Interessant ist die Thatsache, die aus den aufgestellten Analysen Ritthausen's über üppige und magere junge Getreidepflanzen hervorgeht, daß nämlich die dunkelgrünen und mastisch dastehenden Grünfutterpflanzen eine größere Nährkraft besitzen, als die bleich und mager sich ansehenden. Durch intensive Düngung und Cultur gewinnt also das Grünfutter nicht nur an Masse, sondern auch an Qualität. Es verhält sich in dieser Hinsicht grade so, wie der Klee und die Wiesengräser. (Seite 465).

Während Klee, Wiesengräser, Futterroggen, Wickhafer, Grünraps, Futterkohl, grüne Wicken und Lupinen, jedes für sich ein vollkommenes Futter darstellen, indem sie auf ein gewisses Quantum verdaulicher, stickstoffloser Materien, die zum Thierleben und seinen praktischen Zwecken erforderlichen Proteïnstoffmengen ebenfalls ausreichend enthalten, indem sie also zu ihrer völligen Ausnutzung sich selbst genügen, und, einige besondere Fälle ausgenommen, keines Zusatzes anderer Futtermittel bedürfen, kann man das Gleiche nicht vom Maisfutter sagen, dessen Analyse oben ebenfalls mehrfältig mitgetheilt ist. Der Mais, so sagen die Analysen, ist zu stickstoffarm; er enthält auf 10 Theile stickstoffloser Stoffe blos 1 Theil Proteïn, während Klee oder Wickhafer dessen 2 bis 3 Theile führt. Wenn daher eine milchende Kuh bei bloßem Kleefutter sich ganz wohl befindet, so wird sie bei bloßem Grünmais mit dem Mangel an plastischem Nährstoff zu kämpfen haben, welchen sie nur durch Verzehr eines abnormen Volumens — das heißt mittelbar durch nutzlose Ausscheidung des halben Zucker- und Dextrin-Gehaltes des Mais — ausgleichen kann. Der Verzehr von einem 2—3 mal so großen Futter-Volum, als eine Kuh gewöhnlich einnimmt, wird aber schwer, wenn nicht geradezu unmöglich sein. Von dieser Möglichkeit hängt es jedoch ab, ob das mit Mais gefütterte Thier nicht in seiner Milch-, Fleisch- oder Kraftproduction auf die geringste Leistung gar bald reduciren wird. In jedem Falle bleibt pure Maisfütterung eine Verschwendung.

Dieser entgeht man nur dadurch, daß man die tägliche Ration der Thiere nur zur Hälfte aus Mais bestehen läßt; die übrige Hälfte sei guter Grünklee oder Wickfutter. In Ermangelung dessen beansprucht jedes Stück

Großvieh täglich eine Metze Bohnenschrot oder Oelkuchenpulver, als trockener Zusatz. Unter diesen Bedingungen wird der Mais zum vortrefflichsten Milchfutter.

Zum Anbau des Mais wähle man nur die früh reifen Sorten, zum Beispiel den badischen und oberöstreichischen Mais. Sie geben eine in jeder Hinsicht bessere Ernte, als die spät reifen amerikanischen Maissorten, Falls sie 2½ Monat nach ihrer Saezeit, also von Mitte August an, abgeschnitten und verfüttert werden.

Stroh und Spreu von reifem Getreide.

Wir haben es da mit Erzeugnissen zu thun, die, so wenig nahrhaft sie auch sind im Vergleich mit den bisher erörteten Futtermitteln, dennoch von gewisser Bedeutung sind, zumal es leider noch sehr viele Wirthschaften gibt, wo das Rindvieh während des Winters kaum etwas anders bekommt, als Stroh und Spreu (Kaff), das heißt, wo es allein darum zu thun ist, die Thiere eben lebend durch den Winter zu bringen.

Es ist freilich wahr, daß man mittelst Stroh und ein Paar Rüben das Rindvieh am Leben erhalten kann, das ist es aber auch All'; von einer Nutznießung und Leistung kann dabei keine Rede sein. Diese Ueberzeugung, denke ich, wird sich am ehesten aus einer chemisch-physiologischen Betrachtung von derartigen Futterstoffen gewinnen lassen, und wir wollen eine solche hier anstellen im Interesse derjenigen Viehhalter, die, aus Pietät vor der altherkömmlichen Fütterungsweise, die bescheidene Stellung noch verkennen, welche das Stroh in der Viehfütterung eigentlich einnehmen sollte.

Vorab die vorhandenen Analysen:

Prozentische Zusammensetzung von	Wasser	Proteinstoffe	Stickstofflose Verbindungen	Holzfaser	Asche	Analytiker
Weizenstroh, bloße Aehren, 6%	19.9	3.9	—	—	—	Pierre
" Blätter u.Blattscheiben, 26%	17.1	3.0	—	—	—	"
" Oberes Halmende, 6%	14.6	2.4	—	—	—	"
" Unterer Halmtheil, 62%	15.6	1.5	—	—	—	"
Winterweizenstroh	14.3	4.0	29.8	45.0	6.9	Wolff u.Dietlen
"	12.0	1.9	32.5	48.4	5.3	Ritthausen
"	13.3	1.5	—	—	6.8	Anderson
"	26.0	1.9	38.1	28.9	5.1	Boussingault
"	13.5	3.2	33.1	44.3	5.9	Stohmann
Sommerweizenstroh	14.3	1.5	26.7	52.6	4.9	Wolff u.Dietlen
Dinkelstroh	14.3	2.2	27.4	50.2	5.9	"
Roggenstroh	14.3	2.1	25.6	54.9	3.1	"
"	18.6	1.5	44.5	32.4	3.0	Boussingault
"	17.0	4.1	35.4	39.0	4.5	Grouven
Gerstenstroh	14.3	1.9	21.7	54.0	8.1	Wolff u.Dietlen
"	14.3	2.6	23.0	52.3	7.8	"
"	13.5	3.7	33.0	42.6	6.5	Ritthausen
"	11.7	2.9	40.0	46.3	6.1	Knop
" mit Klee durchwachsen	15.6	6.2	30.0	41.1	7.0	Ritthausen
" ohne Klee	12.0	1.9	32.5	48.4	5.3	"
" "	14.2	1.9	45.5	34.4	4.0	Boussingault
Haferstroh, mit Klee	14.3	7.7	24.9	48.3	4.8	Wolff u.Dietlen
" ohne Klee	14.3	2.6	27.5	50.2	5.4	"
" "	21.2	1.3	27.0	45.2	5.3	Crusius
" "	12.0	3.0	33.1	47.4	4.5	Horsfall
" "	21.0	1.9	43.5	30.0	3.6	Boussingault
" "	12.1	1.5	—	—	4.8	Anderson
" "	16.0	2.8	27.1	48.2	5.9	Grouven
" "	12.6	3.3	42.1	36.1	5.9	Henneberg
Mittel aller Stroh-Analysen	15.4	2.6	31.5	45.0	5.5	

Nährstoffverhältniß = 1 : 12.

Spreu oder Caff von:

	Wasser	Proteinstoffe	Stickstofflose Verbindungen	Holzfaser	Asche	Analytiker
Winterweizen	17.7	4.8	—	—	—	Pierre
"	14.3	4.9	31.2	37.8	11.8	Wolff u.Dietlen
"	8.5	7.4	51.5	29.3	3.3	Crusius
"	11.5	5.2	53.9	20.3	9.3	Boussingault
Sommerweizen	14.3	8.3	29.4	39.7	13.3	Wolff u.Dietlen
Dinkelweizen	14.3	2.9	33.0	41.4	8.4	"
Roggen	14.3	3.7	28.0	46.6	7.4	"
Gerste	14.3	3.5	39.8	31.3	11.1	"
"	13.9	2.7	40.5	29.7	13.1	Ritthausen
Gerstespelzen	12.7	4.6	55.5	22.8	4.4	Grouven
Hafer	14.3	4.0	28.0	34.9	18.8	Wolff u.Dietlen
Mittel:	13.7	4.1	38.1	34.5	9.6	

Nährstoffverhältniß = 1 : 9.3.

Zwischen den verschiedenen Strohanalysen bemerkt man einen beträchtlichen Unterschied, der sich auch in dem Fütterungseffect kund gibt. Man kann sich diesen theils erklären:

1. Durch die verschiedene Natur des Stroh's, je nach seiner Art und Abstammung;

2. Durch die größere oder geringere Körnermenge, die beim Dreschen in den Aehren verbleibt;

3. durch die mehr oder minder vollkommene Trennung der an sich nahrhafteren Spreu und Blattscheiden von den Aehren beim Dreschen;

4. durch den verschiedenen Reifezustand des Stroh's; je reifer es ist, und je länger es bis zum Abmähen steht, je unnahrhafter wird es;

5. durch seine Abstammung von Sommerhalmfrüchten oder Winterhalmfrüchten; das Stroh Ersterer ist durchschnittlich um ¼ nahrhafter und werthvoller, als das Winterfruchtstroh;

6. durch die Witterung bei der Ernte, wo es trocken oder feucht eingebracht worden sein kann;

7. durch die Qualität des Ackers, worauf es gestanden; ein düngkräftiges Feld liefert das nahrhaftere Stroh;

8. durch die Menge und Natur der mit dem Stroh vermischten nahrhaften Gräser, die zwischen der Frucht gewachsen sind. Ein mit jungem Klee etwas reichlich durchwachsenes Stroh kann leicht doppelt so nahrhaft sein, als sonst.

Was die Art des Stroh's betrifft, so erachtet man dafür im Einklang mit der Analyse, daß zur Fütterung am werthvollsten das Stroh von Sommergerste und Hafer ist; darauf folgt das von Sommerweizen und Wintergerste; noch weniger gut ist das von Winterweizen und durchgehends am schlechtesten das Roggenstroh. Diese Regel erleidet indessen in speciellen Fällen zuweilen eine Ausnahme; so haben wir zum Beispiel hier in Salzmünde anno 1860 Roggenstroh gehabt, welches gehaltreicher war als das gleichzeitige Haferstroh und nahezu 6 % Proteïnstoffe enthielt.

Getreidespreu und Caff enthalten weniger Holzfaser, dagegen deutlich mehr Proteïnstoffe und Mineralsalze. Dadurch stellt sich in ihnen das Nährstoffverhältniß, wie 1 : 9, wodurch sie befähigt sind, ein leidliches Erhaltungsfutter für Rindvieh abzugeben. In ökonomischer Hinsicht gilt 1 Theil Heu = 2 Theile Spreu = 3 Theile Futterstroh.

Der Fettgehalt im Stroh und in der Spreu ist ein niedriger, durchschnittlich kaum mehr als 1 %. Nur im Haferstroh kann man 3 % Fett annehmen.

Welchen Nährwerth hat das Stroh überhaupt? — Wollten wir diese Frage durch einen Blick auf die eben gegebenen Analysen beantworten, und auf die 2.6 % Proteïn und 31.5% lösliche stickstofflose Verbindungen, welche durchschnittlich das Stroh enthält, unsere Berechnung gründen, so würde letztere zwar sehr einfach sich gestalten, indessen ein Resultat geben, welches unbrauchbar ist, indem es einestheils zu günstig ausfällt gegenüber den betreffenden Erfahrungen der Landwirthe und anderntheils gar keine Rechnung trägt den neueren Forschungen über die Verdaulichkeit und den Nährwerth der verschiedenen Strohbestandtheile.

Wir wissen jetzt nämlich (Vergl. Seite 463), daß ein großer Theil jener 31.5 % löslichen stickstofflosen Verbindungen gar keinen Nährwerth haben, und daß dagegen ein nicht minder beträchtlicher Theil der 45 % Holzfaser, welche unsere bisherige analytische Methode als unlöslich, respective als unverdaulichen Strohbestandtheil angeben, von den Verdauungssäften des Rindes und Schaafes wirklich aufgelöst werden.

Gemäß meinen, freilich noch viel zu wenig ausgedehnten Untersuchungen, schwankt die Menge der werthlosen stickstofflosen Strohbestandtheile zwischen $^1/_3$—$^1/_2$ derjenigen, welche die Analyse als löslich angibt; sie beträgt also 10—15 % des Strohgewichtes, und nur 15—20 % restiren für die Categorie des Zuckers und somit als tauglich für die Zwecke der Ernährung.

Ob die analytisch und summarisch gefundenen 2.6 % stickstoffhaltige Materien in demselben Grade eine Reduction erleiden müssen, vermag ich heute leider noch nicht zu constatiren. Ich glaube indessen, daß jene aus dem Stickstoffgehalte berechneten Materien sich mehr der Constitution des reinen nährfähigen Proteïnstoffes näheren, und höchstens um $^1/_4$ ihrer Menge verunreinigt sind mit werthlosen Nitraten, Ammoniaksalzen, Alkaloïden, Chlorophyll und völlig unverdaulichen Proteïntheilen. Für jedes andere Futtermittel, als das Stroh, muß dieser werthlose Antheil eine andere Proportion haben, weil in jedem der Gehalt an fremdartigen stickstoffhaltigen Elementen ein verschiedener sich zeigt. Zudem gibt jedes holzfaserreiche Futtermittel, nach der Verfütterung an Rindvieh, eine Exkrementemasse von apartem Stickstoffgehalte, was nicht der Fall sein könnte, wenn für alle Futtermittel ein gleicher Grad der Verdaulichkeit ihrer stickstoffhaltigen Materien existirte. Näheres oder Reelleres über diese Verhältnisse wissen wir indessen noch nicht, und es werden daher noch schwierige und umfassende Arbeiten nöthig sein, ehe wir von jedem Hauptfuttermittel sagen können, der wie vielte Theil seines Stickstoffgehaltes wirkungslos sei für die Ernährung.

Und was die analytische Menge der Holzfaser betrifft, so ist es mit der neuen Thatsache, daß selbige zum Theil verdaulich sei, doch noch lange nicht genug. Wir müßten auch wissen, welches die Verbindungen sind, die aus der Verdauung der Holzfaser entstehen, und welchen Nährwerth dieselben haben. Wahrscheinlich, so glaube ich wenigstens, sind es zuckerartige Materien, die daraus resultiren; es könnten aber auch Stoffe sein, die gleich denjenigen beschaffen sind, welche sich unter der analytischen Rubrik der löslichen stickstofflosen Verbindungen befinden und, wie oben erwähnt, ohne ernährenden Werth sind. All die unten folgenden, auf die Verdaulichkeit der Holzfaser sich beziehenden Untersuchungen, lassen uns über diesen wesentlichen Punkt im Dunkeln.

Nach diesen Bemerkungen kann nun Jeder ermessen, wie wenig die obigen Strohanalysen uns über den wahren Nährwerth des Stroh's aufklären. Ja, bei keinem Futtermittel, so füge ich hinzu, gestalten sich die bisherigen Analysen so ungenügend, wie grade bei dem Stroh und ähnlichen sehr holzfaserreichen Producten. Nach diesen Bekenntnissen wollen wir jene Strohanalysen nur in so weit benutzen, als wir ganz allgemein aus ihnen entnehmen dürfen, daß das Stroh ein proteïnarmes Futtermittel ist und pur genossen, nicht im Stande sich befindet, die Bedürfnisse eines productiven Thieres an Proteïn zu befriedigen. Es müßte zum Beispiel eine milchende Kuh zur Deckung ihres täglichen Proteïnbedarfs von 2½ Pfd. ungefähr 100 Pfd. Stroh fressen, ein Volumen, welches sie unmöglich bewältigen kann. Und wenn sie es dennoch bewältigte, so bliebe dieser Fütterung doch der ökonomische Vorwurf, daß bei ihr eine nutzlose Vergäubung an stickstofflosem Nährstoff stattfindet, weil eben ein Thier auf je 1 Theil Proteïn auf die Dauer nicht 12 Theile von letzteren Stoffen, sondern höchstens 7—8 Theile mit Vortheil assimilirt. Die überschüffigen 4 Theile sogenannter Kohlehydrate lassen sich nur durch gemeinschaftlichen Verzehr des Strohs mit irgend einem proteïnreichen Futtermittel (Oelkuchen, Biertreber, Hülsenfrüchte, Kleie, Kleeheu ꝛc.) verwerthen.

Conform unseren früher, Seite 265—272 entwickelten Begriffen über den Nährwerth einer Substanz ist der physiologische Werth des Stroh's rein abhängig von den zufälligen andern Materien, welche die Ration eines Thieres constituiren.

Da die Verdaulichkeit der früher für unlöslich gehaltenen Holzfaser einen Wendepunkt bereitet hat in der Beurtheilung aller holzfaserreichen Futtermittel, so scheint es uns an dieser Stelle passend, der Reihe nach einmal all' die Versuche vorzunehmen, welche bis heute (September 1861) darüber ausgeführt und publizirt wurden. Zuerst kommt der

Versuch von Haubner 1854. Eine Kuh erhielt täglich an

Heu	. . . . . 20 Pfd.	mit 15.8 Pfd.	Trockensubstanz	u.	5.40 Pfd.	Holzfaser
Schwarzmehl	. . 4.2 "	" 3.5 "	"		" 0.29 "	"
Summa	24.2 "	19.3 "	"		" 5.69 "	"
Darmexkremente .	35.5 "	5.33 "	"		" 2.22 "	"

(produzirt in 24 Stunden.)

Eine andere Kuh bekam täglich:

Heu	. . . . . 20 Pfd.	mit 15.80 Pfd.	Trockensubstanz	u.	5.4 Pfd.	Holzfaser
Schwarzmehl	. . 4.2 "	" 3.50 "	"		" 0.29 "	"
Gerstenstroh	. . 1.8 "	" 1.16 "	"		" 0.51 "	"
Summa	26.0 "	20.46 "	"		" 6.20 "	"
Darmexkremente .	40.0 "	5.80 "	"		" 2.40 "	"

(produzirt in 24 Stunden.)

In beiden Fällen mußten also 61 % der analytisch ermittelten Holzfaser verbaut worden sein.!

Versuch von Scheven und Ritthausen in Möckern 1855. Eine Kuh erhielt täglich zugewogen 18 Pfd. Heu und 9 Pfd. Roggenkleie. Da im Mittel mehrerer Bestimmungen das verfütterte Heu 32.19 % und die Kleien 9.20 % Holzfaser enthielten, so mußte die Kuh, während der Versuchszeit von 5 Tagen in Summa 33.13 Pfd. Holzfaser einnehmen. Die während dieses Zeitraumes sorgsam gesammelte und analysirte Extremente waren 363.9 Pfd. schwer und enthielten im Mittel von 5 Bestimmungen 5.36 % oder 19.54 Pfd. Holzfaser. Es fehlten also im Kothe 13.59 Pfd. oder 41 % der im Futter dargebotenen Holzfaser. Diese Menge ist von der Kuh verbaut worden.

Versuch von Sussdorf und Stöckhardt. 1859. Ausgeführt mit 2 5jährigen Hammeln. Da man die Verdaulichkeit verschiedener Cellulose-Arten prüfen wollte, so verfütterte man in 5 diversen Perioden, à 7 Tage folgende Materialien:

	Stickstoff %	Cellulose %	Harz
Heu	1.75	27.0	—
Stroh	?	40.0	—
Pappelholz-Sägespäne	0.71	53.2	—
Kiefernholz- "	0.53	56.6	3.0
Fichtenholz- "	0.67	53.2	2.5
Papierbrei	0.15	30.0	—
Roggenkleie	?	6.4	—

Um annähernd berechnen zu können, wie stark sich die Holzfaser eines jeden dieser Stoffe an der Verdauung betheilige, verfütterte man zuerst pures Heu und nahm den dabei gefundenen Verlust an Holzfaser als constant sich bleibend an in den übrigen Fütterungsperioden, wo zu dem Heu der Reihe nach eines jener Futtermittel zugefügt wurde. Schade, daß man es unterließ, auf diese Weise auch die Verdaulichkeit der Kleien-Cellulose zu prüfen, denn die von den Versuchsbestellern gemachte Annahme, daß selbige unverdaulich sei, stört durch ihre Zweifelhaftigkeit die nachfolgende Berechnung.

Per Periode à 7 Tage verzehrten beide Schafe:	Cellulose im ganzen Futter Gramm	Cellulose			Verdaut wurde daher
		in den Ge-sammt-Excreten	Davon fallen auf ver-zehrtes Heu und Kleie	ergw auf das Zu-gabe-futter	
		Gramm	Gramm		
I. Periode. 35 Pfd. Heu	3395	985	—	—	71% der Heu-Cellulose
II. Periode. 14 Pfd. Heu u. 7 Pfd. Stroh . . .	3290	1430	661	769	45% der Stroh- —
III. Periode. 10½ Pfd. Heu, 7 Pfd. Kleie u. 5¼ Pfd. Pappelholzspähne	2579	1225	460	765	45% der Pappelholz-Cellulose
IV. Periode. 10½ Pfd. Heu, 10½ Pfd. Kleie u. 7 Pfd. Kiefernholzspähne	3245	1731	541	1190	40% der Kiefernholz-Cellulose
V. Periode. 9½ Pfd. Heu, 14 Pfd. Kleie u. 7 Pfd. Papierbrei	2522	863	666	197	80% der Papier-Cellulose.

Trotz diesen seltsamen Futterzulagen blieben die Schaafe gesund und wohlgemuth und hatten am Ende jeder Periode einige Pfunde an Gewicht zugenommen. Nur als man Fichtenholzspähne fütterte, verweigerten die Thiere bald den Verzehr ihrer Ration; der hohe Harzgehalt derselben hatte sie krank und zu dickblütig gemacht.

Versuch von Dr. F. Crusius auf Sahlis.*) 1858. Derselbe wurde angestellt mit 2 Abtheilungen à 6 Stück Ochsen. Die eine Abtheilung erhielt ein bestimmtes Mengfutter von Grummet, Stroh, Erbsenschrot und Kartoffeln, die andere außerdem noch eine Zulage von 1 Pfd. Rüböl. Da wir später, bei der Citation der Mast-Versuche, diese ganze Arbeit

---

*) Gestorben zum Schmerze aller Freunde der Agrikulturwissenschaft am 20. August 1861 im Alter von etwa 30 Jahren und inmitten der regsten agrikultur-chemischen Thätigkeit! — Ehre sei seinem Andenken.

noch näher darstellen werden, so unterlassen wir hier die Mittheilung der Versuchsdetails und der speciellen Analysen und extrahiren blos folgende, auf die Verdaulichkeit der Holzfaser sich beziehende Aufstellung:

Durchschnitt per Tag und Thier		Ration ohne Oel	Ration mit Oel
		Holzfasergehalt	
Erster Versuch {	Ration	5.8 Pfd.	5.9 Pfd.
	Extremente	4.0 "	2.8 "
	Verdaut	1.8 "	3.1 "
Zweiter Versuch {	Ration	5.8 "	5.9 "
	Extremente	3.6 "	2.7 "
	Verdaut	2.2 "	3.2 "

Der Durchschnitt beider Versuche sagt, daß von je 5.9 Pfd. Holzfaser in der täglichen Ration 2.0 Pfd. (= 34 %) verdaut wurden, bei Oelzusatz aber 3.1 Pfd. (= 53 %). Dies sehr interessante Resultat steht im Einklange mit früheren Erklärungen (Siehe Seite 147 u. 263) wonach mäßige Fettantheile die Verdaulichkeit einer Nahrung erleichtern und vervollkommenen.

Versuch von Haubner u. Sussdorf in Dresden 1860. Man benutzte dazu eine schwindsüchtige abgemagerte Kuh von circa 400 Pfd. Schwere und gab ihr während einer Woche täglich 10 Pfd. Heu und 2 Pfd. Kleie, deren Holzfasergehalt analytisch bestimmt war. Da sie täglich zwischen 11—13 Pfd. Extremente regelmäßig ausschied, so legte man die am vierten und fünften Versuchstage gesammelten der näheren Analyse auf Holzfaser zu Grunde. Im Mittel dieser beiden Tage hatte nun die Kuh

eingenommen . . 1253 Gramm Holzfaser

ausgeschieden . . 273 " "

Also verdaut 980 " "

dies macht 78 % der verzehrten Cellulose aus, welche man als größtentheils von Heufutter stammend, als Heu-Cellulose characterisiren darf.

Versuch von Henneberg u. Stohmann in Weende 1858 u. 1859. Sie geben unter allen bisherigen Arbeiten das umfangreichste und beste Material zur Beurtheilung der Holzfaser-Verdauung. Wir haben diese in manchen physiologischen Hinsichten so ausgezeichneten Versuche in ihren Haupt-Resultaten bereits Seite 212—216 mitgetheilt und darauf verweifend, citiren wir hier blos den auf die Holzfaser-Verdauung bezüglichen Extract.

Ration per Tag und Ochse à 1000 Pfd.	Holzfaser		
	im Futter Pfd.	in den Excreten Pfd.	Ergo verdaut %
Ochse Nr. I. 9.2 Pfd. Kleeheu + 11.1 Haferstroh + 18.5 Rüben + 0.9 Rapskuchen + 0.4 Bohnen	6.83	3.31	52
12.5 Pfd. Haferstroh + 25.5 Rüben + 1.0 Rapskuchen	4.83	2.23	54
14.2 Pfd. Haferstroh + 2.6 Kleeheu + 0.5 Rapskuchen	5.93	2.31	61
13.0 Pfd. Weizenstroh + 2.8 Wiesenheu + 1.9 Melasse	6.48	2.28	65
16.3 Pfd. Weizenstroh + 0.4 Rapskuchen + 3.8 Melasse	7.26	3.40	53
Ochse Nr. II. 19.5 Pfd. Kleeheu	5.30	2.52	52
13.0 Pfd. Haferstroh + 3.7 Kleeheu + 0.6 Rapskuchen .	5.82	2.47	52
13.3 Pfd. Roggenstroh + 3.8 Kleeheu + 0.6 Rapskuchen	6.85	2.71	60
13.5 Pfd. Weizenstroh + 2.9 Wiesenheu + 2.0 Melasse .	6.73	2.50	63
16.9 Pfd. Weizenstroh + 0.5 Rapskuchen + 4.0 Melasse	7.56	3.60	52

Hiermit hätten wir alle bis heute bekannt gewordene Holzfaser-Verdauungs-Versuche citirt. Sie führen uns, in ihrer Gesammtheit betrachtet, zu folgenden Schlüssen.

1. Der Verdauungs-Apparat der Rinder und Schaafe vermag die analytisch, mittelst 5 % Säure und 5 % Aetzlauge, ermittelte Menge der Holzfaser, ungefähr zur Hälfte aufzulösen. Damit tritt die Holzfaser unter die Reihe der verdaulichen und wahrscheinlich auch nährfähigen Substanzen und darf nicht mehr als bloßer Ballast eines Futters angesehen werden.

2. Die Ausnutzung der Holzfaser durch die Verdauung ist zunächst abhängig von dem Alter und Agregatzustande derselben; sie wächst mit der Weichheit und jugendlichen Beschaffenheit der Pflanze. Ferner ist sie abhängig von der Abkunft der Holzfaser; Strohcellulose wird zum Beispiel schwieriger gelöst als Holzcellulose, diese schwieriger als Papiercellulose.

3. Je reiner eine Ration constituirt ist, desto massenhafter löst das Thier die darin enthaltene Holzfaser. Bei der puren Erhaltungs-Ration wird daher mehr Holzfaser verdaut, als bei der Mast-Ration.

4. Ein reichlicher Fettgehalt, wie ihn Mast-Rationen haben sollen, wirkt fördernd auf die Verdauung ihrer Holzfasertheile.

5. Ob Pferde und Schweine die Holzfaser eben so stark verdauen, wie die Wiederkäuer ist nicht wahrscheinlich; jedoch liegen hierüber noch keine maaßgeblichen Experimente vor.

Welchen Einfluß diese Sätze auf unsere Fütterungs-Normen haben, wollen wir im Schlußvortrage sehen.

Stroh und Spreu von Hülsen- und Oelfrüchten.

Diese sind merklich nahrhafter, wie ein Vergleich nachstehender Analysen mit denjenigen von Getreidestroh zeigt.

	Wasser	Protein-stoffe	Kohle-hydrate	Holzfaser	Asche	Analytiker
Stroh von Wicken	14.3	6.6	20.3	53.1	5.7	Wolff u. Dietlen
"	16.7	6.2	36.2	30.8	8.1	Ritthausen
"	12.5	7.1	32.1	40.9	7.4	"
Stroh von Erbsen	14.3	4.8	24.8	51.8	4.3	Wolff u. Dietlen
"	14.2	9.9	38.9	33.6	3.2	Ritthausen
Stroh von Bohnen	14.5	16.4	33.8	25.8	9.4	Way
"	19.2	8.3	—	—	6.7	Anderson
"	22.0	10.4	—	—	6.2	"
Stroh von Linsen	13.3	14.5	26.7	36.6	8.9	Ritthausen
Stroh von Lupinen . . . . ,	14.2	4.9	34.9	41.8	4.4	"
Stroh von Buchweizen . . .	18.7	3.3	—	—	—	Pierre
Stroh von Raps	19.9	2.7	—	—	—	"
Körnertragende Zweige von Raps	21.5	3.4	—	—	—	"
Rapsschoten	18.0	3.8	—	—	—	"
"	6.5	4.9	39.9	43.6	5.1	Crusius
"	13.5	3.3	45.5	30.9	6.9	Lehmann
Schoten von Wicken	15.1	9.5	43.3	22.7	9.3	Ritthausen
"	14.3	7.2	22.5	49.6	6.4	Wolff
"	12.5	15.7	27.2	34.9	9.7	Ritthausen
Schoten von Erbsen	14.3	8.1	32.0	39.5	6.1	Wolff
Schoten von Saubohnen	18.0	10.7	28.4	35.1	7.7	Ritthausen
Sommer-Blätter, trocken, von Wicken	12.5	25.7	28-4	24.7	12.5	"
" " " Erbsen	12.5	21.7	43.9	14.3	7.5	"
" " " Bohnen	12.5	27.1	42.7	10.2	7.5	"

Den Fettgehalt in diesen Pflanzentheilen kann man zu 1—2 % annehmen.

Hier haben wir eine Classe von Futtermitteln vor uns, mit denen sich, wären sie nicht so schwer verdaulich und unschmackhaft, ein großer Nähreffect erreichen ließe. Bisher sind das Stroh und die Schoten von Hülsenfrüchten in den Viehställen ziemlich mißachtet geblieben, weil sie von den Thieren nicht gern gefressen werden. Und doch sind vor Allem diese Erzeugnisse es werth, daß man sie durch geeignete Präparation dem Vieh mundgerecht macht. Namentlich möchte bei ihnen die Selbstgährmethode angebracht sein, jene Methode, die, ihrer Wichtigkeit halber, wir an anderer Stelle noch besonders abhandeln wollen. Stroh und Hülsen von reifen Erbsen, Bohnen, Wicken, Lupinen, zerschnitten, mit Rapsschoten und ein wenig Kochsalz vermengt, angefeuchtet und 2 — 3 Tage in zweckmäßigen Haufen der Selbsterhitzung überlassen, müssen ein vortreffliches Futter abgeben, welches dem Heu wenig nachstehen dürfte. So pur und trocken verfüttert, wie es gewöhnlich geschieht, äußern sie kaum mehr als halben Heuwerth.

Die Wurzelgewächse.

Unter den so benannten Pflanzen nehmen die Rüben die erste Stelle ein. Von der Zeit an, wo der Grünklee zu Ende ist, bis zum Frühjahre hin, wo das Grünfutter wieder anfängt, sind die Rüben die Hauptnahrung eines gut bestellten Rindviehes. Wir meinen hier nicht die Zuckerrübe, die Behufs der Zuckergewinnung gebaut wird, sondern jene sogenannte Futterrübe, von der es viele Arten und Varietäten gibt. Die englische Turnips-rübe, die deutsche Brachrübe und Stoppelrübe, die Futter-Runkeln und Kohlrüben gehören dazu. Da aber diese Rübenarten sich mehr durch ihr Aeußeres, durch Form und Gestalt der Wurzeln unterscheiden, als durch ihre chemische Zusammensetzung, so habe ich, bei unserm physio-logischen Gesichtspuncte, es für zweckmäßig erachtet, sie nicht jener botanischen Verschiedenheiten halber getrennt zu behandeln, sondern sie gleichsam als Varietäten einer Pflanze, der Futterrübe, gemeinschaftlich darzustellen.

Solche Vereinigung ist geschehen in folgender Tabelle. Man ersieht aus ihr, daß die organisch chemischen Unterschiede zwischen den diversen Arten nicht größer sind, als die Unterschiede zwischen Rübenexemplaren der näm-lichen Varietät, je nachdem sie unter ungleichen Boden- und Culturverhält-nissen erwuchsen.

Prozentische Zusammensetzung von	Wasser	Proteïnstoffe	Kohlehydrate	Holzfaser	Asche	Analytiker
Futterrüben						
Gemeiner Kugelturnips						
mit Stallmist gedüngt . . .	91.41	1.36	5.14	1.94	0.91	Anderson
„ „ und Guano .	92.20	1.19	4.53	1.90	0.84	„
„ Guano allein	92.86	1.28	3.78	1.97	0.83	„
Birnförmiger schwedischer Turnips						
mit Stallmist gedüngt . .	91.20	1.12	4.91	2.61	0.63	„
„ „ und Guano .	89.72	1.58	6.74	1.83	0.64	„
„ Guano allein	92.50	1.06	3.92	2.38	0.64	„
auf schwerem Thonboden .	90.58	1.00	6.19	2.06	0.65	„
„ sandigem Lehmboden . .	87.12	1.81	7.70	3.32	0.57	„
Plattrunde Bullockturnips						
auf schwerem Thonboden . .	91.19	1.24	5.59	1.79	0.60	„
„ sandigem Lehmboden . .	90.58	1.80	5.10	2.35	0.65	„
Runkeln aus Möckern, 9 Pfd. schwer	92.23	1.68	3.05	1.10	1.94	Ritthausen
„ „ Brösa, 9 Pfd. schwer .	91.85	1.34	3.86	2.54	1.41	„
„ „ Langenlauba, 7½ Pfd. sch.	89.48	1.24	3.95	4.51	0.82	„
„ „ Möckern, 3 Pfd. schwer	86.68	1.25	9.20	1.75	0.99	Knop
„ „	86.07	1.44	9.24	1.97	1.28	Wolff
„ „ Rübigsdorff . .	82.70	1.80	13.40	0.80	1.30	Crusius
Runde, in d. Erde wachsende Futterrübe	89.02	0.78	8.34	0.91	0.98	Wolff u. Ritthausen
Lange, halb über d. Erde wachsende Rübe	87.68	0.86	9.38	1.14	0.93	„
Runde, rothe Futterrübe, 4 Pfd. schwer	89.77	0.73	7.66	0.89	0.93	„
„ „ „ 1—2 „	86.90	0.61	10.50	1.07	0.91	„
Lange, rothe Futterrübe, 3 Pfd. schwer	89.55	0.77	7.79	0.93	0.94	„
„ „ „ 1 „	85.83	0.79	10.96	1.43	0·91	„
Lange, gelbe Futterrunkel	87.7	1.18	9.57	0.84	0.76	Henneberg
Futterrunkeln aus Leisnig, 8 Pfd. .	89.3	1.13	7.03	1.15	1.39	Hellriegel
„ „ Rosenheim, 4 Pfd.	86.0	0.80	—	—	1.19	„
„ „ Bräunsdorff, 4²/₃ „	88.6	1.80	8.71	0.91	0.98	„
„ „ Marbach 3¹/₃ „.	90.1	1.03	—	—	1.33	„
Oberndorfer Rübe	88.9	1.66	7.32	0.91	1.17	„
Wiener Tellerrübe	88.2	1.42	8.26	0.94	1.21	„
Futterrunkeln aus Chemnitz . . .	86.3	1.23	—	—	0.95	A. Müller
„ „ dem Elsaß . .	90.7	2.60	3.6	1.7	1.40	Boussingault
Kohlrüben aus Penig, 6²/₃ Pfd. . .	89.8	0.84	—	—	0.75	Hellriegel
„ „ ²/₃ „	84.7	1.71	—	—	1.07	„
„ „ aus Bräunsdorff, 6²/₃ Pfd.	88.6	0.76	8.8	1.09	0.75	„
„ „ 1 „	87.5	0.84	—	—	0.79	„
„ „ aus Marienberg 2¹/₂ „	89.7	0.68	—	—	0.61	„
„ „ 1 „	85.7	1.23	—	—	0.96	„
Weiße Rübe aus dem Elsaß . . .	92.5	0.8	5.9	0.3	0.5	Boussingault
Turnipsrübe „ .	86.1	1.6	10.9	0.4	0.9	„
Pastinake „ . .	88.3	1.6	8.4	1.0	0.7	„
Rutebaga „ . .	91.0	1.1	7.1	0.3	0.6	„
Toginambur, rothe „	80.68	2.24	14.00	2.73	1.05	Neßler
„ gelbe „ . .	79.05	2.07	15.99	1.55	1.34	„
Mittel aus allen Analysen .	88.8	1.2	7.5	1.6	0.9	

Nährstoffverhältniß = 1 : 6.3.

Der Fettgehalt schwankt zwischen 0.1 — 0.4 %; der mittlere dürfte jedoch mit 0.2 % zu berechnen sein.

Prozentische Zusammensetzung von	Wasser.	Proteïnstoffe.	Zucker.	Organische Säure Pectin, Darstoff u. s. w.	Holzfaser.	Asche.	Analytiker.
Zuckerrüben							
französische	82.0	2.80	?	?	2.50	1.0	Bousfingault
aus Hohenheim	81.5	0.87	11.90	3.47	1.33	0.89	Wolff
„ Möckern	84.1	0.82	9.10	3.90	1.05	0.99	Ritthausen
„ „ 2 Pfd. schwer . .	81.7	0.84	11.21	3.86	1.36	0.94	„
„ „ ½ „ „ . .	79.5	0.90	12.07	5.09	1.52	0.88	„
„ Bickendorf, 1½ Pfd. schwer .	80.0	0.70	12.90	5.00	1.20	0.70	Grouven
„ Slanstädt, 2 Pfd. schwer . .	80.0	0.68	13.37	5.21		0.74	Stöckhardt
„ Lockwitz, 1¼ „ „ . .	79.9	0.65	13.32	5.53		0.60	„
„ Tharand, 1½ „ gedüngt .	82.7	.93	.34	3.24		0.79	„
„ „ 2 „ „ .	81.8	.16	.15	5.77		1.12	„
„ „ 3¼ „ „ .	82.1	.14	.25	6.36		1.15	„
„ „ 4 „ „ .	82.5	.05	.45	7.07		0.93	„
„ Schlesien, ungedüngt . .	84.4	.14	.80	3.96		0.69	Bretschneider
„ „ Natronsalpeter .	82.7	.42	1.57	3.63		0.68	„
„ „ phosphorsaur. Kalk .	84.1	.20	.82	4.04		0.77	„
Mittel	81.6	1.08	11.5	3.7	1.3	0.8	

Analysen, welche über die Saftqualität der Zuckerrübe in ihrer Abhängigkeit von der Düngung nähere Auskunft geben wurden vom Verfasser hier in Salzmünde 1860 ausgeführt und die nachfolgende Tabelle, welche als Mittel figurirt von je neun Versuchsfeldern, lasse ich hier als ein kleiner Bruchtheil jener Untersuchung folgen*).

Düngung.	In 100 Gewichtstheilen Rüben sind enthalten:			Specifisches Gewicht des Saftes.	In 100 Gewichtstheilen Saft sind enthalten:			
	Trockensubstanz.	Mark.	Saft.		Proteïnstoffe. **)	Rohzucker.	Org. Säuren Pectin u. Extractstoffe.	Mineral Salze.
Ungedüngt . . .	18.64	3.16	96.8	1.0691	0.84	14.27	0.32	0.556
Kuhmist	18.53	3.04	96.9	1.0696	0.94	14.18	0.73	0.613
Pferdemist . . .	18.56	2.71	97.3	1.0701	0.97	14.50	0.59	0.588
Guano	18.53	2.87	97.1	1.0698	1.20	14.24	0.37	0.609
Poudrette . . .	18.87	2.84	92.2	1.0716	0.91	14.98	0.34	0.551
Superphosphat .	18.88	2.98	97.0	1.0699	0.81	14.85	0.31	0.571
Knochenmehl . .	18.57	2.98	97.2	1.0696	0.92	14.85	0.64	0.564
Pottasche . . .	18.50	2.	.4	1.0702	0.83	14.13	0.59	0.585
Chilisalpeter . .	18.35	2.	.1	1.0660	0.83	13.61	1.00	0.687

*) Den ausführlichen Bericht über diese an agrikulturchemischen Folgerungen sehr reichen Arbeit findet man im I. Bericht über die Arbeiten der hiesigen Versuchsstation. Seite 41—204. (Halle 1862 bei Schroedel & Simon.)

**) Die Menge des Proteïns im Rübensafte beträgt nur ⁴/₅ des in der Rübe enthaltenen. ¹/₅ bleibt im Marke in einer so unlöslichen Form, daß es weder durch Mazeration noch durch Pressen daraus zu entfernen ist.

Prozentische Zusammensetzung von	Wasser	Protein	Kohlehydrate	Holzfaser	Asche	Analytiker
Mohrrüben						
aus dem Elsaß	87.6	1.9	9.3	0.7	0.6	Boussingault
„ Möckern, 2½ Pfd. schwer . .	87.8	0.9	9.2	1.2	0.9	Ritthausen
„ 1/3 „ „ .	84.8	0.8	11.8	1.6	1.0	„
weiße belgische, 1½ „ „ .	87.9	0.7	9.1	1.4	0.9	„
gelbe Hohenheimer, 1½ „ „ .	87.7	1.0	8.7	1.5	1.1	„
aus Bräunsdorf, 1/6 „ „ .	79.2	1.0	15.4	2.2	2.2	Hellriegel
„ 1½ „ „ .	85.4	0.7	—	—	1.3	„
Altringham Mohrrübe, 1 Pfd. „ .	87.6	0.5	—	—	0.9	Hörle
„ 1/2 „ „ .	81.1	0.9	—	—	1.7	„
weiße Riesenmöhre, ungedüngt .	89.9	0.8	5.9	—	0.6	Bretschneider
„ „ Chilisalpeter .	88.0	0.8	6.0	—	0.7	„
„ Riesenmohrrübe	88.3	0.6	7.0	3.4	0.7	Völker
.	83.8	1.4	10.8	3.2	1.3	Wolff
gewöhnliche gelbe Mohrrübe . . .	82.4	1.6	11.8	3.1	1.1	„
badische Riesenmöhre	88.0	1.5	6.1	2.8	1.4	Nessler
Saalfelder-Möhre	86.4	2.2	8.0	2.3	1.0	„
Mittel	86.0	1.1	9.7	2.1	1.1	

Mittlerer Fettgehalt = 0.25 %.
Nährstoffverhältniß = 1 : 9.

Prozentische Zusammensetzung von	Wasser	Protein	Kohlehydrate	Holzfaser	Asche	Analytiker.
Rübenblättern.						
Blätter von schwedisch. Turnips . .	88.36	2.08	—	—	2.29	Völker
„ „ Norfolker „ . .	91.28	2.45	—	—	1.52	„
„ „ Runkeln „ . .	91.96	1.76	—	—	1.29	„
„ „ „ 19. Aug. . .	91.42	1.40	4.01	1.14	2.03	Wolff
„ „ „ 16. Octbr. . .	89.96	2.23	4.44	1.38	1.99	Kayser
„ „ Runkelrüben	90.0	1.41	5.97	0.97	1.65	Dietrich
„ „ Zuckerrüben	91.4	2.39	3.65	2.20	0.86	R. Hoffmann
„ „ Zuckerrüben	88.0	2.25	4.71	2.40	2.61	Ritthausen
Mittel	90.0	1.99	4.56	1.62	1.83	

Nährstoffverhältniß = 1 : 2.3.

Laub von Mohrrüben	76.5	3.82	12.92	3.45	3.31	Dietrich
„ „ „	82.2	3.20	8.00	3.10	3.60	Boussingault

Darin bilden die Rüben einen Gegensatz zu den bisher abgehandelten Futtermitteln, daß sie arm an Holzfaser sind. Es sind weiche, saftige Gebilde, die der Verdauung wenig zu schaffen machen. Ihr Holzfasergehalt fällt nicht in Betracht, wenn der chemisch abgeleitete Nährwerth eine kleine Reduction erfahren soll, um ganz mit der Erfahrung im Einklange zu stehen. Wenn überhaupt der Holzfaserreichthum das maßgebende Merkmal für das Volumniöse eines Futters ist, da muß man die Rüben, trotz ihrer Wässrigkeit, den concentrirten Futtermitteln zuzählen. Denn das Wasser wiegt schwerer, als die Zellstofffaser, und die 90 Pfd. Wasser in den Rüben nehmen nicht mehr, als halb so viel Raum ein, als die 30 Pfd. Zellstofffaser in 100 Pfd. Heu. Daher kann eine Kuh das Volum von 180 Pfd. Rüben, aber von Heu blos das Volum von 35 Pfd. bewältigen.

Eine weniger günstige Seite bieten die Rüben in der physiologischen Qualität ihres Nährstoffs dar. Man bemerkt nämlich, daß sie, im Verhältniß zu ihrem Proteïngehalte, reich an Zucker, Gummi und Pectin sind. Und zwar führen sie diese Kohlehydrate mehr, als wünschenswerth ist, wenn die Rübe die ausschließliche Diät eines Thieres ausmachen soll. Eine milchende Kuh, die zur vollkommenen Ernährung täglich 2¼ Pfd. Proteïnstoffe und 10 Pfd. Kohlehydrate verlangt, verzehrt zur Deckung des Proteïnbedarfs 190 Pfd. Turnips, darin aber gleichzeitig 15 Pfd. Kohlehydrate. Sie ist also genöthigt, 5 Pfd. Zucker, Gummi ꝛc. mehr einzunehmen, als sie eigentlich bedarf; dieses Plus kann sie zwar eine Zeit lang aber auf die Dauer nicht völlig verwerthen. Es macht eine pure Rüben = Nahrung verschwenderisch und daher ökonomisch unrichtig. Namentlich gilt das, und im strengsten Wortsinn, von den Zuckerrüben, indem dieselben relativ doppelt so viel Kohlehydrate haben, als die Futterrüben.

Bis zu einem gewissen Grade eine Ausnahme hiervon machen die ganz jugendlichen Rübenpflanzen (ausgedünnte Brachrüben, kräftige Stoppelrüben), indem selbige sammt ihrem stickstoffreichen Laube pur verfüttert zu werden pflegen. Den günstigen Erfolg, den man davon auf Milchproduction verspürt, findet in ihrem relativ größeren Gehalte an eiweißartigen Stoffen seine Erklärung.

Uebrigens wird man aus einer puren Rübenfütterung, wegen der damit verbundenen Stoffvergeudung, nicht den richtigen Nährwerth der Rüben ableiten können. Er wird zu gering ausfallen. Auf 100 Pfd. Rüben vielleicht nicht mehr Effect, als von 20 Pfd. Heu. Und doch ist es ein Leichtes, diesen Effect auf 25, ja auf 30 Pfd. Heu zu erhöhen, wenn man jener Verschwendung durch Zusatz stickstoffreicher Futtermittel (Oelkuchen, Bohnen, Kleeheu, Sauermilch ꝛc.) vorbeugt. Von den Zusätzen allein hängt es ab, ob sich in der Fütterung ein Ctr. Rüben mit 4 Sgr. oder mit 8 Sgr. verwerthen soll.

Das Vortheilhafte haben die Rüben, und das komme bei ihrer Werthbestimmung wohl in Betracht, daß sie, wegen ihres süßen Geschmacks — Futterrunkeln und Turnips enthalten 3—5 % Zucker — all' die Futtermischungen den Thieren angenehm machen, worin sie einen Hauptbestandtheil ausmachen. Mit ihrer Hülfe lassen sich schlechtes Heu, Stroh und Schoten von Hülsenfrüchten, Getreideabfälle und Stroh sehr mundgerecht machen, wenn nur das Alles zerschnitten und mit den Rübenschnitten bestens vermengt wird.

Ich mache hier auf einige, aus obigen Analysen hervortretende Eigenthümlichkeiten aufmerksam, die zwischen der Qualität der Rübe und ihrer Cultur und Düngung obwalten.

1. Je schwerer die Rüben werden, desto wässriger sind sie. Die kleinen Rüben haben den größten Gehalt an Trockensubstanz und demnach auch den größten Nährwerth. Wenn auf einem und nämlichem Felde 1—2pfündige Rüben und auch solche von 3—5 Pfd. Schwere wachsen, dann können wohl 100 Pfd. der ersteren so viel werth sein, wie 120 Pfd. der letzteren. Ihr Nährwerth verhält sich durchschnittlich, wie 5 : 6.

2. Größere Rüben sind prozentisch reicher an Asche, als kleine.

3. Größere Rüben sind prozentisch reicher an Proteïnstoffen, als kleinere, und sie wären in Folge dessen auch nahrhafter, als diese, wenn sie gleichzeitig keinen geringeren Trockensubstanzgehalt hätten.

4. Die Qualität der Rübenernte hängt in so fern von der physischen Beschaffenheit des Bodens ab, als leichte, lehmige Bodenarten nahrhaftere Rüben erzeugen, als thonige, kalte.

5. Je reicher ein Feld mit Düngstoffen versehen, namentlich mit den stickstoffreichen, je eiweißreicher sind die auf ihm wachsenden Rüben. Da aber stickstoffreiche Düngungen die Rüben zu großen Exemplaren ausbilden, wodurch sie wässriger werden, so besteht das Problem der Cultur darin, trotz des treibenden Düngers, blos mittelgroße Rüben zu erzielen. Dieses Problem kann durch engere Pflanzung gelös't werden. Nahe bei einander stehende Rüben bleiben klein; sie gewähren, wenn die Pflanzung nicht all' zu eng war, eine größere Ernte an Trockensubstanz, als die weit von einander stehenden; sie werden endlich ebenso stickstoffreich, als die letzteren, wenn sie hinreichende Stickstoff- und Phosphornahrung unter sich haben. Mit andern Worten: durch enge Pflanzung und stark treibende Dünger erzielt sich die an Quantität und Qualität beste Erntemasse.

6. Am günstigsten auf die Qualität der Rüben wirkt Stallmist im Verein mit einem leicht löslichen, stickstoffreichen Dünger, unter denen der Guano obenan steht.

Als Beispiel hierfür erwähne ich hier des hübschen Versuchs von Templeton, der 12 Rinder in 4 Abtheilungen à 3 Stück brachte und jede Abtheilung mit der Turnipsernte fütterte, die er auf gleichem Acker, aber unter verschiedenen Düngungen erzielt hatte. Man ersieht die Versuchsdetails vollständig aus folgender Aufstellung:

Düngung per Acre *)	Ertrag per Acre in Ctr. engl.	Prozentischer Wassergehalt der Turnips	Prozentischer Proteïngehalt der Turnips	Menge des Futters, welches je 3 Rinder binnen 132 Tagen verzehrten				Zur Erzeugung v. je 1 Pfd. Lebendgewicht waren nothwendig Pfd. Turnips
				Ctr. Turnips	Ctr. Heu	Ctr. Stroh	Zunahme des lebenden Gewichts in 132 Tagen	
I. 480 Ctr. Stallmist.	363	88.6	0.93	237.0	28.3	18	917 Pfd.	29
II. 240 Ctr. Stallmist und 2½ Ctr. Guano	354	88.8	1.00	219.2	28.3	18	686 "	35¾
III. 5 Ctr. Guano.	248	87.8	1.36	226.2	28.3	18	756 "	33½
IV. 240 Ctr. Stallmist und 6 Ctr. Knochenmehl.	320	88.7	1.29	222.6	28.3	18	791 "	31½

7. Die Futterrüben haben durchschnittlich 10—12% Trockensubstanz, die Zuckerrüben dagegen 18—20%. In Hinsicht dieses Verhältnisses wird man gern den Zuckerrüben einen höhern Werth beilegen, als den Futterrüben, und zwar würden 12 Pfd. von ersteren gleich zu stellen sein mit 18 Pfd. der letzteren, wenn in beiden Rübenarten die Trockensubstanz ganz gleicher Natur wäre. Aber die 6 Pfd. Trockensubstanz, welche die Zuckerrüben mehr enthalten, sind reiner Zucker, der, exclusive in Form dieser Rüben verfüttert, keinen Nutzeffect äußert. Jemand, der eine seiner Kühe täglich mit 150 Pfd. Futterrüben und eine zweite Kuh mit 150 Pfd. Zuckerrüben ausschließlich füttert, wird an der zweiten Kuh kaum einen größeren Gewinn an Milch oder Fleisch bemerken, als bei der ersteren. Ein solcher tritt erst dann ein, wenn die zweite Kuh blos 75 Pfd. Zuckerrüben und für die wegfallenden andern 75 Pfd. Zuckerrüben deren Geldwerth an Oelkuchen oder gutem Heu empfängt. Weil eben zur vollständigen Ausnutzung der Zuckerrüben der Zusatz proteïnreicher Futterstoffe ein

---

*) Ein engl. Acre = 285 preuß. Ruthen. Ein engl. Ctr. = 112 engl. Pfd. = 101 Zollpfund.

absolutes Erforderniß ist, deßhalb wird man in den gewöhnlichen Viehfütterungsweisen, wo dieser Forderung selten ganz entsprochen wird, einen niedrigeren Effect aus den Zuckerrüben ziehen, als ihnen bei rationeller Fütterung eigentlich zukommt; man wird durchschnittlich aus 3 Pfd. Zuckerrüben nicht mehr erzielen, als von 4 Pfd. gewöhnlichen Futterrüben.

Ob man sich Behufs der Viehfütterung besser steht, Zuckerrüben an Stelle der Futterrüben zu bauen, das ist hiernach leicht zu beantworten. Kann ein Landwirth nämlich auf dem preuß. Morgen bequem 200 Ctr. Futterrüben ziehen, so müßte er auch eben so sicher ³/₄ mal so viel, das ist 150 Ctr. Zuckerrüben, darauf gewinnen können. Kann er das letztere nicht, so ist der Vortheil und Vorzug auf Seite der Futterrübe.

8. Die Mohrrüben sind im Ganzen genommen etwas gehaltreicher an Trockensubstanz, als die Futterrüben; es kommt ihnen deßhalb auch ein etwas höherer Futterwerth zu. Die Erfahrung mag richtig sein, welche 100 Pfd. gute Futterrüben dem Geldwerthe von 25 Pfd. Heu, und 100 Pfd. Mohrrüben jenem von 30 Pfd. Heu gleichschätzt. Vergleiche die Versuche von Ritthausen, Kaufmann und Ferentheil in Vortrag Nro. 18.

9. Die Rübenblätter sind, obigen Analysen zufolge, nicht viel wasserreicher, als die Rübe selbst. Sie führen aber mehr Stickstoff, so daß das Verhältniß der Proteïnstoffe zu den stickstofflosen Verbindungen in ihnen ist, wie 1 : 2.3. Sie könnten deßhalb ein kräftiges Futter sein, wenn in ihnen nicht so viel Extractivmaterien, Säuren und Salze vorhanden wären, *) die den Thieren, welche damit stark gefüttert werden, schädliche Durchfälle beibringen. Deßhalb pflegt man auch oft die Zuckerrübenblätter nicht einzuernten, sondern auf dem Rübenfelde liegen zu lassen, dem sie dadurch werthvolle Düngerelemente zurückgeben. Gerechtfertigt scheint es indessen, das Laub von Turnips und Brachrüben so lange es noch grün und gesund ist, mit den Rüben zu verfüttern. Ist es aber gelbreif, wie im Spätherbste, so möchten die großen Blättermassen, die dann bei der Rübenernte auf einmal abfallen, nur mit Vorsicht und nur im Gemenge mit

---

*) A. Müller fand in einer Sorte Runkelrübenblätter

Eiweiß und Blattgrün	1.0 %	Oxalsäure	2.0 %
Mineralsalze	1.6 „	Citronensäure	0.15 „
Zucker	2.9 „	Stickstoffhaltige Säure	0.40 „
Holzfaser	2.1 „	Salpetersäure	0.15 „

Kaff, geschnittenem Heu und Strohhäcksel der Verfütterung anheimfallen. Am rathsamsten ist es, sie in solchen Fällen in Erdgruben
einzumachen, in welchen sie sich, wenigstens ½ Jahr lang, vortrefflich
conserviren.

Keineswegs kann der überhaupt zweideutige Nährwerth der Blätter
es rechtfertigen, daß man die Rüben in ihrer besten Wachsthumszeit
theilweise entblattet, sie der Organe beraubt, welche ihnen die Kohlensäure der Luft zuführen und durch die vermittelte Wasserverdunstung
den ganzen Vegetationsprozeß reguliren müssen. Welcher Nachtheil
daraus in Wirklichkeit für die Quantität und Qualität der Wurzel-
Ernte entsteht, zeigen die folgenden Experimente:

Wolff baute im Jahre 1853 in Möckern gewöhnliche Futterrunkeln,
die er zur Hälfte vor der Ernte 2 mal blatten ließ, die andere Hälfte blieb
unberührt. Die abgeblatteten Rüben gaben per Hectar einen Wurzelertrag
von 48246 Kilo, die nicht geblatteten dagegen 60903 Kilo. Der Analyse
unterworfen, zeigten beide folgende große Verschiedenheiten:

	Abgeblattet:	Ungeblattet:
Holzfaser	0.936	1.004
Asche	0.943	1.125
Zucker	4.594	5.365
Proteïnstoffe . .	0.772	1.000
Andere Nährstoffe .	3.201	4.042
Wasser	89.554	87.482
	100.000	100.000

Das Abblatten hatte hiernach einen so ungünstigen Einfluß auf die
Qualität der Rüben geäußert, daß, nach Wolff's Berechnung, 429 Pfd.
der ungeblatteten Rüben den Werth von 498 Pfd. der geblatteten bekamen.
Jene 60903 Kilo entsprechen also 70700 Kilo abgeblatteter Rüben, und da
von letzteren blos 48246 Kilo geerntet wurden, so ist klar, daß das Abblatten den Werth der Ernte um ⅓ beeinträchtigt hat.

Oekonomie-Commissar Sternberg zu Lippstadt ließ auf einem
Runkel-Rübenfelde eine bestimmte Zahl Rüben 2 mal während des Sommers (24. Juli und 26. September) blatten. Bei der Ernte erhielt man
per 100 Stück Pflanzen:

	Knollen Pfd.	Laub in Summa
Geblattet	244	183 Pfd.
Ungeblattet. . . .	435	112 „

Aehnliche Resultate erhielt man bei einem vom landwirthschaftlichen
Verein zu Bonn (1860) veranstalteten Versuche.

Ernte per Morgen.

	Knollen Ctr.	Laub in Summa
2 mal geblattet . .	413	249 Ctr.
Ungeblattet	494	150 „

Die unter den Wurzelgewächsen rangirenden Kartoffeln haben wir bereits früher, (Seite 355 u. ff.) unter den Nahrungsmitteln des Menschen, so ausführlich abgehandelt, daß wir hier nicht weiter dabei zu verweilen brauchen, und uns nur erlauben möchten, hier ein paar Kartoffelanalysen beizufügen, welche in meinem Laboratorium 1860 ausgeführt wurden, und wegen ihrer Ausführlichkeit vielleicht einer besondern Aufmerksamkeit werth sind.

Frische, weiße Kartoffeln.

	Ungedüngt	Gedüngt
Wasser	74.95	78.01
Albumin	0.47	0.89
Casein	0.038	0.034
Pflanzenleim	0.29	0.25
Pflanzenfibrin	1.31	2.02
Gummi und Pectin	0.76	1.56
Organische Säuren	2.00	1.50
Fett	0.069	0.049
Stärke	17.33	13.40
Holzfaser	1.90	1.24
Asche	0.88	1.05
	100	100

(Albumin, Casein, Pflanzenleim, Pflanzenfibrin ungedüngt = 2.11; gedüngt = 3.19)

Getreide und Leguminosen-Körner.

Von den eigentlichen Brodfrüchten findet blos der Roggen in der Viehfütterung Verwendung. Den Weizen erachtet man zu diesem Zwecke als zu kostbar. Noch häufiger, als Roggen, benutzt man den Hafer und den Schrot von Dinkel, Gerste, Malz, Mais, Erbsen, Bohnen, Wicken und Lupinen; Ersteren hauptsächlich zur Pferdefütterung. Letztere, mit einander mannigfaltig gemengt, zur Mastung der Schweine, zur Aufzucht von Kälbern und Lämmern, so wie auch zur sicheren Förderung der Milch- und Fleischerzeugung beim Rindvieh.

Es wäre unmöglich, hier die analytische Zusammensetzung von all' den Körnerschrot-Combinationen anzuführen, die durch Mischung der genannten Körnerarten sich darstellen und practisch verwenden lassen. Es muß hier genügen, wenn ich blos die Analysen der verschiedenen Körnergattungen mittheile und es einem Jeden überlasse, darnach die organische Zusammensetzung eines gemischten Schrotes zu berechnen, dessen Abkunft er quantitativ kennt.

Da der Schrot in seiner Zusammensetzung als identisch mit dem ganzen Korne erachtet werden kann, so können die früher auf Seite 330 und

349 mitgetheilten Analysen von Getreidearten und Hülsenfrüchten hier ihre Stelle finden. Auf jene Aufzeichnungen verweisend, werde ich indessen hier nur die Durchschnitts-Analysen angeben, die ich daraus berechnet habe. Solche mittlere Zahlenwerthe sind grade für den vorliegenden Zweck am brauchbarsten.

Prozentische Zusammensetzung der ganzen Samen von	Protein-stoffe	Stärke, Gummi und Zucker	Fett	Holz-faser	Asche	Wasser	Nährstoff-Verhältniß	Mittel von
Getreide:								
Weizen	13.2	66.2	1.6	3.0	1.7	14.3	1:5.4	52 Analysen
Roggen	11.0	64.4	2.0	5.0	2.0	15.6	1:6.4	9 "
Gerste	10.0	62.0	2.1	8.6	2.6	14.7	1:6.8	43 "
Hafer	11.2	56.6	6.0	9.6	2.9	13.7	1:6.6	16 "
Buchweizen . . .	6.0	62.6	1.2	15.0	2.2	13.0	1:11	6 "
Mais	8.8	59.4	5.8	11.5	1.8	12.7	1:8.7	7 "
Hülsenfrüchte:								
Erbsen	22.4	53.7	3.0	5.3	2.4	13.2	1:2.8	7 "
Pferde- u. Saubohnen	23.9	44.8	1.3	11.8	3.4	14.8	1:2.0	4 "
Wicken	27.3	51.8	1.7	4.0	2.4	12.8	1:2.1	4 "
Lupinen	35.6	26.9	7.6	13.4	3.4	13.1	1:1.7	4 "
Linsen	26.1	52.3	1.9	3.9	2.4	13.4	1:2.3	4 "
Weiße Bohnen . .	26.3	49.5	2.2	3.7	3.5	14.8	1:2.1	6 "

Eine physiologische Kritik dieser Nährmittel haben wir bereits in einem früheren Vortrage (Nr. 11) versucht. Wir gelangten damals zu dem Schlusse, daß die Samen der Getreidearten und Hülsenfrüchte die werthvollsten und nahrhaftesten Erzeugnisse des Pflanzenreiches seien. Ich will hier blos an die drei Hauptgründe erinnern, worauf sich dieses Urtheil stützt.

1. Sind die vorbenannten Samen sehr concentrirte Nahrungsmittel; sie enthalten, wegen ihres geringen Wasser- und Holzfasergehaltes, die größte Summe von Nährstoffen im kleinsten Volum.

Das hat unter Anderem folgendes Gute:

Ein Thier bedarf zu seiner vollständigen Sättigung eine gewisse Menge von Trockensubstanz; eine Kuh zum Beispiel täglich 25 Pfd. Letztere können gedeckt werden durch 30 Pfd. Heu oder durch 30 Pfd. Haferkörner. Im ersteren Falle nimmt das Thier ein an wirklich assimilirbaren Nährstoffen 2 Pfd. Proteïn und 10 Pfd. Kohlehydrate, im letzteren Falle aber 3½ Pfd. Proteïn und 18 Pfd. Kohlehydrate. Wo es ein großes Productiv-Vermögen entfalten soll, da steht es sich deßhalb bei der Körnernahrung weit besser als bei der Heunahrung, welche das nöthige Plus an Nährstoffen nur unter der zweifelhaften

Voraussetzung liefern kann, daß die Kuh ein Heu-Volum von wenigstens 40 Pfd. vertilge. Aber auch dann noch würde es sich bei der Körner Nahrung besser stehen, wo es durch sie nicht mehr, als 2 Pfd. Proteïn und 10 Pfd. Kohlehydrate bekäme. Denn die 17 Pfd. Hafer, welche dazu erforderlich sind, würden nämlich seinen Bauch nicht gehörig ausfüllen, es würde nicht vollständig dadurch gesättigt werden, und noch lebhaften Appetit nach voluminösen Futterstoffen (Kaff, Stroh u. s. w.) verrathen, die es bei der Heunahrung nicht anrührt. Dadurch bringt die concentrirte Körnernahrung die voluminösen Futtermittel zur höchsten Verwerthung.

2. Sind sie leicht verdauliche Nährmittel; wenigstens ungleich verdaulicher, als all' die holzfaserreichen Futtermittel, deren Nährstoffgehalt theilweise ungenutzt durch den Organismus geht.

3. Sind sie, was die innere Mischung der Nährstoffe anbelangt, auf's Glücklichste ausgestattet. Das gilt namentlich von den Samen des Weizens, Hafers und Roggens. Diese führen proteïn- und stickstofflose Verbindungen in dem nämlichen Verhältnisse, wie jedes Thier, welches den gewöhnlichen, landwirthschaftlichen Zwecken zu genügen hat, es in seiner Diät verlangt. Nur wenn größere Anforderungen an das Thier gestellt werden, z. B. in Hinsicht auf forcirte Kraft-, Milch- oder Fleischproduction, dann genügen die Getreidearten mit ihrem Mischungsverhältnisse nicht mehr, sondern fordern einen ansehnlichen Zusatz an proteïnreichen Hülsenfrüchten und vegetabilischen Fetten.

Ueber die Verfütterung der Lupinenkörner, deren Nährwerth wegen ihrer großen Bitterkeit bezweifelt worden ist, besitzen wir einige Beobachtungen, die ich hier wohl mittheilen kann.

Zehe zu Großpetersdorf berichtet im Jahr 1857, daß er seinen Lämmern sowohl grüne Lupinen, als auch Lupinenkörner den ganzen Sommer hindurch gegeben, und daß jene dabei gesünder zugenommen hätten, als bei Klee und Hafer, womit er früher die Lämmer im Stalle ernährte. Er gab per 100 Lämmer täglich 2 Metzen Lupinenkörner und nebenbei satt grüne Lupinen, welche sogar dem Grünklee vorgezogen wurden. Schafe, die an vortrefflichen Weidengang gewohnt sind, fressen die grünen Lupinen im Stalle nicht gern, wohl aber thun dies diejenigen, welche hauptsächlich im Stalle ernährt werden.

Inspector Buchwald zu Großgrabe gab 17 jungen Schafen, die genau 921 Pfd. wogen. täglich 4 Metzen Gerste, und anderen 17 Schafen von gleichem Gewichte 4 Metzen Lupinenkörner. Nach 40 tägiger Fütterung hatte die mit Gerste gefütterte Abtheilung 144 Pfd., die mit Lupinen gefütterte aber 168 Pfd. an lebendem Gewicht zugenommen. Auch war letztere Abtheilung von gesünderem Ansehen. Man will vielfach beobachtet haben, daß Lupinenfütterung ein zuverlässiges

Präservativ gegen die gefürchtete Fäule oder Egelkrankheit der Schafe sei. Es gibt Gegenden, wo diese Krankheit zu Hause ist, und solchen wäre demnach der Anbau dieses proteïnreichsten aller Pflanzensamen angerathen. Indeß verlangt die Lupine einen feinsandigen, durchlassenden Boden. Auf den sonst besten Bodenarten gedeiht sie nicht.

Die Schafe scheinen nicht so sehr das Bittere des Geschmacks der Lupinenkörner zu empfinden, als das Rindvieh, welches sie weniger gern und unvollkommen zerkaut und sie deßhalb auch nicht so vollständig ausnutzt. Diesem Uebelstande wäre vorzubeugen theils durch feines Schroten der Körner, theils durch Extraction ihres Bitterstoffes. Letzteres wäre leicht mittelst kochenden Wassers zu erreichen, wenn nur dabei außer Bitterstoff nicht zugleich auch das so sehr werthvolle Legumin in den abfallenden Extract überginge. Dieser Legumin-Verlust soll aber nach dem rationell erscheinenden Vorschlage von Delius dadurch zu umgehen sein, daß man die Lupinen vor der Extraction, zunächst in kalkhaltigem Wasser einquellt und dann in verschlossenem Fasse gehörig dämpft, wodurch das Legumin eine in Wasser unlösliche Beschaffenheit annehmen soll. — Wie sehr die unentbitterten Lupinen hinter dem Nähreffecte zurückbleiben, den man ihrem Proteïn- und Fettreichthum zufolge erwarten möchte, zeigen die bezüglichen Versuche von Ritthausen. Quantitäten von über 3 Pfd. Lupinenkörner per Kuh, die nebenbei noch Heu, Rüben und Kleie erhielt, wirkten nachtheilig auf die Quant'tät und Qualität der Milch und äußerten auch nicht den günstigen Einfluß auf die Fleischproduction, als geringere Mengen von circa 2 Pfd. per Ration. Nur unter günstigen Umständen ersetzen 2 Pfd. Lupinenkörner den Futterwerth von 2 Pfd. Rapskuchen.

Abfälle technischer Gewerbe.

1. Kleien von Weizen und Roggen.

Diese bei der Mehlbereitung sich ergebenden Abfälle haben wir bereits auf Seite 337 ausführlich genug beschrieben. Hier citire ich deßhalb bloß den Durchschnitt der dort angeführten Kleien-Analysen.

	Proteïn	Stärke	Gummi und Zucker	Fett	Holzfaser	Asche	Wasser	Mittel von
Weizenkleie . . .	13.3	32.3	6.0	3.2	26.0	5.2	14.0	6 Analysen
Roggenkleie . . .	12.1	44.1	10.0	2.4	13.4	4.4	18.6	7 „

Die Hälfte der Asche ist Phosphorsäure! —

Die Roggenkleie kann man sonach als nahrhafter erachten, als die Weizenkleie, was wohl daher rühren mag, daß letztere vollkommener vom Mehlkorne, sowohl beim Mahlen, als beim Beuteln abgeschieden zu werden pflegen. Sonst besitzen die Kleien den doppelten Geldwerth des Heues.

Manchmal jedoch, wenn sie besonders gut sind, oder wenn das nebenbei gereichte Futter verhältnißmäßig etwas zu stickstoffarm ist, äußern sie, wegen ihres relativ hohen Proteïn- und Fettgehaltes, noch einen größeren Effect, der unter Umständen sogar die Nährwirkung der Weizen- und Roggenkörner übertrifft, von denen sie abstammen.

Ein Beispiel hierfür gibt ein von Stöckhardt mitgetheilter, in Colbitz angestellter Fütterungs-Versuch mit Hammeln. Zwei Stück derselben erhielten während 40 Tagen täglich zwei Pfd. Roggenkleie mit Häcksel, so wie 4 Pfd. gutes Wiesenheu. Zwei andere bekamen dagegen 2 Pfd. Roggenschrot und Häcksel und ebenfalls 4 Pfd. Heu. Das Gewicht der Hämmel zu Anfang und Ende des Versuches war folgendes:

	Gewicht am 21. December 1850 Pfd.	Gewicht am 2. Februar 1851 Pfd.	Kosten am verzehrten Futter Sgr.	Ein Pfd. Fleisch hat zu produziren gekostet Pfg.
2 Hämmel				
mit Roggenkleie gefüttert	156	197	62	15
" Roggenschrot "	154	181	82	30

Die Kleinen hatten also mehr und zugleich billigeres Fleisch produzirt, als der Roggen.

Ueberhaupt sind sie ein concentrirtes, kräftiges Futter, welches in seiner ganzen Zusammensetzung am besten mit dem Hafer verglichen werden kann, den sie sowohl hinsichtlich des Fettreichthums, so wie des günstigen Verhältnisses zwischen Proteïn und Kohlehydrate am ehesten unter allen übrigen Getreidearten ersetzen können. Wer daher Mangel an Hafer hat, der ersetze einen Theil desselben durch ein gleiches Gewicht Roggenkleie. Er und die Pferde werden sich dabei jedenfalls besser stehen, wie durch Einfügung von Roggen oder Gerste in die Ration.

2. Sauermilch.

Die Sauermilch oder dicke Milch fällt bei einem Zweige des Molkerei-Wesens, nämlich bei der Butterfabrikation, in solch' großen Massen ab, daß sie in vielen Deconomien eine Hauptrolle unter den Futtermitteln spielt, womit Kälber und Schweine jeglichen Alters ernährt werden. Diese practische Bedeutung hat sie sich durch ihren leicht verdaulichen, großen Proteïn-Reichthum gesichert. Sie ist ein's der stickstoffreichsten Futtermittel.

Wie das möglich ist, das sagt ein Blick auf eine beliebige Milch-Analyse, aus der man den Buttergehalt wegstreicht. Dann bleibt ja nichts anders übrig, als 3—4 % Käsestoff und 3—4 % Milchzucker, das heißt, ein Proteïnkörper und ein Kohlehydrat im Verhältniß, wie 1 : 1.

Genau so würde es auch mit der dicken Milch sein, wenn sämmtliches Butterfett von ihrer Oberfläche abgerahmt werden könnte. Indessen ist dies practisch unmöglich; ein Theil des Milchfettes bleibt immer noch in der coagulirten Käsemasse stecken und verbessert dadurch das Nährstoffverhältniß.

Die folgenden Analysen von Scheven über süße Milch und die daraus genommene dicke Milch veranschaulichen das oben Gesagte. Die beiden andern, von mir rührenden Analysen mögen daneben zeigen, von welch' verschiedener Composition die abgerahmte Milch sein kann und wie in ihr, bei nicht vollkommenem Molkereibetriebe mehr als ⅓ des ganzen in der Süßmilch existirenden Fettes verbleiben kann.

Prozentische Zusammensetzung		Butter	Casein	Milchzucker	Milchsäure	Salze	Wasser
Aus Großkmehlen	süße Milch	3.78	3.31	5.15		0.79	86.96
	saure Milch	0.52	3.56	4.70		0.82	90.41
Aus Salzmünde	abgerahmte Milch . .	1.14	2.53	4.80	0.31	0.74	90.30
	abgerahmte Milch . .	1.37	3.19	5.87	0.24	0.80	88.53

Von der genau ermittelten Körpergewichtszunahme ausgehend, die durch pur verfütterte Süßmilch und ein gleiches Gewicht Sauermilch bei verschiedenen Thieren erzielt wurde, berechnet Scheven, daß ein Quart (2⁴/₁₀ Pfd.) Süßmilch sich bei der Schweinefütterung zu 10 Pfg., und ein Quart Sauermilch zu 6³/₅ Pfg. verwerthet, wenn die 100 Pfd. Lebensgewicht des Schweines mit 10 Thlr. bezahlt werden. Ergo hätte die Milch stark ⅓ ihres Werthes durch die Entrahmung verloren; ein Resultat welches der allgemeinen Erfahrung entspricht. Indem bei einem Butterpreise von 8 Sgr. per Pfd. aus dem Quart Süßmilch durchschnittlich für 7 Pfennige Butter gezogen wird, so ergibt sich nach Verfütterung der restirenden Sauermilch eine Verwerthung jener Milchmengen $= 7 + \left(6^3/_5 - \dfrac{6 \cdot 6}{4} \right)^* = 12$ Pfennige. Nur da also, wo der directe Verkauf der Süßmilch mehr einbringt als 12 Pfg. per Quart, verdient derselbe den Vorzug gegenüber der Butter-Gewinnung und Verfütterung der Sauermilch!

---

*) Ein Quart Süßmilch gibt nicht auch ein Quart Sauermilch, sondern blos ³/₄ Quart. Daher obige Reduction des Sauermilchwerthes um ¼! —

3. Biertreber und Malzkeime.

Bei der Bierbereitung wird zuerst die Gerste eingeweicht, dann zum Keimen gebracht und der Keim, wenn er ungefähr ½ Zoll lang ist, durch Trocknen des Gerstenkorns abgetödtet. Man trennt ihn darauf von dem Korne und erhält so einerseits 97 % Malz und andererseits 3 % Malzkeime. Letztere haben nachweislich einen so beachtenswerthen Futterwerth, daß man früher Unrecht that, sie als nutzlosen Abfall zu betrachten.

Nachdem das Malz geschrotet, wird es mit Wasser von ungefähr 70° eingemaischt, wobei sich, unter dem Einflusse der im Malz vorhandenen Diastase, dessen Stärke in Dextrin und Zucker verwandelt. Letztere Stoffe sind im Wasser löslich und können daher von den unlöslichen Malzbestandtheilen durch Mazeration getrennt werden. Die erhaltene Lösung ist die sogenannte Bierwürze, woraus das Bier gebraut wird; der Rückstand sind eben die Malz- oder Biertreber, die wir als Viehfutter hier beschreiben wollen. Sie enthalten, außer den Hülsen und dem Zellstoff der Gerste, noch unzersetzte Stärke, Fett und Pflanzenfibrin, wovon ihr Nährwerth abhängig ist.

Die über die quantitative Zusammensetzung der Malzkeime und Malztreber vorhandenen Analysen habe ich in folgender Tabelle zusammengestellt:

Prozentische Zusammensetzung der	Wasser	Proteinstoffe	Kohlehydrat	Fett	Holzfaser	Asche	Analytiker
Biertreber							
von Utrecht, Mittel mehrerer Anal.	79.5	4.8	6.7		7.8	1.2	Mulber
„ Lützschena, „	74.3	4.9	12.0		7.5	1.3	Ritthausen
„ Möckern, „	76.6	5.1	10.5		6.6	1.2	„
„ Hohenheim, „	77.6	3.2	11.7		6.1	1.4	Wolff
„ München	74.7	6.8	13.2	1.7	3.1	1.0	W. Mayer
„ Böhmen	75.3	3.6	12.6	1.2	6.1	1.2	Stöckhardt
„ Halle, aus Roggen gewonnen	70.0	6.0	18.0*	2.5	2.8	0.7	Grouven
Mittel .	76.9	4.8	9.5	1.6**	6.0	1.2	

Nährstoffverhältniß = 1 : 2.8.

Malzkeime							
von Großkmehlen	7.2	23.6	45.3		17.0	6.8	Scheven
„	20.5	22.9	31.5		18.7	6.3	„
„ Burley	3.7	23.8	48.9		18.5	5.1	Way
„ Dresden	10.4	27.6	18.5	3.0	32.1	8.3	Stein
Mittel .	10.3	24.5	34.0	3.0	21.6	6.6	

Nährstoffverhältniß = 1 : 2.1.

*) Nur ⅓ dieser löslichen stickstofflosen Substanzen bestand aus zuckerartigen Verbindungen!

**) Stein fand in 100 trockenen Trebern 5.5—6.2 Fett, also entsprechend unserm Durchschnittsgehalte.

Zwei naheliegende Fragen können wir jetzt beantworten, nämlich: Welchen Futterwerth haben 100 Pfd. Biertreber? Wie viel sind die Biertreber werth, die von 100 Pfd. verbrauter Gerste abfallen?

Um die erste Frage zu beantworten, wollen wir die Biertreber mit einem Futtermittel vergleichen, welches ebenfalls Proteïn und Kohlehydrate nahezu in dem Verhältniß wie 1 : 2.8 enthält, also von vorn herein zu den stickstoffreichen, wohl nährenden Substanzen zu zählen ist. Dies ist gutes, zur Blüthezeit gemähtes Kleeheu, welches im Mittel 13—14% Proteïnstoffe, 32—35% Kohlehydrate, 3—4% Fett und 25% Holzfaser enthält. Obige Biertreber, deren Trockensubstanz durchweg 23% beträgt, enthalten in heutrocknem Zustande, das heißt bei 84% Trockensubstanz, ebenfalls 13% Proteïnstoffe, 34% Kohlehydrate, 5% Fett und 23% Holzfaser. Die Uebereinstimmung in der Zusammensetzung ist also derart, daß wir den Futterwerth beider nur nach ihrem Trockensubstanzgehalte vergleichen können. In dieser Hinsicht ersetzen nun 350 Pfd. Biertreber (mit 84 Pfd. Trockensubstanz) genau 100 Pfd. Heu mit ebenfalls 84 Pfd. Trockensubstanz. Wir können demnach sagen, daß 3½ Pfd. Biertreber den Futterwerth von 1 Pfd. besten Heues haben. Ist indessen das Heu von etwas mittelmäßiger Qualität, so werden schon 2¼—3 Pfd. Biertreber einem Pfunde desselben aequivalent sein.

Ebenso wenig wie das Heu, wegen seines Holzfaserreichthums, ein concentrirtes Futter genannt werden kann, eben so wenig können auch die Biertreber als solches gelten. Zu Gunsten derselben spricht jedoch der Umstand, daß sie wegen ihrer Lockerheit und Schmackhaftigkeit vom Vieh lieber gefressen werden, als Heu. Gleich diesem entfaltet es in Verbindung mit stickstoffarmen Futterstoffen (Rüben, Kaff u. s. w.) seinen höchsten Nähreffect.

Der Schlüssel zur Lösung der zweiten Frage liegt in dem Holzfasergehalte der Malztreber, im Vergleich zu dem der Gerste. Wenn jene durchschnittlich 6% und diese 8% Holzfaser führt, so werden erst 133 Pfd. Treber die Holzfaser von 100 Pfd. Gerste enthalten, was offenbar anzeigt, daß von je 100 Pfd. Gerste 133 Pfd. Biertreber abfallen. Letztere haben den Futterwerth von ungefähr 45 Pfd. Heu. Wer daher für den Centner Heu 20 Silbergroschen bezahlt, kann auch für die von 100 Pfd. Gerste abfallenden Treber 9 Sgr. geben.

Schade, daß die Malzkeime nicht gern vom Rindvieh gefressen werden, denn sie sind, wie die Analysen zeigen, ein concentrirtes und höchst proteïnreiches Futtermittel. Wo sie indessen, wie es häufig der Fall ist, um einen Spottpreis aus den Bierbrauereien zu erlangen sind, da nehme man sie nur und verfüttere sie, stark mit Rüben und ein wenig Oelkuchen vermischt, die ihren bitteren Beigeschmack verdecken. Von welchem Erfolge sie bei der Schweinemast sind, zeigt der in Vortrag 20 beschriebene Versuch von Struckmann.

4. Oelsamen=Kuchen.

Von 100 Pfd. Rapssamen, welche durchschnittlich 50% Oel enthalten, gewinnt man, je nach der Vollkommenheit des Preßverfahrens, 50—55 Pfd. Oelkuchen, worin noch 5—10 Pfd. Oel sind. Von 100 Pfd. Leinsamen, welche blos 37% Oel führen, bekommt man circa 66 Pfd. Oelkuchen mit 7—8 Pfd. Oelgehalt.

Das in den Samen enthaltene Oel bleibt also zu ⅛ in den Oelkuchen. Dieser Antheil kann da als ganz verloren betrachtet werden, wo die Oelkuchen Düngzwecken anheimfallen. Denn das Oel düngt nicht; düngende Kraft besitzen nur die stickstoffhaltigen Bestandtheile der Oelkuchen, die, in dem feuchten Boden sich zersetzend, eine Quelle von kohlensaurem Ammoniak darbieten. Ob man mit Oelkuchen düngt oder mit der entsprechenden Menge Ammoniak, das ist da ganz gleich, wo man zum Ammoniak blos noch die in den Oelkuchen befindlichen Phosphate und Alkalien zufügt.

Beim Verfüttern der Oelkuchen wird indessen ihr Oelgehalt vom Thiere eben so sehr ausgenutzt, wie ihr Proteïn und die Phosphate. Das Oel dient zur Vermehrung des thierischen Fettvorrathes, das Proteïn und die Phosphate unterhalten den Lebensprozeß; und im Dienste des Lebens werden sie wieder durch Harn und Koth aus dem Körper ausgeschieden. Diejenigen Elemente, die ihnen einen gewissen Düngwerth geben, passiren also blos den Organismus der Thiere; sie bieten sich, obgleich in veränderter Form, beinahe vollständig wieder dem Landwirthe dar, der sie nunmehr zu Düngzwecken verwenden kann.

Wer wird da nicht sagen, daß die Oelkuchen durch Verfütterung ungleich höher auszunutzen seien, als durch directe Düngung? — Wer wird nicht zugeben, daß die Oelkuchendüngung überhaupt eine schwer zu rechtfertigende Stoffverwüstung in sich einschließt? — Wer mit Oelkuchen düngt, der düngt mit einem vollendeten Nahrungsmittel, der zerstört, um neue Nährstoffe zu gewinnen, thörichter Weise diejenigen, welche er schon besitzt. Mag auch die Oelkuchendüngung in besonderen Fällen sich rentiren: national-ökonomisch betrachtet, ist und bleibt sie ein verwerflicher Irrthum!

Ueberdies haben wir gewiß alle Ursache, die Oelkuchen dem Dünghaufen zu entreißen, wenn wir sehen, welch' ausgezeichnetes Futtermittel sie für das liebe Vieh sind. Einen solchen Proteïn- und Fettreichthum, wie ihn folgende Analysen bekunden, findet man nirgendwo wieder im Pflanzenreich.

Prozentische Zusammensetzung von	Protein	Fett	Kohlehydrate	Holzfaser	Asche	Wasser	Analytiker
Rapskuchen.	29.1	7.9	23.0	16.2	7.1	16.6	Scheven
	25.6	12.4	22.7	14.1	7.1	18.1	Ritthausen
	27.5	—	—	16.9	8.4	17.4	Crusius
	24.9	8.1	22.1	18.3	6.7	19.2	Knop
	34.6	14.1	—	—	6.5	18.2	Girardin
	20.8	12.8	17.7	25.0	8.8	14.9	Wolff
	31.4	6.8	18.4	18.5	8.2	16.6	"
	27.7	11.2	36.7	8.3	6.9	9.2	Stöckhardt
	30.7	10.0	32.5	9.4	7.7	10.5	Bouffingault
4 Analysen	29.5	11.1	—	—	7.8	10.7	Anderson
	30.0	4.4	—	—	6.4	18.4	Mulder
	22.7	9.8	18.6	28.4	6.0	14.5	Grouven
	22.8	9.0	40.9	16.1	7.6	3.5	Krocker
	35.0	12.0	20.8	13.5	6.0	12.6	"
	30.3	—	—	11.2	7.2	18.8	Henneberg
	27.2	—	—	9.5	6.1	13.8	Stohmann
Mittel	28.0	9.5	24.3	15.8	7.4	15.0	
Leinkuchen,							
amerikanische, 6 Analysen . . .	29.6	11.3	—	—	6.4	7.8	Way
englische, 7 " . . .	28.3	13.9	—	—	6.8	8.9	"
französische, 8 " . . .	29.6	9.1	—	—	8.0	8.0	"
" . . .	37.8	12.0	—	—	7.0	11.0	Girardin
" . . .	32.7	6.0	33.2	5.1	8.3	13.4	Bouffingault
deutsche, 6 Analysen . . .	27.7	12.8	—	—	6.1	12.4	Anderson
" . . .	23.3	9.2	41.8	9.1	7.0	9.6	Stöckhardt
" . . .	26.1	6.9	29.0	16.8	6.2	15.0	Wolff
" . . .	25.6	12.4	27.4	14.1	7.2	18.2	"
englische . . .	22.1	11.9	39.1	10.5	7.2	10.1	Johnston
holländische . . .	22.9	6.5	—	—	11.3	14.6	Mulder
englische, 8 Analysen . . .	20.6	9.2	42.1	8.9	8.8	9.6	Anderson
Mittel	28.0	10.0	31.6	11.0	7.9	11.5	
Ganze Körner von							
Rapssamen	27.4	50.0	12.4	5.3	3.9	11.0	Bouffingault
Awehlsamen	13.0	36.0	13.0	15.2	8.0	14.8	Grouven
Leinsamen	20.5	39.0	19.0	3.2	6.0	12.3	Bouffingault
" 7 Analysen . .	25.8	36.0	—	—	4.0	10.1	Way
Erdnußsamen	28.2	41.2	7.2	13.9	3.2	6.2	Anderson
Baumwollensamen . . .	31.8	31.5	14.8	7.3	8.9	6.6	"
Sonnenblumensamen . . .	13.3	34.7	23.9	28.5	3.8	6.2	"
Hanfsamen	16.3	33.6	23.6	12.1	2.2	12.2	Bouffingault
Mohnsamen	17.5	41.0	13.7	6.1	7.0	14.7	"

Außer Rapskuchen und Leinkuchen, welche weitaus die gewöhnlichsten in der Fütterung sind, macht man noch Kuchen aus den Oelsamen von Hanf, Mohn, Erdnüssen, Baumwollsaat, Sonnenblumen, Madia ꝛc. Alle diese

Sorten sind indessen, wie schon obige Samen-Analysen verrathen, von ziemlich gleicher Zusammensetzung, und man wird in der Praxis nicht viel fehlgreifen, wenn man ihnen vorkommenden Falls die mittlere Composition der Rapskuchen beilegt; wenigstens wird man dabei ebenso sicher gehen, als bei Benutzung der über solche Oelkuchen vorhandenen vereinzelten Analysen, deren Citation ich hier absichtlich unterlassen habe.

Der Fettgehalt der Oelkuchen ist so beträchtlich, daß wir ihn nicht mit der Menge der gleichzeitig vorhandenen kohlehydratartigen Nährstoffe confundiren dürfen, wie es gewöhnlich geschieht bei Futtermitteln von sehr geringem Fettgehalte. Zudem erscheint eine solche Unterscheidung namentlich bei den Oelkuchen sehr geboten, indem die unter der Rubrik der Kohlehydrate figurirenden löslichen Stoffmengen von chemisch sehr unklarem Charakter sind und meiner Ansicht nach schwerlich mit dem Zucker in eine Categorie gestellt werden dürfen. So werden wir denn, bei Berechnung des Nährstoffverhältnisses in den Oelkuchen, 1 Theil des Fettes gleichstellen wenigstens 3 Theilen jener Kohlehydrate. Dadurch bekommen wir auf 28 Theile Protein 24.5 + 3 × 9 stickstofflose Stoffe, also ein Nährstoffverhältniß wie 1 : 2. Bei Leinkuchen ist letzteres etwas anders, nämlich wie 1 : 2.2.

Wir sehen daraus, welch' sehr stickstoffreiches Futtermittel die Oelkuchen sind und wie sehr sie, zu ihrer Verwerthung, des Zusatzes stickstoffarmer Futtermittel (Rüben, Stroh ꝛc.) bedürfen. Wenn in der Praxis 1 Pfd. Oelkuchen = 2½ Pfd. Heu geschätzt wird, so kann das blos einen ökonomischen Sinn haben; der eigentliche Nährwerth der Oelkuchen ist damit nicht ausgedrückt, indem dieser eine variable, von dem passenden Zusatze kohlehydratreicher Futtermittel abhängige Größe ist. Und was vollends den Nährwerthsvergleich mit Heu oder sonst einem Futtermittel unthunlich macht, das ist der ungewöhnlich große Fettgehalt der Oelkuchen, der bei der thierischen Ernährung seine eigene, besondere Rolle spielt.

Ihr unschätzbarer Futterwerth tritt in den Fällen erst recht hervor, wo es gilt, unschmackhaftes, holzfaserreiches Futter dem Rindvieh angenehm zu machen, die Vorräthe von Wurzelgewächsen auf's rationellste auszubeuten und eine ebenso sichere, als rasche Mastung zu bewerkstelligen. Auch bei zu mästenden Schweinen und Schafen müssen sie Ausgezeichnetes leisten.

Man darf sich nicht verhehlen, daß die Engländer ihre staunenswerthen Mastungs-Resultate vornehmlich den Raps- und Leinkuchen verdanken, die sie in großartigen Massen verfüttern.

43

5. Branntweinschlempe.

Das breiig flüssige Futtermittel, welches man unter dieser Bezeichnung versteht, ist von keiner constanten, überall gültigen Zusammensetzung. Denn man gewinnt Alkohol aus Kartoffeln, Malz, Roggen, Mais, Zuckerrüben und aus mannigfaltigem Gemenge von Kartoffeln und Roggen, Kartoffeln und Mais, Kartoffeln und Zuckerrüben, u. s. w., also aus Rohmaterialien, die gar Verschiedenes bieten.

Schon in dieser Hinsicht wäre es hier unthunlich, alle möglichen Verschiedenheiten der abfallenden Schlempe hervorzuheben. Dazu kommt nun noch das Abweichende in den verschiedenen Brennerei-Verfahren, die verschiedene Wässrigkeit der Maische, die ungleiche Vollkommenheit des Maisch- und Gährungsprozesses, wodurch, bei gleichem Rohmateriale, die Schlempe gehaltreich oder arm an Nährstoffen werden kann, um uns vollends zum Verzicht zu bringen auf eine, alle thatsächliche Verschiedenheiten der Schlempe berücksichtigende Darstellung.

Ich gedenke hier blos die Schlempe in's Auge zu fassen, wie solche entweder von reinen Kartoffel-, Korn- oder Rübenbrennereien unter normalen Versuchsverhältnissen abfällt. Durch deren Kenntniß, denke ich, erlangen wir einen Maßstab, mit dessen Hülfe wir in allen übrigen Verhältnissen sicher und leicht erfahren können,

    a. wie viel Schlempe,

    b. von welcher Qualität, und

    c. von welchem Geldwerthe

man aus der bekannten Menge irgend welchen Rohmaterials gewinnt.

Was versteht man unter Schlempe, welches sind ihre Bestandtheile? — Diese Frage führt uns zum theoretischen Prozesse der Alkoholbereitung. Wir haben schon früher auseinander gesetzt (Seite 118), daß der Alkohol nur durch Gährung des Traubenzuckers entstehe und daß all' die Stoffe, die in Traubenzucker künstlich übergeführt werden können, zu den Materialien der Alkoholbereitung gehören. Am leichtesten in Traubenzucker überführbar ist die Stärke, die namentlich in den Kartoffelknollen und in den Getreidearten so massenhaft vorkommt. Daher sind auch Kartoffeln und Getreidekörner die gebräuchlichsten Urstoffe des Alkohols. Die Zuckerrüben sind es nicht minder, weil sie anstatt der Stärke so reich an Rohzucker sind, der ebenfalls leicht in Traubenzucker überzuführen ist. Der Prozeß der Umbildung von Stärke in Traubenzucker wird erreicht durch das sogenannte Maischen, ein Vorgang, der daher die erste Stufe der Spiritusbereitung ausmacht. Beim Maischen brüht man die gedämpften und zerriebenen Kartoffeln oder das Getreidemehl mit warmem Wasser an und setzt ihnen Gerstenmalzschrot zu. Letzteres umschließt in seiner Diastase das, die Umwandlung der Stärke bewirkende Prinzip. Der Erfolg ist um so vollständiger, je ausreichender die Malzquantität der vorhandenen Stärkemenge gegenüber ist, und in je innigere Berührung die Malzinfusion mit den einzelnen Stärkekörnchen tritt. Zu dem Ende muß sowohl ein feines Mahlen des Getreidemehls und eine sorgfältige Zerkleinerung der Kartoffeln nothwendig erscheinen, als auch eine innige, mechanische Vermengung dieser zerkleinerten Substanzen mit der Malzschrotinfusion. Beides sind indessen mechanische Operationen, die sich nur mehr oder weniger vollkommen ausführen lassen. Deßhalb ist der Erfolg des Maischens auch immer kein ganz vollkommener; ein Theil der Stärke und des Dextrins wird sich stets der Zuckerbildung entziehen und dadurch nichts zur Alkoholausbeute beitragen.

Nachdem die fertige, zuckerreiche Maische mit Wasser verdünnt worden, wobei auf 1 Theil Trockensubstanz gewöhnlich 4—7 Theile Wasser kommen, wird sie durch Bierhefe in Gährung versetzt. Der Gährprozeß erstreckt sich hauptsächlich verändernd auf den Zucker, der in Kohlensäure und Alkohol zerfällt;*) die in der Maische sonst noch befindlichen, vom Rohmateriale abstammenden Verbindungen, wie unzersetzte Stärke, Dextrin, Pectin, Albumin, Fibrin, Fett, Holzfaser-Hülsen, Milchsäure, Salze und Hefebestandtheile, sind dabei keinen durchgreifenden, organischen Beränderungen unterworfen, sondern überdauern ziemlich unversehrt die Gährung des Zuckers, respective der Maische. Sie bleiben auch ferner noch unversehrt, wenn darauf die vergohrene Maische in die Destillationskessel kommt, wo sie durch hineingeleitete heiße Wasserdämpfe so lange erhitzt wird, bis aller Alkohol aus ihr entwichen oder überdestillirt ist.

Der Destillationsrückstand ist die sogenannte Schlempe. Es ist also eine Flüssigkeit, in der wir theils gelöst, theils suspendirt all' die eben genannten organischen Verbindungen finden; auch etwas Zucker finden wir darin, denn selbst bei dem vollkommensten Gährverfahren ist es nicht möglich, sämmtlichen, beim Maischen gebildeten Zucker zur Vergährung zu bringen; ein mehr oder weniger beachtenswerther Theil desselben bleibt unzersetzt und

---

*) 2 Pfd. Zucker oder Stärkemehl geben genau 1 Pfd. absoluten oder wasserfreien Alkohol, und da diese Alkoholmenge ebenfalls genau in einem preuß. Quart Alkohol von 50% Tralles enthalten ist, so sagt man, daß 2 Pfd. Zucker 50 Quartprozente Alkohol liefern. Eine Rübe z. B., die 10 Pfd. verjährbaren Zucker enthält, gibt 250 Quartprozente Alkohol. Das Quartprozent ist die Einheit, nach welcher der Spiritus gewöhnlich verkauft wird. Die berliner Ohm muß deren 10800 enthalten.

kommt so in die Schlempe, deren Trockensubstanzgehalt dadurch erhöht wird. Letzterer beträgt blos 4—10 %. Die Schlempe ist daher als eine recht wäſſrige Nahrung anzusehen.

Weßhalb ſie überhaupt ſo verſchieden in ihrem Trockensubstanzgehalte iſt, das hängt ab

1. von dem Maiſchmateriale.

Es enthalten z. B. 100 Theile Trockensubſtanz von:

	Roggen	Gerstenmalz	Kartoffeln	Zuckerrüben
Stärke oder Zucker	62.0	60.0	72.0	70.0
Proteïnsubſtanz.	15.0	13.0	10.0	5.0
Gummi, Pectin Extractivſtoffe. . .	18.0	12.8	8.8	14.5
Fett	2.0	2.2	1.2	0.5
Holzfaſer	5.0	8.0	4.0	6.0
Aſche	3.0	4.0	4.0	4.0
	100.0	100.0	100.0	100.0
Durchſchnittliche Alkohol-Ausbeute, berechnet auf vergohrene Stärke	45.0	49.0	61.0	53.0
Trockensubſtanz, in die Schlempe übergehend	55.0	51.0	39.0	47.0

Beim Vergleiche dieſer Zahlen erkennt man ſofort, daß eine aus Kartoffeln oder Rüben beſtehende Maiſche mehr vergährungsfähige Subſtanz (Stärke oder Zucker) in ſich enthält, als Malz und Getreide. Jene werden daher weniger Stoffe nach der Gährung zurücklaſſen und der Schlempe überliefern, als dieſe. Das heißt, bei gleicher Concentration von Kartoffelrübenmaiſche und von Roggenmalzmaiſche wird die von letzterer abfallende Schlempe conſiſtenter ſein; ſie wird, was ihren Nährwerth vortheilhaft erhebt, beſonders an Proteïnſtoffen reicher ſein, als die Kartoffel- oder Rübenſchlempe.

Die Getreideſchlempe iſt noch deßhalb im Vortheil, weil die Getreideſtärke, wegen ihrer compacteren Maſſe, ſich viel ſchwieriger zu Zucker vermaiſchen läßt, als die Stärke in den Kartoffeln. Von Getreide wird daher ſtets mehr Stärke in die Schlempe übergehen, als von Kartoffeln.

2. Von dem verſchieden großen Waſſerzuſatz beim Maiſchen ſelbſt. Die Einen maiſchen ſo, daß auf 1 Theil Trockensubſtanz 4 Theile Waſſer kommen, Andere geben darauf 5 Theile, noch Andere 6 oder gar 8 Theile Waſſer. Natürlich muß in dem nämlichen Verhältniß eine verſchieden concentrirte Schlempe reſultiren, weil ja das zugeſetzte Waſſer all' in die Schlempe übergeht und nicht etwa bei der Gährung oder Deſtillation zur Abſcheidung gelangt.

3. Von der ungleichen Waſſeraufnahme der vorgohrenen Maiſche während der Deſtillation. Eine ſolche muß überhaupt deßhalb ſtattfinden, weil die Deſtillation mittels heißer Waſſerdämpfe bewirkt wird, die ſich in großer Menge in der Maiſche verdichten, und nur theilweiſe daraus wieder mit den Alkoholdämpfen entweichen. Ungleich wird dieſe Waſſerverdichtung da ſein, wo die Maiſchen verſchieden concentrirt ſind. Sie iſt am größten bei recht dünnen Maiſchen. Durchſchnittlich wird dadurch die Schlempe um 16 % ſchwerer, als die Maiſche vor der Vergährung war.

Wie sich nun in der Praxis die Menge und Qualität der Schlempe gestaltet, die aus einer bekannten Menge Kartoffeln, Malz und Maischwasser zuletzt
gewonnen werden, das ersieht man aus folgender Tabelle, die Ritthausen,
auf Grund einer hübschen Untersuchung des Brennereiprozesses, aufgestellt hat.

Trockensubstanz der Kartoffeln, des Malzes und der Hefe	Maischwasser-zusatz im Verhältniß von	Gewicht der frischen Maische	Schlempemenge um 15—17 Proc. größer, als die frische Maische	Totalgehalt der Schlempe an Trockensubstanz	Prozentischer Gehalt der Schlempe an Trockensubstanz
29.6 Pfd.	1 : 7.5	252 Pfd.	296 Pfd.	13.02 Pfd.	4.4%
29.6 „	1 : 6.2	213 „	249 „	13.02 „	5.2 „
31.5 „	1 : 5.9	218 „	256 „	13.90 „	5.4 „
28.8 „	1 : 4.9	170 „	195 „	11.67 „	6.0 „
28.8 „	1 : 4.0	144 „	164 „	11.67 „	7.1 „
28.8 „	1 : 3.0	115 „	129 „	11.67 „	9.1 „

29.5 Pfd. Mittel   Mittel: 12.5 Pfd.

Man ersieht daraus ferner, daß im Mittel von den 29.5 Pfd.
Trockensubstanz im Maischmateriale nur noch 12.5 Pfd. in der Schlempe
wieder zu finden sind, daß also durch Gährung und Destillation 17 Pfd.
ausfallen; das ist 56%. Diese 56% machen das Gewicht der Stärke
aus, die in Alkohol und Kohlensäure zersetzt worden ist. 44% der fixen
Maischbestandtheile werden der Schlempe zu Theil.

Woraus die 44% eigentlich bestehen, läßt sich annähernd ermessen, indem
man von der Zusammensetzung der Kartoffelsubstanz 56% Stärke wegnimmt.
Es bleiben dann noch, gemäß obiger Analyse, übrig 16% Stärke, 10% Protein,
8.8% Gummi und Pectin, 1.2% Fett, 4.0% Holzfaser und 4.0% Asche.

Fügen wir zu diesen Stoffen die 20fache Menge Wasser (20 × 44 =
880 Pfd.), so bekommt die so erhaltene 880 Pfd. schwere Flüssigkeit die
mittlere Concentration der Schlempe, das heißt einen Trockensubstanzgehalt
von 5%. Ob sie nun auch eine, der wirklichen Schlempe gleiche prozentische Zusammensetzung hat, kann folgender Vergleich darthun:

Es enthält die berechnete Schlempe		Natürliche Kartoffelschlempe, reducirt auf 5% Trockensubstanz			
		(nach Peltrieael)	(nach Grouven)	(nach Ritthausen)	(nach Ritthausen)
Wasser	95.00	95.00	95.00	95.00	95.00
Proteïnstoffe . .	1.14	1.00	1.33	0.93	0.98
Fett	0.14	0.14	0.18		
Stärke	1.81 } 2.81	0.48 } 2.60	2.64	3.00	2.91
Gummi, Pectin ꝛc.	1.00	2.12			
Holzfaser . . .	0.46	0.72	0.50	0.50	0.55
Asche	0.45	0.53	0.35	0.57	0.56
	100	100	100	100	100
Nährstoffverhältniß	1 : 2.8	1 : 2.9	1 : 2.5	1 : 3.2	1 : 3.0

Hiernach wäre in der That unsere theoretisch abgeleitete Constitution der Schlempe der Wirklichkeit so ziemlich entsprechend. Unsere anticipirte Analyse mußte voraussichtlich mehr Stärke aufweisen, weil wir bei ihr den leicht erfolgenden Uebergang der Stärke in gummiartige Stoffe unberücksichtigt gelassen. Sie mußte ferner etwas proteïnreicher ausfallen, weil in Wirklichkeit beim Waschen, Dämpfen und vielleicht auch beim Vergähren der Kartoffeln durchgehends ⅛ der, in den letzteren vorhandenen Proteïnmenge für die Schlempe verloren geht.

Wünscht Jemand ohne weitläufige chemische Analyse den Nährstoffgehalt seiner Schlempe genügend genau zu erfahren, so empfehle ich ihm folgendes Verfahren. Er berechne zunächst, wie viel Pfd. Proteïn, Fett und Kohlehydrate seine eingemaischten Materialien in Summa enthalten (gemäß Tabelle im Vortrag Nr. 21) und subtrahire davon ¾ der Kohlehydrate und ⅛ des Proteïns; der Rest ist dann der Gesammtgehalt seiner Schlempe. Zum Beispiel:

Eingemaischt:	Proteïn	Fett	Kohlehydr.	Trockensubst.
30 Centner Kartoffeln . . .	72.0	9.0	570	720
24 „ Zuckerrüben . .	21.6	2.4	381	456
180 Pfd. Malz	11.1	2.1	67	93
Summa .	104.7	13 5	1018	1269
Ab hiervon ⅛ an Proteïn und ¾ der Kohlehydrate .	13.1	—	763	776
Gehalt der Schlempe .	91.6 Pfd.	13.5 Pfd.	255 Pfd.	493 Pfd.

Will ich weiter nun noch wissen den prozentischen Gehalt, oder den Nährstoffgehalt eines Centners meiner Schlempe, so werde ich einfach diese Zahlen, durch die Centnerzahl, welche die gewonnene ganze Schlempe wiegt, dividiren.

In den Kartoffeln haben wir ein Nährstoff-Verhältniß wie 1 : 8. Indem sie in Schlempe verwandelt werden, verlieren sie den größten Theil ihres stickstofflosen Bestandes, und werden dadurch, wie die obigen Analysen offenbar bekunden, zu einem proteïnreichen Futtermittel, während sie früher ein proteïnarmes waren.

Ist dadurch ihr Nährwerth erniedrigt oder erhöht worden? — Das Werthverhältniß, in welchem eine bestimmte Kartoffel- oder Roggenmenge zu der daraus gewonnenen Schlempe steht, kann gleich sein und auch sehr verschieden, je nachdem man die Sache auffaßt. Gleich ist es, wenn man beiderseits auf eine einseitige Fütterung, entweder mit puren Kartoffeln oder mit bloßer Kartoffelschlempe, reflectirt. Letztere gibt einem Thiere Proteïn, Kohlehydrate und Fett in einem Verhältnisse, welches zwar mit Vortheil noch ein paar Pfund Stärke vertragen könnte, jedoch ausreichend ist für seine Lebenszwecke. Die Kartoffelmenge aber, die einem Ochsen täglich seine 2½ Pfd. Proteïn gewähren soll, gibt ihm zugleich 20 Pfd. Kohlehydrate anstatt der 12 Pfd., deren er blos bedarf; 8 Pfd.

Stärke werden ihm überschüffig gereicht; er wird sie bald unverdaut ausscheiden. Was in diesem Falle der Organismus eines Thieres thut, dasselbe thut im andern Falle der Brennereiprozeß, nur in stärkerem Grade;
beide bewirken nämlich eine Ausscheidung von 8—15 Pfd. Stärke aus der Kar-
toffelmaffe. Dort geschieht das nutzlos, hier indeffen mit viel Nutzen, indem die Stärke in Spiritus verwandelt wird. Jemand, der seinem Vieh
blos Kartoffeln und Stroh zu reichen hat, kann also nichts Gescheidteres
thun, als aus seinen Kartoffeln erst Spiritus zu ziehen und sie dann (in
Form von Schlempe) zu verfüttern. Den Spiritus hat er dann umsonst,
weil der Nährwerth der Kartoffel fast der ursprüngliche geblieben ist.

Die Wahrheit dieser theorethischen Anschauung, wonach ein Thier mit
100 Pfd. Kartoffeln kaum weiter reichen solle, wie mit der, von 100 Pfd.
Kartoffeln abfallenden Schlempe, dürfte manchem Practiker befremdend entgegentreten. Aber dennoch ist sie anzuerkennen, denn Ritthausen hat sie
in einem Fütterungsversuche auf's Schönste erprobt.

Dieser Versuch wurde mit 2 Kühen angestellt, die zusammen 2163 Pfd. wogen. Ihre Futterration bestand aus:

18 Pfd. Heu,
20 „ Gerstenstroh,
4 „ Rapskuchen,
4 · „ Kleie,

Außerdem erhielten sie in der I. Versuchsperiode täglich 60 Pfd. Kartoffeln,
in der II. täglich die, aus 60 Pfd. Kartoffeln und 5 Pfd. Malz bereitete, süße
Maische und in der III. Periode täglich die von 60 Pfd. Kartoffeln und 5 Pfd.
Malz abfallende Schlempe.

In allen drei Perioden wurden die Kleien in der Tränke beigegeben, und
die Rapskuchen zum Anbrühen des geschnittenen Heu's und Stroh's benutzt. Die
Kartoffeln kamen in der I. Periode in gedämpftem Zustande zur Verfütterung.

Die Versuchsperioden, die je eine Woche währten, waren voneinander durch
14tägige Uebergangs-Fristen getrennt. Ihre Resultate hab' ich übersichtlich zusammengestellt.

	Gehalt des täglichen Futters, an			Täglicher Milch-ertrag im Durch-schnitt	Lebend-Gewicht am Ende der Versuchs-Periode	Zu- oder Abnahme an Fleisch
	Proteïn	Stickstoff-losen Sub-stanzen	Ver-hältniß beider			
	Pfd.	Pfd.		Pfd.	Pfd.	Pfd.
Nr. I. Kartoffeln . . .	4.65	31.2	1 : 6.7	46.0	2117	— 46
Nr. II. Süße Maische . .	4.98	33.5	1 : 6.8	51.6	2180	+ 17
Nr. III. Schlempe . . .	4.90	23.5	1 : 4.7	49.6	2189	+ 26

Man sieht hieraus deutlich, wie die 10 Pfd. Stärke (Zucker), welche in der
süßen Maische oder den Kartoffeln mehr enthalten sind, als in der Schlempe, eher
einen schädlichen, als nützlichen Einfluß auf die Ernährung ausgeübt haben.

Anders ist es, wenn von dem absoluten Futterwerthe der Kartoffeln die Rede ist, das heißt von dem Werthe, den ich aus den Kartoffeln ziehen kann, wenn ich sie in der passendsten Mischung mit andern Materialien verfüttere. Dann kann ich allerdings jenes unnütze Plus von 8 Pfund Stärke noch verwerthen, in dem Maße, als ich dazu einen proteïn-reichen Futterstoff gebe. Unter dieser Voraussetzung verwerthet sich natür-lich die Kartoffel höher, als früher, ungefähr um's Doppelte; sie kann dann mehr Nähreffect gewähren, wie die zukommende Schlempemenge. Eine für alle Fälle feste Norm für die Größe dieses Effectes hat man jedoch in der Praxis nicht; man prätendirt zwar eine solche in der sogenannten Wolff-schen Heuwerthszahl zu besitzen, und doch ist nichts klarer, als daß jene Nutzung durchaus abhängig ist von der Rationalität desjenigen, der die Kartoffeln zu verfüttern hat.*)

Die Getreideschlempen sind, wie ich bereits erklärte, die reich-haltigsten. In welchem Verhältniß sie nach Quantität und Qualität zu Kartoffelschlempe stehen, das ersieht man hinreichend aus folgenden Versuchs-ergebnissen:

	Nach Ritthausen	nach Grouven
Eingemaischt {	15.6 Pfd. Roggenschrot 7.9 „ grün Malz 0.125 „ Hefe	{ 467 Pfd. Roggenschrot und Malz
Trockensubstanz in der Maische	17.60 Pfd.	397 Pfd.
Concentration der Maische	1 : 3.5	1 : 6
Gewicht der Schlempe	87.2 Pfd.	2736 Pfd.
Trockengehalt der Schlempe	9.8 „	216 „
Von der Trockensubstanz der Maische findet sich in der Schlempe {	56.8 %	54.4 %
100 Pfd. Schlempe enthielten:		
Trockensubstanz	11.25	7.90
Proteïn	2.08	1.91
Fett		0.90
Kohlehydrate {	7.02	3.87
Holzfaser	1.60	0.82
Asche	0.55	0.80
Nährstoffverhältniß	1 : 3.4	1 : 3.3

*) Mit 36 Pfd. Kartoffeln nebst 2½ Pfd. Rapskuchen und 14 Pfd. Heu per Tag vermochte Knop das Gewicht einer 1000 Pfd. schweren Kuh nicht zu erhöhen. Als aber 1 Pfd. Rapskuchen mehr verfüttert wurde, da gewann die Kuh binnen 14 Tagen 91 Pfd. an Gewicht. Wer kann hier sagen, daß diese beträchtliche Zunahme einseitig durch den Nährwerth der 14 Pfd. Raps-kuchen bewirkt worden sei? Muß sie nicht vielmehr dadurch erklärt werden, daß die 14 Pfd. Rapskuchen einen beträchtlichen Theil der, in den Kartof-feln vorher nutzlos enthaltenen Stärke nutzbar gemacht und so den Nähr-werth der Kartoffeln erhöht haben?

Indem die Schlempe hinsichtlich der Concentration und der Composition ihres Nährstoffes sich mit der des Heues gar nicht vergleichen läßt,
so table ich es, daß man bisher die ökonomische Werthstaxation der Schlempe
stets nach dem herrschenden Heupreise, und nicht, was doch naturgemäßer
wäre, nach dem Roggenpreise regulirt hat. Lege ich einen Roggenpreis von
4 Thlr. per 200 Pfd. zu Grunde, dann berechnet sich nach meiner Methode
(Siehe Schluß-Vortrag) Kartoffelschlempe von 5 % Trockensubstanz per Ctr.
zu 3 Sgr., Getreideschlempe von 9 % Trockensubstanz zu 5¼ Sgr.

Im Allgemeinen ist die Schlempe von Kartoffeln und Getreide doch
ein etwas zu stickstoffreiches Futter, als daß man sie so pur, ohne jedwede
andere Beinahrung, mit dem größten Vortheil verfüttern könnte. Eine Kuh,
die täglich 200 Pfd. gute Schlempe frißt, verzehrt darin 2.4 Pfd. Proteïn, 6.1 Pfd. Kohlehydrate und 1.8 Pfd. Holzfaser und 1.4 Pfd.
Aschensalze: in Summa also blos 12 Pfd. Trockensubstanz. Sie kann aber
mit Vortheil das Doppelte an Trockensubstanz und das 4fache an Holzfaser
einnehmen, ehe ihr Bauch normal gefüllt ist. Was könnte sie somit, neben
Schlempe, besser verzehren, als gutes Stroh, welches der ganzen Nahrung das
nöthige Volum giebt und zugleich die Kohlehydrate um die Hälfte erhöht? —

Was die Rübenschlempe betrifft, so haben wir hier nur diejenige
zu verstehen, welche nach der Leplay'schen Rübenspiritus-Fabricationsme-
thode abfällt, wobei die Zuckerrüben in dünne Scheiben zerschnitten und als
solche der Fermentation und Destillation unterworfen werden. Denn die
Destillationsrückstände, welche bei denjenigen Methoden abfallen, die, gleich
der Methode Dubrunfaut oder Champonnis, den Saft der Rübe
gewinnen und blos diesen vergähren lassen, sind zu wässrig, salzig und zu
gehaltlos, als daß sie bisher zu etwas Anderm, als zum Düngen benutzt
worden wären. Werthvoller, als die Schlempe, sind in diesen Brennereien
die Mazerations- und Preßrückstände der Rüben, worüber ich an anderer
Stelle sprechen werde.

Jene Leplay'sche Schlempe muß indessen von beachtenswerthem Nähreffecte sein. Analysen derselben sind zwar nicht vorhanden, doch können wir
aus der bekannten Zusammensetzung der Zuckerrüben und ihrem Alkohol-
ertrage leicht berechnen, wie die Rübenschlempe ungefähr constituirt sein
wird. Nämlich, von den 13 % Zucker in den Rüben werden ungefähr
9 % in Alkohol verwandelt und die übrigen 4 % gehen, theilweise umgewandelt in Milchsäure, über in die Schlempe nebst den Verbindungen, die
noch sonst in der Rübe auftreten. Das sind 1 % Proteïnstoffe, 0.7 %
Asche, 1.3 % Holzfaser und 3 % Pectin, Schleim, Fett rc. In Summa

gelangen also per Ctr. Rüben circa 10 Pfd. Trockensubstanz in die Schlempe. Denken wir uns diese vertheilt in den 80 Pfd. Wasser, die der Ctr. Rüben enthält und den 20 Pfd. Wasser, die er noch zugesetzt bekommt, so haben wir 110 Pfd. Schlempeflüssigkeit von folgender, **prozentischen Zusammensetzung**:

Wasser	90.90
Holzfaser	1.18
Asche	0.63
Zucker	
Pectin	
Fett	} 6.37 } Verhältniß wie 1 : 6.9.
Milchsäure	
Proteïnstoffe	0.92
	100

Hiernach könnte die Schlempe per 100 Pfd. **Zuckerrüben** so viel werth sein, wie 100 Pfd. **gewöhnliche Futterrüben.**

6. Abfälle aus Stärkefabriken.

Die Stärke wird gewöhnlich aus Kartoffeln bereitet, indem man selbige roh auf's feinste zerreibt und das Reibsel auf feinen Haarsieben mit kaltem Wasser auswäscht. Das Waschwasser spült dann den Zellsaft der Kartoffeln und den größten Theil ihrer Stärke aus. Bleibt es einige Zeit ruhig stehen, so senken sich die darin schwimmenden Stärkekörner zu Boden und können von der überstehenden Waschflüssigkeit leicht und rein geschieden werden. Die Waschflüssigkeit enthält zwar beträchtliche Albumin-Antheile, sie ist aber so reich an Salzen und überdies noch so unschmackhaft und wässrig, daß sie nicht wohl in der Fütterung Verwendung finden kann, sondern auf den Dünghaufen ausgegossen wird.

Der auf den Sieben verbleibende, durch Wasser nicht lösbare Theil der Kartoffeln ist die sogenannte „Faser." Sie ist es, die als Viehfutter hier in Betracht kommt.

Ueber ihre Qualität und Quantität gibt uns folgende Untersuchung von Scheven die gewünschte Auskunft.

	Angewandte Kartoffeln	Ausbeute an nasser Stärke	nasser Faser	Verlust mit der Waschflüssigkeit
	100 Pfd.	17.34 Pfd.	69.5 Pfd.	
		Darin sind enthalten:		
Trockensubstanz . .	28.48 Pfd.	8.84 Pfd.	13.44 Pfd.	6.20 Pfd.
Wasser	71.52 Pfd.	8.50 Pfd.	56.06 Pfd.	7.46 Pfd.
Asche	1.08 „	—	0.24 „	0.84 „
Holzfaser . . .	0.89 „	—	0.80 „	0.09 „
Zucker, Pectin, Fett	8.24 „	—	3.74 „	4.15 „
Stärke	16.55 „	8.84 „	8.06 „	—
Proteïnsubstanz . .	1.72 „	—	0.58 „	1.14 „
Nährstoffverhältniß	1 : 14		1 : 20	1 : 2.4

Wenn es hiernach auffällt, daß ein so großer Theil der Stärke in der Faser zurückbleibt, so dürfen wir nicht verschweigen, daß das Fabrikations-verfahren, worauf gerade diese Analysen sich gründen, ziemlich unvollkommen war. Von gut eingerichteten Fabriken wird kein so hoher Stärkegehalt in der Faser zu erwarten sein.

Wie dem auch sei, die Faser erscheint uns gemäß der Analyse als ein recht kraftloses und, wegen seiner leichten Zersetzlichkeit, als ein nur frisch zu verwerthendes Futter. Sie würde wenigstens doppelt so viel Werth haben, wenn damit das Albumin der Kartoffeln verbunden wäre, welches in der Waschflüssigkeit nutzlos aufgelöst ist. Bei ihrem excessiven Reichthum an stickstofflosen Verbindungen darf sie niemals das alleinige Futter eines Thieres ausmachen, sondern muß mit andern proteïnreichen Futtermitteln (Oelkuchen und Schlempe) so gemischt werden, daß sie selbst nur einen be-scheidenen Theil der ganzen Ration ausmacht. Das ist die nothwendige Bedingung, unter der allein ihr ein nennenswerther Nähreffect zugeschrieben werden kann.

Jene Bedingung vorausgesetzt, hat die Fasermenge von 500 Pfd. Kartoffeln bester Qualität, oder von 600 Pfd. Kartoffeln mittelmäßiger Qualität, den Geldwerth von 100 Pfd. Heu.

In neuester Zeit soll in Frankreich eine sehr verbesserte Fabrikations-methode Eingang gefunden haben, bei welcher die abfallende Faser sowohl in trockner, leicht aufzubewahrenden Form gewonnen wird, als auch den größten Theil des Proteïns der Kartoffeln behält. Eine Analyse solcher, ungleich werthvolleren Faser, hat R. Hoffmann mit folgendem Resultate ausgeführt:

Wasser	16.9	
Stärke	32.8	
Pectin, Fett ꝛc.	34.1	Nährstoffverhältniß
Proteïnstoffe	6.3	1 : 10.6
Zellstoff	8.5	
Asche	1.4	
	100	

7. Preßlinge von Zuckerrüben.

Von namhafter Bedeutung sind dieselben bei Ernährung des Rind-viehes auf solchen Gütern, die mit Rübenzuckerfabriken verbunden sind, welche nach dem Reib- und Preßverfahren arbeiten.

Dort wird die sorgfältig gewaschene und geköpfte Rübe auf einer rasch rotirenden Reibtrommel, unter Zufluß von 20—40 % Wasser, zu einem sehr feinen Brei zerrieben, der Brei in Tücher eingeschlagen und unter mächtige hydraulische Pressen gebracht, die ihn seines Zuckersaftes berauben. Das Ausgepreßte bekommt dadurch die Form eines ziemlich trocknen, zusammenhängenden Kuchens von 1—2 Linien Dicke. Es sind die sogenannten Preßlinge. Sie bestehen aus der Rübenschale, dem Pflanzenzellstoff, den unlöslichen Pectinstoffen, Proteïnstoffen und Salzen, so wie aus den Bestandtheilen desjenigen Rübensafttheiles, der aus den Kuchen durch Pressen nicht weiter zu entfernen war.

100 Pfd. Rüben enthalten 96 Pfd. Saft und 4 Pfd. unlösliche, faserige Theile. Von den 96 Pfd. Saft werden 80 Pfd. ausgepreßt; 16 Pfd. verbleiben mit den 4 Pfd. faserigen Stoffen verbunden und machen die Preßlinge aus, die also durchschnittlich 20 Pfd. per Ctr. Rüben wiegen.

Man kann sich hiernach einen Begriff machen von dem enormen Futterabfall, den eine Zuckerfabrik mittlerer Größe gewährt. Von den 100000 Centner Rüben, die eine solche per Winter-Campagne verarbeitet, resultiren 20,000 Ctr. Preßlinge.

In der Zuckerfabrik zu Hohenheim wurden von **Wolff** und **Siemens** Versuche angestellt über die Qualität und Quantität der Preßlinge, die von einer Zuckerrübe abfielen, deren Zusammensetzung aus folgender Analyse ersichtlich ist:

100 Pfd. Zuckerrüben lieferten	23.2 Preßlinge und	76.8 Pfd. Saft.
Wasser . 81.56	15.51	65.95
Asche . . 0.89	1.27	?
Holzfaser . 1.33	1.47	—
Zucker . 11.88	1.71	10.17
Kohlehydrate 3.47	2.84	0.63
Proteïnstoffe 0.87	0.29	0.58
100.00	23.20	76.80

Diese Analysen enthüllen die sehr zu beachtende Thatsache, daß mit dem Auspressen nicht blos Zucker aus den Rüben entfernt wird, sondern auch ⅔ der ganzen, in ihnen enthaltenen Proteïnmenge. Daß dieser Umstand den Nährwerth der Preßlinge sehr deprimirt, ist klar. Ohne den Eiweiß-Verlust würden sie der vorstehenden Analyse gemäß ein Nährstoff-Verhältniß, wie 1 : 6 repräsentiren, während es in Wirklichkeit, wie 1 : 15 in ihnen besteht.

Daß unter den Bestandtheilen der Preßlinge mehr Asche angezeigt ist, als eigentlich in den Rüben vorhanden war, muß durch die erdigen Stoffe erklärt werden, welche den Rüben stets anhängen, und wovon sie beim Fabrikbetriebe nicht so vollkommen zu reinigen sind, wie bei Vornahme einer Analyse.

Ich erwähnte, daß beim Reiben circa 30 % Wasser zufließen, damit der Saft in den Rüben verdünnter wird und sich leichter auspressen läßt. Wolff hat nun gezeigt, daß, je mehr Wasser zugelassen wird, desto erschöpfter sich die Preßlinge zeigen, so daß in der Praxis zu erwägen bleibt, ob der Schaden, den man durch starken Wasserzusatz den Preßlingen zufügt, nicht größer ist, als der Vortheil von vielleicht einem halben Prozent Zucker, an welchem der Saft reicher wird.

Man sehe sich in folgender Aufstellung die beiden ersten Analysen an, in wie weit sie das Gesagte commentiren. — Die anderen 4 Analysen, welche außerdem noch existiren, habe ich der Vollständigkeit halber beigefügt.

Per 100 Gewichtstheile Preßlinge	Wasser	Proteinstoffe	Zucker	Fett	Wasserextract	Stickstoffl. organ. Verbindungen	Holzfaser	Asche	Sand und Thon	Analytiker
gewonnen unter 20% Wasserzulauf	63.01	1.05	7.86	11.36		6.25	5.47		E. Wolff
„ „ 14% „	67.92	1.67	7.58	11.05		6.04	5.74		„
aus Halberstadt	65.57	3.05			22.18		6.46	2.73		Meitzendorf
„ Mähren	73.32	1.65			17.51		4.32	3.2)		B. Job
„ Salzmünde, frisch *)	75.40	1.53	2.80	0.15	3.67	10.92	2.17	1.59	0.97	Grouven
„ „ vergohren	72.70	2.49	—	0.35	3.57	12.63	5.75	1.99	0.61	„
Mittel	71.3	1.9	5.0	0.25	3.5	9.3	5.3	2.2	0.8	

Nährstoffverhältniß = 1 : 10.

Auf Grund dieser Durchschnitts-Analyse und meiner Berechnungs-Methode (siehe Schluß-Vortrag) stellt sich der ökonomische Werth von einem Centner Preßlingen = 7.6 Sgr. bei einem Heupreise von 8 Thlr. per 1000 Zollpfund.

*) Gemäß mehrerer Bestimmungen variirt der Zuckergehalt in den Salzmünder Preßlingen zwischen 3—7% Darunter figurirten durchschnittlich 1% als Zuckerverlust durch die Reibe und 4% als Verlust durch die Presse. Per Ctr. Rübe blieben also 1 Pfd. Zucker in den abfallenden Preßlingen.

44

Ueber ihren physiologischen Werth können wir nicht viel Tröstlicheres sagen, als über die Abfälle der Kartoffelstärkefabriken. Auch sie zeigen nur dann einen ordentlichen Nähreffect, wenn sie mit proteïnreichen Futterstoffen so gemischt werden, daß in der ganzen Ration ein Nährstoff-Verhältniß wie 1 : 5 entsteht. Wer zum Beispiel einer Kuh täglich 40 Pfd. Preßlinge, 3 Pfd. Oelkuchen und 8 Pfd. Heu gibt, der entspricht jener Anforderung; wer das aber nicht thut, sondern sie pur verfüttert, der verwerthet den Centner gewiß nicht höher, als 20 Pfd. Heu.

Es ist ein vielfach zu hörendes, jedoch falsches Vorurtheil, daß auf den mit Zuckerfabriken versehenen Landgütern mit Hülfe der Preßlinge leicht eine recht intensive Viehmast betrieben werden könne. Sie wissen aber nicht, welch' miserables Mastfutter grade die Rübenpreßlinge sind, und welch' großen Aufwand an Oelkuchen, Kleien und Körnerschrot die Rübenzucker-wirthschaften zu machen pflegen, ehe sie ihre Ochsen mit Preßlingen fett gemacht haben.

Nehmen wir den oben berechneten Geldwerth der Preßlinge (7.6 Sgr. per Ctr.) als einen unter normalen Verhältnissen allgemein gültigen an, so werden die von einem Centner Zuckerrüben abfallenden 20 Pfd. Preßlinge genau $\frac{1}{5}$ so viel, das ist $1\frac{1}{2}$ Sgr., werth sein. Wer nun die Meinung hat, daß der Centner Zuckerrüben mit 10 Sgr. genügend bezahlt ist, der wird folgerichtig sagen dürfen, daß man in den Preßabfällen nur $\frac{1\frac{1}{2}}{10} = \frac{1}{6} - \frac{1}{7}$ des Rübenwerthes zurückbekommt.

Ein speciell auf die Verwerthung der Rübenpreßlinge sich beziehender Versuch ist auf der Versuchsstation in Mähren durch Director Wels und W. Tod angestellt und im September 1858 bekannt gemacht worden. Das Hauptsächliche desselben will ich hier referiren.

Zum Versuche dienten 2 Abtheilungen à 3 Stück Kühe mährischer Landrace, welche in Körperschwere und Milchertrag möglichst gleich, und insgesammt im dritten Monate melkend waren. Bis zum Beginn des Versuches fraßen sie per Stück täglich 35 Pfd. Preßlinge, 5 Pfd. Rübenblätter und 6 Pfd. Gerstenstroh und gaben dabei durchschnittlich constant 8.6 Pfd. Milch.

Vom 7. Februar 1858 an bekamen sie die, in nachstehender Tabelle näher verzeichnete Mischung von Rübenpreßlingen und eingemachten Zuckerrübenblättern. Letztere hatten 6 Monate lang in einer 5 Fuß tiefen, ausgemauerten Grube eingestampft gelegen, und waren beim Herausnehmen noch von lebhaft dunkelgrüner Farbe. Das Vieh fraß sie mit großer Begierde und empfand keine abführende Wirkung darnach, trotz der vielen Oxalsäure und Aepfelsäure, welche jene eingemachten Blätter enthielten. Beim Einmachen war abwechselnd eine Schicht Rübenblätter und Strohhäcksel nebst etwas Kochsalz eingestampft worden. Daher bekam das Eingemachte einen größeren Gehalt an Trockensubstanz und Asche, als den puren Rübenblättern entspricht.

Die zur Controlle dieses Versuchs ausgeführte Analyse der Preßlinge haben wir bereits oben mitgetheilt; in den eingemachten Blättern fand Tod 18.1 % Trockensubstanz, bestehend aus 1.26 Protein, 5.98 Kohlehydrate, 1.00 Holzfaser, 2.50 organische Säuren, 3.86 Asche und 3.50 Kochsalz.

Nummer der Versuchswoche		Täglicher Verzehr per Abtheilung			Tägliche Milch- production per Abtheilung	Butter- gehalt der Milch	Verlust oder Gewinn an Milch gegen den Normal- ertrag von 25.7 Pfd.
		Preß- linge	Einge- machte Blätter	Gersten- stroh			
		Pfd.	Pfd.	Pfd.	Pfd.	Pfd.	Pfd.
I. Abtheilung	1. Woche	120	—	18	23.1	2.8	— 2.6
	2. "	120	—	18	22.5	2.8	— 3.2
	3. "	120	—	18	21.8	3.0	— 3.9
	4. "	120	—	18	20.0	3.0	— 5.7
	5. "	80	40	18	23.7	3.2	— 2.0
	6. "	80	50	18	26.8	3.2	+ 1.1
	7. "	80	60	18	28.4	3.6	+ 2.7
	8. "	80	80	18	29.5	3.6	+ 3.8
II. Abtheilung	1. "	80	40	18	26.2	3.7	+ 0.5
	2. "	80	50	18	29.7	3.7	+ 4.0
	3. "	80	60	18	31.7	3.9	+ 6.0
	4. "	80	80	18	31.4	3.9	+ 5.7
	5. "	160	—	18	22.3	3.0	— 3.4
	6. "	120	—	18	21.2	3.0	— 4.5

Hieraus lassen sich nun folgende, namentlich für Zuckerrübenwirth- schaften wichtige Schlüsse ziehen:

1) 40 Pfd. eingemachte Blätter haben mindestens den gleichen Milch- productionswerth, wie 40 Pfd. Rübenpreßlinge. Vergl. Abtheil. I in der 1. und 5. Woche, sowie Abtheil. II in der 1. und 6. Woche.

2) Indem man ungefähr gleiche Gewichte Preßlinge und eingemachte Rübenblätter mit einander mischt und verfüttert, bekommt man die- jenige Ration, bei welcher die höchste Verwerthung beider Bestandtheile erreicht wird. Vergl. Abtheil. I, Woche 7 und 8, mit Abtheil. II Woche 3 und 4. Die Erklärung hierfür ist in dem Umstande zu suchen, daß eine solche Composition keinen solch' excessiven Ueberschuß von Kohlehydraten enthält, als eine aus puren Preßlingen bestehende Ration

3) Die Combination beider Futtermittel wirkt günstiger auf den Fettge- halt der Milch, als die Verfütterung der Preßlinge allein.

4) Es ist ungerechtfertigt, die Zuckerrübenblätter auf den Feldern unter- zupflügen, namentlich in futterarmen Zeiten. Werden sie vorschrifts- mäßig eingemacht, (vergl. Vortrag 16), so kann daraus bei der An-

nahme, daß der Blätterertrag eines Rübenfeldes ⅕ des Gewichtes
der Rüben beträgt, so viel Futter gewonnen werden, als die von den
Rüben abfallende ganze Preßlingmasse werth ist. Eine 100,000 Ctr.
Rüben verarbeitende Domaine kann auf diese Weise ihren 20,000 Ctr
Preßlingen den Futterwerth von 40,000 geben.

8. Mazerations-Rückstände aus Rübenzuckerfabriken.

Soll der zuckerhaltige Saft der Rüben auf dem Wege der Mazeration gewonnen werden, dann pflegt man die Rüben in dünne Scheiben zu
zerschneiden und letztere mit heißem Wasser so oft zu übergießen und aus-
zulaugen, bis das ablaufende Wasser keine nennenswerthe Zuckermenge mehr
aufnimmt. — Oder man pflegt, nach dem in neuerer Zeit häufiger gewor-
denen Verfahren, die Rüben zuerst zu feinem Brei zu zerreiben und den so
in Freiheit gesetzten Saft auf sehr schnell rotirenden Centrifugen-Sieben aus-
zuschleudern, wobei zu dessen vollständiger Trennung von den Marktheilen
der Rüben der Schleudermasse wiederholt Wasser zugefügt wird.

Es ist klar, daß beide Verfahren die Rübe beinahe all' ihrer in
Wasser löslichen Bestandtheile berauben und daher gehaltlosere Rückstände
liefern müssen, als das Preßverfahren. Folgende Analysen über solche Rückstände bestätigen das.

per 100 Theile Mazerations-Rückstände	Wasser	Proteïnstoffe	Fett	Wasserextract	Stickstoffl. org. Verbindungen	Holzfaser	Asche	Sand u. Thon	Analytiker
1. aus Hohenheim . .	93.11	0.21		4.65		1.48	0.55	—	E. Wolff (100 Rüben = 82 Rückstände)
2. „ „ . .	92.64	0.77		4.33		1.44	0.84	—	E. Wolff (mittelst Rüben-schlempe extrahirt)
3. „ Halberstadt . .	79.00	1.45		12.82		6.12	0.60	—	Meitzendorf
4. „ Zerrheim . . .	82.6	1.03	0.13	2.53	7.05	3.04	1.66	1.96	Grouven
5. „ Waghensel, frisch.	79.6	2.33	0.13	1.73	4.70	4.30	5.87	1.34	„
6. dito vergohren	74.8	3.30	0.10	2.93	8.11	4.00	6.17	0.59	„

Unter sich vergleichbar und für uns maaßgeblich sind blos die Analysen Nro. 1, 3 und 4. Setzen wir bei diesen einen gleichen Wassergehalt
voraus — 82% dürfte der Wirklichkeit am meisten entsprechen — und

berechnen dann das arithmetische Mittel, so erhalten wir als Durchschnitts-Analyse der gewöhnlichen Mazerations-Rückstände:

Wasser	82.0
Proteïn	1.0
Fett	0.1
Kohlehydrate	11.4
Holzfaser	3.6
Asche	1.2
Sand und Thon	0.7
	100

Nährstoff-Verhältniß = 1 : 12.

Der hiernach sich berechnende — nach des Verfassers Methode bei Heupreis von 8 Thlr. per 1000 Pfd. — ökonomische Werth beträgt 4½ Sgr. per Ctr. Die vom Centner Rüben abfallenden 30 Pfd. Mazerations-Rückstände haben somit einen Werth von 1¼ Sgr.

Was ich über die Art und Weise der Ausnutzung der Preßlinge gesagt habe, gilt auch für die Mazerations-Rückstände; ohne bedeutenden Zusatz stickstoffreicher Futtermittel sind sie nicht ausnutzbar.

Eine merkwürdige Ausnahme hiervon scheinen die Waghäuseler Abfälle zu machen, indem diese bei dem Nährstoff-Verhältnisse von 1 : 8.4, welches sie darbieten, eher eines Zusatzes zuckerartiger Stoffe bedürften. Dagegen haben diese Rückstände das Ueble eines abnormen Kalkgehaltes, welcher nach meinen Analysen nahezu 2 % beträgt. Jener hohe Eiweißgehalt sowohl als dieser hohe Kalkgehalt erklären sich völlig durch das in Waghensel befolgte Fabrikationssystem, wobei die Rüben zuerst zerschnitten und getrocknet und dann mit Kalkwasser in luftverdünnten Raum extrahirt werden. Ein Thier verzehrt in 50 Pfd. dieser Abfälle circa 1 Pfd. Kalk; in wie weit das ihrem Nährwerthe Abbruch thut, läßt sich ohne genaue Kenntniß der Waghenseler Fütterungs-Erfahrungen nicht ermessen.

Wenn wir zu Grunde legen, daß ein 1000 Pfd. schweres Thier mit 30 Pfd. Heu normal ernährt wird, so verzehrt es in dieser Heumenge täglich 0.8 Pfd. Kali, 0.2 Pfd. Phosphorsäure und 0.12 Pfd. Kochsalz. In 1 Ctr. Rüben-Rückstände, die man einem Thiere in maximo gibt — in Wirklichkeit aber kaum — verzehrt es: [*]

	Rückstände der Zuckerfabrik		
	Salzmünde	Jerxheim	Waghensel
	Pfd.	Pfd.	Pfd.
Kali	0.21	0.24	0.08
Phosphorsäure	0.11	0.07	0.11
Kochsalz	0.07	Spur	0.07

---

[*] Gemäß meinen bezüglichen Aschen-Analysen: vide I. Bericht über die Arbeiten der Salzmünder Versuchsstation, Halle 1862 (Schröbel u. Simon).

Dieser Vergleich macht uns darauf aufmerksam, wie unzureichend ein Thier mit den für die Ernährung und Blutbildung so wichtigen Kali, Phosphorsäure und Kochsalz versehen wird, wenn es vornehmlich durch jene Fabrikabfälle ernährt werden soll. In solchen Fällen erscheint eine endliche Störung der ganzen Gesundheit des Thieres fast unausbleiblich. — Namentlich sollte man jugendliche Thiere, deren Körper verhältnißmäßig mehr Phosphate bedarf, als ein ausgewachsenes, nicht so exclusiv, wie das manchmal geschieht, mit Preßlingen zu erhalten suchen.

9. Rüben-Melasse.

Nachdem der durch Kalk und Knochenkohle gereinigte und zur Syrupsdicke eingedampfte Zuckerrübensaft in die Formbetten der Rübenzuckerfabriken gebracht ist, krystallisirt aus ihm der Rohzucker allmählig heraus in Form kleiner Krystallkörnchen und zurückbleibt zuletzt, gleichsam als Mutterlauge, eine dunkelbraune syrupartige Masse, welche wegen ihres großen Salz- und Proteïngehaltes nicht weiter durch Krystallisation auszubeuten ist. Ihre Menge beträgt 2—3 Pfd. per Ctr. verarbeiteter Rüben; sie ist der Körper, den wir als „Melasse" bezeichnen, und der in der landwirthschaftlichen Industrie seine Verwerthung findet, theils als ein gutes Spiritus-Material, theils durch directe Verfütterung. Uns liegt hier ob, blos die letztere Art der Benutzung zu untersuchen, und lassen wir daher zuvörderst die Analysen folgen, welche bisher über Melassen bekannt geworden sind.

per 100 Melasse	Wasser	Proteïnartige Verbindungen	Zucker	Unbekannte stickstofflose Verbindungen	Mineralstoffe	Analytiker
aus Halberstadt	10.8	9.7	—	—	10.5	Meitzendorf
" Proskau	14.1	10.5	34.6	32.2	8.6	Kroder
" Heydau	15.7	7.64	52.50	12.06	12.10	Dietrich
" "	18.62	6.69	42.80	21.19	10.70	"
" Weende	20.70	9.36	52.26	6.45	11.22	Stohmann
" Schaafftedt	16.60	8.90	50.1	13.5	10.8	Grouven
" Salzmünde	24.5	7.8	48.5	13.3	10.9	
" Schlesien	20.0	7.4	42.2	19.8	10.6	Stöckhardt
" "	17.6	7.1	39.7	24.8	10.8	"
" "	24.3	6.6	48.7	9.9	10.5	"
" Sachsen	22.1	4.0	49.3	12.5	12.1	"
Mittel	18.6	7.8	45.5	17.3	10.8	

Die Asche der Melasse besteht zu $^9/_{10}$ aus Kali und Natron und zu $^1/_4$ aus Kohlensäure. Da der Kohlenstoff letzterer von organischen Säuren herrührt, so müßten wir eigentlich die Zahl für die Mineralsalze um 2% erniedrigen und dafür die der stickstofflosen Verbindungen um eben so viel erhöhen. Wenn wir's nicht thun, so hat es in so weit nichts zu sagen, als jene Rubrik der stickstofflosen Verbindungen meistens organische Säuren, zersetzten Zucker, Farbstoff, überhaupt solche Körper umfaßt, deren Nährwerth eher negativer als günstiger Art ist und die wir daher bei der Werthsbestimmung der Melasse ganz außer Acht lassen wollen.

Unter den 45.5% Zucker figuriren, je nach der Abkunft der Melasse, 2—6% linksdrehender Schleimzucker; der Haupttheil ist also rechtsdrehender, krystallisationsfähiger Rohrzucker.

Die 7.8% proteïnartige Stoffe sind ebenfalls sehr zweideutiger Art, indem nicht anzunehmen ist, daß das ursprüngliche Proteïn des Rübensaftes die vielen Phasen der Fabrikation unverändert mit durchmache. Wahrscheinlich wird ein ansehnlicher Theil so zersetzt, daß er in der Melasse keinen eigentlichen Nährstoff mehr vorstellt. Berücksichtigen wir ferner, daß unter jenen 7.8% auch noch ungefähr 0.2% Salpetersäure und 0.1% Ammoniak als werthlos für die Ernährung figuriren, so meine ich dem wirklichen Sachverhalte nahe zu kommen, wenn ich die stickstoffhaltigen Elemente der Melasse blos zu ³/₄ als nährfähig annehme und daher nur 6% Proteïn unserer Werthsberechnung zu Grunde lege.

Die 6 Pfd. Proteïn und 45 Pfd. Zucker im Ctr. Melasse haben, bei einem Roggenpreise von 4 Thlr. per 200 Pfd. — nach meiner Methode — einen ökonomischen Werth von 33 Silbergroschen.

Es verhält sich 6 : 45 = 1 : 7½. Gemäß diesem Nährstoff-Verhältnisse hat man die Melasse eher zu den proteïnarmen als proteïnreichen Futtermitteln zu zählen und darnach seine Zusätze einzurichten.

Die Melasse ist ein salzreiches Futtermittel; aber keineswegs so salzreich, daß darunter die Verwerthung ihrer Nährstoffe bei rationeller Verfütterung leidet. Denn die 5—6 Pfd. Melasse, die ich in Maximo einem Ochsen geben würde, enthalten nur halb so viel Mineralsalze, als die 100 Pfd. Rüben, welche der Ochse fortwährend gern zu seinem Vortheil verehrt. Freilich, wo die Melassefütterung maßlos betrieben wird, da dürfte sie bald die Verdauungsapparate der Thiere völlig derangiren.

In keinem Falle wird man bei Melassefütterung einen Kochsalz-Zusatz zur Ration für nöthig erachten. Auch wird man nicht zu viel Rüben und Kartoffelschlempe in ihrem Vereine verfüttern, weil diese Dinge ebenfalls reich an alkalinischen Salzen sind. Heu, Stroh, Oelkuchen und namentlich die so sehr alles Saftes und aller Salze beraubten Rüben-Preßlinge und Mazerations-Abfälle scheinen die passendsten Beifütterungen zu sein. Dabei wäre aber nicht aus den Augen zu verlieren, daß die Melasse gleich den Rüben-Preßlingen sehr arm an Phosphaten ist und beide daher, ohne ein drittes phosphorreiches Futtermittel (z. B. Kleien und Hülsenfruchtschrot) auf die Dauer keine gesunde Ration, namentlich nicht für Jungvieh und Zug-Ochsen, zu bilden vermögen.

Nach den Versuchserfahrungen von Rimpau, Weber, Fricke, Knauer und Stohmann stellt sich die zweckmäßigste Melassemenge, die man unbedenklich in die Ration eines Thieres einfügen kann

bei einjährigen Lämmern   = $\frac{1}{8}$ Pfd.
" Masthämmeln   = $\frac{3}{8}$ "
" Milchkühen und Zugochsen = $2\frac{1}{2}$ "
" Mastochsen   = 5 "

Bei hochträchtigen Kühen und Schaafen erzeugt die Melasse leicht Fehlgeburten, weßhalb sie in diesen Stadien ganz weg zu lassen ist.

In wenig Wasser gelöf't und diese Lösung zum Befeuchten von Strohhecksel und Spreu benutzt, das ist die beste Manipulation ihrer Verfütterung.

In ein paar Melassebrennereien Sachsens benutzt man seit einigen Jahren die abfallende Schlempe zur Fütterung. Es ist nicht thunlich, darüber ein physiologisches Urtheil zu geben, indem es uns bis jetzt an bezüglichen exacten Versuchs-Erfahrungen fehlt und auch blos eine Analyse solcher Schlempe vorliegt. Dietrich in Heidau fand nämlich darin:

Proteïnstoffe 1.390
Traubenzucker 1.060
Gummi 0.825
Extractivstoffe 1.950
Freie Essigsäure 0.312
Freie Milchsäure 0.223
Gebundene Milchsäure . . 1.125
Salze 1.744
Wasser mit wenig Alkohol . 91.371
                             ——————
                             100

Ich kann hier nur sagen, daß in Salzmünde die Melasseschlempe, mit 2 Theilen Kartoffelschlempe vermischt, nicht mit ungünstigem Erfolge verfüttert wird.

———————•○‹§›○•———————

16. Vortrag.

Die Zubereitungsmethoden des Futters.

Wenn auch die Zubereitung des Viehfutters nicht grade von solcher Wichtigkeit ist, als die Zubereitung der dem Menschen dienlichen Speisen, so sagt dennoch ein einfaches Nachdenken, daß unsern Hausthieren der rohe, unpräparirte Zustand ihres Futters nicht immer völlig zusagen könne. Warum sollten dieselben aus einer naturentsprechenden Zubereitung ihres Futters nicht eben so gut Vortheil ziehen, als wir aus der gesammten Kunst unserer Küchen? Wir lassen die mannigfaltigen, pflanzlichen und thierischen Nährmittel kochen, dämpfen, braten, backen, einmachen, zerkleinern u. s. w., damit sie uns desto schmackhafter und leichter verdaulich werden, und Falls wir nun das letztere auch zu erreichen suchten beim Viehfutter, würde das nicht so recht erfolgreich sein können, Angesichts der großen Menge schwer verdaulicher und unschmackhafter Theile, die das Futter, zufolge unserer letzten Betrachtung, im Vergleich zur menschlichen Nahrung, durchgehends besitzt? — Vielleicht wird man zugeben, daß wir hiermit einen Punkt in der Viehfütterung berührt haben, der aller Beachtung werth ist, wenigstens mehr, als ihm bisher in der Praxis zugewandt zu werden pflegt. Die Praxis hat hier, wie es uns scheint, zu rücksichtslos ihr Anrecht verfolgt, dem Vieh sein Futter so einfach und billig, als möglich zu überreichen, denn sie ist factisch allen irgendwie umständlichen und Kosten erzeugenden Futterpräparationen abgewandt, ungeachtet darunter mehrere sind, die zweifellos Mühe und Kosten reichlich lohnen. Eben das widerstrebt einer

vollendeten Oekonomie, die nicht vor ungewohnten Umständlichkeiten zurückschrecken soll, wo es sich drum handelt, dem Betriebscapital der Wirthschaft
eine immer höhere und sicherere Rente zu gewähren, und daher möge hier
unsere Aufgabe sein, die bis jetzt in Aufnahme gekommenen Futterzuberei-
tungen einmal kritisch zu betrachten, nicht blos in physiologischer, sondern
auch in ökonomischer Hinsicht.

Indem ich bemerke, daß besonders über dieses Thema noch die meisten
Vorurtheile und widersprechenden Urtheile heimisch sind, die auszugleichen
ich nur mit Hülfe der Autorität der Erfahrung hoffen kann, so hab' ich
mir vorgenommen, hier vor Allem die wissenschaftlichen Untersuchungen und
practischen Erfahrungen reden zu lassen und zu dem Ende sie insgesammt
anzuführen, so weit sich solche in der landwirthschaftlichen Literatur als brauchbar auffinden ließen.

Ich führe zunächst die Versuche an, die sich auf das

Kochen, Dämpfen und Anbrühen

der Futtermittel beziehen.

Vier 17—18 Monate alte Rinder ließ Boussingault in zwei Abtheilungen
stellen, so daß Abtheilung Nro. 1 mit trockenem Kleeheu, die Abtheilung Nro. 2 aber
mit, während 12 Stunden in Wasser eingeweichtem Kleeheu gefüttert werden konnte.
Auf je 100 Pfd. Lebendgewicht wurden genau 8 Pfd. Heu gereicht. Der Versuch
dauerte 14 Tage und gab folgendes Resultat:

	Lebendgewicht der zwei Rinder	Verzehrte Heumenge	Gewicht nach 14 Tagen	Gewichts-Zunahme	Gewichts-Zunahme per Tag
			Kilo		
Nr. 1. Trocknes Heu . .	772	312	792	20	1.43
Nr. 2. Angebrühtes Heu .	722	281	745	23	1.64

Die darauf folgenden 14 Tage wurde der Versuch in der Weise fortgesetzt,
daß Abtheilung I. angebrühtes Heu und Abtheilung II. nunmehr trocknes Heu erhielt.

Nr. I. Angebrühtes Heu .	792	333	814	22	1.57
Nr. II. Trocknes Heu . .	745	313	768	23	1.64

Der geringe Vortheil, der sich beim ersten Versuch auf Seite des angebrühten
Heues herausstellte, wird in der zweiten Versuchsreihe negirt. Das Versuchsresultat
läßt deßhalb die Frage unentschieden.

Man muß jedoch, bemerkt Boussingault, hier einen Umstand beachten, der dem angebrühten Futter zum Vortheil[*] anzurechnen sein dürfte,

---

[*] Ich zweifle an diesem Vortheil. Vergl. S. 584.

und der besteht darin, daß die mit geweichtem Heu gefütterten Thiere ihre Ration binnen 45 Minuten aufzehrten, während die andere Abtheilung, die trockenes Heu fraß, dazu 60 Minuten bedurfte.

Ritthausen fütterte 2 Milchkühe 2 Wochen hindurch (nach einer unberücksichtigten Probewoche) täglich mit
18 Pfd. Heu, 20 Pfd. Gerstenstroh, 40 Pfd. Rüben, 8 Pfd. Wicken, 4 Pfd. Gerste.

Wicken und Gerste waren geschroten und wurden den Thieren mit lauwarmem Wasser angerührt gereicht. Nach der zweiten Versuchswoche bekamen sie indessen diese Körner ungeschroten, aber vorher weich gekocht. Der Einfluß, den diese Aenderung auf die Ernährung der Thiere ausübte, ist aus folgender Aufstellung ersichtlich:

	Versuchs-Woche	Lebendgewicht der 2 Kühe Pfd.	Milch-Ertrag in Summa Pfd.	per Tag Pfd.
Fütterung mit geschrotenen Körnern	1.	2194	315.6	45.08
	2.	2205	313.6	44.80
Fütterung mit gekochten Körnern	3.	2189	289.4	41.34
	4.	2198	280.4	40.06

In der Qualität der Milch ließ sich durch Analyse kein Unterschied auffinden, so daß, Angesichts der Constanz des lebenden Gewichtes während des ganzen Versuchs, die Entscheidung zu Gunsten der Schrotfütterung blos auf einem etwas größerem Milchertrage beruht.

Wenn man gekochte Kartoffeln mit Gerstenmalz einmaischt, so verwandelt sich deren Stärke größtentheils in Zucker. Ist damit für die Ernährung ein reeller Gewinn verbunden? Knop, der darüber Versuche angestellt, verneint diese Frage, darauf hinweisend, daß das Rind- und Schafvieh die pure Kartoffelmaische mit einer solchen Gier verschlinge, daß ein beträchtlicher Theil des Zuckers ungenutzt durch den Körper gehe, was bei den gedämpften Kartoffeln weniger der Fall sei. Er meint mit Recht, daß das Maischen vor dem Dämpfen nur da den Vorzug verdiene, wo die Maische und zugleich die gedämpften Kartoffeln mit solcher Menge von stickstoffreichen Nährmitteln vermischt verfüttert würden, daß in beiden ein Nährstoffverhältniß wie 1 : 5.2 hergestellt sei. Ein solches tritt beispielsweise für die Kartoffelmaische von 36 Pfd. Kartoffeln und 2 Pfd. Malz ein, wenn dazu 3½ Pfd. Rapskuchen, 14 Pfd. geschnittenes Heu und 4 Pfd. Stroh gemengt werden. Diese für eine 1000 Pfd. schwere Kuh bestimmte Ration soll ein ausgezeichnetes Milchfutter sein, und ein deutlich besseres, als wenn man die 36 Pfd. Kartoffeln blos dämpfte und dazu den Schrot von 2 Pfd. Gerste ꝛc. mischte und fütterte. Dasselbe erklärt auch Ritthausen, gestützt auf den Fütterungsversuch, den ich bereits früher (Seite 511) bei Besprechung der Schlempe beschrieben habe.

Ueber den Werth des Dämpfens der Runkelrüben berichtet ein Versuch von Struckmann, angestellt bei 8 Kühen, welche, außer Stroh und Rapskuchen, täglich pro Stück 63 Pfd. Rüben bekamen.

Rüben	Dauer des Versuchs	Die 8 Kühe gaben täglich			1 Pfd. Butter erforderte Milch
		Zuwachs an Körpergewicht	Milch	Butter	
	Tage	Pfd.	Pfd.	Pfd.	Pfd.
Roh	10	14.4	152.8	3.29	46.5
Gedämpft	18	8.5	147.2	3.09	47.6
Roh	14	6.9	149.0	3.20	46.5

Außer einer etwas dünneren Milch hat also das Dämpfen der Rüben keinen Vortheil gebracht. Für solche zuckerreiche, leicht verdauliche Stoffe, gleich den Rüben, scheint überhaupt das vorherige Dämpfen ganz überflüssig zu sein.

Anders ist es dagegen bei Kartoffeln. Ihr bittersaurer Geschmack im rohen Zustande ist den Thieren widerlich. Beim Kochen oder Dämpfen verschwindet derselbe; es platzen dabei ferner ihre Stärkekörner mit ihren zelligen Umhüllungen und werden so leichter zugänglich den auflösenden Verdauungssäften. Diesen Vortheilen entsprechen die folgenden Fütterungs-Resultate von Weber in Maltwitz.

2 Kühe à 800 Pfd. verzehrten täglich 8 Pfd. Heu, 4 Pfd. Rapskuchen und 30 Pfd. Haferstroh; außerdem erhielten sie die eine Woche hindurch 60 Pfd. rohe, die folgende Woche aber 60 Pfd. gedämpfte Kartoffeln.

	Ertrag der Woche an		1 Pfd. Butter erforderte
	Milch	Butter	Milch
rohe Kartoffeln	274 Pfd.	6.5 Pfd.	42 Pfd.
gedämpfte Kartoffeln	241 „	9.0 „	27 „

Die Milch nach roher Kartoffel-Fütterung wurde also auffallend wässrig!

Noch vortheilhafter zeigt sich die warme Präparation der Kartoffeln bei Schweinen:

Versuch von Dudgeon in Ronburgshire, angestellt mit 11, ungefähr 9 Wochen alten Ferkeln.

Fütterung	Gewichtszunahme per Stück binnen 100 Tagen
Abth. I., 6 Stück Kartoffeln und gestampfte Bohnen zusammen gekocht	89 Pfd.
„ II., 5 „ roh gereicht	49 „

Versuch von R. Walker in East-Lothian, angestellt mit 2 Abtheilungen à 5 Ferkel, im Alter von 2½ Monaten.

Fütterung	Gewicht bei Beginn des Versuchs	Gewicht nach Verlauf von 90 Tagen	Zunahme per Tag
Abth. I. Kartoffeln und gequetschte Gerste, zusammen gedämpft . . .	106 Pfd.	279 Pfd.	34.6 Pfd.
„ II. roh gereicht	108 „	223 „	23.0 „

Beide Versuche zeigen außerdem noch schön, um wie viel nahrhafter ein Bohnenzusatz zu Kartoffeln ist, als ein Gerstezusatz.

(Vergl. ferner den Versuch von Struckmann in Vortrag Nro. 20.)

Ob Dämpfen oder Brühen des Futters? — Zur Prüfung dieser Frage benutzte Ritthausen 2 milchende Kühe, die wäg.::d der ganzen Versuchsdauer täglich erhielten und verzehrten:

16 Pfd. Heu, 8 Pfd. Grummet, 24 Pfd. Gerstenstroh, 40 Pfd. Runkelrüben, 4 Pfd. Rapskuchen, 2 Loth Viehsalz.

„Stroh und Grummet wurden mit einander zu Siebe geschnitten und diese mit den, auf der Rübenschneidemaschine zerkleinerten Rüben gemengt, im Dampffaß 15—20 Minuten lang der Einwirkung eines Dampfes von niedriger Spannung (¹/₂ Atmosphäre) ausgesetzt, nach welcher Zeit die Rüben gewöhnlich weich gekocht waren. Wenn dasselbe Futter ungedämpft zu verfüttern war, übergoß man es mit circa 50 Pfd. siedendem Wasser. Das Heu wurde stets unverändert vorgelegt; die Rapskuchen wurden, wie hier gewöhnlich, in Wasser eingeweicht und zertheilt und mit diesem dann über die zu verfütternde Siebe gegossen. Mithin waren es nur 28 Pfd. Heuwerth, die größere Hälfte des täglichen Futters, welche abwechselnd gedämpft und ungedämpft zur Verfütterung gelangten. Beim Dämpfen nahmen diese Futterstoffe das durch Verdichtung des Wasserdampfes gebildete Wasser vollständig auf; niemals wenigstens ist eine Ansammlung von letzterm in den untern Theilen des Dampffasses beobachtet worden, so lange die oben angegebene Zeit von 15—20 Minuten nicht überschritten wurde; es zeigte demzufolge das gedämpfte Futter eine Gewichtszunahme, die bei einigen Probewägungen zwischen 8—18 Pfd. schwankte. Auf diese Weise konnte eine Auslaugung der Futterstoffe durch das Verdichtungswasser und ein Verlust an werthvoller Nährsubstanz nie stattfinden, daher die Thiere das so präparirte Futter stets gern verzehrten."

Die Versuchsdauer, Quantität und Qualität der erzeugten Milch, sowie die Veränderungen im Gewichte der Kühe ersieht man aus folgender Aufstellung.

	Versuchs-Dauer	Gesammt-Ertrag an Milch	Durchschnittlicher täglicher Ertrag an		Zu- oder Abnahme an Lebendgewicht gegen 1750 Pfund
			Milch mit 12¹/₂% Trockensubst.	Milch mit 8¹/₂% Butter	
		Pfd.	Pfd.	Pfd.	Pfd.
Gedämpft . .	10.—23. Januar	532.7	38.03	38.16	— 22
Ungedämpft .	24. Jan.—6. Febr.	522.7	36.19	31.70	— 9
Gedämpft . .	19. Febr.—1. März	401.5	35.17	30.84	— 21
Ungedämpft .	2.—12. März	388.2	34.27	29.27	— 4

Nicht zu verkennen wäre hiernach der günstige Einfluß der gedämpften Futterration auf die Quantität, und noch mehr auf die Qualität der Milchproduction. Die durch dieselbe producirte Milch enthielt in Summa beider Versuche 30.68 Pfd. wasserfreie Butter, die aus dem ungedämpften Futter entstandene enthielt dagegen blos 26.80 Pfd., also beinahe 4 Pfd. Butter weniger. Sehen wir von dieser Differenz ab, und berücksichtigen wir mit

45

Ritthausen blos die Quantität der Milch bei gleichem Trockensubstanzgehalte (12½ %), so stellt sich der Werth der gedämpften zu der blos gebrühten Futterration immerhin noch, wie 30 : 28, ein Verhältniß, bei welchem die Extrakosten des Dämpfens wohl ihre Deckung finden können.

Dampf von so geringer Hitze, wie ihn eine Spannung von ½ Atmosphäre-Ueberdruck gewährt, wirkt schwerlich chemisch verändernd auf die, in dem Futter enthaltenen Nährstoffe. Der unlösliche Theil der Holzfaser, Proteïnstoffe, Pectinstoffe und Fette können durch ihn nicht löslicher gemacht werden. Will man sich also den günstigen Einfluß des Dämpfens erklären, so wird man von etwaigen chemischen Eingriffen absehen und Alles den physicalischen Veränderungen zuschreiben müssen, die der Wasserdampf in der Futtermasse bewirkt, indem er, Alles durchdringend, die festen, holzichen Zellen und deren Inkrustation erweicht und aufschließt. Dadurch wird das Futter leichter zerkaubar und, bei seiner erlangten Lockerheit, der Einwirkung der Verdauungssäfte besser zugänglich. Es wird endlich auch schmackhafter, indem gewisse, den Geschmack bedingende Säuren und Extractivmaterien, die in jedem Vegetabil mehr oder weniger prägnant hervortreten, aufgelöf't und durch die ganze Futtermasse gleichmäßig verbreitet werden.

Unter solchen Verhältnissen ist es einleuchtend, daß gerade die holzfaserreichen oder unschmackhaften Futtermittel, wie Stroh und Spreu jeglicher Art, auch Heu, Biertreber und Oelkuchen, sich am ehesten zum Dämpfen eignen. Rüben haben es nicht so nothwendig, als Kartoffeln, doch mischt man sie im zerschnittenen Zustande zweckmäßig unter das zu dämpfende und ebenfalls zerschnittene Rauhfutter, welches dadurch an Geschmack so gewinnt, daß die Thiere es stets ohne Rückstand aufzehren, was sonst nicht immer der Fall ist, namentlich nicht, wenn das Rauhfutter von etwas schadhafter Qualität ist. Bei dem Dämpfen hat man darauf zu achten, daß sich auf dem Boden des Dampfbottichs keine zu große Futterbrühe bildet; sobald eine solche erscheint, ist die Operation als beendigt zu betrachten; würde sie länger fortgesetzt, so würde mit der Brühe wenigstens der Wohlgeschmack des Futters verloren gehen, also dasjenige, wodurch sich zum Theil das Dämpfen so vortheilhaft vor dem Kochen auszeichnet.

Die Vorrichtungen zum Dämpfen großer Futtermassen sind einfacherer Art, als man vielleicht glaubt. Ich kann in dieser Hinsicht mich auf die Viehställe meines Bruders (Bornheim bei Bonn) und meines Schwagers (Rommersdorf bei Neuwied) beziehen, in welch beiden, von October bis Juni an, alles für 80 Stück Rindvieh bestimmte Futter regelrecht gedämpft wird.

Man hat zu dem Ende dort drei quadratische inwendig cementirte Bassins gemauert, deren Gesamm-Inhalt bei 4 Fuß Tiefe so berechnet ist, daß auf den Kopf Großvieh 5 Cub.-Fuß Futter-Volum kommen. Das eine Bassin dient zur Aufnahme des Morgenfutters, das zweite für den Mittag und das dritte für das Abendfutter. Das Dämpfen geschieht 2 Stunden vor jeder Mahlzeit, so daß das Futter den Thieren in recht warmem Zustande gereicht werden kann. Der Dampf wird erzeugt in einem separat stehenden, einfach construirten Kesselofen (à 120 Thlr.), dessen Wasser-Inhalt per Stück Großvieh zu 10 Pfd. berechnet ist. Man stellt den Dampf unter einen Druck von 1½—1⅔ Atmosphären, so daß er, 112—115° C. heiß, durch ein Rohr, welches in der Bodenmitte eines jeden Bassins mündet, in die zu dämpfende Futtermasse gelangt. Letztere ist in dünnen, abwechselnden Schichten in die Bassins eingetreten und während des ½stündigen Dämpfens mit einer Holzplatte zugedeckt. Damit die Bassins leicht gereinigt werden können, gab man ihrer Sohle eine geringe Neigung nach einer, 1 □ Fuß großen Vertiefung hin. Das überschüssige Dampfwasser sowohl als auch das Spülwasser läuft darin zusammen und kann schließlich ausgeschöpft und der Futtermasse beigegeben werden.

Nach dem practischen Urtheile meiner Angehörigen kann kein Zweifel über die Rentabilität dieser Futterdämpfung sein. Denn das Vieh bedarf weniger Futter und sieht doch entschieden wohlgenährter und gesunder aus, wie früher, als in jenen Ställen noch die gewöhnliche kalte Fütterung herrschte. Besonders wird dabei noch gerühmt die bessere und massenhaftere Verwerthung der Spreu-Abfälle jeglicher Art.

Fragen wir nach den theoretischen Gründen dieser Vorzüge, so führt uns das, abgesehen von den bereits oben erwähnten wichtigen physikalischen Einflüssen, auf den Gewinn an Wärme, den das Futter bei dem Dämpfen erfährt. Um diesen Gewinn in Zahlen darzustellen, erinnere ich zunächst daran, daß ein Stück Großvieh durchschnittlich täglich einnimmt 25 Pfd. Trockensubstanz nebst 3—4 mal so viel, also ungefähr 85 Pfd. Wasser. Letzteres nimmt es ein theils als Tränke, größtentheils aber als natürlicher Futterbestandtheil.

Ist die Ration nicht grade aus purem Trockenfutter bestehend, sondern enthält sie mäßige Antheile von Rüben, Oelkuchenbrühe rc., so hat sie bald und leicht 50 Pfd. Wasser in sich. Ihre 25 Pfd. Trockensubstanz wollen wir in ihrem Wärmebedürfnisse dem Wasser gleich stellen, und haben wir daher bei dem Dämpfen gleichsam 75 Pfd. Wasser bis auf 100° zu erhitzen.

Da 1 Pfd. Wasserdampf von 112° Celsius, 5½ Pfd. Wasser von

0° bis 100° zu erwärmen vermag, so werden sich in der Futtermasse = $\frac{75}{5\frac{1}{2}}$ Pfd., also ungefähr 14 Pfd. Wasserdampf condensiren und den Wassergehalt der Ration auf 64 Pfd. bringen. Das Thier hat also noch circa 20 Pfd. Wasser zu saufen nöthig. Sollen wir ihm diese als kalte Tränke reichen, oder ebenfalls warm, als Bestandtheil der ganzen Futtermasse? Bei dem Wärmeverluste, den eine kalte Tränke verursacht, dächte ich, daß nur das Letztere zu empfehlen wäre. Ich würde demnach meine Futtermasse vor dem Dämpfen ein wenig anfeuchten (mit 10 Pfd. Wasser) und dann den Dampf etwas länger in dieselbe hineinströmen lassen. Sie würde dadurch leicht den bedürftigen Wassergehalt von 85 Pfd. bekommen, und zwar sämmtlich verbunden mit einer großen Menge Wärme.

In Bornheim erhalten die Kühe 2 Pfd. Oelkuchen, 50 Pfd. Rüben, 30 Pfd. Biertreber und 15 Pfd. Spreu und Strohhäcksel. In dieser Ration existiren bereits 70 Pfd. Wasser. Wird sie gedämpft, so erfordern die 95 Pfd. Masse fast 17 Pfd. Wasserdampf, wodurch der Wasserbedarf der Ration sich bereits vollständig deckt. Dergleichen Fälle, wo keinerlei Tränke noch Wasserzusatz nöthig ist, kommen in der Praxis zahlreich vor; sie mögen vielleicht häufiger sein, als diejenigen, wo die Ration ursprünglich blos 50 Pfd. Wasser darbot. Uebrigens kann Jeder leicht, nach unseren Futter-Analysen (Vortrag Nr. 15) den Wassergehalt seiner Ration bemessen und sich darnach beim Dämpfen richten.

Bei der üblichen Winterfütterung erhalten die Thiere alles Futter und Tränkewasser in einer Temperatur von durchschnittlich 5 % C. dargereicht. Bei der Dampffütterung erhalten sie es nicht blos aufgeschlossener und schmackhafter, sondern auch Blutwarm, oder 40° C. warm. Der Vortheil besteht also in einem Gewinne von 35 Wärme-Einheiten *) per Pfd. Futtermasse. Dies macht per 85 Pfd. Wasser + 25 Pfd. Trockensubstanz = 3850 Wärme-Einheiten aus.

1 Pfd. Kohlenstoff entwickelt 8086 Wärme-Einheiten (Vergl. p. 180) Bei dem gedämpften Futter spare ich demnach nahezu ½ Pfd. Kohlenstoff, welches sonst in der Blutbahn nutzlos verbrannt worden wäre, blos um die Wärme zu erzielen, welche zur Erwärmung der kalten Futtermasse im Magen der Thiere nöthig ist; ich spare es für die eigentlichen ökonomischen Zwecke der Fütterung, nämlich für Fleisch-, Fett- oder Milchproduction.

Man wird diese Ersparniß nicht zu gering schätzen, wenn ich hier daran erinnere, daß jenes ½ Pfd. Kohlenstoff in seinem respiratorischen Werthe aequivalent ist ½ Pfd. wasserfreies Fett oder gleich 1½ Pfd. wasserfreien Zucker, und daß ferner 1 Stück Großvieh von

---

*) Der Begriff der Wärme-Einheit wurde auf Seite 180 entwickelt.

1000 Pfd. bei normaler Situation täglich 15 Pfd. atmosphärischen Sauerstoff in Blut und Gewebe fixirt, welche zu $^1/_{10}$ durch jenes halbe Pfd.
Kohlenstoff gedeckt werden können. Die 1½ Pfd. Zucker gelten ebenfalls
als $^1/_{10}$ des täglichen Bedarfs.

Die physikalischen Einrichtungen des Dampfes machen das Futter
leicht verdaulich; die Wärmespendung desselben macht es raschver-
daulich. Hierzwischen ist ein wohl zu achtender Unterschied. Denn gebe
ich das vorher gedämpfte Futter erst, nachdem es wieder auf 5° erkaltet
ist, dann greifen die Verdauungssäfte nicht so leicht an; das Futter bleibt
so lange unthätig im Magen, bis der letztere es wieder bis auf 40° C.
erwärmt hat, wozu immerhin ½—1 Stunde Zeit nöthig ist. Diese Ver-
zögerung und überhaupt diese keinesfalls zweckmäßige Situation trifft
alle Thiere, welche nach der altüblichen Fütterung nur kalte Nahrung bekommen. Sie ist aber nicht vorhanden bei dem warmen Dampffutter, indem dieses sofort in den Verdauungsprozeß eintritt und damit neben der
erlangten leichteren Verdaulichkeit auch all die wichtigen Vorzüge der raschen
Verdaulichkeit beanspruchen darf. Bei Ernährung des Mastvieh's machen
diese sich namentlich geltend. Bei Jungvieh möchte die leichtere Verdauung mehr in's Gewicht fallen.

Wenn ich nun all die Vortheile der Futterdämpfung
summire, so meine ich ihr wenigstens eine Futterersparniß
von 10 % oder einen Fleisch-, Fett- und Milch-Gewinn von
10 % beilegen zu müssen. Ich empfehle deßhalb jedem Landwirthe diese Präparation, namentlich während des Winters.
Möge Niemand vergessen, daß zur rauhen Jahreszeit warmes Futter ebenso wichtig ist, als warme Stallung!

Im Winter, wo eine ordentliche Futterration 10 Sgr. kostet, soll
also 1 Sgr. durch das Dämpfen profitirt werden. Die Kosten betragen
per Ration 1½—2½ Pfennig. Die Rentabilitätsfrage der Dämpfung
ist hiermit erledigt.

Ob das Dämpfen den Vorzug vor dem bloßen Anbrühen mit warmen oder kaltem Wasser hat, wird in physiologischer Hinsicht nicht schwer
sein zu entscheiden, wenn wir nur bedenken, daß durch das Anbrühen, selbst
wenn es einen halben Tag lang dauert, bei weitem nicht jene Erweichung
und aufschließung des Futters erfolgt, die durch ½stündiges Dämpfen thatsächlich eintritt. Durch das Anbrühen erreichen wir blos, daß das Futter
sich besser hereinfrißt, daß es rascher und gieriger verzehrt werden kann,
als in trockenem Zustande. Ist das aber von Vortheil, da, wo nicht
schon vorher die Verdaulichkeit des Futters erleichtert worden ist? Muß

nicht die Verdaulichkeit und Ausnutzung entschieden verringert werden, indem das Thier, bei der Raschheit des Verzehrs von angebrühtem Futter, letzteres desto schlechter zerbeißt und um so mangelhafter mit dem, bei der Verdauung so wichtigen Mundspeichel durchtränkt? — Bei gedämpftem Futter hat der rasche Verzehr nichts zu sagen, indem das schon halb verdaut ist, aber bei blos gebrühtem, wo eher eine Auslaugung als eine Aufschließung seiner Nährbestandtheile Statt gefunden hat, da muß derselbe von schlimmen Folgen sein, wenigstens kann er da nicht als ein Vortheil der Methode erachtet werden. Bei gebrühtem Futter müssen wir wünschen, eben so gut wie beim trocknen, daß das Vieh es langsam kaue und fresse, und da das factisch nicht geschieht, deßhalb erscheint mir das Anbrühen überhaupt verwerflich.

Das Kochen des Futters ist ein Mittelding zwischen Anbrühen und Dämpfen. Es vereinigt in sich die Nachtheile des Anbrühens, ohne die Vortheile des Dämpfens zu erreichen. Deßhalb verwerfe ich auch jede in großem Maaßstabe ausgeführte Futterkocherei, die überdies auch kostspieliger wäre, als das Dämpfen.

Entweder müssen wir das Futter dämpfen, oder wir müssen Alles möglichst trocken verfüttern. Um diese Entscheidung handelt es sich hier.

Eine trockne Fütterung, bei der man den Thieren alle Futtermittel, gleichgültig ob Stroh, Caff, Heu, Getreide, Schrot, Kleien, Oelkuchen, Hafer u. s. w. im natürlichen, trocknen Zustande gibt und getrennt daneben klares Wasser zu saufen, so viel sie dessen mögen, hat wirklich Vieles für sich. Bei ihr sind die Thiere genöthigt, langsam zu fressen, Alles gehörig zu kauen, zwischen den Zähnen zu mahlen und mit Speichel zu durchtränken, damit sie es herunterkriegen. In Folge dessen verdauen sie es leichter und nutzen es besser aus. Wo sie dagegen vorwiegend wässriges Brühfutter, Oelkuchentränke oder Mehltränke bekommen, da gerathen ihre Verdauungssäfte in einen Zustand der Verdünnung, worin sie die Auflösung der Nährstoffe im Futter kaum bewirken können. Die Verdauung der Ration wird überhaupt eine unvollkommene, und je länger sie es bleibt, desto mehr erschlafft allmählig der ganze Verdauungsapparat, so daß zuletzt solche Thiere nur noch von den leicht löslichen Futterbestandtheilen profitiren können. Ein großer Verlust an Nährstoffen durch den Darmkanal muß die einfache Folge davon sein.

Für Jungvieh ist solch' wässriges Futtersystem noch ganz besonders verwerflich, und zwar deßhalb, weil die jungen Thiere dadurch unnormal dicke und hangende Bäuche bekommen, welche ihre Lungen beengen und sie engbrüstig machen. Wer schöne und gesunde Thiere züchten will, darf ihnen kein wasserreiches Futter geben, er darf sie nicht reizen, über ihren natürlichen Durst hinaus Wasser zu saufen, um schließlich damit eine Hand voll Mehl, Kleie oder Oelkuchen einzuschlürfen.

Auch für Pferde hat das seine Anwendung; gibt man diesen an Stelle des trocknen Hafers reichlich Mehltränke, so ist zu erwarten, daß sie bei einiger Anstrengung bald außer Athem gerathen.

Noch mehr aber dürfte bei der Schweine-Fütterung die Wässrigkeit der Ration verwerflich sein. Ich habe darüber voriges Jahr (1861) hier einen ausgedehnten Versuch gemacht in der Weise, daß ich 2 Abtheilungen, à 3 Stück Schweine, 6 Monate hindurch mit verschiedenartig componirten Rationen, die entsprechend waren dem Körpergewicht der Thiere, ernährte. Die eine Abtheilung mußte ihr Futter mit 40 Pfd. Wasser zu einem dünnen Breie angerührt verzehren, die andere bekam alles trocken vorgelegt und entnahm ihren Wasserbedarf nach Belieben aus einem besonderen gewogenen Gefäße. Sie soff dabei durchschnittlich blos 14 Pfd. Wasser, also nur $^1/_3$ so viel, als die erste Abtheilung zu saufen genöthigt war. Während letztere ihr Futter stets gierig und rasch herunterschlang, brauchte jene wohl dreimal so viel Zeit dazu; die Thiere unterbrachen mehrmals ihre Mahlzeit und gingen zum Wassertroge um einmal ein wenig zu trinken. Der Erfolg der ganzen Fütterung war, daß die trocken gefütterten Schweine $^1/_{10}$ weniger fraßen, und an Fleisch und Fett doch eben so viel zugenommen, und auch ein gesunderes Ansehen hatten, als die beständig mit wässrigem Futter tractirte. Die Erklärung hierfür mag zum Theil in der durch die wässrige Fütterung bewirkte Schwächung der Verdauung liegen, größtentheils liegt sie aber an dem zu raschen Verzehr und der damit verbundenen, unvollkommenen Zerkauung der Rationstheile. Die folgenden Zahlen

	In 8 Tagen		Prozente der unverdauten Körner
	verzehrt Pfd.	unverdaut ausgeschieden Pfd.	
Gerste bei wässriger Fütterung	40	5.89	14.7
" " trockner "	36	2.62	7.3
Roggen bei wässriger Fütterung	40	4.21	10.5
" " trockner "	37	3.44	9.3
Hafer bei wässriger Fütterung	96	9.00	9.4
" " trockner "	90	5.74	6.3
Erbsen bei wässriger Fütterung	56	0.54	0.9
" " trockner "	51	0.24	0.5
Pferdebohnen bei wässriger Fütterung . . .	56	0.14	0.3
" " trockner " . . .	52	0.12	0.2

beweisen das; sie sagen nämlich, daß bei wässriger Diät durchschnittlich 11½ % Gerste, Hafer und Roggen unverdaut ausgeschieden wurden, während bei trockner Diät blos 7 % Verlust des Verzehrs war.

In den Schweineställen, wo ohnehin die Thiere frei herumgehen können, würde ich ohne Weiteres 3 Futtertröge anbringen, von denen der eine die wässrigen Nährmittel (Spülicht, dicke Milch, Molken und warmes Tränkewasser), der zweite die wässrigen Wurzelgewächse (gedämpfte Kartoffeln, Möhren, Rübenlaub ꝛc.) und der dritte Trog blos den trocknen Körnerschrot aufzunehmen bestimmt ist. Auch würde ich hierbei von den oben erläuterten Vortheilen der warmen Fütterung (zur Winterzeit) dadurch zu profitiren suchen, daß die Schweine Spülicht, Molken, Tränke ꝛc. stets im erwärmten Zustande bekommen.

In Rindviehställen empfiehlt sich gewiß eine ähnliche Einrichtung. Da solche darin aber, wie auf der Hand liegt, nicht immer leicht anzubringen ist, desto strenger dürfte an dem Grundsatze fest zu halten sein, alles zu verfütternde Strohhäcksel, Spreu, Kleie, Oelkuchen, Körnerschrot, so weit als thunlich nur trocken zu füttern und dabei keinesfalls einen excessiven kalten Wasserzusatz zu dulden. Natürlich wird man dabei anderseits den Thieren desto häufiger Gelegenheit bieten, reines, warmes Tränkewasser nach Belieben saufen zu können. Die ziemlich allgemeine Sitte, die Oelkuchen in großen Wassermengen aufzuweichen, und als dünne Tränke zu geben, halte ich nicht für so ersprießlich als die Fütterung derselben in trockner Pulverform, wobei sie zweckmäßig mit ein wenig Rauhfutterhäcksel vermischt werden. Wie man's bei der Schlempefütterung, die ja auch ein wässriges Futtermittel vorstellt, zu halten hat, weiß ich nicht recht; ich meine nur, man solle die Schlempe möglichst pur verzehren lassen und vorher oder erst hinten nach die sonstigen Rationtheile geben. Ein Vermischen der Schlempe mit allen möglichen Futtermitteln führt zu leicht zu verschwenderischen Futterresten in den Trögen und schlimmsten Falles auch zu einer den Thieren nachtheiligen chemischen Zersetzung des ganzen Gemenges.

Ich gehe jetzt über, zu einer andern vielgerühmten Futterzubereitung, nämlich zur Vorverdauung der ganzen Ration durch die Gährung.

Sie besteht darin, daß alle Futtermittel, die zur Verfütterung gelangen sollen, nachdem sie bestens zerschnitten oder zerkleinert sind, gut mit einander gemischt und in große Tröge gefüllt werden, worin sie angefeuchtet, feſt getreten, mit Gewichten beſchwert und dann der Gährung und Selbſterhitzung überlaſſen werden. Nach 3—4tägiger Gährung iſt die Maſſe zur Verfütterung reif.

Hier wird alſo zunächſt alles zu verfütternde Getreideſtroh, Hülſenfrüchteſtroh und Heu auf zweckmäßigen Schneidmaſchinen zu Häckſel von ungefähr 1½ Zoll Länge zerſchnitten. Daſſelbe geſchieht mit den Wurzelgewächſen. Auf einer geräumigen Futtertenne wird darauf das Ganze auf's Innigſte mit Caff, Spreu, Rapsſchoten, Erbſenſchoten u. ſ. w. durcheinander gemiſcht. Die zu verfütternde Kleie oder die Körner von Hafer, Gerſte, Erbſen, Bohnen werden, nachdem ſie geſchroten ſind, ebenfalls untergemiſcht. Oelkuchen zerſchlägt man in Waſſer und bereitet daraus einen Brei, der zum Anfeuchten der Futtermaſſe dient, wenn dieſelbe ſchichtenweiſe in die Gährtröge gebracht und darin ſo feſt als thunlich getreten wird. Malzabfälle, Rübenblätter, kurz Alles, was außerdem noch verfüttert werden ſoll, kommt ohne Unterſchied unter die Geſammtgährmaſſe.

Beim Beſchicken der Gährtröge ſoll drauf zu achten ſein, daß jedesmal, wenn eine 1 Fuß dicke Schicht der Futtermiſchung eingefüllt iſt, Jemand dieſelbe mit heißer Oelkuchenbrühe oder kochendem Waſſer übergießt und darauf gehörig feſttritt. Der Waſſerzuſatz iſt ſo zu reguliren, daß bei ſtarkem Feſttreten kaum eben eine wäſſrige Brühe zum Vorſchein kommt. Zu viel Waſſer verlangſamt zu ſehr die Selbſterhitzung. Iſt alles eingefüllt, dann kommt oben auf, nebſt einer trocknen Spreuſchicht, ein ſtark beſchwerter Deckel.

Indem 3—4 Tage Zeit dazu gehen, ehe die Gährmaſſe reif iſt zur Verfütterung, ſo werden wenigſtens 3 Gährtröge aufgeſtellt werden müſſen, um alle Tage ſicher einen reifen Bottich zu haben. Das Volumen ſolcher Tröge iſt per Tag und Stück Großvieh = 5 Cub.-Fuß.

Vom theoretiſchen Geſichtspunkte aus ſollte man leichthin meinen, daß die hiermit kurz beſchriebene Gährmethode auf die Verdaulichkeit, den Wohlgeſchmack und die Temperatur einer Futtermiſchung einen eben ſo ſichern als vortheilhaften Einfluß haben. Sieht man aber näher zu, dann regen ſich gegen dieſe vermutheten Vorzüge mancherlei Bedenken. Es fragt ſich nämlich ſehr

1. ob eine ſolche mit vielem Waſſer eingemachte und vor dem Luftzutritt bewahrte heterogene Futtermiſchung nach etwa 3 Tagen regelmäßig in das Gährungsſtadium eintritt, bei welchem die erwartete Aufſchließung und Erwärmung des Futters ſtatt gefunden hat.

Da man Gründe hat, unter manchen äußeren Umſtänden, die nicht immer in der Gewalt des Landwirthen liegen, dies zu bezweifeln, ſo fragt es ſich

2. ob eine ſolch' verfehlte oder zu verſpätete Gährung in dem Futter nicht einen Zuſtand der Zerſetzung hervorruft, der zu geſundheitsſchädlichen Producten- und giftigen Schimmelbildungen führt, und den eine ängſtliche und kaum thunliche Sorgfalt hinſichtlich der jedesmaligen Reinigung der Gährtröge gebietet.

3. fragt es sich, ob man nicht den Zweck einer solchen Gährung zu weit greift, wenn ihr ohne Unterschied alle Rationstheile verfallen sollen, auch diejenigen, welche keiner Fermentation bedürftig sind, wie zum Beispiel die leicht verdaulichen Wurzelgewächse, Grünfutter und Mehlarten. Vielleicht ist die Anwesenheit großer Mengen solcher leicht löslichen und vergährbarer Stoffe mehr von Schaden, als von Nutzen.

Diese 3 Einwendungen mögen vielleicht durch einschlägige exacte Versuche entkräftet werden; da aber solche bis jetzt nicht vorliegen, so geöietet mir die schuldige Vorsicht vor irrigen Rathschlägen, die in der I. Auflage dieses Buches der Futtergährung gewidmeten Empfehlungen bis auf Weiteres hiermit zurückzunehmen.

Das eine, was wahres und Gutes an der Sache bleibt, bezieht sich auf die Aufschließung des Rauhfutters mittelst Selbst-Erhitzung.

Es wäre aber unrecht, wollten wir hier, wie es sonst fast immer geschieht, diesen Prozeß mit dem Wesen der eigentlichen Futtergährung identificiren und in Einklang zu bringen suchen. Denn beide sind theoretisch ganz verschiedene Dinge, so verschieden zum Beispiel, wie Sauerheu- und Braunheubereitung von einander sind.

Bei der Selbsterhitzung kommen blos die voluminösen, holzfaserreichen Futtermittel in Betracht; denn handelt es sich bei ihr auch um keine regelrechte alkoholische Zuckergährung, in Folge deren Essigsäure und Milchsäure entstehen, welche chemisch lösend, auf die Holzfaser und Proteïnstoffe zurückwirken sollen, sondern blos um eine Oxydation der Rauhfuttermasse, welche außer einer gewissen Mürbigkeit und Geschmacksverbesserung derselben, eine reichliche Wärmebildung zum Ziele hat. Die Gährung setzt reichliche Anwesenheit löslicher Kohlehydrate, ein Futtergemenge von mindestens 85 % Wassergehalt, starke Pressung und Luftabschluß voraus; die Selbsterhitzung will nur einen Wassergehalt von 60 % in der Masse und dazu eine lockere Aufschichtung damit die oxydirende Luft recht eindringen kann.

Bei dieser Charakteristik gestalten sich die practischen Vorschriften zur Selbsterhitzung des Rauhfutters in folgender recht bestimmten Weise:

1. Das zu verfütternde Stroh, so wie das Heu wird zunächst in 2—3 Zoll lange Stücke zerschnitten, dann nebst Spreu, Schoten ꝛc. aufs Innigste gemischt und benetzt mit dem gleichen Gewichte Wasser. Dadurch erhält das Ganze einen Trockensubstanzgehalt von 40 %, welcher für den beabsichtigten Prozeß gerade am geeignetsten ist. Eine sorgfältige und gleichmäßige Durchfeuchtung mit jener Wassermenge ist eine wesentliche Bedingung des

Gelingens. Zum Durchfeuchten nimmt man auch, an Stelle des Wassers, sehr zweckmäßig dünne Oelkuchenbrühe, in welcher die für die ganze Ration bestimmten Oelkuchen aufgelöst sind. Kann man diese Oelkuchen in kochendem Wasser lösen und dann heiß aufgießen, so trägt das nicht wenig zum günstigen und rascheren Verlaufe des ganzen Prozesses bei. Auch empfiehlt es sich, wo heiße, verdünnte Schlempe zur Disposition steht, diese in gleicher Weise zu benutzen. Ich mache aber drauf aufmerksam, daß auch bei diesem Zusatze der Trockensubstanzgehalt der Mischmasse auf 40 % genau einzustellen ist. Auch rathe ich keinerlei sonstigen Zusätze an, namentlich von Rüben und saftigen Gewächsen.

2. Die so vorbereitete Mischmasse wird gleich darauf, das heißt möglichst warm, in passende Holzverschläge schichtenweise eingetragen. Das Festtreten derselben darf nicht stark erfolgen; man muß ihren lockeren Zusammenhang so weit zu wahren suchen, daß sie bei etwaiger Wegnahme der senkrechten Bretterwände, noch eben aufrecht stehen bleibt. Jene Verschläge werden einfach aus starken Holzdielen gebildet, so daß man die einzelnen Theile leicht herausnehmen und reinigen kann. Folgender Grundriß für 3 solcher Verschläge scheint den Anforderungen der Zweckmäßigkeit gut zu entsprechen.

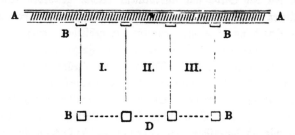

A Mauerwand der Futtertenne, an den 3 Verschlägen bis auf 5′ Höhe mit Holz bekleidet.

B 8 Holzpfeiler in den Boden eingesenkt, 5′ hoch, und mit Falzen versehen, so daß die 4 Wände der Verschläge leicht heraus gehoben werden können.

D Eingang zum Verschlage, der während des Einfüllens und Festtretens mit einem verschiebbaren Brette geschlossen werden kann. Nach dem Einfüllen fällt dies Brett weg, so daß die vordere Futterwand frei da steht.

Ein Verschlag von 3′ Breite und 6′ Tiefe umfängt ganz gut die Rauhfuttermasse von 25 Stück Großvieh. Dabei steigt die Höhe der Schichtung, was rathsam ist, nicht über 4′.

Um die oberste Schicht nicht zu sehr der Luft zu exponiren, streut man darauf eine Hand dick trockner Spreu.

3. Nach Verlauf von ungefähr 12 Stunden beginnt die Masse sich zu erhitzen; die Wärme im Innern steigt allmählig, bis sie nach Verlauf von 36 Stunden ihren Culminationspunkt, das heißt etwa 50° R. erreicht hat. Dann ist das Futter reif und noch warm an das Vieh zu vertheilen.

Wer sich an diesen erprobten Vorschriften hält, dem darf ich einen zufriedenstellenden Erfolg zusichern, einen Erfolg, bei welchem die Mehrkosten dieser Rauhfutterpräparation sich hoch rentiren. Das erhitzte Futter wird von allem Vieh gern gefressen, und wenn hin und wieder gesagt wurde, es sei nicht recht gesund, so kann sich das nur auf eine lokale fehlerhafte Zubereitung beziehen und nicht das Prinzip der Bereitung erniedrigen. Am meisten eignet sich das erhitzte Futter für Kühe, Schafe und Mastochsen, weniger für Zugvieh und Jungvieh. Seine ökonomische Bedeutung liegt in der besseren Verwerthung der großen Masse von Spreuabfällen, die jede Landwirthschaft bietet.

Ueber die durch die Selbsterhitzung bewirkten chemischen Veränderungen im Strohfutter sind analytische Experimente angestellt worden von Bretschneider und auch von Trommer.

Darnach soll das Stroh nur unbedeutend reicher geworden sein, an in Wasser löslichen Nährstoffen; sein Proteïngehalt ist, von einer kleinen amoniakalischen Zersetzung abgesehen, unverändert geblieben; auch hat ihre Holzfaser keine chemische Aufschließung erlitten, in Folge deren sich etwa Zucker und Dextrin gebildet hätten. Die Versuchsansteller bemerken aber ganz richtig, daß das Alles zu keinem nachtheiligen Urtheile berechtige, weil die Vorzüge des erhitzten Stroh's leicht in seinen erlittenen physikalischen Veränderungen, zum Beispiel in seiner Mürbigkeit und Durchweichung, und, wie ich hinzufüge: in seinem natürlichen Wärmegehalte begründet liegen können.

Vermuthlich würde aber auch die chemische Analyse eine größere Aufgeschlossenheit des Stroh's constatirt haben, wenn genannte Experimentatoren die Brühmasse nicht so sehr wässrig, wie sie es gethan, angesetzt und ihr einen kleinen fermentirenden Oelkuchen-Zusatz gegeben hätten. Daß ihre ganze Bereitungsart keine regelrechte war, beweist mir der ungenügende Grad der Erhitzung, den sie erzielten.

Schließlich mögen folgende 3 kleine, auf die Gährung und Selbsterhitzung des Futters bezüglichen Versuche hier eine Stelle finden, aber keineswegs als normangebende Musterversuche, sondern blos der Vollständigkeit dieses Capitels halber.

Boussingault füllte einen Kasten mit 250 Pfd. Spreu, 992 Pfd. Rüben, 150 Pfd. Wasser und 4 Pfd. Kochsalz und überließ ihn der Gährung. Die Masse erhitzte sich bis auf 35°. Nach 48 Stunden wurde sie an Milchkühe verfüttert, wobei ein Theil zugleich die nämliche Futtermischung, aber unfermentirt bekam. Je 100 Pfd. der Mischung erzeugten:

	Fleisch	Milch
gegohren	5.86 Pfd.	4.1 Pfd.
ungegohren	3.32 „	6.0 „

Troß dieses, nicht üblen Resultates, ist Bouffingault schlecht auf die Gährung zu sprechen. Er meint, „daß die meisten, der Gährung nachgerühmten guten Wirkungen auch durch Anbrühen des Futters erzielt würden.“ — Diese Ansicht theile ich jedoch nicht.

Versuch Busche's. Man bildete zwei Abtheilungen Schweine, à 4 Stück, und fütterte die Abth. I. mit einem gekochten Gemenge von Turnips, Kleie und Gerstenschrot; die Abth. II. mit einem ähnlichen, aber vergohrenen Gemenge.

	Lebendgewicht der 4 Schweine bei Beginn des Versuchs Pfd.	Gewichts-Zunahme in 39 Tagen Pfd.	Futter-Consumtion in 39 Tagen	
			Turnips Ctr.	Kleie und Schrot Ctr.
Abth. I. gekochtes Futter	816	103	97.5	4.2
„ II. gegohrenes „	792	110	48.8	4.2

Versuch von M'Laren. 4 Abtheilungen à 6 Stück Durham-Rinder bekamen per Kopf täglich:

Anno 1855	Anno 1856
130 Pfd. Rübenbrei	70 Pfd. zerschnittene Rüben
4 „ Häcksel	15 „ „ Kartoffeln
2 „ Bohnenmehl	4 „ Häcksel
2 „ Leinmehl	4 „ Bohnenmehl
½ „ Melasse	2 „ Leinmehl
	½ „ Melasse.

	Gewicht der 6 Rinder bei Beginn des Versuchs Ctr.	Gewichts-Zunahme nach 135 Versuchs-tagen Ctr.	Geldwerth der Zunahme à 5,6 Sgr. per Pfd. Thlr.	Futter-kosten im Ganzen Thlr.	Rein-Gewinn Thlr.
Abth. I. Rohes Futter } 1855	70.6	10.5	196.0	108.3	87.7
„ II. Gähr-Futter }	70.2	12.1	226.3	108.3	118.0
		(nach 152 Tagen)			
Abth. III. Rohes Futter } 1856	54.5	20.6	383	277	105.0
„ IV. Gährfutter }	54.3	23.8	444	299	144.0

Wir finden hier sehr ansehnliche Unterschiede zu Gunsten des Gährfutters! —

Eine mit dem Gähren des Futters in naher Beziehung stehende Zubereitungsmethode repräsentirt sich in der

Sauerheubereitung.

Denn auch bei dieser findet zunächst eine Gährung in der eingemachten Masse des Grünfutters Statt. Die Gährung wird aber nicht nach 2—3 Tagen unterbrochen, sondern sie hat Zeit genug, alle ihre Stadien zu durchlaufen, bis zur Essig- und Milchsäurebildung hin. Dadurch bewirkt sie

46

sowohl eine große Aufgeschlossenheit und Löslichkeit des Futters, als auch dessen Haltbarkeit, zwei Eigenschaften, die wir bekanntlich bei allem eingemachten Gemüse, namentlich am Sauerkraut, schätzen. Sauerheu ist nichts anders, als grün eingemachtes Heu.

Vom physiologischen Gesichtspunkte aus kann gegen die Güte, Nährkraft und Zulässigkeit des Sauerheu's nichts eingewendet werden. Es scheint mir vielmehr, daß die Grünfuttermasse durch Einmachen eher an Nährwerth gewonnen, als verloren hat. Ob es in ökonomischer Hinsicht Vortheile gewährt, das mag Jeder, Angesichts des zu beobachtenden practischen Verfahrens, selbst beurtheilen.

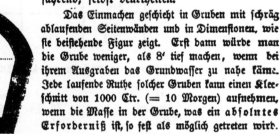

Das Einmachen geschieht in Gruben mit schräg ablaufenden Seitenwänden und in Dimensionen, wie sie beistehende Figur zeigt. Erst dann würde man die Grube weniger, als 8' tief machen, wenn bei ihrem Ausgraben das Grundwasser zu nahe käme. Jede laufende Ruthe solcher Gruben kann einen Kleeschnitt von 1000 Ctr. (= 10 Morgen) aufnehmen, wenn die Masse in der Grube, was ein absolutes Erforderniß ist, so fest als möglich getreten wird.

Eine nicht gehörig, und namentlich nicht gegen die Seitenwände festgetretene Masse schimmelt oder fault. Das gleiche ist der Fall, wenn die Grube nicht mit einer 2 Fuß dicken Erdschicht vollkommen zugedeckt wird. Die Erde wirft man oben direct auf das Grünfutter, und unterläßt es, dazwischen eine Strohschicht zu fügen, die das Futter von Erde rein erhalten soll, in Wirklichkeit aber grade die äußere Schicht leicht verdirbt.

Das Einmachen in eine Grube verursacht beim Herausnehmen des Futters mancherlei Unbequemlichkeiten. Diese, so wie die Kosten des Auswerfens der Grube ließen sich einfach dadurch vermeiden, daß man die Grünfuttermasse auf ebener Erde, gleich den Rüben, einmietet. Man bildet dann trapezförmige Haufen, gleich Figura,

und bewirft dieselbe nach gehöriger Festtretung von allen Seiten mit einer 2—3' dicken Schicht der nebenliegenden Erde. Dadurch entsteht zugleich ein das Futter vor Nässe glücklich schützender Graben. Die Haufen selbst kann man beliebig und nach Bedürfniß lang machen. Wenn man einige Wochen nach der Einmietung die etwa entstandenen Fugen und Risse im Erdmantel verstopft, so wird sich das Futter ganz vorzüglich in diesem Haufen conserviren.

Die einzumachenden Materialien, bei welchen ein schichtweise geringer Zusatz (½%) von Kochsalz nützlich ist, lassen sich bis jetzt nicht unterscheiden. Im Allgemeinen dürfte dieser Zusatz überflüssig sein.

Bei genauer Befolgung dieser Vorschriften, zeigt das Futter, wenn die Grube nach Winter geöffnet wird, einen Gewichtsverlust von 30—40%. Derselbe besteht aus verdunstetem Vegetationswasser und vielleicht blos zu 1% aus organischer Trockensubstanz, die während der Gährung zersetzt und in Gasform aufgelöst wurde. Bei der zulässigen Annahme, daß das Grünfutter beim Einmachen 20% Trockensubstanz führt, wird man daher den eigentlichen Futterverlust zu ¹/₂₀ oder zu 5% veranschlagen können. Da sonstige Verluste — etwa durch Schimmelbildung oder Fäulnißstellen — bei regelrechter Einmachung nicht vorkommen, so lassen sich jene 5% leicht durch die erlangte, bessere Qualität des Futters compensiren.

Durch den Wasserverlust und die feste Lagerung wird das Futter so consistent, daß man es beim Herausmachen aus der Grube mit dem Spaten abstechen muß. Eben deßhalb braucht man auch nicht zu fürchten, daß alsdann die entblößte und der Luft exponirte Schicht innerhalb eines Tages verbirbt. In den Ställen locker herumliegend, wird das Sauerheu indeß leicht in eine nachtheilige Zersetzung übergehen, weßhalb sehr zu rathen ist, den Bedarf einer Mahlzeit jedesmal frisch aus der Grube zu entnehmen.

Der aromatische Geruch des Futters scheint säuerlicher Art zu sein, ist aber meistens stark ammoniakalisch, was auf eine theilweise Zersetzung der Proteïnstoffe schließen läßt. Nach Rübenblättern, Grünlupinen und ähnlichen sehr stickstoffreichen Materialien ist jener Geruch derart penetrant, daß Thiere, welche nicht daran gewohnt sind, solches Futter anfangs verschmähen. Es braucht dies nicht übel gedeutet zu werden, denn allmählig schwindet die Scheu, und die Thiere fressen es immer lieber.

Die Gedeihlichkeit des Sauerheu's hängt sehr davon ab, in welchen Mengen man es verfüttert. Wird es in zu starken Dosen gegeben, so entsteht Durchfall und Unwohlsein darnach. Erscheinungsgemäß das Beste ist, so viel zu geben, daß ⅓ des Bedarf's an Trockensubstanz durch Sauerheu gedeckt wird. Das wäre für ein Stück Großvieh täglich etwa 9 Pfd. wasserfreies, gleichbedeutend mit 30 Pfd. natürliches Sauerheu à 70% Wasser. Gegen jede einseitige Verfütterung spricht auch schon der hohe Proteïngehalt der zum Sauerheu verwendeten Grünfutter; wir werden ihn durch ordentliche Strohzusätze auszunutzen suchen.

Ob Sauerheu oder Dürrheu? — Soll etwa das eine das andere verdrängen? — Ich glaube nicht, denn man wird nur dann zur Sauerheudarstellung schreiten, wenn die Witterungsverhältnisse der Bereitung des Dürrheu's nicht günstig sind. Wo also irgend eine Grünfutterschur auf tem Spiele steht, durch anhaltenden Regen verdorben zu werden, da ist das sofortige Einmachen der richtige und daher jedem Landwirthen willkommenen Ausweg. Am willkommensten ist er natürlich im Spätherbste, gegenüber den alsdann noch grünenden und rasch weg zu schaffenden vegetabilischen Massen.

Welcher Art und Abkunft das Grünfutter, ob es recht saftig, naß oder welk ist, ob es während des Einmachens regnet oder sonnenscheint, ist auf das Gelingen der Operation ohne Einfluß.

Folgende Experimente commentiren das hiermit Gesagte:

Rohde in Elbena (1857) brachte 4 Milchkühe in 2 Abtheilungen. Die eine wog 2270 Pfd., die zweite 1987 Pfd. Nachdem beide zunächst eine Zeit lang mit gutem Wiesenheu gefüttert worden, bekamen sie eine theilweise aus Sauerheu bestehende Ration. Dies Sauerheu enthielt nach 4monatlicher Aufbewahrung in einer Erdgrube 66.5% Wasser, während jenes Wiesenheu 14% Wasser hatte.

Nummer der Abtheilung	Dauer des Versuchs Tage	per Tag und Stück		Gehalt der Milch an		Zu 1 Pfd. Milch verzehrt an Trockensubstanz
		verzehrt	Milch-Ertrag Pfd.	Trockensubstanz %	Butter %	
I.	7	40 Pfd. Heu . . .	15.8	12.15	3.20	
II.	7	40 Pfd. Heu . . .	15.9	11.85	8.23	
Mittel		40 Pfd. Heu . . .	15.85	12.0	3.21	2.17 Pfd.
I.	11	20 Pfd. Heu + 32 Pfd. Sauerheu . . .	15.1	12.60	3.50	
II.	14	20 Pfd. Heu + 20 Pfd. Sauerheu . . .	14.0	12.50	3.50	
Mittel		20 Pfd. Heu + 26 Pfd. Sauerheu . . .	14.5	12.55	3.50	1.78 Pfd.

Die größere Nährkraft der Sauerheu-Ration ist hieraus deutlich zu ersehen. Wenn gemäß dem ersten Versuche 20 Pfd. Heu $= \frac{15.85}{2} = 7.9$ Pfd. Milch erzeugten, so haben, gemäß dem zweiten Versuche, die 26 Pfd. Sauerheu 14.5 — 7.9 = 6.6 Pfd. Milch gegeben. Die 26 Pfd. Sauerheu repräsentirten aber 8.7 Pfd. Trockensubstanz; Letztere war also von solcher Nährkraft, daß 1 Pfd. Milch davon nur 1.32 Pfd. bedurfte, während von der Trockensubstanz des Dürrheues dazu 2.17 Pfd. nöthig war. Damit stellt sich der Milchproductionswerth von 132 Sauerheu gleich dem von 217 Dürrheu, beide trocken gedacht. Noch günstiger würde sich dies Resultat für Sauerheu gestalten, wenn wir die Qualität der Milch in Rechnung zögen.

Versuch von Ockel in Frankenfelde (1855). Angestellt mit 3 gut milchenden Kühen, welche per Tag und Stück erhielten 20 Pfd. Rüben, 6 Pfd. Wiesenheu, 10 Pfd. Gerstestroh und außerdem die in folgender Aufstellung verzeichnete Zulagen:

Nummer der Periode à 8 Tage	Zulage per Tag und Stück	Täglicher Milch-Ertrag der 3 Kühe	1 Pfd. Butter erforderte Milch	Ergo war der 8tägige Butter-Ertrag der 3 Kühe
I.	11.2 Pfd. Kleeheu	72.0 Pfd.	57 Pfd.	10.1 Pfd.
II.	27.4 Pfd. Sauerheu von Luzerne .	78.8 „	46 „	13.7 „
III.	26.9 Pfd. Sauerheu von Rothklee ·	73.3 „	46 „	12.7 „

Hinsichtlich des Butter-Ertrages haben 11.2 Pfd. Kleeheu (à 85% Trocken-substanz) nicht mehr geleistet, wie 20 Pfd. Sauerheu von Luzerne (à 35% Trocken-substanz) oder wie 21 Pfd. Sauerheu von Rothklee.

Während die Sauerheubereitung eine Operation ist von großer Sicher-heit, kann ein gleiches nicht völlig gesagt werden von der

Braunheubereitung,

welche den vorhandenen Erfahrungen gemäß, leicht und häufig mißräth. Damit will ich jedoch nicht gesagt haben, daß die Braunheubereitung eine Operation sei, deren Gelingen von unbeherrschbaren Zufälligkeiten abhange; ich meine vielmehr, daß ihre Unsicherheit in dem Bereitungsverfahren selbst liege, in soweit man über dessen Prinzipien noch gar uneinig ist, und daher bisher noch nicht im Stande war, eine präcise, practische Vorschrift auf-zustellen an Stelle der gar verschiedenen Verfahren, die jetzt noch befolgt werden. Wer nicht theoretisch genau weiß, worauf es bei der Braun-heubereitung ankommt, der tappt natürlich auch im Dunkeln nach den zum Ziele führenden Mitteln! — Es ist ein Glück, wenn er grade die richtigen findet.

Der Prozeß der Braunheubereitung beruht darauf, daß Grünfutter, wenn es bei solchem Feuchtigkeitsgrade in große Haufen festge-treten wird, daß der austretende Saft nicht alle kleinsten Zwischenräume (wie beim Einmachen) ausfüllen und so alle Lufttheilchen austreiben, son-dern wegen seiner Spärlichkeit dies nur theilweise thun kann, alsdann die eingeschlossene Luft zunächst oxydirend auf die Saftbestandtheile wirkt und damit den Anstoß zu einer heftigen Erhitzung und Zersetzung der ganzen Masse gibt, die ähnliche Erscheinungen und Resultate, wie die oben beschriebene Rauhfutterpräparation mittelst Selbsterhitzung liefert, zugleich aber auch das, in dem Grünfutter enthaltene Wasser so zur Verdampfung bringt, daß jenes die Trockenheit und Consistenz des Dürrheues bekommt. Da keine Luft von Außen in den Haufen treten kann oder soll, so regulirt sich die Selbsterhitzung nach Maaßgabe des freien, in Action tretenden Sauerstoffs. War dessen genug im Haufen eingeschlossen, so steigt die Hitze im Innern bis auf 80°, einen Fuß von der Peripherie entfernt bis auf 40°. Je trockener und abgewelkter das Grünfutter, je lockerer wird der Haufe, je mehr Luft schließt er ein und desto mehr Hitze kann sich in ihm erzeugen. Je wässriger und nasser das Grünfutter, je fester läßt sich der Haufen bilden, je weniger Luft in ihm zurückhalten, und in dermaßen auch weniger Wärme hervorbringen. Beide Extreme haben ihre Grenze, die man streng beobachten muß, soll in dem einen Falle nicht das Heu beinahe verbrennen, in dem andern Falle nicht blos einfach vergähren und seine Nässe behalten. Das Mittel ist hier das Beste. Man nehme zu Braunheu entweder etwas hartstengliges, oder man nehme junges, weiches Futter und lasse dies einen Tag lang abwelken, bevor es in den Haufen gesetzt wird. Letzteres wird schichtenweise aufgesetzt und um so fester getreten, je trockner und hartstengliger das Material ist. Auf jeden Fall hüte man sich das Futter regennaß oder thaufeucht einzubansen.

Gemäß dieser Betrachtung müssen wir von vorn herein das Verfahren verwerfen, das darauf hinzielt, Braunheu in kleinen Haufen von 8—12 Ctr. Inhalt binnen 3—5 Tagen zu erzielen. Denn solche kleine Haufen können schlecht festgetreten, und nicht hoch genug aufgeführt werden. Auch verursacht die große Oberfläche, die sie der äußern Luft darbieten, einestheils eine zu große Abkühlung, anderseits einen zu leichten Sauerstoffzutritt. Und da sie nach einigen Tagen aus einander geworfen werden müssen, um völlig in der Luft auszutrocknen, so erheischen sie doppelte Arbeit, und machen sich abhängig von der Gunst der Witterung. Damit verlöre die Braunheubereitung ihren wichtigsten Vortheil vor der gewöhnlichen Heu-Werbung.

Alle diese Uebelstände schwinden, wenn das Futter in runde, 20 Fuß Durchmesser und mindestens 15 Fuß hohe Mieten (Barmen) gesetzt wird. Viereckige Mieten taugen hier nichts. Anstatt einer leichten Strohdecke, mache man den ganzen Dachstuhl aus Stroh, damit derselbe mit einer respectablen Schwere auf das unten liegende Braunheu drücken kann. Liegt oben keine schwere Masse auf dem Heu, so wird dessen obere Schicht unfehlbar schimmlich und leicht können so 10 % der Masse verderben. Wenn in den ersten 8 Tagen, nach dem Setzen des Haufens, derselbe dampft, als ob er innerlich verbrenne, so ängstige man sich darüber nicht, lasse ihn ruhig stehen, denn diese Erscheinung muß so sein. Allmählig erkaltet die Masse, und nach 4—6 Wochen ist sie schon reif zum Verfüttern. Man kann auch natürlich die Mieten ½ Jahr, oder so lange stehen lassen, wie man will.

Das Braunheu hält sich so gut, wie das Dürrheu. Von diesem unterscheidet es sich durch dunklere Farbe, größeres Aroma und größere Mürbigkeit und Löslichkeit. Im Wohlgeschmacke und in der leichten Verdaulichkeit liegt der diätetische Vorzug des einen vor dem andern. In soweit war ich auch berechtigt, die Braunheu- und Sauerheu-Darstellung unter den Zubereitungsmethoden des Futters anzuführen.

Stöckhardt und Ockel haben über den Nährwerth von Braunheu und Dürrheu, welche von demselben Felde und Kleeschnitt stammten, folgenden vergleichenden Versuch angestellt.

Versuchs-Periode à 6 Tage	3 Kühe verzehrten binnen 6 Tagen	Lebendgewicht der 3 Kühe bei Beginn des Versuchs	Während 6 Tagen producirt an Milch Quart	Fleisch Pfd.	Je 100 Quart Milch gaben Butter Pfd.
I.	390 Pfd. Braunheu + 59 Pfd. Stroh	2576 Pfd.	119	+14	7.20
II.	390 „ Dürrheu + 59 „ „	2590 „	125	+ 0	8.12
III.	756 „ Kartoffeln + 180 „ „	2590 „	115	—28	7.50
IV.	756 „ Zuckerrüben + 180 „ „	2552 „	93	+20	8.75

Hier kommt ohne Zweifel dem Braunheu der größte Nutzeffect zu. Es producirte, im Vergleich zu Kartoffeln und Rüben, reichlich Milch und wirkte günstig auf die Fleischproduction, was Dürrheu gar nicht that. Stöckhardt hat versucht, diese Eigenthümlichkeiten durch die Analyse etwas näher aufzuklären. Er fand in der wasserfreien Substanz von jenem

	Dürrheu (Prozente)	Braunheu (Prozente
Proteïnstoffe, in Wasser löslich	5.29	4.79
„ in verdünnter Säure löslich	3.65	4.28
„ unlöslich in Säuren und Alkalien	1.51	1.00
Substanzen, in Alkohol löslich	22.56	26.81
„ in Aether „	3.33	2.95
„ in Wasser „	34.70	36.70
„ in verdünnter Säure löslich	14.70	16.90
„ in Kalilauge löslich	22.10	20.30

Oder in der Form einer Analyse geordnet in 100 Theilen

	Dürrheu	Braunheu
Wasser	14.3	14.3
Proteïnstoffe	8.9	8.6
Fett	3.3	2.9
Stickstofflose Nährstoffe	42.6	45.5
Holzfaser	24.4	22.4
Asche	6.5	6.3
	100.00	100.0

Diese Analysen sind allerdings dem Braunheu günstig, in so weit sich in demselben einen größeren Gehalt an löslichen Proteïnstoffen, Kohlehydraten, überhaupt an leicht verdaulichen Nährstoffen bekunden. Jedoch erklärt sich damit dessen merkwürdige Fleisch erzeugende Fähigkeit nicht. Letztere kann auch auf Täuschung beruhen, in so weit bei der blos 6tägigen Versuchsdauer eine Gewichtszunahme von 14 Pfd. leicht aus purem, in die Gewebe aufgenommenen Wasser besteht.

Indem die bisher beschriebenen Futterzubereitungsmethoden chemische genannt werden dürften, weil sie der Hauptsache nach auf einem chemischen Prozesse beruhen, bilden sie einen natürlichen Gegensatz zu der Zerkleinerung des Futters durch

Schneiden, Schroten und Quetschen,

was Alles blos rein mechanische Operationen sind.

Ist es vortheilhaft, das Rauhfutter zu schneiden und die Körnerfrüchte zu schroten oder zu quetschen?

Ueber den ersteren Theil dieser Frage sind die Ansichten sich ziemlich einig. Man will in vielen Fällen von Heu und Stroharten einen größeren Nähreffect beobachtet haben, wo selbige zu Häcksel zerschnitten und mit einander gemischt, dem Vieh (sowohl Kühen als auch Pferden und Schafen) vorgelegt wurden, als da, wo man, nach altem Herkommen, diese Futtermittel ganz in die Rausen warf. Ob das hauptsächlich dadurch zu erklären ist, daß das zerschnittene Mengfutter reiner von den Thieren aufgezehrt und nicht so unter die Füße getreten wird, wie die Heu- und Strohbünde, oder vornehmlich dadurch, daß die Thiere für geschnittenes Futter eine größere Freßlust gewinnen, weil sie dabei nicht so viel mit dem zeitraubenden und ermüdenden Kauen zu thun haben, das läßt sich bei dem Mangel einschlägiger, comparativer Versuche nicht wohl entscheiden. Die Erklärung thut auch nichts zur Sache; was hier gewünscht werden muß, ist, daß der Landwirth diesem Gegenstande seine Aufmerksamkeit zuwende und eigens prüfe, in wie weit der Vortheil bei geschnittenem Rauhfutter die Kosten des Schneidens lohnt.

Ueber den zweiten Theil der Frage hört man aber noch widersprechende Ansichten. Die Einen reden der Fütterung ganzer Körner das Wort, Andere meinen trotz der Unkosten sich besser bei geschroteten Körnern zu stehen; wieder Andere finden das Schroten gegenüber dem

Quetschen verwerflich. Diejenigen endlich, welche Ausnahmen zu Gunsten der einen oder anderen Manipulation machen, aus deren Regeln wird man erst recht nicht klug.

Erst die neueren Versuche in Weiblitz und Salzmünde haben uns ein einigermaßen sicheres Urtheil angebahnt und namentlich dargethan, **daß es keine kurze bedingungslose Antwort auf alle jene Fragen giebt**, sondern stets sehr in Betracht kommt:

1. Die Art der Körner. Denn die verschiedenen Getreidesamen verhalten sich ganz ungleich zur Verdauung. Sie sind auch nicht zu verwechseln mit der Verdaulichkeit der Hülsenfrüchte oder Oelsamen;

2. Die Gattung und das Alter der Thiere. Rinder verdauen anders als Schafe, diese anders als Schweine, und diese wieder anders als Pferde. Eben so wesentliche Unterschiede existiren zwischen einem jungen Thiere, dem ausgewachsenen und dem ganz alten;

3. Die Wässrigkeit der Ration. Denn eine trockne Fütterung gewährt überhaupt eine viel bessere Verdauung, als eine wässrige. Zwei Landwirthe zum Beispiel, von denen der eine seine Gerste quetscht, der andere aber sie zu Mehl mahlt, können durchaus nicht ihre Erfahrungen vergleichen und zum Entscheide der besseren Zerkleinerung benutzen, wenn der eine sein Mehl als Tränke, der andere sein Quetschgut trocken gefüttert hat;

4. Der Zusatz von Strohhäcksel. Ein pure verfüttertes Korn, gleichgültig, wie es zerkleinert ist, nutzt sich nämlich niemals so gut aus, als beim Verzehr unter Häckselzusatz.

Der Commentar zu diesen 4 Bedingnissen liegt in folgenden Experimenten.

Lehmann in Weiblitz fütterte 1858 an drei gesunde Ochsenkälber per Tag und Stück täglich 1¾ Pfd. ganze Körner und sammelte während 8 Tagen die ausgeschiedenen Extremente. Die darin enthaltenen unverdauten Körner wurden auf einem geeigneten Siebe ausgewaschen, getrocknet, gereinigt und gewogen.

Weitere 8 Tage gab man dieselbe Körnermenge, aber trocken vermischt mit dem doppelten Gewichte Strohhäcksel.

		Von 100 Pfd. Körnern wurde unverdaut ausgeschieden bei der Fütterung		
		ohne Häcksel Pfd.	mit Häcksel Pfd.	
Kalb von 14 Monaten	⎫	48.2	37.6	Das jüngere
" " 8 "	⎬ Gerstefütterung	44.6	21.4	Kalb frißt nicht
" " 5 "	⎭	33.9	13.4	so gierig als das
Kalb von 14 Monaten	⎫	19.6	7.2	ältere; daher zerkaut und verdaut
" " 8 "	⎬ Haferfütterung	8.0	7.1	es vollkommener
" " 5 "	⎭	6.5	4.5	die Körner.

Im Mittel der 3 Fälle betrug also der Verlust an unverdauter Gerste = 42.2 %, an Hafer = 11.4 %. Häckselzusatz verminderte ihn bei beiden Körnerarten ungefähr um die Hälfte.

Versuch von Grouven zu Salzmünde 1860. Als Ergebniß desselben haben wir bereits die Tabelle p. 535 mitgetheilt. Wir ersahen daraus, daß unter sonst gleichen Umständen seitens ein Jahr alter Schweine unverdaut entleert wurde

	bei wässriger Fütterung %	bei trockner Fütterung %
Gerste	14.7	7.3
Roggen	10.5	9.3
Hafer	9.4	6.3
Erbsen	0.9	0.5
Pferdebohnen	0.3	0.2

Bei der Gerstefütterung beträgt der Verlust, wenn sie mit Spülicht, verdünnter Sauermilch oder Buttermilch gefüttert wird, stark ¹/₇ der Ration. Er kann durch trockne Fütterung bis auf die Hälfte erniedrigt werden. Aber dieser Minimalverlust von 7 % erscheint mir immerhin noch so groß, daß ich den Mastschweinen die Gerste in keiner andern Form vorlegen würde, als trocken in Form von Mehl, vermischt mit etwas vorher in Wasser eingeweichten Gerstegrannen. Alle sonstigen Rationbestandtheile mögen apart zu besondern Mahlzeiten gereicht werden.

Wie viel eine mechanische Zerkleinerung zur Ausnutzung der Gerstekörner beiträgt, erfuhr ich bei Schweinen, deren Exkremente in einem Falle wo sie doppelt gequetschte Gerste erhielten, 4 % Körnermasse enthielten, während im andern Falle, wo sie ganze Gerstenkörner bekamen, 17.7 % des Gewichtes der frischen Exkrete aus unversehrten Körnern bestand. Die Samen von Erbsen und Bohnen werden von Schweinen unter jedweden Futterregim so vollständig verdaut, daß ich es für völlig überflüssig halte, diese Samen vor der Verfütterung in irgend einer Weise zu zerkleineren. Die Verdauungskraft der Schweine für Leguminosen Körner scheint, gemäß einem Falle, den ich beobachtete, sogar stärker zu sein, als die der Ochsen, weßhalb ich ausnahmsweise bei Rindviehfütterung eine mechanische Zerkleinerung dieser Körner anrathen möchte.

Die Samen von Raps und Awehl werden von Rindern und Schweinen größtentheils unverdaut ausgeschieden. Wo man derartige Zusätze beabsichtigt, um den Fettgehalt der Ration zu erhöhen, da möchte es doch nothwendig sein, den Oelsamen vorher etwas zu präpariren, ungefähr so, wie es Herr Gurabze (zu Schloß Tost in Oberschlesien) gethan hat. Derselbe schrieb mir voriges Jahr gelegentlich einer Mittheilung über die Mastungsresultate seiner Ochsen:

„Bisher hatte ich stets viele Rapskörner im Dünger ungelöst gefunden, obgleich sie vorher immer in siedender Schlempe gebrüht wurden. Erst jetzt ist es mir gelungen, sie in eine ordentliche Lösung zu bringen. Ich lasse sie nämlich auf einer gewöhnlichen Handschrotmühle, nachdem sie vorher stark gedarrt worden sind, mahlen und koche sie dann in einem großen eisernen Kessel, bis sie eine ganz flüssige Beschaffenheit angenommen haben."

Bei Gerste, Roggen und Hafer halte ich die Mehlform für die rathsamste. Das Schroten oder Quetschen dieser Samen gewährt, wie auch Herr von Nathusius richtig bemerkt, doch stets nur eine unvollkommene Ausnutzung.

Das Quetschen ist vielfach üblich beim Hafer, den die Pferde bekommen. Man hat sich stark um die bezüglichen Vortheile gestritten und dabei manchmal gar ungeheuerlichen Gewinn in Aussicht gestellt. Was daran Wahres ist, beschränkt sich einfach auf Fohlen und ganz alte Pferde, die beide das Haferkorn nicht recht kauen können und es daher theilweise unversehrt mit dem Kothe wieder ausscheiden. Ihnen mag man gequetschten Hafer geben. Gesunde Pferde aber beanspruchen dies nicht. Sie verdauen ihren Hafer ganz vollständig, wenigstens fand Haubner, daß der Abgang durchschnittlich blos der fünfhundertste bis tausendste Theil der Tagesration beträgt. Die wahre und billigste Haferquetschmaschine für Pferde ist das dürre Strohhäcksel. Indem man Hafer und Häcksel zu gleichen Raumtheilen mengt und nur so viel anfeuchtet, daß beide Theile nicht von einander geblasen werden können, nöthigt man die Pferde, über das Kauen des harten Strohes den Hafer desto besser zu mahlen. Einen anderen Zweck hat die Hand voll Häcksel im Pferdefutter nicht. Sollte sie etwa durch ihren Nährstoffgehalt wirken, so müßte an ihrer Stelle Spreu (Caff) von Weizen, Hafer, Gerste ꝛc. bessere Dienste thun. Das ist aber erfahrungsgemäß nicht der Fall, denn derartige Stoffe sind, gegen Häcksel, zu weich und nöthigen ein Thier zu wenig zum Kauen. Es heißt Häcksel und Hafer und nicht Caff und Hafer!

Schließlich wollen wir noch eines andern, zur Futterzubereitung gehörigen Momentes gedenken. Es ist das die rationelle Vertheilung der verschiedenen, die Tagesration ausmachenden Futtermittel auf die 3—4 Hauptmahlzeiten des Thieres. Hat zum Beispiel Jemand Stroh, Caff, Rüben und Oelkuchen zur Disposition und will damit eine milchende Kuh rationell ernähren, so kommt es darauf an, daß er täglich eine gewisse Anzahl Pfunde Stroh mit einem

eben so genau bekannten Gewichte Caff, Rüben und Oelkuchen verfüttert. Nun kann er's mit diesen Futterquantitäten entweder so machen,
daß er zunächst daraus eine einzige, gleichmäßige Mischung bildet und diese
portionenweise während des Tages dem Thiere reicht, oder so, daß er sie
ungemengt consumiren läßt, eins nach dem andern, Morgens z. B. Rüben, Mittags Oelkuchen und Caff, Abends Stroh. Beide Verfahren laufen
in soweit auf dasselbe hinaus, als beide am Schluße des Tages der Kuh
die nämliche Quantität und Qualität von Nährstoffen zugeführt haben.
Sollten sie wohl deßhalb gleich gut sein, ganz unterschiedslos in ihrer
physiologischen Wirkung? — Ich zweifle daran. Ich meine, daß ein
Mensch, der täglich ein gewisses an Brod, Fleisch und Bier zu verzehren
hat, sich besser stände, wenn er zu jeder Mahlzeit gleich viel Brod, Fleisch
und Bier nähme, als wenn sein Frühstück blos aus Fleisch, sein Mittag-
essen blos aus Bier und seine Abendmahlzeit nur aus dem Brode bestände.
Gerade so möchte es auch beim Thiere sein. Auch die Kuh wird nicht
den gehörigen Nutzen aus ihrer Ration ziehen, wenn sie die physiologisch
so verschiedenen Futtermittel nicht so dargereicht bekommt, daß deren Einseitigkeiten sich gegenseitig bei jeder Mahlzeit in etwa ausgleichen.

Das erhebt eine gewisse Combination der Futtermittel zur Nothwendigkeit. Am richtigsten würde solche erreicht durch innige Mischung
des sämmtlichen Tagesfutters und durch gleiche Vertheilung dieser Masse
auf die Hauptmahlzeiten. Offenbar aber ist das in den meisten Fällen,
namentlich wo Schlempefütterung statt findet, practisch nicht ausführbar
und vielleicht auch nicht räthlich, weil den Thieren bei solch' ausschließlichem Generalfutter zu wenig Abwechselung geboten ist. Wir beschränken
uns daher die Constituirung der Mahlzeiten in gewissen Grenzen zu wünschen, wobei das geforderte Nährstoffverhältniß der Tagesration als Norm
im Auge zu behalten ist. Soll beispielsweise dasselbe = 1 : 6 sein, so
meine ich, könnte recht zweckmäßig in dem Morgenfutter die Composition
wie 1 : 5, dem Mittagfutter wie 1 : 6 und dem Nachtfutter ungefähr wie
1 : 7 gegeben werden. Ueber diese Grenzen hinaus würde ich aber, wenn
irgendwie thunlich, nicht gehen.

Bei der gar großen Verschiedenheit der Composition unserer gebräuchlichen Futtermittel, wird man jetzt gut einsehen, daß es immer noch unter
allen Umständen etwas zu mischen gibt, daß dies einer der Punkte ist,
worauf jeder Viehhalter sein Augenmerk gerichtet halten soll. Ebenso gut
wie die Tagesration in Summa eine in jeder Hinsicht ausreichende sein
muß, ebenso muß er darauf sehen, daß keine der Mahlzeiten eine extreme
Einseitigkeit an sich trage.

Diese Forderung ist freilich etwas unbequem und legt Manchem eine ungewohnte Achtsamkeit auf. Aber was hilft das, wenn daran der gute Erfolg der Fütterung betheiligt ist?

Ich weiß, wie sehr ungewohnte und vermehrte Umständlichkeiten, bei welchen der Kopf am Meisten aufzupassen hat, manchen Landwirthen ein Greuel sind; ich weiß, daß solche lieber im Schweiße ihres Angesichts arbeiten, als sich die, mit der Einführung eines rationellen Fütterungssystem etwa verbundenen Vorbereitungen und Mühen aufzuladen. Es fehlt ihnen, mit einem Worte, zu sehr jener leichte Unternehmungsgeist, der in die Fluth der Neuerungen klar und vorurtheilsfrei herein sieht, und mit jugendlicher Rücksichtslosigkeit und Kraft Alles das sofort ergreift, was der Denkprozeß einmal als gut erkannt hat.

Deßhalb empfehle ich ein anderes, neues und eigenthümliches Fütterungsystem, wobei so zu sagen gar keine Sorgen und Umständlichkeiten sind und den physiologischen Anforderungen doch auf's Vollkommenste entsprochen wird. Es ist das System, (der Boxes) welches in jüngster Zeit in England aufgetaucht und dort, wie es scheint, sich recht erfolgreich gestaltet hat. Es beruht darauf, daß man die Quantität, Qualität, kurz Alles, was auf der Nahrungsaufnahme beruht, der freien, instinctmäßigen Wahl der Thiere überläßt. Das heißt, es ist ein System, wobei die Thiere fressen können, was sie wollen und so viel sie wollen.

Man sagt hier: der Instinct der Thiere, wenn er einmal etwas frei ausgebildet ist, muß besser wissen, als alle wissenschaftliche Theorie, womit wir die Ernährung schulmeistern wollen, was ihm am zuträglichsten ist. Es wird ein Thier am allergenauesten wissen, wie viel Pfund Heu, wie viel Pfund Rüben und wie viel Pfund Oelkuchen es mit Vortheil zu sich nehmen kann. Weder Mehr noch Weniger, als ihm nothwendig und nützlich ist, frißt es von jedem dieser Futtermittel, die ihm getrennt in großen Haufen nach Belieben vorliegen.

Eine sonderbare Sache! Sollte dabei nicht der Wohlgeschmack das Thier verleiten, blos Rüben und Oelkuchen zu fressen und Stroh und Caff unberührt lassen? Sollte das Thier nicht zu viel von blos einem Futter fressen, und dadurch krank werden? — Ich glaube das nicht, obgleich ich gern zugebe, daß eine Kuh in den ersten Tagen unmäßig viel von dem Oelkuchen- oder Schrothaufen fressen würde, aber nur für die ersten Tage, denn bald würde sie sich unwohl fühlen und merken, daß solche Diät keine gute ist; sie würde an den darauf folgenden Tagen all-

47

mählig immer mehr von dem Haufen stickstoffarmer Nährmittel (Wurzelgewächse, Rübenpreßlinge 2c.) zehren und Falls die Nahrung zu concentrirt
war, auch eine Parthie Heu, Stroh und Caff fressen, damit ihr Bauch
mit der erforderlichen Menge von Trockensubstanz angefüllt werde. In
vielleicht 8 Tagen würde sie erfahren haben, wie viel sie von jedem Haufen mit Vortheil vertragen kann, und das dürfte vermuthlich das physiologisch richtigste Nährquantum sein.

Einem wilden Indianer, dem man täglich je eine große Schüssel
voll Beefsteak, Kartoffeln, Brod, Dessert und Wein vorsetzt, mag vielleicht
auch am ersten Tage zu viel Zuckerwerk, am zweiten vielleicht zu viel Beefsteak verschlingen; nach 8 Tagen thut er es gewiß nicht mehr, sondern
ißt von jedem der Schüsseln nur den Antheil, der einem ordentlichen
Menschen zukommt.

Nur beim Stroh hege ich die Befürchtung, daß die Thiere es liegen
lassen, wenn sie daneben einen unerschöpflichen Heuhaufen haben. Da
scheint man also genöthigt zu sein, entweder den Heuhaufen, oder den
Stroh- und Caffhaufen weg zu lassen. Das Letztere namentlich kann aber
solchen Wirthschaften, in denen das Stroh das Haupt-Winterfutter vorstellen soll, nicht erwünscht sein. Wir müssen daher in diesem Punkte
den Engländern folgen, die sämmtliches Futterstroh mit dem, zur Verfütterung bestimmten Heu zu Häcksel schneiden und so durch einander mischen
(3 Theile Stroh, 1 Theil Caff und 1 Theil Heu), daß ein einziger, gleich-
artiger Futterhaufen daraus entsteht. Nun bleibt den Thieren zur Befriedigung ihres Bedürfnisses nach voluminösem Futter keine Wahl zwischen
Heu, Stroh und Caff mehr übrig.

Entsprechend diesen Betrachtungen, muß die Einrichtung der Viehställe
sein. In unseren gewohnten Ställen, wo jedes Thier an seine bestimmte
Krippe festgebunden ist, wäre jenes System nicht durchführbar. Der Stall
muß vielmehr in eine, nach dem Viehbestande sich richtende Anzahl von
Verschlägen eingetheilt sein, so daß in jedem Verschlage 8 Stück Rindvieh
sich bequem frei bewegen können. Das können sie, wenn der Verschlag
$\frac{1}{2}$ mal größer ist, wie der Raum, den die alte Stalleinrichtung 8 Stück
Kühen gewährt. An einer zugänglichen Seite des Verschlags werden nun
5 verschieden große Tröge aufgestellt. Der Trog Nr. I ist der größte;
er ist zur Aufnahme der voluminösen Rauhfuttermischung bestimmt. Trog
Nr. II empfängt die zerschnittenen Wurzelgewächse; Trog Nr. III die
Oelkuchen oder Malztreber oder die Branntweinschlempe; Trog Nr. IV
Körnerschrot oder Kleien; Trog Nr. V reines Wasser.

Alle Tröge müssen so groß sein, daß sie bei halber Füllung das ganze, tägliche Futterquantum für 8 Stück Thiere fassen. Sämmtliches Futter wird absolut trocken verzehrt, nicht einmal die Oelkuchen werden angefeuchtet, sondern blos in Stückchen, wie Erbsen groß, zerbröckelt.

Zu den, in dem Verschlage befindlichen Thieren, die nun nach Belieben an jedem Troge fressen können, kann jetzt der englische Viehhalter mit vollem Rechte sagen: freßt, was ihr wollt! freßt, so viel ihr wollt! und freßt wann ihr wollt! spazirt nur recht nach Belieben! *) — ich bekümmere mich gar nicht um euch; nur dafür sorge ich, daß keiner eurer Tröge jemals leer wird!

Und nun, verehrter und vielleicht gemächlicher Leser, — was wollen Sie noch mehr?

Höchstens alle 24 Stunden, zur Zeit, wo die Futtertröge wieder angefüllt werden sollen, eine kurze Promenade durch den Stall und dann den ganzen Tag über Nichts mehr mit dem Vieh zu thun zu haben, keinen Aerger mehr über die Nachlässigkeit und den Eigensinn der Viehwärter, ist das keine schöne Sache? Kann da nicht jeder noch so dumme Bauer in der Fleisch- und Milchproduction mit Demjenigen concurriren, der da kommt und sagt: Ich füttere mein Vieh streng nach wissenschaftlichen Grundsätzen, ich wiege täglich jedes Futtermittel ab, gebe ihm die beste Zubereitung, und bringe es in die rationellste Mischung, und gebe endlich jedem Thier davon nach Maßgabe seines Körpergewichtes und seines Zweckes! —

Für meinen Theil muß ich hier gestehen, daß solche Stalleinrichtung und Fütterung ad libitum, trotz ihrer Neuheit, mir gut gefallen will. Mein Wunsch, sie möge wenigstens versuchsweise, auch beim deutschen Landwirth Eingang finden, kann nach seiner Erfüllung nur zu einem vielleicht richtigeren Urtheile führen.

Wer einen Stall mit Verschlägen erbauen will, dem möge mein umstehender Grundriß zum Anhalte dienen.

---

*) Ein Thier, welches das ganze Jahr, ja sein ganzes Leben hindurch an der Kette festgebunden liegen muß, wie es bei einer strengen Stallfütterung der Fall ist, kann nicht so gesund und productionsfähig bleiben, wie ein anderes Thier, dem eine sehr mäßige, freie Bewegung möglich ist. Auf diese unbestrittene Wahrheit gründet sich der Hauptvorwurf, der sich gegen die reine Stallfütterung erheben läßt. Indem er indessen durch das lose Aufstellen des Viehes in Verschlägen beseitigt wird, haben wir das Mittel, die Vortheile der strengen Stallfütterung, ohne deren Nachtheile zu ernten. (Vergl. die Versuche von Templeton, Douall, Birb, ꝛc. in Vortrag Nro. 20.)

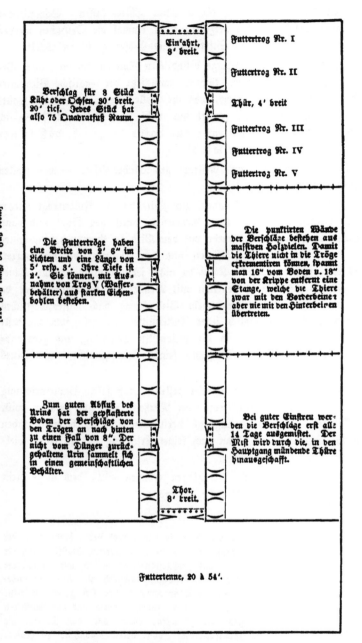

Stall für 48 Kühe oder Ochsen.
[110 Fuß lang, 54 Fuß breit.]

Einfahrt, 8' breit.

Futtertrog Nr. I

Futtertrog Nr. II

Thür, 4' breit

Futtertrog Nr. III

Futtertrog Nr. IV

Futtertrog Nr. V

Verschlag für 3 Stück Kühe oder Ochsen, 30' breit, 20' tief. Jedes Stück hat also 75 Quadratfuß Raum.

Die Futtertröge haben eine Breite von 2' 6" im Lichten und eine Länge von 5' resp. 8'. Ihre Tiefe ist 2'. Sie können, mit Ausnahme von Trog V (Wasserbehälter) aus starken Eichenbohlen bestehen.

Die punktirten Wände der Verschläge bestehen aus massiven Holzpielen. Damit die Thiere nicht in die Tröge excrementiren können, spannt man 16" vom Boden u. 18" von der Krippe entfernt eine Stange, welche die Thiere zwar mit den Vorderbeinen aber nie mit den Hinterbeinen übertreten.

Zum guten Abfluß des Urins hat der gepflasterte Boden der Verschläge von den Trögen an nach hinten zu einen Fall von 8". Der nicht vom Dünger zurückgehaltene Urin sammelt sich in einen gemeinschaftlichen Behälter.

Bei guter Einstreu werden die Verschläge erst alle 14 Tage ausgemistet. Der Mist wird durch die, in den Hauptgang mündende Thüre hinausgeschafft.

Thor, 8' breit.

Futtertenne, 20 à 54'.

[Die preußische Ruthe ist hier in 10', der Fuß in 10" eingetheilt.]

17. Vortrag.

Kritische Darstellung der Versuche über die Ernährung
der Kälber.

"Fütterungsversuche, denen man, mag der Fehler aus Mangel an
Mitteln oder Zeit entspringen, vom wissenschaftlichen Standpunkt aus den
Vorwurf machen kann, daß im Laufe des Versuchs die zur Berechnung erforderlichen Objecte nicht alle geliefert worden, werden die Litteratur nur
mit subjectiven Ansichten belasten, von denen bald die eine bald die andere
eine Zeit lang von Vorurtheil getragen, sich eine gewisse Geltung verschafft
und im Wesentlichen doch nicht weiter fördert."

Mit dieser sehr richtigen Bemerkung Knop's wollen wir andeuten,
welcher Art die Versuche sein müssen, mit denen wir uns hier zu beschäftigen haben. Sie schließt von vorn herein als zweckwidrig jene Classe von
rein empirischen Versuchen aus, denen die nothwendigsten Kriterien der
Zuverläßigkeit fehlen. Nur solche, aus denen sich Schlüsse von natur-
wissenschaftlichem, das heißt, von unwandelbarem Werthe ziehen lassen, sollen
hier eine Stelle finden. In dem Maße, als dadurch die Auswahl eine
beschränkte wird, hielt ich es für Pflicht, desto sorgfältiger die ganze, bis
heute vorliegende Litteratur zu durchsuchen, damit auch anderseits uns keine
Arbeit von irgendwie namhaftem Werthe unbeachtet entgehe. Ich denke,
daß man in diesem und den drei folgenden Vorträgen
sämmtliche Ernährungs-Versuche aufgezeichnet finden wird,
die in Deutschland, England und Frankreich in den letzten
25 Jahren ausgeführt wurden.

Unsere Darstellung soll eine kritische sein, und zwar erstens in Hinsicht auf die Anlage und Ausführung des Versuchs selbst, zweitens in Hinsicht auf die Richtigkeit des Schlusses, den der Autor daraus gezogen.

Um in erster Hinsicht kritisch sein zu können, müssen folgende, allgemeine Cautelen und Momente eines wissenschaftlichen Fütterungsversuchs wohl im Auge behalten werden:

1. Alle Futtermittel werden, bevor sie das Thier empfängt, genau abgewogen, ebenso derjenige Antheil der Ration, den es unverzehrt übrig läßt.

2. Alle Futtermittel sind vorher chemisch zu analysiren, damit man wenigstens weiß, wie viel Proteïnstoffe, Fette, Kohlehydrate, Holzfaser und Mineralsalze es in der Ration genießt.

3. Die festen Extremente sind zu sammeln, abzuwiegen und zu analysiren, um zu erfahren, in wie weit Proteïnstoffe und Kohlehydrate, welche durch die Analyse als löslich bezeichnet wurden, unverdaut geblieben sind. Dadurch gewinnt man eine wichtige Correction der chemischen Futterwerthsbestimmung. Ebenso soll man es nicht unterlassen, einen Vergleich zwischen dem absoluten Holzfasergehalte der Extremente und dem des verzehrten Futters zu ziehen.

4. Der Harn muß dort gesammelt und analysirt werden, wo es gilt Stoffwechsels-Gleichungen aufzustellen und ein Bild vom thierischen Stoffumsatze zu gewinnen. Seine genaue Untersuchung ist der wesentlichste Theil eines physiologischen Versuchs.

5. Der Nährwerth irgend eines Stoffs wird durch die wirkliche Fleisch- und Fettmenge ausgedrückt, die durch seinen Genuß erspart oder gebildet werden. Man gelangt zur Kenntniß dieser Verhältnisse nur mittelst der Methode von Bischof und Voit (Vergl. Seite 240), welche indessen eine sorgfältige elementaranalytische Untersuchung des Futters, Harn's und des Kothes voraussetzt.

6. Die Körpergewichts-Differenz, vor und nach einem Versuche hat als Maaßstab des Futtereffectes nur einen sehr beschränkten Werth, weil solche Differenzen leicht aus purem Wasser bestehen können, welches in die Gewebe abgelagert, oder von ihnen abgeschieden wurde. Je geringer jene Differenzen übrigens sind, je leichter fallen sie in die Grenzen der bedeutungslosen täglichen Gewichtschwankungen eines Thieres. Nur dann gewähren sie einigen Anhalt zum Urtheile wenn sie an sich recht groß und zugleich das Resultat langwährender Versuchsfütterungen sind.

Da man diese wichtigen Erkenntnisse erst seit 1860 klar gewonnen, so dürfen wir die auf das Körpergewicht einseitig basirten Folgerungen aller antecedirenden Versuche nur mit Vorsicht hinnehmen. Wegen des Näheren verweise ich hier auf Seite 251 u. ff.

7. Bei Versuchen mit Milchkühen muß alle Tage die Qualität der Milch constatirt werden, indem man sonst über die Milchproduction kein vollkommenes Urtheil zu fällen berechtigt ist. Die Milchmenge muß abgewogen und nicht blos abgemessen werden.

8. Die zum Versuch bestimmten Thiere dürfen nichts Innormales an sich haben. Gar alte, sowie kranke und verelendete Thiere, schlechte Fresser, sowie solche von unruhigem Temperament sind untauglich dazu.

9. Eine und dieselbe Nahrung äußert auf zwei, sonst gleiche Thiere oft einen recht verschiedenen Effect. Ein Versuch gibt daher um so maßgeblichere Resultate, je mehr Thierindividuen ihm unterworfen worden sind. Bei vergleichenden Versuchen mit Kälbern, Schafen und Schweinen sollte man keine Abtheilung unter 5 Stück stark bilden, bei Kühen nicht unter 3 Stück.

10. Bevor der Versuch eigentlich beginnt, müssen die Abtheilungen bereits 8 Tage vorher gebildet und mit dem Futter gefüttert worden sein, dessen Effect grade constatirt werden soll. Wenn sich die Thiere an ihre Ration gewöhnt haben, dann beginnt der Versuch mit dem Abwiegen derselben auf einer passenden Viehwage.

11. Wie lange der Versuch währen soll, das hängt von der Art desselben und den Umständen ab. Im Allgemeinen können die Fütterungsperioden nicht leicht zu lang, wohl aber leicht zu kurz gesteckt werden. Je länger sie währen, desto sicherere Resultate gewähren sie. Geringere, als 14 tägige Dauer sollte man nicht belieben.

12. Bei Versuchen, wo alle Tage das Lebendgewicht der Thiere bestimmt werden soll, muß das Abwiegen zu einer bestimmten Tagesstunde geschehen, am besten Morgens nüchtern. Wo es hauptsächlich auf das Lebendgewicht am Ende des Versuchs ankommt, da ist es rathsam, das Thier in den letzten 2 Tagen alle 12 Stunden zu wiegen und das arithmetische Mittel dieser Wägungen als das richtige Endgewicht zu betrachten.

13. Versuchsperioden, die sich durch einen durchgreifenden Wechsel der Futterrationen unterscheiden, dürfen nicht unmittelbar auf einander folgen, sondern müssen ein paar unberücksichtigt zu lassende Tage zwischen sich haben, während welcher die Thiere sich an das neue Futter gewöhnen können. Das hat man namentlich da zu thun, wo ein Thier z. B. anstatt Heu dessen Aequivalent an Rüben, oder um-

gekehrt, anstatt eines wässrigen Futters ein trocknes bekommt. Im erstern Falle wird man das Gewicht des Thieres, kurz nachdem es die Rüben verzehrt, unverhältnißmäßig gegen früher erhöht finden, im letzteren Falle dagegen zu klein.

14. Von Nutzen und in vielen Fällen sogar nothwendig ist die Kenntniß der Stalltemperatur, sowie der vom Thiere gesoffenen Wassermenge.

15. Bei Mastungsversuchen sollte man es so einrichten, daß die Thiere am Ende derselben abgeschlachtet, damit das in ihnen auftretende Verhältniß von magerem Fleisch zu Fett und Talg in Erfahrung gebracht werden kann.

16. Zu Fütterungsversuchen ist ein extra eingerichteter Versuchsstall ein wesentliches Erforderniß. Derselbe soll bei physiologischen Zwecken eine genaue Auffangung alles Harnes und Kothes gestatten; bei ökonomischen Fragen muß er wenigstens eine leichte Controle des verzehrten und nicht verzehrten Futters ermöglichen und daher auf einen streulosen Stand der Thiere eingerichtet sein.

17. Handelt es sich darum, den Milchproductionswerth irgend eines Futters in Erfahrung zu bringen, so ist es vor Allem nothwendig, solche Versuchskühe zu wählen, deren Milchertrag bei, sich gleichbleibender Fütterung während dreier Monate ziemlich constant bleibt. Diese Eigenschaften zeigen am ehesten und häufigsten Kühe von mittlerer Milchergiebigkeit und Schwere, nachdem selbige seit 4 Wochen gekalbt haben. Recht ausgezeichnete Milchkühe, sowie auch solche, die frisch gekalbt haben, taugen nicht zu längeren Fütterungsversuchen, weil während derselben ihr Milchertrag zu großen Abnahmen unterliegt, die mehr von der Disposition des Thieres, als von seiner Fütterung abhängig sind.

18. Im Winter pflegt man die Kühe anders zu ernähren, als im Sommer zur Zeit der Grünfütterung. Der Uebergang von einer Fütterung zur andern und umgekehrt ist für Fütterungsversuche eine gar ungünstige Periode, weil gerade dann die Milch die auffälligsten Ertragsdifferenzen darbietet. Entweder applizirt man die volle Winterfütterung und dann benutze man blos die Monate Dezember, Januar, Februar und März, oder man gibt volles Grünfutter und dann ist die Zeit vom 1. Juni bis Ende September zum Experimentiren am geeignetsten.

19. Wenn einer Milchkuh, einige Wochen vor Beginn des Versuchs, eine in jeder Hinsicht überreiche Futterration gegeben wird, so kann man durch eine, von je 5 zu 5 Tagen Statt findende Verminderung des

einen oder anderen Rationsbestandtheiles bald in Erfahrung bringen, bei welcher Norm die Milchergiebigkeit der Kuh sich eben noch auf ihrer bisherigen Höhe erhält. Diese äußerste Norm ist dann das Minimum der Ration, die das Maximum an Milch produzirt. Daran hält man nun 14 Tage lang fest, die Constanz ihres Effectes beobachtend. Hat letztere sich bestimmt herausgestellt, dann vermag man erst den Milchproductionswerth von einem der Rationbestandtheile zu bestimmen, und zwar einfach dadurch, daß man der Kuh während der darauf folgenden 14 Tage etwas weniger von jenem Bestandtheile gibt. Der Rückschlag im Milchertrage, der erfolgen muß, drückt dann den Productionswerth des weggenommenen Futterbestandtheiles aus.

20. Bei Fütterungsversuchen überhaupt und namentlich bei denjenigen, wo es sich um einfache Resultate der Praxis handelt, kann man nicht dringend genug rathen, daß die Ration so einfach als thunlich constituirt werde. Unsere noch mangelhafte Kenntnisse über die organisch-chemische Constitution der einzelnen Futtermittel greifen um so störender in die Beurtheilung der Versuchserfolge, je mehr Futtermittel in der Ration vereint waren. Man empfindet diesen Uebelstand der zu großen Complizirtheit fast bei den meisten der bis jetzt vorliegenden Versuche und ist deßhalb nicht mehr zweifelhaft darüber, daß an ihrer Statt Fütterungen von mehr elementarem Character uns in der Wissenschaft viel weiter voran gebracht haben würden.

Ob der Schluß, den der Autor aus den, ihm vorliegenden Versuchs-Ergebnissen gezogen, ganz richtig oder theilweise falsch ist, ob er den Versuch in seiner ganzen Tragweite umfaßt oder blos einseitig und unvollkommen, das sollen wir ebenfalls prüfen, und zwar um so kritischer, je anerkannt schwieriger es an sich ist, richtige Schlüsse aus meistens verwickelten Versuchsdaten zu folgern. Es ist nicht gar schwer, gut angelegte Versuche durchzuführen, aber daran erkennt man den Meister, daß er aus einem Wuste von Zahlen und Notizen grade dasjenige herausgreift und zusammenstellt, was die wichtigsten Folgerungen ungezwungen in sich trägt. In seinen Schlußfolgerungen muß der Versuchsansteller zeigen, ob er sich auf der Höhe der Wissenschaft befindet. An einer gewissen Uebertreibung und Rücksichtslosigkeit in den Schlüssen kennzeichnet sich der noch wenig sattelfeste Neuling.

Die Cititation so vieler Versuche hat für uns einen zweifachen Zweck. Der erste und wichtigste ist, daß wir uns dadurch die Grundlage zu einer Statik der thierischen Ernährung bilden.

Die Statik soll nämlich die Ernährungslehre in wenigen, festen Zahlen ausdrücken, die als das Resumé aller darüber gemachten, theoretischen Anschauungen und wissenschaftlichen Erfahrungen gelten. Sie soll für den Landwirth von reellem Nutzen sein, ihm gleichsam als Handhabe dienen, an welcher er das wissenschaftliche Gebäude der Thierphysiologie aufs Bequemste für seinen Zweck ausbeuten kann. Entwickelt und aufgestellt kann sie werden entweder theoretisch aus der reinen Physiologie, oder empirisch aus den Erfahrungsresultaten. Der erstere Weg scheint mir zur Zeit noch unmöglich, weil die Wissenschaft überhaupt noch zu unausgebildet ist. Wir müssen daher die Statik empirisch begründen, das heißt, sie hinnehmen, wie sie aus den bis jetzt vorliegenden Fütterungsversuchen am natürlichsten hervorgeht. Deßhalb wollten wir uns zunächst mit diesen Versuchen bekannt machen, und erst im Schlußvortrage die Statik darnach aufstellen.

Der zweite Vortheil liegt darin, daß überhaupt das Studium von ächt wissenschaftlichen Versuchen ein recht bildendes Moment für jeden Landwirth ist. Derselbe lernt dadurch, wie Versuche ausgeführt werden müssen, und indem er Gelegenheit nimmt, den Aufwand an Umsicht und Arbeit zu bewundern, durch welchen erst brauchbare Resultate erlangt werden, bekommt er vor ihnen den gehörigen Respect. Er wird angeregt, in ähnlicher Weise selbst mit thätig zu sein, und die Wissenschaft weiter zu fördern. Jener wissenschaftlicher Takt, jenes richtige Gefühl in der Unterscheidung zwischen werthvollen und schlechten Versuchsarbeiten kann nur durch kritisches Studium vieler Beispiele angeeignet werden, und ich erachte dasselbe für weit bildender und nützlicher, als wenn der Landwirth blos die dogmatisch gefaßten Resultate auf Treue und Glauben auswendig lernt. So ein autoritätsmäßiges Glauben und Handeln muß überhaupt Jedem aus ganzer Seele zuwider sein, und ich wünsche, daß auch der Landwirth endlich keine andere Autorität über sich anerkenne, als den wissenschaftlichen Versuch, die ächte Erfahrung. Diese studire er aber desto eifriger!

Die Darstellung eines Versuches zerfällt in drei Theile. Der erste Theil gibt die allgemeinen und besonderen Bedingungen an, unter welchen der Versuch sein vorgestecktes Ziel zu erreichen getrachtet hat. Der zweite Theil enthält die Resultate desselben, übersichtlich ausgedrückt in den, durch Wägung und Analysen direct gefundenen Zahlen; im dritten Theile werden diese Zahlenresultate kritisch interpretirt, das heißt, aus ihnen diejenigen wissenschaftlich- oder practisch-interessanten Schlußfolgerungen gezogen, welche wahr und ungezwungen in ihnen liegen.

Daher bleibt der Referent eines Versuchs in dem ersten Theile seiner Darstellung nothwendig ganz objectiv, er referirt da nur Thatsachen, nur

naturgetreue Begebenheiten. Aber in den Schlußfolgerungen wird er individuell; dort gibt er Schlüsse, wie sie seiner Ansicht nach in den erlangten
Resultaten ausgesprochen liegen; dort macht er sich gleichsam zum Vor-
mund des Lesers, indem er für diesen das Schwierige der Schlußfolgerung
übernimmt.

Wer sich solche Vormundschaft nicht gefallen lassen will, nun, der
mache es, wie ich es gethan, und ziehe sich selbst seine Schlüsse. Auch ich
bin nicht blindlings den Ansichten und Meinungen gefolgt, womit die Versuchsansteller das Referat ihrer Versuche beschließen. Was mir an selbigen
nicht gefiel, habe ich, unter Angabe meiner Gründe, verworfen oder einfach
ignorirt, ebenso das mir überflüssig Scheinende. Wo berechtigte Folgerungen übersehen worden sind, da wurde das Mangelnde ergänzt, kurz, ich
hab' mich frei von jeder Autorität erhalten, und überall nur nach meiner
Anschauung geurtheilt. Das wird Jeder finden, der die zahlreichen, in
diesem Buche niedergelegten Versuchsreferate einmal mit den betreffenden
Original-Mittheilungen vergleicht. Daher kann ich auch sämmtliche, sich
hier findende Versuchsschlüsse vertreten, wenn auch nicht grade als die
exclusiv Meinigen, doch wenigstens als diejenigen, mit welchen ich ganz
einverstanden bin. Man möge eine solche Haltung mir nicht ungünstig
deuten, denn ich war sie diesem Werke schuldig, welches nicht beabsichtigten
konnte, durch Reproduction aller möglichen Ansichten zu verwirren, sondern vielmehr durch ein consequentes Festhalten an den einmal entwickelten, theoretischen Prinzipien, die thierische Ernährungslehren mehr in ein wissenschaftliches System zu bringen, für welches man wegen seiner Klarheit
das Zutrauen des geehrten Lesers schließlich um so leichter zu erlangen
hoffen durfte.

Indessen bitte ich doch den Leser, meine Schlüsse nicht unbedingt hinzunehmen, denn sie können falsch sein, wie die Folgerungen Anderer. Ich
wünsche, daß er selbst mit prüfendem Auge bei den directen Versuchsresultaten verweile, um wenigstens diejenigen Vortheile für sich zu ernten, die
mit jeder Uebung im scharfen Beurtheilen verbunden sind, namentlich, wenn
sie auf naturwissenschaftliche Materien, gleich den vorliegenden, gerichtet ist.
Ihm das Material zu solcher Kritik übersichtlich, klar und kurz zurecht zu
legen, das hab' ich mir besonders angelegen sein lassen. Ich darf in
dieser Hinsicht ihm hier die Versicherung geben, daß er nach
dem mühseligen Studium der, zusammen mehr als 150 Druck-
bogen ausfüllenden Original-Mittheilungen an Haupt-
sächlichem nicht mehr erfährt, als was in diesem Buche
auf den folgenden, etwa 10 Bogen aufgezeichnet ist.

Rücksichtlich des großen Umfanges des Materiales und der Uebersicht-
lichkeit seiner Darstellung, hab' ich es auf 4 Vorträge vertheilt. Der sub.
Nr. 18 soll sich lediglich beschäftigen mit den Ernährungs-Versuchen der
Milchkühe; Nr. 19 mit dem der Pferde; Nr. 20 mit den Mastungs-
Versuchen der Ochsen, Schafe und Schweine; und endlich der jetzige, Nr. 17
nämlich, mit den Experimenten über die

Ernährung der Kälber.

Zunächst bringen wir hier einige Notizen über das Gewichtsverhält-
niß zwischen Kalb und Kuh bei der Geburt des ersteren.

Nach Lambl in Liebwerd	Gewicht des Kalbes Pfd.	der Kuh Pfd.		Dauer des Saugens Tage	Durchschnittl. tägliche Zunahme Pfd.
Algauer-Vieh . . .	54.5 :	631 = 1 : 12.5		53	1.21
Böhmischer Landschlag	57.0 :	690 = 1 : 12.1		25	1.38
Böhmisch-Schweizer Vieh	55.2 :	812 = 1 : 14.8		20	1.43
Zillerthaler Vieh . .	51.8 :	619 = 1 : 11.8		22	1.16
Nach Mathis in Grignon					
Durham-Race . . .	66.0 :	942 = 1 : 14.2			
Hereford- " . . .	56.0 :	810 = 1 : 14.4		Mittel	
Schwitzer " . . .	104.0 :	1280 = 1 : 12.3		mehrerer Fälle	
Normandie " . . .	84.0 :	1240 = 1 : 14.8			
Bretonne " . . .	60.0 :	550 = 1 : 9.6			
Nach Struckmann in Warberg					
Holländer Race . .	88.5 :	1037 = 1 : 12.1 (Mittel von 17 Fällen)			
Nach Rau in Hohenheim					
Simmenthaler Race .	85.0 :	1300 = 1 : 15.3 (Mittel mehrerer Fälle)			

Lambl will beobachtet haben, daß gewöhnlich die milchergiebigsten
Kühe einer Race die kleinsten Kälber gebären, während umgekehrt die
schlechten Milchkühe meist schwere Kälber bringen.

Versuch von Stecher zu Bräunsdorff 1853.

Zur Prüfung der besten Ernährungsweise der Kälber in ihren ersten 8 Lebenswochen wurden 4 Abtheilungen à 2 Stück, 24 Stunden alte Kälber, Algauer
Race, gebildet und selbige mit der hier verzeichneten Ration ernährt.

Zu bedauern ist, daß die jedesmal genossene Milch-Menge nicht mit genügender Exaktheit bestimmt wurde.

Wir lassen die verzehrte Heumenge außer Acht, weil sie gleichmäßig bei allen
Thieren in der 3. Woche mit 1 Pfd. Consum anfing und allmählig sich mehrend,
zuletzt 3 Pfd. per Woche betrug.

Wöchentliche Nahrung per Kalb	Dauer des Versuchs Wochen	Gewicht des Kalbes nach der Geburt		Durchschnittliche Gewichtszunahme per Woche	
		Nro. 1 Pfd.	Nro. 2 Pfd.	Nro. 1 Pfd.	Nro. 2 Pfd.
I. Abth. 164 Pfd. Muttermilch nebst satt Heu . .	8	84	75	19.5	16.8
II. Abth. 4 Wochen lang 168 Pfd. Muttermilch . . . . } 4 Wochen lang 85 Pfd. Sauermilch . . . . } nebst satt Heu	8	80	—	7.4	—
III. Abth. 2 Wochen lang 158 Pfd. Muttermilch . . . . } 4 Wochen lang 52 Pfd. Sauermilch . . . . } nebst satt Heu	6	62	60	6.9	5.7
IV. Abth. 2 Wochen lang 190 Pfd. Muttermilch . . . . } 4 Wochen lang 68 Pfund süße Milch *) + 4.6 Pfd. Kleie } nebst satt Heu	6	94	98	8.2	6.2

Man erkennt hieraus schön, wie schlecht die Muttermilch durch Surrogate zu ersetzen war. Letztere konnten nicht einmal den halben Gewichtszuwachs erzielen, welchen eine 8 wöchentliche Fütterung mit Muttermilch dem Kalbe brachte.

Versuch von Lebel, 1852.

2 Kälber ließ man nach Belieben die Muttermilch saugen, und bestimmte die genossene Milchmenge, indem man das Gewicht der Kälber jedesmal vor und nach dem Saugen, was zwei mal des Tages geschah, notirte. Nach circa 6 Wochen wurden die Kälber entwöhnt und erhielten von

	Dauer des Versuchs (Tage)	Gewicht nach der Geburt (Kilo)	Gewicht am Ende des Versuchs (Kilo)	Zunahme an Gewicht (Kilo)	Mittlere Gewichtszunahme per Tag (Kilo)	Verzehrte Milch (Litre)	Mittlere Milch-Consumtion per Tag (Litre)
Kalb I. .	40	37.0	85.0	48.0	1.20	345.7	8.64**)
Kalb II. .	42	40.0	95.2	55.2	1.31	428.9	10.28

nun an, neben etwas Milch zum Saufen, Gerstenschrot und Grummet.

*) Aus dem Sammelfasse.
**) Das Litre Milch (= 0.87 preuß. Quart) wog 1.085 Kilo.

Die Resultate der beiden Fütterungsperioden ersieht man aus beistehenden 2 Tabellen.

Gewicht		Mittlere Zunahme	Von einer Wägung zur andern wurde verzehrt		
am		per Tag	Milch	Gerste *)	Grummet
	Kilo	Kilo	Litre	Litre	Kilo
Kalb I. 40. Tage	85.0	—	—	—	—
50. "	78.5	— 0.65	21.5	5.00	—
57. "	80.9	+ 0.34	17.0	4.00	—
64. "	86.0	+ 0.73	10.0	6.00	5.0
71. "	89.4	+ 0.48	14.0	7.00	5.0
78. "	91.0	+ 0.23	14.0	7.00	5.0
85. "	93.5	+ 0.36	2.5	4.00	10.0
92. "	93.5	+ 0.00	—	—	10.0
Kalb II. 42. "	95.2	—	—	—	—
44. "	90.4	— 1.60	16.0	2.25	—
51. "	100.5	+ 1.44	23.5	5.25	10
58. "	106.7	+ 0.88	27.0	7.00	5
65. "	107.0	+ 0.04	28.0	7.00	5
72. "	110.0	+ 0.43	24.5	7.00	10
79. "	115.5	+ 0.78	12.5	7.00	5
86. "	121.0	+ 0.78	—	3.00	10
93. "	124.4	+ 0.48	—	—	15

Man erkennt gleich, wie das plötzliche Abwöhnen und der Uebergang zu einer andern Fütterung einen Rückschlag in der Ernährung der Kälber zur Folge hatte. Jedoch glich sich dieser Nachtheil in einigen Tagen wieder aus.

Kalb I verzehrte vom 85—92. Tage 10 Kilogr. Grummet, oder auf 100 Kilo Körpergewicht täglich 1.53 Kilo. Kalb II verzehrte vom 86—93. Tage 15 Kilo. Grummet, oder auf 100 Kilo Körpergewicht 1.72 Kilo. Da nun Kalb I an Gewicht weder zu noch abnahm, also der nothwendigen Wachsthumsfunction nicht genügte, so muß angenommen werden, daß seine Grummetration von 1.53 Kilo per 100 Körpergewicht zu gering war und mindestens 1.72 Kilo betragen mußte.

Lassen wir in der 2. Tabelle die erste und letzte Woche, wegen ihrer Innormalität, unberücksichtigt und ziehen aus den übrigen Zahlen das arithmetische Mittel, so haben wir, als kurzes Resultat des ganzen Versuchs:

*) 1 Litre Gerstenschrot wog 0.34 Kilo.

	Kalb I.				Kalb II.			
	Mittlere Zunahme per Tag Kilo	Täglicher Verzehr an			Mittlere Zunahme per Tag Kilo	Täglicher Verzehr an		
		Milch Litre	Gerste Litre	Grummet Kilo		Milch Litre	Gerste Litre	Grummet Kilo
Während des Saugens	1.20	8.64	—	—	1.31	10.28	—	—
Während der darauf folgenden Fütterung mit Milch, Gersten-schrot und Grummet	0.43	1.60	0.8	0.7	0.72	2.70	0.9	1.07*)

Von dem Milchfutter waren also nothwendig zur Erzeugung von 1 Kilogramm lebend Gewicht:

	Milch	Gerste	Grummet
bei Kalb I.	3.7 Litre	1.9 Litre	1.6 Kilo
„ „ II.	3.7 „	1.2 „	1.4 „

woraus folgt, daß das besser genährte Kalb II sein Futter höher verwerthete, als Kalb I.

Lebel ist der Ansicht, daß bis zum Alter von 2 Jahren die tägliche Gewichtszunahme eines Kalbes durchschnittlich 0.6 Kilo, und der dazu nothwendige Heubedarf 9 Kilo betrage, so daß 15 Kilo Heu sich durch Production von 1 Kilo Lebendgewicht verwerthen. Das stimmt überein mit den Erfahrungen Boussingault's, wonach Thiere im Alter zwischen 3—19 Monaten für je 100 Kilo verzehrtes Heu 7.1 Kilo Lebendgewicht profitiren.

Versuch von Perrault, 1849.

Bei einer Milchconsumtion von durchschnittlich täglich 11 Litre per Kopf wurden folgende Körpergewichtszunahmen beobachtet:

Kalb	Gewicht bei der Geburt Kilo	Gewicht am 9. Tage Kilo	Tägliche Zunahme. Kilo
Nro. 1	32.0	52.75	1.22
„ 2	38.0	57.25	1.13
„ 3	36.7	58.25	1.25
„ 4	46.0	68.75	1.26
		Mittel:	1.22

1 Kilogramm Körpergewicht kostete sonach 9 Litre Milch.

*) Diese Ration entspricht einem Gehalte von 0.57 Pfd. Proteïn, 0.25 Pfd. Fett und 1.27 Pfd. Kohlehydrate.

Versuch von Struckmann 1855.

Als Mittelwerthe für 8 verschiedene Kälber ergab sich hierbei:

Gewicht des Kalbes bei der Geburt . . . . 92 Pfd.

Dauer des Saugens der Muttermilch . . . . 40 Tage

Lebendgewicht am 40. Tage . . . . 160.5 Pfd.

Täglicher Milch-Consum beim Saugen . . . . . 22.1 „

Tägliche Zunahme . . . . 1.71 „

Tägliche Zunahme zwischen dem 40—80 Tage bei Fütterung von Haferschrot, Leinkuchen, Heu und Möhren 0.56 „

Tägliche Zunahme zwischen dem 80.—120. Tage . . 1.00 „

Hiernach hätte 1 Kilo Zunahme fast 12 Litre Milch gekostet. Zu bemerken ist aber dabei, daß diese Milch von Holländer Kühen stammte, welche bekanntlich die dünnste Milch produziren.

Versuch von Boussingault, 1840.

Die Kälber ernährten sich durch Saugen ad libitum, wobei sie durchschnittlich täglich 10 Litre Milch einnahmen.

Kalb	Gewicht bei der Geburt (Kilo)	Versuchsdauer (Tage)	Gewicht am Ende des Versuchs (Kilo)	Tägliche Zunahme (Kilo)
Nro. 1.	49.5	12	63.2	1.14
„ 2.	40.0	46	78.0	0.83
„ 3.	44.0	37	85.5	1.12
„ 4.	46.0	41	86.0	0.98
Mittel:	44.9	34	78.2	0.98

1 Kilogramm Körpergewicht kostete sonach 10 Litre Milch.

In all' diesen Versuchen wurde in den ersten 2 Wochen eine bedeutend größere Gewichtszunahme beobachtet, als während der 3. bis 6. Woche. Das macht es öconomisch vortheilhaft, die Schlachtkälber nicht über 14 Tage lang zu halten. Die 1¼ Kilo, die sie alsdann bei reichlicher Milchnahrung täglich gewinnen, kosten 10 Litre Milch. Das Litre zu 10 Pfg. gerechnet, kommt doch das Pfund Kalbfleisch im günstigen Falle immer noch auf 40 Pfg. zu stehen; ein Fingerzeig, daß durch Milchmast bei Schlachtkälbern wenig zu verdienen ist. Anders ist es mit der Aufzucht; hierbei muß man, um brauchbares Jungvieh zu bekommen, wenigstens 40 Tage hindurch ein Opfer an Milch bringen.

10 Litre Milch wiegen durchschnittlich 10.35 Kilo. Darin finden sich 68.3 Gramm Stickstoff. Da in 1¼ Kilo Kalbfleisch nur 41.2 Gramm Stickstoff gebunden sind, so muß man annehmen, daß beim Uebergang von Milch in Fleisch 40 % des Stickstoffs der Nahrung ausgeschieben werden.

Perrault de Jotemps kam auf die Idee, die kostspielige Milch durch Heuthee zu ersetzen, den er durch Mazeration von 1 Pfd. Heu mit 8 Qt. kochenden Wassers bereitete. Er gab zu dem Ende einem 18 Tage alten Kalbe während der darauf folgenden 96 Tage 132 Litre Milch nebst der Infusion von 269 Kilo Heu. Das Thier entwickelte sich dabei so gut, daß es am hundertsten Tage seines Alters 123 Kilo wog, und von seiner Geburt an täglich im Durchschnitt 0.76 Kilo an Gewicht gewann. Vergleichsweise fütterte er ein anderes, 18 Tage altes Kalb, während 96 Tagen mie 691 Litre Milch nebst 180 Kilo Heu in natura. Das Resultat war eine tägliche Gewichtszunahme desselben von 0.65 Kilo. Bei dem fast gleichen Nähreffect beider Rationen scheint also dieser Versuch anzudeuten, daß 691 —132 = 559 Litre Milch ersetzt wurden durch den Extract von 269 — 180 = 89 Kilo Heu. Das wäre gewiß ein bedeutendes Resultat, wenn es als richtig sich bestätigen sollte. Indessen hat man Gründe, es zu bezweifeln.

Versuch von Boussingault 1841.

Alter des Kalbes zur Zeit der Abwägung.		Gewicht	Durchschnittliche Zunahme per Tag	Futter
(Monate)	(Tage)	(Kilogr.)	(Kilogr.)	
6	25	168.1	—	
6	28	170.0	0.63	
7	12	179.0	0.64	
8	22	195.0	0.39	Satt Heu und Rüben
9	17	213.4	0.74	
11	17	250.0	1.59	
14	10	308.0	0.71	
16	28	402.0	1.19	Satt Grünklee
17	22	432.0	1.19	

Hierauf sich stützend, glaubt Boussingault folgende Gewichtszunahme, als beim Rinde durchschnittlich zutreffend, annehmen zu können:

per Tag

während der Säugezeit oder reinen Milchfütterung 1.13 Kilo
während des Alters bis zu 3 Jahren . . . . . 0.72 „
vom vierten Jahre an . . . . 0.10 „

Daß bei unzureichendem Futter das Wachsthum ganz still stehen kann, hat Boussingault bewiesen, indem er 3, je 6 Monate alte Kälber während 55 Tagen mit 507 Kilo Heu fütterte. Ihr ursprüngliches Gewicht

von 233 Kilo hatte sich dadurch blos um 26 Kilo erhöht, per Tag also nicht mehr, als um 0.16 Kilo per Stück. Die Ration von 3.82 Pfd. Heu per 100 Pfd. Körpergewicht repräsentirte sich also in diesem Falle als ein schlechtes Erhaltungsfutter.

Aus den Ergebnissen der Rindviehhaltung zu Wittingau (1856) berichtet der Fürst von Schwarzenberg, daß Kälber, welche die Muttermilch während 84 Tagen ungeschmälert genossen, ein Gewicht von durchschnittlich 300 Pfd. erreicht haben. Das wäre ungefähr 1.5 Kilo (= 3 Pfd.) Zunahme per Tag. Absatzkälber im Gewichte von 200 Pfd. nahmen täglich um 2 Pfd. zu, wenn sie 10 Pfd. Heu (das ist $^1/_{20}$ ihres Körpergewichtes) erhielten.

Versuch von Rühle 1852.

Gewicht eines Kalbes	Zunahme per Tag zwischen jeder Wägung	Tägliche Nahrung
am 7. Mai = 50 Pfd.	—	9.8 Quart süße Milch*)
„ 28. „ = 102 „	2.5 Pfd.	„
„ 11. Juni = 158 „	4.0 „	
„ 2. Juli = 200 „	2.0 „	„

150 Pfd. Lebendgewicht sind also in 55 Tagen mit 539 Quart Milch erzielt worden. Kosten letztere 539 Sgr., so stellen sich die Productionskosten eines Pfundes Kalbfleisch auf $3^1/_2$ Sgr.

Versuche von Schober in Tharand 1851.

Eine Reihe von Wägungen wurden am 11. Dezember mit einem Kuhkalbe begonnen, welches am 26. October geboren war.

Alter (Tage)	Lebendgewicht (Pfd.)	Zunahme per Tag (Pfd.)	Futter
45	179.0	—	Vom 45.—79. Tage satt süße Milch.
79	247.5	2.0	Vom 79.—119. Tage satt Heu', nebst 4.9 Qrt. Milch und 1½ Pfd. Hafer.
119	299.5	1.3	Vom 119.— 145. Tage satt Heu, nebst täglich 4.9 Quart Milch und 3 Pfd. Hafer.
145	328.5	1.1	Vom 145.—170. Tage satt Heu, nebst 4 Pfd. Hafer täglich.
170	375.0	1.8	

Eine andere Reihe von Wägungen wurde am 1. August 1853 mit zwei 40 Tage alten Kälbern begonnen, von denen das eine A 42 Tage länger an der Kuh saugen konnte, als Kalb B.

---

*) 1 preuß. Quart Milch wiegt nahezu $2^1/_2$ Zollpfund.

Alter Tage	Kalb A.		Kalb B.		Fütterung
	Lebend-Gewicht	Zunahme per Tag	Lebend-Gewicht	Zunahme per Tag	
40	135.5 Pfd.	—	135.0 Pfd.	—	(Vom 40.—82. Tage.) A. satt süße Milch.
82	195.8 "	1.4 Pfd.	162.8 "	0.6 Pfd.	B. 1½ Pfd. Hafer und 1½ Pfd. Heu und 10 Ort. abgerahmte Milch.
130	253.0 "	1.2 "	202.8 "	0.8 "	(Vom 82.—130. Tage.) A. und B. in gleicher Weise 7 Ort. abgerahmte Milch nebst 2 Pfd. Hafer und 3 Pfd. Heu.*)
375	395.5 "	0.6 "	349.0 "	0.6 "	(Vom 130.—375. Tage.) A. und B. in gleicher Weise 3 Pfd. Hafer und satt Heu.
485	526.8 "	1.2 "	461.0 "	1.0 "	Beide satt Grünklee.
570	599.5 "	0.9 "	517.0 "	0.7 "	Beide ein und dasselbe Winterfutter, aus Rüben, Oelkuchen, Heu und Stroh bestehend.

Was aus diesen Beispielen auf's Schönste hervorgeht, ist die wichtige Thatsache, daß ein Kalb, welches ungefähr drei Monate lang satt mit süßer Milch ernährt wird, in den darauf folgenden Lebensperioden sein Futter ungleich höher verwerthet, als dasjenige Kalb, welches blos 1½ Monat lang süße Milch erhält. Blos durch die längere Milchdiät bei Kalb A wurde binnen 1½ Jahr ein Mehrgewinn von 82 Pfd. Fleisch erzielt. Möchten sich dies Beispiel alle Viehzüchter merken, die in dem groben Irrthum befangen sind, daß eine etwas kurze und spärliche Milchnahrung den Zuchtkälbern nicht schade und sich durch später erfolgende, reichliche Fütterung wieder ausgleichen ließe. Was in der Jugend versäumt wird, ist im Alter nicht mehr einzuholen. Den Kälbern 10 Wochen lang satt süße Milch! Das ist ein Grundsatz der Engländer, deren schönes Vieh wir so gern bewundern. „Das Kalb A," so bemerkt Schober, „hatte stets eine glattere, glänzendere Behaarung, als das Kalb B, und zeichnete sich vor diesem durch einen höheren, in der Energie der Bewegungen sich sichtlich bekundenden Kraftzustand aus."

---

*) Diese Ration repräsentirt 1.16 Pfd. Protein, 0.29 Pfd. Fett und 2.77 Pfd. Kohlehydrate.

Versuche von F. Crusius zu Rüdigsdorf in Sachsen 1855.

Wie normirt sich das Erhaltungsfutter für Kälber? Was ist besser, die Aufzucht und Ernährung der Kälber durch Saugen oder durch Tränken aus dem Kübel? Wo das Letztere geschieht, ist es da nicht rathsam, dem Kalbe vorzugsweise die Milch seiner Mutter zu geben und nicht die aus dem Sammelfasse des Kuhstalles? Wie stellt sich der Nährwerth der Milch, je nachdem man Fett, Zucker oder Casein künstlich in ihr vorwalten läßt? — Diese und andere damit zusammenhängende Fragen waren es, die Crusius bestimmter, als bisher, beantworten wollte und ihn zu folgendem, mit wissenschaftlicher Umsicht ausgeführten Versuche leiteten.

Von 5 Kälbern erhielten Nr. I und II die volle Milch ihrer Mutter, saugend täglich in 3 Mahlzeiten. Das jedesmal genossene Milchquantum wurde durch Abwiegen des Kalbes gleich vor und nach dem Saugen bestimmt. Die übrigen drei (Nr. III, IV und V) bekamen ebenfalls dreimal täglich satt süße Milch in einem Eimer zum Saufen dargeboten. Für jede einzelne Versuchswoche ist das Gewicht des Thieres zu Anfang derselben als Basis angenommen. Das Nähere sagt die hier folgende Aufstellung, die ich aufmerksam durchzusehen bitte.

Ernährung durch Saugen.

Nr. des Kalbes und der Lebenswoche	Gewicht des Kalbes zu Anfang der Woche (Pfd.)	Auf je 100 Pfd. Körpergewicht betrug täglich			Auf jedes Pfd. Zunahme kommen		Bemerkungen.
		der Milchconsum (Pfd.)	Trockensubstanz darin (Pfd.)	die Zunahme (Pfd.)	Milch (Pfd.)	Trockensubstanz d. Milch (Pfd.)	
Kalb I.							
1. Woche	64	30.0	3.6	4.9	6.2	0.7	
2. "	86	21.1	2.1	2.9	7.0	0.8	
3. "	104	18.2	2.0	2.2	8.3	0.9	
4. "	120	16.6	1.9	1.6	10.0	1.1	
5. "	134	13.3	1.5	1.4	10.0	1.1	
6. "	147	12.0	1.4	0.9	12.5	1.4	
7. "	157	13.9	1.6	1.1	12.3	1.4	
8. "	170	11.1	1.3	0.8	13.6	1.7	
9. "	180	10.8	1.2	0.7	15.0	1.7	
10. "	189						
Kalb II.							
1. Woche	95	16.0	2.0	4.0	4.0	0.5	
2. "	122	12.3	1.6	2.1	5.8	0.7	
3. "	140	13.3	1.5	2.0	6.7	0.7	
4. "	160	12.5	1.5	1.6	7.9	0.9	
5. "	178	10.9	1.2	0.9	11.4	1.2	
6. "	190	11.2	1.3	0.5	21.0	2.5*)	*) Durchfall, daher die Stockung in der Gewichtszunahme.
7. "	197	10.8	1.2	1.2	9.2	1.0	
8. "	214	9.6	1.1	0.9	10.0	1.2	
9. "	228	8.6	0.9	0.5	13.0	1.6	
10. "	237						

Ernährung durch Tränken aus dem Eimer.

Nr. des Kalbes und der Lebenswoche	Gewicht des Kalbes zu Anfang der Woche (Pfd.)	Auf je 100 Pfd. Körpergewicht betrug täglich			Auf jedes Pfd. Zunahme kommen		Bemerkungen.
		der Milchconsum (Pfd.)	Trockensubstanz darin (Pfd.)	die Zunahme (Pfd.)	Milch (Pfd.)	Trockensubstanz b. Milch (Pfd.)	
Kalb III.							Dies Kalb erhielt
1. Woche	89	17.9	2.7	4.2	4.2	0.6	blos Muttermilch.
2. "	115.5	15.2	1.7	2.3	5.5	0.7	
3. "	134	11.9	1.5	1.7	6.9	0.8	
4. "	150	10.7	1.3	1.3	8.0	1.0	
5. "	164						
Kalb IV.							Muttermilch.
1. Woche	70	14.3	1.6	2.9	4.7	0.5	
2. "	84.5	13.3	1.7	2.4	6.0	0.7	
3. "	98	12.2	1.4	1.8	6.6	0.8	
4. "	110.5	10.9	1.2	1.3	8.0	0.9	
5. "	121						
Kalb V.							Dies Kalb erhielt
1. Woche	82	19.5	2.4	2.6	7.6	0.9	seine Milch aus dem
2. "	97	12.3	1.4	1.7	7.1	0.8	Sammelfasse des Rü-
3. "	109	10.9	1.2	1.4	8.0	0.9	bigsdorfer Kuhstalles
4. "	120	16.6	1.9	1.5	11.1	1.3	
5. "	132.5						

Aus Vorstehendem scheint ungezwungen Folgendes hervorzugehen:

1. Die Muttermilch äußert in den ersten Lebenswochen des Kalbes ihren höchsten Nähreffect, und zwar der Art, daß 4—7 Pfd. dieser Milch zur Erzeugung von 1 Pfd. Lebendgewicht hinreichen, während in der 10. Woche dazu 13—15 Pfd. nothwendig sind. An dem Aelterwerden des Kalbes kann diese sehr ungleiche Verwerthung der Milch nicht wohl liegen, sondern vornehmlich in der wechselnden Qualität der Muttermilch selbst, welche von der Niederkunft des Thieres an immer wässriger und unnährkräftiger wird, wie dies folgendes Beispiel beweis't.

Milch der Mutter von Kalb III.

Tag nach dem Kalben	Trockensubstanz (Proz.)	Butter (Proz.)	Zucker (Proz.)	Albumin (Proz.)	
unmittelbar	38.4	8.4	0.0	15.5	
1.	30.1	5.9	0.2	13.7	Colostrum
2.	23.1	6.2	0.9	10.9	
3.	15.3	4.0	2.5	8.6	
4.	14.9	4.5	3.6	5.1	
5.	13.7	3.7	3.9	3.4	
6.	12.9	3.0	4.3	2.0	
7.	12.5	2.5	4.2	2.1	
8.	12.7	3.1	4.5	1.7	
14.	12.6	2.5	4.3	1.6	
21.	12.1	2.3	4.6	0.9	
28.	12.4	2.6	4.4	0.7	

Daher zeigt sich auch bei denjenigen Kälbern, die von Anfang an nicht die Milch ihrer Mutter, sondern blos die normal zusammengesetzte und in ihrer Qualität sich fortwährend beinahe gleich bleibende Milch aus dem Sammelfasse eines großen Kuhstalles bekommen, keineswegs jener ungleiche Nähreffect, vielmehr profitiren sie in ihrer 5. Lebenswoche von je einem Quart genossener Milch beinahe so viel, als in ihrer ersten. Solche Kälber verzehren auch in ihren ersten Wochen ein größeres Maß Milch als Tränke, wie diejenigen, welche von vorn herein nichts anderes, als die gehaltreiche Milch ihrer Mutter, sei es saugend oder saufend, einnehmen. Entweder zieht man ein Kalb mit Muttermilch auf, oder mit Milch aus dem Sammelfasse. Im erstern Falle bedarf es täglich 14—18 Pfd. in letzterem 18—24 Pfd. Milch. Beide Quantitäten stellen sich in ihrem Nährwerthe gleich. Man hat also die Wahl zwischen ihnen. Ich glaube, daß Jemand, der seine Milch direct auf den Markt bringt, nur mit Muttermilch seine Kälber aufziehen darf, denn er kann aus 18 Pfd. derselben nicht so viel Geld lösen, als aus 24 Pfd. normaler Sammelmilch.

2. Wir sagten, daß die ungleiche Berwerthung der Muttermilch in ihrer ungleichen Qualität, und nicht so sehr in dem Kalbe selbst und dessen Alter liegen könne. Ich möchte das letztere nicht so streng genommen haben, indem es doch scheint, daß dem jüngsten Lebensalter ein etwas größeres Ausnutzungsvermögen für Milch zukomme. Wir sehen dies an den Ernährungsresultaten von Kalb V, welches von Anfang bis zuletzt nur Milch von stets gleicher Qualität erhielt, und dennoch in seiner ersten Lebenswoche mit etwas weniger Milch ein Pfund Fleisch gewann, als in der 4. und 5. Woche. Ich weiß mir diese Thatsache nicht recht zu erklären.

3. Daß ein Kalb in den ersten Lebenswochen die verhältnißmäßig stärkste Körpergewichtszunahme darbietet, müssen wir ganz natürlich finden, Angesichts obiger Versuchstabelle, worin constatirt ist, daß das Thier eben zu jener Zeit verhältnißmäßig 2—3 mal mehr feste Stoffe in seiner Milchnahrung aufnimmt, als nach Verlauf von 5—10 Wochen. Jenes Plus an Nahrung rührt her sowohl von der relativ größeren Quantität, als auch besseren Qualität der genossenen Milch.

4. Wenn ein Thier Milch über Bedarf, also im Uebermaß genießt, dann kann natürlich der, auf jedes Pfund Milch fallende Nähreffect nicht so hoch sein, als in dem Falle, wo das genossene Quantum grade dem Bedarfe entspricht. Mehr, als es naturgemäß nothwendig hat, kann ein Thier nicht verwerthen, und es ist daher ebenso unöconomisch, einem Kalbe zu viel Milch zu reichen, wie zu wenig. Das erstere scheint der Fall gewesen zu sein bei Kalb I, wenn wir dessen wöchentliche Gewichtszunahme

und verzehrte Milchmenge vergleichen mit der Zunahme und der Nahrungs=
menge von Kalb II und III.

		Kalb I.		Kalb II.		Kalb III.	
		Verzehrtes Milch= quantum	Zunahme an Gewicht	Verzehrtes Milch= quantum	Zunahme an Gewicht	Verzehrtes Milch= quantum	Zunahme an Gewicht
		Pfd.	Pfd.	Pfd.	Pfd.	Pfd.	Pfd.
1. Woche	. . .	210.0	4.9	112.0	4.0	125.8	4.2
2. „	. . .	148.1	2.9	86.0	2.1	96.9	2.3
3. „	. . .	127.8	2.2	93.5	2.0	83.5	1.7
4. „	. . .	116.6	1.6	87.5	1.6	74.6	1.3
In 4 Wochen	. .	602.5	11.6	379.0	9.7	380.8	9.5

Indem diese Zahlen auf ein gleiches Körpergewicht der Kälber von
100 Pfund berechnet sind, thun sie ganz klar dar, daß die 602.5 Pfd.
Milch, welche Kalb I binnen 4 Wochen verzehrte, wenig mehr (blos 2 Pfd.)
Fleisch produzirten, als die 380 Pfd. Milch für Kalb II und III. Sie
deuten an, daß Kalb II und III mit wenig Vortheil mehr, als 380 Pfd.
Milch genossen haben würde, daß also 380 — 450 Pfd. das Maximum
der Milchmenge sind, die sie ausnutzen können. Diese Milchmenge bezeich=
net Crusius mit Recht als das Erhaltungsfutter des Kalbes, das
heißt, nicht als diejenige Nahrungsmenge, bei der es an Gewicht weder zu=
noch abnimmt, sondern als diejenige, bei der es ohne Stoffvergäubung seinen
nothwendigsten Lebensfunctionen genügen kann. Zu letzteren gehört aber auch
in erster Linie das Wachsthum. Ein Erhaltungsfutter, welches nicht auf
das Wachsthum Rücksicht nimmt, ist zwar bei völlig ausgewachsenen, alten
Thieren, aber nicht bei Kälbern und sonstigem Jungvieh denkbar. Während
das Erhaltungsfutter bei einer Kuh zu keiner öconomischen Nutzung führt,
gewährt es bei Jungvieh grade den theoretisch höchsten Nutzen. Das be=
zeichnet scharf den Unterschied im Begriffe beider.

Das Erhaltungsfutter eines 100 Pfd. schweren Kalbes zu 450 Pfd.
Milch als richtig angenommen, berechnet sich die Milchmenge, welche ein
mittelgroßes Kalb während 4 Wochen durchschnittlich täglich haben muß, zu
$450/_{28} = 16$ Pfd. Muttermilch. Bei dieser Menge läßt es sich am vor=
theilhaftesten aufziehen.

Die Frage, welcher Nährwerth den einzelnen Milch=
bestandtheilen in der Fütterung der Kälber zukommt, ist
besonders interessant in Bezug auf den späteren Ersatz der Muttermilch durch
andere Nahrungsmittel.

Crusius hat sie dadurch zu lösen gesucht, daß er Kälber mit Milch fütterte, die vergleichsweise abgerahmt, oder mit Milchzucker oder Rahm versetzt worden, so daß nach Belieben entweder Caseïn, Butter oder Milchzucker in ihr obwaltete.

Bei der Analyse wurde gefunden:

	Trockensubstanz	Zucker	Butter
in den Molken	6.9 %	5.7 %	—
„ der Sahne	31.0 „	—	22.0 %
„ „ abgerahmten Milch . .	9.5 „	—	1.0 „
„ „ süßen, normalen Milch	11.7 „	4.1 „	2.6 „

Die Versuchsdetails und Resultate sind aus folgender Aufstellung zu ersehen:

Futter per Tag.	Gewicht bei Beginn der Woche. Pfd.	Zunahme am Ende der Woche. Pfd.	Per 100 Pfd. Lebendgewicht berechnet sich per Woche		Auf je 1 Pfd. Zunahme wurde verzehrt an Trockensubstanz. Pfd.
			der Consum an Trockensubstanz. Pfd.	Butter darin. Pfd.	die Körperzunahme. Pfd.	

Kalb I. 3. Lebenswoche .	12 Pfd. süße Milch mit 12 Pfd. Molken vermischt	106	13	14.5	2.0	12.2	1.2
4. „ .	dito	119	11	12.9	1.8	9.2	1.4
Kalb II. 3. Lebenswoche .	20 Pfd. abgerahmte dicke Milch	118	7	11.2	1.2	5.9	1.9
4. „ .	dito	125	7½	10.6	1.1	6.0	1.8
Kalb III. 3. Lebenswoche .	16 Pfd. süße Milch mit 3½ Pfd. Sahne vermischt	104	23	18.8	7.5	22.1	0.8
4. „ .	dito	127	20	15.4	6.1	15.7	0.9
5. „ .	16 Pfd. süße Milch mit 7 Pfd. Sahne	147	18	18.0	9.0	12.2	1.4
6. „ .	dito	165	19	16.1	7.8	11.5	1.3

Folgerungen:

1. Aus dem Umstande, daß die Kälber, bei ganz gleich bleibender Nahrung, in der letzten Woche nicht so viel an Körpergewicht gewinnen, als in der vorhergehenden Woche, müssen wir ganz allgemein folgern, daß junge, im lebhaften Wachsthum begriffene Thiere nur dann in ihrem Körpergewichte eine stetige und regelmäßige Zunahme zeigen, wenn ihre Futterration mit jedem Tage um ein Bestimmtes vergrößert wird. Indem dieser Forderung in der Praxis jedoch schwer zu genügen

ift, wird es am Bequemften und Beften fein, das Jungvieh ganz ad libitum zu ernähren, das heißt, ihm, mit etwaiger Ausnahme der Milch, von fonftigem, paffenden Futter (Heu, Haferfchrot, Oelkuchenfchrot) fo viel zu freffen zu geben, als es mag. Wo es indeffen beftimmte Rationen bekommen foll, da muß man auch dafür forgen, daß die Futterration längftens allwöchentlich nach feiner inzwifchen erfolgten Körperzunahme regulirt, refpective vergrößert wird.

2. Kalb III nahm während der 3. und 4. Lebenswoche täglich um 3 Pfd. zu. Das ift etwas Außerordentliches. Hier hat fich ein Zufatz von Sahne zur füßen Milch gar fehr bewährt und fich herausgeftellt, welche wichtige Rolle das Milchfett in der Ernährung des Jungviehes fpielt. Es kann nicht erfetzt werden durch Milchzucker, denn fonft hätte die Ration von Kalb I denfelben Nähreffect hervorbringen müffen, was aber bei Weitem nicht der Fall gewefen, da Kalb I täglich blos 1⅒ Pfund an Gewicht gewann. Auch kann das Fett der Milch nicht erfetzt werden durch Käfeftoff. Das hat fich bei Kalb II erwiefen, welches zu feiner abgerahmten, cafeïn- reichen Sauermilch 19 Pfd. Trockenfubftanz einnehmen mußte, um 10 Pfd. Lebendgewicht zu erzeugen, während dazu von der, mit der fettreichen Sahne verfetzten Milch blos 8 Pfd. Trockenfubftanz nothwendig waren. Hieraus möchte auf's Neue zu entnehmen fein, wie fchlecht die füße Muttermilch fich durch Sauermilch erfetzen läßt. Die Sauermilch ift als ausfchließliche Nahrung für das Kalb zu ftickftoffreich, zumal bei deffen vorrückendem Alter, wo feine Natur ein immer ftärker werdendes Verhältniß von ftickftofflofen Nährftoffen (Fett, Zucker) verlangt. Eine alleinige Sauermilchfütterung bei einem Kalbe, das über 1 Monat alt ift, involirt eben fo gut eine Nähr- ftoffverfchwendung, als wenn man ihm, wie Kalb III in feiner 5. und 6. Woche zeigte, eine an Fett überreiche Milch gibt.

3. Das Verhältniß der Proteïnftoffe zu den ftickftofflofen Verbin- dungen überhaupt ift in der Ration des Kalbes I und III ungefähr das- felbe, und doch war der Nähreffect beider ein fo verfchiedener. Könnte das etwa erklärt werden, wenn wir den Nahrungswerth einfeitig abhängig mach- ten von dem Verhältniß der ftickftoffhaltigen zu der allgemeinen Summe aller ftickftofflofen Nährftoffe? — Gewiß nicht; vielmehr glaube ich mit Crufius, daß wiederum in den gefammten, ftickftofffreien Nährftoffen das Verhältniß der Butter zum Zucker, oder allgemeiner, der Fettfubftanzen zu den Kohlehydraten, bedeutend mit maßgebend ift.

Verfuch von W. Knop zu Möckern 1857.

Es wurden dazu 2 fieben Wochen alte Kälber genommen, die bei Beginn des Verfuchs 260 Pfd. wogen. Sie follten darthun, wie fich die

Ernährung gestaltet, wenn bei allmähliger Entziehung der Milch steigende Gaben von Erbsenschrot, Rapskuchenmehl und Heu gegeben werden.

Wegen des Nähern verweise ich auf folgende Tabelle:

Alter.	Gewicht der beiden Kälber.	Bis zur nächst- folgenden Wägung Zunahme beider per Tag.	Tägliches Futterquantum der 2 Kälber (das Zoll-Pfund ist hier gleich 32 Loth)						Nährstoff- Verhältniß.
			Dicke Milch.	Raps- kuchen.	Erbsen- schrot.	Heu.	Darin in Summa		
							Protein- stoffe.	Stickstoff- lose Nährstoffe.	
Tage.	3-Pfd.	Pfd.	Pfd.	Loth.	Loth.	Loth.	Loth.	Pfd.	
49	260	0.78	19	14	14	82	27.2	60.1	1 : 2.21
63	271	1.88	22	18	18	48	32.2	74.8	1 : 2.33
72	288	2.17	20	30	30	64	36.8	84.8	1 : 2.19
84	314	1.90	18	42	42	96	43.5	105.9	1 : 2.43
105	354	3.43	16	54	54	96	47.0	113.2	1 : 2.41
112	378	2.29	14	66	66	112	51.8	126.4	1 : 2.43
119	394	2.29	10	66	66	158	52.8	136.6	1 : 2.60
126	410	3.20	6	84	84	180	59.2	153.2	1 : 2.95
147	477	3.29	3	102	102	216	67.8	177.6	1 : 2.62
154	500	3.36	—	120	120	230	74.5	192.3	1 : 2.59
168	547	6.71	—	132	132	288	80.3	225.6	1 : 2.80
175	594	—	—	—	—	—	—	—	—

Reflexionen und Schlüsse:

Aus dieser Aufstellung ist ersichtlich, daß bei der stattgefundenen Fütterung die Kälber täglich um 1—1³/₄ Pfund per Stück zugenommen haben. Dieser recht respectable Erfolg war es ohne Zweifel, der Knop zu dem Ausspruche bewegte: „Es ist Verschwendung, Kälber mit voller Milch aufzuziehen, abgerahmte Milch leistet bei Zugabe von vegetabilischer Nahrung dasselbe, wie volle Milch."

Entsprechend dieser Voraussetzung, war Knop darauf bedacht, die abgerahmte Milch durch ein Gemenge von Erbsenschrot und Oelkuchenschrot zu ersetzen. Es enthalten nämlich:

	Fett	Proteïnstoffe	Kohlehydrate
100 Pfd. Oelkuchen	9 Pfd.	28 Pfd.	25 Pfd.
100 „ Erbsen	3 „	23 „	52 „
Im Mittel:	6 Pfd.	25 Pfd.	38 Pfd.
900 Pfd. dicke abgerahmte Milch	6 „	36 „	38 „

Somit wären, von dem Proteïnüberschuß der dicken Milch abgesehen, 900 Pfd. derselben ein Aequivalent für ein Gemenge von 50 Pfd. Erbsen und 50 Pfd. Oelkuchen. Oder 1 Pfd. dicke Milch = 0.055 Pfd. Erbsen + 0.055 Pfd. Oelkuchen.

Knop ersetzte das Pfund Sauermilch, welches er den Kälbern abzog, burch 3 mal so viel Oelkuchen und Erbsen, weil er damit zugleich für die nächstfolgenden 8 Tage die Zulage an Futter gewähren wollte, dessen das Thier mit wachsendem, lebenden Gewichte bedarf. Daß solche Zulage keinesfalls zu niedrig, sondern eher etwas zu hoch gegriffen ist, scheint aus dem günstigen Zunahmeverhältniß der Thiere während des Versuchs hervorzugehen.

In so weit es Knop um den Ersatz der Sauermilch zu thun war, habe ich nichts gegen seine Folgerungen einzuwenden. Meine Bedenken kehren sich vielmehr dagegen, daß er überhaupt die süße Milch als überflüssig erachtet und sie durch Sauermilch, oder deren Aequivalent an Oelkuchen und Erbsen, ersetzen will. Ein solcher Ersatz wird stets an zweierlei Gebrechen leiden:

1. nämlich, daß keine Mischung von Erbsen, Oelkuchen und Sauermilch denkbar, die so viel Fett enthält, als das 7 Wochen alte Kalb beansprucht, falls es üppig gedeihen will. Ich schätze diesen Fettbedarf nach den Verhältnissen zwischen Proteïn, Fett und Kohlehydrate in der süßen Milch und glaube, daß man von dieser Proportion (4 : 3 : 4) nicht so plötzlich und schroff abgehen soll, sondern erst allmählig mit zunehmendem Alter der Kälber eine Reduction des Futters eintreten lassen darf. Vielleicht trifft folgendes Schema das Richtige.

Alter des Kalbes	Nährstoffverhältniß		
	Proteïn:	Fett:	Kohlehydrate:
1— 7 Wochen	4	3	4
7—14 „	4	2	9
14—21 „	4	1	13

Anstatt dessen bot die Knop'sche Ration in der 7. Woche auf 4 Theile Proteïn blos 0.6 und in der 14. Woche 0.75 Theile Fett.

2. leidet er an zu viel Proteïn und zu wenig Kohlehydraten. Während ein Kalb nach der Entwöhnung ein Nährstoffverhältniß von 1 : 3.5 und nach 20 Wochen ein solches wie 1 : 4.0 bedarf, sehen wir in allen obigen Surrogat-Rationen ein Nährstoffverhältniß von 1 : 2.5 und dies sogar in der 24. Lebenswoche des Thieres.

Ich vermuthe, daß wenn Knop an Stelle der Erbsen, ein gleiches Gewicht purer Stärke oder Zucker gefüttert hätte, seine Kälber einen bessern Zuwachs gezeigt haben würden.

Wie schon erwähnt, handelt es sich bei der Kälberzucht um den Ersatz der süßen Milch und nicht um den der abgerahmten. Wir möchten vor Allem die Aufgabe haben zu bestimmen, was den gebräuchlichen Milchsurrogaten fehlt, um die Süßmilch schon von der 3. Lebenswoche des Kalbes an wahrhaft zu ersetzen.

	Protein Pfd.	Fett Pfd.	Kohlehydrate Pfd.
100 Pfd. normale Milch enthält	4.0	3.00	4.5
14 „ Oelkuchen „	4.0	1.27	3.4
100 „ Sauermilch „	4.0	0.70	4.7

Hiernach fehlt ihnen also das Wesentlichste, nämlich das Fett. Man müßte zu der dicken Milch 2³/₁₀ Pfc. und zu den Oelkuchen 1⁷/₁₀ Pfd. Fett geben, bevor 1 Pfc. Süßmilch aequivalent wäre mit 1 Pfd. Sauermilch oder mit ¹/₇ Pfd. Oelkuchen.

Wie bekommt man aber das Fett und in welcher Form wäre es wohl am verwendbarsten?

Ich glaube, daß man hierzu den gewöhnlichen Thran, sowie auch billiges Leinöl, Rüböl und Olivenöl recht gut benutzen kann.

Noch geeigneter wäre vielleicht geschroteter Leinsamen, den man kocht und dann nach Maßgabe seines bekannten Oelgehaltes zusetzt.

Auch Raps- und Amehlsamen sind nicht unpassend; nur müssen selbige vor der Verfütterung gedörrt, geschrotet und dann zu einem Brei gekocht werden. (Vergl. Seite 551). Ich sehe nicht ein, warum dergleichen Oelsamen durch directe Verfütterung, das heißt dadurch, daß man ihr Oel in das ungleich theurere thierische Fett verwandelt, nicht wenigstens eben so hoch sich verwerthen ließen, als durch Verkauf an die Oelschlägereien. Es käme hier blos auf das richtige Maß solcher Zusätze an; jedes Uebermaß von Fett, das muß man hier im Auge behalten, würde die ganze Futtermischung den Thieren widerstehlig machen, indem es sie zu heftigem Durchfall bringt. Aber nicht blos bei der Aufzucht des Jungvieh's, sondern überall, wo es sich um eine rasche Mast der Thiere handelt, da dürfte zweifelsohne ein passender Zusatz von Oelsamen oder puren Pflanzenölen weit besser rentiren, als gleiche Geldwerthe von Getreideschrot und Hülsenfrüchten, welche Stärkemehl, an Stelle des Fettes, führen. *)

***

*) „Da wir über die Benutzung des Fettes leider noch keine Fütterungs-Versuche besitzen, so wäre es von den Agriculturchemikern sehr zu wünschen, daß sie in dem angedeuteten Sinne einmal exacte, ausführliche Forschungen anstellten. Das scheint mir ein dankbares Thema zu sein."

Diese Bemerkung, womit ich in der I. Aufl. dieses Werkes obigen Passus schloß, ist seitdem in Erfüllung gegangen; denn in den letzten 3 Jahren haben wir einige bezügliche und jene Erwartung auf's schönste rechtfertigende Arbeiten erhalten. Sie sind im Vortrag 20 beschrieben.

Was den vorliegenden Fall betrifft, so proponire ich für je ein Pfund süße Milch, welches dem 3 Wochen alten Kalbe von 3 zu 3 Tagen abgebrochen wird, folgendes Surrogat:

entweder

1½ Pfd. dicke Milch, dazu ½₀ Pfd. Leinöl, nebenbei satt Heu;

oder

⅛ Pfd. Oelkuchen, dazu ½₄₅ Pfd.   „   „   „   „

In diesem Ersatze sind die Zulagen an Futter mit einbegriffen, deren ein wachsendes Thier mit jedem Tag bedarf. Wenn so das letzte Pfund Süßmilch in der Ration ersetzt ist, dann wird das Kalb so circa 10 Wochen alt sein; das ist alt genug, um von da an eine allmählige Verkleinerung der Fettration eintreten lassen zu können.

Versuch von Wentz zu Poppelsdorf, 18⁵⁷/₅₈.

Auch hier handelt es sich, wie folgende Aufstellung im Näheren darthut, um den allmähligen Ersatz der Muttermilch durch Schrot von Hülsenfrüchten und Hafer.

Alter des Kalbes.	Menge des täglich verzehrten Futters (1 Pfd. = 32 Loth)				Lebend-Gewicht bei Beginn einer jeden Periode.	Tägliche Gewichtszunahme während jeder Periode.	Bemerkungen.
	Muttermilch.	Haferschrot.	Schrot von Hülsenfrüchten.	Heu.			
Tage.	Pfd.	Loth.	Loth.	Loth.	Pfd.	Pfd.	
1— 4	satt	—	—	—	86	1.75	¹) Vom 53.—93. Tage bestand der Hülsenfruchtschrot blos aus Erbsen.
5— 10	11.9	—	—	—	93	1.60	
11— 13	14.2	—	—	—	101	⎱ 1.33	
14— 16	15.5	—	—	—	?	⎰	²) Vom 93.—103. Tage bestand der Hülsenfruchtschrot aus 1 Theil Erbsen und 1 Theil Lupinen, was keine Inkonvenienz zur Folge hatte.
17— 20	17.7	—	—	—	109	⎱ 1.71	
21— 23	19.0	—	—	—	?	⎰	
24— 32	20.1	—	—	—	120	2.55	
33— 37	20.2	—	—	2	143	2.40	
38— 45	21.4	—	—	2	155	2.25	
46— 52	21.4	—	—	2½	173	1.00	³) Vom 125.—149. Tage bestand der Hülsenfruchtschrot aus 3 Theilen Pferdebohnen und 1 Theil Lupinen.
53— 61	19.0	—	14	2½ ⁴)	180	1.78	
62— 72	16.6	16	14	3	196	1.81	
73— 76	14.2	32	21	3½	214	⎱ 1.22	
77— 81	13.0	40	28	4½	?	⎰	
82— 86	11.9	40	32	5½	225	1.00	⁴) Außerdem bekam das Kalb noch 14 Loth Rapskuchen. Man ging jedoch von diesem Zusatze ganz ab, weil das Kalb darnach einen starken Durchfall bekam.
87— 92	9.5	40	39 ¹)	7	230	0.83	
93— 98	9.5	40	37 ²)	9	235	1.83	
99—103	7.1	48	35	10	246	1.80	
104—110	7.1	69	21	16	255	1.69	
111—117	4.0	22	—	32	265	0.30	
118—124	2.0	32	98	64	267	2.00	
125—132	—	32	109 ³)	80	281	0.37	
133—142	—	32	109	80	284	1.90	
143—149	—	32	109	80	303	1.57	

Hiernach beträgt der gesammte Zuwachs in 149 Tagen = 221 Pfd., oder durchschnittlich per Tag 1½ Pfd. Dieses Resultat kann befriedigen, wenigstens dafür sprechen, daß die Fütterung des Kalbes, im Ganzen genommen, eine ausreichende war. Was jedoch ihre Rationalität betrifft, so hätte ich dagegen hauptsächlich das einzuwenden, was ich auch an den Knop'schen Rationen tadelte, nämlich einen relativ etwas zu großen Proteïnreichthum, namentlich gegen den letzten Versuchsmonat hin, wo das Kalb schon ein Nährstoffverhältniß, wie 1:4 wünschen mußte, dagegen in Wirklichkeit ein solches von 1:2.4 erhielt. Seine Ration erhielt im letzten Monate 1.32 Pfd. Proteïn, 0.21 Pfd. Fett und 2.94 Pfd. Kohlehydrate.

Indessen hat Wentz dadurch, daß er dem Kalbe wenigstens 4 Monate lang die fettreiche Süßmilch gab, und diese nur ganz allmählig ihm entzog, den Fettansprüchen desselben besser genügt, als Knop, der, wie wir sahen, schon nach 7wöchentlichem Alter des Kalbes zur Sauermilch, das heißt zu einer fettarmen Diät, überging.

Versuch von Struckmann zu Warberg 1856.

Ungefähr 1 Monat nach dem Entwöhnen von der süßen Milchfütterung erhielten 5 Kälber die nachstehend verzeichneten, in jeder Periode sich mehrenden Rationen.

Alter	Durchschnittl. Lebendgewicht bei Beginn der Periode Pfd.	Ration per Tag und Thier	Zunahme per Tag und Thier	
			bei 3 Bullenkälbern Pfd.	bei 2 Kuhkälbern Pfd.
I. Periode. Vom 76.—98. Tage	196	6 Pfd. Sauermilch, 2 Pfd. Leinkuchen, ⅔ Pfd. Hafer, 3 Pfd. Heu, 1 Pfd. Spreu	1.36	1.35
II. Periode. Vom 98.—140. Tage	225	8 Pfd. Sauermilch, 2 Pfd. Leinkuchen, ⅔ Pfd. Hafer, 4½ Pfd. Heu, 1½ Pfd. Spreu	2.02	1.40
III. Periode. Vom 140.—154. Tage	300	3 Pfd. Sauermilch, 2 Pfd. Leinkuchen, ⅔ Pfd. Hafer, 6 Pfund Heu, 2½ Pfd. Spreu, 5 Pfd. Mohrrüben	1.93	1.29
IV. Periode. Vom 154.—188. Tage	324	2 Pfd. Leinkuchen, 2 Pfd. Gerstenschrot, 6 Pfd. Heu, 2½ Pfd. Spreu, 7 Pfd. Mohrrüben	2.32	1.60

Die Gewichtszunahme der Ochsenkälber ist also bedeutend stärker gewesen, als die der Mutterkälber, wahrscheinlich weil letztere überhaupt weniger fressen.

Werthvoll ist dieser Versuch als Beispiel des großen Nutzens der Leinkuchen in der Kälber-Ration. Ohne die 2 Pfd. Leinkuchen, welche den Thieren trocken vorgelegt und von ihnen gern verzehrt wurden, wären gewiß nicht so hohe Körpergewichts-Zuwachse erzielt worden.

Ueberhaupt lassen sich Leinkuchen und Haferschrot als die empfehlenswerthesten Rationbestandtheile eines Kalbes betrachten, denn sie liefern letzteren das für einen freudigen Aufwuchs so wichtige Fett und die Phosphate in reichlicher Menge. Man wird schon gleich nach dem Entwöhnen von der süßen Milch täglich ½ Pfd. und rasch steigend 2 Pfd. Leinkuchenschrot dem 3 Monat alten Kalbe geben können. Rapskuchen scheinen zu gleichem Zwecke lange nicht so gut, denn ihr Geschmack ist den Kälbern widerlich.

Ich mache bei dieser Gelegenheit darauf aufmerksam, daß gequetschte und darauf zu einem Brei gekochte Leinsamen in England allgemein der Milch und namentlich der bereits abgerahmten, untermischt werden. Es läßt sich leicht begreifen, daß dies von ausgezeichnetem Erfolge für die Aufzucht ist.

Versuch von Lehmann zu Weiditz 1857.

Derselbe hatte sich die interessante Frage gestellt:

Wie viel von den in einer tabellosen Futtermischung enthaltenen Phosphaten werden von dem Kalbe assimilirt, das heißt zum Ausbaue seines Knochengerüstes und seines Muskelfleisches verwendet?

Ist ein purer Zusatz von Phosphat zu irgend einer Futtermischung assimilationsfähig, und lassen sich deßhalb alle Phosphatarme Rationen durch jene künstliche Zusätze wesentlich verbessern?

Die Antwort hierauf suchte man bei einem 5 Monat alten, 300 Pfd. schweren Ochsenkalbe, indem man dessen tägliche Ration (bestehend aus 1 Pfd. Gerste, 1 Pfd. Oelkuchen, 4 Pfd. Heu und 20 Pfd. Molten) sowohl als auch seinen täglich ausgeschiedenen Harn und Koth sorgfältig auf Phosphorsäure, Kalk und Magnesia analysirte. Dasgleiche erfolgte, als das Kalb in der 2. Periode des Versuchs einen Zusatz von chemisch reinem phosphorsauren Kalk (12.84 Gramm per Tag) erhielt.

Das ganze Experiment währte 4 Tage; jede Periode also 48 Stunden. Behufs einfachen Vergleichs der Resultate beider Perioden mag diese Dauer genügen; es scheint mir aber, daß sie nicht genügt, zur sicheren Constatirung der in der ersten Frage liegenden Aufgabe. Denn es ist zu leicht möglich, daß, bei dem überhaupt unregelmäßigen Vorgange der Ausscheidung von Harn und Koth, in den 2 Versuchstagen grade diese Ausscheidung gegen das nur durch längere Perioden (wenigstens 7 Tage) zu findende normale Durchschnittsmaß, zu groß oder gering war.

pro 48 Stunden	I. Periode ohne Phosphat		II. Periode mit Phosphat	
	Kalk	Phosphorsäure	Kalk	Phosphorsäure
	Gramm	Gramm	Gramm	Gramm
Einnahme im Futter	49.06	78.33	57.63	89.26
Ausgaben { im Harn	Spur	12.04	Spur	15.29
im Koth	28.32	30.03	30.86	32.02
Summa .	28.32	42.07	30.86	47.31
Differenz assimilirt	20.74	36.26	26.77	41.95
Verhältniß .	1 :	1.7	1 :	1.6

Nach Lehmann's spezieller Analyse verzehrt ein Kalb in 48 Pfd. Milch (pro 2 Tage) 40.55 Gramm Kalk und 52.18 Gramm Phosphorsäure, beide Mineralstoffe also im Verhältniß wie 1 : 1.3. Fände in dieser Proportion auch die Assimilation jener Stoffe statt, dann dürften wir mit Lehmann sagen, daß das jugendliche Thier aus der Milch verhältnißmäßig mehr Kalk gewinnt, als aus obigen Surrogatrationen.

Nicht der Mangel an Phosphorsäure, auch nicht etwa der an Magnesia, sondern lediglich der an Kalk ist übrigens der gewöhnliche Fehler der in der Praxis üblichen Ration für Kälber und sonstiges Jungvieh. Lehmann hat hierauf zuerst hingewiesen, und erörtert von welch üblen Folgen dies auf die kräftige Ausbildung der jungen Thiere in extremen Fällen sein müsse.

Welche Futtermittel vornehmlich Phosphorarme Rationen geben, darüber gibt folgende Aufstellung Auskunft.

Auf 100 Trockensubstanz.

Gehalt des Futters

an

	Kalk	Phosphorsäure
Süße Milch	1.40	1.90
Mais	0.02	0.65
Gerste, Roggen, Weizen .	0.05	1.10
Hafer	0.14	0.90
Hülsenfrüchte	0.18	1.06
Oelkuchen	0.60	2.20
Biertreber	0.54	1.84
Wiesenheu	1.18	0.39
Kleeheu	2.18	0.54
Roggenstroh	0.48	0.42
Haferstroh	0.53	0.22
Gerstenstroh	0.80	0.16
Erbsenstroh	3.00	0.35
Kartoffeln	0.07	0.80
Futterrüben	0.56	0.56

Im Kalkgehalte kommen also der Milch am nächsten Erbsenstroh, Kleeheu und Wiesenheu. Ungefähr gleich reich daran sind Oelkuchen, Biertreber, Haferstroh und Futterrüben. Viel zu arm an Kalk sind Kartoffeln und die Samen von allem Getreide, Hülsenfrüchten und Mais.

Gewiß würde es ein Fehler sein, wollte man diese Unterschiede bei der Composition der Futterrationen übersehen, und nicht darauf achten, sie durch rationelle Mischungen einigermaßen auszugleichen. Durch solche Ausgleichung, die den Kalkgehalt der Ration auf eine dem Bedarfe des jugendlichen Thieres entsprechende Höhe stellt, wird zugleich auch der Phosphorsäuregehalt ein normaler, so daß man wegen ihm nicht weiter besorgt zu sein braucht.

Es lag nahe, die an Phosphat zu armen Rationen durch Zusatz von reinem, basisch phosphorsauren Kalk zu verbessern. Dieser Gedanke hat durch Lehmann seine practische Bedeutung erlangt, indem er in Obigem nachwies, daß solche Phosphate auch wirklich assimilirt werden.

18. Vortrag.

Kritische Darstellung der Versuche über die Ernährung der
Milchkühe.

Behufs Ermittlung der für Milchkühe zweckmäßigsten Stalltemperatur wurden von May in Weyenstephan 2 Kühe Algauer Race, 1722 Pfd. wiegend, in einen heizbaren Stall aufgestellt und satt mit Heu gefüttert. Man änderte in Perioden von 10 zu 10 Tagen die Temperatur des Stalles von 4° bis auf 15° R. und sammelte dabei folgende Notizen:

Temperatur des Stalles	In 10 Tagen verzehrt an		Produzirt an Milch	Zu- oder Abnahme an Körpergewicht
	Heu	Wasser		
4°	503 Pfd.	1579 Pfd.	320 Pfd.	— 22 Pfd.
10°	510 "	1822 "	314 "	+ 35 "
15°	506 "	1793 "	306 "	— 33 "
12°	508 "	1722 "	295 "	— 6 "

Merkwürdig war der Einfluß dieser verschiedenen Temperaturen auf die äußere Haltung der beiden Kühe. Bei 4° waren ihre Haare gesträubt und glanzlos, die Haut lag fest auf und zuweilen war ein Zittern an einzelnen Körperpartien zu bemerken. Bei 10—12° legten sich die Haare bald und bekamen ihren früheren Glanz wieder. Auch die Haut gewann ihre normale Lockerheit und Weichheit. Als indessen die Temperatur bis über 15° R stieg, da erhöhte sich die Athemthätigkeit auffallend, und bald wurde eine starke Abmagerung des Körpers bemerkbar. Man kann nicht umhin, hieraus zu entnehmen, daß eine Stallwärme von 10—12° R dem Wohlbefinden der Kühe wesentlich ist.

Versuch von Weckherlin in Hohenheim 1845.

Zweck desselben war die Entscheidung der Frage, ob schwere Milchvieh-Racen vortheilhafter seien, als leichte.

Der auf 4 Abtheilungen von Thieren sich erstreckende Versuch dauerte ein ganzes Jahr. Das Futter wurde der Saison angepaßt und war ein für alle Thiere gleiches und nach dem Maßstabe vertheilt, daß auf 100 Pfd. Lebendgewicht täglich 3 Pfd. Heuwerth kamen.

	Lebend-gewicht am		Während des Jahres produzirt an		Total-Ertrag an Geldwerth	Per 1000 Pfd. Lebendgewicht täglich produzirt			Per 1000 Pfd. Geldwerth produzirt an
	3. Dezember 1844	3. Dezember 1845	Lebendgewicht	Milch		verzehrt Geldwerth	Zuwachs	Milch	
	Pfd.	Pfd.	Pfd.	Pfd.	Pfd.	Pfd.	Pfd.	Pfd.	
4 Kühe schwerer, Simmenthaler Raçe	6055	6324	269	29175	69191	31.05	0.12	13.14	Milch 422 ₰
5 Kühe leichter, schwäbischer Raçe	5105	5541	436	21249	58767	30.40	0.24	11.00	362 „
2 Rinder schwerer, Simmenthaler Raçe	1100	2095	995	—	16149	29.01	1.72	—	Fleisch 61.6 ₰
2 Rinder leichter, schwäbischer Raçe	910	1580	670	—	13583	30.06	1.48	—	49.3 „

Diese Aufstellung zeigt so klar die Vorzüge der schweren Viehraçe sowohl hinsichtlich der Milch- als auch der Fleischproduction, daß wir nicht länger dabei zu verweilen brauchen.

Versuch von Oeconomierath Ockel zu Frankenfelde 1855.

Derselbe hatte das nämliche Thema zum Vorwurfe.

4 Kühe holländischer Raçe, von denen die beiden schwersten am 14. Juni 2112 Pfd., und die beiden leichtern 1537 Pfd. wogen, wurden nach dieser Körpergröße in 2 Abtheilungen so aufgestellt, daß jede Abtheilung besonders gefüttert werden konnte, und zwar bekamen die Thiere grüne Luzerne, so viel sie davon fressen mochten. Das von jeder Abtheilung verzehrte Quantum wurde dadurch ermittelt, daß man den Thieren Morgens eine überschüssige Ration vorwog, und nachdem davon den Tag über gefüttert war, das nicht Verzehrte an jedem Abend sorgsam sammelte und zurückwog. Die Versuchsfütterung dauerte 16 Tage.

	Gewicht zu Anfang des Versuchs Pfd.	Gewicht nach 16 Tagen	Verzehrt an Luzerne Pfd.	Milchertrag Quart	Milchertrag per 100 Pfd. Luzerne Quart	Luzerne, verzehrt per 100 Pfd. Körpergewicht Pfd.
schwere Kühe	2112	unverändert	4921	272	5.9	14.6
leichte Kühe	1537	„	3859	192	4.4	16.0

Hieraus folgt:

1. Eine schwere Kuh verzehrt im Verhältniß zu ihrem Körpergewichte weniger Futter, als eine leichte Kuh.

2. Eine schwere Kuh verwerthet ihr Futter merklich höher, als eine leichte Kuh.

3. Ein schwerer Viehschlag verdient den Vorzug vor einem leichten.

Zur Erklärung dieser thatsächlichen Verhältnisse haben wir zu bedenken, daß jedes Thier, selbst dasjenige, welches [blos fortvegetirt, ohne irgend welchen Nutzeffect durch Fleisch-, Milch-, Wolle- oder Kraftproduction zu äußern, dennoch zum Unterhalt seiner vitalen Prozesse, (Verdauung, Blutkreislauf, Athmung, Sekretion ꝛc.), das heißt zur Deckung des damit verbundenen Kraft- und Stoffaufwandes, einer bestimmten Nahrungsmenge bedarf, die, weil sie blos die Erhaltung des Lebens bezweckt, als das Erhaltungsfutter des Thieres bezeichnet wird. Nun sind aber einem allgemeinen, physiologischen Gesetze zufolge jene vitalen Prozesse um so intensiver, je kleiner der Thier-Organismus ist; wegen seiner verhältnißmäßig größeren Körper-Oberfläche verliert ein kleines Thier mehr Wärme an seine Umgebung, seine Athmung und Hautausbünstung ist stärker, sein Blut circulirt rascher, es athmet mehr Sauerstoff ein, scheidet mehr Harnstoff und Kohlensäure aus, kurz, sein Stoffwechsel ist energischer, als der eines größeren Thieres. Daher bedarf letzteres per 100 Pfd. Körpergewicht weniger Erhaltungsfutter, als jenes. Von obigen Kühen z. B. bedarf die von 1100 Pfd. Schwere blos 1⁹/₁₀ Pfd., von 770 Pfd. dagegen 2 Pfd. Heu als Erhaltungsfutter für 100 Pfd. Lebendgewicht. Von ihrem ad libitum verzehrten Futterquantum bleibt also der größeren Kuh verhältnißmäßig mehr Nahrungsmasse zur Milch- oder Fleischproduction übrig, als der kleinen. Welche Bedeutung dies in der Praxis hat, zeigt am besten folgendes Beispiel:

	Bedarf an Erhaltungsfutter	Bei Sattfütterung wird täglich verzehrt	Somit restirt als Productionsfutter
2 Kühe à 600 Pfd.	24 Pfd. Heu	36 Pfd. Heu	12 Pfd. Heu
1 Kuh à 1200 Pfd.	19 „ „	36 „ „	17 „ „

Versuch von Richter in Königsaal 1854.

Ueber den Einfluß des Kochsalzes auf die Milchproduction.

2 Abtheilungen à 2 Stück Kühe von möglichst gleicher Schwere (7¼ Ctr.) und Milchergiebigkeit bekamen zwischen dem 13. Januar — 15. März ein ganz gleiches gutes Futter. Abtheilung I. außerdem eine geregelte Zulage von Kochsalz.

Salz-Zulage zur Ration pro 2 Kühe	Täglicher Milchertrag pro 2 Kühe Pfd.	Gewinn an Körpergewicht in 62 Tagen Pfd.	Prozentischer Gehalt der Milch an			Prozentischer Gehalt des Harns an	
			Trockensubstanz	Fett	Asche	Kochsalz	Trockensubstanz	Kochsalz
13.—31. Jan.: 4 Loth 1.—28. Febr.: 8 „ 1.—15. März: 9 „	31.5 30.7 27.8	60	11.38	3.81	0.704	0.153	4.00	1.18
Abth. II., ohne Salz .	26.1	85	11.79	3.74	0.707	0.178	3.93	0.16

Die beiden nicht mit Salz tractirten Kühe haben sonach etwas weniger Milch, dafür aber desto mehr Fleisch produzirt. Der Salzzusatz hat keinen nachtheiligen Einfluß auf die Milchqualität gehabt, und es steht diese

Thatsache daher im Widerspruche mit der von Lauß gemachten Angabe.
(Siehe Seite 279). Das eingenommene Kochsalz tritt nicht in die Milch
über, sondern wird durch den Harn aus dem Körper entfernt.

Versuch von Rohde u. Trommer in Eldena 1855.

Angestellt zur Vergleichung des Futterwerthes von Kartoffeln, Zuckerrüben,
Futterrüben, Mohrrüben und der aus diesen Materialien gewonnenen Schlempearten.

Experimentirt wurde mit 4 alten Milchkühen, ungefähr 5 Wochen nach dem
Kalben derselben. Die 8 Versuchsperioden währten je 7—10 Tage, so daß längstens
alle 10 Tage ein Wechsel des Futters statt fand. Diese Perioden dürfen wir als
zu kurz dauernd tadeln, zumal nicht einmal zwischen ihnen einige unberücksichtigte
Uebergangstage liegen. Bevor das Milchvieh sich an ein neues Futterregim gut gewöhnt hat, wozu leicht eine Woche gehen kann, weiß man nicht, ob vielleicht nicht
ein ansehnlicher Theil des Erfolges der Individualität des Thieres anstatt der des
Futters angehört.

Die benutzten Wurzelfrüchte enthielten unter Anderm:

	Kartoffeln	Zuckerrüben	Mohrrüben	Futterrüben
Proteïnstoffe	1.6	1.8	0.9	
Zucker oder Stärke	18.5	11.7	7.2	} 14.0
Fett	?	0.3	0.8	
Diversa	4.1	4.4	5.1	
Wasser	75.8	81.8	86.0	86.0
	100	100	100	100

Auch ist die produzirte Milch von den Versuchsanstellern analysirt worden.

Per Tag und Kuh wurde permanent verzehrt = 18½ Pfd. Heu. Außerdem folgende Zulagen:	Dauer des Versuchs	Für je 7 Tage lieferte durchschnittlich jede Kuh				Durchschnittliche Qualität der Milch	
		Milch	mit Trockensubstanz	mit Fett	mit Casein	Trockensubstanz	Fett
	Tage	Pfd.	Pfd.	Pfd.	Pfd.	%	%
I. 18½ Pfd. Heu . . .	10	115.4	13.73	3.58	4.84	11.9	3.1
II. 37 Pfd. Kartoffeln . .	9	124.1	14.64	4.46	5.09	11.8	3.6
III. Schlempe von 54 Pfd. Kartoffeln + 1,9 Pfd. Malz	10	137.7	17.07	4.27	6.88	12.4	3.1
IV. Schlempe von 49 Pfd. Zuckerrüben + ½ Pfd. Malz	8	115.6	14.10	4.74	4.39	12.2	4.1
V. 55½ Pfd. Zuckerrüben	10	97.7	12.40	—	—	12.7	—
VI. 55½ Pfd. Futterrunkeln	7	90.6	—	—	—	—	—
VII. 55½ Pfd. Mohrrüben	7	92.6	11.57	3.33	3.80	12.5	3.6
VIII. Schlempe von 19 Pfd. Getreide	6	108.8	14.86	4.13	4.57	13.2	3.8

Bekanntlich nimmt der Milchertrag einer Kuh, selbst bei gleichbleibender guter Fütterung, allmählig ab, je mehr sich die Kuh vom Zeitpunkte
ihres Kalbens entfernt. Die Versuchsansteller beobachteten wenigstens bei 2
Kühen eine vom Futter unabhängige Abnahme des täglichen Milchertrages

von 7.7 Quart bis auf 5.3 Quart binnen 67 Tagen. Indem nun jener Versuch im Ganzen ebenfalls 67 Tage währte, so ist einleuchtend, wie sehr der Vergleich der ersten und der letzten Periode mit einander unter dieser Rücksicht leidet. Vielleicht würden die Ergebnisse der 3 letzten Perioden um 20 % höher ausgefallen sein, wenn der anfängliche natürliche Grad der Milchergiebigkeit derselbe geblieben wäre. Es ist dies ein bei allen Fütterungsversuchen mit Milchkühen wohl zu beachtender Umstand!

Uebrigens spricht der Versuch sehr zu Gunsten der Schlempefütterung im ähnlichen Sinne, wie das der Seite 511 beschriebene Versuch von Ritthausen thut.

Versuch von Struckmann zu Warburg 1855

Wie viel Biertreber sind zum Ersatz von 1 Pfd. Rapskuchen erforderlich? Wie stellt sich die Verwerthung einer gleichen Futterration zwischen guten und schlechten Milchkühen?

Zur Beantwortung dieser Fragen wurden 4 gute und 4 schlechte Milchkühe, die übrigens sämmtlich einige Wochen vorher gekalbt hatten, ausgesucht und in einem warmen Stalle am 22. Februar aufgestellt. Ueber die tägliche Futterration, über Milchertrag und Aenderungen im Körpergewichte gibt folgende Tabelle genügende Auskunft.

Die benutzten Biertreber stammten aus einer Brauerei, wo aus 100 Pfd. Gerste 155 Pfd. Biertreber mit einem Wassergehalt von 79 % abfielen.

Versuchsperioden	Dauer einer jeden Periode	Tägliche Ration per Kuh während jeder Periode	Durchschnittliches Gewicht der		Durchschnittlicher, täglicher Milchertrag der		Täglicher Butterertrag der 8 Kühe
			4 besseren Milchkühe	4 schlechteren Milchkühe	4 besseren Kühe	4 schlechteren Kühe	
			Pfd.	Pfd.	Litre *)	Litre	Pfd.
I.	22. Februar 1. März	18 Pfd. Biertreber 36 " Runkelrüben 25 " Haferstroh	1065 1087	1039 1042	43.6	29.5	3.4
II.	19. März	5.4 " Rapskuchen 36 " Runkelrüben 25 " Haferstroh	1097	1072	46.5	30.5	3.8
III.	27. März	4.5 " Rapskuchen 36 " Runkelrüben 25 " Haferstroh	1118	1085	43.4	29.2	3.6
IV.	5. April	18 " Biertreber 36 " Runkelrüben 25 " Haferstroh	1112	1118	40.9	28.7	2.9
V.	14. April	18 " Biertreber 45 " Runkelrüben 25 " Haferstroh	1094	1086	37.9	27.7	2.9
VI.	22. April	12 " Biertreber 45 " Runkelrüben 25 " Haferstroh	1116	1096	33.9	26.0	2.7

*) 1 Litre = 0.87 preuß. Quart.

Man sieht aus Vorstehendem:

1. Daß eine Aenderung der Futterration den Milchertrag schlechter Kühe bei Weitem nicht so sehr beeinflußt, als den von guten Kühen. Während letztere bei jeder Futterveränderung deutlich mehr oder weniger Milch geben, bleibt der Milchertrag schlechter Kühe sich ziemlich constant.

2. Vom 1. März bis 5. April war

	die Gewichtszunahme	der Total-Milchertrag
der guten Kühe insgesammt	100 Pfd.	1558.9 Litre
„ schlechten „	„ 304 „	1032.7 „

Während 36 Tagen hatten also die schlechten Kühe 204 Pfd. Lebendgewicht m e h r, dagegen 526.2 Litre Milch w e n i g e r erzeugt, als die guten Kühe. Jene ersetzten also 2¹/₂ Litre oder circa 5¹/₄ Pfd. Milch durch 1 Pfd. Fleisch.

Ueberhaupt darf der Satz als richtig angenommen werden, daß eine Kuh um so weniger Fleisch ansetzt, je mehr Milch sie gibt, und umgekehrt, um so mehr Fleisch, je schlechter sie als Milchkuh dasteht.

3. In der dritten Periode erhielten die Kühe 0.9 Pfd. Rapskuchen weniger, als in der zweiten. Das hatte eine Verminderung des ganzen Milchertrages der 8 Kühe um 4.4 Litre per Tag zur Folge. Das macht per Kuh täglich 0.55 Litre. Hiernach hat 1 Pfd. Rapskuchen im Durchschnitt 1¹/₆ Pfd. Milch erzeugt.

In der sechsten Periode erhielten die Kühe 6 Pfd. Biertreber weniger, als in der fünften Periode. Dadurch sank der tägliche Milchertrag per Kuh durchschnittlich um 0.72 Litre. Es scheint sonach, daß 1 Pfd. Biertreber ungefähr ¹/₄ Pfd. Milch produzirt hat.

4. Als gleichwerthig im Milchertrage hat sich Ration I und III gezeigt. Angesichts der Zusammensetzung dieser Rationen, haben 4.5 Pfd. Rapskuchen den Milchproductionswerth von 18 Pfd. Biertreber vertreten. Ein Pfd. Rapskuchen wäre demnach mit 4 Pfd. Biertreber aequivalent. Nach den sub 3 entwickelten Resultaten müßte 1 Pfd. Rapskuchen 4.7 Pfd. Biertreber aequivalent sein.

5. Rapskuchen liefern eine weit butterreichere Milch, als Biertreber. Die Butter von letzteren ist jedoch feiner.

6. Die Ration in der zweiten Periode hat sich als die productivste gezeigt; sie enthielt ungefähr 29 Pfd. Trockensubstanz und darin 2.6 Pfd. Proteïn, 1.06 Pfd. Fett und 11.4 Pfd. Kohlehydrate.

Versuch von Horsfall auf Burlei (Yorkshire) 1856.

Angestellt, um den Einfluß von verschiedenem, ad libitum gereichtem Grünfutter auf die Milch und Butterproduction kennen zu lernen. Zum Versuche dienten 12 Milchkühe, die von Woche zu Woche ein anderes Futter erhielten.

Nummer der Versuchs- woche	Futter während der Woche	Ertrag während der Woche an			Menge der Milch, die zu 10 Pfd. Butter erforderlich war
		Milch Quart	Sahne Quart	Butter Pfd.	Quart
1.	Ital. Raygras	692	115	75	92.2
2.	Klee, zweiter Schnitt . , ...	524	88	60	87.3
3.	Kohl	576	92	62	92.9
4.	Mangoldblätter und Kohl . . .	648	94	60	108.0
5.	Mangoldblätter	848	127	86	98.6
6.	½ Mangold, ½ Turnips . . .	672	93	74	90.8

Diese Zahlen bedürfen keines Commentars.

Versuch von Cunningham zu Audley (Cork) 1856.

Derselbe wich in seiner Anlage wenig von dem eben citirten ab, jedoch hatte er den Vorzug längerer Versuchsperioden. Es wurde mit 3 Kühen experimentirt.

Nummer des Versuchs- monats	Futter ad libitum	Ertrag während des Monats an			Menge der Milch, erforderlich für 10 Pfd. Butter
		Milch Quart	Sahne Quart	Butter Pfd.	Quart
1.	Ital. Raygras und gequetschter Hafer	895	111	110	85.4
2.	Ital. Raygras und Wickfutter .	865	101	98	88.2
3.	Turnips und gequetschter Ginster	817	82	74	110.4
4.	Turnips, Ginster und Strohhäcksel	901	102	96	93.8
5.	Turnips, Heu und Hafer . . .	810	81	70	115.4

Von den hier angeführten Milch- und Buttererträgen wird bemerkt, daß sie mit zu den höchsten gehören, die von englischen Landwirthen erzielt wurden.

Versuch von Rhode u. Trommer, 1855.

Vergleich zwischen Runkelrübenblättern und Möhrrübenblättern, welche in sehr starken Rationen an 2, seit ½ Jahr milchende Kühe gefüttert wurden. Vor Beginn des Versuches (im November) gaben die Kühe zusammen 10¼ Quart oder per 6 Tage = 143 Pfd. Milch. Darauf folgten die beiden Versuche, welche je 6 Tage währten.

Ration der 2 Kühe.	Milch- Ertrag in 6 Tagen Pfd.	Darin war in Summa		Prozentischer Gehalt der Milch an	
		Trocken- substanz Pfd.	Fett Pfd.	Trocken- substanz	Fett
I. 350 Pfd. Rübenblätter + 4 Pfd. Heu .	178	24.0	7.5	13.5	4.2
II. 350 Pfd. Möhrenblätter + 3 Pfd. Heu	178	22.9	8.2	12.9	4.6

Indem die Rübenblätter 12.7 %, und die Möhrenblätter 18.4 %, Trockensubstanz hatten, so verzehrte in der I. Periode jede Kuh täglich 24 Pfd. Trockensubstanz, in der II. Periode 33 Pfd. Trockensubstanz, was ein ansehnliches Mehr ist und uns, angesichts des ziemlich gleichen Milchertrags, zu der Ansicht führen muß, daß die organische Substanz der Runkelrübenblätter günstiger für die Milchproduction ist, als die der Möhrenblätter. Uebrigens sprechen beide Fütterungen für den unschädlichen Einfluß auf die Milchqualität. Der Fettgehalt letzterer ist sogar ein außerordentlich hoher.

Versuch von Boussingault zu Bechelbronn, 1852.

Ueber den Nähreffect von Runkelrüben und Kartoffeln, im Vergleich zu Grummetheu. Dazu dienten zwei gut genährte Kühe, die 2 Monate nach dem Kalben, als der Versuch begann, jede täglich 8—9 Litre Milch gaben. Sie wurden so aufgestellt, daß sie nur das Versuchsfutter, und nichts von ihrer Streu fressen konnten.

	Dauer des Versuchs.	Während des Versuchs verzehrt	Gesammt-Milch-Ertrag	Durchschnittliche Zusammensetzung der Milch in Prozenten				Gesammt-Fett-Menge		Gewicht der Kuh bei		
				Trockensubstanz	Casein	Fett	Phosphat	in der producirten Milch und den Excrementen	in dem verzehrten Futter	Beginn des Versuchs	am Ende des Versuchs	Zu- oder Abnahme
	Tage	Kilogr.	Litre					Kilogr.	Kilogr.	Kilogr.	Kilogr.	Kilogr.
Kuh I.	17	1055 Rüben	99.0	12.3	3.7	4.5	0.22	—		579	524	— 55
Kuh II.	17	1126 "	104.0	11.8	3.8	3.4	0.26	—		582	535	— 47
Zusammen:		2181 Rüben	203	—	—	—	—	9.76	2.18	1161	1059	—102
Kuh I.	15	232.5 Grummet	65.5	13.8	3.6	5.9	0.27	—		545	569	+ 24
Kuh II.	15	239.5 "	89.0	12.6	3.6	4.4	0.20	—		549	587	+ 38
Zusammen:		472.0 Grummet	154.5	—	—	—	—	13.11	16.52	1094	1156	+ 62
Kuh I.	14	544 Kartoffeln	47.0	12.3	4.4	3.9	0.27	—		537	519	— 18
Kuh II.	14	533 "	75.6	13.5	4.0	4.6	0.27	—		536	521	— 15
Zusammen:		1077 Kartoffeln	122.6	—	—	—	—	6.16	2.15	1073	1040	— 33

Nach Beendigung der Kartoffeldiät erhielten die beiden, auf's Aeußerste abgemagerten Kühe satt Grünklee, wodurch sie sich so gut wieder erholten, daß nach 2 Monaten Kuh I 610 Kilo und Kuh II 590 Kilo wog.

Ueber diese Versuchsresultate lassen sich einige lehrreiche Betrachtungen anstellen.

1. Man sieht, daß die beiden Milchkühe, trotzdem sie so viel Rüben und Kartoffeln bekamen, als sie fressen mochten, und trotzdem sie in der Mitte des Versuchs eine Zeit lang Heu erhielten, jedoch zuletzt in solch' elenden Zustand geriethen — sie verloren mehr als $^1/_{10}$ ihres Körpergewichtes — daß Boussingault es nicht wagte, den Versuch länger fortzusetzen.

2. Die Ursache dieser Abmagerung sucht Boussingault ganz allein in dem unzureichenden Fettgehalte der Rüben und Kartoffeln. Er weist nach, daß die Kühe in der Milch und den Darmexkrementen 3—4 mal mehr Fett ausschieden, als sie in der verzehrten Kartoffel- oder Rübenmenge einnahmen. Diese Mehrausgabe an Fett mußte, nach seiner Ansicht, der Thierkörper decken, indem dessen Fettvorrath geopfert wurde. Er verweist auf das Heufutter hin, dessen Fettgehalt die Ausgaben vollkommen deckte, und welches daher auch als vollkommenes Futter sich gezeigt habe.

3. Ich kann nicht umhin, dieses Raisonnement Boussingault's als einseitig zu bezeichnen. Nicht grade deßhalb, weil er ein zu großes Gewicht auf die Fettdifferenzen legt, und dazu die Möglichkeit unberücksichtigt läßt, daß die, in der Kartoffel- und Rübennahrung im Ueberschuß vorhandenen Kohlehydrate sich im Assimilationsacte in Fett theilweise umwandeln, sondern vielmehr deßhalb, weil der berühmte Forscher die Zulänglichkeit der benutzten Rationen in Betreff ihres Gehaltes an Proteïnstoffen und Trockensubstanz ungeprüft läßt, also zwei Momente übersehen zu haben scheint, die den Nähreffect eines jeden Futters wesentlich beeinflussen. Stellen wir diese Prüfung hier an auf Grund der Thatsachen, daß eine milchende Kuh täglich $1^1/_2$ Kilo Proteïnstoffe und 12 Kilo Trockensubstanz bedarf, so ergibt sich zunächst, daß jede Versuchskuh durchschnittlich per Tag verzehrte:

	Trockensubstanz	Proteïnstoffe
bei der Rübenration	7.17 Kilo	0.77 Kilo
" " Heuration	12.44 "	1.63 "
" " Kartoffelration	9.12 "	0.83 "

Sonach ist blos die Heuration eine in jeder Beziehung vollkommene gewesen; die Rüben- und Kartoffelration boten indessen eine zu extreme Armuth an Trockensubstanz und Proteïnstoffen dar. Das mag wohl mehr an ihrem so ungünstigen Nähreffecte Schuld gewesen sein, als ihre verhältnißmäßig große Fettarmuth. Darin stimme ich übrigens mit Boussingault vollständig überein, daß Niemand im Stande sei, ausschließlich mit Rüben und Kartoffeln eine Milchkuh gehörig zu ernähren.

Verſuch von Rhode u. Trömmer 1857.

„Ob es zweckmäßig ſei den Milchkühen ein an Proteïn reicheres Futter zu geben, als dieſes in dem Verhältniß der Nährſtoffe bei dem Wieſenheu, als dem naturgemäßeſten Futtermittel für das Rind, durch die Natur ſelbſt beſtimmt zu ſein ſcheint?"

Dieſe Frage ſollte an 2 Abtheilungen à 2 Stück Kühen erprobt werden, welche ſeit etwa 3 Wochen gekalbt hatten. Am 9. April, bei Beginn des Verſuchs wog jede Kuh der Abth. I. 1140 Pfd., von Abth. II. 950 Pfd. durchſchnittlich. Futter und Milch ſind auf ihre Haupt Elemente extra unterſucht worden. Die blos 7tägige Dauer jeder Fütterungsperiode war leider zu kurz und muß, wie ich glaube, den Werth der Reſultate deprimiren.

No. der Periode à 7 Tage	Ration per Tag und Kuh in Pfunden	Gehalt der Ration an		Gewinn der 2 Kühe an Lebendgewicht per Periode	Ertrag der 2 Kühe per Periode an		Gehalt der Milch an		Nährſtoffverhältniß
		Protein Pfd.	Kohlhydrate Pfd.	Pfd.	Milch Pfd.	Butter Pfd.	Trockenſubſtanz %	Butter %	
1.	I. Abth. 37 Heu	3.23	16.07	—	220	7.37	12.5	3.35	1 : 4.9
	II. Abth. 35 „	3.08	15.29	—	215	7.22	12.0	3.36	1 : 4.9
2.	I. Abth. 20 Heu + 10 Stroh + 6½ Bohnen .	3.68	14.16	— 225	227	8.98	12.8	3.96	1 : 3.8
	II. Abth. 20 Heu + 10 Stroh + 43 Zuckerrüben .	2.82	17.79	— 135	222	7.72	12.6	3.48	1 : 6.3
3.	I. Abth. 15 Heu + 10 Stroh + 8½ Bohnen .	3.79	12.78	+ 12	227	9.92	13.0	4.37	1 : 3.3
	II. Abth. 15 Heu + 10 Stroh + 56 Zuckerrüben .	2.66	17.50	+ 3	210	7.35	12.8	3.50	1 : 6.6
4.	I. Abth. 10 Heu + 10 Stroh + 10½ Bohnen .	3.89	11.41	+ 13	253	12.65	13.4	5.00	1 : 2.9
	II. Abth. 10 Heu + 10 Stroh + 69 Zuckerrüben .	2.49	17.21	+ 7	204	8.71	12.8	4.27	1 : 6.9

Dieſe Aufſtellung gibt Stoff zu einigen intereſſanten Betrachtungen:

1. Abtheilung I, welche den ſtickſtoffreichen Bohnenzuſatz erhielt, ſehen wir in allen 4 Perioden nicht nur mehr, ſondern auch beſſere Milch produziren als Abtheilung II bei ihrer ſtickſtoffarmen Zuckerrübenzulage. Und da dies mit ſteigendem Proteïngehalte der Ration in jeder Periode ſchroffer hervortritt, ſo ſcheint die nächſte Urſache hiervon eben im höheren Proteïngehalte zu liegen.

2. Einer unbedingten Hinnahme oder practiſchen Nutzanwendung dieſer Folgerung ſtehen zweierlei Bedenken entgegen: Erſtens iſt die Beſſe-

rung der Milch nicht entfernt proportional dem Wachsthum der Ration an Protein; in der 2. Periode z. B. wurde blos 0.21 Pfd. Protein weniger gefüttert als in der 4. Periode und doch stellte sich in dieser die Butter-production um 50 % höher als in jener. — Zweitens bemerken wir mit sinkendem Proteingehalte der Ration (Siehe Abth. II) keine entsprechende Verschlechterung des Milchertrages an Quantität und Qualität, was doch wohl der Fall sein müßte, wenn wirklich der absolute Proteingehalt der Ration jene maßgebende Rolle spielte.

3. Werden der Kuh reichlich Kohlehydrate geboten (wie bei Abth. II), so scheint sie sich mit einem Minimum von Protein (2½ Pfd.) zu begnügen und ein Mehr darüber für ihre Milchproduction gleichgültig zu sein; wer-den ihr dagegen spärlich Kohlehydrate geboten (wie bei Abth. I) dann scheint eine Vermehrung des Proteins für die Milcherzeugung von den glücklichsten Folgen zu sein. Beide Fälle deuten sonach auf eine Vertretung zwischen Protein und Kohlehydraten hin, eine Vertretung, die aber erst beim über-schüssigen Vorkommen dieser Nährstoffe eintritt, und wobei dann ein Theil Protein für mehrere Theile Kohlehydrate ein Aequivalent ist. Natürlich kann solche Deutung nur auf die Milchproduction Bezug haben, denn in welchem Maße die Rationen der Abtheilung I und II außerdem noch auf Fleisch- und Fettproduction im Körper gewirkt haben, darüber lassen Versuche, gleich dem vorliegenden, gänzlich im Ungewissen.

4. Man muß den Milchproductionswerth einer Ration und deren eigentlichen Nährwerth streng von einander trennen, denn beide sind gar ver-schiedene Dinge. Daß allgemein die Versuchsansteller dies bisher sehr ignorirt haben, war ein Fehler, der uns rathlos macht so vielen Milchkühversuchen gegenüber und uns veranlaßte, mit unnatürlichen gewaltsamen Erklärungen, die Widersprüche der auf simplem unzureichendem Wege erlangten Re-sultate zu beseitigen. So lange wir keine physiologischen Versuche haben, die außer den Resultaten des Milchertrages zugleich auch sagen, wie viel Fleisch und Fett in den Körpergeweben verzehrt oder abgelagert wurden, so lange kriegen wir keine Klarheit in die Theorie der Milchkuhfütterung und so lange bleibt es vermessen, den starken Körperverlusten in der 2. Periode irgend eine bestimmte Deutung zu geben. Denn wer kann Recht sprechen, wenn da einer käme und sagte, dieser Verlust bestände aus Muskelfleisch, während ein anderer sagte, er bestände zur Hälfte aus Fett, oder ein dritter gar: er bestände gänzlich nur aus Wasser! — Bekäme da nicht, je nach der Rechthaberei, der Nährwerth der Ration sowohl als auch ihr Milchpro-ductionswerth eine wesentlich verschiedene Fassung?

Verſuch von E. Wolff zu Möckern 1852.

Ueber Milchfutterwerth von Rapskuchen und Weizenkleie.

Benutzt wurden dazu 2 Kühe, Montafuner-Race, welche einige Wochen vorher, den 12. Dezember 1852, zum zweiten Male gekalbt hatten. Ihre Milchergiebigkeit war zwar eine mittelmäßige, aber eine deſto conſtantere, was ſie zu den Verſuchen beſonders geeignet machte. Sie wurden täglich 3 mal gefüttert und getränkt. Bei jeder Mahlzeit bekamen ſie zuerſt geſchnittenes Rauhfutter, (aus ½ Gerſtenſtroh, ¼ Wickenſtroh und ⅛ Grummet beſtehend), welches innigſt mit geſchnittenen Runkelrüben gemiſcht und mit Rapskuchenbrühe durchfeuchtet war. Darauf erhielten ſie Kleienwaſſer als Tränke; darnach noch reines Waſſer und endlich Heu in der Raufe vorgeſteckt.

Während des ganzen Verſuchs, der 18 Wochen dauerte (vom 9. Januar bis zum 14. Mai 1853), erhielten die beiden Kühe täglich:

40 Pfd. Runkelrüben, 12 Pfd. Heu, 6 Pfd. Grummet, 24 Pfd. Gerſten- und Wickenſtroh, 4 Pfd. Weizenkleie und 2 Loth Viehſalz.

Außerdem erhielten ſie noch täglich die nachbenannten, in der Tabelle verzeichnet ſtehenden Zulagen.

Der den Rationen entſprechende Gehalt an Proteïnſtoffen, Kohlehydraten und Holzfaſer iſt berechnet worden auf Grund der Analyſen, die Wolff über die, von den Verſuchsthieren verzehrten Futtermittel extra anſtellte. Ebenſo ſtützen ſich die Zahlen über die Milchqualität auf beſonders ausgeführte Analyſen.

Die Hauptergebniſſe des Verſuchs wurden von mir in folgender Tabelle überſichtlich zuſammengeſtellt.

Nummer der Versuchswoche	Tägliche Futtergabe für beide Kühe.	In der ganzen Ration beider Kühe war enthalten			Nährstoff-verhältniß. *) Proteïn = 1	Wasser, getrunken der Woche	Von einer Versuchswoche zur andern wurde produzirt			Gewicht beider Kühe am Ende einer jeden Woche **)	Gewinn oder Verlust an Körper-gewicht während der Woche	Bemerkungen.
		Proteïn-stoffe Pfd.	Stickstoff-lose Stoffe Pfd.	Holz-faser Pfd.		Pfd.	Milch Pfd.	Milch, berechnet auf 12.4% Trocken-substanz Pfd.	Darin an Butter mit 16% Wasser Pfd.	Pfd.	Pfd.	
1.	Nichts.	4.22	20.02	17.46	1 : 4.74	1103	206.3	208.2	7.94	1700	— 60	In der 5. Ver-suchswoche rie-berten beide Kü-he und wur-den zugelassen, wahrscheinlich war das von Einfluß auf ihre Gewichts-Ab-nahme.
2.	2 Pfd. Rapskuchen · · · · ·	4.86	20.53	17.83	1 : 4.23	1123	217.6	210.6	7.99	1683	— 17	
3.	4 " " · · · ·	5.48	21.04	18.20	1 : 3.86	1105	218.3	216.1	8.40	1654	— 29	
4.	wie in 3.	5.48	21.04	18.20	1 : 3.86	1039	212.9	211.0	8.21	1699	+ 45	
5.	4 Pfd. Rapskuchen u. 4 Pfd. Heu	5.90	22.64	19.29	1 : 3.83	1127	214.7	216.3	8.58	1678	— 21	
6.	6 " " "	6.53	23.15	19.66	1 : 3.54	1036	215.3	215.7	8.41	1659	— 19	
7.	wie in 6, nebst 4 Loth Kochsalz	6.53	23.15	19.66	1 : 3.54	1133	216.3	214.7	8.61	1698	+ 39	
8.	wie in 6, nebst 7 Loth Kochsalz	6.53	23.15	19.66	1 : 3.54	917	216.3	216.9	8.60	1734	+ 36	
9.	4 Pfd. Rapskuchen u. 4 Pfd. Heu	5.90	22.64	19.29	1 : 3.83	976	216.1	216.9	8.39	1738	+ 4	
10.	2 " " " "	5.28	22.14	18.92	1 : 4.19	910	200.6	202.4	7.94	1795	+ 43	
11.	Heu.	4.65	21.63	18.55	1 : 4.65	1027	195.4	194.6	7.69	1725	+ 30	
12.	4 Rapskuchen u. 4 Pfd. Heu	5.90	22.64	19.29	1 : 3.83	1000	208.5	210.3	8.73	1756	+ 31	
13.	wie in 12.	5.90	22.64	19.29	1 : 3.83	1143	210.5	216.5	9.03	1773	+ 17	
14.	2 Pfd. Rapskuchen u. 8 Pfd. Heu	5.71	23.75	20.00	1 : 4.16	1158	208.7	212.2	8.07	1747	— 26	
15.	wie in 14, weniger 2 Pfd. Kleien	5.44	22.66	19.74	1 : 4.16	1112	198.3	202.9	8.20	1769	+ 13	
16.	4 Pfd. Rapskuchen u. 8 Pfd. Heu	6.07	23.16	20.11	1 : 3.82	1190	194.2	202.3	8.55	1771	+ 11	
17.	wie in 16 (Milch ersetzt durch 20 Pfd. Kartoffeln)	6.05	22.94	19.58	1 : 3.79	1007	191.9	196.4	7.86	1738	— 38	
18.	wie in 17, nebst 2 Pfd. Kleien	6.32	24.00	19.82	1 : 3.80	1192	198.8	198.7	7.95	1745	+ 12	

*) Indem Wolff das Fett der Oelkuchen ohne Weiteres mit unter die stickstofflosen Verbindungen der Futterration rechnet, erscheint das Nährstoff-Verhältniß etwas stark zu Gunsten des Proteïns.

**) Bei Beginn des Versuchs, am 9. Januar, wogen die Kühe zusammen 1760 Pfund.

Es ist ersichtlich, daß der Versuch im Ganzen keine große Differenzen im Milchertrage und Körpergewichte der Kühe mit sich gebracht hat. Nichtsdestoweniger lassen sich aus ihm folgende Schlüsse ziehen:

1. Die Zulagen von 4 Pfd. Rapskuchen und 4 Pfd. Heu, welche die Kühe in der 5., 9., 12. und 13. Woche bekamen, kann als diejenige bezeichnet werden, welche die Kühe am Höchsten verwertheten. Denn eine Erhöhung der Rapskuchen um 2 Pfd. in der 6. Woche, so wie eine Verminderung derselben von 6 Pfd. auf 4 Pfd. in der 9. Woche hat keinerlei nennenswerthe Zunahme oder Verminderung des Milchertrages herbeigeführt. Es war also unnütz, den beiden Kühen mehr, als 4 Pfd. Rapskuchen täglich zu reichen. In der 10. Woche, wo ihnen indessen nur 2 Pfd. Rapskuchen gegeben wurden, sank der Milchertrag um 16 Pfd., gegen früher. Man könnte daher sagen, daß 14 Pfd. Rapskuchen 16 Pfd. Milch erzeugt hatten; ein Pfd. Rapskuchen = 1$^1/_7$ Pfd.

2. Die Erträge in der 13. und 14. Woche differiren um 4 Pfd. Milch und 1 Pfd. Butter. Da diese Differenz zu Ungunsten des Ersatzes von 2 Pfd. Rapskuchen durch 4 Pfd. Heu ist, so möchte 1 Pfd. Rapskuchen unter allen Umständen einen größeren Futterwerth haben, als 2 Pfd. Heu, wenigstens möchte sein Milchproductionswerth gleich 3 Pfd. Heu zu schätzen sein.

3. Durch Entziehung von 14 Pfd. Weizenkleien in der 15. Woche erfolgte eine Verminderung der Milchproduction um 9$^1/_3$ Pfd., so daß also 1 Pfd. Kleie $^2/_3$ Pfd. Milch hervorgebracht hat. Der Milchproductionswerth von Kleien und Oelkuchen verhält sich sonach zu einander, wie $^2/_3$: 1$^1/_7$ oder wie 7 : 12.

4. Aus dem Milchertrage in der 17. Woche sieht man, daß die 20 Pfd. Kartoffeln die 40 Pfd. Rüben nicht völlig ersetzen konnten. Die Kartoffeln waren übrigens von geringer Qualität.

5. Wolff beobachtete, daß in der 11. Woche, wo die Kühe keine Oelkuchen erhielten, so wie auch in der 10. und 14. Woche, wo sie blos 1 Pfd. per Kopf täglich bekamen, ein beträchtlicher Theil des Futterstrohs unverzehrt übrig blieb, was in den Wochen, wo jede Kuh 2 oder 3 Pfd. Oelkuchen erhielt, gar nicht der Fall war. Wolff glaubt zwar, daß die Kühe nur ein bestimmtes Futtervolum in sich aufzunehmen pflegen, daß aber einzelne, concentrirte Futterstoffe die Thiere veranlassen, innerhalb gewisser Grenzen auch größere Mengen des voluminösen Futters zu verzehren.

6. Die täglich getrunkene Wassermenge hat keinen Einfluß auf das Quantum und die Qualität der Milch ausgeübt; vielmehr ist die Milchproduction ausschließlich von der Beschaffenheit und Menge der Futterstoffe, so wie von der Art der Fütterung abhängig.

7. Obgleich das Körpergewicht der Kühe manchen, bei der Kürze der Versuchsperioden ganz unerklärbaren Schwankungen unterworfen gewesen ist, so scheint doch der günstige Einfluß der Oelkuchen auf die Fleischproduction ersichtlich, namentlich in der 12. und 13. Woche, wo 58 Pfd. Oelkuchen nahezu 50 Pfd. Lebendgewicht erzeugten.

Indem Wolff den vorstehenden Versuch vom 15. Mai an, unter allmähliger Einschaltung von Grünfutter, fortsetzte, konnte er die interessante Beobachtung machen, welchen Einfluß auf die Milchproduction der Uebergang von der Winterfütterung zur Grünfütterung hat.

Die beiden Kühe, welche in der letzten Winterversuchswoche (Nro. 18) täglich erhielten:

20 Pfd. Kartoffeln, 20 Pfd. Heu, 24 Pfd. Futterstroh, 6 Pfd. Grummet, 4 Pfd. Rapskuchen und 4 Pfd. Weizenkleie,

bekamen jetzt die, in nachstehender Tabelle vermerkten Rationen:

Nummer der Versuchswoche.	Fütterung per Tag.	In der ganzen Ration beider Kühe war enthalten			Nährstoffverhältniß	Wasser getrunken per Woche (Pfd.)	Von einer Versuchswoche zur andern wurden producirt			Gewicht beider Kühe am Ende jeder Woche (Pfd.)	Gewinn oder Verlust an Körpergewicht während der Woche (Pfd.)
		Proteinstoffe (Pfd.)	Stickstofflose Verbindungen (Pfd.)	Holzfaser (Pfd.)			Milch (Pfd.)	Milch mit 12.4 Proc. Trockensubstanz (Pfd.)	Darin mit 16 Proc. Wasser probucirt (Pfd.)		
19.	12 Pfd. Futterstroh, ersetzt durch 25 Pfd. Gras, sonst wie in 18.	6.52	23.68	16.56	1 : 3.63	1132	191.6	197.9	8.33	1718	— 27
20.	Sämmtliches Futterstroh ersetzt durch 48 Pfd. Gras, sonst wie in 18.	6.27	21.21	10.59	1 : 3.38	1033	200.0	200.0	8.32	1744	+ 26
21.	48 Pfd. Gras, 40 Pfd. Gl. Hafer, 20 Pfd. Heu, 4 Pfd. Delskuchen u. 4 Pfd. Kleie.	6.97	20.99	12.07	1 : 3.01	992	197.4	202.1	8.58	1706	— 38
22.	Wie in 21, nur wurden die 48 Pfd. Gras durch 48 Pfd. Klee ersetzt	6.70	18.34	10.43	1 : 2.73	998	195.7	203.3	8.90	1705	— 1
23.	158 Pfd. Klee, 4 Pfd. Delskuchen, 4 Pfd. Kleie.	6.71	16.66	9.59	1 : 2.48	887	201.9	210.7	8.81	1702	— 3
24.	158 Pfd. Klee, 6 Pfd. Heu, 2 Pfd. Delskuchen und 4 Pfd. Heu Zulage.	5.71	16.00	9.61	1 : 2.80	739	195.5	196.8	7.78	1753	+ 51
25.	Wie in 24 mit 3 Pfd. Heu Zulage.	6.03	17.21	10.45	1 : 2.85	866	177.3	187.4	7.87	1771	+ 18
26.	Salt Rothklee nebst 2 Pfd. Delskuchen und 4 Pfd. Kleie.	?	?	?	?	?	168.6	181.1	7.75	1804	+ 33

In der 23. Woche zeigte sich, daß die Gesammtmenge der Trockensubstanz den Thieren nicht mehr genügte, indem sie begierig einen Theil Streu nen Theil Stroh verzehrten.

51

Beim Vergleiche dieser Resultate mit den, in der ersten Tabelle enthaltenen, erkennt man auf den ersten Blick, daß der Uebergang zur Grünfütterung keine bemerkenswerth höheren Milcherträge mit sich gebracht hat.
Das überrascht in etwa, weil die Meinung gang und gebe ist, daß das
Frühjahr mit dem Grünfutter auch eine wesentliche Vermehrung der Milch
bringe. Man beachte hier aber die kräftige Ration, welche die Kühe im
Winter erhalten hatten und folgere daraus, daß man durch rationelle Winterfütterung ebenso gute und ebenso viele Milch zu erzielen im Stande ist,
wie bei der reichlichsten Grünfütterung.

Allgemein wird angenommen, daß die Milchmenge einer Kuh von dem
Beginn ihrer Trächtigkeit an mit jeder Woche eine regelmäßige Verminderung
erleide. Wolff meint jedoch, der vorliegende Versuch, während der 26
Wochen, die er dauerte, bestätige diese Annahme nicht und leide daher auch
nicht darunter (Vergl. Seite 591). Er schreibt einfach die Milchabnahme
in der 25. und 26. Woche dem hartstengeligen, verholzten Zustande zu, den
der verfütterte Klee damals erreicht hatte. Es scheint, daß solch' alter Klee
sich besser zur Fleischproduction eigne, denn die Kühe wurden grade in den
letzten Wochen um 102 Pfd. schwerer.

In der 24. Woche, wo 2 Pfd. Oelkuchen durch 6 Pfd. Heu ersetzt
wurden, verminderte sich der Butterertrag um ⅛ des früheren.

Der Vorwurf, welchen ich dem ganzen Wolff'schen Versuche schließlich
machen möchte, besteht darin, daß die Futterrationen verhältnißmäßig zu
proteïnreich waren. Wolff würde gewiß eine größere Verwerthung des
Futters erzielt haben, wenn seine Rationen ein Nährstoffverhältniß von 1 : 5
dargeboten hätten.

Versuch von Kleyle auf Greizendorf, 1853.

Wie viel Oelkuchen füttert man zweckmäßig neben Rüben und Heu?
Der Versuch erstreckte sich vom 23. September bis 1. Januar über einen
Stall von 34 Stück Kühen, leichter, kleiner Race.

Dauer jeder Periode Tage	Ration per Tag und Stück:	Zahl der aufge- stellten Kühe	Tägl. Milchertrag in Summa öftr. Maaß	per Stück Pfd.
30	47 Pfd. Rüben + 5 Pfd. Heu	34	70	6.2
7	dito dito + ½ Pfd. Rapskuchen .	34	70	6.3
6	33 Pfd. Rüben + 5 Pfd. Heu + 2 „ „	34	74	6.5
38	dito dito 3 „ „	31	86	8.3
17	dito dito dito + 1 Pfd. Schrot	32	106	9.9

Ein wissenschaftlicher Werth hat dieser Versuch nicht. Man sieht jedoch aus ihm, daß eine Zugabe von 3 Pfd. Rapskuchen per Kopf noch nicht das Maximum der Milchproduction bewirkte, deren die Kühe fähig waren. In der letzten Periode bot die Ration ungefähr 11.7 Pfd. Trockensubstanz mit 1.9 Pfd. Proteïn, 0.55 Pfd. Fett und 5.8 Pfd. Kohlehydrate; das ist überhaupt so wenig, namentlich hinsichtlich des Trockensubstanzgehaltes, daß ich glaube, die Kühe haben außerdem noch Stroh oder Spreu gefressen, was indessen im Versuchsberichte nicht bemerkt ist.

Versuch zu Augustenberg, 1853 auf dem Gute des Markgrafen Wilhelm von Baden.

Derselbe begann am 5. Dezember mit einer Kuh, die 3 Monate vorher gekalbt hatte. Man gab dem Thiere täglich:

12 Pfd. Heu und 8 Pfd. Stroh geschnitten, 25 Pfd. weiße Rüben, 10 Pfd. Runkelrüben, 2 Loth Kochsalz,

und außerdem noch eine verschieden große Oelkuchenzulage.

Nummer der Versuchsperiode à 6 Tage	Zulage an Rapskuchen		Milchertrag in 6 Tagen
I.	1 Pfd.		68.1 preuß. Quart
II.	2 „		72.0 „
III.	3 „		75.3
IV.	4 „		76.3
V.	5 „		78.6
VI.	4 „	nebst 2 Loth Kochsalz	80.3 „
VII.	4 „	„ 2 „ „	79.9 „

Eine Oelkuchenzulage bis zu 5 Pfd. per Tag hat sich also durch den Mehrgewinn an Milch nicht gehörig bezahlt gemacht. Erst, als 4 Pfd. Oelkuchen neben 4 Loth Kochsalz verfüttert wurden, da rentirte sich die Zulage, indem sie das Maximum der Milchproduction zur Folge hatte.

Versuch von Ritthausen in Möckern, 1854.

Angestellt mit den beiden nämlichen Kühen, mit denen Wolff das Jahr vorher experimentirt hatte. Man wollte vornehmlich erfahren, welchen Milchproductionswerth die Zuckerrüben, im Vergleich zu den gewöhnlichen Futterrunkeln, haben. Zu dem Ende gab Ritthausen vom 20. März an bis zum 9. April den Kühen folgende tägliche Ration:

16 Pfd. Heu, 8 Pfd. Grummet, 24 Pfd. Gerstenstroh, 40 Pfd. Zuckerrüben, 4 Pfd. Rapskuchen und 2 Loth Viehsalz.

Vorher, bis zum 20. März, hatten sie dieselbe Ration bekommen, nur mit dem Unterschiede, daß damals, an Stelle der Zuckerrüben, 40 Pfd. Futterrüben gegeben wurden.

Fütterung	Milch mit 12.5 Proc. Trockensubstanz	Milch im natürlichen Zustande	Butter, wasserfrei	Lebendgewicht der beiden Kühe
Runkelrüben produzirten durchschnittlich per Woche . . .	227.7 Pfd.	230.8 Pfd.	7.3 Pfd.	1745 Pfd.
Zuckerrüben produzirten vom 20.—26.				
März	247.5 „	251.5 „	7.8 „	1797 „
27. März — 2. April . .	249.2 „	254.5 „	7.8 „	1798 „
vom 3. — 9. April . .	239.8 „	248.9 „	7.4 „	1785 „

Hiernach hätten also die Runkeln wöchentlich 20 Pfd., oder täglich 2⁶/₇ Pfd. Milch weniger erzeugt, als die Zuckerrüben. Das macht per 100 Pfd. verfütterter Zuckerrüben einen Mehrertrag von 7¹/₂ Pfd. Milch aus. Dies kann jedoch nur dann von allgemeiner Richtigkeit sein, wenn die ganze Futtermischung, worin sich die Zuckerrüben befinden, in ihrem Nährstoffverhältniß ähnlich constituirt ist, wie die in dem Versuche beobachtete.

Es bekamen die 2 Kühe täglich	Proteïnstoffe	Kohlehydrate	Holzfaser	Nährstoffverhältniß
bei der Rübenfütterung . . .	5.69 Pfd.	19.82 Pfd.	18.81 Pfd.	1 : 3.5
„ „ Zuckerrübenfütterung .	5.76 „	22.24 „	18.93 „	1 : 4.0

Wären die Zuckerrüben ohne Oelkuchen und Heu verfüttert worden, so daß sie in einem Nährstoffverhältniß, ungefähr wie 1 : 8 sich befunden hätten, dann würden sie gegen Futterrüben gewiß keinen höheren Futterwerth gezeigt haben. Wo der größtmögliche Nutzen aus den Zuckerrüben gezogen werden soll, da muß die ganze Ration so constituirt sein, wie es eine milchende Kuh verlangt, nämlich wie 1 : 5—6. Dies vorausgesetzt, sagt der Versuch allerdings ganz richtig, daß 2 Pfd. Zuckerrüben den Futterwerth von 3 Pfd. gewöhnlicher Rüben haben, sowohl in Rücksicht auf Milch- als auch auf Fleischproduction. (Vergl. Seite 492).

Versuch von Kaufmann zu Brüggen, 1859.

Derselbe hatte sich das gleiche Thema gestellt. Gefüttert wurde an 7 Kühe, die durchschnittlich seit 3 Monaten gekalbt hatten, folgende Ration während 2 Perioden à 9 Tagen, wozu noch bemerkt wird, daß die Thiere an eine ähnliche Fütterung schon seit lange gewöhnt waren, und zwischen beiden Perioden 3 unberücksichtigte Tage liegen.

Ration per Tag und Stück: 9¹/₄ Pfd. Heu, 10²/₃ Pfd. Stroh, 1 Pfd. Bohnenschrot, ¹/₂ Pfd. Leinkuchen. Außerdem:	Gesammt-Milchertrag in 9 Tagen Pfd.	Milchertrag pro Tag und Kuh Pfd.
I. Periode. Zulage von 60 Pfd. Zuckerrüben . . .	1260	20
II. „ „ „ 60 Pfd. Runkelrüben . . .	1201	19

Dies Resultat ist nicht so sehr zu Gunsten der Zuckerrüben, wohl deßhalb, weil die übrigen Theile der Ration schon genug zuckerartige Nährstoffe enthielten, und die chemische Qualität beider auf gleichem Felde gewachsenen Rübensorten nicht so schroff verschieden war, wie wir dies bei ächten Exemplaren beobachten.

Versuch von Ferentheil in Porschütz, 1854.

Vergleich zwischen Runkelrüben und Mohrrüben mittelst einer Kuh, welche 7 Wochen vorher gekalbt hatte. Die Möhre war die weiße, grünköpfige Riesenmöhre, die Runkelrübe von der Oberndorfer Sorte. Außer dem hier unten näher verzeichneten Quantum Möhren oder Rüben erhielt die Kuh täglich:

4 Pfd. Heu, 6 Pfd. Futterstroh, 10 Pfd. Kleespreu und 1½ Loth Kochsalz.

Nummer der Versuchswoche	Extrafutter per Tag		Milchmenge per Woche	Zu 1 Pfd. Butter waren erforderlich	
1.	35 Pfd.	Möhren	39.5 Quart	10.4	Quart Milch
2.	42 „	Runkelrüben	43.0 „	11.7	„ „
3.	35 „	Möhren	43.2 „	10.6	„ „

Dieser Versuch, der unverkennbar zu Gunsten der Mohrrüben spricht, wurde in ähnlicher Weise wiederholt von Amsberg zu Brüggen in Hannover 1854.

Man wählte 7 circa 900pfündige Kühe aus, die so ziemlich zu gleicher Periode gekalbt und auch, gemäß früheren Erfahrungen, eine constante Milchergiebigkeit hatten. Die Versuchsfütterung begann am 4. Dezember. Außer den Rüben oder Möhren bekam jede Kuh täglich:

5 Pfd. Heu, 12 Pfd. Heu und 9 Pfd. Haferstroh zu Häcksel geschnitten,
1 Pfd. Getreideschrot und 1½ Pfd. Rapskuchen.

Nummer der Versuchswoche	Extrafutter per Tag		Gesammtmenge der von den 7 Kühen wöchentlich gelieferten Milch	Zu 1 Pfd. Butter waren erforderlich	
1.	50 Pfd.	Runkelrüben	1234.6 Pfd.	26.3	Pfd. Milch
2.	50 „	Mohrrüben	1255.6 „	27.1	„ „

Versuch von Scheven auf der Versuchsstation zu Groß-Kmehlen 1857.

Es dienten dazu 2 Milchkühe, Allgäuer Race, circa 3 Jahre alt, deren erstgeborene Kälber am 4. und 11. Dezember 1856, nach 4wöchentlichem Säugen, abgesetzt worden sind. Nach Ablauf einer 14tägigen Vorperiode begann der eigentliche Versuch am 12. Februar und dauerte bis zum 28. April, somit 11 Wochen. Er war vornehmlich auf die Frage gerichtet: Wie stellt sich zu einander der Näh reffect von Kartoffeln und Kartoffelfasern aus Stärkefabriken, und in welcher Futtermischung verwerthen sich beide am höchsten? Mit diesem Thema knüpfte Scheven an jene analytische Untersuchung der Stärkerückstände an, über die ich bereits früher, Seite 515, Mittheilung gab.

Wegen der in Betracht kommenden Versuchsdetails bitte ich folgende Aufstellung aufmerksam anzusehen:

Nummer der Versuchswoche	Tägliche Ration der beiden Kühe	Die tägliche Ration ermittelt nach speziellen Analysen				Ertrag der beiden Kühe per Woche an					Bemerkungen.
		Protein-stoffe Pfd.	Stick-stofflose Nähr-stoffe Pfd.	Holz-faser Pfd.	Nährstoff-verhältniß	Milch Pfd.	Milch mit 11.7 Proz. Trocken-substanz Pfd.	wasser-freier Butter Pfd.	Lebend-gewicht am Ende der Woche Pfd.	Zu- oder Abnahme an Gewicht während der Woche Pfd.	
1.	Den 15½ Pfd., Roggenstroh 10½ Pfd., Roggenkleie 2 Pfd., rohe Kartoffeln . . .	3.03	19.7	10.2	1:6.5	204	197	5.14	1521	— 8	Die rohen Kartoffeln verursachten den Thieren heftigen und anhaltenden Durchfall.
2.	Wie in 1 mit Zulage von 2½ Pfd. Rapskuchen . . .	3.76	23.5	10.6	1:6.2	219	218	6.16	1545	— 3	
3.	Wie in 2 mit Zulage von 3 Pfd. Stärke . . .	3.76	20.5	10.6	1:6.4	211	211	6.12	1548	+27	
4.	Den 15 Pfd., Roggenstroh 9 Pfd., Kleie 3 Pfd., Rapskuchen 4 Pfd., gedämpfte Kartoffeln 50 Pfd. . . .	3.83	24.7	9.9	1:6.4	216	221	6.68	1546	+ 1	der weder durch Zusatz von Rapskuchen, noch von Stärke in der 2.
5.	Genau wie in 4 . . .	3.83	24.7	9.9	1:6.4	257	232	6.16	1554	+ 8	ganz Man
6.	Den 15 Pfd., Stroh 9 Pfd., Kleie 3 Pfd., Rapskuchen 4 Pfd., Hafer von 100 Pfd. . . .	3.56	24.2	10.3	1:6.8	223	224	5.81	1554	+ 0	
7.	Genau wie in 6 Kartoffeln . . .	3.56	24.2	10.3	1:6.8	226	224	5.90	1540	—14	Kartoffeln dämpfen. Mit der
8.	Hafer von 120 Pfd. . . .	3.67	26.5	10.4	1:7.2	233	232	6.43	1543	— 3	2, 10. und 11. Woche wurde während des
9.	Genau wie in 8 . . .	3.67	26.5	10.4	1:7.2	235	238	6.69	1546	+ 6	gangen
10.	Den 15 Pfd., Stroh 9 Pfd., Kleie 3 Pfd., Rapskuchen 5¾ Pfd. und Hafer von 62 Pfd. Kartoffeln . . .	3.84	20.2	10.3	1:5.2	232	236	7.56	1563	+20	beträchtliche Wenger un- verbauter Stärke in be-
11.	Genau wie in 10 . . .	3.84	20.2	10.3	1:5.2	227	228	6.60	1577	+14	o

Bevor ich hieraus die Schlußfolgerung ziehe, gebe ich zu bedenken, ob der Proteïngehalt der Rationen nicht zu gering gewesen sei. Mir scheint es, daß die beiden Kühe, obgleich sie leichten Schlages waren, täglich mindestens 4¼ Pfd. Proteïn bedurften. Daß sie weniger, als dieses Quantum bekamen, daraus erkläre ich mir die geringe Qualität der produzirten Milch. Ein so mittelmäßiger Butter- und Caseïngehalt, wie ihn beifolgende Analyse constatirt, ist nämlich die gewöhnliche Folge einer angehenden Proteïnarmuth des Futters.

100 Theile Milch enthielten im Mittel von je 11 Analysen:

	Seit dem letzten Melken verflossen	Wasser	Butter	Milchzucker	Caseïn	Salze
Mittagmilch . . .	5 Stunden	88.16	2.94	4.90	3.27	0.72
Abendmilch . . .	7 „	88.50	2.82	4.87	3.21	0.80
Morgenmilch . .	12 „	88.45	2.69	4.87	3.15	0.82

Uebrigens hat der Versuch zu der Einsicht geführt, in wie weit stickstofflose Zusätze zu einem Futter von Nutzen sind oder nicht. Man vergleiche zunächst nur die 3. Woche, wo die Kühe eine Zulage von 3 Pfd. Stärke erhielten, mit der zweiten. Die Stärke hat zwar etwas mehr Milch produzirt, aber keineswegs in solchem Verhältniß, daß darin ein Ersatz für die Körpergewichts-Abnahme von 3 Pfd. und die Kosten der Stärke gegeben wäre. Ferner vergleiche man die beiden letzten Versuchswochen mit den Milch- und Fleischerträgen in Woche 4 bis 9, wo 4—6 Pfd. Kohlehydrate täglich mehr verfüttert worden sind. Was haben letztere mehr produzirt? An Milch gar Nichts, denn die Milcherträge in diesen 6 Wochen sind durchschnittlich nicht größer, als in jenen 2 letzten; an Fleisch erst recht Nichts, wenn ich beachte, daß blos in den letzten Wochen eine erhebliche Körpervermehrung Statt gefunden hat. Es scheint dies Alles darauf hinzudeuten, daß eine übermäßige Vermehrung der stickstofflosen Nährstoffe für Milchkühe nutzlos ist.

Im Milchertrage ziemlich gleich stehen sich Woche 5, 9 und 10. Daraus kann gefolgert werden, daß diejenigen Futtermittel, worin sich die, in der genannten Woche gereichten Rationen unterscheiden, von gleichem Milchproductionswerthe sind. Das sind nun einerseits 50 Pfd. gedämpfte Kartoffeln (Woche 5), andererseits die 83 Pfd. Faser von 120 Pfd. Kartoffeln (Woche 9) und drittens die 43 Pfd. Faser von 62 Pfd. Kartoffeln nebst 1¾ Pfd. Rapskuchen. Die Faser von 240 Pfd. Kartoffeln hat also blos den Futterwerth von 100 Pfd. ganzen Kartoffeln, oder ganz allgemein ausgedrückt: die Faser hat nur $\frac{100}{240} = 41\%$ vom Futterwerthe des Rohmaterials. Dies stimmt, als directes Versuchsresultat, befriedigend genug mit den Ergebnissen der auf Seite 514 ausgeführten Berechnungen überein.

Will man das Rentabilitätsverhältniß zwischen Faser und Rapskuchen wissen, so hat man ebenfalls als directes Versuchsergebniß:

$$1\tfrac{3}{4}\text{ Pfd. Rapskuchen} = 40 \text{ Pfd. Kartoffelfaser, oder}$$
$$1 \quad „ \qquad\qquad = 23 \quad „$$

Indem ferner die 43 Pfd. Faser in Woche 10 dem Ertrage von 18 Pfd. Kartoffeln entsprechen, so stellen sich auch

$$1\tfrac{3}{4}\text{ Pfd. Rapskuchen} + 18 \text{ Pfd. Kartoffeln} = 50 \text{ Pfd. Kartoffeln, oder}$$
$$1\tfrac{3}{4} \quad „ \qquad „ \qquad\qquad = 32 \quad „ \qquad „ \qquad \text{oder}$$
$$1 \quad „ \qquad „ \qquad\qquad = 18 \quad „ \qquad „$$

Natürlich können diese Verhältnißzahlen auf allgemeine Gültigkeit keinen Anspruch machen. Sie gelten eigentlich nur für den vorliegenden Fall, und durch ihre Berechnung wollte ich blos zeigen, wie man in ähnlichen Fällen zu verfahren hat.

Versuch von Karmrodt auf der Versuchsstation zu Nicolas, im Winter 1858.

Derselbe diene zur Ergänzung dessen, was wir auf Seite 517 über den Futterwerth der Preßlinge gesagt haben.

Die hier in Betracht kommenden Hauptfuttermaterialien sind, mit folgendem Resultate analysirt worden:

	Stoppelrüben mit ihrem Laub	Blätter von Zuckerrüben	Krautpreßlinge
Wasser . . .	89.17 %	86.80 %	70.00 %
Proteïnstoffe . .	1.54 „	2.70 „	5.69 „
Asche . . .	1.36 „	2.03 „	2.03 „
Phosphorsäure .	0.112 „	0.146 „	0.228 „
Kali	0.344 „	0.832 „	0.511 „

Zum Versuche dienten 2 Kühe à 950 Zollpfund, indem dieselben mit den nachstehend bezeichneten Rationen je 5 Tage lang gefüttert wurden.

Ration per Tag und Stück	Gehalt der Ration an				Nährstoffverhältniß*)	Durchschnittlicher Milchertrag per Tag und Stück	Prozentischer Gehalt der Milch an		
	Trockensubstanz	Protein	Kohlehydrate	Mineralsalze			Trockensubstanz	Casein	Fett
	Pfd.	Pfd.	Pfd.	Pfd.		Pfd.			
I. 290 Pfd. Stoppelrüben, inclusive Laub	31.4	4.4	18.0	3.9	1 : 4.1	20.3	13.4	4.2	4.9
II. 285 Pfd. Zuckerrüben-Blätter und 15 Pfd. Haferstroh .	50.3	8.0	23.4	6.6	1 : 2.9	18.7	12.6	2.6	3.1
III. 70 Pfd. Preßlinge . . . 15 Pfd. Haferstroh . . . 5 Pfd. Caff . . .	38.0	4.6	28.2	2.7	1 : 6.1	16.4	11.6	3.1	3.0

*) Diese Verhältnisse sind ganz anders, wie diejenigen, welche der Versuchs-ansteller berechnete, der seinerseits es unterlassen hatte, die Holzfaser in den

Vorstehende Ergebnisse führen uns zu folgenden Bemerkungen:

1. Weil die Proteïnmenge in Ration I und III um's Doppelte, und in Ration II um's Dreifache zu groß ist, gegen diejenige, welche eine 900 pfündige Milchkuh zur vollkommnen Ernährung eigentlich bedarf, deßhalb dürfen wir von vorn herein alle drei Rationen als unrationelle bezeichnen.

2. Die unglücklichste Mischung repräsentirte die aus 285 Pfd. Rübenblätter und 15 Pfd. Haferstroh bestehende Ration, denn ihr Gehalt an Trockensubstanz, Proteïnstoffen und Mineralsalzen ist so abnorm groß, daß man sich, trotz der diuretischen Wirkung solcher Diät, wundern muß, wie eine Kuh sie verzehren konnte.

3. Obgleich Ration I in allen ihren Theilen geringhaltiger war, wie II und III, so hatte sie dennoch in ihrem Milchproductionswerthe den Vorrang. Dies bedeutet uns, daß nicht allein das Unzureichende des einen oder andern ihrer Bestandtheile es ist, woran eine Ration leiden kann, sondern ebenso gut auch ein Ueberfluß daran. Eine rationelle Ration darf nichts zu wenig und gar nichts zu viel enthalten.

4. Daß die Zuckerrübenpreßlinge aus Krautfabriken 3 mal so proteïnreich sind, als die aus Zuckerfabriken, das wird uns gewiß etwas auffallend vorkommen. Indessen, wenn jene nicht proteïnreicher wären, so würde mit Ration III nicht einmal das erreicht worden sein, was der Versuch feststellt, indem es bekannt ist, welche miserable Fütterung eine bloße Mischung von Preßlingen und Stroh vorstellen. Aber auch jene proteïnreichere Preßlinge möchte ich nicht ohne eine Beigabe von Oelkuchen verfüttern.

5. Aus dem günstigen Ergebnisse der Stoppelrübenfütterung darf nicht der Schluß gezogen werden, daß das Nährstoffverhältniß von 1 : 4 ein musterhaftes sei.

6. Zu bedauern ist bei diesem Versuche, daß man die vergleichenden Fütterungen nicht länger, als 4—5 Tage andauern ließ.

Versuch von Knop auf der Versuchsstation zu Mödern, 1857.

Benutzt wurden dazu zwei, 7 Jahre alte Kühe, Montafuner Race. Sie hatten, als der Versuch am 13. Januar begann, schon seit 3 Monaten gekalbt und gaben zwar ein mäßiges, aber während der Hauptmelkzeit sich sonst ziemlich constant bleibendes Milchquantum.

---

einzelnen Futtermitteln besonders zu bestimmen und daher unter die Summe der stickstofflosen Nährstoffe den Holzfasergehalt der Ration mit einschloß. Zur Umgehung dieses Fehlers mußte ich in jenen Futtermitteln einen mittleren Gehalt an Holzfaser voraussetzen und darnach den angehenden Bestand der Ration an Kohlehydraten berechnen.

Die in folgender Tabelle enthaltenen analytischen Angaben über den Gehalt des benutzten Futters und der produzirten Milch, beruhen auf speciellen Analysen, die Knop gleichzeitig ausführte:

Nummer der Versuchswoche	Tägliche Futterration beider Kühe	In der täglichen Ration beider Kühe war enthalten			In jeder Woche produzirten die beiden Kühe			Gewicht der beiden Kühe am Ende jeder Woche	Zu- oder Abnahme an Gewicht während der Woche
		Proteïnstoffe	Stickstofflose Verbindungen	Nährstoffverhältniß	Milch	Darin Trockensubstanz	Darin wasserfreie Futter		
		Pfd.	Pf.		Pfd.	Pfd.	Pfd.	Pfd.	Pfd.
1.	120 Pfd. Runkelrüben, 4 Pfd. Rapskuchen, 22 Pfd. Heu, 10 Pfd. Gerstenstroh	4.42	22.4	1 : 5.0	262	21.25	8.45	1994	—16
2	Wie in 1	4.42	22.4	1 : 5.0	319	39.34	9.47	1982	—12
3.	136 Pfd. Rüben, 4 Pfd. Rapskuchen, 26 Pfd. Heu, 8 Pfd. Stroh	5.28	26.5	1 : 5.0	327	41.69	9.83	1995	+13
4.	56 Pfd. Kartoffeln, gemaischt mit 3 Pfd. Malz, ferner 4 Pfd. Rapskuchen, 26 Pfd. Heu, 8 Pfd. Stroh	4.90	27.0	1 : 5.5	325	39.22	10.37	1960	—35
5.	Wie in 4	4.90	27.0	1 : 5.5	317	39.83	10.75	1939	—21
6.	72 Pfd. Kartoffeln, gemaischt mit 4 Pfd. Malz, ferner 4½ Pfd. Rapskuchen, 28 Pfd. Heu und 8 Pfd. Stroh . . .	5.60	31.7	1 : 5.6	341	41.46	10.89	2020	+81
7.	Wie in 6	5.60	31.7	1 : 5.6	340	41.20	10.52	2040	+20
8.	72 Pfd. Kartoffeln, gemaischt mit 4 Pfd. Malz, ferner 6 Pfd. Rapskuchen, 28 Pfd. Heu und 8 Pfd. Stroh . . .	5.96	32.2	1 : 5.4	331	39.38	10.04	2080	+40
9.	Wie in 8	5.96	32.2	1 : 5.4	335	38.36	9.99	2159	+79
10.	Wie in 8 nebst Zulage von 1 Pfd. Rapskuchen . . .	6.21	32.5	1 : 5.2	338	40.79	10.14	2108	—51
11.	Wie in 10	6.21	32.5	1 : 5.2	335	40.91	10.51	2114	+ 6
12.	Wie in 8 nebst Zulage von 2 Pfd. Rapskuchen	6.46	32.8	1 : 5.0	335	40.60	10.22	2096	—18
13.	Genau wie in 8	5.96	32.2	1 : 5.4	324	40.38	10.55	2102	+ 6

Wenn der geehrte Leser sich der wichtigen Reflexion erinnert, die wir gelegentlich unserer Charakteristik der Maische und Schlempe von Kartoffeln anstellten (Siehe Seite 511 und 527), dann erspart er sich hier lästige Wiederholungen und setzt mich zugleich in den Stand, meine Schlußfolgerungen über den vorliegenden Versuch auf Folgendes beschränken zu können.

Ritthausen hatte, wie wir damals, im Anschlusse an dessen Schlempe-Untersuchung sahen, den Beweis geliefert, daß der Ueberschuß von Zucker und Stärke, welchen Kartoffeln (entweder gedämpft oder gemaischt) über das in der Kartoffelschlempe bestehende Nährstoffverhältniß von 1 : 4.7 hinaus enthalten, in der Ernährung von Milchkühen ganz nutzlos sei; daß also die Kartoffeln keinen höheren Nährwerth haben, als das ihnen entsprechende Schlempequantum. Hiervon ausgehend, wollte nun Knop durch den vorliegenden Versuch beweisen, daß jener Ueberschuß nur dann nutzbringend sei, wenn ihm ein solches Quantum von Proteïnstoffen beigegeben wird, daß die ganze Futterration ein, jenem Schlempefutter fast gleiches Nährstoffverhältniß bekommt. Man sieht, beide Versuche wollen, im Grund genommen, dasselbe beweisen; dieser direct, was jener indirect constatirt hat.

Daher experimentirte Knop mit Runkelrüben und später mit Kartoffelmaische. Diesen überzuckerreichen Futtermitteln konnte er, allmählig steigend, so viel Oelkuchen zusetzen, daß endlich ein Nährstoffverhältniß resultirte, bei welchem die Ration ihre höchste Ausnutzung gewährte. Mit der richtigen Beobachtung dieses Nutzmomentes war das Hauptziel seines Versuches erreicht.

Ein Blick auf die Versuchstabellen sagt nun, daß die beiden Kühe in der 8. und 9. Woche, wo sie täglich nahezu 6 Pfd. Proteïnstoffe und 32 Pfd. Kohlehydrate verzehrten, das Maximum an Milch und Fleisch produzirten. Das ist also bei einem Nährstoffverhältniß von 1 : 5.3. Die Wirkungslosigkeit einer Zulage von 1/2 Pfd. Proteïnstoff in Woche 12 zeigt, daß mit der Gabe von 6 Pfd. Proteïnstoffe pro Tag, die Grenze der Verwerthung erreicht war.

Zu wünschen wäre gewesen, daß Knop auch in der 1. bis 4. Woche nahezu 30—32 Pfd. Kohlehydrate in der Futterration dargeboten hätte, denn dann hätte man vielleicht schön ersehen können, daß der unbefriedigende Erfolg dieser Rationen nicht an dem Mischungsverhältniß der Nährstoffe, sondern vielmehr an dem unzureichenden, absoluten Proteïngehalte gelegen hat. Wo ein solcher Mangel vorliegt, da dürfte Knop in den Versuchsergebnissen nicht die Berechtigung finden, das Nährstoffverhältniß von 1 : 5, wie es in den drei ersten Wochen ist, zu mißbilligen. Es kann dasselbe, ungeachtet dieses Versuches, leicht rationeller für Milchkühe sein, als das Verhältniß von 1 : 5.3.

Zwei Jahre später, am 5. Januar 1859 unternahm Knop einen weiteren Versuch mit zwei Kühen. „Als Hauptnahrungsmittel wurde diesmal die Runkelrübe gewählt und dabei vorzugsweise auf den Erfolg der Kartoffelschlempe Rücksicht genommen, was die Nothwendigkeit mit sich brachte, diese in der Schlußperiode wegzulassen und durch ein anderes Futtermittel zu ersetzen."

Von den Kühen wog die eine zu Anfang des Versuchs 1035 Pfd., die andere 850 Pfd. Die schwerere hatte vor 3 Monaten, die leichtere seit 14 Tagen gekalbt. Allwöchentlich, also in jeder Periode 2 mal, wurde eine mittlere Milchprobe beider Kühe auf ihre Trockensubstanz untersucht. Ebenso hatte Knop über alle benutzte Futtermittel gute Analysen ausgeführt. Das Weitere sagt folgende Aufstellung:

Dauer der Periode à 14 Tage	Ration pro Tag und Kuh in Pfunden						Gehalt der Ration an				Milchertrag beider Kühe per Periode	Gehalt der Milch an Trockensubstanz	Zunahme beider Kühe der Periode	
	Heu	Stroh	Rüben	Schlempe	Rieß	Rapskuchen	Protein	Kohlehydrate	Trockensubstanz	Nährstoff-Verhältniß				
							Pfd.	Pfd.	Pfd.		Pfd.	%	Pfd.	
I.	10	7	75	100	—	—	2.6	15.5	32.5	1 : 6	702	11.9	— 113	Durchfall!
II.	10	7	75	50	—	4	3.3	15.3	32.2	1 : 4.7	716	12.1	+ 28	
III.	10	7	75	50	—	2	2.8	14.8	30.5	1 : 5.3	673	12.3	+ 4	
IV.	10	7	75	50	4	—	2.8	16.2	32.1	1 : 5.8	629	12.0	+ 17	
V.	10	7	75	50	4	2	3.4	16.8	33.8	1 : 5	694	11.8	+ 47	
VI.	—	14	75	50	4	2	2.6	16.5	31.0	1 : 6	624	11.7	+ 11	
VII.	—	14	85	—	6	2	2.7	16.5	31.0	1 : 6	509	11.8	+ 27	

Bei diesen Schlußbetrachtungen kann ich die Ansichten Knop's nicht vertreten. Er geht davon aus, daß es in vorliegendem Versuche hauptsächlich auf die Beurtheilung der Körpergewichtsschwankungen ankomme, und keineswegs auf die Schwankungen im Milchertrage, indem diese blos in den Grenzen von 25.5—17 Pfd. Milch per Tag und Kuh sich bewege. Seine Deductionen drehen sich daher darum, die Zu- oder Abnahmen an Lebendgewicht in theoretische Harmonie mit der Constitution der Futterrationen zu bringen. In welcher Weise er dies ausführt, kann ich hier nicht wiedergeben; weil es zu viel Raum erfordert, zu leicht in sophistische unfruchtbare Zahlenklaubereien ausartet und endlich, weil es überhaupt nicht im Plane dieses Buches liegt, alle Schlußfolgerungen der Autoren, mit welchen ich nicht einverstanden bin, zu kritisiren. Ich führe nur an, daß Knop selbst mit seinem Erklärungsversuch nicht ganz zufrieden zu sein scheint, indem ihm dabei doch zu viele räthselhafte Momente übrig blieben. Er reduzirt auch zuletzt den ganzen Versuch auf ein bescheidenes Resultat, und zwar auf kein theoretisches, sondern auf ein einfach practisches, indem er sagt: bei Verfütterung von Rüben- und Kartoffelschlempe empfehle sich als erprobt folgende Rationsmischung per 1000 Pfd. Lebendgewicht.

11¹⁄₃ Pfd. Wiesenheu,
7⁷⁄₉ „ Winterstroh,
83¹⁄₃ „ Runkelrüben à 14.6% Trockensubstanz,
44⁵⁄₉ „ Schlempe à 7.4% „
2⁹⁄₉ „ Rapskuchen.

Offenbar handelt es sich aber um eine wichtige Prinzipienfrage, die Knop durch sein Verfahren angeregt hat. Ich frage nämlich: sind überhaupt solche Körpergewichtschwankungen, wie sie oben zu ersehen, von so großem Gewichte? — Und sind sie namentlich bei Milchvieh nicht völlig untergeordnet den Schwankungen im Milchertrage?

Mir will es scheinen, als habe man bisher viel zu viel Gewicht auf solche kleine Schwankungen im Lebendgewichte gelegt, und zwar aus dem einfachen Grunde, weil leicht möglich solche Differenzen nicht aus dem vermutheten Fleischgewinn bestehen, sondern aus purem Wasser. Solcher Beispiele findet man genug auf Seite 250. Ich beobachte Aehnliches auch täglich bei unseren hiesigen physiologischen Experimenten, wobei die Versuchsochsen alle Tage pünktlich gewogen werden. Da kommen Schwankungen im Körpergewichte von 5—30 Pfd. fast alle Tage vor, und trotz der gleichmäßigsten Diät. Fällt es so einem Ochsen z. B. ein ½ Tag vor der Wägung kein Wasser zu trinken, so ist er sicher nachher 10—20 Pfd. leichter; dagegen säuft er oft Abends das 2—3 fache an Wasser und die Waage findet ihn den andern Morgen um ¼ Ctr. schwerer. Noch schroffer zeigen sich solche Schwankungen beim Uebergange von einer Diät zur andern, denn dann sank oft das Gewicht unserer Ochsen in 2—3 Tagen um 60 Pfd., ohne daß man bei der Reichlichkeit der Ration annehmen durfte, dieser Verlust sei Fleisch oder Fett. Es war, wie unsere Stoffwechselsgleichungen nachher zeigten — lediglich Wasser, welches ein Thier innerhalb weiter Grenzen in seine Gewebe aufnehmen und es ebenso rasch wieder daraus entfernen kann, je nach der Disposition oder der Fütterung.

Vor den Versuchen von Bischof u. Voit war ich über diese Verhältnisse ganz im unklaren, und habe daher selbst in der I. Auflage dieses Buches, bei der kritischen Darstellung der Fütterungsversuche, manchmal an kleinen Körpergewichtschwankungen den Schlüssel zur Lösung irgend eines Räthsels der Fütterung gesucht; jetzt thue ich es nicht mehr, ich beachte solche kleine Differenzen überhaupt nicht mehr, weil sie mir theoretisch nicht verwerthbar sind; nur dann lege ich Gewicht darauf, wenn selbige verhältnißmäßig groß sind und das Resultat langwährender Fütterungen. Jener Gewichtsverlust von 113 Pfd., den die Kühe in Periode I erlitten, wage ich zum Beispiel nicht einmal zu deuten. Er ist mir bei 14tägiger Fütterung zu unsicher und steht mir zu sehr unter dem Einflusse der Neuheit des Futterregim's für die Kühe. Ich glaube zwar mit Knop, daß die Ration der I. Periode zu wässrig und salzig war und daher wahrscheinlich auch ein vorübergehendes Uebelbefinden der Thiere und wirkliche Verluste an Fleisch und Fett verursacht haben; aber wer kann mir bürgen, daß letz-

52

teres gerade 113 Pfd. waren und nicht etwa zu ²/₃ aus Wasser bestehend, welches die Kühe plötzlich verloren und allmählig erst in den übrigen Versuchsperioden wieder in sich aufnahmen.

Machen wir uns nur ja kein Hehl, daß, wie ich schon auf Seite 558 und 597 sagte, nichts gewagter ist als solche Gewichtsschwankungs-Deutungen, wenn wir nicht zugleich, mittelst physiologischer Gleichungen einen klaren Blick in den wirklichen Stoffumsatz im Thierkörper werfen können! — Denn grade diese Verhehlung hat uns lange genug schwer am Fortschritte geschadet! Hätten wir die Erkenntniß von heute vor 10 Jahren gehabt, dann wären gewiß ¹/₂ hundert nutzloser Fütterungsversuche weniger und dafür einige gründliche physiologischen Untersuchungen mehr; unsere Versuchsstationen würden letzteren gegenüber durchgehends nicht in einem so hülflosen Zustande sein, wie heute. — —

Daß nun bei Milchvieh die Milchproduction nicht der einzige Maaßstab des Futtereffectes ist, das weiß ich; daß es aber in den nicht physiologischen bisherigen Fütterungsversuchen, und auch in den Knop'schen, der sicherste Maaßstab ist, darüber bin ich mit mir im Klaren. Während diese Versuche mich in den Körper der Thiere nicht hineinsehen lassen, hab' ich in der produzirten Milchmenge etwas Reelles vor mir; mag sie vom Futter oder theilweise vom Fleisch der Thiere stammen, ich weiß wenigstens, ohne Täuschung, was ich habe und daß es einfach die Folge der Fütterung ist. Daher kann ich, im Gegensatze zu Knop, eine Kritik obiger Rationen nur auf Grund der gelieferten Milchmenge versuchen, und dabei, was aber zufällig ist, auch die Qualität letzterer außer Acht lassen, da es gemäß ihrer Trockensubstanzgehalte scheint, daß keine erheblichen Unterschiede eintraten.

Nun zeigt sich in der II. und V. Periode eine günstige Milchproduction und zugleich der höchste Proteïngehalt der Ration in allen 7 Perioden. Man darf daraus einen überhaupt günstigen Einfluß proteïnreicher Rationen auf Milchkühe folgern, grade so, aber auch unter ähnlichen Restrinctionen, wie bei den früher Seite 596 beschriebenen Versuchen von Rohde. Daß weiter daraus das Nährstoffverhältniß von 1 : 5 als das Beste resultirt, mag ich nicht sagen, indem hinsichtlich dieses Punktes eine bestimmte Meinung in zu mißlicher Situation ist gegenüber den verwirrenden Folgerungen sonstiger Versuche. Ich weiß auch wirklich nicht, welches Nährstoffverhältniß ob 1 : 4, 1 : 5 oder 1 : 6 für Milchkühe das Beste ist, und wenn der Knop'sche Versuch mich belehren will, daß das von 1 : 6 ein verwerfliches sei und das von 1 : 4.7 ein musterhaftes, so bedaure ich, daß dieser

Versuch ebenso so wenig wie alle bis jetzt beschriebenen, mich hievon und überhaupt zu einer festen Doctrin zu überzeugen vermag.

Störend für die Beurtheilung obiger Versuchsrationen war auch die Nichtberücksichtigung ihres Fettgehaltes. Ich berechne zum Beispiel, daß Ration I 0.66 Pfd., Ration II 1.0 Pfd., Ration V 0.88 Pfd., Ration VII 0.63 Pfd. Fett ungefähr enthalten mag. Diese Differenzen sind schon zu groß, um ohne Einfluß auf das Ernährungsresultat gehalten werden zu können.

Der Ersatz der 10 Pfd. Heu durch 7 Pfd. Stroh in Periode VI war ein unvollkommener, denn wir sehen darnach den Milchertrag beträchtlich sinken. Ebenso nachtheilig für die Kühe scheint in Periode IV der Ersatz von 2 Pfd. Rapskuchen durch 4 Pfd. Kleie gewesen zu sein.

Was ist nun das wichtigste Resultat, welches sich uns bei einem nüchternen Blicke über die ganze Reihe der hiermit beschriebenen Kuhfütterungsversuche aufdrängt? —

Ich glaube, es ist die Erkenntniß, daß sie alle nicht fähig sind uns eine befriedigende Theorie über die Rationen der Milchkühe zu geben.

Die Ernährungsvorgänge zeigen sich, der Natur der Sache nach, bei solchen Thieren verwickelter, als bei Mastvieh und derart, daß sie nur auf dem beschwerlichen, umständlichen Wege des physiologischen Versuchs aufgedeckt werden können.

Wer die Ausführung solcher Versuche den Versuchsstationen zumuthet, der sorge zunächst gütigst dafür, daß selbige es auch können. Bis heute konnten sie es wirklich nicht, wegen der Erbärmlichkeit ihrer Dotationen. „Mehr Geld für die Versuchsstationen!" — sei deßhalb die Parole aller Landwirthe, welche sich für einen reellen Fortschritt der wissenschaftlichen Fütterungslehre interessiren. Es sei das vorläufig unser Caeterum censeo!

19. Vortrag.

Kritische Darstellung der Versuche über die Ernährung der
Pferde.

Statistischen Ermittelungen zufolge betrug anno 1852 die Zahl der Pferde im preußischen Staate 1,564,808 Stück. Drei Jahre später ergab die Zählung eine Verminderung von 13929 Stück, wahrscheinlich wegen den hohen Getreidepreisen. Gegen die Bevölkerung ist die Zahl der Pferde andauernd zurückgegangen. 1819 kam 1 Pferd auf 8.23, 1855 auf 11.05 Menschen. Um den jetzigen Pferdebestand zu erhalten wäre ein jährlicher Zuwachs von 117077 nöthig. Die Zahl der Maulthiere und Esel beträgt gegenwärtig 7586; Frankreich hat deren mehr als 10 mal so viel. — Rindvieh aller Gattungen existirten Ende 1858 in Preußen 5,527,402 Stück, so daß 1 Stück auf je 3.14 Menschen kommen. Die Zahl war in den letzten 36 Jahren um 1,188,698 oder von 100 auf 127.8 gestiegen.

Zur Einleitung dienen folgende Notizen von Boussingault über die Größe des Zuwachses bei Fohlen.

	Gewicht bei der Geburt	Zunahme in der Säugezeit von 87 Tagen	Zunahme per Tag
	Kilo	Kilo	Kilo
Nro. 1.	50.0	84.0	0.97
„ 2.	51.5	78.5	0.90
„ 3.	51.5	109.5	1.26

	Alter		Gewicht	Tägliche Zunahme außer der Säugezeit
	Monat	Tage	Kilo	Kilo
„ 4.	8	9	223	0.39
„ 5.	5	18	180	0.57
„ 6.	5	—	163	0.53
„ 7.	5	—	195	0.55
„ 8.	39	24	520	0.32
„ 9.	37	2	470	0.32
„ 10.	36	15	500	0.36

Hiernach gewinnt ein Fohlen durchschnittlich täglich:

während der Saugezeit . . . . 1.04 Kilo

nach Ende der Saugezeit bis ½ Jahr . . . 0.60 „

von ½ Jahr bis zum Ende des 3. Jahres . 0.33 „

Nach Lambl zu Liebwerd verhielt sich

	Gewicht des Fohlens bei der Geburt	Gewicht der Stute		Wöchentlicher Zuwachs		
				Sauge-zeit	Erstes Jahr	Zweites Jahr
	Pfd.	Pfd.		Pfd.	Pfd.	Pfd.
Hengstfohlen	97	1126 =	1:11.6	9.7	5.6	6.3
Stutfohlen	88	930 =	1:10.6	9.9	7.2	?

Versuch von Lebel, 1851.

Ueber den Ersatz des Hafers durch Oelkuchen.

Sechs Pferde, welche täglich 9 Stunden an einer Wasserschöpfma-schine arbeiteten, erhielten als gewöhnliche Tagesration:

16.8 Kilo Hafer, 60.0 Kilo Heu und 15.0 Kilo Stroh.

Sie wogen am 22. Januar 1852, als der Versuch begann, zusam-men 2650 Kilo (per Stück = 880 Zollpfund).

Gesammte Ration per Tag	Dauer des Versuchs.	Zu- oder Abnahme an Körpergewicht während eines Versuchs Kilo	Bemerkungen
I. Versuch. 3 Kilo Mohnkuchen 9 „ Weizenkleie 60 „ Heu 15 „ Stroh	Vom 22. Januar bis 1. Februar.	— 15	Mit den Mohnkuchen wurde das Häcksel 24 Stunden vorher angebrüht. Die Thiere verloren sichtlich an Kraft.
II. Versuch. 3 Kilo Mohnkuchen 4 „ Gerstenschrot 4 „ Hafer 60 „ Heu 15 „ Stroh	Vom 1. bis 8. Februar.	+ 2	Eins der Pferde hatte vom 22. Jan. an bis zum Ende des II. Versuchs 25 Kilo an Gewicht verloren und war so herunter-gekommen, daß es wieder auf die frühere, ganze Haferfütterung zurückgesetzt werden mußte.
III. Versuch. (mit 5 Pferden) 5 Kilo Mohnkuchen 4 „ Gerstenschrot 4 „ Hafer 50 „ Heu 12 „ Stroh	Vom 8. Februar bis 22. März.	— 77	Das sechste Pferd hatte während den 6 Wochen, bei seinem vollen Haferfut-ter, wieder um 15 Kilo zugenommen.
IV. Versuch. (mit 5 Pferden) 5 Kilo Mohnkuchen 4 „ Gerstenschrot 6 „ Hafer 50 „ Heu 40 „ Topinambur 8 „ Stroh	Vom 22. März bis 15. April.	— 15	Am 15. April waren die 5 Pferde so marode, daß man die Mohnkuchenfütterung aufgeben, und zur alten Ration zurückkehren mußte. Das 6. Pferd, welches letztere be-kommen hatte, besaß am 15. April sein Gewicht vom 22. Januar wieder.

Lebel schließt nun aus diesen Versuchen, daß die Mohnkuchen, so empfehlenswerth dieselben auch bei Ernährung von Rindvieh und Schweinen sind, für Pferde ein sehr schlechtes Futter abgeben.

Dieser einfachen Folgerung kann ich mich jedoch nicht anschließen. Lebel hat die 16.8 Kilo Hafer nicht durch ihr richtiges Aequivalent an Mohnkuchen, Kleie und Gerste ersetzt. Die Zusammensetzung seiner Surrogatrationen war, wie man sich durch einfache Berechnung überzeugen kann, entweder zu arm an Proteïnstoffen, oder zu arm an stickstofflosen Substanzen gegenüber der früheren Haferration. Sie konnten daher auch nicht den Nähreffect der letzteren gewähren.

Ich mache bei dieser Gelegenheit darauf aufmerksam, wie leicht man zu falschen Schlußfolgerungen geräth, und wie leicht man ein neues Futtermittel ungerecht beurtheilt, wenn man nicht wissenschaftlich die näheren Nährbestandtheile desselben in Rechnung zieht. Lebel mußte wissen, daß

	Proteïnstoffe	Kohlehydrate	Fett
16.8 Kilo Hafer enthalten	1.88 Kilo	9.42 Kilo	1.00 Kilo

und wollte man diese durch Mohnkuchen und Gerste, oder durch Mohnkuchen und Topinambur ersetzen, so waren erforderlich

entweder

		Proteïnstoffe	Kohlehydrate	Fett
3	Kilo Mohnkuchen	0.84	0.96	0.33
13	„ Gerste	1.24	8.19	0.26
	Summa	2.08	9.15	0.59

oder

5	Kilo Mohnkuchen	1.40	1.60	0.50
50	„ Topinambur	0.70	8.50	0.15
	Summa	2.10	10.10	0.65

Hätte er in dieser Weise seine Ersatzmittel berechnet und den Pferden angeboten, so zweifle ich nicht, daß alsdann das Versuchsresultat günstiger für die Oelkuchen gesprochen hätte.

Versuch von Lehmann auf der Versuchsstation Weidlitz 1860.

Um den Salzgenuß der Pferde näher kennen zu lernen, benutzte man 8 Stück Arbeitspferde diversen Alters und gab jedem Thiere an die Krippe einen Salzleckstein von Staßfurt (mit 98% Kochsalzgehalt), an welchem es nach Belieben und instinktgemäß lecken konnte. Der Versuch dauerte fast ein ganzes Jahr hindurch; 8 mal während desselben wurden die Salzsteine gewogen und ihr Gewichtsverlust als das von den Thieren verzehrte Kochsalz notirt.

Die Ration jedes Pferdes bestand aus

9.3	Pfd. Hafer,	enthaltend	1.44	Gramm Kochsalz,	
12.0	„ Wiesenheu,	„	10.20	„	„
1.3	„ Häcksel,	„	2.64	„	„
90.0	„ Brunnenwasser,	„	4.50	„	„
			18.78	„	„

	Per Tag und Stück wurde geleckt von den	
	jüngeren pferden unter 7 Jahr Gramm Kochsalz	älteren Pferden über 7 Jahr Gramm Kochsalz
16. Juni — 19. Juni	20.3	211.6
19. Juni — 27. Juni	26.0	68.6
27. Juni — 28. Juli	8.8	17.7
28. Juli — 6. Februar	13.0	19.9
6. Februar — 4. März	9.9	14.3
4. März — 3. April	9.0	15.3
3. April — 8. Mai	8.7	12.8
Mittel .	13.7	51.4

„Am erſten Tage", ſo ſagt der Verſuchsanſteller, „war der Angriff der Pferde auf das Steinſalz am heftigſten, und es ſchien, als wenn dieſelben vorerſt die Gelegenheit wahrgenommen hätten, ihren, an Salz armen Körpern das normale Quantum davon einzuverleiben. Zu gleicher Zeit konnte ich aber auch die Beobachtung machen, daß die älteren Pferde dem Salze bedeutend mehr zuſprachen, als die jüngeren. Die am 3. Tage der erſten Verſuchsperiode vorgenommene Wägung der Salzſteine conſtatirte auch dieſe am erſten Tage oberflächlich gemachte Beobachtung, und wir ſehen dieſe Erſcheinung ſich in jeder weiteren Verſuchsperiode ohne Ausnahme wiederholen."

„Zuvörderſt dürfte daher durch dieſe Verſuche der Beweis geführt worden ſein: daß ſich für den Lebensprozeß eines älteren Pferdes — jedenfalls auch eines jeden andern alten Thieres — größere Quantitäten von Salz nöthig machen, als bei einem jüngern. Der Salzbedarf eines Thieres ſteigt und fällt demnach mit ſeinem Alter."

„Es iſt dies eine phyſiologiſche Erſcheinung für welche allerdings die Urſachen durch gründliche wiſſenſchaftliche Unterſuchungen noch zu erforſchen ſind; jedoch kann man wohl der Vermuthung Raum geben, daß das Erſchlaffen aller Lebensvorgänge des im vorgerückten Alter befindlichen thieriſchen Organismus ein Reizmittel nöthig machen, welches den ſchädlichen Wirkungen eines ſolchen Zuſtandes entgegenzuarbeiten im Stande ſei."

Nicht minder intereſſant war der Einfluß den das Arbeitsmaaß der Pferde auf ihren Salzgenuß hatte. Lehmann, der dies während des Verſuchs-Jahres, wo die Pferde zeitweiſe im Stalle verbleiben und wieder periodiſch ſtark arbeiten mußten, genügend beobachten konnte, gibt darüber folgende Aufſtellung:

Per Tag und Stück geleckt	bei geringſter Kraftäußerung	bei größter Kraftäußerung
von den jungen Pferden	13.0 Gramm	8.7 Gramm Kochsalz
„ „ alten „	19.9 „	12.8 „ „

Die Arbeit setzt demnach das Bedürfniß nach Salz herunter! — Wahrscheinlich deßhalb, weil sie einen regeren Stoffwechsel verursacht, als die Ruhe.

Versuche von Boussingault über die Fütterung der Pferde mit Wurzelgewächsen, 1848.

Unter der, in der Praxis herrschenden Voraussetzung, daß 100 Pfd. Heu ein Aequivalent seien für

50 Pfd. Hafer, oder 520 Pfd. Stroh, oder 280 Pfd. Kartoffeln und Topinambur, oder 400 Pfd. Runkelrüben, oder 350 Pfd. Mohrrüben,

versuchte Boussingault, acht Arbeitspferde zu Bechelbronn, welche bisher täglich per Stück bekommen hatten:

10 Kilo Heu, 2½ Kilo Stroh, 3⅓ Kilo Hafer (= 7 Litre),

theilweise mit Wurzelgewächsen zu ernähren. Während dieses ganzen Versuchs wurden die Pferde fleißig zur Feldarbeit benutzt.

Ration per Tag und Pferd.	Dauer der Versuche (Tage)	Für 8 Pferde zusammen, Gewinn oder Verlust an Körpergewicht während eines jeden Versuchs. (Kil.)	Bemerkungen.
I. Versuch. Kartoffeln 14.0 Kilo, Heu 5.0 „, Stroh 2.5 „, Hafer 3.3 „	24	— 87	Bei Beginn des Versuchs wogen die 8 Pferde zusammen 4127 Kilo. Sie blieben während der 24 Tagen munter und kräftig.
II. Versuch. Anstatt der Kartoffeln wurden 14.0 Kilo Topinambur gegeben, sonst wie in I.	11	+ 10	Die Pferde zeigten sich kräftig und gesund.
III. Versuch. Kartoffeln 14.0 Kilo, Heu 5.0 „, An Stelle von Stroh u. Hafer noch Heu 7.1 „	14	+ 200	Dieser rapide Gewichtsgewinn ist nur scheinbar; er rührt von der größeren Futtermasse her, welche die Pferde zur Zeit des Abwiegens im Bauche hatten. Denn, als sie in der IV. Periode eine recht concentrirte Nahrung erhielten, da sank nach 2 Tagen schon ihr Bauch derart zusammen, daß sie grade so viel wogen, als am Ende der II. Periode, nämlich 4060 Kilo. Da sie am Ende der IV. Periode dagegen 4066 Kilo wogen, so hatten sie bei jener concentrirten Diät eigentlich um 6 Kilo zugenommen. Es sei dies ein Beispiel, wie vorsichtig man das Gewicht eines Thiers beim Wechsel zwischen einer concentrirten und voluminösen Futterration beurtheilen soll.
IV. Versuch. Hafer 2.5 Kilo, Heu 5.0 „, Stroh 2.5 „, Hafer 3.0 „, Stroh 2.5 „	11	— 194	
V. Versuch. Kartoffeln 14.0 Kilo, Heu 5.0 „, Stroh 2.5 „, Hafer 3.3 „	63	+ 37	
VI. Versuch. Genau wie II.	16	+ 1	
VII. Versuch. Runkeln 20.0 Kilo, Heu 5.0 „, Stroh 2.5 „, Hafer 3.3 „	15	+ 32	Bei schwerer Arbeit hielten sich die Pferde gut.
VIII. Versuch. Mohrrüben 17.5 Kilo, Heu 5.0 „, Stroh 2.5 „, Hafer 3.3 „	15	— 40	Blieben ebenfalls arbeitstüchtig.
IX. Versuch. Heu 10.0 Kilo, Stroh 2.5 „, Roggen 1.9 „	11	— 76	Der Roggen war in Wasser so weit aufgeweicht worden, daß sein Bolum = 5 Litre betrug, also genau so viel, als das Bolum von 2.5 Kilo Hafer. Der Versuch zeigt, daß solcher Roggen den Hafer nicht ersetzen kann, denn die Pferde magerten aufs Bedenklichste ab.

Im Ganzen genommen sind diese Experimente einer theilweisen Substitution des Heues und Strohes durch Wurzelgewächse nicht ungünstig. Jedoch wäre es gefehlt, diesen Ersatz auch auf den Hafer auszudehnen.

Ueber die Verfütterung von Roggenbrod an Stelle der ganzen oder eines Theiles der Haferration sind vielerseits Versuche und Beobachtungen angestellt worden, die ich hier kurz dahin resümiren kann, daß ein Pfund Hafer nicht durch 1 Pfd. Brod zu ersetzen ist. Man muß stark 4 Pfd. Roggenbrod verfüttern, um damit eine Metze (= 3 Pfd.) Hafer zu ersetzen. Thut man das, dann ist kein öconomischer Vortheil mehr bei solchem Haferersatze. Uebrigens bleiben die Pferde, obgleich sie bei Brodfütterung gewöhnlich abmagern, dennoch dabei lebhaft und arbeitstüchtig. Müssen sie anstrengende Touren machen und Ermüdendes leisten, dann namentlich haben sie in dem leicht verdaulichen Brode ein rascher wirkendes Stärkungsmittel, als im Hafer.

Ueber die vielerseits gemachten Vorschläge zur Einrichtung besonderer Brodbäckereien für Pferde, in welchen nicht blos Roggen und Hafer, sondern auch Pferdebohnen, Mais, Kleien zugleich Verwendung finden, kann ich mich nicht beifällig aussprechen. Schwerlich dürfte irgend ein Pferdebrod qualifizirt sein, die Haferfütterung mit Vortheil zu verdrängen!

Hafer und Heu bleiben noch immer das naturgemäßeste und kräftigste Futter. Ein Pferd, was von beiden genug bekommt, kann das Maximum von Arbeit leisten. Gibt man ihm bei hohen Heupreisen theilweise Futterstroh, so schadet das seiner Arbeitsfähigkeit keineswegs so sehr, als man vielleicht glaubt; denn das Stroh, namentlich gutes Sommerfruchtstroh, ist den Pferden gesund. Ueber die Wichtigkeit des Häckselzusatzes zum Hafer verweisen wir auf Seite 551.

Der Ersatz des Hafers durch andere Körnerarten darf unter allen Umständen nur ein theilweiser sein. Dabei wäre im Auge zu behalten, wie fettreich das Haferkorn von Natur ist, und wie unvollkommen deßhalb alle Surrogate wirken, welche fettarm sind, gleich den Körnern von Weizen, Roggen und Gerste. Das Pferd, welches bei der Arbeit und bei starken Märschen seine Lungen sehr stark anstrengen muß, steht sich bei dem leicht verdaulichen und verbrennlichen Fette ohne Zweifel besser, als bei den chemischen Aequivalente von 3 Theilen Stärke. Professor Magne behauptet daher mit Recht, daß ein hoher Fettgehalt eine ebenso wesentliche Eigenschaft einer guten Pferderation sei, wie die einer Mastration. Letztere dient zur Fettanhäufung in den Geweben, während das arbeitende Pferd das Fett nothwendig hat zur Schonung seiner Respirationsorgane.

Schrot von Maissamen enthält ebenso viel Fett als der Hafer. Mischt man ihm ¹/₆ Schrot von Pferdebohnen unter, so ist auch sein Proteïngehalt dem des Hafers gleich und diese Mischung daher ein vollkommener Ersatz des letzteren.

Wo die Pferderation einen starken Antheil von Gerste oder Kleien bekommen soll, da empfiehlt sich namentlich ein Zusatz von Leinsamenmehl, dessen 1 Pfd. so viel Fett führt, wie 6 Pfd. Hafer oder wie 18 Pfd. Gerste. Die Pferde fressen solches Leinsamenmehl bald gern, weil sie bald fühlen, daß es ihnen gut bekommt. Auch gibt man obendrein noch zweckmäßig ¹/₂ Pfd. Leinsamenkuchen in die Tränke.

Wie viel an Heu und Hafer ein mittelschweres und mäßig arbeitendes Pferd täglich bedarf, läßt sich wohl am maßgeblichsten nach den genau fixirten Rationen bemessen, welche die Cavalleriepferde der preußischen und französischen Armee bekommen.

	Hafer Metze oder Zollpfund	Heu Pfund	Stroh Pfund
Preuß. schwere Cavallerie im Kriege . . .	3¹/₂	10.5	3	4
" " " " Frieden . .	3	9.0	5	8
" leichte " " Kriege . . .	3	9.0	3	4
" " " " Frieden . .	2¹/₂	7.5	5	8
Franz. Reserve- " " " . .	—	8.4	8	10
" Linien- " " " . .	—	8.0	6	10
" leichte " " " . .	—	7.6	6	10
Diesen Normen entsprechend verlangt				
ein Ackerpferd	4	12.0	8	8
ein schweres Pferd für Lastfuhrwerk . . .	6	18.0	10	8

Diese letzterwähnte Ration des Fuhrpferdes führt ungefähr 30.8 Pfd. Trockensubstanz und darin 3.2 Pfd. Proteïn, 1.5 Fett, nebst 16.3 Pfd. Kohlehydrate.

Versuche des französischen Kriegsministeriums über den Ersatz des Wiesenheues durch Klee- oder Luzerneheu.

Da nach älteren Vorschriften das Heu von Klee, Luzerne, Esparsette nur ausnahmsweise in die Ration der Cavalleriepferde aufgenommen werden durfte, und zwar nur in dem Falle, wenn die natürlichen Wiesen den Heubedarf nicht decken sollten, so mußte es für das Kriegsministerium von Interesse sein, genau zu erfahren, ob denn wirklich Bedenklichkeiten mit der Verfütterung von Klee- und Luzerneheu an Cavalleriepferde verbunden seien.

Die genaue Untersuchung dieser und anderer einschlägigen Fragen übertrug es einer Commission, die aus folgenden berühmten Namen bestand:

Magendie, Rayer, Payen, Bouffingault, Barthélemy, Berger, Taffy, Laborde und Poinfot. Diese Commiffion begann ihre Arbeiten im Jahre 1843 und setzte sie wenigstens 10 Jahre lang fort. Man kann sich denken, daß ihre gewonnenen Resultate von hohem und entscheidendem Werthe sind.

Benutzt wurde zunächst eine Schwadron des 3. Husarenregimentes, 140 Pferde stark. Da die Schwadron in 4 Züge getheilt war, so konnte man folgende 4 Heuarten zu gleicher Zeit auf ihren Futterwerth prüfen. Anstatt 4 Kilo Wiesenheu erhielt nämlich

Zug I.	4 Kilo	Kleeheu,
„ II.	4 „	Esparfetteheu,
„ III.	4 „	Luzerneheu,
„ IV.	4 „	Luzerneheu, 2. Schnitt.

Nach dreimonatlicher Dauer einer solchen Fütterung erkannte die Commiffion, so wie die Offiziere der Escadron, daß alle Pferde sich wesentlich verbeffert hatten.

Ferner wurden dazu benutzt 1200 Pferde, ausgesucht aus 11 Regimentern. Auch sie erhielten irgend ein künstliches Heu an Stelle der sonst . üblichen Wiesenheuration. Aus einer fünfmonatlichen Fütterung ergab sich, daß Heu von Klee, Luzerne und Esparfette eine angemeffene Nahrung abgibt. Die Commiffion macht hierzu noch die wichtige Bemerkung, daß von den 399 Pferden im 3. Husarenregimente, während der achtmonatlichen Versuchsdauer, kein einziger Todesfall vorkam.

Vermag man mit Heu allein mäßig arbeitende Pferde zu erhalten? Diese Frage wurde bisher verneint, weil man mit Wiesenheu experimentirte. Als aber jene Commiffion blos Klee- und Luzerneheu an 24 Pferde der 4. Artilleriebrigade während dreier Monate verfüttern ließ, da stellte sich die unerwartete Thatsache ein, daß die Pferde bei dieser so einseitigen und exclusiven Diät an Körperfülle gewannen, obgleich sie ihren Dienst in früherer Weise mitmachten. Die Commiffion knüpfte an den Zustand dieser Pferde blos den Tadel, daß sie etwas dickbäuchig geworden waren. Die wissenschaftliche Erklärung, warum mit künstlichem Heu und nicht mit bloßem Wiesenheu Pferde befriedigend ernährt werden, müssen wir in den vergleichenden Analysen zwischen beiden Heuarten suchen. Ich verweise dieserhalb auf Seite 467 u. 471.

Dort ist zu ersehen, daß die Kleeheuarten einen um die Hälfte höheren Proteïngehalt haben, als das Grasheu.

Auch hat die Commission eine Partie Pferde mit Blättern von Kleeheuarten eine lange Zeit hindurch mit ganz gutem Resultate ernährt und
dadurch das Vorurtheil zerstört, daß eine etwas starke Kleeheublätterfütterung
den Pferden Nachtheil brächte.

Wir können der Commoßion gewiß nur beistimmen, wenn sie schließlich erklärt: daß das künstliche Heu in der Ration, mit gewöhnlichem Heu vereinigt, den Gesundheitszustand der Pferde
verbessert und ihre Kraft vermehrt.

Andere Versuche der Commission handeln über den wechselsei-
tigen Ersatz der Rationbestandtheile. Sie sind ebenso interessant,
als wichtig. 6 Pferde vom 3. Lancierregimente wurden zu dem Ende in
3 Abtheilungen à 2 Stück gebracht, unter scharfe Controlle eines Offiziers,
eines Oberthierarztes und eines Wachtmeisters gestellt, und, nachdem sie 12
Tage lang bei der gewöhnlichen Ration (3 Kilo Heu, 5 Kilo Stroh und
4.1 Kilo Hafer) verblieben waren, wie nachstehend bezeichnet, gefüttert:

Bezeichnung der Abtheilung	Tägliche Ration per Pferd (Kilogramm)	Dauer des Versuchs (Tage)	Gewicht der 2 Pferde bei Beginn des Versuchs (Kilo)	Gewicht der 2 Pferde am Ende des Versuchs (Kilo)	Zu- oder Abnahme an Gewicht (Kilo)	Bemerkungen
I	6.1 Hafer, 3 Heu, 3 Stroh	24	928	961	+33	Ueber den Zustand der Pferde fand sich nichts Besonderes zu bemerken; sie hatten sich ziemlich unverändert erhalten.
II	2.0 " 4.5 " 5.5 "	24	902	900	— 2	
III	4.1 " 1.5 " 6.5 "	24	952	949	— 3	
I	4.1 Hafer, 8 Stroh	32	1371	1335	—36	Die 3 Pferde der I. Abth. zeigten sich kräftiger und munterer, als die der II. Abth., welche beim Reiten viel schwitzten. Jene hatten während des Versuchs 1580 Litre, diese 2021 Litre Wasser gesoffen.
II	4.1 " 8 Heu (Die beiden Abth. bestanden hier aus je 3 Pferden.)	32	1444	1455	+11	
I	blos 12 Stroh	18	980	944	—36	Während der 3 folgenden Versuche hatten merkwürdigerweise die Pferde ihre pure Stroh- und Heu-Ration immer reiner aufgezehrt, als die Hafer-Ration. Während den 51 Tagen den 6 Pferden 1224 Kilo Hafer und ebenso viel an Stroh und Heu dargereicht wurden, so ließen sie doch in Summa 510 Kilo Hafer, und blos 132 Kilo Heu und 191 Kilo Stroh unverzehrt übrig. Der Harn der mit Hafer gefütterten Pferde war stets trübe und sauer, der mit Heu und Stroh gefütterten dagegen alkalisch. Diese zeigten sich unter dem Reiter lebhaft und muthig, während jene sehr träge erschienen.
II	" 12 Heu	18	916	887	—29	
III	" 12 Hafer	18	959	922	—37	
I	blos 12 Heu	15	944	957	+13	
II	" 12 Hafer	15	887	872	—15	
III	" 12 Stroh	15	922	960	+38	
I	blos 12 Hafer	18	957	899	—42	Durchschnittl. verlor ein Pferd tägl. an Gewicht bei purer Strohfütterung 0.30 Kilo " Heufütterung 0.56 " " Haferfütterung 1.24 " Man sieht hier schön, daß außer Hafer ein Pferd auch etwas haben muß, was ihm den Bauch füllt und es zum Trinken reizt.
II	" 12 Stroh	18	872	871	— 1	
III	" 12 Heu (Es tranken je 2 Pferde während den 51 Tagen bei blossem Stroh 1351 Litre, bei blossem Heu 1939 Litre, bei blossem Hafer 778 Litre Wasser.)	18	960	955	— 5	
I	4 Hafer, 8 Strohhäcksel	14	917	896	—21	Abth. I. ließ von ihrem Häcksel 2 Kilo unverzehrt, Abth. II. täglich 4 Kilo. Abth. III. bekam des geschroteten Hafers bald so satt, daß sie davon täglich 3 Pfd. in der Krippe zurückließ. Man mußte diesen 2 Pferden das Maul verbinden, damit sie ihre Streu nicht fraßen; sie verloren ganz ihren Muth.
II	8 Heuhäcksel	14	865	844	—21	
III	6 geschroteter Hafer (2 Abth. à 3 Pferde.)	14	942	925	—17	
I	2 Hafer 2 Gerste 8 Stroh	47	1291	1259	—32	Die Pferde in der I. Abth. zeigten mehr Muth, wie die mit Roggen gefütterten.
II	2 Hafer 2 Rogg. 8 Stroh	47	1374	1360	—14	
I	4 Gerste 8 Stroh	29	1259	1284	+25	Die Pferde fraßen die Gerste lieber, als den Roggen.
II	4 Roggen 8 Stroh	29	1360	1367	+ 7	
I	4.1 Gerste, 5 Stroh, 3 Heu	20	1284	1276	— 8	Das Gewicht der Pferde war sich ziemlich gleich geblieben.
II	4.1 Kleie, 5 Stroh, 3 Heu	20	1367	1377	+10	

Versuch über den Ersatz von Hafer durch Gerste. 1858.

Das belgische Kriegsministerium ließ aus 2 schweren Cavallerie-Regimentern 100 Stück möglichst egale Pferde aussuchen und brachte diese in 2 gleiche Abtheilungen. Vergleichend gefüttert wurden sie 3 Monate hindurch mit

Abth. I.	Abth. II.
5 Kilo Heu	5 Kilo Heu
3.8 Kilo Hafer	3.8 Kilo Gerste.

Der Schlußbericht sagt: „Daß bei der Gerstefütterung die Pferde wenig an Leibesfülle verloren, einige sogar zunahmen. Aber was Kraft und Muth betraf, so ließen sie zu wünschen übrig. Man bemerkte an ihnen Weichlichkeit, Langsamkeit der Bewegungen und ein Schwitzen bei der leichtesten Anstrengung. Man fürchtete ernste Krankheitszufälle und hörte daher mit der Gerstefütterung nach 3 Monaten auf. Von den 50, bei Beginn des Versuchs als sehr stark bezeichneten Pferden, waren am Schluß desselben nur noch 28 in diesem Zustande und von den übrigen hatten 11 starke Koliken mit Diarrhoe, 2 waren schwer Brustkrank. Die 50 mit Hafer gefütterten Pferde boten nur 2 Fälle leichter Kolik dar."

Versuche der französischen Commission über die Verfütterung frischen Heues und neuen Hafers. 1846.

Bekanntlich herrscht die Ansicht, daß Heu und Hafer, frisch nach ihrer Einerntung verfüttert, dem Befinden der Pferde nachtheilig seien und daher erst zwei Monate lang unbenutzt liegen müßten. Die Inconvenienzen, die daraus für Verpflegung der Armeepferde nothwendig entspringen, haben das französische Kriegsministerium veranlaßt, einmal die Wahrheit jenes Vorurtheils durch obige Commission prüfen zu lassen. Aus dem Berichte der letzteren ersehen wir nun folgende Versuche:

1. Zwei Pferde vom 3. Husarenregiment bekamen während 75 Tagen ihre vorschriftsmäßige Ration, nur daß darin 4 Kilo altes Heu durch 4 Kilo ganz frisches ersetzt worden waren. Während dem blieb jedoch ihr Gesundheitszustand ein sehr guter, und thaten sie auch fortwährend ihren Dienst.

2. Zwei andere Pferde erhielten während 75 Tagen jedes täglich 6.5 Kilo frisches Heu und 3.2 Kilo Hafer. Man gab ihnen kein Stroh, um die Wirkung des frischen Heues desto mehr hervortreten zu lassen. In den ersten 2 Wochen zeigten sie sich etwas matt, nahmen aber bald ihre ganze Lebhaftigkeit wieder an und gewannen 15 Kilo an Gewicht. Die Commission urtheilt, daß das neue Heu ihnen vortrefflich bekommen sei.

3. Zwei andere Pferde bekamen während 75 Tagen Nichts als frisches Heu, und zwar 13 Kilo täglich per Kopf. Dabei setzten sie ihren Dienst fort. In den ersten 3 Wochen schwitzten sie zwar außergewöhnlich stark, doch verlor sich das bald, und der Muth der Pferde kehrte in erhöhtem Maße wieder. Zuletzt hatte ihr Körpergewicht sogar um 10 Kilo zugenommen.

4. Aus der gewöhnlichen Ration wurden die 3.2 Kilo alten Hafers ausgeschieden und durch 3.2 Kilo ganz neuen Hafer ersetzt. 4 Pferde, die damit 75 Tage lang gefüttert wurden, thaten ihren Dienst in bester Weise und verblieben vollkommen gesund.

5. Auf dieses günstige Resultat hin verordnete der Kriegsminister größere Versuche

zu Melun in dem 10. Dragonerregiment,
zu Lünéville in dem 4. und 6. Husarenregiment,
zu Straßburg in der 9. und 10. Artilleriebrigade.

Die darüber erstatteten Berichte wurden der Pariser Commission vorgelegt, die daraus folgende Schlüsse zog:

Neues Heu an Stelle des alten, bei sich sonst gleich bleibender Ration, schadet der Gesundheit der Pferde nicht und bewirkt in ihrer Beleibtheit eine vortheilhafte Aenderung.

Neues Heu bringt zwar in der Beschaffenheit und Menge der Ausleerungen einige leichte Veränderungen mit sich, die indessen vorübergehender Art sind und mit einer Störung des Gesundheitszustandes, der Körperfülle und mit dem Muthe der Pferde Nichts gemein haben.

Neuer Hafer, alten ersetzend, besitzt nicht die nachtheiligen Eigenschaften, welche man ihm zuschreibt.

Zu ganz gleichen Schlußfolgerungen gelangte man in Belgien, wo auf Befehl des Kriegsministers bei verschiedenen Cavallerieregimentern die entsprechenden Versuche ebenfalls zahlreich durchgeführt worden waren.

20. Vortrag.

Kritische Darstellung der Versuche über die

Mastung

von

Rindvieh, Schafen und Schweinen.

Das Königliche sächsische Ministerium des Innern veranlaßte im Jahre 1856 einen allgemeinen Concurrenzversuch, um einmal constatiren zu lassen, wie weit man's in der Mastung bringen könne. Es sollten dazu Kälber und Lämmer im Alter von zwei Tagen, und Schweine von 14 Tagen benutzt werden. Wer dann in einem Jahre das schwerste Rind, Schaf oder Schwein züchtete, dem sollte ein Ehrenpreis zufallen. Pflege und Fütterung stellte man ganz dem Ermessen der Concurrirenden anheim; es konnte jeder füttern, was und so viel er wollte.

Die Resultate dieses Vorganges sind so außergewöhnlich, daß jeder Viehzüchter sie mit Interesse vernehmen wird.

	Race		Lebendgewicht	
			am 2. Tage	am 365. Tage nach der Geburt
bei Rindvieh	Walzthaler	Bullenkalb	96 Zollpfd.	1012 Zollpfd.
	Allgäuer	"	102 "	844 "
	"	"	80 "	830 "
	"	Kuhkalb	85 "	657 "
bei Schafen	Ostfriesische	. . . . .	12 "	195 "
	"	. . . . .	10 "	178 "
	"	. . . . .	10 "	170 "
	"	. . . . .	7 "	167 "
	"	. . . . .	11 "	146 "

Race	Lebendgewicht	
	am 14. Tage	am 365. Tage nach der Geburt
bei Schweinen { Yorkshire-Essex . . .	7.0 Zollpfd.	507 Zollpfd.
„ . . .	8.0 „	499 „
„ . . .	7.5 „	452 „
Yorkshire	7.5 „	470 „
„ Landschwein .	11.0 „	490 „
Engl.-chines. Landschwein	6.8 „	355 „
„ „	7.0 „	357 „

Nehmen wir aus diesen Zahlen das Mittel, so berechnet sich für's erste Lebensjahr

der durchschnittliche Zuwachs per Tag

bei Rindvieh   2.05 Zollpfd.
„ Schafen   0.44   „
„ Schweinen 1.26   „

Ueber das Größenverhältniß zwischen Brustkasten und Lungen sind (1860) von Baudement bei 102 Ochsen Untersuchungen angestellt worden, welche zu folgenden interessanten Schlüssen führten:

1. Wenn ein Thier an Gewicht und an Umfang des Brustkastens zunimmt, dann erweitern sich in der Regel auch die Lungen, jedoch nicht in proportionalem Maße.

2. Ein hochgewachsenes Thier hat eine schwerere Lunge, als ein eben so schweres, aber kleineres Thier.

3. Von zwei gleich schweren Thieren hat das jüngere die schwerere Lunge.

4. Dem größeren Umfange des Brustkastens entspricht eine kleinere Lunge. Engbrüstige Thiere haben verhältnißmäßig die schwersten Lungen.

5. Thiere leichter, kleiner Race haben verhältnißmäßig schwerere Lungen, als solche von starken Racen.

6. Bei den frühreifen Racen ist das Gewicht der Lungen absolut und relativ geringer, als bei den sich langsamer entwickelnden.

Hiernach darf man bei Thieren mit großem Brustkorbe und rascher Ausbildungsfähigkeit auf eine kleine Lunge, und damit auch auf eine gemäßigte Athemthätigkeit schließen. Sie sind für die Mastung am geeignetsten.

Rationen bei der englischen Rindviehmast. Was die Engländer in der Viehmast durchschnittlich leisten, ist für uns Deutsche etwas Außerordentliches; und wir können uns davon keinen rechten Begriff machen, wenn wir nicht einmal genau zusehen, was für schöne Rationen sie ihren Thieren zu geben pflegen.

So fütterte Herr Hope von Fenton Barns 18 Ochsen mit nachstehender Futtermischung, bei der jeder Ochse wöchentlich um 14 Pfd. zunahm:

per Ochse täglich	Engl. Pfd. *)	Trockensubstanz (Pfd.)	Proteïnstoffe (Pfd.)	Fett (Pfd.)	Kohlehydrate (Pfd.)
Turnips	75	8.40	0.90	0.15	5.62
Oelkuchen	10	8.85	2.83	1.00	3.13
Weizenstroh } geschnitten	10	8.46	0.26	0.10	3.15
Haferstroh } geschnitten	10	8.46	0.26	0.30	3.15
		36.17	4.25	1.55	15.05

Nährstoff-Verhältniß = 1 : 4.4.

Ein anderer, berühmter Viehmaster (siehe Agricultural-Gazette 1855, Nr. 8) bringt seit Jahren folgende Ration in Anwendung:

per Ochse täglich	Pfund	Trockensubstanz (Pfd.)	Proteïnstoffe (Pfd.)	Fett (Pfd.)	Kohlehydrate (Pfd.)
Turnips	100	11.2	1.20	0.20	7.30
Bohnenmehl	5	4.3	1.25	0.10	2.20
Leinsamenmehl	3	2.7	0.77	1.08	0.60
Stroh, geschnitten	12	10.1	0.31	0.12	8.78
		28.3	3.53	1.50	18.88

Nährstoff-Verhältniß: 1 : 5.0.

Auf der Farm des Earl of Leicester in Norfolk werden gehalten 230—250 Stück Rindvieh, 1800—2000 Stück Schafe, 120—150 Schweine, 32 Pferde und 24 Zugochsen. Daselbst bekommt jeder Mastochse täglich:

	Pfund	Trockensubstanz (Pfd.)	Proteïnstoffe (Pfd.)	Fett (Pfd.)	Kohlehydrate (Pfd.)
Turnips	110	12.3	1.32	0.22	8.03
Leinkuchen	6	5.3	1.69	0.60	1.88
Bohnenmehl	4	3.4	1.02	0.08	1.75
Stroh } geschnitten	10	8.4	0.26	0.10	3.15
Heu } geschnitten	5	4.2	0.52	0.15	2.05
		33.6	4.81	1.16	16.86

Nährstoff-Verhältniß: 1 : 4.1.

Gegen Ende der Mastzeit, also gegen Weihnachten, wird außerdem die Leinkuchenmenge noch um 1—2 Pfd. erhöht.

---

*) 100 Pfd. engl. = 90.6 Zollpfund.

Die Berechnung der Nährstoffmengen in diesem und den folgenden Beispielen habe ich auf Grund der, im Vortrag 15 ermittelten Durchschnitts-Analysen ausgeführt.

F. Crusius beobachtete auf seiner landwirthschaftlichen Reise durch Schottland und Norfolk (1858), daß durchgehends ein schwerer Mastochse täglich verzehrte

in Norfolk:

	Pfund	Trockensubstanz (Pfd.)	Proteïnstoffe (Pfd.)	Fett (Pfd.)	Kohlehydrate (Pfd.)
Turnips	150	16.8	1.80	0.30	10.95
Oelkuchen	8	7.0	2.26	0.80	2.50
Bohnenmehl	5	4.3	1.25	0.10	2.20
Stroh- und Heu-Häcksel . .	12	11.0	0.60	0.20	5.00
		39.1	5.91	1.46	20.65

Nährstoff-Verhältniß: 1 : 4.1.

in Schottland:

Turnips	250	28.0	3.00	0.50	18.25
Oelkuchen	4	3.5	1.13	0.40	1.25
Bohnenmehl	5	4.3	1.25	0.10	2.20
Stroh- und Heu-Häcksel . .	12	11.0	0.60	0.20	5.00
		46.8	5.98	1.20	26.70

Nährstoff-Verhältniß: 1 : 5.0.

Diesen Rationen sieht man's an, mit welcher Force der Engländer Alles zu betreiben pflegt. Ein deutscher Bauer würde damit gewiß 2 Stück Vieh auszumästen suchen. Indessen mag er in diesem Punkte unbedenklich seinen englischen Collegen sich zum Muster nehmen!

Ueber die Qualität des Fleisches, je nach der Race und Fütterung des Mastviehes in England, hat Crusius (1858) einige Beobachtungen mitgetheilt, die ich mir erlaube, in Rücksicht auf das große Interesse, das sie gewähren, hier wörtlich zu referiren.

„Was zunächst die englischen Viehracen betrifft, die sich am besten zur Mastung eignen, so sind die Ansichten der englischen Farmer hierüber so getheilt, daß man fast alle mastfähigen Viehschläge in den verschiedenen Viehhöfen zur Mast aufgestellt findet und natürlicherweise bezeichnet jeder Farmer die Race, die er besitzt, als die rentabelste. Am meisten sah ich überall Shorthorn-Vieh und zwar geschnittene Ochsen zur Wintermast für die Weihnachtsmärkte aufgestellt. Der Unterschied in der Mastfähigkeit der verschiedenen englischen Racen ist unleugbar ein bedeutender. Ein Ayrshire-Ochse wird gewiß ganz andere Mastungsresultate geben, als einer der Shorthorn-Race.

Man kann auch die beste Mastfähigkeit eines Thieres nicht im schnellsten Zunehmen durch das wenigste Futter allein suchen, sondern die Güte des Fleisches ist es so gut, wie die Menge, die den englischen Landwirth bezahlt macht. Und in erster Beziehung sind bedeutende Unterschiede in den verschiedenen Raçen wahrnehmbar. Denn man muß an die Beurtheilung englischer Viehraçen einen ganz andern Maßstab anlegen, als bei uns in Deutschland. Der deutsche Landwirth kann bei der Wahl seines Mastviehes nur im Auge haben, eine möglichst große Masse Fleisch zu erzielen, und muß sein Vieh so füttern, daß er dies möglichst bald und billig erreiche. Denn bei uns ist leider noch immer Rindfleisch gleich Rindfleisch. Die obrigkeitlichen Fleischtaxen unterdrücken ja meistens alle Concurrenz zur Producirung besserer Qualitäten. Nicht so in England. Man will hier ein feinfaseriges, kerniges, zartes, mit feinem Fett durchwachsenes Fleisch und bezahlt diesen Luxus auch gern theurer. Um zuerst von Rindfleisch zu sprechen, so habe ich in London die Preise eines Pfundes Rindfleisch von 1 Shill. (10 Ngr.) bis zu 2 Pence (etwa 2 Ngr.) schwanken und auf Smithfield Market in London auf 1 Pfd. geschätztes, lebendes Gewicht von 6 Pence (5 Ngr.) bis zu 3 und 2 Pence bezahlen sehen. Zur Erzielung dieser Qualität des Rindfleisches hat aber die Art der Mastung und die Individualität des einzelnen Thieres den größten Einfluß, mehr noch als die Raçe. Die kleineren Thiere und die von ruhigerem Temperament liefern meist ein feineres Fleisch, als die größeren oder hitzig temperirten; die größeren sollen außerdem noch mehr Futter zu sich nehmen, ohne dabei doch verhältnißmäßig fetter zu werden.

Doch kann man bei einem größeren Thiere den Mangel an Feinheit mittelst einer zweckmäßig eingerichteten Fütterung durch Saftigkeit des Fleisches ersetzen, so daß also die Raçe des Viehes bei der Auswahl desselben zur Mast in England mehr in den Hintergrund tritt gegen die Beschaffenheit des Individuums und eine, dieser angemessene Art der Fütterung. Sonst würde man ja auch in ganz England und Schottland einer Raçe den allgemeinen Vorzug gewährt haben. Das eben Gesagte gilt natürlich nur von der Stallfütterung, denn bei der Weidemast ist selbstverständlich die Viehraçe sehr bedeutend zu berücksichtigen. Man wird z. B. auf mageren Weiden mit kurzem Gras keine großen Shorthorns, Herefords 2c. bringen, sondern die kleinen, genügsamen Raçen der schottischen Hochlande, Galloways-Whesthighlands u. A. vorziehen, die von Jugend an gewohnt sind, ihr Futter sich mühselig zusammenzusuchen, und ebenso würden sich die von Jugend auf verwöhnten großen, englischen Thiere, z. B. von Devonshire, Hereford Lincoln, York, Durham, in den schottischen Moores sehr unwohl befinden und die Hoffnungen des Landwirths in jenen Gegenden sehr enttäuschen.

Das, was über die Qualität des Fleisches verschiedener Rindviehraçen im Allgemeinen als unabhängig von der Fütterung gilt, ist Folgen-

des: Die Shetland-Ochsen liefern das beste und feinste Fleisch von ganz
Großbritannien, sie werden aber wegen ihrer geringen Größe wenig zur
Mastung genommen. Nächst ihnen sind die West-Highland-Rinder am be-
liebtesten wegen der Feinkörnigkeit (finess of grain) und des besten Aromas
ihres Fleisches. Und wenn sie namentlich einige Zeit in Norfolk gemästet
wurden, sollen sie das gesuchteste Fleisch des Londoner Marktes geben, wo
auch die Galloways und ungehörnten Angus, wenn sie auf englischen Weiden gemästet wurden, sehr beliebt sind. Die Shorthorns und die noch etwas
feinkörnigeren Herefords geben die besten Beefsteaks 2c., weil sie sehr dicke
Fleischlagen haben, die beim Querschnitt besonders große und saftige Fleisch-
scheiben liefern (denn ein englisches Beefsteak ist bedeutend größer, als ein
deutsches). Die Devons rangiren mit den Galloways. Allgemein gilt,
daß die schottischen Raçen besseres, wenn auch nicht mehr Fleisch geben,
als die englischen.

Anders aber verhält es sich mit den Schafen. Dieselben besitzen
mehr, als die Rindviehraçen die Eigenthümlichkeit, das Fett entweder mehr
inwendig, also zum Nutzen des Fleischers, oder auswendig anzusetzen, welche
Unterschiede in den Fleischerläden Londons, wo die geviertelten Schafe zum
Verkauf aushängen, sehr augenfällig anzusehen sind.

Auch macht bei den Schafen der Unterschied in der Länge der Wolle
eine wesentliche Differenz in der Mastfähigkeit; die langwolligen Raçen:
Leicesters 2c. müssen natürlich einen größern Theil ihres Futters zur Wollbildung verwenden, den die kurzwolligen Southdowns 2c. sogleich in Fleisch
umwandeln können.

Hierzu kommt noch der Unterschied im Aroma (high flavour) des
Fleisches, was der Engländer sehr hoch schätzt und gern theuer bezahlt.
So wird er gleich von vorn herein der Hammelkeule eines Blackfaced-
Schafes der schottischen Hochlande vor einer Leicester-Hammelkeule den
Vorzug beim Kaufe geben; und in der That, der Unterschied im
Aroma des Schöpsenfleisches ist so auffallend, daß man oft bei Tische
es schmecken kann, man habe die Keule eines Whesthighland-Ham-
mels vor sich. Das Fleisch der Wales-Schafe hat das feinste Aroma
unter allen in Britannien, eine Art Wildgeschmack, der wohl von ihrer Lebensweise auf den Bergen herrührt. Ihnen am Nächsten stehen die Black-
faced Highlands und diesen folgen die schottischen Cheviots. Die Ersten
zeichnen sich durch ihr feinkörniges und sehr dunkles, äußerst zartes und mit
feinem Fett durchwachsenes Fleisch aus. Das Fleisch der Leicesters ist ziemlich grobkörnig, sehr roth in der Farbe, aber meist sehr fett. Die Southdowns stehen den schottischen Raçen am nächsten.

Interessant ist mir hierbei gewesen, daß, wie unter den Schafen, so selbst auch unter dem Rindvieh diejenigen Raçen das am feinsten aromatische Fleisch geben, die gewohnt sind, auf den steilen Bergen der westlichen Hochlande von Schottland sich ihr Futter unter den Alpenkräutern zusammenzusuchen. Es ist, als gingen diese aromatischen Futterkräuter, wie auf den Alpen in die Milch, so hier in's Fleisch mit über. Ich hätte unter der rauhen, borstigen Außenseite dieser Hochlandsschafe und Rinder nimmer so feines Fleisch vermuthet. Dies Alles soll zeigen, wie viel der Engländer auf die Qualität des Fleisches gibt. Die Quantität, die er durchschnittlich verzehrt, ist bekanntlich eine enorme, und aus ihr erklärt sich die Wichtigkeit, welche die Fleischproduction für die englische Landwirthschaft haben muß." —

Ueber die Qualität des Zuwachses bei der Mastung und in welcher Weise die Nährstoffe des Futters daran betheiligt sind, darüber haben uns Lawes und Gilbert interessante Beantwortungen geliefert.

Sie gelangten dazu, gestützt auf ihre auf Seite 298 mitgetheilt Untersuchung, welche ihnen angab, aus wie viel Prozent Proteïn, Fett, Salze und Wasser der Körper des lebenden Thieres besteht, sowohl im mageren, als ausgemästeten Zustande. Nachdem sie so, in leichter Weise, die Zusammensetzung des gesammten Zuwachses, während der Mastperiode, berechnet hatten, stellten sie denselben in Parallele mit dem Verzehr an Trockensubstanz, Proteïn, Fett und Kohlehydraten, durch welchen er eben bewirkt worden war.

Ich lasse hier die Versuchs-Fütterungen, welche Lawes und Gilbert zu diesen Berechnungen benutzten, außer Acht, weil sie einestheils lückenhaft sind hinsichtlich der Kenntniß des Nährstoff-Verzehrs und anderntheils zu unmaßgeblich für deutsche Mastungs-Resultate. Ich ziehe ihnen, zu gleichen Zwecken, folgende Sätze vor, welche als Durchschnitts-Ausdruck zahlreicher Versuchs-Erscheinungen, jedenfalls von normalerem Werthe sind.

Ein in gutem Ernährungszustande oder halbfetten Zustande befindliches	welches in der Mastration täglich bekommt				Gewährt einen täglichen Zuwachs von
	Trockensubstanz Pfd.	Proteïn Pfd.	Fett Pfd.	Kohlehydrate Pfd.	
Rindvieh von 1000 Pfd.	27	3	1.2	15	2.5 Pfd.
Schaf von 100 Pfd.	2.6	0.36	0.1	1.26	0.25 „
Schwein von 200 Pfd.	6.8	1.1	0.16	5.1	1.1 „

Mit Hülfe dieser Normen und unter Benutzung jener Körper-Analysen auf Seite 298 berechnete ich die nachstehende, verständliche Aufstellung.

	Bestand des Körpers				Prozentische Zusammensetzung des Zuwachses			Der Zuwachs enthielt
	Trockens.	Protein	Fett	Kohlen-hydrate	Trockens.	Protein	Fett	
	Pfd.	Pfd.	Pfd.	Pfd.				
Ochse								
bei Beginn der Mast .	485	166	191	—				7.3 % von der Trockensubstanz des Futters
nach 100 tägiger Mast .	681	182	375	—				5.3 % von Protein
Zunahme von 250 Pfd. =	195	16	184	—	78	7	73	100 % von Fett
Verzehr in 100 Tagen =	2700	300	120	1500				12.8 % von Kohlehydraten
Schaf								
bei Beginn der Mast .	49.8	14.0	23.5	—				8.0 % von der Trockensubstanz
nach 100 tägiger Mast .	70.7	15.3	44.5	—				3.6 % von Protein
Zunahme von 25 Pfd. =	20.9	1.3	21.0	—	84	5	84	100 % von Fett
Verzehr in 100 Tagen =	260	36	10	126				26.2 % Kohlehydraten
Schwein								
bei Beginn der Mast .	89.8	27.4	46.6	—				13.5 % von der Trockensubstanz
nach 100 tägiger Mast .	181.9	33.8	130.8	—				5.8 % von Protein
Zunahme von 110 Pfd. =	92.1	6.4	84.2	—	83	6	76	100 % von Fett
Verzehr in 100 Tagen =	680	110	16	510				10.1 % von Kohlehydraten

Wir haben hierbei angenommen, daß alles im Futter analytisch gefundene Fett so vollständig in thierisches Fett sich verwandle, daß 1 Pfd. des ersteren 1 Pfd. Talg erzeuge. Man kann indessen verschiedene Bedenken gegen diese Annahme haben. So ist das durch Analyse aus dem Futter extrahirte Fett, meistens verunreinigt mit harzigen und wachsartigen Materien, deren Nährwerth sehr zweifelhaft ist; auch ist anzunehmen, daß selbst reines Pflanzenfett bei seiner Umwandlung in thierischen Talg Zersetzungen und theilweise Zerstörungen innerhalb des Körpers erleidet. Ich mag daher obige Berechnung nur in soweit vertreten, als sie lediglich zu Vergleichen über das Schicksal der verzehrten Nährstoffe dienen soll und in ihrer Anwendbarkeit wenig verlieren würde, wenn spätere Forschungen herausstellten, daß 1 Pfd. analytisch gefundenes Fett des Futters zum Beispiel blos ½ Pfd. thierisches Fett zu bilden vermögen.

Die am Zuwachs betheiligten Kohlehydrate berechneten wir aus dem Fettdeficit des Futters. Beim Ochsen zum Beispiel fehlten im Futter 184 — 120 = 64 Pfd. Fett. Diese werden geschafft durch drei mal so viel Kohlehydrate, das ist durch 192 Pfd. oder durch 12.8 % der gesammten Kohlehydratmenge des Verzehrs. Mit dieser Deckung des Fettdeficits

wollen wir durchaus nicht läugnen, daß er eben so gut, oder doch theilweise, auch durch die verzehrten Proteïnstoffe besorgt worden sein könnte;
denn wir erwähnten schon häufig, daß unter gewissen Metamophosen des
Proteïns daraus Fett innerhalb des Körpers entsteht. Leider liegt bis heute
keine einzige physiologische Arbeit vor, welche uns darüber aufklärt, wie viel
thierisches Fett unter bestimmten Ernährungsverhältnissen durch die Proteïnstoffe und wie viel gleichzeitig durch die Kohlehhdrate des Futters gebildet wird.

Nachdem die Proteïnstoffe der Nahrung assimilirt und zu Theilen der
Muskelgewebe geworden sind, dann dienen sie diesen krafterzeugenden Apparaten durch ihre Umlagerung und verfallen darnach erst, der oxybirenden
Wirkung des Sauerstoffs. (Seite 224). Sollten sie in diesem Stadium
der Rückbildung ohne Weiteres zu Harnstoff und Kohlensäure verbrennen
und so einfach als Wärmequelle fungiren, oder sollten sie dabei nicht Gelegenheit finden in Fettsubstanzen sich zu spalten? Diese Annahme gewinnt
etwas Einladendes, wenn wir die Forderung der Erfahrung, wonach eine
gute Mastration durchaus nicht arm an Proteïnstoffen sein darf, in Parallele
stellen mit der aus obiger Tabelle ersichtlichen Thatsache, daß blos 5—6 %
des genossenen Proteïns an dem Zuwachs der stickstoffhaltigen Gewebe im
Mastthiere sich betheiligen.

Obgleich unsere obige Aufstellung zum Theil auf Durchschnittswerthen
beruht und daher kein naturgetreues Bild der Wirklichkeit bietet, so scheinen
mir ihre möglichen Fehler doch so enge Grenzen zu haben, daß ich jenes
Tableau unbedenklich benutze zur Versinnlichung folgender allgemeiner Sätze
über den Zuwachs eines Thieres in seinem letzten Mastungsstadium.

1. Während das Fleisch des ungemästeten Thieres etwa 70 % Wasser
enthält, finden wir in dem durch intensive Mast zugewachsenen Fleische blos
20 % Wasser.

2. Was das Thier bei der Mast gewinnt, ist eigentlich kein Fleisch,
sondern Fettgewebe, denn es enthält auf 70—80 Theile Fett blos 6—7
Theile Fleischfaser. Gemeinüblich sagt man von der Mastung, daß sie das
Thier „fett" mache; dem strengsten Wortsinne nach ist dies wahr. Wir
begreifen die Mastung als eine Ausfüllung der Gewebezellen mit Fett; die
Zellen selbst sind in jedem wohlgenährten Thiere bereits in nöthiger Masse
vorhanden, oder werden durch das Proteïn der Nahrung blos in geringer
Menge vermehrt.

3. Die Qualität des Zuwachses zeigt sich am fettreichsten bei Schafen,
ist übrigens aber nicht wesentlich verschieden von dem der Rinder und Schweine,

4. Ein Pfund Zuwachs während der letzten Hälfte der Mastung,
muß ökonomisch weit höher taxirt werden, als sonst ein Pfund normales
Fleisch. — Ich schätze es dreimal so viel werth.

5. Der Maſtzuwachs (waſſerfrei) beträgt ungefähr $^1/_{10}$ der im Futter verzehrten Trockenſubſtanz. 90 % letzterer gehen alſo theils unverdaut durch den Koth ab, theils finden ſie, bei der Deckung des Kraft- und Wärmebedarfs, ihre Zerſtörung und werden durch Harn und Lungen aus dem Körper geſchieden.

6. Unter allen Nährſtoffen bleibt vom Proteïn des Futters am wenigſten im Maſtzuwachſe, am meiſten indeſſen vom Fette. Laſſen wir letzteres vollſtändig in das Fettgewebe übergehen, dann fällt den Kohlehydraten immerhin noch eine anſehnliche Betheiligung an der Fettbildung zu. Sie beträgt im Futter der Ochſen 13 %, in dem der Schafe 26 % und in dem der Schweine ſogar 40 % der verzehrten Kohlehydratmenge. Dieſe Zahlen dürfen wir als Minimum auffaſſen, indem gewiß das Fett der Nahrung nicht vollſtändig und direct in Fettgewebe übergeht.

7. Wir ſehen, daß die Schafe die Nährſtoffe ihres Futters beſſer ausnutzen, als die Rinder. Von den Schweinen erwarten wir die relativ ſtärkſte Ausbeutung, weil ſie überhaupt ein concentrirteres und beſſeres Futter bekommen.

8. In Erwägung, daß der Maſtzuwachs größtentheils aus Fett beſteht und auch größtentheils durch das Fett und die Kohlehydraten des Futters geliefert wird, werden wir genöthigt, letzteren eine große Wichtigkeit bei der Maſtung zuzuerkennen. Es iſt das Verdienſt von Lawes u. Gilbert, daß ſie die bislang übertriebene Bedeutung der Proteïnſtoffe in der Maſtration, auf ihr richtiges Maß zurückgeführt haben.

Verſuch von F. Cruſius zu Sahlis, 1858.

Welchen Einfluß hat das Fett des Futters auf den Maſtzuwachs und auf die Ausnutzung der Ration?

Man fand einen ſchönen Beitrag zur Löſung dieſer Frage durch einen Verſuch mit 12 egalen Voigtländer Ochſen, welche vergleichend in 2 Abtheilungen à 6 Stück aufgeſtellt und während dreier Verſuchsperioden à 3 Wochen gefüttert wurden, ſo daß Abth. I. ungefähr doppelt ſo viel Fett in ſeine Ration empfing als Abth. II, welche blos fettarme Futtermittel bekam.

Die ſonſtigen Unterſchiede beider Rationen ſind hinſichtlich der Trockenſubſtanz und der Menge der Holzfaſer, wie umſtehende Tabelle zeigt, nicht weſentlich verſchieden geweſen.

Alle verzehrte Futtermittel ſind ſpeciellen Analyſen unterzogen und dem Reſultate der hier figurirenden Berechnungen zu Grunde gelegt worden. Ich theile dieſe Analyſen hier mit, weil ich ſie bei Ausarbeitung von Vortrag Nro. 15 überſehen habe.

	Waſſer	Pectin	Kohlehydrate	Fett	Holzfaſer	Aſche
Grummet . .	13.8	12.6	41.5	4.0	22.6	5.5
Roggenſtroh .	14.0	2.3	34.1	2.0	44.2	3.4
Kartoffeln . .	74.5	2.3	21.1	0.2	0.8	1.1
Erbſen . . .	16.9	24.5	45.7	3.0	6.7	3.2
Rapskuchen .	17.6	29.4	20.1	10.0	18.6	4.3
Malzkeime . .	13.3	26.3	37.9	4.0	12.0	6.5
Weizenkleie . .	14.1	15.0	47.3	4.0	13.1	4.5

Zur Fütterung sind die Kartoffeln gedämpft und die Zulage an Kleie mit dem Rapskuchenmehl vermengt gereicht worden. Erbsenschrot und Reis in Form von Tränke. Vor jeder Mahlzeit, die täglich blos 2 mal statt fand, vorher ganz das Futter abgewogen und gemischt. Eine dieser Mischungen bestand aus Kartoffeln, Häcksel und Malzkeime, vereint mit einander gekocht.

„Wenn gleich die Thiere", so lautet der Bericht, „anfänglich das Futter nicht gut annahmen, so gehört dies doch allmählig und haben dieselben vom 15. Februar 1858 an, wo der Versuch begann, die ganze ihnen vorgelegte Ration rein aufgefressen, so daß auch nicht ein einziges Mal Reste zurückgewogen werden mußten, ein Beweis, daß dieselben durchaus nicht zu viel erhielten."

Das Weitere ersieht man aus folgender Tabelle:

	Ration per Tag und Thier								Gehalt der Ration an				Nährstoff-Verhältniß(*)	Durch- schnittl. Gewicht bei Beginn der Periode	Zu- nahme per Tag und Stück	Auf je 100 Pfd. Zu- nahme wurde verzehrt			
	Grünmehl	Erbse	Malzkeime	Erbsenschrot	Buchweizen	Kartoffeln	Rapskuchen	Kleie	Trocken- substanz	Protein	Kohlehydrate	Fett				Trocken- substanz	Protein	Kohlehydrate	Fett
	Pfd.	Pfd.	Pfd.	Pfd.	Pfd.	Pfd.	Pfd.	Pfd.	Pfd.	Pfd.	Pfd.	Pfd.		Pfd.	Pfd.	Pfd.	Pfd.	Pfd.	Pfd.
Abtheilung I. fettreiche Fütterung																			
Versuchs- Perioden 1—3. Woche	10	4	3	4	—	7	6	0.5	24.7	5.03	11.16	1.82	1:3.3	1115	2.92	845	172	382	62
3—6. „	10	6	3	4	—	20.7	5	0.5	29.1	5.09	14.71	1.80	1:4.0	1178	4.58	636	111	321	39
6—8. „	10	6	—	2	7	36	—	1.0	30.6	3.75	18.17	1.90	1:6.3	1272	3.86	788	97	471	49
Abtheilung II. fettarme Fütterung																			
Versuchs- Perioden 1—3. Woche	9	4	3	2	2	28.3	—	—	24.4	3.44	14.10	0.76	1:4.7	1160	2.39	1020	144	600	32
3—6. „	10	6	4	6	2	20.7	—	—	29.5	6.16	15.82	0.90	1:3.0	1210	2.52	1103	244	627	36
6—8. „	10	6	—	2	7	36	—	—	30.6	3.75	18.17	0.90	1:5.6	1264	2.88	1066	131	631	31

*) Dasselbe ist anders, wie das von Grusius, der 1 Theil Fett nicht = 2½ Theilen Kohlehydrat rechnet.

Ich folgere hieraus das Nachstehende:

1. Der günstige Einfluß des Fettes zeigt sich am Deutlichsten in der dritten Periode, wo beide Abtheilungen, außer der Fettzulage eine ganz gleiche Ration empfingen. Dort hat das 1 Pfd. Oel während 100 Tagen einen Mehrzuwachs von 386—288 also von circa 100 Pfd. bewirkt. Ebenso außerordentlich, obgleich nicht so klar wegen sonstigen Differenzen in der Constitution der Rationen, ist der Unterschied zu Gunsten des Fettes in der 2. Periode beider Abtheilungen. In ihrer 1. Periode lassen sich beide Abtheilungen nicht wohl vergleichen, weil ihre Rationen von zu verschiedenem Bestande waren.

2. Aus dem Vergleiche der chemischen Constitution beider Rationen in der 2. Periode scheint hervorzugehen, daß ein hoher Proteïngehalt (6 Pfd. pro Tag und Stück) nur dann von Nutzen ist, wenn die Ration zugleich viel Fett enthält. Ist letzteres in geringer Menge vorhanden, dann influirt eine Vermehrung des Proteïns über eine gewisse Norm hinaus, nicht mehr auf die Nährkraft der Ration. (Vergl. Abth. II in 1. und 2. Periode.)

3. Da wir in dem chemischen Gehalte der Ration der 1. und 2. Periode für Abth. I keine andere Differenz als im Kohlehydratgehalte gewahren, so sind wir geneigt den vergleichsweise geringen Effect der 1. Periode dem zu niedrigen Verzehr an Kohlehydraten zuzuschreiben.

4. Das beste Nährstoffverhältniß läßt sich aus diesem Versuche nicht wohl ersehen; es scheint nur nicht niedriger sein zu dürfen als 1 : 4.

5. Zur Production von 100 Zuwachs war nöthig durchschnittlich

	Trockensubstanz Pfd.	Proteïn Pfd.	Kohlehydrate Pfd.	Fett Pfd.
Abth. I. bei Fettzusatz	756	126	391	50
Abth. II. ohne Fettzulage	1063	173	619	33

ein Beweis, welch' große Ersparniß an Proteïn und Kohlehydraten die Fettzulage herbeiführte, indem durch sie die Trockensubstanz des Futters mehr und zwar um 29 % besser ausgenutzt wurde. Da nach den Ermittlungen auf Seite 638 100 Pfd. Zuwachs = 80 Pfd. Trockensubstanz gelten, so berechnet sich leicht, daß für je 100 Pfd. verzehrte Trockensubstanz in Abth. I 10.6 Pfd. und in Abth. II blos 7.5 Pfd. trockener Zuwachs erzielt wurden; ein Resultat, welches mit unseren Berechnungen à la Lawes u. Gilbert genügend übereinstimmt.

Jene bessere Ausnutzung des Futters durch das Fett, ist nicht blos dem Umstande zuzuschreiben, daß dasselbe die in den Futtermitteln figurirenden Mengen von Proteïn und Kohlehydrate verdaulicher macht, sondern auch einen wesentlichen Einfluß auf die vollständigere Verdauung der Holzfaser ausübt, wie das für diesen Fall constatirt worden ist durch die Roth-Analysen von Crusius, welche wir bereits auf Seite 483, bei Besprechung der Holzfaserverdauung genügend mitgetheilt haben.

6. Werfen wir einen prüfenden Blick auf folgende Tabelle:

Nummer des Ochsen.	Lebendgewicht bei Beginn des Versuchs.	Tägliche Zunahme in der			Mittel der Zunahme.
		1. Periode.	2. Periode.	3. Periode.	
	Pfd.	Pfd.	Pfd.	Pfd.	Pfd.
I. Abth.					
1.	1100	2.66	3.19	5.64	3.83
2.	1185	3.38	3.28	8.07	8.24
3.	1082	3.90	3.76	5.07	4.24
4.	1102	2.76	5.81	1.50	3.36
5.	1178	2.90	4.81	4.85	4.18
6.	1091	1.90	7.09	2.92	3.97
II. Abth.					
7.	1140	2.76	2.38	2.71	2.61
8.	1143	1.90	3.86	4.14	8.30
9.	1060	2.61	2.81	2.34	2.59
10.	1131	1.76	1 95	2.78	2.16
11.	1131	2.33	2.14	8.50	2.66
12.	1358	2.99	1.95	3.14	2.69

so sehen wir gleich, daß an dem Mastungsresultate nicht blos die Fütterungsart der Thiere, sondern wesentlich auch die Individualität derselben betheiligt ist. Wir sehen daraus, wie unerklärlich variirende Zuwachse die 6 Thiere einer Abtheilung in den einzelnen Perioden gezeigt, und daß gewisse Thiere, selbst bei entschieden schlechterem Futter, doch eben so viel profitirt haben, als andere Individuen bei fettreicher Ration. (Vergl. Ochse 2 und 4 mit 8.) Den Fütterungstheoretiker muß das zu großer Vorsicht mahnen bei Beurtheilung von Versuchsresultaten und ihn bestimmen, Schlüsse von allgemeinem Werthe niemals auf die Resultate von wenigen, sondern auf den Durchschnitt recht vieler Thier-Individuen zu basiren.

7. Schon aus den Betrachtungen sub 5 wird man die Rentabilität der Fettzulage entnehmen. Aber auch in der Wirklichkeit hat sie sich glänzend herausgestellt, denn Crusius berechnet aus dem Marktpreise der verzehrten Futtermittel und dem Gelderlöse aus den Ochsen, daß ihn 1 Pfd. Zuwachs gekostet hat (exclusive Dünger)

bei Abth. I. = 49 Pfennige
bei Abth. II. = 57 „

und zwar trotz dem theuren Rüböl, der per Ctr. zu 14 Thlr. in Anrechnung gebracht wurde.

1 Pfd. Mastzuwachs hat für den Fleischer mindestens den 3 fachen

Werth von 1 Pfd. Lebendgewicht. Nehmen wir ihn hier blos zu ⅓ Thlr. an, dann stellt sich

	Gesammtzuwachs in 8 Wochen	Werth des Zuwachses	Kosten des Zuwachses	Ergo Gewinn
bei Abth. I.	1271 Pfd.	254 Thlr.	173 Thlr.	81 Thlr.
bei Abth. II.	860 „	172 „	136 „	36 „

Versuch von Watzl zu Liebiegitz in Böhmen, 1853.

Ueber den Einfluß des Alters der Thiere auf den Mastfortschritt.

Im Voraus wird bemerkt, daß sämmtliche Mastthiere die gleiche Futterration, hauptsächlich aus Schlempe bestehend, erhielten.

Qualität der Thiere.	Gesammt-Gewicht bei Beginn der Mastung. Pfd.	Dauer der Mastung. Tage	Gesammt-Gewicht am Ende der Mastung. Pfd.	Zunahme per Tag und Stück. Pfd.
7 alte ungarische Zugochsen, gänzlich abgetrieben und elend	6330	131	6430	0.10
19 böhmische Ochsen, wegen Alters und Schwäche untauglich zum Zuge geworden	18250	142	20700	0.90
2 steirische Brackochsen, noch ziemlich conservirt	2360	120	2640	1.16
4 junge Kühe	2790	77	3160	1.19
16 alte, herabgekommene Kühe. . . .	12350	141	13286	0.41
7 alte Brackochsen auf der Weide . .	6940	51	7070	0.36
2 junge Brackochsen auf derselben Weide .	1570	51	1670	1.00
9 kräftige, wohlgenährte Ochsen	8740	61	9630	1.62

Hieraus sieht man klar und bestimmt, daß junge Thiere sich weit besser mästen, als solche, die entweder alt oder irgendwie heruntergekommen sind.

Versuch von Templeton, 1852.

Um zu erfahren, bei welcher Lebensweise sich das Mastvieh am Besten stehe, ob bei strenger Stallfütterung, bei Weidegang oder beim freien Umhergehen in Ställen mit Verschlägen, bildete man aus 12 dreijährigen Galloway-Ochsen und 6 Stück verschnittenen Kühen 6 Abtheilungen à 3 Stück, so daß in jede Abtheilung 2 Ochsen und 1 Kuh kamen. Außer dem unten näher verzeichneten Beifutter an Leinkuchen erhielten sämmtliche Versuchs-Thiere von Beginn der Versuche an (5. Juni) satt Gras und Grünwicken, im October noch ein Futter Turnips täglich. Das dauerte bis zum 5. November, wo die Winterfütterung begann, und jedes Thier von da an bis zum 5. Februar täglich 84 Pfd. Turnips und 14 Pfd. Heu bekam.

Nummer der Abtheilung à 3 Stück	Aufstellung	Beifutter per Tag u. Stück	Sommerfütterung. Lebendgewicht am		Zuwachs (5 Monate)	Winterfütterung. Lebendgewicht am		Zuwachs (3 Monate)	Gesammtzuwachs vom 5. Juni bis 5. Februar (8 Monate)
			5. Juni	5. November		5. November	5. Februar		
			Ctr.	Ctr.	Ctr.	Ctr.	Ctr.	Ctr.	Ctr.
I.	in Verschlägen	3 Pfd. Leinkuchen	26	$33^{7}/_{16}$	$7^{7}/_{16}$	$33^{7}/_{16}$	$37^{1}/_{4}$	$3^{13}/_{16}$	$11^{1}/_{4}$
II.	dito	Nichts	$25^{1}/_{2}$	31	$5^{1}/_{2}$	31	35	4	$9^{1}/_{2}$
III.	im Stalle	3 Pfd. Leinkuchen	$26^{3}/_{4}$	$31^{7}/_{8}$	$5^{1}/_{8}$	$31^{7}/_{8}$	36	$4^{1}/_{8}$	$9^{1}/_{4}$
IV.	dito	Nichts	$24^{1}/_{2}$	$27^{5}/_{8}$	$3^{1}/_{8}$	$27^{5}/_{8}$	32	$4^{3}/_{8}$	$7^{1}/_{2}$
V.	auf der Weide	3 Pfd. Leinkuchen	$24^{1}/_{2}$	31	$6^{1}/_{2}$	31	35	4	$10^{1}/_{2}$
VI.	dito	Nichts	24	$28^{3}/_{4}$	$4^{3}/_{4}$	$28^{3}/_{4}$	$29^{3}/_{4}$	$1^{3}/_{8}$	$5^{3}/_{4}$

Die Gewichtszunahme betrug hiernach:

	im Sommer	im Winter	im Ganzen
Abth. I. und II. in Verschlägen	$12^{15}/_{16}$ Ctr.	$7^{12}/_{16}$ Ctr.	20.7 Ctr.
„ III. „ IV. im Stalle	$8^{1}/_{4}$ „	$8^{1}/_{2}$ „	16.7 „
„ V. „ VI. auf der Weide	$10^{7}/_{8}$ „	$5^{3}/_{8}$ „	16.2 „
Abth. I., III. und V. mit 3 Pfd. Leinkuchen	$19^{1}/_{8}$ „	$11^{15}/_{16}$ „	31 „
„ II., IV. „ VI. ohne Leinkuchen . .	13 „	$9^{3}/_{4}$ „	22.7 „
Unterschied zu Gunsten der Leinkuchen	$6^{1}/_{16}$ Ctr.	$2^{3}/_{16}$ Ctr.	8.3 Ctr.

Da in Summa 59 Ctr. Leinkuchen verfüttert worden waren, so hat jeder Centner Leinkuchen sich durch 16 Pfd. Fleisch verwerthet, womit er, nach Templeton's Meinung, genügend bezahlt ist.

Der Vorzug, den das Mästen des Viehes in bedeckten Verschlägen, worin es sich frei bewegen kann, vor der Stallfütterung und dem Weidegang hat, liegt in obigen Resultaten klar ausgesprochen. Derselbe bewahrheitete sich auch noch in einem zweiten Versuche, den Templeton mit 9 einjährigen Rindern anstellte, wovon Jedes, außer satt Rayhgras, auch noch 3 Pfd. Leinkuchen per Tag fressen konnte.

Nummer der Abtheilung à 3 Stück	Aufstellung	Lebendgewicht		Zuwachs in 5 Sommermonaten
		am 5. Juni	am 5. Novbr.	
I.	in Verschlägen	$23^{3}/_{4}$ Ctr.	$31^{3}/_{4}$ Ctr.	8.0 Ctr.
II.	im Stalle	$22^{11}/_{16}$ „	$29^{1}/_{2}$ „	6.8 „
III.	auf der Weide	$19^{3}/_{16}$ „	$25^{1}/_{2}$ „	6.3 „

Nach dem Schlachten der Versuchsthiere zeigte sich, daß deren Geschlecht (ob Ochse oder Kuh) einen Unterschied in dem Verhältnisse von Fleisch zu Talg und Haut mit sich bringe.

Werth von 1 Pfd. Lebendgewicht. Nehmen wir ihn hier blos zu ⅕ Thlr. an, dann stellt sich

	Gesammtzuwachs in 8 Wochen	Werth des Zuwachses	Kosten des Zuwachses	Ergo Gewinn
bei Abth. I.	1271 Pfd.	254 Thlr.	173 Thlr.	81 Thlr.
bei Abth. II.	860 „	172 „	136 „	36 „

Versuch von Watzl zu Liebiegitz in Böhmen, 1853.

Ueber den Einfluß des Alters der Thiere auf den Mastfortschritt.

Im Voraus wird bemerkt, daß sämmtliche Mastthiere die gleiche Futterration, hauptsächlich aus Schlempe bestehend, erhielten.

Qualität der Thiere.	Gesammt- Gewicht bei Beginn der Mastung. Pfd.	Dauer der Mastung. Tage	Gesammt- Gewicht am Ende der Mastung. Pfd.	Zunahme per Tag und Stück. Pfd.
7 alte ungarische Zugochsen, gänzlich abgetrieben und elend	6330	131	6430	0.10
19 böhmische Ochsen, wegen Alters und Schwäche untauglich zum Zuge geworden	18250	142	20700	0.90
2 steirische Brackochsen, noch ziemlich conservirt	2360	120	2640	1.16
4 junge Kühe	2790	77	3160	1.19
16 alte, herabgekommene Kühe	12350	141	13286	0.41
7 alte Brackochsen auf der Weide . .	6940	51	7070	0.36
2 junge Brackochsen auf derselben Weide .	1570	51	1670	1.00
9 kräftige, wohlgenährte Ochsen . . .	8740	61	9630	1.62

Hieraus sieht man klar und bestimmt, daß junge Thiere sich weit besser mästen, als solche, die entweder alt oder irgendwie heruntergekommen sind.

Versuch von Templeton, 1852.

Um zu erfahren, bei welcher Lebensweise sich das Mastvieh am Besten stehe, ob bei strenger Stallfütterung, bei Weidegang oder beim freien Umhergehen in Ställen mit Verschlägen, bildete man aus 12 dreijährigen Galloway-Ochsen und 6 Stück verschnittenen Kühen 6 Abtheilungen à 3 Stück, so daß in jede Abtheilung 2 Ochsen und 1 Kuh kamen. Außer dem unten näher verzeichneten Beifutter an Leinkuchen erhielten sämmtliche Versuchs-Thiere von Beginn der Versuche an (5. Juni) satt Gras und Grünwicken, im October noch ein Futter Turnips täglich. Das dauerte bis zum 5. November, wo die Winterfütterung begann, und jedes Thier von da an bis zum 5. Februar täglich 84 Pfd. Turnips und 14 Pfd. Heu bekam.

Nummer der Abtheilung à 3 Stück	Aufstellung	Beifutter per Tag u. Stück	Sommerfütterung. Lebendgewicht am		Zuwachs (5 Monate)	Winterfütterung. Lebendgewicht am		Zuwachs (3 Monate)	Gesammtzuwachs vom 5. Juni bis 5. Februar (8 Monate)
			5. Juni	5. November		5. November	5. Februar		
			Ctr.	Ctr.	Ctr.	Ctr.	Ctr.	Ctr.	Ctr.
I.	in Verschlägen	3 Pfd. Leinkuchen	26	33⁷/₁₆	7⁷/₁₆	33⁷/₁₆	37¼	3¹³/₁₆	11¼
II.	bito	Nichts	25½	31	5½	31	35	4	9½
III.	im Stalle	3 Pfd. Leinkuchen	26¾	31⁷/₈	5⅛	31⁷/₈	36	4⅛	9¼
IV.	bito	Nichts	24½	27⅝	3⅛	27⅝	32	4⅜	7½
V.	auf der Weide	3 Pfd. Leinkuchen	24½	31	6½	31	35	4	10½
VI.	bito	Nichts	24	28¾	4¾	28¾	29¾	1¾	5¾

Die Gewichtszunahme betrug hiernach:

	im Sommer	im Winter	im Ganzen
Abth. I. und II. in Verschlägen	12¹⁵/₁₆ Ctr.	7¹³/₁₆ Ctr.	20.7 Ctr.
„ III. „ IV. im Stalle	8¼ „	8½ „	16.7 „
„ V. „ VI. auf der Weide	10⁷/₈ „	5⅜ „	16.2 „
Abth. I., III. und V. mit 3 Pfd. Leinkuchen	19⅛ „	11¹⁵/₁₆ „	31 „
„ II., IV. „ VI. ohne Leinkuchen . .	13 „	9¾ „	22.7 „
Unterschied zu Gunsten der Leinkuchen	6¹/₂₆ Ctr.	2²/₁₆ Ctr.	8.3 Ctr.

Da in Summa 59 Ctr. Leinkuchen verfüttert worden waren, so hat jeder Centner Leinkuchen sich durch 16 Pfd. Fleisch verwerthet, womit er, nach Templeton's Meinung, genügend bezahlt ist.

Der Vorzug, den das Mästen des Viehes in bedeckten Verschlägen, worin es sich frei bewegen kann, vor der Stallfütterung und dem Weidegang hat, liegt in obigen Resultaten klar ausgesprochen. Derselbe bewahrheitete sich auch noch in einem zweiten Versuche, den Templeton mit 9 einjährigen Rindern anstellte, wovon Jedes, außer satt Rahgras, auch noch 3 Pfd. Leinkuchen per Tag fressen konnte.

Nummer der Abtheilung à 3 Stück	Aufstellung	Lebendgewicht am 5. Juni	am 5. Novbr.	Zuwachs in 5 Sommermonaten
I.	in Verschlägen	23¾ Ctr.	31¾ Ctr.	8.0 Ctr.
II.	im Stalle	22¹¹/₁₆ „	29½ „	6.8 „
III.	auf der Weide	19³/₁₆ „	25½ „	6.3 „

Nach dem Schlachten der Versuchsthiere zeigte sich, daß deren Geschlecht (ob Ochse oder Kuh) einen Unterschied in dem Verhältnisse von Fleisch zu Talg und Haut mit sich bringe.

	Lebendgewicht zur Zeit des Schlachtens. (Ctr.)	Fleisch (Ctr.)	(Pfd.)	Talg (Pfd.)	Haut (Pfd.)	Prozent des Lebendgewichts. Fleisch	Talg	Haut
Ochsen (12 Stück)	147³/₁₆	78	76	1125	981	53.4	6.8	5.9
Kühe (6 Stück)	66	33	80	634	401	51.1	8.6	5.4

Darnach wäre das Fleisch von Mastkühen fetter, als das von Ochsen.

Versuch von Stephenson zu Bechelbronn, 1851.

Derselbe handelt über den Werth eines Zusatzes von concentrirten, stickstoffreichen Futtermitteln zu Rüben und Kartoffeln.

Man brachte 18 Stück zweijähriger Schnittochsen in 3 Abtheilungen à 6 Stück und fütterte während 119 Tagen jede Abtheilung besonders.

Ration per Tag und Stück.

	Abth. I. (Kilo)	Abth. II. (Kilo)	Abth. III. (Kilo)
Rüben	50	57.00	57.00
Kartoffeln	—	0.90	1.80
Bohnen	—	1.37	1.37
Hafer	—	0.66	0.66
Leinkuchen	—	—	1.50
Durchschnittliches Lebendgewicht per Stück { bei Beginn des Versuchs	361.0	462.0	507.0
am Ende „ „	412.2	567.3	619.5
Zuwachs per Tag und Stück	0.43	0.89	0.94

Man sieht schön an Abtheilung II, welch' kleiner Zusatz von Hafer und Bohnenmehl erforderlich gewesen ist, um den Fleischproductionswerth der Rüben zu verdoppeln. Die Erklärung ist einfach.

Versuch von Reihlen zu Stuttgart, 1859.

Der Futterwerth von Maisschrot zeigte sich dabei beträchtlich größer als der von Dinkelschrot, wahrscheinlich, so vermuthe ich, weil jener etwa 7 % Fett besitzt, der Dinkel aber blos 2 %.

Abtheilung à 5 Ochsen	Ration per Tag und Thier	Dauer der Mastung	Gewicht per Thier bei Beginn des Versuchs	Zuwachs per Tag und Thier
I.	60 Pfd. Preßlinge + 4½ Pfd. Heu + 7 Pfd. Maisschrot	43 Tage	1299 Pfd.	2.16 Pfd.
II.	60 Pfd. Preßlinge + 4½ Pfd. Heu + 7 Pfd. Dinkelschrot	58 „	1319 „	1.24 „

Versuch von v. Pabst zu Ungarisch-Altenburg, 1854.

8 Stück alte, magere Ochsen wurden am 10. November zur Mast aufgestellt und erhielten pro Tag und Stück 15 Pfd. Heu, 8 Pfd. Stroh und 45 Pfd. Runkelrüben. Außerdem folgende Zulagen:

10. November — 6. Januar   Nichts
 6. Januar   — 1. Februar 3 Pfd. Oelkuchen
 1. Februar — 3. März   2 „   „   + 3 Pfd. Getreideschrot
 3. März   — 5. April   2 „   „   + 5 „   „

Bei dieser Fütterung erzielte man während der 146 tägigen Mast einen Zuwachs von 210 Pfd. per Stück, wodurch, gemäß der Berechnung des Versuchs-Anstellers, der

Ctr. Runkeln	mit 17	Kreuzer	
„ Spreu	„ 33	„	
„ Oelkuchen	„ 90	„	
„ Getreideschrot	„ 240	„	

sich bezahlt gemacht hat.

Versuch von J. Porter in Schottland, 1854.

Es zeigte sich dabei, daß das in England stellenweise übliche und bei der Milde des dortigen Klimas auch mögliche Stehenbleiben der Turnips-Erndten auf freiem Felde, von wo sie während des Winters nach Bedarf herausgeholt werden, dem Nährwerthe dieser Producte empfindlich schadet. Unter einfachem Hinweis auf folgende Zahlen sei bemerkt, daß beide Abtheilungen per Tag und Stück 95 Pfd. Turnips von dem nämlichen Felde stammend, nebst satt Haferstroh fraßen.

Abtheilung à 4 Stück Durham-Ochsen	Gewichtszunahme per Abth. während 84 Tagen
I. Turnips in Erdhaufen eingemietet	325 Pfd.
II. Im Felde stehen gebliebene Turnips	208 „

Versuch von Horn zu Brome-Hall in Norfolk, 1859.

Man bildete 3 Abtheilungen à 2 Stück Ochsen, Ayrshire Raçe und fütterte per Stück täglich 90 Pfd. Turnips und 6 Pfd. Heu. Abtheilung I erhielt dazu 5 Pfd. Rapskuchen, Abth. II der gleiche Geldwerth an Getreideschrot, Abth. III der gleiche Werth an Leinsamenschrot.

Zulage	Lebendgewicht der 2 Thiere bei Anfang des Versuchs	Zunahme in 120 Tagen	Per Tag und Stück
I. Oelkuchen	2754 Pfd.	637 Pfd.	2.65 Pfd.
II. Getreideschrot . .	2688 „	669 „	2.79 „
III. Leinsamenschrot . .	2716 „	718 „	8.00 „

Der fettreiche Leinsamenschrot hat sich also am vortheilhaftesten bewährt!

Versuch von Lehmann zu Weiblitz, 1859.

Wie stellt sich der Effect einer puren Rothkleefütterung? —

Geprüft wurde diese Frage mittelst 2 Abtheilungen à 2 Stück ungefähr 2 Jahr alten Schnittochsen. Nachdem sie während eines Monats allmählig an den

Rothklee gewöhnt worden waren, begann der Versuch mit der Wägung der Thiere am 24. Juni. Man gab ihnen Klee ad libitum zu fressen, und wog das nicht-verzehrte nach jeder Mahlzeit zurück. Der Klee mag, nach Lehmann's Ansicht, durch-schnittlich einen Trockensubstanz-Gehalt von 20% repräsentirt haben.

	Lebendgewicht bei Beginn des Versuchs	Verzehr an Klee in 43 Tagen	Zuwachs in 43 Tagen	100 Pfd. Klee erzeugten
Abtheilung I.	1530 Pfd.	3999 Pfd.	69 Pfd.	1.72 Pfd. Lebendgewicht
„ II.	1279 „	4343 „	127 „	2.92 „ „

Der Versuchsansteller deutet den auffallend besseren Erfolg der Abtheilung II. durch die Individualität der Thiere und meint hinsichtlich einer puren Roth-kleefütterung, daß sie, ohne Beigabe von Trockenfutter, eine Futter-Verschwendung vorstelle.

Versuch von Knop auf der Versuchsstation zu Möckern, 1858.

Derselbe war gerichtet auf die zweckmäßigste Zusammensetzung der Ration für Jungvieh. Als der Versuch am 12. October 1857 begann, waren die ihm unterworfenen zwei Ochsen circa 1 Jahr alt und wogen zu-sammen 1245 Pfd.

Die nachstehende Aufstellung, welche das Nöthige enthält, haben wir nach mancherlei Umrechnungen aus dem Originalberichte extrahirt.

Nummer der Periode	Dauer der Periode Wochen	Ration beider Thiere in Pfunden	Gewicht der 2 Ochsen am Ende der Periode Pfd.	Zuwachs der 2 Ochsen per Tag Pfd.
I.	2	4.56 Erbsenschrot + 4.56 Rapskuchen + 21 Heu + 9 Kartoffeln	1299	3.86
II.	7	4.56 Erbsenschrot + 4.56 Rapskuchen + 21 Heu + 12 Kartoffeln	1523	4.57
III.	2	4.56 Erbsenschrot + 4.56 Rapskuchen + 21 Heu + 18 Kartoffeln	1566	3.07
IV.	2	4 Roggenkleie + 4 Rapskuchen + 21 Heu + 24 Kartoffeln	1633	4.78
V.	4	3 Roggenkleie + 3 Rapskuchen + 21 Heu + 30 Kartoffeln	1792	5.70
VI.	4	4.9 Roggenkleie + 4.9 Rapskuchen + 24 Heu + 42 Kartoffeln	1931	4.97
VII.	2	8 Erbsenschrot + 8 Rapskuchen + 27 Heu + 16 Kartoffeln	1986	3.93

Schade, daß diese Rationen nicht analytisch commentirt worden sind, denn ihr Effect ist durchgehends ein sehr befriedigender gewesen. Sie stell-ten, trotz den damaligen hohen Marktpreisen des Futters, das Pfund Zu-wachs, im Durchschnitt des ganzen Versuchs, zu 2⅘ Sgr. her.

Um indessen einen ungefähren Begriff von ihrem Nährstoffgehalte zu gewinnen, habe ich folgende 3 Rationen nach Durchschnitts-Analysen berechnet.

Ration	Trockensubst.	Proteïn	Fett	Kohlehydr.	Nährstoffverhältniß
I.	28.0	4.7	1.2	13.1	1 : 3.5
V.	30.5	4.1	1.0	15.8	1 : 4.7
VII.	40.0	7.z	1.8	19.8	1 : 3.4

Wir sehen daraus, daß der höchste Nähreffect keineswegs auf dem höchsten Proteïngehalte Hand in Hand geht, sondern auf einem gewissen Maße basirt ist. Dasselbe ist uns in der günstigen Ration V angedeutet, wo auf 4.1 Pfd. Proteïn ein Nährstoffverhältniß von 1:4.7 kommt. Da der Vergleich zwischen Ration I und II, ferner zwischen I und IV und ebenso zwischen V und VII der Bedeutung der Kohlehydrate überhaupt günstiger ist, als der des Proteïns, so weilen wir gern bei der Vermuthung, daß Ration V durch eine Zulage an Kohlehydraten oder Fett noch mehr geleistet haben würde, als jene 5.7 Pfd. Zunahme per Tag. Der Versuch bietet leider kein schwächeres Nährstoffverhältniß als das von 1 : 4.7 und kann daher blos bestätigen, daß ein solches für Jungvieh vortheilhafter ist, als dasjenige, worin relativ mehr Proteïn existirt.

Aber warum läßt man auch stets die Versuche, welche gleich dem vorliegenden, auf die Auffindung des besten Nährstoffverhältnisses gerichtet sind, in so engen Grenzen sich bewegen! — Warum versucht man nicht Rationen, deren Nährstoffverhältniß schwankt zwischen 1 : 3 bis 1 : 8? — Wer sagt denn, da letzteres doch noch in keinem Versuche zu finden, daß es der Prüfung überflüssig sei und nicht vielleicht vortheilhafter als das von 1 : 3!? —

Versuch von Douall zu Lojan in Schottland, 1853.

Derselbe zeigt durch seine Vielseitigkeit einen Beitrag zur Beantwortung mancher interessanten Frage. Benutzt wurden dazu einige fünfzig junge Galloway-Ochsen, welche man in 17 Abtheilungen à 3 Stück brachte. Jede Abtheilung bestand aus einem einjährigen und zwei zweijährigen Thieren. Der Versuch begann erst, nachdem die Thiere erst seit drei Wochen an ihre Versuchsrationen gewöhnt waren, und währte dann genau 100 Tage.

Jede Abtheilung hatte täglich drei Mal Fütterung. Morgens und Abends wurden geschnittene Rüben, gemengt mit Haferstrohhäcksel, Mittags dagegen geschnittene Rüben nebst einem Gemenge von Strohhäcksel, Bohnenschrot oder Oelkuchenschrot vorgelegt. Bei dieser Mittagsfütterung suchte man besonders den Nährwerth von angebrühtem Futter in Erfahrung zu bringen, indem einige Abtheilungen nur rohes Futter, andere dagegen solches erhielten, welches vorher mit heißem Wasser angefeuchtet worden war. Das Anbrühen geschah so, daß in einen Kessel kochenben Waffers der Schrot von Bohnen oder Oelkuchen langsam geschüttet und, unter Zusatz von 3 Pfund Häcksel per Thier, so lange einge-rührt wurde, bis die ganze Masse erkaltet war.

Die andern Haupt-Versuchs-Details lasse ich hier übersichtlich folgen:

Nummer der Abtheilung	Fütterungs-Art	Runkelrüben	Schnabelrübe Turnips	Bohnen-Schrot	Oelkuchen-Schrot	Hafer-Stroh	Häcksel im Beifutter	Lebend-Gewicht zu Anfang des Versuchs, 20. Dezbr. 1852 (Etr.)	(Pfd.)	Zuwachs binnen 100 Tagen (Pfd.)
1.	Runkelrüben allein	120	—	—	—	—	—	25	473	5
2.	Turnips allein	—	150	—	—	—	—	24	429	107
3.	Runkelrüben und Bohnenschrot, ohne Brühfutter	95	—	4	—	7	—	25	454	4
4.	Runkelrüben und Oelkuchen, ohne Brühfutter	130	—	—	3⅓	7	—	25	446	2
5.	Turnips und Oelkuchen, ohne Brühfutter	—	130	—	3½	7	—	25	470	17
6.	Turnips und Bohnenschrot, mit Brühfutter	—	100	4	2½	7	3	24	509	107
7.	Runkelrüben und Bohnenschrot, mit Brühfutter	80	—	4	2½	7	3	24	463	108
8.	Runkelrüben und Bohnenschrot, mit Brühfutter Mittags	—	—	4	2½	7	3	24	484	87
9.	Ganz kleine Runkelrüben mit Brühfutter	75	—	3	2½	7	3	25	428	56
10.	Große, schwere Runkelrüben mit Brühfutter	75	—	3	2½	7	3	25	488	44
11.	Turnips von magerem Lande, mit Brühfutter	—	100	3	2½	7	3	24	352	35
12.	Turnips und Heu vor der Blüthe, mit Brühfutter	—	100	3	2½	Heu	3	25	543	4
13.	bito in der Blüthe,	—	100	3	2½	Heu	3	23	534	81
14.	bito in der Reise,	—	100	3	2½	Heu	3	24	430	6
15.	Lucrnips und Haferstroh,	—	100	2½	—	7	3	24	513	15
16.	Lucrnips allein. Die Thiere frei in Verschlägen (Boxes)	—	150	—	—	7	3	21	532	84
17.	bito. Die Thiere im Stalle angebunden	—	150	—	—	7	3	21	483	89 ungezählt.

Aus diesen Zahlen schließen wir:

1. in Uebereinstimmung mit früher citirten Versuchen, (vgl. S. 555) daß das Anbinden der Thiere im Stalle nicht so gut ist, als die freie Aufstellung derselben in Verschlägen. (Vergl. Abth. 16 u. 17).

2. Daß kleine Rüben nahrhafter sind, als dicke. (Vergl. Abth. 8 u. 9.)

3. Daß die auf fettem, gut gedüngtem Boden wachsenden Rüben ansehnlich nahrhafter sind, wie die auf magerem Boden erzielten. (Vergl. Abth. 10 u. 11. Ferner Seite 465 u. 491.)

4. Daß Wiesengräser von der Blüthe bis zur Reife hin bedeutend an Nährwerth verlieren. (Vergl. Abth. 12, 13 u. 14. und Seite 464).

5. Daß Runkelrüben und Turnips in ihrem Futterwerthe sich zu einander verhielten, wie 95 zu 130, oder ungefähr wie 3 : 4. (Vergl. Abth. 3 und 4.)

6. Daß unter Umständen, namentlich wenn die Futtermischung schon genügend stickstoffreich ist, 7 Pfd. Haferstroh den gleichen Effect, wie 7 Pfd. Heu haben können. (Vergl. Abth. 13 u. 14 mit 10 u. 15.)

7. Durch das Anbrühen des Bohnenschrotes mit Häcksel ist eine Ersparniß an Rüben erreicht worden, (vergl. Abth. 3 u. 7) welche jedoch keineswegs so bestimmt und bedeutend ist, wie es Douall hingestellt hat. Indem dieser Propaganda für das Anbrühen und Kochen des Bohnen- und Oelkuchen-Schrotes mit Häcksel macht, sehe ich mich in dessen Versuchen nach dem Berechtigungsgrunde vergebens um. Die Ansicht, welche ich Seite 533 über das Anbrühen und Kochen des Futters entwickelt habe, scheint mir in ihrer allgemeinen Gültigkeit durch den vorliegenden Versuch nicht gefährdet zu sein.

8. Die rationellen Rationen in Abth. 10 u. 15 enthielten per Thier von 800 Pfd. Gewicht 24.2 Pfd. Trockensubstanz und darin 2.9 Pfd. Protein, 0.73 Pfd. Fett und 12.5 Pfd. Kohlehydrate.

Versuch von S. Guradze zu Schloß Tost in Schlesien, 1860.

Der Versuchsansteller gab mir die Resultate dieses Versuchs — in 17 langen Tabellen! — zur Beurtheilung und Veröffentlichung unter folgenden, zur Sache gehörigen Bemerkungen:

„Das aufgestellte Vieh gehört der hiesigen schlesischen Landrace an; nur Nr. 2, 3 und 10 sind murgthaler Race. Es wurde in magerem Zustande aufgestellt, hatte lange Jahre gearbeitet und wurde meist wegen Alters gebracht. Die Wägungen erfolgten stets des Morgens vor dem ersten Futter und so genau, daß sie Anspruch auf gewissenhafte Richtigkeit haben. Die Futterrationen sind täglich vorgewogen und in Wirklichkeit so gereicht worden, wie angegeben. Das Futter ist stets

vollständig aufgezehrt worden, wobei man darauf sah, daß die stärkeren Thiere reich-
licheres Futter der Quantität nach bekamen. Der Stall war warm, die Hautpflege
der Thiere normal; in den Zwischenzeiten von einer Mahlzeit zur anderen war das
helle Tageslicht abgeschlossen und wurde auf die größte Ruhe gehalten. Die Thiere
waren mit Ketten an die Krippen gebunden und kamen nur zur Zeit der Wägung
aus dem Stalle."

„Ich verkenne nicht, daß meine Versuche keinen ganz bestimmten Anhalt zur
Kritik gewähren, denn die jedesmalige Analyse der Futtermittel hätte dabei voraus-
gehen müssen, was doch in der Praxis nicht angeht." —

Mit Vergnügen hab' ich das weitläufige Versuchsmaterial des Herrn
Gurabze durchstudirt und daraus folgende Tabellen extrahirt, welche meiner Ansicht nach das Wesentliche des Ganzen übersichtlich darbieten. Den
chemischen Bestand der Rationen in Tabelle B berechnete ich auf Grund
der in Vortrag Nr. 15 ermittelten Durchschnittsanalysen. Ebenso ist Tabelle C das Product mühsamer Umrechnungen.

Zunächst gebe ich hier eine Uebersicht der in den einzelnen Perioden
verzehrten Rationen.

A.

Nummer der Versuchs-Perioden	Anzahl der aufgestellten Ochsen	Tägliche Ration für sämmtliche Thiere in Zollpfund
I.	20	2760 Kartoffelschlempe + 20 Rapskuchen + 40 Spreu + 120 Sommerstroh + 160 Winterstrohsiede.
II.	20	1183 Schlempe + 39 Rapskuchen + 11 Rapssamen + 41 Haferschrot + 157 Futtermehl + 40 Spreu + 80 Sommerstroh + 160 Winterstroh + 4 Kochsalz
III.	20	2760 Schlempe + 50 Rapskuchen + 12½ Raps + 7½ Futtermehl + 40 Spreu + 80 Sommerstroh + 160 Winterstroh + 4 Salz
IV.	20	2760 Schlempe + 70 Rapskuchen + 100 Futtermehl + 40 Spreu + 80 Sommerstroh + 140 Winterstroh + 4 Salz
V.	20	2760 Schlempe + 70 Rapskuchen + 50 Futtermehl + 50 Haferschrot + 40 Spreu + 80 Sommerstroh + 140 Winterstroh + 4 Salz
VI.	20	2760 Schlempe + 76 Rapskuchen + 41 Roggenfeinmehl + 50 Kartoffeln + 40 Spreu + 160 Sommerstroh + 60 Grummet + 4 Salz
VII.	20	2760 Schlempe + 75 Rapskuchen + 75 Roggenmehl + 15 Raps + 40 Spreu + 160 Sommerstroh + 60 Grummet + 4 Salz
VIII.	20	2760 Schlempe + 50 Rapskuchen 15 + Raps + 50 Haferschrot + 100 Weizenkleie + 100 Kartoffeln + 60 Heu + 40 Spreu + 140 Stroh + 5½ Salz
IX.	20	2760 Schlempe + 20 Rapskuchen + 15 Raps + 100 Roggenmehl + 100 Weizenkleie + 150 Kartoffeln + 60 Heu + 40 Spreu + 100 Stroh + 5½ Salz
X.	20	2760 Schlempe + 70 Rapskuchen + 15 Raps + 80 Weizenkleie + 100 Kartoffeln + 50 Haferschrot + 60 Heu + 40 Spreu + 125 Sommerstroh + 8 Salz
XI.	20	2760 Schlempe + 70 Rapskuchen + 15 Raps + 80 Weizenkleie + 100 Kartoffeln + 50 Haferschrot + 60 Heu + 40 Spreu + 125 Siedestroh + 8 Salz
XII.	13	1791 Schlempe + 45 Rapskuchen + 14 Raps + 54 Weizenkleie + 65 Kartoffeln + 26 Spreu + 117 Sommerstroh + 5½ Salz
XIII.	5	690 Schlempe + 17½ Rapskuchen + 4 Raps + 20 Weizenkleie + 25 Kartoffeln + 10 Spreu + 45 Stroh + 2 Salz
XIV.	5	wie in Periode XIII.
XV.	3	414 Schlempe + 10 Rapskuchen + 12½ Weizenkleie + 25 Kartoffeln + 6 Spreu + 27 Siedestroh + 1½ Salz
XVI.	3	wie in Periode XV.
XVII.	3	wie in Periode XV.

B.

Periode Nro.	Dauer der Periode. Tage.	Zahl der Versuchs-Ochsen.	Durchschnitts-Gewicht jedes Thieres bei Beginn des Versuchs. Pfd.	Zunahme per Tag und Thier. Pfd.	Das verzehrte Futter enthielt per Tag und Thier.					Zunahme der 12 besten Ochsen per Tag und Thier. Pfd.
					Trocken-Substanz. Pfd.	Pro-tein. Pfd.	Fett. Pfd.	Kohle-hydrate. Pfd.	Nähr-stoff-Verhält-niß.	
I.	14	20	849.6	1.91	21.32	2.11	0.47	9.10	1:4.9	2.8
II.	14	20	876.3	3.81	25.64	2.81	1.06	12.28	1:5.5	4.8
III.	16	20	929.7	1.59	21.80	2.64	0.92	11.69	1:4.3	1.6
IV.	14	20	955.1	1.30	25.29	3.35	0.81	11.69	1:4.1	1.7
V.	16	20	972.3	2.22	25.25	3.33	0.89	11.65	1:4.2	2.3
VI.	10	20	1008.7	−0.92	23.53	3.35	0.80	10.89	1:3.9	−1.1
VII.	12	20	999.5	1.94	25.07	3.69	1.26	11.05	1:3.8	2.1
VIII.	7	20	1022.8	2.61	27.62	3.85	1.35	13.18	1:4.3	3.2
IX.	7	20	1041.0	0.64	27.33	4.21	1.17	14.50	1:4.1	0.4
X.	7	20	1045.5	1.71	26.96	3.98	1.40	12.74	1:4.1	2.2
XI.	7	20	1057.5	1.29	26.96	3.98	1.40	12.74	1:4.1	1.8
XII.	7	13	1126.9	1.00	24.86	3.51	1.36	11.08	1:4.1	1.4
XIII.	7	5	1117.0	3.29	24.61	3.46	1.21	11.04	1:4.1	2.6
XIV.	7	5	1140.0	−1.71	24.61	3.46	1.21	11.04	1:4.1	−0.7
XV.	7	3	1120.0	4.76	24.70	3.38	0.80	11.62	1:4.0	—
XVI.	7	3	1153.3	−2.86	24.70	3.38	0.80	11.62	1:4.0	—
XVII.	7	3	1133.3	1.19	24.70	3.38	0.80	11.62	1:4.0	—
Mittel			1032	1.4	25.0	3.4	1.04	11.6	1:4.2	

C.

Tägliche Zunahme in jeder Periode.

Nr. der Dosen	Lebendgewicht bei Anfang des Versuchs Pfd.	Ende des Versuchs Pfd.	Dauer des Versuchs Tage	Gesammt-Zunahme Pfd.	I	II	III	IV	V	VI	VII	VIII	IX	X	XI	XII	XIII	XIV	XV	XVI	XVII	Durchschnitt der täglichen Zunahme A natürliche Pfd.	B per 1000 Pfd. Körpergewicht Pfd.
1	1060	1360	131	300	2.00	6.00	0.56	0.93	5.62	—1.50	2.08	2.86	2.14	2.86	2.14	1.43						2.29	2.16
2	1006	1390	131	385	7.71	5.07	1.00	1.07	3.44	—1.00	1.67	5.71	0.00	3.57	4.29	2.14						2.94	2.93
3	973	1270	145	297	1.00	4.07	3.19	2.14	3.44	—3.50	1.67	4.29	0.71	3.57	3.57	2.14	3.57					2.05	2.11
4	940	1215	131	275	4.29	4.29	1.44	2.29	1.25	—2.50	2.93	3.57	2.14	0.71	0.71	2.14		—1.43				2.10	2.23
5	922	1290	131	368	4.76	3.93	2.31	—0.36	2.50	2.00	2.08	7.14	1.43	3.57	0.71	0.72						2.81	3.05
6	916	1080	131	368	0.64	2.57	2.60	2.21	1.88	2.00	2.50	2.14	—0.71	0.71	3.67	2.14						1.26	1.38
7	678	885	131	207	0.50	2.86	1.88	1.56	2.00	2.00	2.92	2.86	2.86	0.00	1.43	1.43						1.58	2.33
8	860	1180	166	320	0.86	6.43	0.81	8.21	1.56	—2.00	2.08	2.86	0.00	6.43	3.57	0.00	3.56	—0.71	6.43	—2.86	2.85	1.93	2.24
9	845	1070	124	165	—0.14	2.64	1.88	0.71	2.81	0.00	2.08	4.29	2.14	2.14	0.00	1.43	—0.71					1.33	1.57
10	833	1160	166	327	5.93	5.64	1.88	0.71	1.25	1.70	1.67	2.86	—1.43	2.14	3.57	0.00	0.71	—0.71	6.43	—2.86		1.33	1.57
11	830	1010	145	180	1.00	6.71	2.19	—0.14	3.26	—1.50	3.33	0.71	0.71	2.14	0.00	4.29	0.71	0.00	2.86	0.00		1.97	2.36
12	828	1000	124	177	1.71	2.19	4.38	—0.25	3.75	0.0	0.83	0.71	0.71	2.14	—0.71	0.00	5.70	—4.29				1.24	1.49
13	814	916	124	101	1.21	—1.93	0.00	1.07	1.56	—0.5	2.08	3.57	0.71	1.43	—0.72							1.43	1.74
14	866	1086	166	220	0.00	3.64	2.31	0.00	2.19	0.8	1.67	1.43	0.00	—1.43	—0.70							1.43	1.00
15	800	970	131	170	0.00	3.93	0.00	0.00	2.19	—3.5	1.25	0.71	1.43	1.43		0.71		2.86	5.00	—2.81	0.72	0.81	1.00
16	794	1030	124	236	3.07	3.00	1.25	0.00	2.19	—0.5	2.92	0.00	2.86	0.00		1.43	2.86	2.14				1.30	1.63
17	790	970	124	180	2.07	4.07	0.44	2.14	—2.19	0.5	3.75	0.00	3.57	0.00	1.43							1.90	2.39
18	770	965	131	195	1.43	4.07	1.25	1.64	1.88	0.0	0.42	1.43	1.43	1.43	1.43							1.45	1.84
19	745	930	124	185	2.00	2.29	1.88	3.57	0.31	—1.5	4.17	0.00	2.86	3.57	0.71							1.49	1.94
20	730	926	124	196	1.14	2.86	0.62	2.86	1.25	0.5	1.25	2.86	—0.71	1.43	2.14							1.48	2.00
Mittel	860	1080	135	230	1.91	3.81	1.69	1.30	2.22	—0.92	1.94	2.61	0.64	1.71	1.80	1.0	3.29	—1.71	4.76	—1.85	1.20	1.57	2.15

Auf Grund dieser beiden letzteren Tabellen lassen sich folgende Schlußbetrachtungen anstellen.

1. Indem wir einen Blick werfen auf die Zunahme, welche jeder
Ochse in der I. Fütterungsperiode darbot, so begegnen wir merkwürdig großen
Differenzen. Die größten Extreme gab Ochse Nr. 2 mit 7.71 Pfd. und
Ochse Nr. 11 mit — 1.71 Pfd. tägliche Zunahme. Dazwischen bewegen
sich die Zunahmen der andern Thiere, so daß keine Zahl mit der andern
übereinstimmt. Was folgt hieraus? — Ohne Zweifel der große Einfluß,
welchen die Individualität des Thieres bei seiner Ernährung geltend macht.
Diese Disposition des Thieres mag am allerwenigsten in äußeren Zufälligkeiten ihren Grund haben, sondern größtentheils in der Race, dem Ernährungszustande, dem Verdauungsvermögen und dem Gesundheitszustande
überhaupt.

2. Die Thiere, welche in der I. Periode die größten Zunahmen boten, sind sie darin consequent geblieben? — Man überzeugt sich
durch die zweite Tabelle bald, daß dem nicht so ist. Zum Beispiel
hat Ochse 2 in der III. und IV. Periode blos 1 Pfund, in der
VI. sogar minus 1 Pfd. zugenommen. Dagegen gibt es andere Ochsen,
die in III., IV. und VI. Periode sehr hohe Zuwachse zeigten. Ueberhaupt
scheint der Zuwachs ganz unabhängig von der Futterration zu sein, die
gleichmäßig allen 20 Ochsen gegeben ward, denn jeder nahm auf seine eigene
Weise zu oder ab; überall machte sich der Eigensinn der Individualität geltend. Vergleicht man aufmerksam die Futtererfolge in allen seinen
XVII Futterperioden, so tritt doch unverkennbar bei jedem Ochsen ein
gewisses regelmäßiges Auf- und Abschwanken in der Zunahme hervor. Man sieht nämlich, daß allemal, nachdem ein Ochse ein paar Perioden hindurch hohe Zunahmen gehabt, er in den folgenden Perioden desto
niedrigere oder gar negative bot. Aber diese Schwankungen erfolgen bei
allen Thieren nicht in denselben Perioden, — was uns eventuell dazu führen würde, die Ursache in der Constitution der Futterration zu suchen —
sondern jedes Thier hat darin seine aparte Stufenleiter.

3. Indem es sonach scheint, daß die Gesetze der Zunahmen für jedes
Thier andere sind, so fragt es sich, ob wir diese Annahme in allem Ernste
als naturwissenschaftliche Wahrheit acceptiren dürfen. Es wäre traurig,
wenn wir dies müßten! — Ich habe bereits oben einige der allgemeinen
Ursachen angedeutet, nach welchen die Verschiedenheiten des Zuwachses bei
verschiedenen Thieren zu beurtheilen sind; man muß aber hier noch eine allgemeine Ursache hervorheben, die geeignet ist, grade jene unerklärlichen Un-
regelmäßigkeiten aufzuklären, mit welcher die Thiere im Vergleich zu

einander, zu- oder abnahmen. Und das ist die ungleiche Fähigkeit verschiedener Thiere, das gesoffene Wasser in ihren Geweben aufzuspeichern. Man weiß z. B. jetzt, daß der Wassergehalt des ganzen Thierkörpers je nach seinem Ernährungszustande schwankt zwischen 75—50 %. Ein Thier von 1000 Pfd. Schwere kann, ohne daß man es ihm ansieht, 250 Pfd. Wasser mehr oder weniger in seinen Geweben bergen, als ein anderes Thier von ebenfalls 1000 Pfd. Schwere. Von diesem Wasser scheidet es, je nach Umständen — die wir leider noch nicht näher kennen — in einer Periode z. B. 50 Pfd. aus durch den Urin; in einer andern Periode mag es dagegen 80 Pfd. Wasser auffpeichern. In ersterem Falle ist das Thier am Ende der Periode 50 Pfd. leichter, im zweiten Falle 80 Pfd. schwerer geworden. Dieser Einfluß des Wassers auf das Körpergewicht geht unabhängig vor sich von dem gleichzeitig stattfindenden Fleisch- und Fettansatze. Er muß nothwendig verursachen, daß wir bei bloßer Controle des Körper-Gewichtes gar nicht im Stande sind, letztere Ansätze zu beurtheilen, womit gesagt ist, daß wir dabei im Ungewissen bleiben über diejenigen Factoren des Ansatzes, — (Muskelfleisch und Fett) — welche lediglich ökonomischen Werth haben und nach welchen allein wir den physiologischen Effect eines Futters beurtheilen dürfen. Denn ob ein Thier 30 Pfd. Wasser zugenommen oder verloren hat, ist uns in ökonomischer und physiologischer Hinsicht sehr gleichgültig. —

Also auch bei diesem Versuche tritt uns die Nothwendigkeit physiologischer Gleichungen, à la Bischof u. Voit, entgegen! Sie sind, wie ich schon mehrmals hervorhob (vergl. Seite 252, 558 u. 614) unser einziges Mittel, um, trotz der großen Unsicherheit der Körpergewichtsschwankungen und trotz dem verwirrenden Eigensinn der thierischen Individualitäten, die Vorgänge der Ernährung aufzudecken und uns sichere Normen für die Praxis der Fütterung zu bringen.

4. Bei Beurtheilung des Effectes der in vorstehendem Versuche gereichten Ration empfinden wir gewiß Alle, wie werthlos es ist, wenn wir uns blos auf die Körpergewichts-Differenzen eines einzigen Thieres stützen wollten. Wir werden sagen, ein Ochse beweist gar nichts, auch 2 oder 3 sind nicht in der Lage uns zu überzeugen; haben wir indessen die Resultate von 20 Thieren, so hat das Mittel aus ihren Zunahmen immerhin einen gewissen Werth für uns. Wir wollen sogar zugeben, daß diese Mittelzahlen annähernd den wahren Futtereffect ausdrücken. In dieser toleranten Gesinnung werden wir also sagen: die in der ersten Periode gereichte Ration hat eine Zunahme bewirkt von 1.91 Pfd. Körpergewicht pro Tag und Thier; die Ration der 2. Periode eine Zunahme von 3.81 Pfd.; die der 3. Periode eine Zunahme von 1.59 Pfd. u. s. w. (vide Tabelle).

5. Stehen nun diese Zunahmen im Zusammenhange mit der ungefähren chemischen Constitution der gereichten Rationen, wie wir sie aus Durchschnittsanalysen berechnet haben? — Können erstere durch letztere einigermaßen erklärt werden?

Zuvörderst sei bemerkt, daß es unsere Absicht ist, die Schlußperiode XV, XVI, XVII bei allen Betrachtungen außer Acht zu lassen, weil sie blos mit 3 Ochsen durchgeführt sind.

Die doppelte Zunahme in der II. Periode kann erklärt werden durch den bedeutend größern Gehalt der Ration an Protein, Fett und Kohlehydrate im Vergleich zur Ration der I. Periode. Als in der III. Periode jener Gehalt wieder vermindert wurde, da sank auch wieder der Futtereffect. Ich bitte dieserhalb die Tabelle B einmal in's Auge zu nehmen. In der IV. und V. Periode wird wieder mehr Protein und Kohlehydrate gefüttert, aber die Besserung in der Zunahme zeigt sich nicht sofort, sondern entschieden erst in der V. Periode.

In der VI. Periode offenbart die Mehrzahl der Ochsen Gewichtsverluste. Gefüttert wurde darin ausnahmsweise 2½ Pfd. Kartoffeln und 2½ Pfd. Grummet per Stück an Stelle von 2½ Pfd. Haferschrot. Soll dieser Ersatz daran Schuld sein, obgleich er in der chemischen Constitution der Ration nur einen geringen Unterschied herbeiführte? Vergleiche Periode V und VI.

In der VII. und VIII. Periode war der Zuwachs wieder ein beträchtlicher; es wurde aber in der Ration alles reichlicher gegeben, namentlich fand eine ansehnliche Vermehrung des Fettgehaltes statt.

In der IX. Periode sank wieder der Gewichtsgewinn auf 0.64 Pfd. per Tag, vielleicht weil darin 30 Pfd. Rapskuchen und 50 Pfd. Haferschrot ersetzt wurden durch 100 Pfd. Roggenmehl und 50 Pfd. Kartoffeln. Bei diesem Ersatze gewann aber die Ration an Protein und Kohlehydraten!

In der X., XI. und XII. Periode, wo am meisten Fett während der ganzen Fütterung (1.40 Pfd. per Tag und Stück) gereicht wurde, da sehen wir den Zuwachs wieder befriedigend werden.

In Periode XIII und XIV wurde genau dieselbe Ration gereicht, und doch betrug der Zuwachs anfangs 3.29 Pfd. und zuletzt minus 1.71 Pfd. Ich weiß mir das um so weniger zu erklären, als in beiden Perioden doch dieselben 5 Thiere figurirten. Die Ration hatte ein Nährstoffverhältniß wie 1 : 4 offenbar ein zu starkes; wenn nun wirklich ihre Armuth an Kohlehydraten daran Schuld war, so hat sich dieser Fehler, bei der blos 7tägigen Dauer dieser Perioden, erst in der zweiten Woche geltend gemacht.

6. Man kann sich nicht verhehlen, wie unbefriedigend die so eben versuchte Erklärung im Ganzen genommen ist. — Wie wäre es, wenn wir einmal aus der Reihe der 20 Ochsen diejenigen völlig eliminirten, welche den unstätesten und geringsten Zuwachs während des ganzen Versuchs zeigten? — Wir können ja sagen, daß das Thiere seien, die von vorn herein irgend etwas Unnormales an sich haben, wodurch sie zur Mastung ungeeignet sind und das ganze Mastresultat zu Ungunsten der übrigen Thiere zu sehr herabsetzen. Aus Tabelle C., wo der durchschnittliche Zuwachs jedes Thieres auf gleiches Gewicht (1000 Pfd.) und für die ganze Versuchszeit berechnet steht, ersehen wir, daß Ochse Nr. 6, 9, 11, 12, 13, 14, 15 und 17 die schlechtesten Resultate gaben. Die übrig bleibenden 12 Thiere haben nun in den 14 Perioden folgenden durchschnittlichen Zuwachs gegeben:

Periode	Periode	Periode	Periode
I. = 2.8 Pfd.	V. = 2.3 Pfd.	IX. = 0.4 Pfd.	XIII. = 2.6 Pfd.
II. = 4.3 „	VI. = —1.1 „	X. = 2.2 „	XIV. = —0.7 „
III. = 1.6 „	VII. = 2.1 „	XI. = 1.8 „	
IV. = 1.7 „	VIII. = 3.2 „	XII. = 1.4 „	

Sind nun diese Zahlen wesentlich andere? In ihrer absoluten Höhe wohl, denn sie sind größer als die Zahlen für die 20 Ochsen. Aber, merkwürdiger Weise, in ihrer Relation unter sich, sind sie dieselben geblieben; sie bieten genau die nämlichen Schwankungen dar, wie jene, und gewähren daher auch keine andere Verwerthungsscala der gereichten Futterrationen. All die sub 5 gemachten Bemerkungen passen auch auf diese Zahlen.

Es beweist diese Uebereinstimmung, meiner Ansicht nach, doch sehr deutlich, daß die sehr ungünstigen Erfolge in Periode VI, IX und XIV nicht wohl durch Zufälligkeiten und einige schlechte Individualitäten herbeigeführt sind, sondern lediglich durch das Futterregim. Leider gestatten unsere chemischen Rationformeln keine Erklärung hierfür; vielleicht würden sie bessere Dienste gethan haben, wenn wir unserer Berechnung keine Durchschnittsanalysen hätten zu Grunde legen müssen, welche für die hier verfütterten Materialien sehr hypothetisch sein können.

7. Hiervon abgesehen, fragt es sich: ob überhaupt die gereichten Futterrationen in ihrer Constitution zu tadeln seien. Wir werden zu dieser Frage geführt durch den mittelmäßigen Erfolg, welchen die ganze Mastung gewährt hat, denn bekanntlich muß eine ordentliche, tadellose Ochsenmastung,

die 3 Monate währt, per Tag und Stück eine Durchschnitts-Zunahme von wenigstens 2 Zollpfund gewähren. Erzielt man, wie in dem vorliegenden Versuche blos 1.4 Pfd., so muß entweder die Ration nicht rationell gewesen sein, oder es müssen die Mastochsen, bevor sie aufgestellt wurden, in einem entsetzlich verkommenen Zustande gewesen sein. Das letztere ist nach Gurabze's Mittheilungen der Fall gewesen; denn er sagte: daß die Ochsen theilweise sehr alt und abgetrieben waren. Außerdem finden wir auch an der Ration einen ansehnlichen Fehler. Sie ist nämlich durchgehends zu arm an Kohlehydraten gewesen. Folgender Vergleich zeigt, daß Herr Gurabze per Tag und Stück 3 Pfd. Stärke oder Zucker mehr hätte füttern müssen.

Per 1000 Pfd. Lebendgewicht

	Trocken-substanz	Protein	Fett	Kohlehydrate	Nährstoff-Verhältniß
Gegeben wurde im Durch-schnitt der 14 Perioden	25.0	3.4	1.04	11.6	1 : 4.1
Meine Normen fordern .	26.5	3.0	1.1	14.0	1 : 5.5

Solche concentrirte stickstoffreiche Rationen, wie sie hier verfüttert wurden, sind kostspieliger als die etwas voluminöseren, gemäß vorstehender Norm. Gurabze hätte gewiß letztere zu Grunde gelegt, wenn er damals sich nicht nach der I. Aufl. dieses Buches gerichtet hätte, die zu einer Zeit geschrieben worden, wo die wissenschaftlichen Anschauungen über die Mastung der neueren reformatorischen Versuche noch entbehrten, und daher nicht zutreffend ausfielen. Er wird wohl bei seinem nächsten Versuche darauf achten, daß gegen Ende der Mast hin, bei einer sich ziemlich gleich bleibenden Menge von Trockensubstanz, dennoch stets mehr an Fett und Kohlehydrate gefüttert werde; letztere Stoffe müssen in stärkerem Verhältnisse steigen als der Proteïngehalt der Ration.

8. Schließlich folge hier die Rentabilitäts-Rechnung dieser Mast, nach den Notizen des Herrn Gurabze.

Werth der Ochsen bei der Aufstellung zur Mast . . 600 Thlr.

Dazu Werth des verzehrten Futters:

10 Scheffel Raps à 3¼ Thlr. .	32 — 15		
53½ Scheffel Hafer à 25 Sgr.	44 — 23		
54¼ „ Kartoffeln à 10 Sgr.	18 — 2		
77 Ctr. Rapskuchen à 1⅓ Thlr.	102 — 20		
103 Scheffel Futtermehl à ½ „	51 — 7		
187 „ Kleie à 4 Sgr. . .	24 — 20		
	273 — 28	274	„
Gesammtkosten =		874	„

Eingenommen wurde für

Ochse Nr. 9, 12, 13, 16, 17, 19 und 20 = 6771 Pfd. à 20 Pf.	376	„ Thlr.
„ „ 2, 7, 18 = 3240 Pfd. à 20.3 Pf. . . . }		
„ „ 1, 4, 5, 6, 15 = 5815 Pfd. à 20.6 Pf. . }	519	„
„ „ 3, 11 = 2280 Pfd. à 19.7 Pf.	125	„
„ „ 14, 10, 8 = 3420 à 18.1 Pf.	173	„
Gesammt-Erlös =	1193	„
	874	„
	319	„

Bei diesem Gewinne von 319 Thlr. sind die Kosten für Schlempe und verzehrtes Stroh unberücksichtigt, dagegen ist auch der produzirte Dünger nicht in Anschlag gebracht.

Da sämmtliche Ochsen bei der Aufstellung 16,992 Pfd. wogen und nach 4 monatlicher Mast 4534 Pfd. Zuwachs gewannen, so kommt auf jedes Stück ein Mast-Erfolg von 230 Zollpfund.

Maſtverſuche mit Schafen.

In der Zucht und Maſtung der Schafe ſind die Engländer allen Andern weit überlegen. Beiſpielsweiſe erwähne ich hier, daß in England und Frankreich ungefähr gleichviel Schafe ſind, nämlich 35 Millionen Stück. Dieſe geben: in Frankreich 60 Mill. Kilo Wolle und 144 Mill. Kilo Fleiſch

in England   60   „   „   „   360 „   „   „

Ueber den Einfluß der Stalleinrichtung auf die Maſtung von Schafen, wurde in England 1855 von einem Herrn J. M. (vide Agrikultural Gazette Nro. 8) ein Verſuch gemacht, den ich wegen ſeiner intereſſanten Details hier zunächſt folgen laſſen will.

Voraus wäre blos zu bemerken, daß jedes Schaf täglich 1 Pfd. Hafer erhielt und ſo viel Turnips freſſen konnte, als es mochte.

Nummer der Abtheil. à 5 Stück.	Art der Aufſtellung.	Durchſchnittlich wog das einzelne Schaf		Jedes Schaf verzehrte durchſchnittlich an Turnips binnen 100 Tagen	Zuwachs für je 100 Pfd. verzehrte Turnips
		am 18. November Pfd.	am 9. März Pfd.	Pfd.	Pfd.
I.	In einer unbedeckten, auf freiem Felde befindlichen Hürde, die mit Stroh ausgeſtreut wurde. Die Schafe bewegten ſich darin frei	108	131.7	1912	1.2
II.	Wie I., nur daß die Hürde durch ein einfaches Pfeilerdach vor direct auffallendem Regen geſchützt war	102	129.8	1394	2.0
III.	Jedes Schaf wurde in eine beſondere Hürde geſetzt, die ſo ſchmal war, daß es darin ſich nicht einmal herumdrehen konnte. Sonſt wie bei II.	108	130.2	1238	1.8
IV.	Frei in einem warmen, dunkeln Stalle .	104	132.4	886	3.1
V.	In einem warmen, dunklen Stalle, mit 5 Hürden ſo eng, wie bei III.	111	131.3	886	2.4

Den größten Zuwachs (28.4 Pfd. per Stück) zeigten hiernach die Schafe in Abtheilung IV, welche in dem dunklen, warmen Stalle ſich frei bewegten: den kleinſten (20.3 Pfd.) diejenigen, welche in demſelben Stalle bewegungslos eingepfercht worden waren. Ein Beweis, wie ſchädlich eine abſolute Ruhe für die Maſtung iſt. Daſſelbe bekunden auch die Zuwachs-Verhältniſſe der Abtheilung II (27.8 Pfd.) und Abtheilung III (22.2 Pfd.)

Wie günſtig ein warmer, dunkler Stall auf die Futtererſparniſſe einwirkt, das ſieht man ſchön an Abtheilung IV, welche für je 100 Pfund verzehrte Turnips beinahe 3 mal mehr Fleiſch anſetzte, als Abtheilung I, welche ganz im Freien campirte. Ein warmer Stall erſetzt, namentlich im Winter, einen Theil der Nahrung; er iſt ein erſtes Erforderniß einer raſchen und ökonomiſchen Maſtung.

56

Der Versuch von Birb, 1856, handelt über dasselbe Thema.

Man bildete nämlich aus 20 Jährlingen 4 Abtheilungen à 5 Stück. 2 Abtheilungen wurden auf freiem Felde nach der in England üblichen Weise eingepfercht, die zwei andern in einem regendicht gedeckten und nach allen Seiten gehörig geschützten, luftigen Raume ernährt. Die Pferche der ersten Abtheilungen befanden sich auf einem Turnipsfelde, und waren für eine Abtheilung ungefähr 16 ☐ Ruthen groß. Wenn die Schafe die, auf dieser Fläche stehenden Rüben abgefressen, so versetzte man ihren Pferch auf eine andere Stelle. So konnten sie die Rüben nach Belieben fressen. Das Gleiche konnten auch die in den Schuppen eingesperrten Abtheilungen thun, denn sie bekamen von jenem nämlichen Turnipsfelde die Rüben ungereinigt und unzerschnitten im Ueberflusse vorgelegt. Die Schuppen hatten per Abtheilung eine Ausdehnung von ebenfalls 10 ☐ Ruthen. Der Versuch begann am 14. November 1856 und endigte am 14. März. Vor Mittheilung seiner Resultate bemerke ich noch, daß vom 14. Januar an, wo die Rüben überlothig wurden, alle Abtheilungen, auch die im freien Felde verbleibenden, die Rüben vorher gewaschen und zerschnitten vorgeworfen erhielten.

Nummer der Abtheil à 5 Stück	Aufstellung.	Lebendgewicht per Abtheilung		Zuwachs in 4 Monaten per Abtheil.	Gewicht der am 14. März geschorenen Wolle	Per Abtheilung verzehrt in 4 Monaten	
		14. November 1856	14. März 1857			Rüben	Leinkuchen
		Pfd.	Pfd.	Pfd.	Pfd.	☐Ruth.	Pfd.
I.	Eingepfercht auf freiem Felde	437	519	82	33½	99.4	—
II.	Wie I., mit Zusatz von ½ Pfd. Leinkuchen per Tag und Schaf	431	579	148	41¾	94.7	287
III.	In einem gut schützenden Stalle	448	487	39	31½	85.0	—
IV.	Wie III., mit Zusatz von ½ Pfd. Leinkuchen . .	427	513	86	37½	85.0	287

Der bessere Erfolg bei den unter freiem Himmel eingepferchten Schafen kann nicht so sehr auffallen, wenn ich hier einestheils an den milden englischen Winter von 1⁵⁶/₅₇, und anderntheils an die Beobachtungen erinnere, die der Versuchsansteller über die im Stalle beständig eingeschlossenen Schafe gemacht hat. „Hätten die Schafe offene Einfriedigungen gehabt," so sagt er, „in denen sie herum laufen konnten, und daneben Ställe, in die sie nach Belieben sich zurückziehen, und fressen gehen durften, so würden sie gewiß um ein gut Theil besser gediehen sein. Denn, obgleich sie beim anfänglichen Einbringen, im November, von der Einsperrung gar keine Notiz zu nehmen schienen und so regelmäßig und reichlich fraßen, wie die im Felde, so zeigten sie gegen Ende Februar, wo die Tage lang und schön wurden, große Lust herauszukommen und fraßen viel weniger, obgleich ihnen derzeit die Rüben gewaschen und vorgeschnitten wurden. Während der 2 Wochen im März, ehe sie gewogen wurden, fraßen sie etwa ⅕ weniger, als die Abtheilungen auf dem Felde; die lange Gefangenschaft schien nach und nach ihre Freßlust zu schwächen." —

Versuch von Rohde und Haubner in Eldena, 1848.

Derselbe war darauf gerichtet, das zweckmäßigste Beifutter zum Klee-heu zu finden. 9 Abtheilungen à 4 Stück Hammel bekommen deßhalb etwa ¹⁄₄₀ ihres Lebendgewichtes an Heu und dazu die unten näher bezeichneten Futtermittel. Von den angegebenen Rationen sind die nicht verzehrten Futterreste bereits in Abzug gebracht worden. Der Versuch begann nach einer 14tägigen unberücksichtigten Vorperiode und dauerte 74 Tage.

Nummer der Abtheilung	Pro Tag und Stück verzehrt		Durchschnitts-Gewicht per Stück		Zunahme per Stück in 74 Tagen	
	an Heu Pfd.	an Beifutter Pfd.	zu Anfang des Versuchs Pfd.	nach 74 Tagen Pfd.	Pfd.	
1.	3.9	0	94.8	103.9	9.1	
2.	3.3	0	96.2	101.1	4.9	
3.	2.6	0	95.8	97.4	1.6	
4.	2.1	7.36 Kartoffeln . .	94.6	118.3	23.7	} Viel Stärke
5.	2.0	7.97 Runkeln . . .	103.2	112.5	9.3	} in Exkremen!
6.	1.9	2.10 Leinkuchen . .	99.4	123.1	23.7	
7.	2.0	1.87 Rapskuchen . .	92.2	110.8	18.6	
8.	2.0	1.91 Gerstenschrot . .	96.9	117.9	21.0	
9.	1.9	1.90 Roggenschrot . .	97.5	118.2	20.7	

Man sieht hieraus:

1. Daß eine Kleeheu-Menge von 2.6 Pfd. per Tag für einen 100 pfündigen Hammel ein zutreffendes Erhaltungsfutter war.

2. Bei 2 Pfd. Heu, welches die Abtheilungen 4—9 durchgehends fraßen, bewährte sich am ungenügendsten die Runkelrübenzulage, wohl deßhalb, weil letztere blos halb so viel trockene Nahrungssubstanz repräsentirte, als in den Zulagen der übrigen Abtheilungen dargeboten war.

3. Es enthielt ungefähr:

	Protein Pfd.	Kohlenhydrate Pfd.	Fett Pfd.	Nährstoffverhältniß
Ration 4	0.38	1.92	0.08	1 : 5.4
„ 6	0.75	1.03	0.24	1 : 2.3
„ 8	0.42	1.64	0.11	1 : 4.7

Da nun diese 3 Rationen ziemlich gleiche, und zwar recht hohe Effecte hervorgebracht, so wird man sagen, daß der Protein- und Fett-Gehalt der Ration Nro. 6 ein übertriebener war und sich, in ökonomischer Hinsicht, vortheilhafter ersetzen ließ durch die Kartoffeln und Getreidestärke.

4. Zu dem proteïnreichen Kleeheu passen ohne Zweifel Beigaben von Wurzel-Gewächsen und Getreideschrot besser, als Oelkuchen.

Versuch von Ockel zu Frankenfelde, 1850.

Derselbe begann am 1. November 1849. 6 Monate vorher waren die dazu bestimmten 44 Schafe geschoren worden, damit man annehmen konnte, daß bis zum Beginn des Versuchs die Hälfte der Wollmasse zugewachsen sei, welche man am Ende des Versuchs, der seinerseits auch 6 Monate währte von den Schafen erhielt.

Die Thiere waren zu Abtheilungen à 4 Stück in geräumigen Stall-Verschlägen aufgestellt. Täglich Morgens 9 Uhr wurde das am vorigen Tage etwa nicht gefressene Futter zurückgewogen, das nicht gesoffene Wasser gemessen und die Hälfte des bestimmten Heufutters zugewogen. Nachmittags 3 Uhr gab man das Kartoffelfutter, in Scheiben geschnitten, und schließlich die übrige Heuhälfte.

Die Futterrationen aller Abtheilungen (excl. Nr. 8) enthielten auf ein Gewichtstheil Kleeheu zwei Gewichtstheile Kartoffeln. Die Qualität der Nahrung war somit überall eine gleiche, nur in ihrer Quantität stellte Ockel die Verschiedenheit her, indem er 1/30 bis 1/40 des Körpergewichtes an Heuwerth an die einzelnen Abtheilungen verfütterte. Die damit verbundene Reduction der Kartoffeln auf Heu bewirkte Ockel nach der gebräuchlichen Annahme, daß 200 Pfd. Kartoffeln gleich 100 Pfd. Heu seien.

Nummer der Abtheilung	Raçe der Thiere und Futter in den Theilen des Körpergewichtes vom 1. November 1849	Gewicht der Abtheilung am		Zuwachs der Abtheilung in 180 Tagen	Zuwachs an Wolle binnen einem Jahre	Tägliches Futter per Abtheilung		Heuwerth, versetzt auf je 1 Pfund	
		1. November 1849	29. April 1850			Heu	Kartoffeln	Körper- zuwachs	Woll- zuwachs
		Pfd.	Pfd.	Pfd.	Pfd.	Pfd.	Pfd.	Pfd.	Pfd.
	A. 1 1/2jährige Schafe.								
1.	4 Merino bei 1/30 Heuwerth	222.6	267.5	45.0	11.9	3.7	7.4	29	220
2.	4 „ „ 1/30 „	226.1	332.7	106.6	11.4	5.5	11.0	19	350
3.	4 Dishley „ 1/40 „	180.9	260.0	79.1	11.8	4.4	8.8	20	267
	B. 2 1/2jährige Schafe.								
4.	4 Merino bei 1/30 Heuwerth	254.6	279.1	24.5	13.2	3.3	6.6	49	194
5.	4 „ „ 1/30 „	262.6	322.8	60.2	12.9	4.4	8.8	26	244
6.	4 „ „ 1/35 „	265.1	350.9	85.7	14.5	5.2	10.5	22	255
7.	4 „ „ 1/40 „	271.5	373.9	102.4	12.3	6.1	12.0	22	356
8.	4 „ „ 1/30 „	271.2	324.3	53.1	13.1	8.8	—	30	240
9.	4 Eyderstädter „ 1/30 „	438.7	617.8	179.1	16.6	9.5	19.3	20	432
	C. Alte Schafe.								
10.	4 Merino mit 1/30 Heuwerth	296.7	365.3	68.7	12.5	4.9	10.0	26	284
11.	4 „ „ 1/30 „	238.0	297.3	59.3	12.5	4.0	8.0	24	228

Schlußfolgerungen:

1. Je unzureichender ein Schaf gefüttert wird, besto mehr Heuwerth verzehrt es, um ein Pfund Fleisch zu erzeugen. (Vergl. Abth. 1 und 4 mit Abtheilung 2 und 9.)

2. In der Wollproduction verwerthet ein unzureichend genährtes Schaf sein Futter besser, als ein reichlich genährtes. (Vergl. Abth. 1 und 4 mit 2, 7 und 9.) Wollschafe rentiren daher auf einer magern Weide höher, als Fleischschafe.

3. Das Alter des Schafes influirt wenig auf das Verhältniß der Futterverwerthung durch Fleisch- und Wollproduction. (Vergl. Abth. 2 mit 7, desgl. Abth. 5 mit 10 und 11.)

4. Die Race des Schafes scheint in so weit die Wollproduction zu beeinflussen, als die schweren Racen im Verhältniß zu ihrem Futter schlechtere Wollerzeuger sind, als die leichten. (Vergl. Abth. 2 mit 3, desgl. Abth. 7 mit 9.)

5. Eine Mischung von 2 Pfd. Kartoffeln und 1 Pfd. Heu hat einen etwas höheren Mastungswerth gezeigt, als 2 Pfd. Heu. (Vergl. Abth. 8 mit Abth. 11 und 5.)

Versuch von Lawes und Gilbert über die Qualification einiger englischen Schafracen zur Mastung, 1851—1853.

Da diese ausgedehnt angelegten Fütterungsversuche mehr für die englische Schafzucht von Interesse sind, so gebe ich hier nur einen ganz kurzen Auszug derselben.

Benutzt wurden I. 40 Stück kurzwollige Hampshire-Downs.

          II. 40 „   „   schwarzköpfige Sussex-Downs.

       III. 40 „ langwollige, weiße Cotswolds.

       IV. 40 „ Leicester.

       V. 40 „ Southdown-Leicester.

Die Thiere befanden sich sämmtlich in den ersten Lebensjahren und wurden aufgestellt in Ställen mit Lattenböden, durch deren Zwischenräume die Extremente hindurch fielen.

Die Fütterung bestand aus einer täglich vorgewogenen und dem Körpergewicht proportionalen Menge von Leinkuchenschrot und geschnittenem Kleeheu. Daneben konnten die Thiere so viel geschnittene Turnips fressen, als sie wollten. Jedoch bestimmte man täglich die verzehrte Menge derselben. Auch wurden alle Futtermittel chemisch untersucht. Das Weitere des 20 Wochen dauernden Versuchs ersehe man aus folgender Tabelle:

Raçe.	Durchschnittliches Gewicht eines Schafes bei Beginn des Versuchs	Durchschnittliche Consumtion per Tag und Stück Darin:					Durchschnittliche Zunahme per Stück in 140 Tage	Zur Production von 100 Pfd. Lebendgewicht war erforderlich		100 Pfd. Körpergewicht geben beim Abschlachten		Gewicht der Wolle per Schaf
		Heinteben	Kleien	Turnips	Trockensubstanz	Proteinstoffe		Trockensubstanz	Proteinstoffe	Schlächtergewicht in Summa	loses Fett	
	Pfd.	Pfd.					Pfd.	Pfd.		Pfd.		Pfd.
Winter 18⁵¹/₅₂.												
I. Hampshire	113.5	1.00	1.00	14.2	3.08	0.65	53.4	798	186	60.6	7.1	6.25
II. Suffex	88.0	0.77	0.77	10.1	2.41	0.50	40.2	809	189	60.5	7.3	5.62
III. Cotswolds	119.8	1.00	1.00	15.2	3.37	0.69	63.4	748	166	61.5	5.2	9.09
Winter 18⁵²/₅₃.												
IV. Leicester	101.3	0.84	0.80	11.97	2.82	0.52	44.5	885	168	60.1	4.6	8.14
V. Southdown-Leicester.	95.1	0.84	0.80	11.84	2.80	0.51	44.8	873	159	60.5	5.3	6.44

Die Cotswoldsschafe haben hiernach ihr Futter am höchsten verwerthet, indem sie das meiste Fleisch und die meiste Wolle beibrachten. Die kleinen Suffexschafe waren die fettleibigsten, übrigens von nicht größerer Vortheilhaftigkeit, als die Hampshire-Raçe.

Leicester und die Kreuzungsproducte mit Southdown (sub V) stehen sich in der Fleischproduction ziemlich gleich. Was erstere an Wolle mehr geben, wird compensirt durch das qualitativ bessere Fleisch der Letzteren.

Hinsichtlich der Rentabilität des Futters berechnet Gilbert, unter Zugrundelegung der erzielten Fleisch- und Wollpreise, daß in den 20 Wochen der Mast: jedes Cotswoldschaf 6.2 Schilling mehr Nutzen gebracht hat als ein Hampshire

"	"	5.8	"	"	Suffex
"	"	4.0	"	"	Leicester
"	"	2.8	"	"	Leicester-Southdown

Ein anderer

Versuch von Lawes und Gilbert handelt über den Mastungswerth verschiedener Futter-Compositionen, 1852.

Hierbei bekamen die Schafe zwei Futtermittel, wovon sie Eines nach Belieben, das Andere nur in bestimmt zugewogener Menge verzehren konnten. Durch die Analyse Beider konnte constatirt werden, wieviel an Trockensubstanz und Proteïnstoffen die so durch ihren Instinkt geleiteten Schafe verzehrten.

Der Versuch währte für alle Abtheilungen ungefähr 14 Wochen.

Nummer der Abtheilung à 5 Stück	Art des Futters.	Futterconsumtion per Woche und per 100 Pfd. Körpergewicht	Darin:		Zur Erzeugung von 100 Pfd. Lebendgewicht waren nöthig	
			Trockensubstanz Pfd.	Proteinstoffe Pfd.	Trockensubstanz Pfd.	Proteinstoffe Pfd.
1.	5 Pfd. Leinkuchen und satt Turnips . .	12.31	2.46		817	167
2.	6.7 Pfd. Hafer „ „ „	12.98	1.57		787	103
3.	6 Pfd. Heu „ „ „	14.76	1.64		838	102
4.	5 Pfr. Leinkuchen und satt Heu . . .	16.71	8.78		1424	321
5.	5 Pfd. Leinsaamen „ „ „	15.87	8.21		1433	289
6.	5.4 Pfd. Gerste „ „ „	16.37	2.58		1504	235
7.	4.6 Pfd. Malz „ „ „	16.55	2.52		1723	266
8.	Satt Turnips nach Mineraldünger . . (Diese Turnips enthielten 0.146 Proz. N)	11.50	1.20		1819	192
9.	Satt Turnips nach Mineraldünger und Ammoniaksalzen (Diese Turnips enthielten 0.175 Proz. N)	9.75	1.51		1083	153
10.	Satt Turnips nach Mineraldünger und Rapskuchenpulver (Diese Turnips enthielten 0.183 Proz. N)	10.50	1.64		2006	324

Diese Resultate enthalten mehrere auffallende Verhältnisse. So zum Beispiel, daß die stickstoffärmere Ration der Abtheilung 2 besser gefüttert hat, wie die Ration der Abth. 1, wonach Hafer ein besseres Beifutter (zu Turnips), als Leinkuchen sein müßte. Ferner, daß Abtheilung 9 ungleich mehr von ihren Turnips profitirt hat, als Abtheilung 10. Demnach wird die Ansicht, daß mit dem größeren Proteïngehalte der Nahrungswerth der Turnips steige, verneint, während sie durch einen Vergleich der Abth. 8 mit 9 bejaht wird. Daß 5.4 Pfd. Gerste neben satt Heu (Abth. 6) besser gefüttert hatten, als 5 Pfd. Leinkuchen neben satt Heu (Abth. 4), kommt mir weniger auffallend vor, indem im letzteren Falle die Ration sowohl absolut, wie relativ, viel zu proteïnreich war.

Gilbert zieht aus dieser seiner Arbeit den Schluß: „daß bei der Mastung die Futter-Consumtion sowohl, als auch die produzirte Zunahme an Lebend-Gewicht mehr durch die Quantität der stickstofflosen, als der stickstoffhaltigen Nährstoffe regulirt werde."–

Auf Seite 235 haben wir diesen wichtigen Satz bereits commentirt. Auch wird dasselbe gestützt durch die Betrachtungen auf Seite 639, wonach der Mastzuwachs eines Thieres überwiegend aus proteïnlosen Gebilden besteht.

Versuch der agrikulturchemischen Gesellschaft zu Tamworth 1854.

Die Details handeln über den Effect einer Zugabe von Leinkuchen neben Turnips und sind aus folgender Aufstellung ersichtlich. Zu bemerken wäre vorher noch, daß die Versuchsfütterung während der Monate Februar und März unter freiem Himmel in Pferchen vor sich ging.

Nr. der Abtheilung à 5 Stück Hämmel	Per Tag und Stück consumirt		Gewicht der Abtheilung		Zunahme	Für je 10 Pfd. verzehrter Leinkuchen wurden mehr produzirt:
	Turnips	Lein- kuchen	zu Anfang	nach 60 Tagen		
	Pfd.					
1.	18½	1	793	957	164	Unbestimmbar wegen
2.	18½	¾	794	950	156	Mangels einer Ver-
3.	18½	½	796	939	143	suchs-Fütterung ohne
4.	18½	¼	791	933	142	Leinkuchen.
5.	17	—	602	660	58	—
6.	17	¼	625	719	94	4.8 Pfd. Körpergewicht.
7.	17½	½	661	789	128	4.7 " "
8.	17½	¾	730	852	122	2.9 " "

Dadurch, daß in der 1. Abtheilung per Tag und Stück ¾ Pfund Leinkuchen mehr verfüttert wurden, als in Abtheilung 4, ist in Summa blos ein Plus von 22 Pfd. Lebendgewicht gewonnen worden. Ob diese 22 Pfd. die Kosten jener (¾ × 60 × 5) = 225 Pfd. verfütterten Leinkuchen decken, wird Jeder bezweifeln und daher eine Zulage von 1 Pfd. Leinkuchen per Tag und Stück als zu groß erachten. Präciser deutet darauf Abth. 5—8 hin, indem sie constatiren, daß eine Leinkuchenzulage zwischen ¼—½ Pfd. mit Vortheil nicht zu überschreiten ist. Am rationellsten erscheint die Ration der Abtheil. 7; sie führte ungefähr 2.55 Pfd. Trockensubstanz und darin 0.35 Pfd. Proteïn, 0.08 Pfd. Fett und 1.44 Pfd. Kohlehydrate.

Versuch von Paetow auf Lalendorf 1858.

3 Abtheilungen à 15 Stück Schafe wurden während der Wintermonate unter folgenden Bedingungen ernährt, wobei jede Abtheilung noch Stroh ad libitum bekam.

	Nummer der Abtheilung à 15 Stück	Ration per Tag und Thier außer 1.4 Pfd. Heu	Gewicht der Abtheilung bei		Zuwachs der Abtheilung per Tag
			Beginn der Periode	am Ende der Periode	
			Pfd.	Pfd.	Pfd.
I. Periode = 32 Tage	1.	5.2 Pfd. gedämpfte Kartoffeln + 0.13 Pfd. Rapskuchen . . .	1177	1375	6.2
	2.	6.7 Pfd. gedämpfte Kartoffeln + 0.13 Rapskuchen	1151	1241	2.9
	3.	1.2 Pfd. Rapskuchen	1193	1246	1.7
II. Periode = 66 Tage	1.	4.0 Pfd. gedämpfte Kartoffeln + 0.13 Pfd. Leinkuchen . . .	1375	1396	0.3
	2.	Genau wie Abth. 1, II. Periode	1241	1378	2.1
	3.	0.78 Pfd. Leinkuchen	1246	1326	1.2

Es gibt Fütterungs-Resultate, die so widerspruchsvoll sind, daß sich kein Schluß daraus ziehen läßt. Als Beispiel hierfür habe ich diesen rohen Versuch citirt.

Versuch von Volkmar zu Ostrau, 1858.

Derselbe bedarf in folgender Aufstellung keines weiteren Commentars.

Nummer der Abtheilung à 25 Stück	Ration per Tag und Stück	Gewicht der Abtheilung bei Beginn des Versuchs Pfd.	Zuwachs in 40 Tagen Pfd.	Kosten der Fütterung per 40 Tage
1.	1 Pfd. Heu + 4 Pfd. Preßlinge + ½ Pfd Gerste	2171	249	24 Thlr.
2.	1 Pfd. Heu + 4 Pfd. Preßlinge + ⅜ Pfd. Melasse	2175	—5	16 „

Versuch von Henneberg zu Ohsen in Hannover, 1855.

Hierzu dienten 6 Abtheilungen à 5 Stück Schafe der reinen Negretti-Race in einem Alter zwischen 3—8 Jahren. Da die Versuchsstände in einem großen, luftigen Stalle eingerichtet waren, so stellte sich die mittlere Stallwärme während der Dauer des Versuchs (24. Februar — 8. Mai) auf nicht höher, als 7° R., was für ein solches Experiment etwas gering war. Die Schafe aller Abtheilungen blieben jedoch ohne Störung gesund.

Die einzelnen Stände waren von einander getrennt und so eingerichtet, daß die Schafe nur das ihnen zugewogene Futter fressen konnten. Was sie unverzehrt ließen, wurde alltäglich gesammelt und zurückgewogen.

Zur Verfütterung gelangten fein zerschnittene, gelbe, lange Runkelrüben mit circa 12% Trockensubstanz, dann trockenes Leinkuchenschrot bester Qualität und endlich Heu, stammend von einem Gemisch von weißem Klee, von Raygras und Timotheegras. Das zur Tränke gereichte Wasser bekam einen kleinen Zusatz von Kochsalz.

Analysen dieser Futtermittel hat Henneberg nicht ausgeführt; da mir's jedoch von Interesse schien, einen Begriff von den chemischen Verhältnissen dieser Mastung zu geben, so habe ich, auf Grund der im 15. Vortrage abgeleiteten Durchschnitts-Analysen, die bezüglichen Berechnungen ausgeführt und in die nachstehende Resultat-Tabelle eingereiht. Dagegen sind die angestellten Heuwerthsberechnungen von Henneberg, als meinen Grundsätzen zuwider, ignorirt worden.

Der Versuchsansteller hatte die Vorsicht gebraucht, die Thiere während 9 Tagen an ihre neue Futterration zu gewöhnen, bevor der eigentliche Versuch am 24. Februar begann.

Nummer der Abtheilung à 5 Stück	Futtermittel, verzehrt per Tag und Stück	Wasser getrunken per Tag und Stück	Gewicht der Abtheilung inclusive Wolle Anfangs	nach 73 Tagen	In 73 Tagen Zuwachs der Abtheilung an bloßem Körper ungewaschen	gewaschen	an Wolle	Das per Abtheilung täglich verzehrte Futter enthielt Trockensubstanz	Proteinstoffe	Fett	Kohlehydrate	Nähr. Verhältniß
		Pfd.	Pfd.	Pfd.	Pfd.		Pfd.	Pfd.				
I.	2.61 Pfd. Heu	5.77	347	364.6	10.90	6.70	2.97	10.92	1.69	0.39	3.51	2.6
II.	3.26 " "	6.28	430	460.5	21.84	8.66	3.42	13.69	2.12	0.49	4.40	2.6
III.	1.65 " Heu + 5.82 Pfd. Rüben .	0.44	378	395.5	9.84	7.66	3.32	9.70	1.32	0.28	4.06	3.6
IV.	1.59 " " + 0.59 " Leinkuchen .	2.96	363	388.5	18.77	6.73	2.96	9.27	1.86	0.53	3.06	2.3
V.	6.40 Pfd. Rüben + 0.40 Pfd. Lein-trocken + 0.83 Pfd. Schrot .	0.31	330	402.5	15.77	6.73	2.91	9.12	1.05	0.27	4.25	4.7
VI.	6.40 Pfd. Rüben + 0.40 Pfd. Lein-kuchen + 1.44 Pfd. Heu . .	0.42	396	438.5	36.04	6.46	2.82	11.65	1.88	0.48	4.93	3.9

Die Duration in Abtheilung I. und II. beträgt $^{7}/_{30}$ des anfänglichen Körpergewichtes.

Schlußfolgerungen:

1. Die schweren Schafe der Abtheilung II. haben ihr Heufutter besser verwerthet, als die leichten in Abtheilung I.

	an bloßem Körper	an Wolle
Abth. I.	87.4 Pfd.	142 Pfd.
" II.	54.6 "	138 "

(Vergl. p. 588.)

2. Das Lebendgewicht nach Trinkwasser wird in dem Grade geringer, als die Ration mehr Rüben enthält; es ist am größten bei bloßem Heufutter.

3. Die Zusammensetzung der Futterration war hier nicht, wie das sonst beobachtet wird, von so wesentlichem Einfluß aus auf den Gehalt der erzeugten Wolle an Wollschweiß und sonstigem, auswaschbarem Schmutze.

4. Erachtet man dafür, daß Abtheilung I. und III. ungefähr gleiche Resultate geliefert haben, dann hätten 5.32 Pfund Rüben eine Vertretung ausgeübt für (2.61—1.55) = 1.06 Pfd. Heu. Das wäre 100 Pfund Heu gleich 500 Pfd. Rüben.

5. Ein Vergleich zwischen Abtheilung III. und IV., wo Rüben durch Leinkuchen ersetzt wurden, zeigt, daß eine Verminderung der Kohlehydrate in der Ration, zu Gunsten ihres absoluten Protein- und Fettgehaltes, einen günstigen Einfluß auf die Fleischproduction ausübte. Wahrscheinlich war die Vermehrung des Fettes hier die Hauptsache. In gleicher Weise ergibt sich aus Abtheilung IV. und V., daß eine Vergrößerung des absoluten Gehaltes der Ration an Kohlehydraten, auf Kosten des Fettes und Protein's, den Nährwerth der Ration entschieden herabgesetzt hat.

6. Die Rationen der Abtheilung IV. und VI. enthielten nahezu gleich viel Protein und Fett. Aus ihrem gar ungleichen Effecte läßt sich jedoch entnehmen, daß der absolute Gehalt der Ration von Abtheilung IV. an Kohlehydraten nicht genügend war, um das Maximum des Effectes zu sichern; daß also bei gleichem, absolutem Proteingehalte ein Nährstoffverhältniß von 1 : 3.3 rationeller ist, als das von 1 : 2.3.

7. Die Wollproduction scheint recht unabhängig von der gleichzeitigen Fleischproduction zu sein, denn sie ist sich constant geblieben, selbst bei Verschiedenheiten im Nährstoffgehalte der Futterrationen, welche die Fleischerzeugung im günstigen oder negativen Sinne empfindlich beeinflußt haben. Es scheint mir, daß ein Wollschaf mit seiner Futterration zunächst die Bedürfnisse seiner Lebenserhaltung und Wollerzeugung befriedigt und dann das Uebrigbleibende erst an Fleisch legt.

Zweiter Versuch von Henneberg zu Weende, 1858.

Derselbe handelt über die Rentabilität gewisser Mast-Rationen. Wir referiren ihr daher, gleich dem Versuchsansteller, ohne Rücksicht über die physiologischen Verhältnisse der Fütterung.

Man suchte aus einer wohlgenährten Heerde, 4 Jahre alter, (80 pfündiger) Negrettischafe 4 gleiche Abtheilungen à 8 Stück aus, und fütterte sie nach einer unberücksichtigten Vorperiode von 14 Tagen — während welcher die Thiere an die neuen Rationen sich gewöhnen konnten — mit den unten verzeichneten Futtermitteln.

Der Versuch dauerte 91 Tage, das ist vom 12. Februar — bis 13. Mai. Alle Wochen fand Wägung der Thiere statt. Die Stalltemperatur schwankte, je nach der Witterung zwischen 7—11° R.

Die gereichten Futtermittel enthielten, gemäß besonderer Analyse:

	Trockensubstanz	Proteïn	
Rothkleeheu	82.8%	12.2 %	
Runkelrüben	12.3 "	1.18 "	
Rapskuchen	86.2 "	30.2 "	und 12.1% Fett
Bohnenschrot	83.5 "	26.5 "	

Hierbei wurden die Rüben geschnitten und gemengt mit dem trocknen Schrot von Bohnen und Rapskuchen; das Heu nebst Stroh in den Raufen vorgesteckt. Was von letzteren unverzehrt blieb, ist stets ermittelt und unten in Abzug gebracht worden. Ebenso ist das getrunkene Wasser regelmäßig gewogen worden.

Die Ausführung des Versuchs war in allen Theilen ebenso sachkundig als sorgsam, weßhalb der geehrte Leser uns die weiteren Details vertrauend erlassen kann.

Nummer der Abtheilung à 8 Stück	Täglicher Verzehr per Stück (außer 1/10 Pfd. Kochsalz per Abtheilung)						Die Abth. besaß zu Anfang des Versuchs an		Zuwachs der 8 Hämmel in 91 Tagen an			100 Pfd. Lebendgewicht erzielten exclusive Wolle gaben		Es betrug nach mittleren Marktpreisen *		Deficit = Kosten des Düngers. Dies machte per Ctr. Schafmist, incl. Streustroh = Sgr.
	Bohnen	Rapskuchen	Rüben	Kleeheu	Roggenstroh	Tränkwasser	Lebdm. Körpergewicht	rohem Wollwachs	Fleisch	roher Wolle	gewaschener Wolle	Schlachtgewicht	Talg an Eingeweiden u. Nieren	der Werth des Zuwachses an Fleisch und Wolle	Die Kosten des Futters	
	Pfd.	Pfd.	Pfd.	Pfd.	Pfd.	Pfd.	Pfd.	Pfd.	Pfd.	Pfd.	Pfd.	Pfd.	Pfd.	Thlr.	Thl.	
I.	0.25	0.25	5	1.0	0.48	0.67	633.8	35.4	35.2	16.2	7.0	49.3	10.7	12.5	19.9	10.5
II.	0.50	0.25	5	1.0	0.45	0.71	633.4	39.3	65.3	22.0	7.9	50.3	14.7	19.5	23.7	7.9
III.	0.75	0.25	5	0.92	0.45	1.09	631.2	49.3	82.8	21.8	7.7	52.8	15.0	23.0	27.2	7.4
IV.				2.85		4.40	615.8	39.1	3.8	14.3	8.0	47.0	8.5	5.8	17.6	12.0

Folgerungen:

1. Der Zuwachs an reiner, gewaschener Wolle war bei allen 4 Abtheilungen ziemlich gleich groß und unabhängig von der Intensität der Fütterung. Wir schließen daraus das Nämliche wie oben p. 671 sub. 7.

2. In den Fällen, wo es sich bei Merinoschafen lediglich um die Woll-Erzeugung handelt, da empfiehlt sich keine Mastration, sondern mehr solche, wobei das Schaf sich eben im wohlgenährten Zustande erhält und ohne an Fleisch zu- oder abzunehmen. In dieser Lage sehen wir Abtheilung IV. mit dem täglichen Verzehr von 2.85 Pfd. Kleeheu per 80 Pfd. Lebendgewicht.

3. Der schwerere Wollzuwachs nach Mastrationen ist nur ein scheinbarer, denn das Mehrgewicht besteht lediglich aus Wollschweiß, der mit dem Waschen der Wolle verloren geht. Während Abtheilung IV. auf 8 Theile reine Wolle 6 Theile Schweiß besaß, hatten dessen die reichlich genährten Abtheilungen II. und III. mehr als doppelt so viel. Ja man kann sagen, daß die Wolle mit der Intensität der Mästung an Unreinheit zunimmt.

*) Der Ctr. Schlachtgewicht = 12½ Thlr.; der Ctr. gewaschene Wolle = 72 Thlr. gerechnet.

4. Bei einem Verzehr von 2.85 Pfd. Kleeheu soffen die Schafe 4.4 Pfd. Wasser, also fast 4 Pfd. mehr, als die übrigen Abtheilungen. Dies kann nicht auffällig sein, wenn wir bedenken, daß letztere in ihren 5 Pfd. Rüben jene Wassermengen reichlich aufnahmen.

5. Die Zulage von ¼ Pfd. Bohnenschrot hat in der II. und III. Abtheilung nicht blos deutlich gewirkt auf den Fleischzuwachs, sondern auch günstig auf die Qualität des letzteren, was die Schlacht-Resultate bezeugen. An Talg und Nierenfett enthielt Abtheilung IV. 52.6 Pfd., Abtheilung III. aber 107.1 Pfd., also 54.5 Pfd. mehr. Da letztere überhaupt 78.7 Pfd. Lebendgewicht mehr profitirt hatte, so erkennt man, daß über ⅔ dieses Zuwachses aus Fett bestanden hat, welches dem proteïnreichen Bohnenschrot zu danken war! —

6. Indem jede Abtheilung am Ende der Woche gewogen wurde, zeigte sich keineswegs eine regelmäßige Zunahme derselben, sondern häufig genug Differenzen von einer Woche zur anderen, die einer Zu- oder Abnahme von 20—30 Pfd. gleich kamen und welche dem Versuchs-Anfteller, bei der Gleichheit der Fütterung, eben so auffällig als unerklärlich waren. Ich erwähne das hier, blos um die Bemerkung wiederholen zu können, daß man solchen temporären, einfachen Körpergewichts-Wägungen keine übermäßige Bedeutung beilegen, sondern sie stets mit der Vorsicht betrachten soll, welche die heute gewonnene Erkenntniß eingibt, daß die Ansammlung und Ausscheidung von Wasser und Koth im Körper manchmal eine sehr unregelmäßige, und daher von großem Einflusse auf die Höhe des Lebendgewichtes ist. Weit schroffer als bei ganzen, gemeinsam gewogenen Abtheilungen, zeigt sich das bei einzelnen Individualitäten. So lange wir letztere nicht mehr zu würdigen und in Rechnung zu ziehen streben, als es bisher der Fall war, so lange werden wir vergeblich fragen, warum die Hammel einer Abtheilung unter sich so sehr ungleiche Zunahmen, gemäß folgender Aufstellung gezeigt

Nummer des Hammels	Zunahme in 91 Tagen inclusive Wolle			
	Abtheilung I. Pfd.	Abtheilung II. Pfd.	Abtheilung III. Pfd.	Abtheilung IV. Pfd.
1.	— 0.6	6.6	6.9	— 10.2
2.	4.9	3.4	8.8	— 2.1
3.	3.8	7.0	1.5	— 3.7
4.	— 4.7	0.0	1.0	— 7.5
5.	— 0.3	4.2	2.2	— 5.8
6.	0.7	— 1.7	4.6	— 4.1
7.	— 2.6	0.9	2.9	— 0.1
8.	— 1.4	5.7	7.9	— 2.2

7. Abtheilung IV. zeigt, daß bei einer blos auf Woll-Erzeugung gerichteten Fütterung, das Futter sich am schlechtesten rentirt. Wo, wie bei Abtheilung II. und III. zugleich Fleisch erzeugt wurde, da war die Einbuße, trotz der weit erhöhten Futterkosten, doch eine geringere. Die Schafe konnten dabei den Ctr. Dünger billiger und, was wohl zu beachten, qualitativ werthvoller liefern.

Dritter Versuch von Henneberg zu Weende, 1859.

Dem vorigen in allen Punkten durchaus ähnlich, hatte er sich die Frage gestellt: ob man Wollschafe durch rationelle Mastrationen nicht zur besseren Rente bringt, als durch ein mäßiges, lediglich die Wollproduction befriedigendes Futter.

Es wurden wieder aus der Weender Negrettiheerde 4 Abtheilungen à 8 Stück Hammel ausgesucht. Ihr Alter war 3½ Jahr. Sie standen etwa 3 Monate vor der üblichen Wollschur.

Die in Abtheilung I. und II. verfütterte Rüben-Melasse löste man in gleichem Gewichte Wasser und goß sie bei jeder Mahlzeit über den geschnittenen Heu-Antheil. Leinkuchenmehl ist trocken mit den geschnittenen Runkelrüben vermengt gegeben worden. Das Stroh diente zum Durchfressen und ist das nicht verzehrte jedesmal genau in Rechnung gebracht.

Der eigentliche Versuch dauerte vom 3. Februar bis 17. Mai, also 103 Tage. Unberücksichtigt ist dabei eine 14tägige Vorperiode, in welcher sich die Schafe an die neue Ration gewöhnen sollten. Während der Versuchsdauer schwankte die Stallwärme zwischen 8—12° R.

Zu beklagen war der Verlust zweier Hammel; der eine, aus Abtheilung III., starb am 27. Februar an der Egelkrankheit, der andere, aus Abtheilung IV., ertrank am 11. Mai in der Schwemme. In den hier folgenden Resultaten sind diese Störungen, durch Umrechnung auf 8 Stück Thiere, als ausgeglichen zu betrachten.

Nummer der Abtheilung à 8 Stück	Täglicher Verzehr per Stück (außer ¹/₁₀ Pfd. Kochsalz per Abth.)							Die Abth. besaß zu Anfang des Versuchs an		Zuwachs der 8 Hämmel in 103 Tagen an			100 Pfd. Lebendgewicht excl.Wolle gaben		Es betrug nach mittleren Marktpreisen		Dies machte p.Ctr.Schafmist incl.Stroh.=Sgr.
	Bohnen	Leinkuchen	Melasse	Rüben	Wiesenheu	Roggenstroh	Tränkewasser	blossen Körpergewicht	rohem Wollwachs	Fleisch	roher Wolle	gewaschener Wolle	Schlachtgewicht	Talg an Eingeweiden u. Nieren	der Werth des Zuwachses an Fleisch und Wolle	die Kosten des Futter	
	Pfd.	Pfd.	Pfd.	Pfd.	Pfd.	Pfd.	Pfd.	Pfd.	Pfd.	Pfd.	Pfd.	Pfd.	Pfd.	Pfd.	Thlr.	Thl.	
I.	—	0.75	0.175	5.0	0.75	0.51	1.67	571.5	47.4	100.8	20.4	9.2	54.6	8.4	21.9	25.5	4.7
II.	—	0.50	0.425	5.0	0.75	0.51	2.18	573.5	46.0	72.9	18.0	8.4	53.2	9.2	17.1	23.8	6.4
III.	0.50	0.25	—	5.0	1.00	0.57	1.11	571.5	45.3	83.9	22.2	9.1	49.3	6.2	19.4	27.5	8.2
IV.	—	0.10	—	2.5	0.38	0.75	0.98	556.3	44.4	—7.1	14.7	7.3	48.1	4.9	5.3	12.5	10.1

Folgerungen:

1. Abth. IV. hat ein Pfund weniger gewaschene Wolle gebracht, als die übrigen mit Mastfutter tractirten Abtheilungen. Wir schließen daraus, daß jene keine genügende Erhaltungsration bekommen, und daß ihr Verzehr unter dem Werthe von 2.58 Pfund Kleeheu steht. (Vergl. Abth. IV. pro 1858).

2. Der Ersatz von 0.25 Pfund Leinkuchen durch 0.25 Pfund Melasse in Abth. II. spricht sehr zu Ungunsten der Melasse (Vergl. Abth. I.)

3. Abth. III. bekam fast dieselbe Ration wie Abth. II. pro 1858. Die Zunahme-Verhältnisse sowie die Düngproductionskosten beider bestätigen, daß ihre Nährwirkung eine ziemlich gleiche war. Jedoch ist aus der Composition dieser Rationen nicht zu ersehen, warum Abth. III. (1859) blos 6.2 % Talgfett inne hatte, während doch Abth. II. (1858) dessen 14.7 besaß. — Wahrscheinlich ist der Mästungszustand der Thiere schon bei Beginn des Versuchs in beiden Jahren ein verschiedener gewesen! —

4. Die Folgerungen Nr. 1, 2, 3 und 6 im vorigjährigen Versuche lassen sich auch über den vorliegenden machen. Auch dieser zeigt deutlich, daß Wollschafe bei Mastrationen besser rentiren.

5. Am effectvollsten und rentabelsten hat sich gezeigt die Ration der

Abth. II.	Abth. I.
1858	1859
0.50 Pfd. Bohnen	0.75 Pfd. Leinkuchen
0.25 „ Rapkuchen	0.175 „ Melasse
5.00 „ Rüben	5.00 „ Rüben
1.00 „ Kleeheu	0.75 „ Wiesenheu
0.45 „ Roggenstroh	0.51 „ Roggenstroh

Es beträgt aber der Gehalt beider Rationen an:

	Trockensubst. Pfd.	Protein Pfd.	Fett Pfd.	Kohlehydrate Pfd.	Nährstoff-Verhältniß
1858	2.5	0.41	0.09	1.14	1 : 3.5
1859	2.3	0.40	0.11	1.01	1 : 3.4

womit der ungefähre Nährstoffbedarf eines 80pfündigen Wollschafes angedeutet ist.

Vierter Versuch von Henneberg zu Weende, 1860.

Wie groß ist der Unterschied des Nährwerthes von Heu aus verschiedenen Gegenden und Bodenlagen? — (Vergl. Seite 465).

Was sagt dazu die ermittelte chemische Composition der versuchten Heu-Arten und des Bodens, worauf sie gewachsen sind? —

Wie wird ein gleiches Heu- und Stroh-Futter durch verschiedene Schafraçen verwerthet? —

Diese Fragen sollten mittelst eines Versuchs mit 4 Abth. à 8 Stück Hammel beantwortet werden, welche nur ein aus Kleeheu und Roggenstroh bestehendes Erhaltungsfutter während des ganzen Versuchs bekamen. Per 100 Pfd. Lebendgewicht gab man jeder Abtheilung 3 Pfd. Kleeheu und 3 Pfd. Roggenstroh zum Durchfressen, wodurch überall ein gleiches Futtermaß hergestellt war.

Die Thiere aller Abtheilungen standen im Alter von 3 Jahren und unterlagen vor Beginn des Versuchs (23. Februar) einer 14 tägigen Vorperiode. Für Abtheilung I. und II. dauerte das Experiment 83 Tage; für Abtheilung III. und IV. 69 Tage.

Nummer der Abtheilung à 8 Stück	Race	Das verzehrte Heu und Stroh stammt aus der Feldflur von	Verzehr per Tag und Kopf (außer ¹⁄₁₀ Pfd. Salz per Abth.)			Bei Beginn des Versuchs wog jeder Hammel		Täglicher Zuwachs der 8 Hammel an				Schlachtgewicht nach der Schur	Differenz zwischen Futterkosten und produzirtem Wollwerthe pro Tag und Stück
			Kleeheu	Roggenstroh	Tränkwasser	ohne Wolle	roher Wollwachs	Fleisch	roher Wolle	gewaschener Wolle			
			Pfd.	Pfd.	Pfd.	Pfd.	Pfd.	Pfd.	Pfd.	Pfd.	%	Sgr.
I.	Rittmarshäuser-Negretti	Rittmarshausen *	2.49	0.30	4.47	77.53	5.81	0.76	0.16	0.093	50.5	0.236
II.	Rittmarshäuser-Negretti	Weende **	2.38†	0.38	4.28	77.84	5.73	0.13	0.18	0.105	46.2	0.240
III.	Weender-Negretti	Weende	2.98	0.31	4.82	96.44	7.60	0.02	0.17	0.104	50.6	0.355
IV.	grobwollige Landschafe aus Einbeck	Weende	2.58	0.35	4.85	86.25	6.39	0.14	0.13	0.068	49.3††	0.437

Der aufmerksame Vergleich zwischen Abth. I. und II. sagt, daß das Futter von Rittmarshausen nicht ganz so gut auf Wolle, dagegen auffallend besser auf Fleischproduction gewirkt hat, als das Futter von Weende. Aus der sorgfältigst vorgenommenen Analyse von

	Rittmarshausen		Weende	
	Heu	Stroh	Heu	Stroh
Wasser	23.39	16.41	18.78	15.78
Holzfaser	23.37	37.96	28.85	40.88
Proteïnstoffe . . .	12.64	4.28	14.64	4.77
Stickstofflose Substanz	35.05	37.11	31.48	34.66
Mineralstoffe . . .	5.55	4.24	6.25	3.94
	100	100	100	100

*) Kalkarmer bunter Sandstein-Boden.

**) Kalkreicher Muschelkalk-Boden.

†) Abth. II., III. und IV. bekamen die ersten 7 Versuchswochen Kleeheu vom 1. Schnitt, die letzten 5 Wochen aber mußten sie solches vom 2. Schnitt fressen, was allgemein einen stärkeren Strohconsum und bei Abtheilung II. und IV., welche an das Weender Heu nicht gewöhnt waren, einen ungünstigen Einfluß brachte.

††) Das Fleisch der Abth. IV. war am fettesten, das von II. am magersten.

berechnet Henneberg, daß der durchschnittliche, tägliche Verzehr betrug von

	Protein Pfd.	Kohlehydrate Pfd.	Verhältniß
jedem Schafe der Abth. I.	0.32	0.98	1 : 3.1
„ „ „ II.	0.34	0.87	1 : 2.6

und ist geneigt, demnach dem günstigern Nährstoffverhältnisse, im Heu und Stroh der Abth. I., ihren bekundeten bessern Effect zuzuschreiben.

„Es ist uns nicht gelungen," sagt Henneberg, „zwischen obigen Futter-Compositionen und den Resultaten unserer entsprechenden Boden-Analyse einen gesetzmäßigen Zusammenhang nachzuweisen. Dagegen läßt ein Blick auf die Aschen-Analyse des Kleeheu's und des Stroh's erkennen, daß der größere Kalkreichthum des Bodens mit dem größern Kalkreichthum der Pflanzen zusammenfällt. Grade so verhält es sich mit der Magnesia. Umgekehrt aber treten die Alkalien um so mehr zurück, je reicher der Boden daran ist. Endlich scheint zwischen dem Gehalt des Klee's an Phosphorsäure und Stickstoff ein bestimmtes Verhältniß zu existiren." —

Den Racen-Vergleich zwischen Abth. II., III. und IV. resumirt Henneberg mit folgenden Worten:

„Mit der Rentabilität selbst des besseren Landschafs als Wollproducent steht es danach sehr schlecht. Mögen sich auch die Verhältnisse etwas günstiger für dasselbe dadurch gestalten, daß es mit weniger edlen Futterstoffen vorlieb nimmt, daß es vor manchen Stämmen des Merinoschafs in der Mastfähigkeit etwas voraus hat, schwerlich wird es bei den jetzigen Agrarzuständen in Localitäten, welche die Haltung von Merinos überhaupt gestatten, im Stande sein, mit einem körper- und wollwüchsigen Negretti zu concurriren. Ob es vielleicht durch vernünftige Kreuzung mit englischen Stämmen dahin gebracht werden kann oder gar noch darüber hinaus, ist eine in nationalökonomischer Beziehung höchst wichtige Frage, deren Erörterung indeß nicht in den Bereich unserer jetzigen Aufgabe fällt." —

Versuch von E. Wolff zu Möckern, 1851.

Derselbe dauerte vom 24. März bis zum 2. November und wurde angestellt mit 7 Abtheilungen à 3 Stück Merinohämmel in einem Alter von 2 Jahren. Die 7 Versuchsstände waren durch Lattenverschläge von einander getrennt und einzeln mit Futtertrog, Raufe und Wassereimer so eingerichtet, daß von den gereichten Futterstoffen weder etwas verloren gehen, noch von Schafen der benachbarten Abtheilungen gefressen werden konnte. Die Fütterung geschah pünktlich dreimal an jedem Tage. Am Schlusse einer jeden Woche wurden die Abtheilungen Morgens nüchtern gewogen. Zur Einstreu diente ein gemessenes Quantum Roggenstroh.

Der ganze Versuch zerfällt in drei auf einander folgende, zusammenhängende Reihen.

In der ersten Versuchsreihe wollte man den Werth verschiedener Futtermittel in so weit feststellen, als sie das Gewicht der Thiere auf einem mittleren Stadium zu erhalten und blos die Wollbildung in normaler Weise zu fördern hatten. In der zweiten Versuchsreihe, wo man den Thieren einen größeren Antheil concentrirter Futtermittel gab, wollte man nachweisen, wie nothwendig, zur bessern Ausnutzung der Futterration, ein richtiges Verhältniß zwischen voluminösen und concentrirten Stoffen in ihr sei. Indem man endlich in der dritten Versuchsreihe solche Rationen gab, die das Maximum der Production gewährten, wollte man durch Vergleich mit der ersten Versuchsreihe darthun, ob und in wie weit in dem Werthe eines Futtermittels, als Erhaltungsfutter oder als Productionsfutter, ein Unterschied liege.

Alle Versuchshämmel blieben fortwährend gesund, so daß der ganze Versuch in dieser Hinsicht ohne Störung verlief. Bei der ersten Versuchsreihe kam es vor, daß einige Abtheilungen ihre Ration Anfangs nicht vollständig aufzehrten. Als jedoch die Thiere sich an die verschiedenen Futterstoffe etwas gewöhnt hatten, verzehrten sie selbige in der Regel schon eine halbe Stunde nach der Verabreichung bis auf die letzte Spur. Nur in der dritten Versuchsreihe ließen die Thiere von ihrem starken Heuquantum etwas unverzehrt zurück, was aber später in besondere Anrechnung gebracht worden ist.

Ueber die Zusammensetzung der gereichten Rationen und deren Nähreffect habe ich das Hauptsächliche in folgender Tabelle übersichtlich zusammengestellt:

Nummer der Abtheilung à 3 Stück	Tägliche Ration per Abtheilung	Wasser täglich getrunken per Abtheilung (Pfd.)	Lebendgewicht per Abtheilung (Pfd.)				Zuwachs per Tag und Abtheilung während des ganzen Versuchs (Pfd.)	
			Anfangs	nach 3 Wochen	nach 6 Wochen	am Ende		
	Erste Versuchsreihe vom 24. März bis 1. Juni = 9 Wochen.							
1.	7½ Pfd. Heu . . .	10⅔	242.5	247.2	238.6	247.5	0.08	
2.	4 Pfd. Heu + 1½ Pfd. Roggenschrot	7½	263.7	247.4	249.5	249.6	—0.22	Mittlere Stallwärme = 11.2° R.
3.	4 " " " 1½ " Roggenkleie	6⁶/₇	257.0	237.3	235.6	231.6	—0.40	
4.	4 " " " 1½ " Rapskuchen	9	241.2	226.3	227.5	221.4	—0.31	
5.	4 " " " 1½ " Leinkuchen	8⁶/₇	209.0	214.9	214.3	214.9	0.09	
6.	4 " " " 6 " Kartoffeln	5½	226.7	231.5	231.0	230.7	0.07	
7.*	4 " " " 12 " Rüben .	2½	222.5	227.4	224.5	241.1	0.30	
	Zweite Versuchsreihe vom 1. Juni bis 27. Juli = 8 Wochen.							
1.**	9 Pfd. Heu	10¾	228.8	240.9	245.9	244.6	0.28	
2.	4 Pfd. Heu + 3 Pfd. Roggenschrot	9½	234.9	255.0	253.0	263.5	0.51	Mittlere Stallwärme = 14.8° R.
3.	4 " " " 3 " Roggenkleie	8¾	210.6	225.0	229.5	233.5	0.41	
4.	4 " " " 3 " Rapskuchen	10¾	208.0	219.3	230.4	232.0	0.43	
5.	4 " " " 3 " Leinkuchen .	10½	200.6	214.0	219.6	226.3	0.46	
6.	4 " " " 3 " Gerstenschrot	9¾	215.6	223.9	240.6	240.3	0.41	
7.	4 " " " 3 " Haferschrot	8	217.6	224.4	241.0	237.6	0.35	

Nummer	Tägliche Ration per Abtheilung	Wasser	Anfangs	nach 3 Wochen	nach 6 Wochen	am Ende (Pfd.)	Zuwachs	Von der Castration blieb täglich unverzehrt	
	Dritte Versuchsreihe vom 27. Juli bis 2. November = 14 Wochen.								
1.	11 Pfd. Heu . . .	13³/₅	246.3	256.9	267.2	268.3	0.22	0.6	
2.	6 Pfd. Heu + 3 Pfd. Roggenschrot	13	260.6	276.6	295.9	203.0	0.43	0.3	Mittlere Stallwärme = 12.3° R.
3.	6 " " " 3 " Roggenkleie	12⅔	233.3	254.5	268.3	286.0	0.53	0.1	
4.	6 " " " 3 " Rapskuchen	13	231.0	255.5	272.8	283.4	0.53	0.4	
5.	6 " " " 3 " Leinkuchen .	15	225.5	239.3	261.6	280.0	0.55	0.4	
6.	6 " " " 3 " Gerstenschrot	14½	239.2	264.6	287.1	295.8	0.57	0.2	
7.	6 " " " 3 " Haferschrot	12⅔	239.9	260.0	275.4	279.7	0.40	0.2	

*) In dieser Abtheilung wurden vom 27. Mai an bis zum Schluß der Versuchsreihe (3 Tage) anstatt der 12 Pfd. Rüben 6 Pfd. Kartoffeln verfüttert. Die auffallende Gewichtszunahme, die dadurch sofort erfolgte, ist wohl dem Umstande zuzuschreiben, daß die schwerer verdaulichen, rohen Kartoffeln längere Zeit und daher in größeren Massen in den Gedärmen verweilten, als die Rüben.

**) Warum das Gewicht der Abtheilungen bei Beginn der II. Versuchsreihe nicht übereinstimmt mit demjenigen, welches ihnen am Ende der I. Versuchs-

Wolff benutzte diese Versuchsresultate hauptsächlich zur Bestimmung der Gewichtsverhältnißzahlen, unter welchen sich die hier angewandten Futtermittel aequivalent sind. Die Methode, die er dabei befolgte, ist originell; ich theile sie hier mit, obgleich ich dergleichen Berechnungen keinen wissenschaftlichen Werth beilege. Eher nehme ich sie hin für geschickte Spielereien mit blos localgültigen Versuchszahlen, was selbst für die Praxis höchstens einen zweideutigen Nutzen abwerfen kann.

Wolff suchte zunächst in jeder Versuchsreihe den Zeitpunkt auf, wo die Schafe bei ihrem Futter sich auf constantem Gewichte erhielten. Dieser Zeitpunkt fällt bei jeder der drei Reihen in die letzten 4 Versuchswochen. Dann nahm er aus den 4 letzten Wägungen das Mittel und sagte, daß das so gefundene Körpergewicht in der ersten Versuchsreihe erhalten werde durch 7½ Pfd. Heu per Abtheilung und Tag, in der zweiten Reihe durch 9 Pfd. Heu, das mittlere Gewicht in der 3. Reihe endlich durch 11 Pfd. Heu. In der ersten Versuchsreihe waren die Schafe am leichtesten, in der dritten am schwersten. Daher erforderten auch die Thiere der ersten Reihe die kleinste und die der dritten Reihe die größte Heuration, so daß die Rationen zu den verschiedenen Körpergewichten in einem bestimmten Verhältnisse standen. Dies Verhältniß berechnete sich nun, wie folgt:

Versuchsreihe	Constantes Gewicht der 1. Abtheilung in den letzten 4 Wochen	Die 1. Abtheilung verzehrte täglich an Heu	Bruchtheil des Körpergewichts	ς
I.	228.8 Pfd. *)	7.3 Pfd.	$\frac{1}{31\cdot3}$	
II.	246.3 "	9.0 "	$\frac{1}{27\cdot4}$	
III.	269.0 "	10.4 "	$\frac{1}{26}$	

*) resp. 248.3 Pfd. mit Wolle.

Wogen nun, wenn wir einstweilen blos auf die erste Versuchsreihe Rücksicht nehmen, die Schafe der 2. Abth. (im Mittel der letzten 4 Wochen) 234.9 Pfd., so hätten sie (bei Zugrundelegung des Factors $\frac{1}{31}$) anstatt 7.3 Pfd. Heu dessen 7.5 Pfd. erfordert; die Schafe der 3. Abth. welche 210.6 Pfd. wogen, hätten 6.7 Pfd. bedurft; die der 4. Abth., bei 208 Pfd. Körpergewicht 6.6 Pfd. u. s. w.

An Stelle dieser exclusiven Heuration verzehrte aber Abtheilung 2 in Wirklichkeit 4 Pfd. Heu nebst 1½ Pfd. Roggenschrot, so daß diese 1½

reihe zugeschrieben wurde, beantwortet sich einfach dadurch, daß die Hämmel beim Uebergang von der ersten zur zweiten Versuchsreihe geschoren, also um ihr Wollgewicht leichter wurden. Man gewann bei dieser Schur

Abth.	ungewaschene Wolle Pfd.	gewaschene Wolle Pfd.
1.	19.5	10.5
2.	16.6	9.9
3.	18.2	8.1
4.	14.6	7.5
5.	14.5	8.9
6.	16.5	8.9
7.	16.0	9.0

Pfd. Roggenschrot einen Erſatz gewährt haben mußten für 3.5 Pfd. Heu (7.5—4). Abtheilung 3 verzehrte 4 Pfd. Heu und 1½ Pfd. Roggenkleie, wonach letztere erſetzt hätten 2.7 Pfd. Heu (6.7—4). u. ſ. w.

Dieſe Erſatz-Verhältniſſe laſſen ſich nun leicht auf 100 Heu berechnen, wie Wolff es für die drei Verſuchsreihen mit folgendem Reſultate gethan hat:

100 Pfd. Heu ſind gleich *)	I. Verſuchsreihe (Pfd.)	II. Verſuchsreihe (Pfd.)	III. Verſuchsreihe (Pfd.)
Roggenſchrot	42.7	54.2	51.5
Roggenkleie	54.9	66.4	59.4
Rapskuchen	56.8	67.5	58.6
Leinkuchen	62.2	70.7	63.7
Gerſtenſchrot	—	63.3	54.9
Haferſchrot	—	63.0	60.6
Kartoffeln	207.6	—	—
Rüben	431.6	—	—

Aus dieſer Aufſtellung folgert nun Wolff: daß die einzelnen Futtermittel im Productionsfutter (Verſuchsreihe III) ſich anders verhalten, als im Erhaltungsfutter (Verſuchsreihe I).

Welches von den genannten Futtermitteln je nach einem Zwecke (ob Erhaltungsfutter oder Productionsfutter) den Vorzug verdient, das beantwortet der vorliegende Verſuch empiriſch durch Ermittelung des betreffenden Futtermittelgewichtes, das zur Production von 1 Pfd. Lebendgewicht nothwendig war. Wolff ermittelt daſſelbe in der Weiſe, daß er, unter Nichtbeachtung der letzten vier Verſuchswochen, zuerſt die Gewichtszunahme der II. und III. Abtheilung, von Beginn des Verſuchs an, berechnete und dieſe in Parallele ſtellte mit dem inzwiſchen verzehrten, ganzen Futterquantum, abzüglich der, für gleiche Zeit in der erſten Verſuchsreihe verzehrten Heumenge. Daraus ergab ſich ihm, daß

je 1 Pfd. Lebendgewicht produzirt wurde in der

durch:	II. Verſuchsreihe (Pfd.)	III. Verſuchsreihe (Pfd.)
Heu	10.30	16.20
Roggenſchrot	4.15	5.31
Roggenkleie	4.76	4.93
Rapskuchen	4.70	5.24
Leinkuchen	4.32	5.26
Gerſtenſchrot	4.58	4.65
Haferſchrot	3.93	6.45

Hiernach wäre Roggenſchrot ein ſchlechteres Productionsfutter, als Roggenkleie, Hafer ein ſchlechteres als Gerſte, während er ein beſſe-

---

*) Wer die chemiſche Conſtitution der von Wolff gereichten Rationen berechnet, kann ſich nicht wundern, daß der Verſuch den Effect der concentrirten Futtermittel, im Vergleich zu Heu, ſo niedrig hingeſtellt hat. Die Rationen waren, namentlich in Verſuchsreihe II und III, durchgehends zu proteïnreich, ein Fehler, der beſonders bei vorliegendem Verſuchszwecke hätte vermieden werden müſſen.

res Erhaltungsfutter, als diese, ist. Auch wären Oelkuchen ein besseres Erhaltungs- als Productionsfutter.

Ich muß bitten, diese Schlüsse mit all' der Zurückhaltung hinzunehmen, die ihre roh empirische Entwickelung von vorn herein gebietet; namentlich aber möge man den künstlichen Boden in Betracht nehmen, worauf sie theilweise ruhen. In dieser Hinsicht table ich jede Unterscheidung zwischen Erhaltungsfutter und Productionsfutter, wenn sie, wie hier geschehen, zu practischen Schlußfolgerungen benutzt werden soll. Die Begriffe von Erhaltungs- und Productionsfutter sind ja kaum theoretisch haltbar, practisch aber gar nicht, denn sie haben kein praktisches Ziel und lassen sich auch nicht auf dem Wege des Versuchs genügend von einander durch Zahlen begrenzen. Wenn da Jemand sagt, dieses oder jenes Thier bedarf $1/40$ seines Körpergewichtes an Heuwerth zum Erhaltungsfutter und $1/30$ Heuwerth als Productionsfutter, so könnte ein Anderer vielleicht aus dem nämlichen Versuche demonstriren, daß es $1/60$ Erhaltungsfutter und dagegen $1/22$ Productionsfutter nöthig habe. Hier ist Alles der Willkühr des Schlußfolgerers und der Individualität des Versuches überlassen. Sieht sich doch Wolff selbst zu dem Ausspruche genöthigt: „daß man niemals mit Sicherheit das Erhaltungsfutter vom Productionsfutter zu scheiden im Stande sei." Wozu also diese Unterscheidung, die als fauler Faden durch so viele, sorgfältig ausgeführte Versuche sich hinzieht, sie in Grundlage und Richtung verderbend? — Wozu dieser unnütze Wust von Begriffen, die wohl Laien imponiren mögen, aber nicht gemacht sind, um für eine nutzbringende Statik der Thierproduction einen Beitrag zu liefern!

Weit mehr Vergnügen hat mir der jetzt folgende Versuch von Wolff gemacht, den er ebenfalls in Möckern, das Jahr darauf, mit Schafen der Merino-Race anstellte. Hier hatte er es vornehmlich auf die Erforschung des Futterwerthes der Rapskuchen abgesehen, welche in dem vorigen Versuche einen so innormal niedrigen Effect gewährt hatten. Weßhalb dies so gekommen, hat Wolff später wohl eingesehen, denn in der Einleitung zu dem jetzigen Versuch sagt er: „daß damals die Ursache der geringen Wirkung des Oelkuchenfutters in der unrichtigen Zusammensetzung des ganzen täglichen Futterquantums gelegen habe."

Die benutzten Futtermittel: Rapskuchen, Rüben, Heu und Schrot von Wickgerste, wurden vorher chemischen Analysen unterworfen.

Alles Uebrige ist aus folgender Zusammenstellung ersichtlich:

Versuchs-perioden	Nummer d. Versuchs-abtheilg. à 3 Stück	Tägliche Ration per Abtheilung	Trocken-substanz	Streckstoffe	stickstoffhaltige Stoffe	Nähr-stoff-ver-hältniß	Lebendgewicht einer Abtheilung: bei Beginn der Periode	am Ende der Periode	Zuwachs per Tag und Ab-theilung	Grünfläche per Periode	Waffer getrunken per Periode	Mittlere Stall-Temperatur
			Pfd.		Pfd.		Pfd.	Pfd.	Pfd.	Pfd.	Pfd.	
I. vom 2. Dezbr. bis 3. Januar = 30 Tage	1.	16 Pfd. Rüben, 3½ Pfd. Heu	4.74	0.61	2.88	1 : 4.7	221.7	218.8	− 0.10	0.7	16.1	
	2.	12 " " 4½ "	5.02	0.65	2.91	1 : 4.4	226.2	224.2	− 0.07	0.8	42.9	9.8° R
	3.	8 " " 5½ "	5.29	0.70	2.93	1 : 4.2	240.8	234.5	− 0.21	0.6	94.1	
	4.	20 " " 2½ " **) ; außerdem 1 Pfd. Rapskuchen	4.47	0.56	2.85	1 : 5.1	229.1	217.3	− 0.39	0.6	71.5	
II. vom 4. Januar bis 12. Februar = 40 Tage	1.	wie in der I. Periode; außerdem 1 Pfd. Rapskuchen	5.50	0.92	3.13	1 : 3.4	218.8	230.0	+ 0.28	7.6	4.9	
	2.	dito	5.77	0.97	3.16	1 : 3.2	224.2	242.5	+ 0.46	1.7	36.0	8.3° R
	3.	(6 Pfd. Rüben, 6 Pfd. Heu) dito ***)	6.05	1.02	3.19	1 : 3.1	234.5	254.8	+ 0.51	4.1	147.3	
	4.	wie in der I. Periode; außerdem 2 Pfd. Rapskuchen	6.18	1.04	3.20	1 : 3.0	217.3	229.2	+ 0.30	11.7	173.2	
III. vom 13. Febr. bis 19. März = 34 Tage	1.	" " " dito	6.25	1.23	3.39	1 : 2.7	230.0	253.7	+ 0.70	2.0	2.6	
	2.	" " " dito	6.53	1.28	3.42	1 : 2.6	242.5	258.8	+ 0.48	4.5	70.5	6.0° R
	3.	" " " dito	6.80	1.33	3.44	1 : 2.5	254.8	263.4	+ 0.25	12.7	95.1	
	4.	(wie in der II. Periode); dito	6.93	1.36	3.46	1 : 2.5	229.2	235.6	+ 0.19	16.8	196.3	
IV. vom 20. März bis 30. April = 40 Tage	1.	wie in der I. P.; außerdem 2 Pfd. Rapsl. + 1 Pfd. Körnerschrot	7.04	1.43	3.90	1 : 2.7	253.7	267.5	+ 0.34	28.0	55.3	
	2.	dito	7.31	1.48	3.93	1 : 2.6	258.8	276.7	+ 0.45	36.6	129.1	9.9° R
	3.	dito	7.58	1.52	3.97	1 : 2.6	263.4	277.0	+ 0.34	22.5	215.5	
	4.	(wie in der II. Periode); dito	7.72	1.55	3.98	1 : 2.5	235.6	248.7	+ 0.33	49.5	349.0	

*) Vom 24. Januar an erhielt jede Abtheilung täglich 1—2 Loth Viehsalz.

**) Indem diese Abtheilung ihr starkes Rübenquantum immer weniger gut verzehrte und in ihrem Aussehen sich zusehends verschlechterte, so ging man schon vom 20. Dezember an zu der in der II. Versuchsperiode verzeichneten Ration über.

***) Bei dieser starken Feuerration konnte die Abtheilung den Rapskuchen keinen Geschmack abgewinnen. Der Rapskuchenschrot wurde von ihr während der III. und IV. Versuchsperiode größtentheils in die Streu geworfen. Dieser Umstand ist zwar bei obiger Berechnung des Rationsgehaltes an Protein und N-losen Stoffen unberücksichtigt geblieben; jedoch vermag er am ehesten zu erklären, weshalb diese 4. Abth., im Vergleich zu den übrigen, sich so schlecht gemästet hat.

Zu den Schlußfolgerungen können wir nur die Versuchsverhältnisse der drei ersten Abtheilungen benutzen, indem die 4. Abtheilung von ihrer unrationellen Ration nicht näher bestimmte Mengen verzehrt hatte. Was sich aus jenen, meiner Ansicht nach, folgern läßt, ist kurz Folgendes:

1. Unterschiede in der Stalltemperatur zwischen 6—10° R. waren auf die Wasserconsumtion ohne wahrnehmbaren Einfluß.

2. Die Menge des getrunkenen Wassers nahm ab mit dem Gehalte der Ration an Rüben und nahm zu mit dem Gehalte derselben an Heu, Rapskuchen und namentlich an Körnerschrot. (Vergl. S. 670 u. 673.)

3. Die Heurückstände wurden im Allgemeinen größer mit der Menge der, in der Ration dargebotenen concentrirten Futtermittel; sie wurden im besonderen geringer, je mehr Rüben die Ration enthielt.

4. Diejenigen Abtheilungen verzehrten am liebsten und am vollständigsten ihre Oelkuchen, welche am meisten Rüben und zugleich am wenigsten Heu erhielten.

5. Bekanntlich ist der Trockensubstanzgehalt des Futters das richtige Maß für das Futtervolum, welches ein Thier zu seiner mechanischen Sättigung bedarf. Ist letztere keine vollkommene, wegen Mangels an voluminösem Futter, so gelangen die gleichzeitig gereichten concentrirten Futtermittel nicht zu ihrem höchsten Effecte. Das hat sich schon in dem antecedirenden Versuche gezeigt, indem dort (Seite 679) in der 2. Versuchsreihe das Volum der Ration zu gering war, in der 3. Reihe dagegen genügend durch bloße Zulage von 2 Pfd. Heu per Abtheilung, womit sofort eine doppelt stärkere Fleischproduction erzielt wurde. Da übrigens die Schafe in all' den Rationen, welche concentrirte Futtermittel (Rapskuchen, Körnerschrot) enthielten, weniger Trockensubstanz in sich aufnahmen, als in denjenigen, welche aus Heu und Rüben oder blos aus Heu bestanden, (vergl. Versuch pro 1851, 3. Reihe, Abtheilung 1 mit Versuch pro 1852 Periode II und III.), so müssen wir annehmen, daß das bedürftige Futtervolum mit zunehmender Mast immer kleiner werden darf, oder, was das Nämliche ist, daß concentrirte, kräftig nährende Mastrationen das Minimum des Volums oder Trockensubstanzgehaltes besitzen dürfen. In Zahlen ausgedrückt, ist nach den vorliegenden Versuchen der Trockensubstanzgehalt der Ration eines 80 Pfd. schweren Hammels:

	Pfd. per Tag
Bei Stroh- und Heufütterung	3
" purer Heufütterung	2²/₃
" Heu, etwas Oelkuchen und Rüben	2
Gegen Ende der Mast, bei starker Oelkuchen- und Körnerfütterung	1¾

6. Als das zweckmäßigste Verhältniß zwischen Rüben und Heu in einer Ration, die einen Hammel auf seinem Gewichte von 75 Pfd. constant erhalten soll, hat sich die Ration der Abtheilung 2, (I. Periode) herausgestellt, wo per Tag und Kopf 4 Pfd. Rüben und 1½ Pfd. Heu verfüttert wurden. Diese Fütterung involvirt ein Nährstoffverhältniß von 1 : 4.4 bei einem täglichen Proteïnverzehr von nahezu ¼ Pfd.

7. Wird dieser Ration ⅓ Pfd. Rapskuchen zugesetzt, so verbürgt sie den öconomisch günstigsten Mastungseffect. Das Thier verzehrt dann täglich ⅓ Pfd. Proteïn bei einem Nährstoffverhältniß von 1 : 3.2. Beachtenswerth ist, daß eine weitere Zulage von ⅓ Pfd. Rapskuchen diese Ration nur unmerklich productiver erscheinen läßt. (Vergl. Abth. 2 in der I., II. und III. Periode).

8. Eine Gabe von ⅔ Pfd. Rapskuchen per Tag und Kopf war nur dann rentabel, wenn zugleich wenigstens 5 Pfd. Rüben dargeboten wurden. (Vergl. Abth. 1 u. 3 in Periode III.). Das Bedürfniß nach Rauhfutter läßt sich alsdann mit 1 Pfd. Heu befriedigen. Bei solcher, ebenfalls erfolgreichen Mastration verzehrt der 80pfündige Hammel, ⅖ Pfd. Proteïnstoffe bei einem Nährstoffverhältniß von 1 : 2.7.

9. All' die Rationen, die, sei's durch starke Antheile von Oelkuchen, Körnerschrot oder Heu, mehr als ⅖ Pfd. Proteïn darbieten, dürften sich nur gegen Ende der Mastung hin rentabel erzeigen. Immerhin aber sollte man das Nährstoffverhältniß von 1 : 2.7 als die äußerste Grenze ansehen, unter welche mit Vortheil nicht herabzugehen ist. (Vergl. Periode III mit IV.)

10. Es haben producirt

	Lebendgewicht in Summa	Jedes Pfd. Rapskuchen also
120 Pfd. Rapskuchen in der II. Periode	49.8 Pfd.	0.41 Pfd. Lebendgewicht
204 „ „ „ III. „	48.6 „	0.24 „ „

Mithin hat die Rapskuchenzulage von ⅓ Pfd. per Kopf sich durchschnittlich besser durch Fleisch bezahlt gemacht, als die von ⅔ Pfd. Welchen Einfluß das Pfd. Körnerschrot in der IV. Periode auf die Fleischproduction gehabt hat, ist aus den Versuchsresultaten nicht zu ermessen. Wolff vermuthet, daß es die Qualität des Fleisches verbessert habe.

11. Zur Production von je 1 Pfd. Lebendgewicht:

Durchschnittlicher Verbrauch während der II. und III. Periode an

	Proteïnstoffen	Kohlehydraten
Bei Abth. 1.	2.25 Pfd.	6.89 Pfd.
„ „ 2.	2.38 „	7.01 „
„ „ 3.	3.01 „	8.56 „

Von diesem Gesichtspunkte aus erkennen wir, daß das Verhältniß der Rübenmenge zur Heumenge in der Ration der Abtheilung 3 am ungünstigsten war.

Versuch von Karmrodt auf der Station St. Nikolas, 1860.

Man wollte damit die Fütterungs-Normen prüfen, welche ich in der I. Auflage p. 591 für Schafe, ohne Rücksicht auf deren Alter und Raçe und blos nach Maßgabe ihres Lebendgewichtes gegeben habe.

Es dienten dazu 3 Abtheilungen à 3 Stück. In jede kam 1 Hammel mit langer, grober Wolle und 2 Schafe von mäßig feinem Wollwuchs.

Das Alter der Thiere ist nicht angegeben. Sie scheinen auch in schlechtem Ernährungszustande gewesen zu sein, da sie bis zum Beginn des Versuches hauptsächlich mit Stroh im Stalle erhalten worden waren. Magere Thiere setzen aber in erster Zeit der Mastfütterung gewöhnlich stark Muskelfleisch an und scheiden dafür Wasser aus den Geweben ab. Der blos auf die Zunahme des Lebendgewichtes berechnete Masterfolg muß dadurch für die ersten Wochen ein trügerischer werden.

Wir beklagen daher hier das Fehlen jeder einleitenden Vorfütterung, welche ich auch sonst schon für geboten halte, um die Schafe an die ihnen fremden Futtermittel namentlich an die anfangs ihnen widerlichen Rapskuchen, so wie auch an die ungewohnte Art der Aufstellung und Behandlung etwas zu gewöhnen. „Ohne eine derartige Vorsicht", so meint Henneberg, „wird eine anfängliche Abnahme des Lebendgewichtes, muthmaßlich stets eintreten." *) —

Zu bedauern ist ferner, daß Karmrodt über die benutzten Futtermittel (außer Rapskuchen und Lupinenschrot) keine speciellen Analysen ausgeführt hat, wodurch allein er seine Ration richtig nach meiner Norm berechnen und letzterer völlig gerecht werden konnte. Von dem Chemiker einer Versuchsstation, welcher diese Normen kritisch probiren will, hätte ich solche Analysen wenigstens erwartet.

Werfen wir nun einen Blick auf folgende Fütterungsresultate:

---

*) Journal für Landwirthschaft 1860 Bd. V. p. 6.

Nummer der Abtheilung à 3 Stück	Ration per Abtheilung in Pfd.	Lebendgewicht der 3 Hämmel		Zunahme per Tag und Stück
		zu Anfang der Periode	zu Ende der Periode	
		Pfd.	Pfd.	Pfd.
I. Periode. vom 20. März bis 25. April = 36 Tage				
1.	9 Möhren + 1½ Rapsschoten + 1½ Rapskuchen + 2 Heu	205.8	217.3	0.107
2.	dito	189.0	193.9	0.045
3.	dito	195.3	211.6	0.151
				= 0.101 Pfd. im Mittel
II. Periode. vom 25. April bis 2. Mai = 7 Tage				
2.	10½ Möhren + 1¼ Rapsschoten + ¾ Rapskuchen + ¾ Lupinenschrot + 2 Heu	193.9	198.0	0.195
3.	dito	211.6	216.6	0.238
				= 0.217 Pfd. im Mittel
III. Periode. vom 2. Mai bis 28. Mai = 27 Tage				
2.	9 Möhren + 1½ Getreide-Spreu + 1¼ Lupinenschrot + 3 Heu .	198.0	200.8	0.035
3.	5½ Kartoffeln + 5½ Heu + 0.53 Lupinenschrot	216.6	222.9	0.078

so finden wir in der I. Periode,

trotz der oben angedeuteten ungünstigen Umstände;

trotz den Resten an Rapskuchen, die mehrmals unverzehrt übrig blieben;

trotz dem Fehler, daß die Rapskuchen als dünner Brei mit den Rapsschoten vermengt und nicht pure als trockner Schrot gefüttert wurden;

dennoch eine durchschnittliche Zunahme per Tag und Kopf von 0.101 Pfd., was befriedigend ist.

In der II. Periode betrug der durchschnittliche Zuwachs 0.217 Pfd. Dies ist sogar ein ungewöhnlich günstiges Resultat!

In der III. Periode war die mittlere Zunahme blos 0.05 Pfd. — Berechnen wir aber einmal den Nährstoffgehalt der daselbst vorkommenden Rationen nach meinen, auch von Karmrodt zu Grunde gelegten, Durchschnittsanalysen,

Ration von Abtheilung	Trockensubstanz Pfd.	Protein Pfd.	Fett Pfd.	Kohlehydrate Pfd.	Nährstoff-Verhältniß
2	6.11	0.86	0.20	2.62	1 : 3.6
3	6.11	0.95	0.21	2.56	1 : 3.3
Geforderte Norm für 3 Schafe à 75 Pfd.	6.00	0.84	0.24	3.00	1 : 4.3

so finden wir den stattgehabten Verzehr keineswegs entsprechend meiner geforderten Norm. Er war zu arm an Kohlehydraten und Fett und daher relativ zu proteïnreich. Wahrscheinlich liegt hieran auch sein ungenügender Erfolg.

Wie indessen der Versuchsansteller solche wesentliche Differenzen übersehen, und dabei aus dem ganzen Versuche den Schluß machen konnte, daß meine Rationsnormen — wie solche sich in der I. Auflage finden — nichts taugen und den practischen Landwirthen gar nicht zur Befolgung anzurathen seien, — das ist wirklich befremdend.

Maſtverſuche mit Schweinen.

Delbez, ein bekannter franzöſiſcher Viehzüchter, theilt über die Natur des Schweines einige Beobachtungen mit, welche intereſſant genug ſein dürften, um hier vorweg zu ſtehen:

„Viele Leute halten das Schwein für ein unreinliches Thier, das ſich mit Herzensluſt in Schlamm und Koth herumwälzt. Dieſe Meinung rührt vom Mangel an Beobachtung und richtiger Beurtheilung her. Das Schwein hat mehr Sinn für Reinlichkeit, als unſere anderen Hausthiere. Niemals läßt es ſeine Extremente neben ſeiner Lagerſtätte fallen, es geht ſtets, wenn es kann, in einen Winkel ſeines Stalles und legt ſich niemals auf ſeine Auswürfe, wie es die Kuh, das Schaf und ſogar das Pferd thun. Hat ſich der Miſt um das Schwein herum angehäuft, ſo legt es ſich nicht nieder, frißt ſchlecht und grunzt ſo lange, bis man ihm eine neue Streu gibt. Dann wird es wieder ruhig, frißt und legt ſich mit augenſcheinlichem Vergnügen auf das friſche Stroh. Es wälzt ſich nur in Jauche und Unrath herum, um ſich zu erfriſchen. Man bade es oft in reinem Waſſer, dann wird es keine unreinen Pfützen aufſuchen. Aber Erfriſchung iſt ihm Bedürfniß, Bäder, beſonders im Sommer, ſind ihm eine unerläßliche Nothwendigkeit. Olivier de Serres gab ſchon zu ſeiner Zeit den Rath, die Schweine nicht in einem ſchmutzigen, ſchlecht gelüfteten Stalle zu halten, weil ſie ſich darin ſchlecht und nur ſehr langſam mäſten. Das iſt nach dem Geſagten leicht erklärlich, denn bekanntlich iſt die Ruhe die erſte Bedingung eines ſchnellen und leichten Mäſtens. Das Schwein iſt ebenſo wenig ein dummes, als ein unreinliches Thier. Elyſée Lefebvre, der umſichtige Director der kaiſerlichen Schäferei in Grévolles, ſah in der Gegend von Autun Schweine, die ſich mit augenſcheinlichem Vergnügen im Fluſſe badeten, hindurch ſchwammen und ihre kleinen Aufſeher mit hinüber trugen, ſo wie es ein guter neufoundländer Hund gethan haben würde. Bosc berichtet, daß die Schweine in SüdCarolina in voller Freiheit aufgezogen werden. Das ganze Jahr hindurch leben ſie in den Wäldern und verſorgen ſich ſelbſt mit Nahrungsmitteln; man hat aber die Gewohnheit, ihnen alle Samstags, Abends, etwas Mais zu geben. Sie verfehlen niemals, an dieſem Tage und zur gewöhnlichen Stunde von allen Punkten auf ein gegebenes Zeichen herbeizulaufen, um an dieſem wöchentlichen Feſtſchmauſe Theil zu nehmen. Endlich hat der unſterbliche Cuvier, deſſen Autorität Niemand verwerfen wird, behauptet, daß das Schwein ebenſo viel Klugheit zeigen würde, wie der Elephant, wenn man es mit gleicher Sorgfalt behandelte.“

„Man kann alſo folgende allgemeine Regel aufſtellen: Sollen ſich die Schweine wohl befinden, ſich gut und ſchnell mäſten, ſo halte man ihren Stall rein, erneuere die Streu oft, gebe ihnen ſtets das Futter in vorher gut gereinigten Trögen, bade ſie im Sommer täglich in reinem Waſſer, ſtriegele ſie alle zwei Tage mit einem Striegel, einer ſtarken Bürſte oder mit einem abgeſtutzten Birkenreisbeſen. Die Funktionen der Haut ſind bei dieſen Thieren ſehr thätig und die Reinlichkeit iſt zu ihrem Wohlbefinden unerläßlich.“

„Häufig kommt es vor, daß ſie nach Beginn der Maſt ihre frühere Freßluſt verlieren. Ein Remedium für dieſen mißlichen Fall ſoll, mehrfachen Erfahrungen zufolge, ein Gemisch von Hafer mit Kochsalz sein, welches man in wenig Wasser 1—2 Tage aufquillen läßt und dann den Thieren apart zu fressen gibt; täglich ein paar mal eine Hand voll."

Versuch von Lambl in Liebwerd, 1851.

Wie verhält sich das Gewicht der neugeborenen Ferkel zum Gewichte der Muttersau? — Folgende Aufstellung gibt hierauf Antwort:

Race.	Gewicht der Muttersau. Pfd.	Zahl der Ferkel	Gesammt-Gewicht derselben. Pfd.	Verhältniß zum Gewicht der Sau	Durchschnitts-Gewicht jedes Ferkels. Pfd.	Monatliche Zunahme im ersten viertel Jahr. Pfd.
Böhmischer Landschlag	245	12	27	1 : 9.0	2¼	10
Böhmen-Essex	195	13	23	1 : 8.5	1¾	11
Böhmen-Yorkshire	210	18	27	1 : 7.8	1½	12
Essex-Yorkshire	230	12	31	1 : 7.4	2¾	17
Essex	188	9	27	1 : 7.0	3	16
Yorkshire	255	13	38	1 : 6.7	2¾	18

Versuch von Schober in Tharand, 1853.

Ein Saugferkel, Yorkshire Race, wog nach der Geburt 2.8 Pfd. und wurde alle 8 Tage einmal, Morgens 10 Uhr, gewogen. Es betrug die durchschnittliche Gewichtszunahme per Woche:

	Pfd.
Während der Säugezeit von 7 Wochen	1.24
„ 8—11. Woche	0.75
„ 12—15. „	4.00
„ 16—19. „	1.00
„ 20—23. „	2.00
„ 24—27. „	2.25
„ 28—31. „	1.37
„ 32—35. „	1.12
„ 36—39. „	1.50
„ 40—43. „	1.20
Im Durchschnitt außer der Säugezeit	1.69

In gleicher Weise verfuhr Boussingault mit Ferkeln verschiedener Race, die successive in Bechelbronn gezüchtet worden.

Stückzahl der geworfenen Ferkel	Gewicht per Stück nach der Geburt (Kilo)	Gewicht per Stück nach 36 Tagen (Kilo)	Zuwachs per Tag und Stück (Kilo)	Race
5	1.25	7.90	0.18	Langohrige Landrace
10	1.23	11.55	0.29	Hampshire-Kreuzung
2	0.75	6.37	0.16	Hampshire
7	1.13	10.14	0.25	Kreuzung
2	1.00	11.50	0.29	„
7	1.29	10.79	0.26	„
8	1.10	6.50	0.15	Landrace
3	1.20	7.17	0.17	„
Mittel	1.14	9.71	0.24	

Verfuch von Struckmann in Warberg, 1857.

Nachdem 16 Ferkel 46 Tage lang an 2 Säuen gefogen hatten, während welcher fie per Tag und Stück durchfchnittlich nur um ⅛ Pfd. zunahmen, wurden fie in 2 gleiche Abtheilungen gebracht und verfuchsweife ernährt mit 4⅛ Pfd. Sauermilch per Tag und Stück. Außerdem erhielt per Tag und Stück

	Abtheilung I.	Abtheilung II.
Vom 46—58. Tage	¼ Pfd. Gerfte	¼ Pfd. Leinkuchen
„ 58—72.	„ ½ „ „	½ „ „
„ 72—82.	„ ¾ „ „	¾ „
„ 82—107.	„ 1 „ „	1 „ „

Die Gerfte wurde den Thieren ungefchroten und befonders vorgelegt, die Leinkuchen fein gemahlen und mit der dicken Milch zu einem Brei vermifcht.

Durchfchnittlich wog jedes Ferkel

	von Abthl. I.	von Abthl. II.	Tägliche Zunahme	
			Abthl. I.	Abthl. II.
am 46. Tage	9.18 Pfd.	9.00 Pfd.		
„ 58. „	13.68 „	13.50 „	0.32 Pfd.	0.32 Pfd.
„ 72. „	19.22 „	18.54 „	0.40 „	0.36 „
„ 82. „	26.93 „	23.63 „	0.77 „	0.51 „
„ 107. „	44.00 „	34.00 „	0.68 „	0.42 „

Die Leinkuchen haben, als leicht verdauliches Futter, hiernach in der erften Periode nach dem Entwöhnen der Ferkel fich bewährt. Später konnten fie der Gerfte nicht gleich kommen. Jedoch möchte ich daraus nicht folgern, daß überhaupt die Gerfte den Vorzug verdiene, denn in dem vorliegenden Verfuche war fehlerhafter Weife die Ration der Abtheilung II zu proteïnreich. Sie enthielt in der letzten Periode ein Nährftoffverhältniß von 1 : 1.6, während die Ration der Abtheilung I das Verhältniß von 1 : 3.6 darbot. Letzteres ift offenbar entfprechender für ein 3—4 Monat altes Ferkel. Hätte Struckmann der Abtheilung II noch etwas Kartoffeln oder Zuckerrüben zugefetzt, fo würde wahrfcheinlich der Nähreffect der Leinkuchen fich weit vortheilhafter, als jener der Gerfte herausgeftellt haben.

Verfuch von v. Lingethal zu Großtmehlen, 1855.

Angeftellt mit 3 Ferkeln, die, von der Mutter abgefetzt, durch füße Kuhmilch ernährt wurden.

Datum	Stückzahl	Gewicht	Confumirte Milch	Milch-Confumtion per Tag und Stück	Zu 1 Pfd. Zuwachs waren nöthig
31. März	3	48.5 Pfd.	—	—	—
7. April	3	57.0 „	162.4 Pfd.	7.78 Pfd.	12.0 Pfd. Milch
14. April	3	70.0 „	154.0 „	7.33 „	11.8 „ „
21. April	2	63.0 „	154.0 „	11.00 „	11.0 „ „

An die vorstehenden Resultate knüpft der Versuchsansteller folgende, sehr richtige Bemerkung.

„Es bestätigt sich auch hierdurch wieder die Wahrheit, daß reichliche Fütterung Ersparniß, knappe aber Verschwendung ist. Denn es verwertheten zwei Ferkel dasselbe Milchquantum ungleich höher, als drei. Diese Wahrheit muß erst in ihrer vollen Wichtigkeit erkannt werden, bevor es möglich ist, die Viehzucht auf den Standpunkt zu bringen, den solche einnehmen muß, um das Futter am höchsten zu verwerthen. Lernt aber der Landwirth erst den Werth seiner Viehzucht nicht nach der Kopf-, sondern nach der Centnerzahl, nicht nach dem Knochen-, sondern nach dem Fleischgewichte zu schätzen, so ist sofort der Standpunkt errungen, welcher die Grundlage des weiteren Fortschrittes in Beziehung auf die Viehhaltung bildet. Diese Wahrheit ist ebenso einfach, als leicht durchführbar; man hat, wo eine zu starke Kopfzahl gehalten wird, nichts nöthig, als durch Verminderung derselben das Betriebscapital, die Arbeit zu vermindern, dagegen aber den größeren Ertrag einzucassiren — ein Tausch, der jedenfalls annehmbar zu sein scheint."

Versuch von Baxter, 1853.

Die hierzu benutzten 4 Schweine waren 9 Monate alt.

Verzehr per Tag und Stück	Gewicht der 4 Schweine zu Anfang Pfd.	nach 21 Tagen Pfd.	Zuwachs per Tag und Stück Pfd.
1. 5 Pfd. Bohnen + 1.6 Pfd. Gerste + 4.8 Pfd. Malz	416	564	1.76

Diese, einen so guten Effect verursachende Ration enthielt ungefähr 7 Pfd. Trockensubstanz mit 1 Pfd. Proteïn, 0.18 Pfd. Fett und 4.7 Pfd. Kohlehydrate.

Versuch von Le Bel, 1847.

Derselbe handelt über den Futterwerth der Eicheln, deren Analyse sub I angegeben ist. Des Vergleichs halber, citire ich bei dieser Gelegenheit noch eine andere, von Moser ausgeführte Analyse der Eicheln.

	Nach Abzug von 30 % Schale I.	18.2 % Schale II.
Wasser	20.0	24.1
Oel	4.3	5.4
Kohlehydrate	64.5	53.7
Proteïnstoffe	5.0	7.2
Holzfaser	4.6	6.5
Asche	1.6	3.1
	100	100

Es wurden damit 11, fünf Monat alte Ferkel so gefüttert, daß sie per Tag und Stück durchschnittlich verzehrten: 3.7 Kilo Eicheln, 0.7 Kilo Mohnkuchen und 10 Kilo Buttermilch. Diese Ration war sehr fettreich, denn sie führte, nach meiner Berechnung:

0.47 Pfd. Fett neben 0.98 Pfd. Protein und 4.76 Pfd. Kohlehydrate.

Sie vermehrten dabei ihr Gesammtgewicht von 327 Kilo während 30 Tagen bis auf 525 Kilo, was einen Zuwachs von 0.6 Kilo per Tag und Stück ausmacht. Mit diesem Erfolge, meint Le Bel, könne man zufrieden sein, um so mehr, da die Eichelration blos halb so theuer zu stehen kommt, als diejenigen Rationen, wo, an Stelle der Eicheln, ein zureichendes Quantum von Kartoffeln den Schweinen dargeboten wird.

Versuch von May zu Weyhenstepfan, 1857.

Derselbe hatte sich die interessante Frage gestellt, ob eine Kochsalz-Zugabe die Mast der Schweine befördere. Gemäß nachstehenden Versuchsresultaten scheint dies jedoch nicht der Fall zu sein.

Race	Anzahl der Versuchsthiere		Durchschnittliches Gewicht per Stück bei Beginn der Mastung Pfd.	Gewicht nach 79 Tagen Pfd.	Zuwachs per Stück in 97 Tagen Pfd.
englischer Vollblut	{ 4	Stück à 1 Loth Salz per Tag	43.5	144.0	100.5
	{ 4	„ ohne Salz	40.5	143.3	102.8
baierisches Landschwein	{ 3	„ à 1 Loth Salz per Tag	46.7	155.7	109.0
	{ 3	„ ohne Salz	48.7	166.0	117.3

Es versteht sich von selbst, daß sämmtliche 14 Schweine übrigens ein ganz gleiches Futter bekommen hatten.

Versuch von Lehmann zu Weiblitz, 1858.

Im Anschluß an den Seite 584 citirten Versuch gab man zweien, 6 Wochen alten Ferkeln, periodisch täglich eine Zulage von 15 Gramm chemisch reinen phosphorsauren Kalk. Ein drittes, gleich altes Thier, erhielt vergleichsweise das nämliche Futter, aber ohne solchen Zusatz. Das Futter bestand im Durchschnitt von 259 Versuchstagen pro Tag und Thier:

Buttermilch . 2.44 Pfd.
Molken . . 6.60 „
Kleie . . . 0.30 „
Gerste . . . 1.30 „
Hafer . . . 0.14 „
Kartoffeln . 2.50 „

Es war also schon ziemlich phosphatreich.

Schwein	Gewicht zu Anfang des Versuchs am 12. Tage	Täglicher Zuwachs zwischen dem Tage				
		42—72.	72—98.	98—167	167—301	
	Pfd.	Pfd.	Pfd.	Pfd.	Pfd.	
Nr. 1	19	0.566	0.846 *	0.753	0.970 *	Die mit einem Stern=
Nr. 2	17	0.566	0.730 *	0.710	0.940 *	chen bezeichneten Zu=
Nr. 3	18	0.533	0.653	0.681	0.887	nahmen sind unter Zu=
						gabe von phosphorf.
						Kalk erzielt.

„Daß die Beigaben von Knochenerde," so schließt Lehmann, „nicht ohne Wir=
kung auf die Schweine waren, geht aus vorstehender Tabelle deutlich hervor. Wäh=
rend dieselben in ihrer täglichen Zunahme an lebendem Gewicht gegenseitig nur
äußerst geringe Differenzen in der Zeit, in welcher sie sämmtlich ohne Knochenerde
gefüttert wurden, zeigen, wird sogleich bei Nr. 1 und Nr. 2 eine Gewichtsvermeh=
rung durch Knochenerde im Verhältniß zu Nr. 3 deutlich sichtbar. In der letzten
Versuchsperiode hatte Nr. 1. = 11 Zoll-Pfund, Nr. 2 = 7 Zoll-Pfund mehr
lebendes Gewicht produzirt als Nr. 3. Nach der ganzen Versuchszeit aber war das
Plus von Nr. 1. = 23 Zoll-Pfund und von Nr. 2. = 11 Zoll-Pfund im Ver=
hältniß zu Nr. 3."

„Auch auf die Gestalt der Schweine hatte die Knochenerde ihre Wirkung
geäußert, denn es war nicht zu verkennen, daß Nr. 1. und Nr. 2. nicht allein etwas
höher, sondern auch länger waren; das Knochengerüste dieser Thiere hatte sich durch die
Beigaben von Knochenerde zum Futter in seiner Gesammtheit vergrößert und somit
zur Ablagerung größerer Massen von Fleisch und Fett geschickt gemacht. Eine Ver=
dickung der einzelnen Knochen der Schweine Nr. 1. und 2 im Verhältniß zu Nr. 3
konnte nicht wahrgenommen werden."

„Aus den Resultaten dieser Versuche, welche von mir fortgesetzt werden, geht
die Möglichkeit hervor, daß wir im Allgemeinen die Größenverhältnisse der Körper
unserer Hausthiere durch Beigabe von Phosphorsäure und Kalk in der Form von
Knochenerde heraufstimmen können."

Versuch von Tullaye, 1856.

Dieser und die drei folgenden Versuche sind besonders geeignet, zu
zeigen, welch' großen Einfluß die Raçe der Schweine auf den
Erfolg ihrer Mast hat. Die Versuchs-Ergebnisse in folgender Auf=
stellung bedürfen keines Commentars.

Raçe	Alter (Monate)	Gewicht am		Gewichts= zunahme in 65 Tagen (Zollpfd.)	Futter= verbrauch in 65 Tagen (Scheffel)	1 Pfd. Zuwachs hat gekostet (Sgr.)
		27. Nov. (Zollpfd.)	31. Jan. (Zollpfd.)			
3 englische Leicester	6	270	612	342	14.5 Gerste	2
2 Craone'er . .	7	440	634	194 {	20.0 Gerste 3.6 Erbsen	6

Die Craon-Raçe soll vielerorts in Frankreich beliebt sein.

Versuch von Parent im Elsaß, 1850.

Raçe	Alter	Mittleres Lebendgewicht per Stück	Durchschnittlicher Zuwachs per Tag	Tägliche Ration			Zur Erzeugung von 100 Pfd. Lebendgewicht waren nothwendig
	Tage	Kilo		Roggen	Kleie	Kartoffeln	
					Pfd.		
von Poiton mit breiten, hängenden Ohren	1	1.30	0.305	satt Milch.			254 Pfd. Roggen 515 „ Kleien 1169 „ Kartoffeln
	20	7.40	0.202				
	50	16.15	0.329	0.66	1.38	3.20	
	100	32.60	0.384	0.75	1.56	3.62	
	150	49.00	0.492	1.16	2.41	5.57	
	200	71.10	0.174	1.26	2.63	6.08	
	250	79.80	0.174	1.40	2.91	6.73	
	300	88.50	0.192	1.58	3.19	7.10	
von Hampshire mit spitzen Ohren und kurzen Beinen	1	1.20	0.188	satt Milch.			149 Pfd. Roggen 285 „ Kleien 725 „ Kartoffeln
	20	4.96	0.235				
	50	12.00	0.810	Sie erhielten genau die nämliche Ration, wie die Schweine der Poiton-Raçe.			
	100	27.58	0.389				
	150	47.00	0.650				
	200	80.50	0.247				
	250	92.85	0.248				
	300	105.25	0.247				

Außer einer weit besseren Verwerthung des Futters durch die englische Schweine-Raçe, geht besonders aus diesem Versuche hervor, daß zwischen dem 100.—200. Tage der Körperzuwachs am stärksten ist, sonach dieses Lebensalter sich am vortheilhaftesten zur raschen Mastung eignen dürfte. Die Ration, welche am 150. Tage gereicht wurde und den größten Zuwachs zur Folge hatte, enthielt ungefähr:

0.57 Pfd. Proteïn,
0.13 „ Fett
3.00 „ Kohlehydrate.

Versuch von Rehse zu Coverden, 1857.

Von 24 Schweinen, je 9 Monat alt, bekam während der Versuchszeit jedes täglich 5 Pfd. gedämpfte Kartoffeln nebst 3 Pfd. Getreideschrot, was entspricht einem Gehalte von 0.46 Pfd. Proteïn, 0.08 Pfd. Fett und 2.88 Pfd. Kohlehydrate.

Raçe	Durchschnittliches Gewicht per Stück am 15. Dezember	Gewicht am 21. Januar	Zuwachs in 37 Tagen
	Pfd.	Pfd.	Pfd.
Vollblut-Suffolk . .	115	162½	47½
Deutsches Landschwein	94	125	31
Kreuzung beider . .	103	145	42

Versuch von Henneberg zu Weende, 1859.

Derselbe dauerte, nach unberücksichtigter passender Vorfütterung, vom 20. Octbr. bis zum Monat Januar, wo die Versuchsthiere geschlachtet wurden.

Das Futter war ein Gemenge von Getreideschrot und gekochten Kartoffeln, von welchem die Thiere ad libitum fressen konnten, und bei welchem man das Nichtverzehrte in Abrechnung brachte.

Während der Versuchsdauer änderte man 3 mal das Mischungsverhältniß zwischen Schrot und Kartoffeln, in der unten näher angegebenen Weise. Es blieb indessen dabei für alle 3 Abtheilungen, wovon jede 2 Schweine umfaßt, die Fütterung periodisch die gleiche.

Race	Dauer der Mastung	Gewicht pro Thier zu Anfang	Durchschnittl. Verzehr per Tag und Stück			Zuwachs per Tag und Stück	Auf je 1 Pfd. Zunahme verzehrt	
			Getreideschrot	Kartoffeln	Wasser		Schrot	Kartoffeln
	Tage	Pfd.	Pfd.	Pfd.	Pfd.	Pfd.	Pfd.	Pfd.
Berkshire-Bastard . . .	96	196	5.96	12.08	11.5	1.266	4.70	9.54
Yorkshire-Bastard . .	81	217	7.58	16.62	15.0	2.117	3.58	7.85
Langborstige Landschweine .	103	203	6.21	13.16	12.6	1.481	4.19	8.89

Man sieht hieraus, daß von den 3 versuchten Racen die Yorkshire-Kreuzung weitaus am meisten zunahm und dabei auch ihr Futter am besten verwerthete. Sie gab, trotz ihrer kürzeren Mastzeit, doch eben so viel Schlachtgewicht (80%) als die länger gemästeten anderen Racen.

„So weit ein, auf je ein paar Thiere beschränkter Versuch, es zu entscheiden vermag," sagt Henneberg, „kommt man von den verschiedensten Gesichtspunkten aus stets darauf zurück, daß die Yorkshire-Bastarde in der Mastfähigkeit obenan stehen. — Die übrigen Verhältnisse, welche bei der Auswahl der Schweinerace für eine bestimmte Localität in Betracht zu ziehen sind, haben wir hier zwar streng genommen nicht zu berücksichtigen, doch darf zu Gunsten der Berkshire-Bastarde und zu entschiedenen Ungunsten der großen Yorkshire nicht unerwähnt bleiben, daß nach mannigfaltigen Erfahrungen die Aufzucht der von der großen Yorkshire Race gefallenen reinen und Kreuzungs-Producte weit schwieriger ist, als die Berkshire-Abkömmlinge, daß jene gegen Frost und Hitze weit empfindlicher sind, als diese, und daher auch zur Benutzung der Weide kaum herangezogen werden können."

Die 3 Abtheilungen bekamen

	Mengen-Verhältniß zwischen Schrot und Kartoffeln	Im Mittel der 3 Abth. Zunahme pro Tag und Stück
in der 1. Periode = 21 Tage	1 : 4½	2.6 Pfd.
„ „ 2. „ = 56 „	1 : 2	1.5 „
„ „ 3. „ = 20 „	1 : 1	0.5 „

Wenn wir nun auch zugeben, daß gegen Ende der Mast hin, die Körperzunahme aus Gründen, die nichts mit der Fütterung gemein haben, in allen Fällen eine geringere wird, so ist das hier beobachtete Sinken der Zunahme doch zu groß, um die Aenderung im Futtergemenge als unbetheiligt dabei zu erachten. Wir werden wenigstens folgern, daß in der Schlußperiode zu viel Schrot im Verhältniß zu den Kartoffeln gereicht worden ist.

In der ersten Periode scheint das Gemenge, bei dem enormen Effecte von 2.6 Pfd. Zuwachs wirklich ein musterhaftes gewesen zu sein.

Versuch von Bouffingault zu Bechelbronn, 1844.

Indem ich mich hier darauf beschränken muß, selbigen auszugsweise in seinen Hauptresultaten mitzutheilen, werde ich verpflichtet, desto nachdrücklicher hervorzuheben, daß er mit derjenigen musterhaften Sorgfalt ausgeführt wurde, die Bouffingault's sämmtliche Arbeiten so herrlich characterisirt.

Zweck der Versuche war die Erforschung des Ursprunges des Fettes im Thierkörper, ein Gegenstand, über welchen zu jener Zeit, wegen widersprechender Ansichten, ein lebhafter Streit zwischen deutschen und französischen Naturforschern geführt wurde.

Zum Versuche dienten 12 junge Schweine von gleichem Alter und von gleicher Mutter stammend. Sie wurden in einem Stalle untergebracht, der in 12 Verschläge eingetheilt war, so daß jedes Thier apart gefüttert werden konnte. Der Boden der Verschläge war aus Latten gebildet, damit die Einstreu entbehrt und so der Uebelstand vermieden werden konnte, daß die Thiere ungewisse Mengen ihres Strenstrohes aufzehrten.

Der Haupttheil des Versuches begann erst, als die Thiere ein Alter von 8 Monaten erreicht hatten. Bis dahin waren sie unter folgendem Futterregim aufgewachsen:

Jedes Ferkel bekam und verzehrte durchschnittlich täglich:

Lebensalter (Tage)	Muttermilch	Dicke Milch	Kartoffeln (gekocht)	Roggenmehl	Spülicht *)
1— 40	satt	$^1/_2$ Litre	—	—	—
40—130	—	0.3 Kilo	2.5 Kilo	0.5 Kilo	4.08 Kilo
130—240	—	—	3.87 „	—	7.00 „

---

*) Dieser Spülicht bekam sowohl Molken als Buttermilch zugesetzt, so daß 1 Litre desselben 47.3 Gramm Fixa besaß. Letztere bestanden im Mittel mehrerer Analysen aus

Casein	8.9	Gramm
Fett	4.0	„
Milchzucker	28.1	„
Salzen	6.3	„
	47.3	

In Summa hat jedes Ferkel während seiner ersten 8 Monate verzehrt:

			Darin Fett	
Dicke Milch	47.30	Kilo	0.71	Kilo
Roggenmehl	4.55	„	0.16	„
Kartoffeln	647.25	„	1.29	„
Spülicht	1141.00	„	4.56	„
		Summa	6.72	Kilo

Nun wogen die Ferkel, welche bei der Geburt durchschnittlich 0.65 Kilo schwer waren und keine wägbaren Fettmengen in sich bargen, nach Ablauf der 8 Monate per Stück 60.55 Kilo. Von einem davon geschlachteten gewann man, nach sorgfältiger Trennung der innern Theile, 15.48 Kilo frisches Fett. Letzteres enthielt 16 % Wasser; es entsprach also 13.0 Kilo geschmolzenen Fettes.

Woher stammt nun der große Fettüberschuß im Thiere über die, in der Nahrung eingenommene Menge? Offenbar, so antwortet Boussingault, von den andern Nahrungsbestandtheilen; ein Theil der eingenommenen Stärke, des Zuckers und vielleicht auch der Proteïnstoffe mußte sich in Fett verwandelt haben.

Indem wir nun der Fortsetzung des Boussingault'schen Versuches folgen, werden wir die Bedingungen kennen lernen, unter welchen jene Umwandlung von Stärke oder Zucker in Fett im Thierkörper vor sich zu gehen vermag.

Zwei von den 8 Monate alten Schweinen bekamen täglich satt gedämpfte Kartoffeln, zertheilt in Wasser, und nichts weiter.

	Dauer des Versuchs	Körpergewicht		Zuwachs per Tag	Im Ganzen verzehrt an Kartoffeln	Mit den Kartoffeln verzehrt an Fett	Zuwachs an Fett während der Dauer des Versuchs *)	Abgang an Fett mit den Darmexkrementen
	Tage	Anfangs	am Ende					
					Kilo			
Schwein I. .	93	60.0	67.24	0.08	544	1.09	0.67	0.37
„ II. .	205	59.5	84.00	0.12	1433	2.87	1.90	1.13

In den ersten 2 Monaten verzehrten beide Thiere ihre Kartoffeln recht gierig, später aber mit wachsendem Widerwillen. So erklärt es sich, daß Nro. 2 in den letzten 60 Tagen des Versuchs blos um 4 Kilo schwerer geworden war.

Aus dieser Aufstellung folgt:

1. daß mit Kartoffeln allein eine Schweinemast unmöglich ist;

2. daß bei purer Kartoffelnahrung der Fettzuwachs der Thiere nicht

---

*) Hierbei ist zu Grunde gelegt worden, daß bei Beginn des Versuchs jedes der Schweine 13.0 Kilo wasserfreien Fettes enthalten habe.

59

größer sei, als die im Futter verzehrten Fettmenge, abzüglich derjenigen, welche durch die Darmexkremente den Körper verläßt;

3. daß also in vorliegendem Falle die Stärke, sowie die sonstigen Kohlehydrate der Kartoffeln, gar nichts zur Fettbildung beigetragen haben.

Oben, im ersten Versuche, hatten Stärke und Kohlehydrate zur Fettbildung beigetragen; warum nun hier nicht? — Antwort: weil hier, nämlich in dieser exclusiven Kartoffelration, eine gar zu große Armuth von Proteïn-Verbindungen vorhanden war; mit den 7 Kilo Kartoffeln, welche jedes der Schweine durchschnittlich täglich verzehrte, nahm es 161 Gramm Proteïnstoffe ein, während es davon mindestens 300 Gramm bedurft hätte. Die Thiere hatten ihr empfangenes Minimum von Proteïnstoffen vor Allem nothwendig zur Erhaltung ihres Stoffwechsels und zur Deckung der Bedürfnisse des Körperwachsthums, dem jedes noch jugendliche Thier unterworfen ist. Es blieb ihnen also kein Proteïnstoff übrig zur Bildung jener Zellgewebe, ohne welche kein Fett im Körper sich ablagern kann. Das Fett bildete sich daher nicht, vielleicht auch konnte es aus dem Grunde sich nicht aus Stärke, 2c. bilden, weil ein gewisser Ueberschuß von Proteïn nothwendig ist zur chemischen Metamorphose der Kohlehydrate in Fett im Verdauungskanale. Ob dazu auch ein gewisser Ueberschuß an Fett nothwendig ist, wage ich nicht so zu behaupten, wohl aber steht fest, daß ein solch' guter Fettgehalt eines Futters der Fettbildung aus Stärke und Zucker wenigstens günstig ist.

Ich will versuchen, meine Ansicht hierüber in einem Schema deutlicher zu machen.

Nahrung	Fettbildung
pure Kartoffeln	keine
Kartoffeln und Zulage von Proteïn	normal und gut
„ „ „ „ „ und Fett . .	reichlich
„ „ bloße Zulage von Fett	ungenügend

Im letzten Theile des Versuchs, wo Boussingault die übrigen neun, 8 Monat alte Schweine mit vollkommenen Rationen versah, dürfte eine Bestätigung der eben entwickelten Ansichten zu finden sein.

	Die 9 Schweine verzehrten in 98 Tagen (Kilo)	Darin an Fett (Kilo)	Gewicht der Schweine		Zuwachs an wasserfr. Fett (Kilo)	
			Anfangs (Kilo)	am Ende (Kilo)		
Kartoffeln . . .	4300	8.60	587	1000	103.2	
Roggenmehl . .	394	7.88	Darin an Fett		Fett ausgeschieden mit den Exkrementen (Kilo)	= 111.7
Gesiebtes Roggenmehl	284	9.94	Anfangs (Kilo)	am Ende (Kilo)		
Rohe Erbsen . .	296	5.92				
Spülicht . . .	8820	35.28	150.1	273.0	8.5	
Summa		67.62				

Bei dieser Fütterung hatten also die neun Thiere 44.1 Kilo mehr Fett gebildet, als ursprünglich in der Nahrung vorhanden war. Aber was hatten dieselben auch für Futterrationen empfangen!

Jedes Thier verzehrte täglich im Durchschnitt	Darin an:			
	Protein-stoffen (Gramm)	Stärke und Zucker (Gramm)	Fett (Gramm)	Salzen (Gramm)
4.87 Kilo Kartoffeln	113	984	9	48
0.45 „ Roggen	56	293	9	11
0.32 „ feines Roggenmehl .	50	218	11	6
0.34 „ Erbsen	85	193	7	11
0.47 „ Spülicht	88	280	40	62
Summa	392	1968	76	138

Nährstoff-Verhältniß = 1 : 5.5.

Boussingault berechnet im Widerspruche mit den p. 638 entwickelten Annahmen von Gilbert, daß bei der Mast sich fast eben so viel Muskelfleisch als Fett erzeuge. Es enthielten nämlich obige Thiere ungemästet 25.6 % und gemästet 27.3 % ihres Körpergewichts an Fett. Das Schlacht-Ergebniß war daher:

	Haut (Kilo)	Knochen (Kilo)	Fett (Kilo)	Fleisch (Kilo)	Blut (Kilo)	Eingeweide (Kilo)
In den 587 Kilo Faselschweine fanden sich	49	40	150	233	21	21
„ „ 1000 „ der gemästeten Schweine	94	62	273	415	38	42

Versuch von Lawes & Gilbert zu Rothamsted, 1851.

Wie alle Versuche dieser Herren, so auszeichnet sich auch dieser durch einen complizirten Umfang und durch den großen Aufwand an Exekutions-Mitteln aller Art.

Die ganze Arbeit zerfällt in 4 Reihen, die getrennt nebeneinander oder nach einander verlaufen. Jede Reihe dauert 8 Wochen und umschließt eine gewisse Anzahl von Abtheilungen à 3 Stück 9—10 Monat alter Schweine. Die Fütterung ist überall derart, daß die Thiere von dem einen Futterstoff nur ein bestimmtes, zugewogenes Quantum, von dem andern aber so viel fressen können, als sie wollen.

Vor dem eigentlichen Beginne des Versuchs war jede Abtheilung während 14 Tagen an ihre neue Ration gewöhnt worden.

Die chemischen Analysen des Futters wurden von Gilbert extra ausgeführt.

Das Wesentliche des ganzen Vorganges ist aus folgender Tabelle ersichtlich, die ich nach vielfachen Umrechnungen und Ausscheidungen verunglückter Abtheilungen zusammengestellt. Der interessante, aber schwer zu übersehende Originalbericht gibt darüber nicht weniger als 27 Tabellen auf 84 großen Druckseiten! —

Es verzehrte ein Schwein wöchentlich

Nummer der Abtheilung		beschränktes Futter	von dem ad libitum vorgelegten Ergänzungsfutter	Durchschnittliches Gewicht der Stück bei Beginn des Versuchs Pfd.	Gewogene mittlere Zunahme der Stück in 8 Wochen Pfd.	Die wöchentliche Ration per Thier enthielt: Trockensubstanz Pfd.	Proteinstoffe Pfd.	Fett Pfd.	Für je 100 Pfd. Zuwachs wurde verzehrt: Trockensubstanz Pfd.	Proteinstoffe Pfd.	Fett Pfd.	Mineralsalze Pfd.
I. Versuchs- Reihe	1.	Nichts	63 Pfd. Bohnenschrot	146	100	55.4	19.3	1.4	479	138	11	24
	2.	14 Pfd. Maisschrot	58 Pfd. „	141	112	58.9	17.5	1.9	411	114	13	19
	3.	14 Pfd. Reis	40 Pfd. „	140	66	46.3	11.5	1.6	566	161	19	33
	4.	Nichts	45 Pfd. Maisschrot	143	73	40.0	6.0	2.4	441	57	21	10
	5.	14 Pfd. Reis	44 Pfd. „	148	99	52.0	9.2	2.7	419	57	21	10
	6.	14 Pfd. Reis	44 Pfd. „	188	102	61.7	7.2	3.1	401	58	22	11
	7.	14 Pfd. Bohnenschrot	18 Pfd. Reis	142	33	27.4	7.3	1.2	770	198	31	45 b
	8.	14 Pfd. Maisschrot	23 Pfd. Reis	138	37	31.7	6.3	1.8	785	129	35	45 b
II. Versuchs- Reihe	9.	Nichts	28 Pfd. Bohnen, 25 Pfd. Mais und 3 Pfd. Reis	143	84	49.3	11.9	2.3	474	106	20	17
	10.		Mittel:	142	78	46.0	10.8	2.0	472	111	20	21
	11.	7 Pfd. Gerstenschrot	51 Pfd. Bohnenschrot	148	94	69.4	16.0	1.4	538	137	13	21
	12.	Nichts	53 Pfd. „	135	80	53.5	15.3	1.4	334	151	13	25
	13.	7 Pfd. Reis	68 Pfd. Gerstenschrot	149	97	65.0	7.3	1.4	461	63	12	12
	14.	Nichts	57 Pfd. „	142	92	62.1	7.2	1.4	459	66	14	14
	15.	1 Theil Reis, 2 Theile Gerste, 3 Theile Bohnen	137	94	56.7	18.1	1.7	478	109	14	20
	16.	1 Theil Reis, 3 Theile Gerste, 2 Theile Bohnen (Von beiden Mischungen verzehrt = 65 Pfd.)		141	103	55.9	10.3	1.6	425	87	13	17 d
III. Versuchs- Reihe	17.	14 Pfd. Stockfisch	23 Pfd. Reis und 24 Pfd. Maisschrot	142	93	55.7	9.9	2.0	479	85	13	18
	18.	7 Pfd. Stockfisch	45 Pfd. Maisschrot	158	90	49.7	13.4	2.5	461	104	25	31 c
	19.	14 Pfd. Stockfisch	7 Pfd. Gerste, 23 Pfd. Reis, 24 Pfd. Mais	138	97	48.3	10.9	2.5	581	75	20	19
	20.	Nichts	33 Pfd. Stockfisch, 16 Pfd. Reis	116	71	43.6	9.5	2.4	510	108	28	34
IV. Versuchs- Reihe	21.	7 Pfd. Stockfisch	57 Pfd. Maisschrot	117	75	41.7	9.1	1.4	476	98	17	32
	22.	4 Pfd. Reis, 22 Pfd. Linsen		137	93	50.3	9.0	1.2	456	79	11	21
	23.	4 Pfd. Reis, 22 Pfd. Linsen	Mittel:	80	83	47.7	10.2	2.0	460	98	19	28
	24.	4 Pfd. Reis, 22 Pfd. Linsen	13 Pfd. Zucker	80	66	34.7	6.5	0.7	427	81	19	15
		4 Pfd. Reis, 22 Pfd. Linsen	15 Pfd. Stärke	80	66	31.6	6.5	0.7	425	81	8.9	15
		Nichts	9 Pfd. Zucker, 9 Pfd. Stärke	72	38.0	6.6	0.7	439	74	7.7	14	
			30 Linsen, 1½ Reis, 15 Zucker, 1½ Stärke	80	83	42.7	8.3		417	82	6.7	14 a
			Mittel:	80	71	37.0	7.0	0.7	417	79	8	15

Bemerkungen zu vorstehender Tabelle:

ad a. In der zweiten Versuchswoche bekamen die Schweine dieser Abtheilung eine starke Halsgeschwulst und heftige Athembeschwerden. In der Voraussetzung, daß daran der geringe Gehalt des Futters an Mineralsubstanzen Schuld sei, gab man dieser Abtheilung alle 14 Tage ein Gemisch von 5 Pfd. Holzasche, 1 Pfd. Kochsalz und ½ Pfd. Superphosphat zur Disposition. Die Schweine fraßen diese Aschenmischung mit solcher Begierde, daß sie darüber jedesmal ihre Futterportionen im Stiche ließen. Bald war auch ihre Halsgeschwulst verschwunden, und ihr Gesundheitszustand ein vortrefflicher geworden. Den nämlichen günstigen Erfolg hatte jenes Aschengemenge bei sämmtlichen Schweinen in Versuchsreihe IV. Die Schweine in Versuchsreihe II. bekamen keine Asche; es starben davon aber auch im Laufe des Versuchs 6 Stück, so daß 6 Abtheilungen ein unbrauchbares Resultat lieferten. In der Tabelle hab' ich daher diese Abtheilungen nicht aufgeführt.

ad b. Von dieser Abtheilung erkrankte eines der Thiere und verlor den Gebrauch der Beine. Wahrscheinlich mit Recht schreiben die Versuchsansteller dies der unzweckmäßigen Zusammensetzung des Futters zu, denn die Ration war viel zu proteïnreich. Uebrigens mag wohl die Kleie mehr an solchem Zufalle Schuld sein, als das Bohnenschrot, denn die 8. Abtheilung der I. Versuchsreihe bekam ebenfalls ein lahmes Schwein.

ad c. Der Stockfisch wurde in Versuchsreihe III. gekocht gereicht und das Kochwasser zum Anbrühen des übrigen Futters benutzt.

ad d. Von dieser Abtheilung wurde am Ende des Versuchs ein Schwein geschlachtet und als Ganzes analysirt; und indem ein Gleiches früher bei Beginn des Versuches geschehen war, so ließ sich folgende Parallele berechnen. (Vergl. Seite 298 u. 699.)

		Es enthielten		
		100 Pfd. Lebendgewicht, wasserfrei:		
	Wassergehalt	Proteïn	Fett	Mineralstoffe
		Pfd.	Pfd.	Pfd.
Mageres Schwein	60.3 %	34.9	58.7	6.7
Fettes „	45.3 „	20.1	77.1	3.0

ad e. Die Versuchsansteller konnten bei allen Abtheilungen der vier Versuchsreihen beobachten, wie deren Futter-Consumtion quantitativ sich allmählig mit fortschreitender Mast verminderte, so daß zuletzt per 100 Pfd. Lebendgewicht durchschnittlich ⅓ weniger Trockensubstanz verzehrt wurde, als Anfangs.

Schlußfolgerungen:[*]

1. In der 9. Abtheilung wo die Thiere Alles ad libitum verzehren konnten, fraßen sie

	Bohnen	Mais	Kleie
in der 1. und 2. Woche	63 %	30 %	7 %
„ „ 7. „ 8. „	43 „	52 „	5 „

---

[*] Ich habe bei selbigen, wie dies überhaupt mein Grundsatz ist (Vergl. Seite 563), von den Anschauungen der Versuchsansteller möglichst wenig Notiz genommen.

Sonach ist gegen Ende der Mast das Bedürfniß nach stickstoffreichem Futter geringer, das nach Fett und Stärke reichem, (wie ein solches der Mais vorstellt), dagegen größer geworden. Man möge die Bedeutsamkeit solcher Beobachtung nicht unterschätzen.

2. Der Consum der Abth. 1, 4 u. 12 sagt, daß die Schweine pure Gerste oder den Bohnenschrot lieber gefressen haben als das pure Maisfutter. Letzteres scheint ihnen zu arm an Salzen (vide Anmerkung a.) und Proteïnstoffen gewesen zu sein, denn in Abth. 5 u. 6 wurden zu den 45 Pfund Maisschrot noch gern und erfolgreich 14 Pfund Bohnen, die sehr proteïnreich sind, gefressen. Man muß die geringe Zunahme nach Maisfutter indessen lediglich auf den stattgehabten geringen Verzehr schieben, denn 1 Pfund desselben (wasserfrei) hat fast genau eben so viel Zuwachs erzeugt, wie 1 Pfund Trockensubstanz von Bohnen.

Zu 100 Pfund Zuwachs waren nöthig:

bei Fütterung ad libitum mit purem	Trockensubstanz	Proteïn	Fett	Kohlehydrate *)	Salze
	Pfd.	Pfd.	Pfd.	Pfd.	Pfd.
Maisschrot	441	57	26	308	6
Gersteschrot	461	63	12	328	12
Bohnenschrot	437	138	11	220	24

Falls nun der Zuwachs in allen 3 Fällen ein qualitativ gleicher gewesen ist, dann scheint es, als habe hier das überschüssige Proteïn des Bohnenschrots die Rolle der stickstofflosen Nährstoffe übernommen und sich an der Fettbildung betheiligt. Zu einer ähnlichen Betrachtung veranlaßt Abth. 1, 5 u. 6, deren Ration fast gleiche Effecte brachte.

3. Daß Abtheilung 1 bei purem Bohnenschrot sich besser verhalten hat, als Abth. 9, welche außer Bohnen auch noch nach Belieben Mais und Kleie fressen konnte, ist wirklich räthselhaft.

4. Die geringen Erfolge der Abth. 7 u. 8 liegen in dem Widerwillen der Thiere gegen Kleien-Futter, von welchem sie nur wenig verzehrten. Die Kleien müssen etwas den Schweinen schädliches bieten; ein Proteïn-Uebermaß kann es nicht wohl sein, denn dem widerspricht die Liebe zum Bohnenschrot (vergl. Abth. 2 u. 8). Wahrscheinlich liegt es an dem eigenthümlichen Fette und den Salzen der Kleie, die sich auszeichnen durch ab-

---

*) Die Versuchsansteller hatten in allen ihren Futtermitteln leider nicht die Holzfaser analytisch bestimmt. Ich konnte daher die in diesem Resumé figurirenden Kohlehydrate, nur unter der Annahme berechnen, daß die Trockensubstanz der Rationen zu $\frac{1}{10}$ aus Holzfaser besteht. In dieser Annahme vermuthe ich keine erhebliche Fehlerquelle.

norm hohen Phosphorsäure-Gehalt. (Vergl. oben Anmerk. b, so wie Seite 335 u. 498) bei Kleienfütterung eignet sich ein Gerstezusatz weit besser, als ein Bohnenzusatz (vergl. Abth. 11 u. 13).

5. Ueber den Futterwerth des Stockfisches beweist Reihe III nur günstiges. Am besten wirkte er in Verbindung mit Maisschrot (vergl. Abth. 17 u. 4) oder Gerste (vergl. Abth. 20 u. 13) und in einer Menge von 1 Pfund pro Tag und Stück.

6. Die Identität von Zucker und Stärke geht aus der IV. Reihe schön hervor, wenn wir dabei berücksichtigen, daß der verfütterte Zucker 6.3 %, die Stärke dagegen 19.6 % Wasser enthalten hat. Es scheint, als habe der Zuckerzusatz die Stärke verdaulicher und daher wirksamer gemacht. (Vergl. Abth. 23 mit 21 u. 22).

7. Im Durchschnitt verzehrten sämmtliche Abtheilungen auf 100 Pfund Zuwachs etwa 14 Pfund Fett. Da aber darin durchschnittlich 71.8 Pfund Trockensubstanz mit 63.4 Pfund Fett figurirt, so werden die Schweine den größten Theil ihres Fettes aus den Kohlehydraten der Nahrung gebildet haben müssen.

8. Auf 100 Pfund Zuwachs verzehrten die 80pfündige Schweine der Reihe IV 417 Pfund Trockensubstanz, während die 140pfündigen Thiere der Reihe I, II u. III dazu durchschnittlich 470 Pfund bedurften. Es scheint uns nicht thunlich, mit Lawes hieraus folgern zu wollen, daß überhaupt die jüngeren Schweine relativ weniger Futter bedürften und sich rentabler mästen ließen, denn die Fütterung in Reihe IV war doch qualitativ besser und concentrirter.

9. In folgender Aufstellung habe ich aus allen Abtheilungen die ein mittelmäßiges Resultat geliefert *) (Zuwachs unter 80 Pfd. in 8 Wochen) das Mittel gezogen; dasgleiche aus allen Abtheilungen von günstigem Resultate. (Zuwachs über 90 Pfd. in 8 Wochen).

	Verzehr pro Stück in 8 Wochen					Zu 100 Pfd. Zuwachs nöthig	
Zuwachs	Trocken-substanz	Protein	Fett	Kohle-hydrate	Nährstoff-Verhältniß	Protein	Stickstofflose Nährstoffe
Pfd.	Pfd.	Pfd.	Pfd.	Pfd.		Pfd.	Pfd.
unter 80	328	74.4	11.4	196	1 : 3.0	116	340
über 90	416	80.0	13.6	266	1 : 3.7	82	288

Dies sagt: daß der Zuwachs über 90 Pfd. in jeder Hinsicht der billigste war. Die Ration, welche ihn brachte, zeichnet sich hauptsächlich durch größern Gehalt an Kohlehydraten aus. Das gewährt letzteren eine

---

*) Ein schlechtes kann ich es nicht nennen, denn ein Zuwachs von blos 60 Pfd. wäre pro Tag = 1 Pfd., also immer noch befriedigend! —

gewiſſe Bedeutung bei der Schweinemaſtung und läßt uns ein Nährſtoff-verhältniß unter 1:3.7 als nicht räthlich erſcheinen.

Verſuch von Struckmann zu Warberg, 1857.

Von Schweinen, im Alter von 4 Monaten, wurden 4 Abtheilungen à 2 Stück gebildet und während dreier, auf einander folgenden Verſuchsperioden mit den, in beifolgender Tabelle aufgezeichneten Futtermitteln ernährt.

Um die chemiſche Seite dieſer Fütterung ſtudiren zu können, hab' ich aus meinen Durchſchnitts-Analyſen den Nährſtoff-Gehalt der Rationen berechnet und die Reſultate der Tabelle zugefügt.

Nummer der Abtheilung à 2 Stück.	Während einer Verſuchsperiode verzehrt per Tag und Stück	Gewicht der 2 Schweine (Pfd.)		Zuwachs per Tag und Stück	Durchſchnittlich conſumirte ein Schwein täglich.			
		am 10. Nov.	nach 28 Tagen		Trocken Subſtanz	Protein-ſtoffe	fleiſchbild. Stoffe	Nährſtoff der hältniß
I. Periode vom 10. November bis 8. Dezember = 28 Tage	1. 8 Pfd. gedämpfte Kartoffeln, 1 Pfd. Bohnenſchrot, 0.2 Pfd. Gerſtenkaff und 4 Pfd. ſaure Milch	79	133	0.96	3.42	0.57	2.35	1 : 4.1
	2. Wie bei 1.	67	118	0.91	wie bei 1.			
	3. do.	89	134	0.80				
	4. do.	80	128	0.86				
		am 8. Dez.	nach 35 Tagen					
II. Periode vom 8. Dezember bis 12. Januar = 35 Tage	1. 10 Pfd. Kartoffeln, 1.3 Pfd. Bohnenſchrot und 4 Pfd. Gerſtenkaff und 4 Pfd. ſaure Milch	133	195	0.89	4.22	0.70	2.95	1 : 4.2
	2. Anſtatt der Bohnen 1.3 Pfd. Malzkeime	118	176	0.83	4.27	0.66	2.90	1 : 4.4
	3. Anſtatt der Kartoffeln 14 Pfd. gedämpfte Möhren, ſonſt wie bei 1	134	187	0.76	3.92	0.64	2.43	1 : 3.8
	4. 14 Pfd. rohe Möhren, ſonſt gleich 3	128	171	0.61	3.92	0.64	2.43	1 : 3.8
		am 12. Jan.	nach 35 Tagen					
III. Periode vom 12. Januar bis 16. Februar = 39 Tage	1. 11.6 Pfd. Kartoffeln, 2 Pfd. Bohnenſchrot, 0.4 Pfd. Gerſtenkaff und 4 Pfd. ſaure Milch	195	273	1.11	5.20	0.91	3.60	1 : 4.0
	2. Anſtatt der Bohnen 2 Pfd. Malzkeime	176	256	1.14	5.28	0.85	3.52	1 : 4.1
	3. Anſtatt der Kartoffeln 17 Pfd. gedämpfte Möhren, ſonſt wie bei 1	187	258	1.01	4.97	0.85	2.99	1 : 3.5
	4. 17 Pfd. rohe Möhren, ſonſt gleich 3	171	226	0.78	4.97	0.85	2.99	1 : 3.5
		am 16. Febr.	nach 39 Tagen					
IV. Periode vom 16. Februar bis 27. März = 39 Tage	1. 14 Pfd. Kartoffeln, 2.5 Pfd. Bohnenſchrot, 0.5 Pfd. Gerſtenkaff und 4 Pfd. ſaure Milch	273	393	1.54	6.30	1.10	4.33	1 : 3.9
	2. Anſtatt der Bohnen 2½ Pfd. Malzkeime	256	347	1.17	6.40	1.03	4.23	1 : 4.1
	3. Anſtatt der Kartoffeln 21 Pfd. gedämpfte Möhren, ſonſt gleich 1	258	344	1.10	6.09	1.02	3.63	1 : 3.5
	4. 21 Pfd. rohe Möhren, ſonſt gleich 3	226	303	0.98	6.09	1.02	3.63	1 : 3.5

Schlußfolgerungen:

1. Der Mastfortschritt eines Thieres hängt nicht einzig von seiner Futterration ab; auch die Individualität desselben kommt sehr in Betracht, denn sonst hätten alle vier Abtheilungen in der I. Periode einen gleichen, täglichen Zuwachs zeigen müssen.

2. Rohe Mohrrüben haben entschieden schlechter gefüttert, als gedämpfte. Wahrscheinlich werden jene von den Schweinen nicht vollständig verdaut, denn die 4. Abtheilung war während der II., III. und IV. Periode mit einem starken Durchfalle behaftet, welchen die Schweine der 3. Atheilung nicht zeigten.

3. Die Malzkeime, welche als Abfälle der Brauereien gewöhnlich wenig beachtet sind, haben sich als ein ganz gutes Schweinefutter bewährt, indem sie beinahe den gleichen Nähreffect, wie Bohnen, bewirkten. Wo sie verfüttert werden sollen, da nehme man sich die Mastrationen der 2. Abtheilung in der III. und IV. Periode zum Muster.

4. Die Rationen der 3. Abtheilung hatten überall im Vergleich zur 1. Abtheilung einen geringeren Nähreffect, weil jene einen deutlich geringeren Gehalt an Proteïn und Kohlehydraten besaßen. Hätte der Versuchsansteller Kartoffeln und Möhren nach deren Gehalt an Trockensubstanz richtig substituirt (25:15), so wären beide Rationen in ihrem absoluten und relativen Nährstoffgehalte kaum von einander verschieden und ihre Erfolge wahrscheinlich identisch gewesen. Indem er aber 2 Theile Kartoffeln durch 3 Theile Möhren ersetzen wollte, hat der Versuch bewiesen, daß dieser Ersatz ein unrichtiger ist und daher auf die Möhren keinerlei verdammende Rückwirkung haben kann.

5. Vergleichen wir in der IV. Periode die Rationen 1 und 3 mit einander, so zeigt sich uns der Unterschied im beiderseitigen Proteïngehalte als ein zu geringer, um damit etwa die große Differenz im Nähreffecte beider Rationen erklären zu können. Mit weit mehr Recht, so meine ich, wäre zu diesem Ende der bei Ration 3 um 1/6 geringere Gehalt an Kohlehydrate in Betracht zu ziehen.

6. Interessant ist nachstehende Parallele zwischen den günstigsten Fällen des vorliegenden und des vorher beschriebenen Versuches von Lawes.

Versuch	Mittleres Lebendgewicht per Schwein Pfd.	Per Tag und Stück verzehrt			Zur Production von 100 Pfd. Zuwachs war nothwendig	
		Trockensubstanz Pfd.	Proteïn Pfd.	Stickstofflose Nährstoffe Pfd.	Proteïn Pfd.	Stickstofflose Nährstoffe Pfd.
Lawes . . .	184	7.4	1.43	5.00	82	288
Struckmann .	167	6.3	1.10	4.33	72	283

Verſuch von Scheven zu Großkmehlen, 1856.

Er handelt über den Werth der einzelnen Milchbeſtandtheile und über den Erſaß der ſüßen Milch durch abgerahmte ſaure Milch.

Er bildet mit dem Verſuche von Cruſius, Knop & Wenß (Seite 572—582) ein ſchönes Ganze, weßhalb der geehrte Leſer zunächſt nochmals einen Blick auf dieſe Arbeiten werfen möge.

Die Verſuchsſchweine waren von reiner Eſſexraçe und 3 Monate alt. Man bildete davon 3 Abtheilungen à 2 Stück, deren getrennte Fütterung am 12. Februar 1856 begann und 7 Wochen währte. Das Futter wurde täglich in 3 Portionen, Morgens 6 Uhr, Mittags 12 Uhr und Abends 6 Uhr verabreicht, und zwar ſo, daß die Thiere von jedem Futtermittel (Kleie und Rapskuchen ausgenommen) ſo viel freſſen konnten, als ſie mochten. Dasjenige aber, was ſie verzehrten, wurde jedesmal genau durch die Wage beſtimmt.

Zur Fütterung dienten 1) friſche, ſüße Milch; 2) theilweiſe abgerahmte, ſüße Milch; 3) völlig abgerahmte ſaure, Milch; 4) Kartoffeln; 5) Kleien und 6) Rapskuchen. Alle dieſe Stoffe hatte Scheven zugleich einer chemiſchen Analyſe unterzogen, auf deren Reſultate ich die, in nachfolgender Tabelle verzeichneten, chemiſchen Verhältniſſe der Fütterung baſirt habe.

Nummer der Abtheilung à 2 Stück	Alter der Thiere (Woche)	Tägliche Ration einer Abtheilung				Gewicht einer Abtheilung am		Zuwachs per Tag und Stück (Pfd.)	Die tägliche Ration der Stück enthielt				Nährstoff-Verhältniß*)	Zur Production von 100 Pfd. Lebend-Gewicht war nothwendig		
		süße Milch (Pfd.)	Kartoffeln (Pfd.)	Heu (Pfd.)	Rapskuchen (Pfd.)	Anfang der Woche (Pfd.)	Ende der Woche (Pfd.)		Trockensubstanz (Pfd.)	Protein (Pfd.)	Fett (Pfd.)	Stickstofflose Stoffe (Pfd.)		Protein (Pfd.)	Fett (Pfd.)	Stickstoffstoffe (Pfd.)
I. Abtheilung bei süßer Milchfütterung	12—13	16.25	—	—	—	49.5	60.0	0.75	1.05	0.27	0.30	0.42	1 : 4.3	36	40	56
	13—14	25.71	—	—	—	60.0	80.0	1.43	1.66	0.42	0.48	0.66	1 : 4.3	30	34	46
	14—15	33.70	—	—	—	80.0	94.5	1.04	2.18	0.55	0.63	0.86	1 : 4.3	53	60	82
	15—16	24.00	3	—	0.12	94.5	106.0	0.82	2.04	0.44	0.46	1.00	1 : 4.9	54	56	122
	16—17	24.00	8	1.5	0.25	106.0	127.0	1.50	2.73	0.54	0.49	1.44	1 : 4.9	36	33	96
	17—19	12.00	6	2.0	0.37	127.0	155.5	1.02	2.64	0.41	0.28	1.66	1 : 5.7	40	27	162
II. Abtheilung bei süßer, abgerahmter Milch	12—13	abgerahmte Milch 22.60	—	—	—	60.0	70.0	0.71	1.13	0.37	0.16	0.53	1 : 2.5	52	22	74
	13—14	29.00	—	—	—	70.0	84.5	1.03	1.45	0.48	0.21	0.68	1 : 2.5	46	20	66
	14—15	37.30	—	—	—	84.5	100.5	1.14	1.86	0.61	0.26	0.87	1 : 2.5	53	23	76
	15—16	27.00	6	—	0.12	100.5	115.0	1.03	2.25	0.51	0.21	1.39	1 : 3.7	50	20	135
	16—17	27.00	6	1.5	0.25	115.0	137.5	1.60	2.94	0.61	0.23	1.82	1 : 4.0	38	14	114
	17—19	13.50	9	2.0	0.37	137.5	168.5	1.11	2.96	0.46	0.15	2.04	1 : 5.3	41	14	184
III. Abtheilung bei dicker, saurer Milch	12—13	dicke saure Milch 23.60	—	—	—	66.0	76.0	0.71	1.27	0.42	0.06	0.55	1 : 1.6	60	8	77
	13—14	31.70	—	—	—	76.0	92.0	1.14	1.56	0.56	0.08	0.74	1 : 1.6	49	7	65
	14—15	40.80	—	—	—	92.0	113.0	1.50	2.00	0.72	0.10	0.96	1 : 1.6	48	7	64
	15—16	30.00	6	—	0.12	113.0	127.0	1.00	2.40	0.60	0.08	1.45	1 : 2.7	60	8	145
	16—17	30.00	9	1.5	0.25	127.0	149.5	1.60	3.52	0.73	0.11	2.26	1 : 3.5	45	7	141
	17—19	15.00	12	2.0	0.37	149.5	189.5	1.43	3.46	0.54	0.10	2.45	1 : 5.0	38	7	171

*) Bei dessen Berechnung ist 1 Theil Fett gleich 2½ Theilen Kohlehydrate gestellt worden.

Reflexionen und Schlüsse.

1. Aus der Haupttabelle ergibt sich folgende Aufstellung:

100 Pfd. Lebendgewicht consumirten täglich		Auf je 1 Pfd. Zunahme verzehrt an Milch Pfd.	Auf je 100 Pfd. verzehrte Milch kommt ein Zuwachs von Pfd.
Abth. I.	{ 1. Woche 29.9 Pfd. süße Milch	12.4	8.0
	2. „ 37.1 „ „ „	9.0	11.1
Abth. II.	{ 1. „ 34.7 „ halbe „	18.1	5.5
	2. „ 38.0 „ „ „	14.0	7.1
Abth. III.	{ 1. „ 33.6 „ dicke „	18.8	5.3
	2. „ 39.9 „ „ „	13.6	7.3

Das heißt: Je reichlicher ein Schwein mit Milch gefüttert wird, um so weniger ist erforderlich, um 1 Pfund Zunahme des Körpers zu bewirken. Eine reichliche Fütterung ist daher die billigste, eine ärmliche die theuerste.

2. Es verhält sich

	Die Milchration		Zuwachs	
	1. Woche	2. Woche		
Abth. I.	29.9 : 37.1	=	8 : 11.1, oder	
	100 : 124		100 : 137	
„ II.	34.7 : 38.0	=	5.5 : 7.1, oder	
	100 : 109		100 : 129	
„ III.	33.6 : 39.9	=	5.3 : 7.3, oder	
	100 : 118		100 : 136	

Hieraus folgt deutlich: Daß der Effect des Futters in größerer Progression steigt, als die Vermehrung des Futterquantums.

3. Bei der Milchfütterung ad libitum zeigte Abtheilung I. in der 2. Versuchswoche das Maximum des Zuwachses, nämlich 1.43 Pfund per Tag. Abtheilung III. zeigte dies Maximum in der 3. Woche, wo der tägliche Zuwachs 1.50 Pfd. betrug. Wenn man daher beide Abtheilungen in diesen Momenten mit einander vergleicht, wie es in Folgendem geschehen ist, so dürfte das, für die Süßmilchfütterung und Sauermilchfütterung sich daraus Ergebende als recht maßgeblich zu erachten sein.

	Zur Production von 100 Pfd. Lebendgewicht war nothwendig				Kosten die 100 Pfd. Lebendgewicht 12 Thlr., so hat sich verwerthet 1 Ort. à 2¹/₂ Pfd.
		Caseïn	Fett	Zucker	
Abth. I.	895 Pfd. süße Milch mit	30	34	46	süße Milch mit 12 Pfg.
„ III.	1360 „ saure „ „	48	7	64	saure „ „ 8 „

Hieraus folgt, daß durch Abrahmen der Milch deren Nähreffect um ¹/₃ niedriger wird. (Vergl. Seite 500).

Auch folgt daraus, daß, je weniger Fett die Milch enthält, desto mehr Caseïn und Zucker sie darbieten muß zur Production von 100 Körpergewicht. Es sind in vorliegendem Falle genau 3 Theile Fett ersetzt worden durch 2 Theile Proteïn nebst 2 Theilen Zucker. Der Zuwachs scheint, wegen des jugendlichen Alters der Versuchsthiere, zum beträchtlichen Theil aus Proteïnstoffen bestanden zu haben, denn selbst wenn er blos zu 50% aus Fett bestehend gewesen, kann, indem nicht einmal Abth. I in seinem Verzehr an Fett und Zucker dazu genug Material geboten, solche Bildung nur auf Grund einer Umwandlung des Caseïns in Fett gedeutet werden.

4. Es betrug:

	Die Consumption				Auf 100 Pfd.			
	während der letzten 4 Wochen			Production an Lebendgewicht	verzehrte Trockensubst. kommt			
	Trockensubstanz	Protein	Fett	Kohlehydrate		Protein	Fett	Kohlehydrate	Zuwachs
	(Pfd.)	(Pfd.)	(Pfd.)	(Pfd.)	(Pfd.)	(Pfd.)	(Pfd.)	(Pfd.)	(Pfd.)
Abth. I.	140.7	25.2	21.1	80.6	61.0	18.0	15.0	57	43.6
„ II.	155.5	28.5	10.3	102.0	68.0	18.3	6.6	66	43.8
„ III.	179.7	33.7	5.5	120.5	76.5	18.8	3.1	68	42.8

Der Reichthum an Fett in der Ration der I. Abtheilung hat sich also nicht entsprechend verwerthet. Denn 15 Pfd. Fett + 57 Pfd. Kohlehydrate (bei Abtheilung I.) haben nicht mehr geleistet, als die 6.6 Pfund Fett + 66 Pfd. Kohlehydrate bei Abtheilung II. Wenn daher bei diesem Vergleiche 9 Pfd. Kohlehydrate eine Vertretung für 9 Pfund Fett ausgeübt haben, so wäre es doch unstatthaft, daraus die Gleichwerthigkeit von Fett und Kohlehydraten folgern zu wollen; wir können vielmehr nichts Anderes daraus schließen, als daß in der Ration der Abtheilung II. Fett und Kohlehydrate in dem richtigsten Verhältnisse zu einander auftraten (1:10), ein Verhältniß, welches hingegen bei Abtheilung I. als viel zu stark, und bei Abtheilung III. als etwas zu schwach sich herausstellte.

5. Das Nährstoffverhältniß von 1:3.5 bis 4.0 hat sich hier als das günstigste herausgestellt.

Versuch von Hellriegel zu Dahme, 1859.

Man wollte damit prüfen den Einfluß eines Fettzusatzes, so wie den eines hohen und niedrigen Proteïn-Gehaltes.

Die 4 benutzten Schweine stammten von einem Wurfe (Kreuzung von Landrace mit engl. Eber) und waren etwa 6 Monate alt.

Man fütterte dieselben mit einem variirenden Gemenge von gekochten Kartoffeln und Erbsenschrot und suchte durch häufige Vermehrung desselben den Verzehr in Einklang zu bringen mit dem steigenden Bedarfe an Nahrungsmasse.

Der im Frühjahre begonnene Versuch dauerte 93 Tage und endigte in der heißen Jahreszeit. Der Versuchs-Ansteller beklagt es, daß die benutzten Versuchsstände in wenig geschützter Lage und daher allen Einflüssen einer extremen Sommerhitze exponirt waren.

Die folgende Tabelle berechnete ich aus den Angaben des Originalberichtes und mittelst der Analyse, welche Hellriegel über die benutzten Erbsen und Kartoffeln gemacht.

60

Abtheilung I. = 2 Stück

Nummer der Periode	Dauer der Periode	Verzehr pro Tag u. Stück			Gehalt dieser Ration an					Lebendgewicht pro Stück zu Anfang der Periode	Zuwachs pro Tag und Stück	Stallwärme nach Celsius
	Tage	Erbsen Pfd.	Kartoffeln Pfd.	Oel Pfd.	Trockensubst. Pfd.	Protein Pfd.	Fett Pfd.	Kohlehydrate Pfd.	Nährstoff-Verhältniß Pfd.	Pfd.	Pfd.	Grade
1.	21	1.71	3.43	—	2.45	0.45	0.050	1.79	1:4.3	61	0.95	8.5
2.	16	2.15	4.31	0.07	3.15	0.57	0.134	2.24	1:4.5	84	1.19	14.8
3.	10	2.09	4.17	0.17	3.17	0.56	0.232	2.18	1:4.9	103	0.86	17.8
4.	24	3.19	3.94	0.12	3.98	9.77	0.204	2.73	1:4.2	112	1.13	21.3
5.	21	3.53	7.07	—	5.06	0.95	0.105	3.68	1:4.1	140	1.09	24.1

Abtheilung II. = 2 Stück

Nummer der Periode	Dauer der Periode	Erbsen Pfd.	Kartoffeln Pfd.	Oel Pfd.	Trockensubst. Pfd.	Protein Pfd.	Fett Pfd.	Kohlehydrate Pfd.	Nährstoff-Verhältniß Pfd.	Lebendgew. Pfd.	Zuwachs Pfd.	Grade
1.	21	1.20	4.08	—	2.20	0.37	0.043	1.66	1:4.8	52	0.69	9.4
2.	16	1.53	5.19	0.08	2.89	0.47	0.135	2.10	1:5.2	69	0.93	14.5
3.	10	1.57	5.33	0.19	3.07	0.48	0.246	2.19	1:5.8	84	0.97	18.6
4.	24	2.13	4.50	0.11	3.22	0.57	0.174	2.27	1:4.7	94	0.94	21.0
5.	21	2.20	7.48	—	4.05	0.68	0.079	3.04	1:4.8	117	0.98	25.2

Betrachtungen:

1. Was einem zunächst bei diesen Resultaten auffällt, das ist der durchschnittlich geringe Verzehr der 4 Schweine. 5 Pfd. Trockensubstanz für ein ungefähr 150 pfündiges Schwein; das steht unter dem in manchen andern Versuchsfällen beobachteten Consum, namentlich im Vergleich zu den auf Seite 695 und 700 citirten Experimenten. Conform diesem Umstande ist denn auch der durchschnittliche Zuwachs kein glänzender gewesen. Derartige Ergebnisse, wenn sie auch durch andere Umstände, z. B. extreme Stallhitze, eine genügende Erklärung finden, setzen doch den Werth des Versuchs im Allgemeinen herab und lassen in den Schlußfolgerungen das Bedenken zurück, ob man's in einigen Punkten nicht vielleicht mit unnormalen Zahlen zu thun hat.

In einer ähnlichen Lage befindet sich ein Versuch, den ich hier in Salzmünde vor 2 Jahren mit Schweinen machte. Die Erfolge der Fütterung stellten sich dabei überhaupt so schlecht, daß ich über die physiologische Verhältnisse derselben keine Folgerung zu machen gewagt habe und daher auch den bezüglichen Theil dieser Arbeit nicht einmal hier aufnehmen mag (Vergl. I. Bericht über die Station Salzmünde, Halle 1862 p. 246).

Ich konnte indessen dabei lernen, daß Schweine-Fütterungs-Versuche ihre eigenen Difficultäten haben und mit viel Umsicht ausgeführt sein wollen. Das Schwein ist wählerisch in seinem Futter; es frißt mit sehr ungleichem Apetite die vorgelegten Nahrungsmittel; es wird leicht und häufig unwohl; und hat es sich einmal „verfressen", wie man zu sagen pflegt, dann dauert's Wochen lang ehe es wieder ordentlich verdaut und zu einem normalen Verzehr zu bringen ist. Die Folgen solcher und ähnlicher mißgünstigen Einflüsse auf die Gewichtszunahme sind schwer zu ermessen und führen uns, wo man nicht streng drauf achtet, gewiß zu einer unrichtigen Beurtheilung des Nährwerthes einer Ration.

2. Was der oben erwähnte Uebelstand einer zu heißen Stallung betrifft, so zeigt folgende Aufstellung schön, wie mit steigender Hitze die Freßlust und damit der tägliche Fleisch-Ansatz abnahm.

	Periode	Stallwärme	Pro 100 Pfd. Lebendgewicht	
			Verzehr an Trockensubstanz Pfd.	Zuwachs an Körper Pfd.
Abth. I.	1.	8.5° C	3.5	1.3
	2.	14.8	3.3	1.3
	3.	17.7	2.9	0.8
	4.	21.3	3.2	0.9
	5.	24.1	3.2	0.7
Abth. II.	1.	9.4	3.6	1.2
	2.	14.5	3.5	1.1
	3.	18.6	3.2	1.0
	4.	22.3	2.9	0.8
	5.	25.2	2.9	0.7

3. Während der 92 Versuchstage nahm zu Abtheilung I in Summa = 195½ Pfd. und Abth. II = 166 Pfd. Man wird daraus folgern, daß überhaupt Abth. I besser ernährt worden ist. — Die Frage ist nun; in welcher Hinsicht dies geschah?

Am relativen Verzehr von Protein und stickstofflosen Stoffen, das heißt am durchschnittlichen Nährstoffverhältnisse der Nahrung beider Abtheilungen kann es nicht wohl liegen, indem bei Abth. I durchschnittlich ein Verhältniß von 1: 4.3 obwaltete und bei Abth. II eins wie 1: 4.9, eine Differenz, die ich nicht für so bedeutsam halten kann.

Am Fettzusatze kann es auch nicht liegen, da dieser für beide Abtheilungen ein nahezu gleicher war.

Wir werden es vielmehr im absoluten Nährstoffverzehr suchen und zu folgender Berechnung greifen müssen.

Total-Verzehr pro Stück während des ganzen Versuchs

	Trockensubstanz Pfd.	Protein Pfd.	Fett Pfd.	Kohlehydrate Pfd.	Nährstoff-Verhältniß	Zunahme pro Stück in 92 Tagen Pfd.
Abth. I.	335	62.5	12.6	238	1 : 4.3	97.7
Abth. II.	285	48.1	11.4	208	1 : 4.9	83.0

Ein Blick hierauf läßt uns sehr gut begreifen, warum das Schwein der Abth. I in 3 Monaten um etwa 15 Pfd. mehr Zuwachs gewann. Wir schieben die Schuld der Minderzunahme von Abth. II einfach au ihren Minderverzehr, der entweder zurückgeführt werden muß auf geringere Freßlust oder auf den Umstand, daß die Thiere dieser Abtheilung nicht mehr Futter bekamen, also auch nicht fressen konnten. Jene Schuld suchen zu wollen an etwaiger Unrationalität der Rationen der Abth. II: sei's, daß in ihnen Erbsen, Kartoffeln und Fett nicht auf's vortheilhafteste gemengt gewesen sein soll, oder sei's, daß in ihnen kein so richtiges Nährstoffverhältniß zu Grunde gelegen habe, dazu kann ich mich wirklich nicht verstehen, denn ich vermuthe, angesichts folgender Aufstellung

Pro 100 Pfd. Zuwachs verzehrt an

	Trockensubstanz Pfd.	Protein Pfd.	Fett Pfd.	Kohlehydrate Pfd.
Abth. I.	343	64	13	243
Abth. II.	343	58	13	251

daß die Abtheilung II durchweg eben so rationell gefüttert worden ist, weil sie eine mindestens eben so hohe Ausnutzung respective Rentabilität des Futters gewährt hat. Jedenfalls meine ich daraus, den Vorzug des Nährstoffverhältnisses 1:4.3 gegen das von 1:4.9 nicht folgern zu dürfen.

Anders wäre die Sache, wenn die Rationen beiden Abtheilungen stets ad libitum vorgelegen hätten; alsdann könnte man sagen: Die Mischung der Abth. I wird gerner von den Schweinen gefressen, als die von Abth. II, und da es auf den Massenverzehr so sehr bei Schweinen ankommt, deßhalb verdient jene den Vorzug. Leider kam ich aus dem Originalberichte nicht ersehen, ob solche Fütterung ad libitum wirklich vorhanden gewesen und weiß daher auch nicht, ob der Minderverzehr der Abth. II dem Widerwillen gegen ihre Rations-Composition zuzuschreiben statthaft ist.

4. Aus dem Vergleich der einzelnen Fütterungsperioden in jeder Abtheilung den Einfluß des Oelzusatzes ableiten zu wollen, ist schwierig, da die Differenzen in den Effecten der 10 Rationen zu diesem Ende doch zu gering ausgefallen sind. Wenn wir indessen, wie es in folgender Aufstellung geschah, Periode 2, 3 u. 4, wo Oelzusatz stattfand, als eine einzige betrachten und sie vergleichen mit dem Effecte von Periode 1 u. 5, wo kein Oel zugesetzt ward, dann scheint uns das eher zu einem tauglichen Ausdrucke über die stattgehabte specifische Wirkung des Rüböls zu führen.

Zu je 100 Pfd. Zuwachs war erforderlich

		Trockensubstanz Pfd.	Protein Pfd.	Fett Pfd.	Kohlehydr. Pfd.	Mittlere Stallwärme
Durchschnitt der Periode 1 u. 5 ohne Oel	Abth. I.	368	68	7.6	245	
	Abth. II.	374	63	7.3	281	
	Mittel	371	66	7.5	263	16.8° C.
Durchschnitt der Periode 2,3 u. 4 mit Oel	Abth. I.	324	60	17	225	
	Abth. II.	328	55	18	233	
	Mittel	326	57	17.5	229	18.0° C.

Der Sinn dieser Aufstellung ist deutlich zu Gunsten des Fettzusatzes. Sie thut nämlich dar, daß durch eine Zulage von 10 Pfd. Fett circa 10 Pfd. Protein nebst 34 Pfd. Kohlehydrate gespart worden sind. Diese Ersparniß mag ungefähr doppelt so viel werth sein als die Kosten von 10 Pfd. Fett.

21. Vortrag.

Statik der Fütterung.

Die vier letzten Vorträge sollten nur das Material sein, aus dem wir jetzt die Hauptsache formen wollen, nämlich: Die Statik der Fütterung.

Bei der Darstellung jener vielen, in Anlage und Tendenz und daher auch in ihren Resultaten mannigfaltig von einander abweichenden Versuchen, dürfte man wohl gemerkt haben, wie schwierig es ist, aus ihnen feste Fütterungs-Normen zu entnehmen; und mit der Schwierigkeit der Wahl derjenigen Versuche, deren Resultate wir zur Richtschnur in der Praxis nehmen wollen, wächs't gewiß auch der Wunsch über selbige insgesammt einmal einen ungehinderten freien Blick zu gewinnen, oder was wohl noch näher liegt, sie in einem Resumé vor Augen zu haben, welches bei kritischer Einsicht gebildet, als der wahre Ausdruck dessen gelten kann, was die Natur verlangt.

In dem so das Bedürfniß dazu treibt, aus den verwirrenden Schwankungen kaum übersehbarer, mehr oder minder berechtigten Resultate die festen Natur-Satzungen über den Nahrungsbedarf der verschiedenen Thiere klar heraus zu stellen, streben wir in der That nach demjenigen, was wir unter „Statik der Fütterung" verstanden wissen möchten. Es ist ein practisches Ziel. Unsere Statik soll gleichsam die Handhabe bilden, an welcher wir die wissenschaftliche Ernährungslehre practisch fassen, das heißt, auf einfache Weise nutzbar für unsere ökonomische Zwecke machen können.

Es fragt sich nun: wie gelangen wir zu einer solchen?

Etwa durch die reine physiologische Wissenschaft? Welchen Respect wir auch vor selbiger haben, so scheint sie uns doch in ihrem heutigen Zustande noch zu jugendlich, um strikte aus ihren theoretischen Sätzen zuverlässige Recepte für die Praxis zu abstrahiren. Dann ist auch ihre natürliche Richtung mehr der exacten Erforschung irgend eines der vielen geheimnißvollen Vorgänge im Thierkörper — wie z. B. die Athmung, Verdauung, Gewebebildung aus Blut, Umsatz von Muskeln und Nerven, Function der Leber, Nieren und sonstiger Organe — zugewandt, als der Lösung ökonomisch-practischer Probleme.

Oder gelangen wir dazu durch Aufstellung einer lagen Reihe von erprobten Futterrecepten? Wenn letztere auch seit undenklichen Zeiten die einzige Norm der Landwirthe gewesen und bis zum heutigen Tage noch fast allgemein im Gebrauch sind, so fällt die Einsicht doch nicht schwer, daß auf dieser Bahn kein gesunder Fortschritt für uns zu suchen ist. Denn gesetzt: es habe ein tabelloser Versuch gezeigt, wie eine 1000 Pfd. schwere Milchkuh bei täglich 85 Pfd. Rüben, 3½ Pfd. Rapskuchen und 18 Pfd. Stroh am meisten Milch gegeben, oder wie ein 1300 Pfd. schwerer Mastochse bei einer aus 92 Pfd. Schlempe, 68 Pfd. Rüben, 11 Pfd. Heu und 8 Pfd. Spreu bestehenden Ration den größten Zuwachs hatte, — was will der Landwirth mit solchem oder ähnlichem Recepte? —

Meint er bei dessen Befolgung, die gleich günstigen Resultate zu bekommen, dann kann er leicht sich arg täuschen. Nur dann kann er etwas ähnliches hoffen, wenn er ängstlich darauf Rücksicht nimmt, daß nicht blos sein Thier von dem oben genannten Körpergewichte so wie von nämlicher Race und Alter ist, sondern auch sein Futter in allen Punkten genau die Qualität des Muster-Versuchs hat. Nun ist aber zufällig seine Kuh anderer Race, sein Ochse um 150 Pfd. leichter, sein Heu etwas beregnet, seine Rüben von etwas anderer Varietät oder in saurem Boden gezogen, dann ist der Effect jenes Receptes ein beträchtlich anderer; es hat den Practiker in seinen Erwartungen getäuscht und ihm daher geschadet. Vollends werthlos wird es ihm, falls er z. B. keine Schlempe, sondern dafür Biertreber oder sonst was zur Verfügung hat. — Es ist einleuchtend: wollten wir auf diesem Wege Fütterungs-Normen für alle unsere Nutzthiere aufstellen, wir alsdann jedenfalls einige Tausend verschiedene Recepte haben und benutzen müßten und trotzdem noch nicht die Beruhigung hätten, für alle Fälle der Praxis damit auszureichen.

Ein dritter Weg, den wir einschlagen könnten, ist uns in den Heuwerths-Normen angeboten. Letztere beruhen auf den bekannten Heuwerthszahlen, welche zuerst von Thaer aufgestellt und in den nachfolgenden löblichen practischen Schriften von Schwerz, Weckherlin und Pabst weiter ausgebildet worden sind. Diese Vervollkommnung geschah mehr auf Grund der besondern Anschauungen, welche jeder dieser Autoren hegte über die allgemeinen Erfahrungen, bezüglich des Werthes eines Futtermittels, als auf Grund specieller und exacter Versuche. Ihre Zahlen gelten daher blos als ein Durchschnittsausdruck des ökonomischen oder des Nutzungswerthes der Futtermittel untereinander, und sie waren in dieser schlichten Auffassung dem rechnenden Landwirthe gewiß von Nutzen. Gefehlt war es aber, als man weiter ging und diese Zahlen zur Construction von Futterrationen benutzte. Man lehrte zum Beispiel: eine normale Kuh bedarf 25 Pfd., ein Mastochse 33 Pfd., ein Hammel 3½ Pfd. Heuwerth täglich; wenn ihr demnach, mittelst der Heu=Aequivalente die Ration so zusammenstellt, daß zusammen jene 25 Pfd. Heuwerth dadurch repräsentirt sind, dann braucht ihr weiter um die Ernährung der Kuh keine Sorge zu haben. Noch sicherer sollte man füttern, wenn die Ration nach dem Körpergewicht sich regulirt, so daß sie per 100 Pfd. Lebendgewicht dem Jungvieh 2 Pfd., an Milchvieh 2½ Pfd., an Mastvieh 3 Pfd. Heuwerth darbietet; etc.

Von den nahmhaftesten landwirthschaftlichen Autoritäten ist diese Lehre mit sichtlicher Befriedigung aufs breiteste vorgetragen worden, und in allen bis 1859 erschienenen Thierproductionsschriften und betreffenden Abhandlungen kann man nachlesen, wie sehr sie als ein Fortschritt in der wissenschaftlichen Fütterungslehre herausgestrichen dasteht.

Bei dieser Art Anwendung der Heuwerthszahlen hat man merkwürdiger Weise nicht dran gedacht, wie gewaltsam sich dadurch ihr ursprünglicher Sinn änderte, wie man letzteren vermengte, ja identifizirte mit dem Nährwerthsbegriff des Futtermittels und die Kluft nicht sah, welche doch beide Begriffe als fremd und unvereinbarlich trennt. Wir haben diesen letzteren Punkt schon in Vortrag Nro. 9 genugsam besprochen und erwähnen daher, blos im historischen Intresse, nur noch des Vorganges von Emil Wolff im Jahre 1854, welcher jene Kluft durch die Concession auszufüllen bestrebt war, daß die nach Heuwerthsaequivalenten berechneten Rationen schließlich ein gewisses Nährstoffverhältniß (1:5) darbieten müßten. Dieser Versuch war natürlich ein vergeblicher; er mußte, wie überhaupt alle ähnlichen, scheitern an der puren Unmöglichkeit, den Nährwerth eines Futtermittels in eine fixe Zahl zu bannen.

Gleich den Futterrecepten so finde ich auch die ganze Heuwerthslehre nicht verwerthbar für unsere Zwecke. Wir müssen für die angestrebte Statik der Fütterung eine ganz andere Grundlage suchen.

Diese bietet sich nun dar in den sogenannten: Nährstoff=Normen.

Der erste, welcher darauf aufmerksam machte, war Haubner. „Dahin muß es kommen", so sagt derselbe vor etwa 7 Jahren, „daß man nicht mehr sagt: ein Thier bedarf so viel Pfund Heuwerth, sondern man muß sagen: es bedarf täglich so viel an Protein, so viel an Zucker und Fettstoffen, und dieses bestimmte Mischungs-Verhältniß muß nicht blos für jede Thiergattung, sondern für jeden besondern Nährzweck ermittelt und festgestellt werden."

Näher auf diese Idee ist Dr. von Lingethal (zu Großkmehlen) eingegangen in einem Artikel in Wilda's Centralblatt 1857. II, 369.

Ihre erste systematische und auf die Praxis berechnete Ausarbeitung erfolgte indessen 1858 seitens des Verfassers in der I. Auflage dieses Buches. Ich sage das hier etwas deutlich, weil einige, vorig. Jahr (1861) erschienene Schriften über chemische Fütterungslehre meinen Antheil vollständig ignoriren, trotz dem selbige sich meine leitenden Ideen mit naiver Treue zur Grundlage genommen haben.

Das Wesen jener Nährstoffnormen beruht in der physiologischen Thatsache, daß zur Ernährung eines jedweden Thieres vier diverse einfache Nährstoffe nöthig sind. Es muß nämlich haben Proteïnstoffe, Fettstoffe, zuckerartige Stoffe und gewisse Mineral-Salze. Es muß diese Stoffe vereint haben, denn fehlte einer von ihnen, so wird die Ernährung eine unvollkommene und das Thier dabei schließlich zu Grunde gehen. (Vergl. Seite 260). Demnach läßt sich die Ernährung itentifiziren mit dem Verzehr dieser 4 Nährstoffe.

Aber mit der bloßen Forderung der Zusammengehörigkeit letzterer ist es nicht genug, denn, natürlicher Weise macht eine vollkommene Ernährung auch noch Ansprüche an die Quantität dieser Stoffe; sie verlangt zum täglichen Verzehr gewisse Mengen von Protein, Mengen, die indessen verschieden sind von dem gleichzeitig verlangten Fett, sowie auch von dem Zucker und den Salzen. Es bedarf beispielshalber ein Thier täglich von den Proteïnstoffen 1 Pfd., von Fett $^1/_5$ Pfd., von Zucker 5 Pfd., von Mineral-Salzen $^1/_{10}$ Pfd. Eine andere Thierart verlangt diese Stoffe in andern Gewichtsverhältnissen, überhaupt ändern sich letztere je nach Art, Alter, Körperschwere und Nutzungszweck, so daß für jeden besonderen Ernährungsfall ein besonderer Mengenverzehr jener Stoffe erfolgen muß.

Diese Ernährungstheorie hat es also unmittelbar blos mit 4 einfachen Nährstoffen zu thun und augenscheinlich nichts gemein mit der bunten Fülle und Gestalt der uns disponiblen Futtermittel. Letztere erscheinen uns dabei für nichts weiter, als die Form, in welcher wir jene Nährstoffe geben.

Sind diese vollkommen dargeboten, da kann uns die Form oder umschlie-
ßende Hülle ziemlich gleichgültig sein.

Nun enthalten unsere bekannten Futtermittel ohne Ausnahme jene 4
Nährstoffe; jedes aber in anderer Umhüllung und in anderer Menge; jedes
bietet sie dar im Verein mit andern fremdartigen, organischen Stoffen, welche
indessen für die Ernährung und daher auch für uns ziemlich bedeutungslos sind.
Es ist Sache der Analyse in den verschiedenartigsten Futtermitteln jene gemeinsamen, nährenden Stoffe zu bestimmen; und unsere Sache ist es dann,
darnach den Werth des Futtermittels und seine Verwendbarkeit zu irgend
einer Fütterung zu bemessen.

Indem wir hiermit den Nahrungsbedarf so wie auch die Futtermittel
auf einen gemeinsamen und zugleich einfachsten Ausdruck
reduzirt haben, ist die Relation beider zu einander eine so einfache geworden,
daß die Nutzanwendung von selbst hervortritt.

Sobald nämlich jetzt der Landwirth weiß, wie viel Pfund von jedem
der Haupt-Nährstoffe das bestimmte Thier täglich bedarf, dann geht er in sein
Magazin, wo mancherlei Nährstoff-Haufen vorräthig liegen. Ueber dem einen
steht beispielsweise: Trockensubstanz $= 85\%$, Proteïn $= 10.4\%$, Fett $= 3\%$,
Kohlehydrate $= 38.2$. (Das Ding steht aus wie Heu!) Ueber einem andern
Haufen steht: Gehalt an Trockensubstanz $= 11.2\%$, Proteïn $= 1.2\%$, Fett $=
0.2\%$, Kohlehydrate $= 7.3\%$. (Das sind gewiß Futterrüben!) Ein dritter
hat zur Ueberschrift: Gehalt an Trockensubstanz $= 85.0\%$, Proteïn $=
28.0\%$, Fett $= 9\%$, Kohlehydrate $= 24.5\%$. (Das scheinen Rapskuchen
zu sein!) Er übersieht so prüfend noch die Ueberschrift eines andern,
vierten und fünften Haufens, kümmert sich aber sonst wenig drum, wie
das Zeug aussieht, oder wie es heißt, sondern rechnet einfach und rasch, wie
viel Pfund er von jedem Haufen nehmen muß, damit er jenen Nährstoffbedarf des Thieres genau zusammenkriegt. Er gibt diese Masse dem Thiere,
überzeugt, daß damit dessen Ernährung eine den Forderungen der Wissenschaft und der Oekonomie möglichst entsprechende ist.

Vielleicht haben diese vorläufigen Bemerkungen das Wesen der Nährstoff-Normen genügend klar gemacht, und kann man daher jetzt auf die bei
ihrer Nutzanwendung von mir befolgten Maximen näher eingehen.

Unser ganzes System geht nämlich davon aus, daß von den analytischen Bestandtheilen des Futters, einstweilen, das heißt bei dem
heutigen Stande der Fütterungschemie, blos in Betracht zu nehmen sind:

a. Die Trockensubstanz wie sie sich ergibt beim vollständigen Austrocknen des Futters bei einer Temperatur von 110° C., also nach Abzug des Wassergehaltes.

b. Der Proteïn-Gehalt, wie er sich ergibt, wenn man den elementaranalytisch ermittelten Stickstoffgehalt des Futters multiplicirt mit 6¹/₄.

c. Der Fettgehalt, gemäß Extraction des völlig ausgetrockneten Futtermittels mit wasserfreiem Aether.

d. Die Kohlehydrate, als Collectivbegriff für die Summe der stickstofflosen Pflanzenbestandtheile, welche in Lösung übergehen, wenn man je 1 Granen der trockenen Pflanzensubstanz successive digerirt und extrahirt (8 Stunden lang bei 80° C.) mit 1 Gramm wasserfreier Schwefelsäure und 1 Gramm Aetznatron, beide in 5 prozentiger Lösung.

Der Bedarf an Mineralsalzen und Holzfaser figurirt nicht speziell in unsern Normen, obgleich beide Körper in jedem Futtermittel analytisch bestimmt sein müssen, bevor man seinen Gehalt an Kohlehydraten berechnen kann.

Gegen meine exclusive Inbetrachtnahme jener einfachen 4 Momente lassen sich augenscheinlich verschiedene Einwürfe erheben. Ich will sie hier der Reihe nach selbst durchgehen, damit Jeder ermessen kann, wie sie begründet und den Gebrauchswerth meiner Fütterungs-Statik beeinträchtigen.

1. Die allgemeine Erfahrung lehrt, daß es mit der puren Befriedigung des Nährstoffbedürfnisses eines Thieres keineswegs genug ist; die Nährstoffe oder die Ration, worin sie sich finden, müssen außerdem ein gewisses Volumen einnehmen, womit sie den Bauch der Thiere ordentlich ausfüllen können. Im andern Falle würden sie nur unvollkommen ausgenutzt und der Natur, namentlich der wiederkäuenden Thiere zuwider sein.

Es scheint nothwendig, daß wir uns zunächst über diese etwas unklare Forderung der Praxis, einen klaren Begriff bilden.

Denken wir uns 3 Pfd. reinen Proteïnstoff mechanisch auf's innigste vereint mit 5 Pfd. Stärke, 3 Pfd. Zucker, 1 Pfd. Dextrin, ¹/₂ Pfd. Fett und Salze, dann hätten wir einen, gewiß nach allen Begriffen, ganz concentrirten und verdaulichen Nährstoffcomplex.

Fragen wir nun, durch welche Verfahrungsweisen wir letzteren in eine ganz voluminöse Verfassung zu bringen vermöchten, so lassen sich deren drei auffinden, und zwar folgende:

Erstens dadurch, daß wir ihn mit einer großen Masse Wassers verbinden, ähnlich wie bei der Futterrübe, je 10 Pfd. Nährstoff mit 90 Pfd. Wasser vereint ein homogenes Ganze bilden.

In Folge deſſen nimmt unſer Nährſtoffcomplex gegen früher vielleicht einen 5 mal ſo großen Raum ein, erſcheint alſo, phyſiſch angeſehen, bedeutend voluminöſer geworden zu ſein; iſt er das aber auch vom phyſiologiſchen Geſichtspunkte aus, das heißt nachdem dieſe mit Waſſer ſo voluminös gemachte Ration in den Magen der Thiere gelangt iſt?

Wir werden hierauf ſagen: Das Waſſer iſt ein der leicht verbaulichſten Stoffe; es geht ſogleich, nachdem es in den Magen gelangt, in die Blutgefäße über und von da in den Harn; es hat alſo bei ſeinem raſchen Verſchwinden aus jenem Nährſtoffcomplex keine Gelegenheit mit ſeinem Volumen den Verdauungs-Apparat zu füllen und zu beläſtigen; in letzterem ſind blos die Nährſtoffe in ihrer urſprünglichen concentrirten Form zurückgeblieben.

Für den Volumcharakter iſt es daher von geringem Einfluß, ob eine Ration viel oder wenig Waſſer enthält.

Fragte zum Beiſpiel Jemand: „Sind die Rüben ein voluminöſeres Futter als das Heu?" ſo würde ich antworten „Nein", trotzdem die Rüben 90% Waſſer enthalten, das Heu aber blos 15 %.

Demgemäß wird die Wäſſrigkeit eines Futters in unſerer Deduction nicht weiter in Betracht kommen.

Zweitens dadurch, daß wir jenen Nährſtoffcomplex mit einer großen Menge kleiner Luftbläschen infiltriren, welche ihn um das Vielfache gegen früher ausdehnen.

Wie wird ſich dieſe Volumvermehrung dem Thierleibe gegenüber verhalten?

Ich glaube: ganz gleichgültig!

Denn das Thier muß und wird das Futter nach wie vor zerbeißen, kauen und mit Speichel und Magenſaft durchtränken, Operationen, durch welche die in ihm vorhandene Luft ausgetrieben wird und nicht länger in die Verdauungswege gelangt. So findet ſich ſchließlich, nachdem das Futter verzehrt iſt, in ſeinem Magen ein dicker, luftloſer Brei; das iſt jener Nährſtoffcomplex in ſeinem urſprünglichen, beſcheidenen Volum.

Luft, welche in unzähligen Röhren, Zellen, Gefäßen und Bläschen ein Nahrungsmittel erfüllt, berührt eben ſo unreell deſſen Volumcharakter, als wie das Waſſer, wenn es an Stelle der Luft ſich fände.

Es zeugt gewiß von einer falſchen Auffaſſung, daß man gewöhnlich die ſtrohigen Futtermittel zu den voluminöſen zählt, eben weil ſie durch ihre röhrenförmige, poröſe Beſchaffenheit einen großen Raum einnehmen. Dies große Volum exiſtirt nur in der Futterkrippe, aber nicht in den Verdauungswegen der Thiere. Wenn die Röhrchen in den Strohalmen einen Zoll

Durchmeſſer hätten, ſo machte dies das Stroh um nichts voluminöſer als es jetzt iſt, wo die Röhrchen 10 mal dünner ſind.

Drittens dadurch, daß wir jenen als ganz verdaulich angenommenen Nährſtoff-Complex mit gewiſſen Stoffen untermiſchen, die nicht verdaulich ſind, alſo während der mehrtägigen Verdauungsoperation im Magen und den Gedärmen der Thiere verbleiben müſſen und eine permanente Füllung und Ausdehnung derſelben verurſachen.

Hier wären wir alſo an dem geſuchten ächten Kriterium des Voluminöſen: es ſind die unverdaulichen Theile des Futters, welche dem Verdaulichen mehr oder weniger ſtets beigegeben ſind und als Raumfüllender Ballaſt durch den ganzen Verdauungskanal ſich hinſchleppen.

Ob letzterer bei ſeinem Geſchäfte eines ſolchen Ballaſtes entſchieden bedarf, das heißt, ob zur richtigen Conſtitution einer Futterration auch die Zugabe einer gewiſſen Menge unverdaulicher Stoffe wirklich gehört, das iſt eine andere Frage und zwar delikater Art. Vielleicht ſtecken hinter den bezüglichen gangbaren Anſchauungen noch anſehnliche Vorurtheile.

Unter den unverdaulichen oder ſchwer löslichen Stoffen ſteht die Holzfaſer oder Zellſtoff-Faſer oben an. Ihr Vorkommen in den Futtermitteln iſt durchgehends ſo maſſenhaft, daß daneben die übrigen unverdaulichen Materien, wie gewiſſe Pectin und Schleimſtoffe, Harze, Wachs, Farbſtoffe, Gerbſtoffe, organiſche Säuren und Mineral-Salze ziemlich außer Gewicht bleiben. Zudem trifft es ſich, daß ſie das kleinſte ſpezifiſche Gewicht unter den gewöhnlichen Futterbeſtandtheilen hat und daher, ſchon ihrer Natur nach einen relativ großen Raum einnimt. Wo ſie maſſenhaft in einer Nährſtoffmiſchung auftritt, da muß ſie daher natürlich ein großes Volum verurſachen. Letzteres wird überhaupt proportional ſein dem in der Ration anweſenden Verhältniſſe zwiſchen Trockenſubſtanz und Holzfaſer-Gehalt. *)

---

*) Nach einem phyſikaliſchen Begriffe iſt das abſolute Gewicht (A) eines Körpers gleich ſeinem ſpezifiſchen Gewichte (S), multiplicirt mit ſeinem Volumen (V)

$$A = SV$$

Das Volumen des Körpers wird ſomit am richtigſten ausgedrückt durch das abſolute Gewicht, dividirt durch das ſpec. Gewicht

$$V = \frac{A}{S}$$

Das ſpecifiſche Gewicht unſerer Futtermittel iſt bekannt oder wäre doch leicht zu beſtimmen. — Warum nun dieſer einfache und präciſe Maaßſtab zur Volumbeſtimmung einer Ration nicht von uns benutzt wurde, — das dürfte nach Obigem einleuchtend ſein.

Ob nun meine statistische Normen auch wirklich auf dies Verhältniß Rücksicht genommen haben, diese Frage ist gemäß vorstehender, meine Ueberzeugung darthuenden Deduction eigentlich überflüßig. Wer sich einfach überzeugen will, wie streng ich in allen Rations-Normen wirklich darauf Rücksicht nahm und wie präcis sich dasselbe ausgedrückt findet, trotzdem darin die Holzfaser nicht speciell figurirt, der rechne doch einmal die darin figurirenden Mengen von Proteïn, Fett und Kohlehydrate zusammen und ziehe es ab von der gleichzeitig geforderten Menge der Trockensubstanz, dann hat er in der ansehnlichen Differenz die Menge meiner geforderten Holzfaser und Volumstoffe.

Indem ich letztere in die Trockensubstanz mit einschließe, vereinfache ich den Calcül und die Handhabung der Normen und genüge zugleich auf's Beste den gerechten Volum Ansprüchen der Ration.

2. Man sagt auf Grund der Seite 480—485 mitgetheilten Unter-suchungen, daß die nach der üblichen analytischen Methode ermittelte Holzfaser ungefähr zur Hälfte von den Organen der Wiederkauer verdaut wird, und daß diese Lösung wahrscheinlich nährenden Werth habe. Es fragt sich, ob das unsere Normen für die Kohlehydrate nicht wesentlich unrichtig macht?

Schon auf Seite 479 erwähnte man einer analytischen Untersuchung, durch welche ich fand, daß die Menge der in den bisherigen Strohanalysen figurirenden Kohlehydrate nur zum Theil aus zuckerartigen Materien be-stehen. Nehme ich, wozu aller Anlaß ist, den andern Theil als nicht nähr-fähig an, so beträgt derselbe — beim Stroh wenigstens, $\frac{1}{2}$—$\frac{1}{3}$ jener analytischen Kohlehydrat-Menge.

Die wichtigen Fütterungs-Versuche von Henneberg und Stohman (vergl. Seite 212—215 und 484) haben diese Erscheinung mit der con-statirten Holzfaser-Verdauung in schöne Harmonie gebracht. Man fand da-bei Folgendes:

Versuch von	Mittel von	Respirations-Mittel auf Stärkemehl berechnet per Ochse à 1000 Pfd.		An Holzfaser zugleich verdaut
		Verbrauch des Thieres Pfd.	Gehalt des Futters Pfd.	Pfd
Henneberg .	8 Stoffwechsels-Gleichungen .	8.8	10.2	3.3
Stohmann .	6 „ .	10.2	10.1	3.9

Nehmen wir hier an, daß die verbaute Holzfaser den ungefähren Respirations-Werth der Stärke habe, dann hatten die „Kohlehybrate" des Futters im ersten Versuche zu decken 8.8 — 3.3 = 5.5 Pfund Stärke, im zweiten 10.2 — 3.9 = 6.3 Pfd. Es blieben also von jenen ungenutzt oder wirkungslos im ersten Falle 46 %, im zweiten Falle 37 %.

Es läßt sich die Wirkungslosigkeit eines so beträchtlichen Theiles der „Kohlehybrate" auch schon daraus schließen, daß ihre atomistische Zusammensetzung, nach Hennebergs Berechnung, durchweg der Formel $C_{24} H_{19} O_{16}$ entsprochen hat, während doch der reinen Stärke die Formel $C_{24} H_{20} O_{20}$ zukommt, also beträchtlich davon abweicht. In dem Gemenge, welches wir als Kohlehybrate bezeichnen, existirt demgemäß ein für die thierische Ernährung vielleicht ganz werthloser Ueberschuß von kohlenwasserstoffreichen organischen Verbindungen.

Indem in dem Stohmann'schen Versuche für die nicht ausgenutzten 3.8 Pfd. „Kohlehybrate" Ersatz geleistet worden ist durch die verbauten 3.9 Pfd. Holzfaser, so möchte man daraus den Satz ableiten, daß: was von der Holzfaser des Futters mehr verbaut wird, als die übliche Methode der Futter-Analyse angibt, seine Compensation findet durch die Nährwerthslosigkeit eines Theiles der Kohlehybrate, welche dieselbe Methode zu viel angeben thut.

Mag auch diese Compensation in speciellen Fällen, z. B. wo ein Thier für Holzfaser eine schwächere Verdauungsgabe hat, nicht vollständig eintreten, im Allgemeinen aber dürfte sie stattfinden, wenigstens derartig, daß daraus für den Gebrauch unserer, auf die uncorrigirten Kohlehybratprozente der Futtermittel gestützten Nährstoff-Normen kein Mißkredit erwächst.

3. Die Normen für ein 1000pfündiges Thier verlangen etwa 3 Pfd. Proteïnstoffe. Nun sind aber die in unseren Futteranalysen figurirenden Proteïnprozente kein reiner Eiweißstoff, sondern verunreinigt mit diversen stickstoffhaltigen Körpern: Alkaloïde, Chlorophyll, Nitrate, Ammoniaksalze ꝛc.

Da bisher noch in keinem Futtermittel diese Körper, welche schon wegen ihrer atomistischen Zusammensetzung nichts gemein haben mit dem Nährwerths-Charakter der Protein-Gebilde, quantitativ genügend ermittelt worden sind, so sind wir leider über deren Menge im Ungewissen. In gewissen Classen von Futtermitteln namentlich der Saamenkörner, ist sie gewiß unbedeutend, in andern dagegen (Grünfutter und Wurzelgewächsen?) mag sie ansehnlich sein, denn wir finden häufig in den Exkrementen der Thiere stickstoffhaltige Verbindungen in solcher Quantität, die schon ihrer löslichen Form halber, in welcher sie auftreten, nicht in Zusammenhang gebracht werden können, mit den unlöslichen und unverbauten Proteïntheilen, welche die Holzfaser der Exkremente einschließt. Ich nehme in solchen Fällen an, daß sie herrühren, wenigstens theilweise, von eben jenen für die Ernährung werthlosen und daher nicht in den Stoffwechsel der Gewebe gelangenden stickstoffhaltigen Körper, (Vergl. Seite 463.); zum andern Theil mögen darunter auch sein verbrauchte Galle- und Blutbestandtheile, letztere vom Dünndarme secernirt.

Ein weiterer Theil jener Proteïnprozente, gewährt ebenfalls keine Nährwirkung, weil er ganz unverdaulich erscheint. Denn wir finden in dem unlöslichen Theile der Darmexkremente stets gewisse Antheile von Stickstoff. Ihre Menge variirt, je nach der Natur des genossenen Futters und wird wahrscheinlich proportional sein mit dem Stickstoffgehalte, welchen wir in unsern analytisch ermittelten Holzfasern überall constatiren können, wie ich das in Folgendem gethan:

Lufttrockne Futtermittel aus Salzmünde	Proteïn-Gehalt berechnet aus dem Total-Stickstoffgehalt %	Gehalt an Holzfaser nach löslicher Methode %	In dieser Holzfaser war noch enthalten	
			Asche	Proteïn
Gerstespelzen . .	4.60	22.80	0.08	0.155= 3.4% des Ganzen
Sommergerste .	9.30	9.70	0.02	0.088= 1.0 „ „ „
Roggenkleie . .	10.40	11.50	0.06	0.140= 1.3 „ „ „
Rapskuchen . .	22.70	28.40	0.12	0.460= 2.0 „ „ „
Arveelsamen . .	13.00	15.20	0.06	0.263= 2.0 „ „ „
Haferstroh 1860 .	2.80	48.70	0.21	0.297=10.6 „ „ „
Roggenstroh 1860	4.13	33.7*	0.53	0.43 =10.4 „ „ „
Roggenstroh 1861	3.11	30.1	0.41	0.43 =13.6 „ „ „
Kleeheu . . .	11.70	21.40	0.10	0.184= 1.6 „ „ „
Felderbsen . .	21.80	6.12	0.03	0.088= 0.4 „ „ „

*) Eine geringe Abweichung in der Menge und Stärke der Säure und Natronlauge, in der Dauer und Temperatur der Digestion, in der Art des Auswaschens, sind meiner Erfahrung gemäß von so großem Einflusse auf das Resultat einer jeden Holzfaserbestimmung, daß ich, streng genommen, nur diejenigen Angaben über den Holzfasergehalt der verschiedenen Futtermittel für vergleichbar halte, welche auf Grund einer bis in alle Details identisch-analytischen Methode erlangt sind. Wozu es hinführt, wenn jeder Analytiker hier seine eigenen Abweichungen hat, das zeigen genugsam folgende Zahlen, welche ich bei jenem nämlichen Stroh bekam, als wir es ausnahmsweise mit 3%, anstatt mit 5 procentiger Natronlauge bigerirten.

	Holzfaser.		Asche.		Proteïn.
Roggenstroh 1860	41.3	mit	2.75	und	1.86
„ 1861	39.4	„	0.62	„	1.30

Es geht hieraus hervor, daß vornehmlich die Stroharten es sind, welche einen ansehnlichen Theil ihres Proteïn-Gehaltes in unverdaulicher Form führen. Es muß dies seinen besondern, noch unbekannten, (vielleicht mit der extrustirenden Kieselsäure zusammenhängenden) Grund haben, zumal ein Zusammenhang mit dem Holzfaser-Gehalte der Futtermittel durch vorstehende Zahlen gänzlich negirt wird.

Welche Bedeutung haben nun diese gerügten Mängel der Proteïn-bestimmung für unsre Nährstoff-Normen? — Man wird sagen: sie stellen den wirklichen Proteïnbedarf des Thieres um ¼—⅓ zu hoch; anstatt der 3 Pfd. Proteïn erlangt das 1000pfündige Thier etwa nur 2 Pfd.! — Man sieht aber auch zugleich gut ein, daß das auf unsere Methode der Nutzanwendung ohne erheblichen Einfluß ist: denn die Futteranalysen, welche wir uns dabei bedienen, es sind ja die nämlichen, mittelst deren wir eben jene Bedarfs-Normen aus den Fütterungs-Versuchen abgeleitet und berechnet haben. Das Drittel nun, welches letztere, hinsichtlich der Proteïn-Norm, zu hoch vielleicht sind, deckt sich von selbst durch die um ebenso viel zu hohen Angaben unserer Futter-Analysen. Dadurch bekommt das zu fütternde Thier nicht jenes Zuviel, sondern lediglich seinen wirklichen Bedarf.

Man kann sich also hierüber völlig beruhigen. Absolut genommen, mögen unsere Normen nicht richtig sein; in Relation zu unseren zu gebrauchenden Analysen aber sind sie richtig.

Eine ähnliche Bewandtniß hat es mit den Zahlen für das Fett.

Auch sie drücken nicht den reinen Fettgehalt des Futtermittels aus, sondern ein Gemenge von Fett mit mehr oder weniger Wachs und harzartigen Materien. Sobald einmal durch gründliche Methoden nachgewiesen ist, daß wir bislang den Fettgehalt der Futtermittel durchgehends um vielleicht ⅕ zu hoch angegeben haben, gut, ich werde dann nicht einer der letzten sein, welche die Zahl für den täglichen Fettbedarf eines Thieres um ⅕ erniedrigen. Jetzt jedoch, wo wir nichts besseres wissen, bleibts damit, wie es gerade ist, unbeschadet seinem Gebrauchswerthe.

4. Daß für die Mineralsalze keine specielle Rubrik in meinen Normen sich findet, geschah absichtlich, aber nicht aus Unterschätzung der Bedeutung dieser Stoffe in einer nährfähigen Ration. Denn es liegt in der Natur der Sache, daß, wo man einem Thiere die geforderte richtige Menge der Trockensubstanz, Proteïn, Fett und Kohlehydrate bietet, die Mineralsalze von selbst in ebenfalls vollkommener Quantität und Qualität sich damit einfinden, eben weil sie unzertrennliche Begleiter aller Futtermittel sind.

Ich habe in vielen Fällen, nach jenen Normen construirte Rationen auf ihren speciellen Gehalt an Aschensalzen und wichtigsten Mineralstoffen (z. B.

Kalk, Phosphorsäure, Kochsalz) berechnet und dabei stets so normale und gleichmäßige Gehalte gefunden, daß ich eine specielle Rubrik für diese Mineralsalze als ganz überflüssig erachten durfte. Wer unrichtig und einseitig füttert, der mag manchmal dabei dem Bedarfe des Thieres an Mineralien nicht genügen (vergl. Seite 584); wer indessen ordentlich nach meinen Normen seine Ration berechnet, findet in der Gesammt-Composition die mineralischen Einseitigkeiten der einzelnen Futtermittel vollständig ausgeglichen.

Ein weiterer Einwurf gegen die vier, in unseren Normen figurirenden chemischen Rubriken weiß ich nicht. Ich gehe daher über zu den eigentlichen Norm-Zahlen, mit welchen sie ausgefüllt sind und lege zunächst in Folgendem treu dar, wie ich zu selbigen gelangt bin.

Zuerst studirte ich die sämmtlichen, in den letzten sechs Vorträgen dargestellten Fütterungs-Versuche nochmals sorgfältig durch und bemerkte mir bei jedem einzelnen die Momente, bei welchen die Fütterung den ökonomisch höchsten Erfolg hatte. War die entsprechende Futterration durch Original-Analysen bereits commentirt, so zeichnete ich deren Gehalt an Trockensubstanz, Protein, Fett und Kohlehydrate ohne Weiteres auf und zwar in Zollpfund; war sie es nicht, dann berechnete ich aus ihr diesen Gehalt nach den in Vortrag 15 abgeleiteten Durchschnitts-Analysen unserer Futtermittel. Außerdem waren noch 3 besondere Rubriken gebildet worden, wovon die eine Notiz über das Gewicht und Alter des Thieres enthielt, die zweite über den täglichen Körperzuwachs oder Milchertrag, die dritte über die Vorzüge und Mängel des Versuchs überhaupt, in so weit solche auf den Haupt-Versuchs-Moment von günstigem oder schlechten Einflusse sein konnten.

So bekam man, nach Erledigung aller Versuche, eine lange Tabelle, welche indessen, obgleich nach den verschiedenen Thiergattungen geordnet, unlogisch genug aussah. Ihre Angaben contrastirten in manchen Abschnitten so sehr voneinander, daß ich, meiner ursprünglichen Absicht gemäß, es wirklich nicht wagen konnte, daraus Mittelzahlen mit arithmetischer Strenge zu berechnen.

Was war da zu machen? —

Nichts anders, als die Bildung von idealen Normen! — Darunter will ich jedoch keine, gleichsam aus der Luft gegriffenen verstanden wissen; im

Gegentheil sollten sie um so treuer der Natur entlehnt erscheinen, als man sie nicht blos mechanisch simpel berechnete, sondern beim kritischen Vergleiche aller jener Versuchszahlen-Verhältnisse gewissenhaft bemüht war, zwischen den Zeilen das zu lesen, was bei der Lückenhaftigkeit der heutigen Fütterungslitteratur und bei der relativen Unvollkommenheit mancher Versuchszahlen nicht zum empirischen Ausdrucke gelangt war.

Die existirenden Versuchs-Resultate sind dabei in keinem Sinne mißachtet und hintenan gesetzt worden, sondern überall haben sie als Ausgangspunkt, als Anhalt für die Grenzen des Möglichen und Zweckmäßigen gedient. Sie waren mir das allein brauchbare Baumaterial und der Baumeister, der aus ihnen das Gebäude der Nährstoff-Normen aufzuführen hatte, das waren die physiologischen Prinzipien und gewisse Anschauungen, welche bei eingehenden Studien der Versuchslitteratur sich unwillkührlich in einem aufdrängen und zuletzt befestigen.

Von diesen leitenden Prinzipien seien einige hier, wegen ihrer Wichtigkeit, erwähnt:

1. Die ökonomische Bedeutung der Proteïnstoffe ist seither zu sehr überschätzt und die der Kohlehydrate und Fette zu sehr unterschätzt worden.*) Theoretischer Seits entsprangen daraus durchgehends zu proteïnreiche und deßhalb zu kostspielige Rationen, ein Fehler, dem ich durch Einführung von schwächeren Nährstoff-Verhältnissen ausgewichen bin.**) Solche entsprechen auch besser der gewohnten allgemeinen Praxis der Viehfütterung.

2. Bei der Mastung gibt man den Thieren anfänglich eine recht proteïnreiche Ration, damit sich viel Muskel-Fleisch und Zell-Material für das Fett ansetzen kann.

3. Zu Anfang der Mast muß die Ration gehörig voluminös und am reichsten an Trockensubstanz sein, damit sich die Verdauungswege recht ausdehnen und das Thier später gereichte, concentrirtere Rationen gierig verzehrt.

4. Mit fortschreitender Mast wird die anfänglich gereichte Menge von Proteïn in keinem Falle vermehrt, die der Trockensubstanz aber vermindert. Vermehrt wird dagegen allmählig die Menge der Kohlehydrate und namentlich die des Fettes, so daß bei abnehmender Trockensubstanz die Ration ein immer schwächer werdendes Nährstoff-Verhältniß bekommt.

---

*) Vergl. Seite 235, 579, 604, 640, 642, 649, 659, 664, 667, 677, 690, 695 701, 703, 705, 712.

**) Unter „schwachem Nährstoff-Verhältniß" verstehe ich solches, bei welchem auf 1 Theil Proteïn möglichst viel stickstofflose Verbindungen kommen; ein „starkes Nährstoff-Verhältniß" drückt somit das Gegentheil aus und verlangt auf je ein Proteïn möglichst wenig Kohlehydrate und Fett.

5. Der bislang vielfach aufgestellte Grundsatz: die Rationen während der Mast absolut und relativ immer reicher an Proteïn und somit immer stärkere Nährstoff-Verhältnisse eintreten zu lassen, habe ich fallen lassen, weil er der Thatsache widerstrebt, daß der Mastzuwachs doch blos 5—10 % der verzehrten Proteïn-Menge enthält und weit überwiegend aus Fett besteht.

Hält man dem die Möglichkeit oder, wozu manche Versuche *) berechtigen, die Wahrscheinlichkeit einer theilweisen Metamorphose des verzehrten Proteïns in Fett widersprechend entgegen, so würde man damit allerdings die Nützlichkeit eines Proteïn-Reichthums der Rationen darthun, aber noch keineswegs die Nothwendigkeit desselben. Wenn die Stärke und der Zucker das nämliche in der Fettbildung leisten — und genug Versuche stützen diese Annahme — dann fällt jene weg, und die Frage gestaltet sich: ob ich Fett aus dem theuren Proteïn oder aus den verhältnißmäßig weit billigeren Kohlehydrate gewinnen soll? —

Ich habe mich für's letztere entschieden. **)

6. Bei Arbeits-Ochsen ist auf den Proteïn-Reichthum der Ration das Haupt Gewicht zu legen. Je stärker die Arbeit, je größer die tägliche Proteïn-Gabe. Dabei kann die Ration ziemlich voluminös sein, wenigstens braucht sie nicht so concentrirt und holzfaserarm zu werden, wie die des in vorgeschrittener Mast befindlichen Thieres.

7. Die Normen für Arbeits-Pferde reguliren sich nach der Schwere dieser Thiere und der Größe ihrer Arbeit. Bei ihrer Aufstellung haben wir einen ganz maßgeblichen Anhalt in der allgemeinen Erfahrung über Pferdefütterung, indem dieselbe bekanntlich für jeden Hauptfall der Ernährung ein gewisses Quantum Hafer, Heu und Häcksel mit Sicherheit vorschreibt.

8. Milchkühe, welche bei guter Milchsekretion $1\frac{1}{2}$ Pfd. Caseïn und 1 Pfd. Butter-Fett, bei mäßiger, durchschnittlicher Sekretion wenigstens doch 0.8 Pfd. Caseïn und 0.6 Pfd. Butter-Fett täglich verlieren, müssen schon deßhalb eine verhältnißmäßig reiche Ration erhalten. Sie braucht nicht so viel Proteïn, wohl aber eben so viel an Fett und Zucker, als die des Arbeits-Ochsen. Auch darf sie, indem die doch meistens im Stalle angebundenen Kühe ihre Verdauungsgabe durch Bewegung nicht kräftigen können, nicht gar so voluminös sein, als letztere. Sie hält etwa die Mitte zwischen der Diät des Mastochsen und Arbeitsochsen.

9. Schweine soll man in ihrer Jugend, das ist etwa in den ersten 6—8 Monaten, nicht zu stark und namentlich nicht mit proteïnreichen Ra-

---

*) Vergl. Seite 258, 597, 673, 639, 698, 702 und 709.

**) Das heißt einweilen, denn streng genommen, ist das Ganze noch eine offene Frage.

tionen beschweren, denn das macht sie leicht krank und unfähig zur spätern erfolgreichen Mast. Man muß sie in jenem Alter recht freßgierig erhalten und suchen, daß sie recht weite Gedärme und eine energische Verdauung bekommen. Möglichst voluminöse Rationen mit schwachen Nährstoff-Verhältnissen entsprechen dieser Forderung am ehesten. Haben die Thiere eine Schwere von etwa 150 Pfd. erreicht, dann ist der geeignetste Zeitpunkt da zum Beginn der Mast. Meine Normen schreiben erst von da an concentrirte Rationen vor.

Es steigt in ihnen die Trockensubstanz kaum merklich mit wachsendem Körpergewichte, gegen Ende der Mast hin, aber gar nicht mehr. An Fett und Zucker wird dabei allmählig immer mehr zugelegt, so daß die Fütterung schließlich ein schwaches Nährstoff-Verhältniß vorstellt.

10. Schafe verlangen und vertragen in ihrer Ration erfahrungsgemäß das stärkste Nährstoffverhältniß im Vergleich zu den andern Nutzthieren. Unsere Normen haben hierauf Rücksicht genommen. Obgleich die verschiedenen Racen der Fleischschafe etwas consumtionsfähiger sind, als die Wollschafe und streng genommen pro 100 Pfd. Körpergewicht etwas andere Nahrungs-Sätze verlangen, so ist doch in der Praxis der strenge Gegensatz in den Nutzungszwecken längst verschwunden und man füttert z. B. die Merinoschafe nicht lediglich wegen der Wollproduction, sondern zugleich auch — weil es sonst nicht rentabel ist — um davon Fleisch zu gewinnen. Die Zwecke der Mastung sind die überwiegenden und habe ich daher vorzüglich für diese eine Norm aufgestellt.

11. Jung-Vieh (Kälber und Rinder) stehen bis zum Alter von etwa $\frac{1}{2}$ Jahr unter einer concentrirten und möglichst kräftigen Ernährung. Von da an wird sie indessen allmählig voluminöser und schwächer an Nährstoffverhältniß. Dem 1—2 Jahre alten Rinde meine ich eine den Kuh-Rationen qualitativ nachstehende Composition geben zu können.

12. Da unsere Normen sowohl bei wachsendem Jungvieh als auch bei der verschiedenen Größe der Thier-Racen sich nach dem Körpergewichte richten mußten, so erwähne ich hier der Grundsätze welche mir bei dieser Regulirung streng maaßgebend waren.

a. Ein jugendliches Thier verlangt pro 100 Pfd. Körpergewicht mehr Nahrungsmasse als ein älteres.

b. Ein Thier leichter Race verlangt pro 100 Pfd. Körpergewicht mehr Nahrungsmasse, als das von Natur schwerere Thier.

c. Die schweren Racen brauchen pro 100 Pfd. Körpergewicht weniger Respirations-Stoffe, als die leichten; die Ration jener repräsentirt daher ein stärkeres Nährstoffverhältniß.

13. Das Lebendgewicht des Thieres kommt bei Mastochsen und Mastkühen blos bei Beginn der Mast in Betracht, späterhin nicht mehr;
denn in allen übrigen Perioden sind für die Rations-Normen blos die
sub 2, 3 u. 4 angeführten Gesichtspunkte geltend.

14. Hinsichtlich des oben, Seite 720, erörterten Volumcharakters
einer Ration, habe ich mich zur Treffung eines richtigen Verhältnisses zwischen Trockensubstanz und Nährstoffmenge möglichst an die gangbaren Anschauungen der rationellen Praxis gehalten und bin in Betrachtung derselben
zu Verhältnißzahlen gelangt, welche ich hier citiren zu müssen glaube, weil
sie bei Construction des Volumens der Fütterungs-Normen streng befolgt
worden sind.

Ration für	Gehalt der Trockensubstanz an Holzfaser und Mineralsalzen Prozent
Kälber, im Alter von 2 Monaten	17
„ „ 6 „	28
Rinder, im Alter von 6— 9 Monaten	35
„ „ 15—18 „	40
„ „ 21—24 „	45
Arbeits-Ochsen, von 800 Pfd. Körperschwere	40
„ „ 1400 „ „	38
Milchkühe, bei jeder Schwere	36
Mastochsen und Mastkühe im ersten Monat der Mast	42
„ „ zweiten „	36
„ „ dritten „	31
„ „ letzten Stadium der Mast	27
Schafe, bei Beginn der Mast	36
„ gegen Ende der Mast	31
„ bei gewöhnlicher Haltung	35
Faselschweine von 25 Pfd.	22
„ „ 75 „	26
„ „ 125 „	28
Mastschweine von 150 „	20
„ „ 300 „	18
„ „ 600 „	15

Mit diesen Zahlen ist blos für jede Thier-Art die Grenze gegeben,
innerhalb derselben wir uns bewegt haben bei Construction der Rationen.
Wer die Zwischenzahlen, das heißt die jedem einzelnen Ernährungsfalle
zu Grunde liegende aparte Zahl wissen will, der kann selbige leicht aus
den weiter unten citirten Tabellen herausrechnen. Man wird dabei finden,
daß wir uns auch in diesen Punkten bestmöglichst nach Alter, Schwere und
Zweck des Thieres gerichtet haben.

15. Der Fettgehalt, welcher in allen Rationen namentlich in den zur
Maſt beſtimmten eine ſo wichtige Rolle ſpielt, habe ich genau nach Maßgabe
der Trockenſubſtanz der Ration und folgender, aus dem Studium der Füt-
terungs-Verſuche reſultirenden Anſätze, berechnet.

Ration für	Gehalt der Trockenſubſtanz an Fett Prozent
Kälber, im Alter von 0—2 Monaten	24
„ „ 2— 3 „	12
„ „ 3— 4 „	10
„ „ 5— 6 „	8
Rinder, im Alter von 6— 9 „	2.8
„ „ 15—18 „	2.3
„ „ 21—24 „	2.0
Arbeits-Ochſen von jeder Schwere	2.5
Milchkühe bei jeder Schwere	3.0
Maſtochſen und Maſtkühe im erſten Monat der Maſt	2.6
„ „ zweiten „	3.0
„ „ dritten „	4.0
„ „ letzten Stadium der Maſt	5.5
Ackerpferde, mäßig benutzt	5.0 *)
„ ſchwer angeſtrengt	7.7
Maſtſchafe, bei Beginn der Maſt	3.0
„ gegen Ende der Maſt	5.0
„ bei gewöhnlicher Haltung	2.4
Faſelſchweine von 25 Pfd.	6.6
„ „ 75 „	3.7
„ „ 125 „	2.3
Maſtſchweine von 150 „	4.0
„ „ 300 „	4.0
„ „ 400 „	4.4
„ „ 500 „	5.6
„ „ 600 „	7.0

Hierzu wird bemerkt, daß alle Rationen, welche über 4½ % Fett
haben ſollen, ohne Anwendung von Pflanzen-Oelen oder ſehr fettreicher
Samen (Leinſamenſchrot und Rapsſchrot) nicht gut conſtruirt
werden können.

Blos bei Kälbern und Maſtſchweinen wird man dieſe Zuſätze zweckmäßig umgehen können, durch reichliche Anwendung von Milch oder deren
Abfälle (Sauermilch, Buttermilch und Molken.) Bei 3—4½ % Fett
dürfte man ſie nicht mehr nöthig haben, indem dann mit gehöriger Benutzung von ſonſtigen fettreichen Sachen, (wie Oelkuchen, Haferſchrot, Mais-
ſchrot, Biertreber, Schlempe und Heu) meiſtens gut ausgereicht wird.

*) Dieſer hohe Gehalt iſt ein naturgemäßer und entſpricht genau der Ration
auf Seite 734.

16. Außer Art, Zweck, Körperschwere und Alter, was Alles in unseren Normen eine genügende Berücksichtigung gefunden, influirt auf deren Richtigkeit ohne Zweifel auch noch:

Temperament des Thieres;
Gestaltung des Brustkastens;
Gesundheit der Lunge;
Kraftzustand der Verdauungs-Organe;
Klima einer Gegend;
Wärme des Stalles in den verschiedenen Jahreszeiten;
Putzen und Striegeln der Thiere im Stalle;
Sauberkeit der Einstreu und Bequemlichkeit des Lagers;
Reinheit der Luft im Stalle;
Pünktlichkeit in der Fütterung;
Rohe oder sanfte Behandlung der Thiere;
Die mehr oder weniger große Helligkeit des Stalles;
u. s. w. u. s. w.

„Nun — warum haben Sie auf Alles das keine Rücksicht genommen?"— Hämische Frage!

Wer sie aber in allem Ernste stellen will, den bitte ich um gleichzeitige gefällige genaue Belehrung, wie ich so was hätte möglich machen können.

Hiermit beschließe ich die Entwickelungsgeschichte der Fütterungs-Normen. Ich würde an jede einzelne darin enthaltene Zahl noch eine specielle Rechtfertigung knüpfen, wenn man das nur im Wunsche des geehrten Lesers denken und nicht der Hoffnung sich hingeben könnte, daß demselben nach obiger offener Darlegung, eine solche Rechenschaft für eben so überflüssig als lästig erscheint. —

Norm für Zucht-Kälber.

NB. Gewichte sind überall ausgedrückt in Zollpfund à 500 Gramm.

Alter in Wochen	Ungefähre Körperschwere Pfd.	Täglicher Bedarf an				Nährstoff-Verhältniß	Entsprechend Süßmilch
		Trocken-substanz Pfd.	Protein-stoffen Pfd.	Fett Pfd.	Kohlehydrate Pfd.		
0— 1	70	1.6	0.52	0.40	0.57	1 : 3.0	13 Pfd.
1— 2	80	1.7	0.56	0.42	0.61	"	14 "
2— 3	90	1.8	0.60	0.45	0.66	"	15 "
3— 4	100	1.9	0.64	0.48	0.70	"	16 "
4— 5	110	2.0	0.68	0.51	0.75	"	17 "
5— 6	120	2.3	0.75	0.54	0.85	"	18 nebst ¼ Pfd. Wiesenheu
6— 7	130	2.6	0.81	0.57	0.99	"	19 " ½ " "
7— 8	140	3.1	0.72	0.41	1.46	1 : 3.4	
8— 9	150	3.8	0.80	0.45	1.90	1 : 3.8	
9—14	180	5.0	0.86	0.50	2.62	1 : 4.5	
14—20	230	5.8	0.95	0.55	2.90	"	Vergl. Seite 580 und 583
20—26	280	7.1	1.10	0.60	3.45	"	

NB. Als Uebergangs-Ration und entsprechend obiger Norm, empfiehlt sich

pro 7—8 Woche : 10 Pfd. Sauermilch + 0.7 Pfd. Leinsamenschrot + 1 Pfd. Haferschrot + ³/₄ Pfd. Wiesenheu

pro 8—9 Woche : 10 Pfd. Sauermilch + 0.7 Pfd. Leinsamenschrot + 1¹/₂ Pfd. Haferschrot + 1 Pfd. Wiesenheu.

Norm für Rinder.

Alter in Monaten	Ungefähre Körperschwere Pfd.	Täglicher Bedarf an				Nährstoff-Verhältniß
		Trocken-substanz Pfd.	Protein-stoffen Pfd.	Fett Pfd.	Kohlehydrate Pfd.	
6— 9	350	11.0	1.27	0.30	5.58	1 : 5.0
9—12	440	14.0	1.44	0.35	7.03	1 : 5.5
12—15	530	17.0	1.54	0.40	8.26	1 : 6.0
15—18	620	19.5	1.65	0.44	9.61	1 : 6.5
18—21	710	22.0	1.79	0.47	10.50	"
21—24	800	24.5	1.90	0.50	11.08	"

Norm für Milchkühe.

Lebendgewicht	Täglicher Bedarf an				Nährstoff-Verhältniß
	Trockensubstanz Pfd.	Protein Pfd.	Fett Pfd.	Kohlehydrate Pfd.	
700 Pfd.	24	2.25	0.72	12.39	1 : 6.3
800 „	25	2.39	0.75	12.86	1 : 6.2
900 „	26	2.51	0.78	13.35	1 : 6.1
1000 „	27	2.64	0.81	13.83	1 : 6.0
1100 „	28	2.74	0.84	14.34	1 : 6.0
1200 „	29	2.88	0.87	14.81	1 : 5.9
1300 „	30	3.07	0.90	15.23	1 : 5.7
1400 „	31	3.27	0.93	15.64	1 : 5.5

Norm für Arbeitsochsen.

Lebendgewicht	Täglicher Bedarf an				Nährstoff-Verhältniß
	Trockensubstanz Pfd.	Protein Pfd.	Fett Pfd.	Kohlehydrate Pfd.	
800 Pfd.	26	2.55	0.65	12.40	1 : 5.5
900 „	28	2.83	0.70	13.27	1 : 5.3
1000 „	30	3.14	0.75	14.11	1 : 5.1
1100 „	32	3.46	0.80	15.26	1 : 5.0
1200 „	34	3.73	0.85	16.16	1 : 4.9
1300 „	35	4.04	0.87	16.79	1 : 4.7
1400 „	36	4.30	0.90	17.11	1 : 4.5

Norm für Pferde.

		Täglicher Bedarf an			
		Heu Pfd.	Hafer Pfd.	Roggenstroh-Häcfel Pfd.	Leinsamen-schrot Pfd.
Reitpferd {	mäßig benutzt .	6	9	1	—
	schwer angestrengt	6	12	1	2
Ackerpferd {	mäßig benutzt .	12	12	1½	—
	schwer angestrengt	12	16	1½	2
Karrenpferd {	mäßig benutzt .	12	18	1½	—
	schwer angestrengt	12	18	1½	3

Norm für Mastochsen und Mastkühe.

Zu Anfang der Mast Lebendgewicht von	Täglicher Bedarf an				Nährstoff-Verhältniß
	Trocken-substanz Pfd.	Protein Pfd.	Fett Pfd.	Kohle-hydrate Pfd.	
900 Pfd.					
Im ersten Monat der Mast	28.0	3.15	0.72	12.37	1 : 4.5
„ zweiten „ „ „	27.2	2.91	0.81	13.68	1 : 5.4
„ dritten „ „ „	26.0	2.75	1.04	13.89	1 : 6.0
„ vierten „ „ „	24.0	2.57	1.32	13.39	1 : 6.5
1000 Pfd.					
Im ersten Monat der Mast	30.0	3.44	0.78	13.18	1 : 4.4
„ zweiten „ „ „	28.6	3.11	0.86	14.33	1 : 5.3
„ dritten „ „ „	27.0	2.86	1.08	14.42	1 : 6.0
„ vierten „ „ „	25.0	2.71	1.37	13.92	1 : 6.4
1100 Pfd.					
Im ersten Monat der Mast	32.0	3.74	0.83	14.00	1 : 4.3
„ zweiten „ „ „	30.5	3.35	0.91	15.26	1 : 5.2
„ dritten „ „ „	28.5	3.06	1.14	15.46	1 : 6.0
„ vierten „ „ „	26.0	2.90	1.43	14.65	1 : 6.3
1200 Pfd.					
Im ersten Monat der Mast	34.0	4.05	0.88	14.79	1 : 4.2
„ zweiten „ „ „	32.2	3.61	0.96	16.04	1 : 5.1
„ dritten „ „ „	29.8	3.24	1.19	16.13	1 : 5.9
„ vierten „ „ „	27.0	3.04	1.48	15.15	1 : 6.2
1300 Pfd.					
Im ersten Monat der Mast	35.0	4.34	0.91	15.05	1 : 4.0
„ zweiten „ „ „	33.0	3.77	0.99	16.36	1 : 5.0
„ dritten „ „ „	30.3	3.34	1.21	16.36	1 : 5.8
„ vierten „ „ „	27.0	3.15	1.55	15.00	1 : 6.0

Norm für Schafe.

Lebendgewicht		Täglicher Bedarf an				Nährstoff-Verhältniß
		Trockensubstanz Pfd.	Protein Pfd.	Fett Pfd.	Kohlehydrate Pfd.	
30 Pfd.		1.15	0.120	0.028	0.588	1 : 5.5
40 "		1.45	0.153	0.035	0.740	1 : 5.4
50 "		1.75	0.188	0.042	0.890	1 : 5.3
60 "		2.00	0.218	0.048	1.014	1 : 5.2
70 "	zu Anfang der Mast	2.30	0.309	0.070	1.093	1 : 4.1
	gegen Ende " "	1.92	0.241	0.096	0.987	1 : 5.1
80 "	zu Anfang der Mast	2.55	0.349	0.076	1.207	1 : 4.0
	gegen Ende " "	2.13	0.271	0.107	1.091	1 : 5.0
90 "	zu Anfang der Mast	2.75	0.384	0.082	1.294	1 : 3.9
	gegen Ende " "	2.24	0.291	0.112	1.142	1 : 4.9
100 "	zu Anfang der Mast	2.95	0.421	0.088	1.379	1 : 3.8
	gegen Ende " "	2.36	0.312	0.118	1.198	1 : 4.8
120 "		3.30	0.431	0.120	1.594	1 : 4.4
140 "		3.60	0.486	0.126	1.728	1 : 4.2
160 "		3.80	0.545	0.144	1.819	1 : 4.0

Norm für Schweine.

Lebendgewicht		Täglicher Bedarf an				Nährstoff-Verhältniß
		Trockensubstanz Pfd.	Protein Pfd.	Fett Pfd.	Kohlehydrate Pfd.	
Faselschweine	25 Pfd.	1.5	0.19	0.10	0.88	1 : 6.0
	50 "	2.2	0.26	0.11	1.28	1 : 5.9
	75 "	3.2	0.37	0.12	1.87	1 : 5.8
	100 "	4.5	0.52	0.13	2.63	1 : 5.7
	125 "	6.0	0.68	0.14	3.49	1 : 5.6
Mastschweine	150 "	5.0	0.86	0.20	2.94	1 : 4.0
	175 "	5.5	0.87	0.22	3.36	1 : 4.5
	200 "	6.0	0.88	0.24	3.80	1 : 5.0
	250 "	6.7	0.90	0.26	4.33	1 : 5.5
	300 "	7.2	0.95	0.29	4.66	1 : 5.7
	350 "	7.7	0.98	0.32	5.09	1 : 6.0
	400 "	8.0	0.99	0.35	5.30	1 : 6.3
	450 "	8.0	0.95	0.40	5.30	1 : 6.6
	500 "	8.0	0.95	0.45	5.32	1 : 6.8
	600 "	8.0	0.95	0.55	5.30	1 : 7.0

Was man auch von den hiermit citirten Nährstoff-Normen halten möge, — nur eines wolle man nicht annehmen, nämlich, daß sie etwa seien das Produkt eines leichtfertigen Gedankens oder einer flüchtigen Arbeit, wie man solche z. B. in einem Abend hinter dem Schreibtische fertig machen kann. Wer es wüßte, wie viele Mühe mir diese Zahlen gemacht und wie ich nicht Tage und monatelang sondern seit Jahren auf ihre Aufstellung und Vervollkommung meine Aufmerksamkeit ernsthaft gerichtet gehalten, der wird mir glauben, daß ich ihnen das beste geboten, was ich vermochte.

Das soll durchaus nicht die Kritik abschneiden, oder mir als unliebsam erscheinen lassen, denn, wenn gleich auch ich nicht's besseres weiß, jedenfalls wissens Andere und diese mögen dann durch reelle Exposition desselben, einer guten Sache nützen und, dessen dürfen sie gewiß sein, mich zu eben so aufrichtigem Danke verbinden.

Mit allgemeinen, wegwerfenden Bemerkungen, oder mit einer simplen Repetition und Variation der Einwürfe und Wünsche, welche ich selbst ja oben offen genug angeregt und hingestellt habe, kann indessen weder der Sache noch mir gedient sein. Bei allem Respecte vor den wissenschaftlichen Desiderien, welche das Nährstoffsystem in seiner jetzigen Form noch trüben, und welche naturgemäß erst in der Zukunft und mit dem Fortschritte der Wissenschaft ihre Erfüllung finden, konnte ich jedoch keinen Augenblick zurückschrecken und aus den Augen verlieren, warum es sich hier handelte: Es handelte sich eben nicht um billige selbstgefällige Zukunftswünsche, sondern um Aufstellung des zur Zeit Erreichbaren, um Schaffung eines präcisen Anhaltes für die Hauptfälle der Fütterungs-Praxis. Der heutige Landwirth bedarf einer Handhabe, an welcher er den unklaren Wust der Fütterungs-Versuche nutzbar für seine Zwecke machen kann; er verlangt eine solche mit Recht am Schlusse jedes, die wissenschaftliche Fütterungslehre behandelnden Buches. Dieser klaren Forderung glaube ich mit obigen Normen entsprochen zu haben.

Indem wir bei den nach unseren Normen zu bildenden
Futterrationen stets Gebrauch machen müssen von
den Analysen der verschiedenen Futtermittel, so habe
ich die in Vortrag 15 abgeleiteten Durchschnitts-
Analysen übersichtlich in folgender Tabelle zusammengestellt, so daß man damit des lästigen Nachschlagens
enthoben ist.

Mittlere prozent. Zusammensetzung von	Anzahl der benutzten Analysen	Proteïnstoffe	Fett	Kohlehydrate	Holzfaser	Asche	Wasser	Gesammtmenge der Trockensubstanz	Nährstoffverhältniß
Grünfutter.									
Rother Klee	30	3.7	0.8	8.8	5.8	1.6	79.3	20.7	1: 2.9
Weißer „	2	4.0	0.9	8.0	5.4	1.8	79.9	20.1	1: 2.6
Inkarnatklee	2	2.9	0.7	6.7	6.0	1.6	82.1	17.9	1: 2.9
Schwedischer Klee . . .	6	3.2	0.7	6.6	5.4	1.4	82.7	17.3	1: 2.6
Hopfenklee	2	3.5	0.8	8.0	7.0	2.0	78.7	21.3	1: 2.8
Luzerne	6	3.5	0.6	8.4	8.0	1.9	77.6	22.4	1: 2.8
Esparsette	2	3.2	0.6	8.2	6.5	1.7	79.8	20.2	1: 3.0
Wiesengras	58	3.1	0.8	11.5	10.8	1.9	71.9	28.1	1: 4.3
Grünhafer	4	2.3	0.5	5.8	5.8	1.4	84.2	15.8	1: 3.0
Futterkorn	2	3.3	0.6	6.7	8.0	1.8	79.6	20.4	1: 2.5
Wickfutter	7	8.8	0.6	5.5	6.0	1.7	82.4	17.6	1: 1.9
Grünmais	6	1.2	0.4	10.3	4.9	1.2	82.0	18.0	1: 9.3
Spörgel	4	2.0	0.5	8.2	5.9	2.0	81.4	18.6	1: 4.7
Futterkohl	6	1.7	0.4	5.0	2.0	1.3	89.6	10.4	1: 3.5
Rübenblätter	8	2.0	0.8	4.3	1.6	1.8	90.0	10.0	1: 2.5
Möhrenlaub *)	3	3.5	0.6	9.2	3.3	3.4	80.0	20.0	1: 3.0
Trockenfutter.									
Wiesenheu	18	10.4	3.0	38.0	27.0	7.2	14.4	85.6	1: 4.4
Grummet	10	13.0	3.0	35.0	24.0	10.0	15.0	85.0	1: 3.3
Heu von Rothklee . . .	34	13.1	3.2	27.4	33.8	7.6	15.4	84.6	1: 2.7
„ „ Weißklee . . .	2	16.8	3.7	33.9	22.7	7.5	15.4	84.6	1: 2.5
„ „ Inkarnatklee . .	2	13.4	3.2	31.2	27.8	7.4	17.0	83.0	1: 2.9
„ „ schwedischem Klee .	6	15.8	3.3	32.7	26.0	6.7	16.0	84.0	1: 2.7
„ „ Hopfenklee . . .	2	14.0	3.2	30.8	28.0	8.0	16.0	84.0	1: 2.8
„ „ Luzerne	6	13.1	3.2	31.5	30.0	7.1	16.0	84.0	1: 2.8
„ „ Esparsette . . .	2	13.1	2.5	34.7	26.7	7.0	16.0	84.0	1: 3.1
Gutes Stroh von Wintergetreide .	21	2.6	1.0	30.5	45.0	5.5	15.4	84.6	1: 12.7
Gutes Stroh von Sommergetreide	10	3.0	1.5	34.1	40.0	6.0	15.4	84.6	1: 12.6
Getreidekaff (Spreu) . . .	11	4.2	1.7	36.3	34.5	9.6	13.7	86.3	1: 9.8
Stroh von Hülsenfrüchten .	9	8.0	1.6	30.0	39.2	6.3	14.9	85.1	1: 4.2
Schoten von Hülsenfrüchten	5	10.2	2.0	28.5	36.3	8.0	15.0	85.0	1: 3.2
Rapsstroh	2	2.7	1.0	31.3	40.0	6.0	19.0	81.0	1: 12.0
Rapsschoten	3	4.0	2.0	40.6	37.2	6.0	10.2	89.8	1: 11.0
Wurzelfrüchte.									
Futterrüben	34	1.2	0.2	7.3	1.6	0.9	88.8	11.2	1: 6.5
Zuckerrüben	28	1.0	0.1	15.2	1.3	0.8	81.6	18.4	1: 15.5

*) Die übrigen selteneren Grünfutterpflanzen sind auf Seite 474 zusammengestellt.

Mittlere prozent. Zusammensetzung von	Anzahl der benutzten Analysen	Proteinstoffe	Fett	Kohlehydrate	Holzfaser	Asche	Wasser	Gesammtmenge der Trockensubstanz	Nährstoffverhältniß
Mohrrüben	16	1.1	0.2	9.5	2.1	1.1	86.0	14.0	1 : 9.1
Feldkartoffeln	25	2.4	0.3	19.0	1.2	1.1	76.0	24.0	1 : 8.2

Körner.

Weizen	52	13.2	1.6	66.2	3.0	1.7	14.3	85.7	1 : 5.4
Roggen	9	11.0	2.0	64.4	5.0	2.0	15.6	84.4	1 : 6.4
Gerste	43	10.0	2.1	62.0	8.6	2.6	14.7	85.3	1 : 6.8
Hafer	16	11.2	6.0	56.6	9.6	2.9	13.7	86.3	1 : 6.6
Spelz (Dinkel)	2	10.0	1.4	52.8	17.0	3.8	15.0	85.0	1 : 5.6
Buchweizen	6	6.0	1.2	62.6	15.0	2.2	13.0	87.0	1 : 11.0
Mais	7	8.8	5.8	59.4	11.5	1.8	12.7	87.3	1 : 8.7
Grünmalz	3	6.0	1.5	37.4	5.2	1.9	48.0	52.0	1 : 6.8
Darrmalz	2	10.0	2.2	65.7	9.5	2.6	10.0	90.0	1 : 7.0
Erbsen	7	22.4	3.0	53.7	5.3	2.4	13.2	86.8	1 : 2.8
Pferdebohnen und Saubohnen	4	23.9	1.3	44.8	11.8	3.4	14.8	85.2	1 : 2.0
Wicken	4	27.3	1.7	51.8	4.0	2.4	12.8	87.2	1 : 2.1
Lupinen	4	35.6	7.6	26.9	13.4	3.4	13.1	86.9	1 : 1.7
Linsen	4	26.1	1.9	52.3	3.9	2.4	13.4	86.6	1 : 2.2
Weiße Bohnen	6	26.3	2.2	49.5	3.7	3.5	14.8	85.2	1 : 2.1
Rapssamen	3	18.0	45.0	9.5	10.5	5.0	12.0	88.0	1 : 7.0
Leinsamen	8	22.0	37.0	17.0	8.0	4.0	12.0	88.0	1 : 5.5

Gewerbliche Abfälle.

Frische Kuhmilch	22	4.0	3.0	4.4	—	0.6	88.0	12.0	1 : 3.0
Dicke Sauermilch . . .	3	3.2	0.7	5.3	—	0.8	90.0	10.0	1 : 2.2
Buttermilch	3	3.0	1.0	5.3	—	0.7	90.0	10.0	1 : 12.6
Molken	—	0.5	0.5	4.0	—	0.4	94.6	5.4	1 : 0.5
Weizenkleie	6	13.3	3.2	38.3	26.0	5.2	14.0	86.0	1 : 3.5
Roggenkleie	7	12.1	2.4	54.1	13.4	4.4	13.6	86.4	1 : 5.0
Griesmehl	3	11.0	2.5	50.9	15.0	5.6	15.0	85.0	1 : 5.2
Biertreber	16	4.8	1.6	9.5	6.0	1.2	76.9	23.1	1 : 2.8
Malzkeime	5	24.5	3.5	34.8	19.6	6.6	11.0	89.0	1 : 1.8
Rapskuchen	16	28.0	9.5	24.8	15.8	7.4	15.0	85.0	1 : 1.7
Leinkuchen	37	28.0	10.0	31.6	11.0	7.9	11.5	88.5	1 : 2.2
Kartoffelschlempe	5	1.0	0.15	2.8	0.6	0.5	95.0	5.0	1 : 3.1
Getreideschlempe	3	2.0	0.7	5.3	1.3	0.7	90.0	10.0	1 : 3.5
Melasseschlempe	1	1.2	—	5.1	—	1.7	92.0	8.0	1 : 4.2
Rübenschlempe (nach Leplay)	—	0.9	0.1	6.2	1.2	0.6	91.0	9.0	1 : 7.2
Kartoffelfaser	1	0.8	0.1	15.0	1.3	0.3	82.5	17.5	1 : 19.0
Rüben-Melasse	11	7.8	—	62.8	—	10.8	18.6	81.4	1 : 8.0
Zuckerrüben-Preßlinge . .	7	1.9	0.25	18.3	5.8	3.0	71.8	28.7	1 : 10.0
Mazerations-Preßlinge . .	9	1.0	0.1	11.4	3.6	1.9	82.0	18.0	1 : 12.0

Die Nuꞩanwendung des Vorſtehenden können wir jeꞩt an einigen Beiſpielen zeigen.

Geſeꞩt, es hätte Jemand einen 1200 Pfd. ſchweren Zugochſen bei ordentlicher Arbeitsleiſtung deſſelben zu ernähren. Von Futtermitteln ſtehen ihm blos zur Diſpoſition Rapskuchen, Futterrüben und Weizenſtroh. Wie viel Pfund von jedem dieſer Stoffe ſoll er täglich dem Ochſen geben? —

Die Norm ſagt, daß er in der täglichen Ration 34 Pfd. Trockenſubſtanz mit 3.73 Pfd. Proteïn, 0.85 Pfd. Fett und 16.16 Pfd. Kohlehydrate bieten muß.

Um dieſer Forderung zu entſprechen wird der geſchäꞩte Landwirth zunächſt ſeine Erfahrung zuſammennehmen und ſich fragen müſſen: wie viel Rapskuchen, Rüben und Stroh, ſo ein Ochſe wohl täglich bedürfe. Die Anſicht, welche er ſich darüber bald gebildet, kann bei ihm, als erfahrener Viehhalter, nicht ſehr von dem Wahren abweichen. Glaubt er zum Beiſpiel, daß das Thier mit 5 Pfd. Rapskuchen, 180 Pfd. Rüben und 12 Pfd. Stroh kräftig ernährt werden könne, ſo weiß er auch im Voraus, daß die Verbeſſerungen dieſer Ration ſich nur in gewiſſen engen Grenzen bewegen können. Und um dieſe zu finden, ſeꞩt er ſich ein bischen hin und berechnet den Nährſtoffgehalt derſelben. Vor ſolcher Rechnung braucht ſich Niemand zu entſeꞩen, denn ſie iſt, wie ich hier zeigen will, gar leicht und von Jedem ausführbar, der das Einmal Eins verſteht.

Gemäß Tabelle Seite 738 enthalten	Trockenſubſtanz Pfd.	Proteïn Pfd.	Fett Pfd.	Kohlehydrate Pfd.
5 Pfd. Rapskuchen .	4.25	1.40	0.47	1.21
180 „ Rüben . . .	20.20	2.16	0.36	18.14
12 „ Weizenſtroh .	10.15	0.31	0.10	3.60
Summa =	34.60	3.87	0.93	17.95
Norm =	34.0	3.73	0.85	16.16

Er ſieht jeꞩt, daß ſeine projectirte Ration etwas zu viel Proteïn und Kohlehydrate führt und folgert daraus mit Recht, daß die darin figurirende Rübenmenge zu groß, die Strohquantität aber zu gering iſt. Er tarirt demzufolge die Rübenmenge zu 150 Pfd. und erſeꞩt die damit ungefähr weggenommene 3½ Pfd. Trockenſubſtanz durch 3 Pfd. Stroh und gibt ſich darauf wieder an's Rechnen.

	Trockenſubſtanz Pfd.	Proteïn Pfd.	Fett Pfd.	Kohlehydrate Pfd.
5 Pfd. Rapskuchen .	4.25	1.40	0.47	1.21
150 „ Futterrüben .	16.80	1.80	0.30	10.95
15 „ Stroh . .	12.69	0.40	0.15	4.50
	33.74	3.60	0.92	16.66

Mit dieser Composition ist der Norm so gut entsprochen, als möglich. Der Zugochse empfängt mit ihr nicht nur eine ihm entsprechende
Ernährung, sondern auch die passendste Mischung, welche von jenen 3 gegebenen Futtermitteln denkbar ist. Daß Mischungen, worin außerdem noch
Heu oder Körnerschrot oder sonst ein gutes Futtermittel figuriren, ihm nicht
besser bekommen, wird nicht damit negirt; es lag nur die Construction solcher, vielleicht vorziehbaren Ration nicht im Bereiche des gestellten Beispiels.

Zweites Beispiel.

Es hat Jemand 20 Stück Milchkühe mit Kartoffelschlempe, Rapskuchen, Rübenpreßlingen und Rapsschoten zu ernähren. Die einzelnen
Exemplare der Race differiren aber in ihrem Körpergewichte um 100—
150 Pfd. Soll man nun für jede Kuh eine aparte Ration genau entsprechend ihrem Körpergewichte berechnen? —

Wer für jede Kuh einen separaten Stand und Futtertrog bereit hat,
auch Vergnügen daran findet, anstatt eine, vielleicht 3 oder 4 verschiedene
Rationen zu berechnen und alltäglich genau zusammenzusetzen, der mag es
thun; warum nicht?

Nothwendig ist das indessen nicht. Es wird für den practischen Zweck
vollkommen genügen, wenn er die 20 Kühe wiegt und das Durchschnitts-
Gewicht als das Norm bedingende ansieht. Indem er so dem Gesammtge-
wichte die richtige Ration bietet, mögen und können die schweren Thiere der
Reihe dasjenige mehr fressen, was die leichten von dem Antheile an der
Futtermischung freiwillig übrig lassen.

Das Durchschnitts-Gewicht der Kühe sei also gefunden zu 1100 Pfd.,
so daß die Thiere täglich haben müssen 20 mal 28 Pfd. Trockensubstanz
+ 2.74 Pfd. Protein + 0.84 Fett und 14.34 Pfd. Kohlehydrate. Welche
Composition wird dieser Norm entsprechen?

Der Landwirth denkt, daß eine Ration, aus 80 Pfd. Schlempe, 40
Pfd. Preßlingen, 3 Pfd. Rapskuchen und 10 Pfd. Rapsschoten bestehend,
derselben vielleicht nahe kommt und prüft diese Annahme mit folgender Berechnung.

	Trockensubstanz Pfd.	Protein Pfd.	Fett Pfd.	Kohlehydrate Pfd.
80 Pfd. Kartoffelschlempe	4.00	0.80	0.12	2.24
40 „ Preßlinge . .	11.48	0.76	0.10	7.32
3 „ Rapskuchen . .	2.58	0.84	0.30	0.72
10 „ Schoten . . .	8.98	0.40	0.20	4.06
Summa	27.04	2.80	0.72	14.3

Diese Composition ist ziemlich gut getroffen. Das eine Pfd. Trocken-substanz, welches ihr noch fehlt, werden wir, angesichts des etwas zu schwa-chen Fettgehaltes, durch Vermehrung der Rapskuchen und der Schoten zu decken suchen müssen. Da dadurch aber der Protein-Gehalt ungebührlich steigt, so wäre gleichzeitig eine Verminderung der Schlempe um etwa 10 Pfd. geboten. Die so verbesserte Composition lautet nun:

	Trockensubstanz Pfd.	Protein Pfd.	Fett Pfd.	Kohlehydrate Pfd.
70 Pfd. Kartoffelschlempe	3.50	0.70	0.11	1.96
40 „ Preßlinge . .	11.48	0.76	0.10	7.32
3½ „ Rapskuchen . .	2.97	0.98	0.35	0.85
11 „ Rapsschoten .	9.80	0.44	0.22	4.46
Summa =	27.75	2.88	0.78	14.59
Norm =	28.0	2.74	0.84	14.34

Wo keine Kartoffelschlempe, sondern Getreideschlempe zur Disposition steht, da stellt sich die Ration auf

	Trockensubstanz Pfd.	Protein Pfd.	Fett Pfd.	Kohlehydrate Pfd.
60 Pfd. Getreideschlempe .	6.00	1.20	0.42	3.18
40 „ Preßlinge . .	11.48	0.76	0.10	7.32
1½ „ Rapskuchen . .	1.30	0.42	0.15	0.36
10 „ Rapsschoten . .	8.98	0.40	0.20	4.06
Summa	27.76	2.78	0.87	14.92

Drittes Beispiel.

Ein Haufen Schafe von 100 Stück soll gemästet werden. Die ein-zelnen Thiere wiegen zwischen 70—85 Pfd., ihr mittleres Gewicht ist aber 80 Pfd. Hiervon ausgehend, wäre zu Anfang der Mast den 100 Thieren zu geben:

255 Pfd. Trockensubstanz, 34.9 Pfd. Protein, 7.6 Pfd. Fett und 120.7 Pfd. Kohlehydrate.

Diese Ration will der Landwirth aus Zuckerrüben, Kleeheu und Schrot construiren und berechnet solche daher mit folgendem Resultate:

	Trockensubstanz Pfd.	Protein Pfd.	Fett Pfd.	Kohlehydrate Pfd.
300 Pfd. Zuckerrüben	55.20	3.00	0.30	45.60
200 „ Kleeheu .	169.20	26.20	6.40	54.80
22 „ Gerstenschrot	18.76	2.20	0.46	13.64
14 „ Erbsenschrot	12.15	3.14	0.42	7.51
Summa	255.3	34.5	7.58	121.5

Oder wollte er dazu Grummet, Leinkuchen ꝛc. benutzen, dann berech-net sie sich auf

		Trockenſubſtanz Pfd.	Proteïn Pfd.	Fett Pfd.	Kohlehydrate Pfd.
250	Pfd. Zuckerrüben	46.00	2.50	0.25	38.00
120	„ Grummet	102.00	15.60	3.60	42.00
27	„ Leinkuchen	23.69	7.56	2.70	8.53
30	„ Bohnenſchrot	25.56	7.20	0.39	13.44
68	„ Roggenſtroh	57.52	1.77	0.68	20.74
	Summa	254.7	34.6	7.62	122.6

Gegen Ende der Maſt, wo dieſe Rationen zu voluminös und fettarm erſcheinen, verlangt · die Norm für die 100 achtzigpfündige Schafe:

213 Pfd. Trockenſubſtanz, 27.1 Pfd. Proteïn, 10.7 Pfd. Fett und 109.1 Pfd. Kohlehydrate. Ihr wird, wo zum Beiſpiel Futterrüben und Wieſenheu benutzt werden ſoll, entſprochen durch

		Trockenſubſtanz Pfd.	Proteïn Pfd.	Fett Pfd.	Kohlehydrate Pfd.
400	Pfd. Futterrüben	44.80	4.8	0.8	29.2
140	„ Wieſenheu .	119.84	14.5	4.2	53.2
40	„ Hafer . .	34.52	4.4	2.4	22.6
10	„ Leinkuchen . .	8.85	2.8	1.0	3.1
6	„ Leinſamenſchrot	5.28	1.3	2.2	1.0
	Summa	213.2	27.8	10.6	109.1

Viertes Beiſpiel.

Ein Wurf Faſelſchweine im Gewichte von 130—140 Pfd. ſoll hauptſächlich mit Malztreber, Kartoffeln und Rübenblättern ernährt werden. Wie viel davon muß jedes Schwein bekommen?

Wer das nicht aus eigener Erfahrung ungefähr ermeſſen kann, der mache es, wie ich, und vertheile die geforderten 6 Pfd. Trockenſubſtanz vorläufig einmal gleichmäßig auf alle drei Futtermittel, ſo daß jedes 2 Pfd. trockene Maſſe repräſentirt.

		Trockenſubſtanz Pfd.	Proteïn Pfd.	Fett Pfd.	Kohlehydrate Pfd.
20	Pfd. Rübenblätter	2.0	0.40	0.06 .	0.86
8.3	„ Kartoffeln .	2.0	0.20	0.025	1.60
8.7	„ Malztreber .	2.0	0.42	0.139	0.82
	Summa	6.0	1.02	0.22	3.28
	Norm =	6.0	0.68	0.14	3.49

Jetzt läßt ſich leicht erfahren, wo der Fehler ſitzt. Wir werden ſagen, daß von den proteïn= und fettreichen Malztrebern zu viel, und von Kartoffeln zu wenig in dieſer Zuſammenſtellung iſt. Eine entſprechende Aenderung ſcheint die folgende zu ſein:

	Trockenfubftanz Pfd.	Protein Pfd.	Fett Pfd.	Kohlehybrate Pfd.
20 Pfd. Rübenblätter .	2.00	0.40	0.060	0.86
13 „ Kartoffeln . .	3.12	0.30	0.039	2.47
4 „ Malztreber .	0.92	0.19	0.064	0.38
Summa	6.04	0.90	0.16	3.71

Trotzdem bietet sie nicht das Gewünschte. Wir sehen bei ihr, daß überhaupt keinerlei Zusammenstellung von diesen 3 Futtermitteln uns der Norm wesentlich näher bringen kann, weil jede Combination zu viel Nährstoffe im Verhältniß zur Trockensubstanz bietet. Wir müssen also hier noch ein viertes, recht voluminöses Futtermittel einschalten. Als solches empfiehlt sich bei der Schweinefütterung vor Allem Gerstegrannen, gedämpft oder eingeweicht in kochendem Wasser. Selbige sind den Schweinen angenehm und erhalten sie gesund, verdauungstüchtig und offenen Leibes, was Alles für die der Mastung vorhergehende Periode einen besondern Werth hat. Unter Benutzung solcher Gerstegrannen gestaltet sich nun die richtige Ration wie folgt:

	Trockensubst. Pfd.	Protein Pfd.	Fett Pfd.	Kohlehybrate Pfd.
11½ Pfd. gedämpfte Kartoffeln	2.760	0.276	0.034	2.185
4 „ Biertreber . . .	0.920	0.192	0.064	0.380
8 „ Rübenblätter . .	0.800	0.160	0.024	0.344
1⁷/₁₀ „ Gerstegrannen . .	1.467	0.071	0.029	0.617
Summa	5.95	0.69	0.15	3.52

Wir nehmen, conform unsern Normen an, diese Faselschweine seien im Alter von 7—8 Monaten, oder bei einem Körpergewichte von etwa 150 Pfund in's Stadium der Mastung getreten und wären darin fortgeschritten bis zu dem hohen Gewichte von 500 Pfd. wo sie bekommen sollen pro Tag und Stück 8 Pfd. Trockensubstanz 0.95 Pfd. Protein, 0.45 Pfd. Fett und 5.32 Pfd. Kohlehybrate. Welche Combination entspricht Beispielsweise dieser Forderung?

	Trockensubst. Pfd.	Protein Pfd.	Fett Pfd.	Kohlehybrate Pfd.
4 Pfd. Haferschrot . . .	3.454	0.448	0.240	2.264
5 „ Gersteschrot . . .	4.265	0.500	0.100	3.100
⅛ „ Leinöl	0.120	—	0.115	—
	7.84	0.94	0.45	5.36

Oder

3⅛ „ Weizenkleie . . .	2.860	0.442	0.106	1.298
21 „ gedämpfte Kartoffeln	5.040	0.504	0.063	4.000
³/₁₀ „ Leinöl	0.290	—	0.281	—
	8.19	0.94	0.45	5.30

Natürlich ließe sich unter Hinzuziehung anderer Futtermittel, namentlich der Hülsenfrüchte und Milch-Abfälle, noch eine lange Reihe solcher, dem gestellten Ernährungsfalle genau zusagenden Rationen componiren.

Man hofft, daß mit den citirten vier Beispielen einem Jeden die Nutzanwendung der chemischen Fütterungs-Normen ganz klar geworden ist.

Ich schließe daher dies Kapitel, von dem ich glaube, daß es dem Landwirth wahrhaft nützlich sein wird, indem es ihm in allen Fällen der Praxis der Viehfütterung einen festen und unzweideutigen Anhalt gibt, einen Anhalt, der ihm präcise sagt, sowohl was an den in seiner Praxis bisher adoptirten Rationen ohne Nachtheil gespart werden kann, als auch was daran fehlt und mit Vortheil ersetzt werden muß; einen Anhalt der dem Neuling über den Mangel an practischer Erfahrung schadlos hinweghilft und ihn befähigt hinsichtlich der ökonomischen Resultate seine Fütterung mit Jedem zu concurriren; einen Anhalt, der dem Theoretiker nützt bei der Construction seiner Versuchs-Rationen und beim Studium des verwirrenden Wustes der Fütterungs-Versuche; einen Anhalt endlich, wie er in der bisherigen Heuwerthsstatik nicht entfernt und auch durch sonst nichts geboten war.

63

22. Vortrag.

Ueber die Werthsbestimmung eines Futters.

Ich müßte eigentlich das auf Seite 265—272 Abgehandelte nochmals wörtlich hier abdrucken lassen, denn es ist in der That nicht blos die Einleitung, sondern vielmehr der fundamentale Theil des vorstehenden Themas.

Wenn ich dem Drucker diese Mühe erspare, so geschieht das lediglich in der Hoffnung, daß der geschätzte Leser uns gern verspricht, jene Seiten als hierhergehörig betrachten und sie zuvörderst jetzt durchlesen zu wollen.

Man erreicht dadurch, daß ich die weitere Bearbeitung des Thema's auf folgende, mehr die praktische Seite der Frage behandelnden Bemerkungen beschränken darf.

Es gibt also zwei, im Wesen ganz verschiedene Begriffe über den „Werth eines Futters."

Zur Bezeichnung derselben wählten wir die Ausdrücke:

„physiologischer Werth" (gleich Nährwerth, Futterwerth, Ausnutzungs-Effect.)

„ökonomischer Werth" (gleich Handelspreis, Marktpreis, Geldwerth.) und schlagen vor, an dem Gebrauche dieser Ausdrücke consequent festzuhalten, weil sie als zweckmäßig erscheinen.

Die nähere Definition des ersteren knüpft sich mit physiologischer Strenge an die chemische Constitution des Futtermittels, indem sie die verschiedenartigen Nährwirkungen hervorhebt, welche die darin enthaltenen Nährstoffmengen, gemäß unseren heutigen wissenschaftlichen Anschauungen, wahrscheinlich äußern, je nachdem sie verfüttert werden, entweder pur, das heißt so, wie sie das fragliche Futtermittel grade darbietet, oder in Mischung und Verbindung mit irgend einem andern Futtermittel, welches durch einen Reichthum an Proteïn, oder Fett, oder Kohlehybraten oder Holzfasern ausgezeichnet sein kann, aber in jedem dieser Fälle die Nährwirkung der ganzen Mischung gerade so verändert, wie Alter und Gewicht, besonders aber, wie die Art, Race und Zweck des Thieres es thun. Auch wird die Definition den Zubereitungsmethoden einen meßbaren Einfluß einräumen, wenn solche auch blos äußerlich wären und nicht in die chemische Verfassung des Futters eingreifen; sie wird endlich sogar die Aufstallung und Pflege der Thiere, und vielleicht manches Andere noch unter die große Zahl der Factoren ihres Urtheils über den Werth eines Stoffes zu bringen wissen. Alles das macht sie vielgestaltig, gleich den Bedingungen und Umständen, nach denen sie sich richten muß, um weder Wissenschaft noch Praxis zu betrügen. Sie gleicht in ihrer Vollkommenheit mehr einer umfassenden Abhandlung, als einem abgemessenen, kleinen Ausspruche. Selbst ihre erdenklich einfachste Form ist nur unter bestimmten, regourösen Voraussetzungen möglich; sie kann z. B. lauten: „Wenn ich zu 70 Pfund roher Kartoffeln 4½ Pfund Leinkuchen und 10 Pfund Strohhäcksel füge, dies Alles gut durcheinander menge, 2 Stunden lang in verschlossenem Behälter mit überhitztem Dampf behandeln lasse, und dann an einen 1200 Pfund schweren, 4 Jahre alten Ochsen im ersten Monat seiner Mast täglich verfüttere, dann ziehe ich in der Fleischproduction von je 100 Pfund verfütterter Kartoffeln denselben Vortheil, wie von 62 Pfd. besten Wiesenheues, welches ich dem nämlichen Ochsen in andern Fällen pur zu fressen gebe. Unter den genannten Bedingungen hätten also 100 Pfd. Kartoffeln den Effect von 62 Pfd. Heu. Mag nun diese Erklärung vom practischen Gesichtspunkt aus etwas für sich zu haben scheinen, so bleibt sie doch jedenfalls sehr einseitig, denn sie umschließt nur e i n e n F a l l u n t e r h u n d e r t andern, die möglich sind, und wovon ein jeder eine wesentliche Aenderung in jener Zahlengleichung zwischen Heu und Kartoffeln mit sich zu bringen im Stande ist. Was soll uns da eine solch' einfachste Fassung nützen, wenn sie unter jeder anderen Voraussetzung nutzlos oder vielmehr falsch wird!

Die Frage nach dem Nährwerthe eines Futtermittels läuft also, ihrer Natur nach, jedesmal auf eine umfassende, physiologische Deduction hinaus. Sie kann und will nicht beantwortet werden durch einen einzigen, auf beschränkten Voraussetzungen beruhenden Fall, noch weniger durch einen bedingungslosen Zahlenvergleich mit anderen Futtermitteln, und am allerwenigſten durch eine abſtracte Zahl. Wo ſolch' mathematiſche Faſſung des Werthes beliebt wird, da ſchließt man ſtillſchweigend den Begriff des phyſiologiſchen Werthes aus.

Der Character, den dann die Antwort empfängt, iſt conform dem Begriffe des ökonomiſchen Werthes oder Geldwerthes des Futtermittels. Sage ich zum Beiſpiel geradeweg: 100 Pfd. Rüben ſind aequivalent 30 Pfd. Heu — ſo heißt das einfach blos: daß 100 Pfd. Rüben im practiſchen Markt-Verkehr ſo viel gelten, wie 30 Pfd. Heu; aber nie heißt es: daß 100 Pfd. Rüben den Futterwerth von 30 Pfd. Heu haben oder gar in dieſem Verhältniſſe ſich gegenſeitig vertreten können. Koſten 30 Pfd. Heu 10 Sgr., ſo weiß ich durch jenen Ausdruck, wie viel Sgr. 100 Pfd. Rüben werth ſind; und umgekehrt, ſtände der Marktpreis der Rüben feſt, ſo ließe ſich darnach der etwa unbekannte des Heues berechnen. Es läuft alſo der ganze, derartige Vergleich auf eine ſimple Geldwerthsberechnung, reſpective Preisberechnung hinaus. Nichts von Wiſſenſchaft kann dahinter geſucht werden.

Demgemäß handelt es ſich hier um die Wahl zwiſchen jener breiten, grenzloſen, phyſiologiſchen Futterwerthstaxirung, oder dieſer einfachen Geldwerthsberechnung. Wir überreden uns nicht, daß es noch einen dritten Weg gäbe, etwa ſo ein Mittelding von einſeitiger Wiſſenſchaft und ſpitzfindigem Calcül, welches dem eingebildeten Bedürfniſſe nach einer practiſch handbaren Methode der Futterwerthsbeſtimmung wirklich entſpräche. Wir ſehen vielmehr in all' ſolchen Methoden den unglücklichen Verſuch, etwas Unmögliches möglich machen zu wollen.

Die geſtellte Wahl kann nicht ſchwierig ſein; ich habe bereits vom phyſiologiſchen Standpunkte aus in den früheren Vorträgen alles das angeführt, was den Nährwerth der verſchiedenen Futter zu erhellen vermag. Wer ſich das dort Entwickelte gehörig angeeignet hat, der trägt die wahre wiſſenſchaftliche Methode in ſich, jedes Futtermittel unter allen möglichen Umſtänden richtig auf ſeinen Nährwerth zu ſchätzen; er wird hier ein Weiteres nicht von mir verlangen, weil er gewiß fühlt, daß das mindeſtens einer Wiederholung des Früheren gleichkäme, ohne Hoffnung, uns zu mathematiſchen Ausdrücken über den Nährwerth der einzelnen Futtermittel zu führen. Wenn ich mich deßhalb für diejenige Methode hier entſcheide, die allein eine practiſch ſichere und wiſſenſchaftlich unantaſtbare Futterwerthsbeſtimmung geſtattet, nämlich für die rein empiriſche Preisbeſtimmung, ſo glaube ich hierin der Zuſtimmung jedes logiſch Denkenden ſicher zu ſein und namentlich Derjenigen, welche, um keinen Preis, Schein für Wiſſenſchaft haben wollen.

Sollen die Vortheile solcher Werthsbestimmung recht sicher sein und das umschließen, was der Landwirth in dieser Hinsicht billig verlangen kann, so muß vor Allem dafür gesorgt werden, daß für diese Bestimmungen festere Anhaltspunkte gewonnen werden, als solche sich bisher darboten in den merkantilischen Erfahrungen über den, von manchen fremdartigen Umständen abhängigen und daher sehr schwankenden Marktpreis der einzelnen Futtermittel.

Was könnte aber, so denke ich, solchen Anhalt besser bieten, als die Futtermittel-Analyse? — Ist sie es nicht, welche uns mit dem Gehalte des Futters an Trockensubstanz, Proteïn, Fett, Stärke, Zucker, Holzfaser, Asche rc., gerade Alles das in möglichst präcisen Zahlen sagt, was hauptsächlich dessen werthgebende Momente ausmacht?

Halte ich hieran fest, dann reducirt sich die Aufgabe der ökonomischen Werths-Ermittelung eines Futtermittels auf die Preisbestimmung seiner analytischen Theile. Der Preis der letzteren summirt giebt den Preis des Futters.

Gleich wie A. Stöckhardt den Preis eines beliebigen Düngmittels berechnet aus seinem analytisch gefundenen Gehalte an Stickstoff, Kohlenstoff, Ammoniak, Phosphorsäure, Kalk rc., unter Benutzung fester Preise für je ein Pfund von jedem dieser Elemente, ähnlich wollen wir also auch hier für die Futtermittel, zu deren Handelswerthe, respective ökonomischen Werthe gelangen. Nun stehen aber der Aufstellung von festen Taxen für je 1 Pfd. Proteïn, Fett, Zucker rc., gewisse Schwierigkeiten im Wege, von denen die hauptsächlichsten in folgenden zwei Fragen angedeutet liegen:

Wie ist es möglich, daß bei festen Nährstofftaxen der berechnete Werth eines Futtermittels in genügender Uebereinstimmung mit den großen Schwankungen im Producten-Marktpreise bleibt?

Wie hat man es mit den Nährstoffen zu halten, da es doch unzweifelhaft ist, daß ein und derselbe Nährstoff einen ungleichen Werth hat, je nachdem er der einen oder andern Kategorie von Futtermitteln angehört?

Diese und andere vorhandenen Hindernisse glaube ich durch nachstehende, meiner Berechnungsmethode zu Grunde liegende Maximen genügend beseitigt zu haben:

1. Es werden die verschiedenen Futtermittel in zwei Abtheilungen getrennt: in concentrirte und in voluminöse. Als concentrirte ließen wir nur solche gelten, deren Trockensubstanz nahezu eben so viele und auch eben so leicht verdauliche Nährstoffe enthält, wie die Körnerfrüchte im Durchschnitt repräsentiren.

2. Es wird angenommen, daß überhaupt die Preise solcher concentrirten Futtermittel sich nach dem Ausfalle der Roggenernte, die Preise der voluminösen Futter dagegen sich nach dem Ausfalle der Heuernte richten.

3. Daher wird der jedesmalige Roggenpreis der Nährstofftaxe für die concentrirten Futtermittel, der obherrschende Heupreis der Nährstofftaxe für die voluminösen Futtermittel zu Grunde gelegt.

4. Es weiß Jeder, daß überhaupt die Nährstoffe im Roggen ansehnlich theurer sind, als im Heu. Mag der Grund an wirklichen chemischen Verschiedenheiten liegen, wie wir solche Seite 463, 479, 720 u. ff. zur Sprache gebracht haben, oder mehrentheils daran, daß das Heu blos eine thierische Nahrung, während Roggen ein gesuchtes Genußmittel des Menschen ist, genug, wir haben jener Thatsache, als solcher, Rechnung zu tragen und werden demnach für die Nährstoffe im Heu niedrigere Preistaxen erwarten, als für die des Roggens.

5. So mag es denn auch nicht als eine theoretische Spekulation, sondern als ein Zwang thatsächlicher Verhältnisse erscheinen, daß den Nährstoffen des Stroh's und aller strohigen Futtermittel eine noch niedrigere Taxe eingeräumt wurde.

6. Aus dem Preis-Verkehr der gewöhnlichen Lebens- und Futtermittel glaubte ich schließen zu müssen, daß 1 Pfd. wasserfreies Fett um etwa 20 % theurer sei, als 1 Pfd. Proteïnstoff.

7. Das Preisverhältniß zwischen Fett, Stärke und Zucker war durch ihre Respirationswerthe (Seite 433) präcise angegeben.

8. In vielen Futtermitteln ist die anwesende Stärke und der Zucker noch nicht ermittelt, und muß man sich dafür mit der Angabe der sogenannten Kohlehydrat-Menge begnügen. Da letztere, als Collectiv-Name für Stärke, Zucker, Dextrin, Gummi, Pectin und sonstige lösliche stickstofflose Verbindungen, jedenfalls einige werthlose Stoffe mit einschließen (Seite 721), so glaubte ich die Taxe für die „Kohlehydrate" um 10 % niedriger stellen zu sollen, als die des Zuckers.

9. Indem ich auf diese Weise die relative Größe der Nährstofftaxen möglichst wahr festgestellt hatte, suchte ich deren absolute auf dem Wege des Probierens, durch mannigfaltige Annahmen, welche ich so lange prüfte und änderte, bis sie mit der Wirklichkeit bestens harmonirten.

Alles hier Gesagte dürfte vollends verständlich sein, nachdem wir einen prüfenden Blick auf die Anordnung und den Inhalt nachfolgender 2 Tabellen geworfen haben:

Nährstofftaxe für die concentrirteren Futtermittel.
(1 Thaler à 30 Silbergroschen à 12 Pfenninge.)

	Beträgt der Marktpreis von 200 Zpfd. Roggen			
Dann kostet je 1 Pfund	4 Thlr.	5 Thlr.	6 Thlr.	
	Pfenninge	Pfenninge	Pfenninge	
I. Kategorie { Proteïn	20.8	26.1	31.3	Zu dieser Kategorie gehören blos die üblichen Gemüsmittel des Menschen: also vorzugsweise die Körner von Weizen, Tisch-Erbsen, weiße Bohnen, Linsen, ferner Roggenvorschußmehl und die geschälten Samen von Gerste, Hafer, Hirse, und Reis; Tisch-Kartoffeln. Obst u. alle besseren Gemüsepfl.; überhaupt die S. 434 rubriz. pflanzl. Nährmittel.**)
Fett	26.2	32.8	39.3	
Stärke	10.5	13.1	15.7	
Zucker	8.7	10.9	13.1	
Kohlehydrate überhaupt *	7.8	9.8	11.7	
II. Kategorie { Proteïn	15.7	19.6	23.5	Hierzu gehören die Samen von Roggen, Gerste, Hafer, Spelz, Mais, Pferdebohnen, Wicken, Lupinen, Raps und Lein; alle Rübengewächse, Futter-Kartoffeln, jede Art Schlempe und Melasse.
Fett	19.7	24.6	29.5	
Stärke	7.8	9.8	10.8	
Zucker	6.5	8.2	9.8	
Kohlehydrate überhaupt*	5.9	7.4	8.9	

Nährstofftaxe für die voluminöseren Futtermittel.

	Beträgt der Marktpreis von 1000 Zpfd. Wiesenheu			
Dann kostet je 1 Pfund	7 Thlr.	10 Thlr.	13 Thlr.	
	Pfenninge	Pfenninge	Pfenninge	
I. Kategorie { Proteïn	9.1	13.0	16.9	Zu dieser Kategorie gehören alle Arten von Heu, sowie auch die grün gefütterten Schnitte v. Klee, Luzerne, Gras, Wickfutter, Futterkorn, Grünhafer, Mais, Lupinen, Kohlpflanzen u. Rübenblätter. Ferner jede Sorte von Grießmehl, Kleien, Oelkuchen, Biertreber, Malzkeime, Stärketreber und Zuckerrübentreber.
Fett	11.8	16.2	21.0	
Stärke	4.6	6.5	8.4	
Zucker	3.8	5.4	7.0	
Kohlehydrate überhaupt *	3.4	4.8	6.3	
II. Kategorie { Proteïn	7.7	11.0	14.3	Hierzu gehören alle Arten von reifem Getreide- u. Hülsenfrucht-Stroh, sowie auch jegliche Sorte von Kaff, Spreu und Schoten.
Fett	9.6	13.8	17.9	
Stärke	3.8	5.5	7.2	
Zucker	3.2	4.6	5.9	
Kohlehydrate überhaupt*	2.9	4.1	5.3	

*) Dieser Preis gilt, wo Gehalt an Stärke und Zucker ganz unbekannt sind.
**) Die thierischen Nahrungsmittel lassen sich nicht nach diesen Taxen berechnen, denn ihre Nährstoffe sind ungleich theurer und haben auch, je nach der Abkunft einen zu ungleichen Marktpreis. So sind zum Beispiel die Nährstoffe in den Milch-Abfällen und der Milch durchweg 2 mal, im Fleische sogar 7 mal theurer, als im Weizen.

Unsere erste Frage wird nun die sein: ob die vorstehenden Preistaxen auch richtig und wirklich zutreffend seien?

Ich weiß nicht, wie anders darüber in's Klare zu kommen wäre, als dadurch, daß man nach jenen Taxen und unter Zugrundelegung der bekannten Durchschnitts-Analysen auf Seite 738 den Geldwerth der einzelnen Futtermittel berechnet und dann selbst zusieht, ob das gefundene Resultat dem üblichen Marktpreise genügend gleichkommt.

Eine solche Berechnung habe ich mit folgendem Resultate ausgeführt:
Bei einem Roggenpreise von 5 Thlr. per 200 Pfd. müßten kosten je
100 Zollpfd.   Silbergroschen

Roggen	75
Weizen	103
Gerste	70
dito, geschält	101
Hafer	75
dito, geschält	109
Roggenfeinmehl	100
Roggenschwarzbrod	70
Spelz, (Dinkel)	61
Buchweizen	62
Mais	73
Futtererbsen	85
Tischerbsen	113
Weiße Bohnen	115
Linsen	117
Pferde- und Saubohnen	77
Wicken	80
Lupinen	89
Leinsamen	122
Rapssamen	127
Futterkartoffel	19.2
Tischkartoffel	27.0
Futterrüben	6.9
Zuckerrüben	11.8
Mohrrüben	8.1
Melasse	46.0
Melasseschlempe	5.1
Rübenschlempe	5.5
Getreideschlempe	7.9
Kartoffelschlempe (v. 5 % Trockenf.)	3.7

Bei einem Heupreise von 10 Thlr. per 1000 Pfd. müßten kosten je
100 Zollpfd.   Silbergroschen

Wiesenheu	30.0
Grummet	32.1
Heu von Rothklee	29.5
" " Weißklee	36.6
" " Inkarnatklee	31.3
" " schweb. Klee	34.0
" " Luzerne	29.8
" " Esparsette	31.5
Gutes Stroh von Wintergetreide	13.9
Gutes Stroh von Sommergetreide	16.0
Getreidekaff und Spreu	18.2
Stroh von Hülsenfrüchten	19.4
Schoten von Hülsenfrüchten	21.4
Rapsstroh	14.2
Rapsschoten	19.8
Grüner Rothklee	8.5
" Weißklee	8.7
" Inkarnatklee	6.7
" schweb. Klee	7.0
" Hopfenklee	8.0
" Luzerne	7.9
" Esparsette	7.5
" Wiesengras	9.0
Grünschnitt von Hafer	5.5
" " Wickfutter	7.1
" " Mais	6.0
" " Spörgel	6.1
" " Roggen	7.0
" " Futterkohl . . .	4.5
" " Rübenblätter . . .	4.3
" " Möhrenlaub . . .	8.2
Weizenkleie	38.0
Roggenkleie	44.0
Griesmehl	41.3
Rapskuchen	52.0
Leinkuchen	57.0
Biertreber	11.3
Malzkeime	44.0
Kartoffeltreber	8.7
Zuckerrübenpreßlinge	9.7
Mazerations-Rückstände } von Rüben-Zucker-Fabr. . .	5.8
Centrifugen-Rückstände }	

Mir erscheinen diese berechneten Werthe in hübscher Uebereinstimmung mit den wirklichen, mittleren Marktpreisen, wie sie sich nach obigen Roggen- und Heupreisen normiren. Ist der geehrte Leser der nämlichen Ansicht, dann haben die proponirten Nährstofftaxen ihre Proben bestanden; sie wären dann glücklich getroffen und können ihrer practischen Bestimmung getrost übergeben werden.

Die Vortheile, welche diese neue Methode der Futterwerthsberechnung dem Landwirthe wahrhaft bringt, liegen auf der Hand; sie können zweifacher Art sein:

Erstens kann er mit ihrer Hülfe leicht erfahren, ob ein gewisses Futtermittel, welches er anzukaufen im Begriffe steht, im Verhältniß zum grade herrschenden Roggen- und Heupreise entweder zu theuer oder zu billig ist. Im ersteren Falle wird er es wohlweislich nicht kaufen, vielmehr sich nach einem anderen ähnlichen Futtermittel umsehen, welches zufällig billiger steht. Im letzteren Falle, wo es schon sich ihm als recht billig hinstellt, da wird er unbedenklich zugreifen und so seinen Vortheil wahren.

Er wird zum Beispiel bei einer Situation, wie Ende 1858, wo der Roggen 5 Thlr. und das Heu, in Folge dürren Sommers über 15 Thlr. kosteten, kein Heu verfüttern, sondern recht viel Körnerfrüchte, weil ein Blick auf die Nährstofftaxen zeigt, daß die Nährstoffe im Heu beträchtlich theurer waren, als die in den Körnern.

Jemand bekommt von einer Rübenzuckerfabrik die Offerte, Zuckerrüben für 10 Sgr. per Ctr. zu liefern. Bei welchem Roggenpreise kann er dies nur mit Vortheil thun? — Wir sahen oben, daß bei 5 Thlr. Roggenpreis die Zuckerrüben einen ökonomischen Werth haben von 11.8 Sgr.; einen Werth von 10 Sgr. werden sie daher bei 4¼ Thlr. Kornpreis halten. Ist nun letzterer, wie z. B. heute, 5½ Thlr., dann kann der Landwirth auf jene Lieferung nicht eingehen und wird seine Rüben mit mehr Vortheil an sein Vieh verfüttern.

Was kann der Landwirth bei einem Heupreise von 13 Thlr. für den Ctr. Malztreber geben? — Antwort: 14.7 Silbergroschen.

Der Ctr. Brennerei-Kartoffeln kostet heute hier 28 Sgr.; der Roggen 5½ Thlr. Der Landwirth wird erstere gewiß nicht ankaufen und verfüttern wollen, weil er sicher berechnet, daß sie ihm blos 21.1 Sgr. werth sind.

Die heutigen Marktpreise in Halle für Melasse sind 38 Sgr., für Gerste 78 Sgr. pro Ctr. Welcher Ankauf wäre der vortheilhafteste für denjenigen, der Mangel an concentrirtem Futter hat? — Jedenfalls der Bezug von Melasse, denn sie hat bei dem gleichzeitigen, normangebenden Kornpreise von 5½ Thlr. einen ökonomischen Werth von 50 Sgr., während die Gerste einen solchen von 77 Sgr. hat, also keinen Profit bei ihrem gestellten Marktpreise gewährt.

Aehnliche Beispiele ließen sich aus der Praxis, wo sie alle Tage vorkommen,

Tausende entnehmen. Alle würden darthun die großen Vortheile und die Präcision der Anwendung unserer Methode.*)

Zweitens weiß der Landwirth gleich, wo er dran ist, wenn ihm ein unbekanntes Futtermittel vorkömmt. Auf Grund der Analyse, die er sich

---

*) Wollte man zu diesem Behufe der bekannten und neuesten Wolff'schen Heu-werthszahlen sich bedienen, glaubend, daß sie das Nämliche eben so gut leisten, dann würde ich doch darauf aufmerksam machen, daß viele derselben mit den normalen Marktpreisen sich in gar zu mißlichen Differenzen befinden, wie folgender Auszug zeigt:

Wenn 100 Pfd. Heu = 30 Sgr. kosten, dann müßten kosten:

1 Ctr.	nach Wolff Sgr.	nach Grouven Sgr.
Roggen	70	75
Weizen	75	103
Roggenmehl, gebeutelt	71	100
Hafer	61	75
Gerste	59	70
Spelz	48	61
Mais	63	73
Wicken	100	80
Saubohnen	86	77
Linsen	91	117
Leinsamen	83	122
Rapssamen	77	127
Grummet	37.5	32.1
Futterroggen	13.0	7.0
Futterkohl	6.4	4.5
Möhrenlaub	11.0	8.2
Mohrrüben	10.4	8.1
Stroh von Wintergetreide	8.4	13.9
Stroh von Hülsenfrüchten	22.0	19.5
Getreidespreu	15.0	18.2
Zuckerrüben-Preßlinge	15.5	9.7
Mazerations-Rückstände	3.3	5.8
Biertreber	20.8	11.3
Malzkeime	71.4	45.0
Weizenkleie	61.2	88.6
Rapskuchen	81.1	52.0
Melasse	68.2	46.0

Wenn sonach die Wolff'schen Heuwerthszahlen, grade in derjenigen Hinsicht, in welcher sie der Landwirth am meisten zu gebrauchen pflegt, sich als völlig werthlos und zu groben Irrthümern hinführend zeigen, dann möchte ich doch gerne wissen, was nun noch Brauchbares an selbigen übrig bleibt.

Etwa ihre Anwendbarkeit zu physiologischen Zwecken oder Rations-Constructionen? —

Es ist sehr zu bedauern, daß grade hierüber die Wissenschaft schon längst den Stab gebrochen. Man lese nur:

Henneberg: Beiträge zur Fütterung der Wiederkäuer, Braunschweig 1860, p. I—XIII. u. 1—16. Grouven: Vorträge, I. Aufl., Cöln 1859, p. 611—620.

darüber bald verschafft hat, kann er nämlich selbst berechnen, wie er bei dem obherrschenden Futterpreise die neue Pflanze ohne Schaden einkaufen oder verkaufen müßte. So beendigte ich zur Zeit einmal eine Analyse der chinesischen Zuckerhirse (Sorghum sacharatum), jener neuen Pflanze, die an einigen Orten durch ihren hohen Ertrag und Zuckerreichthum Aufsehen machte. Das untersuchte Exemplar war bei Cöln, auf einem stark gedüng-ten Sandboden, recht üppig gediehen, denn ihre Stauben besaßen zur Zeit ihrer Untersuchung eine Höhe von 9 Fuß und waren noch recht saftig und grün.

100 Theile enthielten:

70.0	Waffer
14.1	Zucker
1.4	Fett und Wachs
1.7	Proteïnstoffe
3.7	stickstofflose Verbindungen
8.5	Holzfaser
1.6	Mineralien
100	

Diese Pflanze gehört ohne Zweifel zur I. Kategorie der voluminösen Futtermittel, also unter die Classe der Gräser und Grünfutterpflanzen. Ihr ökonomischer Werth berechnet sich daher beim beispielsweisen Heupreise von 10 Thlr., wie folgt:

1.7	Pfd. Proteïn	à 13.0	Pfg.	= 22.1	Pfenninge
1.4	„ Fett	à 16.2	„	= 22.7	„
14.1	„ Zucker	à 5.4	„	= 76.1	„
3.7	„ Kohlehybr.	à 4.8	„	= 17.7	„
			Summa	138.6	„

Das wären also 11½ Silbergroschen pro Ctr.! —

—•◦•—

23. Vortrag.

Die nächsten Aufgaben der Fütterungschemie.

Die Mehrzahl der üblichen Fütterungsversuche hat eigentlich ein und dasselbe Ziel.

Es ist die Auffindung des täglichen Bedarfs an Trockensubstanz, Protein, Fett, Stärke, Zucker ꝛc. für jede Thierart, für jeden Zweck und Zustand derselben. Nach diesem einfachsten, zweckmäßigsten und zugleich wissenschaftlichsten Ausdruck für das Nahrungsbedürfniß streben sie alle hin, ob direct oder indirect, ob bewußt oder absichtslos; alle geben ihn, als Haupt-Schlußresultat entweder schon direct oder doch wenigstens so, daß er leicht daraus zu berechnen ist. Und der Grund, weßhalb jene Frage jedem Versuche vorschwebt und zur Permanenz erhoben ist, wird in dem hohen practischen Interesse gefunden, welches sie wirklich bietet.

Aus diesem Interesse entspringt folgerichtig der lebhafte Wunsch, ja das Bedürfniß nach dem endlichen Besitze fehlerfreier Ernährungsnormen, das heißt nach reeller Vervollkommnung der jetzt bestehenden und zur Zeit möglichen.

Sollen und können wir diese Vervollkommnung suchen auf der bisherigen Bahn der Fütterungsversuche? — Sollen wir dazu ermuntern, daß während des kommenden Dezenniums noch etwa ein Hundert solcher practischen Fütterungsversuche gemacht werden? — Und hätten wir diese endlich, ob dann unser Wunsch sich befriedigt und das Gesuchte damit gefunden ist? —

Ich verneine diese Fragen, und erlaube mir in aller Kürze hier daran zu erinnern, weßhalb.

Erstens liefern all' solche Versuche, was ihr Hauptmangel ist, keinen Ausdruck für den wahren Futtereffect, denn keiner ist befähigt zu sagen, wie viel Pfund Zunahme oder Abnahme an Fleisch, Fett und Wasser, also an diesen drei, so sehr ungleichwerthigen Dingen, nach irgend einer Fütterung erfolgt ist.

· Zweitens sind sie, anstatt auf einfache genau bekannte Nährstoffe, basirt auf die sogenannten Futtermittel, sowohl auf einzelne als auf bunte Gemenge derselben; aber kaum bei irgend einem Futtermittel wissen wir, welche organische Verbindungen in ihm verdaulich sind und welche nicht, eben so wenig wissen wir, wie viel chemisch verschiedene organische Stoffe es birgt, welche davon Nährwerth haben und welche nicht. Also, offen gestanden: als ein wahres Räthsel stehen vor uns die Futtermittel und wie man, mit diesen unbekannten Factoren operirend, naturgesetzliche, aufklärende Resultate finden wollte, das bleibt dem logischen Verstande ein Räthsel.

Seltsam aber wahr! Man hat die Aufgabe des wissenschaftlichen Fütterungsversuchs sonderbarer Weise da angefaßt, wo sie naturgemäß hätte enden sollen, nämlich mit Betrachtung von Futtermitteln und complizirten Gemengen derselben! —

Das Operiren mit einfachen Nährstoffen, überhaupt der ganz einfache elementare Versuchscharacter, welches die entschiedenste Bedingung des wahren Fortschritts ist, das hat niemals im Character der bisherigen Futterversuche gelegen, und wird auch, bei dem verfluchten Haschen nach practischen Resultaten, schwerlich in selbigen hinein kommen.

Drittens verwirren solche Versuche zu viel. Wer die Literatur derselben historisch verfolgt, wird gut merken können, daß mit der Zahl der Versuche auch die Verwirrung in den Ansichten der Interessenten gestiegen ist; wer, von dieser eigenthümlichen Erscheinung absehend, blos den eben dargethanen Sachverhalt erwägt, dürfte wenigstens zugeben, daß ihre aufklärende Rolle, wirklich nur eine bescheidene sein kann. Es gilt dies namentlich hinsichtlich des Nährstoffbedarfs für bestimmte aber verschiedene Ernährungsfälle. Die Versuche sagen da, wie ich oft genug hervorgehoben, erstaunlich Widersprechendes. Die Hoffnung Besseres und Vollkommeneres zu erlangen durch Mehrung und Ausdehnung solcher Arbeiten, kann nur derjenige sagen, welcher aus seiner Unwissenheit über den jedenfalls verschiedenen Werth des analytischen Nährstoffs je nach seiner Abstammung von den verschiedenen Futtermitteln, sich entweder nichts macht, oder darüber bedeutend mehr weiß, wie ich. Für mein Theil, hoffe ich von der bisherigen Versuchsmanier nicht viel zur Vervollkommnung unserer Nährstoffnormen.

Mein Glaube ist, daß wirklicher Fortschritt erst möglich wird durch Beseitigung all' jener Lücken, Mängel und Unkenntnisse.

Die nächsten Aufgaben der Fütterungschemie sollten demnach nicht ferner den practischen Character nachahmen, vielmehr ihn jetzt aufschieben bis auf späte, geeignetere Zeiten, und dafür einen theoretisch fundamentalen annehmen.

Die Aufgaben liegen bereits in obigen Andeutungen, und formulirt können es wohl keine anderen sein, als folgende:

1. Ausführliche, qualitative Analysen der Hauptfuttermittel nach der Anleitung von Rochleder (Analyse von Pflanzen und Pflanzentheilen, Würzburg 1858.)

Indem solche monographische Forschungen bisher fehlten, deßhalb wissen wir auch so wenig zu sagen über die organisch chemische Constitution der Pflanzen und die organischen Verbindungen, welche in ihnen bei der Nährwerths-Ermittlung in Betracht zu ziehen sind.

2. Aufsuchung einer neuen quantitativen Methode der Futtermittel-Analyse, durch welche nicht blos die Menge der verdaulichen organischen Körper von den unverdaulichen zu trennen, sondern auch zu erkennen ist, was von dem Verdauten einen Nährwerth hat und welcher Theil nicht. Die schon vielerseits lebhaft gewünschte neue Methode der Holzfaserbestimmung fällt natürlich in diese Aufgabe hinein.

3. Prüfung aller in den Futtermitteln anzutreffenden organischen Verbindungen, einzeln auf ihren Nährwerth nach streng physiologischer Methode.

Ich meine hier die schon früher (Vortrag 8) beschriebene Methode von Bischof und Voit, bei welcher alle Nahrung sowohl, wie auch alle Ausgaben des Thieres durch Harn, Koth, Lunge und Haut gesammelt und elementaranalytisch untersucht werden muß, so daß aus der dadurch erzielten Stoffwechselsgleichung, das heißt der Gleichung zwischen Einnahmen und Ausgaben, berechnet werden kann, wie viel Pfund an Muskel-Fleisch, Fett und Wasser das Thier täglich in Folge der Versuchsfütterung gewonnen oder verloren hat, eine Antwort, welche die Waage allein niemals gibt. Ueberhaupt liefert diese Methode für den Nährwerth irgend eines organischen Stoffs stets ein und denselben, aber den denkbar präcisesten Ausdruck: sie sagt nämlich wie viel Pfund Fleisch und Fett die Folge der Fütterung war und zwar mit erfreulicher Sicherheit. Dadurch werden Alle Nährwerthsbestimmungen unter sich recht schön vergleichbar und lassen sich fogar, wenn fie unter fonft ganz gleichen Umftänden und Verfuchsreihen erlangt find, in fefte Zahlen bringen, die dann, natürlich innerhalb der Ver- fuchsgrenze, zu theoretifch wichtigen Betrachtungen Anlaß genug geben.

Jene Aufgabe Nr. 3 fcheint mir die wichtigfte. Denn durch fie erfahren wir gewiß, was andere Verfuche vergebens zu finden wähnen:

a. was in einem Futtermittel Nährwerth hat, wie viel es deffen hat, und auch welche organifche Theile keinen haben;

b. eine fefte Bafis fowohl zur phyfiologifchen Beurtheilung als auch zur ökonomifchen Werthsbeftimmung aller Futtermittel.

Hat der Verfuch mit diefen Aufgaben fein erftes Stadium durchge- macht und erledigt, dann kann er zur Prüfung des Nährwerthes von reinen Nährftoffcombinationen fchreiten und dazu anfangs möglichft einfache Zufam- menftellungen nehmen, aber allmählig immer weiter gehend bis zu den complizirteften hin, ungefähr wie wir folche in unfern räthfelvollen Futter- mittelrationen täglich geben. Die Fragen, welche mit diefem, und ich wage zu fagen, mit keinem anderen Vorgange ihre Beantwortung finden, find überaus wefentlich; fie find das A B C der phyfiologifchen Wiffenfch. ft. Wie ganz anders wird letztere fich ausnehmen, wie fruchtbar wird fie in's Leben und die Praxis der Fütterung eingreifen, wenn wir durch jene Weife einmal beftimmt wiffen:

1. welche Nährftoffmifchungen die Fleifchbildung, welche die Fettbildung am ficherften fördern;

2. in wie weit fich die Nährftoffe, unbefchadet des Effectes, gegen feitig vertreten können;

3. ob und wie weit ein Ueberfchuß von Proteïn nothwendig ift zur Fettbildung und nicht beffer durch die billigeren Kohlehydrate erfetzt werden kann;

4. ob und in wie weit die Gefetze der Fleifch-, Fett- und Milchbil- dung bei allen Hausthieren gleich find;

5. wo die Grenze liegt des gewiß großen Einfluffes der Individua- litäten auf die theoretifchen Gefetze der Fleifch und Fettbildung;

6. endlich wie die zweckmäßigften Nährftoffnormen für die Haupt- fälle der Fütterung lauten! —

Jemand fage hier nicht, daß das unerreichbare, unfer Können über- fchätzende und mehr ideale Aufgaben umfchließe, denn ich müßte ihm dann widerfprechen; ich habe keinen Zweifel darüber, daß wenn wir hier, wo wir klar wissen, was wir wollen, nur frisch mit den nöthigen Mitteln und etwas mit vereinten Kräften an's Werk gehen, die ruhige Ausdauer der Forscher jene ersehnten Geheimnisse in kürzerer Zeit erkämpft haben wird, als man vermuthet. Ich habe aber auch eben so wenig Zweifel, daß, wenn wir die angedeutete fundamentale Bahn der Forschung noch um 10 oder 20 Jahre verschieben, wir in unserer Fütterungschemie, trotz allen noch angestellten practischen Fütterungsversuchen, nach 20 Jahren so weit sind, wie heute.

Es gibt in der Entwickelung jeder Wissenschaft Abschnitte, welche sich durch eine neue Methode und eine neue Richtung der Forschung bestimmt kennzeichnen. Ein solcher Abschnitt ist für die Fütterungschemie herangenaht, indem sie, als schwaches Kind der physiologischen Chemie, seit 15 Jahren eine wahrhaft kindliche Bahn verfolgte und an derselben jetzt zu Ende ist. Eine Periode segenreichen Aufschwunges winkt ihr auf neuer Bahn; sie trete zu ihr über! Fundamental-Physiologische Versuche oder Keine, das sei fortan ihre Parole!

„Gut," erwiedert der geschätzte practische Leser, „mögen die Versuchsstationen die neue Bahn frisch betreten; ich habe nichts dagegen und will das Drängen nach practischen Resultaten, welches übrigens auch von uns nicht, sondern nur von unächten Theoretikern ausgegangen sein kann, gern ein Dezennium aufstecken; macht nur voran!" —

- Die Versuchsstationen sind jedenfalls sehr dankbar für solche Gesinnung, erlauben sich indessen auf ihre Mittellosigkeit, ja erbarmenswerthe Hülflosigkeit zu verweisen.

Sie sagen nämlich: zu den proponirten Versuchen ist nöthig:

Ein paar geräumige, schöne Versuchsställe; diese fehlen uns aber.

Oder, wo Wände und Dach vorhanden, dann sind etwa 1500 Thlr. nöthig zu innerer Einrichtung, das heißt zur Beschaffung besonderer Krippen und vollkommenen Vorrichtungen zur Auffangung von Harn und Koth, zur Abwägung von Futter, Exkreten und Thieren; aber dies Geld fehlt uns.

Ferner ist nöthig ein großes Futterlaboratorium mit Dampfkessel, Pressen, Dampfdarre, Schrotmühlen, Stampfern, Sieben, Schneidemaschinen ꝛc. behufs Zubereitung der reinen Nährstoffe; das alles fehlt uns.

Ferner ein vollkommener für große Thiere eingerichteter Respirations-

Apparat, mittelst dem wir die Stoffwechselsgleichungen controliren können; aber der fehlt uns, sammt der Aussicht die zu seinem Aufbaue nöthigen 3—4000 Thlr. bald zu bekommen.

Ferner ein analytisches Laboratorium, mit den vollkommensten Einrichtungen der heutigen Analytik; das fehlt uns ebenfalls, wenigstens theilweise, indem unsere Laboratorien nicht mit 3—4000 Thlr., sondern nur mit halb so viel eingerichtet werden mußten.

Ferner ein paar tüchtige Hülfschemiker und, was auch nicht gleichgültig ist, ein paar treue Diener, die man ordentlich bezahlen kann: auch diese fehlen, weil wir bei der ausgeworfenen Dotation froh sind, ein Stück Famulus und einen Assistenten, eigentlich halb Volontair, in viertel Solde halten zu können.

Ferner ein Betriebsfonds von etwa 3000 Thlr. zur Bestreitung des Verschleißes an Apparaten, Glaswaaren, Chemikalien, Brennmaterialien, zum Ankauf und zur Bereitung der reinen Futtermaterialien und Nährstoffe, für nothwendige Aenderungen, Reparaturen, Tagelöhne ꝛc. ꝛc.: solcher Fond fehlt aber, denn die meisten Stationen haben anstatt der geforderten Tausende nicht mehr als eben so viele Hunderte Thaler zur Disposition. Und was das Komische dabei ist, man glaubt ihnen diese Betriebs-Summe, detaillirt bis auf den Silbergroschen nach den einzelnen Ausgabeposten angeben zu können, und fixirt sie darauf strengstens. Daß solche Maaßregel aber wissenschaftliche Untersuchungen lähmen und dem Wesen und dem Begriffe einer Versuchsstation gradezu widerstreiten, das darf Jeder glauben; denn der Dirigent einer Station kann nicht einmal heute wissen, was er morgen für neue Kosten und Bedürfnisse hat. Morgen tritt sein Versuch in andere nicht vorzusehende Umstände, und diese sind es dann, welche die Bedürfnisse vorschreiben und, wenn's überhaupt voran gehen soll, consequent fordern.

Das ist das treue Bild von dem, wie unsere Versuchsstationen sein müßten und zugleich, wie sie wirklich sind! —

Es mache Jedem klar die wahre Lage, in der die Stationen sind gegenüber jenen wissenschaftlichen Aufgaben der Zeit! —

Diese Lage bringt es mit sich, daß nicht die Aufgaben selbst, ihre schwierige Durchführung und endliche sichere Lösung es ist, welche den Stations-Vorstehern die meiste Sorge macht, nein, — die Beschaffung der Geldmittel ist es.

Gebt das nöthige Geld, und die Lösung der Probleme wird zu einer einfachen Frage der Zeit; nach einem Dezennium, ja vielleicht schon nach wenig Jahren habt Ihr sie gewiß! Ihr habt dann, das unvergleichliche Mittel, um die zahllosen Millionen Kapital, welche in Eurem Nutzviehstande stecken, fruchtbarer zu machen; und das will viel heißen.

In ihrer jetzigen ohnmächtigen Lage sollten die Versuchsstationen eigentlich keine sogenannten Fütterungsversuche mehr machen, wenigstens keine jener altmanierlichen und wobei Chemie in's Spiel kommt. Denn es ist doch zu sehr fauler Kram damit. Wo keine Chemie oder sonstiger wissenschaftlicher Anstrich nöthig ist, wie zum Beispiel bei comparativen Fütterungen über den Unterschied der Raçen, über die mechanische Zubereitung des Futters, über Stallwärme, Art der Aufstellung im Stalle, 2c., dergleichen ganz einfache, lediglich practische Zielpunkte habende Versuche, ließe ich mir allenfalls gefallen.

Entweder Vollkommenes oder Nichts! Dieser, für's practische Leben gewiß unpractische Satz, werde indessen Grundsatz aller Versuchsstationen und ihres Handelns.

Die Station, welche dann nicht so glücklich ist, die Mittel zur Bearbeitung der oben sub Nr. 3 angedeuteten Aufgaben zu finden, wird, falls sie überhaupt nicht vorzieht ihre Kraft ter Erforschung der Pflanzenvegetation zu zuwenden, wenigstens nichts anders, als die sub 1 und 2 angedeuteten Thema's aufnehmen und daran einige Jahren exclusiver Arbeit setzen. Diese beiden Aufgaben verlangen nämlich nicht viel Mittel; es sind reine Arbeiten und Studien im Laboratorium, wozu ein tüchtiger Chemiker, ohne Assistent, genügt. Aber ein Haupterforderniß dabei ist, daß man diesem Chemiker Zeit gibt und ihn in Ruhe läßt, nicht alle Jahre einen dicken Jahresbericht von ihm verlangt, wo hunderte von Honorar Untersuchungen, Düngeranalysen und, Gott weiß, was all' für practische Recepte figuriren.

Man muß nämlich wissen, daß solche Aufgaben nicht nach einer Schablone gemacht werden, und daher für den Endpunkt ihrer Lösung keine Garantie vorhanden sein kann. Ob er 1, 2 oder 4 Jahre nöthig hat, das weiß der nicht, welcher sich an die Auffindung einer neuen vollkommenen Methode der Holzfaserbestimmung gibt. Er muß sehen, wo ihn seine wohlüberlegten Forschungen successive hinführen. Führen sie ihn nach ein paar Jahren schon zur Lösung, desto besser; thun sie es nicht, dann schadet es auch nichts, denn aus den negativen Resultaten seiner Arbeit läßt sich dann gewiß Manches für die Wissenschaft Werthvolle schließen. Man muß dann denken, daß diese Arbeit ganz so die Carriere aller wissenschaftlichen

Forschungen macht: sie bringen nämlich durchgehends wohl 10 **negative** Resultate, während dazwischen kaum ein positives sich befindet. Während letzteres eigentlich allein practischen Werth hat, so fragt es sich doch sehr, ob mit jenen, so entschiedenen Negationen, nicht besser und mehr dem Fortschritt der Wissenschaft gedient ist, als mit dieser einen bejahenden Antwort.

Wenn mir dereinst Jemand sagte: „Hier sind die Resultate einer Versuchsstation, welche von 1862—1870, also 8 Jahre lang nichts, als ausgedehnte Fütterungsversuche mit allen möglichen Thieren und Futtermitteln gemacht hat; hier sind zugleich diejenigen einer andern Station, welche dieselbe Zeit hindurch sich abgequält hat mit organisch-chemischen Monographien über die Kleepflanzen und das Wiesengras, — nun wählen Sie."

Wahrhaftig, ich würde vielleicht jene Fütterungs-Resultate nicht einmal ansehen, und sogleich dieser zweiten Arbeit den Vorzug geben, weil sie für die Wissenschaft und ihren reellen Fortschritt jedenfalls Werthvolleres birgt.

Thätigkeiten, wie die der zweiten Versuchsstation, lassen sich nicht nach ihrem practischen, directen Nutzen bemessen und beurtheilen, wie das stellenweise zu geschehen scheint, denn ein solcher Maaßstab dürfte wohl erst nach einem viertel Jahrhundert weiteren Ausbaues der Wissenschaft gerecht sein. Heute kann und sollte man eigentlich keinen anderen Maaßstab dabei gebrauchen als den, mit welchem die reine Naturwissenschaft ihren eigenen Fortschritt mißt. Wo eine Arbeit diesem genügte, indem sie irgend eine Lücke der Wissenschaft ausfüllt, da muß der gleichzeitige practische Nutzen als sich von selbst verstehend gelten.

Die Frage des Fortschritts in der Fütterungschemie haben wir identifizirt mit der Frage der besseren Dotation der Versuchsstationen.

Wie diese, so ist also auch jene hauptsächlich den Landwirthen anheim gegeben.

Mögen dieselben nun das Ihrige thun!

Mögen Sie zugleich einen solchen Schlußwunsch dem Verfasser nicht übel nehmen, denn mit seiner Begründung glaubt er das Beste gethan zu haben, was er mit seiner schwachen Stimme für das Wohl der Landwirthe thun kann.

Lightning Source UK Ltd.
Milton Keynes UK
UKHW010942061118
331792UK00011B/2223/P